湖北省学术著作出版专项资金资助项目

中国科举文化通志　主编　陈文新

八股文总论八种

张思齐　整理

武汉大学出版社
WUHAN UNIVERSITY PRESS

图书在版编目(CIP)数据

八股文总论八种/张思齐整理.—武汉：武汉大学出版社,2015.11
中国科举文化通志/陈文新主编
ISBN 978-7-307-17089-6

Ⅰ.八…　Ⅱ.张…　Ⅲ.八股文—研究　Ⅳ.H152

中国版本图书馆 CIP 数据核字(2015)第 257065 号

责任编辑:朱凌云　　责任校对:黄添生　　版式设计:马　佳

出版发行：**武汉大学出版社**　(430072　武昌　珞珈山)
(电子邮件：cbs22@ whu.edu.cn　网址：www.wdp. com.cn)
印刷：武汉中远印务有限公司
开本：787×1092　1/16　印张:57.25　字数:1254 千字　插页:4
版次:2015 年 11 月第 1 版　2015 年 11 月第 1 次印刷
ISBN 978-7-307-17089-6　定价:385. 00 元

《中国科举文化通志》编纂委员会

《中国科举文化通志》总序

陈文新

（一）

科举是中国古代最为健全的文官制度。它渊源于汉，始创于隋，确立于唐，完备于宋，兴盛于明、清两代。如果从隋大业元年（605）的进士科算起，到清光绪三十一年（1905）被废除，科举制度在中国有整整1300年的历史。科举制度还曾“出口”越南、朝鲜等国，扩大了汉文化的影响。始于19世纪的西方文官考试制度，其创立也与中国科举的启发相关。孙中山在《五权宪法》等演讲中反复强调：中国的科举制度是世界各国中所用以拔取真才之最古最好的制度。胡适也说：“中国文官制度影响之大，及其价值之被人看重”，“是我们中国对世界文化贡献的一件可以自夸的事”。①

科举制度具有如此强大的生命力，其原因在于，它在保证“程序的公正”方面具有空前的优越性。官员选拔的理想境界是“实质的公正”，即将所有优秀的人才选拔到最合适的岗位上。但这个境界人类至今未达到过。不得已而求其次，“程序的公正”就成为优先选择。“中国古代独特的社会结构是家族宗法制，家长统治、任人唯亲、帮派活动、裙带关系皆为家族宗法制的派生物，在重人情与关系的社会文化背景下，若没有可以操作的客观标准，任何立意美妙的选举制度都会被异化为植党营私、任人唯亲的工具，汉代的察举推荐和魏晋南北朝的九品官人法走向求才的死胡同便是明证。”“古往今来科举考试一再起死回生的历史说明：自古以来，中国就是一个人情社会，人情与关系在社会生活中起着重要的作用，为了防止人情的泛滥，使社会不至于陷入无序的状态，中国人发明了考试，以考试作为维护社会公平和社会秩序的调节阀。悠久的科举历史与普遍的考试现实一再雄辩地证明，考试选才具有恒久的价值。”② 从这一角度看，科举制度不但在诞生之初有着巨大的进步意义，而且在整个中国历史和世界历史上，都是一个了不起的创造。较之前代的选官制度，如汉代的察举、征辟制和魏文帝时开始推行的九品中正制等，科举制度都更加公正合理。

---

① 胡适：《考试与教育》，《胡适文集》第12册，北京大学出版社1998年版，第508页。

② 刘海峰：《科举学导论》，华中师范大学出版社2005年版，第113、136页。

作为一项从整体上影响国民生活的官员选拔制度，科举制度对于维护我们这个幅员辽阔的多民族国家的统一稳定，其作用是无论怎样估计也不会过高的。胡适这位新文化运动的领袖，虽然一再愤愤不平地说到中国文化的种种不是，但在《考试与教育》一文中，他也毫不含糊地指出：在古代那种交通极为不便的情形下，中央可以不用武力来维持国家的统一是由于考试制度的公开和公平。胡适所说的公平，包括三种含义：一是公开考选，标准客观。二是顾及各地的文化水准，录取的人员，并不偏于一方或一省，而是遍及全国。三是实行回避制度，“就是本省的人不能任本省的官吏，而必须派往其他省份服务。有时候江南的人，派到西北去，有时候西北的人派到东南来。这种公道的办法，大家没有理由可以反对抵制。所以政府不用靠兵力和其他工具来统治地方，这是考试制度影响的结果”①。这些话出于胡适之口，足以说明，即使是文化激进主义者，只要具有清明的理性，也不难看出科举制度的合理性。

作为一项从整体上影响国民生活的官员选拔制度，科举制度不仅具有历史研究的价值，而且有助于我们思考当今人事制度的改革问题。2005 年，任继愈曾在《古代中国科举考试制度值得借鉴》一文中提出设立“国家博士”学位的设想。其立论前提是：我国目前由各高校授予的博士学位缺少权威性和公正性。之所以不够权威和公正，不外下述几个原因。其一，“各校有自己的土标准，执行起来宽严标准不一，取得学位后，它的头衔在社会上流通价值都是同等的”，这当然不公平。其二，研究生入学后，第一年大部分时间用在外语上，第二年大部分时间忙于在规定的某种等级的刊物上发论文，第三年忙于找工作，这样的情形，怎么可能培养出货真价实的博士？其三，几乎所有名牌大学都招收“在职博士生”，有的博士研究生派秘书代他上课，甚至不上课而拿文凭，这样的博士能说是名副其实的吗？只有设立“国家博士”学位，采用统一标准选拔人才，这样的“博士学位”才具有权威性和公正性。而国家在高级人才的选拔方面统一把关，不仅可以避免“跑”博士点和博士生扩招带来的许多弊病，有助于社会风气的改善，而且，由于只管考而不必太多地管教，还可以节省大量开支。就这一点而言，中国古代的科举制度的确是值得参考借鉴的。任继愈的这篇文章现已收入《皓首学术随笔·任继愈卷》（中华书局 2006 年版），有心的读者不妨一阅。

与任继愈的呼吁相得益彰，早在 1951 年，钱穆就发表了《中国历史上的考试制度》一文。针对民国年间（1911—1949）人事管理腐败混乱的状况，他痛心疾首地指出：科举制“因有种种缺点，种种流弊，自该随时变通，但清末人却一意想变法，把此制度也连根拔去。民国以来，政府用人，便全无标准，人事奔竞，派系倾轧，结党营私，偏枯偏荣，种种病象，指不胜屈。不可不说我们把历史看轻了，认为以前一切要不得，才聚九州铁铸成大错”②。钱穆的意思是明确的：参考借鉴科举制度，有助于人事管理的规范化和公正性。1955 年，他在《中国历代政治得失》一书中进一步指出：“无

① 胡适：《胡适文集》第 12 册，北京大学出版社 1998 年版，第 506 页。

② 钱穆：《国史新论》，东大图书公司 1984 年版，第 114～115 页。

论如何，考试制度，是中国政治制度中一项比较重要的制度，又且由唐迄清绵历了一千年以上的长时期。中间递有改革，递有演变，在历史进程中逐渐发展，这绝不是偶然的。直到晚清，西方人还知采用此制度来弥缝他们政党选举之偏陷，而我们却对以往考试制度在历史上有过上千年以上根柢的，一口气吐弃了，不再重视，抑且不再留丝毫顾惜之余地。那真是一件可诧怪的事。”① 现代中国的人事管理理应借鉴源远流长的科举制度，这是毫无疑问的。至于如何借鉴，则是我们需要认真思考的问题。

（二）

作为一项从整体上影响国民生活的官员选拔制度，科举制度以其“程序的公正”为国家选拔了大量行政官员，在提高全民族的文化水准和维护我们这个多民族国家的统一稳定方面，发挥了直接而巨大的作用，这是其显而易见的功能；它还有其他不那么显著却同样值得重视的功能，即意识形态功能和人文教育功能：科举制度以其对社会的整体影响力将儒家经典维持世道人心的作用发挥到极致。我们试就此略作讨论。

明清时代有一项重要规定：科举以《四书》《五经》为基本考试内容。这一规定是耐人寻味的。《论语》《孟子》等儒家经典是秦汉以来中国传统社会维系人心、培育道德感的主要读物。我们经常表彰“中国的脊梁”，一个毋庸置疑的事实是，秦汉以降，“中国的脊梁”大多是在儒家经典的教育下成长起来的。以文天祥为例，这位南宋末年的民族英雄，曾在《过零丁洋》诗中说：“人生自古谁无死？留取丹心照汗青。”“丹心”，就是蕴蓄着崇高的道德感的心灵。他还有一首《正气歌》，开头一段是：“天地有正气，杂然赋流形。下则为河岳，上则为日星。于人曰浩然，沛乎塞苍冥。皇路当清夷，含和吐明庭。时穷节乃见，一一垂丹青。”身在治世，正气表现为安邦定国的情志；身在乱世，则表现为忠贞坚毅的气节。即文天祥所说：“当其贯日月，生死安足论。”1282 年，他在元大都（今属北京）英勇就义，事前他在衣带中写下了这样的话：“孔曰‘成仁’，孟曰‘取义’。惟其义尽，所以仁至。读圣贤书，所学何事？而今而后，庶几无愧。”《四书》《五经》的教诲，确乎是他的立身之本。

文天祥是宝祐四年（1256）状元。这是一个值得关注的事实。它表明：进士阶层在实践儒家的人格理想方面，其自觉性远远高于社会的平均水平。宋代如此，明代如此，甚至连元代也是如此。清代史学家赵翼曾论及“元末殉难者多进士”这一现象：“元代不重儒术，延祐中始设科取士，顺帝时又停二科始复。其时所谓进士者，已属积轻之势矣，然末年仗节死义者，乃多在进士出身之人。”（赵翼《廿二史劄记》卷三十《元末殉难者多进士》）接下来，赵翼列举了余阙、泰不华、李齐、李黼、王士元、赵琏、周镗、聂炳元、刘耕孙、丑闾、彭庭坚、普颜不花、月鲁不花、迈里古思等死难进

① 钱穆：《中国历代政治得失》，三联书店 2001 年版，第 89 页。

士，最后归结说：“诸人可谓不负科名者哉，而国家设科取士亦不徒矣。”① 在元末殉难的进士中，余阙（1303—1358）是最早战死的封疆大臣。他的朋友蒋良，一次和他谈起国难，余阙推心置腹地说：“余荷国恩，以进士及第，历省居馆阁，每愧无报。今国家多难，授予兵戎重寄，岂余所堪。然古人有言：‘为子死孝，为臣死忠。’万一不幸，吾知尽吾忠而已。”余阙殉难后，蒋良作《余忠宣公死节记》，开篇即强调说：“有元设科取士，中外文武著功社稷之臣历历可纪。至正辛卯，兵起淮、颍，城邑尽废，江、汉之间能捍御大郡、全尽名节者，守豫帅余公廷心一人而已。”② 在余阙“擢高科”的履历与他忠勇殉节的人格境界之间，人们确认有其内在联系。无独有偶，《元史·泰不华传》在记叙元末另一著名的死节之臣泰不华（1305—1352）时，也着重指出：其人生信念的基本依据是他作为“书生”所受的儒家经典教育。在与方国珍决战前夕，泰不华曾对部从说过一番词气慷慨的话：“吾以书生登显要，诚虑负所学。今守海隅，贼甫招徕，又复为变。君辈助我击之，其克则汝众功也，不克则我尽死以报国耳。”“书生”“所学”与捐躯“报国”之间关系如此密切，足见以《四书》《五经》作为基本考试教材的科举制度，它在维持世道人心方面的作用的确是巨大而深远的。

儒家经典维持世道人心的功能不仅泽及宋元，泽及明清，甚至泽及已经废除了科举制度的现代。其实这并不令人感到奇怪。原因在于，不少现代名流的少年时光是在科举时代度过的，他们系统地受过这种教育，耳濡目染，其人生观在早年即已确立并足以支配一生。儒家经典的生命力由此可见。科举制度的余泽亦由此可见。

这里我想特别提及五四新文化运动的领袖胡适，并有意多引他的言论。之所以关注他，是因为，世人眼中的胡适，只是一个文化激进主义者，以高倡“打倒孔家店”著称。人们很少注意到，胡适在表面上高呼“打倒孔家店”，但在内心里仍对孔子和儒家保留了足够的敬意，是儒家人生哲学的虔诚信奉者和实行者。唐德刚编译《胡适口述自传》，第二章有胡适的如下自白：“有许多人认为我是反孔非儒的。在许多方面，我对那经过长期发展的儒教的批判是很严厉的。但是就全体来说，我在我的一切著述上，对孔子和早期的‘仲尼之徒’如孟子，都是相当尊崇的。我对十二世纪‘新儒学’（Neo-Confucianism）（‘理学’）的开山宗师的朱熹，也是十分崇敬的。”“在这场伟大的‘新儒学’（理学）的运动里，对那（道德、知识；也就是《中庸》里面所说的‘诚则明矣，明则诚矣’的）两股思潮，最好的表达，便是程颐所说的：‘涵养须用敬，进学则在致知。’后世学者都认为‘理学’的真谛，此一语足以道破。”同一章还有唐德刚的一段插话：“‘要提高你的道德标准，你一定要在“敬”字上下功夫；要学识上有长进，你一定要扩展你的知识到最大极限。’适之先生对这两句话最为服膺，他老人家不断向我传教的也是这两句。一次我替他照相，要他在录音机边作说话状，他说的便是这两句。所以胡适之先生骨子里实在是位理学家。他反对佛教、道教乃至基督教，都

① 赵翼著，王树民校证：《廿二史劄记校证》，中华书局 1984 年版，第 706 页。

② 杨讷等编：《元代农民战争史料汇编》中编第一分册，中华书局 1985 年版，第 268 页。

是从‘理学’这条道理上出发的。他开口闭口什么实验主义的，在笔者看来，都是些表面账。吾人如用胡先生自己的学术分期来说，则胡适之便是他自己所说的‘现代期’的最后一人。”① 胡适是在少年时代接受儒家经典教育的，在经历了废止科举、“打倒孔家店”等种种变故后，儒家的人生哲学仍能贯彻其生命的始终，由此不难想见，在中国传统社会尤其是科举时代，儒家经典对社会精神风貌的塑造可以发挥多么强大的功能。虽然生活中确有教育目标与实际状况两歧的情形，但正面的成效仍是不容忽视的。

“精神文明”是中国人常用的一个概念。“精神文明”是相对物质文明而言的，就个人而言，需要长期的修养，就民族而言，需要长期的培育。中国古人对这一点体会很深，所以常常强调“潜移默化”，经由耳濡目染的长期熏陶，价值内化，成为一种道德规范。如果这种道德规范大体近于人情，既“止乎礼义”而又“发乎性情”，它对社会的稳定，对人类精神境界的提升，都将发挥重要作用。这就是文化的功能。目前教育界所说的“深厚的人文知识素养，有助于塑造高尚的精神世界，提高健康的审美能力”，与这个意思是相通的。《四书》《五经》作为科举时代的基本读物，人文教育功能是其不容抹杀的价值，并因制度的保障而得到了充分的发挥。

美国学者罗兹曼认为：科举制在中国传统社会结构中居于中心的地位，是维系儒家意识形态和儒家价值体系正统地位的根本手段。科举制在 1905 年被废止，从而使这一年成为新旧中国的分水岭：它标志着一个时代的结束和另一个时代的开始，其划时代的重要性甚至超过辛亥革命；就其现实和象征性的意义而言，科举革废代表着中国已与过去一刀两断，这种转折大致相当于 1861 年沙俄废奴和 1868 年的日本明治维新后不久的废藩。② 罗兹曼的意见也许是对的。而我想要补充的问题是：在科举制废止之后，如何保证《四书》《五经》的人文教育功能继续得到发挥？

（三）

科举制度曾经有过辉煌的历史，科举制度对现代中国的发展更有足资借鉴的意义。整理与研究历代科举文献，其意义也需要从历史与现实两个角度加以说明：一方面是传承文化，传承文明，让这份丰厚的遗产充分发挥塑造民族精神的作用，另一方面是去粗取精，古为今用，让它在现实的中国社会重放异彩，成为人事制度改革的重要智力资源。这是我们编纂出版《中国科举文化通志》的初衷，也是我们不辞劳苦从事这一学术工作的动力。

《中国科举文化通志》重点包括下述内容：

1. 整理、研究反映科举制度沿革、影响及历代登科情形的文献。

---

① 胡适：《胡适文集》第 1 册，北京大学出版社 1998 年版，第 418、433 页。

② ［美］吉尔伯特·罗曼兹主编，国家社会科学基金“比较现代化”课题组译：《中国的现代化》中译本，江苏人民出版社 1988 年版，第 335、635 页。

从《新唐书》开始，历代正史多有《选举志》。历代《会要》、《实录》、《纪事本末》等史传、政书之中，相当一部分是关于科举制度沿革的资料。还有黄佐《翰林记》、陆深《科场条贯》、张朝瑞《明贡举考》、冯梦祯《历代贡举志》、董其昌《学科考略》、陶福履《常谈》等一批专书。历代《登科录》和杂录类书籍，也保存了大量关于科举的材料。唐代登科记多已散失亡佚，有清代徐松的《登科记考》可供参考。宋元登科记保存稍多，明清有关文献尤为繁富。

2. 整理、研究与历代考试文体相关的教材、试卷、程文及论著等。

八股文是最引人注目的考试文体。八股文集有选本、稿本之分。重要的选本，明代有艾南英编《明文定》、《明文待》，杨廷枢编《同文录》，马世奇编《澹宁居文集》，黎淳编《国朝试录》等；清朝有纪昀《房行书精华》，王步青编《八法集》；还有《百二十名家集》，选文3000篇，以明代为主；《钦定四书文》，明文4集，选文480余篇，清文1集，选文290余篇。稿本为个人文集。明清著名的八股大家，如明代的王鏊、钱福、唐顺之、归有光、艾南英，清代的刘子壮、熊伯龙、李光地、方苞、王步青、袁枚、翁方纲等人，均有稿本传世。相关著述数量也不少。清梁章钜《制义丛话》等，是研究八股文的重要论著。其他考试文体，如试策、试律等，也在我们关注的范围之内。这些科举文献，一般读者不易见到，或只能零零星星地见到一些，或虽然见到了也难以读懂，亟待系统地整理出版，以供研究和阅读。

《中国科举文化通志》包括以下数种：《历代制举史料汇编》、《历代律赋校注》、《唐代试律试策校注》、《八股文总论八种》、《七史选举志校注》、《四书大全校注》、《游戏八股文集成》、《明代科举与文学编年》、《明代状元史料汇编》、《钦定四书文校注》、《翰林掌故五种》、《贡举志五种》、《〈游艺塾文规〉正续编》、《钦定学政全书校注》、《梁章钜科举文献二种校注》、《〈清实录〉科举史料汇编》、《二十世纪科举研究论文选编》、《明代科举与文学编年》、《〈礼部韵略〉与宋代科举》、《元明科举与文学考论》、《游戏八股文研究》、《明代八股文选家考论》、《唐代科举与试赋》、《〈儒林外史〉的现代误读》、《科举废止前后的晚清社会与文学》等。我们这套《中国科举文化通志》，以涵盖面广和分量厚重为显著特征，可以从多方面满足阅读和研究之需。而在整理、研究方面投入的心力之多，更是有目共睹。我们的目的是为推进学术作出力所能及的贡献。

《中国科举文化通志》是一项规模宏大、任务艰巨、意义深远的大型出版文化工程。编纂任务主要由武汉大学专家承担，并根据需要从中国人民大学、南京大学、中国艺术研究院、厦门大学、华中师范大学、陕西师范大学、扬州大学、中南民族大学、中南财经政法大学等高校或科研院所聘请了若干学者。南京大学卞孝萱先生、中华书局傅璇琮先生、中国社会科学院邓绍基先生等在学术上给我们提供了若干指导；参与这一工程的各位专家不辞辛苦，努力工作，保证了编纂进度和质量；武汉大学出版社鼎力支持《中国科举文化通志》的出版；所有这些，我们将永远铭记在心。

2015年4月13日
于武汉大学

目　录

元人论八股之一

元人论八股之二

元人论八股之三

明人论八股之一

明人论八股之二

清人论八股之一

清人论八股之二

清人论八股之三

凡　例

一、《八股文总论八种》以有关八股文的文献中具有总论性质的文献为内容进行整理。主要的工作为版本选择、标点、分段、校对、注释、按语和必要的说明。整理的文献一共八种。其中，元代文献三种：即陈绎曾撰《文说》，倪士毅撰《作义要诀》和王充耘撰《书义矜式》；明代文献两种，即李贽撰《说书》和黄宗羲编《明文海》（选）；清代文献三种，即顾炎武撰《日知录》（选），王夫之撰《夕堂永日绪论》和刘熙载撰《经义概》（含刘熙载撰《制义书存》）。

二、在文献的选择上，坚持了彻查艰深文献的原则。对每一种文献的整理，包括以下部分内容：文献解题、撰者小传、附录若干种和对文献文本的标点校注。由于年代久远，有个别撰者已无传记类资料流传下来。有个别的附录材料，原本不专为撰者而作，而仅涉及撰者。对于这种情况，也适当收入，以供今后的研究者从相关史料中发现解决问题的线索。在标点校注中，包含有整理者所加的按语。这些按语篇幅较长，以简要说明为主，同时网罗了相当数量的相关文献。整理者在校注中留意与其他文献的联系，以凸显科举制度本身所具有的合理内核及其所依存的自然法原则。经义类文献突出与经典本身的联系。科举类文献突出与时代变迁的关系。艺文类文献突出文章学特点。

三、在文献解题的后边，注明所根据的版本。有的文献已经有了今人所作的标点整理本，对于这种情况，本书的整理者不漠视现有的成果，择善而从。凡引用今人整理本的地方，均以注释的方式，按照现代人撰写文章的方式标明了参考文献的各个义项和页码。同时，也严格根据所据版本进行判断，务求真解、善解或妥解。由于年代远久，有的文献有所残缺，整理者尽可能地根据相关资料和文脉本身进行了试补。试补的字句，均予以标明。

四、注释以解决地名、人名、制度和引文出处为主。为了节省篇幅，对于语词，一般不进行注释，因为读者可以从各种工具书中自行解决。对于困难的字和特殊的词语，加以注释，在注释中出示书证。对于读音特殊的字，还标出汉语拼音。文献中所涉及的人名，给出小传，而小传均以原始资料为主，并且指明出处。有的人物，所给小传不止一种，均指明出处。这样做，完全是为读书人着想，为研究工作扫清文献上的障碍。

五、注释中的年份，凡为中国传统纪年的，均表明所对应的公元纪年年份，并且注意到了中国传统纪年年末与公元纪年的差异。情况极其特殊的地方，还说明了推算的方法和步骤，以求科学地解决问题。

六、《八股文总论八种》供研究人员使用，因而注重资料的丰富性以及与外国名物制度的关联。八股文是中国文化中的特殊现象，但是相关的制度以及所涉及的文化心理诸问题乃世界所共通。因此本书在注释中举凡确有联系的异域事物，亦予以指明，但仅标明资料来源，点到为止，留待有兴趣的读书人自行拓展。

总　论

一、引　言

《八股文总论八种》的基本文献，选自产生于元、明、清时期的那些关涉科举考试制度、八股文制作艺术和其他具有总体性质的书籍和文章。《八股文总论八种》的撰著性质是对上述文献进行标点和注释，力求为研究者提供丰富而可靠的资料。标点和注释，这样的工作属于古籍整理的范围。在确有必要的时候，将相关的材料罗列出来并进行比较参研，这样的工作属于古籍整理的延伸。倘若我们将视野进行适当的调整，将之放大到全世界的范围之内，进而联系各种文化现象来综合考察所研究的对象，那么我们的工作就会有所升华，从而具有西方人所谓高级批评（higher criticism）的性质。高级批评既是进行文学批评的基础，它本身也是一种文学批评的活动。知人论世是我们进行文学批评的根本原则之一。八股文作为一种特殊的文类，理应属于文学批评的大范畴。既然如此，那么当我们研究八股文的时候，也应该秉持知人论世的方法。唯有知人论世，方可客观公允地评价批评的对象。这样一来，就必然要求我们了解元、明、清时期的历史特点，把握其精神实质，庶几洞见该时期总论八股文的那些文献的本来面目。

作为一个宏大的历史时段来说，元、明、清时期是一个世界各国文化积极地影响着中国社会，而中国社会又持续地发展其固有的文化传统的时期。元、明、清时期的社会变动，既有其作为一个整体的共同点，亦有其三个朝代相互差异之处。这是因为，这一历史时期毕竟是由三个不同的王朝所统治的，而且这三个王朝的统治阶级各自有着不同的民族身份。元代、明代和清代在接受世界各国文化，以及保存并发展中国的固有文化方面，存在着相当大的差异。甚至同一朝代的不同时期，也还存在着若干差别。于是我们看到，这一时期的中国文化呈现出斑斓的色彩，犹如一部宏大的诗章，其中的诗节各不相同。不同的诗节和谐共振，交响成颂，响彻寰宇，对当时及后世的世界文明也产生了深刻而广远的影响。这部宏大的诗章有一个总特征，即中华民族的主体性始终是主旋律。

二、大哉乾元——异质文化的碰撞与元代八股文章

我们不妨回顾一下历史。蒙古领袖铁木真于公元1206年（宋宁宗开禧二年）统一全蒙古，在忽里勒台（大聚会）上被尊为成吉思汗，建立了蒙古汗国。这是全蒙古的第一个政权。建国后，成吉思汗制定了初步的成文法律，并且使用畏兀儿字母书写蒙古语。这为蒙古民族的形成奠定了基础。从成吉思汗到蒙哥汗时，蒙古汗国的军队陆续攻灭西辽、西夏、金、大理等，并在吐蕃建立行政机构直接进行统治。至元八年（1271），忽必烈（1215—1294）定国号为元。至元十六年（1279）元灭南宋，统一全国，建都于大都（今北京）。

忽必烈是成吉思汗第四子拖雷的儿子。拖雷的正妻生有四个儿子，顺次为蒙哥、次子忽必烈、三子旭烈兀和四子阿里不哥。在建立元朝的过程中，他们一个个都是叱咤风云的人物。蒙哥在伐宋的过程中阵亡。旭烈兀统治波斯一带，后来成为伊尔汗国的统治者。阿里不哥在争夺汗位的战争中为忽必烈所消灭。在蒙古诸王中，忽必烈较多地接受了汉族文化。在他的身边，逐渐聚集起一个由儒生组成的幕僚集团。《元史》卷四《世祖本纪一》："岁甲辰，帝在潜邸，思大有为于天下，延藩府旧臣及四方文学之士，问以治道。"①甲辰岁，即1244年，忽必烈三十岁。忽必烈一生活了八十岁。忽必烈的人生，其大部分时光是在汉人的影响之下度过的。延，延揽，招纳的意思。延，延征，召请聘用的意思。"延"是一个具有主动意味的动词。这一记载说明，忽必烈是一位主动地接受汉文化而且具有历史发展观的蒙古族杰出人物。正是在由汉族儒生组成的幕僚集团这一思想库的影响之下，忽必烈逐渐树立了行用汉法的决心。蒙古军队进入中原后，忽必烈采纳了僧子聪等人的意见②，整顿吏治，奖励农桑，在他统治的区域内，百姓生活相对安定，原来凋敝的经济开始恢复。僧子聪是忽必烈在和林地区最早信用的汉人幕僚。《续资治通鉴》卷一七五宝祐四年（蒙古宪宗六年）冬十月："蒙古主欲建城市，修宫室，为都会之所，皇弟呼必赉以僧子聪精于天文、地理之术，因命相宅，子聪以桓州东、滦水北之龙冈为吉。诏子聪营之，三年而毕，名曰开平府。既而升为上都，以燕

---

① 中华书局编辑部编"二十四史"简体字本《元史》，北京：中华书局，2000，第39页。

② 僧子聪，即刘秉忠（1216—1274），元邢州（今河北邢台）人，初名侃，字仲晦，年十七为节度使府令，后以怀才不遇，不愿为刀笔吏而弃去，隐居于武安山中。后来他干脆出家为僧，法名子聪，号长春上人。乃马真后元年（1242），僧子聪经海云法师推荐而进入忽必烈幕府，备受信任。宪宗六年至八年（1256—1258），僧子聪受命筹建开平城（后改名为上都）。中统元年（1260），忽必烈称帝，僧子聪受命制定各种制度。至元元年（1264），僧子聪奉命还俗，任太保，参领中书省事、同知枢密院事等职。三年，他主持设计大都城。八年，他建议以大元为国号。僧子聪自幼好学，博学多才，至老不衰，尤精于《周易》及邵雍《经世书》，又精于天文、地理、律历、阴阳、术数等。生平事迹见于苏天爵《元朝明臣事略》卷七，又见《元史》卷一五七本传。

为中都。”①而且，由于行用汉法之缘故，忽必烈政绩突出，他本人也比其他蒙古诸王更得中土人心。蒙古诸王因此而心生不满，他们当中自然有人说忽必烈的坏话，《续资治通鉴》卷一七五宝祐五年（蒙古宪宗七年）春正月：“蒙古主左右谗皇弟呼必赉得中土心，蒙古主信之，遂遣阿勒达尔行省事于京兆，刘太平佐之，钩考诸路财赋，置局关中，推集经略、宣抚官吏，下及征商，锻炼罗织，无所不至，曰：‘俟终局日，入此罪者，惟刘嶷、史天泽以闻，余悉诛之。’皇弟闻之不乐，姚枢曰：‘帝，君也，兄也；大王为皇弟，臣也。事难与校，远将受祸。莫若尽王邸、妃主自归朝廷，为久居谋，疑将自释。’从之。”②忽必烈因为治理中土有方，财政状况良好，居然受到政治迫害。在艰难的处境之中，忽必烈所得到的支持依然来自他的汉人幕僚。经过反复折中，忽必烈认识到，行用汉法乃是在中原地区有效地进行统治的唯一正确道路。后来。僧子聪等汉人幕僚还向忽必烈建言，即使在战争之情况之下，也还要注意尽量少杀人。《续资治通鉴》卷一七五宝祐六年（蒙古宪宗八年）二月：“僧子聪、张文谦言于皇弟曰：‘王者之师，有征无战。当一视同仁，不可嗜杀。’皇弟曰：‘期与卿等共守此言。’于是分命诸将，毋妄杀，毋焚人室庐，所获生口悉纵之。”③忽必烈行用汉法，取得的成就越来越多。这就进一步坚定了他行用汉法的决心。行用汉法，功效越来越大，忽必烈的事业也越来越兴盛。忽必烈后来成为元代的开国皇帝，史称元世祖。元朝建立之后，其政权形式在总体上采用了中原古制。元世祖在位期间，比较注重吸收汉族王朝的统治经验，建立了包括行省制度在内的各项制度，注意农桑，兴修水利，使社会经济得到恢复和发展，巩固和发展了中国统一的多民族国家。元朝的统治有两个特点。一是元朝统治者采取不平等的民族政策，对生活在中原的汉族人民和生活在南方的各族人民实行民族压迫，造成了极大的痛苦。二是元朝统治者又对各族上层人士进行笼络安抚。由于汉族士人数量多，文化程度普遍较高，他们自然也就成了元朝统治者进行笼络的重点对象。元朝统治者笼络汉族士人的过程是双向的。一方面，大量的汉族士人进入元朝的各级政权，成为官吏。另一方面元朝统治者中的蒙古贵族也开始了自身的汉化过程。值得注意的是，蒙古人的汉化过程并非在潜移默化中被动地进行，而是元朝最高统治者的一种自觉的行为。这一点可以从元世祖的建国理念中看出来。

那么，元朝统治者打算以什么样的理念来建国呢？元世祖的一道诏书，明白无误地说明了他的建国理念。据《元史》卷四《世祖纪》一记载，元世祖于丙戌日（1260 年 5 月 19 日）颁布诏书，建元中统，诏曰：

祖宗以神武定四方，淳德御群下。朝廷草创，未遑润色之文；政事变通，渐

① 清·毕沅编著《续资治通鉴》，上海：上海古籍出版社，1987，第 979 页。
② 清·毕沅编著《续资治通鉴》，上海：上海古籍出版社，1987，第 979 页。
③ 清·毕沅编著《续资治通鉴》，上海：上海古籍出版社，1987，第 980 页。

有纲维之目。朕获缵旧服，载扩丕图，稽列圣之洪规，讲前代之定制。建元表岁，示人君万世之传；纪时书王，见天下一家之义。法《春秋》之正始，体大《易》之乾元。炳焕皇猷，权舆治道。可自庚申年五月十九日，建元为中统元年。惟即位体元之始，必立经陈纪为先。故内立都省，以总宏纲；外设总司，以平庶政。仍以兴利除害之事、补偏救弊之方，随诏以颁。於戏！秉箓握枢，必因时而建号；施仁发政，期与物以更新。敷宣恳恻之辞，表著忧劳之意。凡在臣庶，体予至怀！①

我们不妨将这一道诏书与《周易》中的《乾》卦进行比参。《乾》卦的卦辞说："乾：元、亨、利、贞。"②元、亨、利、贞是《乾》卦的四种基本属性，被称为四德。元者万物之开始，亨者万物之发展，利者万物之成熟，贞者万物之完成。乾之四德概括地说明事物发展的规律，体现了天行健的整个意图。《乾》卦是《周易》的首卦。从《周易》所示的象征性思维原则看，首卦自然而然地具有统摄其他各卦的功能。《乾》卦的《彖传》还对《乾》卦的运行原则作了进一步地阐释："大哉乾元！万物资始，乃统天。云行雨施，品物流形。大明终始，六位时成。时乘六龙以御天。乾道变化，各正性命。保合大和，乃利贞。首出庶物，万国咸宁。"③这一段话的核心是"乾元"观念。而"乾元"观念正是元世祖的建国理念。

《乾》卦的《彖传》所昭示的"乾元"观念主宰了建立元朝的蒙古统治者的思想，尽管蒙古统治者的民族身份迥异于占人口多数的汉民族。乾元这一观念，其内涵十分丰富。乾元即万物的本原。与乾元对应的是坤元，《坤》卦的《彖传》写道："至哉坤元！万物资生，乃顺承天，坤厚载物，德合无疆。含弘光大，品物咸亨，牝马地类，行地无疆。"④从概念上看，乾元和坤元组成一组对偶范畴的两极，它们反映了存在于宇宙间的万事万物之根本规律。"元"有两种基本含义。其一为"原始"和"创始"。其二为"宏大"、"盛大"。《周易》提出乾元和坤元，作为对立统一的宇宙的本原。乾元为阳，坤元为阴，阴阳和合，化生万物。然而就矛盾双方的关系来说，阳为主，阴为从。元世祖忽必烈在诏书中强调乾元，也就暗含了他对坤元的表述。从元世祖丙戌诏书的文脉看，乾元是他对一个大帝国君主的品质要求，尽管他并没有做到，而且他的继任者往往还背道而驰。从元世祖丙戌诏书的文脉看，坤元是他对帝国臣民的品质要求。他尤其希望文人学士具有坤元的品格，庶几为他的大帝国服务。由于《周易》的思维原则是以《易》理为纲，旁通广涉，博取众象，因而各种阳刚的美好事物，大致都可以作为乾元的意象。其中，常见的意象有天、圜、君、父、玉、金、马、首等。然而，以忽必烈为

① 中华书局编辑部编"二十四史"简体字本《元史》，北京：中华书局，2000，第44页。
② 李学勤主编《十三经注疏·周易正义》，北京：北京大学出版社，1999，第1页。
③ 李学勤主编《十三经注疏·周易正义》，北京：北京大学出版社，1999，第7页。
④ 李学勤主编《十三经注疏·周易正义》，北京：北京大学出版社，1999，第25页。

代表的蒙古统治者，他们对乾元观念的把握，却并非兼收并蓄，而是有所侧重的，其侧重点有三，那就是天、君和马。

天、君和马是元世祖建国理念中的三个基本意象，也是元朝历世统治者的建国理念的形象化表达。天、君和马这三个基本意象，来源于蒙古民族的远祖孛端叉儿诞生的一则传说。这一传说，各种蒙古史籍均有记载，内容也大致相同。《元史》卷一《太祖》记载了铁木真的生平事迹，卷首即追述了这一传说：

> 太祖法天启运圣武皇帝，讳铁木真，姓奇渥温氏，蒙古部人。太祖其十世祖孛端叉儿，母曰阿兰果火，嫁脱奔咩哩犍，生二子，长曰博寒葛答黑，次曰博合睹撒里直。既而夫亡，阿兰寡居，夜寝帐中，梦白光自天窗中入，化为金色神人，来趋卧榻。阿兰惊觉，遂有娠，产一子，即孛端叉儿也。孛端叉儿状貌奇异，沉默寡言，家人谓之痴，独阿兰语人曰："此儿非痴，后世子孙必有大贵者。"阿兰没，诸兄分家赀，不及之。孛端叉儿曰："贫贱富贵，命也，赀财何足道！"独乘青白马，至八里屯阿懒之地居焉。食饮无所得，适有苍鹰搏野兽而食，孛端叉儿以缗设机取之，鹰即驯狎，乃臂鹰，猎兔禽以为膳，或阙即继，似有天相之。居月，有民数十家自统急里忽鲁之野逐水草来迁。①

在铁木真的尊号"法天启运圣武皇帝"中，已经包含了"天"和"君"的意象了。法天，意为遵循天道而行。启运，天道开启其命运。那么，我们不禁要问，其命运是什么呢？铁木真以为，其命运就是做一位圣而武的皇帝。圣，指其神圣性而言，最高的神圣性当然来自浩浩苍天。武，指武功，而蒙古民族是一个马背上的民族，其统治者正是靠骑马征战才打出了一片天下。这一尊号当然是铁木真去世之后追加的。为了增加其可信度，历代史家特意将蒙古民族的创始传说采入其历史著作之中。《元史》的作者为宋濂。虽然宋濂是明代文人，但是他也还是继承了这一历史著作的撰述惯例，以便毕肖蒙古统治者的形象，庶几获得《元史》这一特定历史著作所必须具备的文化意符。

在天、君和马这三个基本意象中，马的意象具有特殊的意义，因为它突出了蒙古民族的特征。天高高在上，苍天的功能是向人启迪智慧。君南面而坐，人君的职责是在人间进行统治。马奔驰千里万里，骏马是连接天道和人君的桥梁。古代蒙古民族生活在大草原上，草原上的动物很多，仅在家畜中就有牛、羊、马、骆驼等。然而，蒙古民族是偏爱马的，究其原因，依然与世界各国的象征传统一致。在象征传统中，相对于牛、羊、骆驼等动物来说，马乃是力量和精力在更高层次上的化身。在古希腊神话中，太阳神阿波罗的战车由马来牵引。在古印度的吠陀时代，最隆重的祭祀是马祭

---

① 中华书局编辑部编"二十四史"简体字本《元史》，北京：中华书局，2000，第1页。

(Asvamedha)，最善良而法力无边的神明是双马童（Asvin）。在基督教世界，马既是殉道者的表象，更是基督胜利的象征。在蒙古民族这一富于神学意味的传说记载中，对于马的描述是具体而生动的：孛端叉儿独乘青白马。青白马即毛色青白相杂的马，在我国古代典籍中又称为青骢。那么，我们不禁要问，青白马是一种怎样的马呢？杜甫的诗歌号称史诗，一代天才诗人杜甫，对青白马有过具体入微的描述。天宝八年（749），杜甫在长安就写过一首诗《高都护骢马行》："安西都护胡青骢，声价欻然来向东。此马临阵久无敌，与人一心成大功。功成惠养随所致，飘飘远自流沙至。雄姿未受伏枥恩，猛气犹思战场利。腕促蹄高如踣铁，交河几蹴层冰裂。五花散作云满身，万里方看汗流血。长安壮儿不敢骑，走过掣电倾城知。青丝络头为君老，何由却出横门道。"①诗人赞美青骢的骨相才气、刚毅性格，以及远大志向，以寄托自己报效国家的心愿。天宝十三年（754），杜甫又作了一首诗《骢马行》："邓公马癖人共知，初得花骢大宛种。夙昔传闻思一见，牵来左右神皆竦。雄姿逸态何崷崒！顾影骄嘶自矜宠。隅目青荧夹镜悬，肉鬃硉矹连钱动。朝来少试华轩下，未觉千金满高价。赤汗微生白雪毛，银鞍却覆香罗帕。卿家旧赐公取之，天厩真龙此其亚。昼洗须腾泾渭深，夕趋可刷幽并夜。吾闻良骥老始成，此马数年人更惊。岂有四蹄疾于鸟，不与八骏俱先鸣？时俗造次那得致？云雾晦冥方降精。近闻下诏喧都邑。肯使麒麟地上行？"②这里所描写的骢马，就是青骢马，亦即青白马。在这首诗中，杜甫赞美青白马的才力不凡，言奇才当会得到大用，人才终究能够为国家效力。回头再看史书中的孛端叉儿，他独乘青白马。一个"独"字，凸现了大英雄的气概和大草原的辽阔。马有多种毛色，青白色凸显出马的高贵，而马的高贵喻示其主人的高贵。果然，据史书记载，才经过了短短一个月的时间，便有民众数十家逐水草来迁，聚集在英雄的周围，一个民族的历史就这样开始了。

孛端叉儿的传说，描述了蒙古民族兴起的情形。元朝建立之后，皇室成员对马依然情有独钟。王恽（1227—1304），字仲谋，号秋涧，卫州汲县（今属河南）人。王恽有才干，操履端方，好学善属文。据史书记载，王恽于中统元年（1260）以选入京，擢为中书省详定官。中统二年（1261）春，转翰林修撰、同知制诰，兼国史院编修官，不久兼任中书省左右司都事。王恽诗文集曰《秋涧集》，合为一百卷。清代顾嗣立编《元诗选》，在初集之乙集中录有王恽《秋涧集》中的诗歌，其中有《御骠出厩图》诗："何人拂绢素，写此房驷精？一马老伏枥，志在千里行。二马骋踶齧，角壮犹龙腾。一马方辊尘，海岸翻鲲鲸。画师惨淡意，落笔矜多能。我观寓所感，国制贵有经。唐人重马政，分屯列郊坰。当时百万匹，肃肃罗天兵。东封与西荡，岁用不可胜。嗣王猎其余，尚足开中兴。乃知三军本，匪马将奚凭？圣经说预备，万古为世程。仓促事亦

① 唐·杜甫撰，清·仇兆鳌《杜诗详注》，上海：上海古籍出版社，1992，第40页。
② 唐·杜甫撰，清·仇兆鳌《杜诗详注》，上海：上海古籍出版社，1992，第107页。

办，未免众目惊。我思立仗间，振鬣伸长鸣。吾言固蒭荛，圣经其可轻？”①《御骠出厩图》本来是一首题画诗，御马是皇家所养的马。一群骏马，膘肥体壮，刚从马厩中放出来，它们相互追赶，欢腾嘶鸣，那番景象，十分壮观，而画师的描画远远未能尽写出皇家宝马的胜概，所以王恽才写诗以描述之。王恽是熟悉元代朝政的高官，其诗中所写道出了元代的马政情形。从这首诗中，可以看出马是元朝的国本。从历史上看，唐朝是重视马政的，但是与元朝相比就差得远了。元朝对马政的重视，在中华民族的马文化方面写下了光辉的一笔。华夏民族对马的使用是在向少数民族学习的过程中逐渐发展起来的。战国以前，马专用于拉车，而不供乘骑。《左传·昭公二十五年》：“左师展将以公乘马而归。”这里所说的“乘马”并不是骑马，而是乘坐马车的意思。“《左传》凡五言乘马，如六年《传》云：‘以其乘马八匹私面。’《公羊》、《穀梁》以各言乘马，俱见《隐》元年《传》，皆驾车马。”②尽管春秋时有骑马之事，但那只是在特殊情况下的个别例子。直到战国时，赵武灵王“胡服骑射”，才从北方少数民族匈奴那里学来了骑马杀敌的战术。后来，经过历代的演进，骑兵才成为一个兵种。再后来，蒙古民族把骑兵的作战技艺发挥到了极致。前引诗中两次提及“圣经”，这显然不是基督教的《圣经》，而是“圣经贤传”、“圣典”之意，即朝廷所颁布的马政方面的法典。

笔者认为，从孛端叉儿到元朝建国的漫长历史，可以用《易》学的五个关键词来加以概括，它们是元、玄、兹、滋和数。在古文中，元、玄二字读音相近，意义相通，因而经常互换使用。元，指开端和根本。玄，本义为赤黑色。由于黑咕隆咚地看不清楚，所以玄的转义便指深奥和神妙。宇宙的开端和本原是最为深奥的了，因而玄也指开端和根本。后来，甚至出现了“玄元”这一概念，用以指道本。《晋书》卷八七《梁武昭王李玄盛传》录李玄盛《述志赋》，开端曰：“涉至虚以诞驾，乘有舆于本无，禀玄元而陶衍，承景灵之冥符。荫朝云之庵蔼，仰朗日之照煦。”③到了唐代，玄元这一词语便进而被用来指道本的人格化，用来指称具有人格神意味的老子了。唐代尊老子为太上玄元皇帝，简称玄元，《旧唐书》卷二四《礼仪志四》：“开元二十九年正月己丑，诏两京及诸州各置玄元皇帝庙一所，并置崇玄学。其生徒令习《道德经》及《庄子》、《列子》、《文子》等，每年准明经例举送。”④既然玄、元二字可以相通，那么也就逐渐产生了“玄玄”这一说法，用以指昊昊苍天，根据就是《二十二子》本《淮南子·本经训》：“当此之时，玄玄至砀而运照，凤麟至，著龟兆，甘露下，竹实满，流黄出，而

① 清·顾嗣立编《元诗选》第一册，北京：中华书局，1987，第448页。

② 杨伯峻编著《春秋左传注》，北京：中华书局，1990第二版，第1465页。

③ 中华书局编辑部编“二十四史”简体字本《晋书》，北京：中华书局，2000，第1510页。

④ 中华书局编辑部编“二十四史”简体字本《旧唐书》，北京：中华书局，2000，第624页。

朱草生。”①高诱注：“玄，天也，元气也。砀，大也。盛德之君，恩仁广大，遍照四海也。”②在多种通行的版本中，“玄玄”作“玄元”，而《二十二子》本所收各书以精校、精注而饮誉学术界，足见“玄玄”亦即“玄元”。有趣得很，当我们把两个“玄”字并列书写的时候，就会合成一个“兹”字。而在古文中，“兹”与“滋”相通，其例不可胜举。滋，滋生繁衍，盛大富强。《左传·僖公十五年》记载了晋献公通过卜筮而将伯姬嫁人秦国的故事。

> 初，晋献公筮嫁伯姬于秦，遇《归妹》䷵之《睽》䷥。史苏占之曰：“不吉。其繇曰：‘士刲羊，亦无衁也。女承筐，亦无贶也。西邻责言，不可偿也。《归妹》之《睽》，犹无相也。’《震》之《离》，亦《离》之《震》，为雷为火。为嬴败姬，车说其輹，火焚其旗，不利行师，败于宗丘。《归妹》《睽》孤，寇张之弧，侄其从姑，六年其逋，逃归其国，而弃其家，明年其死于高梁之虚。”
>
> 及惠公在秦，曰：“先君若从史苏之占，吾不及此夫。”韩简侍，曰：“龟，象也；筮，数也。物生而后有象，象而后有滋，滋而后有数。先君之败德，及可数乎？史苏是占，勿从何益？《诗》曰：‘下民之孽，匪降自天，僔沓背憎，职竞由人。’”③

这段话中所引的四句诗，出自《诗经·小雅·十月之交》。伯姬就是后来的秦穆夫人，她的命运是通过《周易》的占卜方式来决定的。在今天看来，这件事情有些荒唐，此乃时代使然。尽管如此，《左传·僖公十五年》所记载的韩简的话却说明了《周易》的象数原理：“生生之谓易。”这个命题的核心是阴阳转易相生，李鼎祚《周易集解》引荀爽曰：“阴阳相易，转相生也。”李道平疏曰：“阳极生阴，阴极生阳，一消一息，转易相生，故谓之易。京氏云‘八卦相荡，阳入阴，阴入阳，二气交互不停，故曰：生生之谓易’。”④具体说来，必须先有实际存在的事物，然后才有代表事物的象征性符号。象征性符号积累到一定的程度，才能进行各种演变。根据各种演变，才能归纳为数字。有了数字，才便于运算，而运算的本质是推理。“兹”这个汉字，昭示了二物并生的原理。只有一个事物，那是绝不可能生殖繁衍的。有了矛盾对立的双方，才能生殖繁衍，以至于无穷。

元代是一个中外文化交流极为发达的时代。元代的一个重要现象是许多西域人华化。在元代的著作中，“西域”是一个极为宽泛的概念，它不仅涵盖中亚，也包括欧洲和非洲。在这些华化的人之中有学者，有诗人，有艺术家，有史学家，还有科学家，他

---

① 清·浙江书局辑刊《二十二子》，上海：上海古籍出版社影印，1986，第1238页上栏。
② 清·浙江书局辑刊《二十二子》，上海：上海古籍出版社影印，1986，第1238页上栏。
③ 清·洪亮吉撰、李解民点校《春秋左传诂》，北京：中华书局，1987，第296~298页。
④ 清·李道平撰，潘雨廷点校《周易集解纂疏》，北京：中华书局，1994，第561页。

们中不少身居高位，成为元朝的官员。此外，蒙古的西征还促进了东西文化的交汇，使得中国文化与钦察汗国、伊儿汗国的文化之间建立了密切的联系。钦察汗国的主要民族就是后来的俄罗斯人，而伊儿汗国是由突厥族的许多支系组成的国家。意大利威尼斯人马可·波罗（Marco Polo，1254—1324）于1271年启程来中国，于1275年到达上都，从此侨居中国十七年，并多次奉使各地，到过陕西、四川、云南、河南、江浙等行省数十城，并曾做官治理扬州三年。《马可·波罗游记》以栩栩如生的笔调，记载了元朝的重大事件、典章制度和各地的风土人情。据史学家考证，马可·波罗的记载，其内容基本属实，因而至今仍然是欧洲人了解中国的重要文献资料。周达观，元永嘉（今浙江温州）人，自号草庭逸民。周达观于元成宗元贞元年（1295）六月，奉命随元朝使节，赴真腊王国访问，至大德元年（1297）六月启程返国，于八月回到四明（今浙江宁波）。回国后，周达观撰《真腊风土记》一书，记载了柬埔寨的风土和事物，其主要内容是唐人亦即中国人在东南亚的活动。《真腊风土记·欲得唐货》：

> 其地想不出金银，以唐人金银为第一，五色轻缣帛次之，其次如真州之锡镴，温州之漆盘，泉州之青瓷器，及水银、银、朱纸札、硫黄、焰硝、檀香、白芷、麝香、麻布、黄草布、雨伞、铁锅、铜盘、水朱、桐油、篦箕、木梳、针，其粗重则如明州之席，甚欲得者，则菽麦也。然不可将去耳。①

由此记载，亦可反观，在当时有多少外国的物品输入中国啊！值得注意的是，元帝国与罗马教廷之间有着频繁的交往，还互派使节。在唐代，景教作为基督教的聂斯托利派的一支，于唐太宗贞观九年（635）传入中国。《全唐文》卷九一六净景《大秦景教流行中国碑》："太宗文皇帝光华启运，明圣临人。大秦国有上德曰阿罗本，占青云而载真经，望风律以驰艰险，贞观九祀，至于长安。帝使宰臣房公元龄，总仗西郊，宾迎入内，翻经书殿，问道禁闱，深知正真，特令传授。贞观十有二年秋七月，诏曰：'道无常名，圣无常体，随方设教，密济群生。大秦国大德阿罗本，远将经像，来献上京。详其教旨，玄妙无为；观其元宗，生成立委。词无繁说，理有忘筌，济物利人，宜行天下。'所司即于京义宁坊造大秦寺一所，度僧廿一人。"②值得注意的是唐太宗贞观十二年的这一道诏书。它说明了基督教为唐代官方所承认，因而它具有国教之性质。净景为唐建中年间（780—783）大秦寺的沙门。唐高宗朝（650—682）是景教最为兴盛的时期。《大秦景教流行中国碑》："法非景不行，主非德不立，土宇广阔，文物昌明。高宗皇帝克恭缵祖，润色真宗，而于诸州，各置景寺，仍崇阿罗本为镇国大法主。法流十道，国富玄休；寺满百城，家殷景福。"③中国人通过景教而了解了大秦国。大秦，即罗

---

① 宋·赵汝适撰《诸蕃志》（外十三种），上海：上海古籍出版社，1993，第64页。

② 清·董诰等编《全唐文》，上海：上海古籍出版社，1990，第4232页。

③ 清·董诰等编《全唐文》，上海：上海古籍出版社，1990，第4232页。

马帝国，拥有大小属国十余个，版图包括罗马、马其顿、叙利亚、埃及和阿拉伯之一部。《大秦景教流行中国碑》：“案《西域图记》及汉魏史策，大秦国南统珊瑚之海，北极众宝之山，西望仙境花林，东接长风弱水。其土出火浣布、返魂香、明月珠、夜光璧，俗无寇盗，人有乐康。”①不过，在唐武宗会昌五年（845）的毁佛事件中，因为景教是外来宗教，所以它也受到牵连，遂在中国内地绝迹了。也里可温教是基督教的一支，它在元代传入中国内地。这是基督教第二次传入中国内地。在元代伊斯兰教的地位仅次于佛教和基督教。在元朝的许多城市里，居住着大量的波斯和阿拉伯侨民。而从阿拉伯传来的科学技术和艺术，对中国当时和后来的发展，起了重要的作用。在中外文化交流史上，阿拉伯人所起的主要是一种桥梁和纽带的作用。通过阿拉伯人，中国人才较多地认识了欧洲的文化。在元代，海运蓬蓬勃勃，河运与陆上交通得到整治，手工业得到发展，城市得到建设，商业非常发达。对中国人地理视野的拓展来说，元代是一个重要的时期。总的说来，元代的艺术多姿多彩，显示了多民族的特征。频繁的中外文化交流，加上蒙古民族与汉民族不相同的文化因素，使得元代文化呈现出斑斓的色彩。的确，元代也一度呈现过浩大和兴盛。关于元代的浩大兴盛，可以从英国诗人和文学批评家塞缪尔·泰勒·柯勒律治（Samuel Taylor Coleridge，1772—1834）的不朽诗篇《忽必烈汗》（*Kubla Khan*）中窥得一斑：

> 忽必烈汗曾在上都下诏：堂皇的逍遥宫必须建造。圣河阿尔弗借道过那里，流水往深邃的山洞倾倒，注入那幽深大海的怀抱。一片沃土约四十里方圆，上面建起了宫墙和城堡。更有小溪蜿蜒花园明媚，繁花挂枝头芬芳好味道。眼前的树林山一样悠远，把洒满阳光的绿地环绕。
>
> 别看山坡上苍翠松柏多，下面是传奇的深渊沟壑！那荒原神圣而令人迷惑，似倩女游魂在月下穿梭，哀哭自己的情人是恶魔。无尽的骚动沸腾在深渊，似大地喘着粗气在急旋。泉水大股大股往外喷冒，它间不容发往外面翻泡。巨石蹦出像一阵阵冰雹，又像连枷下谷粒在蹦跳。石块在劲舞一发不可收，原来是奔腾的圣河一道。圣河在迷宫中蜿蜒十里，穿过了树林峡谷和山坳。然后注入深邃的山洞里，向着死海冲锋却在喧闹。喧闹中忽必烈仿佛听见：祖先隐隐作战争的预告。在那座行宫的影子上方，那声音在水波中央飘摇。泉水与洞穴的喧嚣传来，发出了混响的轰鸣一道。这简直就是一个奇迹啊，鬼斧神工巨制多么奇妙，灿灿行宫在冰窟中建造！
>
> 在睡梦中有一次我看见，有一个少女把洋琴拥抱。那是个阿比西尼亚姑娘，手指拨动琴弦真是曼妙。她正在把阿波拉山歌唱，我真想摹拟那旋律幽渺。但愿那歌在我心中重现，狂喜阵阵在我心中鼓捣。悠扬悦耳的音乐在飘荡，空中楼阁才有那

① 清·董诰等编《全唐文》，上海：上海古籍出版社，1990，第4232页。

般美好。灿灿行宫建在冰窟之中，听得到的人都该看得到。还要大喊一声你要当心，那秀发和眼睛不把你饶！要不就缠住你绕上三圈，在恍兮惚兮中把你放倒。养他的甘露比蜂蜜还甜，育他的是天堂的乳和酪。（拙译）①

元代由蒙古民族所建立。相对于汉民族而言，蒙古民族的文化本身就具有不少异质的成分。异质成分的交互作用，不仅对各自文化的发展有好处，而且还可以催生出一种新的文化来。这就是异质文化的触媒作用。在元代中外文化交流极其发达，这一点从《忽必烈汗》一诗里大量的异域意象之中可以得到验证。

有趣的是，《乾》卦《象》辞的思想，原封不动地出现在元世祖的一道诏书之中。由《乾》卦到整部《周易》，进而及于中华民族的思维，竟是如此完美地体现了元世祖的治国理念！这似乎是偶然的巧合，其实是历史的必然。按照现代民族学的理解，中华民族（the Chinese nation）是一个由历史形成的宏大的民族同通体（nationality），而其构成的各个要素，无论是汉族，还是蒙古族，抑或是别的其他少数民族，实际上都是一个个的种族集团（ethnic group）。目前我国各所民族院校的校名等正是如此翻译成英文的，不仅颇为贴切，而且具有科学性。这只能说明，组成中华民族的各种民族成分宛如一个大家庭的成员一样，原本就是血脉相连的。中华民族的各个成员，大家原本就是一家人。

---

① In Xanadu did Kubla Khan/A stately pleasure-dome decree: /Where Alph, the sacred river, ran/Through caverns measureless to man/Down to a sunless sea. /So twice five miles of fertile ground/With walls and towers were girdled round: /And there were gardens bright with sinuous rills, /Where blossomed many an incense-bearing tree; /And here were forests ancient as the hills, /Enfolding sunny spots of greenery.

But oh! that deep romantic chasm which slanted/Down the green hill athwart a cedarn cover! /A savage place! as holy and enchanted/As e'er beneath a waning moon was haunted/By woman wailing for her demon-lover! /And from this chasm, with ceaseless turmoil seething,/As if this earth in fast thick pants were breathing,/A mighty fountain momently was forced:/Amid whose swift half-intermitted burst/Huge fragments vaulted like rebounding hail,/Or chaffy grain beneath the thresher's flail:/And amid these dancing rocks at once and ever/It flung up momently the sacred river. /Five miles meandering with a mazy motion/Through wood and dale the sacred river ran,/Then reached the caverns measureless to man,/And sank in tumult to a lifeless ocean:/And amid this tumult Kubla heard from far/Ancestral voices prophesying war! /The shadow of the dome of pleasure/Floated midway on the waves;/Where was heard the mingled measure/From the fountain and the caves. /It was a miracle of rare device,/A sunny pleasure-dome with caves of ice!

A damsel with a dulcimer/In a vision once I saw:/It was an Abyssinian maid,/And on her dulcimer she played,/Singing of Mount Abora. /Could I revive within me/Her symphony and song,/To such a deep delight it would win me,/That with music loud and long,/I would build that dome in air,/That sunny dome! those caves of ice! /And all who heard should see them there,/And all should cry, Beware! Beware! /His flashing eyes, his floating hair! /Weave a circle round him thrice,/And close your eyes with holy dread,/For he on honey-dew hath fed,/And drunk the milk of Paradise.

---- M. H.. Abrams, ed., *The Norton Anthology of English Literature*, fifth edition (New York: W. W. Norton & Company) 354—355.

更为重要的还是元朝统治者所推行的国家意识形态。这也是元朝统治者所奉行的正统思想。虽然元朝是蒙古族所建立的封建王朝，但是元朝的统治思想却是理学，而理学是中国古代社会后期的儒学正宗。赵复对理学在北方的发展做出过重要的贡献。赵复，字仁甫，又作仁复，本是出生于德安（今湖北安陆）的汉人，精通程朱理学，人称江汉先生。端平二年（1235）蒙古军南下，于武昌之役俘虏了赵复。始初渡江时，赵复作《寄皇甫庭》诗云："寄语江南皇甫庭，此行无虑隔平生。眼前漫有千行泪，水自东流月自明。"①从诗中可以看出，赵复的心中充满了悲伤和无奈，悲伤的是国破家亡，无奈的是还得随同蒙古大军北行远去。后来，赵复被邀请到燕京，受到忽必烈的召见。忽必烈谕赵复开办太极书院，庶几讲学其中，培养人才。在燕京赵复毕竟可以施展才华，研究理学，培养学生，因而他的心情也渐渐好起来，他在《自遣》诗中写道："醉乘鸾驭到仙家，彩笔云笺赋落霞。老去空山秋寂寞，自锄明月种梅花。"②从诗中可以看出，一代学者在自己的专业领域中是如何从容自得。此诗首句一本作"乘云曾到玉皇家"，道家的气息更浓。道教的历史告诉我们，凡是在民族危机深重的时候，道教就会兴盛，而道门中人与非道门中人都会在道教中寻找寄托。赵复深知，欲有所成，只能在既存的现实中刻苦奋斗。最终赵复成为北方理学的开山之祖，培养了大量人才。在赵复的众多门生之中，许衡（1209—1281）、刘因（1249—1293）、吴澄（1249—1333）被誉为元代三大理学家。由于元代的主流意识形态是理学，因而元代的文学理论也基本上是宋代的延续。这就是为什么我们在研究中国文学批评史的时候，往往把宋、金、元作为一个大的时代单元来加以论述的根据。

郝经（1223—1275），字伯常，曾从赵复学，后来成为著名的文学批评家。郝经撰《陵川集》卷二十《内游》：

昔人谓汉太史迁之文，所以奇，所以深，所以雄雅健绝，超丽疏越者，非区区于文字之间而已也。迁生龙门，耕牧河山之阳，南浮江、淮，上会稽，探禹穴，窥九嶷，浮于沅、湘；北涉汶、泗，讲业齐、鲁之都，过梁、楚；西使巴、蜀，略邛、笮、昆明，还于河、洛；能尽天下之大观以助其气，然后吐而为辞，笔而为书，故尔欲学迁之文，先学其游可也。余谓不然，果如是，则迁之为迁亦下矣。勤于足迹之余，会于观览之末，激其志而益其气，仅发于文辞而不能成事业，则其游也外，而所得者小也。其游也外，故其得也小，其得也小，故其失也大。是以《史记》一书，甚多疏略，或有抵牾。论大道则先黄、老而后《六经》，序游侠则退处士而进奸雄，述货殖则崇轨利而羞贱贫。其于书法也，则记繁而志寡。项籍一夫也，而述本纪，与尧、舜并；陈涉役徒也，作世家，与孔子同。其失岂浅浅哉？

故欲学迁之游，而求助于外者，曷亦内游乎？身不离于衽席之上，而游于六合

① 陈衍辑撰，李梦生校点《元诗纪事》，上海：上海古籍出版社，1987，第708页。

② 陈衍辑撰，李梦生校点《元诗纪事》，上海：上海古籍出版社，1987，第709页。

之外，生乎千古之下，而游于千古之上，岂区区于足迹之余，观览之末者所能也？持心御气，明正精一，游于内而不滞于内，应于外而不逐于外。常止而行，常动而静，常诚而不妄，常和而不悖。如止水，众止不能易；如明镜，众形不能逃；如平衡之权，轻重在我；无偏无倚，无污无滞，无挠无荡，每寓于物而游焉。于经也则《河图》、《洛书》，剩划太古，挈天地之几，发天地之蕴，尽天地之变，见鬼神之迹。太极出形，面目于世，万化万象，张皇其中，而弥茫洞豁，崎岖充溢，因吾之心，见天地鬼神之心；因吾之游，见天地鬼神之游。《周诰》、《商盘》、《禹谟》、《舜典》，醇譁忠致，贯日月，开金石，都俞吁咈，噩噩灏灏，唐、虞、三代之治，僾然而见。风、雅、变、正，讽、赞、刺、美，洋洋乎中声，鼓动至化，元经笔削，蹂邪直正。齐桓、晋文，霸心方侈，而束之以道，缚之以义；乱臣贼子，禁其欲而不敢肆。藩垣屏翰，既周流而历览之，乃升正大之堂，入高明之域。尧、舜、禹、汤，文、武、周、孔，拱宓牺而坐，皋、夔、伊、吕，亚风牧而侍，孟轲氏辨乎其间，而颜、曾导焉，荀、扬奉焉。熙熙乎育物之仁，翕翕乎制物之义，位尊卑，辨上下，治神人之礼，和而不流之乐；别嫌疑，明是非，照耀昭晰之智，闲而存之之敬，实而守之之信，化而极之之圣，死生之说，神应之妙，大发其闻。而诡言诐行，放辟斥除；圣路廓清，而天宇泰定。至矣哉！君君臣臣，父父子子，夫夫妇妇，兄兄弟弟，何盛尔也。而后易志赜精而游乎史；废兴之迹，邪正之由，大君大臣之所以盛，小惠小道之所以蔽，礼乐之所以兴，政刑之所以紊，国势之所以张，国本之所以强，奸佞謷孽之所以逞，祸乱崩析之所以致，纪纲之所以明，风俗之所以坏，教化之所以行。见其记注繁而正义鲜也，思得仲尼者而笔削之。见其典故废而法制剥也，思得周公者而振起之。既游矣，既得矣，而后洗心斋戒，退藏于密，视当其可者，时时而出之；可以动则动，可以止则止，可以久则久，可以速则速。蕴而为德行，行而为事业，固不以文辞而已也。如是则吾之卓尔之道，浩然之气，巍乎与天地一，固不待于山川之助也。彼隮山乔岳，高则高矣，于吾道何有？长江大河，盛则盛矣，于吾气何有？故曰：欲游乎外者，必游乎内。噫！以史迁之才，果未游于内耶？盖亦称之者过矣。①

郝经《内游说》有助于我们理解元代主流文化的特征，从而更好地把握元代的科举制度和八股文。《内游说》有以下五点值得关注。

第一，郝经的《内游说》采用反证法，从肯定司马迁《史记》而开始立论。自古以来，人们都赞赏司马迁《史记》之文，而司马迁曾广泛游历祖国的大好山河。按照常理说，既然要学习司马迁的文章，那么就要首先学习司马迁之游历。然而郝经笔锋一转，谓之不然。这是因为，一个人仅仅发其志气于文章，而不能成就一番事业，依然不够伟大。接着郝经指出，在《史记》中存在着不少疏略和牴牾之处。那么，原因在哪

① 乾隆刻本《郝文忠公陵川文集》卷二十《杂著》。

里呢？原来司马迁之游，仅仅是足出户外的游历，亦即外游，而郝经所提倡之游是一种内心的游历，简称内游。这说明，郝经所强调的乃是心性的修养，惟有心性的修养可以上达圣贤之道而穷理尽性。

第二，如何实现内游呢？郝经说内游的方法是秉持一颗真心以驾驭自己的气。所谓气，其本质是一种物质的力量，也就是一个人的身体，既包括他的双脚，也包括他的头脑。只要做到身心并用，那么就能够游于内而不滞于内，应于外而不逐于外。也就是说，进行内心修养的时候不至于迂腐而忘记天下国家大事和民族的命运，从事实际工作的时候不至于疲于奔命而忘记总的目标。那么，怎样才能做到这些呢？方法很简单，那就是明正精一，即目标要明确，精力要集中。这样，在需要安静的时候，就能够安静得下来；在需要行动的时候，就能够有效地行动。

第三，内心的游历，其范围是广大的，但是有一个要点，那就是必须从熟悉中华民族的历史文化典籍入手。借用今天的术语来说，就是要从源头上做起，从那些产生于轴心时期的基本典籍上去进行探寻。郝经举出《河图》和《洛书》，用它们来概括中华民族的元典。元典之所以重要，是因为它们是民族魂的根据所在。郝经四次言及“天地”，“天地”成了《内游说》中反复出现的意象（recurrent images），而反复出现的意象往往就是文章的中心思想亦即作者的主旨。“掔天地之几”，要求人们从天地的运行中把握社会运动的微妙征兆。“发天地之蕴”，要求人们探索那些隐藏在世界中的奥秘。“尽天地之变”，要求人们对天地之间万事万物作详细的考察，也就是格物穷理的意思。“见天地鬼神之游”，这是富于宗教意味的一个命题。所谓鬼神，也就是最高的精神存在，其中既有《诗经》所说的上帝的意思，也包括我们民族世世代代积累下来的各种精神财富，知识和智慧，经验和教训。这是因为，古人有“失人之本”、“变质同神”的信仰，见《抱朴子内篇·对俗》。我们的祖先死去之后，年代越久远，他们之存在距离神灵也就越近，而最终与神合而为一。《诗经·大雅·生民》：“其香始升，上帝居歆。”上帝是最高的天神，人们祭祀的时候，馨香的柴烟冉冉上升，就会到达上帝那里，让上帝了解人们的心愿。

第四，内心的游历注重对历史的考察。在有了神学的基础之后，还必须对历史有深刻的了解，否则信仰层面的一切就没有办法得到落实。自古以来，中华民族不排斥思辨，但是更注重实际。生死之说，神应之妙，都只有在历史的范畴之内，才能够得到令人信服的说明。至于君臣、父子、夫妇、兄弟等伦理，也是历史地形成的一系列观念，只有凭借精神在历史的长河中遨游，参证各种史籍的记载，才能把握它们的实质。王朝的更替兴衰，礼乐与政治的关系，国势强盛的原因，国本成立的基础，社会风气的变化，也必须在考察历史的过程中才能够弄明白。

第五，郝经之所以提倡内游，还有一个重要的原因，就是在历史上某些时期之内，存在着南北分裂和东西对峙的局面。在这种情况下，欲进行外游往往有困难，而进行内游则没有这样的局限。郝经在中统元年（1260）曾以翰林侍读学士的身份出使宋朝，其任务是向南宋朝廷通告元世祖即位的讯息，并商谈元、宋和议之事。然而南宋宰相贾似道（1213—1275）将郝经扣留于真州（今江苏仪征）长达十余年之久。在被扣留的岁月中，郝经惟有著述度日。郝经在铁窗下生活了十余年，也内游了十余年。这是内游说形成的客观环境。

在南北朝时，有位画家名叫宗炳（375—443），其字少文，又称宗居士。宗炳提倡卧游。卧游主要指主体在进行艺术创作和欣赏的时候所经历的内心体验。郝经的内游说是对宗炳“卧游说”的发展，其发展的途径是注入历史的内涵。郝经的内游说是一种积极的入世的学说。该学说的提出，有益于知识分子在元代的特殊历史环境中保存、继承和发扬中华民族的文化。《内游说》的根本要义只有一条，那就是坚持中华文化的正统。具体说来，国家政权的统治阶级既可以是汉族，也可以是少数民族，但是中华民族的传统则必须维系下去。谁能维系并发展中华民族的总的精神，谁就是正统。士人依然必须秉持中华民族的精魂。在元代科举制度之所以依然存在，制艺依然得到讲求，就是以中华民族的正统观念始终存在的缘故。

早在蒙古国时期，统治阶级就已经认识到，必须从儒生中发现人才。窝阔台汗九年（1237）耶律楚材（1190—1244）建议考试儒生。《元史》卷一四六《耶律楚材传》：

> 丁酉，楚材奏曰：“制器者必用良工，守成者必用儒臣。儒臣之事业，非积数十年，殆未易成也。”帝曰：“果尔，可官其人。”楚材曰：“请校试之。”乃命宣德州宣课使刘中随郡考试，以经义、词赋、论分为三科，儒人被俘为奴者，亦令就试，其主匿弗遣者死。得士凡四千三十人，免为奴者四之一。①

这是由蒙古统治者所举行的首次科举考试。值得注意的是在所录取的四千零三十人中，有四分之一的考生是奴隶身份。这说明通过科举考试，大量陷身为奴的汉族文士得到了任用。这些文士对底层社会十分熟悉，他们经由科举考试而走入仕途，这无疑有助于改善官僚阶层的结构，庶几劳动人民可以少受一些痛苦。元朝建立之后，元世祖积极标榜文治，设立学校，完善官制，征召儒士，几次召大臣商议，如何实行科举考试，但始终未能正式施行。元仁宗延祐元年（1314）元朝又开科取士。元代的科举考试每三年举行一次，分为乡试、会试和殿试三级。乡试为地方考试，于八月份举行，合格者为举人。举人可参加会试，次年二月在京师举行。会试合格者，于会试次月参加在翰林院举行的殿试。殿试之后，将会试合格者重新厘定等次，分为两榜公布。蒙古人和色目人为一榜，汉人和南人另为一榜。虽然规定如此，但是实际上并没有按此规定执行。从窝阔台九年到仁宗元祐元年，共有七十七年的漫长岁月。而在此期间，元朝竟然没有举行过任何科举考试。在元朝统治中国的九十八年中，科举考试一共举行过十七次，后十六次仅有登科进士一千一百三十余人。元代推行民族压迫政策，无论乡试还是会试，在考试科目方面，蒙古人和色目人都比汉人和南人要简单得多。与宋代相比，元代在科举考试

---

① 中华书局编辑部编“二十四史”简体字本《元史》，北京：中华书局，2000，第2303页。

方面落后不少。

不过，元代的科举考试也一个特点，那就是重经义而轻诗赋。这在一定程度上有利于培养实用人才。元代的考试程式分为三场。第一场考经义，以朱熹《四书章句集注》为范围出题，考察士人对儒家基本思想的把握。第二场考古赋、诏诰、章表，考察士人的文学修养和文字表现能力。第三场考策论，考察士人分析实际问题的能力。汉人须经此三场考试，蒙古人和色目人则免试第二场。在我国科举制度史上，以朱熹《四书章句集注》考试士人，就是从元代开始的。这是元代对科举制度的重要贡献。在科举考试中，考生必须以《四书章句集注》等宋元人注释为立论之依据，这一点为后来的明朝和清朝所继承。

以下是一篇元代经义的范文。

克明俊德，以亲九族；九族既睦，平章百姓；
百姓昭明，协和万邦，黎民于变时雍。

惟圣德之明极其盛，故圣德之推极于远。(**1. 破题**)

盖圣人躬行于上，则所以观感于下者，有不期然而然者矣。昔者帝尧能明其大德，光辉日盛，无所不照；全体之大，无所不包。(**2. 承题**)

圣德之著于己者如此，则其推之于家，而“九族”皆有以笃其亲亲之恩；推之于国，而“百姓”皆有以明其在己之德。又推之于天下，而民之众皆有以变恶为善而底夫雍熙之盛焉。(**3. 小讲**)

圣人一视而同仁，笃近而举远，其推之之序，皆出于自然，夫岂有所勉强而后能之者乎？(**4. 缴结**)(**以上四段合起来总称为“冒头”**)

《书》曰云云(“克明俊德，以亲九族；九族既睦，平章百姓；百姓昭明，协和万邦，黎民于变时雍。”原文不抄写此题目，因而用“云云”二字替代)，即放勋之所极也。(**5. 官题**)

惟天下至诚，为能尽其性。其得于天而具于己者，无一毫之不实，无一息之不明。体之立者，异于人也。能尽其性，则能尽人物之性。其充于此而著于彼者，无一民之不化，无一物之不周。用之行者，又异于人也。圣人笃恭而天下平，其所以赞化育而参天地，于此可见矣。夫德者人之所同得，不以圣愚而有以加损也。而谓圣人之德有异于人，何哉？(**6. 原题**)

盖生而知之则钦明，文思皆出于自然，非常人之所及也。安而行之，则允恭克让，不待勉强，非常人所能也。德不止于德而曰“俊德”，则大而无外，如天地之覆载。大不止于大而曰“明”，则光被四表，如日月之照临。明不止于明而曰“克”，则能超乎气禀之偏，绝乎物欲之蔽，其卓冠群伦也宜哉。

其明德之本无以加，故明德之效有其序。以此德而齐家，则父子、兄弟、夫妇、长幼之际，以至五服异姓之亲，欢然有恩以相爱，秩然有叙以相接，皆圣人明德为之本而使之有所取则也。以此德而治国平天下，则畿内之近，“万邦”之远，“黎民”之众，各有以去其旧染之污，而全其明明之德，孝弟忠信怡然；于安居乐业之余，礼乐教化蔚然。

于雍熙泰和之盛，皆本于圣人之明德，其下观而化，固有不令而从者焉。盖同然之理，具于圣人之一心，亦具于千万人之心。**(7. 大讲)**

圣人推之于家者，此德也。推之于国与天下者，亦此德也。举天下之大，皆囿于圣人德化之中。**(8. 余意)**

吁，盛矣！抑尝观之《书》序，帝王之德，莫盛于尧，其称放勋之实，莫备于此。甚矣！**(9. 原经)**

史臣之善言德业也，厥后子贡之称孔子，言：圣人之德，如天之不可阶，而绥、来、动、和之妙，盖无异于尧也，亦可谓善言德行矣。后之为治者，有志于帝尧之治，常法乎帝尧之德，而修身者即所以明德也。故《孟子》曰：“天下国家之本在身。”**(10. 结尾)**①

这篇经义的题目，出自《尚书·虞书·尧典》的开头部分。如果粗分，那么这篇文章可以分为四部分，即四个段落，它们是冒头、原题、讲题和结题。如果细分，则为十部分，即十个自然段（其中，有的自然段，还可以再作细分）。这种由十个自然段组成的文章，乃是元代科举考试的固定格式，称为“十段文”。十段文在北宋时期略具雏形，在南宋时期基本成型，在元代得到巩固和发展。十段文在演进的过程中逐步完善，到了明代最终发展为八股文。在元代，科举屡屡兴起，又屡屡废弛。这是问题的一个方面。另一方面，尽管科举制度的运转不够正常，而士人们的追求却从来也没有停止。在元代，对于时文的讲求日益细密，研习时文的风气在读书人中间悄然勃兴。在元代，坊间流传着许多时文的选本，有的系辑自科举考试的名篇，有的是士人多年积攒起来的习作，还有的是科举考试中那些不得意者故意而为之作，因为他们希望自己的文章得到流布。结果，就出现了一个奇怪的现象，元代开科取士极少，而各级官府却并不缺乏各种幕僚和各种级别的文士。这是因为，文章体制的变化，有它自己的规律。文章并不因为统治者之民族身份的变化而停止其演进。在明清时期蔚为大观的八股文中也有着元代十段文的坯基。

三、在明明德——华夏正统的恢复与明代八股文章

“钧天奏兮列丹墀，俄翩翩兮凤皇仪。敛翱翔兮栖梧枝，彼观德兮直为我辞。”②这

① 元·王充耘《书义衿式》卷一。

② 清·朱彝尊辑录《明诗综》，北京：中华书局，2007，第2页。

是明太祖朱元璋（1328—1398）所作的《神凤操》诗，见《明诗综》卷一。此诗固然经过了文人的修饰，然而它毕竟道出了朱元璋在建立明朝之后以一代神圣君主的身份俯瞰神州大地时的豪迈气概。宋濂（1310—1381）在评价朱元璋的诗歌成就时说："皇帝临御以来，用人文化成天下，天纵圣能，形诸篇翰，挥洒之际，不待凝神，而思若渊泉，有长江大河一泻万里之势，自然度越千古。"①宋濂亲身经历了元末明初的社会大变动，为明朝开国第一文臣，他的评价可谓中的。《明史》卷一《太祖本纪一》：

> 太祖开天行道肇纪立极大圣至神仁文义武俊德成功高皇帝，讳元璋，字国瑞，姓朱氏。先世家沛，徙句容，再徙泗州。父世珍，始徙濠州之钟离。生四子，太祖其季也。母陈氏，方娠，梦神授药一丸，置掌中有光，吞之，寤，口余香气。及产，红光满室。自是夜数有光起，邻里望见，惊以为火，辄奔救，至则无有。比长，姿貌雄杰，奇骨贯顶。志意廓然，人莫能测。②

这段记载颇具神学色彩，其中当然有古代史学家的附会。然而，古代史学家的附会，并不见得就是迷信，而是一种史学撰著的惯例。在史学撰著的惯例中出现的那些记述，虽然并非实际发生过的事实，但是它们却暗示了史学家们所欲揭示的应该如此的历史必然。这是诗性思维在历史著作中的反映。亚里士多德《诗学》第九章："诗人的职责不在于描述已发生的事，而在于描述可能发生的事，即按照可然律或必然律可能发生的事。历史学家和诗人的区别不在于一用散文，一用'韵文'，希罗多德的作品可以改写为'韵文'，但仍是一种历史，有没有韵律都是一样；两者的差别在于一叙述已发生的事，一描述可能发生的事。因此，写诗这种活动比写历史更富于哲学意味，更被严肃的对待；因为诗所描述的事带有普遍性，历史则叙述个别的事。"③在二十四史中，多数史籍中都包含有神学意味的记载。这些看似附会的东西，其实大有探究的必要。中国史学家或许正是以这种方式来弥补早熟的中国文化，在史书中添进诗性思维的成分，让史书具有如诗的叙述，让正史变得生气勃勃，让后人从个别事件走向理性之一般并进而深刻地体会我们中华民族的伟大精神。因此，我们可以把那些具有神学色彩的记述，看做是一些文化符号，即可去其怪诞，见其本质。那么，有关朱元璋出生的文化符号是怎样的一个符号呢？它显然是一个具有浓郁的神学意味的文化符号。它暗示了朱元璋乃至整个明朝的宗教观念，而围绕着这个宗教观念的则是明朝统治者倡导的国家意识形态。

明朝（1368—1644）是中国历史上最后一个由汉族建立的王朝，历十七世，共十六位皇帝。在明太祖朱元璋洪武年间（1368—1402），生产力得到恢复，国家一派欣欣

---

① 清·朱彝尊辑录《明诗综》，北京：中华书局，2007，第2页。

② 中华书局编辑部编"二十四史"简体字本《明史》，北京：中华书局，2000，第1页。

③ ［古希腊］亚里士多德著《诗学》，［古罗马］贺拉斯著《诗艺》，罗念生译，北京：人民文学出版社，1962，第28页。

向荣的局面。明朝的版图，虽然不是很广大，但是亦囊括了今日内地十八省之范围，并一度在今东北地区、新疆东部等地设有羁縻机构。明朝初年国力较为强盛，曾经北进蒙古，南征安南。明成祖朱棣永乐年间（1403—1425），明朝文化鼎盛，并在东南亚一带具有强大的影响。明英宗于幼年即位，当时海内清平。从正统七年（1442）起，宦官开始把持政权。正统十四年（1449）发生了土木堡之变，明朝国力的发展开始停滞。正德（1506—1522）、嘉靖（1522—1567）两朝，开始逐渐衰落，社会矛盾爆发，并面临蒙古、倭寇两大外患。然而，明神宗万历年间（1573—1620），名相张居正辅政，明朝又一度中兴。张居正厉行改革，狠抓财政经济，成效显著。据后世学者估计，张居正的改革至少使得明朝的统治增加了五十年。试比较我国南北朝时期的历史，就可以明了，五十年的和平发展意味着什么。在南北朝时期，南方各朝，均极短暂。其中宋（420—479）存六十年，南齐（479—502）存二十四年，梁朝（502—557）存五十六年，陈朝（557—589）存三十三年。由此可知，对于一个国家的发展来说，五十年是一段极为可观的时间。当时明朝的经济规模可称世界第一。不过，从万历中期开始，皇帝怠政，官员腐化，关外女真兴起，明朝开始走向衰亡。天启年间阉党专政加快了这一进程的发展。至崇祯年间，多处爆发民变，后金军队也突破长城，进入关内。农民起义军攻占北京后，崇祯皇帝自缢，明朝灭亡了。总的说来，明朝的政治体制具有严重的缺陷。明朝实行的是极端的集权专制体制，特务横行，宦官乱政。尽管如此，明朝的经济和文化在中国历史上仍然属于比较发达的阶段。我们不妨比较一下明朝和宋朝的情形。日本史家内滕湖南（1866—1934）及其学生宫崎市定（1901—1995），均称宋朝为东方的文艺复兴。不过，这主要是从生产力的发展程度和科学技术所达到的高度来考量的。这两位亚洲史专家都忽略了思想观念这一维度。北宋时期和南宋时期，尽管中国的生产力很高，科学技术得到广泛的应用，但是人们的思想观念依然在封建主义的大格局中打转，缺少朝向更高更新层次的跃动。从时间上看，西方的文艺复兴开始得晚一些。西方的文艺复兴时期，大致与中国的明朝相当。西方文艺复兴的盛期正好是中国的明朝。在英国有剧作家莎士比亚（1564—1616），在中国有剧作家汤显祖（1550—1616），他们的戏剧创作都对人性的基本问题进行了剖析。而且，有文献表明汤显祖与西方传教士有着较多的交往。然而，文艺复兴在西方是以思想观念的革命性变革为主旋律的，科学思想成了文艺复兴以来西方人的主要追求。而且，更为重要的是自由和人权观念成了西方人的主要价值取向。因而，伴随着文艺复兴、地理大发现和宗教改革，西方各国在世界上的地位就逐渐超过中国了。就在这一时期，基督宗教再次传入中国。这一次基督宗教在中国站稳了脚跟。伴随着西方传教士来到中国的，还有各种自然科学知识，中西文化的交流愈益广泛。总的说来，明朝对待外来事物的态度较为开明。这种开明的态度，不是明朝统治阶级被迫采取的，而是有着其自身要求的一种必然的趋势。

一个有趣的问题是：明朝为什么称为明？《史记·五帝本纪》："自黄帝至舜禹，皆同姓而异其国号，以章明德。故黄帝为有熊，帝颛顼为高阳，帝喾为高辛，帝尧为陶唐，帝舜为有虞。”①国号是一个朝代或国家的名号，国号往往彰显一个新朝代的特点。朱元璋夺取天下的基本队伍是元末起义军之一，这是继郭子兴所领导的农民起义军而发展起来的一支队伍。郭子兴属于白莲教组织。白莲教宣称黑暗即将过去，光明即将到来，借以鼓舞人民反对元朝末年的黑暗统治，所以又称光明教。白莲教的首领韩山童称明王，他的儿子韩林儿称小明王。这两个名称都体现了白莲教的教义宗旨。朱元璋不仅曾经信仰白莲教，而且其队伍是白莲教起义军中的一支，他本人亦曾担任小明王的左副元帅。朱元璋取得政权后，国号称明。这是一般的说法，然而笔者认为，朱元璋为其朝代定国号为明，还有一番历史的考量在里头。朱元璋欲在中国历史的纵贯发展之中体现出其朝代的正统性。

白莲教是具有多种外来文化成分的宗教。白莲教于南宋初年由吴郡（今苏州）僧人茅子元创立，原本为佛教净土宗的一支，称白莲宗。净土宗因为教义简单，只须口念阿弥陀佛千遍万遍即可前往西方极乐净土，因而它具有极为广泛的群众基础，上至达官贵人，下至愚夫愚妇，皆乐于信奉之。后来白莲宗与弥勒信仰相混合，并且吸收了道教和明教的教义，逐渐发展为白莲教。道教是中国的本土宗教，向来在民间势力极大。纵观道教史，道教往往在民族危亡机之际蓬勃发展迅速壮大。在中国古代流行的明教本是由摩尼教（Manichaeism）发展而来的民间宗教，并且在多数时期是作为一种秘密宗教而存在的。摩尼教是伊朗古代宗教之一，3世纪由摩尼（Mani，AD circa 215—276）创立。摩尼教本身是一个大混合，它囊括了琐罗亚斯德教、基督教、诺斯替派以及其他信仰，提出一种宇宙斗争的神学。宇宙斗争在善与恶之间进行，光明、上帝和精神属于善一方，而黑暗、撒旦和物质属于恶一方。至于摩尼教的理论基础，则为更加古老的琐罗亚斯德教（Zoroastrianism）的二元论。该教的创始人琐罗亚斯德（Zoroaster，circa 628—551 BC）宣称，其立教原则包含在《阿维斯塔经》（*Avesta*）中，即相信来世以及宇宙间持续的斗争。宇宙间的斗争在阿胡拉·马兹达（波斯文 Ahura Mazda，希腊文称为 Ormazd，奥尔穆兹德）和安格拉·曼纽（波斯文 Angra Mainyu，希腊文称为 Ahriman，阿里曼）之间进行，前者为善神，后者为恶神。宇宙间的斗争，始终在这两个神之间进行。前者代表光明与善，后者代表黑暗与恶。在中国古代流行的明教则认为，斗争的过去、现在和未来三个阶段，分别为燃灯佛（梵文 Dipamkara，音译提和揭罗）统治的青阳时期、释迦佛统治的红阳时期和弥勒佛（梵文 Maitreya）统治的白阳时期。“现在”为释迦佛统治的红阳时期，遍地哀鸿，血光满天，生活中充满着黑暗和苦痛。但是历史演进的总趋势是光明战胜黑暗。弥勒佛降生之后，人类就会见到光明，获得幸福。白莲教是盛行元、明、清三代的秘密宗教，各派均有严格的组织系统。信徒入教须履行一定的仪式，平日要烧礼拜，定期集会，听讲经卷，教习棍棒拳脚等实用武功。由于白莲教徒众广大，它往往在民生困苦的时候成为农民起义组织者，而统治阶级则视之为异端邪教，倾尽全力，加以镇压。朱元璋成为君主之后，必然要摆脱他从前曾信奉过

① 中华书局编辑部编“二十四史”简体字本《史记》，北京：中华书局，2000，第34页。

的白莲教，尤其要摆脱其中的非正统因素。那么哪些是非正统因素呢？主要是明教。朱元璋认识到，他必须摆脱明教这一外来宗教，否则他就难于以一代神圣君主的面目巍巍然坐在皇帝的宝座之上。尽管佛教也是外来宗教，但是它传入较早，已经成为中国传统文化的一部分了。不过，佛教的各种成分，其面貌亦各不相同。净土宗信仰阿弥陀佛，过于浅俗。燃灯佛是释迦牟尼诞生以前的众佛之一。弥勒本来是众菩萨之一，成佛甚晚。他们显然都不能与释迦牟尼相比。净土信仰、燃灯佛信仰、弥勒信仰这一类的宗教因素，尽管也可囊括于佛教的大范围之中，但是这些信仰的过分世俗化则使之显得不高雅，难称庄严广大，因而朱元璋采取区别对待的政策，对它们加以改造，使之正统化，以便与其皇极相称。道教是中国的本土宗教，因而道教在明代受到了极大的尊崇。

朱元璋在成为君主的前后，对待白莲教的态度发生了根本的转变。朱元璋称君的过程是分为两步走的。第一步是他于1364年正月即吴王位。第二步是他于1367年十二月正式即明朝皇帝位。从1364年正月到1367年十二月，这四年间乃是朱元璋对白莲教的态度发生根本转变的时期，而《平周榜》可视为这一转变的标志。龙凤十二年(1366)，朱元璋发布了著名的《平周榜》。《平周榜》原文载《平吴录》。《平吴录》，又称《皇朝平吴录》，明人所撰，不著姓氏。明·邓士龙辑《国朝典故》一百一十卷，其卷六即《皇朝平吴录》，分为上、中、下三节。朱元璋的《平周榜》载于《皇朝平吴录》中，全文如下：

> 伐罪救民，王者之师，考之往古，世代昭然。轩辕氏诛蚩尤，殷汤征葛伯，文王伐崇侯，三圣之起兵也，非富天下，本为救民。近睹有元之末，主居深宫，臣操威福，官以贿成，罪以情免，风宪举亲而核雠，有司差贫而贳富。庙堂不以为虑，方添冗官，又改钞法，役四十万人，湮塞黄河，死者枕藉于道，哀苦声闻于天。致使愚民，误中妖术，不解偈言之妄诞，酷信弥勒之真有，冀其治世，以苏其苦，聚为烧香之党，根据汝、颍，蔓延河、洛。妖言既行，凶谋遂逞，焚荡城郭，杀戮士夫，荼毒生灵，无端万状。元以天下钱粮兵马而讨之，略无功效，愈见猖獗，然而终不能济世安民。是以有志之士，傍观熟虑，或假元氏为名，或托乡军之号，或以孤兵独立，皆欲自为，由是天下土崩瓦解。
>
> 予本濠梁之民，初列行伍，渐至提兵，灼见妖言终不能成事，又度胡运难与成功，遂领兵渡江。赖天地祖宗之灵及将帅之力，一鼓而有江左，再战而定浙东。陈氏称号，据我上游，爰兴问罪之师，彭蠡交兵，元恶授首，其父子兄弟面缚舆榇。既待以不死，又封以列爵，将相皆置于朝班，民庶各安于田里，荆襄、湖广，尽入版图，虽未及混一，而政令颇修。惟兹姑苏张士诚，为民则私贩盐货，行劫于江湖，兵兴则首聚凶徒，负固于海岛，其罪一也；又恐海隅一区，难抗天下全势，诈降于元，坑其参政赵琏，囚其待制孙撝，其罪二也；厥后掩袭浙西，兵不满万数，地不足千里，僭号改元，其罪三也；初寇我边，一战而生擒其亲弟，再犯浙省，扬矛直捣于近郊，首尾畏缩，又乃诈降于元，其罪四也；占据江浙，钱粮十年不贡，

其罪五也；阳受元朝之诏，阴行假王之令，挟制达丞相，谋害杨左相，其罪六也；知元纲已坠，公然害其江浙丞相达识帖木儿、南台大夫普化帖木儿，其罪七也；诱我叛将，劫我边民，其罪八也。凡此八罪，有甚于蚩尤、葛伯、崇侯，虽尧、舜、禹、汤、文、武与之同世，亦有不容，理宜征讨，以拯天下，以济斯民。

爰命中书左丞相徐达率领马步官军、舟师，水陆并进，攻取浙西诸处城池。尝戒军士，征讨所到，歼厥渠魁，胁从罔治。凡我逋逃臣民，被陷军士，咸宥其罪。尔人民果能复业，即我良民，旧有房舍地土，依额纳粮，以供军储，余无科取，使汝等永保乡里，以全室家。此兴师之故也。敢有千百相聚，旅拒王师者，即当移兵剿灭，迁徙宗族于五溪、两广，永离乡土，以御边疆。果有贤哲，或全城归附，或弃刃来降，予所赏赐非所敢吝。凡予之言，信如皓日，咨尔臣庶，毋或自疑。故榜。①

这篇文告之所以叫做《平周榜》，是因为讨伐的对象是张士诚（1321—1367）所建立的所谓大周政权。平，平息、平定，讨伐的意思。张士诚为元泰州白驹场（今江苏大丰境）人，盐商出身。张士诚于至正十三年起兵反元，并于次年正月称王，立国号大周，年号天祐。张士诚，与当时农民起义军的不少首领一样，当然是个人野心家。不过，从本质上看，张士诚的队伍还是农民起义军中的一支。在《平周榜》的第一段中，误中妖术、偈言妄诞、弥勒真有、烧香之党等语，就是针对农民起义军的宗教意识而言的。农民起义军之所以焚荡城郭，杀戮士夫，荼毒生灵，无端万状，是因为他们信奉了邪教的缘故，因此在汝水和颍水之间，在黄河和洛河两岸，这一片大好河山才兵荒马乱，灾祸连年。《平周榜》列举了张士诚的八大罪状。那么，我们不禁要问，而这八大罪状的根源是什么呢？这根源就是，张士诚所奉行的思想路线，与帝尧、帝舜、大禹、成汤、文王和武王一系的明君圣主们所奉行的思想路线完全不同。假如这一系明君圣主仍然活在世上，那么他们也绝不会容忍张士诚，而必定要荡平其军队和政权。既然如此，那么朱元璋平定张士诚就是合理的了。朱元璋的大军浩浩荡荡，进展顺利，《平周榜》发表后不到两年，就消灭了张士诚所建立的所谓大周政权。后来，朱元璋在整个南方的进展均极顺利。比如，盘踞在浙江东部的方国珍（1319—1374），尽管拥有战船千艘，也在张士诚灭亡之后两个月的时间内就纳款投降了。值得注意的是张士诚死的情形，因为由此可以见出他的宗教意识。《明通鉴·前编》卷四太祖元年（元至正二十七年）九月辛巳：

大将军徐达等克平江，执张士诚。时围城既久，叛将熊天瑞教城中作飞礮，拆城中木石尽，又毁祠庙民居为礮具。达令军中架木若屋状，承以竹笆，军伏其下，

① 明·邓士龙辑，徐大龄、王天有主点校《国朝典故》，北京：北京大学出版社，1993，第138～140页。

载以攻城，不受矢石。达督将士破葑门、新寨，遂率众渡桥，进蒲城下。伪枢密唐杰登城拒战。士诚驻军门内，令参政谢节、周仁立栅，以补外城。唐节不能支，投兵降。于是，周仁、潘元绍等皆降。日晡，士诚军大溃。诸将蚁附登城，城破。士诚更使其副枢密刘毅，收余兵，尚二三万。亲率之，战于万寿寺东街，复败，毅亦降。士诚仓皇归，从者仅数骑耳。初，士诚屡败，谓其妻刘曰："我败且死，若曹何为？"刘曰："必不负君。"乃积薪齐云楼下，城破自焚死。士诚独坐室中。达遣李伯升喻意。时日已暮，士诚拒户自经。伯升抉户，令降将赵世雄挽解之，气未绝。复苏，达又遣潘元绍喻之，反复数四，士诚瞑目不语。乃以旧盾舁之，出葑门，易以户扉，舁至舟中。获其官属，评章李行素、徐义，左丞饶介等，并元宗室，神保大王赫罕等，送应天而诛。①

张士诚的周政权惨败了。张士诚本人死了。然而，细细寻绎，张士诚之死，其状似甚有气概。史载张士诚系贩卖食盐出身，好施小恩小惠，颇善笼络人心，人品却不高尚，更无气节可言。《明史》卷一二三《张士诚传》："士诚为人，外迟重寡言，似有器量，而实无远图。既据有吴中，吴承平久，户口殷盛，士诚渐奢纵，怠于政事。士信、元绍尤好聚敛，金玉珍宝及古法书名画，无不充牣。日夜歌舞自娱。将帅亦偃蹇不用命，每有攻战，辄称疾，邀官爵田宅然后起。甫至军，所载婢妾乐器踵相接不绝，或大会游谈之士，樗蒲蹴踘，皆不以军务为意。及丧师失地还，士诚概置不问。已，复用为将。上下嬉娱，以至于亡。"②张士诚每次遇到战事，都要装病！这样的人是本无气节可言的，那么他何以竟有如此气概而死呢？难道其中没有宗教意念的支撑吗？当然，作为宗教意念而支撑张士诚的，只是白莲教中的一些消极因素罢了。白莲教也和中国古代的其他民间宗教一样，其中既有积极的因素，也有消极的因素。其积极的因素，可以激励民众起来反抗统治阶级的残暴统治；而其消极的因素则造成对社会严重的破坏。白莲教还是一种实行封建家长制的宗教。教主一人，独揽大权，父死子继，代代相传。白莲教的教徒，其间并不平等，而是等级森严，有尊卑贵贱之分。白莲教的基本信徒，其成分颇为复杂，其中既有农民、城市贫民和手工业者，又有流民、差役和胥吏。白莲教的某些教派领袖，还勾结太监头目，串通官府，交结豪强，危害普通民众，成为地方一霸，因而具有很大的破坏性。由于我们过去研究中国古代史的时候，对农民起义拔得太高，因而连与农民起义相关的民间宗教也被拔高了。于是我们看到，明摆着是旁门左道的一些民间宗教、秘密宗教，居然也被说成是具有进步性的了。由此可知，区别对待民间宗教和秘密宗教在不同历史阶段的地位和作用，这是我们今后研究工作中要注意的。

中国古代帝王所奉行的思想路线，可以在他们的宗教意识之中寻找其根据。这是因为，正如马克思在《〈黑格尔法哲学批判〉导言》一文中所指出："宗教是这个世界的总

① 清·夏燮撰《明通鉴》，上海：上海古籍出版社，1990，第39页。

② 中华书局编辑部编"二十四史"简体字本《明史》，北京：中华书局，2000，第2448页。

的理论，是它的包罗万象的纲领，它的通俗逻辑，它的唯灵论的荣誉问题，它的热情，它的道德上的核准，它的庄严补充，它借以安慰和辩护的普遍根据。”①笔者认为，这个理论完全适用于中国古代社会。运用马克思主义的理论，来观察中国古代帝王所奉行的思想路线，有助于我们在扑朔迷离的历史事件中，把问题的实质看得更清晰一些。

统治阶级往往利用宗教来为自己的政权服务，他们对待外来宗教的态度也还是这样的。尽管如此，在获得政权之后，统治阶级还是希望从本国的文化的根基中寻找依据。这是因为在本国传统文化的根基中，其内核往往就是远古时代宗教意识的积淀。那么，是什么样的传统文化观念在支持朱元璋建立大明王朝呢？笔者以为，支持朱元璋建立大明王朝的是《周易》的“明夷”观念以及与之相关的学说。《明夷》为六十四卦中的第三十六卦。《明夷》这一别卦，系由两个经卦组成，下体为离，上体为坤。经卦离，其对应的自然物是火，经卦坤，其对应的自然物是地，因此《明夷》卦的上下体为“日入地中”之象，即一轮夕阳渐渐沉入地平线之下。苍山如海，残阳如血。天地啊，何其壮观！人生呢？何其惨烈！社会呢？何其伟大！历史呢？依旧如骏马牵引的战车，滚滚向前，永不停歇。这一富有诗意的景象，当是能够启迪人们思考人生、社会和历史的。《明夷》的卦辞说：“明夷：利艰贞。”夷，通“痍”，本指疮伤、创伤，转指损伤。在先秦和汉代文献中，“夷”的这种用法很普遍。《明夷》的基本象征是光明损伤：利于牢记艰难，守持正固。《明夷》各爻的爻辞，都是围绕着这一象征而分别进行描述。《明夷》卦的《象传》写道：“《象》曰：明入地中，‘明夷’。内文明而外柔顺，以蒙大难，文王以之。‘利艰贞’，晦其明也，内难而能正其志，箕子以之。”意思是说，光明隐入地中，象征光明受到了损伤；这好比内含文明美德却外呈柔顺情态，并以此经受巨大的患难；周文王曾经用这种方法渡过了难关；本卦利于牢记艰难并守持正固；这说明一个人要自我隐晦光明，深陷内难时也要保持精诚的意志；殷朝的箕子就是用这种方法晦明守正的。《明夷》的爻辞如下：“初九，明夷，于飞垂其翼。君子于行，三日不食。有攸往，主人有言。六二，明夷夷于左股，用拯马壮，吉。九三，明夷于南狩，得其大首，不可疾贞。六四，入于左腹，获明夷之心，于出门庭。六五，箕子之明夷，利贞。上六，不明，晦，初登于天，后入于地。”在《周易》的六十四卦中，《明夷》卦具有较为丰富的政治哲学的内涵。历代易家都重视《明夷》卦。他们期望君主们能谨守《明夷》一卦所启示的哲理而成为明君圣主，庶几国家繁荣，人民安康。苏轼撰《东坡易传》九卷。他在卷四中对于《明夷》各爻所启示的哲理，有一段很好的论述：

> 明夷之主在上，六二与五皆其用事之地，而九三势均于其主力足以正之。此三者皆有责于明夷之世者也。夫君子有责于斯世，力能救则救之。六二之“用拯”

① 中共中央马克思、恩格斯、列宁、斯大林著作编译局编《马克思恩格斯选集》第一卷，北京：人民出版社，1977，第1页。

是也。力能正则正之，九三之“南狩”是也。既不能救，又不能正，则君子不敢辞其辱，以私便其身，六五之“箕子”是也。君子居明夷之世，有责必有以塞之，无责必有以全其身，而不失其正。初九、六四，无责于斯世，故近者则“入腹，获心，于出门庭”，而远者则“行不及食”也。明夷者自夷以全其明也。将飞而举其翼，必见縻矣。故垂其翼，所以示不飞之形也。方其未去也，垂其翼，缓之至也。及其去也，三日不遑食，亟之至也。是何也？则惧不免也。明夷之主，既已失其民矣。我有所适，所适必其敌也。去主而适敌，主且以我为谋之，故曰主人有言主人上六也。①

我们不妨对比一下朱元璋的一生行事。周文王是朱元璋心中理想的圣君明主。箕子是朱元璋心目中理想的臣子。在成为明朝皇帝之前，朱元璋是按着《明夷》所示的方法而进行社会实践活动的。而且，在成为明朝皇帝之后相当长的一段时期之内，朱元璋也基本上是按着《明夷》所示的方法而进行社会实践活动的。只是到了晚年，朱元璋才对《明夷》卦所示的哲理有所偏离。

回头再看朱元璋诞生的传说。火的意象在其中是一个突出的象征。朱元璋出生的时候，红光满室，那天夜里有好几次光芒四起，邻里望见此神异的景象，十分惊诧，还以为他家里起火了。用异象（vision）来暗示神明的意图，这是宗教文学典型的特征之一。所谓异象，即不以具体的现实生活为摹写的对象，而是着意刻画某一含义晦涩的幻觉或梦境，再由神、上苍、天使、先知一类启示者加以解释。据《圣经·诗篇》记载，在上帝对大卫的应许中有这样的诗句：“当时，你在异象中晓谕你的圣民。”②异象这一外国的文学理论能否说明中国的问题呢？答案是肯定的。《二十四史》中颇多这类例子。有趣的是，朱元璋十分在乎异象，认为这是神对他的启示。《明通鉴·前编》卷四元至正二十七年十二月庚申：“太祖御新宫，以群臣推戴不已，甲子祭告于上帝、神祇，其略曰：‘如臣可为生民主，告祭之日，帝祇来临，天朗气清。如不可者，当烈风异景，使臣知之。’时善长等进仪卫，太祖见仗内旗有‘天下太平，皇帝万岁’字，顾善长曰：‘此夸大之词，非古制也。’命去之。”③朱元璋一生对红色有所偏爱。在他登基为明朝皇帝之前，早已如此。从任郭子兴左副元帅起，至韩林儿死之前，朱元璋一直“用龙凤年号，旗帜色尚赤。”④在他登基为明朝皇帝之后，仍然如此。《明史》卷六六《舆服二》：

皇帝冕服：洪武元年，学士陶安请制五冕。太祖曰：“此礼太繁。祭天地、宗

① 宋·苏轼《东坡易传》卷四。

② 《圣经旧约·诗篇》89：19。

③ 清·夏燮撰《明通鉴》，上海：上海古籍出版社，1990，第42页。

④ 《明太祖实录》卷九。

庙，服衮冕。社稷等祀，服通天冠，绛纱袍。馀不用。”三年，更定正旦、冬至、圣节并服衮冕，祭社稷、先农、册拜，亦如之。①

这是明朝皇帝喜欢红色的明证。绛，本指深红色，后来亦泛指红色。绛唇，即红唇。绛花，即红花。绛阙，红漆亮亮的宫门。这些都是明代诗文中大量出现的意象。在重大场合，皇帝服绛色袍，此已作为制度订下来了。建立这项制度的依据，就是明朝的皇帝喜欢红色。那么我们不禁要问，明朝的皇太子穿什么颜色的衣服呢？在重大的场合，明朝的皇太子服绛红色纱袍，《明史》卷六六《舆服二》：

皇帝通天冠服：洪武元年定，郊庙、省牲，皇太子诸王冠婚、醮戒，则服通天冠、绛纱袍。冠加金博山，附蝉十二，首施珠翠，黑介帻，组缨，玉簪导。绛纱袍，深衣制。白纱内单，皂领褾襈裾。绛纱蔽膝，白假带，方心曲领。白袜，赤舄。其革带、佩绶，与衮服同。②

可知，在皇太子的服饰中，不仅袍子是红色的，连鞋子也是红色的。这是明朝皇太子必须重视红色的明证。所谓皇太子，与其他皇子不一样，由于皇太子是要接皇帝的班的，因此皇太子在服色上也必须与皇帝保持一致。重卦《明夷》的下体是经卦《离》，而《离》卦的《彖传》说：“离，丽也。日月丽乎天，百谷草木丽乎土。重明以丽乎正，乃化成天下。柔丽乎中正，故亨，是以‘畜牝牛吉’也。”大意是说，离的意思是附丽，好比太阳和月亮附丽在天上一样，又好比百谷草木附丽在地上一样。如果光明连接着光明而又附丽于正道，那么就能够成功地在天下推行教化了。柔顺者附丽于中正之道，就会事事亨通而有美好的前途，所以蓄养母牛可以获得吉祥。皇太子对于皇帝来说，就是要柔顺，就是要听话。唯有如此，他才能够顺利地接班。皇帝对于皇太子来说，固然有时候也可以做孺子牛，但是总的说来还是得严格要求小牛犊似的皇太子才好。老牛舐犊，小牛成长。这就是蓄养母牛给人的启迪。既然明朝皇帝喜欢红颜色的服饰，明朝皇太子看重红颜色的服饰，那么，我们不禁要问，明朝的官员穿什么颜色的衣服呢？史书上有答案。在重大场合，明朝的官员也还是必须穿红色的袍子，《明史》卷六七《舆服三》：

群臣冠服。洪武元年命制公服、朝服，以赐百官。时礼部言：“各官先授散官，与见任职事高下不同。如御史董希哲前授朝列大夫澧州知州，而任七品职事；省司郎中宋冕前授亚中大夫黄州知府，而任五品职事。散官与见任之职不同，故服色不能无异，乞定其制。”乃诏省部臣定议。礼部复言：“唐制，服色皆以散官为

① 中华书局编辑部编“二十四史”简体字本《明史》，北京：中华书局，2000，第1079页。
② 中华书局编辑部编“二十四史”简体字本《明史》，北京：中华书局，2000，第1081页。

准。元制，散官职事各从其高者，服色因之。国初服色依散官，与唐制同。”乃定服色准散官，不计见职，于是所赐袍带亦并如之。三年，礼部言：“历代异尚。夏黑，商白，周赤，秦黑，汉赤，唐服饰黄，旗帜赤。今国家承元之后，取法周、汉、唐、宋，服色所尚，于赤为宜。”从之。①

这里，不仅讲明了各级官员的衣服，其颜色为赤，还讲明了明朝官服何以采用赤色的历史依据。这历史依据就是中国历代的正统。在中国历史的统绪中，在明朝之前有八个全国统一的朝代，它们是夏、商、周、秦、汉、唐、宋、元。在这八个全国统一的朝代中，前面七个朝代都是由华夏民族建立的，因而它们为明朝的统治者所看重。至于在明朝之前的元朝，则是由少数民族建立的。在明朝统治者看来，明朝建立后首要的任务就是要恢复正统。“历代异尚”，即历代所崇尚的颜色不同。夏朝和商朝，年代久远，其所尚之颜色难于确考。秦朝，其国祚太短，不足为训。由于周、汉、唐、宋所崇尚的颜色均为赤色，因而明朝也适宜于崇尚赤色。明朝服饰尚红色，此系对乾元、飞龙在天的认识。重卦《明夷》的下体是经卦《离》，而《离》卦的《大象传》说：“明两作，离。大人以继明照于四方。”光明接连升起，象征着太阳一直附丽在天上，因此伟大的人物要以连续不断的光明照临天下四方。一切都要恢复华夏民族的正统，这就是明朝统治者在服色问题上所体现出来的逻辑理路。

《大学·圣经章》：“大学之道，在明明德。”意思是说，大学的道理，在于使自己本来的德性不被私欲所蒙蔽，而重新显明起来。然而，“在明明德”何尝不可以作另一种字面的理解：在我大明朝，就是要贤明伟大的德行？这似乎是断章取义。然而，在我国经学的传统中，断章取义自古而然。在春秋战国时期，在外交场合，公卿大臣们，都喜欢引用《诗经》上的词句，以应用于当前的场合。这几乎成了一种惯例，而他们的引《诗》称《诗》，却大多是断章取义的。当时的人们对于《尚书》和《易经》等典籍的引用，也有不少断章取义的情形。可以说，断章取义几乎成为经学运用的一种话语惯例了。“在明明德”，先由朱元璋加以提倡，复由宋濂（1310—1381）加以阐明。朱元璋采用通过色尚（尚红色）而宣示建国理念这一间接的方法，宋濂则采用通过理论著述而加以阐释这一直接的方法。宋濂《潜溪集·前集》卷四《萝山杂言》二十首之一：“君子之道，与天地并运，与日月并明，与四时并行。冲然若虚，渊然若潜，浑然若无隅，凝然若弗移，充然若不可以形拘，测之而弗知，用之而弗穷。唯其弗知，是以极微，唯其弗穷，是以有终。”②宋濂自叙《萝山杂言》的缘起说：“濂自居青萝山，山深无来者，辄日玩天人之理，久之似二十首，觉粗有所得，作《萝山杂言》。”③可见以上观点是宋濂经过深思熟虑之后而获得的认识。君子之道是与天地并运的主体。君子之

① 中华书局编辑部编“二十四史”简体字本《明史》，北京：中华书局，2000，第1091页。

② 明·宋濂撰，罗月霞主编《宋濂全集》，杭州：浙江古籍出版社，1999，第50页。

③ 明·宋濂撰，罗月霞主编《宋濂全集》，杭州：浙江古籍出版社，1999，第50页。

道是与日月并明的主体。君子之道是与四时并行的主体。君子之道本身也有一个主体，那就是君子这样的人。在宋濂看来，活跃于元、明之际的那些与时俱进者就是这样的人，他们能够体验到天地之心，与天地浑然一体。在这样的人中，包括他本人，更包括明朝的建立者朱元璋。正是元、明之际的与时俱进者顺应了历史的潮流，使得人生的价值得以实现而大展宏图，使得个人的事业成为时代的伟业而与日月并明。

从北宋周敦颐（1017—1073）到明末刘蕺山（1578—1643），理学存在长达六百余年之久。况且在清朝初期，士人对理学也还有一些建树。不过，在宋朝和明朝之间，却横亘着一个由少数民族建立的元朝。尽管如此，元朝的主流意识形态依然是儒家思想。理学在元朝时期不仅存在，还略有所发展。然而，按照学术惯例，人们往往说“宋明理学”。那么，我们不禁要问，为什么在名称上略掉了一个“元”字呢？“理学”这个名称，古已有之，宋人的文章中就有这一术语。黄震（1213—1280），字东发，宋庆元府慈溪（即属浙江）人，著《黄氏日钞》九十七卷。①《黄氏日钞》卷三三至四一，一共九卷，其卷目均为“读本朝诸儒理学书”，“理学”的前面没有限定语。在“理学”的前面冠上“宋明”这一限定语。这是近代以来研究者之所为，人们已习以为常。比如，人们常说“宋儒”、“明儒”和“宋明儒”，绝少说“宋元明儒”。或许，当初只是为了称谓上简便一些，而未注意其科学性。这就产生出一个问题，人们在提法上为什么略去了一个“元”字？侯外庐《宋明理学史·序》：“元代理学长期被忽视。”②在忽视元代理学的研究者中，既有古人，也有今人。其实，这还是说明在研究者们的心中隐藏着这样一个情结：在学术上是明朝直接继承了宋朝。这是因为，研究者们对少数民族的统治耿耿于怀。在古代，由于时代的局限，汉族士大夫不能够站在整个中华民族的思想高度上，去认识作为其组分（constituents）的少数民族。要正确地认识中华民族各个组分的价值和关系，还必须等到近代以后。在近代，资本主义生产关于把全球各地联系在一起，而中华民族的所有成员都感受到了压迫。只有到了这个时候，人们对中华民族整体性的认识才会产生飞跃。令人欣喜的是，自20世纪90年代以来，已有学者使用“宋元明理学”这一更为准确的概念了。《中国历史大辞典》的编者，也已注意到了提法的科学性：“理学，亦称道学。宋、元、明时期儒学的主要流派。以阐释义理、兼谈性命为主，故名。”③就宋、元、明三代而论，理学在元代的发展还受到多年不进行科举考试的负面影响。倘若在元朝时期科举考试正常进行，那么士人对理学的关注会更加充分，而理学在元代的发展势必也会更好一些。

由于明代的文学批评与理学密切相关，因而由之可以较好地把握明代的科举制度与应试文章之关系。宋濂的《文原》便是一篇高屋建瓴的文学批评文献。

---

① 《宋史》卷四三八《黄震传》：“震尝告人曰：‘非圣人之书不可观，无益之诗文不作可也。’居官恒未明视事，事至立决。自奉俭薄，人有急难，则周之，不少吝。所著《日抄》一百卷。卒，门人私谥曰文洁先生。”

② 侯外庐、邱汉生、张岂之主编《宋明理学史》上卷，北京：人民出版社，1984，第3页。

③ 郑天挺等主编《中国历史大辞典》（音序本），上海：上海辞书出版社，2007，第1488页。

余讳人以文生相命。丈夫七尺之躯。其所学者，独文乎哉！虽然，余之所谓文者，乃尧舜文王孔子之文，非流俗之文也，学之固宜。浦江郑楷、义乌刘刚、楷之弟柏，尝从予学，已知以道为文，因作《文原》二篇以贻之。

其上篇曰。

人文之显，始于何时？实肇于庖牺之世。庖牺仰观俯察，画奇偶以象阴阳，变而通之，生生不穷，遂成天地自然之文。非惟至道含括无遗，而其制器尚象，亦非文不能成。如垂衣裳而治，取诸《乾》、《坤》；上栋下宇，而取诸《大壮》；书契之造，而取诸《夬》；舟楫车马之利，而取诸《涣》、《随》；杵臼棺椁之制，而取诸《小过》、《大过》；重门击柝，而取诸《豫》；弧矢之用，而取诸《睽》。

何莫非粲然之文？自是推而存之，天衷民彝之叙，礼乐刑政之施，师旅征伐之法，井牧州里之辨，方域内外之别，复皆则而象之。故凡有关民用及一切弥纶范围之具，悉囿乎文，非文之外别有其他也。

然而事为既著，无以纪载之，则不能以行远，始托诸辞翰，以昭其文，略举一二言之：禹敷土，随山刊木，奠高山大川，既成功矣，然后笔之为《禹贡》之文。周制聘覲燕享，馈食昏丧诸礼，其升降揖让之节，既行之矣，然后笔之为《仪礼》之文。孔子居乡党，容色言动之间，从容中道，门人弟子，既习见之矣，然后笔之为《乡党》之文。其他格言大训，亦莫不然，必有其实，而后文随之。初未尝以徒言为也。譬犹聆众乐于洞庭之野，而后知声音之抑扬、缀兆之舒疾也。习大射于矍相之圃，而后见观者如堵墙，序点之扬觯也。苟逾度而臆决之，终不近也。昔者游、夏以文学名，谓观其会通而酌其损益之宜而已，非专指乎辞翰之文也。

呜呼！吾之所谓文者，天生之，地载之，圣人宣之，本建则其末治，体著则其用彰，斯所谓乘阴阳之大化，正三纲而齐六纪者也；亘宇宙之始终，类万物而周八极者也。呜呼！非知经天纬地之文者，恶足以语此！

其下篇曰。

为文必在养气，气与天地同，苟能充之，则可配序三灵，管摄万汇。不然，则一介之小夫尔，君子所以攻内不攻外，图大不图小也。力可以举鼎，人之所难也，而乌获能之，君子不贵之者，以其局乎小也。智可以搏虎，人之所难也，而冯妇能之，君子不贵之者，以其骛乎外也。

气得其养，无所不周，无所不极也。揽而为文，无所不参，无所不包也。九天之属，其高不可窥，八柱之列，其厚不可测，吾文之量得之。规毁魄渊，运行不息，烛地万荧，躔次弗紊，吾文之焰得之。昆仑县圃之崇清，层城九重之严邃，吾文之峻得之。南桂北瀚，东瀛西溟，杳渺而无际，涵负而不竭，鱼龙生焉，波涛兴焉，吾文之深得之。雷霆鼓舞之，风云翕张之，雨露润泽之，鬼神恍惚，曾莫穷其端倪，吾文之变化得之。上下之间，自色自形，羽而飞，足而奔，潜而泳，植而茂，若洪若纤，若高若卑，不可以数计，吾文之随物赋形得之。

呜呼！斯文也，圣人得之，则传之万世为经；贤者得之，则放诸四海而准。辅相天地而不过，昭明日月而不忒，调燮四时而无愆。此岂非文之至者乎？

大道堙微，文气日削，骛乎外而不攻乎内，局乎小而不图其大。此无他，四瑕八冥九蠹有以累之也。何谓四瑕？雅郑不分之谓荒，本末不比之谓断，筋骸不束之谓缓，旨趣不超之谓凡，是四者贼文之形也。何谓八冥？讦者将以贼夫诚，揣者将以蚀夫圜，庸者将以混夫奇，瘠者将以胜夫腴，确者将以乱夫精，碎者将以害夫完，陋者将以革夫博，眯者将以损夫明，是八者伤文之膏髓也。何谓九蠹？滑其真，散其神，糅其气，徇其私，灭其知，丽其蔽，违其天，昧其几，爽其贞，是九者死文之心也。有一于此，则心受死而文丧矣。春葩秋卉之争丽也，猿号林而蛩吟砌也，水涌蹄涔，而火炫萤尾也，衣被土偶而不能视听也，蠛蠓生死于瓮盎，不知四海之大，六合之广也，斯皆不知养气之故也。

呜呼！人能养气，则情深而文明，气盛而化神，当与天地同功也。与天地同功，而其智卒归之一介小夫，不亦可悲也哉？

余既作《文原》上、下篇，言虽大而非夸，唯智者然后能择焉。去古远矣，世之论文者有二，曰载道，曰纪事。纪事之文，当本之司马迁、班固，而载道之文，舍六籍吾将焉从？虽然，六籍者本与根也。迁、固者枝与叶也。此固近代唐子西之论，而予之所见，则有以异于是也。六籍之外，当以孟子为宗，韩子次之，欧阳子又次之。此则国之通衢，无荆榛之塞，无蛇虎之祸，可以直趋圣贤之大道。去此则曲狭僻径耳，荦确邪蹊耳，胡可行哉？予窃怪世之为文者，不为不多，骋新奇者，钩摘隐伏，变更庸常，甚至不可句读，且曰“不佶屈聱牙，非古文也”；乐陈腐者，一假场屋委靡之文，纷糅庞杂，不见端绪，且曰“不浅易轻顺，非古文也”。予皆不知其何说。大抵为文者，欲其辞达而道明耳。吾道既明，何问其余哉？虽然，道未易明也，必能知言养气，始为得之。予复悲世之为文者，不知其故，颇能操觚遣辞，毅然以文章家自居，所以益摧落而不自振也。今以二三子所学，日进于道，聊一言之。①

宋濂《文原》的书写形式值得注意。在文渊阁《四库全书》本《文宪集》卷二五和《明文海》卷一三一中，首尾两段文字均低一格书写，表明它们不是该文本质性的构成，仅起交代写作背景的作用。中华书局 1987 年版《明文海》系据涵芬楼抄本影印，《文原》首尾两段文字同样低一格书写。罗月霞主编的《宋濂全集》（杭州：浙江古籍出版社，1999）未作这样的处理，而将各段同等对待。思齐综合参考了各版本，标点大体依据郭绍虞主编、王文生副主编的《中国历代文论选》第三册（上海：上海古籍出版社，1980）而略有调整；分段则自出心裁。不过，思齐认为，《文原》首尾两段文字并非可有可无。首段固然属于交代背景，然而尾段则议论大事，追溯自古以来文

① 明·宋濂撰，罗月霞主编《宋濂全集》，杭州：浙江古籍出版社，1999，第 1403 页。

章的流变，并且直接论述了时文与当时文风的关系。

“原”是一种文体，意思是探本求源。作为文章的题目，既可以说“原某”，又可以说“某原”。宋濂作《文原》，其宗旨是对理学与文章的关系进行考察。自从宋代道学兴起以后，道学家与文章学家分门立户，而且他们大多脱离实际，缺少经世致用的功效。宋濂论文，其目的在于探本穷源。他将义理、事功与文章三者合而为一，进行综合考察，并力图把握三者之间的变动规律。《文原》上篇探究文章的起源，论述文章的本体。《文原》下篇剖析文章的利病，论述文章的功用。宋濂体用结合，并以宗经的思想作为论述的中心。宋濂《文原》，不含题目，亦长达千六百十一字。由于其极端的重要性，黄宗羲将之收录于所编《明文海》卷一百三十一，列为“原”这一文类之首篇。明·吴纳《文章辨体序说》：“按字书：‘原者，本也；一说推原也，义始《大易》原始要终之训。’若文体谓之原者，先儒谓始于退之之五原，盖推其本原之义以示人也。山谷曰：‘文章必谨布置。每见学者，多告以《原道》命意曲折。’石守道亦云：‘吏部《原道》、《原人》等作，诸子以来未有也。’后之作者盖亦取法于是云。”①宋濂下大功夫写这篇长文，颇有些与韩愈相媲美的意思在里头。

宋濂的《文原》有四点值得我们注意。

第一，宋濂的《文原》在思想上具有极大的包容性。宋濂所秉持的是大文章观。文的内容无所不包，而荟萃于六经之中。因此，在宋濂看来，六经既是文章的渊海，又是文章的极则。《易》为六经之首，因此宋濂讲义理、事功与文章三者的关系，乃从《易经》讲起，一步一步进行推论。

第二，宋濂的《文原》倡导养气。宋濂认为，人生万千事，一切须从根本上做起。文章只是众多事项中的一项而已，因此做文章也必须从根本上做起。所谓根本，不是行文的气势，而是为人的气度和气概，亦即一个人的情操，或曰精神充塞内心的程度。所谓养，就是道德品格的修养。宋濂所谓养气，上承孟夫子的养气说，下启王阳明的良知说。

第三，宋濂的《文原》崇实务本，反对为艺术而艺术、为文章而文章的不良倾向。这对于端正那些在科举考试中汲汲于功名的士子之思想是很有好处的。宋濂认为，文章的高下，不应该仅仅在语言文字上下工夫，而应该在人生的根本目的上求锻炼。宋濂认为文章期于辞达而道明，因而他主张取径欧阳修、韩愈、班固、司马迁、孟子以上窥流经，庶几文以载道，与天地同功。

第四，宋濂的《文原》的结构很巧妙。《文原》的上篇和下篇，各由四部分构成。这四部分，只要稍加剖判，就可以分成八个部分，它们大致对应于八股文的破题、承题、起讲、入手、起股、中股、后股和束股。宋濂的《文原》与一般八股文的不同之处，主要在于排比句式的使用还不充分。这也告诉我们，八股文的结构也是一般论说文

① 明·吴纳著，于北山校点《文章辩体序说》；明·徐师曾著，罗根泽校点《文体明辨序说》合刊本，北京：人民文学出版社，1962，第44页。

所应当遵循的一种形式安排，它可以有某些变通，也可以有某些省略。这还告诉我们，大凡精心结撰的议论文，其结构往往与八股文暗合。

明代科举考试的总特点是正常化和制度化。洪武三年（1370）明朝首次举行乡试，次年举行会试和殿试。因为缺少经验，又值开国之初，用人急切，明太祖于洪武六年（1373）下令暂停科举。洪武十八年（1385），科举恢复。从此以后，三年一科，成为定制。参加科举者必须是府、州、县学的生员，即秀才。借用现代的术语来说，考生必须有正式的学籍。每逢子、午、卯、酉年的秋八月，秀才前往省会参加乡试，合格者便成为举人。由于乡试在秋天举行，故称为秋闱。乡试次年，即丑、未、辰、戌年的春二月，举人进京参加会试。由于会试在春天举行，故称为春闱。会试及格者，紧接着于三月一日，参加由皇帝亲自主持或者以皇帝的名义举行的考试。这次考试在朝廷的宫殿里举行，故称为廷试或殿试。殿试中选者为进士。进士分为一、二、三甲。一甲三人，统称为赐进士及第，分别称呼即状元、榜眼、探花。二甲若干人，称赐进士出身。三甲若干人，称赐同进士出身。进士的资格，因为是皇帝给的，所以在庄严的场合前边总冠有一个“赐”字，在一般场合则可以省去这个“赐”字。明朝科举考试的命题范围承袭了元朝定下来的规矩，总是以《四书》、《五经》的文句为题目，以二程和朱熹的解释为依据，间用古注疏。永乐中期，胡广等人奉敕编撰《四书大全》、《五经大全》并广泛刊行于世间。从此以后，古注疏便废弃不用了，考生必须完全依照程、朱的解释而进行发挥。应试文章，其格式规定为八股文。所谓八股，指文章的八个层次，或曰一篇文章所隐含的八个自然段，因为应试文章实际上是不分段书写的。在明代，进士的地位很高。《明史》卷六九《选举一》：“选举之法，大略有四：曰学校，曰科目，曰荐举，曰铨选。学校以教育之，科目以登进之，荐举以旁招之，铨选以布列之，天下人才尽于是矣。明制，科目为盛，卿相皆由此出，学校则储才以应科目者也。其径由学校通籍者，亦科目之亚也，外此则杂流矣。”①士人通过科举而实现读书做官的愿望，此为正途，其余则为杂流。在同级官员中，出身正途者为人们所敬重，升迁的希望亦大，而出身杂流者则只好终生夹着尾巴做人，处处小心谨慎。进士不仅在发榜之后即可以任官，而且有望平步青云，显赫闻达，升至高位。《明诗综》卷二四吴宽《送胡彦超》诗：

> 年过四十不作官，还将短髪笼儒冠。平生一经已烂熟，胡为挟入桥门观？前年乡书名始刊，曲江又避春风寒。重来桥门住三载，打头矮屋聊盘桓。朝虀暮盐不满盘，何须故人劝加餐？日高对案笑扪腹，自有五年之琅玕。侧身西北望长安，眼中一朵红云团。天门欲往涩如棘，若比蜀道尤云难。嗟哉出处谁得似？颇似吴下吴生宽。吴生作诗忽盈纸，送君还到春闱里。春闱多士多如蚁，勿将老少分忧喜。君不见，韩昌黎、张童子，同是陆公门下士。昌黎文章如皦日，童子声名逐流水。人生

① 中华书局编辑部编“二十四史”简体字本《明史》，北京：中华书局，2000，第1191页。

传世有如此，区区科第何难耳？①

这是吴宽赠送其朋友胡彦超的一首诗。吴宽告诫胡彦朝，在科举考试中不要害怕困难。吴宽和胡彦超同于成化壬辰年（1472）赴京参加会试。他们所投宿的旅社相隔很近。赴考诸士子，伙食多不讲究，经常马马虎虎凑合一餐。由于他俩混得很熟，所以彼此连对方所吃饭菜都看得清楚，因而在诗篇中颇多开玩笑的话。吴宽本人科场顺利，官运亨通，朱彝尊选编《明诗综》卷二四吴宽《诗人小传》："吴宽。宽字原博，长洲人。成化壬辰，赐进士第一，授翰林修撰，历谕德，左庶子，少詹，侍讲学士，擢吏部侍郎，累官礼部尚书，兼翰林学士，掌詹事府事。卒，赠太子太保，谥文定。有《匏庵家藏集》。"②其实，这一年胡彦超考得也不差。只不过会试之后还有殿试，殿试之后还得等待放榜，而在放榜之前，谁也不知道结果，只好做最坏的思想准备罢了。陈田辑撰《明诗纪事》卷六胡超《诗人小传》："朝字彦超，汤溪人。成化壬辰进士，官工部员外。有《廉耻集》。"③《送胡彦超》诗共十四韵。前五韵构成一单元。胡彦超四十岁还未成进士，不过他学问好，经书熟，而且在士子中间已经有了一定的名声了。考生辛苦，银钱不多，旅社只好住差一些的，饭菜只好简单点儿。饭菜油水少，食量自然大，不要别人劝说加餐饭，也会吃几大碗的！这种情况，恐怕今日之考生也还熟悉。吴宽才气充沛一些，心胸也开朗得多。因此，接下来的四韵构成另一单元。吴宽一方面对前途作了瑰丽的设想，同时也指出科举之路比蜀道还要艰难。他劝胡彦超向自己学习：万事都想开一点，不要担心年龄大。以上九韵，押上平声的十五寒。这时诗人突然换韵了。诗篇的最后五韵，自为一单元，改为押上声的四纸。诗韵由平声换为仄声，暗示着诗人情绪的急剧变化，同时也提醒接受赠诗的一方注意。那么，注意什么呢？吴宽劝慰胡彦超说，考生众多，多如蚂蚁。考生差别大，老与少都有。你才四十岁，还有人比你年龄大得多的考生，既然如此，那么你愁什么呢？吴宽将自己与胡彦超，比作韩愈与张童子，以期共同勉励。韩愈《赠张童子序》："愈与童子俱陆公之门人也。慕回、路二子之相请赠与处也，故有以赠童子。"④其实，韩愈（768—824 ）在科场上并不顺利，他一连考了四次，才于贞元八年（792）登进士第。这一年韩愈二十五岁，而张童子只有九岁。张童子，指参加童子科考试的某个姓张的人。至于张童子究竟指谁，历代注韩文者，对此均无确考。童子，唐代取士科目之一。凡十岁以下，能通一经及《孝经》、《论语》，每卷诵文十通者，予官。通七者，予出身，谓之童子科。古代常选童子，优异能通经者便拜为童子郎。"天下之以明二经举于礼部者，岁至三千人。"⑤"张童子生九年，自州县达礼部，一举而进立于二百之列。又二年，益通二经。有司复上其事，繇

① 清·朱彝尊选编《明诗综》，北京：中华书局，2007，第1234页。
② 清·朱彝尊选编《明诗综》，北京：中华书局，2007，第1230页。
③ 陈田辑撰《明诗纪事》，上海：上海古籍出版社，1993，第1037页。
④ 唐·韩愈著，钱仲联、马茂元校点《韩愈全集》，上海：上海古籍出版社，1997，第208页。
⑤ 唐·韩愈著，钱仲联、马茂元校点《韩愈全集》，上海：上海古籍出版社，1997，第207页。

是拜卫兵曹之命。人皆谓童子耳目明达、神气以灵，余以伟童子之独出于等夷也。”①由此可见，张童子的确优异。吴宽以此勉励胡彦超，庶几其朋友得以建立信心。

归有光（1506—1571）八、九岁就能读书作文，然而其科举道路并不顺利。归有光八上公车不遇，直到嘉靖四十年他才成为三甲进士，而这一年归有光已经六十岁了。兹录归有光八股文《吾十有五而志于学》如下。

吾十有五而志于学，三十而立，四十而不惑，五十而知天命，六十而耳顺，七十而从心所欲，不逾矩

圣人所以至于道者，亦惟渐以至之也。**(1. 破题)**

夫道无终穷，虽圣人亦有待于学也。学之则不容无渐矣，此其理之固然，而岂圣人过为卑论以就天下也哉？**(2. 承题)**

自夫天下待圣人过高，以为有绝德于天下，而不知夫圣人之所为孜孜而不已者，固吾人之事也。**(3. 起讲)**

何则？人之心与理一也。人之为学，求至于心与理一也，然学之不可以骤而化之，不可以助长也，久矣。故自十五之时，始有志于圣贤之道，而从事于钻研之功。**(4. 入手)**

尝以为志之勿立，则无以负荷乎天之所与者，将不免于小人之归，是以始之以立志，而是非之介，取舍之极，盖有所定而不能移也。迨于三十之年，始有得于矜持之力，而取验于德性之定；**(5—1. 起比第一股)**

尝以为守之勿固，则无以凝聚乎性之所钟者，将不免于君子之弃。是以继之以定守，而纷华之变，盛丽之陈，盖有所持而不可挠也。自十五而三十，积以十五年之功，而意味固已不同矣，然犹不敢自怠。**(5—2. 起比第二股)**

而至于四十也，则随事见理，而研旨趣于万殊，参酌于无端无纪之中，而有得于灿然之妙。物之所以各足其天者，吾固已见之明，而知万殊之各正。视向之立者，不免犹胶于固也；**(6—1. 中比第一股)**

又至于五十也，则以理视物，而探渊源于一本，究极于大本大原之中，而有得于浑然之妙。天之所以流通于物者，吾固已见之一，而知帝则之必察，视向之不惑者，不免犹在于物也。**(6—2. 中比第二股)**

自三十而四十，而五十，体验于十年之间，而意味又各不同矣。然犹人也，非天也。君子之学，求至于天而可已乎？**(7. 过接)**

故六十以达耳顺之机也，理妙于中，而有以通乎外之所感。神而明之，存乎其人。感之者以天也，听之者以天也。顺于耳而耳不得而与焉；**(8—1. 后比第一股)**

七十以妙从心之用也。理运于外，而有以出于中之所豫，化而裁之，存乎变。

① 唐·韩愈著，钱仲联、马茂元校点《韩愈全集》，上海：上海古籍出版社，1997，第208页。

从之者以天也，不逾之者以天也。从于心而心不得而知焉。**(8—2. 后比第二股)**

夫以六十、七十之所自得者如此，夫岂以年弥高而德弥劭哉？亦以道久而后熟，故日有所不同耳。是知志者，志此理也；立者，立此理也。不惑而知之者，亦此理也。至于耳顺从心，而理与心一焉。君子之学，求至于是而已也。**(9. 收结)**①

在西方有一门极其发达的学问叫圣经学。圣经学要求精密的研究，而精密的研究要求有可靠的文本。为了指称方便，《圣经》中的每一句话都是编了号的，称为“节”(verse)。归有光这篇八股文的题目为“吾十有五而志于学一节”，这是简称。全称为包含有这几个字的那一段经文，即《论语》第二篇《为政》的第二节。其实，“节”也是通俗的说法。若按朱熹《四书集注》，则称为“章”。因此，完整的题目是：“吾十有五而志于学，三十而立，四十而不惑，五十而知天命，六十而耳顺，七十而从心所欲，不逾矩。”八股文由八个部分构成，它们是破题、承题、起讲、入手、起股、中股、后股和束股。注意，在这里“股”指一篇八股文章中的某一部分。这八个部分又可以一分为二。前四部分构成一个大单元，为议论的预备。后四部分构成另一个大单元，为议论的本体。无论起股、中股、后股，还是束股，每一股均由两个呈对称性的语段构成。每个语段少则四句，多至二十句，因此称为“四比八股”。注意，在这里“股”指排比文字中所含两个语段中的任意一方。然而，八股文的结构，也允许有适当的变化。排比对偶为八股者为正格。排比对偶非八股者为变格。变格的股数少则六股，多则十六股或十八股。以归有光这篇文章为例，束比二股就不明显，略具对称性的语段实际上仅是两个短句：“志者，志此理也；立者，立此理也。”原来，归有光将预收、束股和落下统合在一起了。此外，“过接”也不是每一篇八股文都必须具备的，它好比音乐上乐段之间的“过门”，乃是根据需要而安排的，起承上启下的作用。归有光的这篇文章，一气呵成，不像时文，更像古文。方苞评曰：“以古文为时文，自唐荆川始，而归震川又恢之以闳肆。如此等文，实能以韩、欧之气，达程、朱之理，而吻合于当年之语意。纵横排荡，任其自然，后有作者不可及也已。”②难怪在方苞奉敕编选的《钦定四书文》第一集《正嘉四书文》中，归有光的文章，入选数量最多。

四、至哉坤元——中外文化交流与清代八股文章

中华民族是由多种民族成分构成的，不同的种族或曰人种集团经历了漫长的融合过程。在长达数千年的民族融合过程中，有些朝代由少数民族建立并进行统治。清朝是由

① 清·方苞奉敕编《钦定四书文》第一集《正嘉四书文》卷二《论语上》。
② 清·方苞奉敕编《钦定四书文》第一集《正嘉四书文》卷二《论语上》。

少数民族建立的最后一个王朝。金崇德元年（1636）年，皇太极于沈阳称帝，改国号为清。清顺治元年（1644），清军入关，迁都北京，逐步确立了对全国的统治。1911年辛亥革命爆发，次年清宣统皇帝退位。清代从皇太极改国号为清起，历十一帝，共二百七十六年。满族因兴起于满洲而得名，《满洲源流考》卷一“发祥世纪”记述了满族起源的神话传说：

长白山之东，有布库哩山。其下有池，曰布勒瑚里。相传三天女浴于池，有神鹊衔朱果，置季女衣。季女含口中，忽已入腹，遂有身。寻产一男，生而能言，体貌奇异。及长，天女告以吞米果之故，因锡之姓曰爱新觉罗，名之曰布库哩雍顺。与之小舠，且曰：“天生汝以定乱国，其往治之。”天女遂凌空去。于是乘舠顺流，至河步，折柳枝及野蒿为坐具，端坐以待时。长白山东南鄂谟辉之地，有三姓争为雄长，日构兵相仇杀。适一人取水河步，归语众曰：“汝等勿争，吾取水河步，见一男子，察其貌非常人也。天不虚生此人。”众皆趋问，答曰：“我天女所生，以定汝等之乱者。”且告以姓名。众曰：“此天生圣人也，不可使之徒行。”遂交手为舁，迎至家。三姓者议推为主，遂妻以女，奉为贝勒。居长白山东鄂多理城，建号满洲，是为国家开基之始。以国书考之，满洲本作满珠，二字皆平读。①

在这段记述中，“交手为舁”值得注意。儿童们做游戏的时候往往交手为舁，俗“称抬轿子”。大家把手交叉在一起，以便把小伙伴抬起来。如果被抬的小伙伴是男孩，就让那个男孩做国王。如果被抬的小伙伴是女孩，就让那个女孩做娘娘。这种情况在组成中华民族的五十六个民族中，可谓司空见惯。在中国各地各民族的社区里，小孩子们都会做这样的游戏。这件事情间接地告诉我们，在中华民族各成员之间，其共同性远远大于差异性，因而各民族的融合是必然的。至于“天女吞朱果”的记载，就更有趣了。从比较文学的视角看，这件事情，其实就是《诗经》中所记载的“天命玄鸟，降而生商”这一历史传说，在东北地区的变容。《商颂·玄鸟》：

天命玄鸟，降而生商，宅殷土芒芒。古帝命武汤，正域彼四方。方命厥后，奄有九有。商之先后，受命不殆，在武丁孙子。武丁孙子，武王靡不胜。龙旂十乘，大糦是承。邦畿千里，维民所止，肇域彼四海。四海来假，来假祁祁。景员维河。殷受命咸宜，百禄是何。②

《玄鸟》是商朝的一首简单的史诗。《玄鸟》不分章，二十二句，一气呵成。诗中叙述商民族始祖契诞生的传说，以及成汤受命为王的事迹。比较文学的研究告诉我们，

---

① 文渊阁《四库全书》本《满洲源流考》卷一“发祥世纪”。

② 崔富章主编《中华文化经典直解》，杭州：浙江文艺出版社，2002，第106页。

同样的主题，在不同的民族那里，会发生某些变异。这些变异，主要是在主题之上，赋予该民族所生活的地域之风土文化符号，以便与当地的自然地理环境相互一致。《毛传》："玄鸟，鳦也。春分，玄鸟降。汤之先祖有娀氏女简狄配高辛氏帝，帝率与之祈于郊禖而生契，故本其为天所命，以玄鸟至而生焉。芒芒，大貌。"①《郑笺》："天使鳦下而生商者，谓鳦遗卵，娀氏之女简狄吞之而生契，为尧司徒，有功，封商。尧知其后将兴，又锡其姓焉。自契至汤，八迁始居亳之殷地而受命，国日以广大芒芒然。汤之受命，由契之功，故本其天意。"②这里有几组关键词，它们分别是构成两民族起源的主题要素。"神鹊"与"玄鸟"，"朱果"与"鳦卵"，"天女"与"简狄"，就是同一主题的各个要素，在不同民族那里产生变异的结果。"朱果"和"米果"这两种表记的差异，更值得我们注意。乍一看，这是由于"朱"和"米"这两个字，因为形近而致误。然而，弗洛伊德学说告诉我们，即使是偶尔出现的笔误（pen slip)，其间也隐藏着某种必然的联系，那是以人们在潜意识之中经常将二者视为等同之缘故。稻作文化兴起于我国南方。今日生产优质稻米的我国东北地区，在远古时代并不种植稻谷。东北地区的稻子栽培，是长江流域的稻作文化，逐渐北移的结果。这更说明，满族等北方少数民族，与占人口多数的汉族，原本就是同源的。

满族的先世为女真人。女真人历史悠久。从先秦到隋唐时期，史书上频频出现的肃慎、挹娄、勿吉、靺鞨等就是女真人一脉相承的祖先。从宋辽金元时期到明朝末年，史书上则称他们为女真。满族祖先的活动，可以在先秦时期的文献中得到验证。《尚书·周官》："成王既伐东夷，肃慎来贺。王俾荣伯作《贿肃慎之命》。"③孔安国的注说明了肃慎族来周朝致贺的原因："海东诸夷，驹丽、扶馀、馯貊之属。武王克商，皆通道焉。成王即政而叛，王伐而服之，故肃慎氏来贺。"④元末明初的女真族，按照其活动范围分为三大部。东海女真居住在黑龙江和乌苏里江流域，其发展程度较低。海西女真居住在开原以东和松花江中游一带，其发展程度居中。建州女真居住在长白山北部、牡丹江流域和绥芬河流域，其发展程度最高。在明朝后期，由于各种社会弊端丛生，因而在汉族地区农民起义不断，与此同时在少数民族地区也掀起了反明的浪潮。公元1616年（明万历四十四年)，出生于建州部的女真人首领爱新觉罗·努尔哈赤称汗，国号金，史称后金。努尔哈赤自幼喜读《三国演义》和《水浒》等汉文典籍。成年后，他经常到辽东都司的抚顺关，与汉人进行贸易往来。可以说，努尔哈赤是一位受汉文化影响极其深刻的女真族领袖人物。努尔哈赤在统一女真各部的过程中，创立了八旗制度。八旗制度是由女真氏族公社末期的狩猎组织演变而来的一种兵制。笔者认为，从八旗色尚黄、白、红、蓝看，以及在中国历史上《周易》实际上被用作兵书来看，八旗制度的

① 李学勤主编《十三经注疏·毛诗正义》，北京：北京大学出版社，1999，第1444页。
② 李学勤主编《十三经注疏·毛诗正义》，北京：北京大学出版社，1999，第1444页。
③ 中华书局编辑部编《汉魏古注十三经·尚书》，北京：中华书局，1998，第72页。
④ 中华书局编辑部编《汉魏古注十三经·尚书》，北京：中华书局，1998，第72页。

创立也是参考了《易》学的原理的。黄色代表中土。白色代表西方。红色代表南方。蓝色介于青色和黑色之间，而青色对应的方位是东方，黑色对应的方位是北方。从我国先秦时期到明末清初，满人、女真人以及他们的先祖，其活动范围正是我国的东北一带。在白山黑水之间，一个优秀的民族悄然兴起，此乃是历史的必然。满族，与其他少数民族一样，同样是中华民族的组分。作为出生于汉族的一个研究人员，思齐为中华民族有这样多的优秀组分而感到自豪。黄、白、红、蓝四旗，加上镶黄、镶白、镶红、镶蓝四旗，一共为八旗。八旗与八经卦，恰好形成一一对应的关系。唯有对汉文化理解深刻的人，才能设想到以八旗为兵制，而这个人就是努尔哈赤。《三国演义》和《水浒》虽然是小说，然而亦是浪漫主义与现实主义相结合的兵书。事实上，在中国古代以及历史上的日本、韩国、越南乃至泰国等汉字文化圈诸国，这两部书往往被政治家们当作兵书来读。思齐尝试提出此说，或可供清史研究者参考。努尔哈赤在建立了金政权之后，迅速统了一女真各部，其势力更加强盛，于是便着手进兵中原。1618 年（明万历四十六年，金天命三年）四月，努尔哈赤率军两万人，以“七大恨”告天，誓师讨伐明朝。“七大恨”是努尔哈赤发布的一道声讨明朝的檄文，其内容如下：

太祖益恨，乃于天命三年，以七大恨告天。其略曰：我祖、父未尝损明边一草寸土，明无端起衅，害我祖、父，恨一也。明虽起衅，我尚欲修好，设碑勒誓，彼此毋越疆围，越者见即诛之。明复渝誓言，逞兵越界，卫助叶赫，恨二也。明人每岁逾疆攘夺，我遵誓行诛，明负前盟，责我擅杀，拘我广宁使臣，挟取十人，杀之边境，恨三也。明越境以兵助叶赫，俾我已聘之女，改适蒙古，恨四也。柴河三岔，抚安三路，我累世分守疆土之众，耕田艺谷，明不容刈获，遣兵驱逐，恨五也。边外叶赫，获罪于天，明偏信其言，遣使遗书诟詈，肆行凌侮，恨六也。昔哈达助叶赫，二次来侵，我自报之，天既授我哈达之人矣，明又党之，胁我还其国，已而哈达数被叶赫侵掠。初，呼伦诸国，合兵侵我，故天厌呼伦启衅，惟我是眷，今明助天谴之叶赫，抗天意，倒置是非，妄为剖断，恨七也。①

这篇文告中所提到的哈达，为明朝时期海西女真四部之一，于万历二十七年（1599）为努尔哈赤所并。叶赫亦为明朝时期海西女真四部之一，亦于万历四十七年（1619，后金天命四年）为努尔哈赤所并。努尔哈赤属于建州部。在女真诸部中，建州部的发展程度远远高于其他各部，其势力往其他各部扩张乃是一种不可避免的趋势。叶赫部和哈达部经常采取联合行动，以抵制建州部对他们的压迫。明朝派兵保卫叶赫，抗拒建州，目的在于挑动事端，制造女真各部的分裂，以夷制夷，推行大汉族主义。努尔哈赤

① 文渊阁《四库全书》本《满洲源流考》卷十六。关于“七大恨”，又见鸾印章著《清鉴纲目》卷一《太祖高皇帝》，内容大致相同而略简。参见鸾印章著，有邓球白、钟楚楚标点《清鉴纲目》，长沙：岳麓书社，1987，第 7 页。

认为，明朝对他欺凌实在太甚，情所难堪，因此必须对明朝进行征讨。后金与明朝之间的战争，长期拉锯，各有胜负。然而，萨尔浒之战成了后金与明朝在军事上的分水岭。万历四十七年春，明朝大军号称四十七万，分四路出师。努尔哈赤拥有兵众五万余人，夫役万五千人。在萨尔浒之战中，努尔哈赤以少胜多，击溃了明朝的军队。《纲鉴易知录·明鉴易知录》卷十一万历四十七年：

> 三月，明师与大清兵战，败绩。杜松欲立首功，越五岭关，先期抵浑河，既渡遇伏，松血战突围，力竭而死，兵无存者。马林改由三岔堡出边抵二道关，闻松没，结营自固，大清兵乘胜来攻，林败，游击麻岩死之。刘綎独纵兵马家寨口，深入三百余里，克十余寨。大清兵诡作杜松兵，披其衣甲为向导，诱入重围，众溃，綎没于阵。惟清河一路李如柏，以经略令撤回获全。是役也，杨镐军机不密，诸事宣泄，大清军处处为备，故败。文武将吏死者三百一十余员，军士死者四万五千八百余人。事闻，京师大震。①

从此，明朝在军事上转入了被动和防御，而后金的军队却在节节胜利中向关内挺进。面对明朝大军的多路进攻，努尔哈赤的作战方针是："凭尔几路来，我只一路去。"②这两句话后来为小说家所袭用，它们其实道出了事情的本质，在萨尔浒战略会战中，努尔哈赤的用兵方略就是如此。这不正是《坤》卦所宣示的牝马战略吗？"坤，元亨，利牝马之贞。"贞，坚贞的操守，转指基本的美德（a cardinal virtue）。牝马具有柔顺的美德，牝马甘居于下位，它以静制动，而最终战胜强敌。

奠定清朝基业的皇帝是爱新觉罗·皇太极（1592—1643）。皇太极是努尔哈赤的第八个儿子。皇太极一生行事的特点是善待被征服的各个民族。在统一东北的大业中，皇太极善待东海诸部，因而各部纷纷归附。于是我们看到，蒙古诸部后来成为他的重要军事力量。在历次伐明的战争中，皇太极善待战争中被俘的汉人，从而减少了进军中原的阻力。例如，据《清史稿》卷三《太宗本纪二》记载，天聪三年八月，在伐明大军出发之前，皇太极曾明确下谕，要求主帅善待各民族人士。"癸丑，以睿亲王多尔衮为奉命大将军，统左翼兵，贝勒豪格、阿巴泰副之，贝勒岳讬为扬武大将军，统右翼兵，贝勒杜度副之，分道伐明。谕之曰：'主帅为众所瞻，自处以礼，而济之以和，则蒙古、朝鲜、汉人之来附者，自心悦而诚服。若计一己之功，而不恤国之名誉，非所望焉。'"③由此可见，善待各民族人士是皇太极一贯的政策。

---

① 清·吴承权等辑，施意周点校《纲鉴易知录》，北京：中华书局，第2872页。

② 这两句话被龙岗山所借用，用作其章回小说《皇太极全传》第十九回标题的前半部，全题为："凭尔几路来，我只一路去；谁知萨尔浒，竟成杀尔虎。"萨，平舌音。杀，卷舌音。思齐按："萨"和"杀"两字，读音并不相同。

③ 上海古籍出版社、上海书店编《二十五史》，上海：上海古籍出版社、上海书店，1986，第8824页。

在国家的根本体制上，皇太极基本采用汉人所留下来的制度而稍加变通，以便适应现实政治的需要。这主要体现在政体和军制两个方面。在政体方面，皇太极十分欣赏汉族所创造的封建专制制度。他认为，这种制度已经在千百年来的历史发展中趋于完备了，无须改变，即可应用。本来，努尔哈赤为他的后代所设计的政体是贵族共和的体制，亦即由八位王子来协商共治，一切重要事项均须通过贵族重臣会议作决定。然而，皇太极将八旗诸贝勒或予禁锢，或予削爵，逐一加以打击，终于使一切人等对他惟命是从。皇太极还仿照明朝的制度和立了吏、户、礼、兵、刑、工六部。皇太极的机要秘书班子主要由汉族士人组成，后来演化成为具有内阁意义的内三院，即内秘书院、内国史院和内弘文院。在军制方面，皇太极对于降附的各族军人加以信任，并将他们编入部队。皇太极于天聪七年（1633）正式编成汉军八旗，又称八旗汉军。天聪九年（1635）皇太极又正式编成蒙古八旗，又称八旗蒙古。这两支部队主要操纵新式火炮。这样一来，原来被征服的各族民众就被改造为清朝的武装力量了。总之，皇太极善待汉人出于真心，而不是装装样子。任用汉人知识分子为其政权服务，这是皇太极一贯的主张，也是他最坚定的主张。清朝在建立了全国统治之后，依然坚持笼络各民族上层人物的政策。这一政策可以说就是皇太极确立下来的一项基本国策。这一政策固然包含有加强思想控制的考虑在里头，但是比起以为无情的杀戮来说，这一政策还是较为开明的。这是因为，它对历史的进程所产生的正面作用，多于其负面影响。

皇太极这一名字，无疑容易使人联想到“无极而太极”。这一命题由北宋哲学家周敦颐（1017—1073）在《太极图说》中提出。朱熹认为，“无极而太极”，其含义就是“无形而有理”。换句话说，太极是形而上的道，太极本身就是无极。这是以太极为宇宙本源和万事万物中心的学说。关于皇太极这一名字，我们可以对比两条史料。一是《清史稿》卷一《太祖本纪》的记载：“壬辰冬十月二十五日，第八子皇太极生，高皇后出也，是为太宗。”①二是《清史稿》卷二《太宗本纪一》的记载：“初，太祖命上名，臆制之，后知汉称储君曰‘皇太子’，蒙古嗣位者曰‘黄台吉’，音并暗合。及即位，咸以为有天意焉。”②对比这两条史料，可知“皇太极”这个名字是努尔哈赤“臆制”的，即带有主观推测的成分在里面。尽管如此，“音并暗合”一语却说明了，努尔哈赤为儿子如此取名的本意，就是要他的儿子成为一代圣君贤主，具有包罗天下的宏大胸怀。

清朝的开国诸帝，由于戎马倥偬，没有留下多少文翰，亦难见其诗章。不过，待到国家安定之后，皇帝也就有闲暇著文做诗了。康熙（1564—1722）就留下了不少诗作，《清文颖》卷首之五康熙《松花江放船歌》云：“松花江，江水清，夜来雨过春涛生。

---

① 上海古籍出版社、上海书店编《二十五史》，上海：上海古籍出版社、上海书店，1986，第8817页。

② 上海古籍出版社、上海书店编《二十五史》，上海：上海古籍出版社、上海书店，1986，第8819页。

浪花叠锦绣縠明，彩帆画鹢随风轻。箫韶小奏中流鸣，苍崖翠壁两岸横。浮云耀日何晶晶，乘流直下蛟龙惊。连樯接舰屯江城，貔貅健甲皆锐精。旌旗映水翻朱缨，我来问俗非观兵。松花江，江水清，浩浩瀚瀚冲波行，云霞万里开澄泓。"①这是一首优美的七言歌行。诗人以极其旷达清远的笔调，描画出松花江两岸初春时节的风景以及江上井然有序的生活。江面上映照出皇家舰队的倒影，军乐队演奏出轻快的进行曲，樯连樯，舰接舰，旌旗迎风卷，朱缨闪光辉。在一派大好形势之下，皇帝此番前来，不是为了阅兵，而是为了"问俗"，亦即了解民生疾苦。康熙是清朝的第三位皇帝，也是中国封建社会末期最杰出的帝王，他在统一国家和反对侵略的各项事业中均树立了历史功绩，从而为中华民族的发展做出了重大的贡献。元朝和清朝都是由少数民族建立的朝代，但是清朝的统治者远比元朝的统治者来得高明。清朝的统治者更熟悉汉文化，更了解汉人的心理，并更加虚心地向汉人学习。可以说，康熙是心仪汉文化的典型。《清文颖》卷首之一《圣祖仁皇帝御制文论》中有《慎几微论》：

《易》曰："几者，动之微，吉之先见者也。"夫天下之广，事物之众，其接于中而散见于外者，至纷纶而莫可纪极。然当其寂焉独处，万感不交，自人窥之，罔测端倪，而心之隐跃欲动者已灼然，其不能遏此，所谓几也。几动而理与欲遂分，是以古之圣贤，于一念之发，必审之于中，曰："此为理乎？为欲乎？"理则扩充之，欲则禁止之，不待其滋长显露，而后为补救也。以故理日长，而欲日消。昔大禹尝以"慎乃在位"告舜，而复推其旨，于安、止、几、康。舜之赓作歌也，亦曰："敕天之命，惟时惟几。"夫不言事而言几，何哉？盖事显而几微也。微则幽而难辨，危而难持。苟非察之于早而谨之于终，则天命之在人者必漓，心之安于止者必荡轶而逾检矣。朕兢兢业业，一日二日万几，惟恐隐微之地有一端未善，故日讲求于先儒性命之学，以务尽其诚意正心之功，而犹恐未得其要也。孜孜焉从事于惇颐之所谓思，张载之所谓豫，朱熹之所谓敬。劼毖罔懈，庶几慎独之方可企而全欤。由斯以观，《易》与《书》之言几，犹《大学》之言独，《中庸》之言微、显也。其道总不外于一慎而已矣。然朕勉焉而未能自信也，盖人心道心，消长靡定，势不中立，或纵于一时而贻于久远，或疏于一事而误及多端。则其失非浅鲜也，其何以无歉于圣贤性命之学乎哉？②

这篇文章，可谓惟妙惟肖地刻画了康熙执政时的心态，以及他一生行事所依据的原理。康熙力求将一切不利于清朝统治的事端，消弭于萌芽状态之中。君子要慎几微。几微，即事物发展的细微前兆。《周易·系辞下传》："几者动之微，吉之先见者也。君子见机

① 清·陈廷敬等编，张廷玉等续编《清文颖》，上海：上海古籍出版社，1994，第174页。
② 清·陈廷敬等编，张廷玉等续编《清文颖》，上海：上海古籍出版社，1994，第113页。

而作，不俟终日。”①事物的变动往往有细微的征兆，吉凶的结局往往事先就会显露。君子发现苗头，就要采取行动，不要等到一天的终结时还不动手。“慎乃在位”，语出《尚书·益稷》：“禹曰：都！帝，慎乃在位。帝曰：‘俞！’”②这是帝舜和大禹之间的对话。大禹说：啊，天子，你身于帝位也要谨慎！帝舜说：是这样的！“敕天之命，惟时惟几。”意思是说，勤劳天命，每时每刻在每一件事情上都要小心谨慎。这两句话同样出自《尚书·益稷》：“帝庸作歌，曰：‘敕天之命，惟时惟几。’乃歌曰：‘股肱喜哉！元首起哉！百工熙哉！’皋陶拜手稽首，飏言曰：‘念哉！率作兴事，慎乃宪，钦哉！屡省乃成，钦哉！’乃赓载歌曰：‘元首明哉！股肱良哉！庶事康哉！’又歌曰：‘元首丛脞哉！股肱惰哉！万事堕哉！’帝拜曰：‘俞！往，钦哉！’”③这是《尚书·益稷》的结尾。帝舜和皋陶赓歌唱和，歌唱的中心意思仍然是：无论为君为臣，凡事都要小心谨慎，防微杜渐，将一切可能的祸患，都消灭在萌芽的状态之中。这个道理，正如莎士比亚写道：

> 麦克白夫人：……无法挽回的事，只好听其自然；事情干了就算了。
>
> 麦克白：我们不过刺伤了蛇身，却没有把它杀死，它的伤口会慢慢平复过来，再用它的原来的毒牙向我们的暴行复仇。可是让一切秩序完全解体，让活人、死人都去受罪吧，为什么我们要在忧虑中进餐，在每夜使我们惊恐的恶梦的谑弄中睡眠呢？我们为了希求自身的平安，把别人送下坟墓里去享受永久的平安，可是我们的心灵却把我们磨折得没有一刻平静的安息，使我们觉得还是跟已死的人在一起，倒要幸福得多了。邓肯现在睡在他的坟墓里；经过了一场人生的热病，他现在睡得好好的，叛逆已经对他施过最狠毒的伤害，再没有刀剑、毒药、内乱、外患，可以加害于他了。④

麦克白因为缺少睡眠而心烦意乱，麦克白夫人想使其丈夫恢复平静，但是没有成功。这里采用的是朱生豪的译文。“刺伤”一语，梁实秋译作“砍伤”⑤，原文作 scorched，意思是深深砍入，深深切进。刘易斯·西奥博德（Lewis Theobald，1688—1744），莎士比亚的第三位编辑者，曾经把这个词订正为 scotched，意为浅刻痕、微刻痕、轻伤。英语中有个说法：to scotch a snake，意为：使蛇负轻伤而未至死。To scotch 转指暂时遏制危险物而尚未将之歼灭，中文的“挫败”正是其义，不过一般汉英词典的编撰者未臻此

---

① 李学勤主编《十三经注疏·周易正义》，北京：北京大学出版社，1999，第 308 页。

② 李学勤主编《十三经注疏·尚书正义》，北京：北京大学出版社，1999，第 115 页。

③ 李学勤主编《十三经注疏·尚书正义》，北京：北京大学出版社，1999，第 130 页。

④ ［英］威廉·莎士比亚《莎士比亚全集》（八），朱生豪译，北京：人民文学出版社，1978，第 346 页。

⑤ ［英］威廉·莎士比亚《莎士比亚全集》（下），梁实秋译，海拉尔：内蒙古文化出版社，1995，第 508 页。

境罢了。西奥博德校订莎士比亚功勋卓著，其校订刊误为批评界所接受者多达三百余条。不过，现代批评家认为正确的原文还是 scorched，验之上下文也更贴切一些。蛇是卵生动物。杀蛇卵中，犹如让邪恶的计谋胎死腹中一样，乃是更为可取的办法。在《清文颖》卷首五康熙《海东青》诗写道："羽虫三百有六十，神俊最数海东青。性秉金灵含火德，异材上映瑶光星。轩昂时作左右顾，整拂六翮披霜翎。期门射生谙调习，雄飞忽掣黄绦铃。劲如千钧激砮石，迅如九野鞭雷霆。原头草枯眼愈疾，砉然一举凌高冥。万夫立马齐注目，下逐鸟雀无留形。爪牙之任安可废？有若猛士清郊坰。晾鹰筑台存胜迹。佳名岂独标禽经。"①海东青是一种猛禽，明·叶子奇撰《草木子》："海东青。鹘之至俊者也，出于女真。在辽国已极重之，因是起变，而契丹以亡。其物善擒天鹅。飞放时，旋风羊角而上，直入云际。能得头鹅者，元朝官里赏钞五十锭。"②海东青，亦称海青，属于雕的一种，善捕水禽和小兽，产于乌苏里江、黑龙江至海及附近海岛，经过训练可成为名贵的猎鹰。海东青大者，其力能制鹿，故而有"羽中虎"之称。女真族有用海东青捕猎的习俗。清代于宁古塔境设有捕鹰把式十八名，得海东青必上送内务府，岁用喂养肉三千余万斤。熟悉清史的人都知道，康熙的政治手段多么像矫健的海东青啊！在剪除各种分裂势力，消除各种邪恶势力的斗争中，康熙的政治谋略非常高明，处事手段非常坚决。康熙看得准，揪得早，出手快，打得狠，收拾得干净！这些都体现出康熙政治生涯中"慎几微"的特点，而"慎几微"的思想系源于中华民族的元典《尚书》，那是轴心时期华夏民族思想的集中表达。

从思想渊源上看，虽然满族是兴起于中国东北部的少数民族，擅长于马背上的征战，然而满族的民族特色依然可以从《周易》中得到说明。蒙古人是擅长于马背上的征战的民族，其民族特色与龙是有联系的。满人与马也有不解之缘，其民族特色同样与龙有联系。我们说中国人是龙的传人。这个命题，对汉族适用，也对其他少数民族同样适用，而尤其在蒙古族和满族的文化中得到了丰富的展开。《周易》中的《坤》卦，是由两个相同的经卦而组成的重卦，其下体为经卦坤，其上体亦为经卦坤。《坤》卦，其卦形描述为"坤下坤上"，说的就是这个意思。《坤》卦的卦辞说："元亨，利牝马之贞。"唐李鼎祚撰《周易集解》卷二，于这句卦辞之下，引用干宝曰："阴气之始，妇德之常，故称'元'，与《乾》合德，故称'亨'。行天者莫若龙。行地者莫若马。故《乾》以龙繇，《坤》以马象也。坤阴类，故称'利牝马之贞'矣。"③干宝为晋新蔡（今属河南）人，为东晋时期著名的易学家。从干宝的话中，可以看出龙和马之间的联系。在满族的文化中，母系的力量较为强大，用《坤》卦的卦辞"元亨，利牝马之贞"，来描述满族的文化特色，的确来得贴切。在《坤》卦中，牝马是一个象征。尽管如此，牝马并不仅仅指牝马本身。这是因为。当我们说牝马的时候，我们同时也隐含地

---

① 清·陈廷敬等编，张廷玉等续编《清文颖》，上海：上海古籍出版社，1994，第 174 页。

② 文渊阁《四库全书》本《草木子》卷四下《杂俎篇》。

③ 清·李道平撰，潘雨廷点校《周易集解纂疏》，北京：中华书局，1994，第 69 页。

指称了雄马。这就好比天与地绝不能分离一样，雄与雌也绝不可能孤立地存在。李道平疏："故《昆》必以纯阴配乎《乾》之纯阳，然后能化生万物，所以亦为善之始，而象乎地也。盖《坤》之生资乎《乾》之生，故《乾》之元即为《坤》之元。"①在我国历代封建王朝中，清朝的统治是最为严密的，其具体的行事特点非常类似于牝马的性格，而又高度集中统一而归于皇帝。由皇帝一人独揽大权，运用乾纲于庙堂之中。由万千臣子具体办理，施行政事于大地之上。就清朝皇帝本身而论，他们也始终没有偏离牝马的风格，其工作作风远较前代皇帝细致而深入。《坤》卦的《彖传》说："牝马地类，行地无疆，柔顺利贞。"这几句话，其象征的旨趣，丰富而幽远，唐·李鼎祚《周易集解》因侯果曰："地所以含弘物者，以其顺而承天也。马之所以行地远者，以其柔而伏人也。而又牝马，顺之至也。诫臣子当至顺，故作《易》者取象焉。"②那么，我们不禁要问：谁来诫臣子呢？当然是皇帝来诫臣子。康熙朝的文治是极其发达的。康熙的牝马理念在两方面展开。一方面，这是他对自己的要求。他要求自己竭尽忠诚为大清的江山负责。另一方面，这也是他对臣子的要求。他要求臣子竭尽忠臣对皇帝负责。在臣子中，有一个重要的阶层，那就是科举的生员。在清朝生员的身上，牝马的品格也体现得相当明显。

《清文颖》卷首之五康熙《松花江网鱼最多颁赐从臣》："松花江水深千尺，棂梔移舟网亲掷。溜洄水急浪花翻，一手提纲任所适。须臾收处激颓波，两岸奔趋人络绎。小鱼沉网大鱼跃，紫鬣银鳞万千百。更有巨尾压船头，载以牛车轮欲折。水寒冰结味益佳，远笑江南夸鲂鲫。遍令颁赐扈从臣，幕下燃薪递烹炙。天下才俊散四方，网罗咸使登岩廊。尔等触物思比托，捕鱼勿谓情之常。"③在西方，君主对待民众的态度，以教会牧师对待信众的态度为楷模。教会牧师与信众的关系，就是牧羊人与群羊的关系。在中国，康熙对人才的态度类似于打鱼郎与鱼群的关系。关于这一点，康熙《松花江网鱼最多颁赐从臣》诗的末尾本身就点明了主题。他生怕身边的重臣们不明白他写这一首诗的用意，于是便谆谆告诫他们："尔等触物思比托，捕鱼勿谓情之常。"比托，比喻加联想。我，康熙，在作比喻呢。你们这些大臣，要学会联想啊。那么，联想什么呢？康熙说，这不是普通的观澜打鱼。你们这些大臣，对待人才也要这么做，把人才统统给我网罗上来！

在制定清朝的基本国策方面，康熙起到了巨大的作用。《清鉴纲目》卷五康熙六十一年冬十一月："圣祖在位六十一年，内则巩固国基，外则恢张国势。清代二百六十年之基业，实帝一人奠之。"④ 考察康熙时期的主要行政举措，可以收到管中窥豹的效果，进而把握清朝社会的基本面貌。康熙的行政举措，大要有以下六端。

---

① 清·李道平撰，潘雨廷点校《周易集解纂疏》，北京：中华书局，1994，第71页。
② 清·李道平撰，潘雨廷点校《周易集解纂疏》，北京：中华书局，1994，第73页。
③ 清·陈廷敬等编，张廷玉等续编《清文颖》，上海：上海古籍出版社，1994，第174页。
④ 印鸾章编著，邓球柏、钟楚楚标点《清鉴纲目》，长沙：岳麓书社，1987，第258页。

一是收拾人心。《清鉴纲目》卷五康熙六十一年冬十一月："康熙政术之最著者有二：一曰宽容以安汉人之心，如历次蠲免天下钱粮，滋生人丁永不加赋，尊空重儒，开宏博之科以登用汉人，使汉人得遵行其各种旧风俗而不加干涉之类是也。"①这里所讲的政术，有的属于经济政策，有的属于人口政策，有的属于文化政策，还有的属于教育政策。而提倡宽容以便安抚汉人之心，则是康熙一切政策的根本目标。在这些政策里有一个中心点，那就是收拾人心。明朝末年，天下大乱。清兵入关，节节进展。明兵败退，处处残破。农民起义，人员驳杂。盗贼蜂起，兵荒马乱。清政权建立之后，收拾人心成为中心任务。由于统治者本身是少数民族，如何让惯于奉明朝正朔的汉族以及关内其他少数民族服从新政权的统治，成为清朝统治者面临的一大难题。解决这一难题的关键在于订立一套新的道德标准，而康熙成功地做到了这一点。《清鉴纲目》康熙十一年："夏六月，颁布训谕十六条。一曰：敬孝弟以重人伦。二曰：笃宗族以昭雍睦。三曰：和乡党以息争讼。四曰：重农业以足衣食。五曰：尚节俭以息财用。六曰：隆学校以端士习。七曰：黜异端以崇正学。八曰：讲法律以儆愚顽。九曰：明礼让以厚风俗。十曰：务本业以定民志。十一曰：训子弟以禁非为。十二曰：息诬告以全良善。十三曰：戒窝逃以免株连。十四曰：完钱粮以省催科。十五曰：联保甲以弭盗贼。十六曰：解仇忿以全性命。"② 这十六条训谕，可谓清朝的道德大纲。这个大纲的长处是强调了生产力为道德之本，第四条、第五条、第十条和第十四条，均与产业有关。而在各种产业中，以农业为本。这是符合当时生产力发展的实际状况的。儒家也有许多传统的道德训条，比如，《论语·学而篇》提出温、良、恭、俭、让。又如，《白虎通德论·情性篇》："五常者，何谓？仁、义、礼、智、信也。仁者不忍，好生爱人。义者宜也，断决得中也。礼者履也，履道成文。智者知也，或于事，见微知著。信者诚也，专一不移。故人生而应八卦之体，得五气以为常，仁、义、礼、智、信是也。"③相比之下，康熙十六条训谕，在内容上继承了儒家的道德训条，但是它们来得更具体一些，因而便于人们切实遵行。同时，法律的观念得到了强调，这表明了时代的进步。从康熙十六条训谕，很容易使人联想到基督教的摩西十诫（Ten Commandments）。据《圣经旧约》的《出埃及记》第二十章和《申命记》第五章记载，上帝在西奈山上将十条戒律启示给摩西，摩西又将之转述给以色列人。其基本内容如下。一：崇拜唯一神耶和华而不可拜别神。二：不可雕刻和敬拜偶像。三：不可妄称上帝的名。四：须守安息日为圣日。五：要孝敬父母。六：不可杀人。七：不可奸淫。八：不可偷盗。九：不可作假见证诬陷他人。十：不可贪恋别人的妻子和财物。时至今日，摩西十诫仍是犹太教社会和基督教社会里最基本的道德准绳。相比之下，可以见出，摩西十诫侧重于对神的信仰，康熙十六条训谕侧重日常道德规范。在两者之间，亦有部分内容叠加，比如孝敬父母、不可盗窃

---

① 印鸾章编著，邓球柏、钟楚楚标点《清鉴纲目》，长沙：岳麓书社，1987，第 258 页。
② 印鸾章编著，邓球柏、钟楚楚标点《清鉴纲目》，长沙：岳麓书社，1987，第 172 页。
③ 浙江古籍出版社影印扫叶山房本《百子丛书》，杭州：浙江古籍出版社，1998，第 1069 页。

等。在康熙十六条训谕中，第七条是值得注意的，“黜异端以崇正学”隐约之间具有神学的意味。此外，第十二条也值得注意，“息诬告以全良善”，此与摩西十诫的第九诫相仿佛。假见证，或曰伪证，乃是一个西方意味较为浓郁的法理概念。康熙与基督宗教诸多传教士交往甚为密切，康熙十六条训谕部分地吸收了摩西十诫的内容，这是完全可能的。后来，清朝终于实现了天下大治。基督教在清朝疆域内长期得到稳定地发展。在这一方面，康熙十六条训谕也起到了根本的作用。

二是文字大狱。在正面提倡道德以便收拾人心的同时，康熙还采用种种办法来加强思想控制。屡兴文字大狱是康熙时期的一个特点。一切文字著述，只要不利于清王朝的统治，只要对满人流露出些许的不满，只要有可能影响皇帝的形象，便被视为异端、悖逆和狂吠，而遭到严酷的镇压。《清鉴纲目》卷五康熙六十一年冬十一月：“康熙政术之最著者有二……一曰严厉以戢汉人之气，如庄廷鑨著《明史》而追戮其尸，戴明世著《南山集》而举族弃世之类是也。”①《清鉴纲目》卷四康熙二年：“夏五月，杀浙江人庄廷钺，戮其兄廷鑨尸，株连者七十余人。”②庄氏明史案是因修史而造成的文字狱之一。庄廷鑨，浙江湖州府乌程县人，所撰《明史辑略》以明朝为正统来叙述建州女真与明朝廷的关系，并记录了明末抗清的事迹，使用了具有民族歧视性的语言，如“建夷”、“夷寇”等词语，因而触犯了清廷忌讳。案发时庄廷鑨本人已死，遂剖棺戮尸，处其家属十八人以极刑。受此案株连而至死者一共七十二人。《清鉴纲目》卷五康熙五十年：“冬十月，杀翰林院编修戴名世。先是，明清之交，汉认为清室所驱除及蒙受不平等待遇者往往借文字以发抒愤慨；其明末遗臣故老著书立说，又时时流露其河山故国之思。帝即位已数十年，深恐死灰复燃，防微杜渐，遂构成种种文字之狱。”③戴名世(1653—1713)，安徽桐城人，字田有，一字褐夫，号南山，所著《南山集》使用南明弘光、永历等年号，并收有方孝标《滇黔纪闻》所述南明史事。戴名世《南山集》案发于康熙五十年。案发后，戴名世系狱。两年后结案，戴名世于康熙五十二年问斩。方孝标早死，则剖棺戮尸。此案涉及三百三十余人，其中三十二名高官遭降谪处分，三百余人后来得恩旨全活。康熙利用文字狱来加强思想控制的做法，为其后代所继承。据存留下来的史料统计，号称盛世的康熙、雍正和乾隆三朝（1662—1795）共一百三十五年，其中发生文字狱一百零八起，平均每十五个月就有一起。

三是修史重信。一方面，康熙严酷地镇压那些借修史而抒发对清廷的不满之人，另一方面他也大力提倡在修史的过程中尊重历史事实，要求参编人员修出可以留传后世的信史来。《清鉴纲目》卷五康熙三十一年：“春正月，诏纂修《明史》不宜失实。谕大学士等谓：‘前者进呈《明史》诸卷，命熊赐履校雠。赐履写笺呈奏，于洪武、宣德本纪訾议甚多。朕思洪武系开国之祖，功德隆盛；宣德乃守成贤辟。朕自反厥躬，于古圣

① 印鸾章编著，邓球柏、钟楚楚标点《清鉴纲目》，长沙：岳麓书社，1987，第258页。
② 印鸾章编著，邓球柏、钟楚楚标点《清鉴纲目》，长沙：岳麓书社，1987，第159页。
③ 印鸾章编著，邓球柏、钟楚楚标点《清鉴纲目》，长沙：岳麓书社，1987，第240页。

君亦不能逮，何敢轻议前代令主？若表扬洪、宣，朕尚可指示词臣撰文称美；倘深求刻论，真不惟本无此德，本无此才，亦非意所忍为也。至开创诸臣，若撰文臣事实优于武臣，则议论失平，难为信史，尔等当知之。'"①这段话有三点值得注意。第一，康熙能够正确地对待历史，客观地对待前代。洪武是明太祖朱元璋的年号。宣德是明宣宗朱瞻基的年号。朱元璋是明朝的开国君主，既是康熙心目中的英雄形象，也是他效法的榜样。朱瞻基是明仁宗的长子，于永乐九年立为皇太孙，数度跟从明成祖北巡和征讨。明仁宗即位后，朱瞻基被立为皇太子。洪熙元年。朱瞻基即位，年号宣德。元年，平定汉王之变。二年，从阁臣杨士奇、杨荣等议，停止用兵交趾，将精力集中于国内民生等问题之上。宣德年间，明朝的吏治和财政得到整顿，明仁宗所制定的缓和社会矛盾的各种措施得到继续贯彻，全国呈现出一派欣欣向荣的景象。由于仁宗和宣宗政策一贯，所以康熙称之为守成之辟。明代的仁、宣两朝为盛世，史称“仁宣之治”。第二，康熙洞察幽微，善于把握近臣的心理。由于康熙的统治甚为周密，大臣们难免不揣摸其心理，尽可能地迎合他所喜好之事，尽可能地避免他所憎恶之事。明朝是被清朝取而代之的王朝，史臣们为了肯定本朝，势必或多或少否定乃至诋毁前朝。然而，修史最重秉笔直书，古今皆然，中外亦然。德国史学家兰克（Leopold von Ranke，1795—1866）就主张“秉笔直书”（Wie es eigentlich gewesen. 直译：像它本来所是的那样）。修史不重视可信度，就会取消修史活动本身。评价历史人物，贵在公允。如果史家对历史人物深求刻论，就会丧失史德。第三，康熙有区别地对待文臣和武臣。不同的历史时期，对人才有不同的需求。战争年代较多地需要武臣，和平时期较多地需要文臣。武臣和文臣各有所长，也各有所短，但他们都是一个国家所需的人才。既然如此，对待文臣和武臣就应该有不同的标准，庶几用人得宜。同时，人才标准不是一成不变的，而是一个动态的体系。何种时代需要何种人才，其标准应客观，否则不仅会丧失史德，而且会影响人才在当代的使用。史书是供人们阅读的，史书对人的作用终归是激励人们建设当代的生活，诚如兰克所说：“我们从历史那里得到的最珍贵的东西正是它所激起的热情。”②《明史》三百三十六卷，其修纂工作起于康熙十七年（1678），完成于雍正十三年（1735），历时近六十年。后于乾隆年间刊行于世。由于修史人员秉持康熙修史惟信的观点，《明史》质量较高，体例整齐，颇为史家所称赞。统观以上三条，有一个中心点，那就是修史惟信。由此可知，康熙颇具有历史发展的眼光，能够反躬自省，以历史为龟鉴，庶几努力增进其执政能力。

四是重用忠臣。康熙非常重视那些忠于清王朝而又具有优秀才干的汉族知识分子。《清鉴纲目》卷五康熙二十九年：“六月，以张玉书为文华殿大学士。玉书，江苏丹徒人，顺治进士。为人风度凝然，得大臣体，在讲幄每据经纳谏，莫由得其献替之迹。至

---

① 印鸾章编著，邓球柏、钟楚楚标点《清鉴纲目》，长沙：岳麓书社，1987，第218页。

② Das Beste, was wir von der Geschichte haben ist der enthusiasmus, den Sie erregt.

是拜文华殿大学士。"①张玉书（1642—1711），清江丹徒（今属江苏）人，字素存，号润甫，任大学士二十年，久任机要，甚为康熙所重。张玉书于康熙四十年侍从南巡，试江南士子，选拔了大量人才。张玉书参与修纂《明史》的工作，任《志书》部分。张玉书为皇帝讲解经书的时候，往往结合实际，对朝政提出中肯的意见。而且，他还有谦虚的美德，每当皇帝采纳了他的意见，在执政时有所改进的时候，他就心里高兴，但是他从来不向任何人透露他的功劳。李光地（1642—1718），福建安溪人，字晋卿，号厚庵，又号榕村。《清鉴纲目》卷五康熙四十四年："以李光地为文渊阁大学士。初，光地劾云南布政司张霖假称奉旨，贩卖私盐，得银百六十万余两。得旨，即令光地审拟，霖论斩，家产籍没入官。至是，帝谕吏部曰：'李光地居官甚好，才品俱优，着升为文渊阁大学士。'"②李光地深得康熙宠信，号称一时名相。尽管后世对李光地的为人多有讥刺，不过李光地在学术上是颇有建树的。其学恪守程、朱之说，以阐发义理为主，兼通律吕、历算和音韵，曾主持编纂《周易折中》、《性理精义》和《朱子大全》等。这些书至今仍然是我们研究中国传统学术的重要文献。《清鉴纲目》卷五康熙五十年冬十月："帝知方苞文学，特诏赦其罪，召入南书房修书，苞得免死。"③方苞（1668—1749），安徽桐城人，字凤九，号灵皋，又号望溪。方苞曾因戴名世《南山集》案牵连而被捕入狱，由于其文学才华出众，不仅被赦罪，而且还得到了重用。研究清代八股文史，方苞是不可或缺的人物。这一点后面还要详细论述。陈鹏年（1663—1723）的例子最能说明康熙对汉族知识分子的信用。《清鉴纲目》卷五："四十五年春二月，特诏江宁知府陈鹏年来京。时两江总督阿山疏劾鹏年贪酷。帝命漕运总督伊桑额、河道总督张鹏翮审拟，鹏年论斩。特旨令鹏年来京，在修书处效力。阿山者，宗室噶礼之党也。噶礼本满洲贵族，声势倾一时，满臣中阿山，汉臣中张鹏翮等皆其党。当其为两江总督时，鹏年为苏州知府，白事不跪拜，礼怒，呵曰：'知府生死在我，胡敢尔！'遂劾鹏年怨望，指所作《虎丘》诗为证。逮捕下狱，欲置之死。幸帝察其枉，命释之，始免。至是复为阿山所劾。初，阿山以帝将复南巡，召属官议加赋，鹏年力言不可，阿山衔之，故有是劾。赖帝素知其人，得免。后噶礼以罪伏诛，而鹏年历官至河槽总督，卒谥恪勤。"④陈鹏年，湖南湘潭人，字北溟，一字沧洲，史称陈鹏年为官清廉，有政声。阿山（？—1714），满洲镶蓝旗人，伊拉哩氏。阿山于康熙三十九年官两江总督，十四五年晋升刑部尚书。伊桑鄂，即伊桑阿（1638—1703），满洲正黄旗人，伊尔根觉罗氏，善治河道，亦善断疑狱，事见《清史稿》卷二五零《本传》。伊桑阿卒于康熙四十二年，《清鉴纲目》在这里系作追叙。张鹏翮（1649—1725），四川遂宁人，字宽宇，又字云青，治河十载，成绩显著，流传后世，雍正元年晋武英殿大学士。噶礼（？—

① 印鸾章编著，邓球柏、钟楚楚标点《清鉴纲目》，长沙：岳麓书社，1987，第215页。
② 印鸾章编著，邓球柏、钟楚楚标点《清鉴纲目》，长沙：岳麓书社，1987，第232页。
③ 印鸾章编著，邓球柏、钟楚楚标点《清鉴纲目》，长沙：岳麓书社，1987，第241页。
④ 印鸾章编著，邓球柏、钟楚楚标点《清鉴纲目》，长沙：岳麓书社，1987，第232页。

1714)，满洲正红旗人，栋鄂氏。噶礼于康熙三十八年授山西巡抚，四十八年晋两江总督而任上有贪婪之名，五十一年因江南科场案被革职，后与弟、妻谋害其母，被告发，勒令自尽。从上面的记述中可以看出，噶礼何等专横跋扈，而陈鹏年何等有气节。噶礼之所以召集属官商议增加田赋，其目的在于筹措一些经费，以便迎合皇上，把招待和迎送等事项办得风光一些。陈鹏年反对增加田赋，其出发点是体恤民生疾苦。陈鹏年绝不希望因为皇帝将要来本地视察而增加民众的负担。由于康熙明察秋毫，赏罚分明，知人善任，所以陈鹏年常思君恩。后来，陈鹏年的确在河道总督任上竭尽忠诚。《清史稿》卷二七八《陈鹏年传》："鹏年止宿河堧，寝食俱废，浸羸惫。雍正元年疾笃，遣御医诊视，寻卒。上闻，谕曰：鹏年积劳成疾，没于公所。闻其家有八旬老母，室如悬磬，此真鞠躬尽瘁死而后已之臣。"①从本质上说，清朝的职官政策本身是具有民族歧视的。尽管如此，从陈鹏年的遭遇中我们还是可以看到康熙严惩满族黠吏，善待汉族循吏的一面。

五是提倡理学。《清鉴纲目》卷五："辛卯五十年夏五月，文华殿学士张玉书卒。玉书尝进讲乾清宫，帝问理学之名始于宋否？玉书奏：'道理自在人心，宋儒讲辨加详耳。'帝曰：'日用常行，无非此理。自有理学名目，彼此辩论，而言行不符者甚多。如不居讲学名，而行事允合，此即真理学也。'至是卒，帝命大学士温达会同翰林部院官员、内务府总管往吊，予祭葬，加祭一次，谥文贞。玉书赋性仁厚，历官五十年，为太平宰相二十年，风度凝然，得大臣体。所作古文辞春容典雅，称一代大手笔。"②这一段记载有两点值得注意。第一，理学兴起的时间。《黄氏日抄》多次提及理学，该书著作黄震为南宋人，故而理学之名始于南宋。张玉书学问淹博，不至于不知道这一点。尽管如此，他却没有正面回答康熙。皇帝提问，直白的回答或许会有不恭敬之嫌。不过，康熙一贯要求大臣们直言，而张玉书是有操守的大臣，他不至于害怕做出正面的回答。其实，张玉书的话说得颇为温婉。他实际上是回答了该问题的：理学之名称产生于宋代。张玉书不是理学家。他之所以说"道理自在人心"，其目的在于顺乎康熙的思路并进而敦促康熙加强理学之建设。康熙以理学立名之时间问其近臣张玉书，这说明康熙对理学抱有浓厚的兴趣。第二，康熙提倡真理学。康熙朝的理学家，主要有陆陇其(1630—1693)、李光地等人，而以李光地的成就为大。李光地在理学上的贡献足以绍继宋明理学。康熙不是理学家。康熙对理学的贡献在于命大学士李光地等人编纂了一系列理学书籍。在这些理学书籍中，以《朱子全书》六十六卷和《性理精义》十二卷最为著名。康熙《朱子全书序》写道："读书五十载，只认得朱子一生所作何事，故不揣粗鄙无文，而集各书中凡关朱子之一句一字，命大学士熊赐履、李光地，素日留心于理学者，汇而成书，名之《朱子全书》。以备乙夜勤学，庶几寡过。虽未能，亦自勉君亲

① 上海古籍出版社、上海书店编《二十五史》第12册，上海：上海古籍出版社，上海书店联合出版，1986，第9918页。

② 印鸾章编著，邓球柏、钟楚楚标点《清鉴纲目》，长沙：岳麓书社，1987，第240页。

之责者。朕又所思者，朱子之道，五百年未有辩论是非，凡有血气，莫不遵崇。朕一生所学者为治天下，非书生坐观立论之易。今集朱子之书，恐后世以借朱子之书自为名者，所以朕敬述而不作，未敢自有议论。往往见元明至于我朝注作讲解总不出朱子，而各出己见，每有驳杂，反为有玷宋儒之本意。况天下至大，兆民至众，舆图甚远，开地太广，诸国外蕃，风俗不同，好尚各异，防此失彼之患，不可不思。若以智谋而得人心，如挟泰山而超北海也。以中正仁义，老成宽信，似乎近之，凡读是书者，谅吾志不在虚词而在至理，不在责人而在责己，求之天道而尽人事，存吾之顺，末吾之宁，未知何如也。康熙五十二年岁在癸巳夏六月敬书。"①在这篇序中，康熙回顾了自己五十年来研习朱熹著作的过程。对于文本，他一字一句地加以体会。对于道理，他努力将之运用于治国的实践之中。康熙不仅熟悉朱熹的著作，也熟悉五百年来有关朱子的各种辩论。所谓五百年，就是清朝之前的宋、元、明三个朝代。换句话说，康熙不仅热衷于读朱熹，而且还十分留意朱子学。康熙对于过去五百年来理学各家各派的注疏和讲解是不满意的。他认为，驳杂的见解必然有害于宋儒的本意。有鉴于此，他才命李光地编纂《朱子全书》、《性理精义》等书籍，以便统一全国人民的思想。也就是说，康熙旨在追求"真理学"，亦即真正的理学。他希望在他主持之下编纂的理学书籍，能够防止那些冒充的学者假借朱熹的名义而贩卖私货。康熙还做了一个自我评价：他不是一介书生，而是理学的实践家。康熙《读〈朱子全书〉》诗："少时慕才华，研精味辞藻。微言探月窟，逸兴横云表。措思每废餐，兀兀忘昏晓。虽云俗虑无，却被诗魔扰。至理在目前，弃而求深窈。旷荡无所归，怅怅盈怀抱。近读文公书，习气从兹扫。因知九仞山，一篑功不少。作此聊自讼，讵足云见道。"②我们从这首诗中可以看出，康熙认为，过分留意辞藻，就会偏离理学的根本精神。这与宋儒切勿以文害道德思想如出一辙。

六是大兴科举。总的说来。清代的科举制度大体上沿袭明朝的成例，而规模更加宏大，制度更加周详。从顺治入关算起至清末废科举，清朝 267 年间一共开科 114 次，录取进士 26 888 人。明朝 277 年间一共开科 92 次，录取进士 24 636 人。两相比较，清朝科举之盛的确超过了明朝。主要的原因在于，满族统治者在取得全国政权之后急需大量的知识分子为他们服务。为了获得大量的知识分子，清朝统治者采取了两种政策手段。一是以严刑峻法镇压那些不顺从清朝统治的知识分子。请注意，这只是辅助的手段。二是大量吸收知识分子进入政权，于是不断地增加科举的录取名额。请注意，这才是主要的手段。以康熙朝为例，科举方面有如下大事件。这些事件反映了清初科举制度的迅速变化，而其意义体现出与时俱进的特点。

（一）乡试和会试均恢复三场旧制。《清鉴纲目》卷四康熙四年三月："诏乡、会试复行三场旧制。先是，癸丑秋八月，吏部遵旨议复乡、会考试，停止八股文，改用策论表判。头场策五篇，二场用《四书》本经题作论一篇、表一篇、判五道。以甲辰科为

---

① 文渊阁《四库全书》本《朱子全书》卷首。

② 文渊阁《四库全书》本《朱子全书》卷首。

始，减去一场。至是，礼部右侍郎黄机奏请复行三场旧制，诏从之。”①一般说来，策论侧重考察士子的“政策水平”，比较实用。清朝刚建立的时候，百废待兴，事务性的工作多，因而以考策论为主，而且考试的程序也简化了。随着社会逐步走上正轨，必然要求各级官员具有较为全面的知识结构，故而科举考试恢复旧制，因为旧制经受过数百年的考验。

（二）恢复八股文取士，重用武进士。《清鉴纲目》卷四康熙六年：“秋七月，诏乡、会试复以八股文取士。时又定武殿试一甲进士用例，凡一甲一名进士以参将用，二名进士以游击用，三名进士以署游击管营都司佥书用。”②乡试和会试恢复三场旧制之后，考试的程序是走上正轨了，但是考试的方式仍然有待正规化。清朝科举考试方法的正规化，主要就是从考策论改为考八股文。这不仅是考试内容的改变，而且还是考试所使用的文体的改变。从内容上看，策论主要考核逻辑思维的能力，八股文不仅考核逻辑思维的能力，而且还考核形象思维的能力。苦读书而文采阙如者，断难写出优秀的八股文来。从文体上看，策论用议论文，而八股文则不然。虽然八股文也属于议论文的大范畴，但是八股文中还包含有较多的诗歌、辞赋乃至骈文的因素。可以说八股文是几乎包含了中国文学所有要素的一种特殊的文体。随着社会逐步走上正轨，必然要求各级官员在办事的时候讲求科学性，方能优游不迫地处理政务，庶几各项工作又好又快地发展。康熙不仅要求文官具有科学思维的头脑，也对武官提出了同样的要求，因而武进士得到重用，前三名可以直接担任将军之职。

（三）旗人参加科举考试的办法在康熙时期经历了若干变化。八旗制度，以旗统人。上至最高统治者，下至平民，莫不隶属于某个佐领之下。简言之，旗人就是满族的泛称。八旗子弟属于旗人，清朝宗室也属于旗人。《清鉴纲目》卷四康熙十五年：“冬十月，诏止八旗子弟考试生员、举人、进士。礼部奏：‘八旗子弟以武备为急，若仍与汉人一体考试，必偏向读书，有误训练。除见在生员、举人、进士录用外，嗣后请将八旗子弟考试停止。’诏从之。”③显然，八旗子弟的任务是掌握刀把子。至于汉人，他们充其量只配去拿笔杆子。这与清朝政权建立初期的形势密切相关，因为当时的中心工作是军事斗争。任用汉人担任军职，清廷毕竟有些不放心。与此有关联的是另一条记载，《清鉴纲目》卷五康熙三十九年：“秋八月，诏停宗室考试。与大学士、九卿等：‘今科乡试，曾令宗室考试。宗室朕素加恩，何患无官？嗣后停其考试。’”④从这一条记载可以看出，康熙十五年所颁布的停止八旗子弟考试生员、举人、进士的御旨，实际上并没有实行多久。后来，八旗子弟仍然可以参加科举考试。那么，为什么这里又停止宗室子弟考试呢？原因很简单，那就是不与汉人士子争名额。当然，宗室子弟仅仅是旗人的一

① 印鸾章编著，邓球柏、钟楚楚标点《清鉴纲目》，长沙：岳麓书社，1987，第163页。
② 印鸾章编著，邓球柏、钟楚楚标点《清鉴纲目》，长沙：岳麓书社，1987，第167页。
③ 印鸾章编著，邓球柏、钟楚楚标点《清鉴纲目》，长沙：岳麓书社，1987，第187页。
④ 印鸾章编著，邓球柏、钟楚楚标点《清鉴纲目》，长沙：岳麓书社，1987，第227页。

部分。这名额并不多，不过康熙的这条圣谕，毕竟还是体现出他对汉族知识分子的关怀。

（四）博学鸿词科的设立。《清鉴纲目》卷四康熙十八年："三月，亲试博学鸿儒于体仁阁。时内外荐举博学鸿儒一百四十三人集京师，诏亲试于体仁阁。旋取一等彭孙遹等二十人，二等李来泰等三十人，俱授翰林官，纂修《明史》。同时又亲赐归允肃等一百五十一人进士及第、出身有差。"①所谓博学鸿儒，指博学鸿词科，此为清朝所开设的制科之一。在清朝，制科系根据皇帝特旨开设，由京外官推荐参加的考试科目。整个清朝一共开设过两次制科，另一次制科在乾隆元年。开设博学鸿词科，其目的在于选拔特别颖秀的人才。博学鸿词科尤重文学。这是因为，大约从唐代起，人们便逐渐认识到，文学乃是一个人才华的集中表现。由皇帝亲自下诏而临时设置的科举考试称为制科，又称制举。定期举行的科举考试称为常科，又称常举。由此可知，制科是常科的补充，目的在于多得人才。"天下才俊散四方，网罗咸使登岩廊。"康熙在其《松花江网鱼最多颁赐从臣》诗中所说的那两句话，在他的亲自指导下变成了现实。

清朝科举的隆盛，自然而然也导致八股文章的特别兴盛。这可以从《钦定四书文》中看出来。《四库全书总目》卷一九零《钦定四书文》提要：

> 乾隆元年，内阁学士方苞奉敕编。明文凡四集，曰化治文，曰正嘉文，曰隆万文，曰启祯文；而国朝文别为一集。每篇皆抉其精要，评隲于后。卷首恭载谕旨。次为苞奏折。又次为凡例八则，亦苞所述，以发明持择之指。盖经义始于宋，《宋文鉴》中所载张才叔《自靖人自献于先王》一篇，即当时程试之作也。元延祐中，兼以经义、经疑试士。明洪武初，定科举法，亦兼用经疑，后乃专用经义。其大旨以阐发理道为宗，厥后其法日密，其体日变，其弊亦遂日生。有明二百余年，自洪永以迄化治，风气初开，文多简朴。逮于正嘉，号为极盛。隆万以机法为贵，渐趋佻巧。至于启祯，警辟奇杰之气日胜，而驳杂不醇，猖狂自恣者，亦遂错出于其间。于是启横议之风，长倾诐之习，文体戾而士习弥坏，士习坏而国运亦随之矣。我国家景运聿新，乃反而归于正轨。列圣相承，又皆谆谆以士习文风，勤颁诰诫。我皇上复申明清真雅正之训。是编所录，一一仰禀圣裁，大抵皆词达理醇，可以传世行远。承学之士，于前明诸集，可以考风格之得失；于国朝之文，可以定趋向之指归。圣人之教思无穷，于是乎在。非徒示以弋取科名之具也。故时文选本，汗牛充栋，今悉斥不录，惟恭录是编，以为士林之标准。原本不分卷第，今约其篇帙，分为四十一卷焉。②

方苞奉旨编撰的《钦定四书文》由五部分组成，它们是《化治文》六卷，《正嘉文》

---

① 印鸾章编著，邓球柏、钟楚楚标点《清鉴纲目》，长沙：岳麓书社，1987，第194页。

② 清·永瑢等撰《四库全书总目》，北京：中华书局，1965，第1789页。

六卷，《隆万文》六卷，《启祯文》九卷，《国朝文》十四卷，总共四十一卷。其中，明朝的八股文四百八十六篇，清朝的八股文二百九十七篇，一共收录八股文七百八十三篇。这五部分是按照时代先后来区分的。化治，指明成化（1465—1488）和弘治（1488—1506）两朝。正嘉，指明正德（1506—1522）和嘉靖（1522—1567）两朝。隆万，指明隆庆（1567—1573）和万历（1573—1619）两朝。启桢，指明天启（1621—1628）和崇祯（1628—1644）两朝。所谓国朝，即清朝。国，乡国，生我养我的土地。以“国”相称，不仅具有亲切感，并且表现了认同感。这篇提要不仅介绍了《钦定四书文》一书的内容，而且还概述了元、明、清三代的科举概况和八股文的流变。宋朝和元朝是科举应试文体的坯胎时期，当时的文章并不明确地具有八股，而是十段文。八股文定型于明朝。

关于明朝八股文的变化轨迹，方苞《进四书文选表·凡例》描述得更加明确：

> 明人制义，体凡屡变。自洪永至化治百余年中，皆恪遵传注，体会语气，谨守绳墨，尺寸不踰。至正嘉，作者始能以古文为时文，融液经史，使题之义蕴，隐显曲畅，为明文之极盛。隆万间，兼讲机法，务为灵变，虽巧密有加，而气体苶然矣。至启祯诸家，则穷思毕精，务为奇特，包络载籍，刻雕物情，凡胸中所欲言者，皆借题以发之。就其善者，可兴可观，光气自不可泯。凡此数种，各有所长，亦各有其蔽。①

《四书文选》是方苞对自己所编书之谦称。此书经过皇帝御览圣裁之后，就改称为《钦定四书文》了。思齐根据自己的体会，对明朝初期八股文的特征，也进行了归纳。结合方苞的描述，经过自己的归纳和补充，兹对明朝八股文的变化轨迹，概述如下。明朝八股文，其体五变。明朝初期的八股文，其体清新。化治时期的八股文，其体质朴。正嘉时期的八股文，其体盛大。隆万时期的八股文，其体机巧。启祯时期的八股文，其体驳杂。这就是明代八股文的变化曲线。那么，我们不禁要问：明代八股文章变化的根据在哪里呢？明代八股文变化的根据在于时代的升降起伏。一个时代的各种因素共同发生作用，就会引发艺术体貌的改变。《礼记·乐记·乐本第一》：“凡音者，生人心者也。情动于中，故形于声。声成文，谓之音。是故，治世之音安以乐，其政和。乱世之音怨以怒，其政乖。亡国之音哀以思，其民困。声音之道，与政通矣。”②音乐如此，文学亦然。刘禹锡以此种认识为基础，进一步提出了一个著名的命题：“文章与时高下。”《全唐文》卷六零五《唐故尚书礼部员外郎柳君文集序》：“八音与政通，而文章与时高下。三代之文至战国而病，涉秦、汉复起。汉之文至列国而病，唐兴复起。夫政庞而土裂。

① 清·方苞著《方望溪全集》，北京：中国书店，1991，第287页。

② 钱玄等注译《礼记》，长沙：岳麓书社，2001，第495页。

三光五岳之气分。大音不完，故必混一而后大振。”①明代八股文自身的矛盾运动，再一次验证了文学的发展基本上与时代同步这一规律。明朝八股文的流变，其演变与时代大致同步，其特征与国势基本相符。因为清朝八股文是在明朝八股文的基础之上发展繁荣的，所以由明朝八股文的流变，可以见出清朝八股文所以隆盛的原因。

方苞奉乾隆皇帝之圣旨而编选《钦定四书文》，这是清朝八股文发展史上的一件大事。方苞《进四书文选表》云：

> 乾隆元年六月，钦奉圣谕，命精选前明及国朝制义，以为主司之绳尺，群士之矩矱。本无学识，又迫衰残，恭承嘉命，为愧为恐，窃惟制义之兴七百余年，所以久而不废者，盖以诸经之精蕴，汇涵于四子之书，俾学者童而习之，日以义理浸灌其心，庶几学识可以渐开，而心术群归于正也。伏读圣谕，国家以经义取士，人心士习之端倪，呈露者甚微，而征应者甚巨。故风会所趋，即有关于气运。至矣哉！圣谟洋洋，古今教学之源流，尽于是矣。臣闻，言者心之声也。古之作者，其气格风规，莫不与其人之性质相类。而况经义之体，以代圣人贤人之言。自非明于义理，挹经史古文之精华，虽勉焉以袭其形貌，而识者能辨其伪过，时而湮没无存矣。其间能自树立，各名一家者，虽所得有浅有深，而其文具存，其人之行身植志，亦可概见。使承学之士，能由是而正所趋，是诚圣谕所谓有关气运者也。②

总的说来，方苞的文章流别观，大致属于文章渐变论一路。文章不比社会政治之可以突变也。文章只能慢慢地渐渐地演变。试比较欧洲各国文学史，就可以知道，文章只能渐变，不能突变。欧洲各国大都经历过千余年的中世纪时期。在中世纪，从表面上看，文学上是拉丁文的一统世界。其实不然，拉丁文那复杂纷繁的诗歌格律，在教会强有力的推动之下，逐渐深入到各民族人民的心中。而各民族人民在非正式的场合，在家屋之内，在田间地头，在牙牙学语之时，在谈情说爱之际，还是讲本民族的语言的。拉丁文的诗律来了，犹如种子，掉进各民族语言的沃土中，发芽生根，长出植株，生枝抽条，待时机一到，就会开花结果。这时结出的果实，已经不是拉丁文的那一套了，而是各民族语言自己的诗歌格律。这个时机，就是文艺复兴。文艺复兴以来，欧洲各民族诗歌大展头角。具体说来，方苞《进四书文选表》有五点值得我们注意。

第一，方苞编选《钦定四书文》之目的在于提供八股文的样板。方苞是奉乾隆皇帝的圣谕而编选《钦定四书文》的。编书的目的有二，一是为考官提供标准的八股文，以便于他们在阅卷的时候掌握标准，一是为士子提供八股文的范文，以便他们平时模仿练习。方苞《进四书文选表·凡例》：“故化治以前，择其简要亲切，稍有精彩者，其直写传注，寥寥数语。及对比改换字面，而意义无别者，不与焉。正嘉，则专取气息醇

---

① 清·董诰等编《全唐文》，上海：上海古籍出版社，1990，第2707页。

② 清·方苞著《方望溪全集》，北京：中国书店，1991，第286页。

古，实有发挥者，其规模虽具，精义无存，及剿袭先儒语录，肤廓平衍者，不与焉。隆万为明文之衰，必气质端重，间架浑成，巧不伤雅，乃无流弊。其专事凌驾，轻剽促隘，虽有机趣，而按之无实理真气者，不与焉。至启祯名家之杰特者，其思力所造，途径所开，或为前辈所不能到。其余杂家，则偭弃规矩，以为新奇，剽剥经子，以为古奥，雕琢字句，以为工雅。书卷虽富，辞气虽丰，而圣经贤传本义转为所蔽蚀，故别而去之，不使与卓然名家者相混也。凡此数种体制格调，各不相类，若总为一集，转觉庞杂无章，谨分化治以上为一集。正嘉为一集，隆万为一集，启祯为一集，使学者得溯其相承相变之源流，而各取所长。"①原文有三处用"不与焉"，一处用"别而去之"，兹总括为"四不与"。不与，即不予选录。在这里方苞提出了他选录文章的标准即"四不与"，并阐述了他之所以这样做的理由。方苞之所以提出"四不与"，原因在于方苞把明代八股文分为四个阶段。方苞认为，这四个阶段的八股文，其特征各不相同，必须予以区别对待。

第二，方苞考察的范围远远大于其选录八股文的范围。虽然方苞选录八股文名篇的范围是明朝和清朝，但是为了选好这样一部八股文的范文集，方苞考察了七百余年间所产生的所有制义。由方苞生活的时代回溯七百年，即是北宋（960—1127）的开端。由此可知，方苞全面地考察了由宋朝至清朝全部科举考试的应试文章。方苞《钦定四书文·凡例》："昔宋臣曾巩尝称，诗书之文，作者非一，相去千余年，而其所发明，更相表里，如一人之说，惟其理之一也。况制科之文，诂四子之书者乎。故凡所录，取皆以发明义理，清真古雅，言必有物为宗，庶可以宣圣主之教，思正学者之趋向。"②方苞心中的楷模是曾巩（1019—1083）。方苞不仅钦佩曾巩的人格，也努力学习曾巩的文章。因此，方苞在选录文章的时候也像曾巩一样，坚持以"理"为标准。这是因为，在曾巩看来，各个时代的文章，尽管其体貌千差万别，然而统帅它们的其实只有一个"理"字。唯有以"理"取文，方能持平公允。曾巩，字子固，北宋建昌军南丰（今属江西）人，其著作流传下来的有《南丰类稿》五十卷。曾巩为唐宋八大家之一，其文章的基本风格是含蓄典重，雍容平易。方苞的文章，写得干净利落。在这一方面，方苞与曾巩，乃是极为相似的。

第三，方苞探索了八股文长盛不衰的原因。八股文为什么长盛不衰呢？根据方苞的探索，有两个原因。原因之一，八股文的议论对象是《四书》，而《四书》是所有儒家经典的精蕴。儒家经典，根据研究范围的不同，有四书、五经、六经、十三经等编纂体系上的差别。以十三经为例，《左传》、《公羊传》和《穀梁传》统称为春秋三传，其篇幅是相当大的，而且其内容至为纷繁，涉及当时周王朝和各封国的关系，以及人们对隐藏在这种关系后面的政治、制度和历史的思考。《周礼》、《仪礼》和《礼记》统称为三礼，其篇幅也是相当大的，而且其内容之为琐细，涉及各种礼仪，以及人们对隐藏

---

① 清·方苞著《方望溪全集》，北京：中国书店，1991，第287页。

② 清·方苞著《方望溪全集》，北京：中国书店，1991，第287页。

在这些礼仪后面的原理之思考。《四书》就不同了，它们的篇幅不大，内容集中，囊括了儒家文化的核心。这一点可以从《四书》的来源中得到说明。朱熹特别尊崇《孟子》和《礼记》中的《大学》、《中庸》，将它们与《论语》并列。他认为，《大学》中的"经"是孔子之言，而曾子述之。"传"是曾子之意而门人记之。《中庸》是孔门传授心法，由子思笔之于书，以授孟子。四书合一，就形成了由孔子经过曾参、子思而传到孟子这一儒家道统。程颢、程颐和他自己则是这一久已中断的儒家道统的继承和发扬者。换句话说，《四书》及其宋元人注疏相当于全部儒家经典的精编版。原因之二，八股文的作者是广大的士子，而士子是思想极为活跃的阶层。只要士子们一心一意地经营他们的八股文章，那么人心就会归于正。知识分子是联系社会的桥梁。士子心正，则社会风气正。

第四，八股文是朝廷借以了解士子思想状况的媒介。朝廷通过八股文来取士。士子们一旦登科，便会飞黄腾达，个人的命运立刻改观。按理说，一个人，其学问好，考试就应该高中。然而，有时候学问的高下与考试的结果并不一致。学问是一回事，考试是另一回事，这样的情形经常发生。明·郑文康《平桥稿》卷九《送郭廷辉训导龙游序》："君子有言：科目能进身，科目亦能误身。夫何为发此言？前人诗有之，有'朝为田舍郎，暮登天子堂'者。有天福三年来应举，雍熙二载始成名者。噫！进身者，科目也。误身者，亦科目也。予于郭君廷辉不能无慨焉。廷辉，昆山人。宣德中，嘉兴朱卤庵先生，以《春秋》来掌昆山教事，严毅方正，以师道自任，视德业优劣为待士之次。时士四十辈，独余八人，增广读书励行，得入其眼。而亲爱之八人，陈翊孟佐、瞿太安伯旸、沈讷文敏、张穆敬之、夏遂存良、叶盛与中、余与廷辉也。卤庵学政，考德以日，考业以月，三月一考，周岁四举，分席命题，悉如场屋故事。余八人，凡遇举考，各以其业采新献奇求上，人无肯退然甘立下风。其训导亦希本斋，占第一为己功。然而往往居第一，不出余八人。八人第一，独廷辉所占尤多。夫以廷辉之学，博而弗杂；廷辉之文，赡而有理，宜其取科第先于众也。八人皆先后选去，独廷辉累数科不合主司之格，踰二十年，竟以岁贡行。呜呼，事亦冤哉！今八人中，都御史一人，按察副使二人，部正郎二人，教授一人，以余不肖，亦忝出身，已廿有三年。廷辉年近五十，仅得一捷，俯就训导而去。乃知科目误人，非无为而言也。"①郭廷辉就是一个典型的例子。尽管郭延辉学问最好，然而，由于科场不利，结果蹭蹬终身。文章中还举了一个极端的例子。天福（936—944）是五代后晋石敬瑭的年号，天福三年即938年。雍熙（984—987）是宋太宗赵光羲的年号，雍熙二载即985年。由此可知，有人居然考了四十八年才成功！为了科场上的成功，每位应试的举人都必然尽情地展露其才华，抒发其胸怀，陈述其志向。这样一来，士子心中的包蕴就会表露出来，而奉命考察他们的考官就能够了解他们的思想状况，道德情操和为人处世等方面。"这些东西（题材）都是外

---

① 文渊阁《四库全书》本《平桥稿》卷九。

在于人的，风格才是人本身。”①文如其人。这个原理也适用于八股文，因而我们有理由说，八股文如其人。

第五，八股文的运思方式，可以概括为：经义之体，圣贤之言。所谓经义之体，至八股文议论的对象是儒家经典本身。所谓圣贤之言，指八股文的行文方式要求考生代替圣人和贤人来说话。那些做八股文的人，当然不是什么圣人，也不是什么贤人，而是普通人。本来，普通人是无法像圣人和贤人那样来说话的。但是，八股文是一种特殊的文体，其特殊性主要在于代圣人立言。考生在做八股文的时候，必须把自己想象成圣人和贤人，并且设身处地，模仿圣人和贤人的口吻来说话。那么，怎样才能做到这一点呢？刘大魁（1698—1780），清安徽桐城人，字耕南，一字才甫，为桐城派古文创始人之一。刘大魁以古文名于时，却屡试不第，年逾六十，始得黟县教谕。尽管如此，刘大魁确实窥见了如何模仿圣贤口吻的奥秘，其《论文偶寄》云：“凡行文多寡短长，抑扬高下，无一定之律，而有一定之妙，可以意会，而不可以言传。学者求神气而得之于音节，求音节而得之于字句，则思过半矣。其要只在读古人文字时，便设以此身代古人说话，一吞一吐，皆由彼而不由我。烂熟后，我之神气即古人之神气，古人之音节都在我喉吻间，合我喉吻者，便是与古人神气音节相似处，久之自然铿锵发金石声。”②借用今日文学批评的话语来说，八股文的思维方式是换位思维，或曰代位思考。欲八股文做得好，掌握写文章的技巧固然重要，但是根本的一点还是要把握“代圣贤立言”这一关键。否则，无论怎样努力，也无法毕肖古代圣哲的口吻，即使费尽心机写出一篇文章来，也终究会归于失败。

总之，方苞奉旨编选《钦定四书文》的根本宗旨，就是在科举领域中贯彻他所生活的那个时代的主旋律：清朝长久，国运昌盛。欲达此根本宗旨，士子必须竭尽全力，使出浑身解数，写出绝妙文章，方能打动考官，于科场中胜出。

我们不禁要问，清代的八股文究竟是何种风貌呢？方苞在《钦定四书文》的凡例中，通过对比明、清两代八股文的方式，做了如下评估：“至于我朝，人文蔚起，守洪永以来之准绳，而加以变化，探正嘉作者之义蕴，而挹其精华，取隆万之灵巧，启祯之恢奇，而去其轻浮险谲，兼收众美，各名一家，合之共为一集。”③这是方苞对清代八股文所作的总体描述。由于清代八股文中的优秀篇章很多，所以我们只能采取尝鼎一脔的办法，庶几或可获得些许直观的认识。《论语·子路》：“子曰：‘诵《诗》三百，授之以政，不达；使于四方，不能专对；虽多，亦奚以为？’”韩菼（1673—1704）曾以《论语》中此节经文为题目做有一篇八股文，兹录如下。括弧内的说明语系笔者所加，以便揭示这篇八股文的具体做法。

---

① Ces choses sont hors de l' homme, le style est l' homme même. ---- Comte de Buffon (1707—1788), Discours sur le style, address given to the Académie française, 25 Aug. 1753.

② 光绪戊子桐城大有堂书局本《刘海峰文集》卷首。

③ 清·方苞著《方望溪全集》，北京：中国书店，1991，第287页。

子曰："诵《诗》三百，授之以政，不达；
使于四方，不能专对；虽多，亦奚以为？"

《诗》足以致用，为徒诵者惜焉。(**1. 破题**)

夫诵《诗》者将以多而已耶？不能遇《诗》于政与言之间，谓之未尝诵也可。(**2. 承题**)

且吾尝博观载籍矣。《书》以记言也，《春秋》以记事也。然《书》之教，疏通知远；《春秋》之教，比事属辞。故知善读古人之书者，未尝不事与言兼之。既而审定《诗》篇，相与弦歌，而又知感人之深，使人得之以成其材，以泽躬于尔雅，尤莫善于《诗》也。(**3. 小讲**)

何也？(**4. 缴结**)

盛世之音安以乐，则有豳蜡之遗；近世之音哀以思，则多茂草之叹。故王者省方问俗必陈之，陈之何意也？亦可知非徒学士歌吟之物矣。(**5—1. 第一比第一股**)

其为和平之听，有清风肆好之情；其为怨诽之词，亦温柔敦厚之致。故列国聘享会盟多赋之，赋之何意也？亦可知非徒一室咏叹之资矣。(**5—2. 第一比第二股**)

然则吾之逸之而存之，至三百余篇，非徒云多而已。(**6. 出题**)

吾亦见夫今之为政者孔棘矣，猛则残，宽则慢，何道而竟綵之胥泯也？吾曰："盍诵《诗》？"(**7—1. 第二比第一股**)

又见夫今之出使者况瘁矣，言不能足志，文不能足言，何道而辑洽之交致也？吾亦曰："盍诵《诗》？"(**7—2. 第二比第二股**)

盖《诗》以道政，固也，吾独谓《诗》所述之政则难耳。《雅》、《颂》所纪，告成功于天地鬼神；《二南》所称，被深仁于昆虫草木。度今日授我以政，即俟之期月，俟之数年，亦不至责我以功之盛而化之神如此也，则学于《诗》之为政者，虽使今日布之优优而尚多愧矣。(**8—1. 第三比第一股**)

《诗》可以言，固也，吾独谓诗人之立言则难耳。劳人思妇，感时而能写其所难言；孝子忠臣，遭变而曲明其所不忍言。度今日我行四方，即辞亢不可，辞卑不可，亦不至迫我以情之苦而势之难如此也，则学于《诗》之为言者，虽使今日出之亹亹而殊未工矣。(**8—2. 第三比第二股**)

若之何犹不达也。上下千余年得失之林，遍览十五国贞淫之异，而卒不能治一时焉，治一国焉，虽或有微长，而达则否矣。夫素丝羔衣，古三事大夫所夙夜者谓何？吾日诵之而负之也哉。(**9—1. 第四比第一股**)

若之何犹不能专对也。感发于匹夫涂巷之思，服习于朝庙文章之盛，而独不能历山川焉，奉玉帛焉，虽间有酬答，而专则否矣。夫雨雪寒暑，古駪駪征夫所咨谋者谓何？吾尝诵之而谢之也哉。(**9—2. 第四比第二股**)

虽多亦奚以为也。所以读一诗而我情我才若皆有诗焉，愿与之读全诗。(**10—1. 第五比第一股**)

读全诗而一动一言犹如无诗焉，未敢许为能读一诗者矣。**（10—2. 第五比第二股）**

吾尝言《诗》之失愚，岂《诗》之故耶？**（11. 落下）**①

在这篇文章的末尾，录有“原评”：“寒碧斋稿擅启祯之才调，神明于隆万之法律，淋漓跌宕，不主故常。实则谨细之至，无不曲中题之节奏关键，于此文求之可，得其概。”韩菼，字元少，晚号慕庐，清江苏长洲（今苏州）人，因撰有《寒碧斋稿》，故而此书名可借用来指韩菼。所谓“原评”，当是阅卷官所写的评语。韩菼于康熙十二年中状元，官至礼部尚书兼掌院学士，谥文懿。方苞《方望溪全集·集外文》卷七《礼部尚书韩公墓表》：“少读书，通五经义疏，性恬旷，好山水，朋游饮酒，谈谐终日不倦，而处身特严。其所不为，不可以祸福利害动也。自明亡，科举之文，日就腐烂。公出，始渐复于古。世以比于昌黎，而公未尝以此自喜。”②韩菼这篇八股文，融古文与时文为一体。破题和承题，自然顺接。小讲从本旨《诗经》之义荡开，畅谈《书经》，纵论《春秋》，缴结只用两个字：“何也？”此一短小的设问，足以引发读者的兴趣。全文五比十股，既一气呵成，又曲折有致。第一比之后，作者故意宕开一笔，以使文章多一些曲折和波澜。五比之中，又分成两个部分，而两部分的声情亦有所不同。第一比富有诗歌的意蕴，从音乐的角度论述《诗经》的教化。这好比基督教圣乐中的唱诗班，先有一个童声，低声细气，进行领唱，然后全体发响，进入正式合唱。在此之后，作者又故意出题，一笔荡开，置读者于悬念之中，使读者生发无尽的联想。然后，四比八股，多声部合唱，一泻千万里，浩浩然道出胸中意气。在此强有力的气势中，作者层层剥笋，层层抽丝，把题目的内涵讲得淋漓尽致。五比十股是全篇的主体部分，其对偶精切，而又不露痕迹，有骈文的美丽而无骈文的板滞。总之，这是一篇以气取胜、以理见长的好文章。这篇文章，既合乎八股文的规范，又有若干创意。方苞在《礼部尚书韩公墓表》中说，世人以韩菼比于韩文公昌黎先生，而韩菼却未尝以此自喜。为什么呢？难道这仅仅是因为韩菼那谦逊的美德吗？其实不是的，韩菼的基本风格并不类似于韩文公，而更接近于欧阳文忠公。梁章钜《制义丛话》卷九：“惟俞桐川以意揣之曰：‘文有骨干，有风神。无风神则怒张，无骨干则靡弱。藏骨干于风神，唐、宋以来，庐陵欧阳公一人而已。我朝惟韩慕庐先生以超世绝俗之才，起衰式靡。其文直追庐陵，孤洁淡漠而出之以和易，盖人似其文，庐陵依然。’”③从韩菼这篇论文可知，清代八股文乃是历代制义发展的最高阶段。清代八股文几乎囊括了中国文学中各种文类的优长之处。清代文学批评家袁枚（1716—1798）《小仓山房尺牍》卷三《大戴敬贤进士论时文》说：

---

① 文渊阁《四库全书》本方苞选编《钦定四书文·本朝四书文》卷五。

② 清·方苞著《方望溪全集》，北京：中国书店，1991，第357页。

③ 清·梁章钜著，陈居渊校点《制义丛话·试律丛话》，上海：上海书店出版社，2001，第156页。

"无韵之文，始自《尧典》，降而汉、魏，降而六朝，降而八家，再降至时文，而流品极矣！未闻于时文外，能有再倡一体者。"①此可谓对清代八股文之的评。

五、结语

科举制度，虽然有诸多弊端，然而中国古代的优秀人才大多由科举出身。这是一个不争的事实。科举应试文章，固然有诸多弊端，然而中国千余年来的文学家大多经过科举应试文章的严格训练。科举应试文章经过漫长时期的演变，最后发展为八股文。中国的科举制度是近代欧洲文官制度的来源之一。八股文章是一份丰厚的思想资源。元、明、清三代科举文章的共同点是：张弛有度，柔韧有余，有不少内涵丰富、文采斐然的作品。在科举文章中，我们仿佛看见，一颗颗灿烂文心，宛然跃动于字里行间。

倘若我们以世界思想的演变为坐标系，那么欧洲思想史的某些观念也可以作为我们研究中国的学问时的参考。在欧洲思想史上，有所谓黄金时期和启蒙时期。这两个术语也可以借用来描述中国的思想史。春秋战国时期是中国思想史的黄金时代，儒家学说就产生于春秋战国时期。产生于春秋战国时期的儒家典籍后来成为理学得以建立的依据。明清之际是中国思想史上的启蒙时期，儒家典籍和理学著作成为广大士子写作科举文章时必不可少的材料。儒家典籍，尤其是《四书》，是广大士子论述的对象。理学著作，尤其是二程和朱熹的注疏，是广大士子立论的依据。正因为如此，科举制度和八股文章实际上是以理学的变动为转移的。倘若八股文章也是一种活的存在，那么制约其生理机制的东西究竟是什么呢？笔者以为，那就是理学。宋、元时期理学一以贯之，因此十段文生气勃勃，一往无前地发展。明朝理学昌盛，因此宋、元时期的十段文完成了它的体系化而定格为八股文。元、明、清的学术走向，既有共同点，也有差异处。共同点来自理学。差异点也来自理学。由于理学在明、清时期有所变化，因而八股文在明、清时期的遭际，也相应地呈现为一条曲线。在明朝前期和中期，八股文随着理学的成长而成长，到了明朝后期，理学内部出现了巨大的纷争，失去了动态的平衡。于是我们看到，这个时期的八股文，渐渐地生出了不少的弊端。到了明朝晚期，出现了天崩地解的局势，思想界异常活跃，李贽等杰出思想家活跃于知识界。以老成持重见长的八股文便显得有些不合时宜。这时的士子们，挖空心思，竞逞技巧，争艳斗奇，欲作美妙文章。由于这样写出来的文章并不老到，于是它们就失去了八股文应有的文体色彩。这时的八股文，好比一个个病人，脸上的一团团潮红，彰显出来的却是不健康。

入清之后，异族的统治带来了新鲜的血液，再次使八股文焕发了青春。清朝的八股文，数量多，质量也好。然而，在清朝初期之后，理学不再作为主导士人的思想学说了。明、清时期的那些整体性因素，又开始显示出力量来。根本的原因在，清朝的统治并没有给中国社会带来本质上不同于明朝的生产关系。从明朝就开始的日渐频繁的中外交通、节节生长的资本主义生产关系、蓬勃发展的市场经济以及不断加速的世界一体化

---

① 清·袁枚撰，《袁枚全集》第五册，南京：江苏古籍出版社，1993，第50页。

进程，又一次共同地发生作用。在清朝后来的岁月中，国家意识形态逐渐发生了转变。各种外来学说，尤其是西方的思想学说，越来越多地进入中国人的头脑。清朝后期，各种社会矛盾交织在一起。于是中国的思想史迎来了又一个天崩地解的时代。这次的天崩地解，远比春秋战国时期的那一次来得猛烈。由于清朝后期中国过分的衰落，于是全体中国人，不分种族，均感受到了来自东洋和西洋的巨大压力。由于生存困难，因而思欲奋起。雍容不迫的八股文章，再也不能牢笼中国士人的思想了，人们需要的乃是绝唱，乃是呐喊，乃是号角。尽管八股文章试图维持中国固有文化的恒定性，然而它终归无效。于是八股文章退出了历史舞台。

元人论八股之一

陈绎曾《文说》

一、《文说》题解

元·陈绎曾撰《文说》一卷是现存元代八股文献之一。

士子们参加科举考试，通过科举考试而走入仕途。科场，本指举行科举考试的场所。科举考试竞争激烈，其激烈的程度并不亚于战场上的厮杀，故而科场，亦犹如战场。士子们在科场上驰骋厮杀，他们所凭借的武器是一支能够写出好文章的妙笔。欲写出合格的科举文章，就得掌握具体的写作方法。陈绎曾《文说》就是一部为士子们指点迷津，教士子们如何为科举考试而写出高明的应试文章的教科书。《文说》由八部分组成。

第一部分是《养气法》。古人作文，讲究气势。意欲文章具有气势，作者首先得有一股充足的气氤氲于自己的胸中。所谓气，用现代的术语来说，就是基于文学的整体修养而产生的强烈情感。由于一个人的文学修养往往与其思想境界、道德品质、人格理想等相关，因而气也可以培养。陈绎曾认为，气主要分为八种，它们是肃、壮、清、和、奇、丽、古、远。这八种气，既是人的思想境界，又是文章的艺术境界。提倡养气，也就是教导士子们从根本上做起，先做人，后作文。

第二部分是《抱题法》。一篇八股文可以分成两大部分。一部分是文章的冒头，它包括破题、承题、起讲和入手。另一部分是文章的本体，它包括四比八股，即起比、中比、后比和束比。所谓抱题，指在冒头部分紧扣题目。作者经过仔细审题之后，用简短的几句话扣住题目的关键处，从题目中抽拉出若干头绪来，以便在后面的四比八股中逐一加以展开。陈绎曾罗列了十种抱题法，它们是开、合、括、引、反、救、引、蹙、衍、招。讲究抱题，也就是教导士子们学会审题，做好冒头。

第三部分为《明体法》。明体，指明了文章的不同体裁。体裁不同，写法也就不同。明体，这不仅是对科举文章的要求，而且还是对一般文章的要求。陈绎曾在这一部分里，大体上沿用了刘勰《文心雕龙》的讲法。后来，到了明代，吴纳作《文章辨体序说》，徐师曾作《文体明辨叙说》，又参考和发展了陈绎曾《文说》的这一部分内容。

第四部分是《分间法》。所谓分间，指一篇文章中各部分的比例。分，比例分配。间，间架结构。亚里士多德在《诗学》中提出了一切文章最基本的分间法。亚里士多德说，一篇文章，无论它具有多少个自然段，还是根本就不分段，实际上它都是由开头（beginning）、腰身（middle）和结尾（ending）这三部分构成的。陈绎曾的分间法，讲得比亚里士多德详细一些，颇具有创作甘苦谈的性质。

第五部分是《立意法》。所谓立意，指立言的意图。立意包括两个方面。一是文章所包孕的内容。一是作者接近这种内容的方式。就文章所包孕的内容而论，陈绎曾指出了三个方面，它们是景物、意图和事件。景物须通过作者的描写来接近，意图须通过作者的议论来实现，事件通过作者的叙述来理清。在描写性的文章中，景物是立意的基本内容。在叙述性的文章中，事件是立意的基本内容。在议论性的文章中，论点是立意的基本内容。就作者接近内容的方式而论，陈绎曾指出了两个方面，它们是情感和言辞。立意的关键，就是在写作文章的过程中，调动主体的情感，从而积极地运用形象思维。

第六部分是《用事法》。所谓用事，就是引用典故。用事的实质是利用现成的文献资源。用事是学术味道较为浓郁的一种写作手法，它主要用于议论文的写作。科举文章，无论是策论，还是宋、元时期的十段文，抑或是明、清时期的八股文，都是议论文。一篇好的议论文，必须具有强有力的论据，而旁征博引正是获得有力论据的主要方法。西方人写议论文，也重视用事。比如，经院哲学家的主要研究方法是辗转互注。辗转互注，其极端的例子是作者自己一个词也不写，全部用经书上的现成话来说明其论点。用事的基础是作者必须博学。

第七部分是《造语法》。造语法即遣词用句的方法，它包括句型的掌握和词语的运用两个方面。就汉语文言文的实际来说，发语词的运用是一个难点，因而陈绎曾对此讲得很充分。汉语文言文的发语词，其功用相当于西方语文中的承上启下的连接句。陈绎曾所讲的造语法，类似于西方现代语言学所讲的功能句法。

第八部分是《下字法》。古代汉语中的字，有的相当于一个词，有的只是一个词素。由于汉语文言文是以文章名篇来确立其语法规范的，所以在以字（词素）组词方面具有较大的灵活性。字（词素）用得巧妙，便能够收到警策的效果。字下得巧妙，文章便熠熠生辉。在写作的过程中，作者往往会因为字下得巧妙而神思大振。在阅读的过程中，读者往往会因为字下得巧妙而眼睛一亮。正因为如此，所以历来文章家，大都讲究下字（词素）。这与西方语文中暗借名家使用过的词藻来点缀自己的文章，其情形是差不多的。

陈绎曾《文说》可谓一部实用性很强的写作技法教科书。

这次标点校注陈绎曾《文说》所用的底本为文渊阁四库全书本。

二、陈绎曾小传

陈绎曾（生卒年不详），字伯敷，处州（今浙江丽水）人，居湖州（今浙江吴兴）。陈绎曾为陈祖康之子，师从戴表元（1244—1310）。戴表元，字帅初，一字曾伯，自号剡源先生，或称质野翁、充安老人，是宋代著名的诗人、散文家和文论家。戴表元于咸淳中入太学，试礼部为第十，登进士乙科。宋朝灭亡后，戴表元隐居家乡，授徒卖文自给。陈绎曾是戴表元的高足之一。虽然陈绎曾自幼口吃，但其为文，词藻富丽，汪洋浩瀚，并且擅长于书法。陈绎曾官至国子助教。

陈绎曾是元代重要的文论家之一，著有《文说》一卷、《文筌》八卷、《诗谱》一卷。陈绎曾《诗谱》专论唐以前的历代诗歌，在元代诗学中可谓一部承先启后之作。

陈绎曾品质高洁，他鄙视那些蝇营狗苟之士。陈绎曾有两句诗写道："处士近来恩例别，麻鞋一对当蒲轮。"①关于这两句诗之本事，《山居新话》引《因话录》云："昔有德音，搜访怀才抱器不求闻达者。有人逢一诸生，奔驰入京。问求何事，答曰：'将应不求闻达科。'因念延祐间陈伯敷绎曾到都，每见晦迹丘园者数多奔竞，遂有云云之讥。"丘园，指隐居的地方。处士，指有德才而隐居不愿做官的人。延祐（1314—1320）是元仁宗的年号。科举制度发展到元代（1279—1368）中期，早已名目繁多，但是毕竟没有什么"不求闻达科"。这是因为，既然不求闻达，就不会去应科举考试了。然而元代居然有处士奔驰入京之事。他们足蹬一双麻鞋，跑得比车轮还快。这样的人当然是汲汲于功名利禄之辈了。陈绎曾对这样的人乃是颇不以为然，因此他做诗讽刺他们。可惜年代久远，我们已经无法读到这首诗的全篇了。《因话录》的记载真是一则绝妙的讽刺文，它用悖论式的"不求闻达科"来讽刺那些假装不求闻达者。由此看来，陈绎曾的确是一个真学者。

陈绎曾能诗。除上引二句之外，清·顾嗣立（1665—1722）选编《元诗选·癸集》存陈绎曾诗二首。其一："平生丘壑爱跻攀，此日披图意任闲。江浙去题龙虎榜，海虞行看凤凰山。鹤来华表千年后，云在丹崖万壑间。闻有青囊书卷在，访仙求术待秋还。"这首诗说明，一方面陈绎曾留意于科举考试，另一方面他也是一个对功名利禄看得开的人。其二："平生右军书，固自历代宝。永和修禊事，醉笔落晴昊。粉蜡冰一方，兰膏玉万捣。茧纸化飞埃，摹搨贻永宝。相传金锡帖，贵比漆书诰。多事桑泽卿，雌黄费探讨。巧偷竟沉沦，肥瘦异铸造。化身遂千亿，浊俗不可扫。昭代二王家，玉匣尚精好。东山贤相君，购之苦不早。宝气白虹蜿，逸思青云渺。想像青闳堂，玉石光皓

① 陈衍辑录，李梦生点校《元诗纪事》，上海：上海古籍出版社，1987，第312页。

皓。”①这首诗说明，陈绎曾艺术修养颇高，他爱好书法，喜欢美术，具有高尚的审美情趣。

此外，《吴兴艺文补》卷五三存其诗三首。

陈绎曾生平事迹可考校者，见于《元史》卷一九零《儒学》二《陈旅传》、《书史会要》卷七和《元诗选·癸集》小传。《元诗选·癸集·陈助教绎曾传》：“绎曾字伯敷，湖州归安人。举进士，授翰林编修，官至国子助教。为人虽口吃，而精敏异常，诸经注疏，多能成诵。文辞汪洋浩博，其气煜如也。论者谓绎曾与陈旅、程文皆名士，文字相伯仲云。尤善真草篆书。常往来兖、扬、徐、冀间，士多游其门，李棋、李之英其最著者。所著有《行文小谱》按《元史》列传云：绎曾处州人，不言举进士。今跡其著作，尝自署曰吴兴，而《湖州志·科第表》亦尝列其名，则《元史》之疏略无疑也，特改正之。”

附录一：《元史》卷一九〇《陈旅传》附《陈绎曾传》

陈旅字众仲，兴化莆田人。先世素以儒学称。旅幼孤，资禀颖异。其外大父赵氏学有源委，抚而教之，旅得所依，不以生业为务，惟笃志于学，于书无所不读。稍长，负笈至温陵，从乡先生傅古直游，声名日著。用荐者为闽海儒学官，适御史中丞马雍古祖常使泉南，一见奇之，谓旅曰：“子，馆阁器也，胡为留滞于此！”因相勉游京师。

既至，翰林侍讲学士虞集见其所为文，既然叹曰：“此所谓我老将休，付子斯文者矣。”即延至馆中，朝夕以道义学问相讲习，自谓得旅之助为多。与祖常交口游誉于诸公间，咸以为旅博学多闻，宜居师范之选，中书平章政事赵世延又力荐之，除国子助教。居三年，考满，诸生不忍其去，请于朝，再任焉。元统二年，出为江浙儒学副提举。至元四年，入为应奉翰林文字。至正元年，迁国子监丞，阶文林郎。又二年卒，年五十有六。

旅于文，自先秦以来，至唐、宋诸大家，无所不究，故其文典雅峻洁，必求合于古作者，不徒以徇世好而已。有文集十四卷。

旅平生于师友之义尤笃，每感虞集为知己。其在浙江时，集归田已数载，岁且大比，请于行省参知政事孛术鲁翀，亲奉书币，请集主文乡闱，欲为问候计，乃冲冒炎暑，千里访集于临川。集感其来，留旬日而别，惓惓以斯文相勉，惨然若将永诀焉。集每与学者语，必以旅为平生益友也。一日，梦旅举杯相向曰：“旅甚思公，亦知公之不忘旅也，但不得见尔。”既而闻旅卒，集深悼之。

同时有程文、陈绎曾者，皆名士。文字以文，徽州人，仕至礼部员外郎。作文

---

① 清·顾嗣立、席世臣编，吴申扬点校《元诗选》癸集，北京：中华书局，2001，第368页。

明洁而精深，集亦多称之。

绎曾字伯敷，处州人。为人虽口吃，而精敏异常，诸经注疏，多能成诵。文辞汪洋浩博，其气烨如也。官至国子助教。论者谓二人皆与旅相伯仲云。

附录二：《四库全书》集部九诗文评类《文说》一卷提要

臣等谨案，《文说》一卷，元陈绎曾撰。

绎曾，字伯敷，《元史》附见《儒学传》，作处州人，而《吴兴续志》亦载其名，盖家本括苍，而徙居苕水者也。至顺中，官至国子监助教。尝从学于戴表元，而与陈旅友善。师友渊源，具有所自。故所学颇见根柢。是书乃因延祐复行科举为程试之式，而作书中分列八条，论行文之法。时《五经》皆以宋儒传注为主，悬为功令，莫敢异趋，故是书大旨，皆折中于朱子。《吴兴续志》称，绎曾尝著《文筌谱》，论《科举天阶》，使学者知所向方，人争传录，焦竑《经籍志》又载，绎曾《古今文矜式》二卷。今考绎曾所著《文筌》八卷，附《诗小谱》二卷，元时麻沙坊刻附列于《策学统宗》之首，今尚有传本。其文与此篇迥殊，惟《科举天阶》与《古今文矜式》今未之见。疑此编即二书之一，但名目错互，莫能证定。今姑仍《永乐大典》旧题，以《文说》著录。用阙所疑。卷首所称，陈文靖公，盖即元翰林学士东平陈俨，亦以文名。至其自称先尚书者，则已失其世系，无可考矣。

乾隆四十六年九月恭校上。

总纂官纪昀、陆锡熊、孙士毅，总校官陆费墀。①

三、《文说》标点校注

《文说》

元·陈绎曾撰

陈文靖公问为文之法，②绎曾以所闻于先人者对，曰：一养气，二抱题，三明体，四分门，五立意，六用事，七造语，八下字。

---

① 参见清·永瑢等撰《四库全书总目》卷一九六，北京：中华书局，1965。

② 陈文靖，即陈俨，元翰林学士，东平人，以文名。元·苏天爵编《元文类》卷十录陈俨《皇太后册文》一篇。

养气法

肃。朝廷之文宜肃，圣贤道德宜肃。

壮。长江大海之文宜壮。军阵英雄之文宜壮。

清。山林之文宜清。风月贞逸宜清。

和。宴乐之文宜和。通人达士宜和。

奇。神之文宜奇。侠客高士宜奇。

丽。宫苑之文宜丽。富贵美人宜丽。

古。游览古迹之文宜古。上古人事宜古。

远。登高眺远之文宜远。大功业人宜远。

右养气之法，宜澄心静虑，以此景、此事、此人、此物默存于胸中，使之融化，与吾心为一，则此气油然自生，当有乐处。文思自然流动充满，而不可遏矣。切不可作气。气不能养而作之则昏而不可用。所出之言，皆浮辞客气，非文也。气之变化无方，当以此类推之。

抱题法

开题。以题中合说事，逐一分析开写。于篇中各间架内，次其先后所宜，逐一说尽。或以意化之，或以情申之，或以实事纪之，或以故事彰之，或以景物叙之。一篇之内，变换虽多，句句切题也。此作文入门之法，非其至者也。

合题。亦以题中合说事，逐一开写，却将意融会作一片，一口气道尽。然忌直率，却于间架中，要意思曲折。此高于开题也。

括题。只取题中紧要一节作主意，余事轻轻包括见之。此最径捷也。

影题。并不说正题事，或以故事，或以他事，或立议论，挨傍题目，而不着迹。题中合说事，皆影见之，此变态最多。

反题。题目或悖义理，则反意说之。

救题。题目虽悖义理，而以强辞夺正理解救之。

引题。别发远意，使人不知所从来，忽然引入题去，却又亲切痛快，此要笔力，似影题而实异也。影题从题中来，此自题外来。

蹙题。题繁，乃蹙其文，使甚简而不漏脱题中一事。

衍题。题虚无可说，乃衍其意使甚多，而无一事题外来。

招题。将题目熟涵泳之，使胸中融化消释尽，将题中合说粗话扫去。就其中取出精华微妙之意，作成文章，超出题外，而不离题中。此作文之极功也。

明体法

颂，宜典雅和粹。

乐，宜古雅谐韶。

赞，宜温润典实。

箴，宜谨严切直。

铭，宜深长切实。

碑，宜雄浑典雅。

碣，宜质实典雅。

表，宜张大典实。

传，宜质实而随所传之人变化。

行状，宜质实详备。

纪，宜简实方正，而随所纪之人变化。

序，宜疏通圆美，而随所序之事变化。

论，宜圆折深远。

说，宜平易明白。

辨，宜方折明白。

议，宜方直明切。

书，宜简要明切。

奏，宜情辞恳切，意思忠厚。

诏，宜典重温雅，谦冲恻怛之意蔼然。

制诰，宜峻厉典重。

分间法

头起，欲紧而重。

大文，五分腹，二分头额。

小文，三分腹，一分头额。

腹中，欲满而曲折多，欲健而快。

尾结，欲轻而意足，如骏马注坡。

三分头，二分尾。

凡文，如长篇古律、诗骚、古辞、古赋、碑碣之类，长者腹中间架或至二三十段，然其要亦不过作三节而已。其间小段，间架极要分明，而不欲使人见其间架之迹。盖意分而语串，意串而语分也。

立意法

景。凡天文、地理、物象，皆景也。景以气为主。

意。凡议论，思致曲折，皆意也。意以理为主。

事。凡实事、故事，皆事也。事生于景则真。

情。凡喜、怒、哀、乐、爱、恶、欲之真趣。皆情也。

意出于情则切。凡文体虽众，其意之所从来，必由于此四者而出，故立意之法，必依此四者而求之。各随所宜，以一为主，而统三者于中。凡文，无景则枯，无意则粗，无事则虚，无情则诬，立意之法，必兼四者。

戴帅初先生①曰："凡作文发意，第一番来者，陈言也，扫去不用。第二番来者，正语也，停之不可用。第三番来者，精意也，方可用之。韩子所谓'陈言之务去，戛戛乎其难哉'。其法如此。"

戴先生又云："作文须三致意焉。一篇之中三致意。一段之中三致意。一句之中三致意。"

先尚书云："文章犹若理词状也。一本事，二原情，三据理，四按例，五断决。本事者，认题也。原情者，明来意也。据理者，守正也。按例者，用事也。断决者，结题也。五者备矣。"

辞，贵简切而明白。

用事法

正用。故事与题事正用者也。

反用。故事与题事反用者也。

借用。故事与题事绝不类，以一端相近而借用之者也。

暗用。用故事之语意而不显其名迹。

对用。经题用经事，子题用子事，史题用史事，汉题用汉事，三国题用三国事，韩柳题用韩柳事，佛志题用佛志事，此正法也。

扳用。子史百家题用经事。三国题用周、汉事。此扳前证后，亦正法也。

比用。庄子题用列子，柳文题用韩文，亦正用之变也。

倒用。经题用子、史，汉题用三国，此有笔力者能之也。

泛用。于正题中，乃用稗官小说，俗语戏谈，异端鄙事为证。非大笔力不敢用，变之又变也。

凡用事，但可用其事意，而以新语融化入吾文。三语以上，即不可全写。

---

① 戴帅初，戴表元（1244—1310）的字。《元史》卷一九〇《戴表元传》："戴表元，字帅初，一字曾伯，庆元奉化州人。七岁学古诗文，多奇语。稍长，从里师习词赋，辄弃不肯为。咸淳中，入太学，以三舍法升内舍生，既而试礼部第十人，登进士乙科，教授建康府。后迁临安教授，行户部掌故，皆不就。大德八年，表元年已六十余，执政者荐于朝，起家拜信州教授，再调教授婺州，以疾辞。初，表元闵宋季文章气萎薾而辞骩骳，骳弊已甚，慨然以振起斯文为己任。时四明王应麟、天台舒岳祥并以文学师表一代，表元皆从而受业焉。故其学博而肆，其文清深雅洁，化陈腐为神奇，蓄而始发，间事摹画，而隅角不露，施于人者多，尤自秘重，不妄许与。至元、大德间，东南以文章大家名重一时者，唯表元而已。其门人最知名者曰袁桷，桷之文，其体裁议论，一取法于表元者也。表元晚年，翰林集贤以修撰、博士二职论荐，而老疾不可起，年六十七卒。有《剡源集》行于世。当表元时，有四明任士林者，亦以文章知名云。"

造语法

正语。《尚书》“曰若稽古，帝尧曰放勋”①，“……帝舜曰重华，协于帝”②，“……大禹曰文命，敷于四海”，③“……皋陶曰：允廸厥德，谟明弼谐。”④《春秋》：“六鹢退飞，过宋都，陨石于宋。”⑤皆正其事而语之。

拗语。《楚辞》“吉日兮辰良”⑥，不言“吉日兮良辰”。“蕙肴蒸兮兰藉，奠桂酒兮椒浆”⑦，不曰“蒸蕙肴兮兰藉”。《庄子》“乐出虚，蒸成菌”⑧，不言“虚出乐”，倒一字，句法便健十倍。

反语。《论语》“学而时习之，不亦说乎”⑨，又曰“爱之，能勿劳乎”⑩，与《尚书》：“俞哉，众非元后何戴！”⑪此皆反其意而道，使人悠悠致思焉。

累语。《尚书》“宽而栗”⑫，《老子》“长短相形”等语⑬，皆累句也。《孙武子》“利而诱之，乱而取之”⑭一节，语虽累而辞意句句有妙者。

---

① 《尚书》中有四篇，皆以“曰若稽古”开头，它们是《尧典》、《舜典》、《大禹谟》和《皋陶谟》。曰若，又作粤若、越若，是西周以来追叙历史往事的发端词，为当时文章的书写惯例。比较梵文叙事诗以 itihāsa 开头，“这样说来”，“如是说来”，俗作“如是我闻”。《虞夏书·尧典》：“曰若稽古，帝尧曰放勋，钦明文思安安，允功克让，光被四表，格于上下。”

② 《虞夏书·舜典》：“曰若稽古，帝舜曰重华，协于帝。”

③ 《虞夏书·大禹谟》：“曰若稽古，大禹曰文命，敷于四海，祗承于帝。”

④ 《虞夏书·皋陶谟》：“曰若稽古，皋陶曰：‘允迪厥德，谟明弼谐。’”

⑤ 《春秋经·僖公十六年》：“十有六年，春王正月戊申朔，陨石于宋五。是月，六鹢退飞，过宋都。”

⑥ 《九歌·东皇太一》：“吉日兮辰良，穆将愉兮上皇。”按照习惯，人们一般说“吉日良辰”，“吉日”和“良辰”均为构词法上的偏正结构。

⑦ 《九歌·东皇太一》：“蕙肴蒸兮兰藉，奠桂酒兮椒浆。”

⑧ 《庄思·齐物论》：“乐出虚，蒸成菌；日夜相代乎前，而莫知其所萌。”

⑨ 《论语·学而》：“子曰：‘学而时习之，不亦说乎？友朋自远方来，不亦乐乎？人不知而不愠，不亦君子乎？’”

⑩ 《论语·宪问》：“子曰：‘爱之，能无劳乎？忠焉，能勿诲乎！’”

⑪ “俞哉，众非元后何戴！”这是一句拼合起来的话，并不是《尚书》的原话。俞哉，语出《虞夏书·益稷》：“禹曰：‘俞哉！帝，光天之下，至于海隅苍生，万邦黎献，共惟帝臣。’”众非元后何戴，语出《虞夏书·大禹谟》：“可爱非君？可为非民？众非元后何戴？后非众罔与守邦？”从篇目次序上看，先是《大禹谟》，然后才是《益稷》。

⑫ 《虞夏书·舜典》：“帝曰：‘夔！命汝典乐，教胄子，直而温，宽而栗，刚而无虐，简而无傲。诗言志，歌永言，声依永，律和声，八音克谐，无相夺伦，神人以和。’”

⑬ 《老子》二章：“有无相生，难易相成，长短相形，高下相盈，音声相和，前后相随，恒也。”长短相形，王弼本作“长短相较”，河上本、傅奕本及其他古本都作“长短相形”。

⑭ 《孙子兵法·计篇》：“利而诱之，乱而取之，实而备之，强而避之，怒而挠之，卑而骄之，佚而劳之，亲而离之。攻其无备，出其不意。”

联句。《尚书》“以亲九族，九族既睦”①，《大学》“知止而后有定，定而后能静”②，《檀弓》“人喜则斯陶”③，皆联语也。

歇后语。《论语》“礼云礼云，玉帛云乎哉”④，“曾谓泰山，不如林放乎”⑤，此皆不说破正意，歇后所当，语而使人自思之。

答问语。《论语》：“吾何执，执御乎，执射乎？”⑥《孟子》“王何必曰利，亦有仁义而已矣。”⑦《诗》云：“鸡既鸣矣，朝既盈矣。匪鸡则鸣，苍蝇之声。”⑧《公羊》、《穀梁》，尤极其变。

变语。《尧典》“宵中星虚”⑨，《舜典》如西礼“正月上日”、“月正元日”，正月朔旦是也。⑩

省语。《舜典》：“至于南岳……如初礼。”⑪《仪礼》：“……其他如皮弁之仪。”⑫此省语也。

助语。《檀弓》“南宫绦之妻之姑之丧”一句⑬，累三“之”字。《诗大序》“不知

---

① 《虞夏书·舜典》：“克明俊德，以亲九族。九族既睦，平章百姓。”

② 《大学》：“知止而后有定，定而后能静，静而后能安，安而后能虑，虑而后能得。”

③ 《礼记·檀弓下第四》：“人喜则斯陶，陶斯咏，咏斯犹，犹思舞；舞斯愠，愠思戚，戚斯叹，叹斯辟，辟斯踊矣。”

④ 《论语·阳货》：“子曰：‘礼云礼云，玉帛云乎哉？乐云乐云，钟鼓云乎哉？’”

⑤ 《论语·八佾》：“季氏旅于泰山。子谓冉有曰：‘女弗能救与？’对曰：‘不能。’子曰：‘呜呼！曾谓泰山，不如林放乎？’”思齐按：林放，鲁国人。

⑥ 《论语·子罕》：“达巷党人曰：‘大哉孔子！博学而无所成名。’子闻之，谓门弟子曰：‘吾何执，执御乎，执射乎？吾执御矣。’”思齐按：达巷党人，达巷党的某个人。此有二说。一、达巷，地名；党，古代的行政单位。二、巷党，指里巷。达巷党，一个叫做“达”的理想。试比较英译本的两种处理：Da Village，Daxiang Village。

⑦ 《孟子·梁惠王上》：“孟子见梁惠王。王曰：‘叟不远千里而来，亦将有以利吾国乎？’孟子对曰：‘王何必曰利，亦有仁义而已矣。’”

⑧ 《国风·齐风·鸡鸣》一章：“‘鸡既鸣矣，朝既盈矣。’‘匪鸡则鸣，苍蝇之声。’”思齐按：此为夫妻对话。前两句为妻子催促丈夫起床的话，后两句为丈夫的回答，想睡懒觉，不愿起床。

⑨ 《虞夏书·舜典》：“宵中星虚，以殷仲秋。”秋分这一天，北方玄武七宿中的“虚星”在黄昏时分出现在正南方的天空，此时确定为秋季的第二个月。思齐按：宵中，古人称秋分为宵中，因此日昼夜长短相等。仲，排行第二的，古人以伯、仲、叔、季为序。星虚，星宿名，又叫虚、虚型、虚宿，二十八宿之一，有宝瓶座 á 和小马座 β 两星。

⑩ “正月上日”、“月正元日”均见于《虞夏书·舜典》之中。正月，亦称月正。上日，朔日，即农历每月初一。元日，农历正月初一。旦、旦日，既指白天，亦可指初一。王引之云：“上旬之善日，非谓朔日也。”据此，则正月上日、月正元日、正月朔旦均指正月上旬的吉日，只不过说法不同罢了，亦即西方语法学所谓 variants。如西礼，用如同祭祀西岳一样的礼仪，参见下一条注。

⑪ 《虞夏书·舜典》：“五岳南巡守，至于南岳，如岱礼。八月西巡守，至于西岳，如初。十有一月朔南巡守，至于北岳，如西礼。归，格于艺祖，用特。”

⑫ 《仪礼·士冠礼第一》：“宾降三等，受爵弁；加之。服纁裳袜韐。其他如加皮弁之仪。”

⑬ “南宫绦之妻之姑之丧”，语出《礼记·檀弓上第三》。

手之舞之，足之蹈之”①，累四“之”字。《庄子》尤多。《论语》“学而时习之，不亦说乎”②，但“学”、“时”、“习”、“说”四字是实，“而”、“之”、“不”、“亦”、“乎”五字是助语。“其诸异乎，人之求之欤”③，但“异”、“人”、“求”三字是实，“其”、“诸”、“乎”、“之”、“之”、“欤”六字是助语。《孟子》：“然而无有乎尔，则亦无有乎尔。”两字是实，八字是助语。④当用则不嫌多也。

实语。《尚书》及《易》彖辞、爻辞，用助语极少，《春秋》、《仪礼》皆然。此实语也。凡碑碣传纪等文，不可多用助语字。序论辨说等文，须用助语字。

对语。《尚书》命羲、和、仲、叔四节，长对也。⑤“威侮五行，怠弃三正”⑥，正对也。“天聪明，自我民聪明。天明畏，自我民明威。”⑦此对语不对字也。“众非元后何戴？后非众罔与守邦？”⑧此对意不对字也。“天叙五典，天秩有礼”，下间以“五礼有庸哉。五服五章哉”⑨，“佑贤辅德”下，间以“邦乃其昌”。⑩散文用对语，必以散语间之也。

隐语。《论语》“割鸡焉用牛刀”⑪，“有美玉于斯，求善价而沽诸”⑫，“虎兕出于柙，龟玉毁于椟中”。⑬《孟子》“城门之轨，两马之力欤”⑭，皆隐语也。《小雅·鹤

---

① 《诗大序》：“情动于中而形于言。言之不足，故嗟叹之。嗟叹之不足，故永歌之。永歌之不足，不知手之舞之，足之蹈之也。”

② 语出《论语·学而》，首二句。

③ 《论语·学而》：“子禽问于子贡曰：‘夫子至于是邦也，必闻其政，求之与？抑与之与？’子贡曰：‘夫子温、良、恭、俭、让以得之。夫子之求之也，其诸异乎，人之求之与？’”与、欤，相通。

④ 《孟子·尽心下》：“孟子曰：‘由尧舜至于汤，五百有余岁，若禹、皋陶，则见而知之；若汤，则闻而知之。由汤至于文王，五百有余岁，若伊尹、莱朱，则见而知之；若文王，则闻而知之。由文王至于孔子，五百有余岁，若太公望、散宜生，则见而知之；若孔子，则闻而知之。由孔子而来至于今，百有余岁，去圣人之世，若此其未远也，然而无有乎尔，则亦无有乎尔。’”两实字：有、无。八字助语：然、而、乎、尔、则、亦、乎、尔。

⑤ 在《虞夏书·尧典》中有四个较长的句段，它们结构完全一致，对得十分工整：“分命羲仲，宅嵎夷，曰旸谷。……申命羲叔，宅南交，曰明都。……分命和仲，宅西土，曰昧谷。……申命和叔，宅朔方，曰幽都。”思齐按：有的文本作“宅西”，《史记》卷一《武帝本纪》作“宅西土”。

⑥ 《虞夏书·甘誓》：“有扈氏威侮五行，怠弃三正，天用剿绝其命，今予惟恭行天之罚。”思齐按：五行，指金、木、水、火、土五种物质。三正，马融以为指建子、建丑、建寅。怠弃三正，指不奉正朔。郑玄及《孔传》认为三正指天、地、人之正道。

⑦ 《虞夏书·皋陶谟》：“天聪明，自我民聪明。天明畏，自我民明威。达于上下，敬哉有土。”

⑧ 《虞夏书·大禹谟》：“可爱非君？可为非民？众非元后何戴？后非众罔与守邦？”

⑨ 《虞夏书·皋陶谟》：“天叙五典，赐我五典五惇哉！天秩有礼，自我五礼有庸哉！同寅协恭和衷哉！天命有德，五服五章哉！天讨有罪，五刑五用哉！政事懋哉！懋哉！”

⑩ 《商书·仲虺之诰》：“佑贤辅得，显忠遂良；兼弱攻昧，取乱侮亡。推亡固存，邦其乃昌。”

⑪ 《论语·阳货》：“子之武城，闻弦歌之声，夫子莞尔而笑曰：‘割鸡焉用牛刀？’”

⑫ 这是一段缩合了的引文。《论语·子罕》：“有美玉于斯，韫椟而藏诸？求善价而沽诸？”

⑬ 《论语·季氏》：“诸虎兕出于柙，龟玉毁于椟中，是谁之过与？”

⑭ 《孟子·尽心下》：“高子曰：‘禹之声，尚文王之声。’孟子曰：‘何以言之？’曰：‘以追蠡。’曰：‘是奚足哉？城门之轨，两马之力欤？’”

鸣》、《古乐府·藁砧》，全篇隐语，《庄》、《列》尤多。

婉语。《论语·阳货》言：“‘日月逝矣，岁不我与。’子曰：‘诺。吾将仕矣。’”此语直而意婉也。①《春秋》“天王狩于河阳”，此语婉而意直也。② 凡造语，皆自然，当如此则好。有意为之，非也。

下字法

谐音。凡下字，有顺文之声而下之者。若音当扬，则下响字。若音当抑，则下嗢字。

审意。凡下字，有详文之意而下之者。意当明，则下显字。意当藏，则下隐字。意当尊，则下童③字。意当卑，则下轻字。如此之类，变化无方。

袭古。凡下字，于平稳处，宜用古人曾下好字面，须求其的当平实者用之。

取新。凡下字，于出奇处，宜用新字面，须寻不经人道语之，的当新奇而不怪僻，令读之若出于自然，乃善。

绎曾谓：今世为学，不可不随宜者，科举之文是也。科举之文，有不得不与朱子语录参者，谨具于后。一读四书，当谨守《章句》、《集注》，参以《或问》、《语录》，及《文公大全集》。其间，有《或问》与《集注》不同，当从《集注》。又有《集注》与《语录》不同者，只以《集注》为本，而与《语》参订之。

一　读《尚书》，主蔡氏，参《朱子语录》。

一　读《诗》，主《朱子诗传》，纲领义理，都在纲领中。《诗传》只是训诗，传制度，参古注疏。

一　读《周易》，先晓《启蒙》，次《本义》、《九图》，次《五赞》，次《系辞》、《说卦》，乃可读上、下经，彖、象、文言、序卦、杂卦《传》本义，然后读程、朱《传》。程、朱异同处，不可作是非论，只是各有取用。朱子是明经，程子是借经明道。

一　读《春秋》，朱子本说，皆在张洽注，今科举偶不及此，盖事实在左氏，论辩在公、穀。断以胡氏，而取《朱子语录》及张洽之说，折衷之可也。

一　读《礼记》，虽主古疏，然制度当订以《朱子经传通解》。有《朱子经传通

---

① 语直而意婉的文脉，可以从该引文的上下文中体会出来。《论语·阳货》：“阳货欲见孔子，孔子不见，归孔子豚。孔子时其亡也，而往拜之，遇诸塗。谓孔子曰：‘来！予与尔言。’曰：‘怀其宝而迷其邦，可谓仁乎？’曰：‘不可。’‘好从事而亟失时，可谓知乎？’曰：‘不可。’‘日月逝矣，岁不我与。’孔子曰：‘诺。吾将仕矣。’”

② 《春秋经·僖公二十八年》：“天王狩于河阳。”语婉而意直的文脉，可以从《左传》与《春秋》的相对应段落中体会出来。《左传·僖公二十八年》：“是会也，晋侯召王，以诸侯见，且使王狩。仲尼曰：‘以臣召君，不可以训。’故书曰：‘天王狩于河阳。’言非其地也，且明德也。”

③ 童，通“重”。《吕氏春秋·上农》：“民农则重，重则少私义。”百姓务农行为就稳重，行为稳重就少徇私谊。《亢仓子》重作童。

解》，有《勉斋经传通解》，有《杨复经传通解》。三书皆具，然后可以考也。义理，当订《朱子语录》。

一　古赋，有楚赋，当熟读。朱子楚辞中，《九章》、《离骚》、《远游》、《九歌》等篇，宋玉以下，未可轻读。有汉赋，当读《文选》诸赋，观此足矣。唐宋诸赋，未可轻读。有唐古赋，当读《文粹》诸赋，《文苑英华》中，亦有绝佳者。有唐律赋，备见《文苑英华》。

一　诏，汉诏，当尽取真西山《文章正宗》所选读之。唐诏，当选取《文苑英华》所有之精者读之。宋诏，当尽取吕东莱《文鉴》中所选读之。

一　诰，汉无制诰，当取《尚书》诸诰，及汉武封三王策，与《汉官》、《仪命》公卿诸策书读之。唐诰，当取《文苑英华》中精者读之。宋诰，当尽取东莱《文鉴》中所选者读之。

一　章，汉章，取《文章正宗》。唐章，取《文粹》。宋章，取吕东莱《名臣奏议》。

一　表，汉表，即章。宋表，有蜀本《适用集》中所选，皆南渡以来浑厚典雅。唐表，取《文苑英华》。

一　策，书坊汉唐策亦可观，但分开，章自章，策自策，不宜混杂。然只董仲舒三策是正格式，或贾谊《治安策》是正。筹策文字，以董为体，以贾为骨，而东坡策略助波澜，白居易诸策止可体面，亦可已矣。

此上只科举所急用如此。若依朱子读书法，则尚有评章、答韩庄伯读书说。

读诸经，当以一经为主。《诗》、《书》，必须通习。读《诗》，吟咏古人性情，而反之吾心之性情，达之合天下之情性，只作街谈俚语看，不须深难求之。鸟兽草木器服之名，却须通习读，考究每章每句，不要拘一说随用，句句有千变万化。只要看得活，推得广，用得实。

古注疏是汉、唐经师教学者之说，于淫奔逆乱难讲处，多假古事换别意以避之。朱子是商、周、鲁、十五国作诗人本情性之说，两不可废。

读《书》，要看尧、舜、禹、汤、文、武之为君，启、太甲、成康之继述，高宗之中兴，其政何施，其事何在；舜、禹、皋陶、伊尹传说，周公、召公之相业，其政何施，其事何在；其余圣贤，所居何位，所施何政，所行何事。随句要归着各人所居地位，以为模楷。上自帝王，下自小民，皆有其法，须帖实有归，着看自见。大抵《尚书》只当作为政治事样子看，便分明也。政，是平治天下大经大法。事，是逐时小事。《书》中不见样者，不必强求。《书》中有样者，不可放过。逐句看见各人地位、处置、样子分明，又将先日所见，同是此样地位而处或同或不同者，以类参合而观，则所得多矣。

读《易》，先将启蒙，看透图、书之理，原卦画，明蓍策，考变占之说，然后熟读《系辞》、《说卦》、太极、两仪、四象、八卦之理，与象数，昭昭在心目中，却细看六十四卦象，三百八十四爻辞，一字字从太极、两仪、四象、八卦本然理象数中来，自然见得圣人下一字皆有来历、归着。若其用处，只在夫人日用间，审动端而吉凶悔吝可见。

朱子《本义》，是四圣人各各本意。程子《传》，是吾人日用切实之理。读《三礼》，《仪礼》是经；《周礼》是纬，官守所分掌者；《礼记》是传。当分四科、三百经礼，以类相从而考证之。在者审所归，亡者缺之。四科者，礼也，仪也，乐也，制度也。吉、凶、军、宾、嘉之大目为礼，应对、进退、拜立、趋行之小节为仪，音律、歌舞、八音之法为乐，封井、宗学、宫室、器服之等为制度。以经证经，不可曲泥传、注。《周礼》一书，是文、武、周公平天下之法。自《尧典》以降，莫不备于此。大政在六官，小事具诸职。有志者，须要细心深思而实体之。

读《春秋》，以左氏为案，正经为断，先儒二言尽之矣。断事不可先立主见，将本人所立何功、所犯何罪、来踪去迹仔细推寻。一小节不究，便有错断处。功罪本事，节节明白，却原其情，而定褒贬，有两是者，有两非者，有似是而非者，有似非而是者，有是非各半者，有是非轻重比伦者，有以功补过者，有以罪绌功者，有初无是非者，有眚灾者，有功之首、罪之魁不见形迹，必当表而出之者，平心易气以观其事，明目聪耳以察其情，执中有权以断其理。《左氏》，案也。《公羊》、《穀梁》，议也。然圣人之旨微，必待吾心之清明者以裁之。

读《大学》，“明明德”《章句》，是一书之根本，须细细切己，看教分明，无罅漏。“致知格物章”《或问》，是圣门学知之法，然须依此细看，立定条目，实下功夫。“诚意”《章句》，是圣学心学之根本。朱子平生留意切至处，字字切己，仔细寻思，至切至切。大要只是一朴实为善而已，恰是要朴实到至极处。“平天下”章，絜矩好恶，是圣治心法。货德、仁人、小人，是圣政大端，治天下之要，不出乎此。仔细读，着实寻思，用之不尽矣。

读《论语》，将问处作自己问答处，作今日耳闻先儒之说，至矣切矣。训诂义理在《集句》，同异是非在《或问》，格言遗说在《朱子语类》，道理在今日天下之事物实用，在吾身玩而味之，在吾心。

读《孟子》，每章须有一两句是主意，其余是敷衍。此意而明辨之，见破主意，则其余涣然易知矣。一书主意，在性善。实理，在仁义。功夫，在求放心。养浩气、政事，在务农兴学，以行王道。

读《中庸》最不易，此兼明大人之道，微而显，著而隐。若识得“天命之谓性”一句分明，方可读下文也。《易》就阴阳，说得驳杂，而有依凭。《中庸》提出天命，说虽简约，却难把捉，走作便入异端，慎之哉，慎之哉！

读《孝经》，《刊误》大体已正，近吴草庐先生《注》，详明矣。更看黄氏《本旨》，以极其趣，天理人伦之本在是。

读史，须分五科。第一，于帝纪内看历代兴亡。第二，于列传内看古今人才。第三，于列传内看古今事迹。第四，于诸志内看历代典章。第五，以春秋之法断兴亡人才事迹之是非，以三代断历代典章粹驳。仍须以外史参辨诬枉。凡读史，当以正史为先，十七是也。然后以通史、通志会同之，《通鉴》、《通典》之类是也。又以外史、会要考订之，《国语》、《国策》、《东观》、《荀表》、《外书》、《旧唐》、《周书》、《汉仪》、唐、宋《会要》之类是也。又以史论评确之，《唐鉴》、《管见》之类是也。至于古史，暇日亦不可不知，当断以孔子五帝德，存而勿论可也。

读诸子，儒家荀、扬、《文中》、《新序》、《说苑》，杂家《管子》、《吕览》、贾谊、《淮南》，道家《老子》、《庄子》、《列子》、《抱朴子》，兵家孙武子、吴起、《司马法》，法家《韩非子》等，皆文章精奇，论说要妙，虽所学不醇，而见趋高深，可资博览。读之当分三科。一，见地。二，文章。三，事料。见地者，诸子所造，虽有大小浅深，然必有所悟。入处虽偏驳，要必有识见，见识既真，自有妙理。学者所志虽不同，皆须有真悟处，方能有所成就。后世文章事业不及古人者，以其悟入处浅故也。读诸子可以见之矣。文章者，荀卿博雅，扬雄简奥，穰苴典古，有先王遗风，韩非严峭，皆自成一家。事料者，古事也，精意也，句法也，字样也，制度名物也，助辞之变例也，往往精古，非汉魏以后所及，皆须摘取，以资笔端。

读文章，就今日所宜，且于《孟子》中取长者二十余章，韩文四五十篇，苏文亦然，合成百篇。取时，须自己意择。意中所甚喜者，写入。若觉篇篇可喜，截满百篇之数，即止，不必多贪。若篇篇不见可喜，即不必强取。看终集之后，再转求之，虽百转可也。写成百篇后，读书之暇，每日随意多少，反复读之，或默看，或批点，随意。先粗粗看过，却与分大段，又与细分小节。节段既明，观其首、尾、中间相应处，相变处，擎掉处，转折处。宽心细目徐观之，意无昏倦。老子云："孰能浊以静之徐清?"①要必有事焉，而勿正②，如此久久，自当有得。大概只要扯拽作性，渐通耳。毋将迎，毋凝滞。读经以融贯义理，读史以该洽事实。取胡氏《读史管见》，隐然若一敌国自立说，与之相辨，唯久久。义理事实来于经史，议论生于管见，作性扯拽，开于孟、苏、韩文之路，辐辏笔下，滔滔不能禁止。技痒欲写，即宜痛禁止之。慎勿拈纸笔便作文也。一拈纸笔，昏气随至，前功废矣。如此久之，欲写愈甚，禁之愈切。直至随所见题目分明，有一片文字首尾、中间、议论、句法、字样见成了了，自然成文胸中，不费寻思，直拈笔便写去，方可拈纸笔矣。此后，只可因自然成文之甚明者一写之，不可乘此便日弄纸笔，仍须切禁止如前。当愈严也，禁之愈严，其来愈多。作性之道不可遏矣。勉之哉！此后却须从先辈求点化，芟繁就简，扫博归约矣。

---

① 《老子·十五章》："孰能浊以静之徐清？孰能安以久动之徐生?"王弼注："夫晦以理，物则得明。浊以静，物则得清。安以动，物则得生。此自然之道也。孰能者，言其难也。徐者，详慎也。"思齐按：以，并列连词，并且，而又。

② 正，止，停止。《世说新语》："正当得两，入三便乱。"

【元人论八股之二】

倪士毅《作义要诀》

一、《作义要诀》题解

元人倪士毅《作义要诀》是一部指导士子们如何写作科举应试文章的书。在宋元时期，士子们在科举考试中所写的文章，其格式还不是八股文，而是作为八股文的雏形的十段文。由于明清时期的八股文是从宋元时期的十段文发展而来的，因而《作义要诀》属于八股文程法一类著作的大范畴。

从《作义要诀》的书名本身，可以明了这部书的性质。作，写作，制作。义，制义，又作制艺，即科举考试的应试文章。科举考试系奉皇帝的诏命而举行。皇帝的诏命称为“制”。士子们参加科举考试，乃是响应皇帝的号召。应试文章冠一“制”字，说明这是一件神圣的事情。由于科举考试的内容是阐述经书的义理，因此科举考试的应试文章称为“制义”。奉皇帝的诏命写文章阐述经书的义理，这是一项要求多方面才华的技艺活动。在不少西方古典文献中，技术和艺术本来是一个单词，技术和艺术之间仅有一步之隔。人类的思想具有一致性，由此可知，制义，有时候又被称为制艺，乃是很自然的一件事情。要，基要，精要，意为重要而又基本的。诀，诀窍，关键性的方法。随着时代的演进，科举制度早已退出历史舞台了。今天的读书人已经看不起八股文了。他们认为八股文与美文无缘。既然八股文无足观，那么讲解八股文程法一类的书就更不足观了。实际情形却不是这样，因为各种文体的要素都在八股文中有所体现。在各种文体中诗歌的地位是最高的，而在八股文中就包括了诗歌的文体要素。人们往往以为，诗歌是诗人在灵感汇聚的一刹那间，一挥而就的篇章。实际上，诗歌是一点儿一点儿制作出来的，写诗的过程往往艰难而又漫长。即使落笔的时间仅有顷刻，酝酿诗思的过程大都漫长而又艰难。英国大诗人和文学批评家菲利普·锡德尼（Sir Phillip Sidney，1554—1586）在《为诗一辩》（*An Apology for Poetry*）中写道：“现在我们可以看一下希腊人是如何为它命名的，如何评价它的，希腊人称诗人为普埃丁（poeiten），而这名称，因为是最优美的，已经流行于别的语言中了。这是从普埃恩（poiein）这个词来的，它的意思是‘制作’。在这里，我不知道是由于幸运，还是由于聪明，我们英国人也称他为制作者，这是和希腊人一致的了。这名字是何等崇高和无与伦比的称号，我宁可用划分各种学术的范围的办法来说明，而不用偏颇的语言。”①这段话中的两个人称代词，其含义从上下文可以看得很显豁。“为它命名”中的“它”指诗歌。“称他为制作者”中的“他”指诗人。希腊文的 poeiten 为名词，就是英文的 poet（诗人）。希腊文的 poiein 为动词，就是英文的 to make（制作）。中国的诗歌，一般说来，篇幅短小，因而它容易给人造成无须耐心制作而可一挥而就的错觉。科举考试的应试文章，一般说来，篇幅较长，它委实须精心结构，慢慢制作。制义，或制艺，其名称已经暗示了写作科举考试的应试文章是多么的不容易。业师顾易生先生曾经给我讲过一件他亲历的事情。他五十余岁时参加过一个高规格的学术会议，与一位八十余岁的老先生住在一起。一天，老先生从会场上溜走去上厕所。好长一段时间过去了，老先生还没有返回。由于易生师担心那位老先生昏厥，因此他也跑到厕所里去，意欲殷情为探看。这时他才发现，其实那位老先生并未昏厥，而是在区间里写画什么来着。易生师请问何故，老先生据实答曰：“因为奉命即席赋诗，只好躲此精心制作。”这件事情给易生师留下了深刻的印象。易生师将此故事传授给我，旨在教导我写作时务必认真制作，其用心良苦。古人应科举考试，事关其终生之命运。古人对制义之重视，一定远在即席赋诗之上。倪士毅将自己制作经义的心得写出来，传授给广大士子，其用心亦良苦。

《作义要诀》由总论和分论两部分构成。总论复由两部分构成，一为卷首“宏斋曹氏曰”，一为卷末“总论”。分论由四部分组成，分别论述冒题、原题、讲题和结题的写作方法。分论中也以宏斋曹氏的话为主，倪士毅自己的话则用按语的方式引出。宏斋曹氏，一作弘斋曹氏，倪士毅尊称之为宏斋曹公，此人即曹泾。遗憾的是，曹泾的事迹不见于典籍记载，曹泾所作《季宋书义说》一事，也仅赖倪士毅《作义要诀》之提及才为人们所知道。其实，假借他人之口，而道出自己心中的意蕴，这是一种写作方法。古今中外都有不少这样的例子。古罗马文学批评家贺拉斯（Horace，65—8 BC）写作《诗艺》（*Ars Poetica*）的时候，也采用了这种方法。贺拉斯的《诗艺》是一封长篇的诗体书简。贺拉斯假借皮索父子三人之口发问并与他进行讨论，而他的回答就是《诗艺》。当时皮索氏甚多，不知究竟指何人。有人说皮索氏是书商，而如果他们果真是书商，那么他们哪里提得出那样深奥的问题来呢？其实，这不过是一种写作上的方便罢了。提问的人就是贺拉斯，回答的人还是贺拉斯。据此中外通行的写作惯例，我们有理由认为，宏斋曹氏以及《作义要诀》中提到的其他人，都是为着写作的方便而引入的虚拟人物。因而我们不妨认为，即使真有宏斋曹氏等人，实际上他们的话所表达的内容

---

① But now let us see how the Greeks named it and how they deemed of it. The Greeks called him a poet, which name has, as the most excellent, gone through other languages. It cometh of this word *poiein*, which is , to make, wherein I know not whether by luck or wisdom we Englishmen have met with the Greeks in calling him a maker: which name, how high and incomparable a title it is, I had rather were known by making the scope of other sciences than by my partial language. — Vincent B. Leith, general editor, *The Norton Anthology of Theory and Criticism* (New York: W. W. Norton & Company, 2001) 330.

还是倪士毅自己的思想。

倪士毅的《作义要诀》是八股文发展史上的重要文献。八股文的雏形是宋元时期的十段文。那么，十段文究竟是什么样的结构呢？倪士毅在《作义要诀·自序》中有具体的描述："首有破题，破题之下有接题（接题，第一接，或二三句，或四句。下反接，亦有正说而不反说者），有小讲（小讲后，有引入题语。有小讲上段。上段毕，有过段语。然后，有下段），有缴结。以上谓之冒子。然后入官题。官题之下有原题（原题有起语、应语、结语，然后有正段，或又有反段，次有结缴），有大讲（有上段，有过段，有下段），有余意（亦曰从讲），有原经，有结尾。篇篇按此次序，其文多拘于捉对。"如果我们把这一段话整理一下，就会看得更加明白。

第一段：破题

第二段：接题（承题）

第三段：小讲（含入题）

第四段：缴结

以上四段总称为冒头、冒题或冒子。

第五段：官题

第六段：原题

以上两段为论项。

第七段：大讲（讲题、讲段）

第八段：余意（后讲、从讲）

以上两段为论腹（论腰）。

第九段：原经（考经）

第十段：结尾

以上两段为论尾。①

倪士毅还说，十段文本身也经历了一个发展过程。宋人张才叔所作《自靖义》一文，就是标准的十段文，它应该成为元代士子作经义时所依据的标准。其实，张才叔《自靖义》大致是根据文章的实际需要而随机制作的，其篇幅并不长。后来，人们逐渐意识到，在科举考试中写作应试文章的时候，采取张才叔《自靖义》的那种写法比较合适。不过，以后的十段文就越写越长。到了宋代后期，十段文的篇幅就相当长了。而且，十段文格式化的倾向也日益明显，几乎成了科举考试时应试文章的固定格式。

总的说来，虽然《作义要诀》是元代文献，但是其文字平易，明白晓畅，因而关于该书的其他内容，也就不必在这篇题解中赘述了。

这次标点校注倪士毅《作义要诀》所用的底本为文渊阁四库全书本。

---

① 论项、论腹（论腰）和论尾，都是借用人体的各部分而作的比喻，犹如律诗有首联、颔联、颈联和尾联。项，颈项。尾，尾椎骨。

二、倪士毅小传

倪士毅，正史无传。在其他文献中，涉及倪士毅的传记资料也非常少。笔者根据那些提及倪士毅的相关文献，简述其生平事迹如下，或许有助于我们推想其概貌。

倪士毅生卒年均不详，可以知道的是在元代至顺（1330—1332）年间他仍然在世。倪士毅，字仲宏，元徽州歙县（今属安徽）人，一作休宁（今属安徽）人。倪士毅是元代理学家，尝学于陈栎（1252—1334）。陈栎，字寿翁，人称定宇先生，晚号东阜老人，《元史》卷一八九有传。倪士毅后来长期隐居徽州祁门山，学者称之为道川先生。倪士毅生平事亲至孝，接物以诚，平素讲论，非仁义道德之说与朱子之定论，不以教人，故黟人信其言而尊其行。倪士毅与赵东山、汪环谷为友。赵东山，即赵汸。明人程敏政撰《新安文献志·先贤事略上》："赵东山（汸），字子常，可斋之子，师黄楚望，为时硕儒。元末起乡兵，辅元帅汪同，保乡井，授承务郎，江南行枢密院都事。国初，召修元史，不愿仕而归。所著有《春秋集传》十五卷，《属辞》八卷，《左氏传补注》十卷，《师说》三卷，诗文曰《东山集》，学者称东山先生。"①汪环谷，即汪克宽（1304—1372），字德辅，一字仲裕，号环谷，祁门（今属安徽）人，入明后应征入朝，曾参与撰修《元史》，事见《元诗选》二集诗人小传。他们三人相处融洽，朝夕讲学不倦，时人称他们为"新安三有道"。自南宋朱熹《四书章句集注》刊行之后，各地儒者自为诠解，歧义不少，也引起了不少混乱。由宋迄元，诠释《四书章句集注》者不下数十家，而义理未为明晰完备。倪士毅有感于此，撰《重订四书辑释》二十卷，汪环谷为该书作有序文。

元代文学的发展分为两途，一是俗文学的传统，一是雅文学的传统。俗文学的传统指当时新兴的元曲，它包括杂剧和散曲。雅文学指自先秦时代延续下来的诗文。由于元杂剧和散曲是新兴的文体，它们在文学史上的地位较高，向来被看作为标志有元一代的文学样式。然而，如果我们从整个中国文学史来考量，那么我们就得承认，诗文不仅始终是中国文学的正宗，而且还是大宗。倪士毅是理学家，他主要是以其学术著作而为人们所记忆的。倪士毅的理学著作主要是《四书辑释》，《四库全书》总目卷三七《重订四书辑释》提要："《重订四书辑释》二十卷，元·倪士毅撰。士毅，字仲宏，歙县人。是书前有至正浙江巡抚采进本。丙戌汪克宽序称：'近世儒者，取朱子平日所以语诸学者，及其弟子训释之词，疏于四书之左，真氏有《集义》，祝氏有《附录》，蔡氏、赵氏有《集疏》、《纂疏》，相继成编，而吴氏最晚出，但辨论未为完备，去取颇欠精审。定宇陈氏，云峰胡氏，因其书行于东南，辗转承误。陈氏因作《四书发明》，胡氏因作《四书通》。陈氏晚年，又欲合二书为一，而未遂。士毅受业于陈氏，因成此书。至正

① 文渊阁《四库全书》本《新安文献志·先贤事略上》。

辛巳刻于建阳。越二年，又加刊削，而克宽为之序。’卷首有士毅与书贾刘叔简书，述改刻之意甚详。此《重订》所由名也。此本改题曰《重订辑释章图通义大成》，首行列士毅之名，次列新安东山赵汸同订，次列鄱阳克升朱公迁约旨，次列新安林隐程复心章图，莆田王元善通考，次列鄱阳王逢订定通义。书中亦糅杂蒙混纷如乱丝，不可复究其端绪。是已为书贾所改窜，非士毅之旧矣。然陈栎、胡炳文本因吴真子之书，士毅又因陈、胡之书，究其由来，实转相稗贩，则王逢因人成事，亦有所效法，不足为讥。至明永乐中，诏修《四书大全》，胡广等又并士毅与逢之书，一概窃据，而辑释、通义并隐矣。有明一代，尊《大全》为龟，沿及近代，讲章亦无非依傍《大全》，变换面貌，乌知其渊源所自，不过如斯哉。”①由此可知，在朱熹的《四书章句集注》与胡广的《四书大全》之间，倪士毅的《四书辑释》是一个必不可少的中间环节。可以说，倪士毅于理学之发展，功不可没。从根本上看，中国诗文的发展，一直与儒学分不开。儒家不仅最早提出《诗经》的认识功能，而且还最早揭示《诗经》的文学功能。历代儒学大师大都是文章家和诗人，尽管其中的不少人，其文名为学术成就所遮掩。儒学在宋元明时期吸收了释家和道家的优长之处，增强了思辨性，得到了体系化，进而发展为理学。可惜的是，今天我们已经无法看到倪士毅的诗文创作了。尽管如此，从《作义要诀》看，倪士毅必定是有元一代文章之大手笔。从这种意义上说，倪士毅对于元代文学是有贡献的，倪士毅对于中国文学也是有贡献的。

附录：《四库全书》集部九诗文评类《作义要诀》一卷提要

臣等谨案，《作义要诀》一卷，元倪士毅撰。

士毅有《四书辑释》，已著录。是编皆当时经义之体例，自宋神宗熙宁四年始以经义试士，元太宗从耶律楚材之请，以三科选举，经义亦居其一。至仁宗皇庆二年，酌议科举条制，乃定蒙古、色目人第一场经问五条，汉人、南人第一场经疑二问，限三百字以上，不拘格律。元统以后，蒙古、色目人亦增经义一道。明以来，科举之文，实因是而引伸者也。是书所论，虽规模浅狭，未究文章之本原，然如云“第一要识明道理透彻，第二要识得经文本旨分晓，第三要识得古今治乱安危之大体”，又云“长而转换，新意不害其为长短，而曲折意尽，不臣害其为短，务高则多涉乎僻，欲新则类乎怪，下字恶乎俗，而造作太过则语涩，立意恶夫同而搜索太甚则理背”，皆后来制义之鉴也。国家设科取士，仍以经义为先。

我皇上圣训谆谆，厘正文体，操觚之士皆知以先正为步趋。是书又在明前，法虽小异，而理则相通，路而存之，或亦先河后海之义欤。原序称，兼采谢氏、张氏之说。《永乐大典》注：其说已载《举业筌蹄》卷中，故不复录。今是卷适佚，姑仍旧本阙之。然大旨则已具于此矣。

---

① 清·永瑢等撰《四库全书总目》，北京：中华书局，1965，第308页。

乾隆四十六年九月恭校上。

总纂官纪昀、陆锡熊、孙士毅，总校官陆费墀。①

三、《作义要诀》标点校注

倪士毅《作义要诀》自序

按：宋初因唐制，取士试诗赋（省题诗及八韵律赋）。至神宗朝王安石为相，熙宁四年辛亥，议更科举法：罢诗赋，以经义论策试士，各占治《诗》、《书》、《易》、《周礼》、《礼记》一经，此经义之始也。宋之盛时，如张公才叔《自靖义》，正今日作经义者所当以为标准。至宋季，则其篇甚长，有定格律：首有破题，破题之下有接题（接题，第一接，或二三句，或四句。下反接，亦有正说而不反说者），有小讲（小讲后，有引入题语。有小讲上段。上段毕，有过段语。然后，有下段），有缴结。以上谓之冒子。然后入官题。官题之下有原题（原题有起语、应语、结语，然后有正段，或又有反段，次有结缴），有大讲（有上段，有过段，有下段），有余意（亦曰从讲），有原经，有结尾。篇篇按此次序，其文多拘于捉对。大抵冗长，繁复可厌。宜今日又变更之。今之经义不拘格律，然亦当分冒题、原题、讲题、结题四段。愚往年见宏斋曹公②《宋季书义说》，尝取其可用于今日者，摘录之。兹又见南窗谢氏、临川章氏及诸家之说，遂重加编辑，条具于左，以便初学云。

思齐按：宋神宗熙宁四年（1071）的科举改革，是中国科举发展史上的一件大事。为着研究的方便，兹录《续资治通鉴》卷六八相关记载如下：

二月，丁巳朔，罢诗赋及明经诸科，以经义、论、策试进士。

先是议更贡举法，帝以苏轼言为是，它日，以问王安石，安石曰："不然，今人材乏少，且学术不一，异论纷然，此盖不能一道德故也。欲一道德，则必修学校；欲修学校，则贡举法不可以不变。"赵抃亦是轼议，安石曰："若谓此科常多得人，自缘仁进别无它路，其间不容无贤，以为科法已善则未也。今以少壮时当讲求天下正理，乃闭门学作诗赋，及其入官，世事皆所不习。此乃科法败坏人材，致不如古。"帝以为然。

已而中书言："古之取士皆本学校，道德一于上，习俗成于下，其人材皆足以有为于世。今欲追复古制，则患于无渐，宜先除去声病、对偶之文，使学者得专意

① 参见清·永瑢等撰《四库全书总目》卷一九六，北京：中华书局，1965。

② 宏斋曹公：姓曹，名泾，即宏斋曹氏。宏斋，一作弘斋。

经术，以俟朝廷兴建学校，然后讲求三代所以教育、选举之法，施之天下。”于是罢明经及诸科、进士试诗赋，各专治《易》、《诗》、《书》、《周礼》、《礼记》一经，兼以《论语》、《孟子》。每试四场，初本经，次兼经大义，凡十道；次论一首，次策三道；礼部试即增二道。中书撰大义式颁行。试义者须通经有文采，乃为中格，不但如明经墨义粗解章句而已。取诸科解名十分之三，增进士额。其殿试则专以策，限千字以上。分五等：第一等、二等赐进士及第，三等赐进士出身，第四等赐同进士出身，第五等赐同学究出身。置京东、西、陕西、河东、河北路学官，使之教导。

思齐按：《经义模范》一卷，不著撰人姓氏，录张才叔《自靖人自献于先王》。这是一篇较早的十段文，题目出自《尚书·商书·微子》：“商今其有灾，我兴受其败；商其沦丧，我罔为臣仆。诏王子出，迪我旧云刻子。王子弗出，我乃颠隮。自靖，人自献于先王，我不顾行遁。”张才叔，蜀广安人，陆游《剑南诗稿》卷三《过广安吊张才叔谏议》诗：“春风疋马过孤城，欲吊先贤涕已倾。许国肺肝知激烈，照人眉宇尚峥嵘。中原成败宁非数，后世忠邪自有评。叹息知人真未易，流芳遗臭尽书生。”

自靖人自献于先王

君子之去就死生，其志在天下国家，而不在一身。**（第一段：破题）**

故其死者非沽名，其生者非避祸，而引身以求去者，非要利以忘君也。仁之所存，义之所在，鬼神其知之矣。**（第二段：承题）**

昔商之三仁，或去或死，或为之奴，而皆无愧于宗庙社稷，岂非谋出于此欤？此其相戒之言曰：自靖人自献于先王。盖于是时，纣欲亡而未悟也。其臣若飞廉恶来，皆道王为不善，而不与图存。若伯夷、太公，天下可谓至贤者，则洁身退避，而义不与俱亡。夫商之大臣而且于王为亲，惟王子比干、箕子、微子也，三人欲退，而视其败则不忍；欲进而与王图存，则不可与言。**（第三段：小讲）**

虽有忠信诚悫之心，其谁达之哉？顾思先王创业垂统，以遗其子孙；设为禄位职业，以处天下之贤俊。俾相与左右而扶持之，期不至于危亡而后已。**（第四段：缴结）**

子孙弗率，亡形既见，而忠臣义士之徒，犹不忘先王所以为天下后世之虑，以为志不上达，道与时废。乱者，弗可治也；倾者，弗可支也。而臣子所以报先王者，惟各以其能自献可也。**（第五段：官题）**

虽然，臣子之志不同，而欲去就死生，各当其义，不获罪于先王，非人所能为之谋，其在于自靖乎？**（第六段：原题）**

盖自商祀之颠隮，则微子以为心忧，而辱于臣仆不与其君俱亡。箕子、比干之所以羞为也。微子抱祭器，适周以靖后，则奉先之孝得矣；比干谏不从，故继以死，则事君之节尽矣；箕子以父师为囚，犹眷眷不去，则爱君之仁至矣。其死者若愚，其囚者若污，而其辄去者若背叛，非忠也。然三子安然行之，不以所不能而自愧，亦不以所能而媿人，更相劝勉，以求合于义，而不期于必同。夫所谓先王所望于后世臣子者，惟忠与孝也。故微子之去，自献以其孝。比干以谏死，箕子以正囚，则自献以其忠，是非三子苟为也。处垂亡之地，犹眷眷乎天下国家，而不在一身，故其志之所谋，各出其所欲为，以期先王之知耳。古所谓较然不欺其志，非斯人之谓乎？**（第七段：大讲）**

虽然，《书》载微子与箕子相告戒之辞，而比干不与焉，何则？人臣之义莫易明，于死节莫难明，于去国而屈辱用晦者，亦所难辨者也。**（第八段：余意）**

比干以死无足疑，故不必以告人，而箕子、微子，不免自靖。**（第九段：原经）**

人自献于先王者，重去就之义，而厚之故也。不然，安得并称三仁哉？**（第十段：结尾）**

思齐按：宋·魏天应编选、林子长笺解《论学绳尺》卷二录黄镛十段文《汤文孔子闻知如何》，题目出自《孟子·尽心下》。从这篇文章可以窥见十段文的风貌。括号内的说明语为思齐所加。这是一篇标准的十段文，写得丝丝入扣，考官杨栋批曰："学粹文婉，皆自讲贯中来，读之终篇，犹有余味。"又批："三圣人之所以知尧舜者，知在闻先也。如中庸说知天也，知人也。苟知天矣，一闻天道，即知天之所以为天。苟知人矣，一闻人道，即知圣人之所以为圣人。生知、学知、困知，及其知之，一也。到此地位，闻斯知矣。"这篇文章"立说"如下："是道之用散于天下，有耳者莫不闻，有闻者莫不知，而是道之体微妙难见，必有圣人者相继而出，而后可以传其不传之妙，是则闻者众人之所同，知者圣人之所独，此汤文孔子所以为圣人，而天下不能皆汤文孔子也。"所谓立说，就是立论的主旨，亦即中心思想。在文章的末尾，选编者写有评语："此篇以圣人独传吾道不传之妙为主意，大抵都归著于真知上。"黄镛（1230—1300），字器之，南宋涵江人。

汤文孔子闻知如何

吾道有不可传之妙，于其不可传者而独得其传焉，非圣人不能也。**（第一段：破题）**

夫道之在天下，有明晦，无绝续；有古今，无存亡。人之由乎是道者，孰不可以与于是道之传？可传矣，则有耳者莫不闻，有闻者莫不知，而何圣人独得其传哉？**（第二段：承题）**

盖道之大原出乎天，而其用散于事物之间。是其流行着见于天下者，有此心则具此知，孰不可得而闻也？然其体之微妙，不惟不可以意见知，而亦不可以口耳闻，况可得而传之乎？必有圣人者为之先，而后有以得乎斯道之原；又必有圣人者

继之于其后，乃能闻而知之，以传其不可传之妙。（**第三段：小讲**）

是则闻者众人之所同，而知者圣人之所独，此汤、文、孔子之所以为圣人，而天下不能皆汤、文、孔子也。（**第四段：缴结**）

汤、文、孔子闻知如何？请得而绎其说。（**第五段：官题**）

斯道也，何道也？天下所共由之谓道也，道之所以得名，既曰天下之所共由，则亦天下之所共闻；既曰天下之所共闻，则亦天下之所共知也。何圣人独闻而独知之欤？吁！道费而隐，费者用之广，而隐者体之微。用之广者，众人之所共闻。然体之微，不离乎用之著者，非圣人，其谁能知之？何谓用？所当然而然者，道之用也。何谓体？所以然而然者，道之体也。吾道之用散于天下，其教仁、义、礼、智，其端恻隐、羞恶、辞逊、是非，其伦君臣、父子、兄弟、夫妇。此其当然之用，虽匹夫之愚，可以与闻而与知之也。而其所以然之体，则非可以苟闻而苟知之也。仁之所以恻隐，义之所以羞恶，礼智之所以辞逊而是非，与夫君臣之所以敬，父子之所以亲，兄弟、夫妇之所以有序而有别，必有真闻而后有真知也。昔者谈虎伤人者，闻者莫不惧也，而真知虎之可畏者，神色独异于众，是其所闻虽同而惧不惧之有异者，以其知之有真有不真也。然则欲观汤、文、孔子之所以独得乎闻知之妙者，其以是求之欤？（**第六段：原题**）

且自尧、舜五百岁而后有汤，汤五百岁而后有文王，文王五百岁而后有孔子，天之生圣人如是其不数也，世数之相去如是其久也。固不幸而无汤、文、孔子见而知之，以亲得乎斯道之传；犹幸而有汤、文、孔子闻而知之，以独得其不可传之妙。然其所谓闻者果何所闻，其所谓知者果何所知欤？将求道于无在欤，则微眇芒忽，不可以执而传；抑求道于无不在欤，则流散无统，不可以泛而传。又否则求之言语文字之间欤，则尧之命舜，自“允执厥中”之外，窅无闻焉。舜之命禹，虽益之以“危微精一”之三言，而所可闻者仅止于是，吾道亦仅足于是欤？是数语者，书之于简册，传之于万世，天下之人盖无不闻而无不知也，何独于汤能闻而知之欤？何独于汤而得其不可传之妙欤？毋亦尧、舜之道其所当然之用，虽天下之所共闻，而其所以然之体，乃汤之所独知欤？至于文王之于汤，孔子之于文王，亦犹汤之于尧、舜也。汤不能以建中，则汤为不知尧、舜；文王而不能顺则，则文王为不知汤；孔子而不一以贯之，则孔子为不知文王。今而曰建中也，顺则也，一以贯之也，此其所以为汤、文、孔子闻知之妙欤？（**第七段：大讲**）

古往今来，世代辽绝，先圣后圣，心若符节。其所闻者，岂影响之闻，而所知者，岂形似之知乎？子贡谓性与天道不可得闻，必如是而后谓之真闻；子思谓人莫不饮食，鲜能知味，必如是而后谓之真知；彼道听而涂说者，岂真闻？而行不著，习不察者，岂真知欤？（**第八段：余意**）

世之欲知圣人之道者，当于道体之所以然者而求之，然后可以得其不可传之妙也。不然，董子之言三圣，则曰“相授守一道”。韩子之论尧、舜至孟轲，亦曰“以是而相传”，其所授者果何说，其所传者果何事哉？孟子之言又曰“由孔子至于今”，其致意尤深焉。所谓然而无有乎尔，虽若托之不居，而其自任之实可见；所谓则亦无有乎尔，虽若叹其将绝，而所以启夫万世无穷之传者，又未尝不在斯也。记孟子之言者，以是终篇焉，岂无见欤？**（第九段：原经）**

《鲁论》之作“尧曰”一章，历述乎尧舜禹汤文武相传之道，其意亦犹是也。愚故表而出之。**（第十段：结尾）**

《作义要诀》

元·倪士毅撰

宏斋曹氏曰

宏斋曹氏（泾）曰：

作文各自有体，或简或详，或雄健，或稳妥，不可以一律论。盖文气随人资禀，清浊厚薄所赋不同，则文辞随之。然未有无法度而可以言文者。法度者何？有开必有合，有唤必有应，首尾当照应，抑扬当相发，血脉宜串，精神宜壮。如人一身，自首至足，缺一不可，则是一篇之中，逐段逐节，逐句逐字，皆不可以不密也。

又曰：

文字大概以纯者为合格，健者为有气。合格者，中程度。有气者，起人眼目。然今人作文，于二者皆易有病，盖似纯者无气焰，则率略委靡，又不足以起人眼目；似健者多草野，则夹杂怪僻，又不可以合有司程度。如愚所见，当于规矩之中，用老苍之体，庶几合格，则不为有司所摈，出奇则又非低手可及。必识此意，乃可进步。

立说大要

又论立说大要曰：

主张、题目。第一要识得道理透彻。第二要识得经文本旨分晓。第三要识得古今治乱安危之大体。然后一见题目，胸中便有称量。然又须多看他人立意，及自知历练，则胸中自然开广。又不要雷同。须将文公①四书子细玩味。及伊洛议论，大概皆要得知。则不但区处性理题目有断制。凡是题目，皆识轻重，皆区处得理。

到若所谓经旨者，亦试言其概。唐虞题目，须要识得他气象浑厚处。汤武征伐，须要见他不得已处。商盘周诰，须要见忠厚处。如大禹治水之行；所无事太甲之悔过；伊尹一德之告归；盘庚迁亳之为民；高宗之有志中兴；洛诰之倚重周公，及周公切切告归

---

① 指朱熹撰《四书章句集注》。朱熹（1130—1200）为一代理学宗师，逝世之后，声名益振，嘉定二年（1209）追谥曰文，世称朱文公。

之意；君奭之挽留，与夫无逸之本旨及化商。一切事体，皆大势所重也。则就这上立意，得切者最好。自此之外，亦难尽言。或题目散，头绪多，我须与他提一个大头脑。如王会龙省试义，提道字符串是也。

或捉题字做纲目。亦如王会龙之提“道”字是也。（其题目云：“道积于厥躬，惟敩学半，念终始典于学，厥德修罔觉。监于先王成宪，其永无愆。惟说式克钦承，旁招俊乂。”①王会龙义起语云：“人君，道与心为一。既欲参古人之善而无愧。大臣，心与君为一，尤欲取天下之善而无遗。盖道无终穷，不在吾身，则在古人，不在古人，则在天下。君不自圣而益求乎？古臣不恃君之圣，而益求乎贤，此所以能致其君之备道也欤！”）

或用经句，最切者，如周明之“百志惟熙”②，题以“勿忘勿助”为主是也。（明之义，愚未之见。如林逢龙《太学发解义》以“有德必有言”为主，亦是也。其题目云：“德无常师，主善为师，善无常主，协于克一，俾万姓咸曰大哉王言。”逢龙接题云：“有德者必有言，惟德之会于吾君者，既极其精微，则言之散于天下者，皆称其广大，有如德之所在。苟择焉而不精，则言之所发，必语焉而不详矣。何以为大公至正之论，而息夫人之异论也哉。此伊尹之告太甲，盖欲其以德之一为言之大也。”）

余皆不可以尽言。但要者，一题须要截得住，须提得紧。要处重，其细碎处放轻不妨。有道理，合经旨，又不雷同，又教人一见便晓，如此便是主张。大概以此立意，以此用工，自当有所见也。

或曰：

行文关键多则响。常读熟做熟，则行文自熟。凡做商周题，用唐虞事，则精神壮观。做唐虞题，用商周事，则不甚好。大凡义，不必长，亦不必短，在措辞如何耳。长而转换新意，不害其为长。短而曲折意尽，不害其为短。务高则多涉乎僻，欲新则类入于怪。晦则读之使人厌，浅则读之使人轻。下字恶夫俗，而造作太过，则语涩。立意恶夫同，而搜索太甚，则理背。皆学者所当知也。

又凡做君题、国家题，反处不可太甚，只须轻轻说过。

---

① 这是用《尚书》中的现成话做题目的典型例子，为了增加试题的难度，题目中并没有完整地给出经文。《商书·说命下》：“说曰：王！人求多闻，时维建事。学于古训乃有获。事不师古，以克永世，匪说攸闻。惟学逊志，务时敏，厥修乃来。允怀于兹，道积于厥躬，惟敩学半，念终始典于学，厥德修罔觉。监于先王成宪，其永无愆。惟说式克钦承，旁招俊乂，列于庶位。”

② 《虞夏书·大禹谟》：“任贤勿贰，去邪勿疑，疑谋无成，百志惟熙。”蔡沈《书集传》：“任贤以小人间之谓之贰，去邪不能果断谓之疑。谋，图为也。有所图，揆之于理而为安者，则不复成就之也。百志，犹《易》所谓广虑也。”熙，广，广大，光大。汉·孔安国传：“一意任贤，果于去邪，疑则勿行，道义所存于心，日益广矣。”唐·孔颖达疏：“任用贤人勿有二心，逐去回邪勿有疑惑。所疑之谋勿成用之，如是则百种志以惟益广也。”

存庵胡氏初翁曰：

闻之前辈，凡做唐虞题目，不尚反。盖彼时无此等不好气象也。

论冒题

或曰破题。为一篇纲领，至不可苟。句法以体面为贵，而包括欲其尽。题句多，则融化不见其不足。题字少，则敷演不见其有余。命意浑涵而不失于迂，用字亲切而不病于俗，斯得之矣。接题，所以承接破题之意。一篇主意，要尽见于二三句中，尤不可不用工也。

或曰冒头。如人头面，著不得十分多肉，肉多则嫌有肥气，不雅观也。

原题

宏斋曹氏曰：

原题之体，其文当圆，其体当似论。前辈考校，多于题下看人笔端。须是见识高，看文字多，方于此有议论慷慨之体。中间最不要露圭角，又不要作成段对文。只要参差呼唤，圆转可观。大抵是唤起之后，便应一应，结一结，然后正一段，反一段，又总缴结。此为正体。其反说者，不必多比。正段宜减大半。又或有于正段后，复作一段，或是引事，或是譬喻，如此议论竟，不必作反段亦可也。

讲题

愚按：

旧义必有余意及考经（亦曰原经）。今日固不拘此。然遇可用处，亦宜用之，但不必拘泥耳。宏斋论“余意”、“原经”二条，摘录于后，变而通之，存乎其人。若用，亦只数句点缀足矣。不可失之太多也。

宏斋曹氏曰：

所谓余意，乃是本题主意外，尚有未尽之意，则于此发之。须是意新，又不背主意，仍于主意有情乃可。这个有数样：本意所轻者，于此却微与提起。本题头绪多者，此处与贯而一之。本意作两并不相关者，此处与发明之。本意有自本至效者，此又翻转来言之。若只是本题意，又来说作一片，全无些斡运，则徒劳耳。

又曰：

当初所以有原经者，须是说这个题目，其来历、次第如何。或是谁人做底事，他这事是如何。或是谁人说底话，他这话是如何。要推寻来因究竟，下梢结煞，方谓之原经也。第一要认他先后次序，伦理分晓，及提得个血脉端正，然后摆布做来。

且如大概称颂事实之题，当旁引事实来证主意，分轻重呼唤，方引入本题出处，更自与他照应议论，然后结之。此格甚平正，初无难也。

若是告戒之题，须要认他先后次序，如《太甲》上、中、下三篇，及《一德》之书①，《盘庚》上、中、下三篇，周家《大诰》，东征《召诰》，营洛《多士》，迁商民，这个先后之次截然，最要铺摆仔细。

又，不但篇目次第，只一中亦要分次第，不可截断。如本题系是在前，则起头宜作议论一唤，唤动即就题目说来，便就此解他正意。这回方才迤逦转去，寻后面事使去，云“不特此尔”，后面又作如此说，下梢又是如何，却于本题后引来拥从而结之，此一体也。

如本题系是在后，则当起头逐一原去，其初是如何，中间又如何，乃引入本题，却作一小片议论而结之，又一体也。

引事不在多，只要精切。或得一句最切，只就此一句发明，全靠善于斡运耳。凡引事，宁可真而少，不可多而杂，最要识此意，要知大概。起头多是引证，中间便当唤出出处，然后便当解意分晓结之，此又大概原经之法也。

结题

宏斋曹氏曰：

结尾亦要识体格，不但用事证题而已。若本题系有大节目事体，则宜就此究竟，到实结裹处结之，此为议论到底，是一格也。

本题用经句主张有来历者，宜于结尾唤起出处，状得分晓，此有根据，有首尾文字，是一格也。

此外，又有定格。说唐虞治体，宜以成王对之。说盘庚迁亳事，宜以周家化商事证之。皇极之说，宜以圣门事证之。二典三谟亦然。汤武征伐，宜相照证。周召告归，可互参考。三后化商，皆要相串。最宜识此意，其他方可泛引事证耳。

又或本题中实有议论未尽，而道理实有当发挥者，又当作一段议论，不必用事，亦可也。引事之体，既引状本题后，又须更唤一唤，以己意慷慨议论，断制主意，教他响朗，然后结之。此可以见人笔力，宜耐心加工也。

总论

以上亦据所见略言之耳，其详不可尽也。在乎即类推之，以心体之，自求其意于外而得胸中之活法，乃有实工夫耳。要是下笔之时，说得首尾照应，串得针线细密，步步

---

① 指《尚书·商书·咸有一德》。

思量主意，句句挑得明，教他读去顺溜。

又，大概文字，全在呼唤。有时数句，全在数个字挑剔得好，须是十倍精神。

自此之外，又有一项法度。一篇之中，凡有改段接头处，当教他转得全不费力，而又有新体。此虽小节，亦看人手段，如陈懋钦省试，会其有极义，自接题小讲，及原题讲段，原经结尾，一切转头处，并不用寻常套子。如“尝谓”、“今夫”之类（旧义多用“尝谓”二字作原题起语，“今夫”二字作大讲起语），盖只教他人不见痕迹，而又自转换最妙者。江万里易义之体，分明是于此处出奇，亦法之可法者也。然亦不甚要，因笔漫及之。

【元人论八股之三】

王充耘《书义矜式》

一、《书义矜式》题解

在元代士人撰写的有关科举的著作中，王充耘的《书义矜式》是价值较高的一种。

所谓书义，就是以《尚书》为对象而写的经义。宋代科举考试，以儒家经书中的文句为题目，考生就经文进行议论，阐发其含义，故称经义。宋元时期的经义是八股文的雏形，即十段文。明清时期经义就是八股文了。矜式，意思是尊重效法。《孟子·公孙丑下》："我欲中国而授孟子室，养弟子以万钟，使诸大夫国人皆有所矜式。子盍为我言之！"①这是齐王对时子讲的一段话。原来，齐王想在临淄城中给孟子一座房子，用万钟之粟来养活孟子的门徒，使齐国的官吏和人民都有所效法。齐王不好意思开口，便想到了请时子去向孟子谈一谈。孟子及其门徒成了人们效法的榜样。清·严可均校辑《全晋文》卷五二傅咸《邛竹杖铭》："嘉兹奇竹，质劲体直，立比高节，示世矜式。"②用一枝奇异的竹子来做手杖，不仅可以帮助行走，还可以从竹子那劲质有节的形态中领悟到为人的道理：要高尚要有气节！于是我们看到，所谓矜式，就是榜样的意思。写作八股文有一系列复杂繁细的要求，仅仅懂得其原理，是很不够的。最简单的办法莫过于拿一些典范的八股文来模仿，细细体会，久而久之，自己也就会写了。这就好比我们今日有不少讲作文方法的书一样，那些书并非完全无用，但是谁要是以为看了作文方法书就能写出好文章来，那就太天真了。范文集倒是管用的。将好文章读得滚瓜烂熟，自然下起笔来得心应手，左右逢源。这是因为，写文章乃是人们才智水平和思维能力的综合表现，只有大致的方法，而没有固定的法子。唯有将名篇佳作烂熟于心，才能够在考场中驾轻就熟，稳操胜券，以妙文一篇，于竞争激烈的科场中胜出，一举夺魁。王充耘的《书义矜式》就是以《尚书》中的文句为题目而编纂的一部八股文范文集。

《书义矜式》具有以下五个特色。

---

① 杨伯峻译注《孟子译注》，北京：中华书局，1960，第103页。

② 清·严可均校集《全上古三代秦汉三国六朝文》，北京：中华书局，1958，第1761页。

第一，在《书义矜式》一书中，论题范围较广阔，而所给出来的题目较为丰富，这样就预设了科举考试中出题的种种可能性。《尚书》中一共有多少篇文章呢？《尚书纬》卷四《尚书璇玑钤》：“尚者，上也。上天垂文象，布节度。书者，如也。如天行也。书务以天言之，因而谓之书。加‘尚’以尊之。孔子求《书》，得黄帝元孙帝魁之《书》，迄于秦穆公，凡三千二百四十篇。断远取近，定可以为世法者百二十篇，以百二篇为《尚书》，十八篇为《中候》。”①纬书的书法虽然不准确，但是由此可以知道，在上古时期，《尚书》中文献的篇数是极多的。经过孔子的删定，实际留下了一百二十篇。所谓孔子删书，不一定有其事，但它具有历史符号学的意义，即是说，经过历史的拣汰，我国上古时代的历史文献有一百多篇流传下来，由于这些文献性质相近，因而它们统归到“尚书”这一名号之下。之后，经过时代的变迁，由于学术史自身矛盾运动的需要，有关《尚书》的争论越变越复杂，关于《尚书》中文章的篇数亦众说纷纭。相较之下，还是顾易生师的说法较为通达：“《尚书》是中国上古时期历史文件和部分追述上古事迹著作的汇编。先秦时也称为《书》，汉人称《尚书》，意即‘上古帝王之书’（《论衡·正说》）。因列于儒家经典，也称《书经》。其书的真伪、聚散，极为复杂曲折。旧传有百篇，为孔子所编定。今人多怀疑此说。西汉时仅存二十八篇，相传由伏生口授，用当时通行隶书书写，称《今文尚书》。又传西汉前期在孔子住宅壁中发现《古文尚书》（用先秦时字体所写），比今本多出十六篇。其书已佚。今传《古文尚书》及孔安国《传》为近代梅赜所献。通行本即两者的合编，共五十八篇。注本有孔颖达的《尚书正义》、孙星衍的《尚书今古文注疏》等。然经历代特别是清代学者考辨，今本《古文尚书》及孔《传》系出伪造，故学者称其书时或加上‘伪’字。”②事实上，我们今天能够据以进行研究的就是通行本中的五十八篇文章。这个通行本就是清人阮元所校刻的《十三经注疏》中的《尚书正义》本。如果加上相传为孔安国所作的《尚书序》，那么一共有五十九篇文章。在这个本子中，还有四十三篇文章，与《诗经》中的“笙诗”相仿佛，它们只有题目而无内容，仅在《书小序》中被提及。连同这四十三篇文章在内，则《尚书》文献的总篇数为一百零二篇。这个数字与历史上的许多说法相吻合。从文化史的意义上说，不管加上一个“伪”字与否，均不影响这些文献的价值。事实上，数千年来，这批文献一直规范着中国人的思想，它们铸就了中华民族的灵魂。王充耘《书义矜式》的题目范围就在这五十八篇文章之内，而范文的内容所及，既涉及《孔安国尚书序》（大序），也涉及百篇《书小序》，还涉及整个《尚书》学史上各种各样的有趣的问题。《书义矜式》的论题范围是相当广阔的。我们今天一共能够见到九十四个题目，每个题目配有范文一篇，作为应对科举考试的矜式，庶几士子们揣摩温

---

① 黄爽辑《尚书纬·河图·洛书》（诸子百家从书本），上海：上海古籍出版社，1993，第20页。

② 王运熙、顾易生主编，顾易生、蒋凡著《先秦两汉文学批评史》，上海：上海古籍出版社，1990，第25页。

习，存贮心中。这样一来，读书人就方便了，因为科举考试中出题的种种可能性大致都涵盖于《书义矜式》之中了。

第二，在《书义矜式》一书中，一切题目均经过了严格的筛选。这部书的篇幅并不大，这样就增加了它的使用价值。按照传统的分法，《孔安国尚书序》单列卷首，不算做正文；而《尚书》正文五十八篇分为《虞书》（五篇）、《夏书》（四篇）、《商书》（十七篇）和《周书》（三十二篇）四部分。王充耘《书义矜式》分为六卷，第一卷对应于《虞书》，第二卷对应于《夏书》，第三卷对应于《商书》，第四卷、第五卷和第六卷对应于《周书》。王充耘《书义矜式》各卷的这种划分，有两点值得我们注意：第一，王充耘的《书义矜式》在分卷方面与宋·蔡沈的《书经集传》完全一致。那么，原因何在呢？难道是巧合吗？其实，这不是巧合，而是着眼于科举考试的实际需要。《元史》卷八一记载了元代的考试程式："蒙古、色目人，第一场经问五条，《大学》、《论语》、《孟子》、《中庸》内设问，用朱氏章句集注。其义理精明，文辞典雅者为中选。第二场策一道，以时务出题，限五百字以上。汉人、南人，第一场明经经疑二问，《大学》、《论语》、《孟子》、《中庸》内出题，并用朱氏章句集注，复以己意结之，限三百字以上；经义一道，各治一经，《诗》以朱氏为主，《尚书》以蔡氏为主，《周易》以程氏、朱氏为主，已上三经，兼用古注疏，《春秋》许用《三传》及胡氏《传》，《礼记》用古注疏，限五百字以上，不拘格律。"①换句话说，元代科举考试，在《尚书》方面是以蔡沈《书经集传》作为"标准教材"的。假如王充耘《书义矜式》的分卷与蔡沈《书经集传》不一致，那么士子们或曰考生们就不方便使用。《书义矜式》的性质就是一部考试辅导教程，而辅导教程当然要与原典一致。第二，当然，《书义矜式》的分卷主要还是着眼于《尚书》各部分本身的文章篇数。在这一点上，王充耘与蔡沈的认识也是一致的。蔡沈和王充耘之所以用三卷来研究《周书》，因为《周书》的文章本来就较多，而一切研究都必须从研究对象的实际情形出发。就现存《书义矜式》来看，有二十篇文章不在出题范围之内。其中，《五子之歌》一篇属于《夏书》。《盘庚中》、《盘庚下》、《高宗肜日》、《西伯戡黎》和《微子》五篇属于《商书》。《泰誓上》、《泰誓中》、《金縢》、《大诰》、《微子之命》、《酒诰》、《梓材》、《无逸》、《蔡仲之命》、《顾命》、《康王之诰》、《冏命》、《文侯之命》和《费誓》十四篇属于《周书》。对于这二十篇文章来说，当然也就没有相关的范文了。不过已有的范文倒是涉及了这二十篇文章的内容的。另外，《甘誓》、《汤誓》、《汤诰》和《牧誓》四篇，篇名见于书中但缺少题目和范文。总起来看，大致可以这样说，这二十四篇文章原本也是有题目而且也配有范文的，不幸的是它们在流传的过程中亡佚了。我们今天所见到的《书义矜式》，其出题范围为《尚书》五十八篇文章中的三十四篇。换句话说，现存《书义矜式》，其篇幅仅是王充耘原来著作的三分之二。古书按卷划分，一卷究竟相当于今日书籍的一编、一章还是一节，这是我们读书人大都想知道的一个问题。然而，由

① 中华书局编辑部编，"二十四史"简体字本《元史》，北京：中华书局，2000，第1341页。

于中国地域辽阔，学者们分布各地，在古代难于沟通信息，加之中国历史悠久，数千年来人们对分卷的认识差异较大，因此很难确切地回答，古书的一卷究竟相当于现代书籍的什么单位。不过，就同一位作者的同一部书来说，其各章的篇幅大体还是均衡的。可是，王充耘《书义矜式》各章的篇幅却十分不均衡。这种情况进一步说明，《书义矜式》的亡佚情况是较为严重的。尽管如此，我们阅读了该书之后，却能够明显地感觉到，似乎《尚书》的重要论题均得到了处理。在《书义矜式》中，泛论儒家伦理道德的题目不多，而难度较大的题目却不少。比如，《禹贡》需要专门的地理知识，涵盖了大量的需要“背功”的考点。《洪范》历来是科举考试的重头戏，用来考察士子们是否具有经世济民的雄才大略。恰恰在这两篇经文方面，或许士子们帮了王充耘的忙。由于他们曾经背过这些题目和文章，因而这些题目和文章都没有亡佚。由此可知，仅凭现存的本子，士子们在熟读《书义矜式》之后，对付科举考试时出现的《尚书》方面的题目，当不会有什么困难。这说明，王充耘《书义矜式》一书，融注了作者自己当考生时的心得体会，严格筛选了题目，确是一部使用价值极高的科举考试教程。非懂得个中甘苦之人，是编不出这样的书来的。

第三，在《书义矜式》一书中，所有的范文均以时代风气为转移。编者仔细揣摩了士子们的心理，十分注意文气的畅达。中国的语言，在宋元之际发生了变化。这种变化也必然反映到科举考试中来，即试卷上答题的语言必须合乎时代风气，否则文章就不畅达。文气不畅达的文章，是不可能被阅卷官员看中的。科举考试的题目与八股文之间，在文字表达上似乎存在着一种相对立的情况：题目的语言是先秦的，而阐述这些题目的语言却是当前的。如果题目的语言不够古奥，考官甚至不惜拼接题目。十段文和八股文的语言必须趋新，否则它们就不会被称作时文了。从南北朝至明代，“这一时期的语言研究，主要成绩在语音研究方面”①。从根本上说，我国语言学研究的状况，毕竟是当时语言实际状态的反映。宋元时期是汉语发生重要变化的时期。秦汉魏晋时期的语言研究，其成就主要在字书上，人们关注的重点是文字。而宋元时期语言研究，其成就主要在韵书上，人们关注的重点是语音。宋代大文学家欧阳修提倡平易的风格，他在《居士集》卷四七《答吴充秀才书》中说：“圣人之文，虽不可及，然大抵道胜者文不难而自至也。”②这就是有名的“道胜文至”说，该学说引起了文风的重大转变。究其根本原因，还是从宋代起汉语言本身发生了根本的变化，文学作品在语言的层面上也必然会反映出这种变化来。大凡有古文阅读实践的人，都有这样的体会：唐和唐以前的书，其语言是比较古奥的；宋代及以后的书，就比较容易读了。至于宋元时期的戏曲，本与当时的口语十分接近。汉语语言的这一变化，也必然反映到时文中来。时文的语言，虽然比小说和戏曲的语言保守些，但也起了很大的变化。王充耘《书义矜式》中的一篇篇范文，较好地体现了这种变化。这些范文文气悠长。从句式上说，它们具有许

① 濮之珍《中国语言学史》，上海：上海古籍出版社，1987，第177页。

② 宋·欧阳修《欧阳修全集》，北京：中国书店，1986，第321页。

多复句。从词汇上说，它们注重虚词的运用。因而，它们比唐及唐以前的同类文章更适合用来说道理。《书义矜式》的九十余篇范文有一个共同的特点，那就是，有不少句段实际上是对《尚书》文句的复述，乃至串讲。这种情形颇类似于今日的古文白话翻译。所以如此，是因为《尚书》的语言，如韩愈《进学解》所说，是“诘屈聱牙”的。用当代的语言复述《尚书》，本身就是一种颇为高明的理解。我的工作经常要求我把古文翻译成英文或日文等外文。在我做这些工作的时候，实际上有一个看不见的中间环节，那就是我得在心中首先将古文翻译成现代汉语，然后再翻译成外语。因此，我平素十分重视古书的白话文翻译。古典名著今译读本，我大都购置了，以备参考。然而，已经翻译成白话文的古籍终究还是少数，有时我自己也做一些今译工作，深知个中甘苦。不少研究古代史的文章，一句话里面往往出现好多处引号，直接抬出文言文的原文来，这种做法严重地影响了研究性论文的学术水准。究其原因，还是没有消化原典所致，也是因为嚼不烂所致。钱穆（1895—1990）《黄帝》一书，其中有不少很长的段落，实际上也是对《尚书》和《史记》等原文相关段落的白话翻译，不过做得十分自然，不熟悉原典的人很难看出来。由此可知，王充耘对《尚书》的研究十分深入。王充耘《书义矜式》中的范文可谓进入了化境之作。我在进行标点校注的过程中，尽可能将他用虚词连接巧妙嵌入文章中的《尚书》原话用引号显示出来，庶几便利读者深入体会。

第四，在《书义矜式》一书中，所有的范文均逻辑推理严密，好记好背，这样就减轻了士子们默诵这些文章的困难。《尚书》虽然难读，诘屈聱牙，但是其逻辑十分清楚。刘勰《文心雕龙·原道》：“唐虞文章，则焕乎始盛。元首载歌，既发吟咏之志；益稷陈谟，亦垂敷奏之风。夏后氏兴，业峻鸿绩，九序惟歌，勋德弥缛。”①唐是帝尧所建的朝代名。虞是帝舜所建立的朝代名。早在唐虞时期中国的散文就开始兴盛起来了。元首指帝舜。元首载歌，事见《尚书·皋陶谟》篇。益稷指伯益和后稷。这里所说的正是《尚书》的情形。益稷陈谟，事见《尚书·益稷》篇。夏后氏指夏禹，即大禹。那时候，九项政事有条不紊，也成为文章歌颂的内容，于是中国散文的内容更加丰富了。一般说来，叙事难于抒情，说理又难于叙事。这是因为，叙事和说理对逻辑思维的要求更高一些。《尚书》既长于叙事又长于说理。《禹贡》篇概述全国的行政区划、历史沿革、地理特征、物产民风，层次分明，要言不烦。《顾命》篇对康王即位时各项仪式的铺叙，十分详尽。《金縢》篇叙述周公之志，哀婉动人。《盘庚》上中下三篇，其语言感情充沛，说服力强。《尚书》不仅叙事分明，说理透彻，而且也摇曳多姿，曲折委婉，善于在暗暗变换叙事角度的情况下畅达地表现出事物的奥义。子夏，姓卜名商，是孔夫子的弟子。他博学而笃志，切问而近思。子夏是看到了《尚书》的这一叙事特征的。“子夏读《书》毕，见夫子。夫子问焉：‘子何为于《书》?’子夏对曰：‘《书》之论事也，昭昭如日月之代明，离离如参辰之错行。’上有尧舜之道，下有三王之义。

---

① 梁·刘勰著，范文澜注《文心雕龙注》，北京：人民文学出版社，1958，第2页。

商所受于夫子者，志之不敢忘也。”①总之，《尚书》载言记事，已经具备了历史散文的两大功能，其情实文质，简明峻洁，质朴典要的风格，为后世所师法，因而《尚书》对中国散文的发展具有重要的影响。究其根本的原因，就在于《尚书》文章内在的逻辑性。苏东坡长于文章，他得益于《尚书》之处不少。葛立方《韵语阳秋》卷三：“东坡在儋耳时，余三从兄讳延之，自江阴担簦万里，绝海往见，留一月。坡尝诲以作文之法曰：‘儋州虽数百家之聚，州人之所须，取之市而足。然不可徒得也，必有一物以摄之，然后为己用。所谓一物者，钱是也。作文亦然。天下之事，散在经子史中，不可徒使。必得一物以摄之，然后为己用。所谓一物者，意是也。不得钱不可以取物，不得意不可以明事。此作文之要也。”②笔者认为，这里所说的“意”，所指的就是世界上各种物事之理。当物事之理恰当地表现于文章中的时候，就构成了文章的逻辑性。苏东坡的“作文之意”说，得益于他对《尚书》的研读。苏东坡撰有《书论》一篇，见《苏轼全集·文集》卷二。③苏东坡还撰有《书义》十篇，见《苏轼全集·文集》卷六。④前者是苏东坡对《尚书》的总体认识，后者是以《尚书》为议论对象的十篇经义。这十篇文章，虽然行文较为自由，大体上也还合乎制艺要求，属于时文的大范畴。王充耘《书义矜式》中的范文，篇篇严格按照制艺要求，行文规范，布局稳妥，字句考究，遵循了阐释文章与阐释对象在精神风貌上相一致的原则。这一原则之所以能够在《书义矜式》的范文中实现，乃是因为王充耘所依靠的是文章内在的逻辑性。

第五，在《书义矜式》一书中，所有的范文均凸显了封建时代的主旋律，那就是正统的儒家思想。同时，作者王充耘还有意识地巧妙地回避了元代十分尖锐的民族矛盾。关于我国先秦时期的民族关系，徐中舒先生有一段名言：“‘夷’字后来带有轻视少数民族的意思，这是大汉族主义思想支配的结果。所谓东曰夷、西曰戎、南曰蛮、北曰狄的说法，是汉代人才有的。在汉代以前，特别是殷周及其以前，人们的看法不是这样的。”⑤相比之下，《尚书》中谈到蛮、夷、戎、狄的地方，远比《左传》和《诗经》等典籍要少。尽管如此，由于《尚书》毕竟是记载我国上古时期历史事件的文献，而上古时期恰好是现今中国境内各民族融合的重要时期，因而《尚书》中也留下了这方面的记载。《周书·立政》有云：“夷微、卢烝，三亳、阪尹。”⑥夷，即东夷，泛指古代东方的少数民族。微，古国名，在这里泛指南方的少数民族。卢，古国名，在这里泛指西方的少数民族。这两句话的意思是说，东方的夷，南方的微，西方的卢等少数民族

---

① 《尚书大传》卷三。

② 清·何文焕辑《历代诗话》，北京：中华书局，1981，第509页。

③ 宋·苏轼著，傅成、穆俦标点《苏轼全集》，上海：上海古籍出版社，2000，第675页。

④ 宋·苏轼著，傅成、穆俦标点《苏轼全集》，上海：上海古籍出版社，2000，第753～759页。

⑤ 徐中舒《先秦史论稿》，成都：巴蜀书社，1992，第35页。

⑥ 《十三经注疏》整理委员会整理、李学勤主编《十三经注疏·尚书正义》，北京：北京大学出版社，1999，第472页。

都有自己的君王，他们在商和夏的旧都皆设立了官长。在这里，《尚书》的行文没有什么贬义。《周书·牧誓》篇提到的少数民族更多，周武王曰：“嗟！我友邦冢君御事，司徒、司邓、司空，亚旅、师氏，千夫长、百夫长，及庸，蜀、羌、髳、微、卢、彭、濮人。称尔戈，比尔干，立尔矛，予其誓。”①在这里，《尚书》的行文也没有什么贬义。《虞书·舜典》记载帝舜的话：“食哉，惟时！柔远能迩，惇德允元，而难任人，蛮夷率服。”②在这里，蛮夷指居住在边远地区的少数民族，无甚贬义。但是，同样在《虞书·舜典》中，帝舜还有一段话，帝舜吩咐皋陶说：“皋陶，蛮夷猾夏，寇贼奸宄。汝作士，五刑有服，五服三就。五流有宅，五宅三居。惟明克允！”③蛮夷是对南方和东方民族的泛称。孔安国传：“猾，乱也。夏，华夏。群行攻劫曰寇，杀人曰贼。在外曰奸，在内曰宄。言无教之致。”④本来，“猾”是个动词，但是“蛮夷猾夏，寇贼奸宄”两句话放到一起说，贬义是明显的。后来，人们往往单言“蛮夷猾夏”。本来，“蛮”、“夷”是两个并列的名词，但是在人们的口语中“蛮夷”似乎变成了一个偏正结构的名词了。于是，“蛮夷猾夏”一语，其含义也就讹变为：野蛮的少数民族扰乱华夏。这句古书中的话在元代是不能随便讲的。这是因为蒙古贵族统治者统一中国以后，对汉族人民进行残酷的压迫，施加非常不平等的待遇，形成长期而激烈的民族矛盾和斗争。元代是一个民族矛盾十分尖锐的时代。元朝统治者将考生区别为蒙古人、色目人、汉人诸等，区别对待，采取不同的录取标准。元朝统治者不仅防范考生，还防范试卷。他们立下规定，必须对试卷进行严密的检查，以防止任何不利于其统治的言论出现在试卷之中。《元史》卷八一：“诸举人于试卷书他语者，驳放；涉谤讪者，推治。诸试日，为举人传送文书，及因而受财者，并许人告。诸举人于别纸上起草者，出榜退落。诸科文内不得自叙苦辛门第，委誊录所点检得，如有违犯，更不誊录，移文考试院出榜退落。”⑤在这样的情况下，“蛮夷猾夏”一类的话自然是大忌讳了。有鉴于此，《书义矜式》的作者王充耘，小心翼翼地回避了那些刺激民族自尊心的字眼。今天，当我们阅读《书义矜式》的时候，总会感到温雅平和，典实庄严。激荡在《书义矜式》那一篇篇范文中的主旋律是正统的儒家思想，那是为思欲发展的中华民族整体所需要的，既是为汉民族所需要的，也是为生活在中国境内的所有少数民族都一概地需要的。

突出正统的儒家思想是《书义矜式》的主旨。这一点可以从作者对《尚书》各篇

---

① 《十三经注疏》整理委员会整理、李学勤主编《十三经注疏·尚书正义》，北京：北京大学出版社，1999，第283页。

② 《十三经注疏》整理委员会整理、李学勤主编《十三经注疏·尚书正义》，北京：北京大学出版社，1999，第72页。

③ 《十三经注疏》整理委员会整理、李学勤主编《十三经注疏·尚书正义》，北京：北京大学出版社，1999，第75页。

④ 《十三经注疏》整理委员会整理、李学勤主编《十三经注疏·尚书正义》，北京：北京大学出版社，1999，第472页。

⑤ 中华书局编辑部编，“二十四史”简体字本《元史》，北京：中华书局，2000，第1341页。

所配列的范文数量中看出来。为了研究方便，我对每一篇范文都编了号。《尚书》文献与范文的配置情况如下。

《尧典》配范文4篇，总第1—4篇。

《舜典》配范文9篇，总第5—13篇。

《大禹谟》配范文8篇，总第14—21篇。

《皋陶谟》配范文5篇，总第22—26篇。

《益稷》配范文4篇，总第27—30篇。

以上《虞书》，共30篇，见《书义矜式》第一卷。

《禹贡》配范文5篇，总第31—35篇。

《胤征》配范文1篇，总第36篇。

以上《夏书》，共6篇，见《书义矜式》第二卷。

《仲虺之诰》配范文3篇，总第37—39篇。

《伊训》配范文1篇，总第40篇。

《太甲上》配范文2篇，总第41—42篇。

《太甲中》配范文2篇，总第43—44篇。

《太甲下》配范文1篇，总第45篇。

《咸有一德》配范文1篇，总第46篇。

《盘庚上》配范文1篇，总第47篇。

《说命上》配范文1篇，总第48篇。

《说命中》配范文1篇，总第49篇。

《说命下》配范文5篇，总第50—54篇。

以上《商书》，共18篇，见《书义矜式》三卷。

《泰誓下》配范文1篇，总第55篇。

《武成》配范文1篇，总第56篇。

《洪范》配范文11篇，总第57—67篇。

《旅獒》配范文2篇，总第68—69篇。

《康诰》配范文1篇，总第70篇。

以上《周书》，计16篇，见《书义矜式》第四卷。

《召诰》配范文2篇，总第71—72篇。

《洛诰》配范文2篇，总第73—74篇。

《多士》配范文1篇，总第75篇。

《君奭》配范文4篇，总第76—79篇。

《多方》配范文3篇，总第80—82篇。

《立政》配范文1篇，总第83篇。

以上《周书》，计13篇，见《书义矜式》第五卷。

《周官》配范文6篇，总第84—89篇。

《君陈》配范文2篇，总第90—91篇。

《毕命》配范文1篇，总第92篇。

《君牙》配范文1篇，总第93篇。

《吕刑》配范文1篇，总第94篇。

《秦誓》配范文1篇，总第95篇。

以上《周书》，计12篇，见《书义矜式》第六卷。《周书》部分共41篇，见《书义矜式》第四卷、第五卷和第六卷。

尽管现存的《书义矜式》是一个残本，但是仅从现有篇目及其与《尚书》经典文献的对应关系来看，《尧典》、《舜典》、《大禹谟》、《皋陶谟》、《益稷》、《禹贡》、《说命》、《洪范》和《周官》等九种经典文献配列的范文较多。《尧典》记载帝尧的品德和政绩。《舜典》记载帝舜为人的优秀品德和为君的杰出才干。《大禹谟》记载大禹、伯益和皋陶在帝舜面前讨论政事的对话，帝舜禅让帝位给大禹的经过，以及大禹征发苗民拓土廾疆的事迹。《皋陶谟》记载帝舜临朝时大臣皋陶述其谋略的经过和内容。《益稷》记载帝舜和大禹的谈话，在谈话中大禹向帝舜报告了益、稷二人的功绩。《禹贡》以叙述大禹治理九州为线索，详细记载了山川的名称、方位与脉络，各州的物产分布、土壤性质、贡赋种类和民风民俗，以及五服制度。《说命》记载武丁夜梦。武丁得圣人傅说，任之为相。《说命》还记载了傅说对武丁进言的三项基本内容，即遵循天道，借鉴成法，任贤为官。《洪范》的内容可分为两部分，第一部分概述人主治国的根本大法，第二部分阐述人主治国大法的九个方面。《周官》通过周成王向百官的讲话，记载了周王朝设官、分职和居官的历史沿革以及相关的各项法则。在以上九种经典文献中，除了《说命》之外，大凡接触过《尚书》的人们，大都对其他八种耳熟能详。这说明儒家所重视的那些根本大法得到了足够的重视。

《说命》上中下三篇的确是较为深涩的文献。那么，为什么也为《说命》配列了七篇范文呢？笔者认为，《说命》三篇是通过言梦而教导人们奉行天道的文献，《说命》三篇充分地体现了周人的天命观。元代士人对天命观的兴趣，以及他们对天命的依存心态，就是我们揭开这一疑团的关键。

《商书·说命》篇《书序》："高宗梦得说，使百工营求诸野，得诸傅岩，作《说命》三篇。"①《史记》卷三《殷本纪》也有类似的记载："帝小乙崩，子帝武丁立。帝武丁即位，思复兴殷，而未得其佐。三年不言，政事决定于冢宰，以观国风。武丁夜梦得圣人，名曰说。以梦所见视群臣百吏，皆非也。于是乃使百工营求之野，得说于傅险中。是时说为胥靡，筑于傅险。见于武丁，武丁曰是也。得而与之语，果圣人，举以为相，殷国大治。故遂以傅险姓之，号曰傅说。"②《说命》三篇的内容是武丁任傅说为

---

① 《十三经注疏》整理委员会整理、李学勤主编《十三经注疏·尚书正义》，北京：北京大学出版社，1999，第54页。

② 中华书局编辑部编，"二十四史"简体字本《史记》，北京：中华书局，2000，第75页。

相的命辞。文献中也记录了傅说对武丁的进言。傅说要求武丁坚定地相信天命，细心地体会天意，进而在为政的过程中尽可能地贯彻天意。中国宗教史表明，在中国历史的早期，中国宗教的历史进路，与西欧各国宗教之间，并没有什么不同。神农和黄帝时代、尧舜禹时代和夏代的社会形态是氏族社会，当时的宗教信仰是图腾、咒术和祖先崇拜的混合物。《虞书·舜典》说："肆类于上帝，禋于六宗，望于山川，遍于群神。"正是当时宗教信仰的写照。商代的社会形态是奴隶制社会，当时中国人的宗教信仰中出现了上帝的观念，而且这个上帝是一个人格神，与基督宗教的上帝差不多。还出现了交通天人的僧侣阶层，而卜筮成了天人相感的工具。周代的社会形态是初期封建社会，当时中国已经出现了天道设教的宗教观念和宗教实践。这时，中国人心目中的上帝，既具有神的位格，又具有人的位格。在周代君王的祭祀活动中，上帝已经具有了父亲和儿子两种位格，而神灵的位格也隐隐约约地存在于同一个上帝的身上。换句话说，在周人的上帝观中，已经隐含着类似于基督教圣父、圣子和圣灵三位一体的思想了。这是我们理解周人宗教观念的一个基本点，也是我们理解周人宗教观念的一把钥匙。因此，我们可以认为，在周代，中国人的上帝观与基督教的上帝观是基本吻合的。《周书·泰誓》三篇正是周人上帝观的生动图解。春秋战国时期，封建社会进一步发展，中国人的宗教信仰也在发展，在当时的文献中关于上帝的记载在增加。大约从汉代起，由于汉武帝罢黜百家独尊儒术，中国宗教才逐渐走上了不同于西欧各国宗教的道路。从汉代起，中国人减少了对天命的依赖，增加了对人生的自信。从汉代起，在中国人的宗教观念中伦理的色彩渐浓，神学的成分渐少。

有了对中国宗教进程的基本了解之后，回过头来再看《书义矜式》，就会明白了，为什么王充耘为《说命》篇配了那么多的范文。这是因为，在元代社会，民族矛盾尖锐，统治者对汉族知识分子采取高压政策。在这种情况之下，士人很难掌握自己的命运，因而他们只好转而相信天命，听凭天命的摆布。设立科举制度的目的，在于延揽人才，即得人。元朝统治者也知道这一点，《元史》卷八一："仁宗延祐七年十一月，诏曰：'比岁设立科举，以取人材，尚虑高尚之士，晦迹丘园，无从可致。各处其有隐居行义、才德高迈、深明治道、不求闻达者，所在官司具姓名，牒报本道廉访司，覆奏察闻，以备录用。'又屡诏求言于下，使得进言于上，虽指斥时政，并无谴责，往往采择其言，任用其人，列诸庶位，以图治功。其他著书立言、裨益教化、启迪后人者，亦斟酌录用，著为常式云。"①然而，实际上元朝得人非常少。元朝的存在，自元世祖忽必烈于至元八年（1271）定国号为元算起，凡十一帝，历九十八年。在这九十八年中，科举考试屡兴屡废，总共取士仅一千余人。元朝统治者既不能得人，更不能得人心。元顺帝至正十一年（1351）爆发了红巾军农民大起义。这次农民起义动摇了元朝统治的根本。至正二十八年（1368）朱元璋率大军攻入大都，推翻了元朝的统治。《纲鉴易知录》对元朝历年的算法起自至元十七年（1280），因为在头一年，南宋左丞相陆秀夫，

---

① 中华书局编辑部编，"二十四史"简体字本《元史》，北京：中华书局，2000，第1352页。

背负南宋末帝赵昺赴海死之。如此计算，则元朝凡十帝，历八十九年。《纲鉴易知录》卷九二：“元主驻应昌（在今内蒙古什克腾旗西），二年殂，寿五十一，在位三十六年。太尉完者等奉梓宫北葬，谥曰惠宗。太祖以帝顺知天命，退避而去，特加号曰顺帝，而封其孙买的里八剌为崇礼侯。右元十帝共八十九年。”①这是明成祖朱元璋对天命的理解。在明朝时期，科举大盛，得人甚多，国势恢复，综合国力亦逐渐增强，以至于出现了郑和下西洋这一世界性的壮举。伴随着资本主义生产关系在中国的萌芽，中外交流日益增多，科学和学术日趋昌明，各种生产技术日趋发达。由于生产力得到发展，明代士人便较少谈论天命了，中国历史也随之进入了一个新的纪元。

这次标点校注王充耘《书义矜式》所用的底本为文渊阁四库全书本。

二、王充耘小传

在各类史料中，极少有关于王充耘的记载。即使有，也极为简略，有的仅仅十余字，而内容也大同小异。《宋元学案》卷六十七《九峰学案》于“刘氏门人”条下立“同知王先生充耘”条，算是最长的了。内容如下：“王充耘，字耕野，江西人。元统初，以《书经》成进士，授同知永新州事。寻弃官养母。晚益潜心《尚书》，考订蔡《传》，名曰《读书管见》，凡二卷。外有《书义主意》、《书义矜式》各六卷。”②由此可知，王充耘是一个依靠自己的著作而存在的士人。王充耘的专长在《尚书》方面，他以《尚书》起家，以《尚书》终老，虽然有官，而官位不高。谓王充耘为一介书生，乃是最为恰当的。

附录一：《四库全书总目》卷一二王充耘《读书管见》提要

卷上

尧典、舜典、大禹谟、皋陶谟、益稷、禹贡、甘誓、胤征、仲虺之诰、汤诰、伊训、太甲、咸有一德、盘庚、说命

卷下

泰誓、武成、洪范、旅獒、金縢、大诰、微子之命、康诰、酒诰、梓材、召诰、洛诰、多士、无逸、君奭、蔡仲之命、多方、立政、周官、君陈、顾命、康王之诰、毕命、君牙、吕刑、文侯之命、费誓

臣等谨案，《读书管见》二卷，元·王充耘撰。充耘字耕野，以《书》义登进

① 清·吴乘权等辑《纲鉴易知录》，北京：中化书局，1960，第2575页。

② 清·黄宗羲原著，全祖望补修，陈金生、梁运华点校《宋元学案》，北京：中华书局，1986，第2215页。

士二甲，授承务郎，同知永新州事。后弃官养母，著书以授徒，乃成是编。自宋末迄元，言《书》者率宗蔡氏，充耘所说，皆与蔡氏多异同。观其“辨传授心法”一条，可知其戛然自别矣。其中如谓《尧典》乃《舜典》之缘起，本为一篇，故曰《虞书》；谓“象以典刑”为仍象其罪而加之，非垂象之意；谓逆河以海潮逆入而得名，皆非故为异说者。至于《洪范》错简之说，《伊训》改正不改月之辨，尚未能纠正，而所附“周不改月，惟鲁史改月”一条，尤为强词。分别观之，弃短取长，可也。又《禹贡》篇内“峄阳孤桐”一条，语不可解。原《跋》称：此书得之西皋王氏，写者草草，其末尤甚。此条疑当时讹脱，今无从是正矣。

乾隆四十年五月，恭校上。

总纂官纪昀、陆锡熊、孙士毅。

总校官陆费墀。

附录二：《四库全书总目》卷三六《四书经疑贯通》提要

臣等谨按，《四书经疑贯通》八卷，元·王充耘撰。充耘有《读书管见》，已著录。是编黄虞稷谓其已佚，此本为明·范钦天一阁旧抄，尚首尾完具，惟第二卷中脱一页，第八卷中脱一页，无从校补，则亦仅存之笈矣。其书以《四书》同异，参互比较，各设问答，以明之。盖延祐科举，经义之外，有经疑。此与袁复翁书，皆程试之式也。其问辨、别疑，似颇有发明，非经义之循题衍说，可以影响揣摩者比。故有元一代，士犹笃志于研经。明洪武三年，初行科举，其《四书》疑问，以《大学》“古之欲明明德于天下者”二节，与《孟子》“道在迩，而求诸远”一节，合为一题，问二书所言平天下大指同异。臣案，此题见《日知录》。盖犹沿元制。至五十七年改定格式，而经疑之法遂废。录此二书，犹可以见宋、元以来，明经取士之旧制也。

乾隆四十三年三月，恭校上。

总纂官纪昀、陆锡熊孙士毅。

总校官陆费墀。

三、附录：《孔安国尚书序》

古者伏牺氏之王天下也，始画八卦，造书契，以代结绳之政，由是文籍生焉。

伏牺、神农、黄帝之书，谓之“三坟”，言大道也。少昊、颛顼、高辛、唐、虞之书，谓之“五典”，言常道也。

至于夏、商、周之书，虽设教不伦，雅诰奥义，其归一揆。是故历代宝之，以为大训。八卦之说，谓之“八索”，求其义也。九州之志，谓之“九丘”。丘，聚也。言九州所有，土地所生，风气所宜，皆聚此书也。《春秋左氏传》曰，楚左史倚相“能读三坟、五典、八索、九丘”，即谓上世帝王遗书也。

先君孔子，生于周末，史籍之烦文，惧览之者不一，遂乃定《礼》、《乐》，明旧章，删《诗》为三百篇，约史记而修《春秋》，赞易道以黜八索，述《职方》以除九丘。讨论坟、典，断自唐虞以下，讫于周。芟夷烦乱，翦截浮辞，举其宏纲，撮其机要，足以垂世立教，典、谟、训、诰、誓、命之文凡百篇。所以恢弘至道，示人主以轨范也。帝王之制，坦然明白，可举而行，三千之徒并受其义。

及秦始皇灭先代典籍，焚书坑儒，天下学士，逃难解散，我先人用藏其家书于屋壁。汉室龙兴，开设学校，旁求儒雅，以阐大猷。济南伏生，年过九十，失其本经，口以传授。裁二十余篇。以其上古之书，谓之《尚书》。百篇之义，世莫得闻。

至鲁共王好治宫室，坏孔子旧宅，以广其居，于壁中得先人所藏古文虞夏商周之书及传《论语》、《孝经》，皆科斗文字。王又升孔子堂，闻金石丝竹之音，乃不坏宅。悉以书还孔氏。科斗书废已久，时人无能知者，以所闻伏生之书考论文义，定其可知者，为隶古定，更以竹简写之，增多伏生二十五篇。伏生又以《舜典》合于《尧典》，《益稷》合于《皋陶谟》，《盘庚》三篇合为一，《康王之诰》合于《顾命》，复出此篇，并序，凡五十九篇，为四十六卷。其余错乱摩灭，弗可复知，悉上送官，藏之书府，以待能者。

承诏为五十九篇作传，于是遂研精覃思，博考经籍，采摭群言，以立训传。约文申义，敷畅厥旨，庶几有补于将来。

《书序》，序所以为作者之意。昭然义见，宜相附近，故引之各冠其篇首，定五十八篇。既毕，会国有巫蛊事，经籍道息，用不复以闻，传之子孙，以贻后代。若好古博雅君子，与我同志，亦所不隐也。

思齐按：这篇《孔安国尚书序》本作《尚书序》。

孔安国是孔子后裔，西汉人。据《汉书》记载，孔安国以治《尚书》为武帝博士、临淮太守。这篇序主要讲《尚书》的起源和时代背景，得书经过和作传情况，一般称为“传序”或“大序”。传序，或大序，篇幅较长，共八百余字。后人为称说方便，也将之写作《孔安国尚书序》(大序)。

《孔安国尚书序》之所以称为“大序”，是为了区别于“书序百篇”。

“书序百篇”是一些类似解题式的序文，主要用以阐述经文的主旨、时代和作者。这些序文，因文字比较简短，故称为“书小序”。

早在宋代，朱熹就明确地指出，《尚书序》的作者不是孔安国。朱熹主要是从文本细读，从《尚书序》的行文语气得出这一判断的。《朱子语类》卷七九《尚书一·纲领》有多处记载表明了朱熹的这一看法。比如，他说：“《尚书》决非孔安国所注，盖文字困善，不是西汉人文章。安国，汉武帝时，文章岂如此！但有太粗处，决不如此困善也。如书序做得善弱，亦非西汉人文章也。”他又说：“《尚书》孔安国传，此恐是魏晋间人所作，托安国为名，与毛公《诗传》大段不同。今观《序》文亦不类汉文章。汉时文字粗，魏晋间文字细。如《孔丛子》亦然，皆是那一时人所为。”他还说：“孔安国《尚书序》，只是唐人文字。前汉文字甚次第。司马迁亦不曾从安国受尚书，不应有一文字软郎当地。后汉人作《孔丛子》者，好作伪书。然此序亦非后汉时文字，后汉文字亦好。”类似的看法也见于朱熹专门研究《尚书》的论著之中。《朱熹集》卷六十五《杂著·尚书》：“今按，汉儒以伏生之书为今文而谓安国之书为古文，以今考之，则今文多艰涩而古文反平易。或者以为今文自伏生女子口授晁错时失之，则先秦古书所引之文皆已如此。恐其未必然也。或者以为，记录之实语难工，而润色之雅词易好，故训、诰、誓、命有难易之不同，此为近之。然伏生倍文暗诵乃偏得其所难，而安国考定于科斗古书错乱磨灭之余，反专得其所易，则又有不可晓者。至于诸序之文，或颇与经不合。而安国之序，又绝不类西京文字，亦皆可疑。独诸序之本不先经，则赖安国之序而可见。故今别定此本，壹以诸篇本文为经，而复合序篇于后，使览者得见圣经之旧，而不乱乎诸儒之说；又论其所以不可知者如此，使学者姑务沈潜反复乎其所易而不必穿凿傅会于其难者云。”①

后来，经过清代以来许多学者的考证，已经达成共识，《孔安国尚书序》（大序）确实系后人伪作。不过，《孔安国尚书序》所提供的许多知识依然是我们了解《尚书》的重要资料，而且，它毕竟还具有学术史上的认识价值。

从文学上看，《孔安国尚书序》叙事条理清楚，层次分明，简明扼要，确实是一篇好文章，收入《文选》卷四十五。

四、王充耘《书义矜式》标点校注

《四库全书总目》卷一二王充耘《书义矜式》提要

臣等谨案。《书义矜式》六卷，元王充耘撰。

充耘字与耕，吉水人，元统甲戌进士，授永州同知。所著《四书经疑贯通》已别著录。

充耘精于科举之业，又以书经登第，其用功甚深，此乃所作经义程序也。自宋王安石变法，始以经义取士。当时如张才叔自靖人自献于先王义，学者称为不可磨

① 郭齐、尹波点校《朱熹集》，四川教育出版社，1996，第3407页。

灭之文，吕祖谦至为录入《文鉴》中。元仁宗皇庆初，复行科举，仍用经义一篇，而其体式视宋为小变。综其格律，有破题、接题、小讲，谓之冒子。冒子后入官题。官题下有原题，有大讲，有余意，亦曰从讲。又有原经，亦曰考经，有结尾。承袭既久，作者以冗长繁复为可厌，或稍稍变通之，而大要有冒题、原题、讲题、结题，则一定不可易。充耘即所业之经篇，摘数题各为程文，以示标准。虽于经旨无所发明，而一时屋之体称为最工，存之亦可以见风尚所在。且元代功令于书已用蔡传，而慎徽五典一篇，乃引孔传大录之文，以相参考，足知当时学者犹知旁览注疏，固不至如明季举业家墨守讲章，于古书全未寓目也。①

乾隆四十四年七月恭校上。

总纂官纪昀、陆锡熊、孙士毅。

总校官陆费墀。

① 中华书局本《四库全书总目》提要，在此之后，尚有一段按语："按此书乃科举呈文，当归集部。然虽非诂经之书，实亦发明经义，人之别集为不类，故仍入经部附录中。"——清·永瑢等撰《四库全书总目》卷一二，北京：中华书局，1965。

《书义矜式》篇名目录

《书义矜式》卷一 《虞书》①

元·王充耘撰

《尧典》②

1. 曰若稽古，帝尧曰放勋，钦明文思安安，允恭克让，光被四表，格于上下。③

圣人之功无不至者，圣人之德无不至也。夫圣人功德莫盛于尧，故史臣叙于《书》首意曰“曰若稽古”。昔有放勋如尧者，勋以功言放，谓功无不至也。“钦明文思安安，允恭克让”，皆以德言。“光被四表，格于上下”，虽谓德无不至，然被也，格④也，则放之所极也。吁！德之所至，即功之所至。史臣总言尧之德业云耳，岂功自功，德自德哉！或谓《书》以道政事，云云⑤，故《尧典》篇首先言功，而后言德，及观吾夫子曰“巍巍乎，唯天为大，惟尧则之”，本言尧之德巍巍乎其有成功，则言尧之功，其先德后功，虽与先功后德不同，然于功德二者，皆以“巍巍乎”三字称之无异辞，乃知

---

① 《虞书》是《尚书》的第一部分。

宋·蔡沈《书经集传》卷一：“《虞书》。虞舜氏，因以为有天下之号也。书凡五篇，《尧典》虽纪唐尧之事，然本虞史所作，故曰《虞书》。其《舜典》以下，夏史所作，当曰《夏书》。《春秋传》亦多引为《夏书》。此云《虞书》，或以为孔子所定也。”

唐·孔颖达《尚书正义》：“《尧典》虽曰唐事，本以虞史所录，末言舜登庸由尧，故追尧作典，非唐史所录，故谓之《虞书》也。郑玄云“舜之美事，在于尧时”是也。案马融、郑玄、王肃、《别录》题皆曰《虞夏书》，以虞、夏同科，虽虞事亦连夏。此直言《虞书》，本无《夏书》之题也。案郑序以为《虞夏书》二十篇，《商书》四十篇，《周书》四十篇，《赞》云‘三科之条，五家之教’，是虞、夏同科也。”

思齐按：古代编《尚书》的人，把其中的各篇按照内容和时代分成几个大部分。有两种分法，即所谓“三科之条，五家之教”。三科之条，指的是把《尚书》的所有文章分为三部分，即《虞夏书》、《商书》和《周书》。五家之教，指的是把《尚书》的所有文章分为五部分，即《唐书》、《虞书》、《夏书》、《商书》和《周书》。现在通行的《尚书》是十三经注疏所采用的唐代孔颖达所编定的《尚书正义》本，将《尚书》的所有文章分为四个部分，即《虞书》、《夏书》、《商书》和《周书》。《虞书》和《夏书》两部分合起来，统称为《虞夏书》。如果分开来说，那么《虞书》包括《尧典》、《舜典》、《汩作》、《九共》九篇、《槀饫》、《大禹谟》、《皋陶谟》和《益稷》。其中，《汩作》、《九共》九篇、《槀饫》正文已无，今仅存序。《夏书》包括《禹贡》、《甘誓》、《五子之歌》、《胤征》、《帝告》、《釐沃》、《汤征》、《汝鸠》和《汝方》。其中，《帝告》、《釐沃》、《汤征》、《汝鸠》和《汝方》正文已无，今仅存序。

② 《书序》：“昔在尧典，聪明文思，光宅天下。将逊于位，让于禹舜，作《尧典》。”宋·蔡沈《书经集传》卷一：“尧，唐帝名。《说文》曰：典，从册，在丌上，尊阁之也。此篇以简册载尧之事，故名曰《尧典》。后世以其所载之事可为常法，故又训为常也。今文古文皆有。”

③ 这一段话是《尚书·虞夏书·尧典》的开头部分。

④ 格：至。

⑤ “云云”二字代表题目：“曰若稽古，帝尧曰放勋，钦明文思安安，允恭克让，光被四表，格于上下。”下同。

夫子所言、史臣所记，辞异旨同，初非有意以功德为先后而表是《书》为政之编也。夫《书》以尧典为首，百王之所取法，史臣总其德业，于是《书》之首岂苟也哉。“曰若”者发语之辞，“稽古”者考古帝尧之言也。放勋之放，与放乎四海之放同，盖言至也。如亲九族之功，至九族则既睦矣。平章之功，至百姓则昭明。协和之功，至黎民则时雍皆放勋也，其何所不至哉！但德者功之本，有是功必有是德。功之至者，德之至也。其德以钦让为之体，以通明为之用，散之在外为形著之文，“钦明”之发见也。蕴之在内为深远之思，“钦明”之含蓄也。“安安”尧之德性之也，非勉之也，固有强为恭而非实者，惟尧则“允允”者，信也。亦有欲为让而不能者，惟尧则“克克”者，能也。盖其本于德性，见于行实，德盛光辉，极于四方，虽外表而亦被，极于天地，通上下以感格，抑是《书》“放勋”二字，言功何其略，“钦明”而下累数言以形容，言德何其详，岂非功者众所易见，德者民所难名？故史臣因其功而详其德。勋虽言放，而光则极放之所被所格而言之。尝观史臣叙浚哲文明、温恭允塞，亦犹叙尧之德，但尧曰放曰被曰格，则不可与重华同语者例论。夫子于尧曰“大哉”，于舜曰“君哉”，吾观史臣二典，尤信。虽然，“钦”也者，即修已安百姓之敬笃，恭天下平之恭。虽以尧舜之功德，犹必本诸此。然则读二典者，尤当以“钦”之一字为开卷第一义云。

2. 克明俊德，以亲九族，九族既睦，平章百姓，百姓昭明，协和万邦，黎民于变时雍。①

惟圣德之明极其盛，故圣德之推极于远。盖圣人躬行于上，则所以观感于下者，有不期然而然者矣。昔者帝尧能明其大德，光辉日盛，无所不照；全体之大，无所不包。圣德之著于已者如此，则其推之于家，而“九族”皆有以笃其亲亲之恩；推之于国，而“百姓”皆有以明其在己之德。又推之于天下，而民之众皆有以变恶为善而底夫雍熙之盛焉。圣人一视而同仁，笃近而举远，其推之之序，皆出于自然，夫岂有所勉强而后能之者乎？《书》曰云云，即放勋之所极也。惟天下至诚，为能尽其性。其得于天而具于已者，无一毫之不实，无一息之不明。体之立者，异于人也。能尽其性，则能尽人物之性。其充于此而著于彼者，无一民之不化，无一物之不周。用之行者，又异于人也。圣人笃恭而天下平，其所以赞化育而参天地，于此可见矣。夫德者人之所同得，不以圣愚而有以加损也。而谓圣人之德有异于人，何哉？盖生而知之则钦明，文思皆出于自然，非常人之所及也。安而行之，则允恭克让，不待勉强，非常人所能也。德不止于德而曰“俊德”，则大而无外，如天地之覆载。大不止于大而曰“明”，则光被四表，如日月之照临。明不止于明而曰“克”，则能超乎气禀之偏，绝乎物欲之蔽，其卓冠群伦也宜哉。其明德之本无以加，故明德之效有其序。以此德而齐家，则父子、兄弟、夫妇、长幼之际，以至五服异姓之亲，欢然有恩以相爱，秩然有叙以相接，皆圣人明德为之本而使之有所取则也。以此德而治国平天下，则畿内之近，“万邦”之远，“黎民”

① 这一段话是《尚书·虞书·尧典》的开头部分，接于“曰若稽古……格于上下”之后。

之众，各有以去其旧染之污，而全其明明之德，孝弟忠信怡然；于安居乐业之余，礼乐教化蔚然。于雍熙泰和之盛，皆本于圣人之明德，其下观而化，固有不令而从者焉。盖同然之理，具于圣人之一心，亦具于千万人之心。圣人推之于家者，此德也。推之于国与天下者，亦此德也。举天下之大，皆囿于圣人德化之中。吁，盛矣！抑尝观之《书》序，帝王之德，莫盛于尧，其称放勋之实，莫备于此。甚矣！史臣之善言德业也，厥后子贡之称孔子，言：圣人之德，如天之不可阶，而绥、来、动、和之妙，① 盖无异于尧也，亦可谓善言德行矣。后之为治者，有志于帝尧之治，常法乎帝尧之德，而修身者即所以明德也。故孟子曰：天下国家之本在身。

3. 分命羲仲，宅嵎夷，曰旸谷。寅宾出日，平秩东作。日中星鸟，以殷仲春。厥民析，鸟兽孳尾。②

圣人命历官分方以治其事，欲其精于测候而详于考验者，所以重民事之始也。夫时以作事，而岁功之所由起，不可缓也。知民事之不可缓，则分方而治者，有不容不致其测候之精而尽其考验之详矣。在昔，帝尧于羲、和③之“分命”，必使之率职于“嵎夷”、“旸谷”之地，宾阳光之初升而识其景焉，固所以谨夫“平秩东作”之事也。然犹恐其考验之未精也，观昼刻之均于夜，星鸟之见乎昏，而春之中者始不忒。又恐其考验之未详也，观民之析处而有以验其气之温，物之生育，而有以验其气之和，则春之中者为益信，尤所以谨夫“平秩东作”之事也。噫！此其先天而天不违，后天而奉天时也欤。时以作事，而一岁之计，又当谨于春，以其为岁功之首也。历以正时，而三春之候尤当谨于春分，以其阳之中也。谨岁功之首，定春阳之中，圣人又安得不命历官分方以尽其测候考验之法乎？“嵎夷”，今登州之地也。“旸谷”，取出日之义，乃羲、和所居。官次之名，盖官在国都，而测候之所则在嵎夷、旸谷之地。时维春分，旭日始旦，欲“羲仲”④ 仿乎帝喾，历日月而送迎之意，尽其寅敬宾接⑤之礼，以识其初出之景

---

① 《论语·子张》：“陈子禽谓子贡曰：‘子为恭也，仲尼岂贤于子乎？’子贡曰：‘君子一言以为知，一言以为不知，言不可不慎也。夫子之不可及也，犹天之不可阶而升也。夫子之得于邦家者，所谓立之斯立，道之斯行，绥之斯来，动之斯和。其生也荣，其死也哀，如之何其可及也。’”朱熹《论语集注》：“绥，安也。来，归附也。动，谓鼓舞之也。和，所谓于变时雍。”

② 《尚书·虞书·尧典》：“乃命羲和，钦若昊天，历象日月星辰，敬授人时。分命羲仲，宅嵎夷，曰旸谷。寅宾出日，平秩东作。日中星鸟，以殷仲春。厥民析，鸟兽孳尾。申命羲叔，宅南交。平秩南为，敬致。日永星火，以正仲夏。厥民因，鸟兽希革。分命和仲，宅西，曰昧谷。寅饯纳日，平秩西成。宵中星虚，以殷仲秋。厥民夷，鸟兽毛毨。申命和叔，宅朔方，曰幽都。平在朔易。日短星昴，以正仲冬。厥民隩，鸟兽鹬毛。”

③ 羲、和为同族两氏，郑玄以为乃“重黎之后”。相传重黎氏族世掌天地四十之官。至尧时，重黎后代氏族羲、和的首领继续在部落联盟中担任这类官职。

④ 羲仲，以及出现于《尧典》经文中的羲叔、和仲、和叔，皆掌天文之官。此四人都是羲、和氏族的首领，在部落联盟中执掌天文。

⑤ 寅敬宾接：缩合即为寅宾。寅，副词，恭敬地。宾，通摈，动词，接引宾客。

焉。日景不差，天时斯正，以是而平均早晚之节，秩次先后之宜。凡岁功之当兴、民事之当起，斯可颁之有司、行之天下矣。然犹虑其测候之未精也，又使之参考夫昼夜之晷刻焉。盖夏之晷刻，常太过于昼；冬之晷刻，常不及于昼。惟春分之刻，视冬夏为适其中，必昼夜之刻各五十而后定也。举昼以见夜，故曰“日中”。又必使之审订于星宿之位焉。二十八宿，随天运转，四方虽有定星，而星无定居，曰鸟，曰火，曰虚，曰昴，各以四时之昏见于南方。春分之夕，必南方朱鸟七宿见于其位而后定也。以其形而言之，故曰“星鸟”。夫如是，则不惟以日初出之景而定夫春之中①，必参之昼夜晷刻之适均而春之中始定焉。不惟以昼夜之晷刻而定乎春之中，必求之于南方朱鸟之昏见而春之中始定焉。然犹虑其考验之未详也，欲其观厥民之“析”② 焉。先时冬寒，民聚于隩。至是而散处，则可以验其气之温矣。又欲观于鸟兽之孳尾焉。乳化曰孳，交接曰尾。“鸟兽孳尾”，则可以验其气之和矣。既有以验其气之温，又有以验其气之和，则天时物理无不合，而步占之法，庶乎无毫发之或差。圣人敬天勤民之意，无所不尽矣。故曰圣人命历官分方以治其事，欲其精于测候而详于考验者，所以重民事之始也。虽然，岂惟是而已哉。敬致寅饯之礼，讹成朔易之务，宵、中、永、短之必考，星、火、虚、昴之必观，曰因、曰夷、曰隩之必审，希革、毛毨、氄毛之必察，其继乎春而为之者，盖无时而不谨矣。

4. 帝曰：“咨！汝羲暨和。期三百有六旬有六日，以闰月定四时成岁。允厘百工，庶绩咸熙。”③

圣人命作历之官闰以四时而岁功成，故时以作事而治功成矣。盖天运齐于上，而后治效见于下。圣人之命官立政，未尝不以治历正时为先务也。苟岁功之不成，则治功亦何由而广哉。昔者，帝尧之命羲、和，谓夫“三百六旬有六日”者，此一期之数也。然以日月之所会于天者考之，其度数则有迟速之不同，其气朔则有盈虚之或异，合气盈朔虚而闰生焉。闰既立矣，则四时以之而定，岁功以之而成，以此而信治百官，则天下之事功岂不由是而皆广乎。吁！圣人尽其裁成之道，辅相之宜，而拳拳于天道者，其于治道知所本欤。云云。其旨如此，尝谓闰之有益于岁时大矣。日月之运于天者，以期言之，则有难齐之度，以岁言之，又有必齐之序焉。二者不齐而欲齐之，非有闰法，何以致其齐哉？闰者，合气盈朔虚而为之者也。日之盈者损之，月之虚者补之，期虽不齐而时与岁则归于齐矣。盖齐而不齐者，在天之运也。不齐而致其齐者，圣人之法也。然天运齐于上，而后治效见于下，此圣人之命官立政而未尝不以治历明时为先务也。岁功成而治功成，则圣人之能事毕矣。今夫“咨”者，嗟也。帝尧总命羲、和而咨叹以告之

---

① 春之中：影射《尧典》经文中的“仲春”。《尧典》：“以殷仲春。”《史记·五帝本纪》仲作中。《周礼·天官·内宰》：“仲春诏后帅外内命妇始蚕于北郊。”《唐六典·内寺省》引中作仲。中、仲通用，在春、夏、秋、冬四季皆如此。

② 析：分散，此指分散居住。

③ 这一段话出于《虞书·尧典》，接于“……鸟兽氄毛”之后。

者，何哉？盖圣人之于天道，尽心焉耳矣。“期”，犹周也。周天三百六十五度四分度之一。天一日行一周而过一度。日一日亦行一周，而视天为不及一度。月行一日一周，而视天又不及十三度有奇。此期之数，不可以强齐也。至于岁，则有一定之时。时，则有一定之月。月，则有一定之日。合一岁之日，则有三百六十。此岁之序，不可以不齐也。然日一岁与天一会校之，岁则过五日而有余。月一岁与日十二会校之，岁则不及六日而不足。日之过，则为气盈。月之不足，为朔虚。合气、朔之盈、虚而闰立矣。三年而一闰，五年而再闰，十有九年而七闰。夫如是，而后气朔始得而均齐，时得以正，其时岁得以成其岁也。春夏秋冬不失其宜，阴阳寒暑不反其序，天时于是而可则，地利于是而可因，人事于是而可以无失矣。此闰之法所以能齐不齐以归于齐也。时既定矣，岁既成矣，以此而信治乎百官之众，则天下之庶事，将见其无一之不康，而天下之治功，将见其无一之不广也。苟名实之乖戾，寒暑之反易，则农桑庶务咸失其时，百工之惰，万事之堕，或有不可胜言者矣。由是观之，圣人之命官正时而欲其岁功之成者，无非所以为天下治功之计也欤。抑考之经，尧之始命羲、和也，则曰：“钦若昊天，历象日月星辰，敬授人时。”此盖命其主历象以授时也。至此，则曰“期三百有六旬有六日。以闰月定四时成岁”者，盖言作历之要法也。圣人于即政之初，而拳拳以正天时为先务者，何也？盖见乎治天即所以治人也。天时既正，“百工”可得而治，“庶绩”可得而“熙”也。虽然不独尧也，高辛氏之历日月星辰而迎送之，舜之在璇玑玉衡以齐七政，皆此意也。呜呼！范围天地之化，而不过曲成万物而不遗，其斯以为圣人乎！

《舜典》①

5. 慎徽五典，五典克从。纳于百揆，百揆时叙。宾于四门，四门穆穆。纳于大麓，烈风雷雨弗迷。②

克尽乎人事之常，而不乱乎天道之变，此圣人之能事也。盖圣人必有过人之才，亦必有绝人之量。以过人之才而治天下之事，事未见其有不治者也。有绝人之量而遇非常之变，亦未见其有震惧失常者矣。古之人有能之者，其惟舜乎。是以帝尧使之“慎徽

---

① 《书序》：“虞舜侧微，尧闻之聪明，将使嗣位，历试诸难，作《舜典》。”宋·蔡沈《书经集传》卷一：“今文、古文皆有。今文合于《尧典》，而无篇首二十八字。唐孔氏曰：东晋梅赜上《孔传》，阙《舜典》自‘乃命以位’以上二十八字。世所不传，多用王范之注补之，而皆以‘慎徽五典’以下，为《舜典》之初。至齐萧鸾建武四年，姚方兴于大航头得《孔氏传》古文《舜典》，乃上之。事未施行，而方兴以罪致戮。至隋开皇初，购求遗典，始得之。今按《古文孔传尚书》有‘曰若稽古以下’二十八字。伏生以《舜典》合于《尧典》，只以‘慎徽五典’以上接‘帝曰钦哉’之下，而无此二十八字。梅赜既失《孔传·舜典》，故亦不知有此二十八字。而‘慎徽五典’以下，则固具于伏生之书，故传者用王范之注以补之。至姚方兴乃得古文《孔传·舜典》，于是始知有此二十八字。或者，由此乃谓《古文舜典》一篇，皆尽亡失，至是方全得之。遂疑其伪，盖过论也。”

② 《虞书·舜典》：“曰若稽古，帝舜曰重华，协于帝。浚哲文明，温恭允塞，玄德升闻，乃命以位。慎徽五典，五典克从。纳于百揆，百揆时叙。宾于四门，四门穆穆。纳于大麓，烈风雷雨弗迷。帝曰：‘格！汝舜。询事考言，乃言厎可绩，三载。汝陟帝位。’舜让于德，弗嗣。”

五典”，而“五典”以之而“克从”；使之“揆”度庶政，而庶政以之而“时叙”；“宾于”四方之“门”，而四方由是而“穆穆，纳于大麓”之间；遇“烈风雷雨”之变，而行亦不“迷”焉。吁！主天下之事而各得其治，遇天道之变而不失其常，非固聪明诚智确乎其不乱者，其孰能与！于斯《舜典》云云，其意以此尝谓天下之事至难治也。非圣人，则不足以临其治。上天之变，亦非常也。非圣人，则必至于失其常。盖圣人之才，固众人之所难能也；圣人之量，尤众人之所不可及也。何以言之？常人之于五典也，或欲其从而不获其从；宅于百揆也，或欲其叙而不得其叙；宾于四门，而或不能致其穆穆之和；遇烈风雷雨之变，而或不能不失其常。惟圣人则异于人也。事之所肇者，屡试而屡得其效；理之所在者，随感而随致其休。此天之所以与圣人者，岂偶然哉？今夫父子之有亲，君臣之有义，夫妇之有别，长幼之有序，朋友之有信，此五典也，即所谓五常也。人之所以为人，圣人之所以为教，皆不出乎此五者之常道也。夫惟慎之而不敢忽，美之而尽其道，则敬敷在宽之意得矣。而掌教之实，亦无怍于人矣。克从而不能违之，盖有不期然而然者也。此言圣人能尽其司徒之教者如此。夫所谓揆者，度也；百揆者，度庶政之官，其制始于唐虞而亦犹周之冢宰也。事之至繁，任之至重，亦孰有加于此哉？纳于百揆之职，而百揆以时而叙。此言圣人之能尽其庶政之道者如此。古者以宾礼亲邦国，诸侯各以方至而使主焉，故谓之曰宾。四门者，四方之门也。宾四方之门而诸侯之至者，莫不穆穆其容，而和之至焉。此盖又言其兼四岳之官，而能尽其职如此。昔者，洪水之害而尧独忧之，使舜入于山林，相视原隰，烈风雷雨，众惧失常，而舜行独不迷焉。吾于此见圣人不特有过人之材能，尤有绝人之度量也。宾于四门，四门穆穆者，即左氏所谓无凶人也。纳于大麓，烈风雷雨弗迷者，亦犹《易》之所谓“震惊百里不丧鬯”之类是也。① 噫！圣人吾不得而见之矣。观于史臣纪载之书，而圣人之材之美，犹可追想于数千载之上也。孟子“言必称尧舜”②，良有以哉！抑此章之旨，蔡氏传之明矣。间尝参诸注疏之说，而训大麓之义则异焉。孔氏曰“麓，录也。纳舜使大录万几之政，阴阳和，风雨时，各以其节，不有迷错愆伏，而舜之德合于天”也③，观其所言，与蔡之旨，有不侔者。且尧时之官，莫尊于百揆。大麓万几之政，非百揆而何？麓，以山足训之，明矣。孔氏之说，于经意有未合者，故不可强而从也。

思齐按：苏轼曾作《书义》十篇，这些文章的性质与王充耘的《书义矜式》相类似。其中《乃言底可绩》对于本篇颇有参考价值，录如下。

巧言令色，帝之所畏也。故以言取人，自孔子不能无失。然圣贤之在下也，其道不效于民，其才不见于行事，非言无自出之。故以言取人者，圣人之所不能免

---

① 《周易·震卦》的《彖传》曰：“震，亨。震来虩虩，恐致福也。笑言哑哑，后有则也。震惊百里，惊远而惧迩也。不丧匕鬯，出可以守宗庙社稷，以为祭主也。”

② 《孟子·滕文公上》：“孟子道性善，言必称尧舜。”

③ 孔氏，指孔颖达。这一段话出自孔颖达《尚书正义》。孔颖达进一步解释说：“正义曰：‘麓’声近录，故为录也。”

也。纳之以言，试之以功，自尧舜以来，未之有改也。尧将禅舜也，曰："询事考言，乃言底可绩。"底之为言极也。《易》曰："穷理尽性，以至于命。"可谓极矣。君子之于事物也，原其始不要其终，知其一不知其二，见其偏不见其全，则利害相夺，华实相乱，乌能得事之真、见物之情也哉！故言可听而不可行，事可行而功不可成，功可成而民不可安，是功未始成也。舜、禹、皋陶之言，皆功成而民安之者也。呜呼！极之为至德也久矣。箕子谓之皇极，子思谓之中庸。极则非中也，中则非极也，此昧者之论也。故世俗之学，以中庸为处可否之间，无过与不及之病而已，是近于乡原也。若夫达者之论则不然。曰："喜怒哀乐未发谓之中，发而皆中节谓之和，致中和，天地位焉，万物育焉。"非舜、禹、皋陶之成功，其孰能与于此哉！故愚以谓穷理尽性，然后得事之真，见物之情。以之事天则天成，以之事地则地平，以之治人则人安。此舜、禹、皋陶之言，可以底绩者也。

6. 在璇玑玉衡，以齐七政。肆类于上帝，禋于六宗，望于山川，遍于群神。①

圣人审观天之器以齐其运，又必举秩祀之典而周其礼，此圣人受命之始而严其奉天之道也。夫圣人之有天下也，天与之也。天运之不可以不审，祀礼之不可以不举，皆政之大者也。故"璇玑玉衡"②，观天之器也。而七政在天，日月五星是也。③ 察玑衡"以齐七政"，其观天之术审矣。于是类④祀于上帝，禋⑤祀于六宗，山川则望而祀之⑥，群神则遍而祀之。凡其祭祀，各有秩序，则事神之礼皆举矣。然则，天运无不齐，而祀礼无不周，圣人奉天之道不可详乎。云云。尝谓圣人之有天下，未有不受命于天者也。命既出于天，则吾所以奉乎天者，可不尽其道哉。故不惟审夫观天之器以齐其运，又且举秩祀之典而周其礼焉。诚以日月五星之运行于天者，乃敬授人时之本而百神

---

① 《尚书·虞书·舜典》："正月上日，受终于文祖。在璇玑玉衡，以齐七政。肆类于上帝，禋于六宗，望于山川，遍于群神。辑五瑞。既月乃日，觐四岳群牧，班瑞于群后。"思齐按：在，察，观察。肆，遂，于是。

② 孔颖达《尚书正义》："玑衡者，玑为转运，衡为横箫，运玑使动，于下以衡望之，是'王者正天文之器'。汉世以来，谓之浑天仪者是也。"思齐按：尽管目前为人所知的浑天仪为汉代张衡制造，但无法否认尧舜时代中国人已经使用类似的仪器来观察天象。尽管尧舜时代的玑衡，其构造可能较汉代的浑天仪简单，但是其工作原理是相同的。

③ 七政：日加上五星。五星指金、木、水、火、土五大行星。

④ 类：祭名，《五经异义》："非时祭天谓之类。"《尚书正义》："类谓摄位事类，既知摄当天心，遂以摄位事类告天地也。此'类'与下'禋'、'望'相次，当为祭名。"

⑤ 禋：祭名，《周礼·大宗伯》："大宗伯之职，掌建邦之天神、人鬼、地示之礼，以佐王建保邦国。以吉礼事邦国之鬼神示，以禋祀祀昊天上帝，以实柴祀日、月、星、辰，以槱燎祀司中、司命、飌师、雨师。"禋（yin）的读音与烟（yan）相近，故郑玄云："禋之言烟，周人尚臭，烟气之臭闻者也。"烟气上升，到达上天所在的地方。试比较，基督教的馨香的火祭（The Burnt Offering — an offering by fire of pleasing odor to the Lord），《圣经旧约·利未记》有详尽的论述。

⑥ 望，祭名，祭祀山川之礼，遥望山川而祭之。

之来享者，然后可以章天与之符①，则政孰有大于此者乎？此舜摄位之初而有致意于二者之务，良有以哉。察夫璇玑而所以象天体之运转也。玉衡者，以玉为管，横而设之，又所以窥玑而齐七政之运行也。七政运行于天，非日月五星之谓乎？不曰日月五星，而曰七政者，以其运行之有迟速顺逆，犹人君之有政事也。七政以玑衡而齐。齐七政者，必先于察玑衡也。玑衡所以为观天之器，则察玑衡者即所以齐七政也。七政既齐，则历象以成，天时以定，而观天之术于是乎审矣。观天之术既审，而事神之礼尤不可后。上帝则类而祭之，其礼依郊祀为之也。六宗则禋而祭之，精意以享之也。② 名山、大川、五岳、四渎，非山川之当祭者乎？望而祭之，故曰"望"。丘陵坟衍，古昔圣贤非群神之当祭者乎？遍而祭之，故曰"遍"。不惟"类于上帝"，而且"禋六宗"焉。不惟"望于山川"，而且"遍群神"焉，则上下神祇罔有不祭，而祭祀荐享，礼序秩然，殆见郊焉而格，庙焉而享，而事神之礼于是乎至矣。审观天之术于先，而举祀神之礼于后，圣人所以奉天者，盖如此。而政事之大，宜莫先于斯焉。尝考历象授时，尧之所先也。昭告上天神后而"类于上帝"，宜于冢土，汤武之所不废也。大舜摄位之初，首必于二者之务。人君奉天之道，不过在是矣。嗟夫，圣人之所奉者天，故天之眷佑者亦在圣人。然则舜之有天下也，孰与之？曰天与之。天与之者，谆谆然命之乎。曰天不言，以行与事示之而已。

7. 敷奏以言，明试以功，车服以庸。③

圣人因诸侯之朝而察之者其法详，因诸侯之功而报之者其礼厚。即其奏言、试功而旌以车服可见矣。在昔，帝舜于诸侯之来朝，使各陈其为治之说，而听其言，复从而明考其功，以观其行，所以察之者如是其详。诸侯而有功于民，则赐之以车，又旌之以服，所以报之者如是其厚。然则决择之必审，待遇之必隆，盛时述职之法盖如此也。云云。夫上之待下，决择之法固不可以不严，而待遇之礼亦不可以不厚。苟无其法，则贤否无由而可知。有其法，而无其礼，则有功者亦何由而加勉？然则，礼也，法也，二者可相有而不可相无者也。诚哉，是言也。今夫有德者必有言。言者行之表也，故其人之能否不可知，即其所言之得失而可见，于是而"敷奏以言"。然言之非艰，行之惟艰，君子不以言取人，必也听其言而观其行，于是而"明试以功"。奏言而有以得其施设之

① 章，彰，彰显。天与之符，上天叫帝王执掌权柄的符印。

② 《国语·周语上》："不禋于神而求福焉，神必祸之。不亲于民而求用焉，人必违之。精意以享，禋也。慈保庶民，亲也。"

③ 《虞书·舜典》："五载一巡守。群后四朝，敷奏以言，明试以功，车服以庸。"宋·蔡沈《书经集传》："五载之内，天子巡守者一，诸侯来朝者四。盖巡守之明年，则东方诸侯来朝于天子之国；又明年，则南方之诸侯来朝；又明年，则西方之诸侯来朝；又明年，则北方之诸侯来朝；又明年，则天子复巡守；是则天子、诸侯虽有尊卑，而一往一来，礼无不答，是以上下交通，而远近洽和也。敷，陈，奏进也。《周礼》曰：'民功曰庸。'程子曰：'敷奏以言'者，使各陈其为治之说。言之善者，则从，而明考其功。有功，则赐车服，以旌异之。其言不善，则亦有以告饬之也。林氏曰：天子巡守，则有'协时月日'以下等事。诸侯来朝，则有'敷奏以言'以下等事。"

方，试功而有以验其操履之实。苟言之如其所行，行之如其所言，所谓成允成功①，所谓乃言底可绩②，则其人之贤否，昭然不可掩矣。斯其察之之详也如此。然察之固不可不详也，待之亦不可不厚也。且夫列爵分土，树屏建侯，岂为安逸之计而已哉？惟以治民而已。故民功谓之庸，有能御大灾，捍大患，兴利除害，使匹夫匹妇咸乐其生则有功于民者也。何以与之？路车乘马。又何与之？衮及黼。车以安其体而无负乘之讥，服以华其躬而无不称之诮，斯其报功之厚也如此。虽然，帝舜不特以此待诸侯，其待黎献之士，亦曰："敷纳以言，明庶以功，车服以庸。"③ 其所以选贤才，励臣下，同此一道也。此其所以考绩于三载之后，黜陟于三考之余，而庶绩为之咸熙。厥后成周之制，六年五服，一朝大明黜陟，盖亦损益有虞之制而为之者也。此成周太和之治所以亦无愧于有虞也欤。

8. 象以典刑，流宥五刑，鞭作官刑，扑作教刑，金作赎刑，眚灾肆赦，怙终贼刑。钦哉，钦哉，惟刑之恤哉！④

圣人之制刑，虽有轻重之殊，圣人之用刑，常存敬慎之意。盖刑者民命所关，圣人不得已而用之。使无敬恤之意，则刑罚不中而民无所措手足矣。是故舜摄位之初，即示人五常之刑，以待夫罪之重者。稍轻则流以宥之，鞭扑以待夫罪之轻者，又轻则金以赎之。五者法之正也。无意而误犯者赦，所以宥其过。有意而故犯者刑，所以诛其心。二者，法之权也。圣人立法制刑，其详如此。然岂恃以求逞哉？敬之而又敬之，其心未尝或轻，盖其中有所不忍故也。故轻重各有攸，当者乃天讨，不易之定理。而钦恤常行乎其间者，可以见圣人之本心。云云。圣人有不忍人之心，斯有不忍人之政。为政且尔，而况于用刑乎。轻则鞭扑，伤人之肌肤。重则铁钺，戕人之性命。死者不可复生，断者

---

① 《虞书·大禹谟》帝曰："来，禹！降水儆予，成允成功，惟汝贤。克勤于邦，克俭于家，不自满假，惟汝贤。"

② 《虞书·舜典》帝曰："格！汝舜。询事考言，乃言底可绩，三载。汝陟帝位。"

③ 语出《虞书·益稷》："禹曰：'俞哉！帝光天之下，至于海隅苍生，万邦黎献，共惟帝臣，惟帝时举。敷纳以言，明庶以功，车服以庸。谁敢不让，敢不敬应？帝不时，敷同日奏，罔功。'"原题目作：敷奏以言，明试以功，车服以庸。此作：敷纳以言，明庶以功，车服以庸。这是通过引用《尚书·虞书》中的另一篇而对论题所作的巧妙改动，旨在层楼更上，庶几论点突出。唐·孔颖达《尚书正义》："其举用之法，各使陈布其言，纳受之，以其言之所能，从其所能而验试之。明显众人所能，当以功之大小。既知有功，乃赐之以车服，以表其功有能用。帝以此法用人，即在下之人，知官不妄授，必用度才能而使之。"可见，在这一篇八股范文之中，虽然只就原题目改动了两个字，但是却生动地描绘了君臣之间的互动关系，使人们见到了一幅理想中的古代君臣关系的和谐画图。敷奏，臣下对君主述职。敷纳，敷奏和采纳。臣下述职，君主采纳其合理的建议。明试，君主对臣下进行考察。明庶，明试和庶绩，明试以功，试之以官，并发现臣下所做的各种政绩。君主在考察臣下的过程中发现臣下的各种政绩。

④ 《虞书·舜典》："象以典刑，流宥五刑，鞭作官刑，扑作教刑，金作赎刑。眚灾肆赦，怙终贼刑。钦哉，钦哉，惟刑之恤哉！流共工于幽州，放欢兜于崇山，窜三苗于三危，殛鲧于羽山，四罪而天下咸服。"

不可复续。一失其当，而民有不得其死者矣。故刑以辅治，虽圣人有所不可废。然刑期无刑，乃圣人之用心，固非众人之所可同尽此道者，吾于大舜见之矣。是故“象以典刑”，象者垂象以示人，而典者其常也。示民以常刑，使民知所畏。所谓墨、劓、剕、宫、大辟是也。此五者，刑之正也。① 所以待夫元恶大憝。杀人、伤人、穿窬、淫放，罪之不可宥者也。流宥五刑者，所犯虽入于五刑，而情可矜，法可疑，与夫亲贵勋劳之不可加刑者，则放之远，以宽之。如“五刑有宅，五宅三居”② 是也。“鞭作官刑”者，木末垂革施之，官府以惩其怠惰。“扑作教刑”者，夏、楚③二物用诸学校，以警其怠荒。斯二者所以待夫罪之轻者也。罪入于鞭扑，其刑可谓轻矣。而其刑又有可矜可疑者焉。则使人入金以赎其罪④，盖不忍轻刑而亦不欲以直赦之也。五者从重以入轻，法之正也。“眚灾肆赦”者，谓过误。灾谓不幸。如是而犯法者，不待流宥金赎而直赦之也。所谓赦过无大怙，终贼刑怙，谓有所恃。终，谓再犯。如是而丽刑者，则虽当宥当赎，亦不许其宥，亦不听其赎，而必刑之刑，故无小之谓也。此二者，或从重以即轻，或由轻而即重，盖用法之权衡，所谓法外意也。圣人立法制刑之本末，此六者大略尽之。虽其轻重取舍，阳舒阴惨之不同然。“钦哉，钦哉，惟刑之恤”之意，未始不行乎其间也。钦，则有敬谨之意。恤，则有哀矜之心。圣人于事，固无不敬而用刑者，尤圣人之所慎。圣人于民固无所不恤，而有罪者尤圣人之所矜。圣人岂乐于刑哉？盖有所不得已也。使有一毫怠忽之心存于中，则轻重失其宜，操舍失其当，舍彼有罪，刑及无辜矣。圣人以不得已而用刑，夫岂有残民以逞之意哉。故轻重有伦，有以见圣人之法，而钦恤无间者，足以见圣人之心。譬之天地四时之运，虽有寒凉肃杀之不同，然其涵养以生之意，未尝不流行乎其间也。此其好生之德洽于民心，而民自不犯于有司。至于刑措不用，以成垂拱无为之治也。虽然，舜制五刑，有流宥而无金赎。所谓赎者，止鞭扑之刑耳。至《吕刑》⑤，始有五等之罚疑。穆王始制之，非法之正也。盖当刑而赎，则失之轻。疑赦而罚，则失之重。且使富者获免，贫者受刑，又非所以为平也。然而穆王所谓哀矜折狱，所谓敬五刑，则其钦恤之意，犹知古人之用心，夫子所以取之也。呜呼，天下之广掌刑者，民之司命，任用可不重乎！

---

① 《尚书·舜典》：“象以典刑，流宥五刑。”郑玄注：“五刑：墨、劓、剕、宫、大辟。”（《通德堂经解》）思齐按：剕，又作腓、即膑刑。《孝经·五刑章第十一》：“子曰：‘五刑之属三千。’”郑玄解：“五刑者，谓墨、劓、膑、功割、大辟也。科条三千，谓劓、墨、宫割、大辟。穿窬盗窃者劓，劫贼伤人者墨，男女不与礼交者宫割，垣墙人关 手杀人者大辟。”（《通德堂经解》）

② 这里的引文，对原文有所缩合，将原来的四句合为两句了。《虞书·舜典》：“五刑有服，五服三就。五流有宅，五宅三居。”

③ 夏，通榎、榎。夏楚，即榎楚、榎楚，用榎木、荆条做成的鞭挞刑具。

④ 这是对原题目中“金作赎刑”一句的泛泛点题。当原句难于直接嵌入答卷中的时候，只得这样处理，以畅语气。这种情形，八股文中多有之。

⑤ 《吕刑》：《尚书·周书》中的一篇。《书序》：“吕命，穆王训夏赎刑，作《吕行》。”

9. 询于四岳，辟四门，明四目，达四聪。咨十有二牧曰："食哉！惟时柔远能迩，惇德允元，而难任人，蛮夷率服。"①

圣人咨内臣，尽辅君之职，以图治，尤必咨外臣，尽养民之政，以来远。盖图治莫先于近臣，养民莫切于群牧。圣人急于政治，安得不咨之耶？是以帝舜即位之初，谋治于四岳之官，使其辟四方之门②，以来天下之贤俊；"明四目，达四聪"，以广天下之视听。此岂非欲其尽辅君之职，以图治乎？然养民之政不修，则不足以成天下之治，必咨于州牧，使其重民食而一远迩，亲君子而远小人，则民遂赡养之愿，虽蛮夷之国，亦相率而服从矣。此又岂非欲其尽养民之政，以来远乎？然则，四岳总于内，州牧总于外。内外相须，而治道备矣。书曰云云，其旨如此。尝谓人君以一身之微，莅万民之上。天下人才之贤否，四海生民之休戚，虽有知人之智，安民之惠，岂能尽遍耶？是以内立四岳，则贤才举，而视听广；外立州牧，则百姓安，而四夷宾服。内外之职，举得其人。圣人复何为哉？不过垂衣拱手，恭己正南面而已尔。然使为四岳者，或不能尽其职，则贤才必隐遁于下，聪明必日蔽于上，又岂能成其在内之治乎？为州牧者，或不能修其政，则民既无以安其生，外夷且乘间而侵乱，又岂能致其在外之治乎？是则岳牧之官，任大而责重，关政治之得失。此舜即位所以必先命之也欤。且夫人君之临莅天下也，资治莫急于贤才。然君门万里，出类拔萃之才，安得以自达乎？为四岳者，当辟四方之门，以广求贤哲，布于朝廷，旁招俊乂，列于庶位，使野无遗贤可也。耳目，固所以广视听也。然人君一身，聪明有限，虽有视远惟明、听德惟聪之心③，安能以达远乎？为四岳者，当明四方之目，为己远视而无所蔽，达四方之聪，为已远听而无所壅，使嘉言罔攸伏可也。然则，内焉之图治，不咨于四岳，养民之政，不咨于州牧，可乎夫？以天下之大，分为十有二州。土地之广，人民之多，人君虽有子民之心，岂能家给而人赐之哉？为州牧者当知以养民为务，不违农时，则烝民粒食矣。宽以抚之，则远者来矣。扰而习之，则近者悦矣。然非进贤、退不肖，则君子在野，小人在位，又何由成养民之政乎？必惇信仁德之士，屏弃凶恶之徒，则政无不举。岂特中国之民得其所养，虽要荒之远，亦为之来廷。戎狄之人，亦为之宾服。噫！远人之格④，孰非外臣养民之

---

① 《虞书·舜典》："二十有八载，帝乃殂落。百姓如丧考妣，三载，四海遏密八音。月正元日，舜格于文祖，询于四岳，辟四门，明四目，达四聪。咨十有二牧曰：'食哉惟时！柔远能迩，惇德允元，而难任人，蛮夷率服。'"

思齐按：《尚书》的现代标点本，一般都按照文章内在的逻辑含义，将上面这些话分作两个自然段。第一段："二十有八载……四海遏密八音。"第二段："元月正日……蛮夷率服。"而且，在第二段中包含了帝舜的一段讲话，他以咨嗟亦即感叹的口吻对十二州的长官作了训示。这一道书义的题目系截取两断的首尾而合成的，而且帝舜的讲话并不完整。这是科举考试常见的出题方法，旨在增加试题难度，考核士子对经文的熟悉程度。

② 辟四方之门：暗射题目中"月正元日，舜格于文祖，询于四岳，辟四门，明四目，达四聪。"宋·蔡沈《书经集传》："询，谋。辟，开也。舜既告庙即位，乃谋治于四岳之官，开四方之门，以来天下之贤俊，广四方之视听，以决天下之壅蔽。"

③ 《商书·太甲中》："奉先思孝，接下思恭。视远惟明；听德惟聪。朕承王之休无斁。"

④ 格：至，到来。

政所致哉。惟然，唐虞之际，四门穆穆①，则四岳之治，非不举也。各迪有功，则州牧非不修也。而舜之即位，乃汲汲焉首询于岳牧②，何哉？盖舜绍尧之后，惟恐治道盛而或衰，人心久而或怠，所以奋庸熙帝之载，不得不然也。故当摄位之初，即日觐四岳群牧者，特不过辑瑞班瑞③，以与之正始云尔。至此，则建官分职，欲其有以成天下之治也。厥后，成周称：唐虞"内有百揆四岳，外有州牧侯伯，庶政惟和，万国咸宁"④。则知岳牧于内外之治者大矣！此其所以致雍熙太和之治也欤。⑤

10. 惇德允元，而难任人，蛮夷率服。⑥

为民上者，能亲君子而远小人，则无远而不服矣。夫远人之服，岂有他哉？亦在举措得宜，有以当其心故耳。宜夫帝舜，以为长民者，告也。夫其有德者知所亲，仁人者知所信，而包藏凶恶者知所以拒绝也。则君子进而小人退矣。诚如是虽以蛮夷之远，亦相率而服从。中国其有不治者乎？帝舜以此而告十二牧焉，可谓得为治之本矣。云云。昔者，鲁哀公尝问孔子以"何为则民服"，孔子告以"举直错诸枉，则民服。举枉错诸直，则民不服"⑦。至哉，斯言也！可谓得天理人情之至者矣。盖人情莫不好直而恶枉，故举错得宜，则犂然足以当人心，天下孰不为之悦服？一失其当，则好人所恶，恶人所好，是谓拂人之性矣。虽一夫犹不可强服，尚安能得天下之心哉？况夫亲贤臣、远小人，国之所以兴隆；亲小人、远贤智，国之所以倾覆，其所系者尤重也。为十二牧者，各私一州之士，各子一州之民。于此宜何如其尽心哉？仁义礼智根于心，而令闻广誉施于身。此其为有德者也。吾则尊其位，重其禄，所以厚之者，无不至也。慈祥恻怛，能存不忍人之心；宽裕温柔，能行不忍人之政。此其为仁人也。吾则任之而勿贰，委之而勿疑，所以信之者极其专也。虽然，有德者在所亲矣。天下岂皆有德者乎？固有貌似庄重，而心实险狡者矣。谓之任人可也。仁厚者在所信矣。天下岂皆仁厚者乎？固有外为

---

① 《虞书·舜典》："宾于四门，四门穆穆。"

② 询于岳牧：照应题目首句"询于四岳"。

③ 《虞书·舜典》："辑五瑞。既月乃日，觐四岳群牧，班瑞于群后。"思齐按：辑，敛聚。班，散布。辑瑞班瑞，即这一段话的缩合。

④ 《周书·周官》王曰："唐虞稽古，建官惟百。内有百揆四岳，外有州、牧、侯伯。庶政惟和，万国咸宁。夏商官倍，亦克用乂。明王立政，不惟其官，惟其人。"

⑤ 雍，和谐。熙，光明。太，为大。和，和睦。雍熙太和，全国人民伟大的和谐，并努力与世界各国和谐友善地相处。由此可知，此观念渊源亦久矣。

⑥ 《虞书·舜典》："咨十有二牧曰：'食哉惟时！柔远能迩，惇德允元，而难任人，蛮夷率服。'"宋·蔡沈《书经集传》："牧，养民之官。十二牧，十二州之牧也。王政以食为首，农事以时为先。舜言足食之道，惟在于不违农时也。柔者宽而抚之也，能者扰而习之也，远近之势如此，先其略而后其详也。惇，厚，允信也，德，有德之人也。元，仁厚之人也。难，拒绝也。任，古文作壬，包藏凶恶之人也。言当厚有德，信仁人，而拒奸恶也。凡此五者，处之各得其宜，则不特中国顺治，虽蛮夷之国，亦相率而服从矣。"

⑦ 《论语·为政》："哀公问曰：'何为则民服？'孔子对曰：'举直错诸枉，则民服；举枉错诸直，则民不服。'"

温柔，而内实残酷者矣。谓之任人可也。彼固善于逢迎，而吾则听察必审，而不敢轻。彼固易于投合，而吾则遴选必严，而不敢忽。所谓难之者，此也。诚如是，而所用者必君子，而天下得以被其休；所去者必小人，而四方不至被其毒。朝廷清明，纪纲振举，治化洋溢乎中国，而施及于蛮貊。彼三百里蛮，居乎荒服之地，非可以政令整齐者也。今焉亦安于邦域，而不敢怀反侧之心。三百里夷，居于要服之间，非可以威刑禁制者也。今焉亦向风慕义，而不敢萌背叛之志。何者？内外之势虽殊，而好恶之情则一。为民上者举错不谬，而有以服其心，此其所以率服也。其功足以柔远人，而恩不足以及百姓者，未之有也。为州牧者若之何，而不尽心哉？且舜举元恺，而天下称其能诛四凶，而天下服其当，则舜于亲贤远佞之道，盖已行之矣。而又拳拳于十二牧告者，岂非治有小大，而其道无异同也欤？虽然，牧以养民，而告之以此者，何也？盖足食，所以使之有所养；进贤退不肖，所以使之得以安于所养。不然，则君子在野，小人在位，恶政日加于民，虽有粟，乌得而食诸？故舜既告以食哉，惟时而必继之以亲贤远佞之道矣。夫然后，足以成养民之功也。孟子曰：尧舜之仁，不遍爱人，急亲贤之为务，其此之谓欤？

11. 命汝典乐，教胄子，直而温，宽而栗，刚而无虐，简而无傲。诗言志，歌永言，声依永，律和声。八音克谐，无相夺伦，神人以和。①

命官以声乐之教，而欲养其中和之德，必原夫声乐之本，而复赞其幽明之感。夫命

---

① 《虞书·舜典》："帝曰：'夔！命汝典乐，教胄子，直而温，宽而栗，刚而无虐，简而无傲。诗言志，歌永言，声依永，律和声。八音克谐，无相夺伦，神人以和。'夔曰：'于！予击石拊石，百兽率舞。'"

宋·蔡沈《书经集传》："胄，长也，自天子至卿大夫之适子也。栗，庄敬也。上二'无'字与'毋'同。凡人，直者必不足于温，故欲其温；宽者必不足于栗，故欲其栗。所以虑其偏，而辅翼之也。刚者，必至于虐，故欲其无虐。简者，必至于傲，故欲其无傲。所以防其过，而戒禁之也。教胄子者，欲其如此，而其所以教之之具，则又专在于乐，如《周礼·大司乐》：'掌成均之法，以教国子弟。'而孔子亦曰：'兴于诗，成于乐。'盖所以荡涤邪秽，斟酌饱满，动荡血脉，流通精神，养其中和之德，而救其气质之偏者也。心之所之谓之志，心有所之，必形于言，故曰：'诗言志。'既形于言，则必有长短之节，故曰：'歌永言。'既有长短，则必有高下清浊之殊，故曰：'声依永。'声者，宫、商、角、徵、羽也。大抵歌声，长而浊者为宫，以渐而清且短则为商、为角、为徵、为羽，所谓'声依永'也。既有长短清浊，则又必以十二律和之，乃能成文而不乱。假令黄钟为宫，则大簇为商，姑洗为角，林钟为徵，南吕为羽，盖以三分损益，隔八相生而得之。余律皆然，即《礼运》所谓：'五声、六律、十二管，还相为宫。'所谓'律和声'也。人声既和，乃以其声被之八音而为乐，则无不谐协，而不相侵乱失其伦次，可以奏之朝廷，荐之郊庙，而神人以和矣。圣人作乐以养情性，育人材，事神祇，和上下，其体用功效，广大深切乃如此。今皆不复见矣。可胜叹哉！'夔曰'以下，苏氏曰：舜方命九官，济济相让，无缘夔？于此独言其功。此《益稷》之文，简编脱误，复见于此。"

唐·孔颖达《尚书正义》："帝因伯夷所让，随才而任用之。帝呼夔曰：'我念命女典掌乐事，当以诗乐教训世適长子，使此长子正直而温和，宽弘而庄栗，刚毅而不苛虐，简易而不傲慢。教之诗乐，所以然者，诗言人之志意，歌咏其义以长其言。乐声依此长歌为节，律吕和此长歌为声。八音皆能和谐，无令相夺道理，如此则神人以此和矣。'夔答舜曰：'呜呼！我击其石磬，拊其石磬，诸音莫不和谐，百兽相率而舞。'乐之所感如此，是人神既已和矣。"

官以声乐为教，则其职教之专者，固有以育人才而养性情耳。而论乐以人声为本，则其声乐之和者，又岂非所以格神人、和上下哉？昔舜之命夔，典乐以“教胄子”也。既欲虑其偏而辅翼之，又欲防其过而禁戒之。此其职教之专，所以养其中和之德矣。然教之之道在于德，教之之具在于乐，则夫乐之作，本乎人声之和。以极夫声乐之妙，殆见其神无不格，而人无不和。盖又极夫幽明之感矣。此胄子之教，典乐之官所由设欤。圣人作乐，其体用功效之广大深切如此！夫尝观《周礼》，大司徒掌成均之法，以教国子弟也。① 以六德②为之本，以六律③为之音，则圣人之教，莫善于乐。又观商之“庸鼓有斁”以“衎我烈祖”也。④ 先祖为之是听，嘉客为之夷怿，则神人之和亦在乎乐矣。何者？乐由人心生也。自其典乐之教而论，固以人心和而感乎人心之和耳。自其作乐之效而言之，又岂非人心之和而通幽明之感乎？⑤ 今也舜之命夔，不惟以“教胄子”者言之，又必以格神人者言之，此其职教之专而声乐之极功也。又岂殷周之盛而已哉！帝舜之意，若曰：今予“命汝典乐”之官者，岂徒侈乎金石之音，干羽之舞耶？盖自天子之元子，以至公卿大夫之适子，莫不有天下国家之寄，而不可以无教也。声音以养其耳，采色以养其目，歌咏以养其情性，舞蹈以养其血脉，兹非典乐之教也。“直”者，必不足于温，故欲其“温”。“宽”者，必不足于栗，故欲其“栗”。则直不至于讦，宽不至于纵。“刚”者，必至于虐，故戒其“无虐”。“简”者，必至于傲，故戒其“无傲”。则刚不至于暴，简不至于慢矣。救其气质之偏，养其中和之德，则汝之典乐教胄子者，盖在乎此矣。虽然，乐岂无自而作哉。亦以人声为之本耳。人心之动，因言以宣。而在心为志，发言为诗，则志以言而见也。既形于言，必有其节，而言之不足，又永歌之，则言以歌而永也。既有永言之歌矣，则歌声之浊者为宫，以渐而短者为商，为角，为徵，为羽焉。不曰“声依永”乎？既有依永之声矣，则必以五声、六律、十二管还相为宫焉。不曰“律和声”乎？人声既和，而被之“八音”⑥ 以为乐，则金石丝竹之异宜者，翕如纯如而不拂其情；匏土革木之异用者，皦如绎如而不紊其伦⑦矣。

---

① 《周礼·春官·宗伯》：“大司乐掌成均之法，以治建国之学政，而合国之子弟焉。”思齐按：应为“大司乐”。文中作“大司徒”，显系作者记忆有误。

② 《周礼·地官·司徒》：“一曰六德：知、仁、圣、义、忠、和。”

③ 古以十二乐管确定乐音的高低，由低至高的顺序是：黄钟、大吕、太簇、夹钟、姑洗、中吕、蕤宾、林钟、夷则、南吕、无射、应钟。其中奇数为阳类，称六律。偶数为阴类，称六吕。

④ 《商颂·那》：“猗与那与！置我鞉鼓。奏鼓简简，衎我烈祖。汤孙奏假，绥我思成。鞉鼓渊渊，嘒嘒管声。既和且平，依我磬声。于赫汤孙！穆穆厥声。庸鼓有斁，万舞有奕。我有嘉客，亦不夷怿。自古在昔，先民有作。温恭朝夕，执事有恪，顾予烝尝，汤孙之将。”

⑤ 幽明，泛指无形和有形的事物，此指人和神。幽明之感，神人之间的感应。《周易·系辞上》：“《易》与天地准，故能弥纶天地之道。仰以观于天文，俯以察于地理，是故知幽明之故；原始反终，故知死生之说；精气为物，游魂为变，是故知鬼神之情状。”

⑥ 八音：古代乐器的总称。即金（钟）、石（磬）、丝（琴瑟）、竹（箫管）、匏（笙竽）、土（埙）、革（鼓）、木（柷敔）。

⑦ 不紊其伦：暗射题目中的“无相夺伦”。思齐按：伦，条理，次序，秩序。

荐之郊庙，则足以动天地而感鬼神；奏之朝廷，则足以厚人伦而美教化。尚何幽明之间，而上下之殊哉。然则，圣人作乐之效一至于此，则其典乐之教所以育人材而养情性者，亦可见矣。且唐虞之为教也，有若司徒之敬敷五教矣。而其所以事神者，有若秩宗之典朕三礼矣。今而胄子之教，神人以和，一委于后夔之典乐，何也？盖圣人之教，莫善于乐。而乐之所以格神人者同一，至和之流通也。岂曰此为胄子之教，而彼为神人之感哉？厥后，后夔言作乐之效，始曰“祖考来格”而“虞宾在位”，终曰“鸟兽率舞”而“凤凰来仪”①，则又不惟无负于帝舜之命，而亦无愧于声乐之妙矣。此韶乐之所以尽善尽美欤。

12. 咨！汝二十有二人，钦哉！惟时亮天工。②

圣人致叹，以命臣职之众者，欲其主敬，以相天事之重也。天事之重，非敬无以相之。然非嗟叹以致其命，则听之者将以为泛然之常言耳。夫圣人之命庶官，其事至不一也。天有不能自为而寄之君，君有不能自为而寄之臣。君之事，何莫非天之事也。其可不敬以相之乎？无一事之非天，则必无一事之不敬。虞廷总命群臣之际，必嗟叹而发其辞以此哉。云云。夫位之尊卑不一也，而言位者必曰共天；位职之大小不一也，而言职者必曰治天。职五典，曰天叙五礼，曰天秩五服，曰天命五刑，曰天讨所任之事，不一而相乎天者，则同耳。又安得不嗟叹，而以敬之一辞为群臣告乎？夫舜之分命于二十二人者，为何如哉？备咨询之任者，四岳是已。图宅揆之绩者，伯禹是已。黎民阻饥，而稷播百谷也。百姓不亲，而契敷五教也。刑则皋陶明之。工则垂掌之。上下草木鸟兽之未若，则吾之所赖者益焉；天地神祇人鬼之未叙，则吾之所资者伯夷焉。有夔以典乐，则吾胄子之教，不患其不施；有龙以纳言，则吾出纳之命，不患其不允。有十二牧以分职治于外，则吾食哉。惟时柔远能迩之政，不患其不立，其为事固不一也。然内而四岳九官，何往非天工之代；外而十二牧，何往非天牧之司。苟居其职而怠其事，在其位而慢其政，无以相乎君，即无以相乎天矣。故天工之亮，非钦哉以为之主不可也。钦者何？敬而已。不贰以二，必专其念；不参以三，必一其守。夫如是，非惟有以相夫君，实有以相乎天矣。由是观之，人臣之事不一，而一于代天。一于代天，则必一于主敬。帝舜深知乎此，而犹恐群臣之以常言视之也。“咨！汝”一辞，发声嗟气，叹于群言之

---

① 引文有所缩合。语出《虞书·益稷》：“夔曰：‘戛击鸣球、搏拊、琴、瑟、以咏。’祖考来格，虞宾在位，群后德让。下管鼗鼓，合止柷敔，笙镛以间。鸟兽跄跄；箫韶九成，凤皇来仪。夔曰：‘于！予击石拊石，百兽率舞。’”

② 《虞书·舜典》：“帝曰：‘咨！汝二十有二人，钦哉！惟时亮天功。’”——啊，你们这二十二个人，要恭恭敬敬（对待上天）！只要这样做，就是辅助上天了。思齐按：惟，只要。时，是，这样。亮，相，辅助，帮助。功，工作，事情，事业。关于二十二人，有两说。一、孔安国传：“益、垂、伯夷、夔、龙六人，新命有职，四岳、十二牧，凡二十二人，特敕命之。”二、郑玄认为，二十二人不包括四岳，而代之以殳斨、伯与、朱虎、熊罴。孔颖达《尚书正义》对此有所辨析：“传以此总结上事，据上文‘询于四岳’，‘咨，十有二牧’，及新命六官等，适满二十二人，谓此也。其稷、契、皋陶、殳斨、伯与、朱虎、熊罴七人仍旧，故不须敕命之。”

首，其所以感动夫二十二人之钦者，为何如哉？抑尝考之舜之命禹，命伯夷，咨四岳而命者也。命垂，命益，泛咨而命者也。命夔，命龙，因人之让而命者也。若稷、契、皋陶之不咨者，申命其旧职而已。夫知道而后可宅百揆，知礼而后可典三礼。知道知礼，非人人之所能也。故必咨四岳，而命之若予，工若予。上下草木鸟兽，则又非此之比，故泛咨而命之礼乐。命，令事理精微，非百工庶物之比，故必俟伯夷之让而后命之也。惟其分命之时有咨焉，故其总命之际，必咨以戒其敬钦。愚观《尧典》之书，于治历之命，则曰"钦若"；于治水之命，则曰"钦哉"。钦者，尧舜相传之心法也。二十二人之咨，舜之致意于钦者，有自来矣。

思齐按：这篇书义的题目承接《舜典》的另一段话："帝曰：'龙，朕堲谗说殄行，震惊朕师。命汝作纳言，夙夜出纳朕命，惟允！'"龙，是二十二人之一。苏轼曾作《书义》十篇，这些文章的性质与王充耘《书义矜式》相类似。其中《堲谗说殄行》对于本篇颇有参考价值，录如下。

《书》云："朕堲谗说殄行。"传曰：君子之所为，为可传、为可继也。凡行之不可传、继者，皆殄行也。尧舜之所堲也。世衰道丧，士贵苟难而贱中庸，故邪慝者进焉。齐桓公欲用竖刁、易牙、开方三子。管仲曰："三子者自刑以近君，去亲杀子以求合，皆非人情，难近。"桓公不听，卒以乱齐。齐桓，贤主也。管仲，信臣也。夫以贤主而不用信臣之言，岂非三子者似忠而难知也欤？甚矣，似之乱真也。故曰"恶紫"：谓其夺朱也；"恶莠"：谓其乱苗也；"恶乡原"：谓其乱德也。孟子忧之，故曰："君子反经而已矣。"君子之所贵，必其可传、可继者也。是以谓之经。经者，常也。君子苟常之为贵，则彼苟难殄行，无为为之矣。苟难者无所获，殄行者无所利，则庶民并兴，巧者不能独进，拙者可以自效。吾虚心而察之，贤者可事，能者可使，而天下治矣。

13. 三载考绩，三考，黜陟幽明，庶绩咸熙。①

圣人课功以示劝惩者有定法，故群臣尽职而立功者有成效。夫课功核实之严，乃众功之所由以广也。在昔有虞之朝，考绩行于三载之时，黜陟幽明于三载之后，以时课功，截有定法者如此。夫是以赏罚明信，人人自立于事功。百庶之绩，虽若不齐，而咸熙之效，若出一致，其各有成效复如此。定法行于君，而成功著于臣，有虞之治所以为不可及。夫君使臣以礼，臣事君以忠。君之于臣，惟知尽待下之礼尔。初无待于诱之以赏，而怵之以罚也。臣之于君，惟知尽事上之忠耳，亦无待赏罚而后知所劝惩也。然而日月易流，人心易弛，三载而不考其绩，则无以提撕警觉，而作其懈惰怠弛之心。人不能以皆贤，则职或不能以遍举。三考而不继之以赏罚焉，则亦无以知其贤不肖而为之进

① 《虞书·舜典》："帝曰：'咨！汝二十有二人，钦哉！惟时亮天功。'三载考绩，三考，黜陟幽明，庶绩咸熙。分北三苗。"

退，则玩愒偷安，苟且自便，敷同日奏，罔功者有矣。庶绩何自而咸熙欤？古之圣人知乎此也。故于三载之后，考其功，课其殿最。盖以三年有成，则有能者可以自见矣。虽未必遽能得其底蕴也，有过固不可掩矣。而犹冀其能自新也。是以虽第其上下，而犹未遽施以黜陟焉。及其三考之后，则九载之间，人以久而可见，功以久而可成，凡有能者得以究其能，而有过者亦无复能改其过也。已明者才美外见而有功者也。于是，或益其土地，或进其爵位，所以陟之而示劝。幽者职业不修，而堕其功者也。于是，或黜其爵位，或徙之远方，所以黜之而示惩。圣人执此之政，坚于金石；行此之令，信如四时。据此之至公无私如天地。宣力者知赏之必及，而偷安者亦知罚之不可以苟免也。是以敬尔有官，勉尔为政，孳孳汲汲，不敢自暇。凡而宅百揆则勉于亮采，而百揆之职成矣。敷五教之绩，就典礼乐，则礼节而乐和。掌刑罚则刑清而民服。内而朝廷，外而群国，未有任其职而无其功者也。有虞激劝人心之道，诚万世之良法欤。岂独有虞为然哉？其所由来者尚矣。尧之试舜也，询事考言，乃言底可绩三载。所谓考绩于三载者也。其黜鲧也，以九载而绩用弗成。其陟禹也，以九年而水土平治。此即三考，黜陟幽明也。泰和之在唐虞，良有以欤。虽然，明良喜起之朝，其稽功核实，虽不能不假诸法，而其礼遇臣（阙六字）之（阙一字）者，此又不可以不知也。后世有（阙三十二字）致治，或以滋乱者有矣。

《大禹谟》①

14. 曰若稽古，大禹曰文命，敷于四海，祗承于帝。曰："后克艰厥后，臣克艰厥臣，政乃乂，黎民敏德。"②

大禹德化大洽，而尤尽告戒之诚。正欲君臣责难，以为图治化之本。此史臣所以既赞其教化之盛于先，而尤备述其责难之辞于后也。以为考古之大禹，其文命之敷，既可以遍及于四海，若可以自足，而其心以为未尝足也。方且陈其谟训，以敬承于帝焉。而其告君之辞有曰：君必难其为君，臣必难其为臣。君臣克艰，各务尽其所当为者，则其政事乃能修治，下民自共观感，而速化于善矣。③ 处已治而犹若未治者如此，非德量之大者，能之乎？史臣以大禹称之，良有以也。自常情观之，孰不曰治功之未感，教化之未行，圣人之所忧也？四方风动，万邦作乂，则可以相安于无事矣。禹之心，何为而自

---

① 《书序》："皋陶矢厥谟，禹成厥功，帝舜申之。作《大禹》、《皋陶谟》、《益稷》。"思齐按：《大禹谟》、《皋陶谟》和《益稷》，三篇同序。宋·蔡沈《书经集传》卷一："《大禹谟》。谟，谋也。林氏曰：虞史既述二典，其所载有未备者，于是又叙其君臣之闲嘉言善政，以为《大禹》、《皋陶谟》、《益稷》三篇，所以备二典之未备者。今文无，古文有。"

② 这是《虞书·大禹谟》的开头部分。"大禹曰文命"，大禹的名字叫做文命。

③ 参见唐·孔颖达《尚书正义》："禹为舜谋曰：'君能重难其为君之事，臣能重难其为臣之职，则上之政教乃治，则下之众民皆化而疾修其德。'而帝曰：'然。信能如此，君臣皆能自难，并愿善以辅己，则下之善言无所隐伏，在野无遗逸之贤，闲人尽用，则万国皆安宁也。为上者善考于众言，观其是非，舍己之非，从人之是。不够虐鳏寡孤独无所告者，必哀矜之。不废弃困苦贫穷无所依者，必愍念之。惟帝尧于是能为此行，余人所不能。'"言"克艰"之不易也。

视欲然耶？呜呼，是未知禹之心者也。彼诚见乎朝廷之上，君臣之间，万事之根本在焉，万化之权舆系焉。苟顷刻谨畏之不存，则怠荒之所自起；毫发几微之不谨，则祸患之所由生。为君者兢业以图治，尤恐君道之或弛，况可为之以易乎？为臣者，同寅协恭以辅君，尤恐臣职之或废，况可承之以怠乎？此所以不以德化大洽于一时者为已足，而必以政治民化于无已者，望其君也，禹之心其若是乎。且文命之敷，果何自而见也？观其东渐于海（阙三字）间，无非此德之充周也；西被于流沙，则弱水之（阙五字）之洋溢也。朔南暨声教讫，则衡山之南，幽都之（阙四字），此德之敷畅也。地势有远近，而禹之德教无远近之（阙三字）有彼此，而禹之德教无彼此之异。他人不啻足矣，而禹之心尤歉然，方自献可替否而尽其责难之恭也。翼翼小心，而竭其陈善之敬也。于是忠言嘉谟日陈于前，而其告戒之辞，乃曰“后克艰厥后，臣克艰厥臣，政乃乂，黎民敏德”焉。禹之意，岂不曰：贵为天子，固可安也，而一日万几，谁之责乎？尊居百揆，固可安也，而敬亮天工，谁之任乎？① 必也君不易其为君，而常怀宵衣旰食之忧；臣不易其为臣，而常怀瘝官旷职之念。如是，则纪纲法度必粲然可观，礼乐刑政必四达而不悖，而政事无一之不修举矣。夫君臣之身，乃万民之所观仰也。君臣之政化既行，则天下之习俗，其有不美者乎？吾观夫林林而生者，其质虽不齐，今皆为于变时雍之归；总总而群者，其情虽不一，而皆有遍为尔德之洽。虽风之偃草，地之敏树，有不足以喻其速者矣。抑又论之，克艰之道，禹为舜陈，而舜以天下让，实基于此也。何也？盖克艰之辞，方于禹而允若兹之语，即契于舜，是既有味于其言矣。异时，禅禹之辞有曰：“汝惟不怠，总朕师。”② 又曰：克勤克俭，不矜不伐，终陟元后焉。③ 则舜以天下授禹，非独以其治水之功，实以其克艰之故也。然则是道也，实万世君臣为治之本原也。孔子曰：“为君难，为臣不易。”④ 岂不信哉？

15. 文命，敷于四海，祗承于帝。曰：“后克艰厥后，臣克艰厥臣。”⑤

当德化已敷之后，正君臣责难之时，是何古大臣也告君若是其至欤！盖德化未敷，常情皆知其难；德化已敷，虽一时君臣，不能视之以易此（阙一字）。治之原往（阙一字）起于大治既成之后者，此之故耳。故文德之敷禹，虽可以祗承于帝，而无愧克难之戒。禹方以为君臣之责，而不辞有虞之朝，必非以文命既敷，而有以易心者。禹之相

---

① 参见《孟子·万章上》：“贵，人之所欲，贵为天子，而不足以解忧。”

② 《虞书·大禹谟》帝曰：“格，汝禹！朕宅帝位三十有三载，耄期倦于勤。汝惟不怠，总朕师。”

③ “克勤克俭，不矜不伐，终陟元后焉。”这是一段经过了缩合的引文，参见《虞夏书·大禹谟》帝曰：“克勤于邦，克俭于家，不自满假，惟汝贤。汝惟不矜，天下莫与汝争能。汝惟不伐，天下莫与汝争功。予懋乃德，嘉乃丕绩，天之历数在汝躬，汝终陟元后。”

④ 《论语·子路》定公问：“一言而可以兴邦，有诸？”孔子对曰：“言不可以若是其几也。人之言曰：‘为君难，为臣不易。’如知为君之难也，不几乎一言而兴邦乎？”

⑤ 这是《虞书·大禹谟》的开头部分。文命，大禹的名字。

与警戒，则实恐其有是（阙一字）也。夫岂以一时之治效已成，而可以自已乎。云云。其（阙三字）天下之事，以难为之，则得其所以难；以易视之，则（阙一字）之所以（阙两字）之难。虽四海之大，兆民之众，皆可以渐摩于（阙一字）治。政治之余，视之以易，则泰和至治，熏蒸洋溢，而玩心生（阙一字），吾固未知其所终也。嗟夫，天下无常治之时，而爱君之深者，每致忧于盛治之际。世之为人臣者，任君之事惟（阙三字）未宁，一民未化，有以上廑宵旰之忧，而无以为敬事之实。一日治定功成，民淳俗化，瞻宇宙无复可为，君臣之间，动止相庆，孰能以忧治危民之意，致之言动之间哉？禹之事舜，则有异是焉者，盖自洪水方殷，受任平治。吾观舜之所以命之者曰“汝宅百揆”，曰“亮采惠畴”。其委任付托之重，有非一时群臣所可并者。禹以一身膺委任之重，其所以（阙一字）而祗顺者，宜何如其尽吾力也。今也地平而天成（阙三字）而三事和。当是之时，德洽民心，光至海隅，恭已无为于（阙一字）。东渐西被之声教，有不知其所以然者，皆禹之力也。回思下民昏垫之初，底于今见四方风动之效，其艰难如此，继自今告厥成功之后，亦可以少致吾敬君之初意，而庙堂之上，都俞相与，自此亦可以少宽其忧矣。而禹之意则曰：君臣教理之道，不难于未治之日，而难于既治之时，逸居无教之初，不可以易心为之，而万邦作乂之后，正当以为难而不可以为易也。矧宇宙生民之责，萃于君相之身，一理有亏，即君道之所欠，匹夫不被其泽，则受（阙一字）职任夫事者，其责有不得辞。天下至大，玩心易生，罔游于逸，罔淫于乐，伯夷之言，所当戒也。兢兢业业，一日二日万几。皋陶之谟，不可忽也。谨御辔于康庄之途，慎舟楫于恬静之顷，则德化之已敷者益深，治功之已盛者益著。盖至（阙两字）而禹承敬之意，而后为尽耳。虽然，君道如舜，臣道如禹、皋、稷、契，亦云至矣。而禹犹拳拳焉，何哉？吁！此其为圣人之治也。盖圣人之心，德愈盛而愈下，治愈隆而愈不足，其（阙两字）警戒之意凛然，若遭至危而临大患者，盖其心真见治之不足恃，非心实自足而姑为是责难之辞也。吁！太和文德之治，非后世之所可及欤！

16. 嘉言罔攸伏，野无遗贤，万邦咸宁。稽于众，舍己从人，不虐无告，不废困穷，惟帝时克。①

求言而任贤，盛治所由基。虚己以好贤，圣人之所独。夫惟善道登用，而后天下无不安之民。亦惟圣人在上，而后天下无不用之贤。苟非圣人，莫能及也。是故言之上者无所伏，人之贤者无所遗，其有以使天下之民，咸被其泽，而得其所者宜矣。然非圣人之忘私顺理，岂能稽众人，而使善言之不弃；非圣人爱民好士，岂能不虐不废，而使贤才之无遗？此所以惟帝能之，而非常人所及也。禹难如此。云云。天下之安危，系乎善言之进退。而善类之（阙两字。思齐试补：进退），又系乎君心之公私。言治者，所以深探其本，而极陈之也。盖言者所以通上下之情，贤者所以立邦家之基，苟善论有一之

① 《虞书·大禹谟》帝曰：“俞！允若兹，嘉言罔攸伏，野无遗贤，万邦咸宁。稽于众，舍己从人，不虐无告，不废困穷，惟帝时克。”

未达，贤才有一之或遗，则民之不得其所者多矣。然则，谓天下之安危，不系乎善言之进退，不可也。谏在臣，听在君，德在人，用之在君。苟非人君有大公无我之心，有视人犹己之量，则谗谄至而公议微，礼貌衰而贤者去。欲贤无遗，而言罔攸伏，得乎？然则，谓善言之进退，不系乎君心之公私，不可也。古人之能尽此道，而致此效者，其惟帝尧乎？贱而刍荛，皆得以尽其情，微而草茅，皆得以伸其论，则善言固无所伏矣。居宽闲之野。皆将有职于朝，处寂寞之滨，皆将有位于列，则贤者固无所遗矣。夫是以政（阙一字。思齐试补：治）而民安，风移而俗易，四方有盘石之固，天下犹泰山之安，万邦咸宁，亦其效之所必至也。虽然，訑訑颜色，拒人于千里之外，一夫不获（阙一字。思齐试补：用），主罔与成厥功？苟知有已，而不知有人，欲言之毕达者，犹之覆巢取卵而凤鸟不至，刳胎焚林而麒麟不游。苟虐无告而废困穷，欲贤者之毕集也难矣。圣人惟知乎此也。博询众庶，而不惮咨访之勤。闻善则从，而无系吝之意。众人之言且乐闻之，则言之善者可知矣。善论岂有抑而未达者乎？民之颠连而无告，人所易虐者也，而不之虐，士之困而处穷，人所易废者，而不之废。于无告困穷，且加意焉，则人之贤者可知矣。贤才岂有不录者乎？夫惟大公无我故，能舍己以从人。惟其德盛礼恭，故能不虐而不废。断以“惟帝时克”者，非常人之所能为也。“惟”之为言，独也。尧之外无余人。“克”之为言，能也。尧之水莫能及。自非圣人深见其道之未易尽，安能究极至此也哉？程子曰：舍己从人，最为难事。已者，我之所有。虽痛舍之，犹惧守己者固，而从人者轻。此所以非帝尧莫能及也。虽然，舜绍尧致，治者也。重华协帝，固有自来。观其好察迩言，取人为善，则言之嘉者，必无所伏矣。元恺登庸，九德咸事，则人之贤者，必无所遗矣。当是时也，庶政惟和，万国咸宁，则天下之民，固无不安者矣。君臣告戒，方且指此为克艰之目，而不敢自谓其必能。其战兢惕励，不自满足之心，为何如哉？孔子曰：博施济众，修己安人，尧舜其犹病诸？亦可谓知圣人之心矣。

17. 嘉言罔攸，伏野无遗贤，万邦咸宁。①

善言无不达，贤才无不用，则天下之民，亦无不安矣。夫天下安危，系于贤才之用舍，而尤系于言论之通塞也。故当泰和之世，言之嘉者，既无所伏于下，人之贤者，又无或遗于野，广延众论，悉至群臣。如此，则万邦虽广，又焉有不得其所者乎？善类聚于朝，而善治形于下，固有不期然而然者矣。云云。尝谓：人君之治天下，孰无任贤使能之心？贤者之生斯世，亦孰无致君泽民之念哉？而匹夫匹妇，有不被其泽者，何也？谓言已闻而不必咨，不知伏于下者之难达也。贤已用而不必求，不知困于侧陋者之难进也。夫忠言谠论有不尽闻，则何以周知生民之利病？端人正士有不尽用，则孰与任天下之事功？以是而求治，安不犹却步而求前，倒植而求茂？不可得也。圣人知其然，故赏谏诤以来谠言，集众思以广忠益，使凡古今理乱之故，政治得失之由，孰为利而在所当

① 《虞书·大禹谟》帝曰：“俞！允若兹，嘉言罔攸伏，野无遗贤，万邦咸宁。稽于众，舍己从人，不虐无告，不废困穷，惟帝时克。”

兴，孰为害而在所当去，苟可以安国家利社稷者，知无不言，言无不听，则天下之嘉言举，无所隐伏矣。旁招俊乂，而有德者无不举矣。翕受敷施，而有善者无不容，使凡怀材抱艺者，皆将有职于朝，而无考盘在涧之讥。佩仁服义者，皆将陈力就列，而无白驹空谷之叹，则在野之贤，举无或遗者矣。夫善言必达，则治不昧于所施；贤俊登庸，则政不失于所付。将见道德之所熏陶，教化之所浃洽，跻斯民于仁寿，措斯世于平康，而凡胙土分茅、星罗棋布者，又安有一邦之不蒙其休，而一夫之不获其所者哉？谓之咸宁，信乎。天下之民，举安矣。嗟夫，为治固有其本，而致治必有其要。人君惟能受言如流，求贤如渴，而万邦为之安，此固为治之本也。欲言之罔伏，在于舍己而从人，欲贤之无遗，在于不废困穷之士，是又至治之要也。然非忘私顺理，爱民好士之至，何以及于此哉？帝舜不敢自谓其必能，而归之“惟帝时克”，其一念克难，为何如也？有虞之治，岂偶然哉？

18. 帝德广运，乃圣乃神，乃武乃文。皇天眷命，奄有四海，为天下君。①

圣人萃盛德于一身，故有为于三才之主宰。盖大德者，必受命。圣人所以富有四海，而贵为天子也。吾于古之帝尧见之。帝尧之德，广大而无外，运行而不息。大而能运，则变化不测。故其妙于无迹则为圣为神，显于可见则为武为文。② 皆此德之充周，殆非言语形容所能尽也。夫以是天鉴厥德，用集大命，俾之悉有四海，而君临天下焉。其付畀之重，为何如哉？云云。皇天无亲，惟德是辅。③ 天难忱斯命不易哉。未有盛德，不足以格天。亦未有天命，不佑于有德者也。故用集大命而抚绥万方，必齐圣广渊之成汤也。诞膺天命，以抚方夏，必徽柔懿恭之文王也。汤也，文王也，初无心于得天下，而天自不能不命之。天岂私厚于圣人哉？盖天之于物，栽者培之，倾者覆之，因其材而笃焉。则眷命之隆，付托之重，自不容舍盛德之圣人而他适矣。天于成汤、文王如此，则其于帝尧可知矣。且尧之德，何如哉？自其大而无外者言之，则如天之无不覆帱也，如地之无不持载也。自其运行不息者言之，则如四时之错行、如日月之代明也。以言其圣，则大而能化，非方体之可拘。以言其神，则圣不可知，非推测之所能及。发强刚毅，足以勘定其祸乱。此固赫然可畏之武。贲饰礼乐，足以经纬天地，又所以为焕然成章之文。盖圣神武、文，以粲然有伦者言之，其小德之川流广运；以浑然本体者言之，其大德之敦化圣人之德如此。天于圣人，当何如哉？眷而顾之，所以使之有四海也。顾而命之，所以使之君天下也。四海至广，而圣人有之，则尺地莫非其有矣。天下至大，而圣人君之，则一民莫非其臣矣。至富之无敌、至贵之无伦如此，圣人果何以得

---

① 《虞书·大禹谟》：益曰：“都，帝德广运，乃圣乃神，乃武乃文。皇天眷命，奄有四海为天下君。”

② 参见蔡沈（1167—1230，字仲默）《书经集传》对“帝德广运，乃圣乃神，乃武乃文”的解释：“广者，大而无外。运者，行之不息。大而能运则变化不测，故自其大而化之而言，则谓之圣；自其圣而不可知而言，则谓之神；自其威之可畏而言，则谓之武；自其英华发外而言，则谓之文。”

③ 《周书·蔡仲之命》：“皇天无亲，惟德是辅。民心无常，惟惠之怀。”

此于天哉？无他。有大力量，则有大负荷。夫以四海之广，群生之众，皆受制于一人，非聪明睿智足以有临，其孰能与于此帝尧？自唐侯特起为帝，凡其绥来动和而措天下，如太山之安；除残去暴而跻群生，于仁寿之域。使雍熙之治，独高于五帝，而冠绝乎百王，皆神圣武、文之功用也。而岂徒然哉？或者，以为益①之此言，非以美尧，且以规舜，是未知颂美之辞，异乎规戒之体者也。又乌足以知圣人也哉？虽然，舜绍尧以致治者也，浚哲文明，温恭允塞。② 舜之大德，亦尧之大德也。历数在躬，故自耕稼陶渔，以至于帝舜之得位，亦尧之得位也。先圣后圣，其揆一也，而何以优劣疑之哉？抑又论之，大德为必受命者，其常也。若吾夫子，温良恭俭让之德，止闻侯国之政，终不能朝诸侯、有天下者，是又其变。然而，尧舜能以其道治天下，孔子又推其道以教万世，其功又有大于尧舜者焉。善乎，宰我之言曰："以予观于夫子，贤于尧舜远矣。"③

19. 益曰："吁！戒哉！儆戒无虞，罔失法度，罔游于逸，罔淫于乐。任贤勿贰，去邪勿疑，疑谋勿成，百志惟熙。罔违道以干百姓之誉，罔咈百姓以从己之欲。无怠无荒，四夷来王。"④

大臣嗟叹，以进戒于其君，盖欲其君道之无不尽而致其远，人之无不服也。夫远，人岂易格哉？顾君道之尽何如耳？为大臣者，岂容已于言乎？昔者，益之戒舜，⑤ 其知此矣。先吁后戒，而欲使其听言之审。首曰"戒哉"，而能致其陈善之诚，盖君道至难尽也。尽之之要，未有不自此戒而始也。况当天下无虞之时，法度未至于废弛，故戒失坠；逸、乐易至于纵恣，故戒其游、淫。言此三者⑥，人君之所当谨畏也。然未可以为至也。任贤，以小人间之，谓之贰，则欲其勿贰。去邪，不能果断，谓之疑，则欲其勿疑。谋为，揆于理而未安者，则勿成焉。志虑，谋于心而未发者，则惟熙焉。罔违乎道

---

① 益：即伯益，又称伯翳。伯益为中国上古史传说中尧舜时代的部落首领，传说为尧时臣子，舜时任虞官，主管山泽。

② 《虞书·舜典》："曰若稽古帝舜，曰重华协于帝。濬哲文明，温恭允塞，玄德升闻，乃命以位。"

③ 《孟子·公孙丑上》："宰我、子贡、有若，智足以知圣人，汙不至阿其所好。宰我曰：'以予观于夫子，贤于尧、舜远矣。'子贡曰：'见其礼而知其政，闻其乐而知其德，由百世之后，等百世之王，莫之能违也。自生民以来，未有夫子也。'有若曰：'岂惟民哉？麒麟之于走兽，凤凰之于飞鸟，泰山之于丘垤，河海之于行潦，类也。圣人之于民，亦类也。出于其类，拔乎其萃，自生民以来，未有盛于孔子也。'"

④ 《虞书·大禹谟》益曰："吁！戒哉！儆戒无虞，罔失法度。罔游于逸，罔淫于乐。任贤勿贰，去邪勿疑。疑谋勿成，百志惟熙。罔违道以干百姓之誉，罔咈百姓以从己之欲。无怠无荒，四夷来王。"

⑤ 益，人名，指伯益。

⑥ 三者，指人君当戒惧的三个主要方面，即不守法度、逸豫无厌和戏乐无度。

义之正，罔咈乎人心之公，于是八者①，皆人君之所当戒惧者也。果能以此道而无怠于心，无荒于事，则治道益隆，四海之远，莫不归往。盖有不期然而然者矣。为人上者，可不以君道而以为来远人之计哉。云云。伯益（阙两字）禹克艰（阙两字）之谨，其旨如此（阙九字）之言，而人主不可（阙三字）之助（阙二十字）以为（阙两字）则不（阙十五字）论以（阙十八字）戒之一辞（阙两字）立（阙一字）之（阙十四字），果何所见于此哉？盖治不忘（阙两字），不忘（阙一字），此大臣之（阙两字），而欲其君道之无不尽也。夫（阙一字）所（阙两字）为所当为，（阙三字）之民，未有不心悦而（阙两字）者矣。治道（阙两字）四方（阙四字）之心，虽不期于远人之至，而远人之（阙一字。思齐试补：慕）义向化，自（阙三字）于圣人之世矣。伯益之道，戒其知所当务哉。夫戒之为美，大矣。大臣所以（阙一字。思齐试补：宜）戒哉。（阙两字）辞而寓其深长之意者（阙两字），不切事情之谈，以（阙一字）而（阙一字）动其君之听哉。盖戒者一（阙一字）之准，百为之原，为君而苟不知戒，则理欲之分不明，而修己治人之道废矣。故当朝廷清明，海宇宁谧，此天下无虞之时也，人君于法度则易失，于逸乐则易纵。惟儆戒之心，先人以为之主，则法度之扃牖，吾见其能守矣。逸乐之萌芽，吾见其能杜矣。夫如是，则心正身修，义理昭著，而于人之贤否，孰为可任，孰为可去；事之是非，孰为可疑，孰为不可疑，皆有以寓其几微，而绝其蔽惑之患，故其天君泰然，百体从令，清明在躬，志气如神。而于天下之事，孰为道义之正而不可违，孰为人心之公而不可咈，皆有以处之，而不失其理焉。益之此言，甚有次第。详其惩戒之本旨，无非欲人君以是八者，内无怠于其心，外无荒于其事，尽君道之所当尽，而致其治道之隆，则远人之归，可计日而待矣。虽然，圣人之治，不过九州，东夷西戎，言语不通，未易格也。南蛮北狄，道路寥远，未易至也。今也合四夷之众，而无间于来王之心，是岂无其故哉？亦惟圣人君道之能尽耳。伯益之为帝舜规，其旨微矣。尝因伯益之言，而思之舜。帝德罔愆，由仁义行，而于逸乐无有也。元恺登庸，四凶摈斥，而于邪正之辨至明也。兢兢业业，善与人同，其于君道，无不尽也。夫圣莫圣于舜，而益岂不知之？其进职之（阙五字）而不足者，何哉？盖大臣忧国爱君之心，（阙七字）欲勉其所未至，况处乎崇高之位！所以儆戒者，当如是也。厥后周公之告成王，抑亦得伯益之遗意者欤。观其《无逸》之书，以“呜呼”而发其端②，以“无皇、

① 八者，此指人君所当戒惧的八个方面，也就是八“不要”：不要产生失误，不要放弃法度，不要放纵游逸，不要过度享乐，不要忘记任人唯贤，不要犹豫铲除恶人，不要违背常道来求得民众的赞誉，不要违背民众来顺从自己的私欲。

② 《周书·无逸》周公曰：“呜呼！君子所，其无逸。先知稼穑之艰难，乃逸，则知小人之依。相小人，厥父母勤劳稼穑，厥子乃不知稼穑之艰难，乃逸乃谚。既诞，否则侮厥父母曰：‘昔之人无闻知。’”思齐按：这是《周书·无逸》的开头部分。

耽乐”而为之戒。① 其意，古之大臣，务引其君以当道，而尽责难之恭。吾于伯益、周公见之矣。有志于唐虞、成周之盛者，不可不考于斯。

20. 帝德罔愆，临下以简，御众以宽。罚弗及嗣，赏延于世。宥过无大，刑故无小。罪疑惟轻，功疑惟重。与其杀不辜，宁失不矜。好生之德，洽于民心，兹用不犯于有司。②

君德寓于立法行仁者，其感深；民心叶于迁善远罪者，其化盛。此圣人之所以感乎下，与斯民之所以化乎上者，一人心之相为流通也。昔帝德之罔愆，而临御以宽简为本，凡其用刑行赏，或有所疑，则常屈法以申恩，不使执法之意，胜其“好生之德”。此其仁爱之心，得以行乎常法之外，而入于民心之深也。上焉而好民之心如此，下焉而自好其生者，莫不观感向化之同，迁善远罪之至，而不犯于有司之法矣。吁，此皋陶以帝舜美其功，而归功于帝也欤。云云。大哉，仁心之相周流乎！其所以为圣德君临之至，而民心向化之机乎。何则？天地之大德曰生，则天地生物之心而已。圣人以天地之心为心，所以好民之生者，此也。斯民以圣人之心为心，则所以自好其生者，同此心也。圣人而好民之生，则君临于上而不忍于法者，非此心之所由；推乎斯民而自好其生，则向慕于下者，非此心之所感乎？一心流通，贯彻乎君民上下之交，而斯民之不犯，盖在于君德之好生矣。且皋陶为士师之官，则上不用刑，而下不犯法者。皋陶之法守也，何拳拳于帝之德欤。盖谓帝德之盛，非一善之可名，而无一毫之或过也。上烦密，则下无所容，而帝之“临下以简”，则无烦（阙一字。思齐试补：密）之法矣。御众者急促则扰（阙一字。思齐试补：众），而帝之“（阙一字。思齐试补：御）众以宽”，则无（阙两字。思齐试补：扰众）之政矣。刑（阙四字）恶而（阙十四字）而令，则远延于世矣。（阙一字。思齐试补：夫）所犯虽大，必宥不忌，故（阙三字。思齐试补：犯法者）必刑，则凡刑罚之用，不亦原情而定罪乎。罪有可疑，用轻以罚之；功有可疑，则重以赏之。③ 以其刑罚之施，不亦刑而厚赏乎？一或杀之，则恐陷于非辜。不杀之，则或失之轻纵。是又非圣人至公至正之心矣。而圣人则曰：与其杀之而害彼之生，宁姑全之而自受失刑之责。此其仁爱忠厚之志何，莫非“帝德罔愆”，而好生之本心哉。是心也，默寓于用刑行赏之中，洋溢乎屈法申恩之日，则其深入人心者，不

---

① 《周书·无逸》周公曰：“呜呼！继自今嗣王，则其无淫于观、于逸、于游、于田，以万民惟正之供。无皇曰：‘今日耽乐。’乃非民攸训，非天攸若，时人丕则有愆。无若殷王受之迷乱，酗于酒德哉！”

② 《虞书·大禹谟》皋陶曰：“帝德罔愆，临下以简，御众以宽；罚弗及嗣，赏延于世。宥过无大，刑故无小；罪疑惟轻，功疑惟重；与其杀不辜，宁失不经；好生之德，洽于民心，兹用不犯于有司。”

③ 参见蔡沈《书经集传》对《虞夏书·大禹谟》经文“罪疑惟轻，功疑惟重”这两句经文的解释：“罪已定矣，而于法之中，有疑其可重可轻者，则从轻以罪之。功已定矣，而于法之中，有疑其可轻可重者，则从重以赏之。”

啻沦于肌肤，浃于骨髓。由是而斯民渐染于德化之中者，曰：吾君而不忍伤民之生，而吾民者可不自爱其生乎？兹其所以迁善远罪，而不犯于有司也。由是而沐浴膏泽之下者，曰：吾君而不忍残民之生，为吾民而可不自好其生乎？兹其所以趋善避恶，而不犯于有司也。夫刑，期无刑者，有司之责。而斯民之不犯，则吾君好生之至焉；辟，以止辟者，固有司之职耳。而斯民之不犯，则吾君好生之至焉。上有“好生之德”，则下有不犯之休。此皋陶以斯民之不犯者，归美于舜欤。前乎此，而舜之训曰“惟刑之恤哉”。① 既而，命皋陶者曰“惟明克允”者矣。② 至此，而归美于皋陶也，则以“惟兹臣庶，罔或干于正者”言之。③ 皋陶岂愧于帝舜之命哉！今也不居其功，而归功于舜。抑又知所本矣。而舜之意，则未然也，故曰：“俾予从欲以治，四方风动，时乃之休。”④ 则舜之拳拳于皋陶者，何如哉？呜呼！皋陶作士，而不有帝舜之德，固无以使民不犯，而刑措不用也。帝舜好生，而不有皋陶之功，亦何以奉宣良法，而广上之德意耶？传曰：“舜以不得禹，皋陶为已忧。”⑤ 信矣。

21. 人心惟危，道心惟微，惟精惟一，允执厥中。无稽之言勿听，弗询之谋勿庸。⑥

存于内者，守乎理之正。接乎外者，绝乎人之私。此圣人传心之要也。盖圣人之所以为圣者，以其内外之交相养乎。昔者，舜之命禹，谓：夫人心本一，囿乎形气，则为人心。本乎性命，则为道心。心非道，则无所主而愈危。道非人，则无所寓而愈微。诚能精以察之，一以守之，则此心所存，纯乎天理之正，而此心所守，莫非至中之体。允而执中，又安有过不及之失哉？然心学有全体，所当信者，天理之公；所不当信者，人情之私。彼无稽之言者，不师古之言也。弗询之谋，无参考之私谋也。其与中相反，甚矣。必也拒之而勿听，绝之而勿庸，庶乎私情不为天理之累，而执之有得于中者，亦固焉。吁！内外之交相为养，斯所以全其大中之道欤。云云。尝谓：人皆知圣人之谨诸内，所以全吾心之天，而不知圣人之谨诸外，亦所以全吾心之天。盖谨诸内者，存诚之本，而谨诸外者，闲邪之机。始焉，养乎内，以察其外；终焉，制乎外，以安其内。内

---

① 《虞书·舜典》：“象以典刑，流宥五刑，鞭作官刑，扑作教刑，金作赎刑。眚灾肆赦，怙终贼刑。钦哉，钦哉，惟刑之恤哉！”

② 《虞书·舜典》帝曰：“皋陶，蛮夷猾夏，寇贼奸宄。汝作士，五刑有服，五服三就。五流有宅，五宅三居。惟明克允！”

③ 《虞书·大禹谟》帝曰：“皋陶，惟兹臣庶，罔或干予正。汝作士，明于五刑，以弼五教。期于予治，刑期于无刑，民协于中，时乃功，懋哉。”

④ 《虞书·大禹谟》帝曰：“俾予从欲以治，四方风动，惟乃之休。”

⑤ 《孟子·滕文公上》：“尧以不得舜为已忧，舜以不得禹、皋陶为已忧。”思齐按，这篇书义的作者，把《孟子》中的这两句话，看成是对《尚书》经文的解释，因此说“传曰”。传，注释或阐述经义的文字。

⑥ 《虞书·大禹谟》帝曰：“……人心惟危，道心惟微，惟精惟一，允执厥中。无稽之言勿听，弗询之谋勿庸。可爱非君？可畏非民？众非元后，何戴？后非众，罔与守邦？钦哉！慎乃有位，敬修其可愿，四海困穷，天禄永终。惟口出好兴戎，朕言不再。”

外之间，夫亦兼致其谨而已。且人皆有是形也，故虽上智，不能无人心。心皆有是性，故虽下愚，不能无道心。是心也，一而二，二而一者也。是故，舍道而徇乎人，则荡于情欲，将危殆而不安矣；离人而求道，则流于虚无，益微妙而难明矣。精以察之，而常使人心不汩乎道心；一以守之，而常使道心不陷乎人心。夫如是，而后有依据，无所偏倚，而此理体以具，所谓中者，信乎其可执而不失其理之正矣。虽然，中有所执，是果无所用其心哉？天下之理，会于一致，散于万殊，运（阙三字）无乎不在。交际之顷，尤圣人之所深虑也。盖人惟一心（阙一字）之者，众一听之不审，则彼之投此之（阙一字。思齐试补：私）也。一谋之（阙两字。思齐试补：不审），则彼之谋此之蠹也。是故（阙一字。思齐试补：一）辞之蔽，（阙两字。思齐试补：一谋）之（阙四字。思齐试补：蠹，非不审）之言也，乃人情之私也。要当绝之，而不（阙十一字），曰中道之已执，可保其不作（阙六十三字）其中。此圣人养心之极功，传心之（阙一字。思齐试补：微）旨。舜禹授受之际，是将何求哉？自是以来，成汤、文武之为君，伊、傅、周、召之为臣，既皆以此而接乎道统之传。吾夫子，虽不得其位，而所以继往圣，开来学，其功盖与尧舜并。《鲁论》一书①，皆圣人言行之所萃。观其曾子②一贯叹中庸之鲜能，无非以精一之理，示当时学者。至于口给之屡憎，佞人之必远，尤汲汲为申言之。盖与大舜无稽、勿听、弗询、勿庸论，越宇宙而同一关键也。噫！微圣人，吾谁与归？

思齐按：在《古文尚书·大禹谟》中有“人心惟危，道心惟微，惟精惟一，

---

① 陆德明《经典释文》卷第一《叙录》：“《论语》者，孔子应答弟子及时人所言，或弟子相与言，而接闻于夫子之语也。当时弟子各有所记。夫子既终，微言已绝。弟子恐离居以后各生意见而圣言永灭，故相与论撰，因辑时贤及古明王之语合成一法，谓之《论语》。郑康成云：仲公、子夏等所撰定。汉兴，传者则有三家。《鲁论语》者，鲁人所传，即今所行篇次是也。常山都尉龚奋、长信少府夏侯胜、丞相韦贤及子玄成、鲁扶卿、太子少傅夏侯建、前将军萧望之并传之，各自名家。《齐论语》者，齐人所传，别有《问王》、《知道》二篇，凡二十二篇。其二十篇中，章句颇多于《鲁论》。昌邑中尉王吉、少府宋畸、琅邪王卿、御史大夫贡禹、尚书令五鹿充宗、胶东庸生并传之，唯王阳名家。《古论语》者，出自孔氏壁中，凡二十一篇。有两《子张》，篇次不与齐、鲁《论》同，孔安国为传，后汉马融亦注之。安昌侯张禹受《鲁论》于夏候建，又从庸生、王吉受《齐论》，择善而从，号曰《张侯论》，最后而行于汉世。禹以《论》授成帝。后汉包咸、周氏并为章句，列于学官。郑玄就《鲁论》张、包、周之篇章考之《齐》、《古》，为之注焉。魏吏部尚书何晏，集孔安国、包咸、周氏、马融、郑玄、陈群、王肃、周生烈之说，并下己意，为《集解》，正始中上之，盛行于世，今以为主。”

② 曾，增也，重复，反复。子，孔子。《论语·雍也》子曰：“中庸之为德也，其至矣乎！民鲜久矣。”此外，孔子还多次论述中庸。比如，在《礼记·中庸》篇中，孔子就有五次直接讲到中庸。仲尼曰：“君子中庸，小人反中庸，君子之中庸也，君子而时中；小人之中庸也，小人而无忌惮也。”子曰：“人皆曰予知，驱而纳诸罟护陷阱之中，而莫之知辟也。人皆曰予知，择乎中庸，而不能期月守也。”子曰：“回之为人也，择乎中庸，得一善，则拳拳服膺弗失之矣。”子曰：“天下国家可均也，爵禄可辞也，白刃可蹈也，中庸不可能也。”子曰：“素隐行怪，后世有述焉，吾弗为之矣。君子遵道而行，半涂而废，吾弗能已矣。君子依乎中庸，遁世不见知而不悔，唯圣者能之。”

允执厥中”十六个字。宋儒把这十六个字看作尧、舜、禹心心相传的个人修养功夫和治理国家的原则，称为“十六子心传”。宋·史浩《尚书讲义》卷三对此有所论述，有助于我们理解其本来的含义，并可由此而见王充耘本篇之妙处。以下为史浩文。

“帝曰：‘来，禹！洚水儆予，成允成功，惟汝贤；克勤于邦，克俭于家，不自满假，惟汝贤。汝惟不矜，天下莫与汝争能；汝惟不伐，天下莫与汝争功。予懋乃德，嘉乃丕绩。天之历数在汝躬，汝终陟元后。人心惟危，道心惟微，惟精惟一，允执厥中。无稽之言勿听，弗询之谋勿庸。可爱非君？可畏非民？众非元后何戴？后非众罔与守邦。钦哉！慎乃有位，敬修其可愿。四海困穷，天禄永终。惟口出好兴戎，朕言不再。’禹曰：‘枚卜功臣，惟吉之从。’帝曰：‘禹！官占，惟先蔽志，昆命于元龟。朕志先定，询谋佥同，鬼神其依，龟筮协从，卜不习吉。’禹拜稽首，固辞。帝曰：‘毋！惟汝谐。”正月朔旦，受命于神宗，率百官若帝之初。’”

舜虽念皋陶之功，而属禹之意愈笃，乃曰“洚水儆予”。洚水，洪水也。天降灾祥，所以儆戒予，而地平天成之功，他人不能办也。故曰“惟汝贤，克勤于邦，克俭于家”，若所谓无间然者，而又不敢自溢自大，此又他人不能及也。故曰“惟汝贤，不矜不伐”，而天下之功能悉归焉。“予懋乃德，嘉乃丕绩”，其德其功，果在皋陶之上，是天之历数，在汝躬无疑矣。我老汝摄，终当陟元后，盖天命已定，不可辞也。于是告之以历代圣人所传之道曰“人心惟危，道心惟微，惟精惟一，允执厥中”也。惟皇上帝降衷于下民，是以历代圣人，执其两端，而用其中于民。民既受中以生，非天作之，君作之，师以辅翼之，则其中安保不迷而失之耶？然则中者，君天下之纲领，而历代帝王受命之符也。舜命禹之言，尧盖尝以语舜矣。《鲁语》所谓尧曰“咨尔舜”是也。且喜怒哀乐之未发谓之中，既曰未发，何时而见此道心也？岂不微乎？惟其发而中节，人始知其自中出也。不从中出，则喜怒哀乐四者之动，吉凶悔吝生焉。此人心也，岂不危乎？夫心一而已，自其静者言之，则道心不可见，自其动者言之，则人心多妄作。惟能心悟而自得，得其中于喜怒哀乐未发之前，则发而皆中节矣。孰不为喜？圣人之喜，则天下鼓舞于春风和气中矣。孰不为怒？圣人之怒，则一怒而安天下之民矣。以至哀则为礼，以防万民之伪；乐则为乐，以防万民之情。以其中节故也。然则何以知之？惟精惟一而已。精者，杳兮冥兮，不专心致志则不得。道心之静也，一者为物不贰，一之所起，人心之动也。有一则两端具矣。两端具，则可中取矣。不于一而中取，则二三其德，而动罔不凶矣。舜执其两端而用中于民，以其得一也。得一者，心有所得于喜怒哀乐未发之前，所谓心悟也。通于一，则万事毕矣。自道而出，惟一可以见，中道生一故也。尧、舜、禹三圣，相授以一道中而已矣。圣人既已得是道，发而无不中节者，不失其道心也。本于道心，则不可以人心间之，而世之人，岂能皆知道心乎？无稽之言，弗询之谋，非奸则佞，此人心也，岂可信乎？抚我则后，虐我则仇，可爱可畏，此人心也，岂可恃乎？汝其钦哉！修其可愿。民之所欲，天必从之，而况君乎？使鳏寡孤独困穷之民，罔不获所，为君之职尽矣。则于万斯年，永绥尔禄，宜也。此天禄永终也。夫口者，祸福之门，既能出好兴戎，吾言一出，祸福所系，汝岂可不从吾命乎？禹之不愿为君，出于诚实；舜之所以属禹，坚确不移。禹乃曰“枚卜功臣，惟吉之从”，使舜取在廷之功臣，若皋陶、益、稷辈，人人卜之也。卜之而吉，则予之。夫举天下以予人，不由于心，而独付之卜筮，何容易哉？此乃禹惊惧之际，迫切之辞也。于此，可以深知其不敢当也。《洪范》稽疑之畴，凡卜筮，皆本于汝则从，然后谋之龟，筮卿士、庶民也。今使舜泛然卜之龟筮，可乎？故舜告之曰“官占，惟先蔽志”，此汝则从而方谋之龟筮也。日官之占，必先蔽自朕志，然后求卜。今朕志先定，然后询谋于人而佥同，卜之龟筮而协从，质之鬼神而无疑矣。我其已卜，岂可再乎？习，再也。若习坎之习。傥再卜之渎，则不告矣。禹至是何言乎？惟拜而坚辞也。舜曰“毋”。毋者，勿复辞也。他人无以当朕意者，故曰“惟汝谐”也。月正元日，受命于神宗。有虞氏祖颛顼，而宗尧，告于尧庙也。凡即庙之礼，悉如舜之初受命也。抑尝论舜、禹之相受如此，而孔子叹，道之巍巍，乃曰舜、禹之有天下而不与焉，何哉？盖以尧之治，纯于道。舜禹之治，自道而向于德，民有德以名之也。故《舜典》、《禹谟》，无非阐扬其德之见于事功者也。非若尧荡荡，而民无能名焉。向非舜剖露危微之心、精一之学，后世何以知舜、禹得尧之传乎？孔子正惧学者之于典谟，止求事功之迹，而不求舜、禹精一之妙，故于洙泗之教，发是警策也。然则舜禹之圣，不在于得尧之天下，而在于传尧之道明矣。呜呼，盛哉！

《皋陶谟》①

22. 皋陶曰：“都！在知人，在安民。”禹曰：“吁！咸若时，惟帝其难之。知人则哲，能官人。安民则惠，黎民怀之。”②

大臣美其言，而欲尽知仁之事，同列叹其难，而推论知仁之效。盖“知”、“仁”二者，诚治道之所系，而欲行以致其效，则未易能也。观禹、皋陶答问之辞，乃见矣。方皋陶叹美而言也，以为知以知人，仁以爱人二者，乃为治之要道，固不可偏废也。而禹吁而不尽然之，以为既“在知人”，又“在安民”。二者兼举，虽帝尧亦难能之，何也？盖知人则见之明，而能尽官人之道，“安民则惠”之博，而能致黎民之怀。知人之

① 《书序》：“皋陶矢厥谟，禹成厥功，帝舜申之。作《大禹》、《皋陶谟》、《益稷》。”思齐按：《大禹谟》、《皋陶谟》和《益稷》，三篇同序。宋·蔡沈《书经集传》卷一：“《皋陶谟》，今文、古文皆有。”

② 《虞书·皋陶谟》皋陶曰：“都！在知人，在安民。”禹曰：“吁！咸若时，惟帝其难之。知人则哲，能官人。安民则惠，黎民怀之。能哲而惠，何忧乎欢兜？何迁乎有苗？何畏乎巧言令色孔壬？”

效，其大如此，是果可以易能哉？大臣知知人之效为甚难，则必行以求之矣。尝谓：用人之当否，乃治乱之所系。而民心之叛服，又兴亡之攸基。二者之间，不可不加之意也。然官人非难，而尽知人之道为难。使吾心之明，无幽不烛，则不患用人之不当矣。得民非难，而尽安民之道为难。使吾心之仁，无远而不届，则不患民心之不归矣。何也？盖天下之人，善恶之相杂，知愚之相混，苟吾之明，不足以察之，则君子在野、小人在位者，有之矣。此知人所以为难也。天下之民，好尚之不齐，从违之靡定，抚之则后，虐之则仇。苟吾之惠，不足以周之，则暑雨祈寒，民情怨咨者，有之矣。此安民所以为难也。大禹皋陶之相答问，必声嗟气叹，而不自已者，其亦有见于此欤。甚矣！人心之不可不察，而民情不可以不安也。玉表者石中①，凤鸣者鸷翰②。优于赵、魏老者，不可以为滕、薛大夫。③ 此为治，所以必在于知人也。寒者欲衣，饥者欲食，鳏寡独孤者之欲得其所，此为治之必在于安民也。二者有一之或缺焉，则非所以为治矣。然皋陶既叹美而言之矣。禹之大圣，宜亦心领而神会矣。乃吁而不尽然之，复以为二者兼举。虽帝尧之圣，亦难能之，何哉？禹之意，岂不曰：知人，知之事；安民，仁之事也。其知如神，莫帝尧若矣。然驩兜之咨，共工之举，犹不能无惑焉，则知人非帝尧之所难乎。其仁如天，亦莫帝尧若矣。然博施济众，修己安人，犹且以为病焉，则安民非帝尧之所难乎。仁、知兼尽，其难如此。然非可以畏其难，而自阻也。惟思其艰，则可以图其易耳。诚使察人之际，果能有克知之明，灼见之真，则此心湛然，如鉴之空，而妍丑恶，自莫能逃于前矣。如是而官人，吾见在官皆贤能之选，列职皆俊乂之才，宁复有不胜任者乎？治民之际，果能视之如伤，爱之如子，则德洽民心，如春之融，而元元总总，无一夫不被其泽者。如是，则黎民之众，皆欢欣鼓舞而无异情，怀服爱戴而无违心，宁复有梗化者乎？呜呼，知人安民之效，其大盖如此哉。然尝论之皋陶之谟，实推广上文未尽之旨也。皋陶既言，修齐治平，为治道之大纲矣。复因禹之俞，而言节目之要，惟在于知人安民而已。盖人者己之辅，民者国之本。人君所当用力，莫切于此。能知人，则为庶民励翼之权舆矣。能安民，则为近悦远来之枢纽矣。治平之要，不外乎此。此禹所以为甚难，而皋陶复以知人安民之谟陈也。帝舜在上，而皋陶之所答问者，犹如此，所以唐虞之时，野无遗贤，而万邦咸宁也欤。虽然，知人安民固为治之大端，

---

① 玉表者石中：或曰玉表而石中、玉表石中，表面好像美玉，里面却是石头，指表里不一。桓宽《盐铁论》卷七《刺议第二十六》："葶历似菜而殊味，玉石相似而异类。"思齐按：葶历，一种草本植物，种子可以入药。参见明·蔡清《虚斋集》卷五《郭司训兰谷先生赞》："平心如砥，直气如矢。行重三族，才优多士。闭户徒勤，孙敬之功题柱，莫酬相如之志。白首青毡，吾事已矣。呜呼，世或口蜜腹剑而位公孤，或玉表石中而身朱紫。公岂宜然，抑亦命耳。嗟夫，问之舆人，孰为君子？"

② 凤鸣者鸷翰：或曰凤鸣而鸷翰、凤鸣鸷翰，语出扬雄《法言·渊骞卷第十一》"曰：'孔子读而仪、秦行，何如也？'曰：'甚矣！凤鸣而鸷翰也。'"问：如果有人读孔子之书，却像张仪、苏秦那样去做，怎么样呢？答：那就太糟糕了，像凤那样叫而像鸷那样飞！思齐按：凤的叫声优美动听，鸷是一种猛禽。意思是说，嘴里说着圣人的话，实际上却干着欺诈人的事，那就太糟糕了。

③ 《论语·宪问》子曰："孟公绰为赵、魏老则优，不可以为滕、薛大夫。"让孟公绰为晋国赵氏、魏氏的家臣，其才力有余，但是他却不能胜任腾国、薛国这些小国的大夫之职。

而知人又安民之本也。盖君之仁不能自达于民，推其爱以及于民者，尤有赖于臣焉。故贤否不择而庶职瘝废，则人君虽有仁心仁政，而民不被其泽矣。果何所恃以为安耶？此孟子所以曰：“尧、舜之仁不偏爱人，急亲贤也。”① 观《书》者，必有考于斯。

思齐按：湛若水（1466—1560），字元明，明广东增城人。弘治十八年进士，授翰林院编修。嘉靖间，累官南京吏、礼、兵三部尚书。湛若水十分熟悉王充耘所著的《书义矜式》。湛若水《泉翁大全集》卷三一《睟面盎背论》，连用“玉表者石中”和“凤鸣者鹫翰”两个典故，兹录如下。文末评语为阅卷官汤某所下。

睟面盎背论

论曰：人有所不能不形于外者，其天机之所不能已也。（**第一段：破题**）

夫天机之发，森不可遏，其凡可以遏之，而又可以形之者，大抵皆人为也，非天机也。（**第二段：承题**）

惟天机之根于心，虽欲遏之而不可藏也，虽欲形之而不可显也。不可显不可藏，则显与藏皆天，而人不得而预焉。惟人无所不至，而天终不容伪。智巧可以欺乎人，而不可欺乎天，故色庄以为德，足恭以为礼。若可以欺世而盗名，由君子而观之，其发于天机者自别也。孟子曰：“其生色也，睟然见于面，盎于背。”当自仁义礼智之根于吾心者求之。夫水土之积也不厚，则其生物也不能蕃；其植根之不深，则其发于枝叶也不能茂。玉在石而辉，珠藏渊而媚，亦独胡为而然哉？夫物固有以为之机者矣，而况于人乎！而况于君子有德者乎！盖尝观诗人之言，而知周公之德矣。曰：“公孙硕肤，赤舄几几。”夫赤舄亦何预于周公之德，而诗人以是称之？（**第三段：小讲**）

盖其诚于中，形于外，和顺其心，发于面目，畅于四肢，盖自有不可掩者，其天机之不能已乎！（**第四段：缴结**）

夫二五精英，得其秀者为人，人而得其粹者为性，故天有元而人则有仁，天有利而人则有义，天有亨而人则有礼，天有贞而人则有智。仁、义、礼、智，人之所以得于天者也。得于天者，天之机也，非人之所为也，人之所为则非天矣。（**第五段：官题**）

此所以寂而能感，静而能动，内而能外，隐而能彰之枢机也。君子必有事焉而勿正，心勿忘，勿助长，所以存天之机，而不以人力参之也。（**第六段：原题**）

本体自然，不犯手段，积以岁月，忽不自知其机之在我，则其睟于面，盎于背，皆机之发所不能已。而寂不能以不感，静不能以不动，内不能以不外，隐不能

① 《孟子·尽心上》孟子曰：“知者无不知也，当务之为急；仁者无不爱也，急亲贤之为务。尧、舜之知而不偏物，急先务也；尧、舜之仁不遍爱人，急亲贤也。不能三年之丧，而缌、小功之察；放饭流歠，而问无齿决，是之谓不知务。”

以不彰，亦理之常，无足怪者。子思所谓诚则形，形则著，著则明者，皆此物也。故自夫人而观之，冰雪以为清，春风以为和，良玉以为润，雨露以为泽。人徒见若人睟于面也，而不知其所以睟者，非若人为之也。如深山大泽以为丰，如坤德载物之为厚，如日月之为盈，如江河之为溢。人徒知若人之盎于背也，而不知其所以盎者，非若人为之也，非若人为之，其天之机乎！世之人莫知其机之在我，乃至谓尧、舜非性生，仁、义、礼、智为伪为。于是乎动以人而不以天，人者胜而天者泯，其根本日以夔灭，其枝叶日以凋瘁，则虽亡而为有，虚而为盈，约而为泰，周情孔貌，尧步舜趋，无亦作伪，心劳日拙耳。所谓人无所不至，而天不容伪，智巧可以欺乎人，而不可欺乎天，而睟面盎背，其天机之不容已者，卒莫之为也。**（第七段：大讲）**

是故钦明文思，尧之所以如日如云也；祗台德先，禹之所以声律身度也；缉熙敬止，文王之所以穆穆也；温良恭俭让，孔子之所以申申而夭夭也；公孙硕肤，周公之所以赤舄几几也。**（第八段：原经）**

如使天或可以欺，而人或可以伪，则步趋或可以为尧，重瞳或可以为舜，貌似或可以为孔子，折节谦恭或可以为周公，而天机或几乎息矣。**（第九段：余意）**

于乎！世之玉表而石中，凤鸣而鸷翰者多矣。固有大人君子者，吾将契其心而失其形，超乎牝牡骊黄之中，而独得于背面皆忘之外。**（第十段：结尾）**

汤口曰：此论乃元明湛先生在太学时作也。章德懋先生为国子祭酒，出题试诸生，谓连日阅卷，无可意者，后得先生此论，大惊异，称为老友也。

23. 日宣三德，夙夜浚明有家。日严祗敬六德，亮采有邦。翕受敷施，九德咸事。俊乂在官，百僚师师，百工惟时，抚于五辰，庶绩其凝。①

贤材之成德，各有所宜，故人君之用贤，各称其德，而治效为无间也。夫官人之要，量材录用而已。盖世无全人，惟贤材有偏长之德。苟非人君合众德而并用之，则何以成天下之治哉？昔者，皋陶之告帝舜也，谓：贤材非一端，有三德②者，能日宣而夙夜浚明，则使之有家。有六德③者，能日严祗敬，则使之有国。是贤材之成德固难，然人君之用贤尤难。必也合受而敷布之，则九德之人④，咸事其事，而俊乂皆在官矣。上焉百僚相师，以及时而趋事，下焉顺四时而众功皆成焉。然则，贤材自然之德，各著其

---

① 《虞书·皋陶谟》皋陶曰："日宣三德，夙夜浚明有家；日严祗敬六德，亮采有邦。翕受敷施，九德咸事，俊乂在官。百僚师师，百工惟时，抚于五辰，庶绩其凝。"

② 三德：指九德中有其三。

③ 六德：指九德中有其六。

④ 在这里，九，言其多。九德之人，泛指各种各样的具备了某些美德的人，而不强求在一个人的身上九种美德全部具备。九德，九种品德，指栗、立、恭、敬、毅、温、廉、塞、义之德。《虞夏书·皋陶谟》皋陶曰："宽而栗，柔而立，愿而恭，乱而敬，扰而毅，直而温，简而廉，刚而塞，强而义。"

邦家之际，人君当然之任，每极乎庶绩之成，非善于官人者，孰能与于斯。云云。其旨如此。尝谓：九德为贤材自修之本，而用贤又人君致治之原，是何也？自贤材而言之，则九德之备于身者有多寡之殊，而职任之宜于外者有大小之别。三德而为大夫，六德而为诸侯焉。自人君而观之，则九德不必兼全于一人，而任贤必各随其差等，量材审官，度德授位，大以成其大，小以成其小，则朝无旷职，野无遗贤，而天下之治，有不期然而然者矣。苟为不然，凡九德之宜于家邦者，虽皆可官，可使之仁贤，而人君每责备九德于一人之身，借曰：国有仁贤，有而不用，有若无耳。天下奚其治？是以皋陶概言贤材成德之目于其前，而详伸人君用贤之道于其后，反复丁宁，其告君之意，至矣。且夫三德六德者，九德之中有其三，有其六也。九德有其三，而能日日宣明以充广之，早夜浚明，可以为卿大夫，则使之有家焉。九德有其六，而能日日严祗敬之，以治政事，则使之有国焉。此岂非贤材之成德，各有所宜者乎？然有九德者，贤材也。能用九德者，吾君耳。德之多寡虽不同，而人君之举用则无遗。翕受则合众德而并举之，敷施则合众德而遍布之，俾其大而千人之俊，小而百人之乂，皆在官使，则大朝廷百僚，率相（阙一字。思齐试补：效）法，无一官之非贤也。内外百工，及时趋事，无一职之或废也。言其人之相师，则曰百官；言其人之趋事，则曰百工。其实一而已。官得其人，则事无不举。五辰者，四时也。木、火、金、水王于四时，而土则寄王于四季也。百工趋事，则能顺五辰，而不失其序矣。庶绩者众功也。如春之修举政事，夏之劳民劝农，秋之禁暴诛慢，冬之谨盖藏敛积畜，即所谓众功也。抚于五辰，则能成庶绩，而不失其凝矣。此又岂非人君之用贤，各称其德，而治效为无间乎？论至于此，则知日宣日严之有家邦者，即九德咸事之人，俊乂在官。而庶绩其凝者，即三德、六德之士，原贤材之成德，不必分序九德之目，而著其实。推人君之用贤，则能惟以翕受敷施之言，而揭其要。所以深明官人者，在于“量材录用而已”一节。深于一节，皋陶可谓善告君者矣。抑论之皋陶之告舜，一则曰“在知人，在安民”，一则曰“知人则哲，安民则惠”。此盖因言知人之事，而及官人之道也。其曰亦有九德之行，所以述其知人之目也。其曰彰厥有常。吉哉，所以言其有常之实也。所谓日宣日严，非有常之谓乎？所谓三德、六德者，非九德之行乎？天下无弃材，而天下无废事。此唐虞之盛，为不可及也。呜呼，后世殷周，克即宅，克即俊，与夫克知三有宅心，灼见三有俊（阙两字。思齐试补：乂。夫）知（阙九字。思齐试补：俊乂在官，百僚师师者），官人之道，犹仿佛唐虞之际，三代之治所以并隆者，良有以也。奈何，秦汉而降，官失其人，才胜乎德，其视翕受敷施之语，岂不甚可慨也夫。吁！

24. 日宣三德，夙夜浚明有家；日严祗敬六德，亮采有邦。①

德有多寡，而日新之德同，故职有大小，而明治之效同。此圣人录德定位，量能授官之政也。昔者，皋陶陈谟于舜，谓：人于九德之中有其三，日宣而充广之，则使为大

---

① 《虞书·皋陶谟》皋陶曰：“日宣三德，夙夜浚明有家；日严祗敬六德，亮采有邦。”

夫，而复明其有家之政。九德之中有其六，又必日严而祗敬之，则使之为诸侯，而亮采其有邦之政矣。日宣日严，皆所以致其日新之功，故浚明亮采，皆有以致其明治之效。人君明治之要，惟在于设官分职而已。然设官分职，岂拘拘于九德之备哉。夫德固不可求全，而位不可不称其德。必求其备，则下无全人而废事多。不量其材，则德薄位尊，而幸位者众。小之不足以治一邑，况欲大而可治一邦也，亦难矣。惟其德足以胜任，而犹不敢有自足之心，进修之实在我者，有加而无已，则治效之见于家国者，可以有隆而无替矣。且夫人才品秩，固为不齐，总之为刚、柔、正直之三分①，而不出乎宽、栗、强、义之九。九者在人，岂悉备而无缺哉？亦随其所有而取之耳。九者之中有其三，若"宽而栗"，以至"愿而恭"之类是也。岂徒贵其有是三者而已哉？以其能日宣而充广之，使其德之益以著也。如是，使之为大夫，吾知其夙兴夜寐不敢怠遑，而一家之事皆将粲然而有伦，秩然而不紊矣。九德之中有其六，若"乱而敬"，以至"强而义"是也，然亦岂徒有是六者而已哉？以其能日严而祗敬之，使其德之益以谨也。如是，而使之分茅胙土而为诸侯，吾知其必能戒惧，以自持战兢以自保，而一国之政，皆将昭著而可观，振举而不坠矣。然则，为政以德，果何事而不治，亦何为而不成也哉？虽然，三德而有家，六德而有邦，亦特以德之多寡，职之大小，概而言之，初非拘拘于三与六而已也。所贵乎人君者，翕而受之，敷而施之，使九德之人，咸事其事，大而千人之俊，小而百人之乂，皆在官使，以天下之材，任天下之治。唐虞之时，下无违才，上无废事，良有以矣。

25. 无教逸欲，有邦兢兢业业，一日二日万几。无旷庶官，天工，人其代之。②

人臣之戒君，既欲其慎于修己以图治，又欲其谨于用人以共治。盖修己而不可纵者，以事几之可畏；而用人之不可轻者。以所治皆天事也。在昔，皋陶于帝舜之前，言人君无以逸欲而导诸侯，而当兢业以图治。盖一日二日之间，事几之来，且至万焉。一日或纵，则万几荒矣。此所以慎于修己，而不可纵也。既有以修于己，又必谨于用人，故又言：人君无用人非其才，而使庶官废厥职。盖人君代天理物，庶官所治，无非天事。一职或旷，则天工废矣。此所以必谨于用人，而不可轻也。呜呼，皋陶两陈致戒之词于其前，而复两陈为治之要于其后，爱君之心，为何如也！云云。尝谓：人主一心，关系于天下为甚重。下而诸侯之所取法者，君也；上而天命之所付托者，君也。人君任天下之重如此，又安可怠于修己而慢于用人也哉？盖致治之本，固在于己而分治之，则实在于人。苟逸欲而怠荒。则上行而下效。一日纵欲，则几微之祸著。用人而非其才，则上天之工废。此皋陶所以陈谟于帝舜之前也。盖声色之谓欲，宴安之谓逸。人君曷尝

---

① 总之为刚、柔、正直之三分：用三种主要的品德来统归各种具体的品德。《周书·洪范》："三德：一曰正直，二曰刚克，三曰柔克。"三种主要的品德，试比较基督教 cardinal virtues。

② 《虞书·皋陶谟》皋陶曰："无教逸欲，有邦兢兢业业，一日二日万几。无旷庶官，天工，人其代之。"

以是教诸侯哉？然处崇高之位而为天下之仪，则上有好者，下必有甚焉者矣。故人君当以勤率诸侯，而不可导之以逸；当以俭率诸侯，而不可导之以欲。此所以修己而不可纵也。为其修己而不可纵者，以万几之可畏也。盖一日二日为至浅，而万几之来为至多，故必戒慎恐惧以图之。不然，则祸患之几，藏于细微。一日纵欲，则祸几著矣。可不慎于修己，以图治耶？虽然，己既修矣，而天下之大，四海之广，岂一人之所能独理？故内而百揆四岳，外而州牧侯伯，设官分职，与之共治，而人君曷尝使之旷职哉？然庶官，非无其人之谓旷，用非其人，则虽有其职，如无其职矣。此所以必谨于用人，而不可轻也。惟其谨于用人而不可轻者，以天工之可畏也。盖天下之事，无一不本于天。天不能以自治而命之于君，君不能以独治而任之于臣。君也者，代天而理物者也。臣也者，与之共食天禄而共治天职者也。故在选贤任能，不可用非才而旷庶官之职。何则？庶官所治，皆天事也。苟非其人，则天工废矣。可不谨于用人以共治耶？抑尝考之帝曰"咨，汝二十有二人。钦哉，惟时亮天工"①，则舜之不以逸欲导诸侯，而兢业以图之，为可见矣。不轻用人才，而克相天事，亦可知矣。然皋陶之陈谟，而戒之之切如此者，盖"惟圣罔念作狂，惟狂克念作圣"②，故圣君不以德业已盛，而忘儆惧之心；大臣不以吾君无是事，而忘规戒之益。故能保治于无穷也欤！且不特皋陶为然也，吾观禹之告舜曰"无若丹朱傲，惟慢游是好"③，岂非皋陶无教逸欲之谓乎？又曰"万邦黎献，共惟帝臣，惟帝时举"④，岂非皋陶无旷庶官之旨乎？他日，帝庸作歌，有曰"敕天之命，惟时惟几"⑤，则深有感于君臣责难之意矣。吁，盛哉！

26. 天聪明，自我民聪明。天明畏，自我民明威。达于上下，敬哉有土。⑥

天人之理为无二，人君之心当无忽。盖天人一理，通达无间，而敬而无忽，是又合天人而一之者也。是以在昔，皋陶陈谟于舜，谓天之聪明，因民之视听，以为聪明；天之明威，因民之好恶，以为明威。民心所存，即天理之所在。人君敬而无忽，是又合天人而一之者也。盖敬，则不忽乎民，是即不忽乎天也。有天下者，而不知敬谨，奚可哉？人君居天民之两间，上则受乎天眷，下则主乎万民。此可以理论，而不可以势观也。苟以势而观之，则受天之眷，惟知天之尊，而当敬。主乎万民，惟知民之卑，而可

---

① 《虞书·舜典》帝曰："咨！汝二十有二人，钦哉！惟时亮天功。"

② 《周书·多方》："惟圣罔念作狂；惟狂克念作圣。天惟五年，须暇之子孙，诞作民主，罔可念听。天惟求尔多方，大动以威，开厥顾天。惟尔多方，罔堪顾之。惟我周王，灵承于旅。克堪用德，惟典神天。天惟式教我用休，简畀殷命，尹尔多方。"

③ 《虞书·益稷》帝曰："无若丹朱傲，惟慢游是好，傲虐是作。罔昼夜頟頟，罔水行舟。朋淫于家，用殄厥世，予创若时。"

④ 《虞书·益稷》禹曰："俞哉！帝，光天之下，至于海隅苍生，万邦黎献，共惟帝臣，惟帝时举。敷纳以言，明庶以功，车服以庸。谁敢不让，敢不敬应？帝不时，敷同日奏罔功。"

⑤ 《虞书·益稷》："帝庸作歌。曰：'敕天之命，惟时惟几。'"

⑥ 《虞书·皋陶谟》（皋陶曰）："天聪明，自我民聪明。天明畏，自我民明威。达于上下，敬哉有土！"

忽于此。知敬天而不知恤民者，多矣。以理而论，则佑下民而作君师，正欲其代天以治民也。况民之所欲，天必从之，则天固不可不敬，而民尤不可不恤，岂可以差殊观哉？今夫高高而在上者，天也。林林而居下者，民也。天民之相去，盖邈乎其不接也。则天之聪明、明畏，谓之不自于民可也，而曰“自”者，何也？盖天之聪明，未尝倾耳以听，下目以视，但因民之视听，以为聪明。天之明畏，未尝见其何为而彰善，何为而威恶，但因民之好恶，以为明威耳。民心所存，即天理之所在，则为人上者奈何不敬？必也严恭寅畏，以天命而自度，治民祗惧，不敢怠荒而安宁。民虽至愚，吾不以愚而忽之。民虽至弱，吾不以弱而易之。则下可以得乎民之心，而上可以合乎天之心，是天人之理合于一者，定于一理。嗟夫！世之人君，固有岐天人为二致，于是知敬天而不知恤民者，多矣。卒使民心怨于下，而天变形于上。由此推之，则天人之理，实相贯通而有国者，诚不可斯须而不敬也。皋陶陈谟，所以拳拳于此欤！后，伊尹之告大甲，曰：“皇天无亲，克敬惟亲。民罔常怀，怀于有仁。”① 其即皋陶之意，盖无以异，然则皋之谟、尹之训，真有土者之龟鉴欤！

《益稷》②

27. 懋迁有无化居，烝民乃粒，万邦作乂。③

圣人有以均天下之利，然后民食足，而治功成也。夫利或偏聚而不均，则民有不得其养者矣。治功何由而可兴乎？昔在大禹深虑乎此。故于水患既平之后，山泽之利已兴，懋勉其民，徙有于无，交易变化其居积之货，盖欲使之有无相通，而利均于天下，然后烝民乃得以粒食，而万邦得以兴起，其治功焉。噫！使圣人懋迁之政不笃，则利不足以周天下，而治效亦无由而著于天下矣。云云。尝谓：民之所资者粒也，民之所急者食也。天下之民所以享其利而遂其生者，皆由于此，而治化兴行之机，四海乂安之效，莫不胥此焉出，何也？民者，邦之本，而食者，民之天也。夫民衣食不足，则救死而恐不赡，何暇治礼义？及其家给人足之后，求得欲遂之余，率之以善而知所劝，威之以刑而知所惧，然后以令则行，以禁则止。治功之兴，其孰能御之哉？民生于焉而可遂矣。然而，居山林者多材木，居川泽者多鱼盐，苟上之人不有以通之，则农有余粟而病于

---

① 《商书·太甲下》“伊尹申诰于王曰：‘呜呼！惟天无亲，克敬惟亲。民罔常怀，怀于有仁。鬼神无常享，享于克诚。天位艰哉！’”

② 《书序》：“皋陶矢厥谟，禹成厥功，帝舜申之。作《大禹》、《皋陶谟》、《益稷》。”思齐按：《大禹谟》、《皋陶谟》和《益稷》，三篇同序。宋·蔡沈《书经集传》卷一：“《益稷》。今文、古文皆有，但今文合于《皋陶谟》。‘帝曰：来！禹，汝亦昌言’，正与上篇末文势接续。古者，简册以竹为之，而所编之简不可以多，故厘而二之，非有意于其间也。以下文禹称益、稷二人佐其成功，因以名篇。”

③ 《虞书·益稷》禹曰：“洪水滔天，浩浩怀山襄陵，下民昏垫。予乘四载，随山刊木，暨益奏庶鲜食。予决九川，距四海，浚畎浍距川；暨稷播，奏庶艰食鲜食。懋迁有无化居。烝民乃粒，万邦作乂。”皋陶曰：“俞！师汝昌言。”

寒，女有余布而阻于饥。民生之不遂者，自若也，故为之君者，必有以懋勉其民，使之徙其所有，易其所无。教者孜孜而不敢怠，以其有余补其不足者，勉勉而不敢自已，夫然后有无得以相通，匮乏得以相济，天下之利，无不均之患矣。于是民生之众，谷不可胜食，而无复阻饥之忧。含哺鼓腹，而非复前日艰食之比矣。民而谓之烝民，可以见其无一夫之不获，而林林总总之众，举皆得其养矣。夫圣人在上，惟忧民失其养耳。民得其养，果何患乎治功之不成乎？礼乐刑政，由是而修明。纪纲法度，于是而振举。四方有风动之休，而比屋有可封之俗矣。邦而谓之万邦，可以见其无一所之不尽，而东渐西被，讫于四海，举皆兴其治矣。岂非民食足而治功成乎？嗟夫！圣人爱民之心，无所不用其极也。天锡禹以洪范九畴，其三曰“农用八政”。① 必以食货为先，盖食货者，所以养生也。是时民方免阻饥之厄，宜乎懋勉之意，如此也。虽然，舜以皋陶既陈“知人、安民”之谟，因呼禹，使亦进其言，而禹乃历述其治水之功，以讫于万邦作乂。禹岂好为是夸尚哉？不述其治水之本末，则无以知万邦作乂之由，不知成功之艰，则未有能保其功于无穷者。禹，吾无间然矣。

28. 安汝止，惟几惟康。其弼直，惟动丕应。徯志以昭受上帝，天其申命用休。②

人君宅心以图治，尤必资其助于臣。天下同心以顺治，斯能必其应于天。盖君臣之交修如此，所以能得天人之交应也。昔者，禹之告舜谓：夫圣人一心，万化之原。止于至善，而不可迁；察于物欲，而不能蔽。此所谓顺适天道，心之正者然也。夫既得其所止，则能以之审其事之发，而省其事之安矣。至于左右辅弼之臣，又皆尽其绳愆纠谬之职，则其内外之交修，而无有不至，而图治之要，何以加于此哉？夫如是，则是惟无作，作则天下之人罔不丕应。固有先志，而徯我者矣。以是而昭受上帝，而上天岂不重命而用休美之乎？吁！人君以一心之微而求感通乎天人之理，可不尽其交修之功哉？

29. 帝，光天之下，至于海隅苍生，万邦黎献，共惟帝臣，惟帝时举。③

圣人囿天下，而有不可掩之德，故能化天下，而无不可用之贤。盖君德著于上，贤才兴于下，感应之机，为甚速也。古之大臣，所以启其君之听，而告之以为，使帝德光辉达于天下，至于海隅苍生之地，莫不昭灼德之远著。如此，则万邦之广，民之贤，孰

---

① 《周书·洪范》箕子乃言曰：“我闻在昔，鲧堙洪水，汩陈其五行。帝乃震怒，不畀洪范九畴，彝伦攸斁。鲧则殛死，禹乃嗣兴，天乃锡禹洪范九畴，彝伦攸叙。初一曰五行，次二曰敬用五事，次三曰农用八政，次四曰协用五纪，次五曰建用皇极，次六曰乂用三德，次七曰明用稽疑，次八曰念用庶征，次九曰向用五福，威用六极。”

② 《虞书·益稷》禹曰：“都！帝，慎乃在位。”帝曰：“俞！”禹曰：“安汝止，惟几惟康。其弼直，惟动丕应。徯志以昭受上帝，天其申命用休。”

③ 《虞书·益稷》禹曰：“俞哉！帝光天之下，至于海隅苍生，万邦黎献，共惟帝臣，惟帝时举。”

不感慕兴起，而皆有帝臣之愿。惟帝时举而用之耳。盖当君德大明之时，正群贤向用之日。彼庶顽谗说之①未化，岂足虑哉？圣人化天下之德者，其机为至神。天下化于圣人之德者，其效为甚速也。盖阳和市气，则枯株朽甲无不为之敷荣；皎日丽空，则层冰积雪无不为之消蚀。夫物则亦有然者矣，而况于人乎！故成汤有日新之德，则耕莘之伊尹归之，而不仁者远矣；文王有光于四方之德，则钓渭之太公归之，而天下皆义民矣。夫以汤文之德，尚能作兴天下之贤俊，况大舜膺大德而出，日月照而四时行，固举一世而熏陶之。其所以鼓舞多士而风动，特其余事耳。而何忧于庶顽谗说哉？禹所以不敢轻易其言，必呼舜而后告之，欲使审于听信者为何如也。且夫天地为至大，故有生之类，无不覆载也。而圣人之德，殆与天地同其大。日月为至明，故容光之地，靡不照临也。而圣人之德，殆与日月并其明。彼薄海之隅，地之至远者也，而帝德无远而弗届。苍苍而生，物之至微者也，而帝德无微而弗烛。举天下之大，民物之多，无一而不囿于其间。天涵地育之中，日辉月霍之下，均此生而均此性，而均此德者也。欢感动荡之余，鼓舞作兴之际，将见怀材抱艺者，孰忍自弃于明时？耕莘钓渭者，孰不欲致身于廊庙，由是翕而受之，敷而施之，或以事举，或以言扬，而无非可举之贤矣。德之所以感人者如此。推是以往，虽金石可化，豚鱼可孚，于庶顽谗说也何有？昔者，有虞之时，以重华叶帝之君，而致比屋可封之俗，顾乃犹有顽不即工、谗说殄行者焉。明之以射侯而不能掩，书之以简册而不知愧。刑以威之，屏而不齿，固未为过，而大禹之心，乃有不尽然者。与其加之以威，不若明之以德，惟知求诸己，不必求诸人，徐以待其自化。惟德动天。无远弗届。至諴感神。矧兹有苗之意，禹之告舜，与益之赞禹者，同一揆也。圣人之心，天地生物之心欤。厥后有苗逆命，不格于大禹徂征之时，而格于文德诞敷之后，于此见德之足以感人，而威刑之果不足恃。如此，唐虞圣人，纯任德教，其有以致雍熙之治也，宜哉！

30. 皋陶拜手稽首，飏言曰："念哉！率作兴事，慎乃宪，钦哉！屡省乃成，钦哉！"乃赓载歌曰："元首明哉，股肱良哉，庶事康哉！"②

大臣之形于言者，固欲君心致敬，以图事功。大臣之形诸声者，尤欲君臣相须，以图治效。盖君臣各尽其道，治功固无难者。然究其本，则在乎君心一念之敬焉。此皋陶所以先述其赓歌之意，而后形为赓歌之辞。观其既拜稽以尽其礼，复飏言以致其辞，而

---

① 庶顽谄说：各种愚蠢的好散布谗言的人。庶，众多。顽，愚蠢。《虞夏书·益稷》帝曰："庶顽谗说，若不在时，侯以明之，挞以记之，书用识哉，欲并生哉！工以纳言，时而飏之，格则承之庸之，否则威之。"

② 《虞书·益稷》"庶尹允谐，帝庸作歌。曰：'敕天之命，惟时惟几。'乃歌曰：'股肱喜哉！元首起哉！百工熙哉！'皋陶拜手稽首，飏言曰：'念哉！率作兴事，慎乃宪，钦哉！屡省乃成，钦哉！'"乃赓载歌曰：'元首明哉，股肱良哉，庶事康哉！'又歌曰：'元首丛脞哉，股肱惰哉，万事堕哉！'帝拜曰：'俞，往钦哉！'"

所言者又以“念哉”为先焉，诚以人君当总率群臣，以兴事功，而必谨守其法，不可以不敬也。庶事既兴，又必数考其功，又不可以不敬。此将赓歌，而先述其赓歌之意也。而其赓歌之辞，乃曰：君犹元首，惟在于明也；臣犹股肱，惟在于良也。君明则臣良，而天下之事，无不安其所。曰“明”曰“良”，非一念之敬者，能之乎？噫！尽敬，以致其辞，则有以动乎君之听声歌；以致其戒，则有以感夫君之心。皋陶，其善于进戒者哉！尝谓：天下之治，由警戒而成，至歌颂而极，于歌颂之中，而不忘儆戒之意，固于有虞之君臣见之矣。然皋陶作歌之意，则谓事之始终，惟在于敬。其歌之辞，则又谓：必君明臣良，而后可以成治功。若不相合焉者，何也？呜呼，此皋陶所以为善于进戒者也！彼诚见夫天下之事，一日二日万几，非有明哲之君、忠良之臣，其能成始，而后成终者，鲜矣。然而明良之道，非存心以敬者不能也。故君而能敬，则天理存，而私欲不足以汩其中。此心之天，虚灵洞澈，而不患其不明也。臣焉，见君之明如此，则必常怀忠诚之念，而怠慢之气不设于身体，不患其不良矣。君臣之际，明良相逢，天下之事，其有可虑者乎？此皋陶所以先以敬，而启其明良之端，后作歌，而期以明良之效也。今观皋陶之告舜也，其拜手稽首，非谀以取容也。不如是，不足以尽吾诚敬之意也。大声疾言，非矫激以为直也。不如是，不足以达吾忠鲠之蕴也。皋陶之忠诚，既已见于辞色之间矣。而复以“念哉”之说进焉。盖谓夫事之未作，当总率群臣以兴之，而必慎守乎成宪。苟成宪不谨，则有纷更变易之患。旧章或由是而乱矣。而始之一念，不可以不敬也。事之既作，尤必君心自察之，而屡省其成功。苟成功之不省，则有诞慢欺蔽之失，而庶绩讫不能有成矣。是终之一念，不可以不敬也。皋陶作歌之意，既以达于君矣。然后赓歌之辞，乃继续而进焉。其赓歌之辞，若曰君位乎上，譬则元首也；臣位乎下，譬则股肱也。元首者，所以运乎众体。不可以不明，非苛察之谓也。股肱者，所以卫乎心目。不可以不良。非诡随之谓也。知人则哲，则尽君之道矣。咸怀忠良，则尽臣之职矣。君臣上下，尤有一体之相须。自朝廷而达之邦国，由邦国而达之天下。其纲纪法度备举而不遗，礼乐刑政四达而不悖。庶事虽多，无一不各止其所者矣。君臣相须以为治，其效固如此乎。嗟乎万世而下，孰不知明哲之君，足以立事功也，而不知有其本焉。盖敬体而明用也。亦孰不知忠良之臣，可以修职业也，而不知实由于君焉。盖君明而后臣良也。君而有怠荒之心，则物欲胶之，而本体之明有时而昧矣。况可以立事功乎？君无知人之明，则邪正不分，贤否莫辨，虽有忠良之臣，亦无由而进矣。又何以成治效乎？皋陶将进“明良”之说，而必克陈乎“钦哉”之论，其善于进戒者欤！然舜，圣人也。咨百官，有钦哉之戒；询四岳，有明目达聪之论。固无待于皋陶之言矣。然犹言之恳切，而不能自已者，盖帝作歌而责难于臣，故皋陶赓歌，必责难于君也。君责难于臣，则先股肱而后元首；臣责难于君也，则先元首而后股肱。君臣之间，赓唱迭和，而相责者如。此后世君臣相悦之歌，果足以语此哉？迨夫成周

《鹿鸣》之歌，有《天保》之答①；《行苇》之赋，有《既醉》之报②。君臣之间，一唱一和，亦皆有更相儆戒之意。此太和之治，所以在虞周也。舜与皋陶之赓歌，为三百篇之权舆，岂不信欤？

《书义矜式》卷一

---

① 在《诗经》中，《鹿鸣》和《天保》两诗，俱载《小雅·鹿鸣之什》。

《鹿鸣》，三章，二十四句："呦呦鹿鸣，食野之苹。我有嘉宾，鼓瑟吹笙。吹笙鼓簧，承筐是将。人之好我，示我周行。　　呦呦鹿鸣，食野之蒿。我有嘉宾，德音孔昭。视民不恌，君子是则是效。我有旨酒，嘉宾式燕以敖。　　呦呦鹿鸣，食野之芩。我有嘉宾，鼓瑟鼓琴。鼓瑟鼓琴，和乐且湛。我有旨酒，以燕乐嘉宾之心。"《鹿鸣》是周代贵族宴会时所唱的乐歌，《诗序》："《鹿鸣》，宴群臣嘉宾也。既饮食之，又实币帛筐篚以将其厚意，然后忠臣嘉宾得尽其心矣。"朱熹《诗经集传》也说："燕飨宾客之诗也。盖君臣之分，以严为主。朝廷之礼，以敬为主。然一于严敬，则情或不通，而无以尽其忠告之益，故先王因其饮食聚会，而制为燕飨之礼，以通上下之情。而其乐歌又以鹿鸣起兴，而言其礼意之厚如此，庶乎人之好我，而示我以大道也。《记》曰：'私惠不归德，君子不自留焉。'盖其所望于群臣嘉宾者，唯在于示我以大道，则必不以私惠为德而自留矣。呜呼！此其所以和乐而不淫也与。"

《天保》，六章，三十六句："天保定尔，亦孔之固。俾尔单厚，何福不除？俾尔多益，以莫不庶。天保定尔，俾尔戬穀。罄无不宜，受天百禄。降尔遐福，维日不足。　　天保定尔，以莫不兴。如山如阜，如冈如陵，如川之方至，以莫不增。　　吉蠲为饎，是用孝享。禴祠烝尝，于公先王。君曰：卜尔，万寿无疆。　　神之吊矣，诒尔多福。民之质矣，日用饮食。群黎百姓，遍为尔德。如月之恒，如日之升。如南山之寿，不骞不崩。如松柏之茂，无不尔或承。"《天保》是臣下祝福君上的诗，《诗序》："《天保》，下报上也。君能下下以成其政，臣能归美以报其上。"

关于这两首诗的关系，朱熹《诗经集传》曰："人君以《鹿鸣》以下五诗燕其臣，臣受赐者，歌此诗以答其君。言天之安定我君，使之获福如此也。"思齐按：《鹿鸣》以下五诗，顺次为《四牡》、《皇皇者华》、《常棣》和《天保》。

② 在《诗经》中，《行苇》和《既醉》两诗，俱载《大雅·生民之什》，两首诗是挨在一起的。

《行苇》，八章，三十二句："敦彼行苇，牛羊勿践履。方苞方体，维叶泥泥。　　戚戚兄弟，莫远具尔。或肆之筵，或授之几。　　肆筵设席，授几有缉御。或献或酢，洗爵奠斝。　　醓醢以荐，或燔或炙。嘉肴脾臄，或歌或咢。　　敦弓既坚，四鍭既均，舍矢既均，序宾以贤。　　敦弓既句，既挟四鍭。四鍭如树，序宾以不侮。　　曾孙维主，酒醴维醹，酌以大斗，以祈黄耇。　　黄耇台背，以引以翼。寿考维祺，以介景福。"《行苇》是泛言周先世忠厚之诗，《诗序》："《行苇》，忠厚也。周家忠厚，仁及草木，故能内睦九族，外尊事黄耇，养老乞言，以成其福禄焉。"

《既醉》，八章，三十二句："既醉以酒，既饱以德。君子万年，介尔景福。　　既醉以酒，尔肴既将。君子万年，介尔昭明。　　昭明有融，高朗令终，令终有俶。公尸嘉告。　　其告维何？笾豆静嘉。朋友攸摄，摄以威仪。　　威仪孔时，君子有孝子。孝子不匮，永锡尔类。　　其类维何？室家之壶。君子万年，永锡祚胤。　　其胤维何？天被尔禄。君子万年，景命有仆。　　其仆维何？厘尔女士。厘尔女士，从以孙子。"《既醉》是周王于祭祀后举行宴会，诗人托公尸向王祝福的诗，《诗序》："《既醉》，太平也。醉酒饱德，人有士君子行焉。"

关于这两首诗的关系，朱熹《诗经集传》曰："此(《既醉》)父兄所以答《行苇》之诗，言享其饮食恩意之厚，而愿其受福如此也。"

《书义矜式》卷二 《夏书》①

元·王充耘撰

《禹贡》②

31. 冀州：既载壶口，治梁及岐。既修太原，至于岳阳。覃怀厎绩，至于衡漳。③

表纪州而不言域，以示京畿之尊。论治水而先导河，又详其施功之序。此禹之受命治水，必始于帝都也。而况河水之患，在所当先治者乎。则因其势而顺治之者，亦各有其序矣。冀州三面距河，而此不言疆界者，所以尊京师也，所以示王者之无外也。禹之受命治水，固必始于此矣。“既载壶口”以疏河势，“治梁及岐”以开河道，则到导河之功，是所当先也。太原则既修矣，而至于岳阳焉，覃怀则底绩矣，而至于衡漳焉④，则汾、漳皆入于河也。是非因其势而顺治之乎？然则，表京畿之域，不得不异于余州。纪治水所当先，因有以明施功之序。观史臣序述之法，而可见禹之功矣。云云。尝谓：禹之别州，若兖之济、河，则以二水别之也；青之海岱，则以山水别之也；若荆及衡阳为荆州，则又专以山别之矣。余州所至，或以山，或以水，太抵⑤皆有所限也。至于冀州，独不以限言者，岂京畿之地，非他州所可例乎？禹之治水也，当其怀山襄陵，浩浩滔天，下民其咨，非止冀州而已也。而受命治水之始于此，岂不以三面距河，而当在所先乎？然人徒知其不以限言者，帝都之无外，而不知自余州所至而观之，则帝都之疆境以明。人徒知先于帝都者，受命之始，而不知九州之水，莫甚于河患，则其施功，固有

---

① 夏书，宋·蔡沈《书经集传》卷之二：“夏，禹有天下之号也。书凡四篇，《禹贡》作于虞时，而繫之夏书者，禹之王以是功也。”

② 《书序》：“禹别九州，随山浚川，任土作贡。禹敷土，随山刊木，奠高山大川。”孔颖达《尚书正义》：“诸序皆言作某篇，此序不言‘作《禹贡》’者，以发首言‘禹’，句末言‘贡’，篇名足以显矣。百篇之序，此类有三。‘微子作诰父师、少师’，不言‘作《微子》’，‘仲虺作诰’，不言‘作《仲虺之诰》’，与此篇皆为理足而略之也。”宋·蔡沈《书经集传》卷二：“《禹贡》。上之所取谓之赋，下之所供谓之贡。是篇有贡有赋，而独以贡名篇者，孟子曰：‘夏后氏五十而贡。’贡者较数岁之中以为常，则贡又夏后氏田赋之总名。今文、古文皆有。”

③ 《夏书·禹贡》：“冀州：既载壶口，治梁及岐。既修太原，至于岳阳；覃怀厎绩，至于衡漳。厥土惟白壤，厥赋惟上上错，厥田惟中中。恒、卫既从，大陆既作。岛夷皮服，夹右碣石入于河。”

④ 孔颖达《尚书正义》：“《地理志》河内郡有怀县，在河之北，盖‘覃怀’二字共为一地，故云‘近河地名’。衡即古横字，漳水横流入河，故云横漳。漳在怀北五百余里，从覃怀致功而北至横漳也。《地理志》云，清漳水出上党沾县大黾谷，东北至渤海阜城县入河，过郡五，行千六百八十里，此沾县因水为名。《志》又云，沾水出壶关。《志》又云，浊漳水出子长县，东至邺县入清漳。郑玄亦云：‘横漳，漳水横流。’王肃云：‘衡、漳，二水名。’”

⑤ 太抵：大抵。

序。读《禹贡》之书，求《禹贡》之序，宜亦详于冀州之域矣。而禹别冀州，乃独不以疆域言也。若《周礼·职方》“河内曰冀州”亦可矣。① 禹别九州，乃以疆域论也。亦岂无其故哉？盖曰八州之域，皆以疆界言矣，则冀州之不言者，岂不可以余州所至而见乎？况京师为四海之朝宗，则又岂可以疆域言，而同于他州也哉？王者以天下为一家，则又岂可必以疆域限，而外于他州哉？禹之受命治水，必于是焉始。而河之为患，盖在于是焉。壶口为冀州之山，而当河水之下流也。梁、岐亦冀州之山，而亦河水之所经也。谓之既载则经，始治之而有以疏杀河势也。曰“治”曰“及”，又以见其既事壶口，乃即治梁及岐也。昔也，河流激荡，震动天地。今则治之及之，而有以开其河道矣。河势既杀，河道既开，则导河之功，非所当先者乎？太原乃广平之地，而岳阳又冀州之山镇。一则曰“既修”，非因鲧之功而修之乎？汾水出于太原者，必经于太岳，乃东入于海，则必至于岳阳，而后汾水得以入河也。覃乃河内之平地，衡漳又清浊之异流。一则曰“底绩”，非以平地致功为尤难乎？然漳水东北，至于阜城，乃入于北，河则必“至于衡漳”，而后漳水入于河也。然则导汾、漳以入河者，又何莫非因其势而顺治之哉？于是，而冀州之域始定，冀州之水皆治。施之天下，皆以为准矣。故自冀而东，兖则疏河之下流也，青则疏济之下流也，徐则淮之下流也。扬又江汉之下流也。由冀而西，则雍为河之上流，梁为江汉之上流。下流则杀其汗漫之势，上流凿其龃龉之冲，岂非皆视冀州以为之准，而天下之水无不可治者矣。嗟夫！帝王之京畿，虽不皆在冀州之境，而后之建都，无不赖禹之功。故“洪水茫茫，而敷下土方”者，商人之颂其先王也。②“沣水东注，维禹之绩”，周人之咏其先王也。③ 夫追称其先王，而必述夫禹，则天下之可为京畿者，孰不赖禹之功哉？则当时东渐西被，固可以见王者无外之意，而四海会同之后，则小水之入河，河流之入海，而天下宁有不治之水哉？呜呼！

---

① 《周礼·夏官司马·职方氏》：“河内曰冀州，其山镇曰霍山，其泽薮曰杨纡，其川漳，其浸汾、潞，其利松柏，其民五男三女，其畜宜牛羊，其谷宜黍、稷。”

② 《商颂·长发》：“浚哲维商，长发其祥。洪水芒芒，禹敷下土方。外大国是疆，幅陨既长。有娀方将，帝立子生商。　玄王桓拨，受小国是达，受大国是达。率履不越，遂视既发。相土烈烈，海外有截。　帝命不违，至于汤齐。汤降不迟，圣敬日跻。昭假迟迟，上帝是祗，帝命式于九围。　受小球大球，为下国缀旒，何天之休。不竞不絿，不刚不柔。敷政优优。百禄是遒。　受小共大共，为下国骏厖。何天之龙，敷奏其勇。不震不动，不戁不竦，百禄是总。　武王载旆，有虔秉钺。如火烈烈，则莫我敢曷。苞有三蘖，莫遂莫达。九有有截，韦顾既伐，昆吾夏桀。　昔在中叶，有震且业。允也天子，降予卿士。实维阿衡，实左右商王。”七章，五十一句。思齐按：禹敷下土方，即《尚书·禹贡》首句“禹敷土”。敷，分也。蔡沈《尚书集传》：“分别土地以为九州也。”

③ 《大雅·文王有声》：“文王有声，遹骏有声。遹求厥宁，遹观厥成。文王烝哉！　文王受命，有此武功。既伐于崇，作邑于丰。文王烝哉！　筑城伊淢，作丰伊匹。匪棘其欲，遹追来孝。王后烝哉！　王公伊濯，维丰之垣。四方攸同，王后维翰。王后烝哉！　丰水东注，维禹之绩。四方攸同，皇王维辟。皇王烝哉！　镐京辟雍，自西自东，自南自北，无思不服。皇王烝哉！考卜维王，宅是镐京。维龟正之，武王成之。武王烝哉！　丰水有芑，武王岂不仕？诒厥孙谋，以燕翼子。武王烝哉！”八章，四十句。《郑笺》：“昔尧时洪水，而丰水亦泛滥为害，禹治之使入渭，东注于河，禹之功也。”思齐按：丰水，即沣水，源出陕西省咸阳市南秦岭，东北流入渭河。

盛矣！

32. 厥土惟涂泥，厥田惟下下，厥赋下上上错，厥贡惟金三品。①

地势极于卑，故上之取于民者轻。地利极于美，故下之奉其君者重。盖地之所出有定等，不可强取其所无。地之所产有定名，不可不供其所有。九州之域，扬州最为多水，其土之性则涂泥也，其田之等则下下也。是论乎地势则极于卑，故其赋之所出，止于下上上错，则其所取者轻矣。论夫地利则极于美，故其贡之所入，金而三品，则其所供之重可知矣。则壤成赋，因其轻而轻；任土作贡，因其重而重。此圣人之意也。亦自然之理也。《禹贡》扬州云云。尝谓：赋出于田，贡出于土。出于田者，因人力之所为。出于土者，皆天地自然之气，凝会蕴结之所钟，非人力之所及也。作于人力者不可常，生于天地者不可变，惟其作于人力而不可常，故上之所取者，度其所有，卹其所无，而不可过。惟其生于天地而不可变，故下之所供者，虽至美而不敢不因所有也。何也？扬州之盛极于东南，语其境则淮海也，语其浸则江汉也，语其水之所潴则震泽、彭蠡也。怀襄甫定，其土则沮洳而涂泥，耕作方兴，其田则渗漏而下下。特以人力之胜，致地力之优，故其岁入之赋，稍升于田。然人力有不齐，地力有不一，或而下上，或而中下，又不可较数岁以为常。圣人定赋之等，宁以其轻者为正，而以浮出者为杂，不忍尽民之力故也。以三第之，亦终于下而已。是则上之所取，又曷尝强其所无，而必取盈哉？上之所取者，信不可以强其所无。下之所供，又岂可专其所有，而不以奉于上哉？溥天之下，莫非王土。虽以天下奉一人，不为过也。而况土地所生，天下之所极贵者，岂得不先于君乎？此扬州三品之金，不得不为首贡也。夫青州之铅，亦金也。然非若扬州金之美者也。梁之铁、银，亦金也。然非有扬州金、银、铜三者之备也。荆之三品，虽曰不殊，然九州之贡，美者为先。扬州之贡，莫先金，则又金之至美者也。悉供于上，不敢自有。固臣子之至情于以见。水土既平，声教四达，扬州去冀都为最远，而其贡献不敢后于他州，圣化之所以无外也欤。嗟夫！田之有赋，出于人力之所成。土之有贡，出于天地之所生。人力之所成者不可常，而上之所取者亦不常。爱民之深也。天地之所生者不可变，而下所供者亦不可变。敬君之至也。虽然，轻于取民，固所以爱民。若地之所有，圣人未尝私其有。重于奉君者，固所以敬君。若地之所无，圣人未尝责其无。扬、豫之赋，以其等之轻于错者为正。冀、梁之赋，则以其等之轻于正者为错。雍州之田，以人力之废，而其赋之等极降。荆州之田，以人功之修，其赋之等极升。信矣，其作于人力者不可常也！西北之地常高，然兖、雍、梁、豫之贡，每不及于东南。东南之地常下，然青、徐、扬、荆之贡，每过于西北。信矣，其出于天地者不可变也！以是知圣人之所以爱民者，不惟扬州为然。而民之敬君者，又岂惟扬州为然哉？此圣人

---

① 《夏书·禹贡》："淮海惟扬州。彭蠡既猪，阳鸟攸居。三江既入，震泽厎定。筱簜既敷，厥草惟夭，厥木惟乔。厥土惟涂泥。厥田唯下下，厥赋下上，上错。厥贡惟金三品，瑶、琨筱、簜、齿、革、羽、毛惟木。鸟夷卉服。厥篚织贝，厥包桔柚，锡贡。沿于江、海，达于淮、泗。"

之疆理天下，所以大一统而无私也。吾读《禹贡》之书，于其田之所赋，知圣人之所以因乎人；于其土之所贡，知圣人之所以因乎天。

33. 导岍及岐，至于荆山，逾于河。壶口、雷首，至于太岳。底柱、析城，至于王屋。太行、恒山，至于碣石，入于海。①

谨按：此为《禹贡》导山之北条，大河北境之山也。盖诸山之势，原于西北，而导山之叙，亦先于西北也。“导岍及岐，至于荆山，逾于河。”此记其自西北而东也。“壶口、雷首，至于太岳。”此记其自东折而南也。“底柱、析城，至于王屋。”此记其自南转而东也。“太行、恒山至于碣石，入于海。”此记其自北而归于东也。岍也，岐也，荆也，此雍州山也。壶口以下，皆冀州山也。昔者，河水未平，怀山襄陵，大河北境诸山，其费疏凿之功不少矣。今而水患既平，崇山巨川，皆可表识，则圣人安得不详记之？夫以山之经理，已各附于各州之下，于此又条列之，则山之经纬可见矣。是故荆、岐既旅二者，雍州已言之矣。而岍山则未之及也，于此则表而言之。既载壶口，则所以杀河势，至于岳阳，所以导汾水矣。而碣石所以记，岛夷入贡之道三者，冀州已言之矣。而雷首、底柱、析城、王屋、太行、恒山则皆未之及也，于此则列而言之。盖禹之治水，随山刊木，各有条理。其见于各州者，乃表其疆域之限；其见于九州之后者，乃陈其经理之叙也。且治水之初，而必先于导山，何也？九州茫茫，而区域不辨，平地皆水，而可见惟山。禹于此时，未可遽施夫浚治之功，故必随山刊木，以通蔽障，以观形势。然后，大者可以加浚凿之功，小者可以致疏决之力，使平地之水，得以下流，而怀襄之势，得以少杀。于是禹也，乃假四载之乘，不畏胼胝之苦，遂始于雍州，首从岍山，次导岐山，又从而至荆山，其数山之相距甚远也。岂无山川限隔，而可以表之者哉？特取其山之高大可名者记之也。谓之“逾于河”者，逾于河而知诸山之势，皆可以导之于河矣。乃至冀州，自壶口、雷首，而至于太岳；自底柱、析城，而至于王屋；自太行、恒山，而至于碣石，其诸山之相去非近也。岂无众山连亘，而可以并录者哉？特取其高大，可以辨疆域广博，可以奠民居者，谨而书之也。谓之“入于海”者，禹至碣石而知诸山之水势，又可以悉入于海矣。夫“至于”者，禹迹之所至也。“逾于河”者，禹迹之所逾也。“入于海”者，小水合大水而入也。禹迹之所至者，其间浚凿疏决之功，虽不言，而因其表记，所至诸山之名，又不可以想见其施功之次第也。非其施功之有次第，安能致水之入于海乎？大抵天下之势，山水皆原于西北，故禹叙山叙水，皆自西北而东南，盖欲因山势之崇卑，而欲决乎水势之就下也。方其随山刊木，神

---

① 《夏书·禹贡》：“导岍及岐，至于荆山，逾于河；壶口、雷首至于太岳；砥柱、析城至于王屋；太行、恒山至于碣石，入于海。”

禹导山之初也。奠高山大川，神禹导山之时也。愚想夫“暨益奏庶鲜食”者①，必此时。使掌火烈山泽而焚之者②，必此时。“掘地而注之海，驱蛇龙而放之菹”者③，又此时也。然后蔽障以通，道路以开，治水之功，由是而施。其胼手胝足，八年于外。禹之成功，甚劳矣。是以于此而表记其所至，详记其所经，而山之经纬，了然在目，或者不察，乃谓导山之条，为推寻其山脉，何其谬也！神禹治水之后，不过录其所至之诸山耳。岂暇推其脉赂④之所自来、如今之葬法所言也哉？吁！

34. 九州攸同，四隩既宅，九山刊旅，九川涤源，九泽既陂，四海会同。⑤

观天下之水土无不平，则知圣人之成功为甚大。盖当水土平治之初，正圣人治定功成之日也。苟一土之未平，一水之未治，又何足以为圣人之功哉？昔者，禹之治水也，行其所无事也。普天之下，莫非王土，岂私意小智之可为哉？其施功于九州，虽有次第，而及其成功，则一其所谓攸同者。盖言其所同如此也。四海之隩，水涯之地，已可奠居，而既无彼此之间矣。九州之山，拔木通道，已可祭告，而亦无远近之殊焉。九州之川，浚涤泉源，而俱无壅遏之害。九州之泽，已有陂障，而悉无决潰之患。四海之水无不会同，而各有所归，此所以为圣人之极功也欤。《禹贡》之书曰云云。其意以为：当尧之时，水逆行，泛滥于中国，浩浩滔天下，民昏垫无所安息。鲧湮洪水，而五行因之以汩乱。及禹嗣兴，惟能顺水之性，而尽力乎沟洫，水由地中行，然后人得平土而居，是以帝舜惟美其功曰：洚水儆予，成允成功，惟汝贤。又曰：地平天成，六府三事，允治万世，永赖时乃功。由是观之，禹平水土之功，盖与天地相为无穷者也。岂特九州之攸同，而见于一时之盛哉？禹无吾间然矣。夫以冀、兖、青、徐、荆、扬、豫、梁、雍九州之所谓攸同者，禹之功盖可见也。天下之山水，载于《禹贡》者多矣，而

---

① 《虞书·益稷》禹曰：“洪水滔天，浩浩怀山襄陵，下民昏垫。予乘四载，随山刊木，暨益奏庶鲜食。予决九川，距四海，浚畎浍距川；暨稷播，奏庶艰食鲜食。懋迁有无，化居。烝民乃粒，万邦作乂。”

② 使掌火烈山泽而焚之：这是一小段经过缩合的引语，即西方文本批评所谓“自由引语”，语出《孟子·滕文公上》：“当尧之时，天下犹未平，洪水横流，氾滥于天下，草木畅茂，禽兽繁殖，五谷不登，禽兽偪人，兽蹄鸟迹之道交于中国。尧独忧之，举舜而敷治焉。舜使益掌火，益烈山泽而焚之，禽兽逃匿。禹疏九河，瀹济、漯而注诸海，决汝、汉，排淮、泗而注之江，然后中国可得而食也。当是时也，禹八年于外，三过其门而不入，虽欲耕，得乎？后稷教民稼穑，树艺五谷。五谷熟而民人育。”

③ 《孟子·滕文公下》孟子曰：“予岂好辩哉？予不得已也。天下之生久矣，一治一乱。当尧之时，水逆行，氾滥于中国，蛇龙居之，民无所定。下者为巢，上者为营窟。《书》曰：‘洚水警余。’洚水者，洪水也。使禹治之。禹掘地而注之海，驱蛇龙而放之菹。水由地中行，江、淮、河、汉是也。险阻既远，鸟兽之害人者消，然后人得平土而居之。”思齐按：洚水警余，《虞书·大禹谟》作洚水儆余。

④ 脉赂：脉络。

⑤ 《夏书·禹贡》：“九州攸同，四隩既宅，九山刊旅，九川涤源，九泽既陂，四海会同。六府孔修，庶土交正，厎慎财赋，咸则三壤成赋。中邦锡土、姓，祗台德先，不距朕行。”

九水为大，九山为高。大者既道，则小者无不顺矣。高者既治，则卑者无不平矣。传曰：芒芒禹迹，奄为九州。经启九道，民有寝庙。此之谓也。是故以言其四海之隩，则水涯之地，悉为耕食之场矣；涂泥之乡，已为奠居之所矣。以言夫九州之山，随山刋木，而险阻既可逾矣。祷尔神祗，而道路既可通矣。以言其九州之川，则决九川而距海，浚畎浍以距川，导涤之功既至，而壅遏之患悉平矣。以言九州之泽，则既潴而有陂障，以为之防，底定而无决溃，以为之害矣。夫水，于天地间为物最大，而况于海之尤大者乎。四海之水，至于无不会同，而各得其所归之顺，则际天所覆，极地所载，水土之无不平治，盖可知矣。始言九州之攸同，终言四海之会同者，岂有他哉？盖言此以总结上文之意耳。考之上文，各州惟举一隅，至此总结之，以见九州之所同也。如宅土既宅，惟见于兖、雍，故此以隩既宅总之。既旅旅平，惟见于梁、雍，故此以九山刋旅总之。各州所载，川泽虽多，然九州川泽不止是也。故以九川九泽之涤陂总之。上文虽各载达河之道，而四方水之所趋不止是也，故以四海会同总之。然下文之言六府孔修，则非特水土之治，而已圣人成功之大，又孰有加于此哉？然此亦其迹之粗者耳。至其祗台德先，不距朕行之语，史臣方谨以继之，则禹之精神心术，终始以保其成功，俨然常在人耳目之间者，初不可以今昔异观也。噫！《禹贡》一书，地理、货殖之书耳。而其纪载之法，乃如此。后世之山经水志、货殖之书有矣。而于致治之纪，要曾谓有是哉。是虽史臣一时之言，实万世不刊之圣经也。

35. 五百里绥服。三百里揆文教，二百里奋武卫。①

地介乎内外之间，故治亦有内外之异。夫圣人岂不欲内外之治如一，弛其武卫，而专尚乎文教哉？顾其势有所不可也。势之所为，虽圣人亦无如之何也。昔在大禹，谓：绥服五百里之广，内而侯伯，中国之地；外而要服，渐非中国之地矣。于是乎揆度文教，于内三百焉。奋张武卫，于外二百焉。文以治内，武以治外，岂非地介乎内外之间，而治亦有内外之异乎？云云。尝谓：一视同仁，举天下之大，而纳之吾教化之中，此固圣人之心也。而有曰：文以治内，武以治外。其所以不同者，何哉？呜呼！圣人之心，未尝有内外之异也。其势则然耳。譬犹天无不覆帱也，地无不持载也，然而温厚之气，常盛于东南；严凝之气，常盛于西北。岂天地覆载生成之有偏哉？亦天下之地势然也。圣人之治，亦由是已。夫绥服者，渐远王畿之地；侯服外四面又各五百里也。谓之绥者，不过抚安之而已。内取王城千里，外取方服千里，非其地之介于内外之间者乎？纯以甸侯之法治之，固不可也。纯以要荒之法治之，又不可也。纯以甸侯之法治之，则一乎文教而无事乎武卫矣。得无意外之患乎？纯以要荒之法治之，则不惟略乎文教，而并亦不复致详于武卫矣。彼独非吾民乎？圣人严华夏之辨，于是定为治内治外之制焉。内三百里，则为之揆文教，诗书礼乐，冠带俎豆之风，未尝一日而不举也。外二百里，

---

① 《夏书·禹贡》："五百里绥服：三百里揆文教，二百里奋武卫。"

则为之奋武卫，旌旗车马，弓矢戈兵之备，未尝一日而不张也。文教以善其生，武卫以护其生，民斯安也。虽然，圣人岂不欲三百里之外，亦揆之以文教，而无事乎武卫哉？地近要荒，其势不容于不然也。吾故曰：势之所为，虽圣人，亦无如之何者，此也。然尝论之：二百里之武卫，虽不能如三百里之文教，然武卫而曰奋，亦不过激振厉，使之无致于废弛矣。圣人不忘武焉，未尝黩武也，东渐西被，朔南暨声教讫于四海。岂以绥服三百里之外，而文教遽不及乎？特地势之所为，有不容不以武卫为之主耳。然乎？否乎？

《甘誓》①

《胤征》②

36. 先王克谨天戒，臣人克有常宪，百官修辅，厥后惟明。③

明君能修省，而臣又皆效其职焉，则君德益以昭著矣。夫君德之昭明，贵乎有内外交修之道。苟有是，君而无是臣，又安能使其德之昭著乎？昔者，夏之先王，既能谨天戒，而尽修省之实矣。为人臣者，又能守常宪，而能尽谏诤之益焉。下至百官，亦莫不修其职，以辅其君。此所以内无失德，而外无失政，君德明而又明，为不可及也。然则，人臣者，所以辅君者也。为羲和而昏迷于天道，是失为臣之职矣。征讨之加，果可以免乎？尝谓：有天下者，孰不欲为明明之君？然而，天变之来，乃或玩之以为常；灾

---

① 《书序》："启与有扈战于甘之野，作《甘誓》。"宋·蔡沈《书经集传》卷二："《甘誓》。甘，地名。有扈氏国之南郊也，在扶风鄠县。誓，与禹征苗之誓同义，言其讨叛伐罪之意。严其坐作进退之节，所以一众志而起其怠也。誓师于甘，故以《甘誓》名篇。书有六体，誓其一也。今文、古文皆有。按有扈、夏，同姓之国。《史记》曰：启立，有扈不服，遂灭之。唐孔氏因谓：尧舜受禅，启独继父，以是不服。亦臆度之耳。《左传·昭公元年》赵孟曰：'虞有三苗，夏有观、扈，商有姺、邳，周有徐、奄。'则有扈亦三苗、徐、奄之类也。"思齐按：在《甘誓》篇之下，没有相应的书义。

② 《书序》："羲和湎淫，废时乱日，胤往征之，作《胤征》。"宋·蔡沈《书经集传》卷二："《胤征》。国名。孟子曰：'征者，上伐下也。'此以征名，实即誓也。仲康丁有夏中衰之运。羿执国政，社稷安危，在其掌握。而仲康能命胤侯，以掌六师；胤侯能承仲康，以讨有罪。是虽未能行羿不道之诛，明羲和党恶之罪，然当国命中绝之际，而能举师伐罪，犹为礼乐、征伐之自天子出也。夫子所以录其书者，以是欤。今文无、古文有。或曰：苏氏以为羲和贰于羿、忠于夏者，故羿假仲康之命，命胤侯征之。今按，篇首言：'仲康肇位四海，胤侯命掌六师。'又曰：'胤侯承王命徂征。'详其文意，盖史臣善仲康能命将遣师，胤侯能承命致讨，未见贬仲康不能制命，而罪胤侯之为专征也。若果为篡羿之书，则乱臣贼子所为，孔子亦取之为后世法乎？"

③ 《夏书·胤征》书序曰："羲和湎淫，废时乱日，胤往征之，作《胤征》。"经曰："惟仲康肇位四海，胤侯命掌六师。羲和废厥职，酒荒于厥邑，胤后承王命徂征。（胤侯）告于众曰：'嗟予有众，圣有谟训，明征定保，先王克谨天戒，臣人克有常宪，百官修辅，厥后惟明明。每岁孟春，遒人以木铎徇于路，官师相规，工执艺事以谏，其或不恭，邦有常刑。'"

异之见，乃或忽之而不戒，则为之君者怠荒安肆①，将无所不至矣。法令非不严也，乃废格而不由。宪章非不具也，力怠弃而不钦，则为臣者，逾礼越法，亦将相帅以成风，逢迎容悦以为常，尸位素餐以自便。如是而欲政治修明、纪纲振举、君之德有以显闻于天下，不可得矣。先王惟知乎此也。故君则畏天，臣则畏法，其警戒之意，无往而不存。故其治教之休明，为不可及也。仲康征羲和，而拳拳及此，亦可谓知戒者矣。且夫天心仁爱，人君非大无道，未尝不欲全安而扶持之？故夫日月之薄蚀，风雨之不时，皆天所以警戒夫人君者也。然庸君世主，往往忽之而不顾。克谨之者，其惟有夏之先王乎。先王之心，宁不思谪见于天，由于德政之不修，而转祸为祥，在于侧身以修行，是以戒慎恐惧，图以消其变，战兢惕厉，思以弭其灾。先王之克谨天戒如此，为之臣者，竭忠宣力，无敢怠惰，以速官刑，奉法守职，无敢昏迷，以千国纪，亦可谓克有常宪矣。彼百官之众，其位虽有尊卑，至于夙夜匪懈以事一人，则不以尊卑而有殊其职。虽有大小，至于进思尽忠，退思补过，则不以大小而有间。百官之修辅若此，则为之君者，当如何哉？吾见其出入起居之无有不钦也，发号施令之罔有不臧也。显显令德，灼于四方，主宰乎万民之上，而仰之如神。明君临乎天下之广，而爱之如父母者，非幸也，宜也。噫！先王因天戒而益明，其德固有赖于人臣之效职。后王亦以天戒而修省，独不赖于人臣之效职乎？今也有辰弗集于房②之戒，啬夫庶人且奔走之不暇，羲和世守历数之官，当日蚀之变，顾乃昏迷天象，若罔闻知。是废国家之常宪，甚矣。宁不干先王后时之诛乎？胤侯之征，固有所不容贷也。尝因是论之：洚水警予③，此舜所以谨天戒。当是时也，有禹以尽力沟洫，有稷、契以佐其成功，其所以克谨常宪，其所以修职辅君，盖无所不至也。此所以地平天成，而当世赖其赐，后世仰其明，而帝舜之功，卓乎其不可及也。证以有虞之事，岂不信而有征哉？

《书义矜式》卷二

---

① 怠荒安肆：既怠荒，又安肆。怠，怠忽。荒，荒废。怠荒，怠懈工作，荒废事业。安肆，自由自在，无拘束，肆，恣肆，放纵。

② 辰弗集于房：语出《夏书·胤征》（［胤侯］告于众曰：）“惟时羲和颠覆厥德，沈乱于酒，畔官离次，俶扰天纪，遐弃厥司，乃季秋月朔，辰弗集于房，瞽奏鼓，啬夫驰，庶人走，羲和尸厥官罔闻知，昏迷于天象，以干先王之诛，《政典》曰：‘先时者杀无赦，不及时者杀无赦。’今予以尔有众，奉将天罚。尔众士同力王室，尚弼予钦承天子威命。火炎昆冈，玉石俱焚。天吏逸德，烈于猛火。歼厥渠魁，胁从罔治，旧染污俗，咸与惟新。呜呼！威克厥爱，允济；爱克厥威，允罔功。其尔众士懋戒哉！”

③ 《虞书·大禹谟》帝曰：“来，禹！洚水儆予，成允成功，惟汝贤。克勤于邦，克俭于家，不自满假，惟汝贤。汝惟不矜，天下莫与汝争能。汝惟不伐，天下莫与汝争功。予懋乃德，嘉乃丕绩，天之历数在汝躬，汝终陟元后。人心惟危，道心惟微，惟精惟一，允执厥中。无稽之言勿听，弗询之谋勿庸。可爱非君？可畏非民？众非元后，何戴？后非众，罔与守邦？钦哉！慎乃有位，敬修其可愿，四海困穷，天禄永终。惟口出好兴戎，朕言不再。”思齐按：洚水儆余，《孟子·滕文公下》作洚水警余。

《书义矜式》卷三　《商书》①

元·王充耘撰

《汤誓》②

《仲虺之诰》③

37. 惟王不迩声色，不殖货利，德懋懋官，功懋懋赏，用人惟己，改过不吝。④

圣人惟能绝夫私欲之累，故能公于人己之间。盖人主一心不能两用，欲于善则不欲于利，故不为声色货利之所趍，则其用人处己，必无往而不当矣。夫声色，人之所易狎者也，而汤则不之迩焉；货利，人之所同欲者也，而汤则不之殖焉。其能绝夫私欲之累也，审矣！是以人之懋于德者，则懋之以官；人之懋于功者，则懋之以赏。用人惟己，而人之有善无不容，而己之不善无不改。其能尽夫用人处己之道者，皆由其绝夫声色货利之私者为之也。宜乎！仲虺以是赞之。云云。尝谓：人君尊为天子，抚御万邦，德之当命，功之当报，善之当容，不善之当改，萃四事于一身，必无一不尽其道而后可也。然而，宫庭之私昵，易以惑其心；内帑之玉帛，易以移其志。于是，知有聚敛之事，而不知功德之当报；知纵耳目之欲，而不知大德之为累者，多矣！有能以理而胜私，以道而制欲，使其本源澄彻，君德昭然，则其不求备于人，不吝过于己，而用人处己，各尽其道也，宜矣！是故，掌于乐师者，皆声也，而恋情于此则不敢；列于嫔御者，皆色也，而溺色于此，则不暇。天下之货，思与天下共之。初不丰殖，以为一己之资。天下之利，当与天下共之，初不聚敛，以为一己之致。汤之抑私心也如此。夫私心既去，则公心日明。是以贤者修德而我官之，能者修业而我赏之。三德而为大夫，六德而为诸侯，非私爵之也。因其懋于德，而懋之以官，而车服以旌其功，土田以锡其国，亦非私与之也。因其懋于功，而懋之以赏，所谓公于用人者如

---

① 《商书》：宋·蔡沈《书经集传》卷之三："契始封商。汤因以为有天下之号。书凡十七篇。"

② 《书序》："伊尹相汤伐桀，升自陑，遂与桀战于鸣条之野，作《汤誓》。"宋·蔡沈《书经集传》卷三："《汤誓》。汤，号也。或曰：谥汤，名履，姓子氏。夏桀暴虐，汤往征之，亳众惮于征役，故汤谕以吊伐之意。盖师兴之时，而誓于亳都者也。今文、古文皆有。"思齐按：在《汤誓》篇之下，没有相应的书义。

③ 《书序》："汤归自夏，至于大坰，仲虺作诰。"宋·蔡沈《书经集传》卷三："《仲虺之诰》。虺，许伟反。仲虺，臣名，奚仲之后，为汤左相。诰，告也。《周礼·士师》：'以五戒先后刑罚……一曰誓，用之于军旅。二曰诰，用之于会同。'以喻众也。此但告汤，而亦谓之诰者，唐孔氏谓：仲虺亦必对众而言，盖非特释汤之惭，而且以晓其臣民众庶也。古文有，今文无。"

④ 《商书·仲虺之诰》："惟王不迩声色，不殖货利。德懋懋官，功懋懋赏。用人惟己，改过不吝。克宽克仁，彰信兆民。"

此。然则，好人之善，如自己出，而无一之不容；己之不善，无所系吝，而无一之不改。不忌人之能，不吝己之过，谓之公以处己者如此。嗟夫！成汤，商之令主也，其德大矣。不迩不殖，岂足以尽汤之德哉？然此本源之地，非能纯乎天德而无一毫人欲之私者，不能也云云。

38. 佑贤辅德，显忠遂良。兼弱攻昧，取乱侮亡。推亡固存，邦乃其昌。①

人君惟能遏恶而扬善，斯有以致国家之盛强。夫善善恶恶，乃致治之先务也。苟善善而不能用，恶恶而不能去，而欲致国家之盛治也难矣。是以仲虺之勉成汤，以为诸侯之贤德者则佑之辅之，忠良者则显之遂之，所以善其善而扬之也。诸侯之弱昧者兼之攻之，乱亡者取之侮之，所以恶其恶而遏之也。恶者必亡，从而推之。善而能存，从而固之。如此，万邦之广，亦日进于盛强，自有不期而然者矣。天降甘露，地出醴泉，此国家极盛之符也。然果何道以致之？庶政修明，百效振举，此国家隆平之征也。然果何修而臻此？吾求诸古，而一言以蔽之曰：遏恶扬善而已。盖善者治之资，其不善者治之蠹也。进一善类，已足以易否而为泰，况忠良贤德，凡有善者无不容。一小人去，已足以转危而为安，况弱昧乱亡，凡不善者无不去。如是，必君子道长，小人道消，而治隆于上，俗美于下，国之兴也勃然，莫之能御矣。苟惟不善，君子在野，小人在位，以是求治，是犹却步而求前，吾未见其可也。宜仲虺之所以拳拳，欲令列爵分土，树屏建侯，固求以共成治功而已。然人之贤否有不能齐，而治之隆替每由于此。有所谓贤德者矣，又有所谓弱昧者焉。有所谓忠良者矣，又有所谓乱亡者焉。贤德者践履之精纯；忠良者职业之修举。四者，善而能存者也。佑辅显遂，所以固其存。弱而不能自立，昧而不能自明，乱而不能治，亡而不能存。四者，恶而必亡者也。兼攻取侮，所以推其亡。其存而固之，则尊贤尚功之政行，而为善者知所劝。因其亡而推之，则诛乱禁暴之政举，而为恶者知所惩。众贤和朝，万邦作乂，政治以之而修明，纪纲由之而振举，国家之运，可以有盛而无衰，有隆而无替，虽盘石不足以逾其固，而泰山不足以逾其安。谓之邦乃其昌，信矣！虽然，善恶不难于惩劝，而君心每累于私情。苟能公以察之，则是非不谬，而足以当人心。苟出于私，则贤否易位，而其害有不可胜言者矣。其何以保其国乎？仲虺作诰，以释汤之惭，而必拳拳于此者，政以保邦之道，不出乎此而已也。不然，殖有礼，覆昏暴。钦崇乎天道，而永保乎天命。② 何以于蔿③，终复致意焉？后之人君，亦鉴于此而已矣。

---

① 《商书·仲虺之诰》："佑贤辅德，显忠遂良，兼弱攻昧，取乱侮亡，推亡固存，邦乃其昌。德日新，万邦惟怀；志自满，九族乃离。"

② 《商书·仲虺之诰》："呜呼！慎厥终，惟其始。殖有礼，覆昏暴。钦崇天道，永保天命。"

③ 蔿：偏斜，倾危。

39. 王懋昭大德，建中于民，以义制事，以礼制心，垂裕后昆。①

人君必勉于修己以率人，其律己也严，故垂法也远矣。夫人君所以为法于天下，而可传于后世者，岂有他哉？亦严于自治而已矣。仲虺之告成汤，所以特称王而告之，以起其听也。以为人君一身，天下之所取则也。故当勉明大德，以立中道于天下。然其要果何在哉？以义制事，使事得其宜；以礼制心，使心得其正。内外合德而中道立矣。中道既立，则岂特为法于天下而已哉？传诸后世，亦绰乎其有余裕矣。然则，礼也义也，即所谓德也。而昭德乃所以建中也。天下后世之所取法，其不在于此欤？云云。尝谓：德者人之所同得也。自其不偏不倚，无过不及者而言，则谓之中；自其存心处事，而各得其当者而言，则谓之礼义。他人之同有此德，而拘于气禀，蔽于物欲，始有冥然不知中道之所在者。所贵乎人君者，以一身为天下之准，使天下后世，皆得以取法焉。然亦无俟乎他求也。易曰：敬以直内，义以方外。敬义立而德不孤，敬义夹持，德不孤立，而中道立于此矣。舍此不务，则己身不正，固无以为正人之本者。世之人，且贸贸焉，莫知所之，又何以为后世子孙之法哉？观仲虺之意，岂不曰人君一身，中天下而立，定四海之民。民心罔中，惟尔之中，中道不可一日而不建也。日新厥德，斯可表正万邦也。懋敬厥德，斯可以式于九围也。欲建中于民，而不懋昭大德，不可也。然德之所以昭，中之所以建，又岂无其要哉？见于事而为，无过不及中之用也。事以义制而动，必适其宜焉。则无一事之不中矣。根于心而为不偏不倚，中之体也。心以礼制，而非礼勿动焉。则无一念之不中矣。夫如是，则岂特当世之民视效而无违，在我后嗣子孙，固可以遵守而勿失也。岂特为生民立极而已哉？固可以为万世开太平也。传之无穷，施之罔极，岂不绰然有余裕哉？是知建中于民，则圣人。能以其行诸一身者达诸天下，垂裕后昆，则圣人。又以其行乎当世者垂法万世，中道不可一日而不建，则君德其可一日而不明哉？明明我祖，万邦之君，有典有则，贻厥子孙，禹之所以为天下后世虑也，至矣！奈之何子孙弗率，而陷民于涂炭焉。则表正万邦而缵禹旧服，汤固不得以辞其责矣。况汤为创业之主，自治不力，后嗣何观？是尤不可不加之意也。汤能昭德，以建中于民，则可以无愧于禹。无愧于禹，则可以无愧于尧舜。无愧于尧舜，则可以无愧于天下后世矣。何惭德之有哉？此仲虺作诰，所以不徒慰释其惭，而重有以为之劝也。厥后武王下车，访道箕子，而箕子拳拳于皇，建其有极之言者，其亦仲虺之心欤？汤之建中，武之建极，先圣后圣，其揆一也。

---

① 《商书·仲虺之诰》："德日新，万邦惟怀；志自满，九族乃离。王懋昭大德，建中于民，以义制事，以礼制心，垂裕后昆。"

《汤诰》①

《伊训》②

40. 居上克明，为下克忠。③

临下固贵于不惑，事上尤贵于不欺，惟圣人能尽其道也。在昔，伊尹称汤，以训太甲，言：汤之为君而在上，则能明以照下，而无所惑；为臣而在下，则能忠以事上，而无所欺。居上克明，而为下又克忠，非圣人莫之能也。云云。居上为下，各有其道，而惟圣人为能尽之者，岂有他哉？亦循乎理之自然，而各尽其职分之所当然耳。故居上而临下，所贵者明也。不明，则有障蔽之患，而失其君人之道矣。为下以事上，所贵者忠也。不忠，则必有欺谩之失，而失其为臣之职矣。然常人之情，居尊位则必以逸欲蔽其明，能听览不惑者鲜矣。处下位，则必以患得患失隳其忠，其能纯笃不二者寡矣。此其所以为常人也。惟圣人则不然，深居九重而邪佞不能欺，高拱南面而奸伪不能惑，辨是非于万里之外，察事机于秋毫之末。其居上如此，不谓之克明可乎？衣其衣则必忧其忧，食其食则必事其事，守职位则不二其心，临事变则不易所守。其为下如此，不谓之克忠可乎？嗟乎！圣人道全而德备，果安往而不尽善也哉？自其临下而谓之明，明固此德也。自其事上则谓之忠，忠亦此德也。居上为下，本无二道，克明克忠，亦岂有二致哉？伊尹于此，特析而称之，所以见其道之全，而德之备也，吾求之古，而有得于舜之称禹焉。既曰克勤于邦矣，又曰克俭于家。夫在邦而能勤，必居家能俭者也。而称之者，必对举而并言之，所以见其贤之不可及也，知舜之称禹，则知伊尹之称汤矣。且汤之德，岂特见之居上为下而已哉？与人不求备，检身若不及④，其处人己之间，又如此。是以其德盛业广，而天命归之，人心戴之，自七十里而至于万邦焉。汤之所以得天命者如此。太甲而嗣汤之天下，可不思所以继汤之德也欤？伊尹所以拳拳以是告之也，厥后太甲修厥身，允德协于下，惟明明后，殆无忝于乃祖矣。太甲其贤矣哉！

---

① 《书序》："汤既黜夏命，复归于亳，作《汤诰》。"宋·蔡沈《书经集传》卷三："《汤诰》。汤伐夏，归亳，诸侯率职来朝。汤作诰，以与天下更始。今文无，古文有。"思齐按：在《汤诰》篇之下，没有相应的书义。

② 《书序》："成汤既没，太甲元年，伊尹作《伊训》、《肆命》、《徂后》。"思齐按：《伊训》、《肆命》和《徂后》，三篇同序。宋·蔡沈《书经集传》卷三："《伊训》。训，导也。太甲嗣位，伊尹作书，训导之。史录为篇。今文无，古文有。"

③ 《商书·伊训》"呜呼！先王肇修人纪，从谏弗咈，先民时若。居上克明，为下克忠。"

④ 《商书·伊训》："居上克明，为下克忠，与人不求备，检身若不及，以至于有万邦，兹惟艰哉！"

《太甲上》①

41. 先王顾諟天之明命，以承上下神祇。社稷宗庙，罔不祇肃。②

理之存于心目者无或忘，故诚之交于神明者无或间。盖诚心之所存，即天理之所发见也。使吾心之理有一息之昏蔽，而欲吾心之敬，随所寓而形著，难矣哉！若昔成汤于理之命于天者，常目在之而唯恐失坠，其存是理而不忘者如此。故以之承上下神祇者，此祇肃之心；以之任社稷宗庙者，亦此祇肃之心。其达是敬而无间，又如此。然则，祇肃之至，乃所以见其顾諟之深。惟知顾諟而不忘，所以能祇肃而无怠也。斯其内外之相符也欤。天之明命，乃有生之同德，而惟圣人能明而不昧，故以之交于神明，亦惟圣人为能敬而无失。圣人岂有异于人哉？心之所存，皆纯亦不已之天，故身之所处，皆缉熙敬止之地，不见其有间也。苟此心之天，一为人欲所蔽，而不能加提撕警省之功，则出而主祭，虽欲勉强修饰，以造于整齐严肃之地，其能常久而不变者鲜也。圣人岂其然乎？天之生物也，赋之气以成形，必命之理以为性。凡其日用动静之间，显然而不可欺，昭然而不可掩者，孰非天之所命也？常人莫不有是理而鲜能全之。惟圣人也，知付畀之为重，则存养之功，不可以不加，知利欲之易昏，则省察之功，不可以或替。造次必于是，颠沛必于是，而天之所以与我者，无顷刻之或忘，故能见其参于前，倚于衡，而我之所以得于天者，无须臾之或离。此作圣之本原，而主敬之极功也。推此心以交于神明，其有厌怠而不敬者乎？吾见其洁齐丰盛，而凛乎其临之在上，质之在旁也，其在神祇者如此。吾见其苾芬孝祀，而竦然于神之格思，不可度思也，其在社稷宗庙又如此。圣人于此，岂勉强而为之哉？盖知天命无往而不存，故罔不祇肃。以祇肃之诚，而为顾諟之实，圣人之所以异于人者如此。岂外为庄栗，而实则怠慢，暂焉收敛，而久则怠荒者之比哉？诗人之称成汤曰“圣敬日跻”，曰“上帝是祇”。③ 则其顾諟之诚，祇肃之实，可想而见矣。此所以天监厥德，使之集大命而抚安万方也欤。④ 太甲既立，而

---

① 《书序》：“太甲既立，不明，伊尹放诸桐。三年复归于亳，思庸，伊尹作《太甲》三篇。”宋·蔡沈《书经集传》卷三：“《太甲上》。商史录伊尹告戒节次，及太甲往复之辞，故三篇相属成文。其间或附史臣之语，以贯篇意，若史家纪传之所载也。唐孔氏曰：《伊训》、《肆命》、《徂后》、《太甲》、《咸有一德》，皆是告戒太甲，不可皆名《伊训》，故随事立称也。林氏曰：此篇亦训体。今文无，古文有。”思齐按：《太甲》三篇，即《太甲》上、《太甲》中和《太甲》下。

② 《商书·太甲上》：“惟嗣王不惠于阿衡，伊尹作书曰：‘先王顾諟天之明命，以承上下神祇。社稷宗庙，罔不祇肃。’”

③ 《诗经·商颂·长发》三章：“帝命不违，至于汤齐。汤降不迟，圣敬日跻。昭假迟迟，上帝是祇，帝命式于九围。”

④ “天监厥德，使之集大命，而抚安万方”，语出《商书·太甲上》：“天监厥德，用集大命，抚绥万方。”

不明于德，其视汤之顾諟明命为何如？以“欲败度，纵败礼”①，其视汤之罔不祗肃为何如？伊尹以是告之，固欲其率乃祖攸行，亦所以药其病而救其失也。此太甲所以克终允德也欤。

42. 慎乃俭德，惟怀永图。若虞机张，往省括于度，则释钦厥止，率乃祖攸行。②

大臣告君以自治之方，既以物理之不可妄发者为喻，复以君身之不可妄动者为戒。盖射之与治事虽殊，而理则一。所以善于告君者，既曲喻之于先，复正戒之于后也。昔者，伊尹之告太甲，以为必当谨其俭约之德，惟怀永久之谋，人君自治，孰有先于此者乎？其所以戒之者至矣。然恐其泛然视之，而君莫我听也。故又即物理以喻之，以为譬若虞人之弩，机既张而必往察，其括之合夫法度，然后发其不敢妄发也。如此，则人君之为治，其可有一毫之妄动乎？敬一心之所止，率乃祖之所行如是，而后可也。诚知君身之不可妄动，则所以谨其身而远其谋者不难矣。孔子曰：以约失之者鲜矣。是持身不可以不谨也。又曰：人无远虑，必有近忧。是为谋不可以不长也。况乎人君一身关四海之盛衰，系生民之休戚，于是而不加谨焉，则轻举妄动，所以觖天下之望者多矣。大臣告君，宜无出此。然君非生知之知，苟不旁引曲喻，使理之可明白昭晰于其前，岂能必其坦然由之，而无疑哉？故即射以观之，而为治之理可见矣。夫虞人之射，其艺甚微，其得失甚薄，然犹临事知戒，未尝废法而妄动，则人主之持身，岂射者之不若乎？其不可妄动也，明矣。夫事事物物，莫不各有当止之地，设施措注，前王又有一定之法，不此之守，而欲慎其德，而远其谋，吾未见其可也。伊尹之告太甲，其不曰骄奢纵侈，非所以为德也，必敬以持己，而无一事之敢轻苟。且自便又非所以为谋也，必言而思其所终，行而思其所弊，而无一事之敢忽，如是而后可也。以是告君，可谓切而要矣。然犹以为晰理之不明，则听信之不笃，故复即虞人之射以为喻焉。夫虞者，山泽之官，以射猎为职者也。射之为技，有机有括。机所以发其往，括所以求其度。机不戒而妄发，则其发也必非所遇。矢不省而遽释，则其遇也必非所中。故必目存乎括，心省乎度，使心手相应，而有以合乎度之中，如是而后释焉，其不中者鲜矣。射之微技，志于得兽，而所以慎者尚如此。况握四海九州之权者哉。是故，动静云为，而吾心有本然之度也。必肃恭收敛，而求止其所当止。纪纲法度，先王有已然之法也，必持循据守，而行其所当行。止所当止，所以立本也；行所当行，所以致用也。体用兼全，本末具举，吾见其是为无动，动而不合于法度者寡矣。是则射之与治，又岂有二理哉？伊尹以为太甲告者，

---

① 《商书·太甲中》王拜手稽首曰：“予小子不明于德，自厎不类。欲败度，纵败礼，以速戾于厥躬。天作孽，犹可违；自作孽，不可逭。既往背师保之训，弗克于厥初，尚赖匡救之德，图惟厥终。”

② 《商书·太甲上》“王惟庸罔念闻。伊尹乃言曰：‘先王昧爽丕显，坐以待旦。旁求俊彦，启迪后人，无越厥命以自覆。慎乃俭德，惟怀永图。若虞机张，往省括于度则释。钦厥止，率乃祖攸行，惟朕以怿，万世有辞。’”

诚以太甲所以“欲败度，纵败礼”。① 此盖以奢侈失之，而无长远之虑者也，故首以“慎乃俭德，惟怀永图”者言之。喻言以晓之者，欲其听之审也；正言以戒之者，欲其行之笃也。伊尹之心，岂不以成汤所行，无非大中至正之理，可以为万世准的，正犹机括之有法度也。使太甲能以一心为机括，以乃祖所行者为法度，则其所以谨俭德而怀永图者，至矣。吁！

《太甲中》②

43. 先王子惠困穷，民服厥命，罔有不悦。③

圣人有子民之实德，故足以得天下之欢心。盖“爱人者，人恒爱之”④，理之必然者也。而况爱之有诚者乎？宜其心悦而诚服也。昔者，成汤爱民如子，而无间于困穷，故民服其命，而至于罔有不悦。一感一应，犹影响然。是岂有他哉？亦以其爱之心，出于诚而已矣。世率谓：君尊也而民卑，君贵也而民贱，以尊临卑，以贵莅贱，于是视之犹草芥，而惟恐芟夷之不加；疾之如寇仇，而惟恐斩刈之不力。上之待下者如此，则下之报上者从可知矣。夫岂知天子惟君，万邦元后者，又所以父母斯民也。夫父母之于子，贤者爱之，不肖者怜之，惟恐有一之不得其所也。而况天下之罢癃残疾，惸独鳏寡，皆吾赤子之颠连无告者也。⑤ 而奈何其鄙夷之且贱恶之，恶在其为民父母也。故夫见孺子入井而有怵惕恻隐之心⑥，幼吾幼，而知所以（阙一字。思齐试补：及）人之幼。是心也，人皆有之，惟圣人为能（阙七字）圣人能以不忍人之心，行不忍人之政，（阙十字）之地所欲与聚所恶勿（阙十二字）夫匹妇无一不被其泽，其（阙十字）之政犹之罔极之恩者，岂有（阙十一字）而已矣。夫至诚而不动者，未之有（阙七字）也。上以诚而爱其下，（阙十三字）爱之如父母，敬之（阙五十三字）迫之致哉亦（阙一字）于诚而已矣。故曰：爱人者，人恒爱之，必然之理也。且汤之子惠，困穷也。

---

① 《商书·太甲中》王拜手稽首曰：“予小子不明于德，自厎不类。欲败度，纵败礼，以速戾于厥躬。天作孽，犹可违；自作孽，不可逭。既往背师保之训，弗克于厥初，尚赖匡救之德，图惟厥终。”

② 《书序》：“太甲既立，不明，伊尹放诸桐。三年复归于亳，思庸，伊尹作《太甲》三篇。”

③ 《商书·太甲中》伊尹拜手稽首曰：“修厥身，允德协于下，惟明后。先王子惠困穷，民服厥命，罔有不悦。并其有邦，厥邻乃曰：徯我后，后来无罚。王懋乃德，视乃厥祖，无时豫怠。奉先思孝，接下思恭。视远惟明；听德惟聪。朕承王之休无斁。”思齐按：先王子惠困穷。先王子，作主语，指成汤。惠，动词，作谓语，关爱，慈爱。困穷，作宾语，指困穷之人。孔安国传：“言汤子爱困穷之人。”蔡沈《书经集传》：“困穷之民若己子而惠爱之，惠之若子，则心之爱者诚矣。”

④ 《孟子·离娄下》：孟子曰：“君子所以异于人者，以其存心也。君子以仁存心，以礼存心。仁者爱人，有礼者敬人。爱人者，人恒爱之；敬人者，人恒敬之。”

⑤ 试比较宋·张载（1020—1077）《张子正蒙·乾称篇上》：“凡天下罢癃残疾，惸独鳏寡，皆吾兄弟之颠连无告者也。”思齐按：《乾称篇上》又称《西铭》。

⑥ 《孟子·公孙丑上》孟子曰：“人皆有不忍人之心。先王有不忍人之心，斯有不忍人之政矣。以不忍人之心，行不忍人之政，治天下可运之掌上。所以谓人皆有不忍人之心者，今人乍见孺子将入于井，皆有怵惕恻隐之心。”

初非有心于服人也，亦非每人而悦之也，要亦尽吾君道之所当然者耳。而民之归之也，犹水之就下，沛然莫之能御也。① 前王之得民心如此，则继世以有天下者，可不深思而敬守之哉？宜夫伊尹，重以为太甲告也。吾今而后，知“抚我则后，虐我则仇”② 之说，为不可渝也。以“民之无常，惟惠之怀”③ 之言，为不可易也。彼有“狗彘食人之食而不知检，涂有饿莩而不知发”④，乃⑤是望民之加多。仓廪实，府库充，使壮者散而之四方，老者转乎沟壑，乃恶疾视长上之死而不救之。⑥ 二君⑦者，亦有子惠之实于其民者乎？而欲民之悦服，多见其不知量也。反复其君，世主之行事，观之未尝不三叹，古人之不可及也。

44. 王懋乃德，视乃烈祖，无时豫怠。奉先思孝，接下思恭。视远惟明，听德惟聪。朕承王之休无斁。⑧

人君当勉于修己，以法先王之勤。惟事必究其心而无所忽，则臣奉君之美于无穷。夫修德而足，以无耻于前王，则其福固足以及其臣下矣。是以伊尹之告太甲，欲其勉于修德，以法先王之勤，不可顷刻安于豫怠也。然修德之要，岂有他哉？奉先也，当思所以尽其孝；接下也，当思所以致其恭。视则欲远而思明，听则在德而思聪。凡此皆懋德之所从事也。太甲果能究心于此而无所忽焉，则修德于一己，而福及于群臣。为之臣

---

① 《孟子·梁惠王上》（孟子）对曰：“天下莫不与也。王知夫苗乎？七八月之间旱，则苗槁矣。天油然作云，沛然下雨，则苗浡然兴之矣。其如是，孰能御之？今夫天下之人牧，未有不嗜杀人者也。如有不嗜杀人者，则天下之民皆引领而望之矣。诚如是也，民归之，由水之就下，沛然谁能御之？”

② 《周书·泰誓下》：“古人有言曰：‘抚我则后，虐我则仇。’独夫受洪惟作威，乃汝世仇。”

③ 《周书·蔡仲之命》：“皇天无亲，惟德是辅。民心无常，惟惠之怀。为善不同，同归于治；为恶不同，同归于乱。尔其戒哉！”思齐按：一本作“民之不常，惟惠永怀”。

④ 《孟子·梁惠王上》（孟子）曰：“王如知此，则无望民之多于邻国也。不违农时，榖不可胜食也；数罟不入洿池，鱼鳖不可胜食也；斧斤以时入山林，材木不可胜用也。榖与鱼鳖不可胜食，材木不可胜用，是使民养生丧死无憾也。养生丧死无憾，王道之始也。五亩之宅，树之以桑，五十者可以衣帛矣。鸡豚狗彘之畜，无失其时，七十者可以食肉矣。百亩之田，勿夺其时，数口之家可以无饥矣。谨庠序之教，申之以孝悌之义，颁白者不负戴于道路矣。七十者衣帛食肉，黎民不饥不寒，然而不王者，未之有也。狗彘食人食而不知检，途有饿莩而不知发；人死则曰：‘非我也，岁也。’是何异于刺人而杀之，曰：‘非我也，兵也。’王无罪岁，斯天下之民至焉。”

⑤ 乃，副词，表示两事情理相悖或事出意外。

⑥ 这里是活用孟子的话，因而在句子接续上有所调整。《孟子·梁惠王下》：穆公问曰：“吾有司死者三十三人，而民莫之死也。诛之，则不可胜诛；不诛，则疾视其长上之死而不救，如之何则可也？”孟子对曰：“凶年饥岁，君之民老弱转乎沟壑，壮者散而之四方者，几千人矣；而君之仓廪实，府库充，有司莫以告，是上慢而残下也。曾子曰：‘戒之戒之！出乎尔者，反乎尔者也。’夫民今而后得反之也。君无尤焉！君行仁政，斯民亲其上，死其长矣。”思齐按：这是邹穆公与孟子之间的对话。

⑦ 二君，指梁惠王和邹穆公。这是这篇书义的作者所举的两个反面的例子。

⑧ 《商书·太甲中》伊尹拜手稽首曰：“王懋乃德，视乃厥祖，无时豫怠。奉先思孝，接下思恭。视远惟明；听德惟聪。朕承王之休无斁。”

者，固将承王之美，而无有厌斁者矣。于此见人君修德之道匪轻，大臣辅弼之责至重。君德既修，而后臣责始尽，其所系盖如此。夫人君一身系国家之安危，关生民之休戚，固当以修德为先。而大臣者，盖与之共安危，而均休戚，尤以弼成君德为任。后德为臣，不德为臣，其任不亦重乎？况乎主圣则臣下得以蒙其休，主为则臣下不得以辞其责。苟君有善而不知所以顺其美，有过而不知所以救其恶，耽乐怠荒，轻举妄动，覆先王之令绪，而有愧于烈祖，则召危亡之辱，而祸及于其臣，固其势之所必至也。大臣盖知此，是以于上下视听之间，既备述其当然之道，且以已之所仰赖者期之，可谓善戒其君者矣！夫人君为天下之表仪，必疆于自治，而后可以治人，固当孜孜焉为善是求，汲汲焉为德是务，使己之德无愧于先王可也。懋敬厥德，先王所以修于己者如此，则日新厥德，后王可不思所以视效于此哉？夫其宵衣旰食而无顷刻之安，焦心劳思而无毫忽之怠，先王所以勤于己者又如此。而后王岂可安于豫怠，以违其祖哉？盖继志述事，在孝子之心所当思。祭之如存，在孝子之心所当勉。使孝敬之心，无时而忽之，则不敢有违其祖矣。上而祖考，固不敢以背违，下而群臣，亦恶可得而易忽之哉？此伊尹所以为善告君者欤。

思齐按：苏轼曾作《书义》十篇，这些文章的性质与王充耘的《书义矜式》相类似。其中《视远惟明听德惟聪》对于本篇颇有参考价值，录如下。

甚矣，耳目之为天下祸福也。《洪范》五事，为皇极之用，治乱之所由出，狂圣之所由分，风雨之所由作，五福六极之所由致。故颜渊问仁，孔子曰："非礼勿视，非礼勿听，非礼勿言，非礼勿动。"夫视听期于聪明而已，何与于礼。非礼勿视，非礼勿听，是礼也，何与于仁。曰：视听不以礼，则聪明之害物也其于聋瞽。何以言之？明之过也，则无所不视，掩人之私，求人之所不及；聪之过也，则无所不听，浸润之谮，肤受之愬或行焉。此其害，岂特聋瞽而已哉！故圣人一之于礼，君臣上下，各视其所当视，各听其所当听，而仁不可胜用也。太甲之复辟也，伊尹戒之曰："视远惟明，听德惟聪。"何谓远？何谓德？孔子曰："文武之道，未坠于地。在人贤者识其大者，不贤者识其小者。"夫惟小之为知，又乌能及远哉。探夜光于东海者，不为鲵桓而回网罗；求合抱于邓林者，不以径寸而枉斧斤。苟志于远，必略近矣。故子张问明，孔子既告之以明，又告之以远。由此观之，视不及远者，不足为明也。梁惠王问利于孟子，孟子告以仁义。曰："王何必曰'利'。"夫言利者，其言未必不中也，然君子不听，曰"言利者，必小人也。"听其言必行其事，行其事必近其人，小人日近，君子日疏，求国无危，不可得也。凡言苟出于利，虽中，小人也，况不中乎。苟出于德，虽失，犹君子也，况不失乎。由此观之，听不主于德者，非聪也。

《太甲下》①

45. 惟天无亲，克敬惟亲。②

不可恃者上天眷顾之情，所可恃者君心感格之道。夫人君之格天，舍敬其何以哉？是以伊尹之告太甲，谓：天于君，岂有常亲之理？其眷顾之情，盖不得而恃也。然人君能尽一己之敬，则天心虽无常亲，而亦未尝不亲之？是其感格之道，盖有所在也。谓之无亲，则有不可必者；谓之惟亲，则固有甚可必者存焉。亦顾君心之敬否何如耳？可不知所以敬之哉？尝读书至“天难忱斯”③，“惟命靡常”④，而后知天眷之无常，及至“皇天无亲，惟德是辅”⑤，而后知格天之有道。尽其道，则可格乎天矣。且吾有以知之，“天监厥德，用集大命”。⑥ 人知天之所以厚于成汤，而不知汤所以得天者，以其“顾諟明命，而罔不祗肃”⑦ 也。皇天用训厥道，付畀四方。人知天之所以眷文王也，而不知文王之所以得乎天者，亦以其能昭事上帝，而小心翼翼也。论至于此，然后知人君未有敬谨而不足以得天心，亦未有怠荒而能隆天眷者。宜乎！伊尹拳拳于太甲也。今夫天高在上，无形迹之可见，无声臭之可闻，而其聪明不可欺，明威不可测，予之而或夺之，福之而或祸之，是天固无常亲也。人君在上，能使天之心与我为一者无他，亦惟敬而已矣。方其敬也，出门如见大宾，使民如承大祭；视如对日星，听如惊雷霆；坐如近记过之史，行如随纠非之吏。兢兢焉，无须臾之或慢；业业焉，无一事之敢忽。君之尽其敬者如此，则申命用休，固非吾之有求乎天，而其来也自不可辞。纯佑秉德，亦非天之有私于我也。而其至也，自不容御。谓之“克敬惟亲”，非欤？然则无亲者天也，惟亲者吾使之也。为君者苟以天无常亲，而不尽己之敬，则非天之无亲也，实君不能致其亲之之道也。苟能尽其道，则天与君浑然为一，而无天人之间矣。太甲既立，不明于德，至于以“欲败度，纵败礼”⑧，盖亦恃天命之可常矣。而岂知天无常也哉？故幸其一旦改悟，而遽以是告之，庶其能钦崇乎天道，而永保乎天命也。伊尹之忠爱，何如哉？

---

① 《书序》：“太甲既立，不明，伊尹放诸桐。三年复归于亳，思庸，伊尹作《太甲》三篇。”

② 《商书·太甲下》：伊尹申诰于王曰：“呜呼！惟天无亲，克敬惟亲。民罔常怀，怀于有仁。鬼神无常享，享于克诚。天位艰哉！”

③ 《诗经·大雅·大明》一章：“明明在下，赫赫在上。天难忱斯，不易维王。天位殷适，使不挟四方。”

④ 试比较“惟命不于常”，《周书·康诰》：王曰：“呜呼！肆汝小子封。惟命不于常，汝念哉！无我殄享，明乃服命，高乃听，用康乂民。”

⑤ 《周书·蔡仲之命》：“皇天无亲，惟德是辅。民心无常，惟惠之怀。”

⑥ 《商书·太甲上》“天监厥德，用集大命，抚绥万方。”

⑦ 《商书·太甲上》：“惟嗣王不惠于阿衡，伊尹作书曰：‘先王顾諟天之明命，以承上下神祇。’”

⑧ 《商书·太甲中》王拜手稽首曰：“予小子不明于德，自厎不类。欲败度，纵败礼，以速戾于厥躬。天作孽，犹可违；自作孽，不可逭。既往背师保之训，弗克于厥初，尚赖匡救之德，图惟厥终。”

《咸有一德》①

46. 德无常师，主善为师。②

德之在人者，无定名；而取之于己者，有定论。夫人之德至不少也，取诸人以为善恶，可执一以为师哉？亦惟主于善而已矣。伊尹之告太甲，谓德之在人，非止于一端。师之有要必为善。是主苟非有以集天下之善，则岂足以成一人之善也哉？云云。人君居天下之上，必有首天下之德，然不在于恃一己之长，贵其能兼天下之善而已。盖天以一理赋之于人，散为万善，人君合天下之万善，而后己之德可全。故舜之德非不大也，然善与人同乐，取诸人以为善。夫子之德非不高也，然犹多闻多见，择其善者而从之。凡其有诸己者，盖无非取诸人也。是恶可执一以为师也？苟自广而狭，人使匹夫匹妇不获自尽，则一善不备，而人主无与成厥功矣。此大臣之所深戒也。且夫天下之理，散殊多端，博取诸人，何者非益？仁善为元，固所当师也。而有所谓行而宜之之义焉？非礼勿履，亦所当师也，而又有所谓应变曲折之智焉？大而三纲五常之道，小而动静云为之理，其为德也，不止于一二，不止于十百，不止于千万也。是亦何常师之有哉？必也博取诸天下，参酌乎吾心，善者主之，不善者舍之，可者法之，不可者去之。使其德之未善也，虽生乎吾前，亦舍之而勿师；使其德之诚善也，虽生乎吾后，亦师之而勿弃。诚如是，则人之有善无不容，而己之德无不修矣。大抵德者善之总称，善者德之实行。故德兼众善，不主于善，则无以得一本万殊之理。善原于一，不协于一，则无以达一本万殊之妙。故始焉，主善，固欲其博，而求之不一之善；终也，协一，则欲其约而会之至一之理，此圣学始终，条理之绪，而人君取人为善之要也。太甲改过之初，伊尹以是告之，其才固有大过人者欤？虽然，岂特伊尹之言为然，前乎舜、禹精一之传，后夫孔、颜博约之旨，同一揆也。

思齐按：苏轼曾作《书义》十篇，这些文章的性质与王充耘的《书义矜式》相类似。其中《终始惟一时乃日新》对于本篇颇有参考价值，录如下。

《易》曰："天下之动，正夫一者也。"夫动者，不安者也。夫惟不安，故求安者而托焉。惟一者为能安。天地惟能一，故万物资生焉。日月惟能一，故天下资明焉。天一于覆，地一于载，日月一于照，圣人一于仁，非有二事也。昼夜之代谢，寒暑之往来，风雨之作止，未尝一日不变也。变而不失其常，晦而不失其明，杀而不害其生，岂非所谓一者常存而不变故耶！圣人亦然。以一为内，以变为外。或

---

① 《书序》："伊尹作《咸有一德》。"宋·蔡沈《书经集传》卷三："《咸有一德》。伊尹致仕而去，恐太甲德不纯一，及任用非人，故作此篇，亦训体也。史氏取其篇中'咸有一德'四字，以为篇目。今文无，古文有。"

② 《商书·咸有一德》："今嗣王新服厥命，惟新厥德。终始惟一，时乃日新。任官惟贤材，左右惟其人。臣为上为德，为下为民。其难其慎，惟和惟一。德无常师，主善为师。善无常主，协于克一。俾万姓咸曰：'大哉王言。'又曰：'一哉王心'。克绥先王之禄，永厎烝民之生。"

曰：圣人固多变也欤？不知其一也，惟能一故能变。伊尹戒太甲曰："今嗣王新服厥命，惟新厥德，终始惟一，时乃日新。"新与一，二者疑若相反然。请言其辨。物之无心者必一，水与鉴是也。水、鉴惟无心，故应万物之变。物之有心者必二，目与手是也。目、手惟有心，故不自信而托于度量权衡。己且不自信，又安能应物无方日新其德也哉。齐人为夹谷之会，曰：孔丘儒者也，可劫以兵。不知其戮齐优如杀犬豕。此岂有二道哉，一于仁而已矣。孟子曰："天下定于一，孰能一之？曰：不嗜杀人者。"愚故曰圣人一于仁。

《盘庚上》①

47. 汝克黜乃心，施实德于民，至于婚友，丕乃敢大言，汝有积德。②

大臣无私而广实德，于今斯敢有言而扬积德于昔？盖今日之实德，非一己之私心，然后前日之积德，非一己之私论。况积德者，世臣大族之所欲言者也。惟私心未去，而不能以施德于人为功，则言辞之间，不敢以积德而大其说尔。必也私心，不累其实德，而施于今日者，无不周，然后可证其积德，而敢于言者无所愧。不然，实德有亏，而所谓积德者，乃妄矣。虽欲言之，其敢大言乎？云云。故盘庚诰我世家大族，以迁殷而两致意于德之一辞。诚以世家大族，虽不欲以实德为功，而好以积德为论者也。殊不知所行者皆私心，则所言者皆妄论，而非积德矣。实德者，所难行者也。私心未去，则不能遍行。积德者，所易忘者也。而实德未行，则不敢大言之。言之非艰，行之惟艰。所行者，皆私心所为，而非实德之遍及，则所言者，尚敢以积德为夸大谈也哉？古人告戒之辞，劝其施德于人，则既勉其所不欲行者，又以其所欲言者诱之，则世家大族，好以积德为说者，自不能不以实德施于民矣。且夫祖乙圮于耿，而水患害于民，则势不得不迁也。而世家大族安土重迁，胥动浮言，以害迁者，则巨室之所以有言者，必自恃以为民之所慕。然不知以私心苟悦小民，而害其迁，则非实德也。实德未施，则不可谓其积德矣。故必告之以实德，而启之以积德之论焉。实德者，学而有功者也。积德者，祖宗前日之所积者也。欲以积德为言，夫岂难于立论者，而实德皆私心所为，则其所言者皆私论尔。惟夫劝民以迁都之利，使实德施于一国之民。至于婚姻僚友，无不被其功泽，然后"乃敢大言"，而曰"汝有积德"，其来非一日也。汝今不能公心以施实德于人，而

---

① 《书序》："盘庚五迁，将治亳殷，民咨胥怨。作《盘庚》三篇。"颂·蔡沈《书经集传》卷三："《盘庚上》。盘庚，阳甲之弟。自祖乙都耿，圮于河水，盘庚欲迁于殷，而大家世族安土重迁，胥动浮言。小民虽荡析离居，亦惑于利害，不适有居。盘庚喻以迁都之利，不迁之害。上、中二篇，未迁时言。下篇，既迁后言。王氏曰：上篇告群臣，中篇告庶民，下篇告百官族姓。《左传》谓盘庚之诰。实诰体也。三篇，今文、古文皆有。但今文三篇合为一。"思齐按：《盘庚》三篇，即《盘庚上》、《盘庚中》和《盘庚下》。

② 《商书·盘庚上》："若网在纲，有条而不紊。若农服田，力穑乃亦有秋。汝克黜乃心，施实德于民，至于婚友，丕乃敢大言：汝有积德。乃不畏戎毒于远迩，惰农自安，不昏作劳，不服田亩，越其罔有黍稷。"

乃欲大言其积德于已，是何大言不惭，而敢立论如此哉？殷人巨室，致使天子之尊，而以大言诱之，亦可谓顽矣。而盘庚则诚贤君也，以忠厚代斧钺之诛，以言论开人心之善，亦先王之遗意也，故卒使殷民之迁，而厥德允修焉。厥后，周公迁殷民，至于世三纪，俗变风移，而殷之庶士，怙侈灭义，骄淫矜夸，不改乎前日之旧，则世禄之家，鲜克由礼，亦已久矣。然盘庚化之于前，成王、穆王化之于后，则顽者又在于化之如何也。然至烦于告戒之末，而不能以心相孚，则又世变之不得已也。吁！

《说命上》①

48. 若金，用汝作砺。若济巨川，用汝作舟楫。若岁大旱，用汝作霖雨。②

取诸物以喻其臣者，其望切；取诸天以喻其臣者，其望深。事之系于物者，不若系于天者之为大也。故人君拟臣于物，必至于拟诸天而后止耳。夫砺，物也。舟楫，亦物也。然金以之而利，川以之而济，物之相资者然也。况君之于臣乎？此君之喻臣，其望之切者如此。然利取诸物，曷若取诸天？大旱，天之所以困民也；霖雨，天之所以利民也。以天之所利，济民之所困，则其为用亦大矣。君之喻臣，有似于此，则其望之深者，何如？既拟诸物，又拟诸天，于以见其言之愈切，而意愈深也。《说命上篇》曰云云，此高宗所以望傅说者如此。尝谓：有一物之利，有一人之利，有天下之利。一物之利，固不如一人之利。一人之利，又不如天下之利也。以其利而言，则虽有大小之殊，其用之不可无，则一而已。然用之为利，不以其顺而以其逆，以其异而不以其同。逆者可以有成，而异者可以相济也。故君望臣，不以其依阿容悦之为忠，而以其犯颜强谏之为直；不以其谄谀将顺之为美，而以其绳愆纠缪之为贤。是故，金，利器也，然非有以淬之，则无以成其利。砺粗于金，故可以为金之用也。巨川，险地也，然非有以济之，则无以通其险。舟乘于川，故可以为川之用也。君之喻臣，而取诸此，可谓切矣，然未至于大也。若岁大旱，阳气之烈也，苟无以遏之，则生物为之枯槁，生民为之憔悴。霖雨阴气之和也，改而为雨，积而为霖，起枯槁而生荣，化憔悴而愉悦。其为用也，不亦大乎？君之喻臣，而取诸此，其所望者，亦至矣。盖砺而为金之用，一物之利也。舟楫为巨川之用，一人之利也。霖雨为大旱之用，天下之利也。一人之利，固大于一物之利。而天下之利，则又不止于一人之利而已尔。是以君之于臣，利于君之一事者，未足

---

① 《书序》："高宗梦得说，使百工营求诸野，得诸傅岩，作《说命》三篇。"思齐按：《说命》三篇，即《说命上》、《说命中》和《说命下》。

② 《商书·说命中》命之曰："朝夕纳诲，以辅台德。若金，用汝作砺；若济巨川，用汝作舟楫；若岁大旱，用汝作霖雨。启乃心，沃朕心，若药弗瞑眩，厥疾弗瘳；若跣弗视地，厥足用伤。惟暨乃僚，罔不同心，以匡乃辟。俾率先王，迪我高后，以康兆民。呜呼！钦予时命，其惟有终。"思齐按：命之曰，武丁命令傅说（yue，人名）道。宋·蔡沈《书经集传》卷三："《说命上》。《说命》，记高宗命傅说之言，'命之曰'以下是也，犹《蔡仲之命》、《微子之命》。后世命官判词，其源盖出于此。上篇记得说，命相之辞。中篇记说为相，进戒之辞。下篇记说论学之辞。总谓之命者，高宗命说，实三篇之纲领。"

善；利于君之一身者，为可嘉。利于君之一身，又不若泽及四海，而天下利之者为可贵也。故高宗之望傅说，取喻于物，其意固切，取喻于天者，其意尤深也。然《书》之取物，为喻多矣。有曰：若稽田而疆畎，若作室而涂茨。有曰：若苗之有莠，若粟之有秕。未尝直指人于其间。而高宗之喻，则不徒曰若金用利，而必曰"用汝作砺"，不徒曰巨川用舟楫，大旱用霖雨，而必曰用汝作舟楫、霖雨。异时，酒醴之喻曰"尔惟曲蘖"，和羹之喻曰"尔惟盐梅"。[①] 曰汝曰尔，置诸两物相资之间，恳恳焉不释诸口。其所望之者，不啻如饥之食，渴之饮也。及即傅说而观之，从绳之喻，监宪之言，作砺之用，可见矣。高宗以遯野罔显[②]之余，而一旦即闻勤学之训，作舟楫之用，又可见矣。至于四海之内，咸仰朕德之誉，则作霖雨之用，又何如哉？君臣之际，其尽美矣。

《说命中》

49. 虑善以动，动惟厥时。有其善，丧厥善。矜其能，丧厥功。惟事事，乃有备，有备无患。[③]

动必循理，而欲合于时措之宜。志不可满，而贵乎得思患预防之道，此大臣之善戒其君者也。大臣之有言于其君，苟徒及于高远之务，而不责之以躬行之实，则空言无施，虽切何补？昔傅说之告高宗，盖审乎此矣。谓：夫动者，吉凶悔吝之所由生也。虑善而动，固云可也，然而动非其时，则是动为无益矣。志者，人之所易满也，不自满，假人之贤也。蔽于矜伐，则德丧而功隳矣。事者，人之所易忽也。事其事者，备而无患。苟无其备，则事至而患生矣。吁！于斯三者，皆人君之所当戒者也，亦不出乎躬行之实者也。为高宗者，可不念哉？云云。见于《说命中篇》，其义如此。尝谓：大臣爱君之心，未有不极其至者也。凡其所戒，未有不出于正者也。然将使其君乐于位，而我不告之以事理之所宜，当务之为急，言虽多，奚益哉？夫君之动，而或为无益者，何也？盖理之甚当，而未合于时者然也。有己之善，矜己之能，此则志为自满，而道不加修者然也。不事其事，事至无备，此则蓄疑败谋，怠忽荒政者然也。凡世之人主，而知有是戒者，亦盍反其本矣？今夫所谓善者，当乎理也。时者，时措之宜也。虑固欲其当乎理，而动尤贵于得其宜。动而非时，犹无益也。圣人酬酢斯世，亦惟其时而已。盖尝思之：事固有善而非时之所宜者，善如裘葛之良，时如寒暑之时，时非裘葛，虽善何施？惟未动，审于虑善；将动，审于时宜，然后事顺于理，而当其可矣。不顾可否，非

---

① 《商书·说命下》："尔惟训于朕志，若作酒醴，尔惟麴蘖；若作和羹，尔惟盐梅。尔交修予，罔予弃，予惟克迈乃训。"

② 遯野罔显：参见《商书·说命下》。

③ 《商书·说命中》："虑善以动，动惟厥时。有其善，丧厥善；矜其能，丧厥功。惟事事，乃其有备，有备无患。无启宠纳侮，无耻过作非。惟厥攸居，政事惟醇。黩予祭祀，时谓弗钦。礼烦则乱，事神则难。"

时而动，则吾未见其能有益于动者也。凡人之有一善者，皆曰能有是，是亦足矣。有一能者，皆曰能善是，是亦足矣。此所谓矜伐自满者也。殊不知自有其善，则已不加勉，而德日亏矣。自矜其能，则人不效力，而功日隳矣。常人之不知戒于是者，犹曰不可，而况于人君者乎？凡天下之事，惟事其事者，乃其有所备也。既有其备，则又何患之有哉？若夫修车马，备器械，事乎兵事，则兵有其备，故外侮不能为之忧；简稼器，修稼政，事乎农事，则农有其备，故水旱不能为之害。所谓事事有备无患者如此。说之告君，可谓知所当务者矣。抑尝论之：高宗，聪明之主也，非不能待时而动者也，非蔽于矜伐者也，亦非不能思患而预防者也，而说之拳拳以是为言者，盖以惟圣宪天，欲其事事物物，而皆出于天理之所当然也。苟有一毫之未尽，则即私意而非天之聪明矣。此所以不得不为之过虑，而戒之也。呜呼！说，其忠臣也哉。

《说命下》

50. 若作酒醴，尔惟曲蘖。若作和羹，尔惟盐梅。尔交修予，罔予弃。予惟克迈乃训。①

贤君资臣，以格其心，不惟取喻之甚明，而且自任之甚重也。辅导者，臣之功，而力行者，君之责也。苟言焉而不见用，则喻之虽切，人亦孰肯尽言哉？昔者，高宗之命傅说，谓：尔之辅朕，当训于立志之初，而不在于行事之际也。何也？譬之作酒醴，则先资汝以为曲蘖；作和羹，则资汝以为盐梅。左右规正，而无或偏。交修不逮，而毋或弃。予于尔言，皆能力行而无怠尔，果何惮而不言哉？喻之以物理，而诱之以尽言，高宗其善于资臣者矣。夫人臣之辅君，惟力行之难。人君之听言，惟力行之未易。盖救之于事为之著，不若调济于心术之微，而言听谏行，则人孰不乐告以善道？古之贤君，所以不徒托物以明其理，又必尽言以诱其诚。盖以取喻之不精，则辞不足以达意，而贤者不见其求助之切，自任之不笃，则求道之不勇，而贤者亦岂信其足以有为？古之人兼尽是道者，高宗是也。夫人君以一身而总天下之大，以一心而应万事之机，苟或毫厘有差，则将谬于千里。故志也者，心之所之，将欲有为，而未见于事者也。人君纳诲，以辅台德者，当于此而致力焉。盖天下之事，理禁于未发者易为功，而救于已然者难为力。苟于君心趋向之或偏，而不知所以训迪焉，则他日发于其政，害于其事，而其害将

---

① 《商书·说命下》王曰："来！汝说。台小子旧学于甘盘，既乃遯于荒野，入宅于河。自河徂亳，暨厥终罔显。尔惟训于朕志，若作酒醴，尔惟麹糵；若作和羹，尔惟盐梅。尔交修予，罔予弃，予惟克迈乃训。"思齐按：台，我，予。台小子，予小子，商王武丁自己所用的谦称。甘盘，商王武丁之贤臣。他与傅说一道辅佐武丁成就中兴之业。孔颖达《尚书正义》曰："'旧学于甘盘'，谓为王子时也。《君奭》篇周公仰陈殷之贤臣云：'在武丁，时则有若甘盘。'然则甘盘于高宗之时有大功也。上篇高宗免丧不言，即求傅说，似得说时无贤臣矣。盖甘盘于小乙之世以为大臣，小乙将崩，受遗辅政，高宗之初得有大功。及高宗免丧，甘盘已死，故《君奭》传曰：'高宗即位，甘盘佐之，后有傅说。'是言傅说之前有甘盘也。但下句言'既乃遯于荒野'，是学讫乃遁，非即位之初从甘盘学也"。

有不可胜言者矣。泛观物理，何独不然？作酒醴者，曲多太苦，蘖多太甘，曲蘖得中，而后成酒。作和羹者，盐多则醎，梅过则酸，必盐梅得中，而后成羹。二者皆调均节，适于作之之初，然后能适众口于既成之后。人臣之辅导其君，亦何以异于此哉？刚柔之相济，犹曲蘖之交致其功也。可否之相济，犹盐梅之交致其味也。夫然后谓之交修，否则容悦逢迎，和者如一，犹之以水济水耳，谓之交修可乎？夫诲之谆谆，而听我藐藐，是故无足与言仁义，虽弃之可也。有闻未之能行，惟恐有闻予之克迈乃训，若此而弃我，不言可乎？说而不绎，从而不改，是盖画而不进，虽绝之可也。今也，得一善则拳拳服膺而勿失。予之克迈乃训若此，而弃我而不谏可乎？夫言不逊，则不足以感人之心；行不笃，则不足以造道之极。以君命臣而切切焉，惟恐其予弃其尊德乐道之诚，固于斯而可知尊所闻，行所知，而自谓之予克其勇往力行之心，盖于斯而可见。吁！人君之切于求助如此，虽欲不言，安得而不言哉？呜呼！人主一心，万化之原。危微操舍之几，乃得失存亡之所系乎？人能先立乎此，则天下事可从而理矣。于此，见能尽其心，而欲明诤显谏于行事之间者，斯末矣。故祖乙之告高宗曰：惟先格王，正厥事。而穆王之命伯冏亦曰：绳愆纠谬，格其非心。岂不与高宗训志，同一轨辙乎？高宗首以舟楫、霖雨为喻，继以曲蘖、盐梅为喻，所造者深，而望益切矣。宜说有以复于王也。说为商贤佐，而果无负于训于朕志之命。高宗为商令主，而真能践其克迈乃训之言。其有以成中兴之功，宜矣。

51. 王！人求多闻，时惟建事。学于古训，乃有获。①

资诸人者，固欲措诸事于天下；法诸古者，犹欲得其理于吾心。盖理之所存，即事之所由。建天下，岂有理外之事哉？夫苟知资之人以利于行，而不知反诸己而致其知，则非王者之学矣。傅说知其然，故其告高宗也，谓：人之求闻于人，而以多为贵者，非徒有资闻见而欲见之于行事也。然惟行是务，而不反之于己，则亦冥行而已。故必学于古人之训，然后乃有所得于心，而后之所建者，亦有所资而不匮矣。岂有不能学以致其知，而徒闻以力行者哉？故《说命》之下篇有曰云云。大抵知行无二致也，古今无二理也。彼有富于见闻而不能施于实用者，必其知之未至也。岂可徒行之为务哉？又有勤于问学而不能深造其理者，必其行之勿笃也。岂可徒知之为务哉？苟有闻矣，而又质之于古，则其事之所建者，必非贤者之过于行矣；学古矣，而又求于人，则其所获于心者，必非知者之过于知矣。若高宗者，非不能建事也，非不知学古也，盖恐其所行非所知，而所知非所行尔。说也交陈其说，而互陈其义，其意盖谓人非生而知之者，莫不求闻于人也。人非闻一而知十者，莫不欲所闻之多也。使其闻于人者既多，而行于己者不悖，则唯恐其不多耳。苟得于闻如彼，而达诸事者如此，是则道听涂说而已，虽多亦奚

① 《商书·说命下》说曰："王！人求多闻，时惟建事，学于古训，乃有获。事不师古，以克永世，匪说攸闻。惟学，逊志务时敏，厥修乃来。允怀于兹，道积于厥躬。"

以为？如之何而不以古训为务哉？何则？典谟之篇，非陈言也；礼乐之制，非虚文也。精微之蕴，非学莫之领会；帝王之传，非学莫之融贯。使有志于古者，不以所闻之多而废其学，不以所行之笃而略于获，则理之在古训者，即吾心之所得，而理之在吾心者，即古训之所载矣。岂有知之，至不由于学之博哉？岂有得于心，而不能建于事者哉？吾观说之于高宗，方其交修罔弃也，而说则曰非知之艰者，欲其勉夫行也，及其克迈乃训，则又曰学于古训乃有获者，欲其致于知也。由此而观高宗之闻于说者，不为少矣。说之告于王者，必可建事矣。但恐前日之学于甘盘者，未尝有同于心也，则夫说之于王安恃之所寄，而废前日之所学？若说者，可谓能爱君矣。后之论学者，必曰自傅说告高宗始，然则高宗之中兴者，有自来矣。非君臣各尽其道，何以与于此哉？

52. 惟学逊志，务时敏，厥修乃来。允怀于兹，道积于厥躬。惟斅学半，念终始典于学，厥德修罔觉。①

知学以至夫道，惟信之笃而道益充，即知教以全其功，惟守之一，而德自化。夫使人之学也，徒知谦、勤、笃、信，以开夫凝道之端，而不知体立用行，以极夫成德之妙，岂圣学之全功哉？且学问之道无他，谦以受人，勤以励己，而己谦、勤两尽，而不至于道者，未之有也。况于此而笃不忘，则道之积于己者，益以充矣。然犹未也。道积厥躬者，体之立。斅学于人者，用之行。兼体用，合内外，而后可以会其全也。一念终始，常在于学，则其德之修者，有日进而不自知之妙矣。吁！圣贤之学，所以造道成德如此。宜傅说之重为高宗告也，使因是而求夫圣贤之学矣。盖所以贯终始于一心，合内外于一理也。然其造道而成德者，固亦有序焉。则道也，德也，果二理哉？是不然也。道者，理之共由；而德者，理之自得也。学与理一，固凝道之端；而理与心一，乃成德之妙也。是故，逊敏以立其本，学之始也，而即其道之凝也，斅学以致其用，学之终也，而即其德之化也。始焉而道之凝者，有可见之功；终焉而德之化者，无可名之迹。始终一心，内外一理，斯为圣学之全功矣。今夫逊其志，而如有所不能，则卑以自牧，虚以受人也。敏于时，而如有所不及，则惟日不足，日新不已也。不徒曰"惟学逊志"，而且曰"务时敏"焉，则修己以敬而敬自生，修道以仁而仁自至，斯谓学以至夫道矣。然信道不笃，则中道而止也。必也笃信乎！此而不惑，允念乎此而不忘，则敬之修者，敬积于厥躬，而非声音笑貌矣。仁之修者，仁积于厥躬，而皆睟面盎背矣。向也修之来者为不有，今也来之积者为益充。不曰信之笃者，而道益充耶？然学无止法，道无终穷，则人之学也，又岂如斯而已乎？是故道至于积厥躬，则其本立矣。而德未至于罔觉，非所以会其全也。学所以成，已而教之以成物，则成物之功，居乎其半矣。学所以明德，而教所以教民，则新民之功，居乎其半矣。不以此为可先而学焉，不以彼为可

① 《商书·说命下》说曰："……惟学逊志，务时敏，厥修乃来。允怀于兹，道积于厥躬。惟斅学半，念终始典于学，厥德修罔觉。监于先王成宪，其永无愆。惟说式克钦承，旁招俊乂，列于庶位。"

后而倦教，斯谓之教以全其功也。然守之不一，则半涂而废矣。必曰始之自学，学也终之。教人亦学也，念兹在兹，终始惟一，则向也敬之修者，吾见其为敬，而今则德修罔觉。向也仁之修者，吾知其为仁，而今则德修罔觉矣。不识不知，顺帝之则，盖有不可名言之妙也。不曰守之一而德自化耶。始也，谦、勤、笃、信，以开夫凝道之端，终也，体立用行，以极夫成德之妙，此其所以贯始终，而合内外之道矣。且高宗旧学于甘盘者也，而傅说之言若此，其亦达夫圣学之全功矣。然又虑其德修罔觉，则或失于虚无荒忽，而德非其德矣。故又欲其监于先王成宪，其永无愆，何其爱君之至哉！抑论之圣人心法之传，尚矣。而学之一字，实始于此。厥后吾夫子以生知之圣，固无所事乎学矣。然既忧乎学不讲而德不修也，亦又学不厌而教不倦焉。又极而从心所欲不逾矩，则其造道之深，而成德之妙，亦岂无所自哉。吁！学者之极功，圣人之能事也。后之学者，尚考于斯！

53. 惟斅学半，念终始典于学，厥德修罔觉。①

知教之及于人者，有相长之功，则学不厌于己者，有自然之益。盖教有相长，学无止法，教人与自学，莫非所以为进德地也。夫教学于人，所以教人也，而所得乃居乎自学之半，是推己教人，亦为学之事也。然则为学者，可不终始有常乎？一念终始，有常无间，其德之所修，有不期然而然者矣。大臣告君以为学之要，孰有加于此哉？云云。夫为学之道有二，亦曰教不倦，学不厌而已。人皆曰：教不倦者，所以成物也，非以成己，是学之终事。然岂知温故有知新之理，因人有反己之机？然终也，犹始也。且传曰：学然后知不足，教然后知困，是教人之功，皆所以为己也。苟知教人，亦所以成己，则典学之念，岂复有终始之异欤？念无终始之殊，则勉强学问之余，体用无间之后，而涵泳从容，忽不自知其入于圣贤之域矣。此教不倦，学不厌二者，所以不容举一而废一欤。自今观之，传道解惑，推吾之所知者，以语人也。吾心之见，由是而愈明，则昔之所未知者，于是可无不知矣。长善救失，推吾之能者，以语人也。然吾身之行，由是而愈力，则昔所未能者，于是可无不能矣。然则讲贯之精者，实吾辨之明也；研穷之熟者，乃吾行之笃也。为人固所以为己，而成物即所以成己也。岂非“惟教，学半”之说欤？夫苟知此，则典学之念，其可有终始之间哉？故始之自学，学也，而未尝有一毫自弃之心；终之教人，亦学也，而未尝萌一毫自满之意。念之所向，终始不渝，则德之所修，亦日不已。始也，由善信而美大，今则不知其大而化之矣。始也，由择善而固执，今则不知其从容中道矣。谓之“念终始典于学”而“德修罔觉”，非欤！嗟夫！学之为道，大矣哉！人非生而知之，未有不须学而成者。矧斯道也，测之而益深，穷之而益远，愈至而愈未至，愈求而愈不足。是以古之圣贤，未尝不以懈怠荒宁②为惧，勤励

---

① 《商书·说命下》说曰：“……惟斅学半，念终始典于学，厥德修罔觉。监于先王成宪，其永无愆。惟说式克钦承，旁招俊乂，列于庶位。”

② 荒宁：迷乱安逸。《后汉书·章帝纪》：“朕以无德，奉承大业，夙夜慄慄，不敢荒宁。”

不息自强。然尝论之，世之为学者，明师在前，讲诵在后，逊志时敏，厥修乃来，己之自学若此，若无待于教人，而后喻也。允怀于兹，道积厥躬，学之得于己者如此。若无待于终始典学，而后得修也。然教而后知困，知困而后能自强。是以起予之商，助我之回，虽圣人，有不容废也。道无终穷，学无止法，终始惟一，时乃日新，一隙之间，万善俱废，是以孳孳为善，拳拳服膺，虽圣贤，有所不容已也。高宗君臣，讲求为治之要，而终归诸此。开万世言学之端，实自兹始，其致中兴之盛也，宜哉！

54. 股肱惟人，良臣惟圣。①

人必具四体而后成其形，君必资贤辅以成其德。盖君之有贤臣，犹人之有股肱也。故高宗命说，近取诸身，以为喻焉。以为人所以为人，以其有股肱也。手足备，而后其形全。君之所以圣者，以其有贤辅也。良臣辅，而后其德圣。即彼证此，参视对观，则君之不可无臣也，审矣。云云。四体具而成形，良臣辅而君圣。此理之必然也。故君之视臣如手足，臣之视君如腹心。手足腹心，相持一体，可相有，而不可相无者也。苟四体而缺一，则何以成人之形？无良臣以为之辅，则何以成君之德？古之人深烛是理者，其惟高宗乎。观其命臣之际可见矣。且夫得天地之气以成形，耳目百骸皆天所赋，全而具之则为人。人者所以灵于物也，得天地之理以为性，故四端万善，悉具于心。全而体之，则为圣。圣者，又超乎人者也。苟一指不信，且有不若人之耻；一德不备，又何以为首出庶物之尊。然则全四体以为人，所藉以运动者股肱也；奄有四海以为君，所赖以左右者，贤臣也。使股肱失职，则将为支离，为废痼。而块然之腹心，吾知其一羽有所不能举，跬步有所不能前矣。是果足以为人哉？辅弼而非人，则将为逢迎，为容悦，孰与绳愆而纠谬？孰与扶颠而持危？而德辅如毛，吾知其举且有所不胜，行且有所不能至矣。尚何望其能优入圣域也哉？人臣而苟知乎此，则策名委质之余，必将展布四体，宣力效忠，不使是君，为尧舜之君，不止矣。高宗其善为咨说者欤。始告以舟楫、霖雨，继之以曲蘖、盐梅，非不深切而著明也。至此，又告之以股肱。惟人何哉？盖舟楫、霖雨，异类之相资，曲蘖、盐梅，异味之相济。至股肱惟人之喻，则一体之相须，一有不具，不复得为人矣。此高宗之见道益深，而望说益切。然木从绳则正，后从谏则圣。傅说固尝以圣期其君矣。良臣惟圣，高宗终以圣责诸臣焉。君臣之责望如此。其足以成中兴之治也，宜哉！

书义矜式卷三

---

① 《商书·说命下》王曰："呜呼！说，四海之内，咸仰朕德，时乃风。股肱惟人，良臣惟圣。昔先正保衡作我先王，乃曰：'予弗克俾厥后惟尧舜，其心愧耻，若挞于市。'一夫不获，则曰时予之辜。佑我烈祖，格于皇天。尔尚明保予，罔俾阿衡专美有商。惟后非贤不乂，惟贤非后不食。其尔克绍乃辟于先王，永绥民。"说拜稽首曰："敢对扬天子之休命。"

《书义矜式》卷四　《周书》①

元·王充耘撰

《泰誓》②

55. 惟我文考，若日月之照临，光于四方，显于西土。惟我有周，诞受多方。③

圣德之著，既无间于远迩，故王业之开，亦无间于远迩。盖有圣人之德者，然后可以开兴王之业。德无不著，则业亦无不广焉。昔在文王，其圣德之光辉，如日月之照临也。以言其远，则光于四方矣。以言其迩，则显于西土焉。文王之地，虽止于百里，而多方之受，则皆在于有周。夫文王非有期于德之著，而其盛自有所不容掩。文王虽无心于多方之受，而其归自有所不容辞。文王之天命人心既如此，而文王则未尝一日有之焉。宜武王所以拳拳述之于誓师之际也。尝谓：文王由方百里起，何以其德之著于天下哉？文王为诸侯于西土，而又何有于多方之受哉？盖文王之心，知所以修德，而不期于圣德之著也；知所以治其国，而不期于王业之兴也。然其昭升敷闻，自有所不能掩，而天命民归，自有所不容辞者矣。人徒知伐殷之举在我武王，而不知多方之众，文王已有以受之也。人徒知多方之受在于文王，而不知耿光之著者，皆文王之德也。武王誓师而及乎此，良有以欤。今夫天之悬象，莫大于日月也。惟我文考之德，则与日月合其明也。照临下土，莫大于日月之明也。惟我文考之德，则如日月之无不照临也。远而四方，此德之光无不被；近而西土，此德之光为甚显。迪见冒闻于上，文王之德光于四方也。惟时怙冒文王之德，尤显于西土也。是则文王之居岐，虽不过于百里之地，而文德

---

① 周书，宋·蔡沈《书经集传》卷之四："周，文王国号。后武王因以为有天下之号。书凡三十二篇。"

② 《书序》："惟十有一年，武王伐殷。一月戊午，师渡孟津，作《泰誓》三篇。"宋·蔡沈《书经集传》卷四："《泰誓上》。泰，大同。国语作太。武王伐殷，史录其誓师之言，以其大会孟津，编书者因以《泰誓》名之。上篇未渡河作。后二篇既渡河作。今文无，古文有。按伏生二十八篇，本无《泰誓》。武帝时《伪泰誓》出，与伏生今文书合为二十九篇。孔壁书虽出，而未传于世，故汉儒所引，皆用《伪泰誓》，如曰：'白鱼入于王舟，有火复于王屋，流为乌。'太史公《记·周本纪》亦载其语。然《伪泰誓》虽知剽窃经传所引，而古书亦不能尽见，故后汉马融得疑其伪，谓：'泰誓，按其文，若浅露。'吾又见书传多矣，所引《泰誓》而不在《泰誓》者，甚多。至晋·孔壁古文《书》行，而《伪泰誓》始废。吴氏曰：汤、武皆以兵受命，然汤之辞裕，武王之辞迫；汤之数桀也恭，武之数纣也傲。学者不能无憾，疑其书之晚出，或非尽当时之本文也。"思齐按：《泰誓》三篇，即《泰誓上》、《泰誓中》和《泰誓下》。原题作《泰誓》，应作《泰誓下》。

③ 语出《周书·泰誓下》："呜呼！惟我文考若日月之照临，光于四方，显于西土。惟我有周诞受多方。予克受，非予武，惟朕文考无罪；受克予，非朕文考有罪，惟予小子无良。"《书序》："惟十有一年，武王伐殷。一月戊午，师渡孟津，作《泰誓》三篇。"思齐按：《泰誓》属于梅颐《古文尚书》，分上中下三篇，《今文尚书》无《泰誓》篇。王充耘的《书义矜式》于本篇书义未标明上、中、下。

之光显，则无间于远迩之殊。地有远迩也，而德无远迩也。文王之德如斯，其盛则有周之兴，其不基于此，于是多方之受，非我有周而谁哉？是以大邦畏其力，小邦怀其德①，近而虞芮之质成，远而化行于江汉，则所谓修和有夏，不止于岐丰之百里矣。受有殷命，不惟三分天下有二矣。则是殷之功，虽成于武王，而多方之归，实受于文王矣。圣德之著，既有以为王业之本，而王业之兴，则莫非圣德之效也。故武王誓师，不曰受命文考，则曰其承厥志，则多方之师，信在于文王，而武王特卒其伐功而已。抑又论之建邦启土，则后稷之封殖也，克笃前烈，肇基王迹，则有公刘、太王焉。其勤王家，则又有王季焉。我周之兴，明德远矣。多方之受，盖有自来矣。夫以积累之勤非一朝，根本之深厚非一世。又有文王之圣以继之，而文王则守其事君之小心，未尝一日有之焉。此文王所以为至德也。至于武王，则天命之归，人心之怀，虽欲却之而有不可得者矣。此武王所以善继志述事也。此武王所以为达孝矣。呜呼，盛哉！

《牧誓》②

《武成》③

56. 惟先王建邦启土，公刘克笃前烈。至于太王，肇基王迹，王季其勤王家。我文考文王，克成厥勋，诞膺天命，以抚方夏。大邦畏其力，小邦怀其德。④

王业基于前而有积累之盛，圣德兴于后而兼威德之著。夫论国家兴王之业，而必述其祖宗之勤，则天命人心之归，固有自来矣。昔武王之告群后，盖谓我周之建邦启土，则后稷之封殖也。克笃前烈，则公刘其人也。至于肇基王迹而其勤王家，则又有太王、王季也。是王业之开固非一人，而积累之功固非一世矣。我文考文王⑤，则又克成厥勋

---

① 《周书·武成》："我文考文王克成厥勋，诞膺天命，以抚方夏。大邦畏其力，小邦怀其德。"

② 《书序》："武王戎车三百两，虎贲三百人，与受战于牧野，作《牧誓》。"宋·蔡沈《书经集传》卷四："《牧誓》。牧，地名，在朝歌南，即今卫州治之南也。武王军于牧野，临战誓众，前既有《泰誓》三篇，因以地名别之。今、文古文皆有。"思齐按：在《牧誓》篇之下，没有相应的书义。

③ 《书序》："武王伐殷。往伐归兽，识其政事，作《武成》。"宋·蔡沈《书经集传》卷四："《武成》。史氏记武王往伐，归兽，祀群神，告群后，与其政事，共为一书，篇中有'武成'二字，遂以名篇。今文无，古文有。"

④ 《周书·武成》王若曰："呜呼，群后！惟先王建邦启土，公刘克笃前烈，至于大王肇基王迹，王季其勤王家。我文考文王，克成厥勋，诞膺天命，以抚方夏。大邦畏其力，小邦怀其德。惟九年，大统未集，予小子其承厥志。厎商之罪，告于皇天、后土、所过名山、大川，曰：'惟有道曾孙周王发，将有大正于商。今商王受无道，暴殄天物，害虐烝民，为天下逋逃主，萃渊薮。予小子既获仁人，敢祗承上帝，以遏乱略。华夏蛮貊，罔不率俾。恭天成命，肆予东征，绥厥士女。惟其士女，篚厥玄黄，昭我周王。天休震动，用附我大邑周。惟尔有神，尚克相予以济兆民，无作神羞！既戊午，师逾孟津。癸亥，陈于商郊，俟天休命。甲子昧爽，受率其旅若林，会于牧野。罔有敌于我师，前途倒戈，攻于后以北，血流漂杵。一戎衣，天下大定。乃反商政，政由旧。释箕子囚，封比干墓，式商容闾。散鹿台之财，发钜桥之粟，大赉于四海，而万姓悦服。"

⑤ 文考文王：即周文王。

焉。大受天命，以抚方夏，大邦小邦，莫不畏其力而怀其德焉。则圣人之继于后者，又得其盛也。不有前王之迭兴，无以开兴王之业；不有圣人之嗣兴，无以成兴王之业。则我周之有天下，夫岂偶然哉？尝观三代王业之兴，而有知天命之不易矣。则稷契皆兴于唐虞之佐，而契之后十四传而有汤，稷之后十四传而有文王。后世推论王业之所由，而配之庙，有玄王先王之追称，以明积累之基于前；又必盛陈威德之著，以见圣人之嗣兴于后。其意深远矣。当武功告成，而有周庙之祀，侯、甸、男邦、采、卫暨百工受命之初①，而武王之言至此，又首以"呜呼"之辞，则我周之兴明德远矣。岂无故而然耶？且唐虞之时，弃为后稷，则周之建邦启土，记后稷之始，则于邰也。公刘乃后稷之曾孙，故谓之克笃前烈，其所谓能修后稷之业者乎。至于太王实始翦商，则太王虽未始有翦商之志，而王迹之基，实肇于此矣。王季继乎太王，而又能其勤王家焉，则王迹之肇基日益盛矣。自后稷而公刘，自太王而王季，非一世也。既建之，而后笃之。既基之，而复勤之。则积累之功，有自来；而王业之开，亦可见矣。至我文考文王，则积累之功，乃克成之焉。其命维新，即文王之诞膺天命，修和有夏，即文王之以抚方夏也。既伐于崇，作邑于丰，则大邦有不畏其力者乎？虞芮质成，化行江汉，则小邦有不怀其德者乎？畏其力，则不敢放肆矣。怀其德，则得自立矣。然文王由方百里起，以至三分天下有其二，曷尝一日而有得天下之心哉？故不期于受天命而抚方夏也。天命之归，方夏之抚，自有不期而然者矣。文王之克成厥勋，有如此哉。然则，人徒知伐殷之功，在于武王，而不知王业之成，乃文王之威德也。人徒知王业之成，在于文王，而不知王业之开，乃积累之功，非一世也。武王拳拳以是告于群后，良有以欤。抑又论之，中庸言武王缵太王、王季、文王之绪，则不及乎后稷、公刘也。武王之誓师，而言惟我文考，则又不及乎太王、王季也。盖即其近而言之，则王迹之基，实始于太王、王季。至于武王之有天下，则实文王已成之功，故一则曰其承厥志，一则曰受命文考，则文王又非特如太王、王季而已也。至此而历叙之，则又以明其封殖之始，在于唐虞。历夏商，而王业之基已久。至商之季，则天命人心之归周者益盛。武王之有天下，岂有一毫之私哉？亦以天命人心之不可辞，而累世之功不可不卒之而已也。合而观之，益以见三代有道之长，而非后世所可及也。

① 《周书·康诰》："成王既伐管叔、蔡叔，以殷余民封康叔，作《康诰》、《酒诰》、《梓材》。惟三月哉生魄，周公初基，作新大邑于东国洛，四方民大和会。侯、甸、男邦、采、卫百工、播民，和见士于周。周公咸勤，乃洪大诰治。"又《周书·武成》："丁未，祀于周庙，邦甸、侯、卫，骏奔走，执豆、笾。越三日，庚戌，柴、望，大告武成。"

《洪范》①

57. 天乃锡禹洪范九畴，彝伦攸叙。②

道之出于天者，若有异数。道之由于人者，则无异理。道一而已。善言天者，必有征于人，非彝伦之外，复有所谓洪范？洪范之数，虽有九，而其理，则不异于常道也。且禹所叙而言，则谓之彝伦。彝伦之实，虽不出于常道，而其理，则一本于洪范也。然则锡之者虽于天，而叙之者则在禹。禹之有功于人道，乃所以有功于天道也。云云。夫圣人者，继天而立极者也。继天者，何天以是理示于人？非圣人为发挥，则大法无自而明也。立极者，何人得是理以生？非圣人立之标准，则常道无由而行也。是圣人一身，上以承天之托付，下以为人之则效。凡其所以明乎人道，乃所以阐乎天道也。人徒见锡于天者为洪范，故谓洪范为大法；叙于禹者为彝伦，又谓彝伦为常理。殊不知分而言之，曰数曰理，若见其异融而通之，曰天曰人，初无二致。凡其出于天而秩然者，即其付于人之本然者也。凡其锡于范而隐然者，即其叙于伦之显然者也。曾谓：圣人之立极也，而非所以继天者乎？何以明之？道之大原出于天，天虽无声无臭，冥冥之表，必有默为之主宰者也。夫主宰是道不锡之他人，而以锡之禹者，是非禹不足以当天之付托也。禹既足以当天之托付，则神龟之负文而出于洛者，乃所以默启其心也。岂必谆谆命之，而后谓锡哉？然而，龟背之文，前一后三，左七右四，前七后六，右八后左二。前九者，人见其为数也，而禹则见其为理；人见其为异也，而禹则见其为常。于是因其自然之数，而明夫当然之理，自初一以至次九，或自天而之人，或以人而参天，因其一二三四之数，而叙之则五行③、五事④、八政⑤、五纪⑥之制，明矣。因其六七八九之数而叙之，则三德稽疑，庶征福极之理著矣。由五行以至五纪，各得其用而皇极⑦之用以行，是则所谓彝伦攸叙也。然不曰叙夫彝伦者，禹不过因其自然，而不汩其理；由其当然而不乖其宜，使不至于拂乎人之天而已。非有所勉强矫饰而为之也。是则所谓彝伦之叙也，是即所谓洪范之畴也。自天而言，则谓之理。自禹而言，则谓之叙。曾谓：人道之外，复有所谓天道者乎？方禹之时，尧舜在上，彝伦未尝不叙，而叙之者又何待于禹

---

① 《书序》："武王胜殷，杀受，立武庚，以箕子归。作《洪范》。"宋·蔡沈《书经集传》卷四："《洪范》。《汉志》曰：禹治洪水，锡洛书，法而陈之，《洪范》是也。《史记》武王克殷，访问箕子以天道，箕子以《洪范》陈之。按，篇内曰而曰汝者，箕子告武王之辞。意《洪范》发之于禹，箕子推衍增益，以成篇欤。今文、古文皆有。"

② 《周书·洪范》箕子乃言曰："我闻在昔，鲧堙洪水，汩陈其五行。帝乃震怒，不畀'洪范'九畴，彝伦攸斁。鲧则殛死，禹乃嗣兴，天乃锡禹'洪范'九畴，彝伦攸叙。"

③ 《周书·洪范》："五行：一曰水，二曰火，三曰木，四曰金，五曰土。"

④ 《周书·洪范》："五事：一曰貌，二曰言，三曰视，四曰听，五曰思。"

⑤ 《周书·洪范》："八政：一曰食，二曰货，三曰祀，四曰司空，五曰司徒，六曰司寇，七曰宾，八曰师。"

⑥ 《周书·洪范》："五纪：一曰岁，二曰月，三曰日，四曰星辰，五曰历数。"

⑦ 皇极：帝王统治的准则。《周书·洪范》："皇极：皇建其有极。"

耶？殊不知当时洪水为患，昏垫荡析，使斯人不得以遂其生，万物不得以遂其性者，是彝伦之攸斁也。五行居九畴之首，禹之所治者，虽不过五行之一事。然地以之平，天以之成，而六府三事以之而治，是又彝伦之再造也。然则彝伦之叙，在于治水之时者，禹之所以替夫天也。洪范之锡，在于治水之后者，此天之所以眷（阙十字）禹，禹（阙一字。思齐试补：以）是道以示诸人者，岂徒（阙十三字）于万世也。奈何由夏而（阙五十五字）平者箕子也，其功不在禹下。

58. 一、五行：一曰水，二曰火，三曰木，四曰金，五曰土。水曰润下，火曰炎上，木曰曲直，金曰从革，土爰稼穑。润下作咸，炎上作苦，曲直作酸，从革作辛，稼穑作甘。①

举造化之纲而列其目者，有其序；推造化之蕴而著其用者，非一端。夫天生五行，民并用之，明畴君子，苟惟顺其序而数之，不推其蕴而申言之，何以致造化之妙用哉？箕子为武王陈洪范，因九畴之次第，首之以五行焉。其以水、火、木、金、土，属乎一二三四五者，盖顺造化自然之序也。然特即其纲以列其目耳。若夫水火也而润下炎上，木金也而曲直从革，此以其性言也。土之于稼穑，又以生之德言矣。其曰咸、苦、酸、辛、甘者，五行之味也。所以作之。则自润而下，岂一端而止乎？箕子所以反复屡言之而不厌也。大哉，五行之造化乎！其阴阳之殊体，人物之统宗乎！何其妙运不已，而致用无方也。即其垂象于天，则丽乎七政；即其具贡于地，则修乎六府。而气运之推迁，则成功于四时。开辟以来，未之能改也。龟书出洛，神禹第之以五行。当初一之畴，标九数之首，岂偶然之故哉？然而，不言用者，以其无适而非用也。箕子而推衍为范，提纲挈目，其足以析其蕴奥，必也探德性之渊微，举民用之切近，互文申义，次第以陈之。然后，圣人所以著造化之至妙者，可知矣。今夫箕子所谓“一、五行”者，因乎禹畴之先后，而异乎洛书之本文也。总而扬于上，以见造化之纲；分而列于下，以备五行之目。一至五，皆系之以“曰”者，犹云其名若此也。五行之数，求之天地，生数既无不合；参之物体，微著之渐，又无不然。何则？天一所生者水也，地二所生者火也。而物生之体，水最微而居一，火渐著而居二，固其序也。天三生木。而木之形实，而以三居之。地四生金，而金之体，固乃以四居之。及其天五生土，而土之质极其大，于是乎次以五终焉。是盖造化一定不易之序，非可以安排布置于其间也。安得不顺而别之乎？然而，造化之蕴极乎自然之神妙者，即此而发，则有以见五材之实为民用矣。此所以不容列其目而遂已也。由是以五行之性而言，则其润泽滋溢而就下莫御者，非水性乎？炎燥灼烁而气焰腾上者，非火之性乎？其或曲而盘错也，或直而森竦也，与夫锻砺之而皆从器，使之而可草，又非木金之性乎？谓之“曰”者，犹言其性然尔也。至于土何独不然，盖其性不一，非可专名，而其生物之德，则莫盛于稼穑也。播种之谓稼，敛获之谓穑，不系以“曰”而以“爰”者，言土之德，于是乎稼而穑也。然则造化之

---

① 《周书·洪范》：“一、五行：一曰水，二曰火，三曰木，四曰金，五曰土。水曰润下，火曰炎上，木曰曲直，金曰从革，土爰稼穑。润下作咸，炎上作苦，曲直作酸，从革作辛，稼穑作甘。”

妙，将止于此乎？曰：未也。五行有声色气味，甚不一也。箕子又申言，其味者，特以其切于民用，而有取焉耳。夫润下之水，非固咸也。凝结之久，遂作咸矣。炎上之火，非本苦也。焦灼之久，遂作苦矣。曲直之酸，亦非木之初生者然也。从草之辛，又非金之初矿者然也。至于稼穑之自苗而秀，既秀而实，然后甘之味以成，故皆谓之作者，即其变化而言也。五行有定体，而变化则无方。苟指一物而求一味，则不足以达其造化之妙用矣。嗟夫，箕子叙列五行之后，一言其德性，以发其微；再言其致味，以著其实。一五行之造化，武王尚有未究者乎？虽然，合九畴而观之，以人而参乎天，则貌言视听思之分配，已不越于五行；稽疑卜兆之分属，无非征休咎之类，应又不越于五行。宜乎，世之说《洪范》者有曰：五行散见于九畴，而皇极则以五行之理而统会之也。大哉，造化之功用乎！

59. 三、八政：一曰食，二曰货，三曰祀，四曰司空，五曰司徒，六曰司寇，七曰宾，八曰师。①

君子陈八政之畴，而有缓急之序。此可见为政有先后之宜矣。此君子之论政，所以深得其要也。洪范九畴，皆天人之大法。而八政之畴，实居其三。君子以为政非徒政也，而又有其序也。夫食货以养生，祭祀以报本，此政之所当先也。故“一曰食”，“二曰货”，“三曰祀”焉。司空以安居，司徒以成其性，司寇以治其奸，此亦政之不可后者也。故“四曰司空”，“五曰司徒”，“六曰司寇”焉。至若往来交际，而宾之礼不可缺；除残禁暴，而师之威不可无。此亦政之不可已者也，故“七曰宾”，“八曰师”焉。洪范九畴，皆天人之大法，而备治天下之本末。八政一畴，又皆为治之具，则莫详于八政之一畴矣。何者皇极？圣人有为于斯世，其所以为政者，缓急先后，必有其序矣。推其序之不紊，然后政可得而行焉。昔在有虞，则九官之所总者，皆在八政之所事也。其目有不同，而其所以为政之事，则不异焉。箕子之论，亦必有以兼帝王之制矣。是故洪范之畴，而八政实居其三，次乎五行五事之后，而居于五纪皇极之先，诚以养民之务，莫大于政也。君子岂徒陈乎政而已哉？其所以为政之目，则有其序焉。食者，民之所急；货者，民之所资；而祭祀者，又所以教其报本也。分田制产，教之树畜，而食之政修。懋迁有无，通功易事，则货之政修。郊祀之礼、禘尝之义，而祀之政无不举矣。为政莫先于养生，尤莫大于报本也。此“一曰食”，“二曰货”，而即以“三曰祀”继之也。司空掌土，所以安其居。司徒掌教，所以成其性。司寇掌禁，所以治其奸。自民居之既安，五品之教行，五刑之禁明，而三卿之政，又无不修矣。有养必有教。教之不行，然后从而刑焉。此“四曰司空”，“五曰司徒”，而后“六曰司寇”以继之也。往来交际，不可无其礼，朝聘以时，厚往薄来，而宾之礼修矣。除残禁暴，不可无其制，九伐之法，掌于司马，而师之政修矣。盖交际之礼，不可以不厚，而师旅之用，甚

① 《周书·洪范》：“三、八政：一曰食，二曰货，三曰祀，四曰司空，五曰司徒，六曰司寇，七曰宾，八曰师。”

非圣人之得已。此“七曰宾”，而终之以“八曰师”也。八政之目，缓急有其序，先后有其宜。审于此者，天下国家可得而理矣。尝考此章之旨，食、货、祀、宾、师，皆以事言，司空、司徒、司寇，则以官言。盖官之所掌者，无非事。而事之所属，必有其官。互文以见其意，而非有异义也。箕子不徒陈其目，而又次其先后缓急之序，厥有旨哉！古今论治，其有易此者乎？此箕子所以不得不详之也。然则如之何，亦曰“农用八政”而已。①

60. 五、皇极：皇建其有极，敛时五福，用敷锡厥庶民。惟时厥庶民于汝极，锡汝保极。②

君子即中数，以明皇极。惟君道立于上，既有以福斯民而无间；斯民兴于下，自有以守斯道于无穷。夫建极在圣人，保极在天下。箕子所以于“五、皇极”之畴而极论之。夫列于次五者，皇极之畴；建其有极者，人君之责。明畴之君子，揭其名于先，而详其实于下。夫岂无意哉？人君以身立极，敛五福以锡庶民，使天下之人，无不被其赐，则斯民由向化以获福，咸相与保君之极，而一人之德教，虽历久而长存。民之极，非君无以建；君之极，非民无以保。君民相与之盛，惟于大明皇极之世见之《洛书》。九数而五居中，洪范九畴而皇极居五。五为天地之中数，而极者人君之要道也。人君中天下而立定四海之民，其道岂有他哉？亦建其有极而已。且建极非求以集福也，而福自归于圣人；敛福非期以锡民也，而福自溥于民庶。及庶人之蒙其福也，初非有心于保极，而民舍是道而不由，则道自不容泯于天下。然则锡民以五福，固本于建极之君，赖君以保极，终见于归极之民。君有以建之，民有以保之，福有相感之机，而君民有相须之势。论皇极者，要不可不审乎此。且洛书之数，自一至九，而五居中。洪范之畴，自五行至福极，而皇极居乎中。前乎此者，皆其体之所以立；后乎此者，皆其体之所以行。所以主众数而莫不为之宾，君八畴而莫不为之臣，此皇极所以配乎五而中处也。极者，何？至极之义，标准之名，中立而四方之所取正者也。而所以建之，实在于君焉。为人君者，养于中者纯，而行于外者至。自五常百行之大，以至应事接物之微，无不极其义理之当然，而无一毫过不及之差，则道备于吾身，而极建于天下矣。极者，福之本。福者，极之效。极之所建，福之所集也。以圣人而建极于上，则足以致一身之休

---

① 《周书·洪范》：“初一曰五行，次二曰敬用五事，次三曰农用八政，次四曰协用五纪，次五曰建用皇极，次六曰乂用三德，次七曰明用稽疑，次八曰念用庶征，次九曰向用五福，威用六极。”

② 《周书·洪范》：“皇极：皇建其有极。敛时五福，用敷锡厥庶民。惟时厥庶民于汝极。锡汝保极：凡厥庶民，无有淫朋，人无有比德，惟皇作极。凡厥庶民，有猷有为有守，汝则念之。不协于极，不罹于咎，皇则受之。而康而色，曰：‘予攸好德。’汝则锡之福。时人斯其惟皇之极。无虐茕独而畏高明，人之有能有为，使羞其行，而邦其昌。凡厥正人，既富方谷，汝弗能使有好于而家，时人斯其辜。于其无好德，汝虽锡之福，其作汝用咎。无偏无陂，遵王之义；无有作好，遵王之道；无有作恶，尊王之路。无偏无党，王道荡荡；无党无偏，王道平平；无反无侧，王道正直。会其有极，归其有极。曰：皇，极之敷言，是彝是训，于帝其训，凡厥庶民，极之敷言，是训是行，以近天子之光。曰：天子作民父母，以为天下王。”

祥；以庶民而从化于下，则足以纳群生于仁寿。福而谓之敛，非有所作为于性分之外也。大德而得禄、得位、得寿、得名，凡天下之所福者，皆萃于一人之身也。庶民而谓之锡者，非有所畀付而增益之也。群黎百姓，而遍为尔德，而富寿安逸，而四方所同，盖能以一己之福，散而为千万人之福也。向也，斯民惟知教之当从，今焉又举之有福之可慕，则偏陂不萌，而惟王道之是遵；好恶不作，而惟王路之是由。于汝之极，盖有不期然而然者矣。且非徒循之而不敢违背，亦且保之而不敢失坠。盖化成俗美，虽没世而犹存流风。善政尚久，远而不泯。当时之民，保君之极，守而不失，世世子孙永保之，则圣道之在天下，虽千载，犹一日也。此非所谓锡汝保极者欤？夫谓之敷锡庶民，则举天下之大，皆囿于圣化之内，而见皇极无弃人也。谓之锡汝保极，则虽百世之远，尚存忠厚之风，而见彝伦无时而斁也。非箕子，其孰能明之？抑皇极固为九畴之纲矣。然敬用五事者，建极之要道；向用五福者，建极之效验。此二畴者，于皇极为尤切也。箕子此言，固见皇极君民相与之盛矣，而实则言君民之系于天下者如此其重也。武王闻之，为民作极，迄于成康之世。家礼乐而人诗书，忠厚浑悫之风，传八百年。则民之保极也，亦至矣。呜呼，懿哉！

61. 凡厥庶民，有猷有为有守，汝则念之。不协于极，不罹于咎，皇则受之。而康而色，曰："予攸好德。"汝则之福，时人斯其惟皇之极。①

随其才而取之，固所以成其材。进于善而养之，尤所以劝其善。夫圣人之于民，皆欲纳之于皇极之中也，故因其才之可取则取之，因其善之可进则劝之，而斯民皆有以成善行矣。夫有猷、有为、有守②，人之有才者也，则念之而弗忘；未合于善，不陷于恶，所谓中人也，则受之而勿拒。所谓因其才之可取而取之也。斯人也，及其见于外而有安和之色，发于中而有好德之言，则其所修已进乎前矣。于是而锡之以福，而养其善心焉。斯民，其有不归于皇极者乎？此皇极所以无弃人也。天下之人，品有不齐，而圣人之于人，则无不欲其入于善。故凡可以用其力者，盖无所不用其极也。信③则人才之在天下，此知而彼愚，彼贤而此不肖，不有圣人者出，因其材而笃焉，则夫有才者，未

---

① 《周书·洪范》："五、皇极：皇建其有极。敛时五福，用敷锡厥庶民。惟时厥庶民于汝极。锡汝保极：凡厥庶民，无有淫朋，人无有比德，惟皇作极。凡厥庶民，有猷有为有守，汝则念之。不协于极，不罹于咎，皇则受之。而康而色，曰：'予攸好德。'汝则锡之福。时人斯其惟皇之极。无虐茕独而畏高明，人之有能有为，使羞其行，而邦其昌。凡厥正人，既富方谷，汝弗能使有好于而家，时人斯其辜。于其无好德，汝虽锡之福，其作汝用咎。"

② 孔安国传："民戢有道，有所为，有所执守，汝则念录叙之。"孔颖达《尚书正义》："戢，敛也，因上敛是五福，故传以戢言之。'戢'文兼下三事，民能敛德行智，能使其身有道德，其才能有所施为，用心有所执守。如此人者，汝念录叙之，宜用之为官也。有所为，谓艺能也。有执守，谓得善事能守而勿失，言其心正不逆邪也。"思齐按：有猷、有为、有守，即有谋略、有作为、有操守。

③ 信（shēn）：申，申言，引申而言之。信则，引申而言之，那么……。《大戴礼·保傅》："所以能申意于此者，由得士也。"信，古申字，又作伸，这三个字经常混用。《易·系辞上》"引而伸之。"《释文》："伸本又作信。"《易·系辞下》："来者信也。"《释文》："信本又作伸。"

必能进于善；未善者，亦终陷于恶而已矣。仓廪实而知礼节，恒产定而有恒心。苟救死而恐不赡，则奚暇治礼义？人情皆然，而况于官乎？其进于善者，已色征于辞色之间矣。而廪禄之赐，所以厚其养者，或不给求，其惟皇作极也，不亦难乎。圣人，始也必因其才之可取而教之以善，终也必因其善之有进而养之以福，而后大以成大，小以成小，而昏明强弱之不齐者，悉归于大公至正之域。今夫智虑可以方人，出谋有猷者也；设施可以建政，立事有为者也。践履之纯一，而操守之不贰，有守者也。凡民之中，有若人焉，则必念兹在兹，而不可以或忘也。不协于极，未能入于善也；不罹于咎，未至犯于恶也。此中人之才，进之则可以为善，退之则流于为恶者也。庶民之中，有若人焉，则必归斯受之，不可以或拒也。念之受之，既随其才而轻重以成就之。及其见于外而有安和之色，发于中而有好德之言，则吾知其进有加于前矣。何也？容貌辞气，乃德之符。其外如此，则其中所存可知矣。于是而锡之以福焉。福者，爵禄之位也。盖圣人设教，必富之以禄，而后可以责之以善也。斯世斯民，蒙圣人教养之恩，赖圣人造就之则。夫有为有守者，其进善之效，岂特征于色、发于声而已哉？必将于汝极，而锡汝保极也。不协于极，不罹于咎者，其好善之诚，岂特见于面、形于言而已哉？必将会其有极，而归其有极也。所入之涂虽异，所至之域则同。昔也，犹未免于凡民；终也，遂同归于皇极。圣人之建极，其有功于天下者如此。夫当商之季，皇极之道不明，而民皆自暴自弃矣。武王下车之初，即访道于箕子，而箕子所以告之者，独拳拳于皇极之一畴，而尤致意于纳民皇极之说，盖欲举斯世之大，无一民不归于皇极之域，而后人君之责始尽也。呜呼！箕子其贤矣哉！

62. 无偏无陂，遵王之义。无有作好，遵王之道。无有作恶，遵王之路。无偏无党，王道荡荡。无党无偏，王道平平。无反无侧，王道正直。会其有极，归其有极。①

私欲有累于王化，故禁戒之于先；天理不外于人心，故开导之于后。夫圣人设教，无非所以遏人欲而存天理而已。然直言以致其意，故偏陂好恶之私勿使之生于心。孰若歌咏之入心者深乎？此皇极之敷言，所以反复言之，而不置也，故偏陂好恶之私勿使之生于心，而所遵者，王之义、王之路而已矣。偏陂反侧之私，勿使之见于事，而所知者，王之道荡荡平平正直而已矣。其所以禁止而开导之者至矣。然犹以为未也，又申之以会极归极之说，盖禁之为彼者，固将导其为此也。道曰王道，见教出于君，在人不可以不从。极曰有极，见理根于心，乃众人之所固有。圣人所以纳天下民俗于皇极者，盖如此。昔者，大禹有九歌之劝，后夔有典乐之教。声诗之训，其来久矣。然示以君道之当然，诚未若要人心之自然者为亲。且，切也。盖凡人君躬行心得之教，夫岂出于民生日用彝伦之外哉？彼其气禀习俗之不齐，而人之陷其良心者皆是也。于是圣人之教，有不容废矣。教之诚是也。然始焉不戒之以私，则人不知欲之不可纵，而无以惩其邪思；

---

① 《周书·洪范》："无偏无陂，遵王之义；无有作好，遵王之道；无有作恶，尊王之路。无偏无党，王道荡荡；无党无偏，王道平平；无反无侧，王道正直。会其有极，归其有极。"

终焉不训之以极，则人不知理本固有，而无以感发其善性。理欲之辨不明，声诗之教不作，而欲化行而俗美，不亦难乎？此皇极之敷言所以不容已也。夫其不中之谓偏，不平之谓陂。好恶而加之，意谓之作，其事虽殊，其所以为私则一而已。义者理之宜，道者理之正，而路则出入往来所必由者，其名虽殊，其所以为理则一而已。于私则戒之以无，无者，禁止之辞。于理则教之以遵，遵者，由行之意。此无他，天理人欲不容两立。出乎此，则入乎彼。禁其为彼，所以导其为此也。道本大公也，而徇于偏党，则失之。道本至正也，而流于反侧，则违之。夫岂知洞然八荒，皆在我闼王之道？盖荡荡乎其广远，而平平乎其平易也。而何以偏党为哉？周道如砥，其直如矢。王之道，盖正而无邪，直而无曲也。又何以反侧为哉？夫欲其无偏陂矣，而又曰无偏党焉。既曰无作好恶矣，而又曰无反侧焉。其为训非不详且明矣，然犹以为未也。所谓王道，则所从者，上之教而未知极，固人心之所自有也。故要其终而告之，以会其有极，归其有极焉。盖皇极之理，原于降衷秉彝之初。人同此心，心同此理也。遵义、遵道、遵路非他，会其固有之极而已。荡荡平平正直者非他，亦归其固有之极而已。会者合而来，始焉虽殊涂而同归；归者来而至，终焉知深造而自得。圣人所以纳天下民俗于皇极者，夫岂有所付畀而增益之哉？亦因其所固有，而去其所本无，背其所至难，而从其所甚易，如斯而已耳。抑尝论之：此章盖诗之体，所以使人吟咏，而得其性情之正者也。夫歌咏以叶其音①，反复以致其意，使人恍然而悟，悠然而得，忘其倾邪狭小之念，达乎公平正大之理，人欲消息，天理流行，会极归极，有不知其所以然者，其功用深切，盖与《周礼·大司乐》教以六诗同一机②，而尤要者也。③ 后世君师之道不立，皇极之训不明，而兴于诗者，盖寡矣。建其有极，能不有望于圣人也哉？

63. 无有作好，遵王之道。无有作恶，遵王之路。④

能窒其欲，则所循者皆正理。能惩其忿，则所措者亦此理。盖喜怒人情之所不能无

---

① 《周书·洪范》："无偏无陂，遵王之义；无有作好，遵王之道；无有作恶，尊王之路。无偏无党，王道荡荡；无党无偏，王道平平；无反无侧，王道正直。会其有极，归其有极。"这一段话结构严正，而且押韵，因而谓之诗。有几个字读音特殊。陂音秘，即 bì。好，呼报反，即 hào。恶，乌路反，即 wù。以上三字俱为去声。平平，婢绵反，即 pián，阴平。

② 此系作者记忆有误。《周礼·春官·大司乐》："大司乐掌成均之法，以治建国之学政，而合国之子弟焉。"教以六诗，出处为《周礼·春官·大师》："教六诗：曰风、曰赋、曰比、曰兴、曰雅、曰颂。以六德为之本，以六律为之音。"

③ "抑尝论之……而尤要者也"，这一段话显然系复述蔡沈《书经集传》的内容。蔡沈曰："此章盖诗之体，所以使人吟咏而得其性情者也。夫歌咏以协其音，反复以致其意。戒之以私而惩创其邪思，训之以极而感发其善性，讽咏之间，恍然而悟，悠然而得，忘其倾邪狭小之念，达乎公平广大之理，人欲消熄，天理流行，会极归极，有不知其所以然而然者，其功用深切，与《周礼·大师》教以六诗者，同一机而尤要者也。后世此义不传，皇极之道，其不明于天下也宜哉。"

④ 《周书·洪范》："无有作好，遵王之道；无有作恶，尊王之路。"孔安国传："言无有乱为私好恶，动必循先王之道路。"

者也，特患出于作为之私耳。苟去其所本无而存其所固有，则何往而非王者之公哉？何则？好者人情之所固有也，然有时而流于私欲，知其为欲而有以窒之，则能好所当好，而所循者皆王者之道矣。恶亦人情之所不能无者也，然有时而出于私忿，知其为忿而有以惩之，则恶所当恶，而所循者亦王者之路矣。是知不可有者，一己之好恶；不可无者，王者之好恶。箕子之于武王，安得不勉其戒一己之作为而遵王者之道路也欤？故皇极云云。盖尝论人惟一心耳。恻隐此心，忮害亦此心也；羞恶此心，贱恶亦此心也。天理人欲，同行异情。私好不可有也，而此心之好可无乎？私恶不可遂也，而义理之恶可去乎？而况王者之好恶，所关甚大，若发而不中节，则赏必僭，而刑必滥；发而中节，则善有劝而恶有惩，不徒一身而已也。或者，徒见人君以一己之偏私，而废天下之中正，遂以为好恶之真不可有者，彼特见乎人欲之不可有，而不知天理之不可无也。嗟夫！使人君而果无所好，则为善者无所劝矣。使人君而果无恶，则为恶者无所惩矣。此箕子安得不戒之如此，而勉其如彼哉？自今而观，善言之好，王者之道也①，而不能不甘于谄谀；《缁衣》② 之好，王者之道也，而不能不溺于便佞。使夫君人者知发于形气为人欲而不可有，根于性命者为天理而不可无，则凡所以窒其欲而循夫理者，无往而非大公至正之道矣。安得不戒其所作为，而遂其所固有者乎？虽然，好所当好，可也；恶所不当恶，不可也。何哉？恶而知其美者，公也。而恶之欲其死，则私矣。恶恶如恶臭者③，公也。而娼④疾以恶人之技，则非矣。使夫人君者，知出于一己之使然者不当有，合乎人之同然者不可无，则凡所以惩其忿，而循夫理者，亦无往而非大公至正之道矣。安得不戒其作为，而遂去其所当为乎？大抵人情不能无喜怒，不能无邪正。出于正则为王者之道路，失其正则为一己之作为。惟不汩于情，而亦不灭其性。情不流于喜怒哀乐，则粹然一出于正，而作威作福之权，不假他取矣。吾观武王之初，是时克商，而大赉四海，一怒而安天下之民，其好恶不可谓不公于天下矣。而箕子之陈《洪范》，不徒以作好作恶为戒，而复以王道王路为勉者，则好恶之发虽微，而忿欲之害实大。前乎禹之所传者此也，后乎禹之所当道者亦此也。岂可以武王之所已能，而废天下万世所当

---

① 善言之好，王者之道也：好，动词，爱好，喜好。《孟子·离娄下》孟子曰："禹恶旨酒而好善言。汤执中，立贤无方。文王视民如伤，望道而未之见。武王不泄迩，不忘远。周公思兼三王，以施四事，其有不合者，仰而思之，夜以继日；幸而得之，坐以待旦。"

② 《诗经·郑风·缁衣》，三章，十八句："缁衣之宜兮，敝予又改为兮。适子之馆兮。还予授子之粲兮。　缁衣之好兮，敝予又改造兮。适子之馆兮，还予授子之粲兮。　缁衣之席兮，敝予又改作兮。适子之馆兮，还予授子之粲兮。"这是一首赞美郑武公好贤的诗。《礼记·缁衣》："子曰：好贤如《缁衣》，恶恶如《巷伯》，则爵不渎而民作愿，刑不试而民咸服。"《诗序》："《缁衣》，美武公也。父子并为周司徒，善于其职，国人宜之，故美其德，以明有国善善之功焉。"方玉润《诗经原始》："《缁衣》，美郑武公好贤也。"江荫香《国语解释诗经》（广益书局，1934）卷三："这是称赞郑武公做官称职的诗，又可见当时的敬重贤才。"

③ 恶恶：憎恶一切丑恶的事物。恶臭，憎恶一切腐臭的事物。

④ 娼：嫉恨。

戒者乎？宜其反复言之，而不以为渎也。或者谓：好之与恶既不同情，则道之与路亦宜异旨，而并言之，岂箕子之意欤？吁！是特未喻反复吟咏之旨尔。夫道若大路，道无异于路也。道者适治之路，路之无异于道也。特以好之于道，恶之于路，取其音韵之叶，而无害于义理之同也。读《书》者，兼诗之体而吟咏之，则思过半矣。

64. 皇极之敷言，是彝是训，于帝其训。凡厥庶民，极之敷言，是训是行，以近天子之光。曰天子作民父母，以为天下王。①

人君敷言②而纯乎理者，固必本诸天。下民因言而行其教者，尤必颂乎君。盖极之敷言，人君所以代天而教民者也。民能行君之教，则自能形诸言，而极其尊亲之意者矣。昔者，箕子之陈《洪范》，谓：夫人君以极之理，而反复推衍，以为言者，是天下之常理也，是天下之大训也。然岂君之训哉？无非本诸天也，盖理出乎天，言纯乎理，则亦纯乎天矣。且天子之于庶民，其性未始有异也。庶民于极之敷言，是训而是行焉，则可以近乎天子道德之光华矣。其曰“作民父母”者，指其恩育而言，此盖极其亲之之意也。谓之为天下王者，指其君长而言。此盖极其尊之之意也。吁！箕子赞敷言之妙，而述其所以感民之深，非皇极之盛世，其孰能与于此？尝谓：夫道之大原出于天，而天不能自以教诸民也，必赖夫人君。推是理以为言，而后能施其教于天下。且天下之民，其分虽殊，而其性之善则一而已。由乎至极之理，而近乎道德之光，则其尊君亲上之意，盖有不期而然者矣。苟人君于极之敷言而不纯乎理，则非本诸天矣。又岂能为法于天下哉？庶民于极之敷言，而不能行其道，则自绝于君矣。又岂能归功于其上者哉？是故非敷言之妙，固不足以感民之深；非感民之深，亦不足以见敷言之妙矣。箕子为武王而详言之者，其知道乎。今夫所谓皇极之敷者，何也？即上文敷衍之言也。始焉戒之以私，而惩创其邪思；终焉训之以极，而感发其善性。人君以至极之理，反复推衍以为言，而尽其教民之道者，是岂一己之私见焉？所谓天下之常理者也。是岂一人之私言哉？盖所谓天下之大训者也。本天下之常理，施天下之大训，非建极之君，则不足以语此矣。然则训也，非君之训也，天之训也。盖理出乎天，而人君修道以为教者，无非欲尽其代天之责而已矣。言纯乎天，则为天之言，故曰“于帝其训”也。然所谓帝者，亦不过以其主宰而言之耳。帝之与天，又岂有二哉？箕子赞敷言之妙，至此始无余蕴矣。且天子之于庶民，性一而已。庶民于皇极之道，而吾君敷衍以为言者，立则见其参于前，是训而不敢违焉。在舆，则见其倚于衡，是行而不敢倍焉。此所谓无所不用其极者也。夫如是，则能不自绝远于君，而有以亲被其道德之光华者矣。人徒见夫君焉在上，而民焉在下，其分若悬绝而不能以相通也，又岂知乎其分虽有尊卑之殊，而其理则

---

① 《周书·洪范》：“曰：皇极之敷言，是彝是训，于帝其训。凡厥庶民，极之敷言，是训是行，以近天子之光。曰：天子作民父母，以为天下王。”

② 敷，动词，陈述。敷言，陈言。

未始有二也。其等虽有贵贱之别，而其性未始不一也。遵乎皇极之理，而近乎天子之光，则其称颂之词，未有不极其至者矣。其曰“天子作民父母”者，盖指其恩育于我者而言之也。其亲之之意，为何如哉？其曰“为天下王”者，盖指其君长于我者而言之也，其尊之之意，为何如哉？斯民之意，盖以为人君能立至极之标准，所以能作亿兆之父母，而为天下之王也。不然，则有其位，无其德，不足以首出庶物，卓冠群伦，而居天下之极尊矣。由是论之，君能以理为教，故其代天之责，无不尽；民能从君之教，故其颂君之词，无不至。虽然，微箕子之深明乎皇极之理者，孰能为武王陈之？抑考之经，《洛书》九数而五居中，《洪范》九畴而皇极居五。盖皇极一畴，为众畴之纲领也。箕子于五皇极之下，又焉得不详言之哉？曰“皇建其有极”，又曰“惟皇作极”者，盖深言乎极者，人君之所当建者也。至此而复赞敷言之妙，以为人君之言纯乎理，则君即天，天即君矣。“会极归极”之民，忘乎人欲之私，而达乎天理之正，又焉得不归功于其上哉？论至于此，则知君之所以建其极，与夫民之所以用其极者，又岂有他道哉？亦曰本诸天而已矣。

65. 皇极之敷言，是彝是训，于帝其训。①

知圣人之教本乎理，则知圣人之教纯于天。盖天者，理之所从以出者也。人君代天以敷教，必即夫天之理以为教，是君之训，即天之训，岂有二乎哉？人徒见极之言敷于君，孰不以为教之出于君也。岂知是教也，乃天下之常理，而无一之不本于天；乃天下之大训，而无一之少②戾乎天。审如是，则训非君之训也，乃天之训也。教之理出于天，而君之教纯乎理。纯乎理，即统乎天矣。此圣人所以与天为一欤。云云。夫圣人有所继天立极，叙典秩礼，必归之天；命德讨罪，必归之天。圣人岂神道设教者哉？无他。天者，理而已矣。圣人之举动教诏，无往而不纯乎天矣。然则皇极之敷言，谓其出于圣人可也，谓其出于天亦可也。且自是理之主宰而言，谓之帝。且自是理之赋予于人，则谓之彝。自其品节防范于圣人，则谓之训。自其可为标准于天下，则谓之极。初非有二道也。然天能赋人以极至之理，而不能使之不失其彝常之性，君能教人以极致之训，而不能外夫彝常之理。天有此理，而君有是训，训之出于君，即理之出于天者为之也。又乌可岐而二之哉？今夫皇者，君之称。极者，标准之义。极而谓之皇极者，明人君当以身立极，而使四方有取正也。故以是极至之理，敷之为训焉。非有甚高难行之事，惊世绝俗之言也。偏陂好恶不使存诸心，偏党反侧不使见于事，遵义、遵道、遵路以由乎人伦，日用之常荡荡平平正直，以不失大公至正之理。所以开其精微、发其蕴奥者，非圣王别立一道以为训也。语父子而训之以极其仁，仁即天所赋之理也。语君臣而

---

① 《周书·洪范》：“曰：皇极之敷言，是彝是训，于帝其训。”孔安国传：“曰者，大其义，言以大中之道布陈言教，不失其常，则人皆是顺矣。天且其顺，而况于人乎？”

② 少：读平声，副词，稍微。

训之以极其义，义亦天所赋之理也。是理也，乃天下之常理，而无一之少戾乎天；则是训也，乃天下之大训，而无一之少拂乎天。圣人盖与天浑然而无间矣。君之训，独非帝之训乎？吾今而后，知天命之性，人不能不禀之于天，而修道之教，天亦不能不有待于圣人也。人徒见正五典而使之，益厚用五礼而使之，有常君之责也，而不知五典出于天叙，五礼出于天秩，人君特因而惇庸之耳。是岂有待于人为，而亦岂人所得为哉？昔者，成汤以克绥厥猷为君后之责矣。① 而原其所自，亦不外乎上帝所降之衷。岂不以天能赋是理，以为人之性，君能明是理，以复人之性。君之所为，无异乎天之所为也。箕子所明，天人一贯之道哉。

66. 曰雨，曰旸，曰燠，曰寒，曰风。曰时五者来备，各以其叙，庶草蕃庑。②

惟庶征③既无不顺，则微物亦无不盛。夫征出于天而验于物者，即其在物者观之，而在天者可得而见。要皆原于天之顺也。昔箕子推衍庶征之畴，谓夫雨、旸、燠、寒、风之在天者不一，今皆以时而至，无一之或缺，无一之或紊，故宜物类之微，如庶草者，皆极其生意之盛。庶草且然，则物之大者，从可知矣。然则在天虽有五者之征，而主于顺时则一也。《易》有之曰："风以散之，雨以润之，日以暄之。"④ 故万物不可以无风之散、雨之润，亦何可无日之暄哉？又曰："寒往则暑来，暑往则寒来，寒暑相推而岁成焉。"⑤ 是万物固不可暑之不来，亦何可寒之常往哉？故天之生物，必备夫五者，而后足以成生物之功。然五者有一之不得其时，则在天为不顺，而在物亦不遂矣。今宜雨而雨，宜旸而旸，是雨、旸之应夫时也。当燠而燠，当寒而寒，当风而风，是燠、寒、风之应乎时也。时者不先不后，适当其可，乃庶征之俱不可失者，庶征之时大矣哉。然或有旸而无雨，有寒而无燠，有寒燠而无风，是不可谓之备，常雨而不旸，常旸而不雨，常寒常燠而常风，是不可谓之叙。今也合五者而论，未尝有一之偏胜，皆来备而俱有其应。分五者而论，未尝有一之愆期，皆以叙而各得其宜也。天之运行，既见于庶征者如此。孰谓生物之机，有或息者乎？万物之生意也，有不盛者乎？夫物之在天地间，惟草为至微之物，而间不期根本之众，无不至于勃然而长，蔚然而盛。天道庶征之顺其时，于此可见矣。盖举草而言，则凡天下之物，生机畅茂，自勾萌甲折，而至于枝

---

① 成汤以克绥厥猷为君后之责矣：语出《商书·汤诰》："王归自克夏，至于亳，诞告万方。王曰：'嗟！尔万方有众，明听予一人诰。惟皇上帝，降衷于下民。若有恒性，克绥厥猷惟后。'"

② 《周书·洪范》："八、庶征：曰雨，曰旸，曰燠，曰寒，曰风。曰时五者来备，各以其叙，庶草蕃庑。"

③ 庶征：众多的验证。孔颖达疏："正义曰：庶，众也。徵，验也。王者用九畴，为大中，行'稽疑'以上为善政，则众验有美恶，以为人主。"

④ 《周易·说卦传》："雷以动之，风以散之，雨以润之，日以烜之，艮以止之，兑以说之，乾以君之，坤以藏之。"

⑤ 《周易·系辞下传》子曰："天下何思何虑？日往则月来，月往则日来，日月相推而明生焉。寒往则暑来，暑往则寒来，寒暑相推而岁成焉。"

叶华实，无一不盛者，皆不待言而知也。向使当旸而雨，则雨非其时，而大水无麦矣。当燠而寒，则寒非其时，而雹冻谷矣。推类而论，苟一或极备，一或极其无应，亦犹是也。故箕子于此五者之下，总以“时”之一字者，足以见其为休征也。① 甚矣！天道之庶征不休则咎，二者必有于此而已矣。故箕子于下文五者之目，皆系之以“恒”之一字者，又可见其为咎征也。② 咎征既见，则庶草之不蕃芜，不待言矣。然在天为五行，雨、旸、燠、寒、风于五行各有所属。在人则为五事，五事之或得或失，而休咎各以类应，是人事有关于天道，且休咎不同，又有以系于一岁之利害，一月之利害，一日之利害者，亦验于王与卿士之职也。使岁月日时无易，则百谷用成。百谷用成，则庶草蕃芜矣。非徒是也，“乂用明，俊民用章，家用平康”③，是天道验于人事矣。岂徒见之物哉？

67. 王省惟岁，卿士惟月，师尹惟日。岁月日时无易，百谷用成，乂用明，俊民用章，家用平康。④

君臣之职验于天时者，有不同天道之顺验于人事者，皆有序，此君臣之皆尽其道，而休征之所感也。且王者之得失，其征以岁；卿士之得失，其征以月；师尹之得失，其征以日。是君臣职任有大小，而验于天时者，有不同矣。今岁月日之间，而雨、旸、燠、寒、风各以时而至。于是百谷用是而成，政治用是而明，俊民用是而章显，而家用是而平康，则天道之顺，有以验于人事矣。故即人事之顺，而念其感于天道之本，则君臣之得失可见矣。洪范九畴，皆天人之大法，而箕子尤详于庶征者，何哉？盖五行、五事、八政、五纪，皆所以立皇极之体，而未言其效。三德推皇极之用，而稽疑则决之于天，庶征则以其感应之自然者验之于人也。人事有得失之殊，则天道有休咎之征，若形影之不违，若桴鼓之相应。于此有以见天心之甚可畏，而皇极之建不建，皆在是而决矣。然则为君臣者，可不恐惧修省乎？然彼时之适然而不加意，又岂足以言天人之际哉？今夫王统卿士，卿士统师尹，犹岁之统乎月，月之统乎日也。尊有以统乎卑，大有以统乎小，故王取象于岁，其得失征于一岁之休咎焉。卿士取象于月，其得失征于一月之休咎焉。师尹取象于日，其得失征于一日之休咎焉。今也雨、旸、燠、寒、风之应，见于岁月日之间，皆以时而至，则必无所谓愆阳伏阴也，则必无所谓凄风苦雨也。太和流行，旸育万物，黍稷穜穋之得宜，如京如坻之富积，而百谷有以用成矣。礼乐政刑之

---

① 时，以时而至，来得及时。对“休征”的各种描述，都用一个“时”字。《周书·洪范》：“曰休征；曰肃，时寒若；曰乂，时旸若；曰晳，时燠若；曰谋，时寒若；曰圣，时风若。”

② 恒，一直，长久。对“咎征”的各种描述，都用一个“恒”字。《周书·洪范》：“曰咎征：曰狂，恒雨若；曰僭，恒旸若；曰豫，恒燠若；曰急，恒寒若；曰蒙，恒风若。”

③ 《周书·洪范》：“岁月日时无易，百谷用成，乂用明，俊民用章，家用平康。”

④《周书·洪范》：“曰王省惟岁，卿士惟月，师尹惟日。岁月、日时无易，百谷用成，乂用明，俊民用章，家用平康。”

明备，纪纲法度之振举，而乂有以用明矣。君子之汇进也，黎献之愿臣也，而俊民皆用章室家之相庆也。天下之和平也，而家之平康，又何如哉？然则人事之序，又皆本于天道之顺。而天道之顺，非君臣之尽其职乎？职尊者所理者大而要，职卑者所理者小而详。旸于心术者，虽精微而不可知。著于天道人事者，则昭章而不掩。天人感应之际，真可畏矣。昔夏之方懋厥德，则罔有天灾。其子孙弗率，则皇天降灾矣。天岂有意于降灾降祥哉？所以致是灾祥者，在于吾君臣而不在于天也。箕子陈洪范之畴，以王与卿士、师尹分象乎岁、月、日，而其下以休征、咎征对言之。且又先以省之一字焉。其垂训之义远矣。故自"稽疑"、"庶征"、"福极"，皆以皇极之效言之。所以推其用稽疑之有吉有旸，庶征之有咎有休，而九畴之终则以福极对言之，皆所以极天人交际之理，而示天下后世者无余蕴矣。① 嗟夫！君相造命者也，妖孽灾异，未尝不因乎人，而休嘉百祥，未必皆本于天也。《诗》云："永言配命，自求多福。"② 其此之谓矣。

思齐按：苏轼曾作《书义》十篇，这些文章的性质与王充耘的《书义矜式》相类似。其中《王省惟岁》对于本篇颇有参考价值，录如下。

论尧、舜之德者，必曰无为。考之于经，质之于史，尧、舜之所为，卓然有见于世者，盖不可胜计也，其曰无为，何哉？古人有言曰："除日无岁。"又曰："日一日劳考载曰功。"若尧、舜者，可谓功矣。岁者，月之积也。月者，日之积也。举岁则兼月，举月则兼日矣。日别而数之，则月不见，月别而数之，则岁不见。此岂日月之外，复有岁哉。日月之各一，人臣之劳也。岁之并考，人君之功也。故《书》曰："王省惟岁，卿士惟月，师尹惟日。"此上下之分，烦简之宜也。禹之平水土，稷为之殖百谷，契为之敷五教，伯夷为之典三礼，皋陶为之平五刑，羲和为之历日月。尧舜果何为哉。今夫三百有六旬，分之以四时，配以之以六甲，位之以十二子，散之以二十四气，裂之以七十二候，昼不可以并夜，寒不可以兼暑，则气果安在哉。惟其无在而不可名，寄之于人而已，不有此，所以为王省之功也。日不立则月不建，月不建则岁不成，师尹不官，则卿士不治，卿士不治，则王功废矣。故曰："庶民惟星。"星者，日月之所舍，所因以为寒暑风雨者也。民者，上之所托，所因以为号令赏罚者也。日月不自为风雨寒暑，因星而为节；君不自为号令赏罚，因民而为节。上执其要，下治其详，所谓岁月日时无易也。文王不兼庶狱，陈平不治钱谷，邴吉不问斗伤，此所为不易者也。秦皇衡石程书，光武以吏事责三

① "箕子陈洪范之畴……而示天下后世者无余蕴矣。"这一段话，全面复述题目所涉及的内容，须参阅《周书·洪范》第七、第八和第九段，即"稽疑"、"庶征"和"五福"的相关内容，方可明了。

② 《诗经·大雅·文王》六章："无念尔祖，聿修厥德。永言配命，自求多福。殷之未丧师，克配上帝。宜鉴于殷，骏命不易！"永言配命，自求多福，郑玄笺云："王既述修祖德，常言当配天命而行，则福禄自来。"

公，此易岁月而乱日时者也。治乱之效，亦可以概见矣。

《旅獒》①

68. 王乃昭德之致于异姓之邦，无替厥服。分宝玉于伯叔之国，时庸展亲。人不易物，惟德其物。②

明王颁分器以劝下者，有其序。诸侯宝分器以尊上者，无异心。盖王者之施仁，虽有亲疏之殊，而诸侯之尊君，则岂有亲疏之间哉？召公之告武王，其亦审于此矣。谓夫王者昭德，所致之方物于异姓之邦，固以劝之无废其职，而分宝玉之器于同姓之国，又以劝之益厚其亲。是王者之颁分器，无亲疏之别矣。然王者所颁之分器，非徒物也，实德之致也。诸侯又岂敢轻易其物哉？故皆以德视其物焉，则所以宝是器而尊上者，曷尝有亲疏之间乎？此古昔盛时所以怀诸侯之道也。昔者，明王有天下，列为五等之爵，亲亲之恩，尊贤之义，棋布星列，环卫京师。所以公天下之意厚矣，而又有分器之颁，以益尽其怀之之恩。于是，伯叔甥舅无间于亲疏之殊，水木本原咸尽其翼戴之心。德被于远，而方物之举至；德洽于迩，而分器之是宝明。王之天下，其盛固如此哉！且方物之来，君德之所致也，而王者不敢私其物焉。乃昭示其德之所致，以及于异姓之邦，如分陈以肃慎氏之矢是也。宝玉之器，又方物之贵者矣。王者亦不敢自私焉，必颁赐于伯叔之国，如分鲁以夏后氏之璜是也。昭德之致，固所以示其赐予之恩，而所以劝之者，使之无废其职，而谨其服命。宝玉之分，虽所以寓亲亲之意，而所以劝之者，夫必使之时庸。展亲以厚同姓、异姓之邦。伯叔之国，其分固有亲疏也，而方物之昭，宝玉之分，亦各有其礼也。王者施恩之序，固如此。当时，诸侯被王灵之宠光，承分器之赐予，皆曰：是器也，吾王盛德之所致也，则即物以戴其君者，又当何如哉？盖以物视其物，则易其物必思所以③敬其德矣。仰休明之盛德，以镇抚其国家，莫不秉流水朝宗之心，而尽其维藩维翰之职者，又曷尝有同姓、异姓之分哉？则诸侯尊君者，固无间矣。观夫王者施恩之有序，诸侯之尊君无异心，则其上下相与之盛，为何如哉？昔者，西旅贡獒，而召公用训于武王，既以明王慎德，而远迩毕献方物，言之复以王者之赐物，以劝于侯邦。而侯邦即物，以戴圣君者，言之且反复于昭德之致。“惟德其物”之辞，良有以欤。嗟夫！封建之制，莫备于有周。怀诸侯之道，亦莫盛于有周。列爵分土，即见于武王下车之初，而分器之颁，又陈于太保之训。其立法之详，仁之至，义之尽焉。奈何周辙既东，王纲解纽，齐以甥舅之国，而首开专霸之图；晋以伯叔之亲，而继以世霸之

---

① 《书序》：“西旅献獒，太保作《旅獒》。”宋·蔡沈《书经集传》卷四：“《旅獒》。西旅贡獒，召公以为非所当受，作书以戒武王，亦训体也，因以‘旅獒’名篇。今文无，古文有。”

② 《周书·旅獒》曰：“呜呼！明王慎德，西夷咸宾。无有远迩，毕献方物，惟服食器用。王乃昭德之致于异姓之邦，无替厥服；分宝玉于伯叔之国，时庸展亲。人不易物，惟德其物！”

③ 所以：用以，用来。

业。于是王灵不足以宠诸侯，虽鲁以周公之后，秉礼之国，宝玉大弓，不能宝之。其视先公之“惟德其物”者，为何如？仲尼伤之，故书于策，其意深远矣。反复观之，益有感于明王之盛。

69. 不宝远物，则远人格；所宝惟贤，则迩人安。①

人君惟能贱货而贵德，则近者悦而远者来矣。夫苟玩物而弃贤，则近者且有所不安，而况于远人之怀服者乎？召公知其然，故能告武王也，谓：夫人君之道，不患人之远者不服，而患以物之难得者为贵；不患人之迩者不安，而患不以人之有德者为贵。诚能贱彼而贵此，则远人不期而自至，迩人不期而自安矣。夫惟君心之好尚虽微，而民心之趋向何赖？其可忽而不知省乎？其曰：人君以心而率天下之心，亦惟谨其所好而已矣。如好以其道，则人同此心，不以四方万里而有间也，而况于迩者乎！如所乐不出于正，则人各有心，虽近之人，犹胡越也，而况于远者乎。由此而观，远人之不服，非难格也，由德柔之无其道也；迩人之不服，非难安也，犹抚循之无其人也。反而求之，近悦远来，特在人君之趋向何如耳。嗟夫！犬马之畜，若未害也，而远人得以窥吾之蕴；珍奇之玩，若无妨也，而远人得以测吾之中。如使吾之所宝者，不在于此，则虽未尝语人以贱货之事，而民必知吾之所好者，在于斯民矣。人虽远也，如之何而不格哉？然远人之所爱慕也，虽贤者有爱之之心，非人君用之，则无以遂其心；贤者虽有善俗之道，非人君尊之，则无以行其道。如使吾之所宝者，不在于贤，则吾欲安乎民，而亦无赖以安民矣。人虽迩如之何而能安之哉？大抵地虽有远近，而人心无彼此；人虽有贵贱，而天理无间隔。观君之所宝，不在于物，则尊贤之意，可见矣。观人之格者，不格于远，则安民之效，可知矣。曾谓以武王之圣，而有待于召公之警戒哉。然而一念之不谨，圣狂之判也；细行不矜，大德之累也。夫以舜之大圣，而禹犹以怠慢傲虐告戒之，而况不及于大舜者乎？此召公老成之政，所以不能已于言也。虽然，能遵召公之戒者，武王也。而不能守武王之戒者，穆王也。白狼之既得，而荒服因以不至，盖至于此，而召公之言信矣。然则，宝贤不宝物，吾因为②武王喜。宝物不保贤，吾因为穆王惜。

---

① 《周书·旅獒》曰：“德盛不狎侮。狎侮君子，罔以尽人心；狎侮小人，罔以尽其力。不役耳目，百度惟贞。玩人丧德，玩物丧志。志以道宁，言以道接。不作无益害有益，功乃成；不贵异物贱用物，民乃足。犬马非其土性不畜，珍禽奇兽不育于国，不宝远物，则远人格；所宝惟贤，则迩人安。”

② 因为：因此而为。

《康诰》①

70. 汝亦罔不克敬典，乃由裕民，惟文王之敬忌，乃裕民。曰："我惟有及。"则予一人以怿。②

人君命诸侯守法以安民，使其戒惧之心无愧于前王，则能尽人臣之职，而无负于其君矣。夫谨罚以安民，此固人臣之职分，而亦人君之所属望者也。故武王之于康叔，欲其谨守常法，而求以裕民。而裕民之道，无出于文王之敬忌，康叔果能于存心之敬忌，而思有以企及于文王，则可以无负于其君之所以属望者矣。岂不足以深慰其心乎？《传》曰："明德慎罚，文王所以造周也。"③ 文王治岐以德为化民之本，而不能不假刑以辅之，而非恃之以求逞也。是以慎室家者，必勤于垣墉。卑曰垣，高曰墉。以此防外患也。然垣墉勤矣，无以涂塈④茨焉，则葺理之不周。覆护之不密，风雨为之飘摇，而栋折榱崩者有之矣。是涂塈之功，不可废也。作梓材者，必勤于朴斲。其粗曰朴，致巧曰斲。所以成其质也。然朴斲勤矣，无以涂丹雘焉，则质虽成，而文未足称；器虽成，

---

① 《书序》："成王既伐管叔、蔡叔，以殷余民封康叔，作《康诰》、《酒诰》、《梓材》。"宋·蔡沈《书经集传》卷四："《康诰》。康叔，文王之子，武王之弟。武王诰，命为卫侯。今文、古文皆有。按《书序》以康诰为成王之书，今详本篇，康叔于成王为叔父，成王不应以弟称之。说者谓：周公以成王命诰，故曰弟。然既谓之王若曰，则为成王之言，周公何遽自以弟称之也？且《康诰》、《酒诰》、《梓材》三篇，言文王者非一，而略无一语以及武王，何邪？说者又谓：寡兄勖为称武王，尤为非义。寡兄云者，自谦之辞，寡德之称。苟语他人，犹之可也。武王，康叔之兄。家人相语，周公安得以武王为寡兄，而告其弟乎？或又谓：康叔在武王时尚幼，故不得封。然康叔，武王同母弟，武王分封之时，年已九十。安有九十之兄，同母弟尚幼，不可封乎？且康叔，文王之子；叔虞，成王之弟。周公东征，叔虞已封于唐，岂有康叔得封，反在叔虞之后？必无是理也。又按，《汲冢周书·克殷篇》言：王即位于社南，群臣毕从。毛叔郑，奉明水。卫叔封，传礼。召公奭，赞采。师尚父，牵牲。《史记》亦言：卫康叔封布兹，与《汲书》大同小异。康叔在武王时非幼，亦明矣。特序《书》者，不知《康诰》篇首四十八字，为《洛诰》脱简，遂因误为成王之书，是知《书序》果非孔子所作也。《康诰》、《酒诰》、《梓材》，篇次当在《金縢》之前。"

② 题目中的这几句话，取自周公代替成王所作的长篇训词中的一段。题目所在的那一小段如下。《周书·康诰》(王曰)："不率大戛，矧惟外庶子、训人惟厥正人越小臣、诸节。乃别播敷，造民大誉，弗念弗庸，瘝厥君，时乃引恶，惟朕憝。已！汝乃其速由兹义率杀。亦惟君惟长，不能厥家人越厥小臣、外正；惟威惟虐，大放王命；乃非德用乂。汝亦罔不克敬典，乃由裕民，惟文王之敬忌；乃裕民曰：'我惟有及。'则予一人以怿。"

③ 《左传·成公二年》"楚之讨陈夏氏也，庄王欲纳夏姬，申公巫臣曰：'不可。君召诸侯，以讨罪也。今纳夏姬，贪其色也。贪色为淫，淫为大罚。《周书》曰：'明德慎罚。'文王所以造周也。明德，务崇之之谓也；慎罚，务去之之谓也。若兴诸侯，以取大罚，非慎之也。君其图之！'王乃止。"思齐按：《周书》中并没有"明德慎罚"这样的话，此系《左传》隐括《康诰》所致。《周书·康诰》王若曰："孟侯，朕其弟，小子封。惟乃丕显考文王，克明德慎罚；不敢侮鳏寡，庸庸，祗祗，威威，显民，用肇造我区夏，越我一、二邦以修我西土。惟时怙冒，闻于上帝，帝休，天乃大命文王。殪戎殷，诞受厥命越厥邦民，惟时叙，乃寡兄勖。肆汝小子封在兹东土。"详见杨伯峻《春秋左传注》(中华书局，1990) 成功二年九月条下第二段注。

④ 塈，动词，涂抹屋顶等。涂塈，涂抹。

而饰未之全。亦非所以成材矣。是涂丹雘①之功，又不可缺也。为诸侯而知乎此，则君能除恶于其前，不犹稽田而勤敷菑②者乎？吾能为之堤防于其后，亦犹陈修而为疆畎可也。君能除恶于其前，不犹作室家而勤垣墉者乎？吾能维持之，使勿坏，亦犹涂塈茨可也。君能立制度于其前，不犹作梓材而勤朴斲者乎？吾能润色之，使勿疵，亦犹涂丹雘可也。武王以是而告康叔，其意岂不在兹乎？康叔以武王之弟，而抚新造之卫，凡其开创积累之勤者，武王固已任之于先。至于维持修饰于不坏不废之地，康叔之责也。故其告戒之际，反复譬喻，至于再至于三焉。为康叔者，宜服膺勿失，而孜孜不怠可也。不然，则父作室，而子不肯堂；父作菑，而子不肯播。其不隳先人之绩，而弃垂成之功者几希。先儒以此篇为脱简，自此以上，为武王告康叔之书。愚故明其说而申之焉。

书义矜式卷四

《书义矜式》卷五　《周书》

元·王充耘撰

《召诰》③

71. 王来绍上帝，自服于土中。旦曰："其作大邑，其自时配皇天。毖祀于上下，其自时中乂。王厥有成命，治民今休。"④

大臣勉言，以宅中图治，无非所以为天人计也。盖王者，天人之主，所以继天而出治者也。故召公告成王，以"绍上帝，服土中"为居洛之先务也，而中举周公之言以实之，末以其效期之，其丁宁反复之意，至深切矣。夫绍上帝，所以承乎天；服

---

① 雘，赤石脂之类，古代用作颜料，以饰宫室。丹雘，泛指红色的颜料。《周书·梓材》："若作梓材，既勤朴斫，惟其涂丹雘。"《山海经·南山经》："又东五百里，曰鸡山，其上多金，其下多丹雘。"

② 菑：开荒。《周书·大诰》："厥父菑，厥子乃弗肯播，矧肯获？"

③ 《书序》："成王在丰，欲宅洛邑，使召公先相宅，作《召诰》。"宋·蔡沈《书经集传》卷五："《召诰》。《左传》曰：'武王克商，迁九鼎于洛邑。'《史记》载，'武王言："我南望三途，北望岳鄙，顾瞻有河，粤瞻洛伊，毋远天室。"营周居于洛邑而后去。'则宅洛者，武王之志，周公、成王成之，召公实先经理之。洛邑既成，成王始政。召公因周公之归，作书致告，达之于王。其书拳拳，于历年之久，近反复乎？夏、商之废兴，究其归，则以諴小民为祈天命之本，以疾敬德为諴小民之本。一篇之中，屡致意焉。古之大臣，其为国家长远虑，盖如此。以召公之书，因以《召诰》名篇。今文、古文皆有。"

④ 《周书·召告》（召公曰）："呜呼！有王虽小，元子哉。其丕能諴于小民。今休：王不敢后，用顾畏于民碞；王来绍上帝，自服于土中。旦曰：'其作大邑，其自时配皇天，毖祀于上下，其自时中乂；王厥有成命治民。'今休。"思齐按：目前通行的《尚书》标点本，一般如此标点。有的标点本将"毖祀"二字归入上句。此外，也有将"今休"而自归入下一段者。由此而观之，这篇书义的题目系截取半截话而合成。目的在于考察士子对经文的熟悉程度。

土中，所以治乎人。洛邑初政，二者而已。周公营洛之初，尝谓：作此大邑，自是可以配天毖祀，自是可以宅中治民。其素定之谋，固已如此。王能如是，则岂惟无负周公之所属望，亦且上可以保天命，而下可以福斯民，其效有不期然而然者矣。《召告》之书云云。天生民而不能自治，立之君以治之。君也者，所以继天立极，而代天理物者也。故建邦设都，以乱民①者所以奉天道，克相上帝者在于绥四方。不如是，则俯有愧于民，而仰有负于天矣。其何以居天人之间哉？洛邑告成，成王始武于天下。元子于四方为新辟，天秩天叙自我而惇庸，天命天讨自我而刑赏，任大责重，有不可诿之于他人者，是意也。岂惟召公言之于宅洛之日，在周公已言之于作洛之先矣。盖作洛者，武王之志，周公、成王成之，召公实先经理之。君臣之间，其所以深谋远虑者，果何如也。盖洛者，天地之中，风雨所会，阴阳所和，四方朝聘贡赋之道均，而远近劳逸之费等。今王远在镐京而即宗周，去西土而即宅东土，南望三途，北望岳鄙，顾瞻两河，粤瞻洛伊，岂徒曰据要会以观方来、都形势以制六合？所以定鼎郏鄏而卜世卜年者，正惟畏天命而悲人穷，殆将以是惟②称秩元祀、发政施仁之本也。故自是而对越上帝，享答神祇，则齐明盛服以承祭祀，可以达此精诚之德而无愧，自是而宅中图治，则惇典庸礼，命德讨罪，而惟新之政，可以放诸四海而无不准。盖其配天毖祀，即所谓绍上帝。自时中乂，即所谓服土中。召公今日之所言，即周公前日之所告者也。虽然，此特言其事之当然者耳，未及其效也。夫能绍上帝，则天命之在我者，一成而不变，而上可以得乎天，是即配天毖祀之效也。能自服土中，则能咸和小民，以为今日之休，而下可以安乎民，是即自时中乂之效也。克绥先王之禄，而永底烝民之生，其皆在于此乎？周公之诰曰："王肇称殷礼，祀于新邑，咸秩无文。"③ 又曰："其自时中乂，万邦咸休，惟王有成绩。"④ 其言非不深切著明，而召公之诰，又且反复而恳至，惧其信之不笃。又且申以同列之言，虑其行之不力，而期以必然之效。一篇之中，于天命民心，屡致意焉。而究其终以諴小民为祈天命之本，以疾敬德为諴小民之本。大臣之于国家，长谋远虑，盖如此。以成王之贤，而又有周、召为之左右，此其所以能为成周建无穷之基也欤。

---

① 乱民：此为动宾结构，意为统治人民。《国语·周语下》："天所崇之子孙，或在畎亩，由欲乱民也。畎亩之人，或在社稷，由欲靖民也。无有异焉！"

② 惟：为。这两个字经常通用。《尚书·康诰》："乃惟眚灾。"《孔丛子·刑论》引惟作为。《尚书·周官》："兹惟三公。"《唐六典》卷一引惟作为。《诗·小雅·天保》："吉蠲为饎。"《周礼·秋官·蜡氏》郑注引为作惟。《楚辞·九章》："专惟君而无他兮。"《考异》："惟一作为。"

③ 周公之告，指《洛诰》，《周书·洛诰》周公曰："王肇称殷礼，祀于新邑，咸秩无文。"

④ 这也是《洛诰》中的话，《周书·洛诰》："周公拜手稽首曰：'王命予来，承保乃文祖受命民，越乃光烈考武王弘朕恭。孺子来相宅，其大惇典殷献民，乱为四方新辟，作周恭先。曰其自时中乂，万邦咸休，惟王有成绩。'"

72. 王先服殷御事，比介于我有周御事，节性，惟日其迈。王敬作所，不可不敬德。①

相观而善者，君之所以善其臣；修已以敬者，君之所以敬其身。盖君者臣之主，始而以臣率臣者君也，终而敬身以率臣者亦君也。岂有敬身之不至，而足以善其臣者哉？是故，召公告成王，以服御士，不徒曰“周御士”、“节性”而已，而首曰“王者”，盖欲成王以善臣为己责也。不徒曰“敬作所”，以敬德而已。而复曰“王敬作所”，盖欲成王以为己任也。无他，其身正，不令而行；其身不正，虽令不从。其是之谓乎？

《洛诰》②

73. 伻来毖殷，乃命宁。予以秬鬯二卣，曰明禋，拜手稽首，休享。予不敢宿，则禋于文王、武王。③

贤君因顽民之戒，而尽其敬于大臣。大臣举明禋之赐，而伸其敬于前圣。不以常人之礼而待夫圣臣。贤王之敬，其臣者然也。不敢受非常之礼，而必以致之前圣。圣臣之敬，其君者然也。使圣人而遽以神明之礼自居，则非所以为圣人矣。周公治洛功成，成王使人至洛教戒，庶殷就致绥宁之命。而其为礼也，有秬鬯二卣焉，曰明禋，曰拜手稽首。休享，则其所以待周公者，不以君臣之分，而以神明之礼矣。而周公不敢偃然受其礼也，则禋于文王，则禋于武王。举成王之赐，而伸其敬于前圣，则君臣两尽其道矣。吁！此其所以为周公也欤。云云。尝谓：君之所以待臣，臣之所以事君，各尽其敬而已。④ 不以非常之礼，待非常之功，非所以敬大臣也。自居以非常之功，而安受非常之礼，非所以敬其君也。成王之于周公，不敢轻其礼，而待之以神明。周公之于成王，不敢受其礼，而致之于文、武。其此之谓乎？周公之意，若曰甚哉，王之待我，其敬也，惟彼殷民，密迩王室，而恐其犹未式厥训者焉。席宠惟旧，而虑其无不骄淫矜夸者焉。因使者之来致戒饬之命，因以绥宁于我，而有秬鬯二卣之

---

① 《周书·召告》：“王先服殷御事，比介于我有周御事，节性，惟日其迈。王敬作所，不可不敬德。”

② 《书序》：“召公既相宅，周公往营成周，使来告卜，作《洛诰》。”宋·蔡沈《书经集传》卷五：“《洛诰》。洛邑既定，周公遣使告卜，史氏录之，以为《洛诰》。又并记其君臣答问，及成王命周公留治洛之事。今文、古文皆有。按，‘周公拜手稽首’以下，周公授使者告卜之辞也。‘王拜手稽首’以下，成王授使者复公之辞也。‘王肇称殷礼’以下，周公教成王宅洛之事也。‘公，明保予冲子’以下，成王命公留后治洛之事也。‘王命予来’以下，周公许成王留洛，君臣各尽其责难之辞也。‘伻来’以下，成王锡命、毖殷、命宁之事也。‘戊辰’以下，史又记其祭祀、册诰等事。及周公居洛，岁月久近以附之，以见周公作洛之始终，而成王举祀发政之后，即归于周，而未尝都洛也。”

③ 《周书·洛诰》（周公曰）：“伻来毖殷，乃命宁。予以秬鬯二卣，曰明禋，拜手稽首，休享。予不敢宿，则禋于文王、武王。惠笃叙，无有遘自疾。万年厌于乃德，殷乃引考。王伻殷乃承叙万年，其永观朕子怀德。”

④ 《孟子·公孙丑下》景子曰：“内则父子，外则君臣，人之大伦也。父子主恩，君臣主敬。丑见王之敬子也，未见所以敬王也。”思齐按：景子，即景丑，齐国大夫，事迹已不可考。

赐。秬者何？一稃二米，和气之所生也。鬯者何？郁金香草，合秬黍以为酒也。盛之以二中尊焉。岂非宗庙之祭，而用之以祼者乎？礼莫重于祼，而其致之之辞则曰：此明洁而禋祭之酒。今王拜手稽首，致其休美以享公，则其待我也，盖待以神明之礼，而不复拘拘以君臣之分矣。虽然，待我以非常之礼者，人君之道也，而非我之所敢当也。虽曰朝廷之制，有大宾客以享之之礼，而莫异于祭。然我之自视，犹常人也。秬鬯二卣，以致其明禋，拜手稽首，以言其休享。果何为，而施于我耶？祭有三宿之礼①，谓进爵于神也。而在我，则有所不敢当者矣。却人君之赐，则为不恭。受神明之礼，则为有歉。于此无以处之，思昔穆考文王，于昭于天，固洋洋乎，其如在也。越乃昭考武王，以孝以享，在我后人之所不敢忘也。以王之禋我者，而禋于文王、武王，则于义安而于理当矣。非惟无愧于今王，亦庶几其无愧于前圣矣。非周公，其能处之得宜如是耶？尝观周公之宅洛也，以天事言，则洛者天地之中，阴阳之所会，风雨之所交；以人事言，则四方朝聘贡赋，道理②均焉。欲其君绍上帝，而服土中也。又不但如是而已，以距妹邦③为近，惩三监之难，迁殷顽民于是，作王都以镇服奸雄之心，则周公之功，宗庙万世之功也。有非常之功，则宜有非常之礼。今而因有毖殷之使，则其受明禋休享，非过也。有大美而不居，周公之圣，何可及耶？抑周公之禋于文王、武王，非有他也，期成王以惠笃叙万年④，厌于乃德而已。公之心，果有顷刻而忘其忠爱者乎？

---

① 《周书·顾命》："乃受同、瑁，王三宿，三祭，三咤。"孔安国传："王受瑁为主，受同以祭。礼成于三，故酌者实三爵于王，王三进爵，三祭酒，三奠爵，告已受群臣所传顾命。"孔颖达疏："王受册命之时，立于西阶上少东，北面。太史于柩西南，东面读策书。读册既讫，王再拜。上宗于王西南，北面奉同、瑁以授王。王一手受同，一手受瑁。王又以瑁授宗人。王乃执同，就樽于两楹之间，酌酒，乃于殡东西面立，三进于神坐前，祭神如前祭。凡前祭酒酹地而奠爵讫，复位。再拜，王又于樽所别以同酌酒，祭神如前。复三祭，故云'三宿、三祭、三咤'。"思齐按：宿，通肃，告诫，儆戒。三宿，以严肃的态度，缓缓向前行进，三次进爵。孔颖达《尚书正义》引郑玄云："徐行前曰肃，却行曰咤。王徐行前三祭，又三却复本位。"

② 道理：应作道里，即路程。

③ 妹邦：地名，其民嗜酒成风。《周书·酒诰》王若曰："明大命于妹邦。"孔安国传："周公以成王命诰康叔，顺其事而言之，欲令明施大教命于妹国。妹，地名，纣所都朝歌以北是。"《诗·鄘风·桑中》孔颖达疏引郑玄《酒诰》注云："沬邦，纣之都所处也。于《诗》国属鄘，故其风有沬之乡，则沬之北、沬之东，朝歌也。然则沬为纣都，故言沬邦。后三分殷畿，则纣都属鄘。《谱》云'自纣城而南'，据其大率，故犹云'之北'、'之东'，明纣城北与东犹有属鄘者。今鄘并于卫，故言卫邑。纣都朝歌，明朝歌即沬也。"

④ 惠笃叙万年：此系隐括《周书·洛诰》："惠笃叙，无有遘自疾，万年厌于乃德，殷乃引考。王伻殷乃承叙万年，其永观朕子怀德。"思齐按：惠，仁。笃，厚。须，顺。"惠笃叙，无有遘自疾"，（您这样）仁厚孝顺，不会招惹什么疾病的。"惠笃叙万年"，仁厚孝顺，得享万年。

74. 其大惇典殷献民，乱为四方新辟。作周恭先，曰，其自时中乂，万邦咸休，惟王有成绩。①

厚文献以为化，今传后之本，则可宅中土，而致治定功成之效矣。此周公之告成王，不惟勉之以为治之要，而且期之以致治之效也。昔者，成王迁洛邑，周公欲其大厚于典章，及殷之贤者，使治为新辟，足以观视于四方。作周恭先，足以垂宪于后世，则欲为化今传后之计者，将不在于大厚其文献乎？且凡若此者非有他也。亦曰：其自是宅中以图治，使万邦咸底于休美，而王遂有其成功，则功成治定之效，岂不在于宅中图治之初乎？勉之期之，周公之忠爱至矣。夫人君之为治，要不可以自用也。所以出治，必有其德；所以辅治，必有其人。废而自用，则其治为无足劝；弃贤人而不亲，则其恭为无足法。夫如是，则一乡且不治，况能有以及天下乎？率由旧章，固致治之所先，而以贵下贱，亦为治之所急。且成王之治洛，非独以化殷民也，将以化天下也。然殷民叛服，乃天下治乱之所关，而治定功成之所由系。使治不有其道，则万邦安得以蒙其休，而王亦安能以有其绩？宅中图治之功，不谨之于初，不可也。且圣谟洋洋，嘉言孔彰，凡典籍所纪，何莫非王道也。殷士肤敏，侯服于周，凡献臣百宗工，何莫非贤。况三代以来，礼乐文物，至周大备。“不愆不忘，率由旧章。”② 成王其可不大厚其典章乎？殷之贤者，殷民素所取信，而视为趋向者也。迪简在庭，有服在大僚，则殷治而天下亦治矣。成王其可不大厚殷之贤人乎？诚如是也，则发号施令，罔有不臧。有以耸动四方之观听，而为新辟。尊贤使能，用上敬下，有以为后世之所取法，而作恭先焉。夫治为新辟，而必使天下无可议；作周恭先，而必使后世莫能加。周公岂过望于成王哉？盖知其任大责重，而将以无穷期之也。夫岂定鼎于洛，岂独以承天地冲和之气？盖将中天下，而立定四海之民。苟知文献二者，为致治之大要，有以为新辟，而作恭先，则自是以宅中图。万民虽广，必使化行俗美，无一夫不被其泽，而后已焉。成功虽难，必思长治久安，无一事不底其成效，而后止焉。然而，博施济众，圣人所病：“靡不有初，鲜克有终。”巍巍其有成功，非一朝一夕之故也。自非渐仁摩义，使德教沦肌而浃髓，夙兴夜寐，使政治纲举而目张。又奚足以及此哉？老臣之辅幼主，所以不徒勉其作兴于一时，必要其成功于悠久也。抑周公固能辅其君矣。而成王实能懋昭周公之训也。《周官》一篇，一则曰“学古入官”，二则曰“其尔典常”。作之师则，厚于典章，可以知

---

① 《周书·洛诰》周公拜手稽首曰：“王命予来承保乃文祖受命民，越乃光烈考武王弘朕恭。孺子来相宅，其大惇典殷献民，乱为四方新辟，作周恭先。曰其自时中乂，万邦咸休，惟王有成绩。予旦以多子越御事笃前人成烈，答其师，作周孚先。考朕昭子刑，乃单文祖德。”

② 《大雅·生民之什·假乐》，四章，二十四句：“假乐君子，显显令德，宜民宜人。受禄于天，保右命之，自天申之。　千禄百福，子孙千亿。穆穆皇皇，宜君宜王。不愆不忘，率由旧章。

威仪抑抑，德音秩秩。无怨无恶，率由群匹。受福无疆，四方之纲。　之纲之纪，燕及朋友。百辟卿士，媚于天子。不解于位，民之攸塈。”《诗序》：“《假乐》，嘉成王也。”孔颖达《毛诗正义》：“作《假乐》诗者，所以嘉美成王也。经之所云，皆是嘉也。正诗例不言美，以见为经之正，因训假为嘉，故转经以见义，且乘上篇为次，以其能守成功，故于此嘉美之也。”思齐按：假（xià），嘉，美。

微子象贤，而封之于宋，则厚于贤者可见矣。卒至六服群辟，罔不承德，则万邦之咸休可知，《凫鹭》①、《既醉》② 之盛，刑措不用之风，见颂于当时，垂辉于后世。其有成绩也。又可见成王，可谓能无负周公之训矣。周公贤臣，成王贤君，盖两得之。

思齐按：苏轼曾作《书义》十篇，这些文章的性质与王充耘的《书义矜式》相类似。其中《作周恭先作周孚先》对于本篇颇有参考价值，录如下。

周之将兴，必有断天之王，建都邑，立藩辅，以定天命而宅民心，为子孙之师。亦必有命世之臣，考礼乐，修法令，以定国是而正风俗，为卿大夫之宗。然后可以世世垂拱仰成，虽有中主弱辅，而不至于乱。故曰："孺子来相宅，其大惇典商献民，乱为四方新辟，作周恭先。""予旦以多才，越御事，笃前人成烈，答其师，作周孚先。"国之所恃者，法与人也。《诗》曰："虽无老成人，尚有典刑。"故周公以谓惇典而用贤，可以定国，后之言恭者必稽焉。傅说有言："事不师古，以克永世，匪说攸闻。"今不师古，后不师今。故周公以谓我当与卿大夫士笃前人成烈，以答众心，则后之言信者必师焉。夫以成王之贤，周公之圣，其所以为后世先者，不过于恭与信而已。《诗》曰："自古在昔，先民有作。温恭朝夕，执事有恪。"闵马父曰："古之称恭者，曰自古，曰在昔，曰先民，其严如是。"愚以是知恭之大者，盖尧之允恭，孔子之温恭，非独恭世子之恭、楚共王之恭也。成王以是为后世先也，不亦宜乎。"大有上吉。履信思乎顺。又以尚贤也，是以自天佑之，吉无不利。"又曰："自古皆有死，民无信不立。"信之为德也，重于兵而急于食，周公以是为后世先也，不亦宜乎！

---

① 《大雅·生民之什·凫鹥》，五章，三十句："凫鹥在泾，公尸在燕来宁。尔酒既清，尔肴既馨。公尸燕饮，福禄来成。　凫鹥在沙，公尸来燕来宜。尔酒既多，尔肴既嘉。公尸燕饮，福禄来为。　凫鹥在渚，公尸来燕来处。尔酒既湑，尔肴伊脯。公尸燕饮，福禄来下。　凫鹥在潀，公尸来燕来宗，既燕于宗，福禄攸降。公尸燕饮，福禄来崇。　凫鹥在亹，公尸来止熏熏。旨酒欣欣，燔炙芬芬。公尸燕饮，无有后艰。"《诗序》："《凫鹥》，守成也。大平之君子，能持盈守成，神祇祖考安乐之也。"

② 《大雅·生民之什·既醉》，八章，三十二句："既醉以酒，既饱以德。君子万年，介尔景福。　既醉以酒，尔肴既将。君子万年，介尔昭明。　昭明有融，高朗令终，令终有俶。公尸嘉告。　其告维何？笾豆静嘉。朋友攸摄，摄以威仪。　威仪孔时，君子有孝子。孝子不匮，永锡尔类。　其类维何？室家之壶。君子万年，永锡祚胤。　其胤维何？天被尔禄。君子万年，景命有仆。　其仆维何？厘尔女士。厘尔女士，从以孙子。"《诗序》："《既醉》，大平也。醉酒饱德，人有士君子之行焉。"郑笺："成王祭宗庙，旅酬下徧群臣，至于无筭爵，故云醉焉。乃见十伦之义，志意充满，是谓之饱德。"

《多士》①

75. 自成汤至于帝乙，罔不明德恤祀，亦惟天丕建，保乂有殷。殷王亦罔敢失帝。罔不配天其泽。②

前代圣贤之相继也，既修己以敬乎神，尤体天而恤乎民。盖君臣者，天之所命，以为神民之主者也。在昔，有殷自成汤，以至于帝乙，莫不明其德，而无所昧敬乎神，而不敢慢修己事神。亦既至矣，故天大建殷国，而保乂之。殷之先王，亦体上天建立之心，罔敢失帝之则，无不配天以泽民焉。然则有商之盛，非圣贤之相继者能之乎？云云。尝读《伊尹》，《书》而至于"天位艰哉"之语，而后知君之所以为君也。幽则有神也，明则有人也，上则有天也。自非至诚之感神，代天而理物者，其何能膺天眷之隆，而安天位之尊哉？是故使之主祭，而百神享之；使之主事，而百姓安之。此天之所以与舜也。弗克奋德，慢神虐民，皇天弗保，此天之所以弃桀也。夫天命之无常如此，则人君受天之命，而为神民之主，宜若之何哉？亦曰：明吾之德焉而已耳。商之兴也，岂偶然之故哉？其自成汤至于太戊，世虽不同也，而所以明其德者，则不以先后而有殊。由祖乙至于帝乙，时虽有异也，而所以恤祀者，则不以圣贤而有间。德而谓之明，则必能去其人欲之私，而全其天理之正也。祀而谓之恤，则必能有孚颙若，而必不敢度思，而矧敢射思也。殷王之明德恤士也如此，亦惟上天仁爱有殷之君，扶持而全安之，不容释于殷焉。殷之先王所以受天命也如此，其何不以上天之心为心，而负其所托哉。是故惇五典，庸五礼，则一本于天理之公；章五服，用五刑，则一循乎天理之正。惟知顺天之心而已，宁复有倒行逆施之事乎？惟知顺帝之则而已，宁复有反道背德之事乎？是宜膏泽之下于民庶者，不啻若雨露之沾濡，而疲癃残疾者，皆得以安其生也。恩爱之加乎四海者，不啻若日月之照临，而鳏寡孤独者，各得以遂其养也。然则有殷之所以长治久安者，非贤圣之君六七，作其能如是乎？尝因是而论之。武王之告康叔也，既曰

---

① 《书序》："成周既成，迁殷顽民，周公以王命诰，作《多士》。"宋·蔡沈《书经集传》卷五："《多士》。商民迁洛者，亦有有位之士，故周公洛邑初政，以王命总呼多士，而告之编书者，因以名篇。亦诰体也。今文、古文皆有。吴氏曰：方迁商民于洛之时，成周未作。其后，王与周公患四方之远，鉴三监之叛，于是始作洛邑，欲徙周而居之。其曰"昔朕来自奄，大降尔四国民命。我乃明致天罚，移尔遐逖，比事臣我宗多逊"者，述迁民之初也。曰"今朕作大邑于兹洛，予惟四方罔攸宾，亦惟尔多士攸服奔走，臣我多逊"者，言迁民而后作洛也。故《洛诰》一篇，终始皆无欲迁商民之意，惟周公既诰成王留治于洛之后，乃曰："伻来毖殷。"又曰："王伻殷，乃承叙……"当时商民已迁于洛，故其言如此。愚谓：武王已有都洛之志，故周公黜殷之后，以殷民反复难制，即迁于洛，至是建成周，造庐舍，定疆场，乃告命，与之更始焉尔。此《多士》之所以作也。由是而推，则《召诰》攻位之庶殷，其已迁洛之民欤。不然，则受都今卫州也，洛邑今西京也，相去四百余里，召公安得舍近之友民而役远之雠民哉？《书序》以为成周既成，迁殷顽民者，谬矣。吾固以为非孔子所作也。"

② 《周书·多士》："自成汤至于帝乙，罔不明德恤祀。亦惟天丕建，保乂有殷，殷王亦罔敢失帝，罔不配天其泽。"

"自成汤咸至于帝乙，成王畏相"矣。① 周公之告多士也，亦曰"自成汤至于帝乙，罔不明德慎罚"矣。公之告多士也，又曰"自成汤至于帝乙，罔不明德恤祀"焉。则夫有商盛时，其德业之盛，而明君之多也，固可知；其固天命而结民心也，又可见。奈何后王不明于德，弗敬上天，以至遗厥先，宗庙弗祀，而商业遂以不继。呜呼！以六七圣贤之君维持之，而不足以一独夫之嗣覆亡之而有余。人有常言：创业难，守成亦不易。② 诚哉，是言也！

《君奭》③

76. 我闻在昔，成汤既受命，时则有若伊尹，格于皇天。在太甲时，则有若保衡。在太戊时，则有若伊陟、臣扈，格于上帝。④

圣贤之辅君，各因其德而极其功也。盖治功之成，不惟人臣之德有浅深之不同，亦不惟人君之德有圣贤之或异也。昔者，伊尹之辅成汤，以圣辅圣也，其辅太甲，以圣辅贤也。伊陟、臣扈之佐太戊，以贤辅贤。以圣臣而辅圣君，则其治化与天无间，故曰"格于皇天"。以贤臣而辅贤君，则其治化克厌天心，故曰"格于上帝"。于汤言受命者，创业之主也。于太甲言保衡者，所以慰安天下于治平也。云云。见于《君奭》之书，自其遍覆者而言，谓之天；自其主宰而言者，谓之帝。然天不可以形体求也。君德而能遍覆四海，则可以格于天矣；帝不可以影响求也，君心而能主宰万物，则可以格于帝矣。天之所以为天，帝之所以为帝，其参赞之者在乎君，广大足以配天，威福足以叶

---

① 这句话不是原文，而是隐括"自成汤咸至于帝乙，成王畏相惟御事"。《周书·酒诰》王曰："封，我闻惟曰：'在昔殷先哲王迪畏天显小民，经德秉哲。自成汤咸至于帝乙，成王畏相惟御事，厥棐有恭，不敢自暇自逸，矧曰其敢崇饮？越在外服，侯甸男卫邦伯，越在内服，百僚庶尹惟亚惟服宗工越百姓里居，罔敢湎于酒。不惟不敢，亦不暇，惟助成王德显越，尹人祗辟。"

② 吴兢《贞观政要》卷一《君道》："贞观十年，太宗谓侍臣曰：'帝王之业，草创与守成孰难？'尚书左仆射房玄龄对曰：'天地草昧，群雄竞起，攻破乃降，战胜乃克。由此言之，草创为难。'魏徵对曰：'帝王之起，必承衰乱。覆彼昏狡，百姓乐推，四海归命，天授人与，乃不为难。然既得之后，志趣骄逸，百姓欲静而徭役不休，百姓凋残而侈务不息，国之衰弊，恒由此起。以斯而言，守成则难。'太宗曰：'玄龄昔从我定天下，备尝艰苦，出万死而遇一生，所以见草创之难也。魏徵与我安天下，虑生骄逸之端，必践危亡之地，所以见守成之难也。今草创之难，既已往矣，守成之难者，当思与公等慎之。'"

③ 《书序》："召公为保，周公为师，相成王为左右。召公不说，周公作《君奭》。"宋·蔡沈《书经集传》卷五："《君奭》。召公告老而去，周公留之，史氏录其告语为篇，亦诰体也。以周公首呼'君奭'，因以《君奭》名篇。篇中语多未详。今文、古文皆有。按此篇之作，史记谓：召公疑周公'当国践祚'。唐·孔氏谓：'召公以周公尝摄王政，今复在臣位……。'葛氏谓：'召公未免常人之情，以爵位先后介意，故周公作是篇，以谕之。'陋哉，斯言！要皆为序文所误。独苏氏谓：召公之意，欲周公告老而归。为近之。然详本篇旨意，乃召公自以盛满难居，欲避权位退，老厥邑。周公反复告谕，以留之尔。熟复而详味之，其义固可见也。"

④ 《周书·君奭》公曰："君奭！我闻在昔成汤既受命，时则有若伊尹，格于皇天。在太甲，时则有若保衡。在太戊，时则有若伊陟、臣扈，格于上帝；巫咸乂王家。在祖乙，时则有若巫贤。在武丁，时则有若甘盘。率惟兹有陈，保乂有殷，故殷礼陟配天，多历年所。"

帝。其辅相之者在乎臣，以圣君而遇圣臣，其治化固不可及矣。以贤君而遇圣贤之臣，则亦可以无愧也。此申命用休，所以必本于辅弼之直，而敕天时几者，必需于股肱之善，以是知天也帝也，举不外乎君。圣也贤也，举不外乎臣。人君之任固重，而人臣之职亦不可以易视也。夫受天命，命成汤所以圣也，而当是时，则有伊尹以相之。允德叶于下，太甲所以贤也，而当是时，则有阿衡以佐之。循政明理，太戊所以为贤君也，而当是时，则有伊陟、臣扈以辅之。君之与臣，咸有一德，则包含编覆，无不周遍，所以能格于皇天也。臣之与君，或桐宫而终德，或桑谷而弭祥，则阳舒阴惨，无不适定，所以能格于上帝也。格于皇天，所以配天德而无间；格于上帝，所以合天心而弗违。谓之无间，则以己之德，契天之德，而体用一原，显微一致。凡日月星辰，风霆霜露，皆至教之攸寓。谓之弗违，则以己之心，奉天之心，而动静无违，表里交正，凡寒暑晦明，生杀荣悴，皆至化之所行。此君之格于天帝之道，不能无浅深之异，而臣之辅其贤圣之君，不能无轻重之分也。是故天之感通，而有浅深之异者。非天有私于汤也，伊陟、臣扈，固不若伊尹也。伊尹辅君而有轻重之分者，非伊尹之治化不若前也，太甲固不若汤之圣故也。论至于此，则天之所以昭格，臣之所以辅相，一视其君之圣贤而已。抑尝论之。伊尹、保衡，一人而异称者。称名于成汤之时者，理之本然也。举官于太甲之时，固以先代之遗臣，亦以互文而并见，且深欲见保天下于长治久安也。伊陟之贤，虽无可考，然既为伊尹之子，则其德之出于家学者，可知矣。臣扈之贤，虽不可闻，然观其与伊陟而并称，则其德之同于伊陟者，可知矣。古之人臣，其辅君之绩如此。周公之告召公，而以“我闻在昔”发之。其所以责任之者，岂不明以征乎？昔武王之命康叔，亦曰：“汝丕远，惟商耇成人。”而文王之诗，亦曰“仪监于殷”，皆此意也。

77. 百姓王人，罔不秉德。明恤小臣，屏侯甸。矧咸奔走，惟兹惟德称，用乂厥辟。故一人有事于四方，若卜筮，罔不是孚。①

职列于内外，而德之同者无所间；诚叶于上下，而事之举者无所疑。夫内外大小之臣，交相用德，以维持天下，则贯通浃洽之既久，而民罔不信，宜也！是以内之百姓，与夫王臣之微者，莫不秉持，而用乂其君焉。曰“罔”不曰“咸”，则人臣莫不用德，固已洋溢浃洽于天下矣。一人有事于四方，又岂不如龟蓍之卜筮，而相与敬信之乎？无他。有翕然用德之效，则有隐然孚契之心，殷之盛时然也。云云。尝谓：天下之所以敬信其上者，固在于有事之时，而实在于无事之日。于有事之时，惟有以验其诚敬之心，于无事之时，必有以尽其维持固然之道。惟夫内外无间，大小如一，浑浑乎相与于道德之中，而后维持固然有可言者。然分职受任，不为不多；建侯树屏，亦为不少。苟有一人之非德焉，则其所施于天下者，必不能纯全而无间矣。一旦有事之际，天安有潜孚默契之妙哉？夫百官之著姓，王臣之卑微，此皆在内之官，而职有大小之异者也。秉持其

① 《周书·君奭》（公曰）：“天维纯佑命，则商实百姓。王人罔不秉德，明恤小臣，屏侯甸。矧咸奔走，惟兹惟德称，用乂厥辟。故一人有事于四方，若卜筮，罔不是孚。”

德，而操守不失，虑恤以德，而谋虑之不遗合大小，罔不然也。小臣之布列，侯甸之分职任，此皆在外之官，而职有大小之要者也。奔走服役，莫敢不遑。惟德是称，治其君事，谓咸莫不然也。内之用德者既如此，外之用德者又如彼。自大及小，罔不如此而相承，以此而相应。道德之泽，熏蒸融溢，其渐涵浸渍之久，非一日矣。惟动丕应，徯志理势之必然也。故若征伐，若会同，凡有事于四方，而四方之民，如龟之卜，如蓍之筮，敬之而无忽，信之而不疑矣。孚者，诚之在中者也。天下之敬，信非其事，信其德耳。抑尝考之。周公此言，盖承上章，言殷之大臣能辅道其君，有格天致治之效，遂言内外贤人之多，皆伊尹以下，诸大臣号召而倡率之也。有周之兴，既有虢叔闳夭之徒，而文王之德，降于国人四方，尚迪有德。而武王之德冒天下，凡内虎贲，缀衣趣马，小尹左右，携仆外内，大都小伯，以至百司太史，尹伯凡官，使于文武之世者，无非常德之吉士，亦岂非倡于上者有其人乎？今日之“明我俊民”，周公、召公之责也。恳切而累言之矣。为召公者，亦宜有动于斯言矣。

78. 予惟曰：“襄我二人。”汝有合哉！言曰：“在时二人，天休滋至，惟时二人弗戡。”其汝克敬德，明我俊民在让，后人于丕时。①

大臣之勉同列，不以一身之谋，而易其天下国家之计。此所以深有期于同列也。盖满盈之戒，虽大臣之所当知，而王业之重，尤大臣之所当虑也。昔者，周公之留召公，谓：“予惟曰：‘襄我二人。’汝有合哉！”亦曰：“在是二人。”是王业之重，在予二人也。虽天休之滋，至为可畏，而二人岂可以弗戡，而求去哉？惟当敬德，而益加谨也。明扬俊民，而使之在位也。夫如是，则可以尽大臣之美，可以答上天之休，而在让后人于丕大之时，则始可超然而退矣。大臣知其所当戒，而尤虑其所当重，终（阙六字）而易，其天下国家无穷之计也。呜呼！仁哉，周公！（阙四字）公能从之。昔者，洛邑之成，周公尝（阙一字。思齐试补：求）去矣。公以（阙四字。思齐试补：尝求去之）而不终去。今日，召公之去，亦周公前日之心（阙五字）之留，而亦不至于决然焉。盖权势之隆，虽中人犹知为退避之计，况于圣贤，能识进退存亡，而不失其正者乎？然而，召公今日求去之决，而他日至辅成王之初政，其故何哉？大抵天下惟不溺于权势者，然后可以任重而致远。是以功加四海，而天下不以为多；威震九重，而人主不以为疑；弼亮四世，而天下不以为固权。一朝释位而去，而惠泽流于子孙而无穷。此非深明大臣出处之道，而无一毫系累之私者，能之乎？盖于是可以明召公之本心也。且文、武受命，而周公尝与其创业之政。成王继统，而周、召又与其守成之托。是王业之成，在我二人也。非予惟之言也，汝闻而有合哉？亦曰：时二人也。然上天之休命益滋，至而

① 《周书·君奭》公曰：“君！告汝，朕允保奭。其汝克敬以予，监于殷丧大否，肆念我天威。予不允惟若兹诰，予惟曰：‘襄我二人，汝有合哉？’言曰：‘在时二人。’天休兹至，惟时二人弗戡。其汝克敬德，明我俊民在让，后人于丕时。”思齐按：“在时二人”，在是二人，在于这两个人。时，是，此。

无穷威福之浸明浸昌也，权势之愈隆愈盛也。天其以是而佑我乎？亦将有以儆我乎？此吾二人之所以弗戡也。而召公不得不决于去之时也。然圣贤以至公无我之心，而从容乎出处之际，夫岂无其道乎？是不可专为一身之谋矣。圣贤之心，固无不敬也。然又当敬德焉，益加寅敬而不敢怠也。圣人之心，固未尝蔽贤也。然又当明扬俊民焉，布列庶位而无旷职也。如是而后，俯尽大臣之职业而无愧焉，仰答滋至之天休而无惧焉。贤才足以寄付托之重，而治道日臻夫盛大之时，而后可以言让矣。让固大臣之美德，然在今日则未可让，在他日则不敢不让也。超然远引于当让之时，而不使吾进退有毫发之遗憾，则所以为天下国家之计，岂不甚远乎？盖惟圣贤，然后能权去就之义，而不失其轻重之宜，故不以一身之利害，而易其天下国家之计也。此所谓尽大臣之道，而天下后世无得而议焉者乎？尝反《君奭》一书，远述有殷之六臣，近详文王之五臣，曰：若游大川，而暨汝奭其济。曰："汝明勖偶王，在亶，乘兹大命。"至"襄我二人"，"笃棐二人"①，拳拳言之，而不自知其辞之复也。周公广大公平之心，而为宗社无穷之计者，其虑深远矣。夫岂世之专权固位，而惟恐同列有简之者乎？嗟夫！惟大臣有至公之心，而后能尽待同列之道，然后能不止为一身之谋。彼世之所谓权势者，视之若浮云之无有，岂足一动其心哉？今之所以决于去，他日之所以果于留，曾有一毫系累之私乎？呜呼！此周、召所以为一代之宗臣欤。后之为大臣者，可以为鉴矣。

79. 笃棐时二人，我式克至于今日休，我咸成文王功于不怠。丕冒海隅出日，罔不率俾。②

大臣协力以事人君，而致其已然之效，尤当勉力以绍前王，而成其未至之功。盖辅君以广前人之业者，非大臣一人之所能致也。苟不与同列而叶力，则不足以成其功。是以一人去之，而一人留之，其拳拳之情，自有不能已者。昔召公之告老而去也，而周公留之，谓能笃于辅君者，惟我与召公二人而已。今日之治，至于休盛，亦惟我二人，用能有以致之也。然已然之效，既出于二人之协力，则其未至之功，又岂可不相与勉力，以共成之哉？周公之业，始于文王，我与召公，共成文王之功业，当相与勉力而不怠，

---

① "笃棐二人"，即"笃棐时二人，"《周书·君奭》："呜呼！笃棐时二人，我式克至于今日休？我咸成文王功于！不怠丕冒，海隅出日，罔不率俾。"思齐按：笃，厚。棐，辅助。时，是，这。"笃棐时二人"，性情如此笃厚的这两个人。

② 《周书·君奭》："呜呼！笃棐时二人，我式克至于今日休。我咸成文王功于不怠。丕冒海隅出日，罔不率俾。"

宋·蔡沈《书经集传》："周公复叹息，言：笃于辅君者，是我二人。我用能，至于今日休盛。然我欲与召公，共成文王功业于不怠，大覆冒斯民，使海隅日出之地，无不臣服，然后可也。周都西土，去东为远，故以日出言。吴氏曰：周公未尝有其功，以其留召公，故言之。盖叙其所已然，而勉其所未至，亦人所说而从者也。"

唐·孔颖达《尚书正义》："周公言而叹曰：'呜呼！我厚辅是二人之道而行之，我用能至于今日其政美。'言今日政美，由是文武之道。'我周家若能皆成文王之功，于事常不懈怠，则德教大覆四海之隅，至于日出之处，其民无不循我化，可臣使也。'戒召公与朝臣皆当法文王之功。"

必使天下之民，莫不归于覆冒，“海隅日出”之地，无不为之臣服，庶乎其可也。吁！叙其所以然，而勉其所未至。召公其不悦而从之乎？云云。盖尝求周公、召公之所以为人臣者矣。成王以幼冲之资，嗣天子之位。而周公、召公，同受武王顾命，以佐右之，故周公为师，而召公为保。其任大责重，非若平时之为大臣者也。当成王未亲政之时，固不敢以乞身，一旦政柄有归，浩然去志，亦人情之常耳。然思前王功业之未成，念今嗣述之无助，则召公义未可去。况周公与召公，乃同功一体之人，于其去也，得不反复告谕，以留之邪？且周公未尝有其功，今乃以笃棐而自任，以今日休而自誉，诚以其留召公而言，不得不叙其已然之效。盖笃棐云者，同心协力，以佐天子之谓。自今日而观之，流言之祸已息，而无复震撼之势；成王之年已长，而足任守成之责。灿然而纪纲布，焕然而礼乐兴，其治功之休盛如此，孰非我二人笃棐之力，用能有以致之哉？召公之去也，岂不曰盛满之势，不可以久居；权要之位，不可以不避。而周公之意则不然。普天之下，有一民之不安，不足以成文王之功；率土之滨，有一国之不服，亦不足以成文王之功。今日之休盛，既以我二人笃棐，则其未至之功，亦当并力一心，相与尽赞辅之道，竭忠效职，不可有自怠之意。观其一则曰我，二则曰我，则其以天下为己任者，为何如？诚以文王之时，大勋未集。今欲成其功，必也大覆冒斯民，使“海隅日出”之地，无不臣服，而后可以无愧于文王。“日出”云者，周都西土，去东为远，故以“日出”言。以日出之地而臣服，则治功之成也，可知已。① 始之以笃棐，既有以致其已然之效，终之以不怠，又岂不足以成其未至之功？周公之言，恳切委曲如此。召公其可以去哉？厥后，召公既相成王，又相康王，再世犹未释其政。此盖有味于周公之言也夫。虽然，洛邑告成，周公亦尝有归老之志矣，而成王留之，有曰“四方迪乱”②，此即叙其已然者也。又曰“迪将其后”③，此即勉其所未至者也。然则，周公之所以留召公者，其亦述成王之所以留己者而留之与。呜呼！君臣同列，更相举留，互相推美，周家太平气象，犹可慨想于千百载之下。

---

① 可知已：可知矣。“已”与“矣”通用，《论语·卫灵公》：“今亡已夫。”皇侃本已作矣。

② 《周书·洛诰》王曰：“公！予小子其退，即辟于周，命公后。四方迪乱未定，于宗礼亦未克敉，公功迪将，其后监我士师工，诞保文武受民，乱为四辅。”王曰：“公定，予往已。公功肃将祗欢，公无困哉！我惟无斁其康事，公勿替刑，四方其世享。”

③ 《周书·洛诰》王曰：“公！予小子其退即辟于周，命公后。四方迪乱，未定于宗礼，亦未克敉公功，迪将其后，监我士师工，诞保文武受民乱，为四辅。”王曰：“公定，予往已。公功肃将祗欢，公无困哉！我惟无斁其康事，公勿替刑，四方其世享。”

《多方》①

80. 慎厥丽，乃劝。厥民刑，用劝。以至于帝乙，罔不明德慎罚，亦克用劝。要囚，殄戮多罪，亦克用劝。开释无辜，亦克用劝。②

先王本于仁而谨诸身，既深足以勉其民，后王推是心而施于政，亦皆能以勉其民。盖仁者，人心之同好，而王者之所依也。为人君者，诚能即己之所依，以勉人之同好，而人焉有不从者哉？昔者，成汤之化天下也，惟深谨于仁以劝勉之而已。于是天下之人，亦仪于汤而用以劝勉。是其仁民之心，能谨诸身，而深足以勉其民也。自汤而下，至于帝乙，虽世不同，然或明其德，或慎其罚，尚亦能用以劝勉也。于慎罚之际，或辟之以当其罪，或宥之以赦其过，尚亦能用以劝勉也。盖明德者仁之本，慎罚者仁之政。辟而当罪，仁者之能恶人也；宥而赦过，仁者之能好人也。其为事虽殊，而其为仁则一，故亦皆能用以劝勉也。然则人君所以勉天下者，何必同？亦惟曰“仁”而已矣。尝谓：仁者，天地生物之心，而人所得以生之理也。君之与民同有是心，同具是理，则亦同有是仁。但众人不无物欲之蔽，故虽有是仁，而不能勉之于己。圣贤则无物欲之累，故能推是仁以勉之于人。彼惟同有是仁，而吾所以劝勉之者，又无一事之非。仁则其翕然而从，同体而化，固有不期然而然者。当商之时，成汤所以劝勉其民者，岂有他哉？亦惟深谨于仁而已。汤之心，岂不曰君之依于仁，犹木之依于土，鱼之依于水，不可须臾离也。而岂容其不慎哉？是故，昧爽丕显，戒谨于不睹不闻之时，无一念而违于仁；日新又新，持守于终食造次之顷，无一事而违于仁。汤之谨于仁者如此。岂所以独善其身哉？政欲率天下以归于仁，而勉天下以复其性也。于是在商邑，而用协于厥邑，是商邑之民，皆仪刑于汤，而自劝也；在四方而用丕式见德，是四方之民，皆效法乎汤，而自劝也。汤之仁，深足勉其民者，既如此。然而，不止乎汤，自汤而至于帝乙，凡能劝勉其民者，非止乎一君。凡其劝勉非一事，而斯民亦皆从之者，以其同出于仁故也。是故，或恐惧修省，以明其德，而仁之本以立；或哀矜恻怛，以慎其罚，而仁之用以行。于是，德无不明，而民爱慕之；罚无不慎，而民畏服之。爱慕则有畏起之心，畏

---

① 《书序》：“成王归自奄，在宗周，诰庶邦，作《多方》。”宋·蔡沈《书经集传》卷五：“《多方》。成王即政，奄与淮夷又叛，成王灭奄，归作此篇。按，《费誓》言：‘徂兹淮夷，徐戎并兴。’即其事也。疑当时扇乱，不特殷人，如徐戎、淮夷、四方容或有之，故及多方，亦诰体也。今文、古文皆有。苏氏曰：《大诰》、《康诰》、《酒诰》、《梓材》、《召诰》、《洛诰》、《多士》、《多方》八篇，虽所诰不一，然大略以殷人心不服周而作也。予读《泰誓》、《武成》，常怪周取殷之易。及读此八篇，又怪周安殷之难也。《多方》所诰，不止殷人，乃及四方之士，是纷纷焉不心服者，非独殷人也。予乃今知，汤已下七王之德，深矣。方殷之虐，人如在膏火中，归周如流，不暇念先王之德。及天下粗定，人自膏火中出，即念殷先七王如父母，虽以武王、周公之圣，相继抚之，而莫能御也。夫以西汉道德比之，殷犹碔砆之与美玉，然王莽、公孙述、隗嚣之流，终不能使人忘汉光武成功若建瓴。然使周无周公，则亦殆矣。此周公之所以畏，而不敢去也。”

② 《周书·多方》（周公曰）：“乃惟成汤克以尔多方简，代夏作民主。慎厥丽，乃劝；厥民刑，用劝；以至于帝乙，罔不明德慎罚，亦克用劝；要囚，殄戮多罪，亦克用劝；开释无辜，亦克用劝。今至于尔辟，弗克以尔多方享天之命，呜呼！”

服则有惩创之志，是我之明德慎罚，亦能用以劝勉之也。然德则明之而已，罚则有辟焉，有宥焉。焉往而不出于仁哉？何以言之？彼要囚者罪之明，恶之著，情之所不矜，法之所不疑，苟惟宥之，是长恶而害于仁矣。于是殄之戮之，而天下之人，皆知恶之不可为，而勉于不为。是辟之当罪者，尤足以劝勉之也。彼无辜者，或出于过误，或出于不幸，情之所可矜，法之所可疑，苟为戮之，是苛虐而伤于仁矣。于是开之释之，而天下之人皆知善之可为，而勉于自为。是宥而赦过者，又足以劝勉之也。有商后王之仁，皆能以勉其民者，又如此。盖尝论之："慎厥丽"，乃劝者心与仁为一，而"厥民刑，用劝"者，其功深。"明德慎罚"，而或辟或宥者，事与仁为一，而"亦克用劝"者，其化浅。虽其功化有浅深之殊，然自勉而言，则未有劝之以仁，而民不从之者也。当成周之时，商奄之民，屡臣屡叛，而反侧不安。原其所以，盖不知天命之归于有仁，而欲以不仁妄干天命也。周公于是以成王之命，作《多方》之书①，推言成汤至于帝乙，能受天命而有天下者，以其勉天下以仁，而民从之也。至于"商纣弗克，用尔多方，享天之命"② 者，以其率天下以不仁，而民亦从之也。虽然斯言也，岂但足以释商民之心哉？凡惟斯民之君师，而欲勉斯民之为仁者，皆当以是为龟鉴。

81. 惟我周王，灵承于旅。克堪用德，惟典神天。天惟式教我用休，简畀殷命，尹尔多方。③

圣德足以任两间之重，天命所以受一统之尊。夫圣人位于天人之间，下有以得民心，则上可以事天；上有以得天命，则下可以治民。然非圣人足以胜其任，则天亦未必轻授之也。昔周文、武，下则善承于众而得民心，其能胜用德之任，可知矣。故可以典神天而无愧。上则式教用休而得天命，其能膺简畀之责，可知矣。故可以尹多方而不惭。圣人之德，著于天民之两间，宜其奄有天下，而为一统之君也。《多方》曰云云。以此夫天生圣人，而使之君天下者。上则以之事天，下则以之治民。圣人中立于两间，而能仰不愧，俯不怍者，以其有德也。下足以顺民，上足以配天，则天命归之矣。故传有之，曰：有大德者必受命。④ 夫德，固得于天也，克堪其德，然后谓之有德。命固本于天也，能大其德，然后可以受命，是故谓之灵承，谓之克堪，此言人之德也。谓之式教，谓之简畀，此言在天之命也。有是德，则有是命矣。祀天而曰"典"，治民而曰"尹"。非天有私于圣人也，惟圣人之德，足以当其任也。且夫天之生民，必立之君。

---

① 周公奉成王之命，作《多方》之书，事见《书序》。

② "商纣弗克，用尔多方，享天之命。"这是对论题所出征段经文的概述，参见本篇书义的上一条注释。

③ 《周书·多方》："惟圣罔念，作狂；惟狂克念，作圣。天惟五年须暇之子孙，诞作民主，罔可念听。天惟求尔多方，大动以威，开厥顾天；惟尔多方，罔堪顾之。惟我周王，灵承于旅。克堪用德，惟典神天。天惟式教我用休，简畀殷命，尹尔多方。"

④ 有大德者必受命：此系隐括《中庸·大孝章》子曰："舜其大孝也与！德为圣人，尊为天子，富有四海之内。宗庙飨之，子孙保之。故大德必得其位，必得其禄，必得其名，必得其寿。故天之生物，必因其材而笃焉。故栽者培之，倾者覆之。《诗》曰：'嘉乐君子，宪宪令德！宜民宜人；受禄于天；保佑命之，自天申之！'故大德者必受命。"朱熹《中庸章句》："受命者，受天命为天子也。"思齐按：孔子所引诗句出自《诗经·大雅·假乐》。传，泛指一切注释或阐述经义的文字。

君之治民，必有其德。然天下如彼其广也，生民如彼其众也，欲人人而被其德，非圣人则有不堪其任者矣。惟我文考，小民则有怀保之恩。惟我宁王，万姓则有悦服之意，故曰“灵承于旅”。谓之“灵”者，无一毫之不善也。谓之“承”者，无一事之不顺也。谓之“旅”，则溥天率土，无一夫之不获矣。昔也，眷求民德，鲜克举也，故无有能顺民心者。今也，勤用明德，文显于前，王惟德用，武承于后。文武用德，克堪弗任。民之德君，固在此矣。神天之主，其不在兹乎？圣人之德，在兹民矣。神天之心，其不在兹民乎？圣人之德，能顺乎民，信可主乎神天矣。是故聪明齐圣，天纵之也；耿光大业，天诱之也。然天之所以教圣人者，非谆谆然命之也，其思也静，与天俱若，或起之于其前；其行也动，与天合若，或翼之于其后。圣德日新，左右逢原①，故蕴于内也，有以极其美；畅于外也，有以极其盛。向为殷命欲坠，简阅而无以堪其任，天命有在，笃生圣人，付畀之责，有不得辞。故以之尹尔多方之众，非我有周之私也，天也。曰“我”曰“尔”，分殊而情亲，周公奉若王命，蔼然见于言意矣。嗟夫！承天之典，天非有意于圣人也。善承于兹，而民心归之多方之尹。圣人非有心于天也。简畀殷命，而天命归之。天之于圣人，岂有一毫私意哉？因其克堪用德，故式教用休，不得不在圣人也。天命未归，圣人得以尽其灵承之心；殷命既革，圣人不得不任其尹尔之责。两间之重，圣德既有以任之；一统之尊，天命其得不授之乎？上而天命，下而人心，不惟有周而然。慢神虐民，有夏不能保天命也。眷求一德，俾作神主，不得不归之汤。多方之民，虽或不知文武之心，其不知成汤之心乎？殷鉴不远，在夏后之世，周公之言，恳切如此。四海之心，必有以詟服之矣。

思齐按：苏轼曾作《书义》十篇，这些文章的性质与王充耘的《书义矜式》相类似。其中《惟圣罔念作狂惟狂克念作圣》对于本篇颇有参考价值，录如下。

毫末之木，有合抱之资，滥觞之水，有稽天之势，不可谓无是理也。理固有是，而物未必然。此众人之所以不信也。子思有言：“君子之道，始于夫妇之所能，其至也，虽圣人有不能。”故孟子曰：“人皆可以为尧舜。”人之能为尧舜，历千载而无有，故孟子之言，世未必信也。众人以迹求之，故未必信，君子以理推之，故知其有必然者矣。孔子曰：“惟上智与下愚不移。”而《书》曰：“惟圣罔念作狂，惟狂克念作圣。”此二言者，古今所不能一，而学者之所深疑也。请试论之。滥觞可以稽天，东海可以桑田，理有或然者。此狂圣念否之说也。江湖不可以徒涉，尺水不可以舟行，事有必然者。此愚智必然之辨也。夫言各有当也，达者不以失一害一，此之谓也。太甲既立，不明，伊尹放之。使太甲粗可以不乱者，伊尹不废也。至于废，则其狂也审矣。然卒于为商宗。周公曰：“兹四人迪哲。”盖太甲与文王均焉。明皇开元之治，至于刑措，与夫三代何远。林甫之专，禄山之乱，民在涂炭，岂特狂者而已哉。由此观之，圣狂之相去，殆不容发矣。

---

① 左右逢原：即左右逢源。原，水之源，源头。《管子·牧民》：“下令于流水之原者，令顺民心也。”《战国策·齐策四》：“复上见其原，下通其流。”

82. 尔乃自时洛邑，尚永力畋尔田。天惟畀矜尔，我有周惟其大介赉尔。迪简在王庭，尚尔事，有服在大僚。①

王者之喻其民，既历举其获利之端，而后勉其得禄之本。盖禄者，人之所欲也。以其所欲者而开导之，其不归于美者鲜矣。在昔，周之明王，因民之不服而训喻之，尔民之苟向于善也，则自时洛邑，可以保其业，而力畋尔田矣。不惟是也，天亦将矜怜于我矣。我有周亦将介赉于汝，启迪简拔，而置之王朝矣。所以利益于汝者，既如此其至，在汝庶几勉尔之事，惟有服在大僚。盖益不难而至也。噫！诱掖于其前而勉励于其后，化民之道其至矣哉。尝谓：化民之道，以逆心之言而训之，则民不服；以逊志之言而喻之，则民易从。在凡民且然，况于梗化者乎？观诸有殷，可见矣。祖乙圮于耿，盘庚迁于殷，民之不服者，盖不胜其众也。盘庚喻以迁之为利，不迁之为害，慈祥恻怛，以口舌而代斧钺，然后当时之民，翕然而顺从。是逊志之言，固足以得民心之服也。继盘庚而后，吾于成王见之。夫成王当重熙累洽之运，而为持盈守成之君。蕞尔殷民，梗化不服，成王思其迫之以势力，则有所未宜；加之以刑罚，则有所不忍，则有丁宁反复而告谕之，可谓善于训民者矣。观其告谕之辞，若曰咨尔多士，如其释然而悟焉，则庶其子子孙孙，安居乐业于此洛者，固必然之理也。如其幡然而悟焉，则庶几继继承承，而服田力穑于此洛者，必然之势也。所以利益于汝者，既如是矣；将见彼苍者，天亦将仁爱于汝，而坐享其安宁之福。皇皇上帝，亦将矜怜于汝，而无复有短折之患。天之所以与汝者，又如此其至。惟有我周，又可以背逆于天，而降割于汝哉？必也助汝以衣食，而使汝得以安其生；锡汝以土田，而使汝得以享其利。旁求俊彦，以布于朝廷；敷求哲人，而列于左右。利益之端，如是其众，则尔之殷民，可不勉尔之事，而为受爵之地乎？必也克勤乃事，而无进锐退速之心；恪恭乃职，而无始勤终怠之志。其如是，则夏迪简在王庭，有服在百僚。② 尔民尝以是而责周，今也非独有夏为然，我有周亦复然矣。非特百僚，虽大僚亦不难至矣。由是以穷之所养，为达之所施，无所往而不可也。苟为不然，迪屡不静，予亦致天之罚于尔躬矣。尚何利禄之有哉？或者，则曰殷之顽民，渐摩于文王、武王之泽者，不为不深，涵育于周公、成王之化者，不为不久，而回心向慕之意，曾不少见。必待《多士》之书诰于前，《多方》之书继于后，然后服焉。其故何哉？盖不服周者，非有所恃而然也，以殷先王德泽之深也，其卒然服于周者，非有所畏而然也，慕周家忠厚之至也。论者曰：三代有道之长，吾于此而尤信。

---

① 《周书·多方》王曰："呜呼！猷告尔有方多士暨殷多士。今尔奔走臣我监五祀，越惟有胥伯小大多正，尔罔不克臬。自作不和，尔惟和哉；尔室不睦，尔惟和哉；尔邑克明，尔惟克勤乃事。尔尚不忌于凶德，亦则以穆穆在乃位，克阅于乃邑谋介。尔乃自时洛邑，尚永力畋尔田，天惟畀矜尔，我有周惟其大介赉尔，迪简在王庭。尚尔事，有服在大僚。"

② 廸简在王庭，有服在百僚：此系隐括《周书·多方》："迪简在王庭，尚尔事，有服在大僚。"

《立政》①

83. 文王惟克厥宅心，乃克立兹常事司牧人，以克俊有德。文王罔攸兼于庶言，庶狱庶慎，惟有司之牧夫。是训用违。②

圣人有知人之明，乃能得贤才之实，故圣人尽信任之道，惟谨其劝戒之心。盖惟其知之也深，故其信之也笃矣。昔者，文王惟能其三宅之心，乃能立此常事司牧人，而所用皆能俊有德之士矣。是以其于庶言、庶狱、庶慎，惟贤才之是任，而文王无所兼焉。惟于有司牧夫，训敕用命，及违命者而已。岂非圣人之心，能明于求贤之先；此其信任之心，自能逸于得贤之后。其知人而能官人也欤。尝谓：知人，难事也；而能官人者，尤难也。人君知之不明，则无以见贤才之心，而所举或非其人者有矣。信任之道不专，则下侵众职，而贤才不得以施其志者有矣。是以“知人则哲”，禹之所以为难也。“任贤勿贰”，益之所以为戒也。苟非尽知人之明，而欲求信任之逸，吾未之闻也。继禹、益而后，能两尽其道者，其惟文王乎。且文王于贤才之心，知之何其明，信之何其笃也耶。所谓“克厥宅心”者，不啻肝胆之相照也，不啻心腹之相孚也。盖文王之心，即厥宅之心。而贤才之心，亦何异于文王之心哉？然文王既能知之，得不用之乎？于是，在内则立之以常事之职，所以宅其事；在外则设为司牧之官，所以长其民。自上而达乎下，以卑而承乎尊，无非尊贤使能，俊杰在位。凡有德之人，皆在官使。而文王于此，自可以无所事事矣。盖文王既能得贤才之实，则位必得其人，人必称其职，而文王得不尽其信任之道乎？是以号令虽出于君，而奉行者有司牧夫之任，文王无所兼焉。典法虽受乎上，而断狱者有司牧夫之职。文王何所与焉？夫禁戒之令，储备之需，又承流宣化者之所当先。而文王又何所容心于其间哉？然而设官分职者，虽贵于得贤才之实，而或作或辍者，尤不可无劝戒之心。此文王于黜陟之间，考核之际，惟知训之以休，使用命者有所劝；董之以威，使违命者有所惩；而后文王之心，得以自尽，而贤才之心，亦得以自尽焉耳。吁！君臣同心而异体，上下同心而异用，文王能以贤才之心为心，则贤才得不以文王之心为心乎？由此观之，则知人者得贤之本，而劝戒者又岂非用贤之本乎？尝考《立政》一书，周公告戒成王用人之道也。然原其意，则莫重于三宅之选，又皆以心言者，何也？盖人君之所以能求贤者以心，而贤者之所以能效职者，又未必不在于心也。虽然，上言三宅而此不及准人者，岂非因上文方论文王用人之道，而此特申克知

---

① 《书序》：“周公作《立政》。”宋·蔡沈《书经集传》卷五：“《立政》。吴氏曰：此书戒成王以任用贤才之道，而其旨意，则又上戒成王，专择百官有司之长，如所谓‘常伯’、‘常任’、‘准人’等云者。盖古者，外之诸侯一卿已命于君，内之卿大夫则亦自择其属，如周公以蔡仲为卿，士伯冏谨简乃僚之类。其长既贤，则其所举用，无不贤者矣。葛氏曰：诰体也。今文、古文皆有。”

② 《周书·立政》：“文王惟克厥宅心，乃克立兹常事司牧人，以克俊有德。文王罔攸兼于庶言，庶狱庶慎，惟有司之牧夫是训用违；庶狱庶慎，文王罔敢知于兹。”思齐按：罔，无。攸，所。庶，众多，各种各样。庶言，各种各样的教令。庶狱，各种各样的案件。庶慎，在各种事情上小心谨慎。“文王罔攸兼于庶言，庶狱庶慎。”意思是说，周文王持其大体，面对各种具体的教令时，不搞包办代替；处理各种案件时，在一切方面都小心谨慎。

三有宅心之说，故略之欤。呜呼，微矣！

书义矜式卷五

《书义矜式》卷六 《周书》

元·王充耘撰

《周官》①

84. 唐虞稽古，建官惟百。内有百揆四岳。外有州牧侯伯。庶政惟和，万国咸宁。②

莫善于尧舜官人之法，莫大于尧舜安民之功。夫官人之法，非尧舜所自为也。上考

---

① 《书序》："成王既黜殷命，灭淮夷，还归在丰，作《周官》。"宋·蔡沈《书经集传》卷六："《周官》。成王训迪百官，史录其言，以《周官》名之。亦训体也。今文无，古文有。按，此篇与今《周礼》不同，如三公、三孤，《周礼》皆不载。或谓：公、孤，兼官，无正职，故不载。然'三公，论道经邦'，'三孤，贰公弘化'，非职乎？职任之大，无踰此矣。或又谓：师氏即太师，保氏即太保，然以师、保之尊，而反属司徒之职，亦无是理也。又此言'六年五服一朝'，而《周礼》六服，诸侯有一岁一见者，二岁一见者，三岁一见者，亦与此不合，是固可疑。然《周礼》非圣人不能作也。意周公方条治事之官，而未及师、保之职，所谓未及者，郑重而未及言之也。书未成而公亡，其间法制有未施用，故与此异，而《冬官》亦缺。要之，《周礼》首末未备，周公未成之书也。惜哉，读书者参互而考之，则周公经制，可得而论矣。"

② 《周书·周官》（王）曰："唐虞稽古，建官惟百。内有百揆四岳，外有州、牧、侯伯。庶政惟和，万国咸宁。夏商官倍，亦克用乂。明王立政，不惟其官，惟其人。"

唐·孔颖达《尚书正义》："正义曰：既言须立官之意，乃追述前代之法。止而复言，故更加一'曰'。唐尧虞舜考行古道，立官惟数止一百也。'内有百揆四岳'者，'百揆'，揆度百事，为詳官之首，立一人也；'四岳'，内典四时之政，外主太岳之事，立四人也。'外有州牧侯伯'，牧，一州之长；侯伯，五国之长，各监其所部之国。外内置官，各有所掌，众政惟以协和，万邦所以皆安也。夏禹商汤立官倍多于唐虞，虽不及唐虞之清简，亦能用以为治。明王立其政教，不惟多其官，惟在得其人。言自古制法皆明开官司，求贤以处之也。"

思齐按：这是将经文中的话截取两部分而合成一个题目的例子。题目的前半部分："唐虞稽古，建官惟百。内有百揆四岳，外有州、牧、侯伯。"这里讲的是上古官制的历史沿革。《孔传》："道尧舜考古以建百官，内置百揆四岳，象天之有五行，外置州牧十二及五国之长，上下相维，外内咸治。言有法。"这一段话本身牵涉我国古代官制的许多变化，而在各种古书中，不少讲法相互矛盾。对此，孔颖达作了一番清理。《尚书正义》："百人无主，不散则乱，有父则有君也。君不独治，必须辅佐，有君则有臣也。《易·序卦》云：'有父子然后有君臣。'则君臣之兴，次父子之后，人民之始，则当有之，未知其所由来也。虽远举唐虞，复考古也。《说命》曰：'明王奉若天道，建邦设都。'则王者立官，皆象天为之，故'内置百揆四岳，象天之有五行'也。五行佐天，群臣佐主，以此为象天尔。不必其数有五乃象五行，故以'百揆四岳'为五行之象。《左传》少昊立五鸠氏，颛顼已来立五行之官，其数亦有五，故置于五行矣。《舜典》云'肇十有二州'，此说虞事，知'置州牧十二'也。侯伯，谓诸侯之长，《益稷》篇禹言治水时事云'外薄四海，咸建五长'，知'侯伯'是五国之长也。成王说此事者，言尧舜所制，上下相维，内外咸治，言有法也。此言'建官惟百'，'夏商官倍'，则唐虞一百，夏商二百。《礼记·明堂位》云'有虞氏官五十，夏后氏官百'者，《礼记》是后世之言，不与经典合也。"

于古人，而官得其要；安民之功，非尧舜所自能也。下总于大臣，而民得其安。盖能官人，能安民者，尧舜之仁，合之与仁，而后可论唐虞之治。夫尧舜之知，以其不自用，而取法诸人也。尧舜之仁，不遍爱人，急亲贤也。不自用而取法诸人，是以官百之建，必稽于古，不遍爱人而急亲贤，是以内外之治，必总于大臣。盖不稽于古，则不能以简而御烦；不总于人，则不能自近而及远。一则知人之哲也，一则安民之惠也。非尧舜，其孰能之？或者谓：古之时，官以云纪，而未尝有百揆四岳也；官以鸟纪，而未尝有州牧侯伯也。则是曰揆，曰岳，曰牧，曰侯，此唐虞之制，而非古之制也。则未可以为稽古也。抑孰知稽古，稽其实，不徇其名，求其心，不泥其迹。吾想古之时，太朴未散，风气未漓，其建官有甚简，而政治有甚隆者。此后世所不能知，尧舜所独知。是以天下虽广，而建之官惟止于百，是唐虞之稽古，非若后世之泥于古也。尧舜以一心之微，而莅乎百官之众，安得人人而总之？内焉而总治，有百揆四岳也，而尧舜无与焉；外焉而总治，有州牧侯伯也，而尧舜无与焉。所谓有者，非徒有也，是人有才，足以胜位也。而非虚位也，非徒有是名也。其德足以称职，而无旷官也。尧舜所建之官，虽极于百，而内外总治之职，咸有其人。此非所谓能官人者欤？于是曰“百揆者，亮采惠畴”①，而天下无废事；曰“四岳”者，宾于四门，而天下无凶人。② 州牧则曰“食哉惟时”，而十二州之民，各得其养。③ 侯伯则曰“各迪有功”，而五服之诸侯，各敬其事，内外相承，而体统不紊，如身之使臂，臂之使指。④ 以言“庶政”，则九功惟叙，九叙惟歌，而庶政和矣。⑤ 以言万国，则五服四朝，黎民于变，而万国宁矣。此非所谓能安民者欤？世未有能官人而无安民之惠者，亦未有能安民而非知人之哲者欤。能哲而惠，吾于尧舜见之。尧舜之能哲而惠，是必于古人得之。故方其建官也，都俞吁咈，不使一职旷。尧舜之心，惟恐其不如古，及其至也，垂衣拱手，无为而天下化。唐虞之治，复何

---

① 《虞书·舜典》舜曰：“咨，四岳！有能奋庸熙帝之载，使宅百揆，亮采惠畴？”佥曰：“伯禹作司空。”帝曰：“俞，咨！禹，汝平水土，惟时懋哉！”禹拜稽首，让于稷、契暨皋陶。帝曰：“俞，汝往哉！”

② 这是概略地复述《左传》中的一段话。《左传·文公十八年》：“故《虞书》数舜之功，曰‘慎徽五典，五典克从’，无违教也。曰‘纳于百揆，百揆时序’，无废事也。曰‘宾于四门，四门穆穆’，无凶人也。”

③ 点出“食哉惟时”，而概略地复述《尚书》的大意。《虞书·舜典》：“月正元日，舜格于文祖，询于四岳，辟四门，明四目，达四聪。‘咨，十有二牧！’曰：‘食哉惟时！柔远能迩，惇德允元，而难任人，蛮夷率服。’”

④ 点出“各迪有功”，而概略地复述《尚书》的大意。《虞书·益稷》禹曰：“俞哉！帝光天之下，至于海隅苍生，万邦黎献，共惟帝臣，惟帝时举。敷纳以言，明庶以功，车服以庸。谁敢不让，敢不敬应？帝不时敷，同，日奏，罔功。无若丹朱傲，惟漫游是好，傲虐是作。罔昼夜頟頟，罔水行舟。朋淫于家，用殄厥世。予创若时，娶于涂山，辛壬癸甲。启呱呱而泣，予弗子，惟荒度土功。弼成五服，至于五千。州十有二师，外薄四海，咸建五长，各迪有功，苗顽弗即工，帝其念哉！”

⑤ 点出题目中的“庶政”二字，而概略地复述《尚书》的内容。《虞书·大禹谟》禹曰：“于！帝念哉！德惟善政，政在养民。水、火、金、木、土、谷，惟修；正德、利用、厚生、惟和。九功惟叙，九叙惟歌。戒之用休，董之用威，劝之以九歌俾勿坏。”

愧于古哉？降自夏殷，而官数加倍，是未能如唐虞之简矣。论其治功，则曰“亦克用乂”①，是未能如唐虞之盛矣。成周之制，建官三百六十，而其职愈多，世变事繁，而其职愈重。然则三代之制，非不欲稽古也，不幸而居唐虞之后。三代之治，非不欲如唐虞也，不幸而去古之远。世道之降，帝王之分，呜呼，甚哉！

思齐按：苏轼曾作《书义》十篇，这些文章的性质与王充耘的《书义矜式》相类似。其中《唐虞稽古建官惟百夏商官倍亦克用乂》对于本篇颇有参考价值，录如下。

天下之事，古略而今详，天下之官，古寡而今众。圣人非有意于其间，势则然也。火化之始，燔黍捭豚，以为靡矣。至周而醯醢之属至百二十瓮。栋宇之始，茅茨采椽，以为泰矣。至周九尺之室，山节藻棁。圣人随世而为之节文，岂得已哉。《周书》曰：“唐、虞稽古，建官惟百，夏、商官倍，亦克用乂。”圣人不以官之众寡论治乱者，以为治乱在德，而不在官之众寡也。《礼》曰：“夏后氏官五十，商二百，周三百。”与周官异，学者盖不取焉。夫唐、虞建官百，简之至也。夏后氏安能减半而办，此理之必不然也。孔安国曰：“禹、汤建官二百，不及唐、虞之清要。”荣古而陋今，学者之病也。自夏、商观之，则以官百为清要。自唐、虞而上云鸟纪官之世而观之，则官百为陋矣。未岂然哉。愚闻之叔向曰：“昔先王议事以制，不为刑辟。”故子产铸《刑书》，而叔向非之。夫子产之《刑书》，末世之先务也。然且得罪于叔向。是以知先王之法亦简矣。先王任人而不任法，劳于择人而佚于任使，故法可以简。法可以简，故官可以省，古人有言，省官不如省事，省事不如清心，至矣。

85. 立太师、太傅、太保，兹惟三公。论道经邦，燮理阴阳。官不必备，惟其人。少师、少傅、少保，曰三孤。贰公弘化，寅亮天地，弼予一人。②

建大臣以任其参赞之职者，其选严；命大臣以佐其参赞之职者，其责备。盖明王之设官分职，无非欲其参赞天地之化育。大臣之参赞，又乌可无其贰哉？故其弼成于后者，正将以助大臣之有所不及耳。昔者，周家建立三公之官，以讲明阴阳之道，经理邦国之大，而尽其燮理之职。其任至不轻也。苟非其材，则岂足以任此职乎？故不必其官之备，而惟其人之贤，则夫贰三公，以范围天地之化，而张大之者，以其有三孤在焉

① 《周书·周官》：“夏商官倍，亦克用乂。”

② 《周书·周官》（王曰）：“今予小子，祗勤于德，夙夜不逮。仰惟前代时若，训迪厥官。立太师、太傅、太保，兹惟三公。论道经邦，燮理阴阳。官不必备，惟其人。少师、少傅、少保，曰三孤。贰公弘化，寅亮天地，弼予一人。冢宰掌邦治，统百官，均四海。司徒掌邦教，敷五典，扰兆民。宗伯掌邦礼，治神人，和上下。司马掌邦政，统六师，平邦国。司寇掌邦禁，诘奸慝，刑暴乱。司空掌邦土，居四民，时地利。六卿分职，各率其属，以倡九牧，阜成兆民。六年，五服一朝。又六年，王乃时巡，考制度于四岳。诸侯各朝于方岳，大明黜陟。”

耳。自三孤之特建也，以之寅亮乎天，而仰不愧焉；以之寅亮乎地，而俯不怍焉。则其弼一人之道，亦无间于三公矣。吁！三公论道，而既重其职于前，三孤弘化，而复备其责于后。古之人所以能与天地参者，其以此欤。云云。① 见于《周官》之书，其意以此。尝谓：阴阳之道，非人则不能以任其经纶之责；天地之化，非人则不能以致其张大之功。上而一人，次而三公，其事皆所当任者也。然一人不可以无弼，三公不可以无贰，特建夫三孤之职，实所以上弼一人，而下贰乎三公者也。苟惟三孤之名不定，而使之属于三公，则其将助三公所为之不暇，又何以事其己职之所为乎？吾由是而知，建官之制，至于成周而无弊也。今夫三公之位而谓之立者，何也？盖始辞也。三公虽非始于此时，而立为周家之定制，则始于此时也。师道之教训，傅之德义，保之于身体，名虽不同，而其人皆未易得也。是故三公之于斯道，既讲明之，复经纶之，而必尽其燮理之妙焉。盖阴阳以气言，而道者阴阳之理，恒而不变者也。《易》曰“一阴一阳之谓道”者是也。② 然经纶之用藏于无迹，和调之妙间不容发，又何待于论耶？盖论之云者，拟议以成其变化，讲明启沃，而精一之也。苟非经纶天下之大经，参天地之化育者，其孰能与于此？故曰：“官不必备，惟其人。”盖古者建官惟贤，况以三公之尊位，而不在于得其人乎？位事惟能，况以三公之重任，而不求其人，以称其职乎？与其苟且是官以充员，孰若阙其职，以待其人之为愈也？苟惟其人，则官固无害于备，亦无害其为不备也。三公之官，夫既不求其备矣，则夫贰三公，而谓之少师、少傅、少保者，容可不特建其职，而定其名乎？夫谓之三少者，特其名数少贬，而非辽绝于三公者也。谓之曰三孤者，以其名位特立，而非统摄于三公者也。一则经纶于前，而一则弼成于后。此公、孤之职，所由分也。夫天地以形言，而化者天地之用，运而无迹者也。《易》曰“范围天地之化”者是也。③ 弘者，张而大之之谓。寅亮者，敬而明之之谓。三孤之于天地之用，既张而大之，于天地之形，复敬而明之，则其弼一人而能尽其道矣。苟职之不专，名之不立，责之不重，则何以成其弘大之功，而致其寅亮之实也哉？抑尝考之：三公之设，其法已久。至成王而始参定，以为一代之定制耳。夫苟立之为定制，宜其有定人矣。而周公为师，召公为保，仅见于载籍之传，而傅无闻焉。其后周公既没，则以召公为保而已。而师亦无闻焉。何哉？盖非常之任，所以待非常之人。惟其非常之人，而后可以当非常之任。三公之不必备者，所以难其人也。于是而三孤立焉。所以贰三公，而必重其责也。故太仪所掌，有孤伎焉。朝士所掌，有孤位焉。正之必有其贰。三公既难其任，而三孤则能分其任矣。成王训迪之际，既尊三公之至，而欲不敢以身烦之者，弼予一人之语。成王不与三孤言之，而谁言之耶？虽然，《周官》一书，与《周礼》正相为表里。《周官》所载，自公而孤，自孤而卿。而于公，特言其不必备矣。未始无常职

① “云云”二字代表题目：“立太师、太傅、太保，兹惟三公。论道经邦，燮理阴阳。官不必备，惟其人。少师、少傅、少保，曰三孤。贰公弘化，寅亮天地，弼予一人。”

② 《周易·系辞上传》：“一阴一阳之谓道，继之者善也，成之者性也。”

③ 《周易·系辞上传》：“范围天地之化而不过，曲成万物而不遗，通乎昼夜之道而知，故神无方而《易》无体。”

也。而《周礼》所载，惟止于师，孤亦不言，是必有其说也。盖公孤无职，卿则分职。公孤命道，而卿则行其道也。公孤是未定之佐，卿乃不易之官，或以卿而兼公孤之任，亦不害其为官之不备矣。噫！论至于此，则周人立官之深意，岂不复明于千载之上也哉？

86. 内有百揆四岳，外有州牧侯伯。庶政惟和，万国咸宁。①

内外之体统不紊，则远近之治效无间。此唐虞之盛，所以为不可及也。夫朝廷之上，莫先于百揆。百揆既宅，而又承之以四岳，则内足以统夫外矣。九州之内，莫重于州牧。州牧既置，而又参之以侯伯，则外有以承乎内矣。内外之体统既立，由是而施之政事，则政虽不一，而无不和。由是而推之，天下则邦虽有万，而无不安。凡其庶绩咸熙，而黎民于变者，皆由其内外之相承，体统之不紊也。成王训迪厥官，而有及于此，其亦知所慕者欤。故曰云云。② 嗟乎！天下之大，人君以一身而加于亿兆之上，天地赖其位，万物赖其育，三纲五常，五礼六乐，无一事之非吾责也。唐虞之时，徒见庶绩凝而万邦宁，遂以为圣人垂拱无为之所致。呜呼！是岂知圣人维持当世，而措天下于平治之故哉？天下之理，变而后通，作而后应，未有不勇于有为，而后能安于无为者也。不然，尧以不得舜为已忧，舜以不得禹、皋陶为已忧。凡其孜孜焉，命九官者，果何为耶？自今而观，越在内服，百揆既叙，则自天子而下，凡天下之事，无不在所揆度矣。四岳既布，则自百揆而下，凡州牧之官，无不在所统率矣。先之以百揆，次之以四岳，其内外体统为何如？越在外服，既领之以州牧，又分之以侯伯者，盖天下之州有九，州立之牧，则侯伯有所属矣；天下之爵有五，命侯及伯，则州牧有所托矣。夫既先之以州牧，而又次之以侯伯，其内外体统，为何如？夫惟内有以统乎外，则上之临下，犹身之使臂；外有以承乎内，则下之事上，犹网之在纲。夫如是，政事虽多，其有不和者乎？万邦虽广，其有不宁者乎？且见于设施者，谓之政；布于天下者，谓之邦。一事之乖，其礼非和也；一物之失，其性非宁也。今也不惟一政之和，而无一事之不和，不惟一邦之宁，而无邦之不宁，其治效之无间者如此。推原其故，盖有在矣。曾谓：不能正内外之体统，而能致其治效之如此乎？其唐虞之际，于此为盛，而成王言之，以训迪厥官，盖知所慕矣。且成王以幼冲之资，持盈宁之运。以言其内，则冢宰之统百官者，既无异于百揆；以言其次，则六卿之分职以率其属者，又无异于牧伯。彼其时异事殊，虽其官三百六十者，若繁于建官之惟百，然其制礼作乐，而天下太平者，乃与庶政之惟和者，无间也。既奏太平，而皆有士君子之行者，与万邦之咸宁者，无愧也。后之论者谓：太和在虞，周岂无谓也哉？

---

① 《周书·周官》（王）曰："唐虞稽古，建官惟百。内有百揆四岳，外有州、牧、侯伯。庶政惟和，万国咸宁。"

② "云云"二字代表："内有百揆四岳，外有州牧侯伯。庶政惟和，万国咸宁。"

87. 明王立政，不惟其官，惟其人。①

人君致治之要，不以备官为贵，惟以得贤为先。盖设官所以任庶政，苟非其人，则不足以胜其任也。是以成王训迪百官，谓夫古之明王，有以立天下之事也，非以其官之多，以其得人而已耳。夫苟得其人以任众职，则天下岂有不立之事者哉？然则人君之建官，亦惟取法于明王立政，斯可矣。圣人知天下之事，非一心两目之聪明能辨，故设官分职，以共治之。然事几之来无穷，任使之设有限，苟一官之不备，则一事为之不修，未有厌其繁，而求简者也。岂知亿兆夷人，不足以救商之亡；而乱臣②十人，反足以致周之盛。审如是，则建官者将以多为贵乎？抑亦得人为重乎？盖世有非常之事，必有待于非常之人，得其人，则一人任之而有余；非其人，则虽众人任之亦不足。古之明王，能使上无废事者，本于下无遗材。初非有他道也。是故纲纪法度之昭明，礼乐刑政之修举，朝无废坠之典，外无失职之民，人孰不曰：此明王之能立政也。殊不知人君高拱南面，而深居九重，所赖以燮理阴阳，而整齐庶务者，在朝之三公、九卿也。所藉以宣明教化，而惠安黎元者，在外之州牧侯伯也。圣人惟责成于庶官，未尝以君行臣职也。然而三公、九卿，非取其充位而已，必其德之足以胜此职而无慊也。州牧侯伯，非徒取其备员而已，必其才之足以称此任而无愧也。夫然后，内焉得人，而在内之职无不修；外焉得人，而在外之职无不举。唐虞官百而庶政惟和，夏商官倍而亦克乂用，皆以得人之故也。岂徒备官而已哉？盖尝因是而论之。懦夫不足以举千钧，必乌获③而后可；驽马不足以致千里，必骐骥而后可④；常人不能以立政，必贤能而后可。是以伊尹之训太甲，必曰：“任官惟贤材，左右惟其人。”⑤ 傅说之告高宗，亦曰：“官不及私昵，惟其能；爵罔及恶德，惟其贤。”⑥ 武王胜商，而致垂拱无为之治，亦本于建官惟贤、位事惟能而已。然则惟官择人，诚立政之要务。古之明王，率用此道也宜。成王训迪百官，而首明乎此，且于三公之下，复拳拳于“官不必备，惟其人”之语焉。其丁宁之意，至深切矣。后之人君，可不深思而敬守之哉？

---

① 《周书·周官》（王）曰：“唐虞稽古，建官惟百。内有百揆四岳，外有州、牧、侯伯。庶政惟和，万国咸宁。夏商官倍，亦克用乂。明王立政，不惟其官，惟其人。”

② 乱臣：善于治理政事的臣子。《魏书》卷五三《李孝伯李充传赞》：“史臣曰：燕赵信多奇士。李孝伯风范鉴略，盖亦过人远甚。世祖雄猜严断，崔浩已见诛夷。而入参心膂，出干政事，献可替否，无际可寻，故能从容任遇，以功名始卒。其智器固以优乎？安世识具通雅，时干之良。玚以豪俊达，郁则儒博显。李冲早延宠眷，入干腹心，风流识业，固乃一时之秀。终协契圣主，佐命太和，位当端揆，身任梁栋，德洽家门，功著王室。盖有魏之乱臣也。”

③ 乌获，人名，战国时期秦国的大力士。《史记》卷五《秦本纪》：“武王有力好戏，力士任鄙、乌获、孟说皆至大官。”又，《孟子·告子下》（孟子曰）：“有人于此，力不能胜一匹雏，则为无力人矣。今曰举百钧，则为有力人矣。然则举乌获之任，是亦为乌获而已矣。”

④ 《荀子·修身》：“夫骥一日而千里，驽马十驾则亦及之矣。将以穷无穷，逐无极与？其折骨绝筋，终身不可以相及也。”

⑤ 《商书·咸有一德》：“任官惟贤材，左右惟其人。”

⑥ 《商书·说命中》：“官不及私昵，惟其能；爵罔及恶德，惟其贤。”

88. 司徒掌邦教，敷五典，扰兆民。①

人君命臣以敷教，其要在于明人心固有之天，以化天下不顺之民而已。夫教化大行，而风俗丕变。此人君之所欲也。然非有臣以掌之，其可哉？是以训迪百官，于冢宰之后，即继之以司徒之官。司徒之官，以司教为职者也。其要岂有他哉？五典者，人心之所固有，敷而明之，则教化为之大行。兆民之有不顺者，则扰而驯之，则风俗为之丕变。如是而后，能称厥职也。此一人设官之意，故于此别白言之。而古人委任责成之道，于此亦可见矣。云云。② 古之圣人，能使化行俗美，举一世之大，皆纳之太和雍熙之治，而群黎百姓，皆同为和顺辑睦之归者，岂有他哉？其要在于，施教之有其人而已。盖人之气习，固有不同，而其天性，本无不善。顺其性而导之，则易为力；逆其天而强之，则难为功。吾惟迪其固有之天，以变其不化之习，则人无不顺者矣。此司徒之职，所以为教也。夫六卿分职，各有攸司。司徒掌邦之教令，治化盛衰之所关，民俗淳漓之所系也。其所任不亦专乎？所职不亦重乎？然而孩提之童，孰不知爱其亲？及其长也，孰不知敬其兄？人均此生，则均此禀受。性之善，犹水必下，果安有不顺者哉？然而有不顺者，何也？气禀之偏拘之于其前，物欲之蔽汩之于其后，始有昧于其理，而不相逊顺者。故立之司徒，使敷教焉。父子欲其有亲，君臣欲其有义，夫妇欲其有别，朋友长幼欲其有序有信。渐仁摩义，使凡不相亲者，于是而相亲；道德齐礼，使凡不相睦者，于是而相睦。如是，则悍可使柔，戾可使和，而放僻邪侈者，可使之循规蹈矩。夫岂待刑驱而势迫也哉？盖熏陶渐染之既深，则其天性之真，自然呈露，有不能已者矣。昔者，唐虞之时，黎民于变，比屋可封，人皆知其治化之不可及也。而岂知夫“劳来匡直”③，使自得之，“汝作司徒，敬敷五教，在宽。”④ 尧舜之所以拳拳于司徒者，为何也？成王训迪百官，而亦致谨于司徒之职。宜其太和之治，无愧于唐虞也欤。彼谓威刑足以操致一世，视教化为末务者，恶足以语此？

---

① 《周书·周官》：“冢宰掌邦治，统百官，均四海。司徒掌邦教，敷五典，扰兆民。宗伯掌邦礼，治神人，和上下。司马掌邦政，统六师，平邦国。司冠掌邦禁，诘奸慝，刑暴乱。司空掌邦土，居四民，时地利。六卿分职，各率其属，以倡九牧，阜成兆民。”

② “云云”二字代表题目：“司徒掌邦教，敷五典，扰兆民。”

③ 《坎》卦的《大象传》云：“水洊至，习坎。君子以常德行，习教事。”意思是说，水叠连流至，象征重重险陷。君子可从中得到启迪，因此君子要恒久保持令德美行，反复熟悉政教事务。元·赵汸《周易文诠》卷一：“象曰：‘水洊至，习坎。君子以常德行，习教事。’水流洊至，两坎之象也。君子以之为学为教，皆不外此。以道而存心，修身曰德行。德行不常，则吾心之险，将汨天理。必日新又新，使理熟于身心而不厌，以道而立法，垂教曰教事。教事不习，则民心之险，得阻王化。必劳来匡直，使民熟于见闻，而不倦。治己治人，皆必重习，而后安之。乃洊至之义也。”思齐按：洊（jiàn），一再，重复。

④ 《虞书·舜典》帝曰：“契，百姓不亲，五品不逊。汝作司徒，敬敷五教，在宽。”

89. 戒尔卿士，功崇惟志，业广惟勤。惟克果断，乃罔后艰。①

贤君勉众臣，必以功业。贵乎笃志力行，以图其效。尤贵乎当几善断，以虑其终。盖功业之成甚难，有能笃志力行，固可望其效，而当几不断，则其终正可虑也。是故成王之申戒卿士，以为成其功者，存乎志；广其业者，存乎勤。尔卿士惟志惟勤，二者兼尽，方有以广其业，而崇其功焉。然犹未也。日用事为，各有其几。惟能如此而果断，然后志与勤不为虚用，而无后艰之可虑矣。此无他，人臣之功业，无志而不勤，不足以为其事；无断而失几，又不足以底其成也。云云。② 尝谓：有天下者之建官分职，固望其共图功业也。君于立乎本朝，亦岂不以功业自任哉。然天下之事，起于志，遂于勤，而成败之分，又在于审其几也。志之所向，非苟且而浅近，固可以建功而立业；勤之所务，非勉强于一时，固能以建功而立业。而事几之来者不决，则虽有志勤，终不能免后艰之患矣。果能笃志、力行，而又当几善断，抑何功之不崇？何业之不广欤？又何后艰之足虑欤？一有不至，则君之望于臣者孤，而臣之所以自任者亦荒矣。此成王之训迪百官，分命于前，总戒于后，而又申戒于此，其致望于卿士者，何如也？今夫周有六官，周之卿也。六官之属，周之士也。凡其治教之所专，礼乐之兼，务兵制之，并列邦土之独任，皆卿士之职也。何莫非业？何莫非功也？今王之申戒卿士，岂不谓忠国匡君之功业？尔卿士之所当为，伊欲功崇业广，恶在他求，惟志惟勤而已。功者业之成，业者功之积，本非二道。勤由志而生，志待勤而遂，亦非二致。卿士职任，虽有大小之殊，而朝廷功业，举无可废之典。其或未能奋庸熙帝之载，未能钦亮天工，志不立而勤不施。必也立志超卓，坚如金石，夙夜孜孜，克勤无怠，则为笃志力行，而积业成功之效，可图矣。然尝求之。志定于中，勤施于外，固若业之成者易以崇，功之积者易以广，而要其终，犹有后艰，何哉？盖几者，吉之先见；而断者，人之明决。苟于事为之几，含疑犹豫，优柔而不断，则志虽高远，虚用其志；勤虽勉励，虚用其勤。功之积者难广，而业之成者难崇，非后艰之可虑乎？必也震厉决断之以心，使志与勤不为虚用，则为当几善断，而积功成业，终无后艰之可虑。呜呼！成王之于卿士，忧之深，故言之切；虑之远，故说之详。“蓄疑败谋，怠忽荒政”，上章既戒之矣。于此，又反其辞而言之。惟志惟勤，所以救怠荒之失，而免荒政之罪。惟克果断，所以破蓄疑之害，而救败谋之愆。传者谓之，申戒卿士，其意深矣。虽然，为卿士者，固当立志于勤；为君者，尤不可无志而不勤。为卿士者，固当见几明断；为君者，尤不可以不断。若徒诿其臣以忠国正君之功业，而昧乎反身修省之诚，则怠忽而蓄疑，上行而下效，将有不胜其害矣。

---

① 《周书·周官》王曰：“呜呼！凡我有官君子，钦乃攸司，慎乃出令，令出惟行，弗惟反。以公灭私，民其允怀。学古入官。议事以制，政乃不迷。其尔典常作之师，无以利口乱厥官。蓄疑败谋，怠忽荒政，不学墙面，莅事惟烦。戒尔卿士，功崇惟志，业广惟勤，惟克果断，乃罔后艰。位不期骄，禄不期侈。恭俭惟德，无载尔伪。作德，心逸日休；作伪，心劳日拙。居宠思危，罔不惟畏，弗畏入畏。推贤让能，庶官乃和，不和政庞。举能其官，惟尔之能。称匪其人，惟尔不任。”

② “云云”二字代表题目：“戒尔卿士，功崇惟志，业广惟勤。惟克果断，乃罔后艰。”

《传》曰："功以志崇，业以仁广，断以勇克。"① "知、仁、勇三者，天下之达德也。"② 岂特卿士为然？

《君陈》③

90. 昔周公师保万民，民怀其德。往慎乃司，兹率厥常，懋昭周公之训，惟民其乂。④

惟前人极教养之德，故没世而民不忘。后人尽继述之道，惟率乂而民亦治。盖前人之德，民之所仰慕者也。后人能因其所思以治之，宜其翕然听顺矣。成王之命君陈，以为昔者周公之治，此东郊也。为之师以教之，为之保以安之，故周公虽没，而民方思慕其德，而未已也。今君陈之往，但当慎其所司之职，循其典常之道，勉明周公之旧训，则民亦将自然而治矣。吁！周公之德，民之不能忘也。若此为君陈者，宁不思所以慰斯民之望乎？云云。⑤ 尝谓：时有先后，而所以致其治者，无先后之分；民有近远，而所以得其心者，无近远之异。则治不可以先后论也，民不可以近远观也。惟在于继前人之志，述前人之事者，如何耳？盖纪纲法度之施，礼乐教化之用，前人以之而服斯民之心者也。继前人而往者，宁不思所以推其德而不易其心，勉其训而不移其用，则前日之治，即吾今日之所以治者矣。而况东郊之地，顽民之所居也。周公惧其弗顺，而尽其教养之恩。斯民思周公之没，而怀其教养之德。此成王所以重其任，而有君陈之命焉。使君陈而能取法乎周公，则民之从君陈者，将不异于从周公矣。且成王之心，何心哉？方殷顽民背叛之时，周公迁于洛邑，使密迩王室。当是之时，周公有师之尊，有保之亲。式化厥训，所以教之也；绥定厥家，所以安之也。周公之德，其及于民者若此。今周公没矣，则东郊之民，宁不戚然于心乎？动静食息，未尝不怀周公之德；出入起居，未尝不思周公之训，如饥者之欲食，渴者之欲饮，不啻大旱之望云霓，不啻赤子之慕父母。今君陈之往治此东郊也，将何以慰斯民之望乎？谨毖殷民，周公之心也。汝则慎之以为职，厥若彝及抚事，周公之志也。汝则率之以为常。殷民之所不能忘者，正在于周公之

---

① 《传》：此指蔡沈《书经集传》。《周书·周官》："戒尔卿士，功崇惟志，业广惟勤，惟克果断，乃罔后艰。"蔡沈《书经集传》："此下申戒卿士也。王氏曰：功以志崇，业以勤广，断以勇克。此三者天下之达道也。"又，宋·徐梦莘《三朝北盟会编》卷一七二《炎兴下帙》"陛下诚能行责实之政，臣将见功以志崇，所以为之规模也；业以勤广，所以为之积累也。犹造大厦，堂室奥序其规模，可一日而成；至于鸠工聚财，则积累非一日所至。创业中兴，何以异此？"

② 《中庸·问政章》："知、仁、勇三者，天下之达德也，所以行之者一也。"

③ 《书序》："周公既没，命君陈分正东郊成周，作《君陈》。"宋·蔡沈《书经集传》卷六："《君陈》。君陈，臣名。唐·孔氏曰：周公迁殷顽民于下都，周公亲自监之。周公既殁，成王命君陈代周公。此其策命之词，史录其书，以《君陈》名篇。今文无，古文有。"

④ 《周书·君陈》王若曰："君陈，惟尔令德孝恭。惟孝友于兄弟，克施有政。命汝尹兹东郊，敬哉！昔周公师保万民，民怀其德。往慎乃司，兹率厥常，懋昭周公之训，惟民其乂。"

⑤ "云云"二字代表题目："昔周公师保万民，民怀其德。往慎乃司，兹率厥常，懋昭周公之训，惟民其乂。"

训君陈。苟能即其训，而勉明光大之，则君陈之心，即周公之心。而今日之治，又岂异于前日之治乎？殆见东郊之民，如行者之赴家，食者之获饱，鼓舞群动，和柔委顺，自有不期然而然者矣。曰“怀”曰“德”者，所以明周公之得民心者，在于德。曰“慎”曰“率”者，所以明继周公之治者，在于君陈。由此观之，则知周公以斯民为心。故其没也，民以周公为心。君陈能推周公之心，以为心，则民将移其所以怀周公者，怀君陈矣。尝考之经，成王之望于君陈者，不特此也。下文既举周公精微之训，以告之矣。尤必继之以“尔尚式时周公之猷训”于其后也①，又重之以“尔惟弘周公丕训”。② 反复丁宁，其望于君陈者，无非在于周公之训。为君陈者，得不思所以继周公，以复成王之命乎？厥后，康王称“周公克慎厥始”，“君陈克和厥中”③，则君陈之在东郊，果无愧于周公之治，其亦有味于成王之言也欤。抑又论之。成王之命君陈也，固在于周公之训，而康王之命毕公也，亦未尝不在于周公之训也。其曰：“不由古训，于何其训？”④ 则知君陈能弘周公之训，而毕公又当弘君陈之训矣。以故“三后协心”⑤，而洛邑之治，为不可及也。欲观成周之家法，舍是何以哉？

91. 凡人未见圣，若不克见。既见圣，亦不克由圣。尔其戒哉！尔惟风，下民惟草。⑥

贤君勉大臣以由圣，既以常人之情为戒，复以德化之机为喻也。徒知慕圣人于未见之先，而不能由圣人于既见之后者，常人之情也。为大臣者，以之为戒焉，则下民皆将兴起，于德化之不暇矣。成王命君陈，分正东郊，谓凡人之未见圣也，其心慊然，若不能以见之；及其既见圣人也，则又往往不能由其道焉。君陈亲见周公，当深以为戒也。以不克由圣为戒，而动必由夫圣焉，则感应之机，如风行草偃之易，有不期然而然者矣。尔君陈，能由周公之训，则彼下民者，其有不从君陈之训乎？深致其戒于前，曲致其喻于后，命之词可谓深切著明矣。甚矣！由圣之难，而从化之易也。均是人也，难于由圣而易于从化者，何哉？圣而后能希天，贤而后能希圣。圣非凡人之所能也。而下之

---

① 《周书·君陈》：“尔尚式时周公之猷训，惟日孜孜，无敢逸豫。”

② 《周书·君陈》王曰：“君陈，尔惟弘周公丕训，无依势作威，无倚法以削，宽而有制，从容以和。”

③ 《周书·毕命》王曰：“呜呼！父师，邦之安危，惟兹殷士。不刚不柔，厥德允修。惟周公克慎厥始，惟君陈克和厥中，惟公克成厥终。”

④ 《周书·毕命》王曰：“惟德惟义，时乃大训。不由古训，于何其训。”

⑤ 《周书·毕命》：“三后协心，同底于道，道洽政治，泽润生民，四夷左衽，罔不咸赖，予小子永膺多福。公其惟时成周，建无穷之基，亦有无穷之闻。子孙训其成式，惟乂。呜呼！罔曰弗克，惟既厥心；罔曰民寡，惟慎厥事。钦若先王成烈，以休于前政。”思齐按：三后，三君，指周公、君陈、毕公。

⑥ 《周书·君陈》：“我闻曰：‘至治馨香，感于神明。黍稷非馨，明德惟馨。’尔尚式时周公之猷训，惟日孜孜，无敢逸豫。凡人未见圣，若不克见；既见圣，亦不克由圣，尔其戒哉！尔惟风，下民惟草。图厥政，莫或不艰，有废有兴，出入自尔师虞，庶言同则绎。”

从上，则有不疾而速之机矣。导之斯从，倡之斯应，此必然之理也。成王其知此矣。谓夫降衷秉彝，人皆有之，故当其未见圣人之先，谁独无愿见之心也？有愿见之心，而其自视则欿然，若不能以见夫圣人焉。岂不曰：圣人首出庶物者也，以吾之愚，其能以见之乎？又岂不曰：圣人卓冠群伦者也，以吾之不肖，其能以见之乎？此凡人未见圣人之情则然也。幸而仁义之睟盎者，既得而瞻望之矣。威仪之盛著者，既得而亲炙之矣。以其平日未见圣人之先，其慕之者若彼，则夫今日既见圣人之后，其由之者宜何如哉？然降衷虽若有恒性，而不能无气质之拘；秉彝虽同好懿德，而不能无物欲之累。虽既见之，而不克由之，则亦为徒见而已。此君陈之所当深戒也。盖君陈，非常人比也。尝亲见周公者也。亲见周公，其可以常人自待其身乎？周公之道，尔君陈分政东郊者之所当由也。狃于奸宄，败常乱俗，欲其有以化诲之；怙侈灭义，骄淫矜夸，欲其有以感悟之。非可以刑驱，非可以势迫，惟我君陈，由周公之道，以兴起其善端耳。由是言之，君子之德，风也。尔君陈则惟风焉。小人之德，草也。东郊之民，则惟草焉。草上之风必偃，是在君陈而已。愚故曰：贤君勉大臣以由圣，既以常人之情为戒，复以德化之机为喻。此之谓也。考之上文，其曰"兹率厥常，懋昭周公之训"①，欲其由圣也。其曰"式时周公之训"②，欲其由圣也。一则欲其由圣，二则欲其由圣，非成王不能为斯言，非君陈不足以闻斯言也。异时道洽政治，泽润生民。东郊之任，视周公无愧焉，谓非由圣之效，可乎？

思齐按：苏轼曾作《书义》十篇，这些文章的性质与王充耘的《书义矜式》相类似。其中《庶言同则绎》对于本篇颇有参考价值，录如下。

《书》曰："出入自尔师虞，庶言同则绎。"虞之为言度也，出纳之际，庶言之所在也，必得我师焉。夫言有同异，则听者有所考：言其利也，必有为利之道；言其害也，必有致害之理。反复论辩廷议，而众决之：长者必伸，短者必屈焉；真者必遂，伪者必窒焉。故邪正之相攻，是非之相稽，非君子之所患。君子之所患者，庶言同而已。考同者莫若绎，古者谓紬绎，紬丝者必求其端，究其所终。《太甲》曰："有言逆于汝心，必求诸道。有言逊于汝志，必求诸非道。"《君陈》之所谓绎者，《太甲》之所谓求也。孙宝有言："周公大圣，召公大贤，犹不相说，著于经典，两不相损。"晋王导辅政，每与客言，举坐称善。而王述责之曰："人非尧舜，安得每事尽善。"导亦敛衽谢之。古之君子，其畏同也如此。同而不绎，其患有不可胜言者矣。

---

① 《周书·君陈》王若曰："君陈，惟尔令德孝恭。惟孝友于兄弟，克施有政。命汝尹兹东郊，敬哉！昔周公师保万民，民怀其德。往慎乃司，兹率厥常，懋昭周公之训，惟民其乂。"

② 式时周公之训，语出《周书·君陈》："尔尚式时周公之猷训，惟日孜孜，无敢逸豫。"

《毕命》①

92. 资富能训，惟以永年。惟德惟义，时乃大训。不由古训，于何其训?②

立教以保民，生于既富之余，亦惟即理以稽诸古而已。盖斯民既富之日，正圣人立教之时也。昔者，成王与康王之命毕公，以为殷民非难化也，惟能因其资富而后教之，则必不迁于外物。而可全其性命之正，然后不可以外求，而天理即所以为教。惟德惟义，民性之所固有；而乃大训，古人之所共由。不由古以为训，将何以为训乎？毕公持是说以教殷，其必知所本矣。尝谓：民生既富之后，果可以无教乎？曰："逸居而无教，则近于禽兽。"③ 是不可以无教也。谓：即理以为教，果可以不稽诸古乎？曰："善无征，则民不从。"④ 是不可以不稽古也。吁！是固然矣。亦岂知寿固不可以贪而得，夭者不可以慎而免哉。今论永年之道，而本之德义之教，毋乃拘乎。盖圣人之所承命，非曰人人而至期颐也，亦曰得其正命而已矣。昔者，康王闵富民之不知命也，故谓：殷民旧丧之久，夭阏其生，其与岩墙之不免。而桎梏不能以自脱者，皆非正命也。为尔毕公，合思所以永其年矣。然天下憔悴无聊，因无以为养生之具，而匪彝滔淫，尤有甚于饥寒之忧。既富而不尽其教之之方，于情欲日肆而无以全其生。今而当富足之日，而为之训迪，则衣食足而知荣辱矣，仓廪实而知礼节矣。永天年者有之，凶短折者无之矣。虽然，吾心之理，无余理，是理之不无德义。德之与义，人心所同，自是理之外，皆不足以为训之大者也。天之与我，先立乎其大，毕公欲知训之所以大，舍德义安之乎？"殷俗靡靡，利口惟贤"⑤，以薄陵德者有之，怙侈灭义者有之，德义不明，非一日也。尔毕公，其将因其本然，以训之乎？抑将外立条教，以训之乎？训民之道，有所谓大焉者，公知之矣。况今人更三后⑥，世历三纪，殷民虽顽，良心犹故，未有触之而不动者。尔毕公，其慎德义之训耳。然德义之训，古人所同今尔。公居元老之尊，虽以大训为念，而不以古训为法，则处毕公之前者，其遗规余画，无非德义之所寓。一不

---

① 《书序》："康王命作册毕，分居里，成周郊，作《毕命》。"宋·蔡沈《书经集传》卷六："《毕命》。康王以成周之众，命毕公保厘。此其册命也。今文无，古文有。唐·孔氏曰：'《汉·律历志》云，康王……《毕命丰刑》曰："惟十有二年六月庚午朏，王命作册书《丰刑》。"'此伪作者传闻旧语，得其年月，不得以下之辞，妄言作《丰刑》耳，亦不知《丰刑》之言何所道也。"

② 《周书·毕命》（王曰）："资富能训，惟以永年。惟德惟义，时乃大训。不由古训，于何其训。"

③ 《孟子·滕文公上》："人之有道也，饱食、暖衣、逸居而无教，则近于禽兽。"

④ 善无征，则民不从：此非经书原话，系隐括《中庸·三重章》："上焉者虽善无征，无征不信，不信民弗从；下焉者虽善不尊，不尊不信，不信民弗从。"

⑤ 《周书·毕命》："商俗靡靡，利口惟贤，馀风未殄，公其念哉！"这是周康王所说的话的一部分。思齐按：殷，朝代名，即商代，因盘庚迁都于殷（今河南安阳），故又称殷。《论衡·正说》："唐、虞、夏、殷、周，犹秦之为秦，汉之为汉。"

⑥ 三后：三君，指周公、君陈、毕公。蔡沈《书经集传》："十二年曰纪，父子曰世，周公左右，文武成王，安定国家，谨毖顽民，迁于洛邑，密近王室，用化其教。既历三纪，世已变而风始移。今四方无可虞度之事，而予一人以宁，言化之之难也。"

加察，则于已然之迹，为有所戾，而使斯民之无验，要不得为美化也。兹所以复严于“不由古训，于何其训”之语，以坚毕公之心欤。嗟夫！君陈之分政东郊，仝此殷民也。而成王命君陈之意，与康后同一道欤。观“惟民生厚，因物有迁”① 之语，则知欲君陈之敷教，以复民心之天也。观“尔克敬典”② 之语，则知欲君陈有德义之训，若夫“懋昭周公”③ 之训，又岂非欲其由古训者乎？吁！君陈、毕公之所化，无异民；而成王、康后之所命，无异意。观周家累世之化，则知周公矣。

思齐按：《毕命》是《尚书》中的一篇重要册命。“道有升降，政有俗革”是《毕命》篇的重要思想，《孔传》：“政教有用俗改更之理。”由于社会的变化，执政者也必须与时俱进，不断调整执政的方针和谋略，采取适合实际需要的政策。苏轼曾作《书义》十篇，这些文章的性质与王充耘的《书义矜式》相类似。其中《道有升降政由俗革》对于本篇颇有参考价值，录如下。

武王克商，武庚禄父不诛矣，而列为诸侯。周公相成王，武庚禄父叛，殷之顽民，相率为乱，不诛也，而迁之洛邑。武王、周公，其可谓至德也已矣。曰：“群饮，汝勿佚，尽执拘以归于周，予其杀。商之工臣，乃湎于酒，勿庸杀之，姑惟教之。”非至德能如是乎。是以商之臣子心服而日化，至康王之世三十余年矣。世变风移，士君子出焉。故命毕公曰：“道有升降，政由俗革，不臧厥臧，民罔攸劝。”始则迁其顽者而教之，终则择其善者而用之。周之于商人也，可谓无负矣。夫道何常之有，应物而已矣。物隆则与之偕升，物污则与之偕降。夫政何常之有，因俗而已矣。俗善则养之以宽，俗顽则齐之以猛。自尧、舜以来，未之有改也。故齐太公因俗设教，则三月而治。鲁伯禽易俗变礼，则五月而定。三月之与五月，未足为迟速也，而后世之盛衰出焉。以伯禽之贤，用周公之训，而犹若是，苟不逮伯禽者，其变易之患可胜言哉！

《君牙》④

93. 丕显哉，文王谟。丕承哉，武王烈。启佑我后人，咸以正罔缺。尔惟敬明乃训，用

---

① 《周书·君陈》：“惟民生厚，因物有迁。违上所命，从厥攸好。”

② 《周书·君陈》：“尔克敬典在德，时乃罔不变。允升于大猷，惟予一人膺受多福，其尔之休，终有辞于永世。”

③ 《周书·君陈》：“昔周公师保万民，民怀其德。往慎乃司，兹率厥常，懋昭周公之训，惟民其乂。”

④ 《书序》：“穆王命君牙，为周大司徒，作《君牙》。”宋·蔡沈《书经集传》卷六：“《君牙》。君牙，臣名。穆王命君牙为大司徒，此其诰命也。今文无，古文有。”

奉若于先王。对扬文武之光命，追配于前人。①

前王重创业之勤，既有以垂法于其后，人臣任敷教之责，当有以无愧于其先。盖立法垂训，固莫盛于前王，而敬明乃训，在人臣不可不尽其美也。不如是，则何以对扬文武之光命，而追配于前人哉？昔者，穆王命君牙以为大司徒，谓：夫文显于前，而有莫大之谟；武承于后，而有莫大之烈。所以启佑我后人者，不惟皆出于正而已。亦且致其周密，而无或缺焉。其所以垂宪乃后者至矣。今尔君牙嗣守司徒之职，岂有他哉？亦惟取文武之训，敬而明之，以尽施教之责焉。则上有以不失成康对扬之意，下有以追配前人事君之心，而可以无愧于其先矣。《君牙》之书云云。② 古今天下之道有二焉，曰创业守成而已矣。周自文武创业于其前，成康守法于其后，治定功成，礼备乐和，则后乎此者，将若何而继之耶？吁！世有前后，理无二致，文武创业之盛，固无以加矣。而成康所以守成者，别非一道也。不过敬明文武之遗训而已矣。然成康所以能对扬文武之光命者，岂成康自为之哉？有臣焉以任其责而已耳。君牙祖父，笃忠贞以服劳王家，岂其有成绩，以纪于太常，其辅君之功，施教之绩，昭乎其不可掩也。为君牙者，果能遵其道而不变，守其法而不渝，以无愧于乃祖乃父，则为君者，又果何愧于文武成康哉？自今观之，光于四方者，文谟之丕显也；率惟敉功者，武王之丕承也。文之显者以谟，即所以开武王之功；武之承者以烈，而皆本于文王之谋，父作子述，未有盛于此者。本大末茂，源深流长，垂于无穷，施之罔极，固其宜也。有典有则，遗厥子后，所以启我者，无一事之不出于正也。枢机周密，品式备具，所以启我后人者，果何事之或缺也哉？为司徒者，固无俟乎更张改作以为功，变乱刑政以为事。肇修人纪，经纶大经，文武固有功纲常，圣谟洋洋，嘉言孔彰。何莫非文武之大训，敬而明之，存乎其人而已。诚使惇典敷教，任于己者，恭谨而不敢渝，则旧章成宪，本乎先王者，自昭著而不可掩。前王之所以对扬文武之命者如此，前人之所以左右乃辟者如此。君牙而能如是，则纲常之理，为之大明；而文武之道，赖以不坠。所以对扬光命者，质之前王而未始有违；所以左右乃辟者，方之前人而未始有愧矣。然则，任司徒之责者，将不在于敬明乃训，与舜命契以敬敷五教，皋陶论典而归之寅恭，同一揆也。呜呼！观穆王之命君牙，追述文武创造之难，而拳拳求助于臣下，以庶几成康守成之丕绩，其亦有志于天下者矣。何至末年，肆其侈心，巡游无度，几失天下。文、武、成、康之遗绪，至此而不念厥绍，何哉？人心操舍之无常，观此则可鉴矣。

---

① 《周书·君牙》王若曰："呜呼！君牙，惟乃祖乃父，世笃忠贞，服劳王家，厥有成绩，纪于太常。惟予小子嗣守文、武、成、康遗绪，亦惟先正之臣，克左右乱四方。心之忧危，若蹈虎尾，涉于春冰。今命尔予翼，作股肱心膂，缵乃旧服。无忝祖考，弘敷五典，式和民则。尔身克正，罔敢弗正，民心罔中，惟尔之中。夏暑雨，小民惟曰怨咨：冬祁寒，小民亦惟曰怨咨。厥惟艰哉！思其艰以图其易，民乃宁。呜呼！丕显哉，文王谟！丕承哉，武王烈！启佑我后人，咸以正罔缺。尔惟敬明乃训，用奉若于先王，对扬文、武之光命，追配于前人。"

② 《君牙》之书云云："云云"二字代表题目："丕显哉，文王谟。丕承哉，武王烈。启佑我后人，咸以正罔缺。尔惟敬明乃训，用奉若于先王。对扬文武之光命，追配于前人。"

《吕刑》①

94. 惟敬五刑，以成三德。一人有庆，兆民赖之。其宁惟永。②

法必谨所施，有以全治道之不及，则君民受其福，可必其效于无穷。夫王者之治，以德为化民之本，而必假刑以辅之。其有关于君民者，为甚重也。故为臣者，能敬谨以为五刑之施，以成刚、明、正直之三德，则法之所加，盖无不当者矣。如是，则君庆于上，民赖于下，而安宁之休，可以永久而不替。其为国家之福，又岂有终穷也哉。世无刑罚，虽唐虞不能以化天下，以其为治道之所关也。然刑一也，唐虞用之，则足以致隆平。后世因之，或足以基乱。无他，敬与不敬而已矣。盖敬者，用刑成德之本也。德者，出治之基。刑者，辅世之具。道之以道而不足，然后用以防之，而非恃之以求逞也。是以古人慎之重之。盖知夫死者不可复生，断者不可复续，一失其当，则民无所措手足矣。为民上者，使民无所措其手足，则必并告无辜于上下神祇。灾异之来，虽有善者，亦将无如之何矣。呜呼！刑者，民命之所关，亦国命之所系。用之可不慎乎？夫刑有五，墨、劓、剕、宫、辟是也。德有三，刚、柔、正直是也。非三德，不足以制天下。非五刑，不足以成三德。用刑者如之何而不敬也？刑乱，国用重典，所以成三德之刚也。然一有不敬，则或伤于苛暴，而不足以为刚。刑新，国用轻典，所以成三德之柔也。一有不敬，则或失于姑息，而不足以为柔。刑平，国用中典，所以成三德之正直也。一有不敬，则或失于枉滥，而不足以为正直。惟能审操纵之宜，权轻重之等，使辟以止辟，刑期无刑，则刑之所加，皆德之所寓矣。夫如是，吾见其好生之德，洽于民心，至和之气，充塞天地。上则阴阳调而风雨时，下则群生和而万物理。一人垂拱于九重，而天下同跻于寿域矣。建丕基于不敝，有不啻泰山之安；保休命于无疆，有不啻四维之固。安宁之福，夫岂一朝一夕而已哉？吾今而后，知明刑弼教，非圣人之所可废，亦非圣人之所可恃。所可恃者，恃其有德而已矣。盖道之德教，德教洽而民气乐。驱以法令，法令极而民风哀。哀乐之感，祸福之应也。昔周之初，纯任德教，而司寇之设，必惟其人。有苏忿生，以居之于前，有康叔封，以承之于后。式敬由狱，长我王国，夫

---

① 《书序》："吕命穆王训夏赎刑，作《吕刑》。"宋·蔡沈《书经集传》卷六："《吕刑》。吕侯为天子司寇，穆王命训刑以诘四方，史录为篇。今文、古文皆有。按，此篇专训赎刑，盖本《舜典》'金作赎刑'之语。今详此书，实则不然，盖《舜典》所谓赎者，官府学校之刑尔，若五刑，则固未尝赎也。五刑之宽，惟处以流、鞭扑之宽，方许其赎。今穆王赎法，虽大辟亦与其赎免矣。汉·张敞以讨羌兵食不继，建为入穀赎罪之法，初亦未尝及夫杀人及盗之罪，而萧望之等犹以为如此，则富者得生，贫者独死，恐开利路，以伤治化，曾谓：唐虞之世，而有是赎法哉？穆王巡游无度，财匮民劳，至其末年，无以为计，乃为此一切权宜之术，以敛民财。夫子录之，盖亦示戒。然其一篇之书，哀矜恻怛，犹可以想见三代忠厚之遗意云尔。又按，书传引此，多称'甫刑'。《史记》作"甫侯言于王，作修刑辟。""吕"后为"甫"欤。

② 《周书·吕刑》王曰："呜呼！念之哉。伯父、伯兄、仲叔、季弟、幼子、童孙，皆听朕言，庶有格命。今尔罔不由慰曰勤，尔罔或戒不勤。天齐于民，俾我一日，非终惟终，在人。尔尚敬逆天命，以奉我一人！虽畏勿畏，虽休勿休。惟敬五刑，以成三德。一人有庆，兆民赖之，其宁惟永。"

岂偶然？故成康之世，刑措四十余年而不用，而忠厚之泽，迄于季世而不衰。穆王继当耄荒之年，而有吕刑之训，犹拳拳乎“有德惟刑”，“朕敬惟刑”①，与夫“哲人惟刑，无疆之休”之语。② 其“先德后刑”之语，③ 盖犹前日。兹三代所以为有道之长欤？传曰：“泰和在唐虞成周。”④ 又曰：“周过其历”⑤，有由然者矣。

《秦誓》⑥

95. 人之有技，若己有之。人之彦圣，其心好之，不啻如自其口出。是能容之，以保我子孙黎民，亦职有利哉！⑦

大臣好善之心，诚而无伪，则国家之福，远而无穷。盖得贤，固所以为邦家之基。况乎有诚于好善之人，其能基国家之福也必矣。宜古之贤侯所深思，是人而用之，以为人有才技，乃能好之，而若出诸己。人之彦圣，复心好之，甚于所言，斯可谓能好人之善，而非出于勉强容受者矣。诚如是，则吾之子孙，吾之黎民，莫不有以蒙其休，而被其泽。其为利也，岂浅浅哉？好善之效如此。云云。⑧ 大臣之一身，国家之安危所系，万民之休戚所寄。其所付托固重也，所贵乎为大臣者，不在于用一己之长，而贵乎有以来天下之善。好善优于天下，而况于一国乎？固可以建无穷之基，可以受无穷之庆矣。然则子孙基业不患其不固，民生不患其不安。所患者，不得其好善之大臣耳。于此有人焉。人之有技。技者，人之能也。在他人，则媢疾之不暇。而其好之，乃若己有，而无人己之分。彦圣者，人之德也。在他人，则违之俾不通矣。而其心好之，乃有甚于口之

---

① “有德惟刑”和“朕敬惟刑”两句，与原文有异。《周书·吕刑》王曰：“呜呼！敬之哉！官伯族姓，朕言多惧。朕敬于刑，有德惟刑。今天相民，作配在下。明清于单辞，民之乱，罔不中听狱之两辞，无或私家于狱之两辞！狱货非宝，惟府辜功，报以庶尤。永畏惟罚，非天不中，惟人在命。天罚不极，庶民罔有令政在于天下。”

② 《周书·吕刑》王曰：“呜呼！嗣孙，今往何监，非德？于民之中，尚明听之哉！哲人惟刑，无疆之辞，属于五极，咸中有庆。受王嘉师，监于兹祥刑。”

③ 《管子·势第四十二》：“故不犯天时，不乱民功，秉时养人，先德后刑，顺于天，微度人。”

④ 宋·龚昱《乐菴语录》卷二：“扬子言：泰和在唐虞成周，桀纣幽厉之时，非无泰和，但不在耳。”

⑤ 清代所编《御定渊鉴类函》卷一一八：“姬姓建国七十，周过其历，故御侮莫如同德。”思齐按：此书系蒐采原本唐类函而成。

⑥ 《书序》：“秦穆公伐郑，晋襄公帅师败诸崤，还归，作《秦誓》。”宋·蔡沈《书经集传》：宋·蔡沈《书经集传》卷六：“《秦誓》。《左传》：杞子自郑使告于秦，曰：‘郑人使我掌其北门之管，若潜师以来，国可得也。’穆公访诸蹇叔…… 蹇叔曰：‘不可。’公辞焉。使孟明、西乞、白乙伐郑，晋襄公帅师，败秦师于殽，囚其三帅。穆公悔过，誓告群臣。史录为篇。今文、古文皆有。”思齐按：蔡沈所云，系概述《左传》僖公三十二年和三十三年的内容。

⑦ 《周书·秦誓》：“昧昧我思之，如有一介臣，断断猗无他技，其心休休焉，其如有容。人之有技，若己有之。人之彦圣，其心好之，不啻若自其口出。是能容之，以保我子孙黎民，亦职有利哉！人之有技，冒疾以恶之；人之彦圣而违之，俾不达是不能容，以不能保我子孙黎民，亦曰殆哉！”

⑧ “云云”二字代表题目：“人之有技，若己有之。人之彦圣，其心好之，不啻如自其口出。是能容之，以保我子孙黎民，亦职有利哉！”

所称，初无彼此之间。是人也。真可谓休休乐善之人，而非浅中狭量者比。今谓之能容，信乎其能容也。夫如是，吾见名一艺者，无不容，而智者皆得以效其谋；占小善者，率以录，而勇者皆得以效其力。上而朝廷，无一事之不止其所。下而黎庶，无一人之不遂其生。亦职有利，信乎其有利而无害也。穆公思贤若此，其诸异乎人之求贤也欤。① 抑是言也，吾闻之矣，又尝见其人焉。旁招俊乂，列于庶位，此傅说无欲而进贤也。故殷之流风善政，至于易世而不衰。握发吐哺，以见贤士，此周公无欲而进贤也。故周之泰和盛治，迨于东迁而不泯。穆公悔用新进，而思老成，故拳拳及此，思得是人而用之。惜乎！其志之不遂也。不然，擅秦之强，得一士焉，可以为政于天下矣。岂区区西戎之霸而已哉。君子曰："知之非艰，行之惟艰。"② 信乎！

书义矜式卷六

---

① "穆公思贤若此，其诸异乎人之求贤也欤。"这两句话系化用孔子的言论，而略改数字。《论语·学而》："子禽问于子贡曰：'夫子至于是邦也，必闻其政。求之与？抑与之与？'子贡曰：'夫子温、良、恭、俭、让以得之。夫子之求之也，其诸异乎人之求之与！'"

② "知之非艰，行之惟艰"系化用《尚书》所录贤臣傅说的话。《商书·说命中》王曰："旨哉！说。乃言惟服。乃不良于言，予罔闻于行。"说拜稽首曰："非知之艰，行之惟艰。王忱不艰，允协于先王成德，惟说不言有厥咎。"

明人论八股之一

李贽《说书》

一、《说书》题解

《说书》是明代思想家李贽所著《李温陵集》的一部分。

《李温陵集》二十卷，卷一至卷六书答，卷七至卷十三杂述，卷十四至卷十七读史，卷十八至卷十九道古录，卷二十诗。所谓“道古录”，又称为《说书》。除了《说书》两卷之外，《李温陵集》其余十八卷之内容，与《焚书》和《续焚书》相同。明·袁中道《珂雪斋近集》卷三《李温陵传》：“后以时义诠圣贤深旨，为《说书》。”由此可知，《说书》作于《焚书》之后，而且是按照时文阐释经义的方式而撰写的。所谓时文，在宋元时期为十段文，在明代即为八股文。《说书》是李贽通过八股文的形式而发表的有关科举制度和四书五经的独立见解。这些见解，与一般的陈词滥调大相径庭，闪射出明朝末年一位独立特行的伟大思想家的灿烂光辉。《说书》一共四十四篇。这些文章的篇幅，长短不一，未必尽能分成严格意义上的八股。它们中的大多数，只是文章的主体部分，个别的甚至仅仅是文章的论点部分。至于文章的套子部分，则往往省略了。因此，《说书》中的文章，短小精悍，政论性强。通过阅读李贽《说书》中的文章，我们能够找到关于科举制度和八股文的他者（the other）之声。倾听他者之声，阅读另类文章，这有益于我们全面地认识科举制度和八股文。

这次标点校注《说书》所用的底本为海虞顾大韶校本《李温陵集》卷十八和卷十九，原题《道古录》。

二、李贽小传

李贽（1527—1602），字宏甫，号卓吾，又号温陵居士，泉州晋江人。

李贽是明代著名思想家、史学家、文学家和文学批评家，他公开以“异端”自居。泉州自古以来就有高度发达的航海贸易，李贽出身于航海贸易世家，自幼熟读诗书，但不受传统封建思想的束缚，养成了倔强难化的性格。他不信学，不信道，不信仙释，对传统思想抱有怀疑态度。泉州有不少阿拉伯人定居。定居的阿拉伯人与当地的各族人民和谐相处，逐渐融合成了一个新的民族——回族。李贽的民族成分是回族。

嘉靖三十一年（1552），李贽考中福建乡试举人。后历任河南共城（今辉县）教谕、南京国子监博士、北京礼部司务、南京户部员外等，万历五年（1577），李贽出任云南姚安知府。因厌恶官场的腐败，未等三年任期届满，李贽便毅然辞官归隐，著书立说，传带弟子。李贽被统治者斥为异端之尤，因而屡屡遭受打击和迫害。万历二十八年（1600），因为受到道学家的排挤与打击，李贽从湖北麻城辗转来到河南商城，最后避居于河北通州（今北京通州区）。万历三十年（1602），因在著作中揭露湖北黄安大官僚耿定向的伪道学，李贽遭到诬告，遂被明神宗下令以敢倡乱道、惑世诬民的罪名逮捕入狱。尽管当时李贽已经76岁高龄，他仍在狱中坚持著述，以笔墨为武器继续向封建礼教开战。是年三月十五日自刎而死，以此表示他对封建统治的反抗。李贽不屈不挠的反抗封建主义的精神，可以从《李氏续焚书》卷五《系中八绝》诗中看出来。《系中八绝》是李贽身陷囹圄时写下的八首绝句体的诗歌。这八首绝句中的最后一首《不是好汉》写道：“志士不忘在沟壑，勇士不忘丧其元。我今不死更何待？愿早一命归黄泉。”① 据信这一首诗是李贽的绝笔。

李贽的思想受泰州学派和佛教禅学的影响较大。李贽认为，宇宙以阴阳二气为基础，经过无数变化而产生出万物来。这是一种具有朴素唯物主义因素的思想，在他生活的那个时代难能可贵。在社会伦理道德方面，李贽强调社会平等，反对凡圣之分，愚智之别。李贽尤其反对封建教条和男尊女卑的观念。李贽认为，《六经》、《论语》、《孟子》等只是孔门弟子随笔所录，并不是什么万世之至论，因而他反对一切以孔子之是非为是非。李贽怒斥官吏之罪恶行径为不操戈矛之强盗，吃人之老虎。在文学方面，李贽提出“童心说”。《李氏焚书》卷三《童心说》：

> 龙洞山农叙《西厢》，末语云：“知者勿谓我尚有童心可也。”夫童心者，真心也，若以童心为不可，是以真心为不可也。夫童心者，绝假纯真，最初一念之本心也。若夫失却童心，便失却真心；失却真心，便失却真人。人而非真，全不复有初矣。
>
> 童子者，人之初也；童心者，心之初也。夫心之初，曷可失也？然童心胡然而遽失也。盖方其始也，有闻见从耳目而入，而以为主于其内，而童心失。其长也，有道理从闻见而入，而以为主于其内，而童心失。其久也，道理闻见，日以益多，则所知所觉，日以益广，于是焉又知美名之可好也，而务欲以扬之，而童心失。知不美之名之可丑也，而务欲以掩之，而童心失。夫道理闻见，皆自多读书识义理而

---

① 明·李贽著，蔡尚思前言，夏剑秋校点《焚书·续焚书》，长沙：岳麓书社，1990，第401页。

来也。古之圣人，曷尝不读书哉。然纵不读书，童心固自在也；纵多读书，亦以护此童心而使之勿失焉耳，非若学者反以多读书识理而反障之也。夫学者既以多读书识义理障其童心矣，圣人又何用多著书立言以障学人为耶？童心既障，于是发而为言语，则言语不由衷；见而为政事，则政事无根柢；著而为文辞，则文辞不能达；非内含以章美也，非笃实生辉光也，欲求一句有德之言，卒不可得，所以者何？以童心既障，而以从外入者闻见道理为之心也。

夫既以闻见道理为心矣，则所言者，皆闻见道理之言，非童心自出之言也，言虽工，于我何与？岂非以假人言假言，而事假事，文假文乎！盖其人既假，则无所不假矣。由是而以假言与假人言，则假人喜；以假事与假人道，则假人喜；以假文与假人谈，则假人喜；无所不假则无所不喜，满场是假，矮人何辩也？虽有天下之至文，其湮灭于假人而不尽见于后世者，又岂少哉！何也？天下之至文，未有不出于童心焉者也。苟童心常存，则道理不行，闻见不立，无时不文，无人不文，无一样创制体格而非文者。诗何必古《选》，文何必先秦，降而为六朝，变而为近体，又变而为传奇，变而为院本，为杂剧，为《西厢曲》，为《水浒传》，为今之举子业大贤言圣人之道，皆古今至文，不可得而时势先后论也，故吾因是有感于童心者之自文也，更说什么六经，更说什么《语》《孟》乎！

夫六经、《语》《孟》，非其史官过为褒崇之词，则其臣子极为赞美之语，又不然则其迂腐门徒、懵懂弟子，记忆师说，有头无尾，得后遗前，随其所见，笔之于书，后学不察，便为出自圣人之口也，决定目之为经矣，孰知其大半非圣人之言乎！纵出自圣人，要亦有为而发，不过因病发药，随时处方，以救此一等懵懂弟子、迂腐门徒云耳。药医假病，方难定执，是岂可遽以为万世之论乎？然则六经、《语》《孟》，乃道学之口实，假人之渊薮也，断断乎其不可以语于童心之言明矣。呜呼！吾又安得真正大圣人之童心未曾失者，而与之一言文哉！

晚明社会出现了资本主义生产关系的萌芽。这是李贽的文学思想得以产生的社会历史条件。王学成为当时知识分子反抗封建传统的进步力量。这是李贽的文学思想得以产生的哲学基础。童心说是李贽文学观念的核心。所谓童心，亦即真心，也就是赤子之心和真情实感。他认为，只有具备童心的文学才是真文学，否则就是假文学。此外，李贽还主张创作须抒发己见，反对剽窃摹拟，重视小说戏曲在文学上的地位。

李贽曾经评点过《水浒传》、《西厢记》、《幽闺记》，以及《浣纱记》等作品。李贽学识广博，自著《焚书》六卷、《续焚书》五卷、《藏书》六十八卷、《续藏书》二十七卷、《李氏文集》十八卷等约三十种。李贽的生平事迹，附于《明史》卷二二一《耿定向传》。容肇祖有《李贽年谱》。

附录一：明·袁中道《珂雪斋近集》卷三《李温陵传》

李温陵者，名载贽。少举孝廉，以道远，不再上公车，为校官，徘徊郎署间。后为姚安太守。公为人中燠外冷，丰骨棱棱。性甚卞急，好面折人过，士非参其神契者，不与言。强力任性，不强其意之所不欲。初未知学，有道学先生语之曰："公怖死否？"公曰："死矣，安得不怖。"曰："公既怖死，何不学道？学道所以免生死也。"公曰："有是哉！"遂潜心道妙。久之自有所契，超于语言文字之表，诸执筌蹄者了不能及。为守，法令清简，不言而治。每至伽蓝，判了公事，坐堂皇上，或置名僧其间，簿书有隙，即与参论虚玄。人皆怪之，公亦不顾。俸禄之外，了无长物。陆绩郁林之石，任昉桃花之米，无以过也。久之，厌圭组，遂入鸡足山阅龙藏不出。御史刘维奇其节，疏令致仕以归。

初，与楚黄安耿子庸善，罢郡遂不归。曰："我老矣，得一二胜友，终日晤言以遣余日，即为至快，何必故乡也？"遂携妻女客黄安。中年得数男，皆不育。体素癯，澹于声色，又癖洁，恶近妇人，故虽无子，不置妾婢。后妻女欲归，趣归之。自称"流寓客子"。既无家累，又断俗缘，参求乘理，极其超悟，剔肤见骨，迥绝理路。出为议论，皆为刀剑上事，狮子迸乳，香象绝流，发咏孤高，少有酬其机者。

子庸死，子庸之兄天台公惜其超脱，恐子侄效之，有遗弃之病，数至箴切。公遂至麻城龙潭湖上，与僧无念、周友山、丘坦之、杨定见聚，闭门下键，日以读书为事。性爱扫地，数人缚帚不给。衿裙浣洗，极其鲜洁，拭面拂身，有同水淫。不喜俗客，客不获辞而至，但一交手，即令之远坐，嫌其臭秽。其忻赏者，镇日言笑，意所不契，寂无一语。滑稽排调，冲口而发，既能解颐，亦可刺骨。所读书，皆钞写为善本。东国之秘语，西方之灵文，《离骚》、马、班之篇，陶、谢、柳、杜之诗，下至稗官小说之奇，宋元名人之曲，雪藤丹笔，逐字雠校，肌襞理分，时出新意。其为文不阡不陌，抒其胸中之独见，精光凛凛，不可迫视。诗不多作，大有神境。亦喜作书，每研墨伸楮，则解衣大叫，作兔起鹘落之状。其得意者亦甚可爱，瘦劲险绝，铁腕万钧，骨棱棱纸上。一日恶头痒，倦于梳栉，遂去其发，独存鬓须。公气既激昂，行复诡异，持异端者日益侧目。与耿公往复辩论，每一札，累累万言，发道学之隐情，风雨江波，读之高其识，钦其才，畏其笔，始有以幻语闻当事，当事者逐之。

于时左辖刘公东星迎公武昌，舍盖公之堂。自后屡归屡游。刘公迎之沁水。梅中丞迎之云中。而焦公弱侯迎之秣陵。无何，复归麻城。时又有以幻语闻当事，当事者又误信而逐之，火其兰若，而马御史经纶遂恭迎之于北通州。又会当事者欲刊异端以正文体，疏论之。遣金吾缇骑逮公。

初公病，病中复定所作《易因》，其名曰《九正易因》。常曰："我得《九正易因》成，死快矣。"《易因》成，病转甚。至是逮者至，邸舍匆匆，公以问马公。

马公曰："卫士至。"公力疾起，行数步，大声曰："是为我也。为我取门片来！"遂卧其上，疾呼曰："速行！我罪人也，不宜留。"马公愿从。公曰："逐臣不入城，制也。且君有老父在。"马公曰："朝廷以先生为妖人，我藏妖人者也，死则俱死耳。"终不令先生往而己独留，马公卒同行。至通州城外，都门之牍尼马公行者纷至，其仆数十人，奉其父命泣留之。马公不听，竟与公偕。明日，大金吾置讯，侍者掖而入，卧于阶上。金吾曰："若何以妄著书？"公曰："罪人著书甚多，具在，于圣教有益无损。"大金吾笑其倔强，狱竟无所置词，大略止回籍耳。久之旨不下，公于狱舍中，作诗、读书自如。一日，呼侍者剃发。侍者去，遂持刀自割其喉，气不绝者两日。侍者问："和尚痛否？"以指书其手曰："不痛。"又问曰："和尚何自割？"书曰："七十老翁何所求！"遂绝。时马公以事缓，归觐其父，至是闻而伤之，曰："吾护持不谨，以致于斯也。伤哉！"乃归其骸于通，为之大治冢墓，营佛刹云。公素不爱著书。初与耿公辩论之语，多为掌记者所录，遂哀之为《焚书》。后以时义诠圣贤深旨，为《说书》。最后理其先所诠次之史，焦公等刻之于南京，是为《藏书》。盖公于诵读之暇，尤爱读史，于古人作用之妙，大有所窥。以为世道安危治乱之机，捷于呼吸，微于缕黍。世之小人既侥幸丧人之国，而世之君子理障太多，名心太重，护惜太甚，为格套局面所拘，不知古人清静无为、行所无事之旨，与藏身忍垢、委曲周旋之用。使君子不能以用小人，而小人得以制君子。故往往明而不晦，激而不平，以至于乱。而世儒观古人之迹，又概绳以一切之法，不能虚心平气，求短于长，见瑕于瑜，好不知恶，恶不知美。至于今，接响传声，其观场逐块之见，已入人之骨髓而不可破。于是上下数千年之间，别出手眼，凡古所称为大君子者，有时攻其所短；而所称为小人不足齿者，有时不没其长。其意大抵在于黜虚文，求实用；舍皮毛，见神骨；去浮理，揣人情。即矫枉之过，不无偏有重轻，而舍其批驳谑笑之语，细心读之，其破的中窾之处，大有补于世道人心。而人遂以为得罪于名教，比之毁圣叛道，则已过矣。

昔马迁、班固各以意见为史。马迁先黄、老，后《六经》，退处士，进游侠，当时非之；而班固亦排守节，鄙正直。后世鉴二史之弊，汰其意见，一一归之醇正。然二家之书若揭日月，而唐宋之史读不终篇，而已兀然作欠伸状，何也？岂非以独见之处，即其精光之不可磨灭者欤！且夫今之言汪洋自恣，莫如《庄子》，然未有因读《庄子》，而汪洋自恣者也。即汪洋自恣之人，又未必读《庄子》也。今之言天性刻薄，莫如《韩子》。然未有因读《韩子》，而天性刻薄者也。即天性刻薄之人，亦未必读《韩子》也。自有此二书以来，读《庄子》者撮其胜韵，超然名利之外者，代不乏人；读申、韩之书，得其信赏必罚者，亦足以强主而尊朝廷。即醇正如诸葛，亦手写之以进后主，何尝以意见少驳，遂尽废之哉！

夫《六经》、洙泗之书，粱肉也。世之食粱肉太多者，亦能留滞而成痞，故治者以大黄、蜀豆泻其积秽，然后脾胃复而无病。九宾之筵，鸡、豚、羊、鱼相继而进。至于海错，若江珧柱之属，弊吻裂舌，而人思一快朵颐。则谓公之书为消积导滞之书可；谓世间一种珍奇，不可无一不可有二之书亦可。特其出之也太早，故观者之成心不化，而指摘生焉。

然而穷公之所以罹祸，又不自书中来也。大都公之为人，真有不可知者。本绝意仕进人也，而专谭用世之略，谓天下事决非好名小儒之所能为。本狷洁自厉、操若冰霜人也，而深恶枯清自矜、刻薄琐细者，谓其害必在子孙。本屏绝声色、视情欲如粪土人也，而爱怜光景，于花月儿女之情状亦极其赏玩，若借以文其寂寞。本多怪少可，与物不和人也，而于士之有一长一能者，倾注爱慕，自以为不如。本息机忘世、槁木死灰人也，而于古之忠臣义士、侠儿剑客，存亡雅谊，生死交情，读其遗事，为之咋指斫案，投袂而起，泣泪横流，痛哭滂沱而不自禁。若夫骨坚金石，气薄云天；言有触而必吐，意无往而不伸；排搨胜己，跌宕王公。孔文举调魏武若稚子，嵇叔夜视钟会如奴隶。鸟巢可复，不改其凤味，鸾翮可铩，不驯其龙性，斯所由焚芝锄蕙，衔刀若卢者也。嗟乎！才太高，气太豪，不能埋照溷俗，卒就囹圄，惭柳下而愧孙登，可惜也夫！可戒也夫！

公晚年读《易》，著书曰《九正易因》。意者公于《易》大有得，舍亢入谦，而今遂老矣，逝矣！公所表章之书，若《阳明先生年谱》及《龙溪语录》，其类多不可悉记云。

或问袁中道曰："公之于温陵也，学之否？"予曰："虽好之，不学之也。其人不能学者有五，不愿学者有三。公为士居官，清节凛凛，而吾辈随来辄受，操同中人，一不能学也。公不入季女之室，不登冶童之床，而吾辈不断情欲，未绝嬖宠，二不能学也。公深入至道，见其大者，而吾辈株守文字，不得玄旨，三不能学也。公自小至老，惟知读书，而吾辈汩没尘缘，不亲韦编，四不能学也。公直气劲节，不为人屈，而吾辈胆力怯弱，随人俯仰，五不能学也。若好刚使气，快意恩仇，意所不可，动笔之书，不愿学者一矣。既已离仕而隐，即宜遁迹入山，而乃徘徊人世，祸逐名起，不愿学者二矣。急乘缓戒，细行不修，任情适口，鸾刀狼藉，不愿学者三矣。夫其所不能学者，将终身不能学。而其所不愿学者，断断乎其不学之矣。故曰：虽好之，不学之也。若夫幻人之谭，谓其既已髡法，仍冠进贤，八十之年，不忘欲想者，有是哉！所谓蟾蜍掷粪，自其口出者也。"

附录二：《明史》卷二二一《耿定向传》附《李贽传》

定向初立朝有时望。后历徐阶、张居正、申时行、王锡爵四辅，皆能无龃龉。至居正夺情，寓书友人誉为伊尹而贬言者，时议訾之。其学本王守仁。尝招晋江李贽于黄安，后渐恶之，贽亦屡短定向。士大夫好禅者往往从贽游。贽小有才，机辨，定向不能胜也。贽为姚安知府，一旦自去其发，冠服坐堂皇，上官勒令解任。居黄安，日引士人讲学，杂以妇女，专崇释氏，卑侮孔、孟。后北游通州，为给事中张问达所劾，逮死狱中。

三、相关序跋

（一）焦竑《李氏焚书序》

李宏甫自集其与朋游书札并答问论议诸文而名曰《焚书》，自谓其书可焚也。宏甫快口直肠，目空一世，愤激过甚，不顾人有忤者。然犹虑人必忤，而托言于焚，亦可悲矣！乃卒以笔舌杀身，诛求者竟以其所著，付之烈焰，抑何虐也！岂遂成其谶乎？宋元丰间，禁长公之笔墨，家藏墨妙抄割殆尽，见者若祟。不逾时而征求鼎沸，断管残沈，等于吉光片羽。焚不焚，何关于宏甫！且宏甫又何尝利人之不焚以为重者。今焚后而宏甫之传乃愈广。然则此书之焚，其布之有火浣哉！宏甫曾以是刻，商之于余，其语具载此中。余幸而后死，目击废兴，故识此于其端云。澹园竑。

（二）黄节《李氏焚书跋》

卓吾学术渊源姚江。盖龙溪为姚江高第弟子，龙溪之学一传而为何心隐，再传而为卓吾。故卓吾论心隐，尊以为上九之大人；而其叙龙溪文录，则曰"先生此书前无往古，今无将来，后有学者可以无复著书矣。"夫卓吾以孔子之是非为不足据，而尊龙溪乃至是。由是言之，亦可以知卓吾学所从来矣。卓吾此书外，复著有《藏书》、《续藏书》、《说书》、《卓吾大德》等书。《藏书》述史，始自春秋，讫于宋、元；《续藏书》则述明一代万历以前事。去岁邓秋枚购得《藏书》，李晓暾自金陵购得《续藏书》，余皆获读之。此书则为锦州张纪庭捐赠国学保存会者，明刊本也。

卓吾曰："名曰《焚书》，言其当焚而弃之。"明季此书两经禁毁。一焚于万历之三十年，为给事中张问达所奏请。再焚于天启五年，为御史王雅量所奏请。然而，此本则刻于既奉禁毁以后，观焦弱侯序，可知也。嗟夫！朝廷虽禁毁之，而士大夫则相与重锓之。陈明卿云："卓吾书盛行，咳唾间非卓吾不欢，几案间非卓吾不适。"当时风尚如此。夫学术者天下之公器，王者徇一己之好恶，乃欲以权力遏之，天下固不怵也。然即怵矣，而易世之后，锓卓吾书者如吾今日，则亦非明之列宗所得而如何者。然则当日之禁毁，毋亦多事尔。

卓吾为人，颇不理于谢在杭、顾亭林、王山史诸贤之论，惟袁中郎著《李温陵传》颇称道之。余最录袁《传》以附于后。嗟夫！嗟夫！卓吾学与时忤，其书且毁，记其人者或甚其词，度必有之。亭林、山史因学术之同异，至痛诋其人，以为叛圣。若是，夫阳明之不能免于世之诋诃，固宜也。

戊申三月，顺德黄节跋。

（三）焦竑《李氏续焚书序》

新安汪鼎甫，从卓吾先生十年，其片言只字，收拾无遗。先生书既尽行，假托者众，识者病之。鼎甫出其《言善篇》、《续焚书》、《说书》，使世知先生之言有关理性，而假托者之无以为也。鼎甫亦有功于先生已！

澹园老人焦竑。

（四）汪本钶《续刻李氏书序》

钶从先生游九年，所朝夕左右未尝须臾离也。称事先生之久者无如钶，宜知先生之真者亦无如钶。顾钶何足以知先生哉！则先生之自知也，先生自与天下万世共知之也。

先生一生无书不读，无有怀而不吐。其无不读也，若饥渴之于饮食，不至于饫足不已。其无不吐也，若茹物噎而不下不尽至于呕出亦不已。以故，一点攙自足天下之是非，而一咳唾实关天下万世之名教，不但如嬉笑怒骂尽成文章已也。盖语言真切至到，文辞惊天动地，能令聋者聪，瞶者明，梦者觉，酲者醒，病者起，死者活，糟者静，聒者结，肠冰者热，新炎者冷，柴栅其中者自拔，倔强不降者亦无不意颓而心折焉。何如是感触之灵通且异也！然卒以此不免，至自引决，则又何钶之所敢知矣。

嗟乎，谁不死，独不得死所耳！一死而书益传，名益重。盖先生尝自言曰："一棒打死李卓老，立成万古之名。"一棒与引决，等死耳，先生岂死名者哉！至于今十有七年，昔之疑以释，忌以平，怒以消。疑不惟释且信，忌不惟平且喜，怒不惟消且德矣。海以内无不读先生之书者，无不欲先生之书而读之，读之不已或并为其伪者亦读矣。夫伪为先生者，套先生之口气，冒先生之批评，欲以欺人而不能欺不可欺之人，世不乏识者，固子能辨之。第寖至今日，坊间一切戏剧淫谑，刻本批点，动曰卓吾先生，耳屎辈翕然艳之，其为世道人心之害不浅，先生之灵必有余恫矣。此则钶所大惧也。

盖先生之书未刻者种种不胜擢数。钶既不能尽读，年来糊口将母，又不暇读。今不幸先慈弃捐，因苦哀毁之余，即欲一读先生之书而不可得，奈何！徒尔朽藏以供笥蠹，是犹令日月不出而求熄熠火之光，不易谬乎！此则钶之大罪也。因搜未刻《焚书》及《说书》，与兄伯伦相研校雠。《焚书》多因缘语，忿激语，不比寻常套语，先生已自发明矣。《说书》，先生自叙刻于龙湖者什二，未刻者什八。先以二种付之剞劂，余俟次第刻之。

万历戊午夏仲新安门人汪本钶书于虹玉斋中。

（五）华亭侗初张鼐撰《读卓吾老子书述》

卓吾死而其书重。卓吾之书重，而真书、赝书并传于天下。天下人具眼者少，故真书不能究其意。而赝书读之，遂足以祸人。盖人知卓吾为后世著书，而不知其为自己写照。卓吾之面目精神不可见，而万世犹能见之者，书也。

卓吾疾末世为人之儒，假义理，设墙壁，种种章句解说，俱逐耳目之流，不认性命之源，遂以脱落世法之踪，破人间涂面登场之习，事可怪而心则真，迹若奇而肠则热。且不直人世毁誉，生死不关其胸中，即千岁以前，千岁以后，笔削是非，亦不能（逾）① 其权度。总之，要人绝尽支蔓，直见本心，为臣死忠，为子死孝，朋友死交，武夫死战而已。此为世上第一机，人能信受之。五浊世中哪得有奇男子善读卓吾书，别其非世者！今俗子僭其奇诞以自淫放，而甘心于小人之无忌惮，动辄甲乙笔墨，乱其手泽，而托言卓吾老子之遗书。夫一古人之书耳，有根本者下笔鉴定，则为画龙点睛。无根本者妄意标指，则为刻舟记剑。嗟乎，我安得具眼之人读卓吾氏之书哉？

或谓卓吾老子削发奇，蓄发奇，髡而髭须奇，诵经而荤血奇，为不知死则又奇。余谓此非卓吾老子之精神面目也。卓吾即不髡，不荤，不刎死，妻固自在。然则卓吾之书益难读矣。今赝而溷者，是学其髡，学其荤血而刀锯以死也，岂不误人甚哉？信矣，卓吾之真书重也。真书重而赝书可以无辨。

汪鼎甫示我《续焚书》及《说书》而并求作《三教钞》序。余谓鼎甫报卓吾恩，须订定其真书，而刻之目，传于海内。虽然，此其功，且在万世与真书不朽，宁止报一卓吾老子恩也？余不及见卓吾而喜读卓吾书，虽书其语而归之。

时万历戊午秋七月七夕后二日书于广陵舟中。

四、《说书》标点校注

《李温陵集自序》

自有书四种：一曰《藏书》，上下数千年是非，未易肉眼视也，故欲藏之，言当藏于山中以待后世子云也。一曰《焚书》，则答知己书问，所言颇切近世学者膏肓。既中其痼疾，则必欲杀我矣。故欲焚之，言当焚而弃之，不可留也。《焚书》之后，又有别录，名为《老苦》。虽同是《焚书》，而另为卷目，则欲焚者焚此矣。独《说书》四十四篇，真为可喜，发圣言之精蕴，阐日用之平常，可使读者一过

① “逾”字本缺，思齐试补。

目便知入圣之无难，出世之非假也。信如传注，则是欲入而闭之门，非以诱人，实以绝人矣，乌乎可！其为说，原于看朋友作时文，故《说书》亦佑时文，然不佑者故多也。今既刻《说书》，故再《焚书》亦刻，再《藏书》中一二论著亦刻，焚者不复焚，藏者不复藏矣。或曰："诚如是，不宜复名《焚书》也，不几于名之不可言，言之下顾行乎？"噫噫！余安能知？子又安能知？夫欲焚者，谓其逆人之耳也。欲刻者，谓其入人之心也。逆耳者必杀，是可惧也。然余年六十四矣，倘一入人之心，则知我者或庶几乎！余幸其庶几也，故刻之。卓吾老子题湖上之聚佛楼。

《李温陵集》篇名目录

《李温陵集》卷之十八　《道古录》

明·李贽撰

海虞后学顾大韶仲恭校

1. 人心道心

《虞书》云"人心"、"道心"①，便是两心。心安有两也？曰：心一也。自其知觉运动而为各人所发用者，谓之人心。自其主宰此知觉运动而为天地人物大根柢者，谓之道心。人心不同，有如其面。即以嗜欲一端言之，南人食稻，而北人食粟。即北人又有喜食稻，而南人又有喜食粟者。至于七情之发，其为不同也益甚。故有一喜则百草生色、有一怒则群雄丧胆者，亦有一喜则倾国倾城、一怒则伏尸流血者。其为危险可畏，莫如人心之甚，岂不"惟（唯）危"也哉？② 盖身之安危、国之兴亡，实系之矣。若夫道心，则无声无臭，不睹不闻，岂不是极微妙不可窥测之理乎？一危一微，而人心道心从此遂分。然微者既听其自微，而不知潜心以究之，危者又听其自危，而不治立本以定之，于是危者益危。非但知觉运动之僻者，破国亡躯，卒与败草腐木同归灰烬，即知觉运动之正者，令人心艳夸述，亦不过草木借春而已，至秋而生意亦尽，无复有存矣。其危而可畏，一至于此。故圣人重之慎之，兢之惕之，如履薄冰，如临深渊③，恐其卒死于危险之中，而不能自活也。然则当如何？人心果有二乎？天下安得有两心之人也。人心果无二乎？而危、微不同，圣凡自别，又安得不谓之二也？二之不得，不二之又不得，于是乎圣人有精微之功焉。精微之功，生知者自别，而生知者绝少，故其次为学知。学知者十倍于生知。学知而不得，故其又次为困知。困知者百倍于生知，则没身不懈矣，弗得弗措矣。如是而精之，有不至于一贯之极乎？夫子之一贯④，盖学而知之者也。⑤

---

① 《尚书·虞书·大禹谟》："人心惟危，道心惟微，惟精惟一，允执厥中。"

② 刻本作"唯"，通行本《尚书》均作"惟"。

③ 《诗经·小雅·小旻》六章："不敢暴虎，不敢冯河。人知其一，莫知其他。战战兢兢，如临深渊，如履薄冰。"《诗经》所云临深履薄，曾子也引用过。《论语·泰伯》："曾子有疾，召门弟子曰：'启予足！启予手！《诗》云：战战兢兢，如临深渊，如履薄冰。而今而后，吾知免夫！小子！"

④ 《论语·里仁》："子曰：'参乎！吾道一以贯之。'曾子曰：'唯。'子出，门人问曰：'何谓也？'曾子曰：'夫子之道，忠恕而已矣！'"

⑤ 学知，学而知之。生知，生而知之。困知，困而知之。《论语·季氏》："孔子曰：'生而知之者，上也；学而知之者，次也；困而学之，又其次也；困而不学，民斯为下矣。'"朱熹《论语章句集注》："困，谓有所不通。言人之气质不同，大约有此四等。杨氏曰：生知学知以至困学，虽其质不同，然及其知之一也。故君子惟学之为贵。困而不学，然后为下。"

故曰："假我数年，五十以学《易》，吾盖发愤，而不知老之将至矣。"① 其精也如此。是以能一，是以能继尧舜之统，而致万世之中于不坠也。

2. 斯立斯行，斯和斯来，生荣死哀

夫子仕鲁，堕三都，却莱兵②，诛少正卯③，其作用亦只如此。乃子贡极其尊称，至以"斯立斯行、斯和斯来、生荣死哀"为言④，岂贤者独有所见，而圣人功用固非人所识耶？曰：却莱兵，自是正事。诛闻人，恶其惑众。夫三家柄鲁，鲁君无民，政在季氏久矣。季氏能用夫子，不知夫子道大，非三桓⑤所能用也。然桓子雅意，亦自难却。其堕成、堕费等，正是其欲好抽身处。夫当时之君相，夫子知之悉矣。周流不舍，盖其道正与人群无所逃避也。然虽不得行道于上，亦自足明道于下。若果得邦家，其经纶手段，自然立斯立，道斯行，绥斯来，动斯和，生而荣，死而哀，的⑥如子贡之说，

① 这不是严格意义上的引文，而是有所缩合。《论语·述而》："子曰：'加我数年，五十以学《易》，可以无大过矣。'子所雅言，《诗》、《书》、执礼，皆雅言也。叶公问孔子于子路，子路不对。子曰：'女奚不曰，其为人也，发愤忘食，乐以忘忧，不知老之将至云尔。'"朱熹《论语章句集注》："刘聘君见元城刘忠定公自言尝读他论，'加'作假，'五十'作卒。盖加、假声相近而误读，卒与五十字相似而误分也。愚按：此章之言，《史记》作'假我数年，若是我于《易》则彬彬矣'。加正作假，而无五十字。盖是时，孔子年已几七十矣，五十字误无疑也。学《易》，则明乎吉凶消长之理，进退存亡之道，故可以无大过。盖圣人深见《易》道之无穷，而言此以教人，使知其不可不学，而又不可以易而学也。"

② 明·夏良胜撰《中庸衍义》卷九："臣良胜曰。孟子之勇原于曾子。曾子之勇原于夫子。夫子固无所用于勇者。若其诛少正卯，却莱兵，堕郈、费，一言之出，威重三军，此非天下之大勇，何以能是?"《史记》卷四七《孔子世家》："定公十三年夏，孔子言于定公曰：'臣无藏甲，大夫毋百雉之城。'使仲由为季氏宰，将堕三都。于是叔孙氏先堕郈。季氏将堕费，公山不狃、叔孙辄率费人袭鲁。公与三子入于季氏之宫，登武子之台。费人攻之，弗克，入及公侧。孔子命申句须、乐颀下伐之，费人北。国人追之，败诸姑蔑。二子奔齐，遂堕费。将堕成，公敛处父谓孟孙曰：'堕成，齐人必至于北门。且成，孟氏之保障，无成是无孟氏也。我将弗堕。'十二月，公围成，弗克。"《集解》服虔曰："三都，三家之邑也。"

③ 《荀子·宥坐》："孔子为鲁摄相，朝七日而诛少正卯。门人进问曰：'夫少正卯，鲁之闻人也，夫子为政而始诛之，得无失乎?'孔子曰：'居！吾语女其故。人有恶者五，而盗窃不与焉：一曰心达而险，二曰行辟而坚，三曰言伪而辩，四曰记丑而博，五曰顺非而泽。此五者有一于人，则不得免于君子之诛，而少正卯兼有之。故居处足以聚徒成群，言谈足以饰邪营众，强足以反是独立，此小人之桀雄也，不可不诛也。是以汤诛尹谐，文王诛潘止，周公诛管叔，太公诛华仕，管仲诛付里乙，子产诛邓析、史付，此七子者，皆异世同心，不可不诛也。《诗》曰：忧心悄悄，愠于群小。小人成群，斯足忧也。'"

④ "斯立斯行、斯和斯来、生荣死哀"系对《论语》中一段叙述的概括表达，语出《论语·子张》："陈子禽谓子贡曰：'子为恭也，仲尼岂贤于子乎?'子贡曰：'君子一言以为知，一言以为不知，言不可不慎也！夫子之不可及也，犹天之不可阶而升也。夫子之得邦家者，所谓立之斯立，道之斯行，绥之斯来，动之斯和。其生也荣，其死也哀，如之何其可及也?'"

⑤ 鲁国三卿：孟孙、叔孙、季孙，皆出于鲁桓公，故称三桓。《论语·季氏》：孔子曰："禄之去公室五世矣，政逮于大夫四世矣，故夫三桓之子孙微矣。"

⑥ 的（dì）：端的，的确，的的。

非徒以尊称其师为也。夫子贡，亦眼空一世之士者，自不容易服人，乃于夫子称之，如天称之不容口。筑室独居，三年，犹不忍去。然则夫子纵得邦家，终不若得一子贡之为快矣。况子贡而上，又有大贤如曾、闵①者乎？故曰：归欤！归欤！夫子当时亦望庶几有过于由、赐者，而不知由、赐亦难遘也，故决意返鲁。盖夫子之得由、赐②，胜似得邦家也。如三桓之徒，何足以为？

思齐按：关于“斯立斯行、斯和斯来、生荣死哀”，宋·真德秀《西山读书记》卷二十九有一段解说，而且在资料方面网罗宏富，有比较大的参考价值。

“夫子之得邦家者，所谓立之斯立，道之斯行，绥之斯来，动之斯和。其生也荣，其死也哀，如之何其可及也？”立之谓植其生也。道，引也，谓教之也。行，从也。绥，安也。来，归附也。动，谓鼓舞之也。和，所谓于变时雍，言其感应之妙，神速如此。荣，谓莫不尊亲。哀，则如丧考妣。

程子曰：此圣人之神化上下，与天地同流者也。

谢氏曰：观子贡称圣人语，乃知晚年进德，盖极于高远也。夫子之得邦家者，其鼓舞群动，捷于桴鼓影响。人虽见其变化，而莫窥其所以变化也。盖不离于圣，而有不可知者存焉。此殆难以思勉及也。

南轩曰：子贡以日月喻圣人之不可踰矣。复以天之不可阶升，喻圣人之不可及，尤为切至也。盖大而化之，非复思勉所及，学者至此，无所用其力。是岂不犹天之不可阶而升乎？所谓立之斯立，道之斯行，绥之斯来，动之斯和者，不疾而速，不行而至，惟天下至诚，感无不通也。其生也荣，其死也哀，民心戴之如天，亲之如父母也。子贡知，足知此，其所造抑深矣。

黄氏曰：子禽之问，见于《论语》者凡三。于夫子闻政，则疑其有所求。于伯鱼，则疑夫子之私其子。于此章，则又疑子贡之贤于仲尼，其为人粗率而浅陋可知。一言之善，则可以为知。一言之不善，则遂为不知。知与不知，系于一言之间。此言之不可不谨也。由志学而立，由立而不惑，由可欲而有诸己，由有诸己而充实，皆可以阶而升，至于知天命，有光辉，已非有阶级可渐次，而进若夫耳顺，不逾矩，化而不可知，则德盛仁熟，莫知其所以然而然。但见其仰之高，钻之坚，瞻之在前，忽然在后，是岂得而阶升也哉？立之道之绥之动之，皆圣人政化之施。斯立斯行，斯来斯和，皆天下感动之速。荣谓赖之以生，故以为荣幸。哀谓失其所依，故为之哀戚。子贡之称夫子者如此。或曰：子贡知，足以知圣人，今乃不言其德，而称其得邦家之效，何也？曰：天之德，不可形容，即其生物，而见其造化之妙。圣人之德，不可形容，即其感人，而见其神化之速。天下之理，实大则声宏，本深而末茂，感动之浅深迟速，未有不视其德之所至者也。圣人道全德备，高明博

---

① 曾，曾子。闵，闵子，即闵子骞。

② 子路，姓仲，名由，字子路，孔子的弟子。子贡，姓端木，名赐，字子贡，孔子的弟子。

厚，则其感于物者如此。因其感于物，以反观圣人之道，岂不晓然而易见也哉？此子贡之所以为善言圣人也。

3. 仕优则学，学优则仕

子夏云："仕优则学，学优则仕。"① 今人居官理事，簿书填委，不遑暇食，何能读书？且学者便能读书，尚志行有余力，无人荐举，何能得仕？曰：仕、学一也。仕，何事？以行道为事，是故出而治国则国治，出而平天下则天下平，便是实学。学，何学？以行道为学，是故修身则道行于身，齐家则道行于家，便是真仕。仕即是学，学即是仕，仕与学一时具足，初非有待于外也。如此言仕与学，故其学为真学，而其仕为真仕矣。是故明德亲民，一时并举；简易直截，不容欠缺。此之谓也。此乃吾夫子之学，所以为天下万世之宗者，而曾子述之为《大学》②，子贡复发之为"学优"之论。同是出于夫子，而惜乎今不讲矣。曰：审若是，则人民社稷，正学之地；子路之言，乃实义也。夫子何故恶之？曰：子路之言，惟其合义，是故夫子恶之。恶之者，恶其似义非义，特取口给是佞也。故曰：恶佞，恐其乱义也。随时制宜之谓义，借义御人之为佞。

4. 大学言至善

用健曰：《大学》言至善③，便言格物。此可见至善原无物也。故止至善，在于知止。然必格物而后知至，知至则得所止，而完吾无物之初矣，故格物要焉。然既言格物，又言物有本末，又曰：自天子以至庶人，壹是皆以修身为本，何邪？则身即是物，所以修身者即是修此物矣。此物如何格去得？此物又岂宜格去之也邪？曰：此身原无物也，人惟以物视之，则见以为有身耳。即见有身，则见有我。既见有我，则见有人。人我彼此，纷然在前，为物众矣。如何当得？其所以使人七颠八倒者，皆物也。故圣人格之。格之如何？圣人知天下之人之身即吾一人之身，人亦我也。知吾之身即天下之人之身，我亦人也。是上自天子，下至庶人，通为一身矣。是以虽庶人之贱，亦皆明德于天下，而亲民以明其明德，凡以修吾一本之身，立吾无物之体，明吾无修之修故也。若有物则有身，有身则有我，如何修得此身来？用健曰：既如此，则完吾无物之初，复吾太

---

① 《论语·子张》子夏曰："仕而优则学，学而优则仕。"思齐按：子夏，人名，即卜商，孔子弟子，姓卜名商，字子夏。

② 《大学》原为《礼记》中的一篇，相传为曾参所撰。宋代朱熹援二程所为，从《礼记》中将其分离出来，重新加以编排和补写，定名为《大学章句》，独立成书，与《中庸》、《论语》、《孟子》并列为《四书》。朱熹《大学章句》："大学者，大人之学也。"

③ 《大学·圣经章》："大学之道，在明明德，在亲民，在止于至善。"唐·孔颖达《礼记正义》卷六十《大学第四十二》："正义曰：此经大学之道，在于明明德，在于亲民，在止于至善。积德而行，则近于道也。在明明德者，言大学之道，在于章明己之光明之德。谓身有明德，而更章显之，此其一也。在亲民者，言大学之道，在于亲爱于民，是其二也。在止于至善者，言大学之道，在止处于至善之行，此其三也。言大学之道，在于此三事矣。"朱熹《大学章句集注》："至善，则事理当然之极也。"

虚之体，便是《大学》之道了，却不曰“道”，而曰“近道”，又何邪？曰：吾圣人欲人于有物上通无物，则知有物即是无物耳，故能通于无物，则物即是道，而何病于有物？苟不能通于无物，则物尚是物，而未可以言道也。故言物言事言近者以此。天下惟物与事耳，物则有本末，而道其有本末邪？若谓道有本末，则舛矣。事则有终始，而道其有终始邪？若谓道有终始，则悖矣。但能知所先后，则于道庶几近之。夫于物也，既能由末而先求其本矣，独不可由本而复，先之以求，至于大本乎？① 于事也，既能由终而先求其始矣，独不可由始而复，先之以求，至于无始乎？知大本，知无始，即此知所先后之心为之也。吾故曰：圣人欲人于有物上通无物，不曰“无物”，而但言“物格”也。

5. 大学言平天下

用健曰：《大学》言平天下②，不言天下当如何平，当如何使民兴孝，如何使民兴弟，如何使民不悖，而但言老老、长长、恤孤焉。是欲平天下者③，惟在一人之身，能孝、弟、慈而已。惟修身为本，即平天下而可知也。言治国，不言国当如何去治，事君如何去事，事长如何去使众，而但曰孝、弟、慈焉。是欲治国者④，惟在一人之身，能孝、弟、慈而已。惟修身为本，即治国而可知也。至言齐家，又不曰家当如何齐，如何而父父，如何而子子，如何而兄兄，如何而弟弟，如何而夫夫，如何而妇妇，而但曰人莫知其子之恶、莫知其苗之硕焉。⑤ 苟能好而知恶、恶而知美，不溺爱，不贪得，则自能去僻，自然修身，而家自无不齐矣。是欲齐家者，惟在一人之身，不偏僻于亲、爱、贱、恶、畏、敬、哀、矜、惰⑥，以顺吾孝、弟、慈之性而已。惟修身为本，即齐家⑦，又可知也。言修身，亦无别有修之之方，惟说无忿懥、好乐、恐惧、忧患数者之心而已。⑧ 无忿懥，则自不偏于贱恶傲堕。无好乐，则自不偏于亲爱。无恐惧，则自不

---

① 独，岂，难道。独……乎？句型，难道不是……吗？

② 《大学·絜矩章》：“所谓平天下在治其国者：上老老而民兴孝，上长长而民兴弟，上恤孤而民不倍，是以君子有絜矩之道也。”

③ 《大学·圣经章》：“物格而后知至，知至而后意诚，意诚而后心正，心正而后身修，身修而后家齐，家齐而后国治，国治而后天下平。自天子以至于庶人，壹是皆以修身为本。”

④ 《大学·治国章》：“所谓治国必先齐其家者，其家不可教而能教人者，无之。故君子不出家而成教于国：孝者，所以事君也；弟者，所以事长也；慈者，所以使众也。”

⑤ 《大学·齐家章》：“故谚有之曰：‘人莫知其子之恶，莫知其苗之硕。’”

⑥ 《大学·齐家章》：“所谓齐其家在修其身者：人之其所亲爱而辟焉，之其所贱恶而辟焉，之其所畏敬而辟焉，之其所哀矜而辟焉，之其所敖惰而辟焉。故好而知其恶，恶而知其美者，天下鲜矣！”

⑦ 《大学·齐家章》：“此谓身不修不可以齐其家。”

⑧ 《大学·正心修身章》：“所谓修身在正其心者，身有所忿懥，则不得其正；有所恐惧，则不得其正；有所好乐，则不得其正；有所忧患，则不得其正。心不在焉，视而不见，听而不闻，食而不知其味。心有不存，则无以检其身，是以君子必察乎此而敬以直之，然后此心常存而身无不修也。此谓修身在正其心。”朱熹《大学章句集注》引程子曰：“身有之身当作心。”忿，弗粉反。懥，敕值反。好、乐，并去声。忿懥，怒也。盖是四者，皆心之用，而人所不能无者。然一有之而不能察，则欲动情胜，而其用之所行，或不能不失其正矣。

偏于畏敬。无忧患，则自不偏于哀矜。故心正而身自修、家自齐者，以齐家之道，修吾身也。离家，无别有修身之方也。以修身之道，正吾心也。离身，亦无别有正心之术矣。故曰：壹是皆以修身为本。然天子而下，以至公侯卿大夫，皆有国，与天下之寄，其本在修身是也。至庶人，则茕茕一身一家，于国于天下何与而通曰壹是，何也？且既曰壹是，则庶人与天子等矣。普天之下，更无一人不是本，亦无一人不当先立其本者，吾是以未能无疑。观今之天下为庶人者，自视太卑。太卑则自谓我无端本之责，自陷其身于颇僻而不顾。为天子者，自视太高。太高则自谓我有操纵之权，下视庶民如蝗蚁而不恤。天子且不能以修身为本矣，况庶民邪？余谓天子有治平之责，故宜修身齐家以为之本。若庶人，虽无治平之任，然亦各有家，亦各有身，安得不修身以齐之？苟不齐，则祸败立至，身不可保，家不可完，又安得不以修身为本邪？故齐家观乎身，天子庶人，壹是无别。由是推之，以治国平天下，直措之耳，无容别有治平术矣。用健曰：既如此，则平天下但说老老、长长、恤孤以尽孝、弟、慈三者足矣，何必更言理睬，更言用人，添出许多政务乎？曰：子但知《平天下章》又说用人，又说理财，不知为政在人，取人以身，用人亦以修身为本也。生财有道则财恒足，理财亦不外修身大道也。试历言之，可乎？夫不察鸡豚，不畜牛羊，不蓄聚敛，惟知好仁好义，以与民同其好恶，而府库自充矣，则名曰理财，实公财耳；名曰生财，实散财耳。如此理财乃所以修身者，何曾添出事耶？断断兮无他技，休休然如有容。人有技，若已有。人彦圣心诚好。名曰用人，实不敢自用耳。名曰取人，实好人之所好耳。如此用人，亦所以修身者，又何曾添出事耶？故曰：壹是皆以修身为本也。

思齐按：清·方苞编《钦定隆万四书文》卷一《大学》中，有黄洪宪《身修而后家齐》一篇，于李贽本篇颇有参考价值。沈季友编《槜李诗系》卷十四碧山学士黄洪宪："洪宪，字懋忠，号葵阳，自称碧山学士。秀水人，隆庆丁卯解元，辛未进士，文名冠天下。选庶吉士，升编修。奉使朝鲜。止携图书数卷。丁丑，江陵以人望，推宪分较礼闱，欲属其子，宪坚避之。历庶子少詹事、侍读学士。当宪初入翰林时，为馆课，辄倾其曹，前辈无敢雁行者。性又严峻，好直言，遂为时忌。万历戊子，主顺天试，取王锡爵子衡为榜首。李鸿又申时行婿也。言者遂以攻宪，下廷臣覆试，文皆如格，事乃白。然宪遂自劾求斥，慰留再四，疏十上，竟告疾归。著有《皇明文宪》、《朝鲜典志》、《銮坡制草》、《学易详说》、《学诗多识》、《碧山学士稿》等书。诗颇俊雅，不多作。其于文特精制艺，神圣工巧，合并为一。评者谓：其体凡三变。初为浑灏踔厉之文，嘉靖辛酉甲子间风气冗弱，先生与同里赵玉虹，独为古学，救之以精练典则。隆庆辛未后，文体复振，皆先生力也。庚寅归里，文益简淡高远。宦成之后，嗜此不厌，文成人争购为奇宝。远方之士，重茧而来，及门数百人，如会稽陶望龄、晋阳王浚初、华亭董其昌、同郡朱国祚、陈懿典、冯梦桢。陶铸甚众，尝曰：'此王制也，即唐之诗，宋之表也。君子有从周之思，切勿视为羔雁。'其持论如此。"

身修而后家齐　合下节　黄洪宪

惟天下无身外之治，则知天下无身外之学矣。夫一身修而齐治均平，胥有赖焉，信乎？修身之学，无贵贱一也。而君子当先务矣。且夫大学之道，皆非外身而为之也。有为身而设者，有自身而推者，而本末先后辨焉。先其本，而天下之道备矣。何则？格致、诚正，皆所以修身，而吾身此理也。推之于民，亦此理也。诚能慎厥身修，而表正之基，已端于在我，则仪刑自近，而亲睦之化用，协于一家，由是家齐而后国可治焉，治以此身而已矣。国治而后天下可平焉，亦平以此身而已矣。盖天下国家，皆非身外物也。物理相因，而莫非一身之联属，故齐治均平，皆非身外事也。事为有渐，而要皆慎修之绪余。此古之明德于天下者，必有所先也。即是观之，而修身之学，非天下之大本乎。是故上自天子之尊，下而至于庶人之贱也，其位虽异，而成己成物之责，实合上下而攸同。故其分虽殊，而端本善则之功，当尽尊卑而一致。天子，有天下者也，然必家齐国治而后天下平焉。则刑于之道，当又有始，而所以笃近举远者，一本诸身而已矣。观天子而下焉者可知也。庶人，有家者也，然惟家齐而可以治国平天下焉，则身先之化，不止于家，而所谓迩之可远者，皆本诸身而已矣。观庶人，而上焉者又可知也。道随分尽，而一身实万化之原；事以势殊，而慎修为作则之本。此大学之道，所以先修身也。既知修身为先务，而格致诚正之功，其可以或后哉？

【方苞评】上下照应之法，至此乃精，嘉靖以前未有也。然皆于实理发挥，自然联贯，是谓大雅后人，徒求之词句间，则陋矣。

6. 大学明心章

怀林曰：人皆言佛氏教人明心，孰知善明心者莫如孔子？《大学·明心章》分明是明心之旨。① 夫心本无物也。若有所忿懥等，既有物矣。有物，安能应物？且既有所忿懥矣，则忿懥在于吾心好乐之来，又何以应之，何也？② 有客常在吾所，主人不得空闲故也。又，忿懥既有所在，在东乎？在西乎？在中乎？在东则西缺，西必以为不正也。

---

① 所谓《大学·明心章》，一般称为《大学·正心诚意章》。元·金履祥《大学疏义》："右传之七章，释正心修身。正心一章，分为两段。前段所以明心不得其正之原。后段所以言心不得其正之弊。朱子于后章总注，又复发明诚意正心工夫之不可缺。夫未诚其意，则此心将复有私邪之流而不自知，是身不可得而修矣。此诚意、正心相为先后，而功不可缺如此也。然而注言正心处，不曰'正心'而曰'存是心'，曰'密察此心'之存否，何耶？心本正也，存之则得其正，舍之则失其正。心无有正、不正之殊，但以存亡为正、不正之异耳，故欲正其心者无他焉，曰操存之而已矣。"

② 《大学·正心修身章》："所谓修身在正其心者，身有所忿懥，则不得其正；有所恐惧，则不得其正；有所好乐，则不得其正；有所忧患，则不得其正。心不在焉，视而不见，听而不闻，食而不知其味。心有不存，则无以检其身，是以君子必察乎此而敬以直之，然后此心常存而身无不修也。此谓修身在正其心。"

在西则东缺，东必以为不正也。在中则东西俱缺，东西必皆以为不正也。从此推之，凡由所在，无不皆然。孰能定其正位乎？故有所忿懥等皆不得其正者，以心如太虚、本无一物、不可以有所在而求之也。如此，则心诚无所在乎？若谓心无所在，视不见，听不闻，食不味，百为皆废矣。今视而见，听而闻，食而知味，神应不匮。如此，又安可谓心遂无所在也？有所在，则不得其正，而不能应物。其为心也，物而不神，非所以正心也。无所在，则遂失其主，而何以应物？其为心也，空而无用，亦非所以正心也。有所在，固非心无所在，亦非心于此明得则心正矣。故曰：此谓修身在正其心，终不言心如何正？盖欲学人自明之耳。予谓：此一章，乃夫子明心图也。伏羲一画，而千画万画，自变《易》而不可穷，是象图也。① 物生而后有象，非吾心之初矣。大禹九畴，而千畴万畴，自《洪著》而可垂法，是数图也。② 象生而后有数，去吾心益远矣，故自古惟心难图，而惟夫子能图之。呜呼！孰知其高出《易》、《范》之上而惟往圣之所不能发者？

7. 中庸言天命之性

《中庸》言天命之性，是命者性之原也。③ 若不知命，则无由知其原，何以为君

---

① 《周易·系辞下传》："古者包牺氏之王天下也，仰则观象于天，俯则观法于地，观鸟兽之文与地之宜，近取诸身，远取诸物，于是始作八卦，以通神明之德，以类万物之情。"思齐按：包牺，即伏羲，又作庖牺、伏戏、宓羲，亦作牺皇、皇羲，或说即太皞氏。

② 《洪著》，即《尚书·周书·洪范篇》。九畴，九种根本大法。宋苏轼《书传》卷上《周书·洪范第六》"'我闻在昔鲧陻洪水，汨陈其五行，帝乃震怒，不畀洪范九畴，彝伦攸斁，鲧则殛死，禹乃嗣兴。天乃锡禹洪范九畴，彝伦攸叙。'汨，乱也。九畴，如草木之区别也。斁，厌也。执一而不知变，鲜不厌者。孔子曰：克伐怨，欲不行焉，可为难矣。好，胜之谓。克治民而求胜民者，必亡治病而求胜，病者必杀人。尧谓鲧：方命圮族。《楚词》云：鲧，婞直以亡身，知其刚愎好胜者也。五行，土胜水。鲧知此，而已不通其变，犬物之方壮，不逹其怒，而投之以其所畏，其争必大。岂独水哉？以其殛死，知帝之震怒也。旧说河出图，洛出书。河图为八卦，洛书为九畴。其传也尚矣。学者或疑而不敢言，以予观之，图、书之文必粗，有八卦、九畴之象数，以发伏羲与禹之知，如《春秋》之以麟作也。岂可谓无也哉？"

③ 《中庸·天命章》："天命之谓性，率性之谓道，修道之谓教。道也者，不可须臾离也，可离非道也。是故君子戒慎乎其所不睹，恐惧乎其所不闻。莫见乎隐，莫显乎微，故君子慎其独也。喜怒哀乐之未发，谓之中；发而皆中节，谓之和。中也者，天下之大本也；和也者，天下之远道也。致中和，天地位焉，万物育焉。"关于天命，朱熹《中庸章句集注》解释如下："命，犹令也。性，即理也。天以阴阳五行化生万物，气以成形，而理亦赋焉，犹命令也。于是人物之生，因各得其所赋之理，以为健顺五常之德，所谓性也。率，循也。道，犹路也。人物各循其性之自然，则其日用事物之间，莫不各有当行之路，是则所谓道也。修，品节之也。性道虽同，而气禀或异，故不能无过不及之差，圣人因人物之所当行者而品节之，以为法于天下，则谓之教，若礼、乐、刑、政之属是也。盖人之所以为人，道之所以为道，圣人之所以为教，原其所自，无一不本于天而备于我。学者知之，则其于学，知所用力而自不能已矣。故子思于此乎发明之，读者所宜深体而默识也。"

子？既知命，则千了百当，而知礼①、知言自在其中矣。② 知命之后，又有知礼、知言之功哉？抑知礼、知言正知命之实下手处也。夫惟天之命，无声无臭，安得有言？言之与命，似无关涉，何以独急？夫子罕言命。乃所以言乎其罕言之命邪？《中庸》言“思知人，不可以不知天”③，百世以俟圣人而不惑。④ 由于知人，则知人故君子要紧处。不知言无以知人，则知言又是其极紧要处矣。今观小人，惟其不知天命，是以不知圣人之善言天而侮之。既不知圣人之善言天，则必能知圣人之为大人而狎之矣。狎大人，不知人也。侮圣言，不知言也。

8.《中庸》一书，皆吾夫子示人知命之学

用相曰：《中庸》一书，皆吾夫子示人知命之学，故首言天命之性⑤，而继之以

---

① 知礼：懂得礼教。《论语·八佾》：“子人太庙，每事问。或曰：‘孰谓鄹人之子知礼乎？入太庙，每事问。’子闻之，曰：‘是礼也。’”又，《论语·述而》：“陈司败问：‘昭公知礼乎？’孔子曰：‘知礼。’”

② 知言：通过言辞而察知真意。《论语·尧曰》孔子曰：“不知命，无以为君子也；不知礼，无以立也；不知言，无以知人也。”朱熹注曰：“言之得失，可以知人之邪正。”又，《孟子·公孙丑上》：“‘何谓知言？’曰：‘诐辞知其所蔽，淫辞知其所陷，邪辞知其所离，遁辞知其所穷。生于其心，害于其政；发于其政，害于其事。’”朱熹注曰：“诐，彼寄反。复，扶又反。此公孙丑复问而孟子答之也。诐，偏陂也。淫，放荡也。邪，邪僻也。遁，逃避也。四者相因，言之病也。蔽，遮隔也。陷，沉溺也。离，叛去也。穷，困屈也。四者亦相因，则心之失也。人之有言，皆本于心。其心明乎正理而无蔽，然后其言平正通达而无病；苟为不然，则必有是四者之病矣。即其言之病，而知其心之失，又知其害于政事之决然而不可易者如此。非心通于道，而无疑于天下之理，其孰能之？彼告子者，不得于言而不肯求之于心；至为义外之说，则自不免于四者之病，其何以知天下之言而无所疑哉？”

③《中庸·问政章》：“故君子不可以不修身；思修身，不可以不事亲；思事亲，不可以不知人；思知人，不可以不知天。”

④《孟子·尽心下》：“孟子曰：“由尧舜至于汤，五百有余岁，若禹、皋陶，则见而知之；若汤，则闻而知之。由汤至于文王，五百有余岁，若伊尹、莱朱则见而知之；若文王，则闻而知之。由文王至于孔子，五百有余岁，若太公望、散宜生，则见而知之；若孔子，则闻而知之。由孔子而来至于今，百有余岁，去圣人之世，若此其未远也；近圣人之居，若此其甚也，然而无有乎尔，则亦无有乎尔。”

⑤《中庸》共分为三十三章，首章为《天命章》，论述天命的性质。朱熹注曰：“右第一章。子思述所传之意以立言：首明道之本原出于天而不可易，其实体备于己而不可离，次言存养省察之要，终言圣神功化之极。盖欲学者于此反求诸身而自得之，以去夫外诱之私，而充其本然之善，杨氏所谓一篇之体要是也。其下十章，盖子思引夫子之言，以终此章之义。”

"惟天之命，于穆不已"①，终复结言之曰"上天之载，无声无臭"。② 至矣，其详言命也如此，其欲人知命也如此，而《中庸》言命，而命又本《中庸》，故以《中庸》立名焉。中者，至正而不偏。庸者，至常而不易。是谓大中至正，常久不易之理。理即礼也，即中庸也，故又曰知礼。知礼即是知中庸，知中庸即是知天命矣。但自其"于穆无朕"而不可窥测者谓命，命则疑于虚。若不言理，则恐或堕于空寂。以空寂言命，岂知命也哉？自其真实不虚而不可抑遏者谓理，理则涉于为。若不言命，则恐或滞于典要③。以典要言理，岂知理也哉？故真知命者，不假言理。何也？虽曰穆也，而实不已；本至空也，而又至实所，以为真空耳矣。真知礼者，不假言命。何也？虽不已也，而又于穆；本至实也，而又至空。所以为妙有耳矣。真空妙有，是谓至诚。不诚，则何物而何贵于命？妙有真空，是谓费隐。④ 不隐，则谁费而安得有礼？今学者但见老子以

---

① "惟天之命，于穆不已"：本是《诗经》中的两句话，出于《周颂·维天之命》，又为《中庸·无息章》所引用。由于该章为《中庸》第二十六章，因此李贽说："而继之以'惟天之命，于穆不已'。"《中庸·无息章》曰："故至诚无息。不息则久，久则征，征则悠远，悠远则博厚，博厚则高明。博厚，所以载物也；高明，所以覆物也；悠久，所以成物也。博厚配地，高明配天，悠久无疆。如此者，不见而章，不动而变，无为而成。天地之道，可一言而尽也：其为物不贰，则其生物不测。天地之道：博也，厚也，高也，明也，悠也，久也。今夫天，斯昭昭之多，及其无穷也，日月星辰系焉，万物覆焉。今夫地，一撮土之多，及其广厚，载华岳而不重，振河海而不泄，万物载焉。今夫山，一卷石之多，及其广大，草木生之，禽兽居之，宝藏兴焉。《诗》云："维天之命，于穆不已！"盖曰天之所以为天也。"于乎不显！文王之德之纯！"盖曰文王之所以为文也，纯亦不已。"

② 这是《中庸》最后一章的最后两句话，因此李贽说："终复结言之曰'上天之载，无声无臭'。"《中庸》共三十三章，最后一章叫做《尚䌹章》。在这一章中，七次引用《诗经》。其文曰："《诗》曰'衣锦尚䌹'，恶其文之着也。故君子之道，暗然而日章；小人之道，的然而日亡。君子之道：淡而不厌，简而文，温而理，知远之近，知风之自，知微之显，可与入德矣。《诗》云：'潜虽伏矣，亦孔之昭！'故君子内省不疚，无恶于志。君子之所不可及者，其唯人之所不见乎。《诗》云：'相在尔室，尚不愧于屋漏。'故君子不动而敬，不言而信。《诗》曰：'奏假无言，时靡有争。'是故君子不赏而民劝，不怒而民威于𫓧钺。《诗》曰：'不显惟德！百辟其刑之。'是故君子笃恭而天下平。《诗》云：'予怀明德，不大声以色。'子曰：'声色之于以化民，末也。'《诗》曰'德𬨎如毛'，毛犹有伦。'上天之载，无声无臭'，至矣！"

③ 典要：不变的法则。《周易·系辞下》："《易》之为书也不可远，为道也屡迁，变动不居，周流六虚，上下无常，刚柔相易，不可为典要，唯变所适。"

④ 《中庸·费隐章》："君子之道费而隐。夫妇之愚，可以与知焉，及其至也，虽圣人亦有所不知焉；夫妇之不肖，可以能行焉，及其至也，虽圣人亦有所不能焉。天地之大也，人犹有所憾。故君子语大，天下莫能载焉；语小，天下莫能破焉。《诗》云：'鸢飞戾天，鱼跃于渊。'言其上下察也。君子之道，造端乎夫妇；及其至也，察乎天地。"朱熹注曰："费，用之广也。隐，体之微也。"

礼为忠信之薄①，不知老子所病之礼，即夫子“与奢宁俭”② 之礼、先进、后进之礼③、子夏礼后之礼耳。岂知吾夫子有“克己复礼”④ 之礼？颜氏子有“博文约礼”⑤之礼，须由约而后会，有克而后复者乎？约而会之，则可以返本而得大德之敦化。克而复之，则可以立本而合天下以归仁。此颜子所以能卓然自立而未尝有所倚也。苟不知礼，其何以立天下之大本乎？是故知礼，要矣。然所以能知礼与命者，以其读《中庸》之书而能知圣人之言也。知圣人之言，则自能知圣人之人。能知圣人之人，则自能知吾心之人、知天下归仁之人、万物一体之人矣。我与圣人、天地、万物，本无别也。如此知人，则礼由此立，命由此出，方可以言君子。故曰：不知命，无以言君子也。晋川曰：审此，则《中庸》其至矣。读《中庸》者，不可以不知言矣。孟子，后圣人而生而能知其言者也。故自谓知言，而窃比于私淑。⑥ 曾子幸而见圣人，得亲闻其言者也，古书之为《太学》⑦，而传之为《中庸》⑧，以授子思。若夫颜子与之语，则不隋与之言，⑨ 则终日无言不说，未尝助我，今无一言在焉，可悲也夫。今所欲知者，仅仅

---

① 《老子·三十八章》：“上德不德，是以有德；下德不失德，是以无德。上德无为而无以为，下德无为而有以为。上仁为之而无以为，上义为之而有以为。上礼为之而莫之应，则攘臂而仍之。故失道而后德，失德而后仁，失仁而后义，失义而后礼。夫礼者，忠信之薄，而乱之首。前识者，道之华，而愚之始。是以大丈夫处其厚不处其薄，居其实不居其华。故去彼取此。”

② 与奢宁俭：与其铺张浪费，不如勤俭节约，语出《论语·八佾》：“林放问礼之本。子曰：‘大哉问！礼，与其奢也，宁俭；丧，与其易也，宁戚。’”

③ 《论语·先进》子曰：“先进于礼乐，野人也；后进于礼乐，君子也。如用之，则吾从先进。”思齐按：先进，先学习后做官。后进，先做官后学习。

④ 克己复礼：克制自己的私欲，使言行合于礼。《论语·颜渊》：“颜渊问仁。子曰：‘克己复礼为仁。一日克己复礼，天下归仁焉。为仁由己，而由人乎哉？’”

⑤ 博文约礼：广泛地学习文化知识，然后又以礼法约束自己。《论语·雍也》：子曰：“君子博学于文，约之以礼，亦可以弗畔矣夫！”又，朱熹《答刘孝章》：“博闻约礼，不可偏废，虽孔子之教、颜子之学，不过是此二事。”

⑥ 孟子受业子思门人，自称为孔子的私淑弟子。《孟子·离娄下》孟子曰：“予未得为孔子徒也，予私淑诸人也。”思齐按：私淑，私下里向自己所宗仰的人学习，没有亲自受过其教育。

⑦ 《太学》：即《大学》。

⑧ 传（zhuàn），动词，进行解释。朱熹认为四书之间的关系如下。《大学》为成年学子首先必读之书，它既具规模，又有节目之详，规定了三纲领、八条目，由《大学》入手，就能够明白学习之目的、内容、步骤和功效，为今后的读书立下间架。《论语》讲述人们日常修德从政的事情，应放到第二步来学习。《孟子》谈论心性，理解上有相当难度，宜于放到第三步来学习。《中庸》为谈玄说妙之书，讲述的是上达处多的学问，探讨的事理论本体方面的问题，因而要放到第四步来学习。坊间不知道这一番道理，以为字数少的经书容易读，字数多的难读，将《中庸》置于《大学》之后，并排成了目前通行的顺序即《大学》、《中庸》、《论语》和《孟子》。李贽认为，《中庸》传（解说）《大学》，系依据民间一般的说法罢了。

⑨ 隋与随，在古书中经常通用。《战国策·魏策三》：“而随以亡。”汉帛书随本作隋。《史记·天官书》：“隋北端兑。”《汉书·天文志》隋作随。《老子·二章》：“前后相随。”汉帛书甲本、乙本随作隋。《墨子·耕柱》：“隋侯之珠。”《文选》李斯《上秦始皇书》李注引隋作随。《庄子·让王》、《展过策·秦策》：“卞随。”《荀子·成相》作“卞隋”。

《学》、《庸》诸书之言耳，而又不知真自弃其人也夫，自畔于礼也夫，自绝其命于天也夫。卓吾曰：知言诚难哉！知人诚不易哉！仲尼之徒及门者三千，最称颖悟，莫如子贡。而夫子有“莫我知”之叹，而子贡不知惭愧，反问何谓其莫知子，则夫子之为人，子贡不能知之矣。是子贡全不知人也，犹庶几望之，而又曰：“子如不言，则小子何述?”① 是子贡又全不知言也。以子贡之贤，尚不知人，尚不知言，则子贡而下，又可知矣。吁！知言诚难哉！人固不易知，知诚不易也哉！

思齐按：子夏礼后，或作子夏礼后问、子夏礼后而问，语出《论语·八佾》：“子夏问曰：‘巧笑倩兮，美目盼兮，素以为绚兮，何谓也?’子曰：‘绘事后素。’曰：‘礼后乎?’子曰：‘起予者商也，始可与言《诗》已矣。’”子夏是孔子的弟子之一，姓卜名商，亦称卜子夏。“子夏礼后”，即子夏曾经问过孔子一个问题：礼乐是否产生于仁义之后。由于这个问题问得很深刻，触及了礼乐的本质，对孔子也有启发，因而孔子表扬了子夏。宋·史绳祖《学斋占毕》卷一《诗逸句》，论及“子夏礼后”，并论及中国古代文学史上的重要问题，特录于此。史绳祖，字庆长，宋眉山（今属四川）人，从魏了翁学。景定三年，为江西提举，改江东。咸淳三年，主管成都府玉局观。

逸诗句

《论语》子夏问《诗》曰：“巧笑倩兮，美目盼兮，素以为绚兮，何谓也?”今考之《硕人》诗中，无下一句。或曰：此乃删去也。余曰：不然。删诗为三百篇，恐不删句。又况夫子以“绘事后素”而答子夏。又曰：“起予者商也，始可与言《诗》”而美子夏“礼后乎”之说。似不应删此句。盖《诗》经秦火之后，逸此一句，而毛、韩诸家不暇证，据鲁论而增入耳。余既为此说矣。后观三山陈善子兼著《扪虱新话》，论及“素以为绚兮”一句，以为孔子删去，且谓“子曰绘事后素”，盖诗人以素比质，以绚为礼。夫君子不可斯须离礼，而曰“绘事后素”，则是礼为后乎。此其害礼者，惟子夏知之，故曰“起予者商也”。今《诗》中无此一句，是夫子因而删之矣。噫！陈善之说，何其无稽也。今考《论语古注》云：绚，文貌，初不以绚比。《礼又注》谓：孔子言“绘事后素”，子夏闻而备知，以素比礼，故曰“礼后乎”。初不以素比质，今以古注证经，则是子谓“绘事后素”，盖谓美女虽有倩盼美质，亦须礼以成之，则“素以为绚兮”一句，正是一章之结语，要当其义与“衣锦尚褧”恶其文之著也意合。孔子以“后素”而发明，子夏以“礼后”而答问。而孔子以为“起予”。杨龟山谓：“非得诗于言意之表，有所不能。”朱晦庵《语解》亦谓：“‘素以为绚兮’一句，此逸诗也。岂可谓之删去耶?”陋儒穿凿经旨，以傅会其臆说，真不自量也。

① 《论语·阳货》：“子曰：‘予欲无言。’子贡曰：‘子如不言，则小子何述焉?’”

9. 圣人言富而可求

圣人言富而可求，又曰如不可求，盖言富贵不当求耳。予谓圣人虽曰“富贵如浮云”，然得之亦若固有；虽曰“不以其道得之则不处”，然亦曰“富与贵是人之所欲”。今观其相鲁也，仅仅三月，能几何时，而素衣霓裘、黄衣狐裘、缁衣羔裘，等至富贵享也。御寒之裘不一而足，裼裘之饰不一而袭。凡载在乡党者，此类多矣。谓圣人不欲富贵，未之有也。而谓不当求，不亦过乎？曰：若言富贵不可求，似亦未安。今世挟诈行私者，恃其才力，往往从微贱，立至富厚，此皆唾手而得，令人歆羡企慕，真可谓富贵之可以智力求也。故吾以谓富实可求，但人自不当求之耳。予谓圣人尊重自然，不肯求人。此见世之营营狗狗、无所不至者，心实厌之，故发为不可求之论云耳。其意盖曰：此皆有命存焉，非可以强求而得也，故曰富如可求，吾亦为之。然其如不可求焉，何哉？今子但见挟其诈力者唾手即可立致，便谓富贵可求，不知天与以致富之才，又藉以致富之势，畀以强忍之力，赋以趋时之识，如陶朱、猗顿辈，程、郑、卓、王孙辈，亦天与之以富厚之资也。是亦天也，非人也。若非天之所与，则一邑之内，谁是不欲求富贵者，而独此一两人也邪？姑以大郡庠士论之，其多者或至千，或至八百。即此八百人者，皆是求富贵利达者也。然至其拖金腰玉，多不过三四十人止矣。此三四十人者以为可求，则此余剩七百五六十人者，必以为不可求矣。果孰为定论乎？由此观之，富之不可求，明矣。求而不得者，固天也，命也；求而得者，亦天也，亦命也。皆非人之所能为也。天则莫之为而为，命则莫之致而至，而乃自取羞辱，可伤也哉！

10. 夫皇皇求财利，如恐后时者，细人之事也

夫皇皇求财利，如恐后时者，细人之事也。故曰：何必曰利，而有仁义而已矣。今者身居大人之位，心有君子之思，而屑屑然与细人同其皇皇，真是可羞！或曰：人生处世，以财为命，一日无财，便去不得。安得不急？但能顺其自然，行其所当然，不贪多，不争兢，于此行财之中，即是行义之地。物我兼得，益见其美，何羞之有？予谓此中亦难言。若果有行义之心，又本是重义之人，则虽终日言利，亦是终日行义也。但此等之人绝少，多是托名行义，而实藉以为利者，比之专意为利者，尤为可羞之甚。而方自以为得计，则益贱耳。故世之君子，只宜抽身财利之外，不染不缁，乃得脱然无累，不得假行义以自托也。然世之所以为财役者，亦起于多欲耳。心志之欲太广，耳目口鼻之好无穷，故匹夫亦不免于聚敛也。其实，一匹之夫，一匹之妇，衣食之供，所费几何？本自易足，而自不肯足，反曰众生以财为命，其没于财也固宜。用健曰：此等势利之人，本无足言，若是圣人，安得有一毫利欲之心哉？予谓此言亦非也。夫圣人，亦人耳。既不能高飞远举，弃人间世，则自不能不衣不食，绝粒衣草，而自逃荒野也。故虽圣人不能无势利之心，虽盗跖不能无仁义之心。故伯夷能让千乘之圣人也，闻西伯善养老，则自北海而往归之。太公本鹰扬之圣人也，时未得志，则自东海而来，就养于文王。皆以为势利故也。淮阴虽长大，而寄食于漂母，利也。陈平，本穷巷，而门外多长者车辙，势也。以此观之，财之与势，故英雄之所必资，而大圣人之所必用也，何可言无也？吾故曰：虽大圣人不能无势利之心，则知势利之心亦吾人禀赋之自然矣。盗跖，至暴横也。然或过孝子之庐则不入，或闻贞士之邑则散去，或平生一受其惠即百计投报之，不少忘。此皆仁义之心根于天性不可壅遏，而谓盗跖无仁义之心，可乎？吾故曰：虽盗跖亦有仁义之心，但就其多寡论之，于是乎有圣人，又有盗跖，遂至悬绝耳。若五分势利，五分仁义，便是中人。中人可移而上下，故习不可不慎，习与盗跖居，则所闻所见皆盗跖，而终身遂为盗跖。习与圣人居，则所闻所见皆圣人，而终身遂为圣人。故天下惟中人最多，亦惟中人可移。此圣人所以重于习也，而师友之所系为不轻矣。若夫上智下愚之不移者，亦岂必十分仁义而后为上智，十分势利而后为下愚哉？但于势利上加一分，便不可移而之上。但于仁义上加一分，便不可移而之下。盖此一分者，皆天之所独厚上智，而使之不可移也。势利加一分，便是中人以下，亦是天之所厚下愚，而使之不可移也。故上智下愚只争一分耳。上智，虽曰只重一分，然即此一分，便有泰山之重，不可动摇，矧可移夺耶？下愚之势利，虽曰只重得一分，然即此一分，便有河海之深，不可倾竭，矧可移夺耶？故曰：豪杰之士，虽无文王，犹兴自能学而时习、传而必习也。又曰：吾末，如之何也矣？所谓虽圣人与居，不能化而入也，而自染同恶以相济，积习以至此矣。是亦习也，习之而愈上不可复下，习之而愈下不可复上，遂亦各成就，至于十分耳。故曰：习相远也。此又上智下愚之不可移者之所习然也。呜呼！其初也，本只有一分之差，若不远而甚近，故曰：性相近，而其终遂至于十分差别，一为圣人，一为盗跖，天渊悬绝也如此。吾子无他度量，只自度其一分者，是多一分势利乎？抑多一分仁义乎？多则不可移易矣，不多而仅仅五分，无有轻重，是正可移易，是正可习，吾大为吾子喜之。

11. 今言德性即是问学

晋川曰：德性问学，前辈分作两事，所以有朱陆之辨。今言德性即是问学，似信不及。且德行既尊一了百，当何又有许多枝节？广大精微，安在何处？温故敦厚，何处下手？如此修德，只了得自家，何便能宜于上下，关国兴败？既以身当国，又何得自保其身？明哲保身，如公似矣，又何宜于天下国家乎？终日勤劬，手不停披，自不废卷，问学道矣，又安在其尊德行乎多少？不知问学者，其居上为下，或语或默，亦自合时；而迂阔道学，执古板，任己见，激变致忿，予窃惑焉。且今守空寂者，闭目凝神，通不理会问学，是又何说？而号为道学者，人各守门户，以粗心浮气为广大，以琐屑细务为精微，以卑己畏人为不骄，以怕事徇人为不倍，以负气多言为兴邦，以包修忍辱为能容，以全身苟免为保身之名哲，又何贵欲学，而又何益于天下国家也？卓吾曰：人之德性，本自至尊无对，所谓独也，所谓中也，所谓大本也，所谓至德也。然非有修道之功，则不知慎独为何等，而何由致中？何由立本？何由凝道乎？故德性本自至尊无对也。然必由问学之功以道之，然后天地之间至尊志贵、可爱可求者，常在我耳。故圣人为尊德性，故设许多问学之功；为慎独致中，故说出许多修道之教；《中庸》一书，皆圣人修道之教也，道问学之事也。此道问学与尊德性，所以不容有二也。岂可谓尊德性、便不用道问学乎？正欲人道问学，以尊吾之德性耳。是故德性，本至广也，本至大也，所谓天下莫能载是也。而又至精焉，至微焉，精则虞廷之惟精，微则虞廷之惟微，而《中庸》亦曰“夫微之显”，曰“莫显乎微”。其所以状吾德性之精微者，至矣！极矣！夫广大也，而又精微，不可以见吾德性之尊乎？德性，本至高也，本至明也。虽昭昭之天，不足以比其明；苍苍之天，不足以拟其高者也。而又至中焉，至庸焉。中则无东西南北之可拟，无方所定位之可住，是故不得已焉，强而名之曰中。中则人皆可能，诚则本自无息，所以为万世不易之常，千古不朽之德者在是，非庸而何？夫高明也，而又中庸，又不可以见德性之尊乎？德性之来，莫知其始，是吾心之故物也，是由今而推之始者，然也，更由今而引之，以至于后，则日新而无蔽。今日新也，明日新也，后日又新也。同是此心之故物，而新新不已，所谓“日月虽旧，而千古常新”者是矣。日月且然，而况于德性哉？其常故而常新也如此，又不可以见德性之尊乎？薄厚如地，虽足为厚，未足比吾德性之厚也，是尤为自上而之下也。更由下而之上，则可以筑九层之台也，可以造凌霄之宫也，可以建凌霄之阁也。所谓弥坚而愈不可钻，又极高而愈不可仰者矣。何其所厚者，愈敦愈固？其所谓礼者，又日隆日崇乎？是谓忠信之足以进德也，充实之可以辉光也，教化之自然川流也，德性之尊又不可以见乎？合而观之，皆德性也。而人不知所以尊之，是故有道问学之功焉。苟不知问学之功，则广大谁为之致？精微谁为之尽？高明谁为之极？中庸谁为之道？而所以温，而所以敦，又谁为之哉？故圣人重问学焉。重问学者，所以尊德性也。能尊德性，则圣人之能事毕矣。于是焉或欲经世，或欲出世，或欲隐，或欲见，或刚或柔，或可或不可，固皆吾人不齐之物情，圣人且任之矣。故曰：以人治人，若夫不骄不倍，语默合宜，乃吾人处世常法。此虽不曾道问学而尊德性者，或优为之，故圣人之意若曰：尔勿以尊德性之人为异人也。彼其所为，亦不过众人之所能为而已，人但率性而为，勿以过高视圣人之为可也。尧舜与途人一，圣人与凡人一。自今观之，文王非大圣人乎？羑里之囚，身几不保。虽文王，亦有时而不知默之足以容也。幸而有散宜生辈，独出奇计，脱西伯于虎口。然身虽幸免，又不免陷君于不义矣。且夫子自谓居上不骄是也。夫居上犹不可骄也，况隐而在下者乎！然孺悲不见足矣，胡为乎取瑟之歌。阳货不拜足矣，胡为乎瞰亡之往？谓夫子为骄，固不可；谓为不骄，吾亦未敢信也。以此见圣人，若论处世，亦多有不合众人议论处矣。然亦何足以窥圣人？有何足以病圣人乎？独保身之云，独明哲之云，学者似未可遽以藉口也。盖此谓危邦不入，乱邦不居者云耳。若既食君之禄，仕人之国，则国尔忘家，公尔忘私，其义也。岂可嘿嘿以取容，而曰我欲为明哲乎？且夫子又不曰：臣事君以忠；事君，敬其事，而后其食。事君能致其身乎？彼道学者，独窃此以自文，是贼道矣。噫！欲处世而身致治平者，恐别有经论之学在，未可以《大学》之道为迂缓而不讲也。

12. 保身之说，非但不可言之于口，而亦不可萌之于心

方今圣天子在上，贤公卿在下，食禄任职，报主竭忠。保身之说，非但不可言之于口，而亦不可萌之于心。若有此心，便是不忠。此何时也？岂春秋时邪？夫子不幸而当其时，故惓惓以明哲为言。然比干剖心，夫子且大以为仁，岂可遂谓夫子好明哲，而复责比干，以不能保身欤？况今又何时矣！只可责食禄者，或未尝有尊德性之功，则可苟能尊德性矣。而曰不能委身事君者，未之有也。大抵身家之念重，则君父之念轻；或名义之念重，则君父之念亦轻。虽有高下，其为不念君父一也。以故情义不通，上下间隔，古今皆然。谁肯自任其咎乎？此尊德性之功，所以不可不亟也。若力小而任不称，年高而志昏惰，苟不知归，则贬斥随之矣。此于明哲本无交涉也。大抵《中庸》一书，专言尊德性之事，此则尧舜以来相传之学，夫子不能异也。《大学》一书专言大人之学，虽庶人，未尝不明明德于天下者。此则夫子独得之学，千古圣人不能同也。

13. 《论语》言“有知、无知”，亦是明心图

怀林曰：若说《大学·正心》是圣人明心之图①，则《论语》言“有知、无知”亦是明心图矣。今圣人曰：吾有知乎哉？是以有知自疑也。曰：无知也，是又若以无知自信也。有知无知，皆不敢知。如此，何以故？盖若说我为有知欤，则鄙夫有问，我实空空如而若无一知识在心者，似若不足以答鄙夫之问也。若说我为无知欤，则扣两端而与之竭。虽我，又不知其从何而来矣。然而，为我为有知不可也，谓吾为无知亦不可也。此亦夫子明心之图也。果然否？予谓：若如此说，则夫子到处皆是明心以示人者，盖心原是无方所之物，故不可有所而求，又不可以无所而得。心亦原是无知识之物，故不可执以为有知，亦不可执以为无知，惟在人默而识之，则知有所无、有所知。无知，真何有于我也哉？

14. 天下之事，合义则已

天下之事，合义则已，故圣人曰：义之于比，则君子之于天下也。义以为质焉，尽之矣，何故又说礼行？又说逊出？又说信成？不既赘乎？曰：单言义，则四德皆具，故义为总名，如《乾》之有四德是也。今各举言之，正所以尽义之用耳。夫天下之事，固有在我以为宜、而在彼或不宜者，则礼不顺矣。礼者，人人各具，人人不同。如满堂宴笑，而一人独有向隅之泣，亦未为各得其所也，故必礼以行之，而后彼我皆得，众志皆洽。既得而洽之矣，若显然自以为功，是不逊也，故必逊以出之。而让美与人，吾不见其为美也；推功与人，吾不知其为功也；则无义之名，无礼之名，是谓委曲逊出，令人不觉斯善矣。若此者，盖出自真心，本自实意，成始成终，表里若一，是主之以忠信

---

① 《大学·正心修身章》：“所谓修身在正其心者，身有所忿懥，则不得其正；有所恐惧，则不得其正；有所好乐，则不得其正；有所忧患，则不得其正。心不在焉，视而不见，听而不闻，食而不知其味。心有不存，则无以检其身，是以君子必察乎此而敬以直之，然后此心常存而身无不修也。此谓修身在正其心。”

也。岂不君子其人哉？盖天下惟让德为难，故夫子曰："能以礼让为国乎？何有？"① 由也不让，是以哂之。盖能让，则天下无复事矣。今观夫子，平日惟说"当仁不让"而已，可知当仁之外，更无一事不当让也。自今观之，伯夷、泰伯宜有国者也，此二子之义也。然太王有立季历之心，孤竹君有欲后叔齐之意，二子若执嫡长以为义，则太王、孤竹之心不遂，而二子欲顺，太王、孤竹之礼拂矣。故决之于礼，则泰伯绝不宜承宗庙之统。若显然推之于季历，则恐太王或未安。此委曲以从礼，尤人子所难者，故至于披发佯狂，逃窜蛮荆，使季历有得国之实，太王无欲传之名，而泰伯又无让国之迹。此义之尽而礼之精，委曲逊让，天下不识，古今不识，非伯之所可望明矣。伯夷只可言让，不可言能让，非逊也，须是连让亦让，方是逊。然此只就让国一事言之耳，凡事皆然，宁独让国？若子房借汉祖以为韩，义也，而卒竭谋以成汉祖之业，则礼之行也，符于义。终焉辟谷不食，而辞万户之封，则逊之出也，协于礼，终始一心，诚信无伪，故汉祖独深心信之而不疑。呜呼！此非君子处世之大法哉？使韩信当其时，即能让王而取淮阴，又何有赤族之惨邪？或曰：淮阴当年非但不让，亦且无礼矣。假王之请于礼，何在？予谓：淮阴非但无礼，亦且无义矣。固陵之约，信已不至，非汉祖听留侯之说，先封爵邑，则垓下之事，未可知也。故一得则四善兼得，一失则连义亦失，让其可少欤？孟子曰："辞让之心，礼之端也。"则让乃礼之大者，古今天下以让而得，以不让而失者多矣。呜呼！可不让欤？让又是美德，又可以不让欤？连让亦让，始为泰伯，始为逊出。呜呼！至矣尽矣，无以复加矣，万全无患矣，真实有利矣。

思齐按：乾有四德，系易学中的说法，指《乾卦》卦辞中所说的"元、亨、利、贞"之四项。它们是对《乾》的基本性质之描述。宋·李杞《用易详解》卷一《上经》一《乾坤》对此有较为详尽的论述，颇有参考价值。李杞，字子才，一作子材，号谦斋，南宋眉山（今属四川）人，仕履未详，所作《用易详解》二十卷，今存十六卷。此书之名，多误作《周易详解》。

《彖》曰："大哉乾元，万物资始，乃统天。云行雨施，品物流形，大明终始，六位时成，时乘六龙以御天，乾道变化，各正性命，保合太和，乃利贞，首出庶物，万国咸宁。"

统天者，元之妙也。御天者，亨之功也。各正性命者，利、贞之用也。万国咸宁者，是又四德之见于治焉者也。大哉乾元，言乾之大，以有元而已。元者，一之理，而一犹未形也。自元而为一，一生二，二生三，三生万物，万物并作，皆取资于一。元以为始，老子所谓"无名天地之始"是也。夫至实者，以虚为用；有形者，以无形为用。自形器观之，则天固大矣。而自元观之，则天未免于一物也。一元之气，运乎造化之表，以天地之大，犹入范围之内，而不可踰。此统天者，所以为元之妙也。然元不可见，而万物之所以资始者，何所取哉？亦不过云行雨施而

① 礼让为国：以礼让精神治理国家。《论语·里仁》子曰："能以礼让为国乎？何有！不能以礼让为国，如礼何？"

已。云行雨施者，乾元之功用，散而为亨者也。云气上升，雨泽下施，而品汇之物，各流形于天地之间，则其亨亦大矣。自元而至于亨，自亨而至于利，自利而复于贞，始而终，终而始，循环之道也。六位者，自初至上，各有其时，六爻之位也。圣人明终始之道，因六位之成，以乘六气之运，潜见飞跃，各得其时，故能成御天之功。御天与统天不同。统之者，天为所囿；御之者，进退惟其所适而已。此御天者，所以为亨之功也。自元而亨，乾道成矣。于是变化代兴，万物并作，而各正其性命。夫自无入有而为变，自有入无而为化，自无入有即元而亨、亨而利之谓也。自有入无，即利而复于贞之谓也。万物皆有委和之性，保而合之，以不失其自然之初。此各正性命，所以为利、贞之用也。乾有四德而为乾，圣人亦有是四德而为圣人。圣人者，体乾以应世者也。故首出乎庶物之上，而万国莫不咸宁，亦不过顺其性命而已。昔，舜问尧曰："天王之用心，何如？"尧曰："吾不虐无告，不废困穷苦死者，嘉孺子而哀妇人，此吾所用心已。"舜曰："美则美矣，而未大也。"尧曰："然则，何如？"舜曰："天德而出宁，日月照而四时行，若昼夜之有经，云行而雨施矣。"尧曰："胶胶扰扰乎。子，天之合也。我，人之合也。"夫舜之所谓天德出宁，其《易》之所谓"首出庶物，万国咸宁"之义欤！

15. 《关雎》之诗①

《关雎》之诗,未得则辗转反侧,寤寐思求,其神伤也。既得则钟鼓琴瑟,乐之不厌,其乐淫也。夫子反曰"不淫"、"不伤"②,何哉？曰:此则有恫乎之说也。非夫人之为恫,而谁恫？然则《关雎》,乐之淫也,而自不得谓之淫。哀之伤也,而自不得谓之伤也。

16. 今之言政、刑、德、礼者

今之言政、刑、德、礼者，似未得礼意，依旧说在政教上去了，安能使民格心从化也？彼盖但知礼之为中，齐之为齐。中则不可使人有过不及之差，齐则欲齐人之所不齐，以归于齐。夫天下之大也，万民至众也，物之不齐，又物之情也。中无定在，又孰能定其太过而损之？定其不及而益之也？若一一而约束之，整齐之，非但日亦不给，依旧是走在政教上去矣。彼政教正所以不能使民格心归化者，正以条约之密，无非使其就吾之条理而约束之。于中齐不齐，而使之无太过不及之病也。是欲强天下使从己，驱天下使从礼，人自苦难而弗从，始不得不用刑以成之耳。是政与刑自是一套俗吏之所为也，非道之以德者之事也。然不知是如何乃为道民以德者之礼乎？礼又如何去齐得他？若曰齐其所不齐，则强其所难，拂民之性，如何便肯格心？予谓：此问极好，此疑极是。盖道之以德，则为民上者，纯是一片孝弟慈真心。既以其躬行实德者道之于上，则

---

① 《国风·周南·关雎》是《诗经》的首篇："关关雎鸠，在河之洲。窈窕淑女，君子好逑。参差荇菜，左右流之。窈窕淑女，寤寐求之。求之不得，寤寐思服。悠哉悠哉，辗转反侧。参差荇菜，左右采之。窈窕淑女，琴瑟友之。参差荇菜，左右芼之。窈窕淑女，钟鼓乐之。"

② 《论语·八佾》:"子曰:'《关雎》,乐而不淫,哀而不伤。'"

为下者，既自耻吾之不能孝弟与慈矣，而上焉者又不肯强之使从我，只就其力之所能为，与心之所欲为，势之所必为者以听之，则千万其人者，各得其千万人之心；千万其心者，各遂其千万人之欲。是谓物各赋物，天地之所以因材而笃也。所谓万物并育而不相害也。今之不免相害者，皆始于使之不得并育耳。若肯听其并育，则大成大，小成小，天下更有一物之不得所者哉？是之谓至齐，是之谓以礼。夫天下之民，各遂其生，各获其所愿，有不格心归化者？未之有也。世儒既不知礼为人心之所同然，本是一个千变万化活泼泼之礼，而执之以为一定不可易之物，故又不知齐为何等，而故欲强而齐之，是以虽有德之主，亦不免于政刑之用也。吁！礼之不讲久矣。《平天下》曰："民之所好，好之；民之所恶，恶之。"① 从民之欲，而不以己之欲，是之谓礼。礼则自齐，不待别有以齐之也。若好恶拂民之性，菑必待乎身，况得而齐之邪？

17. 明善诚身，择善固执，知止能得，知至易诚

《中庸》言"明善"、"诚身"②，又曰"择善"、"固执"。③《大学》言"知止"、"能得"④，又曰"知至"、"易诚"。⑤ 虽以颜子之学，亦止⑥曰择中庸，而得一善则拳拳勿失而已。然则学问之道，知及仁守尽矣。何故又说"庄以莅，动以礼"乎？曰：此谓临民、动民者言也。临民，则有上下之分。不庄，则民慢而上下无体。动民，则有

---

① 语出《大学·絜矩章》，其中讲到平天下之道理，但该章的正式名称并不叫做《平天下章》。如此称呼，仅为一般所习用而已。《大学·絜矩章》："《诗》云：'乐只君子，民之父母。'民之所好好之，民之所恶恶之，此之谓民之父母。"朱熹注曰："《诗·小雅·南山有台》之篇。只，语助辞。言能絜矩而以民心为己心，则是爱民如子，而民爱之如父母矣。"

② 明善、诚身，系对《中庸》里一段话的归纳。《中庸·问政章》："诚身有道：不明乎善，不诚乎身矣。"朱熹注曰："此又以在下位者，言素定之意。反诸身不诚，谓反求诸身而所存所发未能真实而无妄也。不明乎善，谓未能察于人心天命之本然，而真知至善之所在也。"

③ 择善、固执，并不出于《中庸》本文，而出现于朱熹所作的传疏之中。《中庸·问政章》："果能此道矣，虽愚必明，虽柔必强。"在这一段话的下边，《中庸章句集注》有云："明者，择善之功。强者，固执之效。吕氏曰：'君子所以学者，为能变化气质而已。德胜气质，则愚者可进于明，柔者可进于强。不能胜之，则虽有志于学，亦愚不能明，柔不能立而已矣。盖均善而无恶者，性也，人所同也；昏明强弱之禀不齐者，才也，人所异也。诚之者，所以反其同而变其异也。夫以不美之质，求变而美，非百倍其功，不足以致之。今以卤莽灭裂之学，或作或辍，以变其不美之质，及不能变，则曰天质不美，非学所能变。是果于自弃，其为不仁甚矣！'"

④ 知止、能得，并不出于《大学》的本文，而是对其中一段话的概括。《大学·圣经章》："知止而后有定，定而后能静，静而后能安，安而后能虑，虑而后能得。"朱熹注曰："止者，所当止之地，即至善之所在也。知之，则志有定向。静，谓心不妄动。安，谓所处而安。虑，谓处事精详。得，谓得其所止。"

⑤ 知至、易诚，并不出于《大学》的本文，而是对其中一段话的概括。《大学·圣经章》："物格而后知至，知至而后意诚，意诚而后心正，心正而后身修，身修而后家齐，家齐而后国治，国治而后天下平。"朱熹注曰："物格者，物理之极处无不到也。知至者，吾心之所知无不尽也。知既尽，则意可得而实矣，意既实，则心可得而正矣。修身以上，明明德之事也。齐家以下，新民之事也。物格知至，则知所止矣。"

⑥ 止：副词，仅仅，只是。

教学之益。非礼，则不当而教学难施。故虽知及仁守，于己所学，有实造矣。若概以简易佚乐临之，谓无事可以坐致太平，谓酣醉偃卧可令齐国东海大治，此则子桑伯子之简①，夫岂不可！然其人不敬，何哉？故曰“无为而治”，又曰“恭己南面也”至于教学而相长，全要因材而笃，所谓礼也。若可以语上而语，不可以语上而又与之语，皆是违时失机，不中礼矣。故曾子能唯，即呼而告之一贯，子贡能疑，故设多学多识，而使之自然自非。此皆吾夫子动人以礼处，所谓相时而动，不累学人者也。惟颜子一人，则克己复礼之训，博文约礼之训，不一而足。

18. 志道据德，依仁游艺

志道据德，依仁游艺，何谓也？曰：此即“知而好，好而乐”之谓也。② 夫志于道，则志有所在而不迁矣。犹未得也，得则谓之德。有得则谓之德，有得则可据之以为守也。仁则由中以发外，本是吾之固有，吾但依而行之足矣。夫岂他人所能夺，吾据而守之邪？然曰“依”，则尚见有仁。曰“仁”，则尚见有己，未忘也。夫杂物撰德，皆仁之地；百为泛应，皆仁之施。何莫非仁者而乃依仁邪？故日用应酬，但有艺事；出往游衍，但与艺游。无他道也，无他德也，无他仁也。所谓两忘，则自然好而乐之矣。故曰：好之者不如乐之者。孔子乐在其中、颜子乐而不改者，此也。所以寻仲尼、颜子乐处者，寻此者也。呜呼，尽之矣！

19. 《大学》言诚意，必先之以致知

《大学》释“诚意”，即首言：“如好好色，如恶恶臭”。③ 盖即此以比好恶之真实

---

① 子桑伯子，人名。《论语·雍也》：“仲弓问子桑伯子。子曰：‘可也，简。’仲弓曰：‘居敬而行简，以临其民，不亦可乎？居简而行简，无乃大简乎？’子曰：‘雍之言然！’”子桑伯子是春秋末年的隐士，与孔子同时，生活崇尚简约。朱熹《论语章句集注》认为子桑伯子为鲁国人。西汉刘向《说苑·修文篇》：“简者，易野也，易野者，无礼文也。孔子见子桑伯子，子桑伯子不衣冠而处。弟子曰：‘夫子何为见此人乎？’曰：‘其质美而无文，吾欲说而文之。’孔子去，子桑伯子门人不说，曰：‘何为见孔子乎？’曰：‘其质美而文繁，吾欲说而去其文。’故曰：文质修者谓之君子，有质而无文谓之易野。子桑伯子易野，欲同人道于牛马。故仲弓曰太简。上无明天子，下无贤方伯。天下为无道，臣弑其君，子弑其父，力能讨之，讨之可也。当孔子之时，上无明天子也。故言‘雍也可使南面’。南面者，天子也。雍之所以得称南面者，问子桑伯子于孔子，孔子曰：‘可也，简。’仲弓曰：‘居敬而行简，以道民，不亦可乎？居简而行简，无乃太简乎？’子曰：‘雍之言然。’仲弓通于化术，孔子明于王道，而无以加仲弓之言。”

② 《论语·雍也》：“子曰：‘知之者，不如好之者；好之者，不如乐之者。’”

③ 《大学·诚意章》：“所谓诚其意者：毋自欺也，如恶恶臭，如好好色，此之谓自谦，故君子必慎其独也！”朱熹注曰：“恶、好上字，皆去声。谦读为慊，苦劫反。诚其意者，自修之首也。毋者，禁止之辞。自欺云者，知为善以去恶，而心之所发有未实也。谦，快也，足也。独者，人所不知而己所独知之地也。言欲自修者知为善以去其恶，则当实用其力，而禁止其自欺。使其恶恶则如恶恶臭，好善则如好好色，皆务决去，而求必得之，以自快足于己，不可徒苟且以殉外而为人也。然其实与不实，盖有他人所不及知而己独知之者，故必谨之于此以审其几焉。”

不欺处，使人知此是诚意。诚即实也。如此是独知。独知，即自不敢欺也。不欺，则意诚矣。不欺己，则慊于己。不欺心，则慊于心。不欺人，则志不至于消沮闭藏，而无恶之可掩矣。不患千目而视、千手而指矣。而何有于十视与十指邪？何等安闲！何等自在！身亦由此正，身亦由此修，所谓一了百了者是也。而其原只于不欺，此独知之一念耳。一念之动者意也。意之诚也，不欺邪？自欺邪？吾独知之；而天下之人，又皆知之；后世之人，又皆知之。何也？以此意之同也。故即此独知之中，实为天下后世同知之地。既为天下后世之所同知，而又何以欺为邪？而又乌用欺人为邪？是以治平君子，举此加彼不难矣。孟子告齐宣曰：毋以好色为疾也。王惟真知吾之好色，则一国之男女皆得所矣。毋以好货为疾也，王惟真知吾之好货，则一国之衣食皆有余矣。又毋以好勇为疾也。王苟真知吾之好勇，则一怒而一国之民举安。民唯恐王之不好勇矣。① 此类而推，王若无疾则已，倘别有他疾，皆是自独知而来，皆是自真真心意所发而来，不肯一毫瞒人者，非意诚而何？夫人正赖有此实意，有此真知，故能推以及人，与人同其好，与人同其恶，便是王政了矣。使齐王自以为疾而欲去之，又安肯容人之疾？而又安肯容百姓之疾邪？既而自己之疾，又不能去，终不免瞒昧以过日。百姓之疾，又欲如法以去之，而曰尔何以好色、好货、好勇，而犯吾之所疾恶为也？吁！岂非起于自欺之一念，而意不诚之故哉？故君子莫先于诚意焉。意诚，则有可推之地。由此而齐家、治国、平天下，直推之而已。故能推，即是修身。推之以及人，即是齐家、治国、平天下之功效，再无别有修之功，齐之功，治之功，平之功也。好者推之以同其好，通天下亘万古此好同也。恶者推之以同其恶，通天下亘万古此恶同也。故意诚，则推之自有余矣。推之者，强恕之道也，取譬之道也，勿施之道也，絜矩之道也。故夫子不许子贡以勿施而自谓慥慥②，君子惟在真知，吾之未能，而不敢不勉焉。则圣人亦犹人也，无自欺而已。圣人之治平，无异术也，亦惟善推其所谓“毋自欺”者而已，则［毋］（无）自欺要矣，意诚本矣，独知之知之不可欺甚矣。然而人终不免于欺此独知者，何哉？则以

---

① 寡人有疾，寡人好色。寡人有疾，寡人好货。寡人有疾，寡人好勇。均出自《孟子·梁惠王下》。朱熹《孟子章句集注》：“愚谓此篇自首章至此，大意皆同。盖钟鼓、苑囿、游观之乐，与夫好勇、好货、好色之心，皆天理之所有，而人情之所不能无者。然天理人欲，同行异情。循理而公于天下者，圣贤之所以尽其性也；纵欲而私于一己者，众人之所以灭其天也。二者之间，不能以发，而其是非得失之归，相去远矣。故孟子因时君之问，而剖析于几微之际，皆所以遏人欲而存天理。其法似疏而实密，其事似易而实难。学者以身体之，则有以识其非曲学阿世之言，而知所以克己复礼之端矣。”李贽文中的这几句排比，是对《孟子》文句的演绎。

② 慥慥：忠厚诚实的样子。唐·权德舆《送别沅汎》诗：“念尔强学殖，非贯早从师。温温禀义方，慥慥习书诗。计偕来上国，宴喜方怡怡。经术既修明，艺文亦葳蕤。伊予谅无取，琐质荷洪慈。偶来贰仪曹，量力何可支？废业固相受，避嫌诚自私。徇吾刺促心，婉尔康庄姿。古人贵直道，内讼乖坦夷。用兹处大官，无乃玷清时。羸车出门去，怅望交涕洟。琢磨贵分阴，岁月若飙驰。千里起足下，丰年系镃錤。苟令志气坚，伫见缨佩随。斑斓五彩服，前路春物熙。旧游忆江南，环堵留蓬茨。湖水白于练，莼羹细若丝。别来十三年，梦寐时见之。宠荣忽逾量，荏苒不自知。晨兴愧华簪，止足为灵龟。遐路各自爱，大来行可期。青冥在目前，努力调羽仪。”

不知此独知之真实故也。故《大学》言诚意，而必先之以致知。呜呼！致知焉，尽之矣。

《李温陵集》卷十八

《李温陵集》卷之十九　《道古录》

明·李贽撰

海虞后学顾大韶仲恭校

20. 舜好问已，而又好察

舜好问已矣，而又好察是矣。而所察者，又是其极迩之言。谓之曰“好问”，则自四岳、九官、十二牧，以至刍、荛、工、瞽，无不好问，可知也。而未必皆其所好察也。惟是街谈巷议，俚言野语，至鄙至俗，极浅极近，上人所不道、君子所不乐闻者，而舜独好察之，以故民隐无不闻，情伪无不烛，民之所好，民之所恶，皆晓然洞彻，是民之中所谓善也。夫善言，即在乎迩言之中，则迩言安可不察乎？曰：察则不止于问。曰：察则不止于好问。然则，圣人之于迩言善矣。夫惟以迩言为善，则凡非迩者必不善，何者？以其非民之中，非民情之所欲，故以为不善，故以为恶耳。非真如今人所谓妨政蠹民之恶也。既知其为恶，则隐而置之不复用。既知其为善，则扬而举之，以用其中于民。隐恶扬善，两端之执也。用中于民，圣人无中，以民为中也。夫民之所欲，天必从之。况居民上而为天子者哉？天之立君，所以为民。舜惟日夜思所以用民之中，俾之无有失所欲者，安得不遑遑焉，而惟迩言是察也。察言者止于近言，何以成智？又何以成大智？盖言而曰近，则一时之民心，即千万世之人心，而古今同一心也。中而曰民，则一民之中，即千万民之中，而天下同一民也。大舜无中，而以百姓之中为中，大舜无善，而以百姓之迩言为善，则大舜无智，而惟合天下通古今以成其智。夫智而至于合天下通古今也，其谓小智乎？大智乎？当自知之矣。故曰：舜其大智也。

21. 精则隐怪不能惑，健则半途不能废，神则出有入无，窥乎太始，而能为天地之先

“索隐”，则智者欲其过“行怪”，则贤者欲过之。① 既隐既怪，自然与世不同，自然超出寻常之外。天下后世，自然有称述之者矣。故夫子曰：“吾弗为。”以其用心于不必用之地，无益于百姓之日用也。日用者，中庸也。本无名，又乌用有述为哉？然天

① 《中庸·素隐章》：“子曰：素隐行怪，后世有述焉，吾弗为之矣。”朱熹注曰：“素，按《汉书》当作索，盖字之误也。索隐行怪，言深求隐僻之理，而过为诡异之行也。然以其足以欺世而盗名，故后世或有称述之者。此知之过而不择乎善，行之过而不用其中，不当强而强者也，圣人岂为之哉！”

下之事，非名则谁述？无述则谁为？故君子虽以学道为事，尊道为功，然既无赫赫之名，而能淡然无厌者鲜矣。此又不免半途之废矣。① 故夫子曰："吾弗能已。"以此自学，则不敢厌，以此诲人则不敢倦。② 若赐之愿息，求之自画③，我无是也。我惟依乎中庸而已。循吾未发之中，执吾不易之庸，虽无有一人称述我者，直至于遁世而不我知也。④我亦不因之自悔而遂废于半途。此则夫子之事，而夫子不以自居，故又曰："虽圣者能之。"意盖曰：必如是而后为君子之能依于中庸也。然而未可以遂责之君子也。必也圣人乎？所谓非天下之至精，不足以与此，精则隐怪不能惑矣。非天下之至健，不足以与此，健则半途不能废矣。非天下之至神，不足以与此，神则出有入无，窥乎太始，而能为天地之先矣。此虽至平常，至简易，为百姓之所与能，而非圣人则绝不可能者。故曰：惟圣者能之。

22. 若中庸者，费矣而隐

既说惟圣者能，则不必曰中庸不可能。盖惟中庸不可能，故非圣人则不必能圣人之能，能其所不可能者耳。今天下之事，凡可以容吾力者，人无不竭力以为之。如天下之均，爵禄之辞，白刃之蹈，此皆世间第一等难能之事。然以天下之众，而能使之均平若一人，以天下之大与之而不屑受，此固难矣，犹谓所重者身耳。至于白刃之蹈，则生死且不顾，亦度外物矣。即此三者，人皆可能。可见天下无不能之人，人无不能之事。凡稍可致力，人争勉焉，则以可能故也。若中庸者，费矣而隐。已隐，则虽神眼，不能窥微矣。又显，既已显，则虽神力莫能遏。其奈之何哉？故曰：不可能也。又曰：中庸其至矣乎？民鲜能久矣。又曰：虽圣人，亦有所不能焉。盖世人但知百姓与夫妇之不肖不能，而岂知圣人之亦不能也哉。故告之曰：尔勿谓圣人能是也。自我言之，圣人所能者，夫妇之不肖可以与能，勿下视世间之夫妇为也。此一"与"字下得甚妙。若说夫妇所不能者，则虽圣人亦必不可能，勿高视一切圣人为也。此一"虽"字下得又甚妙。盖道有至者，中庸则道之至也。至则决不可以智力勉强而能，故说莫能载、莫能破、上下察等。若曰非但圣人所不能也，虽天地亦且不能。若不极言其至，非但夫妇可与能

① 《中庸·素隐章》："君子遵道而行，半途而废，吾弗能已矣。"朱熹注曰："遵道而行，则能择乎善矣；半途而废，则力之不足也。此其知虽足以及之，而行有不逮，当强而不强者也。已，止也。圣人于此，非勉焉而不敢废，盖至诚无息，自有所不能止也。"

② 《论语·述而》："子曰：'默而识之，学而不厌，诲人不倦，何有于我哉？'"

③ 画，停止，不动。《论语·雍也》："冉求曰：'非不说子之道，力不足也。'子曰：'力不足者，中道而废。今女画。'"《论语章句集注》："力不足者，欲进而不能。画者，能进而不欲。谓之画者，如画地以自限也。胡氏曰：'夫子称颜回不改其乐，冉求闻之，故有是言。然使求说夫子之道，诚如口之说刍豢，则必将尽力以求之，何患力之不足哉？画而不进，则日退而已矣，此冉求之所以局于艺也。'"

④ 《中庸·素隐章》："君子依乎中庸，遁世不见知而不悔，唯圣者能之。"朱熹注曰："不为索隐行怪，则依乎中庸而已。不能半途而废，是以遁世不见知而不悔也。此中庸之成德，知之盡、仁之至、不赖勇而裕如者，正吾夫子之事，而犹不自居也。故曰'唯圣者能之'而已。"

也，虽微而鸢鱼，察而飞跃，皆可与能之耳。以此观之，彼天下之均，爵禄之辞，白刃之蹈，皆极其力之所可能，鸢鱼类耳，夫妇等耳，曷足怪哉？是又安足道邪？庄生谓："尘滓秕糠，陶铸尧舜。"岂荒唐语邪？正与先正"尧舜事业，一点浮云过目"相合。

23. 圣人言知，必言行，以见行不离知；言行，必言知，以见知不离行

圣人言知，必言行，以见行不离知；言行，必言知，以见知不离行。其曰道之不行也，我知之。智者过，而愚者不及。由不明，故不行。道之不明也，我知之；贤者过，而不肖者不及。由不行，故不明。知行相须，盖可知矣。然则，阳明先生知行合一之旨，实出于此世间。一饮一食，莫不皆然。虽有佳肴，不食不知其旨。非先行之旨，何由知？既知其旨，安肯不食乎？惟是二种人，坐在饭箩之中，强作聪明富贵之相，以为此常饭耳。贫乞人之食，吾安能食？务求奇品异味，而奇异又卒不可得，遂饿而死。此一种也，所谓贤者智者流也。亦以不行，故不得知。不知，故不肯行。是自为过，非饭罪也。又一种者，亦坐在饭箩中，妄以为毒物所留，宁饿而死，不肯轻尝。是谓至愚，至不肖。不知不行，不行不知，知交相瞒者也。吁嗟！使无此二种人，天下岂不皆饱暖之夫哉？是以中庸之道，终莫之行、莫之明者以此。

24. 圣人以择中庸，而能服膺弗失者，为大贤上士

圣人以择中庸，而能服膺弗失者，为大贤上士；以择中庸，而不能期月守者，比之驱人于罟，获陷阱而不知避，如禽兽贪夫，犯死不顾。夫中庸，何物也？择而守之则生，不知择而守之，则遂自纳于死。岂非谬与？今之不知中庸者，众矣。何以不入于阱也？予实思之而未得。释氏动以生死恐吓人，曾谓：吾圣人亦言生死乎？意者夫子十五便志学，五十犹学《易》，正谓陷阱在前，当思所以急避之邪。不如是戒慎恐惧，临深履薄，恐此身出不得苦。是以比之禽兽，比之贪夫，比之网罟，比之牢狱，令人早依于《中庸》耳矣。非不义而言之太甚也。予实不知中庸之可以免死，因书之，以请教四方之讲道学者。

25. 道本不远于人

道本不远于人，而远人以为道者，是故不可以语道，可知人即道也，道即人也。人外无道，而道外亦无人，故君子以人治人，更不敢以己治人者，以人本自治。人能自治，不待禁而止之也。若欲有以止之，而不能听其自治，是伐之也。是欲以彼柯易此柯也。① 虽近而实远，安能治之？安足为道也邪？然其所以不能以人治人者，由其不能推己及人耳，故说忠恕。中心为忠，自己不容已之实心也如此。中心为恕，自己不容二之

---

① 《中庸·不远章》："道不远人。人之为道而远人，不可以为道。《诗》云：'伐柯伐柯，其则不远。'执柯以伐柯，睨而视之，犹以为远。故君子以人治人，改而止。"思齐按：所引诗句出自《豳风·伐柯》。柯，本义斧柄，作为提喻，即指斧头。

初念也。所谓施诸己而不愿，则勿以施之于人是也。不愿者中心之实也，勿施者如心之推也。如是，则自能以人治人，而不忍执柯以伐之矣。忠恕非道也，而可以近道，故曰违道不远。夫道者，无人无己，何待于推？有推，则犹见有己，于道尚远，但须由此进之耳。既能推己及人，以行吾强恕之功，则自能以人治人，自妙乎无人之化。然世又有不能推己及人者，则以不知反己自责之道耳。故夫子曰：君子之道，丘未能一。① 历数子臣弟子，而皆曰"吾实不能"，何敢责人为邪？学者既不知平常伦理，人实难尽，反以圣人为致谦，于是乎明于责人，暗于自责，身陷于言行相违之失而不自知，况乃推己以恕于人邪？不知夫子是真实语，是以不敢自足，而惟日孳孳，不敢放言，而唯恐或尽。即此是相顾。即此是慥慥。② 即此是笃实。君子皆自一念反己自责之心为之也。是以中心平恕，而自然有可推之地也。

26.《中庸》一书皆教也

既说以人治人，则条教、禁约皆不必用。圣人何以又设修道之教？曰修道，便是教以人治人，便是修道。《中庸》一书皆教也，皆恐人不知"道不离人，人不离道"，而欲远人以为道。于是乎，愈修愈远，愈治愈不治，故说"道不远人"，而欲以人治人也。然非知道者，终不能修道；非学以知人者，终不可以治人。或曰：若如此，则我与百姓，咸相安于无事，岂不是至治之世，无为之极，垂衣之朝？然如何行得？夫民生有欲，无主乃乱，强凌众暴，谁能静之？一日无法，则一日不治。虽以舜为君，恭己南面，坐享无为，亦必有九官、十二牧代天之工。今何言治之之易也？曰：子但知舜有九官、十二牧代天之工，而不知九官济济相让，九官之臣亦无为也。禹掌治水，家门不入者三，呱呱弗子者其年八，而能顺水利导，不与水争地，行所无事，禹无为矣。③ 稷掌教穑，因地之利，稷无为矣。契掌五教，敬敷在宽，契无为矣。益掌工虞，能使草木鸟兽咸若，益亦无为矣。独一皋陶，明五刑以弼五教，而曰辟以止辟，似不免于残民者。

---

① 《中庸·不远章》："君子之道四，丘未能一焉。所求乎子，以事父未能也。所求乎臣，以事君未能也。所求乎弟，以事兄未能也。所求乎朋友，先施之未能也。"《中庸章句集注》："子、臣、弟、友，四字绝句。求，犹责也。道不远人，凡己之所以责人者，皆道之所当然也，故反之以自责而自修焉。"

② 《中庸·不远章》："庸德之行，庸言之谨，有所不足，不敢不勉，有余不敢尽；言顾行，行顾言，君子胡不慥慥尔！"《中庸章句集注》："庸，平常也。行者，践其实。谨者，择其可。德不足而勉，则行益力。言有余而讱，则谨益至。谨之至则言顾行矣，行之力则行顾言矣。慥慥，笃实貌。言君子之言行如此，岂不慥慥乎！赞美之也。凡此皆不远人以为道之事。张子所谓'以责人之心责己，则盡道'是也。"

③ 大禹治水，三过家门而不入，十三年在外。这是根据《史记·夏本纪》的记载："禹乃遂与益、后稷奉帝命，命诸侯百姓兴人徒以傅土，行山表木，定高山大川。禹伤先人父鲧功之不成受诛，乃劳身焦思，居外十三年，过家门不敢入。"不过，也有别的说法。《孟子·滕文公上》："当是时也，禹八年于外，三过其门而不入，虽欲耕，得乎？"李贽说"呱呱弗子者其年八"，采取的是《孟子》的说法。呱呱（gūgū），婴儿的啼哭声。《论衡·问孔》："禹曰：'予娶若时，辛壬癸甲，开呱呱而泣，予弗子。'"

今观舜之称陶曰："皋陶迈种德，措刑不用，黎民怀之。"① 则皋陶亦何为之有？由此观之，舜之君臣，俱熙皞休享于无为者。② 独四凶③之诛，说者谓其大不及尧，则甚有理。故夫子以天配尧，以君称舜，则只于有天下而不与。天则荡荡焉，民莫能名矣。其为绝远，实天之与渊然。今观鲧之殛也，甚无谓也。以禹为子而又有平水之大功，夫禹之功，万世永赖者也。鲧之罪，九载绩用弗成者也。独不可以其万世之功，原其九载弗成之绩乎？尧既然能从容听之于九载，舜独不为禹念其亲，非情也。然则尧之化远矣，故夫子言独恭，至于声臭俱无，而后为至，而后为不显之德，而后可以行百辟，平天下。若独有声色者存，则虽曰不大，亦末耳。此可以语治人之理矣。是故不见而章者在，不动而敬者在，不言而信者在，不赏而劝者在，不怒而威者在，不显而医刑者在，不声不色而化民者自在，是谓笃泰而天下平，非玄也，亦非禅也，是吾夫子之言也。倘若出自我口，入自汝耳，则必笑骂叫号，目为玄言禅语，不可以垂训矣。曰：子所云"以人治人"似也。何舜以下，夫子皆不以"无为"许之？三代以降，几人晓了此旨，而亦以治，何邪？其亦资性有偶合者邪。

27.《大学》言诚意，必先致知；《中庸》言诚身，必先明善

今之学者终日谈《学》，何以不闻谈到此也？余谓：百世无善治，千载无真儒。此二语，昔人已极谈之矣。第谈者未必用，用者未必谈，以是相左，孤负圣人《学》、《庸》诸书耳。非绝不谈也，若汉祖之圣神，汉文之明圣，直与放勋暗合，未尝知学问也。即令极意学问者，亦安能迹之哉？是谓天性至到，聪明超诣，非常遇也。曹相国舍中堂以奉盖公，九年而齐国安集。④ 汲长孺病，闺阁不坏一炉，七年而淮阳政清。⑤ 皆天资近道，无为而理，非学所加者，亦可贵也。夫栽培倾覆，天必因材，而况于人乎？强弱众寡，其材定矣。强者，弱之归。不归，必并之。众者，寡之附。不附，即吞之。

---

① 《尚书·大禹谟》："皋陶迈种德，德乃降，黎民怀之。"思齐按："措刑不用"不见于《大禹谟》，而是对于后面一段文字的归纳。

② 熙，光明。皞，洁白明亮。休，美善。享，享受。这句话的意思是说：帝舜君臣一体，在光明美好中，分享着无为而治的好处。

③ 四凶，四个凶人，指不服从舜的控制的古代四个部族首领。《左传·文公十八年》："舜臣尧，宾于四门，流四凶族浑敦、穷奇、梼杌、饕餮，投诸四裔，以御魑魅。"又，《尚书·舜典》："流共工于幽州，放驩兜于崇山，窜三苗于三危，殛鲧于羽山，四罪而天下咸服。"此与《左传》不同。此外，尚有他说。

④ 曹相国，指曹参（前？—前190），《史记》卷三九《曹参传》："孝惠元年，除诸侯相国法，更以参为齐丞相。参之相齐，齐七十城。天下初定，悼惠王富于春秋，参尽召长老诸先生，向所以安集百姓。而齐故诸儒以百数，言人人殊，参未知所定。闻胶西有盖公，善治黄、老言，使人厚币请之。既见盖公，盖公为言'治道贵清静而民自定'，推此类具言之。参于是避正堂，舍盖公焉。其治要用黄、老术，故相齐九年，齐国安集，大称贤相。"集，和顺，通辑。安集，安辑。

⑤ 汲黯（前？—前112），字长孺，《史记》卷五十《汲黯传》："黯学黄、老言，治官民，好清静，择丞史任之，责大指而已，不细苛。黯多病，卧阁内不出。岁余，东海大治，称之。上闻，召为主爵都尉，列于九卿。治务在无为而已，引大体，不拘文法。"

此天道也。虽圣人，其能违天乎哉？今子乃以强凌众暴，为法所禁而欲治之，是逆天道之常，反因材之笃。所谓拂人之性，灾必及其身者，尚可以治人邪？故诚意贵矣。诚意则好恶合天，是故不可以不知天。诚身要矣。诚身则天人一道，是故不可以不知人，是故《大学》言诚意，必先致知；《中庸》言诚身，必先明善也。善明则身自诚，而成己成物，时措之咸宜，无假借也。知至则意自诚，而好好恶恶，到处皆自慊无造作也。是故欲治人者，必以知道知人为先。不知人而能治人者，鲜矣。不能治人而能自治者，未之有也。

28. 夫星斗至高也，不待窥牖而可见；天下至远也，不待出户而自知

古人不出户而知天下，不窥牖即见星斗，非谬语也。夫星斗至高也，不待窥牖而可见；天下至远也，不待出户而自知。是近之未始不远，远之未尝不近也，卑之未始不高，高之又未尝不卑也。使近而不远，则诚近也，何取于近？远而不近，则徒远耳，又何贵于远邪？惟其近而又远，远而即近，卑者又高，高者即卑，此自迩自卑之论也。盖言其未尝有远与迩、高与卑也。若果有高卑远迩，如四维上下之不可易，然则亦四维上下焉耳，非所以论于君子之道也。故夫子既引《诗》，而复以“父母其顺乎”结之。夫吾妻子之乐，兄弟之翕，本非所以为顺父母计也，而父母自顺，则道固有不行，而至无阶而升者，一读《诗》而可知也。而谓父母为远，必须自兄弟妻子之迩以至之，可乎？是不通之谈也。而谓必先和吾之妻子，以及吾之兄弟，而后求顺吾之父母，循序以进途焉，可乎？是又不通之论也。此自迩自卑之说也，盖言迩之可远、迩之即远。君子之道，自迩足矣，不必极远也；自卑足矣，不必穷高也。

29. 夫子不语神，而《中庸》乃盛言鬼神之德之盛

记者①谓夫子不语神，而《中庸》乃盛言鬼神之德之盛。虽视之不见，听之不闻，而实体物不可遗，故能使天下之人，齐明盛服，以承祭祀，执豆边，洋洋乎如在其上，如在其左右②，俨若对越，肃若陟降，而或见之者焉。夫不见不闻至微也，而能使天下历万古之人，自然畏敬奉承，拜而礼之，祀而祭之，则其体物不遗之验，又甚显也。微而又显，显而实微，鬼神之为德，不既盛乎哉？③ 故其诗曰：“神之来也无方。”既不可以私心图度，而遽以为有。而“神之应也如响”④，又自能使人不可以厌斁不敬，而遂谓之无。然则鬼神，信非虚也，信非诬也。夫子之语神也如此。彼谓其不语者，直记

① 记者：记录者。

② 《中庸·鬼神章》：“使天下之人齐明盛服，以承祭祀。洋洋乎！如在其上，如在其左右。”

③ 《中庸·鬼神章》子曰：“鬼神之为德，其盛矣乎！视之而弗见，听之而弗闻，体物而不可遗。”

④ 神之来也无方，神之应也如响。这两句话是李贽对《诗经》中的诗句所作的复述。《中庸·鬼神章》引《诗》曰：“神之格思，不可度思！矧可射思！”朱熹注曰：“《诗·大雅·抑》之篇。格，来也。矧，况也。射厌也，言厌怠而不敬也。思，语辞。”

者之语耳。记《鲁论》者又是何人，多出曾子与有子之门人也。夫神为不测，故缓词不足以尽神；鬼为难知，故显词不足以道鬼。此惟曾子得闻之。虽有子①，尚不知其得闻与不。何如也而可使其门人弟子听之哉？而可与其不可与语者语之哉？则其谓夫子之不语神也，固宜。

30. 鬼神之道，幽远难明

曰：鬼神之道，幽远难明。非但有子不得闻，即子路亦未之闻也。季路问事鬼神而夫子不语，但告之曰："且未能事人，安能事鬼乎？"② 夫当时之所谓人者，果孰有过于夫子也？正名之告，直以夫子为迂而不听，则其不畏天命，狎大人而侮圣言甚矣。安在其能事人也？不能事人，安能事鬼？便是直语以事鬼之道，非不语之也。何也？人鬼一道，不能事人，以故不能事鬼。则凡不能事鬼者，便是有鬼神而不信其赫然临之在上，质之在旁也。又岂有能事人之理哉？然则今之所谓能事人者，事势也，非事人也。真能事人，则自能事鬼矣。故惟大圣人能事鬼，则以大圣人能真事人故也。今观夫子之言曰：吾若有他妨，而不得与祭，是即不祭，是即慢神，吾不敢也。是故祭先先在，祭神如神在。凡《乡党》一书所以纪圣人之事神者详矣。虽以乡人之傩，鄙俚俗恶，圣人亦必朝服焉，自阼阶以临之。若曰是皆有神明在，乡人所为祷祀而祈禳者也，敢不敬与？惟是祭不欲数，数则烦其慢神也滋甚。又不欲渎，渎则谗其慢神也益甚。故曰："敬鬼神而远之。"③ 惟是春、秋二时，乃修其祖庙，陈其宗器，设裳衣而荐时食，益敬神也，恐烦神也。又曰："非其鬼而祭之，谄也。"④ 如鲁之郊禘、季氏之旅泰山、王孙贾之欲媚灶，皆谄之也，大不敬也，神其享之乎？故又曰：曾谓泰山不如林放乎？放知礼之本，深为夫子所大，是以抑扬言之。言泰山之神不可以非分而求，本欲求福，吾恐其反速之降殃也，大不可也。又非林放者比也。即夫子此言观之，则泰山为有神乎？为无神乎？如其无神，祭之何益？如其有神，可妄祭邪？故夫子曰：我战则克，祭则受福。然则国之大事在祀与戎，盖自有天地以来，直至今日矣，有此天地即有此人鬼，有此世界则有此贤圣，即有此祀典。使其无神鬼，人何谓而制此祀典以贻万世？设使一圣人这作聪明以举之于前，后来千圣相继，独无一人见其不可乎？即声言以辨其惑世诬民，正所以见其不苟同者，何以愈经后王，而祀典愈备也？今之学者言及鬼神，则以为异端。释老之教，小言之则以为耻，大言之则断以为狂。然自入仕以来，一入公门，则必先祭门，而后敢入祀土地神，而后敢坐。不先斋宿于城隍，仍为文以告于城隍之神，则不敢遽坐政事堂，而听政则自九卿百执事而下，以至郡守邑令，诸大小官，罔不皆然矣。何独无一人明其不然者，毁神像而惜此牲醴之供也？不但是也，春秋二丁，

---

① 有子，人名，孔子的弟子，也称有若。《论语·学而》有子曰："其为人也孝弟，而好犯上者，鲜矣；不好犯上，而好作乱者，未之有也。君子务本，本立而道生。孝弟也者，其为仁之本与！"

② 《论语·先进》："季路问事鬼神。子曰：'未能事人，焉能事鬼？'"

③ 《论语·雍也》："樊迟问知。子曰：'务民之义，敬鬼神而远之，可谓知矣。'"

④ 《论语·为政》子曰："非其鬼而祭之，谄也。见义不为，无勇也。"

先圣先贤报本反始似矣。若夫山川社稷之坛，风云雷雨之坛，无祀厉鬼之坛，则自上元清明，以至初秋霜落、冬寒阴气惨慄之候，无不有祭。祭又比遍于各里、各乡、各村、各社，不太烦乎？此何义也？今之官者，虽不敢废祀，然亦故典焉耳。非但灌溉而后，乃不足观披，倚临祭神，亦吐之矣。宁独诸坛，即以夫子言语，童而习之，以取功名富贵，而两庑为马粪之巷，牌次为厨庖之版矣。藐然不理，是尚能事人乎？中间有真实爱民者，蠲洁牲醴，斋戒必明。山川鬼神，自降之福。化灾为祥，厉不作殃。岁时丰稔，民日以宁。而是等反笑之，以为拙痴之，以为大认真矣。然是等也，平居无事，则慢神虐民；小小疾病，细细惊惶，即求神问鬼，祷祀并作，虽淫祠妖魔，祀典不载者，亦哀求之万端也。其最信神信鬼者，则又真如此等辈，不亦可笑之甚与？故圣人之祭以受福，而世人之祭以致祸，则不能事神之故可知矣。夫惟圣人能事神，故其敬之也专。夫"天命玄鸟，降而生商"，何其诞也？而圣人以为至祥极瑞，笔之于经而不删。若在今人，必且吐嚥弃之矣。帝赉良弼，说筑唯肖，何其诬也？而武丁即以为上圣大贤，爰立作相而不问。若在今人，必且交章弹劾，而以为众诤之矣。此无他，不知人故也。不知人，由于不知天，故曰质诸鬼神而无疑。知天也，此非至诚如神者，又孰能知之？故又曰：神以知来。又曰：原始反终。故知众生之说，故知幽明之故，故知鬼神之情状，一实理之自然，一真诚不可厌也。如此，非诞也，非诬也。特心非至诚，见滞凡近，遂怪之不信，执之以为诞且诬耳矣。嗟嗟！执无鬼之说者，卒为鬼所拷，而不知作无佛之论者，因为妇所讥而后省。古今迷人，大抵然矣。而何足以费吾喙？

31. 君子所以无愿外之念者，以其能素位也

君子所以无愿外之念者，以其能素位也。所以能素位者，以其无入而不自得于己也。若无自得之益，则见内轻，见外重。而能不愿外者，未之有矣。既愿外安，能素位，故君子之心，自得焉耳。今夫贫贱，我素有也。一旦而居乎富贵之位，则视富贵又若素有。然而行乎富贵之所，得行不？见其身之从贫贱来也。今夫富贵，我素有也。一旦而居乎贫贱之位，则视贫贱又若素有。然而行乎贫贱之所宜行，初不见其身之从富贵来也。以至患难夷狄，莫不皆然。平居无事，初不知有患难也。卒然而立于患难之地，则患难与居，若素患难，然不以为异也。素居中国，初不知有夷狄也。卒然而入于夷狄之乡，则夷狄与同，若素夷狄，然初不知其为中国人也。夫富贵、贫贱、患难、夷狄，皆位也。而视之若素，则易位而安，而自无愿外之想。富贵、贫贱、患难、夷狄，皆外也。而外者不入，则无入不得，而自无出位之思，故君子欲其自得之也。苟自得，又何往而不可哉？居上居下，处己处人，皆可知矣。曰：昔人谓"光阴者，百代之过客"，又谓"人生如寄，多忧何为？"此庄生之所以称"达"也。今夫子言素位，则步步皆实际，与庄生等所见不同。余谓前圣后贤，皆重在自得上。其自得同，则所言自无不同者。苟无自得之妙，则视之如传舍，亦一时影响之见，自解之意耳。履之如实地，亦一时气质之强，好胜之私耳，非孔子庄子本旨也。今观夫子视"富贵如浮云"、"宁独穿舍"，庄生"鱼乐于濠梁之上"、"贫贱若曳尾之龟"，其为素位亦已极矣。扶杖逍遥，其与逍遥御风何殊？百代过客乎！观《人间世》，以《应帝王》，步步皆实诣，宁独夫子教人素位哉？故学者须得圣贤自得之益。苟自得，纵不同，亦何妨也？

32.《大学》言古人欲明明德于天下，余谓吾夫子欲明明德于万世

哀公一小国之君也，兼是昏弱太甚之君，不足与言矣。就使有问当对，亦岂无别方便接引之语，而即告知以九经，语之以诚明。九经，则自修身、尊贤、亲亲而推之，以至于柔远人，怀诸侯。诚明则详之以博学、审问、知天、知人，以至于人一己百、人十几千、弗得弗措焉。此皆圣人平天下之事功。夫岂哀公之所能辨也？余谓夫子非告哀公也，所以告诸弟子也，正所以教天下万世之为人君者也。特因哀公之问，而遂发之耳。纵春秋之天下无一人能知而行，万世之天下终无有一人能知而行之者邪？则夫子之教在也。今观《大学》一书所言，平天下之道备矣。是皆自问自答，自唱自和。虽弟子亦不待其问，而遂自言之。况因君有问，犹谓发之有端，夫子安能已也邪？大抵圣人之人，千万世合为一人之人也。故不在天下，即在万世，非世人一人之人所可比也。既不得而比，又乌得而知之哉？《大学》言古人欲明明德于天下，余谓吾夫子欲明明德于万世。

思齐按：欲理解李贽在本篇文章中的思想，明高攀龙撰《高子遗书》卷三《大学首章广义》颇有参考价值，录如下。

大学首章广义

或问曰：《大学》并列三纲而归重知止，何也？曰：三纲非三事，一明明德而已。明明德者，明吾之明德也。新民者，明民之明德也。止至善者，明德之极至处也。然不知止，德不可得，而明民不可得而新。何者？善即天理，至善即天理之至精至粹，无纤芥夹杂处也。不见天理之至，便有人欲之混。明德新民，总无是处，故要在知止也。曰：物有本末一节，何谓也？曰：此正教人知止之法也。人心所以不止，只缘不知本，千驰万骛，无所归宿，《大学》当下便判本末始终，下文详数事物，使人先于格物而知本也。

曰：何谓本末？明其非二物也。譬之于木，有本末而已。何谓终始？曰：欲图其终，必慎其始。古人欲明明德于天下，此终事也，而必始于修身。有到头事，必寻起头处也。曰：《大学》平分八目，而归本修身，何也？曰：无身则无心意，知物无身，则无国家天下，而身其管括也。格致诚，正为身而设，齐治平，自身而推，故八目只是一本。

曰：何谓格物？曰：程朱之言至矣。所谓穷至事物之理者，穷究到极处，即本之所在也，即至善之所在也。曰：若是，则于古本无悖与？曰：无悖也。天下之理，未有不本诸身者，但格物不到物之至处，不知物之本处，故修身为本，是一句眼前极平常话，却不是物理。十分透彻者，信不过格物，是直穷到底，断知天下之物，无有本乱而末治者，无有薄其身反能厚于国家天下者。知到本处，便是知到至处，故曰：此谓知本，此谓知之至也。

曰：《淇澳》以下何谓也？曰：皆释知本也。本末不过明新，故释知本以明德、新民、止至善也。《淇澳》之诗，是合言明、新、止，以释知本，见民之不忘本于盛德至善也。《烈文》之诗，又申言民之所以不能忘者如此。《康诰》以下，是分言明、新、止，以释知本。见明者自明，新者自新，止者自止，全不向末上起一念也。至于使民无讼，而知本之义益了然矣。曰：《大学》无经传乎？曰：《大学》一篇，本六段文字，每段必杂引经传，以咏叹，而推明之，使章内之旨，快然无遗，而言外之旨，悠然无尽。此篇法也。首段三纲八目之下，即释格致，而格物即在格知本末。本末即是明德、新民，知本即是知至，知至即是知止，原与三纲通为一义，故通为一段。其次即历释诚意，以下初无传经之别也。

曰：诚意以下，必以所谓发端，以此谓结之释格致，不然何也？曰：物有本末，则修身为本之发端。此谓知本，则修身为本之结语。历引《诗》、《书》，再以此谓知本结之，文理本自显然，且正心以下，俱双关释，如释正心，必曰：所谓修身在正其心，至诚意则单提释，不曰所谓正心在诚意，原无定文，至格致，则总括释，不曰所谓诚意在致知者，以知本括始括终，诚、正、修、齐、治、平，无不贯也。

曰：释格物而不见“格物”字，何也？曰：格物即致知也。《书》不云乎，格知天命。格即知也。格训至，致训推，极格即致也。《大学》格物，即是致知，故释知至，不必释物格。《大学》知至，即是知本，故释知本，不必释知至也。

曰：知本之为知至，是矣。知至之为知止，何也？曰：《大学》修身为本之本，即《中庸》天下大本之本，无二本也。故“修”字不是轻易说，是格至诚正着实处，“本”字不是轻易说，是心意知物着实处，本在此，止在此矣。明德者此，新民者此，至善者此，无二物也。

曰：阳明先生之复古本是矣。其说果与古本合邪？曰：王先生之致良知，则明明德之谓也。然以明明德言，则格致诚正，皆其工夫，故纲正而目备。今以目作纲，而于明明德则曰：明德必在于亲民，亲民乃所以明其明德。夫齐、治、平，非亲民乎？格致诚正非明明德乎？《大学》明言古之欲明明德于天下者，必先自明其明德矣。初不以亲民为明德也。至于说格物，曰极力致其良知，于事事物物之间，使事事物物，各得其正。又曰：为善去恶是格物。夫事物各得其正，乃物格而非格物也。为善去恶，乃诚意而非格物也。又以诚意为主意，格致为工夫。《大学》固以三纲为主意，八目为工夫矣。试举王先生《古本序》一绎之，其于文义合邪否邪？

曰：朱子自言，某一生只看得《大学》透，见得前贤所未到。子之愿学朱子，笃矣。于《大学》反异其指，何邪？曰：朱子格物，规模极大，条理极密，无所不有，知本之义，已在其中。所争者，此谓知本二语，本相粘，而离之以下句之上有缺文，以上句接听讼为衍文尔。若实做朱子格物工夫，自与知本无二。实做知本工夫，自与朱子格物无二。非今日之古本，与朱子无异指，乃朱子格物，原与古本无二指也。

曰：李见罗先生之揭知本，何若？曰：阳明先生复《大学》古本，而于知本之义，未之及也。李先生彻悟知本，而于知至之义，未之及也。其曰：止为主意，修为工夫，格致诚正，不过就其缺漏处，检点提撕云尔。似于知本、知至相粘处，却看轻格物也。《大学》以知本为知至，正以物格而知本，此开关启钥，最先下手处。故曰：知所先后，则近道矣。就明新言，则明德为先。就明德言，则格物为先。此处错过，必无入门。此处受病，必有异症。虞廷之精一，孔门之博约，千圣传心，一脉递授。《大学》之本文，自明也。

33. 尽性之道，惟至诚能之

尽性之道，惟至诚能之。盖性尽，则洞彻到底，不留一尘矣，故曰尽性。性尽，则人性亦尽，物性亦尽。何也？人、物与我同一性也。若犹见有人，犹见有物，未为能尽其性也。性尽则化育在我，参赞自我。何也？天、地与我同一性也。若化育不自我，参赞不自我，犹未为能尽其性也。故中和一致而天地自我乎位，万物自我乎育。呜呼，至矣！非虚言也。

34. 惟天下至诚为能化

夫至诚则无事矣。未至于诚，必有物以蔽之。蔽则不亮，而未免于自欺，故必物格知至，而后意诚。此《大学》所言格物也。诚之未至，必有物以遏之。遏则不直，而不能以通流。故必曲致通碍而后诚至。此《中庸》所以言致曲也。致曲则舒畅直达，诚自在矣。诚则形不可遏也。形则著，自日章也。著则明，遂光显也。然形则犹滞于象，滞则尚未活动。著则犹著于影，著则尚未变通。明则尚疑有光景。景则迹未融，而诚尚在非化也。化则乃可以言至诚，故曰：惟天下至诚为能化。

35. 人在政举，故人道敏政；人道敏政，故为政在人

人在政举，故人道敏政；人道敏政，故为政在人。是故必敬大臣也，必体群臣也，必知尊贤也。知尊贤，则自然知其孰为大臣而当敬，孰为群臣而当体矣。等杀有不了然乎？然何以知其为闲也？盖取人之本在身，又必先修身以为取人之本焉。身又当如何修？修之以天下所共由之“五达道”① 也。道又当如何修？修之以吾身“三达德”②之仁也。而仁又非他，反而求之即此人是已。故曰：仁者人也。是故欲修身者，不可以

---

① 五达道：五种人所共由之道。《中庸·问政章》：“君臣也，父子也，夫妇也，昆弟也，朋友之交也。五者天下之达道也。”

② 三达德：三种通行的美德。《中庸·问政章》：“知、仁、勇三者，天下之达德也。”

不知人。而仁之发，莫大于亲亲。有人则有义，而义之用莫大于尊贤。尊贤则修身即为仁，尊贤即为义矣，原非在外也。有人必有礼，而礼之施则尊亲有序，亲贤有秩，亦非在外也。夫仁即此人，则君子故不可以不知人，而出之为义，生之为礼。义实天之制，礼实天之经，则君子尤不可以不知天矣。既知人，又知天，则身修，而取人之本豫矣。修身则能顺亲可知也。取人则能尊贤，敬大臣，体群臣，又可知也。由是而子庶民，来百工，柔远人，怀诸侯，以为政于天，下有不易，易乎哉？故曰：为政在人，取人以身，身修以道，修道以仁，而仁者人。义与礼者天，天之未始不为人，人之未始不为天也。故知天知人，则身修，而自能取人。呜呼，尽矣！

下文天道、人道，皆说知天、知人以修身事，故详言之，盖不患其不能为政，而患其不能取人。不患其不能取人，而患其不能修身也。

36. 思知人，不可以不知天①

思知人，不可以不知天，而天道则不勉不思，而从容自中，所谓诚者也。思知天，又不可以不知人，耳人道则必详择。此不勉不思从容自中之善，而固执之不敢失，所谓诚之者也。故诚者，其道自然。是谓至善，是以谓之天也。诚之者之其所自然，是谓择善。是以谓之人也。故道以诚为至，而学以思诚为功。天固未始不为人，人亦未始不为天，则我为诚之亦为诚者，而修身之事毕矣。岂别有修之之功哉？我自有天，而自知之耳。我自有人，而我自知之耳。一诚焉已矣，一善焉已矣。故中间两言所以行之者，一指此诚矣，指此善也。善即诚，而诚即善，一实理而无以尚。自其真实不虚曰“诚”，自其物莫能尚曰“善”，又一也。故次言“明善”、“诚身”，终言“择善”、“固执”。明则待于择，择则无不明，然善又如何择？下文博学五句，正所以择善而诚之事也。自今观之，夫子每教人博文矣。虽颜子，亦每从事于斯矣。但学者但知徒博，而不知反约。惟颜子能知夫子之善诱，即于博文之中，而择乎中庸，遂得一善云耳。盖谓之曰“博学”，则自朝至夕，凡目之所视，耳之所听，口之所味，身之所遘，足之所处，手之所持，一切五伦，交接酬应，何莫而非学也？何莫非学，则何莫非文；无往非文，则无往非博矣。故曰“博文”。然博以而约者，何在？详矣而至一者，何在？吾又于何而择之？而执之哉？不就明师良友而审问焉，不可也。问而曰审，则非泛问可知矣。既问既审而得，夫疑、信相参之机，则退而思之，方为有地。然思又不可以不慎也。不慎则远思，是外驰，非通微之思也。不慎则苦思劳志，非无思之旨也。必慎思之而得其憧憧往来者，然后辨而明之，以就正于有道，以庶几达其所谓“不思不勉焉”者矣。是反约之功，明善之学也。而能笃而行之者，谁欤？或日一至，或月一至，不啻足矣。故又

① 《中庸·问政章》：“哀公问政。子曰：‘文武之政，布在方策。其人存，则其政举；其人亡，则其政息。人道敏政，地道敏树。夫政也者，蒲卢也。故为政在人，取人以身，修身以道，修道以仁。仁者人也，亲亲为大；义者宜也，尊贤为大；亲亲之杀，尊贤之等，礼所生也。在下位不获乎上，民不可得而治矣！莫故君子不可以不修身；思修身，不可以不事亲；思事亲，不可以不知人；思知人，不可以不知天。’”

曰：笃行之生知者一，而学知者，以百能之，而不让；生知者十，而困知者，以千能之，而不辞。必得乃已，弗得弗措。果能如是独行，虽愚必明，况非愚邪？虽柔必强，况非柔邪？故必笃行。此审问、慎思、明辨之功，务得一善焉乃已。尤为择善诚之者之最要切处。故以笃行终焉。此惟颜子能之。若由、赐之徒，非不由审问、慎思、明辨以恍惚其所谓一者，而笃行之弗力，是以不能期月守，不能拳拳服膺而弗失。非不能服膺之罪也，未见其的然有可守之实，而遂自以为足之罪也。非不能期月守之罪也，未得而自以为得，而不肯笃实而力行之以求其实得之罪也。实得则诚矣。诚者实之谓也。既实得，又乌用守？若又有待于守，有待于固执焉，非实得也。即此不诚甚矣。非诚矣也，飞天道也。若夫博文之旨，则民咸用之，百姓能与之，愚夫愚妇，共由之矣。夫谁不学？夫谁能离之而不博？

37. 夫议礼、制度、考文，此王者之礼乐，而有德、有时、有位之天子之所作也

无德而作礼乐，愚而好自用也。无位而作礼乐，贱而好自专也。有德矣，有位矣，而不当时而作礼乐，生夫今之世，反古之道也。夫自用也，自专也，生今而反古也。如是而灾不及其身者，未之有也。夫议礼、制度、考文，此王者之礼乐，而有德、有时、有位之天子之所作也。① 若非此等天子，而欲议礼、制度、考文，以兴礼乐，得乎？试观天下之今日，时王之制作尚在，庶民之信从未改，故车则同轨，无敢制度者；书则同文，无敢考文者；行则同伦，无敢制礼者。是故虽有其位，苟无其德，不敢作礼乐焉。可见王天下者，其所重先在德也。虽有其德，苟无其位，不敢作礼乐焉。可见王天下者，其所重又在位也。有德有位而不当时，则夏殷是已。今之所用者周礼，吾不从周，而谁从哉？可见王天下者，其所重尤在时也。故曰：王天下有三重②焉。有此三重，而后议礼、制度、考文，以作礼乐，则无自用自专、生今反古之失，灾不及身，而过可寡矣。故又符言之曰：上焉者，有德有位而不当时，是无征也。无征不信。不信，民弗从。三重缺一，是以不可。下焉者，有德而无位与时，是不尊也。不尊不信。不信，民弗从。三重缺二，尤不可矣。故君子之道，本诸身，有其德也。征诸庶民，又信且从，有其位当其时也。如此，则三重在我，宁独可以寡过乎哉？将见考三王而不谬。虽三王，不能违时也。建天地而不悖。虽天地，不能违时也。以质鬼神，则鬼神不疑，吾不能违时之论也。以俟百世，则百世圣人不惑，吾不能违时之言也。然则时乎时乎，故圣王之所独重矣。以夫子之圣而不当时，又安能已？吾夫子又安能已于反复而言之详也与哉？虽然，若天子者，又岂时位之所能限也？使时位而可以限夫子，则夫子亦与千古百世圣人等耳，乌在其为贤于尧舜生民以来之所未有者乎？故夫子亦自知之，亦自言之，

---

① 《中庸·自用章》："非天子，不议礼，不制度，不考文。今天下车同轨，书同文，行同伦。虽有其位，苟无其德，不敢作礼乐焉；虽有其德，苟无其位，亦不敢作礼乐焉。"

② 三重：指议礼，制度，考文。

若曰“质诸鬼神而无疑，知天也”，“以俟圣人而不惑，知人也”。① 夫学，以知天、知人也，则万古同一天，万古同一人，是谓万古一时。天且弗敢违之矣，而何时之待乎？是谓万世为土，人人胥载之矣。而何位之有乎？是故惟无动也。动即世为天下道，岂直当世惟无言也？言即世为天下法，而岂直当世惟无行也？行即世为天下则，而岂直当世？近而千百年，来服之无斁而厌者谁？远而万亿载，望即兴师而欲从，末由不心服者，又是谁？此可见夫子之无时不然矣。此可见时之不能违吾夫子矣。夫子虽以此称君子，其实盖自谓也。彼君子者，又乌能？然以今观夫子，其果世为天下道、世为天下法与则否也？夫子之言，真若合符契矣，故复引诗以自明。

38. 夫子虽以推之至圣，其实盖自许云

夫君子，安能不从时也？必也至圣乎？至圣则聪明睿智已具，虽未尝临民而足以有临也。宽裕温柔等咸具，虽未尝容物，而自足以有容、有执、有敬、有别也。盖涵之为溥博渊泉之德而，时出之，为莫不说、莫不敬、莫不信之施。时在圣人，不过以时出之而已。又何时之待也？况有位与否乎？是以声明洋溢乎中国，施及蛮貊。舟车所至，人力所通，天之所覆，地之所载，日月所照，霜露所坠，凡血气舍生之属，莫不尊之如天地，亲之如父母，故曰“配天”。以今观吾夫子，夫孰不尊？夫孰不亲？从今以后，以至万亿年载，其尊且亲，但见其有加而不替矣。岂若当时之王，见在则尊，过则已；见在则亲，过则已者所可比邪？与岂能以一人之身，合中国蛮貊，尽舟车人力之所至、所通，天地之所覆、载，日月霜露之所照、所坠乎？则夫子之泽远矣，广矣。夫子之言，至是又若合符契矣。故称之曰“至圣”焉。吾以谓千古可以语至圣者夫子也。夫子虽以推之至圣，其实盖自许云。

39. 夫子之意曰：令天下万世，皆尊之以为天，亲之以为父

夫子之意曰：令天下万世，皆尊之以为天，亲之以为父，无可疑也。然欲其能真知其所以可尊可亲者，则未也。何也？至圣者，至诚者也。故惟天下之至诚，为能经论天下之大经，立天下之大本，知天地之化育。经、大经，一仁也。人但见肫肫其仁焉耳，初何尝倚于仁也？立、大本，一渊也。人但见渊渊其渊焉耳，初何尝倚于渊也？知、化育，一天也。又但见浩浩其天焉耳，初何尝倚于天也？是之谓至诚之真经纶、真立本、真知化矣。知化则本自立，立则纶自经。苟不固聪明圣智达天德者，其孰能知此也？盖惟至诚，乃能知天下之至圣也。惟至圣，乃能知天下之至诚也，则必有夫子，而后能知

---

① 《中庸·三重》：“王天下有三重焉，其寡过矣乎！上焉者虽善无征，无征不信，不信民弗从；下焉者虽善不尊，不尊不信，不信民弗从。故君子之道：本诸身，征诸庶民，考诸三王而不缪，建诸天地而不悖，质诸鬼神而无疑，百世以俟圣人而不惑。质诸鬼神而无疑，知天也；百世以俟圣人而不惑，知人也。是故君子动而世为天下道，行而世为天下法，言而世为天下则。远之则有望，近之则不厌。《诗》曰：‘在彼无恶，在此无射；庶几夙夜，以永终誉！’君子未有不如此而蚤有誉于天下者也。”

夫子也。又何疑哉？夫子在当时，虽由之强，夫子每对之而叹曰：知德者鲜。虽赐之颖，夫子必对之而叹曰：莫我知也！夫独一回，而不幸短命，则夫子已不见知于当时矣，况万世与！虽尊之以为天，亲之以为父母，敬而事之以为万世之宗师，夫子弗善也，夫子弗乐也，夫子弗享也。呜呼！此固夫子之所以为至圣也。

40. 有子言：礼之用，和为贵①

有子言：礼之用，和为贵。甚是也。夫使礼而不出于和，则为强世，非中节之和天下之达道矣。何足贵与？又乌在其为美也。惟其和，所以民咸用之，万世同之，自无不可行之理耳。彼或有窒碍而不可行者，非和之罪也，不知和之罪也。今若曰知和而和，不以礼节之，是以不可行。如此，则和反不如礼，和又不如为美而可贵矣。何也？必待礼以节之故也。和而尚须礼帮助，然后能中节而成和，则曰“何止用，礼为贵”可也。而何以独贵和？吾故曰：此非有子之言也，有子弟子之言也。

41. 子贡欲去告朔之饩羊，非爱羊也，伤时君之废礼也

子贡欲去告朔之饩羊，非爱羊也，伤时君之废礼也。② 夫子不欲去告朔之饩羊，非不爱羊也，冀时君之能复礼也。全赖圣贤相与发明而笔之于书，使天下知告朔之礼不当废，又知告朔之礼所当复。此《春秋》旨也。吾因是而知，圣贤爱礼之深也。今若徒泥夫子之言，以谓“赐也，但知爱羊而不爱礼”，则圣贤之意荒矣。

42. 夫子语太师知乐，全是声容节奏之间

夫子语太师知乐③，全是声容节奏之间，此亦何难知者，而夫子故语之邪？曰：此正所谓乐之可知者也。故曰：乐，其可知也。夫始作而翕如，纵之而纯如，皦如绎如，则乐成矣。此则太师之所知也。至其所不可知者，则出于声容节奏之外，可以和神人，而协上下，可以仪凤凰而舞百兽，如季札所谓：“如天之无不覆也，如地之无不载也。”吾夫子所谓“不图于乐之至于斯也。闻之三月而不知肉味也”④，则太师当自得之，非夫子所能语也，所谓乐之不可知者也。

思齐按：《左传·襄公二十九年》记载吴公子季札观乐，其中有“如天之无不幬，如地之无不载”。幬，作名词指舟车的帷幔，作动词意为覆盖。

吴公子札来聘，见叔孙穆子，说之。谓穆子曰：“子其不得死乎？好善而不能

---

① 《论语·学而》：“有子曰：‘礼之用，和为贵。先王之道斯为美，小大由之。有所不行，知和而和，不以礼节之，亦不可行也。’”

② 《论语·八佾》：“子贡欲去告朔之饩羊。子曰：‘赐也！尔爱其羊，我爱其礼。’”

③ 《论语·八佾》：“子语鲁大师乐，曰：‘乐其可知也：始作，翕如也；从之，纯如也，皦如也，绎如也，以成。’”

④ 《论语·述而》：“子在齐，闻《韶》，三月不知肉味，曰：‘不图为乐之至于斯也！’”

择人。吾闻'君子务在择人'。吾子为鲁宗卿，而任其大政，不慎举，何以堪之？祸必及子！"

请观于周乐。使工为之歌《周南》、《召南》，曰："美哉！始基之矣，犹未也。然勤而不怨矣。"为之歌《邶》、《鄘》、《卫》，曰："美哉，渊乎！忧而不困者也。吾闻卫康叔、武公之德如是，是其《卫风》乎？"为之歌《王》，曰："美哉！思而不惧，其周之东乎？"为之歌《郑》，曰："美哉！其细已甚，民弗堪也，是其先亡乎！"为之歌《齐》，曰："美哉！泱泱乎！大风也哉！表东海者，其大公乎！国未可量也。"为之歌《豳》，曰："美哉！荡乎！乐而不淫，其周公之东乎？"为之歌《秦》，曰："此之谓夏声。夫能夏则大，大之至也，其周之旧乎？"为之歌《魏》，曰："美哉！沨沨乎！大而婉，险而易行，以德辅此，则明主也。"为之歌《唐》，曰："思深哉！其有陶唐氏之遗民乎？不然，何忧之远也？非令德之后，谁能若是？"为之歌《陈》，曰："国无主，其能久乎？"自《郐》以下无讥焉。为之歌《小雅》，曰："美哉！思而不贰，怨而不言，其周德之衰乎？犹有先王之遗民焉。"为之歌《大雅》，曰："广哉！熙熙乎！曲而有直体，其文王之德乎？"为之歌《颂》，曰："至矣哉！直而不倨，曲而不屈，迩而不逼，远而不携，迁而不淫，复而不厌，哀而不愁，乐而不荒，用而不匮，广而不宣，施而不费，取而不贪，处而不底，行而不流，五声和，八风平，节有度，守有序，盛德之所同也。"

见舞《象箾》、《南籥》者，曰："美哉！犹有憾。"见舞《大武》者，曰："美哉！周之盛也，其若此乎！"见舞《韶濩》者，曰："圣人之弘也，而犹有惭德，圣人之难也。"见舞《大夏》者，曰："美哉！勤而不德，非禹其谁能修之？"见舞《韶箾》者，曰："德至矣哉！大矣！如天之无不帱也，如地之无不载也，虽甚盛德，其蔑以加于此矣。观止矣！若有他乐，吾不敢请已！"

43. 舜之称禹曰：克勤于邦，克俭于家

舜之称禹曰："克勤于邦，克俭于家。"① 可知古之圣人语勤俭，莫有过者也。今观禹之言曰"予乘四载，随山刊木"②，夫以帝臣之重，跋涉九州，随山刊木，即大而乘车，小而乘马，无不可者。乃水行则以木为舟，陆行则以木为屦，下山则前高后低，

① 《尚书·大禹谟》："帝曰：'来，禹！降水儆予，成允成功，惟汝贤。克勤于邦，克俭于家，不自满假，惟汝贤。汝惟不矜，天下莫与汝争能。汝惟不伐，天下莫与汝争功。予懋乃德，嘉乃丕绩，天之历数在汝躬，汝终陟元后。人心惟危，道心惟微，惟精惟一，允执厥中。无稽之言勿听，弗询之谋勿庸。可爱非君？可畏非民？众非元后，何戴？后非众，罔与守邦？钦哉！慎乃有位，敬修其可愿，四海困穷，天禄永终。惟口出好兴戎，朕言不再。'"

② 《尚书·益稷》："帝曰：'来，禹！汝亦昌言。'禹拜曰：'都！帝，予何言？予思日孜孜。'皋陶曰：'吁！如何？'禹曰：'洪水滔天，浩浩怀山襄陵，下民昏垫。予乘四载，随山刊木，暨益奏庶鲜食。予决九川，距四海，浚畎浍距川；暨稷播，奏庶艰食鲜食。懋迁有无，化居。烝民乃粒，万邦作乂。'皋陶曰：'俞！师汝昌言。'"

上山则前低后高，《经》言其手足胼胝，不辞劳苦。《史》称其肢体焦枯，卒受风寒暑湿之患，终葬会稽之山，则当时称禹者固以俭，而所以病禹者，亦谓其过于俭，而不可以垂训也。故夫子独以“无间然”① 称之，其意若曰：如禹之勤俭，吾实无间然矣。无间然，言其无间隙之可议也。而敢以议禹，是何心哉？故重言“无间然”以深释之。夫菲饮食是其俭也，而致孝鬼神，则祭祀极其丰洁，不俭也。恶衣服是其俭也，而致美黻冕，则祭服极其洁精，不俭也。卑宫室是其俭也，而尽力沟洫，则一财一力，皆为民费，无一毫而不用之于民者，不俭也。夫舍己之饮食、衣服、宫室，凡所以奉身者无不薄，而惟知神之与民也如此，是尚可以俭病之哉？故再言“吾无间然”以深美之。禹之学，后传而为墨翟，则于夫子同时，于时天下并重之。故其称曰“孔墨”。孔子称禹，而于墨翟之俭不敢辟以为非，盖信其传之有自也。今墨子之书具在，有能取其书读之，而得其所以非乐之意，则经论之术备焉。断断乎可以平天下而均四海也。虽作用手段各不同，然但可以致太平，亦何必拘一律哉？孟氏以“无父”辟之，过矣。是辟禹也，禹过门不入者三，是无父之甚者，何不辟乎？

44. 人与禽兽，全然不同

人与禽兽，全然不同。孟子何以但言“几希”?② 曰：禽兽虽殊类，然亦有良知，亦有良能，亦知贪生，亦知畏众，亦知怕怖刑法，何尝有一点与人不同？只是全不知廉耻为可恨耳。若人，则必有羞恶之心，是其稍稍不同于禽兽者，赖有此耳。非几希，而何所赖者？正以有此几希之异，故可以自别于禽兽。而所患者，又以所异，不过只于几希，亦容易遂入于禽兽也。是以庶民不知几希之可惧，而遂去之，以入于禽兽之中。而惟君子知此几希之有赖，每兢惕以存之，而遂自异于禽兽之伦焉。故言“几希”，正以见其大可畏，而又有大可喜者在焉耳。若舜也，禹也，汤也，文、武也，周公也，孔子也，皆所以存此几希者，所谓君子也。岂其初真有异于禽兽哉？亦曰存之而已。存之者初无难事，异之者不过几希。而其究也，一为圣贤，一为禽兽，天渊悬矣。呜呼！可不存与？如我，则私淑夫子之道者也。其亦幸免于禽兽之归哉！此孟子志也。

《李温陵集》卷十九

① 《论语·泰伯》：“子曰：‘禹，吾无间然矣。菲饮食而致孝乎鬼神，恶衣服而致美乎黼冕，卑宫室而尽力乎沟洫。禹，吾无间然矣。’”

② 几希，很少，极少。《孟子·离娄下》：“孟子曰：‘人之所以异于禽兽者几希，庶民去之，君之存之。舜明于庶物，察于人伦，由仁义行，非行仁义也。’”

【明人论八股之二】

黄宗羲《明文海》(选)

一、《明文海》题解

《明文海》是黄宗羲选编的一部明代（1368—1644）散文总集。《明文海》全书一共四百八十二卷，不过我们今天看到的《明文海》只有四百八十卷，因为最后两卷亡佚了。《明文海》一共收录作者近千人，选文大约四千三百余篇。编纂《明文海》可谓辑录明代散文的一个浩大的工程，该书是我们今天研究明代政治、经济、文化、武备和社会风俗文化的第一手资料。

《明文海》在以下三个方面体现了黄宗羲的学术主张。

第一，黄宗羲意欲通过选编《明文海》来展示有明一代的文化并歌颂明代文化的创造主体，因为是明朝人民创造了光辉灿烂的明代文化。诚然，明朝的政治体制是最极端的集权专制。明朝皇帝大权独揽，特务政治肆意横行，在明朝后期还出现了严重的宦官乱政现象。不过，在明朝初期国力还是较为强盛的。明英宗朱祁镇（1427—1464）九岁即皇帝位，当时朝中有“三杨”辅助他。三杨是杨溥（1372—1446）、杨士奇（1365—1444）和杨荣（1373—1440）。三杨主持政局，海内基本清平。正德、嘉靖朝，始露中衰之迹，并面临蒙古、倭寇两大外患。然而，万历初期，名相张居正辅政，明朝又曾一度中兴。那时明朝的经济规模居于世界第一位。明朝的经济和文化在中国历史上属于较为发达的阶段。更为重要的是，在明朝中期资本主义生产关系萌芽了。伴随着新的生产关系的成长，市民文学也逐步繁荣起来，这颇与英国伊丽莎白一世（1538—1603）时期的文艺复兴相仿佛。

再有，从明朝开始，西学随着一批传教士来到中国。本来，西学泛指西方的科技和文化，不过就明朝的具体情形来说，当时的西学是以基督宗教为中心的。基督宗教这一次来到中国，与以往几次的遭遇均不相同。明朝洪武年间，在江西庐陵掘得一个大铁质十字架，上铸三国赤乌（238—250）年月，其上铸有对联，曰：“四海庆安澜，铁柱宝光留十字；万民怀大泽，金炉香篆蔼千秋。”① 据信此为基督宗教首次来到中国的实物证据，系经由海路。不过，此系孤证，而且此十字架是否确为基督宗教遗物尚待进一步证实。唐朝时基督教涅斯托里派的一支到来，这是基督宗教第二次来到中国，它站稳了脚跟，称为景教。《大秦景教流行中国碑》描述当时的情形说：“高宗皇帝克恭缵祖，润色真宗。而于诸州各置景寺，仍从阿罗本为镇国大法主。法流十道，国富元休。寺满百城，家殷景福。”② 然而在后来的会昌毁佛事件中，作为外来宗教的景教也连带受到冲击，遂在中原地区绝迹。元朝时，也里可温教传来中国，这是基督宗教第三次来到中国。也里可温教中既包括涅斯托利派，又包括天主教的方济各会。因为他们同样崇奉十字架，故又统称为十字教。不过，随着元朝的终结，也里可温教在中原断绝。基督宗教第四次来到中国是在明朝，影响深远，并从此扎下了根，至今仍然在有序地发展。从中国思想史上看，春秋战国时期是中国哲学史上的黄金时代，而明清之际的早期启蒙哲学在中国哲学史上占有特殊的地位。“明末清初的中国社会恰似一个大熔炉，检验着基督教深入其他民族及其文化的能力。”③ 此话也可以换一个角度说，明清时期的中国社会也在检验着中国人接受其他民族及其文化的能力。检验的结果如何呢？以基督宗教为核心的西方文化在当时的世界上的确是先进的，而中国人民确实有着异乎寻常的接受世界先进思想文化的能力。据西方学者的统计，1650 年中国有基督教徒 150000 人，1664 年已增加至 254 980 人。④ 徐光启、李芝藻和杨庭筠被誉为明朝天主教的三大柱石，他们既是朝廷高官又是科学家，还是稔熟中国传统文化的士人。在明朝这样的人物还有不少。在中西文化的碰撞之下，古老的中华文明迸发出耀眼的火花。西方的数学、物理学、天文学、地理学等基础科学传入中国，而水利学、兵器学、机械学等实用科学也传入了中国。

明朝的综合国力是强盛的，她拥有世界一流的舰队、世界上最大的火炮，以及众多的人口。基督宗教为东西文化的交流开辟了窗口与机会。在西文书籍翻译成中文的同时，《四书》、《五经》等中国元典也翻译成拉丁文而传播到西方。高启（1336—1374）在《登金陵雨花台望大江》诗中写道：“大江来从万山中，山势尽与江流东。钟山如龙独西上，欲破巨浪乘长风。江山相雄不相让，形胜争夸天下壮。秦皇空此瘗黄金，佳气葱葱至今王。我怀郁塞何由开，酒酣走上城南台。坐觉苍茫万古意，远自荒烟落日之中来。石头城下涛声怒，武骑千群谁敢渡？黄旗入洛竟何祥？铁锁横江未为固。前三国，后六朝，草生宫阙何萧萧。英雄来时务割据，几度战血流寒潮。我今幸逢圣人起南国，

---

① 中文圣经启导本编辑委员会《中文启导本圣经》（简体字版），北京：中国基督教协会，1997，第 1881 页。

② 翁绍军校勘并注释《汉语京郊文献诠释》，北京：三联书店，1996，第 13 页。

③ 王晓朝《基督教与帝国文化》，北京：东方出版社，1997，第 125 页。

④ Kenneth Scott Latourette, *A History of the Expansion of Christianity*, Vol. III: *Advance*, *A. D. 1 500 — A. D. 1 800* (New York: Harper & Brothers, 1939) 344.

祸乱初平事休息。从今四海永为家，不用长江限南北。"① 明朝结束了元末群雄争霸的混乱局面，统一了中国，恢复了占人口绝大多数的汉族的统治，生产力得到恢复，综合国力迅速上升。诗人在首都金陵，登上雨花台，眺望长江。此时无限江山，尽收诗人眼底。烟雨莽苍苍，是何等的气派！南北统一，四海一家，祖国是多么美好！此诗四句一转韵，韵味悠长，诗人犹嫌不足，于是特意拉出两个杂言长句来，以抒发胸中的浩然之气。这首诗，较好地表达了明代的兴盛局面。

尽管黄宗羲生活的时代，明朝的种种弊端已经暴露无遗，他的父亲还因为是东林党人之故而冤死狱中，但是黄宗羲毕竟是一个具有历史学家底蕴的文章学家，他在选编《全明文》的过程中，对明代文化进行了全面的考量，而其考量体现了历史发展的眼光。黄宗羲深深地认识到，明代的文化是明朝人民创造的。黄宗羲说："我之出而仕也，为天下，非为君也；为万民，非为一姓也。"② 这是黄宗羲的入世观，更是他对待明朝文化的认识基础。这是因为，黄宗羲认识到："天下之治乱，不在一姓之兴亡，而在万民之忧乐。"③ 正是从这样的认识出发，黄宗羲才自觉地站在人民大众的立场上，担当起了选编《明文海》的艰巨任务。

第二，黄宗羲意欲通过选编《明文海》来表明自己的审美趣味，那就是注重和提倡那些关乎国计民生的实用文字。在各种各样的中国古代文学的选本中，黄宗羲的散文或许得到选录，在各种各样的明代文学的选本中，黄宗羲的散文或许也能得到选录。但是，黄宗羲的诗歌却未见有多少人选录。这种现象说明了什么呢？它说明了黄宗羲的审美趣味在实用文字之上而不在美文之上，而文学选集，尤其是诗歌选集，乃是非常侧重作品的文学性的。实际上，也只有那些秉持大散文观的文章家，才将黄宗羲的散文类作品纳入自己的选本之中，至于那些侧重美文的文章家，他们就不愿意选录黄宗羲的散文了。然而，就是这个侧重实用文字的文章家黄宗羲，才选编了浩浩洋洋的明代散文总集《明文海》。为了明了黄宗羲选编《明文海》的功绩，我们不妨作一比较。我国主要的断代散文选本如下：

宋·吕祖谦选编《宋文鉴》一百五十卷。

元·苏天爵选编《元文类》七十卷。

明·程敏政选编《明文衡》九十八卷。

清·仲庄方选编《南宋文范》七十卷。

清·仲庄方选编《金文雅》十卷。

清·董兆雄选编《南宋文录》二十卷。

清·黄宗羲选编《明文海》四百八十二卷。

---

① 明·高启著，清·金檀集注，徐澄宇、沈北宗校点《高青丘集》，上海：上海古籍出版社，1985，第451页。

② 黄宗羲《明夷待访录·原臣篇》。

③ 黄宗羲《明夷待访录·原臣篇》。

清·薛熙选编《明文在》一百卷。

清·朱琦选编《国朝古文会钞》二百七十六卷（其中，《初集》一百七十六卷，《二集》一百卷）。

清·姚椿选编《国朝文录》一百卷。

清·李祖陶选编《国朝文录》一百四十八卷（其中，《国朝文录》八十二卷，《国朝文续录》六十六卷）。

清·王昶选编《湖海文传》七十五卷。

清·沈粹芬、黄人等选编《国朝文汇》二百卷。

在以上各个总集中，情况比较复杂，不少总集往往兼收赋和诗。赋这种文体并不属于散文。不过，按照中国文章学的惯例，赋既可以归入诗歌的大范畴之中，比如明铜活字本《唐五十家集》本是诗歌选本，而每一家均首录其赋；赋也可以归入文的大范畴之中，这种情况更多。诗歌绝不属于散文的范畴。在《元文类》七十卷中，卷一为赋，卷二至卷八为诗。在《宋文鉴》一百五十卷中，卷一至卷十为赋，卷十二为律赋，卷十三至卷三十为诗歌。比较一下各家的选本就清楚了，《明文海》不仅规模最大，而且它不选诗歌，所以散文所占的比例较高而篇数则最多。须知黄宗羲的工作条件远比其他各位选家来得艰苦。这说明了什么呢？这只能说明，黄宗羲所具有的审美趣味，的确不同于一般的文章家。

那么，黄宗羲那别具一格的审美趣味是从哪里来的呢？这主要来源于他所亲历的社会实践。黄宗羲的父亲黄遵素为东林党人，因而少年黄宗羲成长于具有进步思想的家庭氛围之中。他目睹了东林党人尤其是他父亲的惨遭迫害与屠杀，因而与阉党有着刻骨铭心的深仇大恨。清兵南下之后，黄宗羲作为明朝的遗民，不愿意当亡国奴，遂投入了如火如荼的反清斗争，并且坚持斗争长达八年之久。八年的反清斗争，艰苦异常，他经常颠沛流离，转战各地。八年的反清斗争，也磨练了黄宗羲的意志。这场斗争后来以失败告终，黄宗羲遭受清廷的通缉，经济上陷入困境。尽管如此，他并没有丧失斗志，而采取了另外的斗争方式，那就是以笔为武器，以从事思想文化战线上的工作来寄托自己的理想。随着清朝统治的逐渐稳固，清廷对黄宗羲一类影响较大的知识分子，也采取了较为宽松的政策，即诏征他们为新政权服务。所谓诏征，即通过皇帝下命令，许以高官厚禄，录用知识分子，用其一技之长。然而黄宗羲多次谢绝诏征，一意键户攻书，一心秉笔撰著，一生钻研学术。黄宗羲在《明文海》中网罗了以下二十九种文类：赋（卷1—46）、疏奏（卷47—65）、诏表（卷66）、碑（卷67—76）、议（卷74—83）、论（卷84—100）、说（卷101—109）、辨（卷110—117）、辨问议（卷118）、考（卷119—121）、颂（卷122）、赞（卷123）、铭（卷124）、箴（卷125）、戒（卷126）、解（卷127—130）、原（卷131）、述（卷132）、读（卷133）、问答（卷134—138）、文（卷139—140）、诸体（卷141—146）、书（卷147—209）、序（卷210—326）、记（卷327—386）、传（卷387—428）、墓文（卷429—473）、哀文（卷473—478）、稗（卷479—480），最后两卷（卷481—482）亡佚。据邵懿辰《四库全书简明目录标注》，

《明文海》原有六百多卷，现存此书已为后人删削。颂、赞、铭、箴等固然属于韵文的范畴，然而古人区分文类不如今日严格，往往也将它们纳入散文选本之中，此亦惯例所允许。总而言之，黄宗羲选编《明文海》是侧重选录实用文字的。东林党人倡导实学。东林书院有一副对联，凸现了东林党人的实学精神："风声雨声读书声，声声入耳；家事国事天下事，事事关心。"东林党人所倡导的实学精神，正是黄宗羲确立《明文海》择选文章的标准，而实学精神也指引着黄宗羲毕生的学术实践。

第三，黄宗羲意欲通过选编《明文海》来贯彻自己的诗学主张，那就是一切文学创作都必须具有真性情，表现作者的真面目。黄宗羲的这种诗学主张，可以归纳为三点。

（一）诗以道性情，然而性情必须真。情性本为一体，离开了性的情，是假情，是伪情，借用当下的话语来表述，那就是：离开了性之情只不过是作秀而已。那么性究竟是什么呢？性不是别的，而是人的本真的存在。在这种意义上说，男女之性也仅仅是性的一种而已，因为人的本真存在是丰富的，其表现形式也是多彩的。而人生中的种种际遇，只要是本真的存在就是性。黄宗羲《马雪杭诗序》："秣陵马雪航介余族象一请序其诗，余读之，清裁骏发，牍映篇流，不为雅而为风。余从象一得其为人，以心之安不安者定其出处，其得于性情者深矣。"① 黄宗羲之所以认为马雪航的诗做得好，就是因为那些诗篇均得于诗人的真性情所深沃酝酿。

（二）惟有阴阳互动，风雷激荡，才能产生优秀的文学作品。在时代的转折时期，在民族危亡的岁月，往往阴阳大互动，风雷迅激荡，因而这样的时代往往能够催生出大量优秀的文学作品来。黄宗羲《缩斋文集序》："泽望之文，可以弃之使之不显于天下，终不可灭之使之不留于天地。其文盖天地之阳气也。阳气在下，重阴锢之则击而为雷；阴气在下，重阳包之则抟而为风。"② 而且，黄宗羲认为，惟有时代的风雷激荡，方能孕育出好诗歌和好文章。闲适之诗篇中固然不乏佳作，吟风弄雪的诗文亦不乏名篇，然而它们终究不是一等的文学创作，原因在于它们反映的范围有限，而且其作者眼光局促，因而不能凸现民族、民生、民权之重大问题。以阳遇阳则不能为雷，以阴遇阴亦不能为雷，阴阳激荡方始为雷。《缩斋文集序》："宋之亡也，谢皋羽、方韶卿、龚圣予之文，阳气也。其时遁于黄钟之管，微不能吹纩转鸡羽，为百年而发为迅雷。元之亡也，有席帽、九灵之文，阴气也，包以开国之重阳，蓬然起于大隧，风落山为蛊，未几而散矣。"③ 宋、元之际如此，元、明之交亦是如此。有句话，黄宗羲在这里并没有说，然而循其逻辑，他想说的话已然行于字里行间了。这句话就是：当明朝后期统治趋于极度的黑暗之后，该王朝的命运又何尝不是如此呢？

（三）作家真实的性情，时代风雷的激荡，乃是产生优秀文学作品的必要条件，诗

① 黄宗羲著，耕余楼本《南雷文定》四集卷一。
② 黄宗羲著，耕余楼本《南雷文定》卷一。
③ 黄宗羲著，耕余楼本《南雷文定》卷一。

如此，文亦然，因为黄宗羲的诗学理念属于广义的诗学观。广义的诗学，其论述的对象，不仅包括诗，也包括文。亚里士多德《诗学》一书是西方诗学的经典著作，其中所讨论的问题涉及众多的文类，亚里士多德所秉持的就是广义的诗学观。在西方，广义的诗学观，在近几十年来，呈显出其所指日益扩大的倾向。“在西方‘诗学’这一术语已经在几重意义上被使用了。在最近几十年里，它已被用于几乎所有的人文活动，以至于它似乎经常意味着几乎就是‘理论’一词。”① 在西方文论话语中，甚至有“陀思妥耶夫斯基诗学”（the poetics of Dostoevsky）这样的说法，而众所周知陀思妥耶夫斯基是俄罗斯小说家，其作品以深刻剖析人物内心活动见长，他不是诗人，并不写诗。在这种场合，“诗学”一语指的就是“隐含的原则”（implicit principles）。黄宗羲《论文管见》：“所谓文者，未有不写其心之所明者也。心苟未明，劬劳憔悴于章句之间，不过枝叶耳，无所附之而生。故古今来，不必文人始有至文，凡九流百家以其所明者，沛然随地涌出，便是至文。”② 这里讲的是散文，但是其合理的观点也完全适用于诗歌。黄宗羲还在不少文章中分析过同时代文人创作的情况，他认为，有不少人煞费功夫，然而他们的散文和诗歌，却做得不好。究其主要的原因，不是因为作者缺少写作的基本知识和必要的写作训练，而是因为他们不能入情。他深有感慨地说：“今人之诗，非不出于性情也，以无性情之可出也。”寥寥数语，却说得极其沉痛。诗人到了无性情可出的地步，还做什么诗呢？文章家到了无感情的地步，还写什么文章呢？黄宗羲基于广义诗学观而提出来的理论，十分精彩，无论将之施于诗歌，还是将之施于散文，都是适合的。黄宗羲的诗学理论建构于三百多年之前，可是它对于我们认识明、清两代的文学，仍然具有指导意义。如果我们运用黄宗羲的诗学理论，来观照他在《明文海》中所选录的那些涉及科举制度的文章，我们就能从字里行间，看到那些文章的作者们极其复杂而微妙的内心活动。

从中国科举史看，隋朝是科举制度的滥觞时期，唐朝是科举制度的发展时期，宋朝是科举制度的完善时期。到了辽、金、元时期，科举制度便跌入低谷，开科取士的次数很少，而每次得人亦不多。科举制度在明、清时期进了鼎盛阶段。明代科举考试很正规，均按三年一大比定期举行。明朝历二百七十七年，其中仅有十年（洪武六年至洪武十五年，即1373—1382）停考，一共开科九十二次，录取进士两万四千六百三十六人。明代政坛正反两方面的著名人物，大都系科举正途出身。《明文海》在科举问题上给予了足够的关注。这主要表现在两个方面。

第一，用旧形式贯注新内容，在“序”类选文中选录了大量与科举制度、与应试士人以及与八股文有关的文章。在《明文海》的二十九种文类中，序这一文类所占的比例最大。《明文海》现存480卷，序117卷，占总卷数的24.4%，即四分之一。序是

---

① Alex Preminger and T. V. F. Brogan, *The New Princeton Encyclopedia of Poetry and Poetics* (Princeton, New Jersey, USA: Princeton University Press, 1993) 929.

② 黄宗羲著，耕余楼本《南雷文定》三集卷三。

一种涵盖面极其宽泛的文类。明·徐师曾《文体明辨序说·序（序略附）》："按《尔雅》云：'序，绪也。'字亦作'叙'，言其善叙事理次第有序若丝之绪也。又谓之大序，则对小序而言也。其为体有二：一曰议论，二曰叙事。宋·真氏尝分列于《正宗》之编，故今仿其理而辩之。其叙事又有正、变二体（系以诗者为变体）。其题曰某序，曰序某；字或作序，或作叙，惟作者随意而命制，无异义也。至唐·柳氏又有序略之名，则其题稍变，而其文亦简矣。今取以附焉。若他类之文有序者，各见本类。又有名序、字序，则别附于名字说条，使得以类相从，兹不复列。"① 换用今日的术语来表述，则古代的"序"这一文类，不仅囊括了一般的记叙文和议论文，而且还有种种变体。有时候，作者还可以在序的后边附上诗歌。既然如此，序也就是中国古代最大的一个文类了。科举是一种庞大而复杂的制度。古代社会的种种世态，知识分子的种种心态，都在这个制度之下有所反映。科举所使用的特殊文体八股文，又是士子们大展其才华和学识的舞台。欲描述科举制度，最方便的武器就是序这一文体。中国古代散文在先秦时期就相当地发达，但是在先秦诸子散文中未见使用序这一文类。明·吴纳《文章辩体序说·序》："《尔雅》云：'序，绪也。'序之体，始于《诗》之《大序》，首言六义，次言《风》、《雅》之变，又言《二南》王化之自。其言次第有序，故谓之序也。"②《诗大序》的作者究竟是谁？王运熙、顾易生主编《中国文学批评史新编》上册第二章《汉代的文学批评》："《毛诗序》的作者历来说法不一致：郑玄《诗谱》认为《大序》是孔子弟子子夏所作，《小序》是子夏、毛公合作（《经典释文》卷五引沈重说）；范晔说是后汉卫宏所作（《后汉书·儒林传》）；此外尚有不少说法。看来它不是一时一人之作，大约完成于汉代学者之手，但其中包含着先秦的旧说。"③ 总之，作为一个文类，序断不可能产生于孔子那个时代，因为找不出别的任何例子来。六朝时，中国文学迎来了自觉的时代，文类也发达起来了，有不少序出现，但这些序大多是其他文类的附属品。到了唐代，序的功能增强了，作为一个独立的文类，表现出了别样的风采。宋代文章大盛，作家们运用序这一文类来写作得心应手。到了元、明、清时期，在各种文集中，序则洋洋大观矣。那么，为什么从宋代起序这一文类大行其道呢？六朝人和唐代人写序，有的纯用骈文，有的韵散夹杂。用韵虽然不是骈文的根本要求，但是大多数骈文都是带韵的。而且，骈文讲究双句骈偶而行，灵活性毕竟差一些。到了北宋时期欧阳修提倡平易的散文，从根本上改造了中国散文的基本格局，这为序这一文类的蓬勃发展提供了广阔的天地。黑格尔曾风趣地说过："所以从散文的观点看，诗的表现方式可以被

① 明·吴纳著、于北山校点《文章辩体序说》，明·徐师曾著、罗根泽校点《文体明辨序说》（合刊本），北京：人民文学出版社，1962，第135页。

② 明·吴纳著、于北山校点《文章辩体序说》，明·徐师曾著、罗根泽校点《文体明辨序说》（合刊本），北京：人民文学出版社，1962，第42页。

③ 王运熙、顾易生主编《中国文学批评史新编》上册，上海：复旦大学出版社，2006，第38页。

看成走弯路或是说无用的多余的废话。"① 黑格尔又严肃地说过："所以一般地说，散文的规范是精确，鲜明和可理解性，而用图像比拟的观念方式则较不精确鲜明。"②黑格尔用前一个分句描述散文的观念方式，他仿佛在给"六一风神"下定义。他用后一个分句描述诗歌的观念方式，因为诗是要用形象思维的。接着，黑格尔从语言运用手段的差异出发，扫描了一个民族散文发展的基本轨迹。"随着反省思维的出现，观念的范围就日益扩大，观念的结合方式就复杂化起来，驾驭观念的能力就逐渐增长，语言的表现也就日益流畅了。这是一个民族已经掌握了一种发展成熟的表达日常生活的散文语言。"③ 运用黑格尔的这段经典名言来观照中国散文发展的历程，可谓洞若观火。在唐代，韩愈和柳宗元提倡古文运动，倒是有成效的，但是其成就毕竟有限。在宋代，欧阳修提倡古文运动，成就巨大，从根本上改造了中国散文的格局。从此中国散文便呈现出一种崭新的风貌。对于今天的读者来说，除了那些主张复古主义的诸君之作外，宋代以来的散文是比较好读一些的，它不像唐代和唐代以前的散文，它们总是带着些许的古奥。明白了中国散文的流变，以及隐藏在这种流变之后的人类思维展史的轨迹，我们就能够理解了，为什么在《明文海》中，序这一文类，竟然占了那么大的比重。原来是时代使然也。那么，《明文海》的选编者黄宗羲的历史功绩在哪里呢？就在于他利用也已充分发展起来的序这一形式，装进了新鲜活泼的内容。旧瓶装了新酒。瓶子是旧的，大家见到不反感。内容是新的，大家饮后好快活。在那一篇篇序里端端的的站着明、清之际的一个个大活人。总之，《明文海》中的大量序文描绘了明、清之际士人的活姿态。

第二，创新总集的编纂体例，黄宗羲在选文中特设了"时文"这一类目，让八股文登堂入室而进入断代文学总集之中。细绎起来，这一点又可分为以下三层。

（一）黄宗羲较多地选录那些与明代散文的总体发展趋势相吻合的文章。这说明了什么呢？这说明黄宗羲清楚地认识到，文学也与其他的社会存在一样，必须求新求变。唯有求新求变，文学才能生存。唯有求新求变，文学才能发展。在黄宗羲所吸收的文化营养中，固然有清初的成分，但是更多的还是明代的成分。在明代，在散文的大范畴中有一类文章特别发达，因而士人们不管是愿意还是不愿意都受到其侵染。那就是明代的小品文。明代的小品文有三袁兄弟、钟惺、谭元春、张岱等大家。此外，还有许多明代作家都擅长于写小品文。小品文虽然繁盛在晚明时期，但是其根源却应该到明代中叶去寻求。就明代小品文兴盛的根本原因而论，明代小品文是明代中叶资本主义生产关系萌芽之后市民文学逐渐成长的结果。明代小品文的总特征是文中有人、情感真实、幽默诙谐、流丽清新。拿明代小品文的这些特点，与当时欧洲和日本的散文，相互比较，是可以见出许多的契合点来的。可资比较的对象有法国蒙田（Michel Eyquem de Montaigne,

---

① ［德］黑格尔著《美学》第三卷下册，朱光潜译，北京：商务印书馆，1981，第59页。
② ［德］黑格尔著《美学》第三卷下册，朱光潜译，北京：商务印书馆，1981，第61页。
③ ［德］黑格尔著《美学》第三卷下册，朱光潜译，北京：商务印书馆，1981，第66页。

1533—1592）的《随笔》（*Essais*）、英国艾狄生（Joseph Addison，1672—1719）的《旁观者》报（*The Spectator*）、和日本江户时期（1603—1867）诸多通俗文学作家的散文作品，譬如井原西鹤（1642—1693）的《浮世草子》、上田秋成（1742—1734）的《雨月物语》等。为黄宗羲选入《明文海》的散文，大都很好读，琅琅上口。明代散文发展了自宋、元以来虚字增多的特点，有两个虚字连用的情形，也有三个虚字连用的情形。这样一来，文章就多了一些波澜起伏而变得曲折有致。明代小品文是作为一种新事物而存在的，它势必作用于那些代圣人立言的大块文章即八股文。如果计算股数，明代的八股文当然还是八股，但是八股的存在形式起了变化。应试干禄的文章也受到了小品文的影响，而这一点归根结蒂还是受到市民文学影响的结果。由于序这一文类包罗万象，灵活多变，所以序所受到的小品文之影响也就必然多一些。

（二）同时，黄宗羲也不排斥那些风格独特读起来较为拗口的文章。比如，陆符所作的《时文易序》、《时文易书后》、《董笔公文稿序》，佚名《二江山中草序》等文章，就是如此。这一类文章出现在明人的笔下不是偶然的。原因在于，在明代文学中出现过复古主义的倾向。从明宪宗成化年间至明穆宗隆庆年间（1465—1572）一百多年里，明代文坛上出现了一场复古运动，其代表人物是“前七子”与“后七子”。前七子指李梦阳、何景明、徐祯卿、边贡、康海、王九思和王廷相，而以李梦阳与何景明为代表。后七子指李攀龙、王世贞、谢榛、宗臣、梁有誉、徐中行和吴国伦，而以李攀龙和王世贞为代表。他们的基本口号是：文必秦汉，诗必汉唐。何景明《与李空同论诗书》：“上考古圣立言，中征秦、汉绪论，下采魏、晋声诗，莫之有易也。夫文靡于隋，韩力振之，然古文之法亡于韩。”① 李梦阳，自号空同。那么，李梦阳具有怎样的文学态度呢？《明史》卷二八三《李梦阳传》：“梦阳才思雄鸷，卓然以复古自命。弘治时，宰相李东阳主文柄，天下翕然宗之，梦阳独讥其萎弱。倡言文必秦、汉，诗必盛唐，非是者弗道。”② 前后七子中其他人的思想也与此相仿佛。既然以这样的态度来对待文学创作，那么前后七子的作品，就其多数而论，佶屈聱牙，为文艰深，也就是必然的了。况且，前后七子都还算是大才子，至于那些资质在其下的作家，他们的文章就更加拗口难读了。然而，黄宗羲对那些古奥艰深的文章还是选录了不少。这说明，黄宗羲对于明代文学中的复古主义思潮，采取了较为宽容的态度。事实上，在文学史上前后七子也是有功绩的。由于前后七子对明代文学的贡献，以杨士奇、杨荣和杨溥为代表而长期占据文坛统治地位的“台阁体”一派便失去了势力，结果明代文学被赋予了新的时代特征。简言之，复古派为唐宋派散文和晚明小品文的兴起，起到了铺路石的作用。在明代文学的复古思潮中，同时存在着精华和糟粕。一个秉持实事求是精神来对待文学的人，理应对明代文学的复古主义思潮，加以客观的审视，去伪存真，由此及彼，由表及里，把握精

---

① 何景明《何大复先生全集》（赐策堂本）卷三二。

② 中华书局编辑部编“二十四史”简体字本《明史》第六册，北京：中华书局，2000，第4911页。

髓，而黄宗羲就是这样做的。

（三）对科举制度和八股文，有的人肯定而予以褒扬，有的人否定而予以贬斥。对于这两方面的文章，黄宗羲均予以选录。其实，早在宋代，苏轼作《策略一》，对科举制度也持大体肯定的态度。苏轼指出，在具体施行科举制度的时候，往往出现种种弊端，但是他的出发点是提出建议并设法改进这种制度。同时，我们还可以见到这样的现象，在《明文海》中有些文章非常短小，显然不是标准的八股文，比如，郑之玄《涂瞻生制义小序》、章世纯《太行程生文序》就是如此。像这样的两三百字的文章，实际上是一篇八股文的核心部分亦即后四部分，它们是起股、中股、后股和束股。那么，标准的八股文是什么样子呢？顾炎武在《日知录》卷十六《试文格式》中写道："经义之文，流俗谓之八股，盖始于成化以后。股者对偶之名也。天顺以前，经义之文不过敷演传注，或对或散，初无定式，其单句题亦甚少。成化二十三年，会试《乐天者保天下》文，起讲先提三句，即讲乐天，四股；中间过接四句，复讲保天下，四股；复收四句，再作大结。弘治九年，会试《责难于君谓之恭》文，起讲先提三句，即讲责难于君，四股；中间过接二句，复讲谓之恭，四股；复收二句，再作大结。每四股之中。一反一正，一虚一实，一浅一深（原注：亦有联属二句、四句为对，排比十数对成篇，而不止于八股者）。其两扇立格（原注：谓题本两对文，亦两大对），则每扇之中各有四股，其次第之法，亦复如之。故今人相传，谓之八股。"① 凡有搓绳子的经验的人们都知道，一条绳子一般是由两股纤维扭合而成的。八股文也是如此。从"起股"至"束股"一共四大股。在每一大股中各有两小股使用排比手法写成的文字，于是一共就有了八小股。小股就是对偶中的一方。正因为如此，构成八股文的核心部分之起股、中股、后股和束股这四大股，又分别叫做起比、中比、后比和束比。显然，起比、中比、后比和束比这样的名称，较之起股、中股、后股和束股，来得明晰一些。在选入《明文海》的许多文章中，那些用来凑足形式的破题、承题、起讲、入手之类，往往被省略了。尽管如此，黄宗羲依然把它们选入"时文"之中。这说明，黄宗羲对科举制度和八股文，采取的是一种历史主义的立场。黄宗羲不仅选录正反两方面的文章，也选录各种体貌的文章。这是因为，好文章大抵直抒真性情而随物赋形。而且，人们认为合乎标准的不少文章，也并非丝丝入扣合乎八股的标准。八股文有许多名称。除了经义之外，也叫做"解"，解者，解说经义的文字也。在宋人中苏辙是文章大家，而苏辙《栾城后集》卷六有《孟子解》二十四章（实际上只有二十二章），就不尽符合八股的标准。显然，苏辙自己认为那些文章是属于经解的，否则他就不会那么起名了。八股文还有个名称，叫做"程文"。程文者，符合程式之文也。而这程式，就是八股文的程式。在明人中陆九渊是著名学者，《陆象山全集》卷三十二《拾遗》收有程文二十二篇，也不尽符合八股的标准。有趣的是，陆九渊自己却认为那些文章是属于程文的，否则他也就不会那么起名了。明代的作家们把一篇篇的文章写出来了，写什么，怎样写，似乎他们有着无限的

① 顾炎武《日实录》卷十六。

自由，其实他们都受所生活的时代条件的限制，他们必然地只能写那些东西，也只能那样写。黄宗羲选编了《明文海》，他选录什么，怎样选录，似乎它也有着无限的自由。不过，黄宗羲具有清醒的历史意识，他的愿望是尽可能地保存史料，让后人明白有明一代的实际状况。黄宗羲在选录什么和怎样选录上牺牲了自己的部分自由，然而他却获得了供后来人扬帆竞发于《明文海》中的大自在和大自由。这就是黄宗羲的伟大之处，这也是《明文海》那宏富的价值。

这次标点校注《明文海》的有关文章，以中华书局1987年影印涵芬楼藏钞本和文渊阁四库全书本为底本。时文部分，网罗较全。

二、黄宗羲小传

黄宗羲（1610—1695），字太冲，号南雷，学者称梨州先生，浙江余姚黄竹浦人。黄宗羲是明朝御史黄尊素（1584—1626）的长子。他与弟弟宗炎、宗会，并负异才，人们誉为“浙东三黄”。黄宗羲生长在明朝末年，早年曾参加反对阉党的斗争。入清初期，黄宗羲积极投身于抗清斗争。鲁王监国，授黄宗羲左副都御史。明朝灭亡之后，黄宗羲坚持不仕清朝，终生讲学著述，故而其学术成果极为丰富。

黄宗羲的学问出于刘宗周（1578—1645），而他本人又淹贯经史百家，精通天文历算，长于《易》理，为清初著名大儒，与顾炎武、王夫之一起被称为清初三大启蒙思想家。黄宗羲的著作多达数十种，其中以《明儒学案》六十二卷、《宋元学案》一百卷和《明夷待访录》一卷最为重要。黄宗羲的诗文，行世者有《南雷文案》十卷、《外集》一卷、《吾悔集》四卷、《撰杖集》一卷、《子刘子行状》二卷、《南雷诗历》三卷。又有《南雷文定前集》十一卷、《后集》四卷、《三集》三卷、《四集》四卷、《五集》即《病榻集》、《南雷文约》、《南雷余集》等。其中《文定》和《文约》为摘编本，不是全书。

黄宗羲的成就主要集中在以下五个方面。

第一，黄宗羲首先是一位思想家。十七世纪的中国，经历了一场天崩地解的社会大变革。满族入主中原和明朝的灭亡，引发了深刻的启蒙思想。这时候有三位学者被誉为“清初三先生”，也就是明末清初的三大启蒙思想家，即黄宗羲、顾炎武（1613—1682）和王夫之（1619—1692）。三位启蒙思想家的生平事迹和思想颇多相似之处，而黄宗羲在三者之中为年长。黄宗羲在清代的理学史上占有重要的地位。他认为，宇宙万物皆由物质的气所构成，理仅仅是物质运动变化的条理和秩序。他提出“盈天地皆心也”的命题，具有泛神论倾向。他注重实学，倡导实践，强调致良知即采取行动。

第二，黄宗羲是历史学家，《明儒学案》既是明代学术史的专著，又是历史著作“学案体”的创始著作。他对学案体驾轻就熟，完成了《明儒学案》之后，又撰写了《宋元学案》。由于宋代战争频仍，元代享祚不长，历史人物的传记资料丧失严重，《宋元学案》还可以当作一部简明传记辞典来使用。

第三，黄宗羲是文学理论家。他的所有文论思想，都可以用“真性情”来概括，这方面的代表作为《缩斋文集序》。尤其可贵的是，黄宗羲还是散文理论家。《南雷文定·前集》卷七《李杲堂先生墓志铭》：“文之美恶，视道合离。文以载道，犹为二之。聚之以学，经史子集。行之以法，章句呼吸。无情之辞，外强中干。其神不传，优孟衣冠。五者不备，不可为文。”在这里，黄宗羲提出了散文创作的五个要素，它们是道、学、法、情、神。在这五种要素中，“道”即思想性是首要的。道是文章的核心和灵魂，它统率其他四个要素。文章的各种要素，均须服从一个前提，那就是“文之美恶，视道合离”。文章究竟好不好，必须以其思想性的高下为转移。

第四，在文学方面，黄宗羲主要是一位散文家。他长于论说文和纪传文的写作。在黄宗羲的论说文中，《原君》、《原臣》、《怪说》等是公认的名篇。《论文管见》和近二十篇序文成为中国文学批评史上的经典之作。《陈定生先生墓志铭》、《李杲堂先生墓志铭》、《谈孺木墓表》等碑文，毕见墓主的精神风貌，而且文气悠长，引人思念缅怀。传记中的《柳敬亭传》、《王义士传》、《胡玉吕传》、《刘宗周传》等堪称大手笔。记叙文中的《万里寻兄记》等写得清丽隽永。由于黄宗羲强调以诗证史，因而他的诗歌抒情性不足。不过，黄宗羲以历史题材为内容的一部分诗篇，比如，《感旧》、《山居杂咏》、《八哀诗》等，还是不错的。这些诗篇具有史诗精神，可以当作历史文献来读。

第五，黄宗羲以发展的观点来看待文学语言的变化。一方面，黄宗羲强调语言的雅训，反对语言的浅俗，要求人们使用纯净的文学语言。这是黄宗羲语言观的主导方面。另一方面，黄宗羲明白明清之际是我国戏曲文学蔚然成长的时期，因而他能够站在与时俱进的立场上，来对待戏曲作品的语言。他深知，戏曲作品的语言与传统诗文的语言有所不同。他在《南雷杂著手稿·胡子藏院本序》中指出，戏曲的语言，尤其宜俗宜真，不可著一文字。换句话说，黄宗羲认识到了戏曲的语言朝着口语化的方向而发展演变的趋势。

附录一：《清史稿》卷四八零《黄宗羲传》

黄宗羲，字太冲，余姚人，明御史黄尊素长子。

尊素为杨、左同志，以劾魏阉死诏狱，事具《明史》。思宗即位，宗羲入都讼冤。至则逆阉已磔，即具疏请诛曹钦程、李实。会廷鞫许显纯、崔应元，宗羲对簿，出所袖锥锥显纯，流血被体；又殴应元，拔其须归祭尊素神主前；又追杀牢卒叶咨、颜文仲，盖尊素绝命于二卒手也。时钦程已入逆案，实疏辨原疏非己出，阴致金三千求宗羲弗质。宗羲立奏之，谓：“实今日犹能贿赂公行，其所辨岂足信？”于对簿时复以锥锥之。狱竟，偕诸家子弟设祭狱门，哭声达禁中。思宗闻之，叹曰：“忠臣孤子，甚恻朕怀。”

归，益肆力于学。愤科举之学锢人，思所以变之。既，尽发家藏书读之，不足，则钞之同里世学楼钮氏、澹生堂祁氏，南中则千顷堂黄氏、绛云楼钱氏，且建续钞堂于南雷，以承东发之绪。山阴刘宗周倡道蕺山，以忠端遗命从之游。而越中承海门周氏之绪，援儒入释，姚江之绪几坏。宗羲独约同学六十余人力排其说。故蕺山弟子如祁、章诸子皆以名德重，而御侮之功莫如宗羲。弟宗炎、宗会，并负异才，自教之，有“东浙三黄”之目。

戊寅，南都作防乱揭攻阮大铖。东林子弟推无锡顾杲居首，天启被难诸家推宗羲居首。大铖恨之刺骨，骤起，遂按揭中一百四十人姓氏，欲尽杀之。时宗羲方上书阙下而祸作，遂与杲并逮。母氏姚叹曰：“章妻、滂母乃萃吾一身耶?”驾帖未行，南都已破，宗羲跟跄归。会孙嘉绩、熊汝霖奉鲁王监国，画江而守。宗羲纠里中子弟数百人从之，号世忠营。授职方郎，寻改御史，作监国鲁元年大统历颁之浙东。马士英奔方国安营，众言其当诛，熊汝霖恐其挟国安为患也，好言慰之。宗羲曰：“诸臣力不能杀耳！春秋之孔子，岂能加于陈恒，但不谓其不当诛也。”汝霖谢焉。又遗书王之仁曰：“诸公不沉舟决战，盖意在自守也。蕞尔三府，以供十万之众，必不久支，何守之能为?”闻者皆韪其言而不能用。

至是孙嘉绩以营卒付宗羲，与王正中合军得三千人。正中者，之仁从子也，以忠义自奋。宗羲深结之，使之仁不得挠军事。遂渡海屯潭山，由海道入太湖，招吴中豪杰，直抵乍浦，约崇德义士孙奭等内应。会清师纂严不得前，而江上已溃。宗羲入四明山结寨自固，余兵尚五百人，驻兵杖锡寺。微服出访监国，戒部下善与山民结。部下不尽遵节制，山民畏祸，潜爇其寨，部将茅翰、汪涵死之。宗羲无所归，捕檄累下，携子弟入剡中。闻鲁王在海上，仍赴之，授左副都御史。日与吴钟峦坐舟中，正襟讲学，暇则注《授时》、《泰西》、《回回》三历而已。

宗羲之从亡也，母氏尚居故里。清廷以胜国遗臣不顺命者，其家口以闻。宗羲闻之，亟陈情监国，得请，遂变姓名间行归家。是年，监国由健跳至滃洲，复召之，副冯京第乞师日本。抵长崎，不得请，为赋《式微》之章以感将士。自是东西迁徙无宁居。弟宗炎坐与冯京第交通，刑有日矣，宗羲以计脱之。甲午，张名振间使至，被执，又名捕宗羲。丙申，慈水寨主沈尔绪祸作，亦以宗羲为首。其得不死，皆有天幸，而宗羲不慑也。其后海上倾覆，宗羲无复望，乃奉母返里门，毕力著述，而四方请业之士渐至矣。

戊午，诏征博学鸿儒。掌院学士叶方蔼寓以诗，敦促就道，再辞以免。未几，方蔼奉诏同掌院学士徐元文监修《明史》，将征之备顾问，督抚以礼来聘，又辞之。朝论必不可致，请敕下浙抚，钞其所著书史事者送入京，其子百家得预参史局事。徐乾学侍直，上访及遗献，复以宗羲对，且言：“曾经臣弟元文疏荐，惜老不能来。”上曰：“可召至京，朕不授以事。即欲归，当遣官送之。”乾学对以笃老无来意，上叹息不置，以为人材之难。宗羲虽不赴征车，而史局大议必咨之。历志出吴任臣之手，总裁千里遗书，乞审正而后定。尝论《宋史》别立《道学传》，为元儒之陋，《明史》不当仍其例。朱彝尊适有此议，得宗羲书示众，遂去之。卒，年八十六。

宗羲之学，出于蕺山，闻诚意慎独之说，缜密平实。尝谓明人讲学，袭语之糟粕，不以六经为根柢，束书而从事于游谈。故问学者必先穷经，经术所以经世。不为迂儒，必兼读史。读史不多，无以证理之变化；多而不求于心，则为俗学。故上下古今，穿穴群言，自天官、地志、九流、百家之教，无不精研。所著《易学象数论》六卷，《授书随笔》一卷，《律吕新义》二卷，《孟子师说》二卷。文集则有《南雷文案》、《诗案》。今共存《南雷文定》十一卷，《文约》四卷。又著《明儒学案》六十二卷，叙述明代讲学诸儒流派分合得失颇详，《明文海》四百八十二卷，阅明人文集二千余家，自言与十朝国史相首尾。又《深衣考》一卷，《今水经》一卷，《四明山志》九卷，《历代甲子考》一卷，《二程学案》二卷，辑《明史案》二百四十四卷，又《明夷待访》一卷，皆经世大政。顾炎武见而叹曰："三代之治可复也！"天文则有《大统法辨》四卷，《时宪书法解新推交食法》一卷，《圜解》一卷，《割圜八线解》一卷，《授时法假如》一卷，《西洋法假如》一卷，《回回法假如》一卷。其后梅文鼎本《周髀》言天文，世惊为不传之秘，而不知宗羲实开之。晚年又辑《宋元学案》，合之《明儒学案》，以志七百年儒苑门户。宣统元年，从祀文庙。

宗炎，字晦木。与兄宗羲、弟宗会俱从宗周游。其学术大略与宗羲等。著有《周易象辞》三十一卷，《寻门余论》二卷，《图书辨惑》一卷，力辟陈抟之学。谓《周易》未经秦火，不应独禁其图，至为道家藏匿二千年始出。又著《六书会通》，以正小学。谓扬雄但知识奇字，不知识常字，不知常字乃奇字所自出也。又有《二晦》、《山栖》诸集，以故居被火俱亡。康熙二十五年，卒，年七十一。

宗会，字泽望。明拔贡生。读书一再过不忘。有《缩斋文集》十卷。

百家，字主一。国子监生。传宗羲学，又从梅文鼎问推步法。著《句股矩测解原》二卷。康熙中，明史馆开，宗羲以老病不能行，徐乾学延百家入史馆，成史志数种。

附录二：黄宗羲《明夷待访录·学校篇》

学校，所以养士也。

然古之圣王，其意不仅此也，必使治天下之具皆出于学校，而后设学校之意始备。非谓班朝，布令，养老，恤孤，讯馘，大师旅则会将士，大狱讼则期吏民，大祭祀则享始祖，行之自辟雍也。盖使朝廷之上，闾阎之细，渐摩濡染，莫不有诗书宽大之气，天子之所是未必是，天子之所非未必非，天子亦遂不敢自为非是，而公其非是于学校。

是故养士为学校之一事，而学校不仅为养士而设也。

三代以下，天下之是非一出于朝廷。天子荣之，则群趋以为是；天子辱之，则群擿以为非。簿书、期会、钱谷、戎狱，一切委之俗吏。时风众势之外，稍有人焉，便以为学校中无当于缓急之习气。而其所谓学校者，科举嚣争，富贵熏心，亦遂以朝廷之势利一变其本领，而士之有才能学术者，且往往自拔于草野之间，于学校初无与也，究竟养士一事亦失之矣。

于是学校变而为书院。有所非也，则朝廷必以为是而荣之；有所是也，则朝廷必以为非而辱之。伪学之禁，书院之毁，必欲以朝廷之权与之争胜。其不仕者有刑，曰："此率天下士大夫而背朝廷者也。"其始也，学校与朝廷无与；其继也，朝廷与学校相反。不特不能养士，且至于害士，犹然循其名而立之何与？

东汉太学三万人，危言深论，不隐豪强，公卿避其贬议。宋诸生伏阙捶鼓，请起李纲。三代遗风，惟此犹为相近。使当日之在朝廷者，以其所非是为非是，将见盗贼奸邪慑心于正气霜雪之下！君安而国可保也。乃论者目之为衰世之事，不知其所以亡者，收捕党人，编管陈、欧，正坐破坏学校所致，而反咎学校之人乎！

嗟乎！天之生斯民也，以教养托之于君。授田之法废，民买田而自养，犹赋税以扰之；学校之法废，民蚩蚩而失教，犹势利以诱之。是亦不仁之甚，而以其空名跻之曰"君父，君父"，则吾谁欺！郡县学官，毋得出自选除。

郡县公议，请名儒主之。自布衣以至宰相之谢事者，皆可当其任，不拘已任未任也。其人稍有干于清议，则诸生得共起而易之，曰："是不可以为吾师也。"其下有《五经》师，兵法、历算、医、射各有师，皆听学官自择。

凡邑之生童皆裹粮从学，离城烟火聚落之处士人众多者，亦置经师。民间童子十人以上，则以诸生之老而不仕者充为蒙师。故郡邑无无师之士，而士之学行成者，非主六曹之事，则主分教之务，亦无不用之人。

学官以外，凡在城在野寺观庵堂，大者改为书院，经师领之，小者改为小学，蒙师领之，以分处诸生受业。其寺产即隶于学，以赡诸生之贫者。二氏之徒，分别其有学行者，归之学官，其余则各还其业。

太学祭酒，推择当世大儒，其重与宰相等，或宰相退处为之。每朔日，天子临幸太学，宰相、六卿、谏议皆从之。祭酒南面讲学，天子亦就弟子之列。

政有缺失，祭酒直言无讳。

天子之子年至十五，则与大臣之子就学于太学，使知民之情伪，且使之稍习于劳苦，毋得闭置宫中，其所闻见不出宦官宫妾之外，妄自崇大也。

郡县朔望，大会一邑之缙绅士子。学官讲学，郡县官就弟子列，北面再拜。师弟子各以疑义相质难。其以簿书期会，不至者罚之。郡县官政事缺失，小则纠绳，大则伐鼓号于众。其或僻郡下县，学官不得骤得名儒，而郡县官之学行过之者，则朔望之会，郡县官南面讲学可也。

若郡县官少年无实学，妄自压老儒而上之者，则士子哗而退之。

择名儒以提督学政，然学官不隶属于提学，以其学行名辈相师友也。每三年，学官送其俊秀于提学而考之，补博士弟子；送博士弟子于提学而考之，以解礼部，更不别遣考试官。发榜所遗之士，有平日优于学行者，学官咨于提学补入之。其弟子之罢黜，学官以生平定之，而提学不与焉。

学历者能算气朔，即补博士弟子。其精者同入解额，使礼部考之，官于钦天监。学医者送提学考之，补博士弟子，方许行术。岁终，稽其生死效否之数，书之于册，分为三等：下等黜之；中等行术如故；上等解试礼部，入太医院而官之。

凡乡饮酒，合一郡一县之缙绅士子。士人年七十以上，生平无玷清议者，庶民年八十以上，无过犯者，皆以齿南面，学官、郡县官皆北面，宪老乞言。

凡乡贤名宦祠，毋得以势位及子弟为进退。功业气节则考之国史，文章则稽之传世，理学则定之言行。此外乡曲之小誉，时文之声名，讲章之经学，依附之事功，已经入祠者皆罢之。

凡郡邑书籍，不论行世藏家，博搜重购。每书钞印三册，一册上秘府，一册送太学，一册存本学。时人文集，古文非有师法，语录非有心得，奏议无裨实用，序事无补史学者，不许传刻。其时文、小说、词曲、应酬代笔，已刻者皆追板烧之。士子选场屋之文及私试义策，蛊惑坊市者，弟子员黜革，见任官落职，致仕官夺告身。

民间吉凶，一依朱子《家礼》行事。庶民未必通谙，其丧服之制度，木主之尺寸，衣冠之式，宫室之制，在市肆工艺者，学官定而付之；离城聚落，蒙师相其礼以革习俗。

凡一邑之名迹及先贤陵墓祠宇，其修饰表章，皆学官之事。淫祠通行拆毁，但留土谷，设主祀之。故入其境，有违礼之祀，有非法之服，市悬无益之物，土留未掩之丧，优歌在耳，鄙语满街，则学官之职不修也。

附录三：黄宗羲《明夷待访录·取士篇》

《取士》上篇

取士之弊，至今日制科而极矣。故毅宗尝患之也，为拔贡、保举、准贡、特授、积分、换授，思以得度外之士。乃拔贡之试，犹然经义也，考官不遣词臣，属之提学，既已轻于解试矣。

保举之法，虽曰以名取人，不知今之所谓名者何凭也，势不得不杂以贿赂请托。及其捧檄而至，吏部以一义一论试之，视解试为尤轻矣。准贡者用解试之副榜，特授者用会试之副榜。夫副榜，黜落之余也。其黜落者如此之重，将何以待中式者乎？积分不去赀郎，其源不能清也；换授以优宗室，其教可不豫乎！凡此六者，皆不离经义，欲得胜于科目之人，其法反不如科目之详，所以徒为纷乱而无益于时也。

唐进士试诗赋，明经试墨义。所谓墨义者，每经问义十道，五道全写疏，五道全写注。宋初试士，诗、赋、论各一首，策五道，帖《论语》十，帖对《春秋》或《礼记》墨义十条，其九经、五经、三礼、三传、学究等，设科虽异，其墨义同也。

王安石改法，罢诗赋、帖经、墨义，中书撰大义式颁行，须通经有文采，乃为中格，不但如明经、墨义、粗解章句而已。然非创自安石也，唐柳冕即有“明《六经》之义，合先王之道者以为上等，其精于传注与下等”之议。权德舆驳曰：“注疏犹可以质验，不者有司率情上下其手，既失其末，又不得其本，则荡然矣。”

其后宋祁、王珪累有“止问大义，不责记诵”之奏，而不果行，至安石始决之。

故时文者，帖书、墨义之流也。今日之弊，在当时权德舆已尽之。向若因循不改，则转相模勒，日趋浮薄，人才终无振起之时。若罢经义，遂恐有弃经不学之士，而先王之道益视为迂阔无用之具。

余谓当复墨义古法，使为经义者全写注疏、大全、汉宋诸儒之说，一一条具于前，而后申之以己意，亦不必墨守一先生之言。由前则空疏者绌，由后则愚蔽者绌，亦变浮薄之一术也。

或曰：“以诵数精粗为中否，唐之所以贱明经也，宁复贵其所贱乎？”曰：“今日之时文，有非诵数时文所得者乎？同一诵数也，先儒之义学，其愈于饾饤之剿说亦可知矣。非谓守此足以得天下之士也，趋天下之士于平实，而通经学古之人出焉。昔之诗赋亦何足以得士！然必费考索，推声病，未有若时文，空疏不学之人皆可为之也。”

《取士》下篇

古之取士也宽，其用士也严；今之取士也严，其用士也宽。古者乡举里选，士之有贤能者，不患于不知。降而唐宋，其为科目不一，士不得与于此，尚可转而从事于彼，是其取之之宽也。“王制”论秀士，升之司徒曰选士。司徒论选士之秀者，升之学曰俊士。大乐正论造士之秀者，升之司马曰进士，司马论进士之贤者，以告于王而定其论。

论定然后官之，任官然后爵之，位定然后禄之。一人之身，未入仕之先凡经四转，已入仕之后凡经三转，总七转，始与之以禄。唐之士，及第者未便解褐，入仕吏部，又复试之。韩退之三试于吏部无成，则十年犹布衣也。宋虽登第入仕，然亦止是簿尉令录，榜首才得丞判，是其用之之严也。宽于耻则无枉才，严于用则少幸进。

今也不然。其所以程士者，止有科举之一途，虽使古豪杰之士若屈原、司马迁、相如、董仲舒、扬雄之徒，舍是亦无由而进取之，不谓严乎哉！一日苟得，上之列于侍从，下亦置之郡县。即其黜落而为乡贡者，终身不复取解，授之以官，用之又何其宽也！严于取，则豪杰之老死丘壑者多矣；宽于用，此在位者多不得其人也。

流俗之人，徒见夫二百年以来之功名气节，一二出于其中，遂以为科法已善，不必他求。不知科目之内，既聚此百千万人，不应功名气节之士独不得入，则是功名气节之士之得科目，非科目之能得功名气节之士也。假使士子探筹，第其长短而取之，行之数百年，则功名气节之士亦自有出于探筹之中者，宁可谓探筹为取士之善法耶？究竟功名气节人物，不及汉唐远甚，徒使庸妄之辈充塞天下。岂天下之不生才哉？则取之之法非也。

吾故宽取士之法，有科举，有荐举，有太学，有任子，有郡邑佐，有辟召，有绝学，有上书，而用之之严附见焉。

科举之法。其考校仿朱子议：第一场《易》、《诗》、《书》为一科，子午年试之；《三礼》兼《大戴》为一科，卯年试之；《三传》为一科，酉年试之。试义各二道，诸经皆兼《四书》义一道。答义者先条举注疏及后儒之说，既备，然后以“愚按”结之。其不条众说，或条而不能备，竟入己意者，虽通亦不中格。有司有不依章句移文配接命题者，有丧礼服制忌讳不以为题者，皆坐罪。

第二场周、程、张、朱、陆六子为一科，孙、吴武经为一科，荀、董、扬、文中为一科，管、韩、老、庄为一科，分年各试一论。

第三场《左》、《国》、《三史》为一科，《三国》、《晋书》、《南北史》为一科，新、旧《唐书》、《五代史》为一科，《宋史》、有明《实录》为一科，分年试史论各二道。答者亦必摭事实而辨是非。若事实不详，或牵连他事而于本事反略者，皆不中格。

第四场时务策三道。

凡博士弟子员遇以上四年仲秋，集于行省而试之，不限名数，以中格为度。考官聘名儒，不论布衣、在位，而以提学主之。明年会试，经、子、史科，亦依乡闱分年，礼部尚书知贡举。登第者听宰相鉴别，分置六部各衙门为吏，管领簿书。拔其尤者，仿古侍中之职在天子左右，三考满常调而后出官郡县。又拔其尤者为各部主事，落第者退为弟子员，仍取解试而后得入礼闱。

荐举之法：每岁郡举一人，与于待诏之列。宰相以国家疑难之事问之，观其所对，令廷臣反复诘难，如汉之贤良、文学以盐铁发策是也。能自理其说者，量才官之；或假之职事，观其所效而后官之。若庸下之材剿说欺人者，举主坐罪，其人报罢。若道德如吴与弼、陈献章，则不次待之，举主受上赏。

太学之法：州县学每岁以弟子员之学成者，列其才能德艺以上之，不限名数，缺人则止。太学受而考之，其才能德艺与所上不应者，本生报罢。凡士子之在学者，积岁月累试，分为三等：上等则同登第者，宰相分之为侍中属吏；中等则不取解试，竟入礼闱；下等则罢归乡里。

任子之法：六品以上，其子十有五年皆入州县学，补博士弟子员，若教之十五年而无成则出学。三品以上，其子十有五年皆入太学，若教之十五年而无成则出学。今也大夫之子与庶民之子同试，提学受其请托，是使其始进不以正，不受其请托，非所以优门第也。公卿之子不论其贤否而仕之，贤者则困于常调，不贤者而使之在民上，既有害于民，亦非所以爱之也。

郡县佐之法：郡县各设六曹，提学试弟子员之高等者分置之，如户曹管赋税出入，礼曹主祀事、乡饮酒、上下吉凶之礼，兵曹统民户所出之兵、城守、捕寇，工曹主郡邑之兴作，刑曹主刑狱，吏曹主各曹之迁除资俸也。满三考升贡太学，其才能尤著者，补六部各衙门属吏。凡廪生皆罢。

辟召之法：宰相、六部、方镇及各省巡抚，皆得自辟其属吏，试以职事，如古之摄官。其能显著，然后上闻即真。绝学者，如历算、乐律、测望、占候、火器、水利之类是也。郡县上之于朝，政府考其果有发明，使之待诏。否则罢归。

上书有二：一，国家有大事或大奸，朝廷之上不敢言而草野言之者，如唐刘蕡、宋陈亮是也，则当处以谏职。若为人嗾使，因而挠乱朝政者，如东汉牢修告捕党人之事，即应处斩。一，以所著书进览，或他人代进，详看其书足以传世者，则与登第者一体出身。若无所发明，纂集旧书，且是非谬乱者，如今日赵宧光《说文长笺》、刘振《识大编》之类，部帙虽繁，却其书而遣之。

三、《明文海》选篇标点校注

《四库全书总目》卷一九零《明文海》提要

臣等谨案。《明文海》四百八十二卷，国朝黄宗羲编。宗羲有《易学象数论》，已著。宗羲于康熙乙卯以前，尝选《明文案》二百卷，既复得昆山徐氏所藏明人文集，因更辑成是编。分体二十有八。每体之中，又各为子目。赋之目至十有六，书之目至二十有七，序之目至五，记之目至十有七，传之目至二十，墓文之目至十有三。分类殊为繁碎，又颇错互不伦。如，议已别立一门，而奏疏内复出此体。既立诸体文一门，而《却巧》、《瘗笔》、《放雀》诸篇复别为一类，而止目为文，尤为无谓。他若书序、传记诸门，或析学校、书院为二，或叙文苑于儒林之上，或列论文、论诗于讲学、议礼、议乐、论史之前，编次糅杂，颇为后人所讥。考阎若璩《潜邱札记》辨此书体例，谓：“必非黄先生所编，乃其子主一所为。”若璩常游宗羲之门，其说当为可据。盖晚年未定之本也。明代文章，自何、李盛行，天下相率为沿袭剽窃之学。逮嘉、隆以后，其弊益甚。宗羲之意，在于扫除摹拟，空所倚傍，以情至为宗。又欲使一代典章人物，俱藉以考见大凡，故虽游戏小说家言，亦为兼收并采，不免失之泛滥。然其搜罗极富，所阅明人集，几至二千余家。如桑悦《南都》、《北都》二赋，朱彝尊著《日下旧闻》时，搜讨未见，而宗羲得之，以冠兹选。其他散失零落，赖此以传者，尚复不少，亦可谓一代文章之渊薮。考明人著作者，当必以是编为极备矣。其书卷帙繁重，传钞者希，此本犹其原稿。四百八十一及八十二卷内文十二篇，有录无书，无可核补。今亦并仍之云。

乾隆四十四年二月恭校上。

总纂官纪昀、陆锡熊、孙士毅。

总校官陆费墀。

《明文海》著述序篇名目录

《明文海》著述序选录

《明文海》卷二百十序一著述

1. 《小四书》序

朱升①

上章困敦，愚赴紫阳书会，与朋友商确，为齐生定读书次序。首蛟峰《蒙求》。凡将者，急就之传也。名物者，小学之先也。次勿斋《字训》，性理学问、天人之道、治教之原也。次陈先生《历代蒙求》，使知古今朝代之略。次黄成性《之学提要》②，使知传统事迹之详。此四书者，四字成言，童幼所便，精熟融会，宇宙在胸中矣。然后循序乎六经之学，归趣乎孔孟之教，究极乎濂洛之说。休日则事笔札而考苍雅，余力则记名数而诵诗文，庶几入门适道，有序有条，本末兼备，终始相成者矣。夫读书，不可无批注。然批注与本文相离，学者若不能以意相附，则非徒无益，而适滋其惑，故愚于诸经书，往往与之旁注，使学者但读本文，而览其旁注，一过则了然，无繁复之劳也。今此《小四书》者，语约而事意多，故旁注不足，则又表注于阑上，使教者有所据依，而学者易于记忆。此区区之至意也。既脱稿刻之斋会，题曰《小四书》以别晦庵《四书》云。③

2. 《类选五言小诗》序

朱升

玄黓摄提格夏④，暑异甚。仆居山阁，目益昏，不得遍读素习，乃取五言四句古

---

① 朱升，其传记见沈佳编《明儒言行录》续编卷一："朱升，枫林先生，字允升，南直休宁人。国初，以征起授翰林学士，初师陈栎，剖击问难，多所发明。栎深器之。至正癸未，偕赵汸，从黄楚望讲道。明年归，作经书傍注，登乡贡进士。戊子，授池州学正，以身立教，士皆兴起。秩满归。蕲、黄兵至徽，避兵奔窜，往往闭户著述不辍。丁酉，大明兵下徽，被旨召见。上问之，对曰：高筑墙，广积粮，缓称王。上嘉其朴，遂参密议，寻辞归吴。元年，征拜侍讲学士，知诰诏，同修国史。上亲制诰词有曰：眷我同宗之老，实为耆哲之英，于开国诸公，好得其实。无何，以学士张桱为直学士，特免朝谒，优礼之。七月，领乐舞生人见，设雅乐阅视。上亲击石磬，命升识五音，误以宫音为徵音，上不怿。来熊鼎解之，得止。洪武元年二月，上御东阁，顾谓升曰：观《周礼》有所谓六梦者，朕尝感异梦，厥兆维何？对曰：人之精魄上通于天，此陛下受命之兆也。轩辕梦游华胥，天下大治，帝王之兴，自有天命，盖振古如兹矣。三月，命儒臣修《女诫》。又谕升修齐之。本遂，受命纂辑。二年三月，复命撰《斋戒文》。是月，请老归石门，居梅花初月楼。上亲洒宸翰以赐。庚戌卒，年七十二。学者称为枫林先生。著有《易》、《书》、《诗》、《周礼》、《仪礼》、《礼记》、《孝经》（诸经之《旁注》）、《四书小学》，及《书传补辑》、《诸书传解》，行于世。"另见《明史》卷一三六本传。思齐按：据文中叙述，朱升的生卒年为1359—1430。

② 《之学提要》，原文如此，并无错误，比较英文：An Approach to，An Introduction to 一类的表达。之，动词，前往。

③ 晦庵《四书》指朱熹《四书章句集注》。

④ "玄黓"为岁阳名称，对应的十干为"壬"。"摄提格"为太岁年名，对应的十二辰为"寅"。玄黓摄提格夏，即壬寅年夏天，亦即永乐二十年（1422）夏天。

诗，迄于晚唐，得三百余首，类推之，以授群童。为类凡三十有八。① 一曰直致诗，以此为忌，而亦以此为难，序情写景，而无事乎排比纽捻、盘折组绘之工，所谓净洗脚面而斗好者也。二曰情义伦纪者，民之彝也。三曰工致诗。老所独，继响寡闻焉。四曰清新，则亦不易得者也。自是而下，曰高远，曰富丽，曰艳冶，曰凄凉，曰衰暮，由所接不同。曰旷远，曰豪放，曰俊逸，曰清润，曰沉著，则又系乎其人矣。边塞也，宫闺也，客旅也，发乎其情有非常者，是以离别悲愁，思乡感旧之作出焉。至于怀想寄赠，则尽乎人；慨叹消遣，则尽乎己。讽谏而不讦，颂美而不谀，嘲戏而不谑，皆所谓民之性，而先王之泽者。此外，有怀古咏史之吟，景物风土之述，时事之纪，与夫乐府之旧章，风人之古体。或有设为问答者，或以一句、两句之佳而传者。以至女流灵异之作，亦附见焉。先儒谓：人声之精者为言，言之精者为文。而又有曰：文之精者为诗。夫自《三百篇》之后，变而为词赋，又变而为歌行、长律，流衍极矣。多者敛束于此，固汗血千里之折旋蚁封也。始学者之从事于此，非江源之滥觞乎？乡先生曹公，教人下笔之初，以字少语直为事，其言曰：直说则意易见，字少则病不多。仆编小诗，以直致之体先之，实本乎此。夫泉之始达，直流而已。其出渐远，众流合焉。矶而激，风而波，盛大流行，而千态万状，非泉之固欲如是也。始学者，识之。枫林病叟朱升，题于齐明阁。

3. 读《货殖传》

赵汸②

《货殖传》当与《平准书》参看。《平准书》是讥人臣横敛，以佐人主之欲。《货殖传》是讥人主好货，使四方皆变其旧俗，趋利。书首言，汉兴，接秦之弊，高祖重

---

① 三十八体，依照本文所述，如下。一曰直致诗，二曰情义伦纪诗，三曰工致诗，四曰清新，五曰高远，六曰富丽，七曰艳冶，八曰凄凉，九曰衰暮，十曰旷远，十一曰豪放，十二曰俊逸，十三曰清润，十四曰沉著，十五边塞，十六宫闺，十七客旅，十八离别，十九悲愁，二十思乡，二十一感旧，二十二怀想，二十三寄赠，二十四慨叹，二十五消遣，二十六讽谏，二十七颂美，二十八嘲戏，二十九怀古，三十咏史，三十一景物，三十二风土，三十三时事之纪，三十四乐府旧题，三十五问答体，三十六古风，三十七女流，三十八灵异。以上分类，依据的标准不统一，有的依据写作方法，有的依据诗歌风格，有的依据内容，有的依据体裁，有的依据作者的特殊身份。分类繁琐，标准不一，这是中国古代文类中常见的情形。

② 《明史》卷二八二《赵滂传》："赵汸，字子常，休宁人。生而姿禀卓绝。初就外傅，读朱子《四书》，多所疑难，乃尽取朱子书读之。闻九江黄泽有学行，往从之游。泽之学，以精思自悟为主。其教人，引而不发。汸一再登门，乃得《六经》疑义千余条以归。已，复往，留二岁，得口授六十四卦大义与学《春秋》之要。后复从临川虞集游，获闻吴澄之学。乃筑东山精舍，读书著述其中。鸡初鸣辄起，澄心默坐。由是造诣精深，诸经无不通贯，而尤邃于《春秋》。初以闻于黄泽者，为《春秋师说》三卷，复广之为《春秋集传》十五卷。因《礼记》经解有'属辞比事《春秋》教'之语，乃复著《春秋属辞》八篇。又以为学《春秋》者，必考《左传》事实为先，杜预、陈傅良有得于此，而各有所蔽，乃复著《左氏补注》十卷。当是时，天下兵起，汸转侧干戈间，颠沛流离，而进修之功不懈。太祖既定天下，诏修《元史》，征汸预其事。书成，辞归。未几卒，年五十有一。学者称东山先生。"

本抑末，轻徭薄赋，故文景之世①，国家无事，百姓给足，府库充实，人人自爱而重犯法。后面序武帝事，节节与前相反，至赞论，始推唐虞三代以来，而举战国秦皇功利之祸为证，则武帝不能法祖宗之仁厚，而蹈始皇之覆辙，不待讥议而可见。学者先读此赞，而后读其书，使先后相承，则太史公之意了然矣。若《货殖传》乃书之注脚，而未有察其意者，盖《传》中所谓当世贤人，即《书》中所斥不轨逐利之民也。《传》中所序陶朱公、白圭辈，妙于治生，即《书》中三人言利事、析秋毫之比也。《传》言鄙人牧长穷乡，寡妇礼抗万乘，名显天下，宣曲任氏以田畜高，而人主重之，即《书》中言卜式以家财助县官，天子尊显之，以风百姓，意尤著矣。盖见始皇、武帝，皆以好大喜功，国用不足，而后眷眷于此等人也。《传》中历举四方百货所出、行贾所在甚详，即《书》中置大农诸官，尽笼天下之利，贵卖贱买，所以天子无算之用，皆出于此。《传》中言千乘之侯，尚犹患贫，即《书》中屡言"税赋竭，县官大空"是也。传中言廊庙、岩穴、军士、任侠、攻剽、女姬、游间、吏士等，皆为财利，所以深诮当世好货之俗无贵贱也。末言：富者必以奇胜而义，历数奸事、恶业、贱行、辱处之能致富，即《书》中所谓不益赋而天下用饶，亦此类矣。循此《传》之意，深陋为天下国家者，当下行商贾之事。盖是当时亲睹言利之人误国害民，如《封禅书》中所谓究观方士、祠官之意云者，故言之深切至此。后人但谓子长陷于刑法，无财可赎，故发愤作《货殖传》，岂为知太史哉！虽然，迁之言亦激矣，予独谓其书明白谆复如是，千百年来，读者犹未能深悉其意。况夫六艺之古远渊奥，而传注家自谓尽得经旨，可乎？

4.《六书本义》序

徐一夔②

古者六书之法，皆掌于官。成周保氏之职，以六书教国子。而书之设，以同文为盛。故又有外史，掌达书名，行人掌论书名。汉循其法，太史试学童，讽书九千字者，得为史。吏民上书，字有不正者，则纠率之。其掌于官，可知已。夫书非曲艺也，大而二帝三王，周公孔子之道，次而古今成败，得失之迹，九流百氏杂家之说。又次而官牍家乘，钱谷狱讼，米盐碎务之记注，莫不有赖于书，盖不容于一日废者也。而所书之法六，曰象形，曰指事，曰谐声，曰会意，曰假借，曰转注。其为法也，有子母相生之类，形声清浊之别。五方言语之异用之者，易流于讹舛。自夫官失其守，大夫、士务趋

① 文景之世。西汉文帝、景帝统治期间，社会比较安定，经济得到显著恢复和发展，后世史家誉为盛世，称为"文景之治"。《汉书》卷五《景帝纪》赞曰："孔子称'斯民，三代之所以直道而行也'，信哉！周、秦之敝，罔密文峻，而奸轨不胜。汉兴，扫除烦苛，与民休息。至于孝文，加之以恭俭，孝景遵业，五六十载之间，至于移风易俗，黎民醇厚。周云成、康，汉言文、景，美矣！"

② 徐一夔（1318—约1400），元末明初天台（今属浙江）人，字大章。元末任福建建宁府儒学教授。明洪武二年（1369）奉诏纂修礼书，次年《大明集礼》成，受荐续修《元史》，以足疾辞归。六年，授杭州儒学教授，见编纂《大明日历》，书成，辞翰林院授官，回杭州旧任。事见《明史》卷二八五《徐一夔传》。

简便，以指事为象形者有之，以会意为指事者有之，至有以转注为假借，会意为转注，其失滋甚。于是，六书之义不明，而义理之精微有失其本真者已。越人赵君撝谦，深以为病，取许叔重而下诸家论著之书，考其得失，推子母之相生，俾各归其类，正五方之言语，律以四声，而以子母相生之例，统之为凡例以总其纲，为图说以括其要。分为十类。著为十二篇，厘为三百六十部。于是六书之义明，而六书之用无讹舛之患矣。嗟乎，大夫、士之于六书，譬之麻缕丝絮，莫不以为衣也，而或不知其出于莳育；稻粱鱼肉，莫不以为食也，而或不知其出于佃牧。习而不察，此固人情之大较。撝谦非有官守如古者，外史行人之所掌，而能用力于众人所略之地，何其用心之专也哉。撝谦系出宋宗室，志悫而守恬，其学邃于经术、诸子百氏，莫不记览，著为文辞，抑扬反复，能沛然尽其所欲言，而不畔于道。观其所著《六书论》，可见已至于六书本义，则尤其尽心者也。方国家较正韵谱，征至京师，稍试其所学，擢中京国子监典簿，旋以疾引退，遂克毕力于此书。书成，征余序之。虽然，余固习而不察者也，安能发其蕴？以撝谦请之力，始著其用心之专云尔。

5.《古诗选唐》序

苏伯衡①

诗之有风、雅、颂、赋、比、兴也，犹乐之有八音、六律、六吕也。八音、六律、六吕，乐之具也。风、雅、颂、赋、比、兴，诗之具也。是故乐工之作乐也，以六律、六吕而定八音。诗人之作诗也，以赋、比、兴而该风、雅、颂。但诗人作诗之初，因事而发于言，不若乐工作乐之初，先事而为之制焉耳。呜呼，韶箾也，大夏也，大武也，以至于秦、魏、齐诸国，其乐之作也，陈之以八音，和之以律吕，未尝不同也，而其音则未尝同也。商也，周也，鲁也，以至于墉、卫诸国，其诗之作也，经之以风、雅、颂，纬之以赋、比、兴，未尝不同也，而其音则未尝同也。乐之有治有忽，不系八音、六律、六吕，而系世变。诗音之有正有变，系风、雅、颂、赋、比、兴，而不系世变哉。夫惟诗之音，系乎世变也，是以大小雅、十三国风，出于文、武、成、康之时者，则谓之正雅、正风；出于夷王以下者，则谓之变雅、变风。风雅变而为骚些，骚些变而为乐府，为选，为律。愈变而愈下，不论其世，而论其体裁可乎？李唐有天下三百余年，其世盖屡变矣。有盛唐焉，有中唐焉，有晚唐焉。晚唐之诗，其体裁非不犹中唐之诗也。中唐之诗，其体裁非不犹盛唐之诗也。然盛唐之诗，其音岂中唐之诗可同日语哉？中唐之诗，其音岂晚唐之诗可同日语哉？昔襄城杨伯谦选唐诗为《唐音》，蜀郡虞文靖公序之。慨夫声文之成，系于世道之升降，而申之以一言曰：“吾于伯谦之，安得不叹夫知言之难也？”盖不能无憾焉。无他，文之日降，譬如水之日下，有莫之能御

① 苏伯衡，明初浙江金华人，字平仲，号空洞子。元末贡生。博览群书，善古文。至正二十六年（1366），朱元璋召为国子学录，次年升学正。洪武三年（1370），擢翰林院编修，寻以省亲辞归。二十一年，受聘主会试，事毕复归。后任处州教授，因文字之祸，瘐死狱中。著有《苏平仲文集》。

者，故唐不汉，汉不秦，秦不战国，战国不春秋，春秋不三代，三代不唐虞。自李唐一代之诗观之，晚不及中，中不及盛。伯谦以盛唐、中唐、晚唐别之，其岂不以此乎？然而盛时之诗，不谓之正音，而谓之始音；衰世之诗，不谓之变音，而谓之正音；又以盛唐、中唐、晚唐，并谓之遗响。是以体裁论，而不以世变论也。其亦异乎大小雅、十三国风之所以为正为变者矣。诗与乐，同一道也。不审音，不足以知乐。不审音，则何以知诗？伯谦之于音如此，则其于诗也可见矣。此文靖之所以不能无憾也欤。平阳林敬伯，蚤岁谓文靖之序，深有概乎其衷。及游国学，质诸博士贝廷琚、刘子宪，而知唐音去取，出其嗜好也。其主蒙阴县簿，暇日乃更选焉。非有风雅骚，此之遗韵者不取也。得七百六首，随其世次，厘为六卷。以所选皆五七言古诗，故目为《古诗选唐》。敬伯之言曰：窃闻诗缘情而作者也，其部则有风雅颂，其义则有赋比兴，其言或三、或四、或五、或六、或七，其篇或长或短。初曷尝拘拘于其间哉？又曷尝曰：我为风为雅为颂也，因事而作。出于国人者则曰风，出于朝廷者则曰雅。用之宗庙郊社者则曰颂。又曷尝曰：我为赋为比为兴也，成章之后，直陈其事，则曰赋。取彼譬此，则曰比。托物起意，则曰兴。如斯而已矣。奈何律诗出，而声律对偶章句，拘拘之甚也。诗之所以为诗者，至是尽废矣。故后世之诗，不失古意，惟有古诗，而今于唐诗，亦惟选古律以下则置之，而况唐之诗，近古而尤浑噩，莫若李太白、杜子美。至于韩退之，虽材高欲自成家，然其吐辞暗与古合者可胜道哉。而《唐音》乃皆不之，今则不敢不焉。余伟其论之确，识之敻，而选之精也，是以备著之。呜呼！此诗选胜于《唐音》甚远。使文靖复生而见之，宁不快于其意，必有以发挥敬伯之用心者矣。惜乎九原莫作，顾使余序其篇端也。

6.《六经师律》序

吴沉①

呜呼！兵者国之大事也，圣人之所罕言，而不敢轻用者也。古之时，文、武为一途。士之途，未尝不知兵也。后世析文、武为二途，而兵之学寡矣。有能言者，下之人不以为狂，则上之人必以为讳。幸四方之无虞，宜无事乎此也。苟或有警，将求若人而用之，不亦迟乎？古之兵谋战策多矣。历代以来，散亡略尽。今之存而显著者，七书而已。七书者，《司马法》、《六韬》、《孙子》、《吴子》、《尉缭子》、《三略》、《唐太宗李卫公问对》也。前代尝以之颁布武学，令天下诵习之，谓之《武经》。世之谈兵者，尊之仰之，真犹儒者之于《六经》也。夫行师不法圣人，则是为暴。曾谓：彼七书而可以为万世不刊之典乎？何当时之袭陋而不悟也？以七书考之，《三略》、《尉缭子》已有可疑。《汉志·杂家》、《尉缭子》二十九篇，《兵形势家》又有三十一篇，今书有二十

---

① 吴沉（？—1386），元末明初浙江兰溪人，字濬仲。元末以学行闻。朱元璋下婺州（今浙江金华），召讲经史，授郡学训导。洪武十二年（1379），官翰林院待制，升东阁大学士。首发孔子封王非礼之说。以老致仕归。辑有《精诚录》等。

三篇，则不知果其本真否？《三略》三卷，《经籍志》云下邳神人所撰，其亦信然乎？若太公《六韬》，与《李卫公问对》，则灼然依托者也。其为古书而可信者，《司马法》及《孙》、《吴》乎？太史公称《司马法》闳廓深远，虽三代征伐，未能究其义。汉时存者，百五十五篇，班固人之于礼。今之存者，仅五篇而已。盖昔者齐威王使其大夫追论古司马兵法，附以先齐大夫田穰苴之说，号曰《司马穰苴兵法》。五篇之传，其穰苴之遗乎？然亦非齐之全书矣。吁，先王之兵制，尽在古司马，而今不可得见矣。宜《孙》、《吴》之岿然而独高也。班固志艺文时，兵家者流总五十三家，七百九十篇，而《孙子》冠其首。观夫十三篇之书，备奇正，用机权，量彼度己，先计后战，变化开阖，其用不穷，亦深妙矣哉！虽然，谓武之书为秦汉兵学之祖，则可。谓三代之兵学亦若此，则不可。圣人之兵昭文德，而威不轨者也。所以生人也，非杀人也；御乱也，非为乱也；尚义也，非尚诈也。孙子曰：兵者诡道也。吾恐其非圣人意也。世道日贬，民论日卑，论将帅则以勇壮击刺为贤能，语行阵则以奇谲设伏为巧妙，若曰我将动之以仁义，行之以礼让，虽三尺之童，亦指以为迂阔而不切矣。昔者，荀卿子之非孙吴，有曰：彼孙吴也，尚势利而商变诈者也。又曰：齐之技击，不可以遇魏之武卒；魏之武卒，不可以值秦之锐士；秦之锐士，不可以当桓文之节制；桓文之节制，不可以敌汤武之仁义。伊吕之将，子孙有国，与商周并；孙、吴之徒，皆身戮于前，而国灭亡于后。报应之势，各以类至。其说可谓当哉。至扬子云亦复不喜孙、吴，而曰：不有《司马法》乎？子云之不喜孙、吴，其意美矣。然不知子云当时所见《司马法》乃古之书耶？抑穰苴所述之遗耶？圣人于师中之事，虽未尝一一悉言，而其宏纲大用，则岂不可得而窥哉？盖兵之始作也，非圣人之私意也。天地之所造设，圣人观法之而已。掌之有其官，定之有其制，教之有其时，备之有其素，歌诗以劳之，誓戒以齐之，上顺乎天，下应乎人，廓然大公至正之心，炳然神武不杀之德，岂孙、吴之所可得而测识哉？间尝不自揆度，以《易》、《诗》、《书》、《礼》、《论》、《孟》诸经，其言其义，有涉于师征者，辑而类聚之，定为五篇。一曰《兵象》，二曰《兵用》，三曰《兵礼》，四曰《兵诗》，五曰《兵训》。总而题之曰《六经师律》，窃取子朱子《仪礼集传·师田篇》之意，而不自知其不可也。若乃春秋二百四十二年之间，诸侯之强大，僭侈兵法，军制俱非先王之旧。曰侵，曰伐，曰围，曰入，曰追，曰击，曰袭，曰取，曰败，曰灭，圣人不厌其书于简册者，诚诛黩武之罪，以示万世之防。学者当自其全经而讲焉，不得而尽也。至于夹谷之会，则以吾夫子之文德、武备于是可见，故特取之以系于《兵用》之篇。呜呼，有国家者，于平居暇豫之日，能谨夫修齐治平之道，兵无由而作矣。如其万一，犹当按圣人之遗经，法圣人之运量，岂不足处天下之大事，平天下之大艰，而又奚假于孙、吴乎？此是篇之所以一本于经，而不容附以他书之说也。天下之事，固有以新奇而为世所好者，亦有以陈常而为世所厌者。有人于此曰：我善为孙、吴，则必肃然听之矣。如曰《六经》之中，未尝无兵法存焉，则必哗然难之矣。习俗之移人，至此乎？方当四方合一，文治聿兴之时，草茅之士，得以余力及此，极知牵缀圣人之经，犯非所当言之戒，其罪无所逃之。然有备可以无患，考古所以制今，世之君子，当有采焉。

7. 读《战国策》

方孝孺①

文武之道，至于春秋之世委地矣。孔子之作《春秋》，伤周道之衰也。夫岂知春秋之法，复委地于战国之世乎？呜呼！朝觐会同之礼，不修于天子之庭；礼乐征伐之柄，或轻易于诸侯之雄。君臣上下之纪隳，而篡弑争夺之事起。此孔子之所甚痛也。然其时天下诸侯犹知以尊周为义，狼攫狐顾而不敢肆其无厌之欲，盖道之在人心者，尚有未泯耳。及乎战国，则不然。诸侯或遣一介之使而让周，或兴师临之而征其鼎，或责王入朝一旦而遂灭其宗庙。其所由来者久矣，功利炽而仁义销矣，游说行而廉耻衰矣，谲诈盛而忠厚之风息矣。观乎十二国之所载，繁辞瑰辩，烂然盈目。及求其指意，非谋以夺人之国，则以摇人之位，非间人之骨肉，则皆眩惑人之事。或大言倨礼以激之，或佯疑曲问以入之，或卑声屈体以冀其哀，或正貌诈心以钓其名，或揣其志而施其计。非不博且富也，欲一简之合乎道，而不可得。岂惟不合乎道欲一简，如左氏所传公卿大夫之言，亦不可得矣。先王之遗泽余化漫尽，而国家继之以亡，岂不哀哉？然其待士之礼，犹有存者，故得以广听兼知，匡扶其国。久而后俱并于秦，至秦之始皇，则自任其智，弃天下之士而不用，燔三代之言而不法。巍然独伸其尊，以为可恃，而其危乱不旋踵而即见，于是战国之遗法。复委地矣。悲夫！

《明文海》卷二百十二序三著述

8.《文山诗史》序

刘定之②

予少时，得宋丞相信国文公《指南集》，读之慨然。闻公在幽囚中有集杜句诗，未见也。及官翰林，始得见而之。诗皆古体五言四句，凡二百首，分为四卷。首述其国，次述其身，次述其友，次述其家，而终以写本心、叹世道者，莫如何于人胜天、邪害正，而有待于天胜人、正化邪之必有日也。卷目皆公所自定。其先公而后私，尽己以听天，于此亦可以见。而俗本或混之，今皆为复其初。集首有总序。又有小序，散于章首。其后又有跋尾。序、跋中有缺文者，指元之君臣，宋之叛逆，缺而不书，使知者以

---

① 方孝孺（1357—1402），明浙江宁海人，字希直，一字希古，号逊志，人称正学先生。方克勤之子。幼聪颖，及长从学宋濂，有“小韩子”之誉。洪武二十五年（1392）以荐授汉中府教授，蜀献王聘为世子师。名其读书之庐曰“正学”。建文初，召为翰林侍讲，迁侍讲学士，更定官制后改文学博士，总裁《太祖实录》等书。力主复古改制，创行井田，对建文朝政影响较大。靖难之役中，朝廷诏檄多出其手。曾致书燕世子朱高炽，谋离间燕王父子。又上割地求和计，以缓燕师，均未成。燕王夺位后，明起草登基诏，坚执不从，全族被杀。著作甚富，有《孝敬诫俗》、《周易考次》、《宋史要言》、《帝王基命录》等。永乐中禁藏其书，犯者至死。后人辑其所遗，成《逊志斋集》，正德间刊本三十卷，拾遗十卷，附录一卷。另有通行本《逊志斋集》二十四卷。

② 刘定之（1409—1469），明江西永新人，字主静。正统进士。授编修。景泰初，上疏称旨，擢洗马。成化二年（1466）入直文渊阁。官至礼部左侍郎，卒于任上。善于文辞，著有《呆斋集》、《周易图解》、《否泰录》等。

意属读。今皆补之而为白字者，不没公初意也。不书纪年者，陶靖节削永初之意也。姓某履善甫者，《指南集》中所谓范雎变张禄，越蠡改陶朱之意也。而其事之难有甚于《指南》之时焉者矣。小序之末，多曰“哀哉”者，公所以伤其国之亡，悯其忠臣义士之同尽，恸其家族之殉国，而自处期于死，岂待南向再拜，引颈受刃之际而后有决志哉？呜呼，孔子不以仁许人，独以许殷之三臣、孤竹之二子。余以为若公者，文山之隐，京口之脱去而不污矣。巴延拘于江舰，范縶于海舟，世祖维于燕狱，囚而不屈矣。仰药于庾岭，绝粒于乡郡，已而殒身于燕市，死而不悔矣。兼微、箕、比干之心而为心者，其在公乎！若乃是诗之作，而岂徒哉。麦秀黍离之歌，作于其国已亡之后，而其身可以不死也。怀沙抱石之辞，作于其身临绝之际，而其国犹未至于亡也。身且死矣，国已亡矣，于是乎有首阳采薇之歌。燕狱集杜之作，所谓求仁得仁，而奚怨者也。合伯夷、叔齐之言而为言者，其不在是诗乎？以是心也，为是诗也，公其可谓仁矣。仁者，天地之元气，古今之人极。其在上为日月之明，风雷之壮；其在下为江河之所以长流，山岳之所以常镇；其混然在中为君臣，民物之所赖以长治久安。而在宋之末世，为公之本心；在公之死也，为尽心。有读而不盡伤者。余以为非仁人也。公同时有曰吴郡张子善者，亦尝集杜句，述公始末大概，而疏其事于下方，以证之。今内相安成彭公纯道，得其本以示予，遂以附公诗之后。合而题之曰《文山诗史》，取公《序》中语也。公之宗孙廷佩，欲锓梓以广其传，乃序以归之。廷佩又尝承其父志，修祠堂以祀公，可谓贤后裔云。

9.《周礼重言重意互注》序

张诩①

先儒谓:《周礼》一书，自周公广大心中流出，大包宇宙，细析毫芒，成一代之治体，为万世之准绳。故当时治效，至于囹圄空虚，天下太平，海不扬波，四裔宾服。呜呼，盛矣！后世之为君臣者，心学既失，徒敝精神于仪文度数之末，若类稚子弄影之为者，不几于戏乎？故迹其治效，高者或仅致小康，下者视桓文为不及，又焉有所谓郁郁乎文者也？何也？心非广大，则于天地之心为不合矣。于天地之心为不合，则于天地之用为不肖矣。况乎明良相逢尤不易也。唐太宗深信矣而无其辅，王通笃好矣而无其时，刘歆有志矣而昧于所事，宋神宗刻意矣而失于所任。彼宇文之于苏绰似矣，而又以智力篡魏。若是者，虽其人品高下，相与敻绝，然所谓心学，或不能知，或知而不能扩充，以至于周公之广大。无怪乎三代之治，寂寥数千载而莫有继之者，非三代之治卒不可复也，无三代之君臣故也。非不可以为三代之君臣也，无三代之心学故也。《中庸》曰：文武之政，布在方策，其人存则其政举，其人亡则其政息。程子曰：必有《雎》、《麟趾》之意，然后可以行《周官》之法度。此之谓也。诩少时阅书，目有所谓《周礼》

① 张诩（1455—1514），明南海人，字廷实，号东所，成化进士。陈献章弟子。其学以自然为宗，以忘己为大，以无欲为至，即心观妙，以揆圣人之用。授户部主事，再遭亲丧，隐居不仕。正德中召为南京通政司左参议，一谒孝陵即告归。有《白沙遗言纂要》、《东所文集》、《南海杂咏》。

句解者、集传者、注疏者，又有所谓纂图、释文、或问、讲义、详解、要义、解义、考工、总义、订义、会元、复古者。其句解、集传、注疏，则见之。所谓纂图以下，则闻其名。至于重言、重意、互注，则其名亦未之闻也。侍御上虞尹公德容，蚤岁留心礼学，遂以是经取高第，历显官，持重而居宽，盖有得于礼意者。以奉命清两广戎政，偶得是书于西藩士人家。喜其考究之精，援引之当，于圣经有所裨也。携至东藩，出视广郡守袁君景辉，俾刻而传焉，属诩为之序。方今圣治百二十余年，正符鲁两生所谓积德之说。传心学而契周公之广大，世岂无其人？于焉光辅圣人，制礼作乐，以追继成周之盛，斯时也。公当摅其平日所得礼意者，逐诸贤，赞至化，而是书盖可复矣。诩也，卧病丘园，深愧无可为世用者，傥天锡以犬马余年，虽无似，尚能击壤，以歌太平之盛。

10.《论孟或问》序

张诩

《论孟或问》，世多闻其名，而未获睹其书，乃今出于数百年之后，与《大学中庸或问》并行于世，使学者有所考据，得以益广其知识，开其聪明，而为斯道之碑也。是书之出也，诩固窃为天下后世喜也。虽然，予欲无言，孔子尝以是为子贡启也。故曰："天何言哉，四时行焉，百物生焉。天何言哉？""尽信书，不如无书。"孟子尝有所感，故曰：吾于武成取二三册而已矣。夫诲人不倦，圣人之心，而欲无言。《六经》万世所尊，而孟子犹有所择，自古圣贤指之的、择之精，不徇迹而任真，不贵耳而贱目也。恐认浮云而迷太虚，知识多而大智昏，聪明作而太朴散，卒为斯道之障也。是书之出也，诩又窃为天下后世忧也。先儒著述之富，未有如文公先生者，盖当时欲矫陆学之偏故耳。在文公则然，在我学者不可以不之觉也。御史君某近得善本，将刻而传之。夫流布贤传，以上翼《六经》，下惠来学，甚盛举也。间属诩一言，且语之曰：是书得尹、杨诸老全书，撮其语，分注于辨款之下，尤为明备耳。今姑刻之以，俟后之成人之美者补焉。呜呼！圣贤隐没，正道将沉，凡声利得丧足以败道，而丧心者其为迷也。显人犹知之。至于溺意旨，逐影响，其为迷也微，而觉者鲜矣。诩诚无似因御史君间属僭一言之不敢不置不腆之辞，于先贤著述之末，而因之以声其一得之愚焉。盖足音之喜，固不胜其杞人之忧也。

11.《春秋辅传》序

刘绘①

国子助教陈道夫著《春秋辅传》，自言辛苦所得，示予请序之。予睹其辞，乃多合予之谬见者。尝作《春秋论》，因略语道夫，论曰。古之注经者务简，后之注经者务

---

① 刘绘，字子素，一字少质，光州人。绘长身修髯，磊落负奇气，好击剑，力挽六石弓，举乡试第一，登嘉靖十四年进士。授行人，改户科给事中。刘绘曾两度弹劾首辅夏言（1482—1548），夏言憾之，出之为重庆知府。土官争地相雠，檄谕之即定。上官交荐，而夏言再入政府，属言者论罢之。家居二十年，卒。有《嵩阳集》。事见《明史》卷二零八《刘绘传》。

烦。古之注经者务简而经益明，后之注经者务烦而经益晦。《六经》之注，莫不皆然，而《春秋》为甚。夫圣人之经，广大无垠，能会其趣，引以旁通，何所不达？然私者恣意以戾旨，凿者深求以倍义，冗者纤文以尚苛，诬者摭辞以祟惑。古今传《春秋》者，于四病往往蹈之。近世胡安国，潜心二十年，学士无不谓之专邃。其传尽本程颐。程颐《传》不概见于世，大抵程氏兄弟著书，于晚年多不自满，或藏匿，甚至焚弃。此望道未见之心。是以学者于所著，多不得睹其全。自胡氏之说行天下，皆宗之，不求经而求传，故攻经文之意略，攻传文之意详，于经文则不能举其辞，于传文则日夜苦诵之，犹虑其不能坚。是孔氏之《经》以简而人故略之，胡氏之《传》以烦而人故详之。详者愈炽而盛，略者愈微而衰。信《传》之弊，乃至于此。盖科目以之取士，士不得不奔之也。昔孔子西观周室论史记旧文，兴于鲁而次春秋，特据诸国赴告之辞，笔削从其简便。其不赴告者不复征之。列国无干褒贬之义，多直书其事而义自见。其有书国、书字、书人者，皆事大义，明示其文无所隐秘。然于进退予夺、好恶是非，咸合乎人情之公，彼列国赴告一时善恶，或出嘉叹，或出怀愤，已灿然在人。圣人因一时喜恶，随其赴告之辞，约其文，著其义，以见赏罚。此七十子所不能赞一辞者。孔子揭其纲，左氏列其目，其纤细无世道彝伦纲纪，略而不叙。故丘明常于经文之下，别有附，皆此类也。经之作，大都发愤于五霸，为其假尊王以遂私图，挟雄诈以愚天下。后世乃明著其功罪，如王者在上，示其法，诛其意，才有无王之心，即皆乱臣贼子，不得餙文讳奸，以逃笔下之刑戮。天下苟有贤人君子，闻孔子之笔，必兴慨叹，以为王者不作，幸有孔氏，使奸雄之意，戢不得肆，莫不拊心啮吻，自快于岩穴之下。故曰：斯民也，三代之所以直道而行也。今世殊事易，万世诵其文，追其事，犹怅恨于当时。况其目睹者乎。予读五霸之文，至葵丘城濮，当周东徙之后，秦襄公作西畤，胪于郊祀，诸侯蔑视洛邑久矣。及桓文纠合列国，责楚大义，平日诸侯怀不轨，暴戾窥伺于郑、卫之墟者，莫不折心寒骨以赴盟趋会，王纲可得而理矣。孰知葵丘因侵蔡而始事，城濮为释宋以兴师，皆横有私意。所谓转祸而为福，因败以成功者也。圣人恶楚流毒中国，乃大书以彰其功，《经》于葵丘，因侵蔡而书，遂于城濮，因救宋而书。及“若曰”皆私意及其事，而遂有功也。至于不请命，与《正义》明道五霸皆犯此义，则又于书法见之焉。仲尼自言曰：“其事则齐桓、晋文，其文则史，其义则丘，窃取之矣。”是以书法多在五霸，然皆直书而无隐文。使无五霸，《春秋》可不必作。邵尧夫谓：皇帝、王、霸系于天数，理或然哉。其他则本国重事，诸小国赴告，系于劝惩。所谓一字褒贬而为荣辱，则皆从直书而义自见。圣人岂如后世经生曲士，刻削于一文一意为奇哉？郑伯克段于鄢，玩经文，则庄公失孝友之义自著，何必以“克”为必胜？必胜者“袭”，公羊“杀”之，则曷为言“克”？穀梁曰：能“杀”也。皆有意也。经义本明，正此“恣意戾旨”类也。《春秋》为含说曲刺矣。楚杀其大夫得臣。得臣违君之命以丧师，楚子明法诛之。书官与名，所以深明子玉之罪。左氏存子西、孙伯二臣，谓楚杀得臣，晋侯将喜其莫予毒，此敌国常语耳。圣人曷尝惜子玉，而责楚子之与六卒？又何暇论晋再克楚再败？此“深求倍义”类也。《春秋》为逆臣怀愤矣。莒去疾，自齐入于莒。莒展舆出奔吴。此展舆为弑君者，立无所容于中国，其罪明矣。齐纳去疾，顺群公子之情，纳而无求大国之礼也。经于小国事之大者乃书，然皆直文以见功罪。今于展舆系国氏，为责诸侯与立者，则“烦文餙苛”类也。《春秋》刮垢索瘢矣。僖公十年冬大雨雪，十一年秋八月大雩，皆顺时以纪灾见，有国者当知畏尔。许翰以为先后阳谷之应，若此则天于列国降鉴，出政亦劳矣。至文公星孛入于北斗，天之应远，遂据内史叔服之言，则“摭辞祟惑”类也。《春秋》假天设畏矣，故曰：四者之病，胡氏仍袭诸家，而攘除廓清之功犹有缺焉。自科目取士，亦争取诸近而不及远探前踪，而远者为近所揜蔽①，故何邵公曰：讲诵师言，犹加诋嘲。又曰：贾逵缘隙奋笔，以为公羊可夺，左氏可兴，悲夫！悲夫！后之议前，亦诚易矣。然经之义当广，而旁求取决于一夫之见，则陋甚矣。予以为科目宜随士人之意，或取诸各家，或发自己见，于经有所著明，而文辞畅达者，即为通经之士。使圣人辟乾阖坤之论，不拘拘于老生曲士之手，非千古之快哉！今庠塾少年，有中明经科，于古传注俱未及览。嗟哉！《鲁春秋》自三传之后，惟邹氏、铎氏出最先，其后董仲舒、石渠论，与刘向、京房书，多不见于世。自何休、贾逵，迨晋·杜元凯、范武子、唐·啖助、赵匡，则卓卓有可考者，程正叔作《传》，儒绅多归之，故有胡氏安国，当宋南渡，学士怀发愤而言，若刘敞、孙复，皆不信《传》而自注，鸣者纷纷著文焉。

《明文海》卷二百十三序四著述

12.《大学私抄》序

杨守陈②

蒙少受《大学》，辄并其《章句》而味之，佐以《或问》，参以诸说，已自谓通矣。及诵之久，味之详，乃反有疑焉。其后诵益久，味益详，疑亦从而益繁。积数十载，虽与天下友反复讲之，疑终不释也。今家居无事，日诵味之，而疑如故，乃取所疑经传，易而置之，各《章句》于其下，而《章句》有与今易置之文义不同者，亦僭用己说以“蒙谓”别之，而其所以易置之故，则详具于各章之末，既而诵且味之，怡然理顺。乃净抄成帙，闷之箧中，不敢以示人。一日，客或翻箧见之，阅未半，辄嘻且怒骂曰：吾不意子之叛儒先而紊圣经至此也。夫大学者，孔圣之《经》，曾贤之《传》，而朱先生之《章句》、《或问》，后学惟诵集之，莫敢违也，何物么麽，乃敢僭易而妄解之？其叛儒先而紊圣经一何甚哉！疾毁亟焚，毋贻是书累也。愚应之曰：非敢尔也。颇欲佐儒，训明圣经，而患于不能耳。王鲁斋曰：天下所不易者理也。二程不以汉儒不疑

---

① 揜（yǎn)，掩。揜蔽，掩蔽。《礼记》：“瑕不揜瑜，瑜不揜瑕。”

② 杨守陈，明浙江鄞县（今宁波）人，字维新。祖范有学行，常诲守陈以精思实践之学。守陈举景泰进士，改庶吉士，授编修。孝宗即位，迁吏部右侍郎，上疏言帝王治世之道，帝深嘉纳。上章乞解部务，仍以本官兼詹事府。专事史馆。卒谥文懿。《明史》卷一八四有传。

而不敢更定，朱子不以二程已定而不敢复改。亦各求其义之至善，而全其心之所安，非强为异，而苟为同也。今蒙所抄，纵未得乎义之至善，亦足全吾之所安。若其谬说，只自谬耳。是书岂被其累？譬如蜀之八阵石，一时或乱之，而千载如故也；虞之五瑞玉，一臣或失之，而万国自如也。子安庸怒哉？客瘕颒而去，余甚惭且悔。然业已抄之，不忍毁也。用识之篇末。

13.《百川学海》叙

钱福①

福闻孔子曰：小子何莫学夫诗？可以兴、观、群、怨，事父、事君，多识于鸟兽草木之名。此圣人之所为教也。故善说《诗》者，笺《尔雅》，自草木鸟兽训诂之间，而以意逆之，则兴、观、群、怨、事父、事君者得矣。岂惟《诗》哉？凡读书者皆然。后世教者趋于简便，学者竞于躐等，名物不分，而高谈性理；制度莫识，而任作礼乐。噫！是何异丁未见《本草》而用药，未别旗鼓而主兵者哉？故知学不可不专，而书不可少也，顾所入何如耳。然自寻章摘句之学兴，而类书出，遂使经史子集之全篇，有思而不阅者，故援引虽侈，而甚者或不知所出。有识者往往病之，然不犹愈于屏弃其绪余，鼎脔而未之知味耶？宋人左禹锡，哀杂说数十种，为《百川学海》，自谓醇疵相半，而大要足以识言行，理见闻，似矣。予尤爱其所者，全书皆无破碎割裂之患，辄欲效之，而合诸家类书，分门别类，删繁去复，自经史子集全篇外，其余稗官小说，卓见秘论，章分卷断者，辄其全，庶乎便而不略，备而不烦，得纪之法云尔。然而，未之能焉。顷者，尚古先生华汝德，购得古本《百川学海》，喜甚，曰：近时刻本，无有好古博雅者，展转假借，疲于誊，讹舛相踵，至不能读，而况欲求其文艺事迹义理哉？人之患，犹吾之患也。既以所得本付梓，择良工刊之，与天下后世共。无吝惜，且不计所费赀。福闻之，以为难，而往观之，则垂成矣。先生请曰：左每书各厘为册，凡百，每聚数种成一帙，以十千第之。甚妙。但其所分帙，未能尽合予意，乃敢仍其旧帙，而妄改分之，皆以类属，而先后亦有说焉，何如？福阅既，叹曰：此予所欲为，而未能者也。昔郑樵欲驾出司马迁、班固之上，作《通志略》，其论校仇，则谓：校书如统兵，不患其多，而患无纲纪条理耳。福雅信之。先生其有见于是哉。前辈尝语福，以学者当先识义理，次考制度，次法德行、服嘉言，而后次之词章、字书、博物，搜异以穷其变。先生之编次，适有合焉。其亦善论学者哉。能以圣人兴观群怨之法而读之，醇疵皆有益也。正不必泥耳。安得尽若先生者，各出所秘以与之，为福所欲为哉？先生其有意焉。福尚能佐之，慕李邺侯之藏，发蔡中郎之秘，而上请天禄之储，以成一编，以左右今日

① 钱福，松江华亭人，字与谦。所居近鹤滩，因以自号。弘治中试礼部廷对皆第一。擢翰林修撰。诗文藻丽敏妙。登第后名声烜赫，远近以笺版乞题者无虚日。清·朱彝尊编《明诗综》卷三十一录钱福诗一首。

圣君贤相所修之会典，使考古通今者，一览而无遗憾，不亦天下古今之大快哉？文明之盛，礼乐之兴，斯其时矣。敢书诸其首以俟。先生名理，汝德其字，任光禄署丞。世为锡山名族，博物洽闻，敦朴好礼，而此则所可见者云。

14. 《重刊陆宣公奏议》序

钱福

唐·陆宣公之文，权德舆序之甚详，而其奏议，宋·苏轼所进札子评之甚当。因论其世，宋儒虽有成说，福则敢谓：自汉以来，惟诸葛武侯一人作配而已。公之后，未论也。盖武侯躬耕南阳，不求闻达，若泊然无意于世者，及感昭烈三顾之勤，则立谈之顷，天下大势，举在目中，英雄角逐，卒莫能逃其妙算。公以少年文学，感德宗之知遇，奉天草诏，动中事机，内署献纳，纤悉毕具，遂使跋扈革心，奸谀侧目，慨然以天下为己任者。及遭谗南窜，则闭门，惟著方书五十卷，又若退然无与于当世之故者。然考其用行舍藏，孰得而下上之哉？且卧龙之望已重于草庐之下，而簿尉之调仅拔乎书判之科，然提全蜀之众，不能诛奸雄于大义昌明之日；而操数寸之管，乃克讨叛逆于乘舆播迁之余。顾刚明信任之至，吴、魏挟一代之雄，万策挠之而不足；精察猜忌之萌，裴、窦任匹夫之术，一言间之而有余。故知山溪之豺、虎易御，而城社之狐、鼠难防；逆顺之大分易明，而邪正之并进难别。是以汉帝苦阨于勍敌，唐宗自坏于腹心。卒之营中之星既陨，永贞之诏不起，皆天也，非人所能为也。惟"鞠躬尽瘁，死而后已"之言，与"上不负天子，下不负所学"之论，至于今皎然，与日月争光。是则福之所以亮二公之心者，余岂得而尽知哉？至于立言之士，惟知就事论事，行之当时而有功，垂之后代而无弊，如是而已。足以立天下万世之常规，则谓之经，足以合天下万世所共由，则谓之道。夫岂道自道，事自事，议自议，经自经哉。他若魏相条晁、董之作，而轼上公之奏，自是臣子事君之妙术。汉文帝思颇牧而卒得之魏尚，宋仁宗相韩琦而谓贤于梦卜。夫为帝王师友，于彼先贤曷有损益？而世乃以当代之不用为惜，以后人之见知为幸甚。或假时命以致怨尤焉者。徒知涕泣之策殒生于赋鹏，覆醅之俟知于掘地，而不知圣人之言曰："求仁而得仁，又何怨？""不患人之莫己知。"求为可知，是又福之所以亮公之心者也。公为嘉兴华亭人，福为乡后进。少读其文，慕其为人。每忆朱晦翁称子游列于文学，谓吴人得圣道之英华而多文士，乃敢谓：自汉以来，吴中文士，惟宣公一人而已。公之后，未论也。故虽滥窃文科论事，未获试于机会，语道不敢托诸空言，而终身景行之志，则莫之敢或替焉者。适莱阳于君世和，以刑部郎中，来守嘉兴。三年，巨细张明，上下熙洽，稽邦文献，重梓是集，属记岁月，以著公之文，又一幸也。触会初心，论列鄙见，以就正有道焉。方今圣天子在上，崇良黜邪，求言如渴，正轼所谓"必善赀议论"者。而方虽在于古人，才不假于异代，则经筵讲幄，当熟陈是集；制草章奏，亦岂少若人哉？福诚所谓野人负暄而辽东献豕也已。于君名凤喈，世和其字云。

《明文海》卷二百十四序五著述

15.《文体明辨》序

徐师曾①

《文体明辨》六十一卷，《纲领》一卷，《目》六卷，《附》十四卷，《目》二卷，通八十四卷。撰述始嘉靖三十三年甲寅春，迄隆庆四年庚午秋，凡十有七年，而后成其书。大抵以同郡常熟吴文恪公讷所纂《文章辩体》为主而损益之。《辩体》为类五十，今《明辨》百有一；《辩体外集》为类五，今《明辩附》二十有六；进《律赋》、《律诗》于《正编》，赋以类从，诗以近正也。辑既成，缮写贮藏，以俟正于君子，乃原撰述之故而序之曰。夫文章之有体裁，犹宫室之有制度，器皿之有法式也。为堂必敞，为室必奥，为台必四方而高，为楼必陕（陕与狭通，见《尔雅》）而修曲，为筥必圜，为篚必方，为簠必外方而内圜，为簋必外圜而内方，夫固各有当也。苟舍制度、法式，而率意为之，其不见笑于识者鲜矣，况文章乎夫？文章之体，起于《诗》、《书》。《诗》三百十一篇，其经、纬各三（风雅颂为经，赋比兴为纬）。《书》体六，今存者三（此蔡氏、真氏据《周官》太祝六辞而言。六辞：祠、命、诰、会、祷、诔也。祠当作辞。存者三：诰、誓、命也。誓，即会也。商有训，周无之。然《无逸》等篇，实训体也）。② 厥后颜氏（名之推）推论，凡文各本《五经》，良有见也。或谓文本无体，亦无正变、古今之异，而援周、孔以为证。殊不知《无逸》、《周官》训也，不可混于诰，《多士》、《多方》诰也，不可同于训，此文之体也。其文或平正而易解，或佶屈而难读。平正者经史官之润色，佶屈者记矢口之本文。乃文之辞，非文之体也。《十翼》皆孔子手笔，《序卦》虽云夹杂，要亦圣人之精蕴存焉。此释经之体，非属文之体也。其答齐景公问政止于二语，答鲁哀则七百五十余言。此随宜应对之词，而门人记之，非若后世文人秉笔缔思而作者也。至如以叙事为议论者，乃议论之变；以议论为叙事者，乃叙事之变。谓无正变不可也。又如诏、诰、表、笺诸类，古以散文，深纯温厚；今以丽语，秾鲜稳顺。谓无古今不可也。盖自秦汉而下文愈盛，文愈盛故类愈增，类愈增故体愈众，体愈众故辨当愈严。此吴公《辩体》所为作也。曾成童时即好古文，及叨馆选，以文字为职业，私心甚喜，然未有进也。幸承师授，指示真诠，谓文章必先体裁，而后可论工拙。苟失其体，吾何以观？亟称前书，尊为准则。曾退而玩索焉。久之，而知属文之要领在是也。第其书品类多阙，取舍失衷，或合两类而为一，或混正变而未分，于

① 徐师曾（1517—1580），明吴江（今属江苏）人，字伯鲁，号鲁庵。嘉靖癸丑进士，选庶吉士，授兵科给事中，历刑科左给事中，有《湖上集》。徐师曾系明代文章家，所著《文体明辨》为中国古代文体论专著。

② 思齐按：关于《尚书》六体，宋人另有讲法。宋·陈经《尚书详解》卷三："《书》有六体，典、谟、训、诰、誓、命是也。至于典谟之书。六体皆具，与他书不同。如'与益儆戒'之词，皆训也。如'钦哉惟时，亮天功'之辞，皆诰也。如'禹会群后誓师'之辞，皆誓也。如'命汝作纳言'，皆命也。"

愚意未有当也。窃不自量，方更编摩，而以庸劣绌居琐垣。然退食之余，志不沮丧，盖忘其非吾职也。已而谢病家居，积累成袠，更以今名，聊毕前志。虽于先正述作之意，不无异同。然明义理，抒性情，达意欲，行世用，上赞文治，中翼经传，下综艺林，要其大旨固无戾也。初拟上进，故注中先儒并称名姓，后虽莫遂，不及修改，览者勿以罪子则幸矣。是编所录，惟假文以辨体，非立体而选文，故所取容有未尽者，亦有题异体同，而文不工者，复有别为一格，如六朝唐初文，陆宣公奏议，今并弗。博雅君子，当自求之。至于附，则里巷家人之事，俳优方外之语，本吾儒所不道，然知而不作，乃有辞于世，若乃内不能辨，而外为大言以欺人，则儒者之耻也。故亦而附焉。万历改元，岁在癸酉，三月朔旦，吴江徐师曾序。

16.《礼记集注》序

徐师曾

古昔圣王迭兴，人文渐著，各有礼乐，以致太平。盖至有虞氏而始详，历夏及商犹尚忠质，至周而又加详。意其时，礼乐皆有全经，而散逸不传。今所存者，惟《周礼》、《仪礼》而已。若夫《礼记》，则四代之遗制，圣贤之格言在焉。孔子没后，七十子之徒，相与共而成书。虽《王制》、《月令》作自秦汉，要亦不可少者。孝武时河间献王德得其书，而上之孝成，诏刘向校定二百五十篇。厥后戴德既删为八十五篇，戴圣又删为四十六篇，后汉马融传其学，乃附《月令》、《明堂位》、《乐记》，合四十九篇，其余归诸《大戴礼》，故今之《礼记》，戴圣、马融之所定也。后儒谓《仪礼》为经，《礼记》为传，似矣。曾窃以为，此书盖《二礼》之传，不特传《仪礼》也。何则？《周礼》者，周之官制也。六官各有所职，而大要以五礼为主，故舍曰官而曰礼。《仪礼》者，周之礼制也。五礼但揭其纲，而行之以仪节，为目，故不专曰礼，而兼曰仪。由是言之，则《仪礼》者为《周礼》而作也。彼其并称为三礼者，固云误矣。而谓专传《仪礼》，无乃有遗论乎。今考此书之于《二礼》有释其义者（如《祭义》、《冠义》、《问丧》等篇，又如《曲礼》朝觐、聘问之类，固释《仪礼》。至于遇会、誓盟之类，则释《周礼》也。又如《文王庶子》所记庶子①，是释《周礼》诸子之类。今不能悉举，读者当自考之），有补其阙者（如《曾子问》、《奔丧》、《杂记》、《丧大记》、《投壶》诸篇，又如《曲礼》所记天子、诸侯、后、夫人、卿、大夫生、死、祭、享，《祭品》、《称名》、《明堂位》所记朝位，《昏义》所记天子、诸侯、教妇之类），有引其全文者（如内则所引，并《周礼》全文），有文同而指异者（如《丧大记》多引《仪礼・士丧礼》正文，而所指则自大子而下，《曾子问》载子游问丧慈母如母，所答则异之类），有略相似而增损者（如“少仪言语之美”章，与《周礼》略同，然损其三而增其一之类），有因其文而推广之者（如《丧服小记》“妇当丧而出”一章，是因《仪礼》“子嫁反在父室，为父三年”之文而推言之之类），有解其未明者（如《丧

① 《文王庶子》，即《礼记・文王世子第八》。

服小记》、《问丧》、《三年问》、《丧服四制》诸篇），有不相合者（如《丧服小记》“生不及祖父母诸父昆弟而父税，丧已则否，降而在缌，小功者则税之”，与《仪礼》“兄弟皆在他邦，加一等，不及知，父母与兄弟居加一等”不合。又如《丧服四制》言“父母以思制”，与《仪礼·丧服》传言“至尊者稍异”之类），有杂记四代之礼者，有专记周人之礼者，有美其合礼者（如《檀弓》所记孟献子、禫文子除丧待吊之类），有讥其失礼者（如《檀弓》所记公仪仲子舍孙立子、子路姊丧弗除之类），有记其非古者（如《檀弓》丧冠反古，及易墓之类），有记礼之所废者（如《郊特牲》夷王废觐礼之类），有记礼之始变者（如《曲礼》士诔，《檀弓》帷殡之类），有记其僭礼者（如《檀弓》设拨来舍，《礼运》醆斝户君之类），有专言礼者（如《礼运》篇），有兼言乐者（如《礼器》、《郊特牲》、《乐记》、《仲尼燕居》所言之类），有别记而无于礼者（如《学记》、《缁衣》、《儒行》、《大学》诸篇，《中庸》除追王、达孝、礼乐三重外，其余皆是），要之，传周礼者，固传《周礼》，其传《仪礼》者，亦所以传《周礼》也。彼异代之制可备损益，记之附可资礼学，皆《二礼》之羽翼也。顾其间或出后儒之传，会不免有倍盭者，存读者，但当阙其疑，刊其谬，以礼乐之本，治其身心；以器数之文，博其理趣，则由此书以达《二礼》，豁如矣。然非通其文义，终莫能入此，注疏所以不可废也。郑氏而下，亡虑五十余家，舛讹虽多，切当时有是，在择之而已。宋有陈可大氏集诸说之大成，为世所宗，厥功不细。惜其取舍失衷，章句错杂，殊不满乎识者之意。曾末学寡陋，潜心三十余年，辄不自量，稍为删改，参以愚得，命曰其《注》。使读者畅通大旨，而因以求先王象天地、制礼乐之心，或未必无少助也。脱稿斯竟，序而藏之，以俟君子。隆庆六年，岁在壬申，五月二十四日，吴江徐师曾序。

《明文海》卷二百十五序六著述

17.《文章辨体》序

余孟麟①

夫文，以道其心之所欲言，曷为而有体也？文之有体夫，即乐之有伦乎？乐之为音，起于蒉桴土鼓，成于大章云门，而疏于流商刻羽。究其指极，则曰无相夺伦。声者不得振，振者不得声，何其犂然辨耶。今夫道以丽事，言以因时，载在往籍，如画卦叙畴，亡论已自朝廷矢谟，闾巷托咏，与夫勒之彝鼎，陈之讽谕，以极于儒生、墨卿之所属词，而引类为赋，为序，为赞，为书，诸不可枚举，总之则出乎至情，而发之当物，皆文也。刘勰氏曰：表章序记，则羽仪乎典雅，赞颂歌诗则楷式于清丽。岂所谓体固然耶？古之作者，言人人殊，然选义按部，考辞就班，大都各率其体。是乐之声者声，振者振，晢乎不可紊，凿乎不可废也。晚近世操觚濡藻之士，非不群然踵接，顾师心自用，斤斤不喜剿说，而擿埴冥行，去先王仁义礼乐之道，且诡而远，非夫文辞多变，不

① 余孟麟，字伯祥，江宁人，万历甲戌赐进士第二，历官南国子监祭酒，有《幼峰学士集》。清·朱彝尊编《明诗综》卷五七录余孟麟诗一首。

识其体乎。奈何鼓宫以角应，叩角以宫应也。鲜不悖矣。嗟嗟，文胡可以无体？抑胡可以弗辨也？海虞吴公讷，慨文体之不端，后学者靡所考镜，乃取古今之文，编为一书，上下数千载，其人无虑数百家，凡古歌赋，以及铭檄，为类数十余种，厘正体为五十卷，而附以变体五卷，彼其无世教者，并置不，名曰《文章辨体》。扬扢微深，劈析疑豫，发今曩之蕴，校华质之规，良以观象乎古人，而贻则于来叶也。往有刻本，其传不广。兹重为缮梓，以公惠于人人。刊既成，予览其书而序之，曰：射御直艺耳，非得其道不精。予观善其事者，省释于括度，先后于驰驱，若饮食被服然。终其身而不厌，而卫靷之工，苦弓矢之端衺，不劳揣逆，而知此其法也。至其总骖騑而中侯鹄，随所试而无不当，则得之于心，而应之于手。非法也，道也，惟精者自得之耳。故曰：齐扁之斲轮也，进乎道矣。是书所具故法耳，学者由其法而精之，参伍夫历代之变，而仰遡乎先王仁义礼乐之训，其于道殆几矣。

18.《诗考》序

王樵①

子曰："吾自卫反鲁，然后乐正，雅颂各得其所。"《史记》云：古诗本三千余篇，孔子去其重，取其可施于礼义者三百五篇。今按夫子正乐，止言雅、颂各得其所，而不及风，盖二南用之天下，无俟于正。十三国变风，虽领在乐官，但存其实，以为鉴戒，而不必皆有所用。孔子不必一一论而定之如雅、颂也。自史记有"孔子去其重，取其可，施于礼义者三百五篇"之语，故后世谓，孔子删诗，其实未尝删也。雅颂有残缺失次者，正之而已。班固谓：王官失业，雅颂相错，季札观周乐以小雅为周衰，以大雅为文王。盖以正、变为大小也。则当时礼坏乐崩之后，《诗》亦从而乱也久矣。夫子自卫反鲁，得之他国，参相正定，然后各得其所。得其所者，得其所用也。有王者作，则礼乐兴，是皆其用，岂空言哉？近时王纯甫先生谓：夫子论治则放郑声，述经则删诗正乐。删之即所以放也，删而放之，即所以正乐也。若曰放其声于乐，而存其辞于诗，则诗、乐为两事矣。此言固是而未尽。诗、乐虽非两事，然当知诗自诗也，声自声也。笙诗六篇，有声无辞，旧盖有谱以记其声，而今亡矣。非但笙诗也，余诗皆有谱。有谱而后声可传。今辞传而声不传矣。孔子曰：郑声淫。谓其声淫耳。若曰皆男女相悦之词，则是郑诗淫矣。郑声者，周子所谓妖淫愁怨、道欲增悲者也。疑春秋时所谓郑卫之声者，亦不专行于其地，诸国皆有之，但是其音节而不必是其辞，则皆其声也。夫子以其时之所尚而盛行，荡人心，坏风教，莫甚于是也，故亟欲放之。放郑声者，夫子之本志。归鲁正乐，则考定雅乐以为之兆也。当时声与辞俱存，故乐可正。今声不传，故古乐卒不可复，而其辞之存者，亦多非古经之旧。自朱子《集传》之后，其门人项安世

① 王樵，字明逸，明金坛人。嘉靖丁未进士。累官南京右都御史，赠太子少保，谥恭简。有《方麓集》。生平事迹见《明史》卷二二一《王樵传》。清·朱彝尊编《明诗综》卷四八录王樵诗五首。

平甫，时于言外有所独得，可谓有功于此。经其说曰《甘棠》，分陕以后诗也。《何彼秾矣》，东迁以后诗也，《楚茨》以下十篇，正雅而杂之变雅。豳风虽系于国风之末，然非变风也，周公之正风也。《七月》，周公所作，备陈王业之本，以告戒成王，与《无逸》相表里，其余或周公所作，或为周公而作，无可附丽，故取而缀于《七月》之后，且有豳雅、豳颂，一诗而具三体，不止于风也，故置诸风雅之间，所以尊之，见与列国之风不同也。自王仲淹例以为变风，既失之而且剿，王亦未敢诮公之言，以为君臣相诮，尤无理。其曰成王终疑周公，则风遂变固矣。独不曰周公至诚，卒能正之。乃不曰正，而反曰变，以损其实乎？殆非夫子之意也。周颂章句，与风雅之体不同，其音不必协，其句不必齐，其章不可分。记曰清庙之歌，一唱而三叹，正谓周颂也。倡者举辞，和者举声，三叹则和声之多也。今其三和之谱不存，而一倡之辞独载，此所以多类有阙文疑义，而不可易知也。桓之诗，《春秋传》以为大武之六章，则今之篇次，非其旧者多矣。商颂《那》与《烈祖》二诗，皆五章，章四句，以韵考之可见。独第五章，各加"顾予烝尝，汤孙之将"二句，以为乱辞，而必欲准之周颂，以为一章，则失之牵合矣。《国语》称:《那》之末为辑之乱，则元非一章，明甚。又《长发》、《殷武》，皆明著章数，不应一颂而自为二体，《玄鸟》一章，亦当分四章，章皆五句，独第三章七句。此诗每章之首，皆承上章末字发辞，正与《文王》、《下武》等诗相类。皆其分章处也，而经师不察。右皆项氏之说，自朱子一洗小序之陋，以诗说诗，而不为沿习所胶，其得诗人之意，不啻什九。愚学之晚，因项氏之说，再为考，相遗经接绪，义成先觉，是亦朱子待后人之心也。

思齐按：陆游《渭南文集》卷十三有《大王樵秀才书》，又作《会王樵秀才书》，直接论及科举考试。两位王樵，一明人一宋人，同好科举，亦是趣事。兹录如下。

答王樵秀才书

十一月二日，山阴陆某再拜复书先辈足下。贡举之法，择进士入官者为考试官，官以考试名。当日夜专心致志以去取士，不可兼莅他事。则又为设一官，谓之监试。监试粗官不复择，盖夫人而可为也。甚至法吏流外，平日不与清流齿者，亦得为之，故又设法曰，监试毋辄与考校，则所以待监试可知矣。某乡佐洪州，适科举岁，当以七月到官，遂泊舟星子湾，几月，闻已锁院，不敢进，非独畏监试事烦，实亦羞为之。

今年在夔府，府以四月试，试前尝白府师，愿得移疾，已见许矣。会部使者难之，某驽弱，畏以避事得罪，遂黾勉入院。某与诸试官皆不相识，惴惴恐其以侵官犯律令见诟。自命题至揭榜，未尝敢一语及之。不但不与也，间偶见程文一二可爱者，往往遭涂抹疵诋，令人气涌如山。然归卧室中，财能向壁叹息。盖再三熟计，虽复强聒，彼护短者决不可回，但取诟耳。若可回，虽诟，固不避也。如足下之文，又不止可爱，诚可敬且畏者，而一旦以疑黜此，岂独足下不能无言？虽试官与拔解诸人，亦啧啧称屈，某至是，直欲以粗官不与考试自恕，其可乎？将因绍介再拜，请罪于门墙而未敢也。不图足下容之察之，更辱赐书，讲修朋友之好，而以前者不能无言为悔。方是时，使足下遂能无言，固大善，然士以功名自许，非得一官，则功名不可致。虽决当黜，尚悒悒不能已。况以疑黜乎？

某往在朝，见达官贵人免去，不忧沮者盖寡。彼已贵，虽免，贵固在。其所失，孰与足下多？然犹如此。今乃责足下以不少动心，亦非人情矣。前辈有钱希白，少时试开封，得第二。希白豪迈，自谓当第一，乃诣阙上书，诋主司，当时不以为大过。希白卒为名臣。夫科举得失为重，高下细事耳。希白不能忍其细，而责足下默默于其重者，可不可邪？是皆已往事，不足复言，区区仰叹足下才气，思有以奉广，故详及之。某吴人，凡吴之陆皆同谱，所谓四十九枝谱是也。如龙图公虽差远，顾尚可纪，则于足下，亦有瓜葛，蒙敦笃，尤感。旦暮诣见，先此为谢。

19. 校《古礼》序

王樵

古礼亡阙，文公朱子尝请于朝，欲修《三礼》而不果。又尝编类，亦未成书。然其考礼之意，凡吴氏《叙》所拟议者，俱已具朱子《与潘恭叔书》中。朱子大意，《仪礼》附《记》，一也。《礼记》分类，二也。其他经传，及注疏类书，但说礼文者，并编集别为一书，三也。《周礼》全书，虽不可分析，若欲便于考阅，亦即以祭祀、宾客等项事，别为门目，自为一书，四也。此外，杂书若《国语》、《孔丛子》之类，别为外书以收之，庶无所弃遗，又不至混乱，五也。窃谓：此恐是朱子编类之初例也。又，《答应仁仲书》曰："前辈常患《仪礼》难读，以今观之，只是经不分章，记不随经，而注疏各为一书，故使读者不能遽晓。今定此本尽去此弊，恨不得令韩文公见之。"①按朱子所定此本，不知与所编《仪礼经传通解》同否。要之，分章句，附传记，朱子以为读《仪礼》之要法。因恨不令韩文公见之。而吴幼清乃谓：经之章后，不宜以补记、补传。经之篇后，不宜错以传篇、补篇。其亦泥之过矣。经传错处，如汉·费直以

---

① 朱熹有《答应仁仲书》六通。经逐一核查，此所云，实指《答应仁仲书》之四，个别字与集中所载有所不同。朱熹《晦庵集》卷五四《答应仁仲》之四："久不闻问，小儿归彼告，乃知向来体中尝不佳，证亦不轻，又喜只今已渐平复。窃计比日起居益快健，气体愈清实也。但累年命驾之约，未知能复践言否？熹亦益衰，精神筋力皆已非复昔时，势亦不能远适。何由一承晤语，以遂心期？念之令人悢悢，不能为怀也。礼书方了得《聘礼》已前，已送致道，今与四明一二朋友抄节疏义附入，计必转呈。有未安者，幸早见教，尚及改也。《觐礼》以后，黄壻携去庐陵，与江右一二朋友成之。尚未送来，计亦就草稿矣。前贤常患《仪礼》难读，以今观之，只是经不分章，记不随经，而注疏各为一书，故使读者不能遽晓。今定此本，尽去此诸弊，恨不得令韩文公见之也。《易本义》不谓遂达几下。旧读此书，每于先儒之说有所不快，因以妄意管窥一二，亦不自意推寻至此。尚恨古书放失，闻见单浅，今又衰惰，不能卒业，不知明者何以教之？更望详赐诲谕，毋使有待于后世之子云也。正远，切祈以道自重，益绥寿祉。千万至望！"

《易·彖、象传》释经，郑玄、王弼又分附卦爻之下，诚不可也。朱子之书，岂有是哉？愚尝谓：经不可补，而记则可续。朱子于礼经中，如《内则》等篇，名曰补经，而所删修，实《戴礼》之文，非经也；或削本篇之文，而补以他篇之文。如《郊特牲》中有《冠义》、《昏义》，在本篇宜削，而归之《冠》、《昏》，本篇乃得其所，是乃正其错简，而非乱其成篇也。《内则》最为完篇，中间亦杂以"养老"一段。① 朱子所定《内则》之文，一曰事亲、事长，次曰饮食，次曰男女之别，次曰夫妇之别，次曰御妻妾，次曰胎教，次曰生子，次曰教子，次曰冠、笄、嫁、娶，整然有伦，使先儒掇拾之简，更成完璧。岂得必以旧文为是乎？自有此书，使学礼者，寻讨易见要领，岂不甚幸？且于众论有所折衷，尤非小补。惜乎礼学日废，学士、大夫罕复究心于此，并其书而不复读者多矣。世之所存，仅有监本，而残阙漫漶，几不可读，予窃惧焉。爰取旧本，参校而重之。《仪礼》十七篇，三山杨信叔有图行于世，足为礼经之指掌。礼必有义，义必相附，取《冠义》等篇，依朱子所定，各系经后，其《内则》以下诸篇，并《丧、祭二礼》，悉依朱子与勉斋黄公所修而之，取便于诵习，故但掇其要略，余有不能尽者。凡朱、黄所采辑诸经传记之文，惟《周礼》谨遵朱子初意，别为一书云。

思齐按：潘恭叔，即潘友恭。朱熹与潘友恭通信频繁。朱熹《晦安集》有《答潘恭叔》九通。经逐一核查，此所谓朱熹《与潘恭叔书》，实指《晦庵集》卷五十《答潘恭叔》之八。这是理解《校〈古礼〉序》的关键，原文如下：

敬之一字，万善根本，涵养省察、格物致知种种工夫皆从此出，方有据依。平时讲学非不知此，今乃觉得愈见亲切端的耳。愿益加功，以慰千里之望。

《礼记》如此编甚好，但去取太深，文字虽少而功力实多，恐难得就，又有担

---

① 《礼记·内则第十二》中有一段论述"养老"文字："凡养老，有虞氏以燕礼，夏后氏以飨礼，殷人以食礼，周人修而兼用之。凡五十养于乡，六十养于国，七十养于学，达于诸侯。八十，拜君命，一坐再至，瞽亦如之，九十者使人受。五十异粻，六十宿肉，七十贰膳，八十常珍，九十饮食不违寝，膳饮从于游可也。六十岁制，七十时制，八十月制，九十日修，唯绞紟衾冒，死而后制。五十始衰，六十非肉不饱，七十非帛不暖，八十非人不暖，九十虽得人不暖矣。五十杖于家，六十杖于乡，七十杖于国，八十杖于朝，九十者，天子欲有问焉，则就其室以珍从。七十不俟朝，八十月告存，九十日有秩。五十不从力政，六十不与服戎，七十不与宾客之事，八十齐丧之弗及也。五十而爵，六十不亲学，七十致政。凡自七十以上，唯衰麻为丧。凡三王养老皆引年，八十者，一子不从政，九十者，其家不从政，瞽亦如之。凡父母在，子虽老不坐，有虞氏养国老于上庠，养庶老于下庠；夏后氏养国老于东序，养庶老于西序；殷人养国老于右学，养庶老于左学；周人养国老于东胶，养庶老于虞庠，虞庠在国之西郊，有虞氏皇而祭，深衣而养老；夏后氏收而祭，燕衣而养老；殷人冔而祭，缟衣而养老；周人冕而祭，玄衣而养老。曾子曰：'孝子之养老也，乐其心不违其志，乐其耳目，安其寝处，以其饮食忠养之，孝子之身终，终身也者，非终父母之身，终其身也。是故父母之所爱亦爱之，父母之所敬亦敬之，至于犬马尽然，而况于人乎！'凡养老，五帝宪，三王有乞言。五帝宪，养气体而不乞言，有善则记之危惇史。三王亦宪，既养老而后乞言，亦微其礼，皆有惇史。"思齐按：这一段文字，从文脉上看，的确与《内则》全篇文字不合。

负耳。留来人累日，欲逐一奉答所疑，以客冗不暇。昨夕方了得一篇，今别去。册子必有别本可看，却且留此，俟毕附的便去也。《仪礼》附《记》似合只依德章本子，盖免得拆碎记文本篇。如要逐段参照，即于章末结云："右第几章。"《仪礼》即云："《记》某篇第几章当附此。"（【原注】不必载其全文，只如此亦自便于检阅。）《礼记》即云："当附《仪礼》某篇第几章。"又如此《大戴礼》亦合收入，可附《仪礼》者附之，不可者分入五类。如《管子·弟子职》篇，亦合附入《曲礼》类，其他经、传、类书、说礼文者并合编集，别为一书。《周礼》即以祭礼、宾客、师田、丧纪之属事别为门，自为一书。如此即礼书大备。但功力不少，须得数人分手，乃可成耳。

所谕读《通鉴》正史曲折甚善，学不可不博，正须如此。然亦须量力，恐太拽出精神向外，减却内省功夫耳。

若作集注，即诸家说可附入。或有已见，亦可放温公《杨子法言》、《太玄》例也。若只用注疏，即不必然，亦闷人耳。

分为五类，先儒未有此说。第一类皆上下大小通用之礼，第二类即国家之大制度，第三类乃礼乐之说，第四类皆论学之精语，第五类论学之粗者也。（【原注】《大戴礼》亦可依此分之。）

卷数之说，须俟都毕，通计其多少而分之，今未可定也。其书则合为一书者为是，但通以《礼书》名之，而以《仪礼》附《记》为先，《礼记》分类为后。如附《记》初卷首即云"《礼书》第一"，本行下写"《仪礼》附《记》一"五字，次行云"《士冠礼》第一"，本行下写"《仪礼》一"三字。"《冠义》第二"，本行下写"《礼记》一"三字。分类初卷首第一行云"《礼书》第几"，本行下写"《礼记》分类一"五字。次行云"《曲礼上》第一"，本行下写"《礼记》几"（【原注】前篇数计之）。其《大戴》、《管子》等书，亦依此分题之。

首章言君子修身，其要在此三者，而其效足以安民，乃通礼之本，故以冠篇。

"贤者"至"能迁"，此言贤者于其所狎能敬之，于其所畏能爱之，于其所爱能知其恶，于其所憎能知其善，虽积财而能散施，虽安安而能徙义，可以为法，与上下文禁戒之辞不同，旧说非是。"安安而能迁"，来说得之，但辞太烦耳。"疑事毋质，直而勿有"两句，连说为是。"疑事毋质"，即《少仪》所谓"毋身质言语"是也。"直而勿有"，谓陈所见，听彼决择，不可据而有之，专务强辨。不能如此，则是以身质言语矣。

"敖不可长"云云，此篇杂取诸书精要之语，集以成编；虽大意相似，而文不连属。如首章四句，乃《曲礼》古经之言，"敖不可长"以下四句，不知是何书语。又自为一节，皆禁戒之辞也。"贤者"以下六句，又当别是一书（【原注】说见前段）。"临财毋苟得"以下六句，又是一书，亦禁戒之辞。若夫"坐如尸，立如齐"，刘原父以为此乃《大戴记》曾子事父母篇之辞，曰："孝子惟巧变，故父母安之。若夫坐如尸，立如齐，弗讯不言，言必齐色，此成人之善者也，未得为人子之道也。”此篇盖取彼文，而“若夫”二字失于删去。郑氏不知其然，乃谓此二句为丈夫之事，其说误矣。此说得之。又“立如齐”，注疏所说立容甚详，今皆不取，而所取者乃无所发明之剩语，此类恐更宜详择也。“礼从宜，使从俗”，当又是一书，其说旧注亦得之。刘氏《七经小传》有《仪礼》等说，不可不看。“若夫”二字，与《中庸》“好学近乎智”上“子曰”二字相似，皆失于删去者也。

“圣人作”绝句，旧见蜀中印本，有如此点者，似亦有理。又“人生十年曰幼”亦为绝句，“学”字自为一句，下文至“百年曰期颐”皆然，似亦得之。“取于人”此与《孟子》“治人”、“治于人”、“食人”、“食于人”语意相类。于人者，为人所取法也。取人者，人不来而我引取之也。下文“来学往教”，即其事之实也。斋戒，《仪礼》虽无娶妻告庙之文，而《左传》曰：“围布几筵，告于庄共之庙而来。”是古人亦有告庙之礼，不知何故不同耳。

20.《周礼全经》序

王樵

孔子曰：“为国以礼。”① 先儒程子以为，达此理者，尧舜事业也。盖天高地下，万物散殊，而礼制行矣。流而不息，合同而化，而乐兴焉。此理之自然也。君子循乎此理，故其为国，自君臣父子之大，以至言动威仪之细，其多至于三千三百，而莫非此理流行之体，天地万物自然之定分也。但我不以私意扰之，则天地顺序，而万物各得其所。颜子克已而复之于一身，尧舜安仁而达之于天下。其为礼一也。故曰：“天叙有典，自我五典五惇哉。天秩有礼，自我五礼有庸哉。天命有德，五服五章哉。天讨有罪，五刑五用哉。”② 谨之于“人心之危，道心之微”③，而达之于“水、火、金、木、土、谷，惟修；正德、利用、厚生，惟和”者一事而已。④ 所谓顺此理，而不以私意扰之。故曰：夫何为哉？恭己正南面而已矣。得此于上，尧舜所以有天下，而不与也。得此于下，仲尼所以饭疏食饮水，而乐在其中也。或谓：夫子若得邦家，尧舜事业，如运诸掌。此理不然。夫子不得邦家，尧舜事业何尝不在？“礼仪三百，威仪三千”⑤，无一事非仁也。“四时行焉，百物生焉。”⑥ 吾无隐乎尔。无非尧舜事业，邦家之得不得，非所以为夫子之加损也。由求之徒盖未达也。颜子其庶乎？故子语之曰：“行夏之时，

① 《论语·先进》：“为国以礼，其言不让，是故哂之。”

② 《尚书·皋陶谟》：“天叙有典，敕我五典五惇哉！天秩有礼，自我五礼有庸哉！同寅协恭和衷哉！天命有德，五服五章哉！天讨有罪，五刑五用哉！”思齐按：古人引书，没有我们今天的要求严格，和原文常有出人，他们往往只引大义，故文句略有不同。

③ 《荀子·解蔽篇》：“故《道经》曰：‘人心之危，道心之微。’危微之几，惟明君子而后能知之。”

④ 《尚书·大禹谟》禹曰：“于！帝念哉！德惟善政，政在养民。水、火、金、木、土、谷，惟修；正德、利用、厚生，惟和。九功惟叙，九叙惟歌。戒之用休，董之用威，劝之以九歌俾勿坏。”

⑤ 《中庸·大哉章》：“礼仪三百，威仪三千。待其人而后行。”

⑥ 《论语·阳货》子曰：“天何言哉？四时行焉，百物生焉，天何言哉？”

乘殷之辂，服周之冕，乐则韶舞。”① 呜呼，周公之道，其不在兹乎！其不在兹乎！周公之道，尧舜之道也。其遗典之存者，有《仪礼》、《周礼》。他经言其理，二礼见诸用。此固古圣人所以“修身、齐家、治国、平天下”之实事也。② 佛、老见其大，而不见其实，则骛而为虚。礼学专门之家见其细，而无见其大，则拘而为陋。二礼之不明也久矣。汉儒譬之周公守藏吏也。名物充陈，不问良楛，天球、河图，兑弓、和矢，与夫名材、毒药、败鼓之皮，但传以为先世所遗者，皆籍记而封，守之惟谨。王安石启汉儒之藏，用其毒药以疗人之饥渴，遂祸天下。世之以是为《周礼》，病则亦过矣。紫阳朱夫子，见高千古学综往哲，尝谓：《周官》一书，固为礼之纲领，至其仪法、度数，则《仪礼》乃其本经，而《礼记》、《郊特牲》、《冠义》等篇，乃其义疏耳。因为之绪。正今世所传家乡、邦国、王朝礼，与其徒黄直卿所纂丧祭二礼者，盖仅其编类之稿本也。将复加笔削，而先生殁矣。元·吴幼清氏有志续成之，而又不就。长乐柯君，独能精考力求，不泥于名法之拘陋，而能见其大于古圣人，所以由之于身，而措之天下国家者，可谓见其实。其书之先成者，有《周礼》全经，盖取《遂人》以下，《地官》之半，实《冬官》也。不烦割裂纷乱，而全经自复。乃集诸儒之说以释之，发所见以原之，其间如乡遂、井田、贡赋、军伍，皆有独见，非诸家所及。《周礼》既成，将遂及《仪礼》，以终紫阳夫子之志。日偶遇予，云阳一语意合，遂辱定交。阅岁，尽携所著，过予草堂，而相订焉。且以序属予。愧谢弗逮，而柯君之意坚甚，乃为著其志焉。国子先生姜叔氏者，迪古崇礼之士也。试以予言质之，当复有以进于柯君。

21. 《疑略》序

丁自申③

六经、语、孟、曾、思之书，其垂于世而焯然大明者，是岂一人之力哉？古者遗书，方出秦火之厄，传诵未广也。汉儒递相口授，皆业专其书，相与参订缺谬，而疏其训释，虽其言不能皆醇，而所以羽翼圣经，以待后人之慎择，而取者其用心亦勤矣。然当时亲传圣蕴如《学》、《庸》二书，犹混于传记之中。至唐，韩子特扬《大学》诚、正、修、齐、治、平之序，卓然于《原道》，有见未可以其遗格致而轻訾之。李习之发《中庸》论诚之旨，为《复性书》，其言有汉时白首穷经之士所不能到，而书不待宋儒

---

① 《论语·卫灵公》：“颜渊问为邦。子曰：‘行夏之时，乘殷之辂，服周之冕，乐则《韶舞》。放郑声，远佞人，郑声淫，佞人殆。’”

② 《大学·圣经章》：“物格而后知至，知至而后意诚，意诚而后心正，心正而后身修，身修而后家齐，家齐而后国治，国治而后天下平。”

③ 《福建通志》卷四十五《人物》三：“自申，字明岳，晋江人。嘉靖庚戌进士，授南户部主事，出守顺庆隆州，土官争界相仇杀，奉檄同保宁守讯之。保宁守请具甲胄以从。自申单车至，其垒酋惶恐谢罪。及调梧州，会大剿瑶寇，将领掠平民为功，俘至，令妻孥自识别，验实纵还，全活无算，寻罢归。所著有《三陵稿》。”

而后表章者。夫以文公朱子殚其平生以集诸儒大成，可谓前无古人。悠悠千载，何韩、李二公，独以文称而与抗焉？谓《原道》、《复性》不得与于斯文，不可也。由唐而后，其各以所见互相推明，而共致力于遗经者，抑又多矣。今当经学大明之世，儒者之弊，大抵在于袭前人之成说，随声雷同，而莫知所裁。此其名为尊朱，而实未知所以尊。譬如遐方蛮服奉诸夏之正朔，而伦叙等杀。所以轨圣而合天者，彼恶能尽识哉？近世阳明王氏，稍摘一二以驳朱说之漏，使紫阳复生，亦当与之去短集长，上下其议论焉。然义理无穷，人各有见，安知异时不复有驳予者，必硁硁然已之为是而彼之为非也。则亦恐非公听并观之义矣。乃今观于堣斋先生之为是书也，折衷朱说而反复于义理之所安，不敢于背朱，未尝徇人之所同，信不必于异朱；未尝讳己之所独得，盖更数载而后就稿，翻数稿而始成书，有以知先生之用心于学者深已。且先生诵朱之书，而尊守其说者也。岂敢以其言少出入于朱，而覆［抔］（坏）土于泰山，添勺水于江河，以求多哉？必无是也。先生之心，固朱子之心也。夫朱子极尊信程子，而《易本义》不必尽同于程传，其序伯恭甫读诗记也，深有味乎其言。至自为集注，少或取之，使以《学》、《庸》章句为已足矣，不必别为《或问》，以附其后。若解诚意章未为绝笔。其他固当覆改也。所谓以俟后之君子者，则亦何妨于后学之申明耶？帷不察其用心之所在，而妄肆诋议，辄欲求胜于前人者，斯为可憾耳。欧阳子曰：经非一世之书也，其传非一日之失也。所以刊正补缉，亦非一人之能也。儒者劳心苦神于汗简之中，欲为千世决难解之惑，帷使学者各极其所见，什取其一，伯取其什，庶几可以俟圣人之复生也。其论公矣。然彼斤斤焉斥汉儒之妄，必蕲千百岁之后，复得一欧阳修者，至于再，至于三，以附同其说，得无褊而伤于固欤？先生之书既著，不以自是其说，而名曰《疑略》，斯其义可与朱子相发明，而其虚心出。近世豪杰之士之上宜为学于朱者之所取也。愚也读先生之言，虽未至懵然无所疑，乃竟不能发一辨难，以相质证，以此见愚之不足以语乎斯道，而未免堕于随声雷同之弊，因刻先生之书而序之，窃愿再有请于先生。

《明文海》卷二百十六序七著述

22.《山西碑刻目略》序

李濂①

夫山西，尧、舜、禹之故都也。秦汉以来，碑刻繁于天下。乃嘉靖癸未秋，余赴官晋阳，窃自念曰：兹行也，必得纵观古金石之文，如图志之所载者。比入绛州，而绛帖

---

① 李濂（1489—约1569），明祥符（今河南开封）人，字川父，号嵩渚。正德进士。历沔阳知州、宁波同知、山西按察佥事等职，嘉靖五年（1526）罢归。以古文名于时。喜好医学，著有《医史》十卷，收录自医和至张养正等七十一人，为中国最早的医学人物传记汇集。有《嵩渚集》、《汴京遗迹志》等。

及东库本亡矣。至介休，谒郭有道之墓，而蔡邕之隶碑亡矣。渡汾河，访后土之祠，而汉武之《秋风辞》碣亡矣。上党渤冯勍之碑，榆次失荀貇之刻，顾所存者皆宋金元近代之物，可观览者绝少，而汉魏两晋诸名刻无一存者。然则坚珉玄石，果足恃耶？昔欧阳永叔集古之遗刻，谓物之终敝，虽金石不能自久。其感慨咨嗟之意，溢于言表。君子当知所以自立者矣。余按部所见，悉辑其目，以备考订，仍各疏其概于本刻之下，而题之曰《山西碑刻目略》，贻我同志，聊资博识云尔。呜呼！好古君子，岂无先得我心之同然者乎？嘉靖乙酉冬十一月朔日，浚义李濂川父书于雁鴈门行台。

23.《夏周正辨疑会通》序

李濂

濂闻之师曰：春秋昭明如日月，简易如天地，垂训命辞，直书无隐，顾世之学者，每求之于深奥，而圣人笔削之旨荒矣。按《春秋·隐公元年》首书曰“春王正月”，左传曰“王周正月”，谓建子之月也。伊川程子乃为之说曰“周正月非春也，假天时以立义耳。”夫以程子之贤，岂懵于此？盖泥于《论语》“行夏之时”之一言。① 今夫《论语》者，圣人论道之书也。《春秋》者鲁国纪事之史也。其为书固不同而可以例观耶？胡文定作《春秋传》，乃曰：“以夏时冠周月，龟山之在当时已不能无疑，答书辨驳，冀其改正，而文定卒未之从。”此所以启后儒纷纷之议也。自是而后，众论蜂起，或以为改月不改时，或以为时月皆不改，或以为时月皆改。甲可乙否，各持坚白不相下。于是“春王正月”之旨，遂为千古不决之疑矣。呜呼！生今之世，而反古之道，仲尼以为灾及其身。矧《春秋》之作，将以诛僭乱，尊周室，正一王之大法，乃首改周之正朔，其何以服乱臣贼子之心，而使之悚然以惧耶。斯理甚明，无可疑者。今不复深思熟讲，以穷至当之归，而固执意见之偏，辄欲尽废众说，曷若姑守阙疑之训，虚心研究，以徐求其得失之为善乎？属者嘉靖丁酉北畿乡试主司，尝以此为策问，而力主叶时、戴良、周洪谟之说，刊刻程文，贻讥当世，逾三科。丙午，南畿乡试主司，鉴北畿之误，复以此为策问，大意谓：孔子周人也，尝曰“吾从周”，苟无其位而改周之正朔，其何以训天下哉？试一出，海内有识之士咸是之，孰谓人心无真见，天下无公论哉？濂屏处山林，日长无事，凡六经疑义，窃尝究心，而于“春王正月”之旨，尤数数焉。乃参考群言，就正有道，反复思绎，久之有得，爰辑旧闻，厘为四卷，题之曰《夏周正辨疑会通》。其前二卷所载，虽于经旨有乖，聊复存之，欲使学者先览《庯》，知其误。后二卷所载，庶几弗悖经旨，谨备之，以为读《春秋》者之指南。所谓昭明如日月，简易如天地者，始晓然于天下，而莫之能惑，亦古今之大快事也。区区自惟寡陋，夫何所知，讵敢仰测圣笔之万一，博稽众论？漫尔折衷，如曰不然，请俟来哲。

---

① 《论语·卫灵公》：“颜渊问为邦。子曰：‘行夏之时，乘殷之辂，服周之冕，乐则《韶舞》。放郑声，远佞人，郑声淫，佞人殆。’”

24. 书《国风·郑、卫篇》后

薛应旂①

季子观周乐，为之歌卫郑，皆曰“美哉”，且谓康叔、武公之德如是，郑虽讥其细，亦不及于淫也。及春秋列国大夫会盟，多赋郑、卫诗以见志。使皆淫词，岂肯引以自况？夫子虽谓“郑声淫”，亦未必淫奔之淫。说者据此，遂以《风雨》、《鸡鸣》、《丘中有麻》、《木瓜》、《采葛》、《扶苏》、《子衿》之类，悉改《序》说，恐非夫子删述本指。《序》说固未必尽是，然汉时去春秋尚近，经师传授，犹有影响。至宋则愈远矣。此皆未敢尽信者也。虽然，诗亦稽实待虚之作，未必专指一人一事而言，必如孔、孟说诗乃为得之。如“素以为绚”、“忧心悄悄”之类，今皆可见。下此，则韩婴外传，虽未尽能以意逆志，而变动不居，犹有古之遗焉。吾思学者读经，但当以《尔雅》辨释字义，屏去训诂，虚心潜玩，当有得矣。

25.《皇明百家诗》序

薛应旂

昔人谓：文章乎气运，而声音与政相通。岂不信然哉？乃若诗以言志，固文章之英华，而声音之橐钥也。先王陈之以观风，诸侯贡之以献俗，实以寓庆让黜陟之典，而扶世立教之义，盖莫大焉。使其末艺细故，而无益于理乱，则古昔盛时之君、相，方设官立政、体国经野之不遑，何乃为此不急之务耶？周室东迁，政教号令，不及于天下。行人不采风，乐官不达雅，而各国卿大夫，交邻聘问，犹以微言相感，揖让之间，必称《诗》以谕志，盖以别贤不肖，而盛衰隆替，亦将于是乎征焉。春秋之后，聘问歌咏，不列于侯国，学《诗》之士，逸在布衣，而闾巷之辞，无复上达。汉武立乐府而采歌谣，于是有赵代之讴，秦楚之风，亦可以观风验俗，而知厚薄。延至晋魏六朝，多绥弱绮靡之词，没风谕兴感之义。唐人以诗取士，作者辈出，风流习尚，大雅日漓，而艺林词客，顾皆极口推尚，模拟诵法，尝自以为不及。盖七八百年，于兹无有异议。直谓宋人无诗。元以来，虽学唐，总不能得其肯綮。此其言若出一口，而于身心性情、世教民彝，系与否，置弗论也。呜呼！亦甚乎其惑且诞也。久矣！吾友是堂俞君、谢宪长，家居杜门，温绎旧所读书。间乃尽索我明诸名人诗，汇次成编，凡数百家。家为删定，缀以小序，题曰《皇明百家诗》，以彰昭代人文之盛。刻成，属余序之。余谓俞君：平生规为经略，欲有为于时而弗克。究其志以归，掩目渊潜，于世若无涉。凡所以维持世风、警切时事者，有不能以但已也。其为是者，盖自附于古人陈诗、采风之义，而岂为骚人、墨士立赤帜哉？夫苟取其所编而遍观之，则我明自开国以至于今，气随运复，文与时迁，而人品士类，污隆高下，一讽咏之间，可以知其大都矣。秉陶钧以斡旋元化，一匡皇极者，将不有征于是耶。余故历述诗之为教，以明俞君之所以集是编者，匪直艺

---

① 薛应旂，明武进（今属江苏）人，字仲常，号方山。嘉靖进士。由慈溪知县累迁南京考功郎中，主京察，忤严嵩，谪建昌通判，历浙江提学副使。精通科举文字，与王鏊、唐顺之、瞿景淳齐名。曾就学于王守仁，主良知说，晚年研究宋代理学。著有《宋元资治通鉴》、《考亭渊源录》、《甲子会记》、《四书人物考》、《宪章录》、《方山文录》等。

焉而已也。

《明文海》卷二百十七序八著述

26.《四书五经馀义》序

杨慎①

司马瑞虹叔父先生归居新都后，日以敷文析理自娱，犹横经时也。其精也，条入叶贯；其通也，冰释理顺；其采懿也，并包而罔遗；其砭疵也，犂然当心而解颐。《四书》、《五经》皆有说焉，名之曰《馀义》。其《四书》则郴阳燕崖李子序之矣。《易》、《书》、《诗》、《春秋》、《礼》，则某某序之矣。梓成，特伻以示慎。慎自少受章句于我叔父，今三十余年矣。流戍滇徼，不获侍几砚请益为憾，而幸此书之邮来，如对函丈，奉提命也。追惟慎昔少时，尝以左氏筮短龟长之说为问，叔父云：杜预之说，非也。象与数，岂分短与长乎？但以占卜骊姬事，筮从之吉，其说短，龟违之凶，其说长也。他日，又以《礼》羽鸟曰降四足曰渍为问，叔父曰：此因尊卑之等，而别赴终之义，不应以羽鸟四足之异类而同于天子诸侯之崩薨也。慎悟，因请其说，曰：古有羽虫之孽，有淫于原野之害，其指此乎？叔父平日，凡说古书，妙解类是。尝语慎曰：人各有见，果以先儒说后再无别义，亦固而已矣。燕崖子云：师心贱耳，舍传穷经，得我叔父论著之凡矣。荀子云：信信，信也；疑疑，亦信也。古之学者，得于有疑；今之学者，病于不疑。经犹招也瘊也，张招若瘊于百步之外，一夫射之，不若众射之有获也。况越凫楚乙鸿一耳。② 晋蔨秦蔓蕣一耳。③ 参则得，一则惑矣。④ 朱子自言：吾平生传注《学》、《庸》、《论语》所得为多，《易》与《诗》所得仅如鸡肋。盖不满于《易本义》与《诗

---

① 杨慎（1488—1559），明四川新都人，字用修，号升庵，别号博南山人、博南戍史、金马碧鸡老兵等。正德进士，授翰林编修。正德十二年（1517），因谏阻武宗出游未成，称病归。世宗即位，改经筵讲官。嘉靖三年（1524），因大礼议案充军云南永昌卫（今属大理）三十余年，后卒于戍地。乃游历名胜古迹，考察风土人情，致力于音韵、诗文、散曲、艺术、地理、民俗等方面的著述。记诵之博，著述之富，为一代之冠。《升庵诗话》在中国诗话类著述中占有重要地位。《明史》卷一九二有传。

② 《南齐书》卷五四《顾欢传》："司徒从事中郎张融作《门律》云：'道之与佛，逗极无二。吾见道士与道人战儒墨，道人与道士辨是非。昔有鸿飞天首，积远难亮。越人以为凫，楚人以为乙，人自楚越，鸿常一耳。'以示太子仆周颙。颙难之曰：'虚无法性，其寂虽同，位寂之方，其旨则别。论所谓"逗极无二"者，为逗极于虚无，当无二于法性耶？足下所宗之本一物为鸿乙耳。驱驰佛道，无免二末。未知高鉴缘何识本，轻而宗之，其有旨乎？'往复文多不载。"

③ 姚炳撰《诗识名解》卷十草部舜："舜（《郑风·有女同车》篇），《释草》无舜名。陆玑以木槿当之。故谓一名榇。一名椴。今从其说，别有王蒸、朝菌日，及诸名。今南方用以植篱，名藩篱。草亦谓之洽容，又谓之爱老，而杨用修谓重台者，永昌号花上花，未知即其物否。樊光谓：花朝生暮落，与草同气，故在草中存之。说文谓羼，草，秦谓之蔨，楚谓之蔓。"思齐按：舜，蕣，羼，读音相同，所指亦同。

④ 参则得，一则惑矣。参，即三。凫、乙、鸿这三个名称指的是同一种鸟，蔨、蔓、蕣这三个名称，指的是同一种植物，只是因为地方不同，叫法不同罢了，因而使得不知道原委的那些人们困惑。

传》也。今世乃规规然不敢议，岂朱子所望于后贤乎？郑夹祭①云：“秦人焚经而经存，汉人表经而经亡。”慎则曰：“唐人不以经取士而经明，今日以经取士而经晦。”是则皮相肤浅、口出耳入之过也。观叔父之斯著也，其为博学详说之助，不其多与？正唯朱子所望于后贤之意。慎承命为序，故谨述之。至若分经析义，已备于诸君之序矣。其微辞奥旨，殊诂妙筌，则遽数不能终。览者自得之。

27. 《朱子晚年定论》序

孔天胤②

诸儒训诂之学，至朱子稍稍折衷，是故有《易》、《诗》、《四书》等传注。初意，盖欲由讲解，以为入道之门。若曰博学而详说之，将以反说约焉尔。诚非其学之至论之定也。一时门人，遂以缀辑而张大之，后儒遂守其说而不详，忘其约而不反，至于信传而不信经，从人而不从天，学术支离，道体蒙障，则章句为有祸焉。故朱子晚年，既反约于详说之余，则尽悔其未详之说之非，至以为自诳诳人，罪不胜赎。斯学有所至，论有所定。朱子已非自诳，而学人之自诳者于今犹烈也，可胜痛哉！适见阳明王子略取其言，称其为定论也。且曰：世之学者，徒守朱子中年未定之说，而不复知求其晚岁既悟之论。竞相呶呶，以乱正学，不自知其入于异端。信斯言也，则学者宜深省之。吾故刻其书，以视同志。

28. 重刊《传习录》序

朱衡③

昔濂溪周子，倡独悟之学于天下。当其时，乃有疑其所自出者，至于久而后定。宋儒既远，经生牵制文义久矣。阳明先生揭良知之旨，力拯群迷，而四方之人，始而骇，继而疑，至呶呶以相诋。先生处群猜众咻之中，而不自恤，于是疑信者相半之。夫周子之学，后世所宗，奚独疑于当时之人哉？彼人之情胶于故，而又伐乎异也。无极之极，自柳子言之，以其出自柳子而疑之也。固宜若乃良知之学，根诸孟氏，而大学以致知为教，此不可以信哉？先生之学，简易直截，然非径造者所能至。其为教也，神机无方。然要其宗旨，则一言之垂于世者伙矣。而其剖析精明，读之而易入，触之而易从，自谓无意中得此一助者，即今所传《传习》是已。今去先生之世余二纪，读其书者，靡不悦而宗之。私淑之士，多于及门之徒，则先生之学，人固翕然信矣。虽然，微言日湮，

---

① 郑夹祭，即郑夹漈。郑樵（1104—1160），宋莆田人，字渔仲。居夹漈山，学者称夹漈先生。游历名山大川，搜奇访古，每遇藏书家，必借留读尽乃去。博学多识，好为考证之学。官至枢密院编修。著有《通志》两百卷。

② 孔天胤，字汝锡，汾州人。嘉靖壬辰赐进士第二。以王府亲外补陕西提学佥事，历浙江右布政使。有《文谷集》。清朱彝尊编《明诗综》卷四六录孔天胤诗一首。

③ 朱衡，字士南，万安人。嘉靖壬辰进士，除尤溪知县，徙婺源征授刑部主事。累官右副都御史。巡抚山东，入为工部侍郎。改吏部，升南京刑部尚书。寻以工部尚书兼副都御史，总理河漕。加太子少保。召还，掌部事。有《钟山稿》。《明史》卷二二三有传。

中行复鲜，士往往以资之所近，见之所及，以为学，故有厌物情之纷挠，惩训述之支离，而遗境言心，任识作悟，恣意为率性者。而又或求先生于无不知不能之中，揣摩凑合，自以为道在是矣。嗟乎，心之本体，虚灵变化，至神至易，而范围曲成，通知之道，寓乎其中。戒慎恐惧，全此本体，三千三百，悉自此而出之。初无寂感内外之可言，而可歧而二之，袭而取之也乎。故昔之学者，古训是式，择准绳而蹈之。然犹有执古而行，行不越轨之士。其究也，迂曲而不通方今也，或是之亡也，昔之人其学未必是。而其人则可信；今之人，其学未必非，而问其人，则不然矣。故曰：贤不肖者，道不明之故也。子夏有圣人之一体，乃流之为庄周，倍师说而淫于佛老者，非程氏之门人，与圣贤之学，何尝弊哉？不由心得其流则然尔。学者果有作圣之志，从心悟入，既竭其才，协于天，则取先生之言，而显证焉，可矣。乃若诵其言，而爽焉失其故，毅然自任，行著习察，则不失为缘闻入悟之士，是之曰躬行心得之学。而合异坚离，相应相求，使风俗莫不一于正，以助国家元气，则先生之学，大明于世，其谁不信之哉？侍御古林沈君，学先生之学者也。按闽之暇，取《传习录》、《大学问》、《朱子晚年定论》，手订付梓，播诸学官弟子员。噫！君之嘉惠多士，至矣哉。濂溪之学，扩大于程氏，乃有载之以南者，遂开八闽道学之盛，至方以邹鲁先生之学，今既南矣，古林又章明而振导之，豪杰林立。夫非昔之闽，与笃信力行，自成自道，引先生之绪，而遡濂洛之源，俾邹鲁之盛，复见于今日。兹非所望于多士者乎？某不敏，愧无以先之，敬书简末，用申告焉。

《明文海》卷二百十八序九著述

29.《六书精蕴》序

魏校①

嗟！周之衰，天王之弗考文也久矣。秦以凶德闰位，强取文字而同之。乃后世惟李斯是师，先秦古文则既阙有间矣。其别出者，多列国未同之书，然则文终不可考。与曰文者，非他也，心之画也。所以体天地万物之撰也。古文先得我心之所同然耳。心之所同然者，何也？天然而然也。心学而明也，贯若一矣。古人之心学大以密，仓颉之作六书也，犹之伏羲之作八卦也。若剖混沌而开之。其道易简，愚夫愚妇，可使与知。不知，不足以言。道，乃其精蕴，则有学士大夫不及尽知者，是故传久则易以讹。有王者作，议礼制度，而考文心法，同也。昔者，周宣尝考文矣。古文之变而为大篆也，史籀所述也，文字寖以备矣。开辟而后与有功焉者也。心法之微传与否，与今固弗能知。矧秦之斯彼何人兮，而其心乃敢曰古，亦莫予若矣。兹其万恶之根矣。大篆之变而为小篆也，斯实纷更之，文字则大备矣，混沌之凿也亦多矣。秦以吏道易君道，天下日扰扰

① 魏校（jiào，1483—1543），明昆山（今属江苏）人，字子才，号庄渠。弘治进士。历任刑部郎中、兵部郎中、广东提学副使、江西兵备副使、国子祭酒、太常寺卿等职。提学广东时，曾在曹溪焚慧能法衣，椎碎其钵。魏校为明代理学家，私淑胡仁敬主敬之学，而贯通诸儒。有《魏庄渠先生集》。

焉。程邈因是以隶书代篆书，六书亦坠地矣。要之，二人者，同于辅桀者也。校尝曰：三代而上，一宇宙也。自秦限之矣。秦弗稽古师先王，而历代师秦以为故，讵惟六书也哉？校生千载之后，悼斯文之久湮，欲请于上，因古文是正小篆之讹，择于小篆可者，尚补古文之阙。多病未遑，则为之赞，发大义以阐心法。学者毋滞于书，而博之天地万物，毋徒求之天地万物，而反求诸心。天机之不器于物也。古犹今也。噫，天而欲兴斯文也！兹其滥觞也已。或曰：斯无道，秦百代羞也。请废斯篆，一洒空之，无宁慊于志乎。曰：斯篆亦讵能尽废古文？今亦何必尽废斯篆？天王而考文也，亦惟祖颉，而参诸籀，若盘盂书定而一之。斯篆可者取之，其不可者厘正之。恶而知其美，旷若天地之无容心焉。邈隶亦必修之，与俗宜之，翻篆而楷，俾无失六书。扫官府之繁苛，灰书籍之叛经离道者，复归民于朴，毋或琱琢其天。或曰：噫，信斯言也。古道可还也。六书云乎哉。

《明文海》卷二百十九序十著述

30. 书《孔子通纪》后

黄佐①

右《孔子通纪》八卷，吾广督学宪副南山潘公所著也。其纪祀典评群贤详且公矣。孟氏有言：匹夫而有天下者，德必若舜禹，而又有天子荐之者，故仲尼不有天下，濂溪王祀，万世无穷，及康节《仲尼以万世为王》之论，盖皆因之。此我圣祖明诏，正天下神祇，仍存王号。而成化中，加乐舞八佾，笾豆十二。岂非以德侔天地，道冠古今，删述六经，垂宪万世，其功实贤于尧舜也与？惟是生卒年月，《春秋》、《三传》所纪不同，公则据《长历》及《阙里志》诸书，而考正之。实周灵王二十一年庚戌十一月庚子之辰（【原注】甲申时），即鲁襄公二十二年今之八月二十七日也（【原注】已交寒露，月建丙戌）。卒于周敬王四十一年四月乙丑，即鲁哀公十六年今之二月十八日也。世皆忽之，不行祭奠，愧于僧道多矣。於乎！六经在世，如日月行天。然求诸吾心，以自明明德，推之用世，则内君子而外小人，尊中国而谨边徼，燮理阴阳，参赞化育，皆此道也。司马迁以为劳而无功，陆九渊则谓为注脚。无乃御人以口给，而上同媚众，以取宠盗名与。於乎！其何伤于日月哉？公因谓：孔子所深恶者三，乡愿也，佞人也，鄙夫也。此三者，贼德乱道，变坏风俗。然今之乡愿，人爱之；佞人，人畏之；鄙夫之贵者人敬之，富者人悦之。故人多乐为之而不知省，此其所以敢于侮圣人之言。虽非圣者无法，亦悍然有所不顾与。又言：弘治十二年，阙里庙灾，斯文大厄，逆知兵革之患，极陈安攘之策。明年，小王子火筛之众，果相率而至大同，残暴州县，害不可言。然则感召系，岂小小哉？非毁六经，其为灾也大矣。夫《书》之“明峻德”，《诗》之“思无邪”，皆言心也。谓心学当求诸佛、老，其为罪也大矣。论从祀诸贤，则曰节行之美，足以维持名教；著述之善，足以羽翼圣经。二者皆无歉焉而后可。故仕莽如扬雄，

① 黄佐（1490—1566），明香山（今广东中山）人，字才伯，号泰泉。正德进士。历任江西提学佥事，南京国子祭酒等职。以与大学士夏言论河套事不合，罢归。黄佐为明代理学家。有《乐典》、《泰泉乡礼》、《广州人物传》、《泰泉集》等。《明史》卷二八七有传。

仕元如吴澄，皆削之。荀卿言“性恶”，则仅书兰陵令。虽司马光非孟子，而宗扬雄，犹致讥议。可谓万世之公论矣。公名府，字孔修，上虞人，后以终养求去，士论高之。

31.《六艺流别》序

黄佐

闻之董生曰：君子志善，知世之不能去恶服人也，是以简六艺以善养之，而各有所长。《诗》道志，故长于质。《书》著功，故长于事。《礼》制节，故长于文。《乐》咏德，故长于风。《春秋》司是非，故长于治。《易》本天地，故长于数。人当兼得其所长，是故举其详焉。志始于《诗》，以道性情，为谣为歌。谣之流，其别有四，为讴，为诵，为谚，为语。歌之流，其别有四，为吟，为咏，为怨，为数。其拘拘以为诗也，则为四言，为五言，为六言，为七言，为杂言。其杂近于文而又与诗丽也，则为骚，为赋，为辞，为颂，为赞。其专事对偶，亡复蹈古，则律诗终焉。《书》行志而奏功者也，其源以道政事，为典，为谟。典之流，其别为命，为诰。谟之流，其别为训，为誓。凡典，上德宣于下者也。又别而为制，为诏，为问，为答，为令，为律。命之流，又别而为册，为敕，为诫，为教。诰之流，又别而为谕，为赐书，为书，为告，为判，为遗命，而间亦有不尽出于上者焉。凡谟，下情孚于上者也。又别而为议，为疏，为状，为表，为笺，为启，为上书，为封事，为弹劾，为启事，为奏记。训之流，又别而为对，为策，为谏，为规，为讽，为喻，为发，为势，为设论，为连珠。誓之流，又别而为盟，为檄，为移，为露布，为让，为责，为券，为约，而间亦有不尽出于下者焉。《礼》以节文斯志者也，其源敬也。敬则为仪，为义。其流之别，则为辞，为文，为箴，为铭，为祝，为诅，为祷，为祭，为哀，为吊，为诔，为挽，为碣，为碑，为志，为墓表。《乐》以舞蹈斯志者也，其源和也。和则为乐均，为乐义。其流之别，为唱，为调，为曲，为引，为行为篇，为乐章，为琴歌，为瑟歌，为畅，为操，为舞篇。《春秋》以治正志者也，其源名分也。其流之别，为纪，为志，为年表，为世家，为列传，为行状，为谱牒，为符命。其大概也，则为叙事，为论赞。叙事之流，其别为序，为记，为述，为，为题辞，为杂志。论赞之流，其别为论，为说，为辨，为解，为对问，为考评，而凡属乎《书》、《礼》者不与焉。《易》则通天下之志矣，其源阴阳也。其流之别，为兆，为繇，为例，为数，为占，为象，为图，为原，为传，为言，为注，而凡天地鬼神之理，管是矣。昔晋·挚虞，尝著《文章流别》，其亡已久，故予搜罗散逸，以为此编，统诸六艺，窃比于我董生云。

32. 刻《文章正宗》序

崔铣①

《文章正宗》者，宋·真希元氏之编也。芟芜屏异，将以翼经而正术，其亦圣人之

---

① 崔铣，字子钟，安阳人。弘治乙丑进士。累官南京礼部右侍郎。赠尚书。有《洹词》十二卷。生平事迹见《明史》卷二八二《崔铣传》。清·朱彝尊编《明诗综》卷三三录崔铣诗一首。

志与。夫物生而有情，情而思宣之，斯生言矣。讷者弗达，陋者亡采，则亡以敷事而喻物，斯生文矣。文，言之善者也，而贵于正其情。夫幽赜之理，彰于显词；辽邈之怀，发于堂序；雍逊之谈，验于遐岁。非邃于道者，其孰能之？而徒以模袭之勤，记问之富，亿中暗投，吾未见其可也。夫献忠之谓疏，恤隐之谓诏，达彼此之意，质问遗之蕴之谓对，之谓序，之谓书纪，故表贤之谓记，之谓铭。引思畅和之谓诗，言断而意续，发凡以该目，或婉或著，或丽或质，或因乎人，或就乎时，出之至真，而发之当物。及乎教息而学淆，质衰而词是工，是故久渐美化，动凭典刑，以摧强枉，而稽成败。此左氏之文也。援经议制，夷厥藻缋，此汉之文也。综倚群言，辩而委辞，此韩愈氏、柳宗元氏之文也。君子于是焉，考变而征实，左取其礼，汉取其朴，韩取其昌，而因以见先王之教之远且该也。今夫登者必陟其巅，行者必自其家，非可以息趾于岩麓，而发轫于旅次。苟未崇志于先王之术，以参伍夫历代之变，予恐其不特谬于其言焉而已。隆虑马君敬臣，以按察副使督学山西，既用六经教士，凡《礼》之凶，《诗》、《书》之变，俗之所废而急于求仕者，一切复之。陋彼时义，乃刻是编，以则诸生，白于其长，是之其僚，皆来赞工，两阅岁而梓人告成事。

思齐按：本文所序的对象为宋·真德秀编《文章正宗》。《文章正宗》二十卷、《续集》二十卷，收《左传》、《国语》以下至于唐宋之作。其持论以论理为主而不主文。明正德本《西山先生真文忠公文章正宗》卷首《文章正宗纲目》曰：

正宗云者，以后世文辞之多变，欲学者识其源流之正也。自昔集文章者众矣，若杜预、挚虞诸家，往往堙没弗传。今行于世者，惟梁《昭明文选》，姚铉《文粹》而已。繇今视之，二书所录，果皆得源流之正乎？夫士之于学，所以穷理而致用也。文虽学之一事，要亦不外乎此。故今所辑，以明义理、切世用为主。其体本乎古，其指近乎经者，然后取焉，否则辞虽工亦不录。其目凡四，曰辞命，曰议论，曰叙事，曰诗赋，今凡二十余卷云。绍定执除之岁，正月甲申，学易斋书。

《明文海》卷二百二十序十一著述

33.《易学纪成》序

王慎中①

古之得罪于君，已失其位而犹不绝其官，以摧苦戮辱之者，必得险恶罙②邈之地，

---

① 王慎中（1509—1559），明福建晋江人，字道思，号南江，遵岩居士，别号仲子。嘉靖进士。授户部主事，监税通州，不久调礼部祠祭司。嘉靖十二年（1533）迁吏部考功员外郎，主广东乡试，进验封郎中。谪常州通判。历河南户部主事、南都礼部员外郎、山东提学佥事、河南参政等。二十年以忤夏言，罢官归。晚年好禅学，卒于家。善诗文，文宗唐宋八大家，与唐顺之齐名。著有《遵岩文集》。

② 罙，即深。

如韩退之阳山，柳子厚柳州，欧阳永叔夷陵是已。其地如彼，其人亦皆颛昧椎鲁，鸟驯而兽獝，莫可与语者，如对木石之居，而从毛羽之群。退之在阳山，仅一区册，文彩材质，未有以动人者，而数与之游，不忍舍去。子厚、永叔，得吴武陵①，狂生田画秀才②，皆客游之士，其拘陋寡独若此。宜乎人之不乐，而谪居之所以为困也。方其旹③，诚得地不恶，其人有可与语者，又当负慝含瑕，畏讥防患，晦其迹，惟恐不幽闭其声，惟恐人之闻也。安能与其人相讲以乐，以广其学，而昌其说耶？以三君子之所处，有以知吾三洲章君之乐也。君以名，御史在职，过直，不为有势者所容，夺其职，责授推官。盖所以摧苦而戮辱之也，而君所得郡，乃在莆阳。莆阳，文献为岭外最盛处，视中州不啻。加之其人，皆可与语者。其秀者，尤好学而多文。而君所以出，非有罪过获谴于上，不待深畏谨防，以自闭匿。君于经无所不学，而独深于《易》。莆阳之士于经无所不习，而独缺于《易》。君乃乐以其所得，为莆士讲，以补其缺。君既与有势者相失，特困之严，久不为徙，于是所以为莆士讲者，得专以熟。士之闻其讲者，亦洽以固。其旨趣融通，而文理成就，非独苟补其缺，以具全经。方与其素习而旧有闻者，颉颃而起，而未知其先后也。方有势者，以事出君意，君且不得其官，有不安之心，而无以自乐。其爱君者，方且为君有失，而孰知其率有以明其学，以广诵训，而成材美，而收士作人之效，从容于文法体势之表，若斯其盛焉。君于是所得多矣。夫岂有所失哉？三君子，于所贬地，皆未有以教其人。其地之人，又以远陋，不足以知君子。而阳山、柳州、夷陵，至今犹道三君子者，其风声气概久而不泯也。今君既有以教莆之士，士皆好学，而多文能言其君子。而兹经之明日伸月，引君之所道，说于莆者，其有已哉。

思齐按：柳宗元《柳河东集》卷三十一《答吴武陵论非国语书》是中国文学批评史上的名篇，亦是理解明·王慎中《易学集成序》之基础。题下原注："公谪永州，武陵亦以元和三年谪于永，文字往来为多。吕道州之言，亦若武陵之言。此书当在与道州书后作。"

答吴武陵论非国语书

濮阳吴君足下：

仆之为文久矣，然心少之，不务也，以为是特博弈之雄耳。故在长安时，不以是取名誉，意欲施之事实，以辅时及物为道。自为罪人，舍恐惧则闲无事，故聊

① 吴武陵，名侃，信州人，祖籍濮阳，元和初进士。曾坐事流永洲，与柳宗元友善。《新唐书》卷二零三《文艺》有传。

② 田画，字文初，只是一个极其普通的秀才，故王慎中在这篇序中称之为"狂生"，即妄为无知的人。思齐按：景祐四年，欧阳修在贬所夷陵（今湖北宜昌），田画从荆南（今湖北江陵）前往万州（今重庆万州区）探亲，舟经夷陵，欧阳修作序赠别。

③ 旹，"时"的讹字。方其旹，就在那个时候。

复为之。然而辅时及物之道，不可陈于今，则宜垂于后，言而不文则泥，然则文者固不可少耶？

拘囚以来，无所发明，蒙覆幽独。会足下至，然后有助我之道。一观其文，心朗目舒，炯若深井之下，仰视白日之正中也。足下以超轶如此之才，每以师道命仆，仆滋不敢。每为一书，足下必大光耀以明之，固又非仆之所安处也。若《非国语》之说，仆病之久，尝难言于世俗。今因其闲也而书之，恒恐后世之知言者，用是诟病。狐疑犹豫，伏而不出，累月方示足下，足下乃以为当，仆然后敢自是也。吕道州善言道，亦若吾子之言，意者斯文殆可取乎？夫为一书，务富文采，不顾事实，而益之以诬怪，张之以阔诞，以炳然诱后生，而终之以僻，是犹用文锦覆陷穽也。不明而出之，则颠者众矣。仆故为之标表，以告夫游乎中道者焉。

仆无闻而甚陋，又在黜辱，居泥涂若螾蛭然，虽鸣其音声，谁为听之？赖世之知言者为准，其不知言而罪我者，吾不有也。仆又安敢期如汉时列官以立学，故为天下笑耶？是足下之爱我厚，始言之也。前一通如来言以污箧椟，此在明圣人之道，微足下，仆又何托焉！不悉，宗元顿首。

思齐按：明·茅坤编《唐宋八大家文钞》卷四十六欧阳修《送田画秀才宁亲万州序》为宋代散文名篇。欧阳修此文写法别致。原因在于田画本人太平凡了，欧阳修撰文，无处落墨，所以他才从宋朝的统一写起。又因田画的祖先在宋代开国时立有战功，所以欧阳修指出他入蜀的道路正是当年平蜀的战场，并抒写世异时迁的感慨。这是化平凡为神奇的写法，故而成为名篇。题下有茅坤原评：“风韵跌宕。”

送田画秀才宁亲万州序

五代之初，天下分为十三四，及建隆之际，或灭或微，其在者犹七国，而蜀与江南地最大。以周世宗之雄，三至淮上，不能举李氏。而蜀亦恃险为阻，秦陇、山南皆被侵夺，而荆人缩手归、峡，不敢西窥以争故地。及太祖受天命，用兵不过万人，举两国如一郡县吏，何其伟欤！

当此时，文初之祖从诸将西平成都，及南攻金陵，功最多，于时语名将者，称田氏。田氏功书史，官禄世于家，至今而不绝；及天下已定，将率无所用其武，士君子争以文儒进，故文初将家子，反衣白衣从乡进士举于有司。彼此一时，亦各遭其势而然也。

文初辞业通敏，为人敦洁可喜。岁之仲春，自荆南西拜其亲于万州，维舟夷陵，予与之登高以远望，遂游东山，窥绿萝溪，坐盘石，文初爱之，留数日乃去。

夷陵者，其地志云北有夷山以为名，或曰巴峡之险至此，地始平夷。盖今文初所见，尚未为山川之胜者。由此而上，泝江湍，入三峡，险怪奇绝，乃可爱也。当王师伐蜀时，兵出两道，一自凤州以入，一自归州以取忠、万以西。今之所经，皆王师向所用武处，览其山川可以慨然而赋矣。

34. 重刻唐《文苑英华》叙

邓宗龄①

在昔帝王所以铺藻鸿业，奋煽景炎者，亦惟睇眸秀发之士，摛词染翰，郁为国华，相与阐扬之，虽纯驳异致，然览者不遗焉。亦以文词幽而弗章，则搜古无繇，综述阙而弗备，则典籍奚稽？不若并存之，令世可考而镜耳。有唐《文苑英华》，成于宋学士李昉、宋白辈，奉诏辑次成书，罗网百代，笼罩数百年间，总质文而分其流，摛伦类而异其指。藻思绮合，足以恢张国音；词旨霞布，足以宣述风美。缅缅乎一代之词文，亦灿然毕著矣。乃谈者曰：自六代以绮靡相高，士争骛于骈丽，浓思缛采，六艺若滥觞，然安可以规来世，垂不刊之鸿教哉？不知道有夷隆，学有粗密，故弹射臧否，品骘得失者示则也；广授博采，瑕瑜并收者志备也。况唐以风雅主盟百代，庶几三百篇遗意，而所称文起八代，屹然词宗者，又直接孔孟，蹶蹈秦汉而上之，奈何以独废焉？今其书具在，无暇他论。论其彰彰最著者，如读房、杜、王、魏、裴、陆之疏议，则献纳之轨在其中矣。览王、杨、沈、宋、崔、李之赋颂，则凌云之制扬其声矣。诵卢、骆、沈、柳、高、岑、李、杜诸篇，则雅道之旨于斯畅矣。他如王、孟、韦、白数十名家，并结藻清英，比丽卿云，烺烺乎永世之业，令千古作者若奉功令而趋，又乌得而废之？昔夫子论次诗书，修起礼乐，而十五国之风谣并存之，以示来许。彼虽不尽轨于大道，然其述嫩②恶，记赞一代之迹，不可遗也，而况雄文巨篇昭著胪列若是书者乎。虽以世代邈远，而由其书按当时行事，若数一二较黑白，又岂徒仅仅以文传也哉。故为重梓之，令稽古者得以观览焉。

《明文海》卷二百二十一序十二著述

35. 《岩西遗典》序

符验③

古昔圣王之治天下也，其纲维世道，考验风俗，一道德而观隆污，赖诸文献耳。文与献，实相表里，如剡子之对，非献孰征？如《周礼》在鲁，非文孰征？文不足则稽诸献，献不足则稽诸文。文献不足，虽至圣如吾夫子，亦未如之何已。故外史掌四方之

---

① 邓宗龄（1558—1597），明徐闻（今广东湛江市南部）人。清宣统三年《徐闻县志·乡贤志》："邓宗龄，生于明嘉靖三十七年戊午（1558），字子振，自少颖悟绝人，博综群籍，年十九以儒士登丙子明万历年（1576）举人，明万历十一年癸未（1583）朱国祚榜进士登第，并通过殿试优选为翰林院庶吉士补检讨，名震玉堂，少精举业，尝著舟中草，海内诵之，选古文数十卷传以世。宗龄体貌魁伟，有逸人度，谓其有公辅之望，惜啬于年，著有《玉堂遗稿》。"

② 嫩，即美。

③ 符验，明黄岩（今属浙江）人，字大充，号松岩。嘉靖进士。官至广西按察司佥事。著有《革除遗事》、《留台杂记》。

志，而十五国之风，皆足以达于上，而委巷匹夫匹妇之言，亦得以上诸朝。稗官小史所载，无或遗之者，且有采风之使，日勤于天下，是故国无遗事，野无遗贤，俗无遗纪，而天下之疾痛休戚，如一人之忻戚；天下之贤不肖，如一家之子弟；天下之习尚美恶，如一家之仁让与否，故曰：惟圣能通天下之故，率由是也。后世则不然，匹夫匹妇之言，谓其俚，而不。① 隐居独善之人，谓其野，而不。不求闻达者，谓其僻，而不。残山剩水，忧时愤世之言，谓其讥世触忌讳，而不。而其所，率献谀标榜，与夫爵位通显者耳。上下之情，于是乎睽。是非之实，于是乎眩。而道德风俗，世道隆替，遂莫之稽。果孰为传信之言也哉？吾台傍山濒海，其俗朴而直，其人质而不浮，其文核而不史，虽有作者，不能自炫，抱艺而独，隐行甘遯。以及井里之谣，感激之赋，记传逸载者，不知凡几。杨君某悯之，而有《岩西遗典》之集，或者曰：尊乡有，赤城有志，是可无作也。余曰：信若是，则沧海之珠，皆无遗耶？《国史》所纪，段太尉尚有《逸事》。《史记》博闻，而王子年且有《拾遗》。如段少卿之《杂俎》，如《太平广记》，如《朝野杂记》，皆不一而足。况幽僻不达于通衢，小说不于显达，遗不遗，其可必哉？与其遗而泯，不若博采旁摭，以俟知言者择而取之之为愈是，故识其大，识其小，不可诬也。呜呼！吾知者，吾记之；人知者，人记之。文献其足兴矣。夫天下尚有逸情遁事也哉。

36.《求正集略》序

万廷言

韩退之称：子厚穷不极，文必不传；使子厚富贵为将相，其失得必有辨者。② 永叔亦云：诗必穷而后工。③ 世谓知言。予惟言者言所志，传者传其道也。士君子所难者志，志之所难者道，诚志道矣，则辞有所必修，修则工，工则传矣。死生贵贱，谁能易之？且穷人所工，穷者之辞，道之细耳。故有在，有不在。若君子所志，则天命人心之正，圣贤经世之谟，仁义礼乐，忠信孝弟之大道，自身及家国天下，自富贵贫贱，至险阻患难，自瞬息至千古，一也。道在，志无不存。志存，言无不得。坠之九渊之下，不益其深；抗之云霄之上，不益其高。故闾阎畎亩之称述，即金匮、石室、清庙、明堂之纪载。金匮、石室、清庙、明堂之纪载，亦何间于闾阎畎亩者所称述哉？何者？博大精微之理，撰于吾所得言者，既无二致；精研沈绎之思，本为吾所能言者，自无异趣。故文之工拙在志，志在道，而穷达非所论矣。惟是达则矢谟扬烈，极帝王之渊懿，布经纬之华章，文多弘显。穷则畏天悲人，发情止义，陈古是以裁今，阐微言以正学，文多深

① 而不，而否。不（fǒu），和肯定词对用时，表示否定。《战国策·齐策六》：“齐多知，而此解环不？”《论衡·四讳》：“意不存以为恶，故不计其可与不也。”

② 这是对韩愈《柳子厚墓志铭》中一段话的概括性引述。《柳子厚墓志铭》系唐代散文名篇，收入明·茅坤编《唐宋八大家文钞》卷十五。

③ 这是对欧阳修《文忠集》卷四二《梅圣俞诗集序》中基本观点的概括。《梅圣俞诗集序》系宋代散文名篇，收入明·茅坤编《唐宋八大家文钞》卷四六。

婉，体或异致，然大旨不得殊也。故其传一也。典谟雅颂，岂穷者之词？《易》虽以忧患作，非必待忧患而工。藉令孔、孟为将相如伊、周，《彖》翼之奥，笔削之严，性善之旨，岂遽泯没无传哉？左丘明不穷，必传《春秋》。司马迁不下蚕室，必作《史记》。志素定故也。惟是山海之遐，烟云之变，鸟兽草木之诡谲，必待山林之士，然后能穷本极微，发精眇之思，非荣遇者所暇及。然所谓穷者之辞，道之细耳，无甚于理性安人之大致，亦何贵于其传？则文之不待穷而后工，且传必矣。区区较失得于富贵将相之间，不亦缪乎？家君同年友、南安双峰刘公，少志学，喜文词，弱冠举进士，为刑部郎。微误，左授，当事者别有怒，因并斥公。四十年不复起，而公志益坚，讲学励行，工古文辞，久乃得诗文若干首，题曰《求正集略》。万历戊寅冬，持谒家君溪东草堂，予始获侍公。岁既云暮，风雪满庐，深夜清谈，宛焉佳致。未尝几微见厄穷之悯焉。明日，以序委予而别。予寻忧病未暇，二年始读焉。其谈理正，其叙事平，中无玄诡之僻，外不敢为缪悠之辞。虽间咏禽鱼，旹多感慨，大都不诡于仁义，婉而能正。一切穷者之辞不与焉。公志可知矣。或者谓：人穷则愤，愤则思苦而文工，此理有必然者。然君子志慕前修，耻躬不逮，则无时不愤。夫岂在穷？待穷而后愤，其志不足称也已。于是序次其意以传，使学者有以亮公之志焉。公师事东廓邹先生，严守师说，志且未量，文辞将益工。兹其崖略云。

思齐按： 明·茅坤编《唐宋八大家文钞》卷十五韩愈《柳子厚墓志铭》是理解万廷言《求正集略序》的基础。茅坤于题下评曰："昌黎称许子厚处，尺寸斤两，不放一步。"

柳子厚墓志铭

子厚讳宗元。七世祖庆为拓拔魏侍中，封济阴公。曾伯祖奭为唐宰相，与褚遂良、韩瑗俱得罪武后，死高宗朝。皇考讳镇，以事母弃太常博士，求为县令江南，其后以不能媚权贵失御史；权贵人死，乃复拜侍御史。号为刚直，所与游皆当世名人。

子厚少精敏，无不通达。逮其父时，虽少年已自成人，能取进士第，崭然见头角；众谓柳氏有子矣。其后以博学宏词授集贤殿正字。儁杰廉悍，议论证据今古，出入经史百子，踔厉风发，率常屈其座人。名声大振，一时皆慕与之交，诸公要人，争欲令出我门下，交口荐誉之。

贞元十九年，由蓝田尉拜监察御史。顺宗即位，拜礼部员外郎。遇用事者得罪，例出为刺史。未至，又例贬永州司马。居闲益自刻苦，务记览，为词章泛滥停蓄，为深博无涯涘，而自肆于山水间。元和中，尝例召至京师，又偕出为刺史，而子厚得柳州。既至，叹曰："是岂不足为政耶！"因其土俗，为设教禁，州人顺赖。其俗以男女质钱，约不时赎，子本相侔，则没为奴婢。子厚与设方计，悉令赎归。其尤贫力不能者，令书其佣，足相当，则使归其质。观察使下其法于他州，比一岁，免而归者且千人。衡湘以南为进士者，皆以子厚为师，其经承子厚口讲指画为文词者，悉有法度可观。

其召至京师而复为刺史也，中山刘梦得禹锡亦在遣中，当诣播州。子厚泣曰："播州非人所居，而梦得亲在堂，吾不忍梦得之穷，无辞以白其大人。且万无母子俱往理。"请于朝，将拜疏，愿以柳易播，虽重得罪，死不恨。遇有以梦得事白上者，梦得于是改刺连州。呜呼！士穷乃见节义。今夫平居里巷相慕悦，酒食游戏相征逐，诩诩强笑语以相取下，握手出肺肝相示，指天日涕泣，誓生死不相背负，真若可信。一旦临小利害，仅如毛发比，反眼若不相识。落陷穽，不一引手救，反挤之又下石焉者，皆是也。此宜禽兽夷狄所不忍为，而其人自视以为得计，闻子厚之风，亦可以少愧矣！

子厚前时少年，勇于为人，不自贵重顾藉，谓功业可立就，故坐废退。既退，又无相知有气力得位者推挽，故卒死于穷裔。材不为世用，道不行于时也。使子厚在台省时，自持其身已能如司马、刺史时，亦自不斥；斥时有人力能举之，且必复用不穷。然子厚斥不久，穷不极，虽有出于人，其文学辞章，必不能自力以致必传于后如今无疑也。虽使子厚得所愿，为将相于一时，以彼易此，孰得孰失，必有能辨之者。

子厚以元和十四年十一月八日卒，年四十七，以十五年七月十日归葬万年先人墓侧。子厚有子男二人：长曰周六，始四岁。季曰周七，子厚卒乃生。女子二人，皆幼。其得归葬也，费皆出观察使河东裴君行立。行立有节概，重然诺，与子厚结交，子厚亦为之尽，竟赖其力。葬子厚于万年之墓者，舅弟卢遵。遵，涿人，性谨慎，学问不厌。自子厚之斥，遵从而家焉，逮其死不去。既往葬子厚，又将经纪其家，庶几有始终者。铭曰：是惟子厚之室，既固既安，以利其嗣人。

思齐按：明·茅坤《唐宋八大家文钞》卷四六欧阳修《梅圣俞诗集序》是理解万廷言《求正集序》的基础。茅坤于题下评曰："绝佳。"

梅圣俞诗集序

予闻世谓诗人少达而多穷。夫岂然哉？盖世所传诗者，多出于古穷人之辞也。凡士之蕴其所有，而不得施于世者，多喜自放于山巅水涯，外见虫鱼草木风云鸟兽之状类，往往探其奇怪；内有忧思感愤之郁积，其兴于怨刺，以道羁臣寡妇之所叹，而写人情之难言。愈穷则愈工。然则非诗之能穷人，殆穷者而后工也。

予友梅圣俞，少以荫补士，累举进士，辄抑于有司，困于州县凡十余年，今年五十。犹从辟书，为人之佐。郁其所蓄，不得奋见于事业。其家宛陵，幼习于诗，自为童子，出语已惊其长老。既长，学乎六经仁义之说，其为文章，简古纯粹，不求苟说于世，世之人徒知其诗而已。然时无贤愚，语诗者必求之圣俞；圣俞亦自以其不得志者，乐于诗而发之。故其平生所作，于诗尤多。世既知之矣，而未有荐于上者。昔王文康公尝见而叹曰："二百年无此作矣！"虽知之深，亦不果荐也。若使其幸得用于朝廷，作为雅颂，以歌咏大宋之功德，荐之清庙，而追商周鲁颂之作者，岂不伟欤！奈何使其老不得志，而为穷者之诗，乃徒发于虫鱼物类、羇愁感叹之言？世徒喜其工，不知其穷之久而将老也，可不惜哉！

圣俞诗既多，不自收拾。其妻之兄子谢景初，惧其多而易失也，取其自洛阳至于吴兴已来所作，次为十卷。予尝嗜圣俞诗，而患不能尽得之，遽喜谢氏之能类次也，辄序而藏之。其后十五年，圣俞以疾卒于京师，余既哭而铭之，因索于其家，得其遗稿千余篇，并旧所藏，掇其尤者六百七十七篇，为一十五卷。呜呼，吾于圣俞诗，论之详矣，故不复云。

37.《论学绪言》序

万廷言①

古之学，自东廓邹先生、南野欧阳先生，禀学文成，以万物一体为宗，良知为窍，格物为实地，博大圆通，简易平直。闻者当情而易亲，游从最盛。同时有念庵罗先生，谓："性体自善，顾生机之与欲机，良知之与意见，皆积习所乘，源波易混，千里毫厘，须静摄澄渟，庶知良而体一。"然大旨与二先生不殊，其归一也。自后论议渐广，途径遂分，于是有动静、寂感之辨，学稍漓矣。往予典安成，王子植论学京师，志力方强，颇研端绪。万安兑隅萧公时发，举嘉靖乙丑进士，尝就予两人言："公夙昔朋侪，讨究既专，乃亹亹论，自羲皇、孔、孟以来，至有宋及本朝先哲，皆能析其同异指归而约其趣，于明道先生'浑然一体'之语，以为希圣楷范。"予两人敛衽受焉。公一日私予："子将谓何？"予谓："公入肆辨宝，可谓精博，不知何缘得宝在我？"公怃然，因谓公："今能浑然一体否？"公曰："正未以有自私用智之病在。"予谓："此犹病苗中有藏之者。"公久之，曰："然是意根也。每苦放逸，令人气浮。"予曰："如今下手用工，将遂一体，将在意根。"公徐曰："毕竟在意根克治。"予曰："然则，前二先生宗趣，极大且正。而罗先生之静摄，实下手第一步，未可少也。"子植赞予语颇尽，公亦深谓为然。顷之，公奉使出京，索别予为广夜气之说赠焉。自是，予以罪斥居罗原，子植亦龃龉归，十年不一二见。公功名日起，以御史历中丞，镇抚陕浙，救灾靖乱，扬历中外，不相见者二十年。万历乙酉春，公以少司寇召，舣舟晤予章水，相对歉然，谓："竟苦意根难净，气难下也。"予竦异之，私念："公多历艰，大皆以学为政，思证一体之实于上下，所在有声，而犹多歉，中所得必深矣。"时风急行迫，不及请。未几，公逝，而予与子植亦老矣。又明年，公冢嗣中行，裒公所著《学易记闻》，及书、序、志、杂文若干卷，题曰《论学绪言》，属予为序，曰："是先子意。"予备读之，益知公

---

① 万廷言，黄宗羲《明儒学案》卷二一《学宪万思默先生廷言》："万廷言，字以忠，号思默，南昌之东溪人。父虞恺，刑部侍郎。受业于阳明先生，登进士第。历礼部郎官，出为提学佥事。罢官归，杜门三十余年，匿迹韬光，研几极深，念庵之学，得先生而传。"

二十年之所用力，具得三先生微旨，骎骎乎不知所止矣。夫学贵见性，不见性而意存一体，或云归寂，是谓平旦无雨露，思抱水瓮不知雨露。灵源自有也，恐渊泉之不静，深思止其波，不知静深，渊泉本色也。又或恶动而益以静，恶静而益以动，是迷失元和，思自益生，寒则暑之，暑则寒之，不知一寒一暑之适足伤生也。故学贵见性也。静摄者，所以解积习，严放逸，为见性实功。非谓性有待于此也。从古未有意放逸而得性地昭明者也。古人言语少，今人言语多，正坐意根未净，沾沾评众而学日漓，徒劳忖度。往与子植与公，尝切忧之。今集中研究河图，既深途辙，而答友人书有云："浮游日久，宁定力微。"又云："不作彻底，一空终非了手。"津津有余味焉。公所自得，不亦深乎？顾予念衰落无成，三复益增叹息。敬本生平切磋之意，序而归之，且请于子植与学三先生者，共订焉。庶不负公一体之意云。

38.《玉台新咏》序

方宏静①

夫诗缘情而作者也，情莫近乎妃匹之间，故《三百篇》首《雎》，寤寐窈窕，发乎情，止乎礼义，是以知先王之泽，风化之本也。及王迹既熄，郑卫竞鸣，词人之作，恣乎丽艳，有异是焉。乃若北方佳人，一顾倾国；邯郸少女，独立无双。浣纱溪边，千人为之叹息；采桑道侧，五马以之踟蹰。汉帝阿娇，贮之黄金之屋。石家娉婷，买以十斛之珠。吁，可动乎！其天下之至靡也，至夫春华方艳，秋月俄辉；白日未移，红颜将敛。君王不御，荡子忘归。长信宫深，羞乞大夫之赋；昭阳风起，忽闻弦管之声。玉阶苔生，菱镜长掩。又何寥乎其幽瘁也。夫文鱼比之比目，则欢爱可知；匹鸟譬之孤栖，若离愁何尽。乐莫乐焉，忧莫忧焉，是以文人才子，咏其美艳之情；忠臣烈士，痛其枯槁之状。语冶容宛仙人来，下言寂寞，虽戾夫歔欷，作者接轨，咸归二途。彩笔盈怀，锦帙溢箧矣。有陈东海徐君，于是搜诸艺府，无虑百家，萃彼艳歌，类为十卷。千花竞映，掩赤城之春霞；万宝皆县，灿玄圃之玉树。挟蔡枕之奇，有如重璧；贵洛纸之价，何啻三都？若乃揆之风人，格以雅训，殆有可言者矣。尔若霍家、冯都之篇，秦氏罗敷之咏，秋胡之妻，玉壶比洁；陇西之妇，齐姜不如。婕妤托意于纨扇，兰芝委体于清池。抱贞白而莫渝，与皎月而争色。《汉广》、《行露》，又何过焉？盖亦什一千百矣。至如相如求凤，贻辱于清评；繁钦定情，无闲于贞则。子夜吴歌，尽写放荡之思；江南杂弄，率多淫佚之词。桃叶团扇，纵情于内篝；舸郎溪女，相调于中流。王谢高踪，于斯贬矣。故采其合雅，象流金之在沙；究其离经，异白璧之微玷。昔尼父删《诗》，疵瑕并著，桑间濮上，存而不弃，所以明风刺，示惩诫也。述者之意，岂类斯乎？且摛藻风云，动情心目，劝风百一，其来远矣。夫道无二津，情则万委，波词类海，各指所

① 方宏静，字定之，明徽州歙县（今属安徽）人。嘉靖庚戌进士。朱彝尊《明诗综》载其官至南京户部右侍郎。《千顷堂书目》亦同。《江南通志》则载其奉使人浙击水寨寇，论功当叙，中蜚语，归。卒赠工部尚书。著有《素园存稿》。

之。若文考其世，则是颂烈女也；若德放其词，固非训内则也。亦何讥哉？故知留连彤管，信有贤于博奕；弹诮闲情，谅见非于来哲矣。郑子思祈以名家公子，绰有雅怀，揖当代才流，驰其高驾，得抄本于上都，抚残篇而动色。爰乃广逸拾遗，续为外集。并刻山堂，传诸寰内，使芸阁栖迟，将无劳于栢叶；巾箱展玩，何自苦于蝇头。其不负徐君之用心矣乎。

思齐按：徐陵所编《玉台新咏》，系中国古代文学中以性爱为主题的纯文学总集，以今日之女权文学观视之，不可多得；在世界文学大观园中，亦属奇葩。徐陵自序，或可洞见其编辑之初衷，兹如下。

玉台新咏序

夫凌云概日，由余之所未窥；万户千门，张衡之所曾赋。周王璧台之上，汉帝金屋之中，玉树以珊瑚作枝，珠帘以玳瑁为押，其中有丽人焉。其人也，五陵豪族，充选掖庭；四姓良家，驰名永巷。亦有颍川、新市、河间、观津，本号娇娥，曾名巧笑。楚王宫里，无不推其细腰；卫国佳人，俱言讶其纤手。说诗敦礼，岂东邻之自媒；婉约风流，异西施之被教。弟兄协律，生小学歌；少长河阳，由来能舞。琵琶新曲，无待石崇；箜篌杂引，非曹植。传鼓瑟于杨家，得吹箫于秦女。至若宠闻长乐，陈后知而不平；画出天仙，阏氏览而遥妒。至如东邻巧笑，来侍寝于更衣；西子微颦，得横陈于甲帐。陪游驳娑，骋纤腰于结风；长乐鸳鸯，奏新声于度曲。妆鸣蝉之薄鬓，照堕马之垂鬟。反插金钿，横抽宝树。南都石黛，最发双蛾；北地燕支，偏开两靥。亦有岭上仙童，分丸魏帝；腰中宝凤，授历轩辕。金星将婺女争华，麝月与嫦娥竞爽。惊鸾冶袖，时飘韩掾之香；飞燕长裾，宜结陈王之佩。虽非图画，入甘泉而不分；言异神仙，戏阳台而无别。真可谓倾国倾城，无对无双者也。加以天情开朗，逸思雕华，妙解文章，尤工诗赋。琉璃砚匣，终日随身；翡翠笔床，无时离手。清文满箧，非惟芍药之花；新制连篇，宁止蒲萄之树。九日登高，时有缘情之作；万年公主，非无累德之辞。其佳丽也如彼，其才情也如此。既而椒宫宛转，柘观阴岑，绛鹤晨严，铜蠡昼静。三星未夕，不事怀衾；五日犹赊，谁能理曲？优游少讬，寂寞多闲。厌长乐之疏钟，劳中宫之缓箭。纤腰无力，怯南阳之捣衣；生长深宫，笑扶风之织锦。虽复投壶玉女，为欢尽于百骁；争博齐姬，心赏穷于六箸。无怡神于暇景，惟属意于新诗。庶得代彼皋苏，蠲兹愁疾。但往世名篇，当今巧制，分诸麟阁，散在鸿都。不藉篇章，无由披览。于是然脂暝写，弄笔晨书，选艳歌，凡为十卷。曾无参于雅颂，亦靡滥于风人，泾渭之间，若斯而已。于是，丽以金箱，装之宝轴，三台妙迹，龙伸蠖屈之书；五色花笺，河北胶东之纸。高楼红粉，仍定鱼鲁之文；辟恶生香，聊防羽陵之蠹。灵飞六甲，高擅玉函；鸿烈仙方，长推丹枕。至如青牛帐里，余曲既终；朱鸟窗前，新妆已竟。方当开兹缥帙，散此绦绳，永对翫于书帏，长循环于纤手。岂如邓学《春秋》，儒者之功难习；寔专黄老，金丹之术不成。固胜西蜀豪家，托情穷于鲁殿；东储甲观，流咏止于洞箫。娈彼诸姬，聊同弃日，猗欤彤管，无或讥焉。陈尚书左仆射太子少傅东海徐陵撰。

39.《五经旁训》跋

周复俊①

昔人喻圣人之经，崇深犹海岳，拟若称矣。愚不其然。夫海岳有形而测其崇深者，尚有未尽，圣人之道无方无体，仰之弥高，挹之弥深，而或欲以一斑窥之，祇见其漏也已。惟古圣宪天，立象尽意而后有作者，始系辞以尽言，弗繇其象，弗遡其言，而求知圣道，愚未见其能也。自汉世专门之学兴，笃守师说以䌷绎群经，自谓不遗余力，而或乃病其太繁。近代释经，往往驱率圣贤，以下同己意。求之愈工，失之愈远。厥病均焉。俊窃望名世之英，振古独立，沿文切理，不必妄臆加损，凿破元淳，举其一枝而全体自见。亦犹投纶于川，沈浮高下，一任善𩼓者取之。② 初无迎必，庶几学者涵濡歌咏之中，自有真味。③ 古圣之心意性情，将亲见而有得，此则解经之上乘也。大中丞可竺游公，间示五经旁训，奥而通，简而明，质而不俚，指证而有据，师汉儒之注疏而不繁，备百家之言而不泥，可以翼往圣，式来叶。斯道之崇深，将由是而梯航之矣。刻既成，谓俊宜一言以赞其役。愚也陋，奚足以知之？聊以复公之明命云尔。

40.《易说》题辞

周复俊

夫《易》，洁净精微止矣。二画泄其秘④，三圣翊其文⑤，万祀言圣经之旨者，莫加焉。魏晋已降，玄之以老庄，狭之以太卜，厥宗昧矣。余犹喜安国、康成之徒，注释群经，承师指授，沿古敷言，未始置树奇僻，破坏元淳。辟之投竿取鱼，浮沈高下，一任善𩼓者取之，初无迎必。纵于大道未克，尽窥盘辟周旋，不迷蹊径。注释家之指南

---

① 周复俊，字子吁，明太仓州人。嘉靖壬辰进士。历官四川、云南布政使，迁南太仆寺卿。著有《六梅馆集》。清·朱彝尊编《明诗综》卷四六录其诗二首。

② “亦犹投纶于川，沈浮高下，一任善𩼓者取之。”这是周复俊文章中反复申说的一个观点，出处详见下一篇文章末所附司马光《独乐园记》。𩼓，同渔，动词。

③ 咮（zhòu），鸟嘴。《诗经·曹风·候人》：“彼候人兮，何戈与祋。彼其之子，三百赤芾。 维鹈在梁，不濡其翼。彼其之子，不称其服。 维鹈在梁，不濡其咮。彼其之子，不遂其媾。 荟兮蔚兮，南山朝隮。婉兮娈兮，季女斯饥。”朱熹《诗经集传》：“咮，喙也。遂，达也。与小人为婚媾，未有达者也。”

④ 二画，指阳爻和阴爻这两种“笔画”。《仪礼·士冠礼》：“筮与席，所卦者，具馔于西塾。”郑玄注：“所卦者，所以画地记爻，《易》曰：‘六画而成卦。’”《宋史·朱熹传》：“常从群儿戏沙上，独端坐以指画沙，视之，八卦也。”

⑤ 三圣，历代奉为楷模的三位圣人。三圣所指，随文而异。可指禹、周公、孔子，或尧、舜、禹，或伏羲、文王、孔子。此指伏羲、文王、孔子，因为他们均曾演《周易》。

也。后来妍尚匪一，枝流益棼，易布象占，大加离析。吾夫子不云乎“居则观其象而玩其辞，动则观其变而玩其占”?① 夫居无事，而动有为，无事斯暇，则象以求之，而占非所急。有为斯应，则占以决之。而象靡或遗循，是知潜龙，象也，亦占也。勿用，占也，亦象也。象有真假，占不他适。圣人垂训，岂有平居衹观潜龙之象，而不及勿用之占乎？象从何来？缘画而生。占从奚分？由画而决。象者拟议之占，托言之也；占者，裁定之象，显言之也。抽端殊贯，托体同归，不能不分，而能不分其象占之谓乎？子言之圣人有以见天下之赜，而拟诸其形容，象其物宜，是故谓之象，言象及爻，而不言占，明占寓于象也。繇斯绎之，义自晰矣。假令象外有占，圣人胡靳一言而不发天下之蒙覆耶？诚能悟象数之浑成，觉占决之匪二，其于《易》，思过半矣。光禄愓庵先生，敦尚古学，居常以山水文籍自娱。蓄极而通，不假余思，撰《易说》二卷，言约旨远，神孚道洽，辞变象占，浑然一致，同非伐异，异不苟同，而钩深通微，何者不诣？凡天道之极，则事几之变化，人情物理之纠错，烂然皆聚于目。昔旹②读《易》之难，而今而后，知读《易》之易矣。《诗》不云乎“惠而好我，示我周行”?③ 俊也不必阏比其愚，辄陈瞽说如右。惟是正之庶几哉。沐浴不忘云尔。

思齐按：投竿取鱼，唯意所适，司马光以之喻自由思想之必要。为学亦然，惟有自然而然，不追风，不赶潮，不炒作，不弄虚作假，方可成为真学者，方可成就真学问。宋·司马光《家传集》卷七一《独乐园记》言此理甚详。

独乐园记(【原注】熙宁六年作)

孟子曰：独乐乐，不如与人乐。乐与少乐乐，不如与众乐乐。此王公大人之乐，非贫贱者所及也。孔子曰“饭疏食饮水，曲肱而枕”之乐，亦在其中矣。颜子一箪食，一瓢饮，不改其乐。此圣贤之乐，非愚者所及也。若夫鷦鷯，巢林不过一枝，偃鼠，饮河不过满腹。各尽其分而安之，此乃迂叟之所乐也。熙宁四年，迂叟始家洛六年。买田二十亩，于尊贤坊北阙以为园，其中为堂，聚书出五千卷，命

① 《周易·系辞上》：“圣人设卦观象，系辞焉而明吉凶，刚柔相推而生变化。是故吉凶者，失得之象也；悔吝者，忧虞之象也；变化者，进退之象也；刚柔者，昼夜之象也。六爻之动，三极之道也。是故君子所居而安者，《易》之序也；所乐而玩者，爻之辞也。是故君子居则观其象而玩其辞，动则观其变而玩其占，是以自天祐之，吉无不利。”

② 昔旹，昔时。

③ 这两句话，本不在一处，系统合两个诗句式而成。“惠而好我”，语出《邶风·北风》：“北风其凉，雨雪其雱。惠而好我，携手同行。其虚其邪？既亟只且！　北风其喈，雨雪其霏。惠而好我，携手同归。其虚其邪？既亟只且！　莫赤匪狐，莫黑匪乌。惠而好我，携手同车。其虚其邪？既亟只且！”“示我周行”，语出《小雅·鹿鸣》：“呦呦鹿鸣，食野之苹。我有嘉宾，鼓瑟吹笙。吹笙鼓簧，承筐是将。人之好我，示我周行。　呦呦鹿鸣，食野之蒿。我有嘉宾，德音孔昭。视民不恌，君子是则是效。我有旨酒，嘉宾式燕以敖。　呦呦鹿鸣，食野之芩。我有嘉宾，鼓瑟鼓琴。鼓瑟鼓琴，和乐且湛。我有旨酒，以燕乐嘉宾之心。”思齐按：周行（háng），康庄大道。

之曰“读书堂”。堂南有屋一区，引水北流，贯宇下，中央为沼，方深各三尺。疏水为五派，注沼中，状若虎爪，自北伏流出。北阶悬注庭下，状若象鼻。自是分而为二渠，绕庭四隅，会于西北而出。命之曰“弄水轩”。堂北为沼，中央有岛，岛上植竹，圆周三丈，状若玉玦，揽结其杪，如渔人之庐，命之曰“钓鱼庵”。沼北横屋六楹，厚其墉茨，以御烈日。开户东出，南北列轩牖，以延凉飔；前后多植美竹，为清暑之所，命之曰种“竹斋”。沼东治地，为百有二十畦，杂莳草药，辨其名物而揭之。畦北植竹，方径文，状若棊局。屈其杪，交相掩以为屋。植竹于其前，夹道如步廊，皆以蔓药覆之，四周植木药为藩，援命之曰“采药圃”。圃南为六栏，芍药、牡丹、杂花，各居其二，每种止植两本。识其名状而已，不求多也。栏北为亭，命之曰“浇花亭”。洛城距山不远，而林薄茂密，常苦不得见，乃于园中筑台，作屋其上，以望万安轘辕，至于太室，命之曰“见山台”。迂叟平日多处堂中读书，上师圣人，下友群贤，窥仁义之原，探礼乐之绪，自未始有形之前，暨四达无穷之外。事物之理，举集目前所病者学之未至，夫又何求于人？何待于外哉？志倦体疲，则投竿取鱼，执衽采药，决渠灌花，操斧剖竹，濯热盥手，临高纵目，逍遥徜徉，唯意所适。明月时至，清风自来，行无所牵，止无所柅。耳目肺肠，悉为己有。踽踽焉，洋洋焉，不知天壤之间，复有何乐可以代此也。因合而命之曰“独乐园”。或咎迂叟曰：吾闻君子所乐，必与人共之，今吾子独取足于己，不以及人，其可乎？迂叟谢曰：叟愚，何得比君子？自乐恐不足，安能及人？况叟之所乐者薄陋鄙野，皆世之所弃也。虽推以与人，人且不取，岂得强之乎？必也有人肯同此乐，则再拜而献之矣。安敢专之哉。

41.《大政纪》序

李国祥①

古昔司典有官，以为大政，盖彰往考来，郁为不朽也。自周末史失其官，国自为史，业多泯泯，何至祖龙烈熖，而史随以烬乎。即幸《尚书》、《春秋》得存，而二书所不及者，无能一为胪列也。至两汉迄今，人人得缓颊以臧否，而贤者共相见德，不肖者共相见慝。无亦千六百年，即史不尽良而秽者犹存，尚论者因之以张侈耳。盖以子长述《史记》，汉武取览，孝、景及己《本纪》削而投之，非不隐切也。尚许其生任职，死布书，无或为忌。孟坚修父业，仇者间章帝以私史，乃益出祕书，给笔札于兰台，俾续成焉。桓温觊覦非望，彦威著《汉晋春秋》以裁正之，范杲守寿上言，家世史官，得秉直笔，成一代大典。綦密礼请于旧臣家访遗文往迹，以参史官所纪。汉以来，临我者不护短，侪我者不拂正，仇我者不肆谤，而史复得成于出位，备于藏家，虽上非《尚书》、《春秋》为圣人言，下非《史记》、《汉书》为良史笔，犹然核综群籍，博采

① 李国祥，字休征，明南昌人。被誉为豫章一榱一桷之材。李国祥为人倜傥负奇气，而沈修自好，胸中富篋笥，下笔能作两汉语。天启中，官开封府同知。著有《古今濡削选章》四十卷。

众记，成一代史，以备典故尔。尔于惟国朝轨事功绪，踔绝百代，而表章若史者，何独泯没无闻哉？其世无熟典坟、丘索之业者乎？抑无极泾渭、朱紫之辨者乎？无乃金匮石室，闷不易觏，而建文景泰时事，又讳不易言，用是因循，二百年畏难于史。即大手笔私有记撰，往往不敢示人。即示人，辄从匿去，未敢悬之市门，传之都邑也。比者，陈南充得请于上，开馆执简，以成正史。寓内乡所撰记旧闻者，始得网罗以出，亡虑数十百家。大都如元美所谓修郄以灭公是，逞已以淆众非。剽时耳遂为目，信人舌用为笔。又或改事之非而称是，掠人之美而归己。若今家乘墓谀之遗文，致不足凭也。馆开既久，尚尔因循者，意在兹乎。第自世宗朝以来，靖难出狩于时，当事者无不褒而登之祀典卹纪中，殆非讳言日矣。以故继《东莞通纪》、京山洪猷、昆陵檇李宪章而梓者①，不特郑端简之《吾学编》，黄恭肃之《昭代典则》已也。复有周生时泰者，取朱职方、闵茂才所校丰城雷公《礼述》，洪武迄正德之《大政纪》，与洧川范公守已所续《纪》者梓之。问序于余，余得卒业，非纯左之编年，亦非纯司马之纪传，其祖涑水新安《通鉴纲目》以成者乎。无大鸱张其臆，以移瑕瑜之体；无大蜷局其论，以窘琬琰之用。异日载笔者，藉此显以隐，质中秘之藏；藉此总以分，质郡国之识；藉此错综以备，质会典所辑，星官所职，六尚书所留故牍。彼修马、班业，虎炳豹蔚一时者，于此即不知斑亦可见一毛也。若于诸梓，辄因自为鹰扬，而随有雌黄，古人致论目睫不由然哉。余固谢，不敢祗序周生梓埒稗官野史，俟载笔之臣，采择意也。亦以见圣明之世，无护短，一切畏难于史云。

42. 诚斋先生《易传》序 ②

尹耕③

诚斋先生，宋人也。文章行谊，冠绝当世，他作往往梓行，《易传》则否。宋人曾取置秘省，卒不颁布，良惭不广，嗣是盖无闻者三百年矣。明守臣尹耕乃为刻诸开之郡斋。尹耕曰：往余得是传于好奇者，谓易尽在是矣。故乐为刻之。叙曰：夫《易》其可易言哉？惟圣人全体至道，幽赞神明，妙应感形，化裁机务，是故泄天之精，发地之灵，会人之极，布法立象，直指逆数，以通能于百姓。及夫观象命辞，研理翼传，然后

---

① 昆陵，又作毗陵，郡名，晋太康二年罢毗陵典农校尉改置，所辖范围包括今江苏省常州市、镇江、无锡、武进、江阴、丹阳等市地。檇李，或单称檇，地名，在今浙江嘉兴市西南。思齐按：檇李，地在古毗陵的大范围之内。

② 杨万里（1124—1206），字挺秀，号诚斋，南宋吉州吉水（今属江西）人，绍兴进士，调零陵丞。时张浚谪居永州，杜门谢客，杨万立三次前往请益而不得见，遂以书力请，始见之。张浚勉以正心诚意之学，杨万立终身服其教，乃名其读书之室曰“诚斋”。杨万里历官奉新知县、常州知县、广东提点刑狱、左司郎中等，后以宝文阁待制致仕，进宝谟阁学士。杨万立精于诗文，著述丰富，其诗善于描写田园农家的劳动生活。宋光宗曾为书“诚斋”二字，赐谥文节。杨万里著有《诚斋易传》二十卷，此书是易学史上以史事参证易理的一部总要著作，对后代易学家颇有影响。

③ 尹耕，字子莘，明代州人。嘉靖壬辰進士。由兵部郎中，出知河间府，升河南按察佥事，坐劾戍辽左。有《朔野集》。清·朱彝尊编《明诗综》卷四六录尹耕诗十四首。

探玄极变，尽赜显微，其道大备，百用不惑。由是知庖羲氏至德，文、周、孔三圣人，用心勤矣。故自周之盛时，及其季世，官不弃职，学不废业。史朝、惠伯举曰良识，而穆姜、陈文子皆称善用矣。秦焚诗书，此赖卜筮得以不毁。然简策杂乱，辞意沦失，左氏所述爻辞，一无可考。《文言》、《系辞》，或者乃疑其不出于孔氏，况其他乎？呜呼，天何言哉？四时行焉，百物生焉。此非圣人述天以教人者乎？惟《易》阐阴阳阖辟之机，穷刚柔致用之妙，洞鬼神倚伏之情，立大中至正之矩，以究性命道德之极，而曰止于卜筮，使学古之士远逊玄宗，近稽事应，不复措之心身，以求所谓蓍、策、龟、椟之外者，悲夫！余尝谓：《易》以卜筮存，盖亦以卜筮亡也。呜呼，天下有道，某不与《易》。待膰接淅，鼓琴微服，故善用《易》者，莫孔子若。克己复礼，一变至道，用行舍藏，曲肱饮水，故善学《易》者，莫颜子若。是故由之，武人求之，进退宪之，苦节赐之，尚口咸乖厥旨，而况其他乎。而又万世之下乎。耕小子生十岁年，受《易》家君。每于指示之余，见家君凝神湛虑，遐思永叹，若有及于简策之外者，而不敢请也。自得先生此《传》，耳目开豁，神爽飞越，瞻前忽后，千里几席，如穴中之蚓，得睹龙变，上下风云，呼吸宇宙，虽莫测其故，而其在穴之陋，一旦洒然，故不敢以自私也。又曰：往余在南宫时，读是书，未觉有人，及以罪干国宪，谪究移开，心以迹危，情缘物感，反躬思过，悼改无从。每焚香静室，展阅是编。至于用晦白茅之戒，先生必前后反复引喻，谆切以明之，辞危理尽，道直思玄，未尝不流汗挥涕，自惧无良而徼幸于愆者尚多也。思天下，岂无病余之病者乎？故刻之益力，若夫句读简策之间，释语命字之类，先生所见，间有异于晦翁《本义》者，读者莫之异可也。

思齐按： 杨万里《诚斋易传·原序》是理解尹耕《诚斋先生易传序》的关键，本身也是一篇略具时文风味的好文章。

《诚斋易传》原序

《易》者，何也？

《易》之为言，变也。《易》者，圣人通变之书也。何谓变？盖阴阳太极之变也。五行，阴阳之变也。人与万物，五行之变也。万事，人与万物之变也。古初以迄于今，万事之变未已也。其作也一得一失，而其究也一治一乱。圣人有忧焉，于是幽观其通，而逆绐其图，《易》之所以作也。

《易》之为言，变也。《易》者，圣人通变之书也。其穷理尽性，其正心修身，其齐家治国，其处显，其傃穷，其居常，其遭变，其参天地合鬼神。万事之变方来，而变通之道先立。变在彼，变在此，得其道者，蚩可哲愚，可淑眚，可福危，可安乱，可治致身圣贤，而跻世泰和，犹反手也。斯道，何道也？中正而已矣。唯中为能中天下之不中，唯正为能正天下之不正，中正立而万变通。此二帝三王之圣治，孔子、颜、孟之圣学也。后世或以事物之变为不足，以撄吾心，举而捐之于空虚者，是乱天下者也。不然，以为不足以遁吾术，挈而持之，以权谲者，是愈乱天下者也。然则学者将欲通变，于何求通？曰：道。于何求道？曰：中。于何求中？曰：正。于何求正？曰：《易》。于何求《易》？曰：心。愚老矣，尝试与二三子讲之，二三子以为愚之言乎？非也。愚闻诸先儒。先儒闻诸三圣。三圣闻诸天。淳熙戊申八月二日，庐陵杨万里序。

43. 重刻《朱子摘编》序

刘文卿①

尝谓朱、陆两先生之学，自二先生在日，而及门之徒，已有不能深知其际者。即象山三书，其深切激烈，为晦庵之知音在斯，而蒙数百年不解之谤者亦在斯。是何？知两夫子者之稀也。及观阳明先生所辑《朱子定论》诸书②，则见晚年莹彻精微，其于象山，当不复置同异于其间矣。学者又从而藩篱之，何哉？阳和张先生，复大明其说，而益以《悟后诗》。晦庵所至，皦然如日中天。而或者谓：二先生表朱以伸陆，亦非也。自孔孟以来，惟有此明明德一路，秉此者谓之天命，明此者谓之大学，昧此者谓之愚不肖。象山所云，稍有端绪，即为异端。于此二三其说，是以杯水为仁，爝火为光，乌能久而不息哉？即晦翁书中云：日用之间，观此流行之体，初无间断处。又曰：近看孟子，见人即道性善，称尧舜是第一义，其形诸咏叹者，则于酬酢处见本根。垢尽而看宝，鉴春水之中流，自在雷声之万户千门，则其平生努力跻攀，已作等闲笑破。以晦翁之痛，反惩检者为学士筌蹄，而不以晦翁之自在得力者，与吾徒指点，非惟失晦翁，且将失孔孟面目。使朱子有知，方将扼腕长太息，而《定论》可以不揭，《悟后诗》可以不辑乎哉？盖此理自在天地间。自孟氏以来，千五百年而失传，非世无理，世无穷理之儒耳。穷理之儒，所以明明德于天下也。天下方昏昏墨墨，而一二大儒复以若存若亡之学，散失本真，饤饾末议，所称孔孟冢嫡，固如是耶？故其成己成物，莫如诚之为贵。至诚之学，亦如大冶精金，千锤百炼，虽火候不同，精金总无变色。设有变者，药汞之流，不堪炉焰，故"守书册、泥言语"之不可为道③，亦药汞之不可投于大冶耳。精金不以付之锤炉，而徒以药汞示人，始则自欺，终以欺人。朱子所谓：全没交涉，方深省而痛惩之。毋乃大不得已者耶？所学未至，而一龙一蛇以误后之人。晦翁固无是语。所学已至，而不以拣金之手，遍告将来，晦翁之意，滋以戚矣。阳明晓此深意，拈出警俗所谓述者之功，与作者等也。必谓象山之学，待定论而后伸，又何以胜心小二先生乎？总之，明明德一路，千圣同归。二先生岂能自异，而世儒又乌能异二先生也？学者诚患不能克己复礼，则此说终无了期。此礼一复，则我之全体呈露，如秉烛高堂，朗然洞彻，可以独立宇宙之间，毋论往日纷纷异说，涣然冰解。即所称《定论》指归，亦

---

① 刘文卿，明江西广昌人，字徯如。万历进士。官至南京兵部员外郎。性孤介，尝以忤权奸左迁。为文有英气，卒年仅三十三。著有《刘直洲集》。

② 《朱子定论》，即《朱子晚年定论》一卷，属于后代学者所辑关于朱熹的著作之一，附于明代王阳明《传习录》之后。

③ "守书册、泥言语"之不可为道，语出朱熹《答何叔京》，朱熹此书简载《朱子晚年定论》。

且为门庭指点绪余耳。先生之诗曰："若知体用元无间，始笑从前说异同。"此语盖尽之矣。故阳明先生知象山，知晦翁者也。而阳和先生，知阳明者也。学者由《摘编》以亲见晦翁，则此学当与天地始终，而王、张两先生，所以表章晦翁者无已时矣。不然，有不为药汞之说者哉。是编也，阳和先生长君雨若公出以示予，欲重刻之，可谓承其家业，而尽心于朱学者矣。

思齐按：刘文卿《重刻〈朱子摘编〉序》，虽然系就《朱子摘编》而为序，但是其内容系就王阳明所编《朱子晚年定论》而发。王阳明为《朱子晚年定论》所作的序是一篇高水准的散文，议论精切，结构谨严，亦具明代时文风貌。明代思想家王阳明（1472—1529），名守仁，字伯安，浙江余姚人，二十八岁中进士，曾经担任过知县、刑部主事、兵部主事、吏部主事、左佥都御史、南京兵部尚书等职。王阳明是宋明理学的集大成者，其思想博大精深，其为学自成一体，在学术史上称为王学。明代进步思想家李贽（1527—1602）的启蒙思想与王学有渊源关系。《明文海》的编者黄宗羲自认是"王学正宗"。王阳明《传习》三卷是王学的基础文本，而《朱子晚年定论》本来是作为附而列在王阳明《传习》卷三之后的，兹如下，庶几明白刘文卿撰序时文中所议，以及黄宗羲选时心中所思。

附：朱子晚年定论

《定论》首刻于南、赣。朱子病目静久，忽悟圣学之渊微，乃大悔中年注述误己误人，遍告同志。师阅之，喜己学与晦翁同，手一卷，门人刻行之。自是为朱子论异同者寡矣。师曰："无意中得此一助！"隆庆壬申，虬峰谢君廷杰刻师《全书》，命刻《定论》附《语录》后，见师之学与朱子无相缪戾，则千古正学同一源矣。并师首叙与袁庆麟跋凡若干条，洪僭引其说。

朱子晚年定论

阳明子序曰：

洙、泗之传，至孟氏而息；千五百余年，濂溪、明道始复追寻其绪。自后辨析日详，然亦日就支离决裂，旋复湮晦。吾尝深求其故，大抵皆世儒之多言，有以乱之。

守仁早岁业举，溺志词章之习，既乃稍知从事正学，而苦于众说之纷挠疲疢，茫无可入，因求诸老、释，欣然有会于心，以为圣人之学在此矣。然于孔子之教间相出入，而措之日用，往往缺漏无归。依违往返，且信且疑，其后谪官龙场，居夷处困，动心忍性之余，恍若有悟，体念探求，再更寒暑，证诸《五经》、《四子》，沛然若决江河而放诸海也。然后叹圣人之道，坦如大路，而世之儒者，妄开窦径，蹈荆棘，堕坑堑，究其为说，反出二氏之下，宜乎？世之高明之士，厌此而趋彼也。此岂二氏之罪哉？间尝以语同志，而闻者竞相非议，目以为立异好奇。虽每痛反深抑，务自搜剔斑瑕，而愈益精明的确，洞然无复可疑。独于朱子之说，有相抵牾，恒疚于心。切疑朱子之贤，而岂其于此，尚有未察？及官留都，复取朱子之书而检求之，然后知其晚岁固已大悟旧说之非，痛悔极艾，至以为自诳诳人之罪，不可胜赎。世之所传《集注》、《或问》之类，乃其中年未定之说，自咎以为旧本之误，思改正而未及，而其诸《语类》之属，又其门人挟胜心以附己见，固于朱子平日之说，犹有大相缪戾者，而世之学者局于见闻，不过持循讲习于此。其于悟后之论，概乎其未有闻，则亦何怪乎予言之不信，而朱子之心，无以自暴于后世也乎？

予既自幸其说之不缪于朱子，又喜朱子先得我心之同，然且慨夫世之学者徒守朱子中年未定之说，而不复知求其晚岁既悟之论，竞相呶呶，以乱正学，不自知其已入于异端，辄采而裒集之，私以示夫同志，庶几无疑于吾说，而圣学之明可冀矣。

正德乙亥冬十一月朔，后学余姚王守仁序。

答黄直卿书

为学直是先要立本。文义却可且与说出正意，令其宽心玩味。未可便令考校同异，研究纤密，恐其意思促迫，难得长进。将来见得大意，略举一二节目渐次理会，盖未晚也。此是向来定本之误。今幸见得，却烦勇革。不可苟避讥笑，却误人也。

答吕子约

日用工夫，比复何如？文字虽不可废，然涵养本原而察于天理人欲之判，此是日用动静之间，不可顷刻间断底事。若于此处见得分明，自然不到得流入世俗功利权谋里去矣。熹亦近日方实见得向日支离之病，虽与彼中证候不同，然忘己逐物，贪外虚内之失，则一而已。程子说“不得以天下万物挠己，已立后自能了得天下万物”，今自家一个身心，不知安顿去处，而谈王说伯，将经世事业别作一个伎俩商量讲究，不亦误乎？相去远，不得面论。书问终说不尽，临风叹息而已。

答何叔京

前此僭易拜禀博观之敝，诚不自揆。乃蒙见是，何幸如此。然观来谕，似有未能遽舍之意，何邪？此理甚明，何疑之有？若使道可以多闻博观而得，则世之知道者为不少矣。熹近日因事方有少省发处，如“鸢飞鱼跃”，明道以为与“必有事焉，勿正”之意同者。乃今晓然无疑。日用之间，观此流行之体，初无间断处，有下工夫处。乃知日前自诳诳人之罪，盖不可胜赎也。此与守书册、泥言语，全无交涉。幸于日用间察之，知此则知仁矣。

答潘叔昌

示喻“天上无不识字底神仙”，此论甚中一偏之弊。然亦恐只学得识字，却不曾学得上天，即不如且学上天耳。上得天了，却旋学上天人，亦不妨也。中年以后，气血精神，能有几何？不是记故事时节。熹以目昏，不敢着力读书。闲中静坐，收敛身心，颇觉得力。间起看书，聊复遮眼，遇有会心处，时一喟然耳。

答潘叔度

熹衰病，今岁幸不至剧，但精力益衰，目力全短，看文字不得。瞑目静坐，却得收拾放心，觉得日前外面走作不少，颇恨盲废之不早也。看书鲜识之喻，诚然。然严霜大冻之中，岂无些小风和日暖意思？要是多者胜耳。

与吕子约

孟子言“学问之道，惟在求其放心”，而程子亦言“心要在腔子里”。今一向耽著文字，令此心全体都奔在册子上，更不知有己。便是个无知觉、不识痛痒之人，虽读得书，亦何益于吾事邪？

与周叔谨

应之甚恨未得相见，其为学，规模、次第如何？近来吕、陆门人互相排斥，此由各徇所见之偏，而不能公天下之心，以观天下之理，甚觉不满人意。应之盖尝学于两家，未知其于此，看得果如何？因话扣之，因书谕及，为幸也。熹近日亦觉，向来说话有大支离处，反身以求，正坐自己用功亦未切耳。因此减去文字功夫，觉得闲中气象甚适。每劝学者亦且看《孟子》道“性善”、求“放心”两章，着实体察，收拾为要。其余文字，且大概讽诵涵养，未须大段着力考索也。

答陆象山

熹衰病日侵，去年灾患亦不少；比来病躯，方似略可支吾。然精神耗减，日甚一日，恐终非能久于世者。所幸迩来，日用功夫，颇觉有力，无复向来支离之病。甚恨未得从容面论。未知异时相见，尚复有异同否耳。

答符复仲

闻向道之意日勤。向所喻义利之间，诚有难择者，但意所疑，以为近利者，即便舍去可也。向后见得亲切，却看旧事又有见未尽舍未尽者，不解有过当也。见陆文回书，其言明当。且就此持守，自见功效。不须多疑，多问，却转迷惑也。

答吕子约

日用功夫，不敢以老病而自懈。觉得此心，操存舍亡，只在反掌之间。向来诚是太涉支离。盖无本以自立，则事事皆病耳。又闻讲授亦颇勤，劳此恐或有未便。今日正要清源正本，以察事变之几微。岂可一向汩溺于故纸堆中，使精神昏弊，失后忘前，而可以谓之学乎？

与吴茂实

近来自觉向时工夫，止是讲论文义，以为积集义理，久当自有得力处，却于日用工夫，全少检点。诸朋友往往亦只如此做工夫，所以多不得力。今方深省而痛惩之，亦欲与诸同志勉焉。幸老兄遍以告之也。

答张敬夫

熹穷居如昨，无足言者。自远去师友之益，兀兀度日。读书反己，固不无警省处，终是旁无强辅，因循汩没，寻复失之。近日一种向外走作，心悦之而不能自已者，皆准止酒例，戒而绝之，似觉省事。此前辈所谓“下士晚闻道，聊以拙自修”者。若扩充不已，补复前非，庶其有日。旧读《中庸》“慎独”，《大学》“诚意”、“毋自欺”处，常苦求之太过，措词烦猥。近日乃觉其非，此正是最切近处，最分明处。乃舍之而谈空于冥漠之间，其亦误矣。方窃以此意，痛自检勒，懔然度日，惟恐有怠而失之也。至于文字之间，亦觉向来病痛不少。盖平日解经，最为守章句者，然亦多是推衍文义，自做一片文字；非惟屋下架屋，说得意味淡薄，且是使人看者，将注与经作两项工夫，做了下稍，看得支离。至于本旨，全不相照。以此方知，汉儒可谓善说经者，不过只说训诂，使人以此训诂，玩索经文。训诂、经文，不相离异。只做一道看了，直是意味深长也。

答吕伯恭

道间与季通讲论，因悟向来涵养功夫全少，而讲说又多，强探必取、寻流逐末之弊。推类以求，众病非一，而其源皆在此。恍然自失，似有顿进之功。若保此不懈，庶有望于将来。然非如近日诸贤所谓顿悟之机也。向来所闻诲谕诸说之未契者，今日细思，吻合无疑。大抵前日之病，皆是气质躁妄之偏，不曾涵养克治，任意直前之弊耳。

答周纯仁

闲中无事，固宜读书，然想亦不能一并读得许多，似此专人来往劳费，亦是未能省事，随寓而安之病。又如多服燥热药，亦使人血气偏胜，不得和平，不但非所以卫生，亦非所以养心。窃恐更须深自思省，收拾身心，渐令向里，令宁静闲退之意胜，而飞扬躁扰之气消，则治心养气，处世接物，自然安稳，一时长进，无复前日内外之患矣。

答窦文卿

为学之要，只在着实操存，密切体认，自己身心上理会。切忌轻自表暴，引惹外人辩论，枉费酬应，分却向里工夫。

答吕子约

闻欲与二友俱来，而复不果，深以为恨。年来觉得，日前为学不得要领，自做身主不起，反为文字夺却精神，不是小病。每一念之，惕然自惧，且为朋友忧之。而每得子约书，辄复恍然。尤不知所以为贤者谋也。且如临事迟回，瞻前顾后，只此亦可见得心术影子。当时若得相聚一番，彼此极论，庶几或有剖决之助。今又失此机会，极令人怅恨也。训导后生，若说得是，当极有可自警省处，不会减人气力；若只如此支离，漫无统纪，则虽不教后生，亦只见得展转迷惑，无出头处也。

答林择之

熹哀苦之余，无他外诱，日用之间，痛自敛饬，乃知敬字之功，亲切要妙，乃如此。而前日不知于此用力，徒以口耳浪费光阴。人欲横流，天理几灭。今而思之，怛然震悚，盖不知所以措其躬也。

又

此中又有朋友数人，讲学其间，亦难得朴实，头负荷得者。因思日前讲论，只是口说，不曾实体于身，故在己在人，都不得力。今方欲与朋友说日用之间，常切点检气习偏处、意欲萌处，与平日所讲，相似与不相似，就此痛着工夫，庶几有益。陆子寿兄弟近日议论，却肯向讲学上理会。其门人有相访者，气象皆好，但其间亦有旧病。此间学者，却是与渠相反。初谓只如此讲学，渐涵自能入德；不谓末流之弊，只成说话。至于人伦日用，最切近处，亦都不得毫毛气力。此不可不深惩而痛警也。

答梁文叔

近看《孟子》。见人即道性善，称尧舜，此是第一义。若于此看得透，信得及，直下便是圣贤，便无一毫人欲之私做得病痛。若信不及，《孟子》又说个第二节工夫，又只引成覸、颜渊、公明仪三段，说话教人。如此发愤，勇猛向前，日用之间，不得存留一毫人欲之私在这里。此外更无别法。若于此有个奋迅兴起处，方有田地可下功夫。不然，即是画脂镂冰，无真实得力处也。近日见得如此，自觉颇得力，与前日不同，故此奉报。

答潘叔恭

学问根本，在日用间持敬、集义。工夫，直是要得念念省察。读书、求义，乃其间之一事耳。旧来虽知此意，然于缓急之间，终是不觉，有倒置处，误人不少。今方自悔耳。

答林充之

充之近读何书？恐更当于日用之间，为仁之本者，深加省察，而去其有害于此者，为佳。不然，诵说虽精，而不践其实，君子盖深耻之。此固充之平日所讲闻也。

答何叔景

李先生教人，大抵令于静中体认，大本未发时气象，分明即处事应物，自然中节。此乃龟山门下相传指诀。然当时亲炙之时，贪听讲论，又方窃好章句、训诂之习，不得尽心于此。至今若存若亡，无一的实见处。辜负教育之意。每一念此，未尝不愧汗沾衣也。

又

熹近来尤觉昏愦无进步处，盖缘日前偷堕苟简，无深探力行之志。凡所论说，皆出入口耳之余，以故全不得力。今方觉悟，欲勇革旧习，而血气已衰，心志亦不复强，不知终能有所济否。

又

向来妄论"持敬"之说，亦不自记其云何。但因其良心发见之微，猛省提撕，使心不昧，则是做工夫底本领。本领既立，自然下学而上达矣。若不察良心发见处，即渺渺茫茫，恐无下手处也。中间一书论"必有事焉"之说，却尽有病，殊不蒙辨诘，何邪？所谕"多识前言往行"，固君子之所急。熹向来所见，亦是如此。近因反求，未得个安稳处，却始知此未免支离，如所谓因诸公以求程氏，因程氏以求圣人，是隔几重公案。曷若默会诸心，以立其本，而其言之得失，自不能逃吾之鉴邪？钦夫之学，所以超脱自在，见得分明，不为言句所桎梏，只为合下入处亲切。今日说话，虽未能绝无渗漏，终是本领。是当非吾辈所及，但详观所论，自可见矣。

答林择之

所论颜、孟不同处，极善极善。正要见此曲折，始无窒碍耳。比来，想亦只如此用功。熹近只就此处见得向来未见底意思，乃知"存久自明，何待穷索"之语，是真实不诳语。今未能久，已有此验，况真能久邪？但当益加勉励，不敢少弛其劳耳。

答杨子直

学者堕在语言，心实无得，固为大病。然于语言中，罕见有究竟得彻头彻尾者。盖资质已是不及古人，而功夫又草草，所以终身于此，若存若亡，未有卓然可恃之实。近因病后，不敢极力读书，闲中却觉有进步处。大抵《孟子》所论“求其放心”，是要诀尔。

与田侍郎子真

吾辈今日，事事做不得，只有向里存心穷理，外人无交涉。然亦不免违条碍贯，看来无着力处，只有更攒近里，而安身立命尔。不审比日何所用心，因书及之，深所欲闻也。

答陈才卿

详来示，知日用工夫，精进如此，尤以为喜。若知此心此理，端的在我，则参前倚衡，自有不容舍者，亦不待求而得，不待操而存矣。格物致知，亦是因其所已知者推之，以及其所未知。只是一本，原无两样工夫也。

与刘子澄

居官无修业之益，若以俗学言之，诚是如此。若论圣门所谓德业者，却初不在日用之外，只押文字，便是进德修业地头。不必编缀异闻，乃为修业也。近觉向来为学，实有向外浮泛之弊，不惟自误，而误人亦不少。方别寻得一头绪，似差简约端的，始知文字言语之外，真别有用心处。恨未得面论也。浙中后来事体，大段支离乖僻，恐不止似正似邪而已。极令人难说，只得惶恐，痛自警省，恐未可专执旧说，以为取舍也。

与林择之

熹近觉向来乖缪处，不可缕数，方惕然思所以自新者，而日用之间，悔吝潜积，又已甚多。朝夕惴惧，不知所以为计。若择之能一来，辅此不逮，幸甚。然讲学之功，比旧却觉稍有寸进。以此知初学得些静中功夫，亦为助不小。

答吕子约

示喻日用工夫，如此甚善。然亦且要见一大头脑分明，便于操舍之间，有用力处。如实有一物，把住、放行，在自家手里。不是谩说“求其放心”，实却茫茫，无把捉处也。

子约复书云。某盖尝深体之，此个大头脑，本非外面物事，是我元初本有底。其曰“人生而静”，其曰“喜怒哀乐之未发”，其曰“寂然不动”，人汩汩地过了日月，不曾存息，不曾实见此体段，如何会有用力处？程子谓：“这个义理，仁者又看做仁了，智者又看做智了，百姓日用而不知，此所以君子之道鲜。”此个亦不少，亦不剩，只是人看他不见，不大段信得此话。及其言“于勿忘、勿助长间认取”者，认乎此也。认得此，则一动一静，皆不昧矣。恻隐、羞恶、辞让、是非，四端之著也。操存久则发见多，忿懥忧患，好乐恐惧，不得其正也。放舍甚，则日滋长。记得南轩先生谓：“验厥操舍，乃知出入。”乃是见得主脑、于操舍间有用力处之实话。盖苟知主脑，不放下，虽是未能常常操存，然语默应酬间，历历能自省验，虽其实有一物在我手里，然可欲者是我底物，不可放失；不可欲者，非是我物，不可留藏。虽谓之实有一物在我手里，亦可也。若是谩说，既无归宿，亦无依据。纵使强把捉得住，亦止是袭取，夫岂是我元有底邪？愚见如此，敢望指教。

朱子答书云：“此段大概，甚正当亲切。”

答吴德夫

承喻“仁”字之说，足见用力之深。熹意不欲如此坐谈，但直以孔子、程子所示求仁之方，择其一二切于吾身者，笃志而力行之，于动静语默间，勿令间断，则久久自当知味矣。去人欲，存天理，且据所见去之存之。功夫既深，则所谓似天理而实人欲者，次第可见。今大体未正，而便察及细微，恐有放饭流歠，而问无齿决之讥也。如何如何？

答或人

中和二字，皆道之体用，旧闻李先生论此最详，后来所见不同，遂不复致思。今乃知其为人深切，然恨已不能尽记其曲折矣。如云：“人固有无所喜怒哀乐之时，然谓之未发，则不可。”言无主也。又如先言“慎独”，然后及“中和”。此亦尝言之。但当时既不领略，后来又不深思，遂成蹉过，孤负此翁耳。

答刘子澄

日前为学，缓于反己追思，凡百多可悔者。所论注文字，亦坐此病，多无着实处。回首茫然，计非岁月功夫所能救治，以此愈不自快。前时犹得敬夫、伯恭时惠规益，得以自警省。二友云亡，耳中绝不闻此等语。今乃深有望于吾子澄。自此惠书，痛加镌诲，乃君子爱人之意也。

朱子之后，如真西山、许鲁斋、吴草庐，亦皆有见于此，而草庐见之尤真，悔之尤切，今不能备，取草庐一说附于后。

临川吴氏曰：“天之所以生人，人之所以为人，以此德性也。然自圣传不嗣，士学靡宗，汉、唐千余年间，董、韩二子，依稀数语近之，而原本竟昧昧也。逮夫周、程、张、邵兴，始能上通孟氏而为一。程氏四传而至朱，文义之精密，又孟氏以来所未有者。其学徒往往滞于此，而溺其心。夫既以世儒记诵词章为俗学矣，而其为学，亦未离乎言语文字之末，此则嘉定以后，朱门末学之弊，而未有能救之者也。夫所贵乎圣人之学，以能全天之所以与我者尔。天之与我，德性是也。是为仁义礼智之根株，是为形质血气之主宰。舍此而他求，所学何学哉？假而行如司马文正公，才如诸葛忠武侯，亦不免为行不著，习不察，亦不过为资器之超于人，而谓有得于圣学则未也。况止于训诂之精，讲说之密，如北溪之陈，双峰之饶，则与彼记诵词章之俗学，相去何能以寸哉？圣学大明于宋代，而踵其后者，如此可叹已。澄也钻研于文义，毫分缕析，每以陈为未精，饶为未密也。堕此科臼中，垂四十年而始觉其非。自今以往，一日之内子而亥；一月之内朔而晦，一岁之内春而冬，常见吾德性之昭昭，如天之运转，如日月之往来，不使有须臾之间断，则于尊之之道，殆庶几乎？于此有未能，则问于人，学于己，而必欲其至。若其用力之方，非言之可喻，亦味于《中庸》首章，《订顽》终篇，而自悟可也。"

《朱子晚年定论》，我阳明先生在留都时所采集者也。揭阳薛君尚谦，旧一本。同志见之，至有不及抄写、袖之而去者。众皆惮于翻，乃谋而寿诸梓，谓："子以齿，当志一言。"惟朱子一生勤苦，以惠来学，凡一言一字，皆所当守；而独表章，是尊崇乎此者，盖以为朱子之定见也。今学者不求诸此，而犹踵其所悔，是蹈舛也。岂善学朱子者哉？麟无似从事于朱子之训余三十年，非不专且笃，而竟亦未有居安资深之地，则犹以为知之未详，而览之未博也。戊寅夏，持所著论若干卷，来见先生。闻其言如日中天，睹之即见；如五谷之艺地，种之即生。不假外求，而真切简易。恍然有悟，退求其故而不合，则又不免迟疑于其间。及读是编，始释然。尽投其所业，假馆而受学，及三月而若将有闻焉。然后知向之所学，乃朱子中年未定之论，是故三十年而无获。今赖天之灵，始克从事于其所谓定见者，故能三月而若将有闻也。非吾先生，几乎已矣。敢以告夫同志，使无若麟之晚而后悔也。若夫直求本原于言语之外，真有以验其必然而无疑者，则存乎其人之自力，是编特为之指迷耳。正德戊寅六月望，门人雩都袁庆麟谨识。

《明文海》卷二百二十二序十三著述

44. 书德华《文章正宗辩》后

王云凤①

宋西山真氏，集古人诗文，作《文章正宗》，盖为专攻文词者设。与《昭明文选》、姚铉《文粹》，用心无异。至其自序，乃曰：学者所以穷理而致用也。文虽学之一事，

① 王云凤，明和顺人，字应韶。成化进士。授礼部主事。劾太监李广下狱。降知州。后官至右佥都御史。巡抚宣府，以忧归，遂不起。王云凤与王琼、乔宇，号"河东三凤"，后皆为名卿。

要亦不外乎此？故今所取以明义理、切世用为主，则以儒者体用之学济其说，而未免岐而二之。夫圣贤所以相传者，道而已。是道也，其功用极于育万物、赞天地，而其实不外乎日用行事之间，故圣人既有是道于身，则自日用行事，以至所以育万物而赞天地者，固已焕然其明，盛而不可掩矣。若尧、舜、禹、汤、文、武、周、孔之礼乐制度、威仪言辞，与凡见诸事形诸外者，皆文也。孔子曰：文王既没，文不在兹乎？文者道之可见者也，而言辞者尤文之可见者也，故《六经》、《四书》，儒者谓之文。诵说其文，以求其道。而体之于己，儒者谓之学。学者诚知所以学而得夫道，则所谓文者，将复自我出，岂特言辞而已哉？若以文为学之一事，则是孔门之徒，皆将操笔学为文词，而不知儒者之学，固未始有意于文，而徒学为文者，固不得窃学之名也。盖自三代之教废，而儒者之学不讲，世之人徒见圣贤言辞之无弊，流传之无穷，心慕而窃效之，然不知深探其本。于是乎秉笔缔思，日积月累，久而既多，编之成书，则自视以为天下之文，不吾过矣。转相授受，仿效成风。千有余年。使才质高明者，不得进为德义之儒；而资质庸下者，不得守为谨愿之士。至于有宋，真儒迭起，讲明圣学，一洗其陋。其友辅之，其徒和之，所见虽有浅深，所就虽有高下，要皆能辨于二者之间，而知所取舍矣。真氏生于诸儒之后，号为大儒，而不能自拔于文词陷溺之中，反又从而文之。孟子曰：恶紫之夺朱，似是而非，有误后学。非若昭明、姚铉为浅薄之士，而《文选》、《文粹》，出于文家之手，固不足重轻也。其辞命、议论、叙事，德华辨之悉矣。其诗赋曰三百五篇之诗，正言义理者无几云云。盖诗者，人心之感物，而形于言之余也。人各言其志，故有是非之不同，而无工拙之可言。诵诗者，讽咏之间，既有以因其言之是非，而知其心之邪正，以为吾之所当取舍。然必穷理慎独，真有好恶之诚，省察之久，实能为善去恶，而后性情之正，有可言者。故古人必十三诵诗，久而后能有所兴起。其次第之不可紊、而功效之难如此。今曰讽咏之间，悠然得其性情之正，即所谓义理为言，亦伤易矣。又曰后世之作，兴寄高远，读之使人忘宠辱、去系吝，翛然有自得之趣。此盖后世躭吟之流，溺意诗句之间，而不知其他，所谓但觉高歌有鬼神焉。知饿死填沟壑者，实非有见于道。安于命，胸中自悠然洒落，而无宠辱、系吝之可言也。至若朱子"诗有三变"之说，盖为答巩仲至之问。① 虽其论极尽诗之本末，取舍其意，则以为使今之作诗者能如此，亦庶乎不失古人遗意矣。岂可谓诗乃朱子之所取，学者必不可不作而为学之一事乎？且朱子尝欲注庄文矣，使其书成，必能寻究其病根之所起，体贴其旨意之所在，而大有取舍于其间。盖穷理者必如此，然后是非功罪者可得而论也。亦将谓朱子教学者以学庄乎？况真氏虽自谓以文公之言为准，乃不分三等，兼失之矣。或曰：如子之言，则孔子所谓则以学文，博学于文；周子所谓文辞艺也，道德实也，笃其实而艺者书

① 在朱熹的书简中有《答巩仲至》二十封，提出"诗有三变"这一著名论点的是《晦庵集》卷六四《答巩仲至》之四。清·厉鹗《宋诗纪事》卷五十五巩丰《诗人小传》："丰，字仲至，号栗斋。其先郓州须城人。渡江，为婺州武义人。少游吕东莱之门。淳熙十一年进士。尝知临安县，稍迁提辖左藏库卒。有《东平集》。"巩丰长于诗，《宋诗纪事》卷五十五录其诗六首，元·方回《瀛奎律髓》卷十四录其诗五首。

之皆非与？曰：孔子所为文，诗书六艺之文，格物致知之谓也。若文，莫吾犹人，则专以言辞。而言若宰我、子贡之言语者耳。真氏言文，乃作为文章之文，然作文之文，与周子所言之文，虽若不异，而所以言之，实不同周子之意。只谓学者当先笃其实，明其道，而后可以言，其言亦不可不美，而所谓美者，则亦善其辞说之云耳。非谓有志于求道者，又不可不学文也。不观朱子之言乎：人之才德，偏有短长，其或意中了了，而言不足以发之，则亦不能传于远矣。故孔子曰："辞达而已矣。"① 程子亦言："《西铭》，吾得其意，但无子厚笔力，不能作。"② 然言或可少，而德不可无。有德而有言者常多，有德而不能言者常少。学者先务亦勉于德而已矣。此其缓急、本末、轻重、取舍，学者所当潜心也。

思齐按：《答巩仲至》是朱熹写的一封书信。在这封信中，朱熹以诗为中心而畅论了文学与时代的关系。真德秀编《文章正宗》，所录诗文偏重义理，于文学性有所忽略。朱熹和真德秀均为理学家，然而王云凤《书德华〈文章正宗辩〉后》却援引朱熹《达巩仲至》一文中的观点对真德秀作了谴责性的批评。

答巩仲至

病中两辱惠书，并有诗筒之况，荷意勤矣。又知小任刘亲皆以垂念之故，得以窃食，益深感愧。信后清和，恭惟幕府有相，起处佳福。

所需恶语，尤荷不鄙。此于吾人岂有所爱？但近年此等一切废置，向已许为放翁作《老学斋铭》，后亦不复敢著语。高明应已默解，不待缕缕自辨数也。抑又闻之，古之圣贤所以教人，不过使之讲明天下之义理，以开发其心之知识，然后力行固守，以终其身。而凡其见之言论、措之事业者，莫不由是以出，初非此外别有岐路可施功力，以致文字之华靡、事业之恢宏也。故《易》之《文言》于《乾》九三，实明学之始终，而其所谓"忠信所以进德"者，欲吾之心实明是理，而真好恶之，若其好好色，而恶恶臭也。所谓"修辞立诚以居业"者，欲吾之谨夫所发，以致其实，而尤先于言语之易放而难收也。其曰修辞，岂作文之谓哉？今或者以修辞名左右之斋，吾固未知其所谓。然设若尽如文言之本指，则犹恐此事当在忠信进德之后，而未可以遽及。若如或者赋诗之所咏叹，则恐其于乾乾夕惕之意，又益远而不相似也。鄙意于此，深有所不能无疑者，今虽不敢承命以为记，然念此事于人所不细，有不可以不之讲者，故敢私以为请。幸试思之而还以一言，判其是非焉。

---

① 《论语·卫灵公》子曰："辞达而已矣。"

② 这是引用程颐所说的一段话之大意。古人引书，并不严格，率多如此。宋·朱熹编《二程遗书》卷二上："伯淳言。《西铭》，某得此意，只是须得佗子厚有如此笔力。佗人无缘做得。孟子以后，未有人及此。得此文字，省多少言语，且教佗人读书。要之，仁孝之理备于此。须臾而不于此，则便不仁不孝也。"佗，他也。伯淳，程颐（1032—1085）的字，人称明道先生。子厚，北宋理学家张载（1020—1077）的字。《西铭》为张载所作。

至于佳篇之贶，则意益厚矣。顾惟顿拙于此，岂敢有所与？三复以还，但知赞叹而已。然因此偶记顷年学道未能专一之时，亦尝间考诗之原委，因知古今之诗凡有三变。盖自《书》、《传》所记虞夏以来，下及魏晋，自为一等。自晋宋间颜、谢以后，下及唐初，自为一等。自沈宋以后定著律诗，下及今日，又为一等。然自唐初以前，其为诗者固有高下，而法犹未变，至律诗出而后诗之与法，始皆大变，以至今日，益巧益密，而无复古人之风矣。故尝妄欲抄取经史诸书所载韵语，下及《文选》、汉魏古词，以尽乎郭景纯、陶渊明之所作，自为一编，而附于《三百篇》、《楚辞》之后，以为诗之根本准则。又于其下二等之中，择其近于古者，各为一编，以为之羽翼舆卫(【原注】且以李、杜言之，则如李之《古风五十首》，杜之《秦蜀纪行》、《遣兴》、《出塞》、《潼》、《石濠》、《夏日》、《夏夜》诸篇。律诗则如王维、韦应物辈，亦自有萧散之趣未，至如今日之细碎卑冗，无余味也)，其不合者则悉去之，不使其接于吾之耳目，而入于吾之胸次。要使方寸之中，无一字世俗言语意思，则其为诗，不期于高远，而自高远矣。然顾为学之务有急于此者，亦复自知材力短弱，决不能追古人而与之并，遂悉弃去，不能复为。况今老病，百念休歇，宁尚复语此乎？然感左右见顾之重，若以为可语此者，故聊复言之，恐或可以少助百尺竿头更进一步之势也。

来喻所云“漱六艺之芳润，以求真澹”，此诚极至之论。然恐亦须先识得古今体制、雅俗乡背，仍更洗涤得尽肠胃间夙生荤血脂膏，然后此语方有所措。如其未然，窃恐秽浊为主，芳润入不得也。近世诗人，正缘不曾透得此，而规规于近局，故其所就，皆不满人意，无足深论。然就其中而论之，则又互有短长，不可一概。抑此伸彼，况权度未审，其所去取，又或未能尽合天下之公也。此说甚长，非书可究，他时或得面论，庶几可尽。但恐彼时，且要结绝修辞公案，无暇可及此耳。

记文甚健，说尽事理，但恐亦当更考欧、曾遗法，料简刮摩，使其清明峻洁之中，自有雍容俯仰之态，则其传当愈远，而使人愈无遗憾矣。僭易并及，愧悚之深，不审明者于意云何，亦幸有以反复之也。长溪王君之诗，竟如何？此有一黄子厚者，其诗自楚汉诸作中来，绝不类世人语，人亦少能知之。近以社仓出内讥察不谨，狼狈忧郁，以至于死，甚可伤也。放翁诗书寄，幸甚。此亦得其近书。笔力愈精健。顷尝忧其迹太近，能太高，或为有力者所牵挽，不得全此晚节，计今决可免矣。此亦非细事也。仙游之政，无人肯为推出，此理势之常，无足怪者。况在渠家法，又自不当计此耶。偶得浙漕去秋策问，谩去，不知曾见之否？清议固知不可泯灭，然能出此，亦不易也。

熹病益甚，跬步不能自致，而神昏气痞，支体酸痛，殆非久作人间客者矣。休致之请，前月初间附便以行，至今寂然，未闻可报。恐所附人迟滞不达。设更淹留，当自有台劾施行，不待催督矣。

思齐按：《西铭》，宋·张载著，原为《正蒙·乾称篇》的一部分。张载曾于学堂双牖各《乾称篇》的一部分，左书《贬愚》，右书《订顽》。后来程颐将《贬愚》改成《东铭》，《订顽》改成《西铭》。两者之中，《西铭》更重要一些。到了南宋时期，朱熹又把《西铭》从《乾称篇》中分离出来，加以注释，使之成为独立一篇。由于理学之巍然存在，因而宋明两代之学术虽有差异，却基本上一脉相承。至于宋明两代之文学，故当有一脉灌注于其中，论述性的文章，尤其如此。

《张子全书》卷一《西铭》

（【原注】此篇论乾坤一大父母，人物皆己之兄弟一辈，而人当尽事亲之道，以事天地。）

乾称父，坤称母；予兹藐焉，乃混然中处。故天地之塞，吾其体；天地之帅，吾其性。民，吾同胞；物，吾与也。大君者，吾父母宗子；其大臣，宗子之家相也。尊高年，所以长其长；慈孤弱，所以幼其幼。圣，其合德；贤，其秀也。凡天下疲癃残疾惸独鳏寡，皆吾兄弟之颠连而无告者也。“于时保之”，子之翼也；“乐且不忧”，纯乎孝者也。违曰悖德，害仁曰贼，济恶者不才；其践形，惟肖者也。知化则善述其事，穷神则善继其志。不愧屋漏为无忝，存心养性为匪懈。恶旨酒，崇伯子之顾养；育英才，颍封人之锡类。不弛劳而底豫，舜其功也；无所逃而待烹，申生其恭也。体其受而归全者，参乎！勇于从而顺令者，伯奇也。富贵福泽，将厚吾之生也；贫贱忧戚，庸玉女于成也。存，吾顺事；没，吾宁也。

45.《盛明风雅初集》序

胡松①

布衣江问山，采诗四方，实勤且博，间以鲁国非车子所梓《盛明风雅》数帙遗余，因以其叙见属。顾余非知诗者，何能为江君役？而请属益力，弗解，乃述所闻而归之。夫诗之难言久矣。匪言之难，作之难。匪作之难，作之而能道性情，合于典则，美且爱焉难。弘治前勿论，论所采且梓者，盖繇弘治、正德来，北地汝南何、李诸君子崛起，始厌薄故，习追迹古，始力挽奔流而溯其源，其志甚伟，而其资材学力又足以副之。明兴，诗裁为之一变，然其时或有凭筏依模规于太甚之议，未皇暇邺也。自是递相师承，仅得形似。攻词者或近冶艳，袭格者太露筋芒，甚则无喜而笑，靡哀而哭，又甚则教欲宣淫，习非长傲，殊失古人发情止义、矢志永言之谊。智者率能辨之矣。余观是集所载，虽其言人人殊，总之因缘触遇，抒写性灵，体物铸词，扬芬致饰，或逸若游云，或繁若绚锦，或洁如朝露，或淡如玄酒，亦或严若霜矛雪戟，古若周鼎秦卮，而悲壮若楚

---

① 胡松（1503—1566），明滁州（今属安徽）人，字汝茂，号柏泉。嘉靖进士。历东平知州、南京礼部郎中、山西提学副使。嘉靖三十年（1551），以上边务十二事称旨，进左参政。一度忤权臣，削职归。后起任兵部左侍郎，改吏部，迁南京兵部尚书。十四五年官至吏部尚书，卒于任，谥庄肃。著作有《胡庄肃集》、《滁州志》、《唐宋元名表》等。

歌汉曲。虽称近体繁声，总之变而不失其正，乐而不至于流，风概气韵，咸能皭然，以其所长而鸣，国家之盛，信乎其为盛明之风雅已！顾说者犹不能无淄渑并泛，雅郑间陈之疑，此则深望具正法眼者诠择是正，澄汰清厘，乃可以传而远。夫文章天下之公器，固不可以私假。而达者在前，识者踵后，又宁可从容私假哉？问山君雅好吟，颇通诸词。闵作者之苦心，悼后来之失传，即凡一联一句可传诵者，悉罔逸。故其多若此，而尚有俟于诠鉴。间尝过余，谓将西游大梁之墟，就正于西亭史氏。余以为得其人矣。不知西亭见，谓余言然否。

46. 刻《孝经》序

胡松

始余为童子，师授今文《孝经》句读，盖及半而疑。夫其所云"广至德，纪孝行"与右传几章，诸如此者，是谁所诏告与记注也？求之弗得，置弗思。其后数年冠，绎故所诵，反复辄大疑不能解。偶从友人家，见今所刻晦庵先生《刊误》①，读之豁然有会于心，乃知古书传于今者，类为后人之所窜定附益，如《礼》（之）《儒行》、《月令》、《檀弓》、《杂记》诸篇②，其不纯乎道，诡于圣人之意，诸若斯，要自不鲜。奉文公之书信之弗疑，比仕，且学会海内名儒，与相扬摧，乃于所云刊误，又不能无疑其中。夫谓章首为经，今试取读之，彼其义理深醇，气脉流贯，本自一时之言无疑。顾古文二十二章，与今文十有八章，以皆仲尼、曾子闲居间出之言，或他人有问，或曾子自问，或孔子所尝语人意者。仲尼既没，曾子即世，诸门人弟子杂记其言，私相纂辑诵法，后人相与尊之为经尔。夫尊之诚是而顾，辄分经、传，则亦尊经之过矣。夫分经传已无当，乃曰是章传某，是章广某。曰是为天子之孝，是为庶人之孝，是孰诏之而孰识之耶？其孔门以来之旧邪？夫圣人之言，通乎上下，其远如天，其近如地，又曷尝颛颛然，曰是为某人之孝之道云尔？学者试即齐、鲁《论语》，取孔子言之约者，以为经，而以他日他章之言为传，以诏于人，曰是章传某，是章广某，要之无弗通。然此可乎？不可乎？此其不足据证明者，必能辨之矣。或曰是书之传历数千年，学者世守之，子独何据而疑之也？曰：以汉儒识孔子之言，知之也。汉儒识孔子之言，曰吾志在《春秋》，而行在《孝经》。夫《春秋》者，本《鲁史记》之名，当时固有其号。彼《孝经》者，是后人之所尊信，而夫子之生，自以为经，有是理乎？自《论语》、《大学》之书，已多出曾子、子贡、有子之门人所杂撰，而况是书？知者观于古文、今文之殊，思过半矣。若其他杂引诗传，傅会成文，则宋衡山胡氏，玉山汪氏，具有其说，故在学者之自得焉尔。虽然，秦汉而来，圣学不传，寥寥数千载。自有宋诸大儒外，至于今靡矣。学者惟利是

① 朱熹著有《孝经刊误》一卷，见《晦庵集》卷六六。

② 《礼》指《礼记》，其中有《儒行第四十一》、《月令第六》、《檀弓上第三》、《檀弓下第四》、《杂记上第二十》和《杂记下第二十一》等篇。

闻，高者习静语空，下者沿俗守陋，日务脂泽其言以悦世，其于事亲从兄之节，顺悦翕耽之旨旷弗省。余是用大忧思，有以捄其敝，乃刻斯上党仇氏书院中。仇氏固敦孝友之行，不沿于俗者也。嗟乎！士无志于学，则余固无望矣。志于学而弗是之先，是戕木之本，而务膏其华，堙水之源，而冀其行之达也。其涸与萎，要可立而俟。知我罪我，其以斯言也夫。

47. 刻《唐宋元名表》序

胡松

说者曰：表之言明也，摽也。譬物之摽表，言摽表事序，要于章显而已。奚骈俪之尚也？余窃以其言徒取一隅，要未为通论。今夫人之于文，犹其之于言语，之于衣服、饮食，与其宫室、器用者也。且夫言语之于达意，衣服之于蔽体，饮食之于满腹，宫室之于安身，器物之于利用，以今方古，其可得，而齐诸譬，则四时之行，万物之生，江河之流转，各因其时以为变。故《易》曰：“损益盈虚，与时偕行。”自天地且不能违时，而况于人乎？故善学者，从今之文，以明古之道；不善学者，执古之迹，以失今之宜。斯其行之所以弗远，而施之则泥者也。是学也，昉于汉魏六朝，盛于隋唐，而极于宋。彼其工拙繁简，骈俪直致。要之，其体不能尽同，然其意同，于宣上德而达下情，明己志而述物，则其后相沿日下，率竞新巧，争尚衍博，往往贪用事而晦其意，务属辞而灭其质。盖四六之本意，失之远矣。今世士业文，益又转甚，曾不深维体裁之所从始，勉思构撰，而乃掇拾补缀，剿窃沿袭，是曾弗若直致之为章明较著也。余是用悲，乃辑斯以式晋士，要使学者敦尚本实，优游道艺，期可爱而传尔。或者弗察，以为斯特文词之华而已，是非士所先过矣。夫召宾客者必腆其辞命，告氓黎者必悉其志虑，矧乎以诏君上，以交鬼神，以谕邦国，以动天地，而可弗修其辞乎？《传》曰：“修辞立其诚，所以居业也。”① 故夫以唐宋之体裁，陈虞夏之谟典，用休文之声律，写孔明之忠义，神而明之，存乎其人，此则使者之所深望，抑亦吾党所当自勖者哉。

48. 《毛诗折衷》序

沈鲤②

古人之书有出于千百载之上，而泯无可据之迹者。欲从而订其是非，明其疑信，则安所取衷哉？亦曰信之以理焉而已矣。前乎此者，有贤者之所见，与之同焉，则其说可

① 语出《周易·乾卦》的《文言传》：“九三曰：‘君子终日乾乾，夕惕若厉，无咎。’何谓也？子曰：‘君子进德修业。忠信所以进德也。修辞立其诚，所以居业也。知至至之，可与几也。知终终之，可与存义也。是故居上位而不骄，在下位而不忧，故乾乾因其时而惕，虽危无咎矣。’”

② 沈鲤（1531—1615），明归德商丘（今属河南）人，字仲化，号龙江。嘉靖进士。授检讨。神宗即位，进左赞善，累迁吏部左侍郎。万历二十九年（1601）命以礼部尚书入阁，屡辞不就。因疏请撤矿监税使有誉望，为首辅沈一贯所猜忌排挤，三十四年致仕。著有《文雅社约》、《亦玉堂稿》。

信也；后乎此者，有贤者之所述，与之同焉，则其说可信也。君子之听讼于人也，非家至而人睹之也。而以吾心之臆见，悬断于茫昧不可知之乡，卒之而为直为曲，且判然如苍素之在目矣。彼载籍之无据，孰与夫人心之难测乎？故曰：信于理而已矣。秦汉而后，六经杂出于煨烬之余，其错乱逸失，启人之疑，而不能自决者，何啻一《毛诗》也。然《书》之浑厚，《易》之精微，《春秋》之属辞比事，非圣人不能作，虽无据，曷疑？而二戴之《礼》，词多繁复，或足以汉儒之附会。虽有据，吾不能无疑也。执此义以折是非，虽群籍可知也，岂独一《毛诗》哉？盖《诗》之有序，如今之词赋，先以名篇，而后有词赋之作，未有其作传，而其序不与之俱传者。然则《毛诗》之序，当亦为并传无疑，而或云子夏，或云卫宏之作者，皆非也。方《诗》之未出也，在左氏说《春秋》，往往引《诗》词为喻，如《柏舟》、《清人》等篇，皆散见列传；雅与序合，则前乎此者，信之以左氏可也。诗既萌芽，有齐、鲁、毛、韩四家，后乃三家废，而《毛诗》独传。当时去古未远，而硕儒巨卿，博古通经之士，皆藉藉传诵，而未闻有訾且议之者，岂亦人心之公，是有不得而终泯乎？则后乎此者，信之以当世之好尚亦可也，而奚其疑不决哉？或曰：朱子之注《诗》也，深辟《小序》之说，而去取其间，则《毛诗》之《序》，朱子亦尝折衷矣。然则信毛氏，而疑朱子也，可乎？愚曰：不然。朱子之说，据经文而推之，与诸经例论也。《诗》之为经，多民间闾巷之辞，含蓄讽咏之义，非有所指受，固不得以己意悬断之，如他经比耳。夫子尝曰："雎，乐而不淫。"又曰："放郑声。"是夫子删取之意，亦可于二说推之也。而淫奔诸诗①，《毛诗》以为刺淫，朱子以为淫者之自作②，判之以夫子之旨，则得失将孰归乎？故曰：信之以理焉而已矣。虽然《诗》之本然者在吾心，善读《诗》者，取其可以为性情之助，观感之资，而《序》非所泥也。如其读之而有得于心也，虽微《诗序》而不以为略得其章句，而无益于身心，则秦火未焚而《三百篇》已亡矣。序奚裨焉？孔子引《诗》，皆断章取义，而其许商赐可与言《诗》，亦未尝拘拘《小序》之说也。读《诗》者，又何必深辨焉。

---

① 淫奔诸诗，朱熹《诗集传》中解为淫诗的作品共有三十首。在朱熹之前，郑樵也有类似的看法，不过因文献阙如，其观点已难确知。《朱子语类》卷八十"李茂钦问：'先生曾与东莱辨论淫奔之诗。东莱谓诗人所作，先生谓淫奔者之言，至今未晓其说。'曰：'若是诗人所作讥刺淫奔，则婺州人如有淫奔，东莱何不作一诗刺之?'茂钦又引他事问难。先生曰：'未须别说，只为我答此一句来。'茂钦辞穷。先生曰：'若人家有隐僻事，便作诗讦其短讥刺；此乃今之轻薄子，好作谑词嘲乡里之类，为一乡所疾害者。诗人温醇，必不如此。如诗中所言有善有恶，圣人两存之，善可劝，恶可戒。'"思齐按：本条为李杞所记录。李诚之，字茂钦，婺州东阳人，受学于吕祖谦，《宋史》卷四四九有传。

② 淫者之自作，指《郑风·溱洧》。《小序》："刺乱也。兵革不息，男女相奔，淫风大行，莫之能救焉。"《诗集传》："此诗淫奔者自叙之词。"朱熹对《鄘风·桑中》、《卫风·氓》、《唐风·绸缪》也有类似的评论。

49. 《易象通》序

汤显祖①

人之生，面目理泽亦无以大异，而所好玩，殊远士之于书。凡民之异其业，有所好之，是非全乎好之者也。得已则已；其风雨旦暮，矻矻然而不已者，其有不得已者乎。贵游之家，去四民之业，而好狗马、声伎、博塞。狗马、声伎、博塞，其利于养也，不如农民之业，其利于智也不如书。然而有好乎此者，何也？得已者在彼，则不得已者在此。吾独爱羅王之孙，有如用晦、宗良、贞吉三君者，去贵游之家所好，而好古书传。然技止以诗，行于公卿布衣之间，游其名。至于文字之所起，理义之所变，探赜而钩深，刻意而成言，亦有时乎未暇也。最后鬱仪王孙，好扬雄氏之学。方言奇字，多所训明，怃然而叹曰：文字之所起者画也，理义之所变者《易》也。通于书而蔽于《易》，不足以诊天地人物之变，乃退而学《易》。凡子夏所传，九家所为变象互体者，潜测幽讨，不遗余力，久而隐括，彷佛为一家言，名曰《易象通》。盖能极畅其意之所欲，至亦可以有传于世矣。岂其不得已于书，而矻矻焉者乎？此所谓好之者也。虽然，方海岳子未成此书也，散然而傲睨，敦然而居休，伦党堂除之间，愉如也。书成而啧言且起，拘然以悲，翛然以贫，岂所谓作《易》者，其有忧患乎？抑鬼神之害盈乎？海岳子能明《易》，必有以通其故矣。

《明文海》卷二百二十三序十四著述

50. 重刻《怀师录》题辞

顾宪成②

予读杨夷思先生所辑《怀师》，为之出涕，作而叹曰：异哉！梁永丰落落布衣也。其生也不能富人，不能贫人，不能贵人，不能贱人，樵儿牧稚可狎而睨焉。比其死也，人皆冤之，为之徒者且相与捐身以赴之，至冒鼎镬蹈白刃而不恤。张江陵堂堂相君

---

① 汤显祖（1550—1616），明江西临川人，字义仍，号海若、海若士、清远道人、若士、茧翁等。有文名，因拒受张居正拉拢，屡试不第。至万历十一年（1583）始得中进士。历任南京太常寺博士、詹事府主簿、礼部祠祭司主事。十八年，因上言辅臣失政，信私人，塞言路，谪为雷州徐闻典史，后迁浙江遂昌县知县。二十六年被劾告归，住临川沙井。书斋有“玉茗堂”、“清远楼”等名。次年大计被黜，夺官。家居二十年，专意著述。研精词曲，名重一时。著有诗文集《红泉逸草》及戏曲多种，尤以《紫钗记》、《牡丹亭》、《南柯记》、《邯郸记》著名，合称《玉茗堂四梦》。

② 顾宪成，字叔时，无锡人。万历四年，举乡试第一。八年成进士，授户部主事。大学士张居正病，朝士群为之祷，宪成不可。同官代之署名，宪成手削去之。居正卒，改吏部主事。请告归三年，补验封主事。后官至吏部郎。中削籍归，后起为南京光禄寺少卿，不赴。崇祯初，赠吏部侍郎，谥端文，著有《泾皋藏稿》二十二卷。《明史》卷二三一有传。

也。① 其生也能以人贫，能以人富，能以人贱，能以人贵。公卿百执事，侈口颂功德焉。比其死也，人皆快之，为之党者且相与戢身以避之，惟恐影响之不悬，以蒙其累。是何两人之处势，微显判然，而得失之效更自相反。何也？此以心服，彼以力服也。呜呼！昔一时也，为江陵献媚者杀永丰，如杀鸡豕，盖若斯之藐也，布衣固无如宰相何也。今一时也，为永丰雪愤者疾江陵如疾豺狼，盖若斯之凛也，相君亦无如布衣何也。然则重梓是《录》也，一足以示屈于势者究必伸，一足以示伸于势者究必屈，一足以发明三代之直道，即欲磨灭之而不能也。其于世教，宁曰小补而已哉？

夷思之欲重梓是《录》而新之也，有以夫！有以夫！②

51.《学易斋易》序

邓元锡③

"学易斋"者，万子曰忠（甫）斋名也，著《易原》、《易说》凡二篇，盖准宋《易通》云：夫《易》，天体也。天体万物而无体，故命之《易》。人受之为心，故心常感于物，发而未发，故命之中，而天地之心存焉。④ 首原中明，即心，即天。唯常发

---

① 张江陵，即张居正（1525—1582)。朱彝尊编《明诗综》卷四八《诗人小传》："居正，字叔大，江陵人。嘉靖丁未進士，改庶吉士，升编编修，历春坊学士，以礼部侍郎入内阁，官至太师、吏部尚书、中极殿大学士。卒谥文忠。有《太岳集》。"事见《明史》卷二二三一本传。

② "夷思之欲重梓是《录》而新之也，有以夫！有以夫！"这十八个字，为文渊阁《四库全书》本《明文海》卷二二三《重刻〈怀师录〉题辞》所无，据顾宪成《泾皋藏稿》卷十三补。

③ 《明史》卷二八三儒林二《邓元锡传》："邓元锡，字汝极，南城人。十五丧父，水浆不入口。十七行社仓法，惠其乡人。已为诸生，游邑人罗汝芳门，又走吉安，学于诸先达。嘉靖三十四年举于乡，复从邹守益、刘邦采、刘阳诸宿儒论学。后不复会试，杜门著述，逾三十年，《五经》皆有成书，闳深博奥，学者称'潜谷先生'。休宁范涞，知南城时，重元锡；后为南昌知府，万历十六年人觐，荐元锡及刘元卿、章潢于朝。南京祭酒赵用贤亦请征聘，如吴与弼、陈献章故事。得旨，有司起送部试，元锡固辞。明年，御史王道显复以元锡、元卿并荐，且请仿祖宗征辟故事，无拘部试。诏令有司问病，痊可起送赴部，竟不行。二十一年，巡按御史秦大夔复并荐二人，诏以翰林待诏征之，有司敦遣上道，甫离家而卒。乡人私谥'文统先生'。元锡之学，渊源王守仁，不尽宗其说。时心学盛行，谓学惟无觉，一觉即无余蕴，九容、九思、四教、六艺皆桎梏也。元锡力排之，故生平博极群书，而要归于《六经》。所著《五经绎》、《函史上下编》、《皇明书》，并行于世。"

④ 钦定四库全书经部一易类《易通》提要："《易通》六卷，宋赵以夫撰。以夫字用父，宋宗室子，居于长乐，登嘉定十年进士。历官资政殿学士。《闽书》称：以夫著《易通》，莆田黄绩，相与上下其论，则是书实绩所参定。以夫《自序》皆自称：'臣末，有不敢自秘，将以进于上，庶几仰裨圣学，缉熙之万一'云云。则拟进之本也。胡一桂云：《易通》六卷、《或问》、《类例》、《图象》。朱彝尊《经义考》曰：《宋志》：十卷。又注曰：《聚乐堂书目》作六卷。盖《宋志》连《或问》、《类例》、《图象》言之。聚乐堂本则惟有《易通》。此本亦止六卷，而无《或问》、《类例》、《图象》。其自静乐堂本传写欤？其书大旨，在以不易、变易二义，明人事动静之准。故其说曰：'奇偶七八也，交重九六也，卦画七八臣不易也，爻画九六变易也。卦虽不易而中有变易，是谓之亨；爻虽变易，而中有不易，是谓之贞。《洪范》占用二贞悔，贞即静也，悔即动也，故静吉动凶，则勿用；动吉静凶，则不处；动静皆吉，则随遇而皆可；动静皆凶，则无所逃于天地之间。'于圣人作《易》之旨，可谓深切著明矣。乾隆四十二年二月恭校上。"

而未能自反，故心动炎上，日与物构，失其所归。唯未发，故火反藏之，水润而下，天地之心复焉。次原图图书，一六皆下，坎位也，火下旋而伏则金从。金流不耗而弥精，介乎其贞复之乎。坎中为天根，冬日至专，凝于黄钟之宫藏焉。藏之以发，而木道乃行，浑乎天德，而仁归坎为之源。易象乾龙，乾初象潜龙，阳潜藏而下于下也，则渊乎心象，而天人致一也。已绠有尽，何可以汲深？毛有伦胡可以语微波尚之风不能以自平，木鼓之风不能以自止殆矣。心危以动，而坎为重险矣。人道之患始此矣。曰：忠甫，忧之阐未发，以指中杓。易图以发中而约之。退反，反而藏之乎密微，深乎微矣。而摄之于平夷冲质，忠信笃敬，自下将之，学之的也。不动于意，不起于智，于黄中乎。正位奠体，而思不出乎是也，则发未发之中，一体无体之《易》。坤从乾，而道德之枢归焉。噫嘻！此入圣之机也。举是机泄之乎？圣人不能也。故四科六学，各资以达材成德，以施于人。官隐此机秘之乎？圣人不忍也。故图书三易，天府宝之，三公守焉。以论道而格心。《学易斋易》入于机，出于机，欲人即之天，达天之天，不二其体，不离于宗，无秘于此机而已矣。古老曰：有德司契，无德司彻，是篇也者，其司契矣乎。曰：忠甫，少高迈，于人鲜挹下己。学于罗文恭公，中夜于石莲，涣然悟先天之旨，就文恭质焉。文恭深赏服之，自是收摄保聚日严，用功益密，沈心抑气，夙习销汰，亹亹以退藏日深，举以其三十年专致所自得者为之言。别而图，深而通，玄而质，指约而致博。读之深心，守契盎如，溢言表也。乃或以言证求之，以言诠图象间焉。易曰："书不尽言，言不尽意。"古有以微言达意者，有稽古言发意者，有一言而函意多者，有多言而寓意一者，又乃有意在言外，无可寻迹者。言何必同易，立象尽意，图何不具，各指所之而为言，何不可也？盖易通，通其意而不注于辞。锡也固从。曰：忠甫，游以遇合稍阔，晚入萧曲，造滕武夷堂，聆其言，时而涣然，时而冷然，又时而渊然旷然，已中自失而窅然也。彼其感人者。讵以言哉？读是编者，其毋以言求之也夫，其毋以言象间之也夫。

思齐按：《易通》是理解明代万忠甫撰《学易斋易》之基础。宋·赵以夫撰《易通》的著述方式，系就《周易》经文及按照治《易》惯例相配于之的《传》文，进行逐一引而加以解说。《易通》卷一亦是如此，作者赵以夫首先引用了一段话："乾；元，亨，利，贞。初九，潜龙勿用。九二，见龙在田，利见大人。九三，君子终日乾乾，夕惕若，厉无咎。九四，或跃在渊，无咎。九五，飞龙在天，利见大人。上九，亢龙有悔。用九，见群龙无首，吉。《彖》曰：大哉乾元！万物资始，乃统天。云行雨施，品物流形，大明终始，六位时成，时乘六龙以御天。乾道变化，各正性命，保合太和，乃利贞。首出庶物，万国咸宁。"这一段话由三部分构成。第一部分为："乾；元，亨，利，贞。"这是卦辞，它先道卦名，然后用几个字囊括全卦的宗旨。第二部分为："初九，潜龙勿用。……用九，见群龙无首，吉。"这是对各爻的解释，即爻辞。第三部分为："《彖》曰：……首出庶物，万国咸宁。"这是与该卦相配的《彖传》传文。在引了这些文字之后，《易通》的作者赵以夫开始论述，他写道："乾为天，天犹形也。乾，犹神也，神所以使其形者也。凡物囿于有形，必有无形者运于其间。坤之于地，义亦如此。雷风水火山泽，莫不皆然。释《彖》赞乾曰：大哉，乾之大也。不惟万物资乾以始，天为群物之祖，所以运而无积者，乾之所以为也。故曰：乃统天。乾，天道也。主爻在五。元亨者，五用而柔，于卦为大，有三、四、五互兑泽之气，上于天，行而为云，施而为雨，品物、赋形、生意。乾下，乾上，流动。离为日，日为大明，行乎天上，终而复始，乾之变体也。利贞者，五守正不用，六画皆奇，初为子，二为寅，三为辰，四为午，五为申，上为戌。六阳之气，周流六位，四时以成。龙，阳物也。六阳，六龙也，时而乘之，以御乎天。中有主宰，旋转不穷，乾之本体也。变则云雨，大明之象，可得而见；不变则云雨，大明之象，隐乎其中。何者？乾数九，坤数六，六藏于九，天包地外也。内卦三位，耦居奇中；外卦三位，奇居耦中。乾具坎离也，天降时雨，山川出云，风霆流形，庶物露生。日之行也，有昼有夜。景长而夏，景短而冬，一寒二暑，往来不息，以日言之，则昼夜成；以岁言之，则寒暑成。子、寅、辰、午、申、戌为阳，未、已、卯、丑、亥、酉为阴。言阳不言阴，乾兼乎坤也。天之大也，谁其统之？天之行也，谁其御之？此言天之助，用皆本乎乾也。乾不可得而名，自其一阴一阳变化者而求之，强名之曰道。是道流行，充塞宇宙，人得之以为人，物得之以为物。所赋者为命，所受者为性。阴阳冲和之气，各全其所有。一成而不易，变化则为亨，保合则为贞，此言人物之赋受，皆本乎乾也。人为万物之灵，圣人者出类拔萃，民物之宗主也。首出庶物，万国咸宁。盖言圣人与天为一，顺天德而出，宁日月照而四时行。云行而雨施。维天之命，于穆不已。文王之德之纯，纯亦不已，其是之谓欤？元亨者，大亨也。利贞者，利于正也。凡卦辞，元、亨、利、贞并言者，皆主爻兼正、变二义也。亨为变。贞为不变。"

52.《三礼编绎》序

邓元锡

《三礼》本古《曲礼》、《仪礼》、《周礼》。而名古经，必有记，记今所未备。若异由者，今世所传《周礼》、《仪礼》、《礼记》，称"三礼"，则相沿误也。盖《曲礼》本经，予闻之李大经云（【原注】南丰李经论）。经先《曲礼》。《曲礼》，礼之本也。礼，天体也。天体物不遗，故物必有则。自内心外貌、思虑视听、食饮裳衣之有其节；若语默进退，取舍生死之有其介，与凡亲疏贵贱、交际事使之有其体，各品节之以立教。盖赜不厌，动不乱，而几微毕察，委旋时中也。命之曰《曲礼》，概其目曰三千。所谓三千，言微乎微耳。盖德性之精微，《中庸》毕具察①，而高明广大都焉。时著时察之谓知，隆此由此之谓行，故致曲者，知微者也，是教之本也。《仪礼》者，先王以训齐天

① 这句话明显有脱文，详见后面按语之下所录明·章潢《图书编》卷十三《三礼总叙》一文。

下，经人义之大端也。为之冠以重成人，为之婚以合二姓，为之乡饮射以教德让，为之丧既夕虞丧服以哀死亡，为之郊社飨馈以傧龟神。其亲邦国之交，秩上下之体，又为朝会聘觐焉以将之，此其行有时，其用有地，比时豫物，将事也有体，是仪法之大者，命之曰《仪礼》。譬天仪象乎则二十八舍以经天，而治要在论官，故《周礼》经官，建冢宰之官，以仪天；建司徒之官，以象地。建宗伯春官以广仁。建司马夏官以成圣。建司寇秋官以立义，建司空冬官以干事。而六官三百六十属，上法乎天行，盖《周礼》制而仪曲有官，《仪礼》制而人义有纪，《曲礼》制而人道有理。三礼者，周公明天道察民，故以兴王治之大顺也。仁者，人也。礼者，体也。隆礼者，尊仁。由礼者，体仁。礼无体则复于礼而仁全，盖仁全而天全矣。周衰礼废，迨春秋晋韩起适鲁①，犹及见旧典礼经，叹之曰："吾乃今知周公之德，与周之所以王。"② 盖其感也。孔子欲观周道，适周学礼焉，叹之曰："大哉，圣人之道！洋洋乎发育万物，峻极于天。优优大哉，礼仪三百，威仪三千。"③ 叹道尽于礼也。又赞之曰："郁郁乎文哉！"④ 梦寐志之，世莫能遵，明于是乎？作《春秋》以维周礼。盖重礼如此。至战国，诸侯恶其害己，经用燔绝。自孟氏未之及见，斯亡久矣。汉兴，河间献王⑤，笃好古始博，购得《周礼·五官》，而亡其《冬官》，得《考工记》，附经后，备《冬官》之记。高堂生实始传《仪礼》经⑥，仅十有七篇，《大小戴》，次《曲礼》，仅上、下二篇。又杂诸《记》中，而《仪礼》《冠》、《昏》、《丧》、《既夕》、《虞》皆《士礼》⑦，自大夫而上，无《冠礼》

① 韩起，即韩子、韩宣子，晋国大臣，官至中军主帅，执掌国政。

② 《左传·昭公二年》："二年春，晋侯使韩宣子来聘，且告为政而来见，礼也。观书于大史氏，见《易》《象》与《鲁春秋》，曰：'周礼尽在鲁矣。吾乃今知周公之德，与周之所以王也。'公享之。季武子赋《绵》之卒章。韩子赋《角弓》。季武子拜，曰：'敢拜子之弥缝敝邑，寡君有望矣。'武子赋《节》之卒章。既享，宴于季氏，有嘉树焉，宣子誉之。武子曰：'宿敢不封殖此树，以无忘《角弓》。'遂赋《甘棠》。宣子曰：'起不堪也，无以及召公。'"

③ 《中庸》第二十七章："大哉圣人之道！洋洋乎！发育万物，峻极于天。优优大哉！礼仪三百，威仪三千。故曰苟不至德，至道不凝焉。故君子尊德性而道问学，致广大而尽精微，极高明而道中庸。温故而知新，敦厚以崇礼。是故居上不骄，为下不倍，国有道其言足以兴，国无道其默足以容。《诗》曰：'既明且哲，以保其身。'其此之谓与！"

④ 《论语·八佾》："子曰：周监于二代，郁郁乎文哉！吾从周。"

⑤ 河间献王，即汉景帝刘启（188—141）的儿子刘德。《史记》卷五十九："孝景皇帝子凡十三人为王，而母五人，同母者为宗亲。栗姬子曰荣、德、阏于。程姬子曰余、非、端。贾夫人子曰彭祖、胜。唐姬子曰发。王夫人儿姁子曰越、寄、乘、舜。河间献王德，以孝景帝前二年用皇子为河间王。好儒学，被服造次必于儒者。山东诸儒多从之游。"

⑥ 高堂生，汉鲁人。《史记》卷一二一："诸学者多言礼，而鲁高堂生最本。礼固自孔子时而其经不具，及至秦焚书，书散亡益多，于今独有士礼，高堂生能言之。"《汉书》卷八八："汉兴，鲁高堂生传《士礼》十七篇，而鲁徐生善为颂。孝文时，徐生以颂为礼官大夫，传子至孙延、襄。襄，其资性善为颂，不能通经；延颇能，未善也。襄亦以颂为大夫，至广陵内史。延及徐氏弟子公户满意、桓生、单资皆为礼官大夫。而瑕丘萧奋以《礼》至淮阳太守。诸言《礼》为颂者由徐氏。"

⑦ 篇名有省略，它们分别指今本《仪礼》中的《士冠礼第一》、《士昏礼第二》、《丧服第十一》、《既夕礼第十三》、《士虞礼第十四》。

也。至诸侯大夫，《昏》、《丧》、《既夕》、《虞》皆亡。惟《馈食》有《少牢》、《有司彻》，则《太牢》亡也。《特牲》、《少牢》惟《馈食》，则《飨礼》亡也。① 馈飨，皆庙事，则《郊社礼》亡也。礼大门曰聘，聘使大夫，则间于事相，《朝礼》亡也。《聘》有《公食大夫》，则公再飨，《大夫礼》亡也。至王觐止，觐则春朝、夏宗、冬遇，殷见众俯（頫），《礼》亡也。推斯而言，礼阙逸甚矣。岂孔子存《周礼》于鲁，而王朝礼业不得展于邦国，诸侯惮行礼，又自去其籍，惟士乡礼，以习行而存与。呜呼，《周礼》亡而朝无守官，《仪礼》亡而国有失俗，《曲礼》亡而人道或几乎息矣。何异乎九容不修，九思不慎，六官不建，五礼不秩，而三纲九法，从沦斁也。予读《礼》，手《曲礼》、《少仪》、《内则》、《玉藻》诸篇，敦本实，致微眇，约身理家可服存者，为《曲礼》经上篇。其非日用习行，若古今异宜，难施行者，为下篇。经纪缺《表记》、《坊记》、《缁衣》，语精实于经通者附焉。其《仪礼》本古经为经，经有义，见《戴记》者，类附经为传。传错，见他记中者，摭取之为《外记》，凡经十七篇，传七篇，记各附其篇终，《周礼》故五篇。近儒取五官，联近冬官者，回互更定，以为冬官未尝亡也。然何从质正之也？经所存，终远也。故《周礼》，经仍五篇。二记中，与五官相发明者，与《工记》附焉。其科条见《礼记编绎》序中，匪敢诠订，庸便诵服云。

思齐按：明·章潢撰《图书编》一百二十七卷，取左图右书之意，凡诸书有图可考者，皆汇辑而为之说。一卷至十五卷为经义，十六卷至二十八卷为象纬历算，二十九卷至六十七卷为地理，六十八卷至一百二十五卷为人道，一百二十六卷为易象类编，一百二十七卷为学语多识。《图书编》卷十三有一篇文章《三礼总叙》，能够帮助我们明了邓元锡《〈三礼编绎〉序》的内容，兹如下。

潜学稿曰：

《曲礼》，古礼经篇名。经先曲礼，曲礼，礼之本也。礼，天体也。天体物不遗，故物必有则，自内心外貌、思虑视听、饮食衣裳之有其节，若语默进退、取舍生死之有其介，与凡亲疏贵贱、交际事使之有其体，各品节之以立教。盖赜不厌，动不乱，而几微毕察，委旋时中也。命之曰《曲礼》，概其目曰三千，非实三千，言微乎微耳。盖德性之精微，《中庸》毕具，而高明广大备焉。时著时察之谓知，隆此由此之谓行，故致曲者，知微也。《仪礼》者，先王训齐天下之具，经纶人义之大端也。为之冠以重成人，为之婚以合二姓，为之乡饮乡射以教德让，为之塈夕器服以哀死亡，为之馈食飨奠以傧鬼神，其亲邦国之交、秩上下之体。又为聘觐焉以将之，是仪法之大者，譬天仪象乎则二十八舍以经天，而治要在论官。故《周礼》经官，建冢宰之官以仪天，建司徒之官以象地，建宗伯春官以成仁，建司马夏官以成圣，建司寇秋官以成义，建司空冬官以干事，而六官三百六十属，上法乎天行。盖《周礼》制而仪曲有官，《仪礼》制而人义有纪，《曲礼》制而人道有

① 今本《仪礼》之中，有《特牲馈食礼第十五》、《少牢馈食礼第十六》和《有司彻第十七》。

理。三礼者，周公明天道察民，故以与人治之大顺也。仁者，人也。由礼，则复于礼而仁全，仁全而天全矣。周衰礼废，迨春秋晋韩起适鲁，犹及见旧典礼经，叹之曰："吾乃今知周公之德，与周之所以王。"盖其感也。孔子欲观周道，适周学礼焉。叹之曰："大哉，圣人之道！洋洋乎，发育万物，峻极于天，优优大哉！《礼仪》三百，威仪三千。"叹道尽于礼也。又赞之曰："郁郁乎文！"已梦寐志之，世莫能遵。明于是乎？作《春秋》以维周礼如此。至战国诸侯恶其害己，经用播绝，自孟子未之及见。斯亡久矣。汉兴，河间献王，笃记古始博，购得《周礼》五官，而亡其冬官得《考工记》，附经后，备《冬官》之记。高堂生实始传《仪礼》，经仅十有七篇，《大小戴》，次《曲礼》仅上、下二篇，残缺失次甚矣。

思齐按：《礼》学之传授，头绪甚多，纷繁复杂，其传承之线路不容易整理清楚。刘师培《经学教科书》第十三课《两汉礼学之传授》对此有一个简略的叙述，颇得要领，兹如下。

秦正焚书，《礼经》坏缺。西汉之初，高堂生传《士礼》十七篇(【原注】即今《仪礼》)。而鲁徐生善为容。景帝之时，河间献王得《古礼》，计《古文礼》五十六篇，《记》百三十一篇，其七十篇与高堂生同而文字多异。传《士礼》者，自萧奋授孟卿，卿授后仓，然所传仅十七篇，所余三十余篇名为《佚礼》。仓说《礼》作《曲台记》，以授文人通汉，并授戴德、戴胜、庆普，于是《礼》有大、小戴、庆氏之学。普授夏侯敬，数传而至曹充，充传子褒，而庆氏之学行。戴德授徐良，戴胜授桥仁、杨荣。又戴胜删《古礼记》二百四篇（即孔门弟子所编者，亦有汉初增益之书）为八十五篇，名《大戴礼》。戴胜复删为四十六篇，名《小戴礼》。马融复增三篇，合为四十九篇。郑玄治《小戴礼》，为四十九篇做注，复注《士礼》十七篇（【原注】即《礼经》)，并为《周官经》作注。《周官经》者，当河间献王时，李氏上《周官》五篇，缺《冬官》一卷，以《考工记》补之。刘歆为王莽国师，始立《周官经》于学官，名为《周礼》，以授杜子春。郑兴受业子春，传至子众，而贾徽、贾逵并作《周礼解诂》，卫弘、马融、卢植、张恭祖皆治之，惟郑玄注集其大成。此汉代《礼经》传授之大略也。(【原附记】以上用《汉书·儒林传》、《艺文志》、《后汉书·儒林列传》及各传、《经典释文》、《汉学师承记》、胡培翚《仪礼正义》诸书。案：东汉以前，本无"三礼"之名，《周官经》、《小戴礼》本不得称之为经，不过与《礼经》相辅之书耳。自郑玄作《三礼注》，而"三利"之名遂一定而不可易。至后代以《小戴礼》为本经，则又岐中之歧矣。非不正名之故欤!)

53. 《礼记编绎》小序

邓元锡

《礼记》，盖古经师转相与撰次，所闻或旧礼，或记变礼，或兼记体履之务翼经者也。岂七十子之徒，若高堂生、孟卿、后苍之伦所记与？汉初湮灭，有间已渐出，至元成而备传者，至二百余篇，信都戴德删为八十五篇，曰《大戴礼》，九江守圣删四十九篇，曰《小戴礼》，弥约近奥，而于经不伦。今取诸《记》、《仪》、《曲礼》者，各附本经，后如编矣。汉兴，文皇帝感上世列爵分土，建官任职之道，略不概见也。命博士诸生，各论次所闻，为书曰《王制》。制杂出夏殷，与《周礼》不尽合，而义相出入，以近经，又自有记，故首《王制》列《周礼》六官，后它二《记》中，记古治天下国家之制度、器数，错出者为《王制》下附焉。孔子语为邦曰“行夏之时，说者曰夏小正”之属，不必然也。然而近之矣。《吕览》十二月，各有令时，有秦令焉，而古制以存，盖秦令建亥，而月令主夏，时得孔子之意，以其时秦未创制天下，自恣睢也。不韦独令诸儒生，猎取前闻成书，亦犹古制哉。故次夏小正，《月令》、《学记》、《王世子记》①，国家建学作人之法略具，与《周官·司徒》“学正”相表里。②《记·武王践阼》，若《经解》古学制在焉。又次之《乐经》，亡久矣。河间献王所上《古雅乐》又废。独刘子政所得二十三篇中，十有一篇具存，今《乐记》是也。《记》通论礼乐之事，又礼先乐后，又次之百工之事，至微末而道存。《考工记》非冬官而固冬官属也，则或《冬官记》也。事理烂然精矣，附焉他诸圣门，与君大夫，若门弟子纵言及于礼，若统论《三礼》之事者，类深奥有微言，间乃纰缪《记》之者失之也，然亦眇矣。故首《哀公问》、《仲尼燕居》、《闲居》，次之观上之叹，本阴阳造化，帝王因革之变，鼎鼎轮轮矣。曰《礼运》、《礼器》，即物有宜，称言之也。运行而无迹，器成而有方，运其会之通乎。器其典常也，故《礼运》、《礼器》。次之《大戴·盛德篇》，他《工记》中语，《三礼》错出者，类附焉。夫礼，得之者昌，失之者亡，于观戒至远也，而莫亟于《春秋》。《檀弓》诸记得礼之事，失礼之祸，与《春秋》互发，又次之。夫礼，无不体也。洋洋大哉乎！圣门通论道德、仁孝、政学之语，何非礼也。出《二戴》者，博矣。《孝经》，经也。孔、曾之宗传在焉。记之冠冕，原本也，故首《孝经》，《大戴记》主言入官，《小戴》儒行。次之《丧记》，《缁衣》中粹者入《曲礼记》，余与五仪《小辨》、《用兵》疵颣杂矣。然古书今及见者甚眇，何忍弃也与？《本命》附焉，《家语》故自为编，以其记孔门答问，及弟子行事，与《礼记》相出入，又附焉。

---

① 《王世子记》，指《礼记》中的《文王世子第八》。

② 学正，官名，掌管教育。《周礼·地官司徒·师氏》：“教三行：一曰孝行，以亲父母。二曰友行，以尊贤良。三曰顺行，以事师长。”在这一段文字之下，明·王志长撰《周礼注疏删翼》卷九《疏》引《三礼义宗·内则》云：“人君之子，十年出就外傅。傅者，教学之官。文王世子云：‘立太傅、少傅，以养之。’然则未入学时，已有傅矣。是以《内则》云：‘出就外傅。’谓就外室而受教也。外室在虎门之左，师氏之旁，而筑宫焉，即谓异宫也。年至十三，则入小学。小学者，周则西郊之虞庠。十五，则入大学，谓入于东郊之等。入小学之时，则太傅在前，少傅在后。当入学之时，国之子弟，亦从学焉。至在休息，还返别宫，居宿出入，则受师保之训，故云：‘入则有保，出则有师。’谓燕居出入时也。教谕德成，由有二傅师保之训也。师保但明德艺之术，出入前后，教道而已。非执经者也。在小学习经典，皆受之于执经者。入大学，亦从受《诗》、《书》、《礼》、《乐》之业，至于崇高其术，皆大学正所为。郑注：父师司成，则大司成也。《周礼》则师氏之官也。”

子曾子传《大学》古文最粹。宋儒表章之，而道尊。其出《檀弓》、《曾子问》者，顾往往杂矣。其粹者乃在《大戴篇》，悫而深，微而粹，存之暗暗，持之勿勿，进之慥慥，靡有息也。又一言一药，即庞义赘辞，要无伤其大都，故受之曾子终焉。呜呼！《诗》、《书》、《礼》经而下，莫近于《戴记》类为编，而《三礼》书大具。失伦者，咸各归其官。世之君子得其所谓“悫而深，微而粹，存之暗暗，持之勿勿，进之慥慥，而靡有息”者，讲明而切究之，则义之庞者罔弗为，精辞之赘者罔弗为，要礼教之明于天下也。岂不昭于日星哉？余不揣弇陋，摅所见而序之，愿以俟明哲者，考镜得失，而厘定焉。

思齐按：《礼记》一书，其本身的传承，与其他各种礼书的传承线索纠结在一起，不容易理清楚。孔颖达《礼记正义》卷首有一篇类似于今日题解的文字，有助于我们理解《礼记》的传承系，兹如下。

夫礼者，经天地，理人伦，本其所起，在天地未分之前。故《礼运》云：“夫礼必本于大一。”是天地未分之前已有礼也。礼者，理也。其用以治，则与天地俱兴，故昭二十六年《左传》称晏子云：“礼之可以为国也，久矣与天地并。”但于时质略，物生则自然而有尊卑，若羊羔跪乳，鸿雁飞有行列，岂由教之者哉！是三才既判，尊卑自然而有。但天地初分之后，即应有君臣治国。但年代绵远，无文以言。案《易纬·通卦验》云：“天皇之先，与乾曜合元。君有五期，辅有三名。”注云：“君之用事五行，王亦有五期。辅有三名，公、卿、大夫也。”又云“遂皇始出握机矩”，注云：“遂皇谓遂人，在伏牺前，始王天下也。矩，法也，言遂皇持斗机运转之法，指天以施政教。”既云“始王天下”，是尊卑之礼起于遂皇也。持斗星以施政教者，即《礼纬·斗威仪》云“宫主君，商主臣，角主父，徵主子，羽主夫，少宫主妇，少商主政”，是法北斗而为七政。七政之立，是礼迹所兴也。郑康成《六艺论》云：“《易》者，阴阳之象，天地之所变化，政教之所生，自人皇初起。”人皇即遂皇也。既政教所生初起于遂皇，则七政是也。《六艺论》又云：“遂皇之后，历六纪九十一代，至伏牺始作十二言之教。”然则伏牺之时，《易》道既彰，则礼事弥著。案谯周《古史考》云：“有圣人以火德王，造作钻燧出火，教民熟食，人民大悦，号曰遂人。次有三姓，乃至伏牺，制嫁娶，以俪皮为礼，作琴瑟以为乐。”又《帝王世纪》云：“燧人氏没，包羲氏代之。”以此言之，则嫁娶嘉礼始于伏牺也。但《古史考》遂皇至于伏牺，唯经三姓；《六艺论》云“历六记九十一代”，其又不同，未知孰是。或于三姓而为九十一代也。案《广雅》云：“一纪二十七万六千年。”方叔机注《六艺论》云：“六纪者，九头纪、五龙纪、摄提纪、合洛纪、连通纪、序命纪，凡六纪也。九十一代者，九头一，五龙五，摄提七十二，合洛三，连通六，序命四，凡九十一代也。”但伏牺之前及伏牺之后，年代参差，所说不一，纬候纷纭，各相乖背，且复烦而无用，今并略之，唯据《六艺论》之文及《帝王世纪》以为说也。案《易·系辞》云：“包牺氏没，神农氏作。”案《帝王世纪》云，伏牺之后女娲氏，亦风姓也。女娲氏没，“次有大庭氏、柏皇氏、中央氏、栗陆氏、骊连氏、赫胥氏、尊卢氏、浑佗氏、昊英氏、有巢氏、朱襄氏、葛天氏、阴康氏、无怀氏，凡十五代，皆袭伏牺之号”。然郑玄以大庭氏是神农之别号。案《封禅书》无怀氏在伏牺之前，今在伏牺之后，则《世纪》之文未可信用。《世纪》又云：“神农始教天下种谷，故人号曰神农。”案《礼运》云：“夫礼之初，始诸饮食，燔黍椑豚，蒉桴而土鼓。”又《明堂位》云：“土鼓苇籥，伊耆氏之乐。”又《郊特牲》云：“伊耆氏始为蜡。”蜡即田祭，与种谷相协，土鼓苇籥又与蒉桴土鼓相当，故熊氏云：伊耆氏即神农也。既云始诸饮食，致敬鬼神，则祭祀吉礼起于神农也。又《史记》云“黄帝与蚩尤战于涿鹿”，则有军礼也。《易·系辞》“黄帝九事”章云“古者葬诸中野”，则有凶礼也。又《论语撰考》云：“轩知地利，九牧倡教。”既有九州之牧，当有朝聘，是宾礼也。若然，自伏牺以后至黄帝，吉、凶、宾、军、嘉五礼始具。皇氏云：“礼有三起，礼理起于大一，礼事起于遂皇，礼名起于黄帝。”其“礼理起于大一”，其义通也；其“礼事起于遂皇，礼名起于黄帝”，其义乖也。且遂皇在伏牺之前，《礼运》“燔黍捭豚”在伏牺之后，何得以祭祀在遂皇之时？其唐尧，则《舜典》云“修五礼”，郑康成以为公、侯、伯、子、男之礼。又云命伯夷“典朕三礼”。“五礼”其文，亦见经也。案《舜典》云“类于上帝”，则吉礼也；“百姓如丧考妣”，则凶礼也；“群后四朝”，则宾礼也；“舜征有苗”，则军礼也；“嫔于虞”，则嘉礼也。是舜时五礼具备。直云“典朕三礼”者，据事天、地与人为三礼。其实事天、地唯吉礼也，其余四礼并人事兼之也。案《论语》云“殷因于夏礼”，“周因于殷礼”，则《礼记》总陈虞、夏、商、周。则是虞、夏、商、周各有当代之礼，则夏、商亦有五礼。郑康成注《大宗伯》，唯云唐、虞有三礼，至周分为五礼，不言夏、商者，但书篇散亡，夏、商之礼绝灭，无文以言，故据周礼有文者而言耳。武王没后，成王幼弱，周公代之摄政，六年致大平，述文、武之德而制礼也。故《洛诰》云：“考朕昭子刑，乃单文祖德。”又《礼记·明堂位》云，周公摄政六年，制礼作乐，颁度量于天下。但所制之礼，则《周官》、《仪礼》也。郑作序云：“礼者，体也，履也。统之于心曰体，践而行之曰履。”郑知然者，《礼器》云：“礼者，体也。”《祭义》云：“礼者，履此者也。”《礼记》既有此释，故郑依而用之。礼虽合训体、履，则《周官》为体，《仪礼》为履，故郑序又云：“然则三百三千虽混同为礼，至于并立俱陈，则曰此经礼也，此曲礼也。或云此经文也，此威仪也。”是《周礼》、《仪礼》有体、履之别也。所以《周礼》为体者，《周礼》是立治之本，统之心体，以齐正于物，故为礼。贺玚云：“其体有二，一是物体，言万物贵贱高下小大文质各有其体；二曰礼体，言圣人制法，体此万物，使高下贵贱各得其宜也。”其《仪礼》但明体之所行践履之事，物虽万体，皆同一履，履无两义也。于周之礼，其文大备，故《论语》云：“周监于二代，郁郁乎文哉！吾从周也。”然周既礼道大用，何以《老子》云“失道而后德，失德而后仁，失仁而后义，失义而后礼。礼者，忠信之薄，道德之华，争愚之始”。故先师准纬候之文，以为三皇行道、五帝行德，革茎行仁，五霸行义。若失义而后礼，岂周之成、康在五霸之后？所以不同者，《老子》盛言道德质素之事，无为静默之教，故云此也。礼为浮薄而施，所以抑浮薄，故云“忠信之薄”。且圣人之王天下，道、德、仁、义及礼并蕴于心，但量时设教，道、德、仁、义及礼，须用则行，岂可三皇五帝之时全无仁、义、礼也？殷、周之时全无道、德也？《老子》意有所主，不可据之以难经也。既《周礼》为体，其《周礼》见于经籍，其名异者，见有七处。案《孝经说》云“礼经三百”，一也；《礼器》云“经礼三百”，二也；《中庸》云“礼仪三百”，三也；《春秋》说云“礼经三百”，四也；《礼说》云“有正经三百”，五也；《周官外题》谓“为《周礼》”，六也；《汉书·艺文志》云“《周官》经六篇”，七也。七者皆云三百，故知俱是《周官》。《周官》三百六十，举其大数而云三百也。其《仪礼》之别，亦有七处，而有五名。一则《孝经说》、《春秋》及《中庸》并云“威仪三千”，二则《礼器》云“曲礼三千”，三则《礼说》云“动仪三千”，四则谓“为《仪礼》”，五则《汉书·艺文志》谓《仪礼》为《古礼经》。凡此七处、五名，称谓并承三百之下，故知即《仪礼》也。所以三千者，其履行《周官》五礼之别，其事委曲，条数繁广，故有三千也。非谓篇有三千，但事之殊别有三千条耳。或一篇一卷，则有数条之事。今行于世者，唯十七篇而已。故《汉书·艺文志》云“汉初，高堂生传《礼》十七篇”是也。至武帝时，河间献王得古《礼》五十六篇，献王献之。又《六艺论》云：“后得孔子壁中古文《礼》，凡五十六篇。其十七篇与高堂生所传同而字多异，其十七篇外则逸礼是也。”《周礼》为本，则圣人体之；《仪礼》为末，贤人履之。故郑序云“体之谓圣，履之为贤”是也。既《周礼》为本，则重者在前，故宗伯序五礼，以吉礼为上；《仪礼》为末，故轻者在前，故《仪礼》先冠、昏，后丧、祭。故郑序云：“二者或施而上，或循而下。”其《周礼》，《六艺论》云：“《周官》壁中所得六篇。”《汉书》说河间献王开献书之路，得《周官》有五篇，失其《冬官》一篇，乃购千金不得，取《考工记》以补其阙。《汉书》云得五篇，《六艺论》云得其六篇，其文不同，未知孰是。其《礼记》之作，出自孔氏。但正《礼》残缺，无复能明，故范武子不识殽烝，赵鞅及鲁君谓《仪》为《礼》。至孔子没后，七十二之徒共撰所闻，以为此《记》。或旧礼之义，或变礼所由，或兼记体履，或杂序得失，故编而之，以为《记》也。《中庸》是子思伋所作，《缁衣》公孙尼子所撰。郑康成云：《月令》，吕不韦所修。卢植云：《王制》，谓汉文时博士所。其余众篇，皆如此例，但未能尽知所记之人也。其《周礼》、《仪礼》，是《礼记》之书，自汉以后各有传授。郑君《六艺论》云：“案《汉书·艺文志》、《儒林传》云，传《礼》者十三家，唯高堂生及五传弟子戴德、戴圣名在也。”又案《儒林传》云：“汉兴，高堂生传《礼》十七篇，而鲁徐生善为容。孝文时，徐生以容为礼官大夫。瑕丘萧奋以礼至淮阳太守。孟卿，东海人，事萧奋，以授戴德、戴圣。”《六艺论》云“五传弟子”者，熊氏云：“则高堂生、萧奋、孟卿、后仓及戴德、戴圣为五也。”此所传皆《仪礼》也。《六艺论》云：“今礼行于世者，戴德、戴圣之学也。”又云“戴德传《记》八十五篇”，则《大戴礼》是也；“戴圣传《礼》四十九篇”，则此《礼记》是也。《儒林传》云：“大戴授琅邪徐氏，小戴授梁人桥仁字季卿、杨荣字子孙。仁为大鸿胪，家世传业。”其《周官》者，始皇深恶之。至孝武帝时，始开献书之路，既出于山岩屋壁，复入秘府。五家之儒，莫得见焉。至孝成时，通人刘歆校理秘书，始得列序，著于略。为众儒排弃，歆独识之，知是周公致太平之道。河南缑氏杜子春，永平时初能通其读，郑众、贾逵往授业焉。其后马融、郑玄之等，各有传授，不复繁言也。

54. 重刻《伊洛渊源》序

张元忭①

《伊洛渊源》，前后二编，盖考亭朱子，与黄岩谢氏之所辑。有宋诸大儒先生，及其门人之嘉言善行，略备矣。今太宰海丰杨公，朝省而暮读之，既已独会于心，又将重梓之，以公诸四方之学者，而属序于忭。小子夫何知？盖尝窃闻长者之余教矣。夫道犹水也，水必有源，源未尝不一，而其流之所之支分派别，至不可究诘。要之，昼夜不舍，而至于海，则一而已矣。何者？源深而流长也。儒者之于道，有不原于心者，非学也。而禀有高下，见有大小，人有顿渐，则亦安可强而同哉？要之，不二其心，而皆足以至于道，亦一而已矣。是编所载，无论其门人，即以诸大儒先生言之，濂溪开其源者也。二程得之于濂溪，既已衍而大之，而伊川终不同于明道。伊川之论，横渠谓其得之考索，非明睿所照。其于康节，则以为圣门之别派，豫章、延平，并得之于龟山，为程氏之适传明矣。而考亭集诸儒之大成，顾于师门主静求中之旨，自以为有所未契，是诸先生所不同有如此者。然此特其所禀、所见、所入之小有差别焉耳。乃其精神心术之微，本之以诚，而守之以敬，慥慥兢兢，务去人欲而还天理，则诸先生者，其心同，其道同，宁有毫发之异乎？是以表里洞然，可以动天地，质鬼神，前乎千百世而无疑，后乎千百世而不坠，所谓源深而流长者非欤？若夫俗学与异端者流，非不可矫饰，眩惑于一时，而要其心，既有愧于周孔，则何怪乎其术易穷，而其传易泯。此亦潢污行潦之水，乍盈而易涸者也。然则学诸先生之学者，可徒循其流而不遡其源哉？抑忭又闻之，大臣以道事君，而冢宰埒于三公，与有论道经邦之责。夫道未有不须学以至者，今太宰公孜孜问学，潜心伊洛之奥，且将率天下而诵法之。是宜上赞一人，下进退百官，一出于道而无遗议也。岂非斯世之幸，斯道之幸欤？忭何敢为佞焉。

---

① 张元忭，字子荩，绍兴山阴（今属浙江）人。隆庆辛未赐进士第一。历官左谕德，兼侍读，著有《不二斋稿》。生平事迹附见于《明史》卷二八三《邓以赞传》。清·朱彝尊编《明诗综》卷五六录张元忭诗一首。

55.《朱子摘编》序

张元忭

考亭朱子之学，盖得之延年、豫章，以遡龟山而上接周、程之绪。其统系之相承，若此其正也。乃世之号为朱学者，往往得其肤而未窥其髓，是以驰骛于考索，而不知吾心有不虑之知；拘泥于格式，而不知吾心有天然之则。斯岂善学考亭者哉？阳明先生首揭致良知之旨，以捄其弊，而当时骤闻之者，辄以其畔于考亭而攻之。夫惟阳明，亦有不自安者，乃取考亭之书而检求之，咀其华，钩其玄，辑为《晚年定论》。自《定论》出，而后考亭之学，其精髓始透露于此。其拳拳于培本原，收放心，居然延平之家法也。而后，考亭之学始为质之濂洛而无疑，是阳明不惟不畔于考亭，抑亦有功于考亭者也。忭少也读《大学格致章补》，则掩卷而思曰：何哉？无乃倒言之也乎？无亦曰：吾心之全体大用无不明，而后庶物之表里精粗无不到乎？果若所言，何以为知本也？稍长，得《大学》古本读之，而后知圣人之学固如是乎易简，而无难也，已又得《定论》读之，而后知考亭之学，其究竟固若此，而传注所云，乃其论之未定者也。已又每诵《性理》所载考亭诗，则跃然曰：此非《定论》之余响乎？如曰：识东风面，闻夜半雷；春水生而蒙冲自在，风浪息而山树依然。此非以神遇，不以言解者乎？顷邸舍多暇，复取集中诸诗，偕一二朋友遍阅之，得其调之同者凡若干首，类而之，曰《悟后诗》。盖《定论》虽曰晚年，犹有未必晚年之疑，而是诗见于平时，则皆到岸弃舟之句，合书与诗观之，而考亭之学，益见其博大圆融，洞朗无碍。前陆后王，气求声应，无复异同之纷纷矣。于是合二编而刻之，曰《朱子摘编》，而叙其始末如此。呜呼！道一而已矣。学不会于一，非学也。是编也，岂独三先生之学，可会于一乎？千古圣学之正传，吾知其无三径矣。虽谓之“儒宗参同契”，可也。

56. 重刻《诸儒语要》序

高攀龙①

唐荆川先生，辑《诸儒语要》十卷。其六卷，皆诸先生所自得语；四卷，则辨析同异，而考亭之语为多，吾友黄云翼读之，而奋然起曰：道在兹乎！重刻于浙中，而征言于不佞。夫不佞乌知道，窃以善观圣人之道者，观其学；善观圣人之学者，观其教；善观圣人之所言者，观其所不言。观圣人而后乃知诸先生也。夫圣人之忧患天下后世远矣。故不难于自尽其心，而难于尽众人之心；不难于开一世人之心，而难于稽万世人之心。圣人知不学之害小，而学术之害尤大。不学之害，害其身；而学术之害，害万世。故能言而有所不敢言，欲言而有所不敢尽。钦钦然守先王之法，文则先王之文，礼则先

---

① 高攀龙（1562—1626），明无锡（今属江苏）人，字存之，又字云从、景逸。少读书，辄有志程朱之学。举万历十七年进士，授行人。熹宗时官左都御史，因反对魏忠贤，被革职。高攀龙曾与顾宪成同讲学东林书院，以静为主。操履笃实，粹然一出于正，为一时儒者之宗。海内士大夫，识与不识，称高、顾无异词。后来，因魏忠贤党羽崔呈秀派人往捕，投水死。能诗文，主要著作有《高子遗书》。学术活动见《明儒学案·东林学案一》。《明史》卷二四三有传。

王之礼。圣人特示之博，特示之约，使万世之贤且智者，有所裁而不敢恣其意；愚不肖者，有所循而得以殚其力。如是而已矣。夫道，人所自道也。譬之适长安者，圣人第示以至之之途，示以至之之具尔。途不辨不可得而至，用不具不可得而至及。其至则长安自见，不以言而见也。后之教者不然，每侈言长安，而学者亦婉若身亲其地，然而心游千里，身不越跬步也。彼其侈言长安者，夫岂非身至之者乎？以为言途与具，非长安也，乃不知徒言长安者之非真长安也。夫然后知圣人之忧患天下后世之远，故于其所不言，而知其所言也。斯义也，由孔子而来，惟周、程、张、朱五先生得之。① 自五先生外，诸先生各有独至，而学圣人者，必以五先生为其辨途之正，其用之备也。吾观圣人之教，而知诸先生；观诸先生之教，而益知圣人。甚哉！教之万世，生人命脉也。是以圣人视如河堤蚁穴，知其必决而慎之。

57.《无锡县学笔记》序

高攀龙

何以使天下治？曰：人才。何以育才？曰：庠序之教。何以使庠序之教，天下奉之若蓍蔡②，循循焉向于道也？曰：在是非著而劝惩者深。古者令民五家为比，其教始于比长、闾胥，聚众读法书，其敬敏任恤，而掌其比觵挞罚之事③，盖已昭然导之向矣。至于州长，以岁时考其德行道艺而劝之，纠其过恶而戒之。行成而后，卿大夫以登于王。盖劝戒森严，故民听不惑，其必为善也，如水之寒而火之热，必不为恶也。如驺虞之不杀，窃脂之不谷，岂独其性然哉？所由来者豫矣。夫有善恶，而后有是非；有是非，而后有赏罚；有赏罚，而后有劝惩。上之人躬明德以示之，又严劝惩以一之，若之何士不务于道，而天下不安治且久也。今也不然。士幼而诵圣贤之言，十倍于古，乃其父兄所责成，师友之劝勉，止于一第而已。入官之后，俯仰以随俗，积金拓产以裕其子孙而已。簿书期会之余，计俸待迁，叹老嗟卑而已。上之则诗文酒奕以自娱，仙玄释空以休老而已。天下滔滔，不复知礼义为何物也。乡饮酒以尚齿而崇德也，祠乡贤以褒往而劝来也。或非其人，而人不以为荣。士之以行黜也，卿大夫以墨败也，恬焉安之而人不以为辱。闾巷之间，是其同己，不必出于善；非其殊已，不必出于恶。恕于责小人，而苛于求君子，庶民瞀惑，而人不以为信。至号为儒者，礼义之心不能胜其嗜欲，恐天下丛而议其后，则皆习为无善无恶之说以自便。以含糊为长厚，以退避为明哲，言行不足训于天下，于是道德灭裂，而人不以为贵，几何不胥而乱也。然则如之何？曰：救今

---

① 周、程、张、朱五先生，指周敦颐、程颐、程颢、张载和朱熹，一共五人。

② 蓍蔡，蓍草和龟甲，均为卜筮所用之物，亦指卜筮。宋·梅尧臣撰《宛陵集》卷三十八《送张推官洞赴晏相公辟》诗："送子居大梁，关中乃关外。往者边事繁，秦民被灾害。今闻独丰穰，逮堠无动旝。相公欲勤劳，请以临都会。多选天下才，佐佑如何赖。决疑有全策，何必用蓍蔡？虽病君强行，宝刀仍喜带。岂是为俗儒，空言事夸大。"

③ 《周礼·春官宗伯·小胥》："小胥掌学士之征令而比之。觵其不敬者。"宋·朱申撰《周礼句解》卷六："觵其不敬者。觵，罚爵也。慢期则不敬，故觵以罚之。觵，古横反。"

之弊，则复古之法而止也，德行废而任词章，既失其本矣。昔之词章，犹不敢叛经而乱传也，今则传注废而士之说经以意矣。说经以意，无不可行意也。意以乱指，指以从邪，浸淫溃决，将六籍之正，皆为奸言之文，是非益谬背，而不知所底矣。复之如何？有高皇帝之卧碑，两朝之敕谕，在学必以孔、孟、程、朱为宗，士必以孝、弟、忠、廉为贵，如此之谓是，不如此之谓非。德行由是，词章由是，比间之论议，达于朝廷之举措。由是赏罚明而劝惩著，耳目一而志虑专，学如是而止也。呜呼！所以行之者难言矣。吾邑思永谈公为《学宫笔记》既成，以示予。予卒业而叹曰：教典具矣，科目具矣，哲范具矣，富贵如蜉蝣，淑慝如苍素，毁誉行于一时，是非昭于万世，其亦可揜也。夫兹记行也，上之人，考而思焉，以复古之制；下之人，考而思焉，以复古之学。往者之不湮，来者之有述，公之锡类也远矣。于是不辞，而为之序，且以志其平居之慨。

58.《毘陵人品记》序

高攀龙

士无定品，要在不失其人之本色而已。夫子曰：人之生也，直此本色也。以其本色也，而易如火之炎上，水之就下也。故无巨细，皆足以成品。以其本色也，而难如火之不熄，水之不污也。故无巨细之品，皆见其可贵。品士者，核其人，必脉理真，而后无赝品。论人者，必群品备，而后无失人。毘陵为泰伯端委之地①，山川平衍，习尚得文质之中。由周而来，风气日开，至宋而益著。天下有事，毘陵人必有。则古昔称：先王不忍自决其防者，如庆元、端平间，天下岌岌矣，毘陵人硁硁守其所学，逐而去之者，至以道学解散为庆，而迄于乱亡。毘陵犹孤城死守不下，及羽人、释子，亦知与城俱亡之为义。宁独天性，亦其习见、习闻然也。毛右庵先生记毘陵人品，顾泾阳先生志桑梓人物，侍御严所吴公，更雅驯其文辞，续入其后，死合为书十卷，谓某不可无一言。某曰：侍御之功，伟哉！夫人心之所趋，必有所定以为的，而期中焉。故以富贵利达为的者，取诸昏夜乞哀之巧力矣。以圣贤豪杰为的者，取诸平旦虚明之巧力矣。二者如霄壤，不可同日而语稍错杂焉。人莫知所趋。侍御之厚于取善，而严于别类，其示之的乎？人固有与生俱生，不与死俱死，塞两间，亘千古，不可得而灭没者，非富贵利达之谓也。世人毕其巧力，昏夜乞哀以求之，而与此曾不相涉矣。夫以百年易尽之身，营此身不相涉之物，譬之冠冕金玉被饰土木偶人，至于死之日，了无余味。而后知其向之所

---

① 阎若璩撰《四书释地续》："荆蛮吴。《集注》：仲雍与泰伯，同窜荆蛮。又云：仲雍居吴，不达者遂以吴与荆蛮为二地，实则一地。《寰宇记》：今常州无锡县东南四十里，有吴太伯城。高忠宪所谓'梅里平墟，为泰伯端委之地'是也。下逮吴王僚二十三君，并都此。惟阖闾元年始筑吴郡城，徙都之今苏州城。《通典》：吴之都，其南百四十里，与越分境。余谓此必指槜李。贾逵曰：槜李，越地。班固曰：故就李乡，吴越战地。今嘉兴府西南，有槜李城。越王句践，既栖会稽，后《越语》纪其地曰：北至于御。"思齐按：泰伯，即《尚书·泰誓》之泰伯，又作太伯。端委，礼服，也指穿着礼服。

为罔也，大可哀矣。其有感于斯编而兴起者乎？侍御之功，伟哉！

思齐按：今无锡一带人士，言及其故乡，喜称之为“泰伯端委之地”，一时其由远而深厚的历史文化。明代著名学者高攀龙有两篇文章谈到“泰伯端委之地”。一篇是《毘陵人品记序》，原存《高子遗书》卷九上。另一篇是《高子遗书》卷十《泰伯庙碑》，该文有助于我们了解何谓泰伯端委之地，本身亦是一篇好文章，如下。

泰伯庙碑

吾邑之鸿山，古所称皇山。皇山有泰伯墓。《南徐记》及《圣贤冢墓记》同，其为泰伯墓，审矣。盖梅里平墟，为泰伯端委之地。皇山为归藏之地。两地并重。今梅里庙貌肃穆，而皇山草莽榛芜。邑之人往来于此者，不知其为山，其为墓，指点疑似樵苏畜牧，且狎游而秽践焉。于大圣人墓，宜然乎？万历之季，绅衿始谋立碑而表之，旁为屋，以居道者，禁樵牧而憩往来之伏谒。既立石，欲余记其事于碑阴。余惟兹土，古所称荆蛮，声教不通于上国，泰伯至止而东南之文明始辟。今且擅宇内之英华，而上国莫及焉。则是至德之圣让天下，而逃不之于名山大川，不之于长林浚谷，而之于荆。其之于荆也，不之于三江五湖，不之于幽岩绝壁，而之于吾锡之泱莽平墟。岂其无故耶？况乎临于平墟，墓于兹山，相去不数里，而遥若其有择于兹者，又岂其无故耶？锡之士可思矣。之于荆，而东南之文明甲天下；之于锡，而锡之文明不当甲东南乎？锡之士可思矣。夫文明者，非文词缋藻之工已也。记尧者曰文明，记舜者曰文明，则文明可思也。尧之文明曰亲九族，舜之文明曰徽五典。至德之圣，以天下让者，在父子兄弟之间，则文明可思也。嗟乎！古之圣人，以父子兄弟之间让天下，而不顾；世之人乃不免箪食豆羹，争于父子兄弟之间，而不耻。若是者，尚可称锡之士，而过梅里之墟、皇山之野乎？人人思而耻之，而父父、子子、兄兄、弟弟，锡之文明甲天下矣。

思齐按：毘陵的范围，历史上几经变化。自六朝起，中国的经济重心逐渐朝东南转移，此即所谓地气东移也。苏轼曾在无锡、常州一带置过田产，安顿过家室。他熟悉东南文化。苏轼《书传》卷五于《尚书·禹贡》“三江既入震泽底定”之下以疏传的方式谈到过毘陵。三江，究竟指哪三江，历来众说纷纭。在苏轼的文章中，水味指江河的性质。苏轼从河流的性质来谈论三江，显示出他那渊博的自然地理方面的识见。知水方能治水，苏轼确有见地。

传“三江既入震泽底定”

三江之入，古今皆不明。予以所见考之。自豫章而下，入于彭蠡，而东至海，为南江。自蜀岷山至于九江彭蠡，以入于海，为中江。自嶓冢导漾，东流为汉，过三澨、大别，以入于江，东汇泽为彭蠡，以入于海，为北江。此三江，自彭蠡以上为二，自夏口以上为三。江汉合于夏口，而与豫章之江，皆汇于彭蠡，则三江为一。过秣陵京口，以入于海，不复三矣。然《禹贡》犹有三江之名，曰北，曰中者，以味别也。盖此三水，性不相入。江虽合，而水则异，故至于今，而有三泠之说。古今称唐·陆羽知水味，三泠相杂，而不能欺，不可诬也。予又以《禹贡》之言考之，若合符节。禹之叙汉水也，曰嶓冢导漾，东流为汉。又东为沧浪之水，过三澨，至于大别，南入于江。至于东，汇泽为彭蠡，东为北江，入于海。夫汉既已入江，且汇为彭蠡矣。安能复出为北江，以入于海乎？知其以味别也。禹之叙江水也，曰岷山导江，东别为沱。又东至于澧，过九江，至于东陵。东迤北，会于汇，东为中江，入于海。夫江既已与汉合，且汇为彭蠡矣。安能自别为中江，以入于海乎？知其以味别也。汉为北江，岷山之江为中江，则豫章之江为南江，不言而可知矣。禹以味别，信乎。曰济水既入于河，而溢为荥，禹不以味别，则安知荥之为济也？尧，水之未治也，东南皆海，岂复有吴越哉？及彭蠡既猪，三江入海，则吴越始有可宅之土，水之所钟，独震泽而已，故曰："三江既入，震泽底定。"孔安国以为，自彭蠡，江分为三，入震泽为北，入于海，疏矣。盖安国未尝南游。按经文以意度之，不知三江距震泽远甚，决无入理，而震泽之大小，决不足以受三江也。班固曰："南江从会稽、阳羡，东入海；北江，从会稽，毗陵县北，东入海。会稽并阳羡，有此三江。"然皆是东南枝流小水，自相派别而入海者，非《禹贡》所谓中江、北江，自彭蠡出者也。徒见《禹贡》有南、北、中三江之名，而不悟一江三泠，合流而异味也。故杂取枝流小水，以应三江之数，如使此三者为三江，则是与今京口入海之江为四矣。京口之江，视此三者，犹畎浍。禹独遗大而数小，何耶？

《明文海》卷二百二十四序十五著述

59.《记论文》

孙慎行①

江右四山邹公，工文章，辨别邪正，以为自古及今，实有正气一脉真传。自《史》、《汉》及唐宋八大家，虽调格不同，其得是诀窍一也。自昭明有《选》，此脉遂大坏，及真西山有《正宗》，稍为一清，然世反有艳《选》薄《正宗》者，至出入《选》、《宗》间，漫无白黑。如纷纷诸《选》下，已、他姑为酬应，无所禀裁者，则又勿论。然世之名能文者，半系姑为酬应辈。尝细总古今为《文汇》，分别各体，以为文章一脉在是。又从中间抽出一二篇，谓"奇特"。予初为诸生，弗甚晓。迨后十余

① 孙慎行（1564—1635），字闻斯，号淇奥，明常州武进（今属江苏）人。万历乙未赐进士第三。授编修，累迁左庶子。屡请假归里，曾讲学于东林书院。万历四十一年（1613）擢礼部右郎，署部事。促福王之国，平反楚宗案。次年自免归。熹宗立，拜礼部尚书。天启二年（1622），被魏中贤定为红丸案主谋，戍宁夏。思宗即位，得免。后廷推阁臣被召入京，病死，谥文介。著有《玄晏斋困思钞》、《事编内篇》、《思恤诸公志略》等。清·朱彝尊编《明诗综》卷六三录孙慎行诗一首。

年，殚力工琢。又数年，搜义理。又数年，涉世事。勃抒所欲吐，然复阅前所抽出一二篇，觉弘深老大，去世犹百数武①，盖文之难知如此。因思《史》、《汉》及八大家，昔人见谓文辞客耳。今细探之，其胸中道术，良有深见，浩荡无涯矣。而徐发其一二，故足传也。史迁曰："《春秋》推见至隐，《易》本隐以之显。《大雅》言王公大人，而德逮黎庶。《小雅》讥王政之得失，其流及上。"② 其经术深湛如是。老泉云："天之与我，岂偶然哉?"③ "千金之子，天子之宰相，求一言之几乎道，而不可得。"④ 今文中曾不知所谓几道者何指？圣门道术，首言学文。虽非世文辞之文，而文辞未必非其流绪焉。今世俗讲学家，不及文章。文章家，畏言理学。两失之矣。公夙以学问鸣，宜于直处，特有见也。然亦未暇以是绳今古，衹以为文章，全要一气呼吸，自始至终，提掇得起。若世俗斗凑，极力做来，不过六朝粉靡态格。其说尤健。吾尝心识之，为人尝诵云耳。惜所谓《汇》者，今无从卒业。所谓一二篇者，昌黎《科斗书后记》，永叔《樊侯庙灾记》、《找竹记》也。以示之人，恐都未解了会。其孙某，屡属传表予。以久谢不能应，第书此以见公一斑。公尝诗云："文章还大雅，经术润群生。盱江多俊彦，应念鸟鸣嘤。"公之精神，殊可念云。

思齐按："天之与我，岂偶然哉?"这是苏洵的一个重要思想。苏洵长于易学，深通易理，对人生与机遇的系有过深邃的思考。这一命题的直接出处为《嘉祐集》卷十一《上田枢密书》。此外，苏洵在《嘉祐集》卷十二《上欧阳内翰第二书》中也论述过类似的思想。可视为这一命题的间接出处。这两篇文章都是宋代有名的散文，对明代士人的影响甚为巨大。

上田枢密书

天之所以与我者，夫岂偶然哉？尧不得以与丹朱，舜不得以与商均，而瞽叟不得夺诸舜，发于其心，出于其言，见于其事，确乎其不可易也。圣人不得以与人，父不得夺诸其子，于此见天之所以与我者不偶然也。

夫其所以与我者，必有以用我也。我知之不得行之，不以告人，天固用之，我实置之，其名曰弃天。自卑以求幸其言，自小以求用其道，天之所以与我者何如，而我如此也，其名曰亵天。弃天，我之罪也。亵天，亦我之罪也。不弃不亵，而人

---

① 武。古以六尺为步，半步为武。《国语·周语下》："夫目之察度也，不过步武尺寸之间。"

② 汉·司马迁《史记》卷一一七《司马相如列传》"太史公曰：春秋推见至隐，易本隐之以显，大雅言王公大人而德逮黎庶，小雅讥小己之得失，其流及上。所以言虽外殊，其合德一也。相如虽多虚辞滥说，然其要归引之节俭，此与诗之风谏何异。扬雄以为靡丽之赋，劝百风一，犹驰骋郑卫之声，曲终而奏雅，不已亏乎？余采其语可论者著于篇。"

③ 此为苏洵《上田枢密书》首二句。非严格引用，古人率多如此。苏洵（1009—1066），字明允，宋眉州眉山（今四川眉山县）人，人称老苏，号老泉。

④ 语出苏洵《上田枢密书》。

不我用，非我之罪也，其名曰逆天。然则弃天、亵天者，其责在我。逆天者，其责在人。在我者，吾将尽吾力之所能为者，以塞夫天之所以与我之意，而求免乎天下后世之讥。在人者，吾何知焉？吾求免夫一身之责之不暇，而为人忧乎哉？

孔子、孟轲之不遇，老于道涂而不倦不愠、不怍不沮者，夫固知夫责之所在也。卫灵、鲁哀、齐宣、梁惠之徒之不足相与以有为也。我亦知之矣，抑将尽吾心焉耳。吾心之不尽，吾恐天下后世无以责夫卫灵、鲁哀、齐宣、梁惠之徒，而彼亦将有以辞其责也。然则孔子、孟轲之目将不瞑于地下矣。

夫圣人贤人之用心也固如此。如此而生，如此而死，如此而贫贱，如此而富贵，升而为天，沉而为渊，流而为川，止而为山，彼不预吾事，吾事毕矣。窃怪夫后之贤者之不能自处其身也，饥寒穷困之不胜而号于人。呜呼！使其诚死于饥寒穷困邪，则天下后世之责将必有在，彼其身之责不自任以为忧，而我取而加之吾身，不已过乎？

今洵之不肖，何敢以自列于圣贤！然其心亦有所不甚自轻者，何则？天下之学者，孰不欲一蹴而造圣人之域，然及其不成也，求一言之几乎道而不可得也。千金之子，可以贫人，可以富人。非天之所与，虽以贫人富人之权，求一言之几乎道，不可得也。天子之宰相，可以生人，可以杀人，非天之所与，虽以生人杀人之权，求一言之几乎道，不可得也。今洵用力于圣人贤人之术亦已久矣，其言语，其文章，虽不识其果可以有用于今而传于后与否，独怪其得之之不劳。方其致思于心也，若或起之。得之心而书之纸也，若或相之。夫岂无一言之几乎道？千金之子，天子之宰相，求而不得者，一旦在已，故其心得以自负，或者天其亦有以与我也。

曩者见执事于益州，当时之文，浅狭可笑，饥寒穷困乱其心，而声律记问又从而破坏其体，不足观也已。数年来，退居山野，自分永弃，与世俗日疏阔。得以大肆其力于文章。诗人之优柔，骚人之精深，孟、韩之温淳，迁、固之雄刚，孙、吴之简切，投之所向，无不如意。常以为董生得圣人之经，其失也流而为迂。鼂错得圣人之权，其失也流而为诈。有二子之才而不流者，其惟贾生乎！惜乎今之世，愚未见其人也。作策二道，曰《审势》、《审敌》，作书十篇，曰《权书》。洵有山田一顷，非凶岁可以无饥，力耕而节用，亦足以自老。不肖之身不足惜，而天之所与者不忍弃，且不敢亵也。执事之名满天下，天下之士用与不用在执事。故敢以所谓《策》二道，《权书》十篇者为献。平生之文，远不可多致，有洪范论、史论七篇，近以献内翰欧阳公。度执事与之朝夕相从而议天下之事，则斯文也其亦庶乎得陈于前矣。若夫其言之可用与其身之可贵与否者，执事事也，执事责也，于洵何有哉！

上欧阳内翰第二书

内翰谏议执事：士之能以其姓名闻乎天下后世者，夫岂偶然哉？以今观之，乃可以见。生而同乡，学而同道，以某问某，盖有曰吾不闻者焉。而况乎天下之广，后世之远，虽欲求髣髴，岂易得哉？古之以一能称，以一善书者，愚未尝敢忽也。今夫群群焉而生，逐逐焉而死者，更千万人不称不书也。彼之以一能称，以一善书者，皆有以过乎千万人者也。

自孔子没，百有余年而孟子生。孟子之后，数十年而至荀卿子。荀卿子后乃稍阔远，二百余年而扬雄称于世。扬雄之死，不得其继千有余年，而后属之韩愈氏。韩愈氏没三百年矣，不知天下之将谁与也。且以一能称，以一善书者，皆不可忽，则其多称而屡书者，其为人宜尤可贵重。奈何数千年之间，四人而无加，此其人宜何如也？天下病无斯人，天下而有斯人也，宜何以待之？

洵一穷布衣，于今世最为无用，思以一能称，以一善书，而不可得者也。况夫四子者之文章，诚不敢冀其万一。顷者张益州见其文，以为似司马子长。洵不悦，辞焉。夫以布衣，而王公大人称其文似司马迁，不悦而辞，无乃为不近人情？诚恐天下之人不信，且惧张公之不能副其言，重为世俗笑耳。若执事，天下所就而折衷者也。不知其不肖，称之曰："子之《六经论》，荀卿子之文也。"平生为文，求于千万人中使其姓名髣髴于后世而不可得。今也，一旦而待齿于四人者之中，天下乌有是哉？意者其失于斯言也。执事于文称师鲁。于诗称子美、圣俞，闻其有此言也，意者其戏也。

惟其愚而不顾，日书其所为文，惟执事之求而致之。既而屡请而屡辞焉，曰："吾未暇读也。"退而处，不敢复见，甚惭于朋友，曰："信矣，其戏也。"虽然，天下不知其为戏，将有以议执事，洵亦且得罪。执事怜其平生之心，苟以为可教，亦足以慰其衰老，唯无曰荀卿云者，幸甚。

《明文海》卷二百二十五序十六著述

60.《新安文献续志》序

李维桢①

程篁墩先生《新安文献志》，岁久漶灭。里人毕侍御、孟侯，更梓于京师会馆中。京师之有歙会馆，盖吴内史云将首事，馆成而内史续《志》，以为程先生书成于弘治庚戌，凡二甲子有奇。继先生起者，相望缺而不载，责在后人。乃谋于同志，旁求大家故族，鸿生巨儒续葺之。孔子曰：文献不足征也。文以言，献以人，其人往矣，其言则存。左史记事，右史记言。献之所取征者亦在文，古列国史类如是。今《志》分甲、乙二集。《甲集》则新安人所著文，若诗为体四十，自齐·程郢州茂以下，至明三百三

① 李维桢（1547—1626），明京山（今属湖北）人，字本宁。隆庆进士。由史馆庶吉士授编修。博闻强记，与馆中许国齐名，史官为之语曰："记不得，问老许；做不得，问小李。"万历中，预修《穆宗实录》后，升任修撰。出为陕西右参议，迁提学副使，其后改任外官近三十年。天启初，年已七十余，告归家居。因其早年修史，再被起用，官至南京礼部尚书。著有《史通评释》。

十人有奇，非新安不得与焉，所谓文也。《乙集》则新安人之行实，凡分类十有五，自梁·程忠壮灵洗以下，至明三百六十人有奇，外郡人作者，自唐姚常侍思廉以下，至明可一百二十人，而新安人不与焉，所谓献也。亦新安之左、右史已。其大体次第，准真西山《文章正宗》，首辞命，而以诗余附诗杂体之后，崇大雅也。其人，准梁·昭明太子《文选》称字，朱紫阳注书称官爵、谥号，而附见其名，崇厚道也。古全史中有志，始自班孟坚。志有艺文，亦始自孟坚。刘子炫谓：一代之史，何取当代之文？独宋孝王《东风俗传》。《坟籍志》所录，皆邺下文士仇校之司所列，书名悉取当时撰者，要以志载一郡，郡代不乏人，自有不得已者焉。今志例用《会稽掇英集》、《成都文类》法也。古史之纪献者，自司马子长始有循吏、儒林诸传，而酷吏、佞幸之类，美恶并载。班氏因之。范氏始传列女，亦不必尽有女德。盖史体宜然。常璩志蜀郡广汉、犍为、汉中、梓潼士女，皆贤乡里小生，礼应为尊亲，既名曰献，何可错以匪人，乃其不见采者，隐然笔削之义，直在其中矣。今《志》例用《华阳国志》法也。余又论之：凡事作难而述易，惟为乡国志者，作与述俱不易，而莫难于新安。新安山四塞，兵革患少，大姓或十余万人。唐宋以来，支系可考先世之遗，善守勿失。富者好行其德，向慕文苑、儒林。雅道大兴，尤尊礼贵显。程先生而世列乡宦，承明金马著作之庭有年。其力既便搜罗，而所裁鉴一时人无异议。度为此《志》当不苦难。今新安文日盛，即百工之技，精丽甲天下，好胜暾名，凡一切庆吊事，必征文。贵者、贤者以张大之，竹帛金石，汗牛充栋。迩来辞赋之业，传习弥广，往往掺野史权志，以文献称，谁自居于不文不献？即程先生在，且未易措手。吴内史之果于续也。壮哉！能任怨任劳矣。

61.《万历疏抄》序

李维桢

今皇帝临天下久，耆宿名德，厪有存者。守经据古危言核论之臣，投鼠器，探骊珠，不安其位，身且不免，后进无所禀承，纷然殽乱，莫繇取衷。而侍御史吴公，毘陵世家贤胄，练朝章，通国体，思以发末俗之覆，取程先民会按部云中上谷。自公多暇，乃葺上缵服访落。迄乎今，兹凡诸臣封事若干篇，数十万言，而离其目为五十。其切君身者为首，而总论诸政体，若臣职，若官邪，若民隐，分而属六卿者、远而制四裔者次之，而以上书终焉。亦四十年中朝野得失之林也。义兴陈公，方按河东陕西，相与共校行之，而授某序所以。某俗吏浅闻，不能究宣。然四十年乘空乏之间，充位具官，耳目私所睹记，大都有三变焉。嘉靖末，执政墨而善阿邑固宠①，群蚁附膻，浊乱天下，自壬戌至万历凡十年，而历三朝矣。代者或尚清静，奖恬退，贵名理，而空谈废实，或轻喜怒急，终更重意气，而太刚易折，于是执政综核名实，绳下如束湿薪。其知深而勇沉

---

① 阿邑，阿谀奉迎。《汉书·酷吏传赞》："张汤以知阿邑人主，与俱上下。"

侦瞯者不得要领。① 吠影射声，株连蔓衍，其訑訑言貌，距人千里之外，其极惨刻少恩，此一变也。言路之塞，塞在骄倨而专恣，上益习国事，不欲倒授人。太阿柄执政，无一介不取三公不易之节，以厌众望而惩骖乘②，前车都俞多吁咈鲜。③ 上既无所逆于心，见以为驯谨而时诎言者，以徇之。内不沾洽，而外示包容。强笑语相下，中外章满，公交车谨谢之，以闻罢而已，此一变也。言路之塞，塞在泄沓而靃靡。上久废朝庙，郊讲厌薄。大小臣不即除诸署，鞠为茂草，奏入不答，常十九。而舞智御人者，因以为利，曰默足容也，谏愈矶也。遇主于卷可耳，粗翘不急为，而静正伏言何在？人不适，政不间，而格非心，何日？横政横民，悖出悖入，怨归于天，而下逃其责，此一变也。言路之塞，塞在观望而巧匿，人心世道，不惟远不及洪、永，而亦逊嘉、隆也。每况愈下，不遡其源，则颓波不可挽；不缘其督，则药物不可投。四十年中，情伪微暧，事势鼎革，按是《抄》而约略得之，于以转移人心，祛诐淫邪；遁之，害纲维世道。归平康正直之路，良有藉赖矣。我思古人：忠爱无已，反复必听，则赵普之怀牍；范镇、吕诲、王拱辰之累奏。舍已从人，同心僇力，期于共济，则归登之附名；崔植、刘瞫之更疏；梁焘、刘安世之交章。多蓄前言，斟酌时宜，殷鉴柯则，事在不远，则侯覇收遗文、条善政；吕祖诲、赵汝愚集《名臣奏议》。两公之为是《抄》也，意倘在是乎？不佞病不任，乞赐骸骨归田，窃比于隐居放言之义。论其概略如此，老悆妄发，知我罪我，敢不唯命。

62.《诸儒讲义》序

刘菃④

程朱出而传注多，学者之至幸也，亦学者之至不幸也。盖尝观于贫人之稼矣，佃田贷种，汗血风日，眼穿云霓，以期有秋。幸而不为旱潦蝗螟之所妬，公私逋欠之所分，则粒视黄金，颗视珠玉，爇蔬藿以佐食力，齿颊生香而有余味，是何也？得之之难也。

---

① 瞯（jiàn)，窥视，窥探。《孟子·离娄下》：“问其与饮食者，尽富贵也，而未尝有显者来，吾将瞯良人之所之也。”

② 骖乘，陪乘，陪乘人员。古代乘车之法，尊者居左，驭者居中，陪乘者居右，以负责行车安全。《汉书·董贤传》：“出则骖乘，人御左右。”

③ 都俞，本为感叹词，后用以表示君臣谈论融洽的样子。语出《尚书·益稷》：“禹曰：‘都！帝，慎乃在位。’帝曰：‘俞！’”宋·欧阳修《文忠集》卷四六《仁宗御集序》：“在昔君臣圣贤，自相戒敕，都俞吁咈于朝廷之上，而天下治者，二帝之言语也。”吁咈（xūfú)，感叹词，用以表示不满或不以为然，语出《尚书·尧典》：“帝曰：‘吁！咈哉，方命圮族。’岳曰：‘异哉！试可乃已。’”李商隐《李义山诗集》卷下《井泥四十韵》诗第十九韵：“禹竟代舜立，其父吁咈哉。”思齐按：前车都俞多吁咈鲜，读若：前车都俞多，吁咈鲜。意思是说，乘坐豪华车的大臣们倒是很多，但是他们都只打哈哈而已，很少有人去领会皇帝的意图而发表真知灼见，更不用说为国家大事动感情而生气了。鲜，寡少。

④ 刘菃，明涪州人，字惟馨。弘治进士。正德初官户科给事中。时刘瑾擅权，首抗疏极言其奸，被杖落职。瑾败，起金华知府，举治行卓异。世宗初终江西副使。事见《明史》卷一八八《刘菃传》。

又尝观于富人之稼矣，柙有牛，庾有种，耕有臧获，失之东亩，收之西亩，旱潦虫蝗不能多为之侵，筑场纳稼，主人首领权量而已。及其付之饔丁，侑以珍鼎，异品满前，疑于举著。岂辨麦稻粱之味？是何也？得之之易也。今之学者，何以异于是？七十子之徒，目不见载籍，而斐然成章。古人有老而后见完本《论语》，聘上国始见《诗》之风、雅、颂，适鲁然后见《易象》、《春秋》。甚至乞于邻，剽窃于市，借观于秘阁者，其书之难如此。故其潜心积虑，力索强探，一旦豁然贯通，则沛然矣。今则典籍愈多，训诂愈明，而人愈懈。未见有窥至理，成大儒者。以其道理易见，无复体认精察之力。虽三尺童子，亦解执绳墨，以议论古人，其于身心懵如也。况乎科举之业，得失之心，趣之哉？然则多书非学者之幸矣。此编非诸儒之极至，余爱其有益学者身心性情，故重镂焉。非欲为传注赘疣也。后学刘莊序。

63. 书《五经白文》后

杨濬①

右《五经白义》，知耀州进士王谷，承吾檄刻以传世者。五经之文，诚若浩瀚，而先正郑教授，尝以为《周易》、《尚书》、《毛诗》、《春秋》、《左氏传》、《礼》、《孝经》、《论语》、《孟子》，大小经合四十八万二千二百有六字②，止以中才为率，日诵字三百，不过四年半可毕。修身、齐家、治国平天下之道，尽在是矣。然则有志之士，尚鉴兹哉。

64. 《疑略》序

林大春③

学必有疑哉！明不至则疑生，疑无以为也。学不必有疑哉。小疑则小进，大疑则大

---

① 杨濬，甘肃总兵官。《明史》提及杨浚者仅三处，见卷二十《神宗本纪一》、卷二二八《魏学曾传》、卷二三九《萧如薰传》，然不能断定该杨濬是否为本文作者。

② 大小经，唐宋时期用于教授和科举考试的经书分大、中、小三经。此有两说。一、《新唐书》卷四十四《选举志上》："凡《礼记》、《春秋左氏传》为大经，《诗》、《周礼》、《仪礼》为中经，《易》、《尚书》、《春秋公羊传》、《穀梁传》为小经。通二经者，大经、小经各一，若中经二。通三经者，大经、中经、小经各一。通五经者，大经皆通，余经各一，《孝经》、《论语》皆兼通之。凡治《孝经》、《论语》共限一岁，《尚书》、《公羊传》、《穀梁传》各一岁半，《易》、《诗》、《周礼》、《仪礼》各二岁，《礼记》、《左氏传》各三岁。学书，日纸一幅，间习时务策，读《国语》、《说文》、《字林》、《三苍》、《尔雅》。凡书学，石经三体限三岁，《说文》二岁，《字林》一岁。凡算学，《孙子》、《五曹》共限一岁，《九章》、《海岛》共三岁，《张丘建》、《夏侯阳》各一岁，《周髀》、《五经算》共一岁，《缀术》四岁，《缉古》三岁，《记遗》、《三等数》皆兼习之。"二、由于宋徽宗信奉道教，遂诏以《黄帝内经》、《道德经》和《周易》为大经，以《庄子》、《列子》和《孟子》为小经。其中，《周易》为六经之首，有时联系儒道两教之桥梁。《孟子》为儒家经典。其他几种经典为道教所崇奉，也一度列入科举考试的出题范围。

③ 林大春，明潮阳人，字井丹，号慥斋。嘉靖进士。除行人。累擢副使。督学江浙，致高拱所私于法，言官希拱指论罢之。

进，疑固所以求进也。此皆有成论已。彼立论者，非故为是两可之辞，终于相抵牾而已也。盖必斟酌于疑不疑之间，以求其所谓的然无疑，而后可者。故告子不得于言，勿求于心，最长于无疑，而独疑于义之为外。孟子日从事于审问、慎思、明辨之学，若疑之不置矣。至其距邪说以正人心，则断断然必以圣人复起，为不易吾言。然则求圣贤之学者，不但当知不疑为非，是虽疑，亦当知有不是者在，斯可与进于疑也已。晋江王恭知先生①，自幼学及于优仕。以经史所载圣贤之道，问之，思之，辨之。其有不得者，仰之继日夜，终不自释于疑也。乃其自著《疑略》三卷，以示同志。其邑人丁使君序之，意谓朱子当年，未必自以训注为是，亦将以俟后之君子，而先生乃能上下千百载，间出己见，与之辨析疑难，固朱子之所取者，其说备矣。然余尚疑先生所以有疑之因，意必自其无疑者致之，及观先生为人气节，挺挺不为世俗邪诐之态，至莅官表树，必裁之义，以正人心。盖得之学问、思辨之功为多。向使先生果于自是而不求诸心，其于圣贤之训，自以为一无所疑，则今之为告子之疑者，又不知何如也。独惜疑进方殷，未见其止，充其志，殆将求至于《孟子》，自信圣人之地而后已者。讵知业未竟，而不幸赍志以殁，遂成先生之疑于永世也。岂不悲哉！初，先生以序属余。余心许之，及先生没，而使君复以遗言请予，因为之论著，其指如此。聊窃附于延陵季子挂剑之义云尔。②

《明文海》卷二百二十六序十七著述

65.《春秋伸义》序

马森③

《春秋》何为而作也？孟子曰：“王者之迹熄而《诗》亡，诗亡然后《春秋》作。”④ 是《春秋》之经，孔子因王迹熄而后作也。诛乱臣，惧贼子，以正王法。孔子之意，渊乎微矣。孟子去孔子未远也，其私淑诸人能得孔子之心印者，即其历叙往圣见知闻知之实，曰：“然而无有乎尔，则亦无有乎尔。”⑤ 可以见其自许，非颜、曾下矣。

---

① 王复春，字恭知，嘉兴主簿，后升常州府同知，著《四书疑略》。

② 延陵季子，指季札。延陵，地名，其地为今江苏武进县。春秋吴季札封邑。时人因称札为延陵季子。《史记》卷三一《吴太伯世家》：“季札之初使，北过徐君。徐君好季札剑，口弗敢言。季札心知之，为使上国，未献。还至徐，徐君已死，于是乃解其宝剑，系之徐君冢树而去。从者曰：‘徐君已死，尚谁予乎？’季子曰：‘不然。始吾心已许之，岂以死倍吾心哉！’”思齐按：挂剑，借指内心许人以物而不更易。

③ 马森（1506—1580），明万全都司怀安卫（治今河北怀安）人，字孔养，号钟阳。嘉靖乙未进士。授户部主事。历官太平知府、户部侍郎。因不附夏言、严嵩，为徐阶所重。隆庆元年（1567）擢户部尚书，尽心搜剔以增财政收人。三年致仕归。卒谥恭敏。著有《恭敏公集》、《钟阳集》。生平事迹见《明史》卷二一四《马森传》。清·朱彝尊编《明诗综》卷四七录马森诗一首。

④ 《孟子·离娄下》“孟子曰：‘王者之迹熄而《诗》亡，《诗》亡然后《春秋》作。晋之《乘》，楚之《梼杌》，鲁之《春秋》，一也。’”

⑤ 《孟子·尽心下》：“由孔子而来，至于今百有余岁，去圣人之世，若此其未远也。近圣人之居，若此其甚也。然而无有乎尔，则亦无有乎尔焉也。”

其言曰："其事则齐桓、晋文，其文则史。孔子曰：'其义，则丘窃取之矣。'"① 此三言者，足以破诸传之惑矣。秦汉以来，言《春秋》者不下数十家，大抵多祖左氏、公羊、穀梁三家之说，然公、穀在七十子后②，诸弟子所传闻而授之，与左丘明亲见夫子，自是详略不同，即左氏或疑非是，丘明而为当时鲁国史官，则确也。国史策书，藏在太庙。其简牍本末，孔子非由史官，何能得见？赵汸氏谓："《春秋》一经，出于史官，先禀命鲁君，而后得成其事。"③ 似非臆说。今详《三传》，独《左氏》颇具本末事实，然已不能无文胜之弊，若《公》、《穀》以所传闻于诸弟子，杂之己见，其所病又岂但亥豕鲁鱼之讹哉？至于义例之论，有求其说而不得者，又托为变例以附会于夫子之《经》，因而后儒诸家纷然异同，盖不能不背于《春秋》之大义矣。《春秋》大义，尊王黜僭以律诸侯，诛乱臣贼子以正人伦者也。今《经》首"元年，春，王正月"④，《公羊》曰："加王于正者，言大一统也。"⑤ 胡氏宗之，则曰："书元年者，祖二帝，明三王，正次王，王次春，乃立法创制，裁自圣心。"⑥ 不知此元年者，乃鲁隐公纪国之元年，实周平王之四十九年也。以诸侯之元年，冠周天子"春王正月"，是得为夫子创制明大一统乎？否也。弑隐寪氏，实羽父谋诸桓也。《经》反书"薨"，而为之说曰：

---

① 《孟子·离娄下》："孟子曰：'……其事则齐桓、晋文，其文则史。'孔子曰：'其义则丘窃取之矣。'"

② 七十子，孔子弟子的通称。《史记》卷四七《孔子世家》："孔子以诗书礼乐教，弟子盖三千焉，身通六艺者七十有二人。如颜浊邹之徒，颇受业者甚众。"阎若璩撰《四书释地》三续卷中："《仲尼弟子列传》太史公曰：'学者多称七十子之徒。誉者或过其实。毁者或损其真。'集注本此。"

③ 赵汸（pāng，1319—1374），元代历史学家，后归明代。《明史》卷二八二《赵汸传》"赵汸，字子常，休宁人。生而姿禀卓绝。初就外傅，读朱子《四书》，多所疑难，乃尽取朱子书读之。闻九江黄泽有学行，往从之游。泽之学，以精思自悟为主。其教人，引而不发。汸一再登门，乃得《六经》疑义千余条以归。已，复往，留二岁，得口授六十四卦大义与学《春秋》之要。后复从临川虞集游，获闻吴澄之学。乃筑东山精舍，读书著述其中。鸡初鸣辄起，澄心默坐。由是造诣精深，诸经无不通贯，而尤邃于《春秋》。初以闻于黄泽者，为《春秋师说》三卷，复广之为《春秋集传》十五卷。因《礼记》经解有"属辞比事《春秋》教"之语，乃复著《春秋属辞》八篇。又以为学《春秋》者，必考《左传》事实为先，杜预、陈傅良有得于此，而各有所蔽，乃复著《左氏补注》十卷。当是时，天下兵起，汸转侧干戈间，颠沛流离，而进修之功不懈。太祖既定天下，诏修《元史》，征汸预其事。书成，辞归。未几卒，年五十有一。学者称东山先生。"朱彝尊《明诗综》卷六录其诗一首。

④ 这是《春秋经》的第一句话。清·洪亮吉《春秋左传诂》卷一《春秋经》一隐公："元年，春，王正月。"【诂】《易》子夏《传》："元，始也。"

⑤ 《公羊传·隐公元年》："春王正月，元年者何？君之始年也。春者何？岁之始也。王者孰谓？谓文王也。曷为先言王而后言正月？王正月也。何言乎王正月？大一统也。"

⑥ 胡氏，指胡安国（1074—1138），字康侯，南宋崇安人，为春秋学大家，所撰《春秋传》三十卷，通称为《胡氏春秋传》，与《左传》、《公羊传》和《穀梁传》并列，被誉为"第四传"，其影响一直持续到清初。

"隐公见弑。"①《鲁史》旧文，必以寔书，其曰"公薨"者，仲尼亲笔也。古者史官以直为职，不讳国恶。仲尼削而不书，断自圣心。谓国史一官之守，《春秋》万世之法，其用不同此，非厚诬圣人以不道者哉？许世子止亲疾不尝药，而书弑楚公子围假问疾，缢杀其君，而书卒若非《鲁史》旧文，是何深刻于许止，而曲护于子围耶？此可以例其余矣。陈恒弑其君，孔子时已致仕，犹沐浴请讨，况于《春秋》明百王之大法者乎？此又可以仰窥圣人之心，而知其不讳不宥之必然矣。盖春秋之修，皆据《鲁史》旧文，而笔削之，并未有特笔变文以增改于其间也。其曰"笔"者，言因之而书也，其曰"削"者，言去之而不书也。若外加笔削而又增改于其中，则与《孟子》"其文则史"之言异矣。其曰"天子之事"者，非以褒贬予夺，屑屑焉于事事求详，而托为命德讨罪之权也，以王者政教号令不行于天下，礼乐征伐皆自诸侯出，故因《鲁史》之文，窃取其义，以正其失而明之，使知有百王之大法焉耳。至谓"知我罪我云"者，我谓我众人也，言天下后世之善恶者，读春秋之所善所恶，若美我刺我者也。故曰孔子成《春秋》，而乱臣贼子惧。惟知我罪我，故惧也。若如后儒之说，则孟子又自与其"文则史"之言若相矛盾，而孔子亦必不曰"窃取"以嫌于僭耳。今考经所载朝聘会盟、侵伐战争、兼攻取侮之类，莫非列国之所谓事也。编年以著代，纪时日月以叙事，列国文告以登诸简筴，莫非《鲁史》之谓文也。有详略异同，有书有不书者，有彼善于此者，或据事直书而义自见，或属辞比事而义因以明，则孔子之所"窃取"者也。是故以此求之于心，而不必凿之于文，以此考之于事而不必泥之于《经》。信其所可通，阙其所可疑。以《经》证《经》，而不屈《经》以伸《传》，以《传》证《经》，而不屈《传》以伸《经》，则庶几于《经》可以得圣人取善之心，于《传》可以知圣人所以取义之旨。《春秋》大义，灿然可求。诸家纷说，抑亦少订矣。某也卤莽之学，犹在面墙，未洗心滓，固知寡陋不足以上探《春秋》微奥，而低昂乎众说也。窃自登籍之后，曾两乞身，卧病林间，耽玩坟集，掇拾诸传，参考见闻，辄自纪。今历有岁月，漫成篇卷，名之曰《春秋伸义》。盖取王仲淹氏《论述作》而曰："吾于道，屡伸而已之义也。"极知谬妄，无所逃罪，或缘管蠡一得之愚，以俟后之君子，冀能味醇醪于糟粕中焉耳。

思齐按：胡安国《春秋传》卷一释"元年"的一段文字，乃是理解这篇序文的基础，兹录如下：

即位之一年，必称元年者，明人君之用也。大哉乾元，万物资始！天之用也。至哉坤元，万物资生！地之用也。成位乎其中，则与天地参，故体元者人主之职，

---

① 《春秋·隐公十一年》："冬，十有一月壬辰，公薨。"《左传·隐公十一年》："羽父请杀桓公，将以求大宰。公曰：'为其少故也，吾将授之矣。使营菟裘，吾将老焉。'羽父惧，反谮公于桓公而请弑之。公之为公子也，与郑人战于狐壤，止焉。郑人囚诸尹氏，赂尹氏而祷于其主钟巫，遂与尹氏归而立其主。十一月，公祭钟巫，齐于社圃，馆于寪氏。壬辰，羽父使贼弑公于寪氏，立桓公而讨寪氏，有死者。不书葬，不成丧也。"

而调元者宰相之事。元即仁也。仁，人心也。《春秋》深明其用，当自贵者始，故治国先正其心，以正朝廷与百官，而远近莫不壹于正矣。《春秋》立文兼述作。按《舜典》纪元日，《商训》称元祀。此经书元年，所谓祖二帝，明三王，述而不作者也。正次王，王次春，乃立法创制，裁自圣心。无所述于人者，非史策之旧文矣。

思齐按：《左传》开篇，有一段传文，说明“隐公”的由来及其身份，颇有宣扬天命主宰一切之意味：“惠公元妃孟子。孟子卒，继室以声子，生隐公。宋武公生仲子。仲子生而有文在其手，曰为鲁夫人，故仲子归于我。生桓公而惠公薨，是以隐公立而奉之。”《左传》的这一段传文与《春秋》的经文相呼应，《春秋·隐公十一年》：“十有一年春，滕侯、薛侯来朝。夏，公会郑伯于时来。秋七月壬午，公及齐侯、郑伯入许。冬十有一月壬辰，公薨。”马森《〈春秋伸义〉序》中有不少文字出自宋·吕本中（1084—1145）《春秋集解》卷二隐公十一年：

武夷胡氏传：致隐让国，立不以正，惠公之罪也。致桓弑君，几不早断，隐公之失也。既有谗人交乱其间，忧虞之象著矣。而曰：使营菟裘吾将老焉。是犹豫留待辨之，不早辨也，其及也宜。“隐公见弑”，《鲁史》旧文，必以实书，其曰“公薨”者，仲尼亲笔也。古者史官以直为职，而不讳国恶。仲尼笔削旧史，断自圣心，于鲁君见弑，削而不书者，盖国史一官之守，春秋万世之法。其用固不同矣。不书“弑”，示臣子于君父有隐，避其恶之理。不书地，示臣子于君父有不没其实之忠。不书葬，示臣子于君父有讨贼、复仇之义。非圣人莫能修，谓此类也。夫贼不讨，仇不复，而不书葬，则服不除，寝苫枕戈，无时而终事也。以此法讨罪，至严矣。故曰：《春秋》成而乱臣贼子惧。

66.《读伯夷传》

徐应雷①

太史公列传首伯夷②，其所称青云之士，何人也？今骤读《史记》者，将谓岩穴

---

① 徐应雷，字声远，明吴县（今属江苏）人。著有《白毫集》。清·朱彝尊编《明诗综》卷七十录徐应雷诗一首。

② 《史记》一百三十卷，卷一至卷十二为本纪，卷十三至卷二十二为表，卷二十三至卷三十为书，卷三一至卷六十为世家，卷六十一至卷一百三十为列传（卷一百三十为太史公自序，仍算列传）。《史记》卷六十一《伯夷列传第一》，故云“太史公列传首伯夷”。伯夷和叔齐是商孤竹君的两个儿子。相传其父遗命要立次子叔齐为继承人。孤竹君死后，叔齐让位给伯夷，伯夷不受，叔齐也不愿登位，先后都逃到周国。武王灭商后，他们耻食周粟，逃到首阳山，采薇而食，饿死在山里。《孟子·万章下》孟子曰：“伯夷，圣之清者也；伊尹，圣之任者也；柳下惠，圣之和者也；孔子，圣之时者也。孔子之谓集大成。集大成也者，金声而玉振之也。金声也者，始条理也；玉振之也者，终条理也。始条理者，智之事也；终条理者，圣之事也。智，譬则巧也；圣，譬则力也。由射于百步之外也，其至，尔力也；其中，非尔力也。”

之士，趋舍有时，若此类，名湮灭而不称欤？夫古之遁世者，若焦先羸①，孙登默②，仲长子光瘖③，岂不甚矣哉？皆无家属，绝人事，并不废身前后名，则岂有抱奇岩穴而名湮灭者耶？又将谓砥行立名者，非附青云之士，恶能施于后世哉？夫砥行立名者，青云之士也。其附青云之士者，非青云之士也，又何砥行立名之有已矣哉？盖吾未见青云之士也。世人不察，猥以仕宦富贵者当之。杨用修曰：青云之士，谓圣贤立言传世者，孔子是也。附青云，伯夷、颜渊是也。后世谓登仕路为登青云，谬矣。杨用修之言辨矣。且以杨用修之言辨之，不若即以太史公言辨之也。太史公固曰，富贵而名湮灭不可胜数，何为砥行立名者，翻附之以施于后世乎？且又不若即以颜子辨之也。夫季氏鲁上卿，富于周公，颜子当附李氏而益显东家，丘焉足为轻重乎？且又不若即以伯夷辨之也。夫齐景公有马千驷，附之者且当不朽，而何以民无得而称焉？翻不若伯夷、叔齐之饿哉？此固不足辨，而世人开口辄以仕路为青云，以仕宦富贵者为青云之士，乃至临文亦然。是故余聊复辨之。虽然，太史非沾沾以孔子为青云之士，而伯夷、颜渊附青云之士也。太史公不云乎“周公卒五百岁而有孔子，孔子卒后至于今五百岁，余小子何敢让焉”？④ 故曰：“圣人作而万物睹。”⑤《正义》曰：孔子没后五百岁而已，当之故作《史记》，使万物见睹之也，得之矣。彼直自任青云之士，诸名在列传者，皆附青云之士也。故借孔子以自见，斯其为太史公哉。虽然，太史公没，谁为青云之士？太史公之

---

① 三国魏隐士，河东人，字孝然。杭世骏撰《三国志补注》卷二：“时有隐者焦先，河东人也，及魏受禅，常结草为庐于河之湄，独止其中，冬夏恒不着衣。《博物志》曰：近魏明帝时，河东有焦先者，裸而不衣，处火不燋，入水不冻。杜恕为太守，亲所呼见，皆有实事。周日用曰：焦，孝然。边河居一庵。大雪，庵倒，人以为死，而视之蒸气于雪。略无变色，时或折薪，惠人而已。”

② 孙登，三国魏人，隐士。《晋书》卷九四《孙登传》：“孙登，字公和，汲郡共人也。无家属，于郡北山为土窟居之，夏则编草为裳，冬则被发自覆。好读《易》，抚一弦琴，见者皆亲乐之。性无恚怒，人或投诸水中，欲观其怒，登既出，便大笑。时时游人间，所经家或设衣食者，一无所辞，去皆舍弃。尝住宜阳山，有作炭人见之，知非常人，与语，登亦不应。文帝闻之，使阮籍往观，既见，与语，亦不应。嵇康又从之游三年，问其所图，终不答，康每叹息。将别，谓曰：‘先生竟无言乎?’登乃曰：‘子识火乎？火生而有光，而不用其光，果在于用光。人生而有才，而不用其才，而果在于用才。故用光在乎得薪，所以保其耀；用才在乎识真，所以全其年。今子才多识寡，难乎免于今之世矣！子无求乎?’康不能用，果遭非命，乃作《幽愤诗》曰：‘昔惭柳下，今愧孙登。’或谓登以魏晋去就，易生嫌疑，故或嘿者也。竟不知所终。”

③ 明·王世贞撰《弇州四部稿》卷一百一《续高士赞·仲长子光》：“仲长子光（隋），不曜其事，庵于河汾，佣力自艺。守令、谒者辞，瘖而避，著颂独游，聊以托意，弹琴饵药，以终其世。宅乎无为，合道冥冥，谥曰天隐河渚先生。”思齐按：仲长，复姓。

④《史记》卷一百三十《太史公自序》太史公曰：“先人有言：‘自周公卒五百岁而有孔子。孔子卒后至于今五百岁，有能绍明世，正易传，继春秋，本诗书礼乐之际?’意在斯乎！意在斯乎！小子何敢让焉。”

⑤ 语出《乾》卦《文言传》，九五曰“飞龙在天，利见大人”，何谓也？子曰：“同声相应，同气相求。水流湿，火就燥，云从龙，风从虎，圣人作而万物睹。本乎天者亲上，本乎地者亲下，则各从其类也。”

后，若李元礼①、孔文举②，有位者也。郭林宗③，无位者也。其齿颊臧否，并俨然操华衮斧钺之权，可谓青云之士哉？虽然，匹夫有志，必不肯附之以成名，是故当自树立耳。必欲附所谓青云之士者，必不能砥行立名者也。是故汜毓清静自守，不畜门人。彼知附青云者之非青云之士也。而所谓青云之士者，必非齿颊臧否之谓也。夫李元礼、孔文举、郭林宗，岂能以齿颊臧否、操华衮斧钺之权？三君子皆扶树名教，而青云之士也。吾以为三君子，又不若孙登之默视一世，而独与嵇康言。然三年而始一言，仲长子光之瘖，而独与王无功对酌酒欢甚。其为华衮斧钺最严，其为青云之士尚奚疑。今不能默且瘖，又不敢齿颊臧否，而又不能撰《史记》，则如之何夫立言？不如无言，而又不能竟无言、无多言耳矣。

《明文海》卷二百二十七序十八著述

67.《四书疑问》序

曹于汴④

或有问于予曰：吾读莲勺史先生之《疑问》而窃疑焉。夫先生积学功邃，神游于孔、曾、思、孟之间，默契道真，何疑之有？吁！此未知疑之不可无也。孔夫子自述云：四十而不惑。是其四十之前，何尝自谓无惑？儒者四十之后，尚未可当夫子四十之前，动云“吾既知之矣”，居之不疑，是何其谬也！善哉乎！先生以疑自居，而长安诸君子，复有未能信，未能疑，真疑真信之惓惓也，疑则问，问则成其学，学则信。然则既信矣，当无复疑乎？是匪可易言也。虞帝之圣，奚啻于信而问察之好不置？夫岂自处了了，而故为是咨询也。夫子年至四十而已不惑矣，而假年以学，蕲免过之大者，又岂自信无过而求免也？世人谓惟圣无过此，殊不然。到得圣过转多耳。譬百里之侯，不任咎于封外，天下之宰，讵委责于遐荒。故彼能是是，亦足为一长之士也。圣人而有足时乎？不足，则不敢驾言信，乌得不问且学也？是故读《四书》者疑焉而已，读《疑问》者，转疑焉而已。伯玉未五十时，几不觉四十九年之非，傥亦尝自疑也，而不惮

① 李膺（110—169），字元礼，汉颍川襄城人，初举孝廉，桓帝时官至司隶校尉。

② 孔融（153—208），字文举，东汉末鲁人。

③ 郭泰（127—169），字林宗，东汉太原介休人。本作郭泰，范晔以其父名泰，改作郭太。《后汉书》卷六八《郭太传》：“郭太字林宗，太原界休人也。家世贫贱。早孤，母欲使给事县廷。林宗曰：‘大丈夫焉能处斗筲之役乎？’遂辞。就成皋屈伯彦学，三年业毕，博通坟籍。善谈论，美音制。乃游于洛阳。始见河南尹李膺，膺大奇之，遂相友善，于是名震京师。后归乡里，衣冠诸儒送至河上，车数千两。林宗唯与李膺同舟共济，众宾望之，以为神仙焉。”

④ 曹于汴（1558—1634），明山西安邑（今运城）人，字自梁，号贞予。万历进士。授推官，擢吏科都给事中。泰昌元年（1620）任左佥都御史。进左副都御史，后称病归。天启四年（1624）起南京右都御史，辞不就，旋遭魏党劾削职。崇祯元年（1628）官至左都御史。次年忤温体仁，辞官归。著有《仰节堂集》、《共发编》等。

于问也，乃克自觉乎？夫学难于有睹，而有睹非可尽学也。疑以生问，问以成信，转信转问，没齿焉而已矣，则兹编之所开者宏也。余不敏，丛疑如织，当图航大海之津，陟华岳之巅，抠衣请问矣。

《明文海》卷二百三十序二十一著述

68.《五经蠡言》序

蒋德璟①

明以端经取士，士鲜兼经者，然自圣门子夏、商瞿、左丘、公、穀之伦，皆仅名一经。汉景、武后，经师辈出，然一人犹不能独尽，其经多以相合而成，且每诏五经诸儒讲异同，于石渠、虎观称制临决，其难如此，而后世如郑玄、王通、颜师古、孔颖达，及宋大儒程、朱诸公，顾皆兼五经，论撰②甚富，何圣门之难，而后世诸儒之易也？入明而杨公慎、邓公元锡，特号博雅，杨间拈同异，邓则戛戛乎深矣。家君子授诸子各一经，余又得《易不解》，更授《诗旁通》、《书》、《礼》、《春秋》，习其训故，亦复不甚解。最可商者，如《易》必拈占，辱以卜师，《书》订武成，《诗》扫小序，《礼》多以汉参古，《春秋》乃舍左而徇胡，皆古今疑府。它如：金矢非赎锾，已日不必非干支，嫔虞非渎姓，戡黎非文王，逊荒非奔周，驺虞非兽，郑、卫非淫，周公居东非东征，履帝武非高辛，玄鸟非卵，孔子非不知父，墓鲁郊禘非成王赐，周正为子为寅，许止赵盾之狱蔽罪与否，滕子不书侯、季札不书大夫非贬。更仆未易数思，向名儒洞了三代以上事者，一为发覆，而得许君大赓《蠡言》，读之起舞曰：异哉！夫海非蠡所测也，然一蠡而海之性已尽。五经，学海也。千古挹酌，无虑万家，而竟不尽者，何也？汉唐为经用，而宋自用也。为经用，患拘。自用，患戾。皆经功臣，而宋人于汉，今人于宋，则皆自以为忠臣，然后知经之大于海也。余友黄君，幼精《十三经》，言向寄《易黄图》京中，余出与同馆，读之相叹。伏以为：杨子云不能作甲子之役，漳有颜君茂猷以《五经》二十三篇得隽，而大赓复以是书行于世。何闽之多才哉？大赓学博而行方，以名魁里，居键户，修不朽之业，异日出经术，经世必有卓然自表者，即为饮海之长虹，运海之大鹏，其可无言蠡矣。

---

① 蒋德璟（？—1646），明福建晋江（今泉州）人，字申葆，号八公。天启进士，选庶吉士，授编修。崇祯时累迁礼部右侍郎。十五年（1642），进礼部尚书兼东阁大学士，预机务。次年，进《御览备边册》。因屡奏行钞法及增派“练饷”之弊忤帝意，十七年，罢官归。清顺治三年（1646）任唐王政权大学士。次年，受郑芝龙排挤，告病归。清军入闽，绝食死。著有《敬日草》、《悫书》等。

② 撰，撰辑、编著。《汉书·扬雄传》：“故人间有问雄者，常以法应之，撰以为十三卷。”

69.《诗经偶笺》自引

万时华①

余僻处而无心家世。业《诗》闲居，偶有所见，随手识之，义类不能深也。跧伏既久，忽复成书，题之曰《偶笺》。子夏读书，有人亦乐之，无人亦乐之。子尚以为见其表，未见其里。子曰：吾尝悉心其中，前有高岈，后有深谷，《诗》之精微如是。夫偶于诗，亦何有哉？然今之君子，诵《诗》而蔽，皆未必以偶失之。《诗》虽埒之五经，而旨与他经异，或近之而远，或浅之而深，或显之而隐，或笑之而叹，或反而正，今之君子，知诗为经，不知诗之为诗，一蔽也。谢太傅尝问：语从《毛诗》，何句最佳？遏以"杨柳依依"对？公所赏，乃在"吁谟定命，远犹辰告"之语。谭友夏亦言：读《诗》，不能使《国风》与《雅》、《颂》同趣，且觉《雅》、《颂》更于《国风》有味，易入便人，终是读书者之病。今之君子，少此玄致，二蔽也。至于因经有传而逐传者迷经，因传而生训诂而袭训诂者迷传，塾师讲堂，辗转讹谬。夫古人之唱叹淫佚，神境超忽，而必欲硬提其字句以为纲，强疏其支派以为断，千年风雅，几为迂拙腐陋之书。嗟乎！蔽又甚矣。孟子之论，说诗以意逆志。夫千载之上，千载之下，何从逆之？大都目光所止古人。妙理相遭，无故之中，作《诗》者之志，或偶而灵；读《诗》者之意，或偶而动。天下之不可力取，而偶或遇之者，惟物之精微者为然也。癸酉中和节时华自识。

70. 周太仆《四书解》序

章世纯②

夫聪明所起，始于天地，明出于日月，聪出于空虚。天地得全而人分之，不肯让天地，各以其见相通取合，以有其能，所以可通则以言矣。言可远行，则以书矣。书者言之迹，言者智之舆。以此取通圣人之始为之，盖其难也。五方之人，各以其声命。事物杂然而来，如鸟鸣兽语，纷互舛拗。启行之音，则有爰、维、夸、诞。指事之辞，则有

---

① 万时华，字茂先，明南昌人。生性至孝，以文名海内几四十年，然而不获一第，学使侯峒曾称之为真儒。崇祯中征士。及卒，祀之学宫。著有《溉园集》、《诗经偶笺》。

② 章世纯，生平事迹附见于《明史》卷二八八《艾南英传》："章世纯，字大力，临川人。博闻强记，举天启元年乡试。崇祯中，累官柳州知府，年已七十矣。闻京师变，悲愤遘疾，卒。"章世纯著有《四书留书》，《四库全书总目》卷三六《四书留书》提要："《四书留书》六卷，明章世纯撰。世纯，字大力，临川人。天启辛酉举人，官至柳州府知府。是编说《四书》者六卷，又《内集》一卷，乃所著子书，《散集》一卷，乃所作笔记。《明史·艺文志》总题曰'留书'，人之儒家类中。然说《四书》六卷之前，有天启丁卯世纯《自序》，后有世纯自作《四书留书跋》，皆言诠释《四书》之意，不及其他。其书分章抒论体例，类刘敞《春秋意林》，但敞不标经文，此标某章某节耳。解经家本有此体，人之子书，殊非其类。今割其《内集》、《散集》别著录，而说《四书》者人经部，存其实也。世纯与艾南英、罗万藻、陈际泰，号临川四家，悉以制义名一时，而世纯运思尤锐。其诂释《四书》往往于文句之外，标举精义，发前人所未发，不规规于训诂，而亦未尝如良知者流，滉漾以自恣。扬雄所谓好深湛之思者，世纯有焉。"

彼、其、之、斯。转注之响，则有若、乃、于、厥。止息之韵，则有忌、只、矣、兮。是非之应，则有然、否、喻、咈。如是之类，五方诡趋，王者考文，因并用以取通，因相通而取喻。然而冀州之圣人出，则朔北之语常为主。安邑亳都之圣人出，则中土之说时为君。岐雍之圣人出，则西方之言又为帝，而时代推移，语音互扭，因讹成变，假借用烦，加以木策竹简，约文便书，于是何之为假，益之为溢，弑别上下，战分征讨，或圣贤之所定，或民用之所安，而向之求通，又以多成隔，则非一圣人之制所可已。于是又有圣人者出为之尔雅，以总其类。春秋左氏发凡，言例以括其义。释诂之学，后为贾、郑、马、颜。发义之文，后为周、程、张、朱。是则诗书为之舟楫而之数君子者，则其长年三老，撑拽运驾，而使之吴之越者也。由此观之，古今训解之学，归于通之而已矣，归于明之而已矣。作者不能尽明其意，固不为作者矣。读者不能明作者之意，则固不为读者矣。而因于爵禄而为士者，多因于士多而解说者众，因于解说者众，而隙中观斗，水面测河，纷纭益甚，以解晦书，以传覆经。周、程、张、朱之徒，复为周、程、张、朱之贼矣。今太朴氏一起而正之。一篇之中，先举大义，则周、程、张、朱之志也。一句之中，字为表白，则贾、马、郑、颜之业也。合为之译，以尽其起承转结之趣，则又今制艺代言之体也。以其昭昭，使人昭昭，以其孑孑，使人孑孑，手指之中，挈日月而行，而使天下后世，目有视而耳有闻。此真可以通今古之隔，而争天地之能者与！

《明文海》时文序篇名目录

《明文海》时文序选录

《明文海》卷三百七序九十八时文

1.《醒泉窗稿》序

刘绘①

学士大夫有谓，今举业无裨于吏道，蔽矣！夫吏倚法则难近以俗，尚通则巧宦以能，二者世指为贤。吏道其居是邪？考秦汉之后史传循良，自叔敖氏、公孙、子产不下数十人，大抵赟赟多经学儒雅也。今举业，首经书义，固艺文之精奥焉。括综经旨，浸渍圣术，搜体遗绪，抣衍微响，非若辞赋歌诗，犹可以骋浮艳侈枝叶也。其业淳正沉澹，不诡圣贤之训，则经世理物，其机何所不达哉？醒泉黄君，令息政本，敦愿以与良民亲。编户极贫卑，皆不令畏惮而扰，恭俭任恤导民，疏清浍，稼穑蓄，蹄革筋角，薪槁榻布，欲百姓殷给，而公衙待收，贵谷重糈，泊如也。踰年，氓力本业，供上兴作，吏治不劳，条贯灿然。日引诸生论讨经籍，燕笑在泮息。诸生以君起姚江，振迹明经，争抠衣，愿从游，不去君。以吏事辞，乃出《窗稿》经义数百篇。是时谢生谨、段生中选、孟生养浩，皆君夙所拔隽，与诸生诵习，咸喜得大家铏冶，而乐其陶铸。丞程庄史、田大礼，感君德化，捐俸偕邑，文学广德杨万仞、平山梁尽忠、松滋谢燧，锓以广其传焉。黄君且好文，指授童冠不倦，怡神翰藻，骚雅书画，追逼前哲，酝藉旷逸，非所谓博物君子邪？故举业有真赝，得其真者良矣。彼法吏俗，能吏巧，世得文吏而裁以经术，非绾组佩印之英也哉。

---

① 刘绘：见“《明文海》著述序”第11篇注。又，《明史》卷二零八《刘绘传》：“刘绘，字子素，一字少质，光州人。祖进，太仆少卿。绘长身修髯，磊落负奇气。好击剑，力挽六石弓。举乡试第一，登嘉靖十四年进士，授行人，改户科给事中。二十年，诏两京言官会荐边才。给事中邢如默等荐毛伯温、刘天和等二十人，而故御史段汝砺、副都御史翟瓒、参议王洙与焉。绘言：‘汝砺乃大学士翟銮姻戚，瓒、洙则夏言谕指如默排群议而荐之者。相臣挟权以遏言官，言官惧势而咈公议，上下雷同，非社稷福。乞罢銮、言，罪如默，为徇私植党者戒。’帝是其言，出如默于外。言适罢政，銮置不问。明年，寇大入山西。绘上疏曰：‘俺答方强，必为腹心患。议者谓宜守不宜战，以故边将多自全，或拾残骑报首功。督巡诸臣亦第列士马守要害，名曰清野，实则避锋；名曰守险，实则自卫。请专任翟鹏，得便宜从事。驰发宣、大、山西士马，合十七八万人。三路并举，有进无退，寇虽多，可计日平也。’帝壮其言。令假鹏便宜，得戮都指挥以下。然鹏竟不能出塞。顷之，劾山西巡抚刘臬结纳夏言，且请罢吏部尚书许瓒、宣府巡抚楚书。臬、书由是去职。绘两劾言，言憾之，出为重庆知府。土官争地相雠，檄谕之，即定。上官交荐，而言再入政府，属言者论罢之。家居二十年，卒。子黄裳，兵部员外郎。倭陷朝鲜，命赞画侍郎宋应昌军务。渡鸭绿江，抵平壤，大败贼兵。贼遁，黄裳追逐，又连破之。录功，进郎中。”

2.《汤君制义》引

陶望龄①

文有意到，有语到。古之人盖亦有意而语未至者矣。夫瞭然于心胸之间，而词不能宣，故繁而不约，偏而不圆。繁似博，偏似奇。凡博与奇者亦古人之病也，而其善不在焉。今之效为古词者，乌能词哉？词者意之极，而淡者词之极也。其入深者，其出必浅。其造端也难甚，其成章也似易。不知者率然而读之，未能知其功也。苏子瞻云：扬雄好为艰深之词，以文浅易之说；若正言之，则人人知之矣。夫文固有似艰深而真浅易者，扬子云是也。则岂无似浅易而真艰深者乎？苏子瞻是也。今之为古词者，已未能病而易古人病，病焉转相易，以为举业，而陋亦甚累之。连牍而已，未尝实一语焉。吾何由而窥其意哉？而又以为奇博，为艰深。噫！其亦过矣。宛陵汤君之于举业，其致微，其入苦，洗濯劘磨，无粉泽脂膏之态，约而能圆，其意与语可谓近之矣。观者将以为浅易与？以为艰深与？士有苏子，当自能辨。

3. 王季重《小题文字》序

汤显祖②

时文字能于笔墨之外言所欲言者，三人而已。归太仆之长句，诸君燮之绪音，胡天一之奇想，各有其病，天下莫敢望焉。以今观王季重文字，殆其四之，而季重以能为古

---

① 《明史》卷二一六《陶望龄传》："陶望龄，字周望，会稽人。父承学，南京礼部尚书。望龄少有文名。举万历十七年会试第一，殿试一甲第三，授编修，历官国子祭酒。笃嗜王守仁说，所宗者周汝登。与弟奭龄皆以讲学名。卒谥文简。"陶望龄著有《水天阁》、《歇庵》二集。清·朱彝尊编《明诗综》卷六十录陶望龄诗四首。

② 汤显祖：见本书"《明文海》著述序"第49篇注。又，《明史》卷二三零《汤显祖传》："汤显祖，字若士，临川人。少善属文，有时名。张居正欲其子及第，罗海内名士以张之。闻显祖及沈懋学名，命诸子延致。显祖谢弗往，懋学遂与居正子嗣修偕及第。显祖至万历十一年始成进士。授南京太常博士，就迁礼部主事。十八年，帝以星变严责言官欺蔽，并停俸一年。显祖上言曰：'言官岂尽不肖，盖陛下威福之柄潜为辅臣所窃，故言官向背之情，亦为默移。御史丁此吕首发科场欺蔽，申时行属杨巍劾去之。御史万国钦极论封疆欺蔽，时行讽同官许国远谪之。一言相侵，无不出之于外。于是无耻之徒，但知自结于执政。所得爵禄，直以为执政与之。纵他日不保身名，而今日固已富贵矣。给事中杨文举奉诏理荒政，征贿巨万。抵杭，日宴西湖，鬻狱市荐以渔厚利。辅臣乃及其报命，擢首谏垣。给事中胡汝宁攻击饶伸，不过权门鹰犬，以其私人，猥见任用。夫陛下方责言官欺蔽，而辅臣欺蔽自如。失今不治，臣谓陛下可惜者四：朝廷以爵禄植善类，今直为私门蔓桃李，是爵禄可惜也。群臣风靡，罔识廉耻，是人才可惜也。辅臣不越例予人富贵，不见为恩，是成宪可惜也。陛下御天下二十年，前十年之政，张居正刚而多欲，以群私人，嚣然坏之；后十年之政，时行柔而多欲，以群私人，靡然坏之。此圣政可惜也。乞立斥文举、汝宁，诫谕辅臣，省愆悔过。'帝怒，谪徐闻典史。稍迁遂昌知县。二十六年，上计京师，投劾归。又明年大计，主者议黜之。李维祯为监司，力争不得，竟夺官。家居二十年卒。显祖意气慷慨，善李化龙、李三才、梅国桢。后皆通显有建竖，而显祖蹭蹬穷老。三才督漕淮上，遣书迎之，谢不往。显祖建言之明年，福建佥事李琯奉表入都，列时行十罪，语侵王锡爵。言惟锡爵敢恣睢，故时行益贪戾，请并斥以谢天下。帝怒，削其籍。甫两月，时行亦罢。琯，丰城人。万历五年进士。尝官御史。既斥归，家居三十年而卒。"

文词诗歌，故多风人之致，光色犹若可异焉。大致天之生才，虽有能众，亦不独绝，至为文词，有成有不成者三。儿时多慧，裁识书名，父师述之，以传注帖括，不得见古人纵横浩渺之书，一食其尘，不复可解，一也。乃幸为诸生，困未敏达，蹭蹬出没于校试之场，久之气色渐落，何暇议尺幅之外哉？二也。人虽有才，亦视其所生。生于隐屏，山川人物，居室游御，鸿显高壮、幽奇怪侠之事，未有睹焉。神明无所练濯，胸腹无所厌饫，耳目既吝，手足必蹇，三也。凡此三者，皆能使人才力不已也。才力顿尽，而可为悲伤者，往往如是也。若季重者，五岁遍受五经，十岁恣为文章，二十而成进士，盖一代之才也。而天亦若有以异之者，大越之墟，古今冠带之国也。固已受灵气于斯，而世籍都下，往来燕越间，起禹穴吴山，江海淮沂。东上岱宗，西迤太行，归乎神都，所游目天下之股、脊、喉、顋①处也。英雄之所躔，美好之所铺，咸在矣。于以豁心神纡眺听者，必将郁结乎文章，而又少无专门承学之间，灵心洞脱，孤游浩杳，蚤为贵公巨人所赏，闻所未闻，出见少年裘马弓剑、旗亭陌道之间，顾而乐之。此亦文心之所贻伫也。身复蚤达，曾无诸生一日之忧，名字所至，赞叹盈瞩，故其为文字也高广其心神，亮浏其音节，精华甚充，颜色甚悦。眇焉者如岭云之媚天霄，绚焉者如红霞之荡林樾，乍翕乍辟，如崩如兴，不可迫视，莫或殚形，大有传疏之所曾遗、著录之所未经者矣。嗟夫！以一代之才，而绝三者之累，若此不亦宜乎？其为古文词诗歌，又何如也？虽然，才士而宦业流通，亦无以周世物之容，而既以当涂令高第为郎矣，复抑而命青浦。青浦，故屠长卿所治县也。长卿既以此出，大越名天下。而季重书来，乃更以归休读书为怀。夫季重固已读书矣。凡为若谈者，当亦有未尽其才之叹耶。然则天之于季重，诚若有以异之无已也夫。

4.《顾九畴选》引

方应祥②

制义之文，像题命胜。比之貌相，百千万亿之人，亦百千万亿其貌。其中盖有依稀肖似，疑不可辨者矣。天下之良工，政于此用其心。夫貌人之像，而有一笔非其所貌者，无论神不可使附。非其质子，不可使事。非其亲，即欲从百千万亿之中觅一人，以当吾貌，吾知其虽百世而无所得。何者？人固不可佹而肖也。《六经》四子之言，莫不就依稀疑似之间，微悬旗是与非是之辨。世儒作者自命挟其偏至之才情与颟顸之名理，一意驾行以为快，汜涉其文，似少所不似。覆之实，无一笔是者。胥天下为溺丧之子，坐令千古圣贤，胼而受若敖氏之馁，亦可哀已。九畴之共余功苦此道也，具已行之帙。举世所为，鼓歌而舞之者，几乎子墨之不胜，孰是于是与非是之间，挟良工所用其心之

---

① 顋：《玉篇》："颊顋。"《韵会》："俗作腮，非。"

② 方应祥：字有嘉，福建侯官人。时可之元孙。隆之子。方应祥为八股文高手，清·冯班撰《钝吟杂录》卷十："万历之末，士子不学。然一时名士，亦无顿至。愦愦所见，如方应祥、胡震亨、李流芳，皆胸有数千卷。"方苞奉旨编《钦定四书文·隆万四书文》录其八股文多篇。方应祥喜为人作序。著有《青来阁集》三十五卷。

微者，两人未尝不相视而忾？予怀之渺也。夫天下事各有常而不可易，划然东西南北之间，各为位而不相滥。此夫人而知之也。试指一毫之端，以为其中间四边之差池，可使东西南北异面，不可遽然能了然于心，而又了然于口与手者。此其人必非常之人也。由是以观，乃至才情必禀仰其权舆，名理必有司其槖籥。彼一切逆驾以为快者，穷于魑魅魍魉之无所施，其技不得不反而精，其辨于似是非是之依稀，则九畴至于斯帙也，所为德于天下孝子慈孙，春秋霜雨盼蠁①之感，诚不鲜。其居予所，共余所慷慨，指画天下之事端，夫亦颖见于此矣。

5.《庄尚之北游草》引

方应祥

文章之道，节度浅深之所至，莫不各凭其广与泽以为候。泽者精之所茹也。光者神之所迸也。人之生也，四肢百骸，总灌输于一气之津涧，以能和柔其骨节，而通理于动息。其群蒿悽怆，发扬昭著于空与形之互相为摩蘯，执途之子而问之，至于圣人无以异也。乃其中节度浅深之悬别，极于霄壤而不可算数，所摄受于天地万物之精神，有至有不至焉耳。故曰：文有可为而不可为。此即世之工于文者未必辨也。尚之挟所为经生言，介吾友饶德成，适过我，读其文，兴叹希有，有相与微言。再日夜曛然，沁映心目，间已出一册，视余曰：理扶质以立干，文垂条而结繁，谓是执艺之金科，已进之性命。（阙二字，思齐试补：且夫）明法之旨，鸿蒙以来，大府所庋，名山所藏，（阙三字，思齐试补：实为恢）廓。沉蔚雅淡之致，一驱其上驷，总萃以俟吾寸颖之擅挽。尚之之于此道也，可谓惟其有之矣。岂尤斯之未能信，借吾言以蕲②乎世乎？夫尚之之志，固不在游。其所挟为游者，又匪直经生言之也。吾乃直与尚之言文而已矣。《淮南子》曰："阳燧取火于日，方诸取水于月，不出掌握之中，而引类太极之上。阴阳同气相动也。"③ 又曰："钟（中）山之玉，炊以炉炭，三日三夜而色泽不变。至德，天地之精也。"④ 文章之道，司契于吾精神之至与不至，亦若是耳矣。厚聚天地万物之精神，以韫培其德之至存颖之擅挽焉。阳燧、方诸引类阴阳之气于吾之掌握，日月照而江河流，天下古今之能事，因以毕于经生尺幅之业矣。蕲水而木之缴，出火而石之击，骛之于光与泽，而火之于精神，求工于其文也。日甚不知，其去吾之道日以远。嗟乎，吾

---

① 蠁（xiǎng），《说文》："知声虫也。"

② 蕲：通祈，求也。《吕氏春秋·孟秋记第七·振乱》："所以蕲有道，行有义者，为其赏也。"由，韩愈《答李翊书》："生所谓立言者是也，生所为者与所期者甚似而几矣。抑不知生之志，蕲胜于人而取于人邪？将蕲至于古之立言者邪？蕲胜于人而取于人，则固胜于人而可取于人矣。将蕲至于古之立言者，则无望其速成，无诱于势利，养其根而俟其实，加其膏而希其光。根之茂者其实遂，膏之沃者其光晔。仁义之人，其言蔼如也。"

③ 引文有所缩合，《淮南子·览冥训》："夫阳燧取火于日，方诸取露于月，天地之间，巧历不能举其数。手征忽悦，不能览其光，然以掌握之中。引类于太极之上，而水火可立致者，阴阳同气相动也。"

④ 语出《淮南子·俶真训》。

蠥①勿忘于尚之乎哉！

6.《汪明府制义》跋

黄道周②

天下城廓居庐，通率在于平皋，制栅巷涂轨，使车马鸡犬无异也。至其王气所导，奔会络绎，万人所都，必有千出之峰，登舸遡澜，疲车顿走，而市廛稚子，画其步隅，以为函盖。居处如是者，此高人长者之所大笑也。往为孝廉，得从计车，循漕道走京师，见江北平陆，如行衽席，群头巾相告，谓江北率无巃嵸者，既稍走诸旁辅，凡诸山川，盘欝舒吐，甚于江南，乃大悔以为蚤瞶。今士子见先辈作文章，方圆平直，谓是无奇者，蚤瞶，然以为万家之郡无一出之峰，遥望巃嵸，诋为山野，则是万里沙陀与砥矢争道也。甲乙之间，仆在词林，项水心先生文，誉噪海内，仆得共往反，数日间，谈诸文章奇正利病，如冈阜都邑之有结作起伏，跬目所限，不得相非。先生略不道，但云：通都大郡，无巨儒名公，介夫贞妇，此犹之三家之市耳。仆唯唯，心然其言。今又十年，水心始自得士，仆困于丛棘，无所见知，但从田野读邑父母制义，劝诫子弟，因得复诵水心之言。水心以为至性之人，热血欲洒，托大当重，必有可观。由是而思，言无至性，虽嵚嵜历落，冥摎穷縋，犹从鬼穴捉鸟道见光，仅喜而已。况遵鸭畔，立鸡栖，以为动静晦明，不爽咫尺者乎。汪父母世家新都。新都山川奇奥压宇内，人多巨儒名公，介夫贞妇之所簇举。余尝一至白岳，食顷辄去，作数日思，再登黄山，穷数日不得首尾。乃慨然兴叹以为是徽国所以挺出，钟陵所以逶递也。而市廛稚子顾画其步隅，以为是神明之所卜度，高人长者之所大聚，则虽日聆水心之言，诵彦辅之书，寻行数墨，仲规屈矩，以求当于函盖重大之务，则亦罕矣。予废久，不谈文事，又素以愚著无所解于世之论服，强复谈之，知其无当也。

7.《黄石斋史公官稿》序

倪元璐③

鑚串《六经》，役其魄体，以为之举业，使膏粉之容，化为鼎气，自祖宗二百余年

---

① 蠥（nǎi），小虫。《淮南子·说林训》："免蠿为蠥。"注：免蠿，虫名。

② 黄道周（1585—1645），明末清初福建漳浦人，字幼平，一作幼玄，号石斋。明天启进士，授编修。崇祯初进右中允，因上疏语刺大学士周延儒、温体仁，削职为民。后复官，升少詹事兼侍讲学士。旋又上疏指斥兵部尚书杨嗣昌，谪戍辰州。南明弘光朝建立，授吏部左侍郎，升礼部尚书，掌詹士府事。后在福州拥立隆武帝，为首辅。隆武元年，自募兵九千，亲率出征抗清，至婺源兵溃被俘。次年押送江宁，不屈被杀。通经术，擅长诗文书画，经天文历数之学。重文章风节，不偕俗流，其学以人性至善为宗。著有《三易动玑》、《黄漳浦集》、《易象正》等。《明史》卷二五五有传。

③ 倪元璐（1593—1644），明浙江上虞人，字玉汝，号鸿宝、园客。天启进士，改庶吉士，授编修。崇祯初屡请为东林党平反，并请毁《三朝要典》。崇祯八年（1635）迁国子祭酒。后受大学士温体仁排挤去职。十五年，召为兵部右侍郎，次年拜户部尚书。李自成农民军克北京，自缢死，谥文正。善行草书，工绘山水石竹。著作有《倪文贞集》等。《明史》卷二六五有传。

未有能之者，而石斋始为之。自石斋以其文达，而天下于是跂然褰裳，以为其道之亦可以富贵也。顾其始，天下以其学不能为《六经》。苟求《六经》，即求之石斋。既复数年，乃又以其才不能为石斋。苟求石斋，即求之《六经》。当此之时，天下之胆决，如秋蓬也哉。不敢《六经》，而敢石斋。俄又不敢石斋，而敢《六经》。以才则不能有其学，以学则不能有其才。小者肘见，大者蹻绝。此固石斋当闵痛尔。韩子曰：既为我置之，而不为我祀之，乌可？故即使石斋自称老妇厌离柘枝，吾犹将力劝，使必终善于此。今石斋忽自意，自为文二十五篇，未尝示人，而先示吾。吾苟攫去，袭之帐中。世故不得知，然吾不敢也。夫即以石斋之文，位樽设之。五父之衢度，天下之能㪷而享之者，可用指数。使天下群㪷之五父，而吾又自以为未发其枕帐。夫苟石斋之文，五父之衢之众，尽享之以示倪子，即无以为其枕帐者，即石斋有文，又岂肯以示倪子乎？自吾与石斋交，每语移日，欣惬契会，少所击难。虽然，吾今聊复难之。石斋必以是文章之道可治天下，故矫争而上，自宋而唐，至于汉秦，犹未已。而吾虑天下之閒閒者，其心又以是文章之道可治石斋。倘天下欲以文章治石斋，则其情必流逐而下也。夫汉人则不贵子云，唐则大笑昌黎，宋之于子瞻，遂欲杀之矣。必以石斋之才，为其汉以上。而今人之情，无有其宋以下者，则六经之治文章，文章之治天下，不出一年，其功尽见硕。吾今者见形而心怖甚，则何也？

思齐按：四库全书本明·倪元璐撰《倪文贞集》卷七《黄石斋史公宦稿序》，文字与《明文海》所录之本篇多有不同。兹录如下，以资比较。

黄石斋史公宦稿序

钻串六经，役其魄体，以为之举业，使膏粉之容，化为鼎气。自二百余年来，未有能为之者。而石斋始为之。自石斋以其文达，而天下于是跂然，搴裳从之。顾其始，天下以其学不能为六经，苟求六经，即求之石斋。既复数年，乃又以其才，不能为石斋。苟求石斋，即求之六经。当此之时，天下之胆决，犹秋蓬也。俄不敢六经，而敢石斋。俄又不敢石斋，而敢六经。以才则不能有其学，以学则不能有其才。小者肘见，大者蹻绝。此固石斋所当闵痛尔。石斋处承明著作之廷，而求经济之道。其于时文，犹老妇之厌离柘枝也。而今忽自意，至为文二十五篇，出以示吾。自吾与石斋交，每语移日，欣惬契会，少所击难。虽然，吾今聊复难之。石斋必以是文章之道可治天下，故矫争，而上自宋而唐，至于汉秦，犹未已。而吾虑天下之憪憪者。其心又以是文章之道可治石斋。倘天下欲以文章治石斋，则其情必流逐而下也。夫汉人特不贵子云，唐则大笑昌黎，宋之于子瞻，遂欲杀之矣。必以石斋之才，为其汉以上。而今人之情，无有其宋以下者，则六经之治文章，文章之治天下，不出一年，其功尽见。顾吾今者见形而心怖，甚则何也。

8．《杨伯祥太史稿》序

倪元璐

当时年前，仆俯首为文，即意至才起，回视拥架，复疑不可自。以半生精气，为帖括所拘持，每向人云：熊狼之柔墨绳，何时出力乎？当时天下之禁，以为作古一字，如系石鸟羽，坐取不升。既数年而格理骤变，体经切子，遡洄取难。自仆视之，斯亦熙景之明征，文人之巨力矣。然而今之论文者，焦然引为大忧。夫立于典坟以观今之举业，其为道里，非竖亥大章可得穷步也。以其东走日下，积渐为后之不可知，则不可忧。以其凌宋蹙唐，噩然不屑汉魏者，何为独忧之？且今之用忧如此者，仆闻其语，殆有二端。其一谓古言变今制，则灾害随之。为此语者其人梦靥夫！高皇帝之教吏，使之学于一代圣人之言；其教士，则使之代为二千年前圣人之说。高皇帝以为仁义道德非一代之事，而二千年圣人之情，非一代之衣冠声笈可影息摸呼出之也。国家本以律令绳吏，以文章恣士，未有王铁，鞭禁宁越。今无端发齘，岂非梦靥乎？其一谓文心旁骤，是为兵端。召夷狄之祸，为此语者其心覆夫！谓韩柳之轶欧曾，以邹枚而尽燕许。此明宋不如唐，唐之让汉也。然夷狄当汉而慴，唐则已张，宋乃大恒。即以汉一代言之，马迁在庭，挥邪入侍；班固奋笔，白檠献诗。及其后衰，寝尊荀蔡，斯征文心兆兵繇于单茧，今倒云然，岂非心覆乎？故曰：灾害、兵端者，今之人皆乐以是二说起文章之狱，皆敢以是二狱坑学问之儒，靥覆不救，至于颠丧。故使今之论文者，梦不觉齁，心不朝肺，则文章之一事未可得为也。且今文之可讥者有四，而今之人则皆不能察之。戴髅为头，帽通八寸，伧升食店，雏争上风。此四者，蛙紫所归。疑弓玉之大窃也。其与今之真能经子者，分胎别体有如马、螟。而论者必云：沆瀣之通，本诸一气，又可嗤已？天下之病，皆在于不审真伪。不审真伪，则作者妄作，议者妄议。苟不辨子，则必中鬼。苟不辨鬼，则必刃子。子鬼相战，政刑无章。使世眷然不得平治。非是等之咎，谁咎哉？自仆之见，以为天下真可以文章之道治之也。九府之才三年，虽盛时跨及者，不过数人。当璧压纽，一士而已。尊此一士，以召天下，使共学之。悟其所至正变、近远，以求至理，博串群言。正以仁义金石鼎尊，涤其粉气，胸贯腕强，头脊俱起，决锐致功，形为能事，天下之乱，庶其豸乎？于是刻《杨伯祥稿》。

思齐按：四库全书本明·倪元璐撰《倪文贞集》卷七《杨伯祥太史稿序》，文字与《明文海》所录之本篇多有不同。兹录如下，以供对比。

《杨伯祥太史稿》序

当十年前，仆俯首为文，即意至才起。回视棚架，复疑不可自。以半生精气，为帖括所拘持，每向人云：熊狼之罣柔绳，何时出力？当是时，天下之禁，以为作古一字，如系石鸟羽，坐取不升。既数年，而格理骤变。体经切子，遡洄取难。自仆视之，斯亦熙景之明征，文人之巨力矣。然而今之论文者，焦然引为大忧。夫立于典坟，以观今之举业，其为道理，非竖亥大章可得穷步也。以其东走，日下积渐，为后之不可知，则不忧。以其凌宋夔唐，意且霊然，不屑汉魏者，何为独忧之？且今文之可讥者，有四。而今之人，则皆不能察之。戴髅为头，帽通八寸，伧升食店，鹪争上风。此四者蛙紫所归，疑弓玉之大窃也。其与今之真能经子者，分胎别体，有如马蓁。而论者必云：沆瀣之道，本诸一气，又可嗤已？天下之病，皆在于不审真伪。不审真伪，则作者妄作，议者妄议。苟不辨子，则必中鬼。苟不辨鬼，则必刃子。子鬼相战，政刑无章，使世脊然不得平治，非是等之咎，谁咎哉？自仆之见，以为天下真可以文章之道治之也。九府之才三年，虽盛肘跨及者，不过数人。当壁压纽，一士而已。尊此一士，以召天下，使共学之。悟其所至正变近远，以求至理；博串群言，正以仁义。金石鼎尊，涤其粉气。胸贯腕强，头脊俱起，决锐致功，而为经济天下之乱。庶其豸乎？于是刻《杨伯祥稿》。

9．《吴澹人庶常别言》序

倪元璐

今之为文者，不禀法古人，而自不见性。三年一奉新贵，资粮屝屦皆于是乎取之。割敝帽，进贤冠，为之疆界，有如鸿沟。如是者，文尝为客，担装俟时，风利帆举，翔然而别，是其常也。若澹人之于此，则有不能。澹人之为文章，法必禀诸古人，而自见其性。夫古人之法，则既千年。文人之性，则亦千年，而极澹人之身，不过百年耳。如是者，文尝为主，敌使澹人焚笔砚则已。不焚笔砚，则自始学为文数十年以来之文心，栖其胸指，与俱寝兴。虽以管宁割其卧席，温峤绝其忍裾，李陵、苏武联袂而哦五言，王维、孟郊比喉而唱三叠，犹不能以享之軷左，激其远游也，是故澹人曰：别者虚言也，然而吾能实之。今问澹生，当处鸡窗，探策揣摩，期于必得富贵。及其弃置，情怀作恶，如刀割伤，此二念者，澹人有之乎？如其有之，则在今日可以别矣。且是二念者，席帽犹可，苟进贤著头，系之维之，逍遥永夕，则使其人气不守身，骨不扶肉，皮离其面，心弃其胸，浸假入于非人。是岂不可以与长诀乎？澹人曰：生来堕地，与此二者，并不曾为，亦不必别。虽然，种明逸之函贞，及既贵，乃争田宅，吾宁为？澹人防不速客。若夫澹人之为人清至孤，吾引为畏友也。鹄游燕宇，诚心愧之。何复言哉？澹人初名天胤，临入试，乃更名桢。当闱中牍具覆发，主者心异，知名如卜，听人怀镜入市。幸闻好语者，时有声举，则相叫欢。及澹人名揭，众寂然。余色颇愧食已。忽年友方书田，从西座隅离席，年众曰：吴桢者华亭吴天胤也。众乃赞諈，向主者举手，贺得人。此大似高适等旗亭贯酒时，固亦当传耶。

10．《吴来之进士近艺》序

倪元璐

今之文，高者根柢仁义，综络经制，体用沛然，攙裁古昔。循此不已，日变而上。精则已尊，粗亦不漏也。然而求者之心不厌，论者不以为正。天下之意以为，十一人已经制就文章，文章以就科举。可居所谋，是为富贵，则岂有其诚然者乎？若使吾凭虚而论，才士穷能造思，挥常运特，兀枯豁涸，走甕击壶。当此之时，杀割俱听，岂必有富贵之心哉？凡天下之务为高文者，其心不甚丑贫贱。即自孤引以为调高和希，又矜负必得富贵，虽悖愚不然。要其求毕文章之分，使名立可传则已耳。而天下以为，如此，即以仁义经制为黄叶，不可恃也。虽然，今士所从受仁义之谈、经制之论，不于坟象，则在典谟。奇文奥章，古之圣人先为之矣。必此可疑，则彼亦难信。中世以来，率有二归。规理广川，归才敬仲。二子之文辞，其灿然者矣。今不知二子所操笔覃，精者为耑治其仁义精致，不治文章，适得佳乎？故治之乃佳乎？使二子入而为其正谊明道，出而为其竹林玉杯，出而为其尊主攘彝，出而为其山高乘马，则是二子亦非耑狡狯秘戏营不急也。或是三者，道如蚨蛇子母，首尾往来，击应不可立擘耶。神仙之业，或在炉鼎。炉鼎所求，一以为精炁，一以为黄白，一以为服食。及其日至，皆熟也。服以为黄白服食者，神仙所不争，则何不减灶毁器，闭目而存其黄芽，息吾姹女？以为黄白服食者是其至祖，以何以如相要期，循候齐出于令？使世人而为神仙之事，为其黄白，则必贫。为其服食，则必以死。无其精气，则亦不能有其黄白。服食则是三者不可离，擘亦若蚨蛇然也。吾友吴来之之为，为人体立骨，随义起气，气出自其楗关。足不窥园，别天下邪正，如察烛黝皓。时每静居，爪画穴被，吻声鸣咄，皆天下大计，君相所忧。其文孤岸，包举奥栖，董帏美敷，管锦体用之言，斯已矣至矣。然其文即至，亦岂能有加其为人乎？来之为吾言，吾或念作，退思自立，进思致功，以此临文，即得精微。当吾临文，意得回视，性光湛然，亦洞世务。由此观之，辟召之变为科举，科举之定以文章，非后世之圣者，则亦不能为之也。今多设防，欲使德行制里，治行制表。不知是二者，文章之力，皆能取之。有不能取，抑其所为文章不必如来之者也。苟文章不必如来之者，吾疑其文章之不暇，而暇疑其仁义经制乎哉？

11.《刘讵溟解元近艺》序

倪元璐

应举临文，欲不作第二人，此无他法。为今人则求见我，为古人则求见今。敌今人则务制气，敌古人则务使智而已。为今人不见我，无为贵万人之特矣；为古人不见今人，无为贵一王之制矣。敌今人不制气，无以争其上流矣；敌古人不使智，无以用吾中驷矣。何以明其然也？汉人命骚，互通绳贯；枚叔神奋，以发观涛。夫当家结艰危，人攒膏艳，忽开良界，救竭排同。今目综九七，则明原乘，手扪云波，即章枚、马。此为为今人之见我也。子瞻欢古而凛宋，《檀弓》、《戴记》，鲭合欧、曾。表忠观碑，壁藏月表，譬中秉仙骨，外披世衣，故虽群憾，归狱其文，而惟就讥时，不灾反古。此为为古人见今也。桓君山云：新进群丽，极才竭情。顾见刘杨一时变色，原夫刘杨之制，亦犹汉耳。非尝窜身汲冢，借面殷盘，而默禁时才，使自韬笔，犹马齐骤，气失飞黄。此为敌今人制气也。昌黎起衰，几废八代。观夫魏晋而下，陈梁而上，铃情炼义，道亦千年。顾尊偶骈，为愧秦汉。昌黎心畏铃炼，则脱偶骈，讵非狡机，遮畏攻愧。此为敌古人使智也。文章之情，综是四者。则非偏师而握全算，故必得第一也。安城刘子，于丁、已二卯两举，俱衰文区雷，叹然以今遇马公神识，宜必第一。往予蒙者遇之，则亦第一。虽其才力，得不有其计数者乎？当先十稔，世尚董荀。刘子亦董荀，而御以遐心，则生兴会。近此数年，人矜江庾。刘子亦江庾，而主以成骨，则出神锋。兴会非匍匐之所能治，神锋非衣冠之所得摄也。是故以今相之，不失刘子；以古相之，不失时文。不必变今人。今人不能为，不必古人不能为。能变古人，使天下神识，不得不明眼，亦使天下蒙者，不得冬烘。是则刘子所为计数者已夫。文辨元魁，犹人分圣杰。魁之愧元，杰故不如圣。文之圣者，则亦有圣人之道焉。亦不可阶升，亦不为已甚，亦疾无称，亦怀刑焉尔。

12.《简臣周侯未焚草》序

倪元璐

谥文以尊，名曰澹，庸人尤好为此言，其言是也。顾宜度天下，知其人学广力多，穷致才际，于是恍然悟而称之也。庸人何由得知乎？颜光禄①援笔成诗，谢永嘉②淹思累日，鲍明远③品之曰："光禄铺锦列绣，雕缋满眼；永嘉初日芙蓉，自然可爱。"④ 夫雕缋致费，自然不劳，而费反更神，不劳反钝。以此而观，才士游思，即得雕缋；思士竭才，终及自然。颜力迨半，谢驰过之。譬之造途，五十百里，近远速迟，此易晓也。且古之圣人，皆教人雕缋，不教人自然。苟使圣人择味取澹，自然为功，茹毛饮血则已矣，何更雕缋，为之羹酒？后世之庸才，不敢议圣人之制羹酒为雕缋，而曲誉其澹曰：太玄，则不知圣人之好奇，锲心钵志，于是乃使肉火相谋，水谷互炼，力致醲美，以媚群饕，而其时食饮骤新，舌腹知变，必且惊喜，喧甘骇珍，乃及后世归澹于此时，则圣人之所不料也。其浚世归澹，于此以为可尊其先代，即必归浓余次，以为宜贱矣。是故遡此而前之茹饮，一斷而有太羹玄酒，即复冲简，亦非自然之功。就此而后之羹酒，一出而有三黐五齐，即复旨多，亦无雕缋之咎。雕缋之于自然，皆非庸人之所得而明也。聚天下之庸人，与之读《六经》之书，度必皆蹙頞而苦，殷盘侧首而疑义象其心，甚咎其艰深，而特不敢不加之最尊之称，曰：其为味也太羹玄酒也。今不知圣人之制为《六经》者，是不经心探手得之乎？亦有其钻摩钤键者乎？即以皮相，僻辞怪章，声佶轧茁皆有也。庸人何见而以为是澹？比诸太羹玄酒，今世之无太羹玄酒也，非不能也，

---

① 颜延之（384—456），字延年，晋、宋间人。刘劭弑文帝自立，以颜延之为光禄大夫，故而世人称颜延之为颜光禄。

② 谢灵运（385—433），晋、宋间诗人。永初三年（422），谢灵运出为永嘉太守。

③ 鲍照（？—466），字明远，南朝宋诗人、辞赋家、骈文家。

④《南史》卷三四《颜延之传》："延之与陈郡谢灵运俱以辞采齐名，而迟速县绝。文帝尝各敕拟《乐府北上篇》，延之受诏便成，灵运久之乃就。延之尝问鲍照己与灵运优劣，照曰：'谢五言如初发芙蓉，自然可爱；君诗若铺锦列绣，亦雕缋满眼。'延之每薄汤惠休诗，谓人曰：'惠休制作，委巷中歌谣耳，方当误后事。'是时议者以延之、灵运自潘岳、陆机之后，文士莫及，江右称潘、陆，江左称颜、谢焉。"

不为也。今世之无《六经》也，非不为也，不能也。二者之形，则亦不可以相譬矣。即使《六经》之味之澹，竟同太、玄。自庸人言之，吾则不信。夫澹者天下之奇人所明，学广力多，穷致才际者之所求也。武侯天才而贵宁、澹，神女瓌艳则曰澹愔，才绝色殊，自与澹会，侗愚虽无物，勃屑虽静居，顾其顽体魓颜，岂载澹之器而澹来会之乎？盛明之文章，萃奇七子，新安韶令，近《世说》有澹之态，则不如琅琊宏恣；近《左》、《国》有澹之才，则又不如历下典凝；近西汉有澹之骨，则又不如北地高灏；近先秦有澹之体。顾此数豪，犹不如今之漳江黄子也。黄子之文特奥清，近《六经》有澹之神性。然黄子言必称金沙，以为近世文章当归周氏。自简臣介生仲驭为今古之言，埏埴天下，垂二十年。天下皆倚其呵嘘，以为气候。今简臣受命治吾始宁，号曰周父。其先所论者，酬酢几十万言。吾门人范子曰谦，见而悦之，奔告倪子曰：文不在兹乎？倪子读之四十余日，初见其态，既征其才已，又得其骨体。神性所在，自晋而上，以至《六经》，无不有者。此则其所为包诸子者矣。无可谥之，遂取庸人所谥《六经》者，曰太羹玄酒，可不可乎？且夫倪子不信庸人，天下岂信倪子？然以吾范子之才，几及光禄。立于光禄，以观永嘉，不止万里。其颂周父曰：妙近自然。然于是则知周父之文之奇矣。嗟乎！文章所最尊，岂不在澹哉？

13. 叙《范裒生近业》

倪元璐

以今人之嗜古，使其器化鼎彝，文化秦汉，则必为之。然吾度以今人之才，无不辨此者，以今人之情为之则必败。何也？夫古之制为鼎彝者，下取千年。今之制为鼎彝者，上取千年。下取千年者，必欲自见其诗，正告后千年以其姓名、岁月。上取千年者，必欲自没其时，托为前千年之姓名、岁月，以眘其世。古之力为奇文者，以需后世子云。今之学为子云者，即期当世桓谭、后世子云。或更百年千年，历千人万人，而得一当世桓谭。以三年之近适，遭一人而求得之，此两情者，黝皓圆棱，岂得相似乎？且夫今之为文，皆以求富贵也。其安为卑凡者，以为苟取富贵足矣。其高者心疑今文之不足以富贵也，故思矫上之。其文愈上而取富贵之策愈下。其或得之，又且召祸，天下之志士，无不三年生悔者。是则天下之情摇摇然，如雏试风。临其文揣揣其慄。复安得以躯召其才，使之小谋董戴，大量典坟哉？是故今日之治文章为无策也。无已，不如遂行今人之议，罢科举而兴辟召。辟召既兴，科举既罢，天下必以文章为枝事，士必以文章救饥，士不以文章救饥，天下亦不得以文章杀士。系籍无所立其圣，王铁无所立其威。临文者之心荡荡然。取其上千年一人为之教师，取其下千年一人为之举主，视其当世之人如野马毓鸡。虽使斜墨执官钳执狱，山飞海立，无能乱我三寸不律之谋。如是而其情尽注于其才，其才又悉听其情，文章之事或犹可为。然而深识之士，以为是将移其患于德性，则又不可也。始吾未交范子，从宗氏饮所见其文，大惊。时已醉眼恍惚，出杯上叫曰：吾国安得此人？其后十年，又见之变又益上，则又叫曰：吾世安得此人？盖其法聚西京以前，至于《六经》，三十车书，烹熬取液，命曰臡俎，致其羹玄，所以穷幽致深，要归高灏。然自范子为之十余年，仅枪榆。今又三年，不得消息。为其文之不可谋富贵如此。吾见范子孤神淡然，非求富贵者，是则为其人之可以谋其文。为其人之可以谋其文，则是为其情之可以谋其才也。以范子之人虽微，其文固将发明王之梦。以范子之文虽出于求富贵，亦必千年请挟后世子云，以待桓子可乎？

14. 叙《萧尔重盆园草》

倪元璐

文章之味，蜇口惨腹，吾见亦苦矣。而或占其气，以为其道可乐。以为其道可乐者，是有见于其歒蒸翔泳之时，力尽而灵出。然若此者，非其刿心鉥肾，几竭性命，则不可得遇也。凡物之灵，宅深而趍苦。苟嘻怡笑欶而求之，则遁而走于渊。李赞皇之论文也曰：恍惚而来，不思而至。赞皇之意以为：是道则蜃与婴儿也。婴儿不造啼得啼，不造笑得笑。蜃蠕蠕蠢蠢，沉于深泥，与螺同息，不知其上则诡为宫阙，怪焉人马。故为天下选，不思之则陈恍惚之观，莫若是二者矣。然是二者，其宰不存，其脉不见。其宰不存，其脉不见，则其体不足以持。则其体不足以持，则其器不贵也。圣人之未有情，不如杰者之致其性，故平林之呱，不如苏门之啸。苏门之啸，不如画扇之鼾。呱者人寐，啸者天寤。鼾之调，中于函钟，极人于寤，而致天于寐。为蜃之宫阙人马者，不如注汞而出其眉笏，宫阙人马无意而眉笏有思也。故赞皇之学不及长沙。长沙之悟发于平原。刘长沙之言曰：勤意之时，嚏咳并失，祗祗畏畏，如临上帝。陆平原之言曰：收视反听，耽思旁讯，秃若枯木，豁弱涸流。如二子之论，视其中，岂有可乐者乎？豫章萧尔重之文章，浑脱浏漓，鷊鹴腾举，人之读之者，叫呼起舞，以为灵至。即不知其覃精厚思，鬬绝肝见，射石取人，穴革取出。所求乎文，苦难如此！故相尔重之文，以为可乐者，则犹舞儿槊上，击缶饮酒而从之也。夫使尔重取乐，则不可致灵。即使尔重取乐，可以致灵，尔重则不为也。武陵之渔人，溪行无意，忽然入桃林。邓艾驰阴平，七百里凿山通道，裹毯缘崖，以趍剑阁。渔人之归，不改其渔。邓艾则由之以取天下。即使由渔人之道，可以坐有桃源，然尔重不以易其剑阁者。尔重以为，不犯其难，又何乐乎？自海内之士，豆铅俎蘖，以事如诚先生。既十余年，今将去之，投诚尔重。先生之文既已唱为凤哕，澍为云施，而尔重方且玄求性命，旁及礼乐，竦身而跂天人之诏。故萧氏之为文章，其所致用于世者，虽千岁可知已。虽然，吾故妬之。杜少陵子宗武质诗供奉，供奉遗之石斧曰：非取斧斤也。砍斫子手不？尔诗名又归杜家。今其名已归，则是莫可为也。

15.《祁止祥稿》序

倪元璐

文章之不治，则由其才堕而体升。才堕而体升者，诡羹酒于太元，逃灯剑曰帷匣。此二托者，其名大尊，而其情如春冰，弹指可破也。夫太羹为不味之烹，元酒即非醨之酿。不味比之生物，非醨几于淡水。以此二者，享诸众口，苟其呀嚅唱旨，悦怿腾酣，则亦遂可。尊屠手于易牙，贵汲人于仪狄，然固不能，则其用之文章，必有不可者矣。且谓过宣必敝，则有取于帷灯，侈割将伤，是所期乎匣剑。然不知畜光需鉴，养锷待劘，此以喻字未落纸之时，意尚包胸之会，未闻至幽，相察而忧照深，两敌相威，而嫌器利者也。则其用之文章，又必有不可者矣。知其不可而顾为之者，其力薄而取途于易，循中慚而驾高名，以自壮。既已为之，必以笑天下之不为此者。衰狐升座，而呪龙象之智为羊鹿。此天下之大痛，志士所务白也。故吾之意，欲使羹人穷羹，酒人穷酒，灯者犹灯，剑者犹剑，则天下之才出。天下之才出，则文章之道大治矣。自吾持其说，二十年不敢以告人，以为言之天下，必有劚吾舌者。而今吾友祁止祥，由其道，则大效。则是文章之事，犹可为，而言之亦未必祸也。止祥之文，栖于奥深，跃为灵露。观其入刺，然可寸计心，观其出泻，然可斛量血。则其才，无不致于其文者矣。夫使止祥澹然而唱晓风残月，或可以欢十七八女郎，信口而长吟，亦可以通晓白香山之老妪。然止祥不为。止祥以为，使天下妇人知之，则不如穷以死耳。观于止祥之为文，亦足知羹、酒、灯、剑四者之才可得而极，而太元帷匣之义，自圣人言之，亦为多事。庸人托之，则大奸而已矣。以止祥之才，亦数举乃售，使吾言晚合。然使止祥不大效者，吾舌岂可得保乎？

思齐按：《明文海》收倪元璐所作制艺序较多，足见倪氏于此深有研究。今检四库全书本明·倪元璐撰《倪文贞集》，其卷七尚另有制艺序数篇，录如下。

姚孟长《翰长代言稿》序

夫云霞者，非天之为也。山泽之气，蒸而归文于天，是地之忠天者也。后王法之，以使其臣子代为君上之文章。宋人曰：得知制诰，一日足，不恨。当宋之时，环玦云泥，皆厪书命，道总褒诽，其义则史。今言丝萃于旌纁，字衮依其鞶带，无讥有奖，以明至仁。且夫遇物称佳，皲欢四座，毫毛茂茂，化为醴脂。此气，士之难居者也。以孟坚之才，为其大臣，上哦主德，犹病呷优。今使天子执平交之分，涌如泉之辞，媚于卿士，不亦悖乎？是故观夫百尔之道，察其难为，无如视草者矣。而以姚孟长先生为之，其难益甚。先生之为难者二。望峻而文行远。望峻则今之人，必以其言为山龙，不得则怨。文行远，则后之人，必以其言为蓍蔡，不核则讥。近怨远讥，此二者，不两弭之术也。故使今日，以是事命某某必辞，而先生居之。夫先生之居之则，亦天意也。往五六年间，珰祸炽兴，丑徒干纪，凌撼椒庭，冀离肺腑，党钩正士，不漏平原，褫脱缨组，如风击箨，北寺填溢，踵不得下。戎行牖下，等于三山。天地既冥，陵谷将变，圣人乃作，行其大僇，氛尽旭出，道介长消，奋椎党碑，极命轮毂。苌宏之血，被以膏兰；胥靡闾氓，悉还车服。号綍并汗，木凤为疲，而先生方召自英州，再升玉局。圣人顾之，贵其峻整，以为精微。前坐贾生，侧陈里革，进则资其甘盘之学，退则役其燕许之才。先生于是奋笔致能，体天貌物，章霆露之功，别恺凶之道，表方中之晷，扬大来之符，引伏戎之忱，厉扬廷之义，著首肱之爱，呼敬应之心，发言如雷，軯訇天下。若此者，非先生，孰可使为之乎？先生之与圣人通德，譬水合雨，而冠领正人，引衾发气，如芝荃之并馨。斯能鼓吹大谟，青黄群直。虽或光回绮合，小命春华，而义须擎然，峯壮岸出，史狐之能，于斯不坠矣。昔蔡襄之歌景祐，陈瓘之论元符，非为巽床巫纷，归荣一氏之业也。以先生之鲠，固多怪少可，使修謷命之辞，适及泰征之会。嘤鸣之求，托音节足。故曰：天意斯不诬焉。子瞻纵笔，一世唯为五铭。先生典制，二年亦不盈牍。端人之心，可以知已。诗曰：倬彼云汉，为章于天。又云：蝃蝀在东，莫之敢指。蝃蝀之与云霞，岂得无其辨乎？

马巽倩《进士书义》序

今文骜奇如蚰征。上欲正之者，矫以驯安，弛波斥涛，夷峰截岸，髼面不饬，衔枚无声，眉山而上，无有古人成宏之间，安其身命如是，为之益复砚激。虽使仲尼鸣鼓，子产铸刑，聪明之心有死不服也。若乃上飞天门，不见羽翮；出没龙宇，不闻水声。摄汞拘砂，则无火气，推研引艳，则无粉光。胠箧六经，赃不得迹；号召诸氏，名不得举。于是乃使诡质怪魁，揽袪从之，绝躅弗及。夸父投杖，小巫弃茅；波旬乞哀，南人不反。当此之时，文章之道，得以大正。能为此者，吾友巽倩而已。自吾每言，文人之心，通于禅观。在彼教中，亦有二端。鸠摩纳室，食针尽钵。能食针者，则亦纳室。隐峰倒化，衣佩顺体。能顺体者，则亦倒化。此亦圣贤，不以为怪。杯渡彳亍，奔驷在后。能后奔驷，则亦彳亍。丹霞呫嚅，大地俱响。能响大地，则亦呫嚅。此亦龙象，不以为骜。天下平奇，皆出于此。然而荧惑已讥，狡狯或悔，文章之以巽倩为正，无疑也。

王芝山《中翰书艺》序

凡文造思，不能出景，犹鹅鹜具翼，不能取飞也。灰壤碛场，大宇重堂，缝刺天地，室于堵墙。文章之不能出景，莫斯若者矣。故景者，天下之所共取也。以其力则取之，谢灵运知之也。以其缘会则取之，桃溪之二士知之也。以其机智、法数则取之，费长房知之也。谢灵运伐山辟道，不景不已。二士不知其身之忽然桃溪。费长房坐持地脉，宛然见千里之状。是故三者，天下之所归景也。古之文人为之者。子云蒙盗而挟灵运之斤。渊明、子瞻几仙，而饮二士之药。宋玉、长卿、枚乘纵莘神鬼，而佩长房之符。然以为是数子者，才绝体大，不可几见。又以其经天之业，责于今之制举，有不可也。然而吾门人王子，则皆有之。吾见王子之所为文，标举兴会，飞光致灵。其法转仄呼魇，悬灯取映，召万物之至远，尽使形见。虽遇憨题蹇目，下笔即景，下景即胜。惟王子至精能为之，他人不及也。自吾以平格处王子，则犹沈之耳。今遇神识，裒举王子。自此遂当起而持天下事。夫天下事，又岂伧父笨伯之所能为者乎？以王子之文章，为其政事，云开霞焕，天下将有矫首而观之，以为其诚至而灵会，灵出而景臻者。是则王子以其鸿雁六翮，摩天取飞者矣。

《王甥尔式时文》序

予以文章交尔式三世。向者，水部先生之于文，务为静微。其临文，危襟植睹，神俭体安，爪管相摩，默然忽举。司马公务为矜岸。其临文，戟手飞眉，裾宽带广，吟啸俱出，曲尽犹歌。余父事兄，事游二郄之间，笔朋砚徒，旬必一集。每相其须情鼻采，即知意思，不待文成，悉已契会，因是道合，与为婚姻。时尔式生方二岁，未可断其能文，而予谓可妻也。以是祖父文心所蒸，足才十世，况一再传乎？而其后十年，尔式果以能文名。尔式之于文，特务为清远湛深。其临文，眉十数蹙已，即有阳气浮于大宅，栖翔不常，几包祖父。里中谓之才士。维予亦不以为诬也。读书足不窥园，今夏以省司马公金阊境上，裹粮数百里，顾念三吴之间，多大儒哲匠，请得操文二十篇，广求针筢定胜。闭门造车，时余喜曰：可因告尔式，文章欲一日名天下，亦不难。但使临文情见灵生，即其才自极耳。二十年来，文章之道则已三变。初变为董、戴，再变进为经史，三变又退为成宏。此三者，皆可以霸顾，必皆以有其情灵，为佩符当壁，否皆蛙紫，是故今之尊时，与攻时者，如两儿辩日，各循边半，无有是处也。子行矣。途觐司马度，亟问子三年进退如何。而三吴之间，大儒哲匠，有揖子升阶者，请必举。似吾言倘云不谬，即可归而求之矣。

《林令君行业》序

使天下性命之士治文章，文章之士治功谋，则天下之文治武勋俱出矣。西汉儒者，胶东执戟，以其仁义元默，谨循性命，而其时之奥文奇字，则必归之。长沙家令，以其博达明悟，极命菁华，而其时之经画智计，则必归之。是故西汉者，人材之荟墟也。顾人皆知西汉之材，文章而外，又有其武功、吏治，而皆不知西汉之武功、吏治，本诸儒术。儒术本诸文心。以此尚论古人，何如勿论乎？林侯逢春之莅吾会稽一日，而人知其德。三月而人见其才，五月而闻诵之士，皆思学为其文章。林侯之德，静诚凝整，章为道辉，如日丽天，肝面并列。其体不易，其神不欺，是故一日而即知之也。林侯之才，虑而后动，不言所利，批肯应射，归于静安。其足不高，其目不瞬，是故三月而皆见之也。林侯之文，不与时争，我法自贵。寝处先秦，呵嘘二戴，其襟不阔，其脉不张，是故诵之五月，而后大服之，竞思学之也。嗟乎！会稽人士之志气，一旦矜奋，皆务为林侯之文章，是则福德在越，六千君子，其将再霸矣乎？夫吾会稽者，其山秀华，不必峻极；其水明澹，不必穷深；其人磊砢英多，不必以矫尾厉角，自矜气节。顾吾犹惧其拘墟而处于蓬艾，不可不以林侯之文章治之也。苟使会稽之学，尽化为林侯之文章，即林侯治会稽之事，毕矣。

陈再唐《海天楼书艺》序

今人之为文章，皆不极其才，而趋易。即使极今人之才，至于殚钧竭薪。然不能难也。夫文章之事，欲求其道，则不可得离其器。今时文之分肢配股，拟纤似复者，其器固然等于鼎虞，祖宗之所奠也。破先民之律度，而自用其才，则有才无法。自间者漳海莱阳数子，力致其沈玄，而其情类子，而士之趋之者，不拟其沈玄而拟子。夫用古，如怀远人，可使其梦中神合，不可使其白昼形见魅出。画师貌人者，贵能发其河山龙凤之姿，而不失其颧面口目之器。苟使范山模水以为口目，而施芭羽鳞鬐之形于其面，则非人矣。取诸非人，以为其人之奇貌，此甚趋易而不能为难者也。陈再唐使君之文，行世既五六年，大都湛深标举，自积思诣至之士不能测，以为畜子包经，望尘欲走。而初学蒙识，皆能知其为时之可用，守之不去。盖深人不敢以为非道，而浅人不昧其为是器，故其为文甚难，而其才极也。天下之才极于火与鉴。火附薪为光，而灭薪无用物之迹。鉴肖人面，而不为人面，有守器之诚，故二者之道，可以修辞而宰世。使君宰东瓯，效而更宰吾会稽。迹其治行，纬之以章察类史，严挺类谏，剸划类将，调宣类相，而经之以乐只，不离其民，父母之器，是公之为文与治，并为其至难者也。石子中玉等，诵读久而发其光，悬公文国门，告其党以文章之难如此。公云汉为章，而诸子能明其作人之意，是有韵合。且夫负志之士，以文章之道求公，则岂有可得而阳鳍者乎？

《明文海》卷三百八序九十九时文

16.《昭华馆》叙

陈仁锡①

文字，山水也。评文，游人也。夫文字佳者，犹山水之得风而鸣，得雨而润，得云而鲜，得游人闲懒之意而活者也。游人有一种闲懒之意，则评文之一诀也。天公业案，惟胡乱评文字为最。何也？山水，遇得意之人，固妙；遇失意之人，亦妙。缘其人贤懒之意而山水活者，亦必不因其人憔悴之意而山水即死。总于山水无损也。借他人唾余，

---

① 陈仁锡（1581—1636），明南直隶长洲（今江苏苏州）人，字明卿。天启二年（1622），以殿试第三人授翰林编修。丁忧归，起故官，寻直经筵，典诰敕。以不肯受魏忠贤铁券文，削职归。崇祯元年（1628），复故官，再直经筵。以预修神宗、光宗两朝实录，进右谕德。乞归。起南京国子祭酒。著有《皇明世法录》、《四书语录》、《周礼句解》、《六经图考》、《漕政考》、《经济八编类纂》、《无梦园集》等。又，《明史》卷二八八《陈仁锡传》："陈仁锡，字明卿，长洲人。父允坚，进士。历知诸暨、崇德二县。仁锡年十九，举万历二十五年乡试。闻武进钱一本善《易》，往师之，得其指要。久不第。益究心经史之学，多所论著。天启二年以殿试第三人授翰林编修。时第一为文震孟，亦老成宿学。海内咸庆得人。明年丁内艰，庐墓次。服阕，起故官，寻直经筵，典诰敕。魏忠贤冒边功，矫旨锡上公爵，给世券。仁锡当视草，持不可，其党以威劫之，毅然曰：'世自有视草者，何必我！'忠贤闻之怒。不数日，里人孙文豸以诵《步天歌》见捕，坐妖言锻炼成狱，词连仁锡及震孟，罪将不测。有密救者，得削籍归。崇祯改元，召复故官。旋进右中允，署国子司业事，再直经筵。以预修神、光二朝实录，进右谕德，乞假归。越三年，即家起南京国子祭酒，甫拜命，得疾卒。福王时，赠詹事，谥文庄。仁锡讲求经济，有志天下事，性好学，喜著书，一时馆阁中博洽者鲜其俦云。"

装自己咳笑，而妄以咴笑乎山水，山水不大厌苦之乎？嘉禾①仲展项君，灵心异骨，拈花微笑，而评文之劫一开，一日极已。未选而问序，适携至洞庭。从千万顷巨浪中，读一篇，浮一太白；读一快评，浮十太白。酒尽浩歌，歌曰：有山方得地，见月始知天。须臾，仲展之评，化为湖；湖，化为酒。独不使集中诸君子和吾歌也。其中有山水之句，又独不使仲展氏痛饮吾酒也。其人乃山水之人也。夫曹所可而项否，曹所否而项可，项所生平可而今否？项君非敢罪于人，不敢得罪于天也。凡以文章浪得名者，罪在窃国之上。项君不惟忏闵文之侮，而亦为海内忏作文之侮也。

17.《诗艺存玄选》序

胡胤嘉②

余观仲鲁之名诗，而叹其深于诗也。夫诗异于文也，味之跃然于胸，歌之欲溢于口，而解之卒不易解。水中之月，镜中之花，严仪氏仿佛言之矣。今夫怀人者，瞩于其目，致于其心，感而落涕，劳而咳呻，久之而时物之变迁，梦寐之恍忽，皆仿佛焉，踯蠋焉，何无已也。及见而感者忽散，劳者忽畅，而意已尽矣。不见之妙于见如是也。诗之为道，所最忌者长言咏叹而意先尽也。故理穷于《易》，情穷于《诗》，法穷于《春秋》，非以能尽为穷，而正以其不必尽为穷。伏羲氏画卦有象而无文，故苞理极；风雅颂有言而无说，故怀情深。圣人作麟史，亦有案而无断，故用法曲此三者，所以为圣人精微之书也。诗莫善于唐，即一代而具初、盛、中晚之变。三变而益下，岂后之才减于初，而造意之不工？惟其才愈拓，意愈工，而附才与意以俱尽。初之浑浑，盛之莽莽，至此无余矣。皮、陆之幽险，李、温之怪艳，几欲破天荒、翻地轴，轶正始而上之，而诗以是晚，故余尝语朱原信曰：中晚之无诗，不以其靡，而以其尽也。今以诗为文，且为今制艺之文，其能无尽乎？然余所为不尽，非韵短音微之谓也。含情于无穷，虽极之百千万言，而其不尽者自不可尽，老氏以玄为众妙之门，玄非不妙，而不尽于妙，故曰：玄者，暗也，默也，所为藏之于不见者也。仲鲁删诗而名之以玄，是得夫不尽之旨而寄焉者。予故曰，仲鲁深于诗也。

18.《自序》

郑之玄③

陆放翁于自己诗文，动云娱忧纾悲。放翁一生，自家受用已极古人，实历所到往往不能自已。观放翁诗文，不但豪气纵横，使人拍案而起，有真情、有至性、一种快心之谈在笔外墨外。当拂郁烦闷时读之，真有消释解散之功。故开放翁之帙，亦遂流连一览

---

① 嘉禾：地名，可指三个地方。一为今浙江嘉兴市的别称。二为江西南丰县的别称。三为福建建阳县的别称。此指浙江嘉兴。钱谦益《牧斋初学集》有《济上逢嘉禾项仲展》诗。

② 胡胤嘉：清·朱彝尊《经义考》卷一一五："《胡氏（胤嘉）读诗录》二卷，存。钱金甫曰：胡胤嘉，字休复，仁和人。万历癸丑进士，改庶吉士。"

③ 郑之玄，清·黄虞稷《千顷堂书目》卷二十七："郑之玄《郑太史集》字道圭，晋江人。"

而不容不尽此文字之快境也。制义之业，戋戋无当，但有此物，即有此物之声价，有此物之嫡派。逢时之儒，髯枯肠呕，至于皓首，一生恶趣，几为苦海，快亦自难。余于此道，初不甚理，理不求深，思不求奥，不宗大家，不谈元脉，苟出口取适而已。是故肤浅合离之病，一一自知，然或于无人处自讽之，则亦时辴然①而开口，盖惟不求深，不求奥，所以不至于攒眉自苦，而惟不宗大家，不谈元脉，所以一意不为深奥。少年才情颇活，得文之多于微醺，于独步，于偶阅他书，于将寝，或梦觉索笔急书，微有可观。而入社拈题，对垒面壁，则决不得一快语，往在京师与诸同舍谈文，各为一评，而余自评，谓：如人家寻失猫子，平日觅不得，有时还自来，其来亦可喜。诸同舍莫不笑之。公车数载，笔墨愈狂，至亲相念者勉之以入时之文，勿令浅癖，徒逢己意，毋论予必不能，即能之。巫师禹步，自憎面目，真性情都无，复有卑竟我自作我矣。凡予前后所刻，有科头乱发求己一快者，而亦有俛首受八比之令，苟且拂己而事人者。文章之道，不以自快，而从遇合立想，岂不悲哉？因遣人重一过，尽芟其己意之不堪者，非谓娱忧纾悲，足尽于此。举十年来，不能快人之业，付之一焚，或遂如刘蜕尽封之梓州，未忍也。

思齐按：陆游在文章中多次谈到他作诗文之目的在于娱忧纾悲，主要见于《渭南文集》卷七《谢参政启》，卷八《通判夔州谢政府启》和卷十四《师伯浑文集序》等篇之中。以下文章录自《谢参政启》。

揆才，无似得禄；已优，不知何取。于圣时，顾使辄尘于清选，既难称塞，但有惭惶。伏念某至拙无能，下愚不肖，分章析句于蓬枢瓮牖之下学；但慕于俚儒，娱忧纾悲于山颠水涯之旁。文不供于世用，比坐啼号之迫，浪为衣食之谋，投檄无缘。强颜可笑，橘踰淮而为枳；窃自慨然，泥出井而为尘。望胡及此，手编简册，身缀鹓鸾，笔研重寻，氛埃一洗。兹盖伏遇某官，至仁无间，大德有容。文兼众作，而不以穷人；识高一代，而乐于成物。虽江海至广，本无待于细流，念燕雀兼容，亦何伤于大厦。致兹久困，遂得少通，然而某天赋甚窳，自量尤审层台起于累土，虽深知奖拔之心；浮图成于合尖，冀终遂迂愚之分。敢忘惕励，用对陶成。

19.《涂瞻生制义》小序

郑之玄

予与瞻生，同时得隽，一十八年于兹矣。其时壬子之才，蒸蒸甚盛。瞻生白皙茂美，其人特妙，制举言，清洒绝尘；其文尤妙，中原旌鼓，未知与瞻生孰先后也。俯仰之间，遂成往事。曩岁，见瞻生于长安，衣染京尘，白皙如故。今日，复见瞻生，寄至之文，则致坚理密，入之不肤，出之不棘，造诣浑成，将大有所偿，为吾党之后劲无疑矣。武夷之茶，妙于天下；浑阳之酒，妙于七郡。幔亭往来乏绝，茶既不可常得，而海

① 辴（chǎn）然，笑的样子。

氛为梗，酒舶俱断。岂非懊事？今瞻生之文，乃能自远而致，是何当摘茶洞之旗枪，出春瓶之玉带，相与口尝而舌别之，不能无望于瞻生矣。

20.《陈大士稿》序

张采①

大士尊于天下，盖二十余年。然其为天下师，知与不知，皆称先生，列弟子，则吾社诸子之表章，不可谓无功。即大士语余，未尝泯没诸子以相高，尝指其胸云：此处有心，殆不耐欺夫大士云尔。而名乃日尊，则大力。有言名者，自外为奉，辞之愈来，争之愈去。若夫贬人以自胜，败人以自成，文名必不得，早有失厚伤义之毁。斯言甚旨。有诋诃大士者，大士有言：吾辈如山中之鹤，无意争人间腐鼠，独表其声为清高，犹欲杀而烹之乎？骤接此语，可为恻恻。夫大士固非一代之才。其为文，辨明起日后，需火止。中间可得三十五六义。余访其豫室，见横据一几，倦篇分集册黄之次，复不废酬应。殆似五官并举，乃闻于人，不尽为信者。斯诚罕事！人见多，不见罕，则为姑妄固宜。大士生平无师。五六岁时，尊人流寓闽地，教授童子。一日，呼大士授书，已历成诵。惊问，则云：闻童子声，耳治尔。七八岁至外家，见乱帙中《毛诗》一本，亟携归。时尊人督令守田山下，防飞鸟食谷种。大士即携《毛诗》至山下，三日通全义，随能驳难注家。其天质如此。年近三十，始为诸生。前窭甚，其嫂氏刺苎以佐，每立文限：刺苎一缕，成文几首；饭熟，文几首；汤熟，文几首；相斗为戏，辄不失度。一日，予宿士业斋，大士同禹符佐之伴，连床对语，数其平生为笑乐。又大士精史学，为日不多，已尽二十一史。人诘之，则云：尔简有漏义否？予所谓横侧看者也。夫气力过人，方释卷，即举重，作一切不避名人。在天下从未有矜色。于大力文止为最深，尝自评其文曰：此义惟大力知我。予每云：大士、大力足称两大麟士。云大士，非字，实其化身。临川盖补陀矣。予游临，以诸生服见。予曰：某以东来，于滋愧大士，毋庸奴我。大士笑而诺之。后常服对，则质疑义，谈古今。凡所稽核，必征人征地，名实不遗。恐人议之，则曰：以私于令君者不男子。盖皦然在见于二子。士凤年十六，士骥年十四。试之凤，一日完十四义。骥完十义。予函其文示天如曰：见两郎如大士，非假，此亦罕事，足以破疑。迨予小草归大士，以文赠予，累累几千万言。予归不数日，而大

---

① 张采（1596—1648），明末清初太仓（今属江苏）人，字受先，号南郭。崇祯进士。与张溥同里，共学于七录斋，人称“娄东两张”。授临川县令，振弱摧强，名声大起。与张溥、杨廷枢等同创复社。陆文声等讦攻复社，被诬结党乱政。溥死，上书为之辩白。福王时，起礼部主事，进员外郎，乞告假归。有《知畏堂集》、《太仓州志》等。思齐按：七录斋，张溥的书斋，详见《明史》卷二八八《张溥传》。娄东，太仓州的别称。太仓境内有娄江。娄江源出太湖，往东流经太仓州。

士登贤书①。夫大士之才，无论今日无偶，前此后此当绝。伦辈则需时而发，理有固然。归后，大士亟忧予贫，贻书云：古称两袖清风，今袖安在？廉吏安可为？予复曰：贪之得贪，廉之得廉，各有沾沾自喜之意。今之所得，已为奢足，大士当不河汉。兹选其未刻稿行世，书诸简端，闻所闻，见所见，质言之同人而已。

21. 过云将《匡山小草》序

文德翼②

匡氏之山③，文字之外，馆马馆客凡三。一神僧，一高士，一文人。凡猥者，不得予焉。所以成享者，石为牲牢，松为饩廪，泉为酒醴，云为币帛，岩灯为庭燎，峰锷为佾舞，七贤五老为介人。肃客而进，南则五乳为域，北则二林为门。主人庶几勤恪欤！然神僧尚矣，高士来享者百不得一，文人来享者什不得一。主人惑焉，呼介人而让之曰：女肃客，以凡猥者充，荟秽我石，剪拜我松，不蠲我泉，播启我云，黯汶我岩灯，缺兀我峰锷，女有罚，炎立曦中，慓蹲雪内，未得休居，介人乃惧，群携而立于太乙之颠，私相谓曰：神僧如昆仑之遇，非穆满所召；高士若延陵之来，岂侨肸攸与？惟彼文人可诱而盟也。于是致辞麻山之姑，曰：外臣十有二老，主人之石交也。主人以客故罚及外臣，求臣于姑，惟姑之怜。有一士焉，曰海岸先生者，主人是师，此文人而神僧者欤？惟始之邻。又一士焉，曰莲谷先生者，主人是友，此文人而高士者欤？惟姑有才，匡则享之。是师者，主人得侍之金轮之下，石航之上。是友者，狭世路之阨僻，仰天衢而高蹈，莫我肯来矣。外臣闻其犹子云将，骨飞松石之英，气澹云泉之秀，神闲峰岩之灵，如不弃兹荒岭，岑锡之嘉祉。享虽不腆，然皆文人之所珍也。岂惟生天抑将得道，姑信其游说，谋之连谷。一日夜，云将乃来。来客一年所不见主人而辞去，去则封识一函，曰：《匡山小草》比于致谢启事云。主人以蔷薇水浣手，读之曰：吁！此殆匡之远志也，"小草"云儿哉！

22. 李石守文稿序

文德翼

博士家治一先生之言，终身守之不变。有矫其说而命之者，眦裂辅张，胸沉气塞，

---

① 登贤书：本义指贤能之书，后来指乡试中式。《周礼·地官》："乡大夫之职，各掌其乡之政教禁令。正月之吉，受教法于司徒，退而颁之于其乡吏，使各以教其所治，以考其德行，察其道艺。以岁时登其夫家之众寡，辨其可任者。国中自七尺以及六十，野自六尺以及六十有五，皆征之。其舍者，国中贵者、贤者、能者、服公事者、老者、疾者皆舍，以岁时入其书。三年则大比，考其德行、道艺，而兴贤者能者，乡老及乡大夫帅其吏兴其众寡，以礼礼宾之。厥明，乡老及乡大夫、群吏献贤能之书于王，王再拜受之，登于天府，内史贰之。"

② 文德翼：明德化（今江西九江）人，字用昭。崇祯甲戌进士，任嘉兴府推官。擢吏部主事。明亡后，隐居山中。著有《灯岩诗集、《宋史存》。

③ 匡氏之山：一作匡山、匡庐，均指江西庐山。南朝宋·释慧远《庐山略记》："有匡裕先生者，出自殷周之际，遁世隐，时潜居其下，或云裕受道于仙人，共游此山。遂托室崖岫，即岩成馆，故时人谓其所止为神仙之庐，因以名山焉。"

若敌仇然。嗟乎！道术之分，虽欲一之，而终不可得也。有识之君子，起于其中，盖亦旦夕而勤思之矣。鼓歌以僔，一人然，十人复然，以至百人千人莫不复然。虽有采齐肆下，孰为之视且听哉？庖羲氏文章之所自始也，其为卦也一画而已，一偶而为二，二连而为三，三各为错，以及于八，至矣，尽矣。重之而遂可以六十四。六十四之于八，视八之于三，三之于二，二之于一。势如此其县也。后之治其学者，如京、焦之徒，且可以一卦而六十四焉。一卦而六十四，则其变将不可以胜穷也。故《易》之为教，以数传者，神明奇变，洞天瞩地，无所不能。而以诂训者，终身守株而不可弃去，然则非古先圣之教有二也。井田始于八卦，兵法始于井田，文章始于兵法，其道与天地永固，而博士家小之以取世资为己荣，徒守其故事而已。故事者，天下之所至病也。而移其患于文章，世道之心肾，不可命于斯人而托业矣。文章之数为八也，生门死门在焉。虽荡佚简易之人，不敢不依为诡道。敌虽骜忍，刻忌之士不敢不以为奇材。博士家少而闻其说，以为天下无难事。事师之命吾者，不必如此矣。不增而为九，不减而为七，可以横行而直取之矣。此其人即终身处于败道，而亦无白虹赤蛇之衂。偶一幸胜，而且以其法制人，如制马之阴血周作也。虽然，罕譬而喻者，非博士家则可。余且以其质，责之士之劝进是业者，蹴鞠樗蒲之戏，与夫韦注介胄之容，既非所习，而不得禁。宽至于白鹿青桐谈玄论道，则亦以为嬉于时病，于业而远之，惟恐不速其于功也。可称劳矣。终身之所卒业者，天之星宿乎？地之舆图乎？先代之世系乎？夷种之族性乎？历代之礼乐典章乎？当今之刑名钱谷乎？草木鸟兽之辨乎？山林川谷之考乎？幽人之论著乎？异教之传演乎？皆能如观掌中之肉、俎上之脯乎？我以知其不能也，故其为文也，影事则古今之所未有，铨理则幽明之所不然，辟则诵《阿房赋》之虱耳，且不可比鉴识之老倅，况其他欤？余好持此论者十数年。而十年之前，寔得贤书而读之，乃知吾乡有李君石守。再十年而同成进士于京师。嗟乎！石守之于文也至矣。须眉屐履，皆生英雄之气。与之上下古今，终日卧听而不可厌。无论载籍以降，博及无斁。即小说家非族不经，谐之辄报。其于古今之变，国家之故，粲然具矣。闻其文成数千，弃笔充栋。其他杂著称是。独出古雪堂之百篇告人。以牙知象，以尾知虎，然以之投入博士家之耳目中，皆其逆视而踦听者也。此又何足致疑哉？语曰：少所见者多所怪，于以同乎？是者正之。石守之文章亦不增而九，亦不减二七，八其生门而不出其众门，何也？石守善于变，而不变者入其变中，而不知出其变外也。孔子赞《易》而不拟《易》，孔子之所以深于《易》。扬子赞《易》而拟《易》①，扬子之所以不深于孔。孔善变，而扬不善变也。善变者以《易》为死生，不善变者死生于一《易》中，则《易》之为博士家，厉也久矣。而况其流三变而为文章者乎？余于石守，不能不为之感云。

---

① 扬雄仿《易经》作《太玄》，《汉书》卷八七下《扬雄传·赞》："实好古而乐道，其意欲求文章成名于后世，以为经莫大于《易》，故作《太玄》。"

23. 《金稚鹤文》序

文德翼

文章之为道也，若不其之幻生。然幻生之口、辅、颊、唇、齿，何异不其贩夫耳！吐之不必有，吞之不必无，自贩夫视之，魂魄靡底，以为古今之变极矣。岂惟贩夫？虽使邹鲁之缙绅先生遇之，亦焉能不振带却视乎？语曰：少所见者多所怪，虽中年附耳而告其故，不敢信也。今之为文章者，如铭背之丈夫，不能作猩猩之啼，况异其吞吐若轧者乎？或曰：此诚而彼患，相去若象胥之与中夏而遥也。好恶缪者，何哉？余语不然。理贤著训，畏之太过，宁啻秦国门之书，乃后之鲰儒，辄以数画增之，可至千言，此岂贤降与莘而自说者乎？皆以一竹管而患出之者也。不知此说者，正如贩夫，堕其云雾中，而魂魄靡底云耳。余年友稚鹤古曲，逆之名胜，读书学古数十年，素筋劲骨，隻立遒然。其为文章，变化之术，殆不可方。欲正喻之以古人之位，适穷乎智，惟醉其善幻，微窃有似于不其生也。吾恐天下学其术者将满门矣。

24. 《皇明功令翼》序

文德翼

天子以科诏士，一日得当，徒步可致公卿。苟非怀箕颍之志者，未尝不争先处强以事之？非但博富贵，亦才伎搔抑之会也。乃公令高悬（县），有常仪的，士特私高，曾其所从来。宁剖腹以藏，才伎不出也。视弃富贵真如脱屣耳。天下之士，何箕颍之径满欤？余以为，王之制也一，士之趋也二，非士之过瞟者使然。今夫瞟者，犹父之子也。共父之子，跛眇在焉。跛迎跛，眇迎眇。虽妇孺匿笑，而瞟者窃幸以为似我也。天下才伎之士厌薄不为，盖或不得已矣。余以为功令亦欲跛能履眇能视耳，非欲相率而跛眇也。天下不察狃①，谓字法取其共晓，句法取其相沿，章法取其易竟。如是者止，遂若通经学古，皆当今之属禁也，不亦失诬之甚也欤？从功令者意在尊王，悬功令者意在尊圣。一王之志，千圣之心，一也。何尽让之势反欤？语曰：视已成事。国朝才伎之士，尽出二科中，所见所闻所传，文章班班可考也。岂非今博士家所家至而日见者邪？余以为未能家至而日见之邪，士治一经，白首而不能成诵者有之矣。尽发一代之文章，皆于一代之功令而参伍之，其得失异同，必有自信于心者，而惜也非所及也。赵是愚先生为祠部尚书郎，于陪京代天下图之，上及洪永②，下暨嘉隆③，列为一集。有以少为贵者，先进诸君子也。近四朝列为一集，有以多为贵者，后进诸君子也。命之曰《功令翼》。夫功令者教也。教者之言设于空际，非有题之可程衡也。博士家画空而趋难已。先生生其羽毛，曰：如是者功令所甲，不如是者功令所乙。天下晓然所以立法之意。虽

① 狃：惯习。王安石《上仁宗皇帝言事书》：“又以久于其职，则上狃习而知其事，下服驯而安其教。”苏轼《晁错论》：“天下狃于治平之安，而不吾信。”

② 洪永：指明洪武（1368—1398）和永乐（1403—1424）两朝。

③ 嘉隆：指明嘉靖（1522—1566）和隆庆（1567—1572）两朝。

欲不争先处强，势流所激，不但已也，岂惟有赖于天下士？抑又功令裨也。夫先生令柴桑时，余视天下士先一曙匡稚圭耳，今且与天下士共师之。

25.《观文大社》序

文德翼

文能垂一代之制，不能成一代之书，何哉？学无纯师故也。学无纯师，则其法不可传，其心不可为也。心者所以成文之具，而法则受之者也。为文而法不可传，心不可为矣。终身学为浮巧，取誉当世，峭然登明卿钜公之列，而所为文如春之縋华秋之陨叶，虽欲以术留之而终不可得也。盖常勤思其故矣。心者人之所自有，而法者心之所自不无也。舍心而他，是图学之未终日而辄弃去，相弃无已时，相学无已时，其孰能以典尝作之师乎？以余所见，十年来所为周末诸子之学，既而弃之曰俊诡，乃变而为拟经补亡之学。既而弃之曰割裂，又变而为唐宋诸人之学。既而弃之曰散佚，又变而为西京建武之学。既而弃之曰莽芜，又变而为魏晋宋齐梁陈之学矣。安知不既而弃之曰排丽也。未十年而凡变者五焉，则后乎此者，其变将安极与世言其变？余犹执其长其变者，法外之浮巧也，其不变者法与心也。而不见乎织者乎？方蚕之登簇也，轧轧于山，而素丝缫焉。织者引而置之机焉，一缩之，一衡之。缩者错衡，衡者综缩。错者经综，综者纬错。然后，其文成焉。织之能浮巧者，市不胜关尝所也。然卒不能不一缩之，一衡之，以有加于素丝也。岂非以法之所不在乎？而况无素丝而能书空以为纨者乎？夫素丝者，文心也。一缩之、一衡之者，文法也。闃市之浮巧者，文之五变者也。余故曰：能垂一代之制、不能成一代之书，学无纯师故也。然师之道式微已久，匡衡、王通、韩愈之徒，能言之而终不能行，况处十年五变之世，而敢妄言师哉？余李於越之禾，素有人文，书院诸君子所材也，进八股庠之为君子者而观焉，取其无忤于法与心者而载观焉，可谓文之成也已矣。虽然，人文之为义也，于何取之？取之贲也。贲，饰也，无色也，刚柔交错也。饰而无色素丝之谓矣。刚柔交错，一缩之、一衡之之谓矣。心与法备焉，乃其爻曰：君子以明庶政，羌敢折狱，然则折狱之更难于观文矣乎？诸君子之文也，有能教余以折狱者，余将以为师。

26.《黄熙伯稿》序

魏呈润①

泰武鳌山②间，有黄熙伯氏，且得天气有往来、日月吸川涤漠之概。乃其伏息众

---

① 魏呈润：明龙溪人，字中严。崇祯进士。由庶吉士改兵科给事中。书陈兵屯之策及北方水政，帝皆嘉纳。中官王坤侵巡按使胡良机，诏令坤按劾，呈润疏言不可。帝责以党比，贬三秩出之外。以养母归，母服出，起补光禄署丞卒。

② 鳌山：指鳌山卫。即今山东即墨市东鳌山卫镇。明洪武二十一年（1388）置，筑城周五里，属山东都司。令右、前、后三千户所。清雍正十二年（1734）废。思齐按：卫，军队编制名。明朝在各要害地区设置卫，每卫大约五千六百人，其防地可以包括一府或数府。

神，握笔为文，乘虚体景，都非津梁所及。异哉！黄子之示我以方瀛壶梁也。余惟国家以孔孟渊海，汗汗沺沺，驱天下澮汙赴之。三百年来，名臣辈出，无不与气韵争衡。盖其发奋下帷时，大都淡然寡嗜，确乎不惑于中视，彼肤靡嫒姝之习，虽珪璋可挺，芳蕤自吐，起而经世，务纤毫靡补，即忽有人焉。欲弁髦去之，何不可邪？余悲乎竖儒，寸管自豪，阆风悬圃，一息可到而涔流自足，若沃焦斧，无复涵星浴日，荡云浸月。处是，讵天地大文，不任纾写，独计世界，已须全力度索。寻瓢潦草应之为可惜耳。且夫九州之外有九州，四海分四又复有海。繇吾霞屿，溯洄从之，如蒲昌伊连之属，又安可谓亡者？黄子生大海之滨，随所泳沫，无不取之缥缈。癸酉闱中见遇于喈林梁公，几得而失之。今秋又三丁公，奇其文，以为桃花流水，非由武陵道上，而束于公令，仅列选首，为之扼腕。岂非有神物焉？秘之护之，必使之大发光怪于人间，令天下之俎豆干戈皆可以一气含摄之，而后称黄子稽古之事哉。今夫凤鸟聚众羽而王之非其文之谓也，河与海纳百川而王之非其水之谓也。黄子善自持，湛心定虑，观日夕之所荡漾，涤汔以洒濯其牢骚，精微力现，万类齐通，将举朝宗之覞势，灌四裔之耳目。咄咄黄子，自此远矣，有不向若望洋而叹者哉！

《明文海》卷三百九序一百时文

27.《李笃俟窗稿》序

黎遂球①

予辈既为天下人所好，必将为天下人所憎。好者好其腹古行古，其而憎者非愧即畏，益之以古学之律，断断不能委屈。从今人所为而其好者，苟非耳目素习，终亦疑之，甚而私意本欲有所附，律之以古道，不可，于是其憎之也。更毒于不好者，望之深而怨之笃，皆人情，无足怪也。然则予辈所特致人之衡好者，亦惟文而已。魏操之好陈，武曌之好骆，是皆以文胜之。然而以文之憎好言之，近亦奇变百出，殆出于恒情之外。此予辈之所以搔首问天而不知其故者也。夫为行而人憎之，知其所以然而不欲改；为文而人憎之，不知其所以然而不知改。老少异好，馨臭同紫，逐逐而走笔墨，几如邓林，识者悲。然则予辈之为文，亦第以古律之，一如其居身而已。焉能问憎好哉？李子笃俟，居家既贫，乃脱然不顾，海海而来虎丘，掩关读书，不妄与物接。为文，月可以百计。会予且三刖还山，始得邂逅定交，出其诸义商之，大都岸然自命，知笃俟信古之深，予亦因之深慰藉也。于是与笃俟汲试山中新茗，掀髯相劳，则以为世能憎吾，率不能憎吾文。吾文幸而糊名易书，亦幸而阅之者脑烘目迷。夫既不能辨予辈之所好者，则安能尽拣若辈之所憎者？譬盲人手摸鱼目，或反得珠。是以一科之中，亦偶有数人。笃

---

① 黎遂球（1602—1646），明末清初广东番禺（今广州）人，字美周，号迦陵。天启举人。明亡后，捐家资抗清。顺治二年（1645）入隆武朝兵部职方主事，募两广水师北上。次年，占死于赣州。善绘山水林石，共诗文，因赋《黄牡丹词》，被复社友人称为“黄牡丹状元”。著有《迦陵集》、《莲须阁集》、《周易爻物当名》等。

侯笃侯，亦善俟之而已。然而于其为文，亦正可以观其为人也。喔咿滑稽！全躯事妇人之行既不肯为，则饰妆倚门五经扫地之文又焉肯为？为予独惜乎！今之衡文者，当国家亟需正人君子经邦弘化之时，而好学之士多伏于野，天下事究竟付何人哉？若予，固不足道也。生长遐壤无能舟居陆处，则有海上仙山可住家，吾担石之储，则学辟谷餐花。每笑当世号称高爵大名，尚且不能识“審”、“禹”二字，宁复辨此中有人？予反籍①是，以免于憎，未可知也。予为笃侯言之尔尔。

28. 陈耆仲《近蓺②》序

姜周③

南海陈耆仲，吾师宗伯公仲子。耆仲小，即有至性。当师以执奏宗藩事，圣怒几不可测，时耆仲长安相依，日犇走，夜涕泣，忧虞以至于感为心疾，幸而师奉恩归里，耆仲相随而还。太夫人含贻相笑，疾乃获释。亡何而谗蜮载鬼，张弧欲射，几及雁行。耆仲衔芦相警，则益俯首下帷。予尝过师侍谈，视耆仲子舍，兄弟一灯，笔研之声，丙夜相畣，所为举业文，乃能超博疏越，高步先民，往复之余，回味弭善。于是人皆知耆仲之文，能肖吾师，而不知耆仲之心。当其甚疾，则不能为文，其可敬可畏，更甚于其为文也。吾辈文章之旨，不过以忠、孝二者为端耳。师为忠臣，耆仲为孝子，故耆仲之心疾，良胜于他人无疾之心，他人以无疾之心为文，而如彼耆仲，以有疾之心为文。而如此，耆仲岂可浅近窥测乎？予则愿耆仲毋忘所以致此疾时，操如是之文，出而以家学经天下。今中原涂炭，谋夫孔多。君子如祉，乱庶遄已。圣明天子，当必思师言之为正直，赐环卜瓯，拭目咸俟，充成之业。更望耆仲，吾正恐四方同声，徒知奇耆仲之文，谓为韶龄④逼人，而不知其为文之心，实出于忧危，营画慨慷，惊恐之余，发愤郁勃，悲喜相宜。宜其不犹夫乌衣子弟，纨绮习气。予故为序而著之，以见耆仲之至孝，而又因乎吾师之纯忠尔。予言安足以重耆仲？耆仲勉哉。

29. 《代畊⑤编》序

姜周

予与梁渐子里居，南北依倚。梁子大母，以节受旌，今遐寿未艾，则予母之姑母也。两家岁时，扶杖相过，不为客礼。每食请所与，则互命童女，使米盐有无，则不怯相乞假。渐子少，即以尊人有良，先生命同予弟延师为学。数年，予往来吴越，归则梁子以为古文词甚赡且工，所著史眉，考究甚坚悉。予弟学为举子业不成，则退而归畊板桥。梁子遂与予互相师友。梁子业举子，皆以其所为史与古文者为之，于时体甚合。顾

---

① 籍：即藉，借也。

② 蓺：同艺。

③ 姜周：明太仓（今属江苏）人。嘉靖十六年丁酉科举人。

④ 韶龄：犹言韶华，指一个人的青春岁月。

⑤ 畊：同耕。

梁子雅不乐时趋，庚辰南宫试竣，即趣命驾出，途次乃闻落第之报。夷然安之，归而嗜古益工。此梁子所以成其梁子也。予性戆肠热，当其揖见长官，或礼貌不如体，或论事是非枉曲，轻忽恣肆，或意不相属，则予必恂恂而退，落落日远。其于上交，人皆谄乞，予独期于不失节致罪而已。予家乃日落，无敢过望于人。其卖文为养母计，亦势所不得不然也。梁子则宁概不交，故亦复不得不卖文。《代畊编》其所存者，读其《自序》而可以见梁子之志矣。虽然，予殆有以为梁子宽，且自宽也。梁子谓以一缣贽，予辈为文乃以数缣贽。所代之官之名，若以予辈之为，之为劳且贱。予则以予辈之文而五彩绣之，金书而施张之，拜跪局曲以将之。其为清白吏，则传之为世宝，以示子孙，使知桐乡之爱。即反是者，益复以为解嘲饰说，荣耀乡里之符。若是，则向者所为，于予礼貌不如体者，论事轻忽恣肆、意不相属者，其于予文也，而如此有体矣，不轻忽恣肆矣，意殊属矣。予虽劳且贱，亦何惮而不为？若予辈举业之文，使闱中劣史易书迷目者，不数句辄加红勒，而犹津津为之不已，则诚可叹耳。故予弟之弃而不为视，梁子之即以所为史与古文者为之，尤为自得。姑戏为梁子题此，以示予弟曰：而毋谓梁子非畊也，则亦无疑于予之不畊也。

30. 叙《王有巢文》

曾异撰①

王有巢氏，异人也。向人朴讷无一言，中无不能。能诗能文能画，顾不能自食。其友韩晋之，为有巢谋：子曷卖诗文以食？有巢诗文不售。曾弗人为有巢谋，子曷卖画以食？有巢画不售。有巢诗似李贺，古文词似扬雄，画似小李将军。古之人有一焉，皆足以传。在有巢乃足以穷其身。弗人子谓晋之曰：有巢氏必有深犯乎世者。世嗔其所犯，而移其嗔于其诗、其古文词、其画也。有巢氏出其制义示弗人子，弗人子怃然曰：得之矣。有巢氏坐是故穷也。有巢氏制科义兼有长吉之幽险，扬子云之隐奥，而更以其小李将军之笔意，而刻画乎古先圣贤之须发眉面，与乎毛孔衣摺之微，靡不精至。三者，有巢氏有一焉，皆足以不售。而有巢氏之制科义兼之，而宜夫其犯世之深。世之人盖嗔有巢氏之制科义，而徙其怒于其诗、其古文词、其画也。有巢氏曰：然然，吾必行世。且夫世之嗔吾文而行之也，犹之乎誉吾文而行之也。但使世人之心中目中，各置一有巢氏

---

① 《明史》卷二八八《曹学佺传》附《曾异撰传》："其同邑后起者，曾异撰，字弗人，晋江人，家侯官。父为诸生，早卒。母张氏，以遗腹生。家窭甚，纺绩给晨夕。异撰起孤童，事母至孝。岁饥，采薯叶杂糠籺食之，母妻尝负畚锄乾草给爨。然性介甚，长吏知其贫，欲为地，不屑也。吴兴潘曾纮督学政，上其母节行，获旌于朝。及曾纮巡抚南、赣，得王惟俭所撰《宋史》，招异撰及新建徐世溥更定，未成而罢。异撰久为诸生，究心经世学，所为诗，有奇气。崇祯十二年举乡试，年四十有九矣，再赴会试还，遂卒。"思齐按：曹学栓，字能始，侯官人。广平府知府李清馥撰《闽中理学渊源考》卷七十七《孝廉曾弗人先生异撰》："曾异撰，字弗人，晋江人，移家侯官。少孤，事母至孝。家窭甚，岁饥采薯叶，杂糠籺食之。妻负畚锄干草给爨。长史有知其贤，欲为地者，介然不屑也。久为诸生，留心经世学。诗诡激有奇气，南赣巡抚潘曾纮，得王维俭《宋史》。招异撰与徐世溥更定，未成而罢。崇祯己卯，举于乡。癸未归卒。著有《纺绶堂集》。"（《雍正九年郡志》）

之文于其前而嗔之詈之，则世固已行有巢氏之文矣。韩晋之首肯其言，命予执笔而叙之。有巢氏故有《夕菴草》。吾友董叔会，有巢氏之桓谭也。与晋之序而行之。世儒目摄于有巢氏，且移其嗔于叔会、晋之之眼。信如有巢氏之言，以其嗔于世者行世也，则夫叔会、晋之之眼，与乎曾弗人之叙文，其亦附有巢氏之制科义以行也夫。

31.《周亮如制义》序

曾异撰

今世之以其文行世者有三焉。有自信其文而传之者，如得气之行卷、方书，诸文副其福者无论，即其猥窳逐队者，亦复诛梨刑枣，傲然信货。此如跛鳖人肆，着艾而验，则亦仙蔡圣龟，山节藻棁，居之不疑矣。有不自信其文而传之者，河干伐辐，出户辄龉，未能罢仆，敝马问道，于大海之东西，长江之南北，则亦布然疑于天下，以广其素心，与析天下比邻之意。若予辈之偶尔不自获其丑是也。若夫价善货信，时尚有待，而有必可以自信之文，愤愤然恶夫偶尔弋获者，徒以一日之合，不足重。即其后而合于一日，吾亦不恃此而始信于天下者，其周子之文之谓与？夫自里妇村媪，牵臂人宫，苎萝屋角，梅摽莺嗟，摇曳三实，鹂姥御出村矣。时雨闭三家，劳媒裹足，絮眠一路，佞约无声。彼姝者子，纱掷溪头，屧响林外，蝶随香步，草引微行，翩翩然行越圃而叩吴宫。使夫将余百两，宠冠三千者，顾吾而陨。夫人之涕也，虽然吾为美人子计之，何反而自闭村中，花晨捧呻，豁午沉影，草满莺阑之候，梅子可倾，纱筐不闲。于斯时也，有士焉独往而过之，斯诚美人之知己也。今而捧其心而入市。昔人云：夷光虽美鸟见之而高飞，鱼见之而深逝。吾恐夫侧肩掉臂之市眼，无以甚异于鸟之与鱼也。周子曰否，无非以吾文适市也。今有待年者于此，孜孜然而颒水语溪，抱台许镜。夫士庶不可谓矣，于是而图之绘之，影留纸上，针停杼罢，指绘相连，枕剩衾余，揽尽同梦。临女问颦，则共我而三；夕缸添影，则侣人兼二。亦聊以奇吾孤情云尔。兹刻也，吾藏之以俟其人。夫天下之大，岁月之长，岂遂无独往之一士，如吾子之所云者乎？吾留影而秘之，非留影而传之也。此周子极孤之踪，且不受同悲，又何心同赏哉？曾子辗然而笑曰：嘻！周子抱其文，而独且亟亟然，出而示曾子。夫周子为结缡也，然久已自成于我哉！

32. 序《刘子卮草》

曾异撰

夫古人之文章，期于能为简者也。今之时义，不能为简者也。古人之文章有二端，曰叙事、明道而已。古叙事之文，莫如子长。孟坚已不能无繁简之异。是以《平准书》简于志《食货》，《河渠书》简于志《沟洫》，《货殖传》简于志《地理》，《天官书》简于志《天文》，《封禅书》简于志《郊祀》，《律》、《历》二书亦然。然而，《平准》、《河渠》、《货殖》、《地理》、《沟洫》、《食货》诸书，则《禹贡》一篇尽之。夫《地理》、《食货》、《河渠》，前人一之，而后人三之。前人合《天官》于《历》，尽于“命羲和”数语，而后人分为二书，宜其伸缩之不相逮也。他如本纪、列传，班氏往往欲以详赡胜子长，亦自知其简洁不能如迁，姑用周详自胜，实以见长者护短耳。然腐史诸记载，自周秦而下，汉兴，高、惠、文、景、武五朝耳。惠又不永，乃至十数万言。《尚书》典、谟五篇，而唐、虞、夏后之君、相、官、牧备其中。乃其时二帝一王之典礼、乐律、刑法、五行、灾异之故，亦具志于是，其繁简又相悬若此。若夫谈理简要，则世称《道德》五千言。愚谓牛背口授，后人自分为某章某章。实则犹龙氏一篇之文，亦如伏羲氏之六十四卦，后人演一卦为一篇，在庖羲氏不过以六十四卦而成书耳。夫老子之文一篇，而其言至五千，尚安得谓简？然自青牛出关，而著述仅仅于是，故夫老氏者，谓简于著书可也，谓其文为之为能简，则未。惟以六十四字成经，则庖氏简于文周、孔子。孔子简于曾子。曾子简于子思子。子思子又简于孟子。夫明道至于孟子而详，叙事至孟坚而详，犹之乎不能为简。然较于后之递降而递繁者，又为简洁之至者耳。且夫以一言而包举天地万物之理道，以一典、一谟、一纪、一志、一传而隐括乎一代数百年之事，与其人终身之行业文章，此夫能为简者也？今世之时文，其命题仅四五字，多不过二十余字，而展之为破、承，又展之为首、尾，又展之为中央、前、后之八股。此夫不能为简者也。余尝谓：古人之文如缩地，今之时文如廓革。夫廓革者以廓之而极其大为能者也。使廓革者而仅如其革之本然，则无为贵廓革者矣。为时文者而仅如题而已，则但还其四五字与二十余字而止，而时文可以无作，故夫今日之经义，无论其不能为简也，简之则遂无经义。虽然，廓革者而极其廓之所至，大则大矣。然则愈无廓而革则愈薄。故夫时文而以极其所长而为之者，吾恶其为近于薄之道也。夫以不能为简之经义，而能为简以古人缩地之意，而行于今世廓革之文，此予有取于刘子，而欲与之读古人之书。若区区于时文窟室之中，较量繁简，此予所废书而叹。自稍有知识以来，所为太息，痛恨于王半山，而久欲付之不言者也。

33. 《徐文匠制义》序

曾异撰

士何事不可为，而必为文章？士即俯首为文章，自经史、骚赋、诗词，以至巫书、小说、衲呗、优唱，亦何事不可为，而必为今日之帖括经义？夫德、功无可见，而但以文章立言，此三立之中之最卑者也。文章而至为帖括之经义，此又立言中之最卑，并无足齿数于文章之列者也。今以无足齿数之文章，而气隘者据户而守，意广者建鼓而徇。某曰某派吾地开宗，某曰某派吾徒祭酒，而不自知其为蜣螂之转、战蚁之阋。甚而当事之公卿大夫，不曰今日之繁赋何由轻？贪残吏，何由去？兵多而悍懦，食用穷蹙而冗漏，何由足？疆场数千里地，何由恢复？卤频来，何由大创？天下士大夫酒食、声伎、裘马、仆妾、阿堵、田宅诸风尚，何由正？贤书铨选苞苴，何由衰息？兵荒流民何由宽恤？招聚立朝，何由守正不党，忘身忘家，使朝廷敬信，臣子除猜，察省刑狱，不此之问？而今日议正体，明日苛限字，此又事之至迂极倒，而可笑之甚者也。虽然今即有孔、孟之道德，伊、旦之勋业，而舍此至迂而无足齿数之文章，虽周、孔无以自见其德与功于天下。夫士干禄今世，譬则鸿鹄峻鹤不生于海阔天空之极，而俯巢于阛阓之丛篁，饮啄于农桑之田圃，其性气不除者，时而亢首嘹唳，视翅翔举，稍露其高奇不屑之态。而其不然者，则亦安然而卑栖俯啄，无以自别于稻粱之鸡鹜，亦相与接翼于桑颠篱下已久矣。曾子老樊笼间，徒以父读书蚤丧，生世胎而孤，母七十老，寡妇寒贱，不可无禄养，不得不株守一经，以附于古人为亲而报关击柝之义。而又自分其才无以与于古来左丘明、屈原、司马迁、李白、杜甫、韩愈、苏轼、关汉卿、王实甫之间，是以陆沉溲溺中，行年五十，须发白尽，而未忍去。徐子父、祖为大官，无俟升斗为养。以徐子之才，而为古人之经史、骚赋、诗词、歌曲，投之所向而无不可，故俯而为科举之文。吾读徐子所为经义，虽其引颈而鸣，振翮而上，气决而目逷，可以无所不之顾。时俯而视，决起而盘旋，翘然回翔审瞩，若有志在千里无可如何之意。嗟乎！徐子何自苦若是哉？或曰：徐子方将自致于三立间，不得已而寄于此者也。

34. 自叙《四书论世》

曾异撰

异撰胎而孤，母二十一抱孤子在襁褓中，则喃喃教异撰读父书。忆六七岁时，母篝灯于床，展书于枕。吾母手纺口授，异撰偃卧而读之。去今三十年所，母老矣。异撰多病早衰，年未四十，须发鬖鬖然，已似老翁，而学未有成也。盖异撰十岁而学为文。诸父急，小子逢年课，异撰为不远于时之文。十六七岁而异撰喜为纵横排荡之文。十九岁始知读古书。始吾四岁，焚庐火及寝，母亟去徇父柩，仅以榇免。诸父书已火，不可读。独于外祖旧箧中，得抄纂胡《易传》、《礼记》三书字墨，而句丹之，而时发为文章。而又学为经术之文已。庚戌房稿出，读丘毛伯、王带如先生稿。其纵横者业已先得我心，而尤喜其清率灵快之文，以为无应制肥酒大肉气，而尤喜为清真之文。二十余岁而授书佣食。私念不可以吾法为教法，时时拈济之，应德及归、胡、汤、许诸先辈稿。读之，初以课童子，熟视而又所入，以为不如是，则不足以语于文。而又学为定气矜格、认脉摹神之文。已乃嚌啜等分之。其论事论人之文，则为排荡经术之文。其谈理讲学之文，则为清真快逸与夫定气矜格、认脉摹神之文。是以世之知异撰之文者，见其论事论人之文，与其谈理讲学之文，则判然以为非一人之文。已又和合之。其谈理讲学之文，犹之乎论事论人之文，而总之为论世之文。私心以为，言理而不适于世事，则为腐妄不可用之理；言学而不于其人之世参之，则其学亦为头巾帖括糊目而互相呼拜之学。且夫所谓论事者，又非必以四书之言论四书之世也。吾意有所感，则以私塾之言，论今日之世。吾读《学》、《庸》、《语》、《孟》，而证以汉、秦以后《通鉴》十七代诸史，则又以汉、秦、唐、宋之世，而论夫唐、虞、三代，与夫孔子、孟子之世。私谓不深观乎汉、唐、宋、明之世，则其论唐、虞、三代、孔子、孟子之世，不畅不确。盖异撰之为文艰难而屡迁如此。昔人云：孤者易伤，穷者易感。异撰贫，然不能言贫。吾流寓七年，无屋以借居一椽，如掌秋嚣市肆间。母常谆谆谓异撰：小子宁佣经负米，无如古文章之士，嘐嘐然以贫贱而号于当世知己之贵人也。嗟乎，异撰不贫，独吾年时迈矣，而所学如此！盖贫莫贫于是。是以自伤其孤而失学。试出行世焉，以求益于海内之细论吾文者，当世其教之诲之，异撰不敢不勉，以庶几于学之有成也。

35.《王有巢哀帖》序

曾异撰

今世盖汩汩相嚛为腴哉，而文章为甚！选文者，腴人者也。叙文者，腴选人者也。师之腴其弟子也，门士之腴其先生也，朋友之交错而相腴也。失此三腴者，朋友以为不可交，先生以为不可教，而门士亦始慕终弃，望门却走，谓不可宗。王子貌木而舌讱，其不能为腴，盖可望而知之，而喜为选事。王子其腴人也哉？南山之枣何罪？王子则髡以为佞也。王子不为佞也者，则请自王子之知交与所畏爱者始。王子先行意于知交与所畏爱，夫然后可以号召。侧目之余子，虽然信斯言也，害王子之选者，必自王子知交与所畏爱者始。王子之选事难矣哉！且夫选人而以腴人，王子不为也，王子则不可不腴世。夫时文者，腴世之文也。今世自黄口鄙儒，则莫不附耳抵掌而称前辈。王子而选以腴世，亦必附耳抵掌而称前辈。夫先辈之文足以奔走号召乎？今之鄙儒者，以先辈之名辅之也。今使掩河滩诸公之主名，而号以今人之文，则乳子腐生又吐弃之恐后矣。且今之自命司世，而挟其可以贱人、可以贵人之权，藉以过抑文士豪纵之气者，莫如南宫之牍能已见于前事矣。夫日者南宫之后，司命者未尝不欲得钱王而收之也。然使今之世而有真钱王者出，未必不在摈落之中，而适以痿人读书之气骨。今其逐队者无论，试取十八人中，天下之精锐而先登者，其卓然可垂者谁乎？选即一二知名士误入彀中，试扪心自问，非恧舌缩手，舍所学以取世资，不可也。夫上以正体起衰为名，而下以曲学阿世为实，然则是救世云者，亦上下相驱为腴也。王子又不为。无以①，则姑舍之而自腴则可夫②？王子身不为腴，而欲使天下之人，舍其自有之心目而腴，吾王子又不能，则曷正告乎？观是文者，第掩其为文者之主名③，与王子之评阅，先入之，诋腴漠漠，然无所适于中。盖以文为覆而已，则虚游而射之。不腴人，不腴世，不自腴，不腴王子。夫然后知选者之不能为腴也，盖曾子则已望而知之矣。

36. 序《龙虎吟》

曾异撰

庚辰之春，吾友陈子含，偕道掌氏选程墨弧文事也，盖有奋武之思焉。曾子异撰时北方游，示诸同人。有朝苦书生满文兼武事，行之旬已，贻书诸同社。吾一船中，左拥

---

① 无以：不得已。《孟子·梁惠王上》孟子对曰："仲尼之徒无道桓文之事者，是以后世无传焉，臣未之闻也。无以，则王乎？"

② 夫：用在句子末尾时表示感叹。《论语·宪问》子曰："莫我知也夫！"司马迁《报人少卿书》："悲乎！悲夫！事未易一二为俗人言也。"

③ 第，副词，但，只是，只管。《后汉书》卷十七《贾复传》："卿言大，非吾任也。大司马刘公在河北，必能相施，第持我书往。"王禹偁《黄冈竹楼记》："公退之暇，披鹤氅衣，戴华阳巾，手执《周易》一卷，焚香默坐，消遣世虑。江山之外，第见风帆、沙鸟、烟云、竹树而已。"

时艺，右载弓矢。宫中梦卜方勤，生攘臂逐队，自附鹰扬龙卧间。夫以时文为文，非文也。以弓马为武，又非武也。文不成文，武不成武，持此出草庐谒帝，名为应莘渭之求，须吉甫之选，何异抟尘饭儿？戏噫，可笑已！仲夏北归，子含又有《龙虎吟》之役。盖取诸颛顼氏之神剑，谓其腾上而指，则所向克敌；藏之匣中，时时作龙虎吟也。陈子言之详矣。夫古之以说剑雄者，莫过庄生。其言有天子之剑，有诸侯之剑。天子之剑，某为锋，某为锷，某为脊，某为镡，某为夹。诸侯之剑，某锋，某锷，某脊，某镡，某夹。某不尽同，而皆可以直无上，而指无前。此异于世人之剑。今天下内讧，流寇北阒，强胡所需者天下士大夫之剑耳。夫今当事者之剑，以三岁乡会试之闱牍房书行卷为锋，以分门别汇、摘句割股、碎金杂锦之大小题试犊为锷，以学堂训诂之传注讲说为脊，以坊刻纂辑饾饤之经子史、秦汉六朝唐宋诸杂文绮语为镡，以历科沿习传诵隐括二三场之论表策为夹，而以误国丧邦学究鼻祖之王半山为铸剑之欧冶，以荒耄固陋、夏虫正体、螳臂起衰之主考眯目簿书，糊心帖括，以贤书为市之房书为选剑之雷焕、张华，兼以吹毛洗垢、因缘报复、舍大奸利、缩小瑕疵之磨勘者为之抵剑之土、淬剑之水，以此内荡寇而北抵胡。噫！吾哂其不如庶人之剑，尚可以割羊而刺豕也。庄生曰：庶人之剑犹斗鸡。由今之道，无变今之俗。愚谓：今卿相士大夫之剑，如战蚁。虽然，一代之王制在是矣。三百年间，具文武经纬，系社稷安危者有之，未尝借才异代也。皆由此道也以进选而用之，其亦天子之剑才也哉！兹选也夫，其亦铁中之铮铮者，淬而用之，则恃有今天子之神武。命曰《龙虎吟》，《易》曰：云从龙，风从虎。合中之吟。夫亦思有求吾者而从之，谓是选者其亦有所思也夫！

37. 叙《旅誓》

曾异撰

古之著书立言者，皆选其才性之所近而选言，以出自选，非选人也。司马迁为《史记》，则选其人，而编之人选其事。初未尝选其文，间有之文，亦因其事以存《垓下》、《大风》之歌，岂选诗之谓乎？《汉书》踵之，遂有事、文兼收之意。故其帝纪之诏令多，则列传之奏议详。他如邹枚、王褒、终童之属人以文存，亦渐镂衍损风气。东方朔《客难》，扬雄《解嘲》，古今人旨口，予谓可无载也。使孟坚传屈原，必兼载《离骚》，不但《怀沙》一赋。其传管、韩，必取材大、小匡。《孤愤》、《五蠹》诸篇，不但采仲之逸事非之《说难》。贾谊之《鹏赋》，未必过于《治安策》也。然而太史公之去取如此，宁使后之读《贾生传》者，谓迁之详赡不如班，而必欲孤行其《屈贾合传》之意。此其踽凉独往，绝不作选腴割炙俗想。即此一念，便可藏之名山之中。明知后世之必有班椽不屑为之耳。愚谓：秦嬴而上之《史记》，《尚书》、《左氏》、《国策》之约略也；武皇而前之《汉书》，《史记》之补遗也。史者，选史之书。而约略主弃，补遗主收。乃二书位置之高卑，亦具见于此。岂非以选事兼选文者异乎？范晔《后汉书》，始以“文苑”树目而传其人矣。其他所记载至文章，亦倍屣前《汉》。梁昭明别为《文选》，则文径离人以存。识者谓滥觞于范晔，而愚则谓芽蘖于孟坚。《唐文萃》、《宋文鉴》，皆其苗裔也。承流为西山氏之《正宗》，乃至谢枋得之《文章轨范》。其事至琐尾，犹得为里社学堂所不废，而所选者与选者，其文与人皆相丽而行。凡诸所搜辑，少科举之文也，间有之矣。然应制之体，当时仅以为时文。有意立言者，无取焉。董江都应制三策，班史至详载列传，太史公尚以为无足存，先已略去，仅以经术附儒林间。嘻！使后之传王唐诸公者，而以吾代应举诸大篇附赘其内，无论为有识所姗笑，即黄口小生，又有不谓引用失伦者乎？姑夫为文而至于帖括之经义，此文章直至猥琐者也。选文者而至于帖括之经义，此又选事之至猥琐者也。《旅誓》之有初选也，希之兄弟俱未脱然于樊笼也。《二集》之选，希之或不得已而为之。为赓之者是以不可以已乎？嗟乎赓之！四年，宣城令扶父榇归，至三山不能自前入城，属予贷十金以行。归而无田自食，兄弟作若为琐事。希之、赓之坐而选，仲氏羽之贾而行，以自比于梓匠、轮舆，坎坎河干之苦行。仕宦而至此，在吾辈为固然，亦异于末流之志在田宅，图温饱者矣。若其选事之佳，固无俟予赏誉，即称赏之，亦不过以为子长复生而为今世之《文选》。今世为文之人，要亦等于古之磨镜赁舂，无可奈何而自食其力之鄙事。其独行则可佳，其事虽绝二，亦仅与赁舂而不秕，磨镜而不瞀者无异。斯以无足誉也乎？

38. 叙《庚午程墨质》

曾异撰

吾平生不喜读墨议。每闱牍出，勉阅三四，省辄罢。间强自卒业，大都累度中不能得二十余首。每阅讫，辄有弃日之恨。尝谓人：昔日之程墨掩时义，今日之时义敢于侮程墨。忆少时阅行卷房稿凡三年，较士诸目一出，坊刻遂废。间有之，亦不入选。即入选，亦终无以逾锁院之文。而今之行稿社义，与程墨争道而驰，无引避意。甚则人士故为拟墨，公然建鼓而揭于天下，至于主司程式。昔之偶然拟作者，惟冯开之、邓文洁一二先生。而日来试录一出，无论能与不能，凡纱帽加首，辄复泚笔拟程，若以为不可已之事。夫拟墨而无以十百千万于墨，而仅与新贵之翘楚者无以异，墨可无拟也。拟程文而无以颉颃于先正诸君子，而近与勦腐庸弱之程差有以异，程可无拟也。且夫拟程墨于程墨败坏之时，虽胜不武，然亦有所狎而动，而未信彼之遽有以胜之。故夫使今之拟程墨纷然而行于世者，无论其胜与不胜，则今之为程墨者之过也。若夫程墨之选，其失有二。其一则浅学腐生，以为是已信之货，虽粪秽瓦砾，咀嚼而跪拜之。此如小儿盲子，闻辟人之声，见皂隶之来，无论尧桀舜跖，则相与弭耳屏息，而俯首降下之也。其一为摈落诸生，喜负不偶，眈眈幸夫闱牍之一有瑕衅，则相与摘伏发瘢，正告天下，以洗泄其不售之愤耻。而要其闱中自为之文，未必有以胜人。使幸而售人，亦将摘发乎彼，如彼之所云矣。且夫闱牍之作者阅者，则两难之矣。今之猥庸者无论，即真有雄才博学之士，一入闱中，而上之睨限体之功令，下之虑盲目之主司，内顾而又有贱贫失路之感。稍欲抵掌而谈，则瞿然嗫嚅，次且蹩躠靡骋。夫虽有奔尘追电之雄骏，而伏枥顾后，失驰虞前，俯然若喑若蹩，逡巡于四达之衢，而俛得九方之一睐。夫相马于骊黄牝牡之外，此国工之所能也。若夫钳蹄络口之中，而欲以摸索神骏，虽伯乐顾岌岌乎难之。吾观于近代名隽，虽其后悬书国门，卓然可垂者，而其逢年之牍，虽经改头易面，仅出行世。当世寻声之士，亦怵于其名，喏喏不敢出一语。虽有识者凭心而眎，谓终无以逮其平日之所为。而碌碌庸福之流，天亦与之一日之长，以偷取终身之富贵。此则造物之公而仁，而不欲使科举一途尽为文人才士之所据，而主司亦无如之何者也。而论者苛责，辄以为衡文者之罪，亦以过矣。且夫世无尽可以服人之主司，而其为都人士之标质者，则恃乎选者之目。夫主司之目，可以考试人士，而贱之贵之；选者之目，又得以考试夫主司，而是非之可否之。则吾社德发之续有是选也，夫亦不得已也夫！

39. 序《癸酉闱牍抄》

曾异撰

岁在癸酉，天子近七年为政之期，廷臣少当意者，一切以综覈为治，属当举人士于乡。先年尝厘正文体，有所黜落，连及有司。主司意不在得士，而先救过。摇首闭目，受卷如立层冰，恐文士之艰奥，而失则诡也，则依仿百年前知行教养立柱之体，而拔乎耳目聪明心思睿知，开股者以为正。恐文士之疏散，而失则忧也，则拘牵对偶骈俪之体，而拔乎一起语而排比六者，以为正。诸如此类，其所为反正之技止此，而亦可谓不遗余力矣。虽然，吾更有说于此。夫文体奇衺，固功令所禁也。以贤书为是，非功令所许也。则闱中之登贤书者一人，作文者又一人，亦非功令所许也。甚而登贤书者场中之人，作文者场外之文，又非功令所许也。以耳目所闻见，岂遂无其人乎？不此之问，而徒使人士熏眼束胸，若絷缚其手足，无乃放饭而问齿决乎？且即以文体言之，如今日之所谓正，则必谓排荡高深者不正，而整齐浅丽者正也。然则是六朝正而西京不正也，其在唐则王杨卢骆诸人正，而起率八代之退之不正也。且夫科场而正文体，此其说起于欧阳子。其所取以鹄人士者，子固、子瞻也。今不能得曾、苏而徒取腐生莱佣以充数，何以谢轧茁之刘几乎？且欧阳子之砥文风，则其力自足以正之，非有所顾畏于功令而然也。今主司缩缩而睨功令，犹人士之缩缩而睨主司，盖上下相殴，勉强从事，不得已而为苟免护官之计，譬则孱子操舟，无破浪回澜之力，而但收帆牵缆一篙沿岸。是以子不正而正之以经，经不正而正之以《史》、《汉》、唐宋诸大家，《史》、《汉》诸大家又不正，而正之以浅弱之程文、猥庸之墨义，与夫首鼠多畏群主司之眼，嘻！亦可谓本质则无矣。故夫有忧文体者，而又忧乎当世之正文体者，举文士之售于主司者而更次第之。夫上之取舍当，则草莽可相安于不议闱牍之编次，亦不失为上下相维无所讳忌之盛世，然必其人之力足以议之。夫兹选也，固亦议之有其本者矣。

思齐按：曾异撰本人也是制义高手，清代方苞所编《钦定启祯四书文》卷九收其文章一篇。兹录如下。末尾是原阅卷官所写的评语。

强恕而行　二句　曾异撰

物可以强求而备，唯其我有之也。夫备物之谓仁，然惟物之有于我，故可以恕而求之耳。尝谓：万物皆备于我者，不求之而自备者也，亦求之而无不备者也。是故自然求之而物备，勉强求之而物亦备，是以谓之皆备也。今夫物而非其中之所固有，则虽百譬之而不肖。夫其譬之而能肖者，彼其中原有是物者也。天下事而非行其中之所固有，则虽曲推之而不可行。夫其推之而能行者，彼其中原有，所以行于是物者也。夫所谓仁，则岂非其万物一体之谓哉？然而求之于万物焉，远矣。第求之我焉，近矣。即求之我，而取必于诚身之乐焉，又远矣。而第求之于强行之恕焉，莫近矣。今夫人莫不欲人之我爱，而我亦有不爱人之时，非恕也。然此欲人我爱之心，谓非我备爱人之理不可也。则强而行爱于人焉，始第行于一人，而人人复然，则夫所谓保四海，驯顽傲之至仁，亦可近而取之矣。今夫人莫不恶夫物之不能相爱，而我亦有不爱物之时，非恕也。然此不欲物有不相爱之心，谓非我备爱物之理不可也，则强而行爱于物焉，始犹行于一物，而物物复然，则夫所谓格鸟兽、孚豚鱼之深仁，又可近而取之矣。而且适适然而譬之，而推之，不亦不诚之甚乎？然与其不诚而为仁也，不犹愈乎诚于为不仁也哉？且人而非其心之所诚然，则何以委曲取譬之若是？又况乎渐譬渐推，则渐诚也。亦姑就其未诚者求之，仁近而诚亦近耳。而且规规然强而譬之，强而推之，不亦不乐之甚乎？然其勉强为仁而不乐也，则使其勉强而为不仁，其不乐不更甚乎哉？且人而非其意之所乐为，又何以宛转推行之若是？又况乎愈推愈譬，则愈乐也。亦姑就其未乐者，求之仁近，而乐亦近耳。故曰：万物皆备于我者，勉强求之，而亦备也。

就白文看得血脉贯通，率胸怀说去，极平极浅自然，通透洒落。今人只为满腹贮许多讲章，白文反自胡涂；临文虽用尽猛将酷吏气力，终于题目痛痒无关。宋儒之书，苟不能贯穿，不如但用本色，况讲章原以讲明此书也。讲题目不能了了，又何取乎？归震川文或直写语录，亦当年风气如此。看嘉靖各科墨卷，自见隆庆以后，便不复然。不知者，乃从而仿效，徒见其惑也。原评。

《明文海》卷三百十序一百一时文

40. 《选诗经鼎来》叙

冯元飚①

不能诗者不可说诗，无诗肠也。不能古文辞者不可说诗，无诗骨也。不能画者不可

---

① 《明史》卷二五九《冯元飏传》：“元飏，字尔赓，举崇祯元年进士，授都水主事。帝遣中官张彝宪总理户、工二部事。元飏抗疏谓：‘内臣当别立公署，不当踞二部堂，二部司属亦不得至彝宪门，犯交结禁。’帝责以沽名，彝宁亦愠，元飏请告归。寻起礼部主事，进员外郎中，迁苏松兵备参议。温体仁当国，唐世济为都御史，皆乌程人，其乡人盗太湖，以两家为奥主。元飏捕得其渠魁，则世济族子也，置之法。迁福建提学副使，巡抚张国维奏留之。太仓人陆文声讦其乡官张溥、张采倡复社，乱天下。巡按倪元珙以属元飏，元飏盛称溥等，元珙据以入告。体仁庇文声，两人并获谴，元飏谪山东盐运司判官。十一年，济南被兵，摄济宁兵备事。十四年，迁天津兵备副使。十月，擢右佥都御史，代李继贞巡抚天津，兼督辽饷。明年叙军功，荫一子锦衣卫。时元飚已掌中枢。帝顾其兄弟厚，尝赐宫参疗元飏疾。而元飏以衰老乞休。诏遣李希沆代，未至而京城陷，元飏乃由海道脱归。是秋九月卒。”思齐按：冯元飏是冯元飚之兄。《明史》卷二五九有《冯元飚传》。

说诗，无诗意也。不能笑者不可说诗，无诗舌也。不能饮者不可说诗，无诗兴也。不能游者不可说诗，无诗景也。不能琴者不可说诗，无诗韵也。不能度曲者不可说诗，无诗趣也。不能相思者不可说诗，无诗情也。不能兼之数者仍不可说诗，无诗胆也。予家世业《三百篇》，盖先畴焉。独染指唐人格律，未免逗漏。其于古文辞，间一肄及之，不及工。每展古名画，懵不辨谁氏笔。又口吃，复不能饮，二三四盏则酣然熟睡。且无济胜具，未暇为汗漫游。家有琴，悬之壁间，尘满弦轸。别人歌，亦能别美好。试一啭喉，便令周郎掩口。更以世无尤物，中其膏肓，从未尝作情痴事。数者无一焉，何以说诗？然每当其诗肠忽开，骨节姗姗欲动，意蕊舌锋，卒不自抑，性与景遭韵逐趣，不觉情之深而胆之壮，则若与青莲、少陵往复酬和，盲臣腐史上下扬榷。僧繇点眼，长庚益毛，支许送难，山阮更酌。时则如十洲三岛起于足下，而护索凉州来至耳边也。又如车子引声，锁女激曲，而临邛博陵感白头，怜旧意，妮妮欲绝也。于是奇文共欣，玄风大畅，上乱灵祇，下变庶物。予即欲不说诗，可乎哉？予一说诗，将使天下言诗者尽大历以上，文尽西京以上，画尽神品，谈尽炙毂輠，饮尽千钟百斛，游尽好山水，弹琴度曲尽妍妙，相思者尽解颜。斯真通天彻地、极愿快心、不朽之盛事也。嗟夫！宇宙之大，耳目之前，有忽起没喬宇嵬琐之变态，升者沉者、夷者实者、战者婻者、叫者号者、笑者啼者、怒而骂者、戏而谑者、似发者、似蛸者、似尘似影者，何以非诗之肠之骨之意之舌之兴之景之韵之趣之胆，又奚必寻行数墨栉字比句而后为说诗也哉？夫寻行数墨栉字比句，世之说诗者也，非予之说诗者也。虽然，使世复持若说以求伸于予之说，则奈何往语之曰：无说诗，匡鼎来。

41. 刻《因是编》序

冯元飏

天下之纷纷也，以是非之多。予欲一之，则固不能一之。不能一之，而必欲予一之，则请无言非而专言是。盖以予盱衡天下，少有不是者也。竖者是人，横者是兽，上者是鸟，下者是鱼。专言人，则竖者是鼻，横者是眼，上者是顶，下者是趾，倒生者是发，顺生者是髯。吐于口，即是言语。写于手，即是文章。有韵，即是诗。比于弦板，即是曲。传于经，译于书，具一承破起结，即是时义。中式进呈，即是墨卷、程文。付之囗人，即是二十房，即是诗六房。无分于施嫱嫫母，丽姬敦洽，毛曾夏玄，安仁孟阳也。无分于殷盘周诰，秦碑汉疏，八代衰而宗元腐冗也。无分于汉魏六朝，初、盛、中、晚，阳五张尤李赤也。无分于秦青韩娥，汉卿实甫，絮傀儡歌踏踏也。无分于瞿唐向顾，三家村，把笔写、仿学究也。彼亦一是也，此亦一是也，因其是而是之，少有不是者也。然则今之诗六房，真是矣。其一百三十六人自是之；其主司交是之，其天下人，目论耳食，群然是之。而予乌得不是之？则命之曰：因是不可乎？或有非之者曰：是则是矣，曷为文有中不中，中又有选不选，选又有行不行耶？予默良久，曰：如君言，亦是也。

42. 陈昌基《时文》叙

冯元飏

苏子瞻论酒，自云不能饮而好饮，天下皆无在其上者。仆之于文，亦有云。然天下之好论文者，而不得论文，皆无如予者也。每见时人，或治诗古文，与一行作吏，率厌弃呕吐，时文不复道。仆每不然之。诗古文，正与同原一致，即吏事，何所相妨？彼厌弃呕吐之者，亦所谓明公未得酒中趣耳。予浮湛诸生孝廉中二十年，颇极研笔劳苦。既释褐，为工部，日夜散筹，计土木功乂，不暇及此。于时庚午，粤西当有分较之役，当时将以命予，予以友有李愚公先达在，不敢先之，而辞，寻乞假归。久之还朝，补春官，当事者以例当出。初拟使视学他郡国，不果，使备兵东吴。逾年，改视八闽学政，于是解胄，束图书就道矣。以两台谬许，请久任，遂奉俞旨中留。已闻闽中士多有喜予往而恨其不果者。又明年，以复社事被谪迁而去闽，中益以不蚤得己为恨。盖予平生好论文，而所遇往往不得论文。其踪迹略如此。忆前在礼曹时，予所司故郡国学政，较阅天下诸学臣试卷，独见山右袁临侯宪副①，衡骘②精昭，即位置次第，一一有意高下，无爽心③。窃嗟服，以白府主，请遂考为天下最。因退自思：得为试官，当如此矣。已奉闽学之命，不觉十年。见猎心喜，谓：此行也，闽虽士之渊薮乎，要当竭泽取之，所不杜绝一切孤立行己意者非夫也。忽被停夺，真有凤凰池之叹。至以复社故谪迁，乃差自慰曰："不得以人文、人士为功，又幸以人文、人士获罪。足不负平生怀来尔。"闽中陈子昌基，予二十年论文之素交也。寄书与诗讥予。予报之："诗非有意贪鲈鲙，只是无缘吃荔枝。"昌基又报书曰："公不来闽，是为浮丘公不使相鹤；九方皋不使相骏也。"此见誉良过矣。彼二贤者，予则安敢？然以予之好论文而不得论文，直是杨妃不使吃荔支耳。昌基有时文一轴，走三千里，函寄使予论之。八闽人文、人士之美，故不独荔支。既得，吾昌基尽在斯矣。荔支以君著作紫为第一品。如昌基鲜新、隽腴、奇怪之文，大小紫不足为其味也。卷轴却还，真乃三日手香，一生快饱。予行虽不至闽，每见昌基信，至得其书与诗与文，辄当红尘百十骑来也。

思齐按：苏东坡好美食，常亲自下厨，名菜东坡肘子，至今为民间所好。东坡又喜欢适量饮酒，且善于自造佳酿，苏诗中有《蜜酒歌》，文中有《酒经》。东坡通易理，常道术，深知药性，善合良药以救人于危病之中，而酒是一种重要的添加剂。东坡爱民亲民之心，于其诗文中屡见。帮助别人，犹如帮助自己，因为心中感觉无限的快乐，此与西方主流文化中所高扬的基督精神正相仿佛。所谓东坡自云"不能饮而好饮，天下皆无在于上者"，语出《东坡全集》卷九三《书东皋子

---

① 山右，山西的旧称，因在太行山之右。思齐按：古人言方位时，假定人面朝南而站立，与今日人们看地图的方位正好相反。袁临侯，人名。台，官署名，如御史台。宪，御史曰宪，此外，对官位高于自己者也可称宪。副，副职。宪副，副御史一类的高官。

② 衡，权衡。骘，评骘。衡骘，评定。

③ 爽，丧失。爽心，失去公正之心。类似的用法还有：爽德，失德；爽约，失约。

传后》：

予饮酒，终日不过五合。天下之不能饮，无在予下者。然喜人饮酒，见客举杯徐引，则予胸中为之浩浩焉，落落焉。酣适之味，乃过于客。闲居，未尝一日无客。客至，未尝不置酒。天下之好饮，亦无在予上者。常以谓：人之至乐，莫若身无病而心无忧。我则无是二者矣。然人之有是者，接于予前，则予安得全其乐乎？故所至当蓄善药，有求者则与之，而尤喜酿酒，以饮客。或曰："子无病而多蓄药，不饮而多酿酒，劳己以为人，何也？"予笑曰："病者得药，吾为之体轻；饮者困于酒，吾为之酣适。盖专以自为也。"东皋子待诏门下省，日给酒三升。其弟静问曰："待诏乐乎？"曰："待诏何所乐，但美酝三升，殊可恋耳。"今岭南，法不禁酒，予既得自酿，月用米一斛，得酒六斗，而南雄、广、惠、循、梅五太守，间复以酒遗予。略计其所获，殆过于东皋子矣。然东皋子自谓五斗先生，则日给三升，救口不暇，安能及客乎？若予者，乃日有二升五合，入野人道士腹中矣。东皋子与仲长子光游，好养性服食，预刻死日，自为墓志。予盖友其人于千载，或庶几焉。

43.《时文易》题辞

陆符①

历律谶纬，壬遁方技，皆《易》也。不可谓《易》之至，然精数妙术，类足尽《易》之神，而明其道于不废。传注义疏，则所谓传道而授业者，紫阳②《本义》，其一家耳。后世有集大成之言，而吾国家遂定以试士。然两祖明诏，敕举子得杂用程《传》③ 注疏，载在令典，于《四书》、《五经》，又各纂修《大全》，列之学宫。圣明度越，诚不欲专私家学，以成经术之陋也。后之攻《易》者，狎其快捷方式，便于取世资，而工于投拙，目章句栉比附会而缘饰之，护其所短，文致其所未备，父课子受，师传弟习，旦夕简练，以需其一日，《本义》之学滥于时文。《易》之神明，至此而遂穷，则常为之昌言曰：历律谶纬，壬遁方技，有《易》耳，时文直足以亡《易》。夫《易》，安可亡哉？黄楚望④以经学著称胜国，尝欲取近代理明义精之学，用汉儒博物考古之功，加之精思，非尽悟传注之失，虽欲投契，其道无由。至举二经，则曰《易》

---

① 陆符：字文虎，明鄞（今浙江宁波）人。著有《环堵稿》十卷。

② 紫阳，指朱熹。朱熹别号紫阳。朱熹《周易本义》十二卷，由南宋咸淳元年（1265）吴革刻本，亦简称《本义》。此书为朱熹易学之代表作，大致在推本象占，阐发义理。既宗主程颐之学，又不废陈抟、邵雍之说。该书比较简明，对后世易学影响极大。

③ 程颐《易传》四卷，通称《伊川易传》。

④ 黄泽（1260—1346），字楚望，元九江（今属江西）人，其先人自资州（今属四川）徙居焉。元成宗大德间受江州景星书院山长，又为东湖书院山长。黄泽生有异质，慨然以明经学道为志，好为苦思，治经必先古注疏，于名物度数，考核精审，而义理一宗程、朱。有《易学滥觞》传世。《元史》卷一八九有传。

欲明象，《春秋》欲明书法。吴临川①喟叹，以为前无古，后无今。今之索解为时文者，不然蹄筌之说②，痼于辅嗣互体之学，黜之马、郑易象，神明若以诗之兴体，盖之追乎？《孔翼》则简陋，因仍割裂猥琐。吾师五十所学，神明一生，而果如今言年可无假、编可无绝，亦安所谓妙旨不传，戛戛乎欲其精思而投契也哉？《易》不可亡而从此索解，吾必以为哼吃而不可信矣。余家世受《易》，少好殚思，率有孤明，人惊匪制，常取诸家《义疏》，离合折衷。及考之朱子晚年，绝不满其易义，而著述于语大全者，每多自高其常说。至余所谓孤明匪制者，参之前儒，其所引触，十常八九。两载以来，俯读仰思，常得百十数条，因欲取制义崖略，勒著家言，题之曰《时文易》，藏之家塾。闲时开看，不以示人。极知无当世法而特为之者，将以伸时文亡《易》之言，庶几一日悬之通都大邑，使有识者廓然于一代弘文，万心的射，明经用世之业，断无不得与！偏门技术，旁魄而上下之事理，则又退而思之，传注义疏，人人自谓尽《易》，而易之神明，卒不得尽。朱蓝朴斲，鼓吹羽翼，与天俱生，与人俱出，百十数条，何得便以尽《易》？苟足尽《易》，何必百十数条？因简所得五十六首，曰：可以为《时文易》，或谓之曰：所号为时文者，将以与时浮沈，众叹以为必识也。彼父课子受，师传弟习，旦夕简练，以需一日者，岂知所谓经学传旨，精思不传也哉？余曰：历律谶纬，壬遁方技，世岂必数数知之，其精数妙术，可传而不可废夫？固有在此，不在彼者矣。

44.《时文易》书后

陆符

苏子瞻尝言："三代之衰，学校废阙，其所犹贤乎后世者，士未知有科举之利。其言语文章，虽不必皆通圣人，而卓然可用，无不出于意之所谓诚然者。"③ 故于廷试策士，见举人阿谀顺旨，率得上第，愤懑，因拟进士对策上之表云：科场之文，风俗所系。且曰：上将推广圣言，庶补万一；下将开示四方，少救风俗。子瞻岂不知拟对之策，必无补登哉？苟于圣言风俗毫发裨益，尚不惮冒讳以为之。科举之滥，至于时文，利之所在，靡然成化。《时文易》之于经学世风，何如也？可以其无利于科举灭没而不

---

① 吴澄（1249—1333），元抚州崇仁（今属江西）人，字幼清，所居草屋，程钜夫曾题曰"草庐"，故学者称为草庐先生。平生以斯文自任，四方之士负笈从学者，不下数千百人。得暇即著书，撰述丰富，有易学专著《易纂言》十二卷、《易纂言外翼》八卷。卒年八十五，谥文正，追封临川郡公。

② 王弼（226—249），字辅嗣，三国魏山阳（今河南焦作东）人，有易学著作多种，世成"王易"。王弼易学，尽扫两汉象数之说，以"得意忘象"、"得象忘言"为主，开一代易学新风。所撰《易注》，参以老庄哲理，对后世影响极大。

③ 语出苏轼《东坡全集》卷四六《策略一》。

作乎？王俭曰："《易》体精微，实贯群籍。岂可专据小王，便为该备？"① 虞集亦言："圣经深远，非一人之见可尽。试艺之文，不得先立成意，推其高者取之。"② 通人之言，诚非好异矣。文者，载道之器也。修辞立诚，则《易》固言之。晁、董、公孙之流，汉之所谓儒术也。其文辞皆不能无科举之累。扬子云著玄拟经，可谓亡其累，而称载道矣。然好以艰深之辞，文其浅陋。诚然者，果若是耶？顾以此语今日时文，则举不足望涯际，而一以逢时，一以矫俗，非其器而往往有其弊焉。子瞻之《易传》,③ 未必皆《易》之至也。注疏百家，卒无以前之者，其文妙耳。其文妙者，言语文章不必皆通圣人，而卓然有用于当世。夫《易》固开天之书，而佑圣之学也。其体精微，实贯群籍，则固非文不阐，非妙不传，而非诚然者，则无以卓绝乎前后。余之为《时文易》也，尝从其诚然者求之矣。苟有能读者，即惊其理，诧其意，以为决无当于试艺，而不得不回翔于文情、章法、顿挫、唱叹之间。苏子窜海外，因先志成《易传》，常并所撰书论语，挟以渡海，阨于合浦，夜起彷徨，抚之喟然而曰：天未欲使从是也，今日必济。子瞻亦安能信其终必济哉？诚然者，其必不可没耳。诚然者必不可没，《时文易》之于经学世风，何如也？可以其无利科举，灭没而不作乎哉？

思齐按：科举制度是过去时代之制度，八股文早已变成了一种过时的文体。尽管如此，历史地看待问题，有助于我们认识科举制度在历史上所起的重大作用。中国的科举制度比欧洲的文官制度早得多，而且体制完备。八股文所体现的基本为文准则，实际上是一种经过长期实践检验的为文准则，好文章往往与之暗合。八股文的格式实际上潜在地规范着古代文章家的谋篇布局。苏东坡是宋人，却能够以辩证的眼光看待科举制度。《东坡全集》卷四十六录其策略五首。汉以来试士，以政事、经义等设问，写在简策上，使之条对。在后来的科举考试中，策成为一种文体，类似于今日考试专业课所作的论述答题文，而策略类似于简述答题文。当然，在古人的文集中，亦有许多文章，仅系仿照策或策略之体而为之者。"士未知有科举之例"，语出《策略一》，这是苏东坡的一篇著名的论说文。

---

① 《南史》卷四八《陆澄传》："又与俭书陈：'王弼注《易》，玄学之所宗。今若弘儒，郑注不可废。并言《左氏》杜学之长。《穀梁》旧有麋信，近益以范宁，不足两立。世有一《孝经》，题为郑玄注，观其用辞，不与注书相类。案玄自序所注众书，亦无《孝经》。且为小学之类，不宜列在帝典。'俭答曰：'《易》体微远，实贯群籍，岂可专据小王便为该备，依旧存郑，高同来说。元凯注传，超迈前儒，《穀梁》小书，无俟两注。存麋略范，率由旧式。凡此诸议，并同雅论。疑《孝经》非郑所注，仆以此书明百行之首，实人伦所先，《七略》、《艺文》并陈之六艺，不与《苍颉》、《凡将》之流也。郑注虚实，前代不嫌，意谓可安，仍旧立置。'"思齐按：小王，指王弼。

② 《元史》卷一八一《虞集传》："泰定初，考试礼部，言于同列曰：'国家科目之法，诸经传注各有所主者，将以一道德、同风俗，非欲使学者专门擅业，如近代五经学究之固陋也。圣经深远，非一人之见可尽，试艺之文，推其高者取之，不必先有主意。若先定主意，则求贤之心狭，而差自此始矣。'后再为考官，率持是说，故所取每称得人。"

③ 苏轼《毘陵易传》九卷，又称《东坡易传》、《苏氏易传》。

策略一

臣闻有意而言，意尽而言止者，天下之至言也。盖有以一言而兴邦者，有三日言而不辍者。一言而兴邦，不以为少而加之毫毛。三日言而不辍，不以为多而损之一辞。古之言者尽意而不求于言，信己而不役于人。三代之衰，学校废缺，圣人之道不明，而其所以犹贤于后世者，士未知有科举之利。故战国之际，其言语文章，虽不能尽通于圣人，而皆卓然近于可用，出于其意之所谓诚然者。自汉以来，世之儒者，忘己以徇人，务射策决科之学，其言虽不叛于圣人，而皆泛滥于辞章，不适于用。臣尝以为鼌、董、公孙之流，皆有科举之累，故言有浮于其意，而意有不尽于其言。今陛下承百王之弊，立于极文之世，而以空言取天下之士，绳之以法度，考之于有司，臣愚不肖，诚恐天下之士，不获自尽。故尝深思极虑，率其意之所欲言者，为二十五篇，曰略、曰别、曰断，虽无足取者，而臣之区区，以为自始而行之，以次至于终篇，既明其略而治其别，然后断之于终，庶几有益于当世。

臣闻天下治乱，皆有常势。是以天下虽乱，而圣人以为无难者，其应之有术也。水旱盗贼，人民流离，是安之而已也。乱臣割剧，四分五裂，是伐之而已也。权臣专制，擅作威福，是诛之而已也。四夷交侵，边鄙不宁，是攘之而已也。凡此数者，其于害民蠹国为不浅矣。然其所以为害者有状，是故其所以救之者有方也。天下之患，莫大于不知其然而然，不知其然而然者，是拱手而待乱也。国家无大兵革，几百年矣。天下有治平之名，而无治平之实，有可忧之势，而无可忧之形，此其有未测者也。方今天下非有水旱盗贼、人民流离之祸，而咨嗟怨愤，常若不安其生；非有乱臣割据、四分五裂之忧，而休养生息，常若不足于用；非有权臣专制、擅作威福之弊，而上下不交，君臣不亲；非有四夷交侵、边鄙不宁之灾，而中国皇皇，常有外忧。此臣之所以大惑也。

今夫医之治病，切脉观色，听其声音而知病之所由起，曰此寒也，此热也，或曰此寒热之相搏也，及其他，无不可为者。今且有人悦然而不乐，问其所苦，且不能自言，则其受病有深而不可测者矣。其言语饮食，起居动作，固无以异于常人，此庸医之所以为无足忧，而扁鹊、仓公之所望而惊也。其病之所由起者深，则其所以治之者固非卤莽、因循苟且之所能去也。而天下之士，方且掇拾三代之遗文，补葺汉唐之故事，以为区区之论，可以济世，不已疏乎！

方今之世，苟不能涤荡振刷，而卓然有所立，未见其可也。臣尝观西汉之衰，其君皆非有暴鸷淫虐之行，特以怠惰弛废，溺于宴安，畏期月之劳，而忘千载之患，是以日趋于亡而不自知也。夫君者，天也。仲尼赞《易》，称天之德曰："天行健，君子以自强不息。"由此观之，天之所以刚健而不屈者，以其动而不息也。惟其动而不息，是以万物杂然，各得其职而不乱。其光为日月，其文为星辰，其威为雷霆，其泽为雨露，皆生于动者也。使天而不知动，则其块然者将腐坏而不能自持。况能以御万物哉？苟天子一日赫然奋其刚健之威，使天下明知人主欲有所立，则智者愿効其谋，勇者乐致其死，纵横颠倒，无所施而不可。苟人主不先自断于中，群臣虽有伊吕、稷契，无如之何。故臣特以人主自断而欲有所立为先，而后论所以为立之要云。

45.《董笔公文稿》叙

陆符

余从去秋，辄自诅，行当此身，眼不识一古文奇字，手不更操一杂作，惟日取逢世帖括，强记便读，使心口手从此脱换，以酬举肥之目。乃吾友笔公，方刻其一二藏稿，质之当世，以序见属，遂不能终守其戒。盖笔公之文与人于当世识者，吾固愿其出与共鉴之也，则亦言其为笔公者而已。笔公为人豪举通侠，夷脱世数，心厌尘杂，常独居僧寮，购茀地葺为精庐，竹窗蕉几，蒨深窈窕，偃息其中，删诵不辍。举业之余，间以诗酒自娱，散发箕踞，白眼长啸，凡伏谒迎尘，邀作声誉，即深自引匿，惟恐若浼，其人本末，大都率行己意，故其为文，亦皆萧散跌宕，超出缠缚，洗涤名理，吐漱灵心。所为文，如其人，天机最深。笔公之为笔公，余所能道之者此矣。今国门行稿，大帙悬布，读其题叙，人人皆当命世，固非失时。从事者所宜言。至一时辈流，狂惑失性，鞅掌名士，负贩声价，社刻窗稿，刋布阛阓，窜取海内名胜，人物姓氏，张大交游，未尝识面，把手撰造评跋，若最亲昵。每一文出，比拟题唱，《左氏》、《公》、《穀》，《韩非》、《吕览》，《管子》、《淮南》，《庄》、《骚》、《荀》、《列》，司马、班、扬①，以至唐宋大家，非曰逼真，辄谓过之。且不问左氏而下作者之业，凡得著见今世，其经营成就，代不数人，人不数作，莫不涵负天地，研极性灵以得，断无繇今之世，尽概代操觚之家，人起而兼擅之。且起而兼擅者，乂不必如著书论纂，所谓古文辞其业，而直欲备见之于制举义之理，即此矜躁诞妄，横据胸中，已不足复语文心变化矣。尚何暇与之议论长短失得哉？董公仁当西汉之季，曹魏之初，窃叹年少不以学问为本，国士不以清修为业，合党连群，褒讥赏戮。附己则叹不容口，不附则伪作瑕衅。欧阳子之称尹师鲁文章曰：简而有法，以为六经惟《春秋》足以当之。又举其学问曰：通知古今，此语必求其可，亦曰当惟孔孟。今党所附，而仇所不附者，其满口赞叹，使许终身所作曰简而法，而不许其学问通知古今。必以为轻薄之甚，而不知阴以孔、孟、六经纂，亦非当世有识所肯许也。余诵法欧公，而笔公亦缅怀先民，心诽流辈之所为，故余之叙笔公也，亦言其为笔公者，正欲当世有识知狂惑失性之时，尚有孤心高寄如其人，而余之毁戒操作称道同心，亦不至盈口党附，以为观听者欺饰，庶几无愧欧公，而且勿贻公仁所叹。然则人与文，必如笔公，然后刋布稿草，贽投当世，乃无不可也。甲戌立春后三日，书于环堵之斋阁。

46.《且就编》序

陆符

西安余式如，癸酉之秋，余相见于南屏，出手业见示，頳然未易才也。落落别去，今年至武林，又以近作投余，名其编曰《且就》。余曰何居？尝闻诸曾子曰：且就业，

① 分别指《左传》、《公羊传》、《穀梁传》、《韩非子》、《吕氏春秋》、《管子》、《淮南子》、《庄子》、《离骚》、《荀子》、《列子》、司马迁《史记》、班固《汉书》、扬雄《法言》等典籍。

夕而自省，役身以守业，君子之志事也。余避席而叹曰：此士职乎？昔者，先王使有司令于官府曰：各修乃职，其修此耳。式如以为今天下尚有知日夕焉者哉，不知有日夕，宁复知此日夕所有，又安肯役役于问学德行，若官守者之各效一职，以是为守业也？吾见连帷接席，然膏继晷者有矣，饱豢时物，以弋获世资，目方眩于训诂之驾说，心重摇于纸册之铃言，一旦通仕籍，号王臣，胸臆间时，物酋老朽，顿于无可复理之地，其所据为业者，非天下之故，性命之理也。纡趋党誉，謅上陈功；营求尊便，封殖田舍。鞠躬负墙，以交贵势；轩眉吐气，以傲同人。旦昼昏于醉饱，漏夜困于姬娈，望榻而寝，不知夕何省；见晓而起，不知旦何就。学士大夫之失职，至今时岌乎，亦曰殆也矣。顾欲与之谈古君子尽职守业之志事，日掖群蒙而号日月之升恒也，亦何益哉？古之君子，朝而受业，昼而讲贯，夕而习复，夜而计过，其役役于省其身，而不敢即安者，凡以守业尽职，无玩愒此，日夕耳从，是为卿大夫。其考职谋政，序绩庇家，供其所职，取诸家修而已。裕便闲习，利虽极鞅掌，不以赜动厌乱相揉挫，天下始皆尊仰士职，而天子亦得收其赞佐倡导，以暨及乎农商百工，辑敉乎州闾族党。师师惟时，理道淳备，而福祚隆阜，岂非大业之所就欤？而要皆无当于今之时物也。守不时物之业，吾几几为式如虑之矣。式如质性淬敏，经史百家，记问淹洽，凡舆地氏族、兵刑医卜之书，人所庋置不复观道者，式如不特浏览，率能条理始末，考究研讨，盖博而约，守古人修举职业之方，大略兼备。且好修自立，高视人物之表，是克就者业，内省者身。斯其人，岂日夕贸迁化居而去吾，知其视阴惜晷，计过即安，怀古人之用心，与晦明风雨相将于不自已者，非今人所能企而就也。即其摇笔落纸，虽一时命世之业，备古人立诚之修，以是名编，可谓能尊行所闻以克举厥职。式如之成就又岂饱豢时物者可测量而项背焉者哉？今上旁求经明行修之士，相与解蹇极涣，而学士家率以虚声浮气矜许相应，意主于居业，而不知其失职已甚，至有意气激昂，名节砥砺，而大闲一亏，文德鲜懿，率为侧目者盱睢之，待为当世有志行者切齿，而怨仇因之以恣讥笑。此亦未尝闻曾子日夕就省之训，而以身徇物者耳。昔孔学之传，颜以默识，曾以唯闻，盛德大业未坠一支，此不特斯文之任，抑亦吾道之责也。舍式如，何修而得一拭目也哉？

47.《二江山中草》叙

失名

横山在武林①极西，溪山隈隩，气象邃古，吾友江道闇，筑室移家，读书其中。从弟道禹，随而比业焉。余绝慨慕之，因怪今时人士，疾走声价，喘汗交属，魂魄瘖寐几不自有，而二江幽居坦步，畔散人表，浩然以养，同心而言，抱持深心，吞吐毫素，所谓尘垢糠粃，犹足陶铸者也。况以之参发圣贤而抒写其性情也哉。凡今人人稿草，家家剞劂，结社列门户，谈文如讦讼，学士抚揣应制之资，至挟为招摇排击之局。触目睚眦，迕之辄裂；横胸机穽，蹈之立陷。诪张②科读，傅会功令，大言阔论，以撼当路。

① 武林：本为山名，该山有溪流名武林水。后多用以指杭州。《汉书》卷二八《地理志上·会稽郡》："钱唐，西部都尉治。武林山，武林水所出，东入海，行八百三十里，莽曰泉亭。"思齐按：在武林极西处之横山，当为天目山麓今临安市，该市至今有地名叫做横山弄。

② 诪（zhōu）张：也作侜张，欺诳。黄道周："中外诪张，几易鹿马之形。"

矜躁为名，因而渔利，直欲挠执天纲，鼓煽流俗。昔东汉之季，气节文章，相奖成风，志高维世，昌俊顾及之林。始以标目清刚，继且逋逃隐匿。清议篡乎官方，士论轩于王宪。已启群奸分裂，目无朝廷之渐。信乎士风匪细，世运所出。苟怀同舟遇风之心，稍知覆巢压卵之势，当必不忍以天下大事供一己恣睢者。夫讼者，师之始也。故曰：作事谋始。又曰：讼不可长，今天下盗贼横流，蔓延不治，国家宵旰多事，盱眙安攘，方且申敕制科，鼓舞人士，思得一道同心，出相倚庇，乃兵心时见于文事，斗气日长于同人。已事之鉴，徒资虚语，顾安得人人如二江，保有此空山，以收招魂魄，休息瘖寐，逍遥六艺，吐漱百家而和平其音，以要神听乎？如是，而天下友朋不胶漆，狱讼不衰息，乾戈不偃戢者，其理道皆虚诞，而载记为妄作也。其然也耶？夫庠序为风教之首，人士乃民庶之望，心术则文章之本。举世之士狂惑披猖，忠孝节义，经术事功，口不绝谈，手不绝书，徒知起而校其术，不思退而考其心，亦可谓浮伪之淫滥矣。反浮以沈，黜伪以真，则山中之人，始足重于当世也。夫士登廊庙者，犹不可无蓑笠山林之志。吾邑定山中必佳士，特当今人士所少者，正此志耳。士而徒以养交宿名，乘风张羽，不极涂面汩心，不得底止心所，变相必至，狡而驵侩①，靦而优伥②，阴鸷忍询③，而婢妾圉隶。甚而距踊冠帻，齼齘刼人④，以潜肆其为莽为篡。其为师始兵征，有不可知者于世，复何倚庇？识者窃鉴前事，惟恐其殆或甚焉。此岂盛明所得而宜有哉？且夫国家而果盱眙安攘，思以风厉庠序则儆民，庶正心术而一文章也。舍山中之人，亦何赖乎？因是以为《二江山中草》叙。

《明文海》卷三百十一序一百二时文

48.《张伯隅稿》序

娄坚⑤

予尝论制举之文，意不必创而依于传注，法不必古而束于排偶。然而，能者亦往往微见其胸中之奇，读之知为杰然者也。非好学深思，濡之以岁月，而中有所自得，则莫克以为。若夫胜人而取于人，斯有不得而必者矣。自学术日衰，世多以贪常嗜琐得之，遂谓文古宜然，乌用好古而不过于时为哉？而炫奇之士，则有托元虚以为高，争钩棘以为工，群聚而姗笑曰：何必雅训而坐令自困若此？夫浚发巧心，受嗤拙目，从古以然，而乃以区区之得失，定其工拙，亦过甚矣乎？友人张伯隅闻而是之，相与砺镞括羽之日

① 驵（zǎng）侩：也作驵会，《史记·货殖列传》："子贷金钱千贯，节驵会，贪贾三之，廉贾五之，此亦比千乘之家，其大率也。"思齐按：驵侩，此犹言市侩。

② 靦而优伥。靦，同腼，腼腆，害羞貌。优伥，优倡，歌舞、杂技演员。腼为优伥，表面上装的不好意思，实际上恣情表演做秀。

③ 阴鸷忍询：阴鸷忍徇，阴毒凶狠如猛禽，却装出一副忍让谦恭的样子。

④ 齼齘（jìnxiè），齼，牙齿向内弯；齘，牙齿相磨切。齼齘刼人，咬牙切齿要吃人。

⑤ 娄坚，《明史》卷二八八《娄坚传》："娄坚，字子柔。幼好学，其师友皆出有光门。坚学有师承，经明行修，乡里推为大师。贡于国学，不仕而归。工书法，诗亦清新。四明谢三宾知县事，合（唐）时升、坚、（程）嘉燧及李流芳诗刻之，曰《嘉定四先生集》。"

久。其文之丰蔚，如其先司马公，而潜思诣极，盖进而未已也。既连摈于有司，而气益锐，攻益专。今伯隅既得之矣，吾请以伯隅之所以得者，质之伯隅。往时有司之考文章也，唯程度之拘，故文之窜窃而萎薾者，得倖进焉。伯隅虽学为温润绵密而竟不能得也。于是盖务去其芒角，以求合于时，几不能自持者。毕就试而掉鞅无前，若鸷鸟之击，不极其力不止。而会典试者，冀得伟异之才，弃瑕求瑜，苟骇子目无不收者。以伯隅之宕而法，赡而能洁，宜不后人。而一时同举于乡，先之者且若干人，岂其文尽出伯隅右哉？则是既能得之，而犹有不可必也。其不当较量于得失之间，审矣。伯隅将尽出其橐中之文，以观于人人。而予为之序，盖喜伯隅之遭，而并以解于世俗之相笑者矣。

49. 吴江沈祖均选刻《钩元录》序

娄坚

《钩元录》者，沈子下帷修业之所辑也。或曰“元”之为言，幽深微妙之名也。而以称斯编，何欤？夫性与天道，孔氏之及门者犹不得闻。今之文，直义疏之余耳。而乌在其元乎？若过元也，则无乃离其本欤？昔人作元以拟《易》，举世仅一二人知之。今之业文者，欲求知于人，而乃托于人所不能知之元，又得无与希世之术谬欤？予应之曰：沈子之所为辑也，时之人以为元则从而元之已耳。夫臭腐神奇之迭变，至于斯义而极，今时则又甚焉。凡与于编者，其人皆已售于当世。既有司以为工，而天下之人亦翕然趋之，不必深入撰述之旨也。而其言皆有枝叶，靡靡然以为悦于目而快于心也，则宜谓之元矣。盖昔有编诗而以极元，又元名或其与之类欤！是又不然。昔之元，合一代之作者而钩之也；今之元，就一时之能者而钩之也。假令后先错列，则震泽、毗陵二先生，几同扬子之覆瓿矣。虽然，前人之作，历百年未有能继之者。今虽五尺童子，试一掺觚而众且诧为奇焉。则今昔之异，当孰处元乎？复元不元，非吾所能知也。饮食不可无盐梅，而味当在咸酸之外。若此者，元耶否耶？与是编者有合焉否耶？易牙之调，世或不嗜焉，时之所谓也。沈子以为，世之君子，非其才，不足以与于斯文，而谫谫拘拘以是古非今为要者，要为无意于当世，故其所诠择云尔，必欲就斯编而诘其所以为元者。微独①吾与沈子不能言，虽其人亦不能自知之也。夫如是，则吾将以其不可知，而名之曰“元”矣。

50.《易经程墨文选》序

娄坚

《六经》皆圣人之书，《易》为最幽深矣。扬子云作《太元》以拟之，儒者讥焉。然要为能治《易》者，自汉儒之《易》不传，而王、韩之说独行于世。迨宋程、朱二氏出，而学者又废王、韩，不复讲。今之为文以应有司之求者，名为推本朱氏，而往往谬习时师之曲说，苟以邀一旦之遇而已。然则荟萃而录之，又属为序之，其亦可以已乎？曰：是一代之制而士所由以进也。其言不必由传翼也，言不必翼传而上，以此取士。故读仲鸣之所诠次，而其人可知也。由成化弘治而迄于今，文辞之在录者，可以观

---

① 微独：不仅。《战国策·赵策四》：“左师公曰：‘微独赵，诸侯有在者乎？’”

世焉。昔之朴质者未必是，而今之藻缋者未必非也。有司者第甲乙而登进之，四方之学者争操觚而拟之，又务为新特以胜之，亦其宜矣。然自朴而之藻，势之所必趋也。藻极而反于朴，犹挽江河而之西也。今又当变矣。将变而何之乎？此实世道之忧也。唐诗之温、许、皮、陆，宋文之吕、杨、陈、廖，其言语非不工也，当时以为仪的焉。自今而读之，今昔之变，将孰置是非于其间乎？曰：是存乎辞而不在乎传之合与否也。夫昔人之才，岂反不逮今？而今人之才，岂能皆出乎古？然而必务胜乎其前，是果能有胜乎昔者？唯斤斤焉有所守而不敢肆，故宁不尽其才？且今过求于力之所不及矣。其词弥诞，其陋弥彰耳。彼以为非是不足以争时也。士以是日趋于诪张谲诡，而敦朴近于迟钝，平淡近于枯寂，反摈而莫之收。此孔子所谓"不知言，无以知人"也。岂不亦可惜哉？往昔，归熙甫先生锐意经学，工力甚苦。至为应世之文，伸纸疾书，未尝经意也。然今之言经义者，必推归，卒未有能逮也。岂非积也厚者，不求异而人自异之耶？若夫《易》，吾不能知也。向尝读欧阳永叔《童子问》而是之。近又得苏子瞻《易解》，盖其说湿于明允。彼所自谓：有《易》以来，未之有也。志乎《易》者，其无废王、韩，而以欧、苏之说参考之，可焉。吾与仲鸣游最习①，相与论文颇数数，姑以是塞其请，不知仲鸣以为然乎否也？

51. 徐廷葵《燕中草》序

李流芳②

余与廷葵，称同籍者十年。虞山疁水③，相去二百里，会晤颇疏。丙辰之役，同寓

---

① 习：经常，平凡，习以为常。

② 李流芳：字茂宰，又字长蘅，号香海，又号泡庵，晚称慎娱居士。万历间举人。工诗善书，尤精绘事。鄞人谢三宾知嘉定县事，合唐时升、娄坚、程嘉燧及李流芳诗刻之，号《嘉定四先生集》。《明史》卷二八八《唐时升传》附《李流芳传》："流芳，字长蘅，万历三十四年举于乡。工诗善书，尤精绘事。天启初，会试北上，抵近郊闻警，赋诗而返，遂绝意进取。"《明诗综》卷六五李流芳《诗人小传》："流芳，字长蘅，嘉定人。万历丙午举人。有檀园集。"《明诗综》卷六五录李流芳诗十一首。

③ 虞山，《尚书注疏》卷九考证："《水经注》曰：沙涧水出虞山东南。径傅岩。历傅说隐室前。俗谓之'圣人窟'。孔安国传：傅说隐于虞、虢之间，即此处也。《地理志》释：今山西平陆县东北二十五里，俗名隐贤社。"疁（liú）水，明·王鏊撰《姑苏志》卷七："嘉定县，在府东一百四十里，故为昆山之疁城乡。宋嘉定十年，知府赵彦橚奏：割昆山县安亭等五乡于练祈市，置县。元元贞二年，升州。国朝洪武二年，复为县管。里六百六十八。"清·赵宏恩等监修《江南通志》卷一《松江府图说》："松江府，天文斗牛分野，星纪之次。其地西连吴会，北距疁城，东南皆滨大海。郡建置稍后，然谷水、昆山，自昔传为名胜，以故钟灵毓秀，雄望埒于苏、常。不独縠帛所资，推为财赋要区矣。山峙郡之西北，元人凌岩题以'九峰名胜'遂著于天下。吴淞江流经青浦、上海之界，上承太湖，淀泖诸水，而会黄浦以入于海。府之所由名也。黄浦亦上承淀泖，而下流视淞江尤大。淀山湖，古来钟水之地。三泖，或云即谷水二水相通，皆巨浸云。所属八邑。半濒于海。鱼、盐、蜃、蛤之饶，民赖其利。然咸水或乘风潮溢入，此捍海塘所以厚其防也。大海环其东南，而钱唐灌输于南。长、淮、扬子灌输于北，与松江之口，皆辐列海滨，互为形援。今南汇、青村、金山三城，已改县治，而郡城驻札督帅，宿重兵，以资控扼焉。"思齐按：今上海嘉定一带多水，疁水概称那里的大小河流及湖汊。

显灵道院，比邻往还，无间朝夕。始习廷葵之人与其文。廷葵外浑而中朗，其文之清坚沉厚，亦如其为人。冬寒夜长，时与廷葵拥垆篝火，相对论文，旁及身世之事，剌剌不休，或至申旦。所居宫中有两杰阁，每雪后朝曦，辄携酒登眺，揽西山之秀色，及大内宫阙之壮丽。偶有名酒，必相呼对饮，不醉无归。盖余得廷葵，不觉身之在远；而廷葵亦谓比来幽忧之疾，得余始为豁然，遂能日进一斗，斯言不虚也。无何，两人俱被放。廷葵先出都，余栖迟邸中，旧欢都尽。每出，见新贵人杂沓长安道中，辄自念生平好尚，迂阔于公车之业，不肯细意，入梦青山，便当终以自保。廷葵廿年苦心，其人与文，清坚沉厚，皆合福德相，而作此寂寂，人事无定，岂复可论乎？方今世人眼孔如豆，附膻逐臭，贤者不免。友人方孟旋，尝与余相顾感愤。今年孟旋既得隽，且尽收气类中下第者，得数十人之文，刻之都门。而句曲张宾王，每下第后，辄定为元魁名家，索新贵人文，竿牍遍长安，纸为增价。两人意致，相反如此。嗟乎！余与廷葵之文，欲以何向耶？余不能定廷葵之文，回环再过，但觉往时寒风密雪，拥垆高饮光景，飒沓纸上，是不可以无序。遂序而归之，丙辰六月立秋日。

思齐按：明·黄淳耀撰《陶庵全集》卷二《叶石农偶住草序》一文，据唐·皎然《诗式》立论，系具有小品文风致的论诗名篇，言及嵺水。录如下：

昔僧皎然论诗云：有“越俗”格，“其道如黄鹤临风，貌逸神王，杳不可羁”；有“骇俗”格，“其道如鲁有原壤，楚有接舆，外示惊俗之貌，内藏达人之度”。此二格者，吾欲以石农先生诗当之。石农诗，实自陶、韦门中来，清迥澄澹，不律而法。近从武林，过嵺水，示余以达观楼诸作。疾读数过，恍如挟天风，凌险绝，下视齐州犹九点烟耳。盖其游戏尘中，胸次浩浩，如昔人所谓香象摆坏羁锁而去者。宜其语言文字之间，超诣若此也。

52. 题《华林社草》序

顾大韶①

今兹孟夏，余遂有白下之行，寓于所谓西十八衙者，相传其北则梁武华林园故址也。斗室衡门，萧然独适，远看山色，近习树荫，牛马为群，儿童为友，窃自谓可称避人矣。居无何，而为友朋所物色，此乐遂不可久。夙习难忘，问亲笔墨，而四方之臭味者，亦时以奇文要余欣赏，丹铅而讽咏之，似无日不与诸兄弟谈笑也。非敢谓东南之美尽在于是，然一时相与之意，亦何可忘耶？嗟乎！北望蒋阜，郁葱如故；南涉秦淮，滔流不改。而独所谓华林园者，故础朽株，杳然不可复问。又安知千载之后，郁葱者之不化为童②，而滔流者之不化为涸耶？又况乎七尺之躯，真成浮泡泡与？泡值刹那非，故

---

① 顾大韶：字仲恭，明常熟人。顾大章之弟，与兄皆有名场屋间，以诸生终。通经史百家及内典，于《诗经》、《周礼》、《仪礼》和《周官》多所发明。将死，始缮写所笺《诗经》、《三礼》和《庄子》，名曰《炳烛斋集》。晋江黄虞稷撰《千顷堂书目》卷二十六著录顾大韶《炳烛斋集》二卷。

② 童：山无草木，光秃秃的样子。《汉书·公孙弘传》：“山不童，泽不涸。”

今日之相与不有可深长思者耶？犹忆十五年前，曾于燕都连一大社，与盟者近廿人。今同学少年固多不贱，而化为异物者亦复不堪指数。重来此间聚首者仅一两耳。更数年而后，此会中之升沉异灭，又不知当作何状与？言及此，则朋来之为乐也少而为悲也多，反不如避人者之漠然无介于中也。故著其姓氏，列其文章，庶后日者，展卷之余，可当命驾云耳。若曰标榜为名，则吾党旧不做是梦也。

53. 书《十八房》后

顾大韶

甲、乙两生，共习举子业。甲甚傲，每进士榜出，甲必求所谓“十八房”① 者，丹铅而讽诵之。

乙过而咤曰：“子之敬十八房也，何居？谓其为考官之所录乎？”

甲曰：“然。”

乙曰：“子知考官为何如人哉？方其登第时不必尽能文章也，多记诵帖括而希倖焉，一第而弁髦之矣。高者趋权势，下者殉货色，最下者饮酒食肉而已。彼且不知纸之为白而墨之为黑，笔之为竹，研之为石，又乌文章之能变？其为考官也，徒利其名美而实厚，多方营丐而得之，非以才望举也。求其以似为真，以偏为正，确然自信其愚者，且十不一二矣。自此以还，率皆冥然罔觉者也，子又何敬焉？”

甲曰：“唯唯。子知人世而不知天道也。夫人之不能夺天也久矣。使医而能够辨六脉，则天之所以生死人者，人得而夺之矣。使风水能辨龙穴，则天之所以祸福人者，人得而夺之矣。使考官而能辨文章，则天之所以贵贱人者，人得而夺之矣。故夫庸医也，低风水也，盲考官也。三人者皆天吏也，敢弗敬与？凡物之确然自信者人为政，而茗然罔觉者天为政。古者圣人举事，必问耆龟。夫枯草朽甲，亦何灵之有？惟其无灵，而天下之至灵出焉。考官者亦文章之蓍龟也。十八房其爻象也。从之则吉，逆之则凶。敢弗敬与？若子之言，所谓小人不知天命而不畏者也。”

乙闻之，舌吐汗浃，而不能对。良久乃叹曰：“吾过矣。吾过矣。请从子之后而敬十八房！”

54.《许子逊先生全稿》序

沈守正②

辛丑会墨出，余不甚满其首义、次义，深服三义。服其才而犹疑之，旋亦大赏。洎

---

① 十八房：官名。明代科举会试中房考官的合称。明初，会试同考官只用八人，其后渐增。正德六年（1511）任用十七人，分《诗经》五房，《易经》、《书经》各四房，《春秋》、《礼记》各二房。至万历四十年（1586）定《诗经》、《易经》各五房，《书经》四房，《春秋》、《礼记》各二房，共十八房。四十四年，再增《诗经》、《易经》各一房，遂为二十房。

② 沈守正：字允中，号无回，明钱塘人。万历癸卯举人，官国子监博士，后官至巡抚。工绘画，擅诗文。著有《四书说丛》十七卷、《诗经说通》十三卷，后者成书于万历乙卯年间。

先生窗稿行，且读且快，且快且读，盖如吴道子过张僧繇画，三往三返，至寝食其下，不忍去也。始焉，见其姿骨天成，神机横出，服其天；少焉，见其毁律而律，非才而才，愈疏实密，疑往亦来，服其神；进焉，觉其神理，俱在有意无意之外，服其人。尽而之天，久之，与之相醉，不知其所自起。余亦无所用其知，知天之不可阶而升也。余既爱先生文，喜闻其轶事。或传先生性下急，尝以小怒断一仆人手，几起大讼，奔入都。次年，领南宫第一人。妻妾朋友，无竟日之欢。小不合意，则推案掌面以去。余亲闻王迴溪言：令同安时，扑其修候吏人事也。彼目中乌知有县令哉？又闻先生有书舍在海岛中，一往月余不出。拈经生义，始抱膝兀坐。已，升几。几已，盘上栋楹间。已，登屋上，或至忘食。比义成，不得下。更怒骂掷瓦石击其下人。先生没后，遗集行。有《上龙江相公》，书中皆切直之言。功名富贵之士，梦魂中咋指不敢道一字者，何况摇笔其书，固称拟。然久播人间，非畏而不敢上也。余习先生文久，知所传闻者皆真。尝私评之：先生盖直行其信，不见世有豪杰，前有圣贤，何论卿相？荣赫与浊世，营营商淹，速较毁誉，为何事？所谓进取不忘其初，斐然成章，孔子之所谓狂也。近制冠南宫，必列鼎甲。先生以不经意，字画潦草。柳居其下，座师冯琢庵规之选馆，且以平生书籍授之。先生问曰：人何官不可居，必翰林为？座师闭目不答。冯，东省贤者也。闻先生言不愧，反以为不情，不及远矣。先生，天人也。制义亦其糠秕之一。然无先生之胸怀，必不能极其至。后人慕其至，而伪作旷达以求之，失之愈远。嗟乎！安得起先生而北面事之？因吴采子氏刻其制义，遂书胸中所预言若此。

55.《胡休复手评诗义》序

沈守正

诗，难言也。以经义言诗，尤难也。《三百篇》降而骚，而乐府，而古选，而近体，蝇袭蛙沸，宁复途号巷呕，劳呻康吟哉？诗去远矣，故曰难言也。况有韵易之无韵，一言广之数百言，以书生代田畯女红之舌，以括帖摹笙镛金石之音，伸纸和墨，强其胸怀之所无，手与口之所不了了，尚有诗乎哉？故曰尤难也。虽然，抑有说焉。《三百篇》非生于情者乎？夫人哀至涕泪，欢剧忭舞，怒为叱咤，忧则歔吁，情之则也。然易水变徵，壮士微剑，雍门舟弹，齐后雨泣，秦娥改声，哀乐骤变，安在情能生文、文不能生情也哉？无论经义，家固鸿儒巨匠之所自出也，即卑卑估跸。方其执笔为文也，穷索不已，怦郁纷纭，朦胧焉，昭晰焉，少焉，漫焉，络焉，荡焉，鞫焉，瞳忽以溢，辩忽以驶，笙镛金石间作于耳，田畯女红交触于躬，借他人之手口，抒千古之胸怀。此时而犹能辨其孰生情孰情生，必非真入情者也。果尔，则有韵无韵、一言数百言，亦影论耳，岂实相耶？抑又有说焉。思以穷情者也，识以定情者也，境以张情者也，才以穷物者也，思以穷情者也。四者工，则足以辅情，使之不朽，而拙亦足以掩情。文通偏长于遍拟，值其工也。灵运献短于邺中，值其拙也。然后，世不闻轩江而轻谢者，以其皆返于情源，而非工拙之所得至也。斯又入情之所必登也。余友胡林复，简远恬穆，读古人书，与今人语，皆先意而解，真情种也。年少作诗义，寄托微妙，一本乎情。迩来益达于情之旨，思囿逾奇，识途逾老，境辙愈元，才铓愈宕。虽无情者，见之亦复鼻栩栩近。复手较十年作者，定为《初》、《二》。二义即不能必其人奇、人老、人元、人宕。人要不诡于情，其工者不啻陵江，即拙者犹不至失谢。噫！上下得失之林，惝悦有亡之际，又休复生情之日也。作者见者无得于文之先，而拾人牙后曰：删后无诗者哉。诗，难言也。

56.《巢端明文稿》序

文德翼

文章之为道也，君子所以自异于人之才也。丧失其所以自异之才而使古人抱单行之叹，发独有之疑，夫亦可以不作矣。郭景纯曰：胡人见布而疑黂，越人见罽而骇毳，玩所希见，奇所希闻也。今夫六家七略，不亦文士之一大布罽乎？家发一覆，而人谢不知；略发一覆，而人谢不知。不陋己昏而怪人诞，必群嗃而异之。盖异亦何能辞？异于今，未始不同于古也。夫古人之见嗃于古，未始不同于今也。不以同自劝，不以异自阻。余必命之曰逸群之子矣。有巢氏，仆始遇之诸士牍中，海赋山经，奇怪俶傥，望而怖之者终日私谓：此人若在建安以后，大业以前，必能把臂诸子，矜奋廓清，以则为丽，以法为奇。夫何遽不共追汉秦也？惜乎产于制义蹶张之世，狡狯此后生无益耳。仆犹所惊，有如此者抱负异资，洛然英绝，鱼鱼雅雅，风骨欲飞，方之古人，可谓孤立而特峙者非欤？何有巢氏居今人中，进旅证多，惟恐其有以自异也。呜呼！惟恐其有以自异者，天下之异人也夫！

57.《戊辰房书删定》序

艾南英①

呜呼！制举之业至今日败坏极矣。群天下聪明才俊之士，所奉甚尊，所据甚远，而究归于臭腐而不可读，则岂非空疏不学之过欤？夫今之所据以为名者经也，史也，子

---

① 艾南英（1583—1646），字千子，东乡（今江苏省东乡县）人。万历末，与同郡章世纯、罗万藻、陈际泰以兴起时文为任，世人翕然宗之，称为“罗、章、陈、艾”。天启四年（1624）始举于乡，因对策有讥刺魏忠贤语，罚停三课。崇祯初，诏许会试，卒不第。两京陷，入闽，唐王召见，陈《十可忧疏》，授兵部主事，改御史。曾组织带有政治性的文学集社，号豫章社。倡导效法唐宋派归有光的散文，反对文学复古运动。著有《天傭子集》、《禹贡图注》，选评《今文定》、《今文待》等。又，《明史》卷二八八《艾南英传》：“艾南英，字千子，东乡人。七岁作《竹林七贤论》。长为诸生，好学无所不窥。万历末，场屋文腐烂，南英深疾之，与同郡章世纯、罗万藻、陈际泰以兴起斯文为任，乃刻四人所作行之世。世人翕然归之，称为章、罗、陈、艾。天启四年，南英始举于乡。座主检讨丁乾学、给事中郝土膏发策诋魏忠贤，南英对策亦有讥刺语。忠贤怒，削考官籍，南英亦停三科。庄烈帝即位，诏许会试。久之，卒不第，而文日有名。负气陵物，人多惮其口。始王、李之学大行，天下谈古文者悉宗之，后钟、谭出而一变。至是钱谦益负重名于词林，痛相纠驳。南英和之，排诋王、李不遗余力。两京继覆，江西郡县尽失，南英乃入闽。唐王召见，陈十可忧疏，授兵部主事，寻改御史。明年八月卒于延平。”

也。是三者，两汉而后，立言之士不能外也。何独于今人而疑之？然而有不然者。史，至丘明、迁、固至矣，为其君臣将相、职官氏族、战功治乱之迹，与举业之文，既不相为用；至其风度韵格、驰骤跌宕、变化离合之微，非得其神者，又无由而至，故为盗于举业者遍天下，而卒未有人左丘明、司马迁之室而剽其藏者，力不能也。独诸子之言，浩渺宽博，以无所附丽为长，故文之诲盗者无如是书。然在当时，已有黄、老、农、墨、刑、名、纵横九家之异，其大旨既悖谬于圣贤，学者未能考证古文，则虽晋魏隋唐，依托周秦诸子之目以自见，而亦为其所欺，甚则以《剧秦美新》之扬雄而群然尸祝之，习其书，效其词，比于周孔，魑魅魍魉之言，盈天下甚矣，其不学也。若夫目不读诸子，而剽袭人言者，即以是人为诸子。及其不足则雕琢伪词以代之。其冒滥如是，固不足怪。于是有黠者出而悔之，于史不能，于子不可，又逃而曰尊经。尊经之名立，而天下之奉之者，庶乎有辞矣。虽然，亦可以古之为经者告之乎？古之为经者曰：本之《书》以求其质，本之《诗》以求其恒，本之《礼》以求其宜，本之《春秋》以求其断，本之《易》以求其动。未必习“曰若稽古”之词而后能为《书》，苟举“乾坤九六”而遂可以为《易》也。且夫圣人之言，各有所为而发，盖有前后不相袭者矣。今必赘经语以就题，复强吾意以就经语，又况夫专经而不能通其解、业一经而误用其四，若是而号于人曰尊经，吾恐先圣有知，必以为秽而吐之矣。呜呼！制举之弊已至于此。一人倡之，人人和之，遂至臭腐而不可读。而吾以为，此皆空疏不学之过也。富人镪万镒①，臧获万指②，无所不有。而若一无所有，三家之村，稍稍温饱，得一金而张皇动色。又有窭人、丐夫焉，饥寒迫之，不得已而为盗。为大盗，则剽富人之藏。不能为大盗，则取大盗之所剽而负贩之。遇水旱凶荒，则三家之温饱者将为窭人、丐夫。而窭人、丐夫之为大小盗者，执而归，司败，又将入于刑焉。今之为文，何以异此？使其读古人书，得其本末源流，无所不有，而又若一无所有，何至得一金而色喜，与夫剽富人之藏，而又从大盗而为之负贩哉？救斯病也，莫若以今日之文，救今日之为文。此吾所不得已，而再有房选之役也。而于其中，犹有不欲存者焉。呜呼！与吾选者，其是非天下既得而见矣。不与吾选者，其是非天下尚未得而见也。今日之举业之病，可胜道哉？

58.《王康侯合并稿》序

艾南英

康侯既成进士官翰林之明年，以使事归里门，乃复取其先后制义，裒集成书。盖将以国门之牍为名山之藏也。予于康侯《观生草》既有辞矣，今复当效言于简端。窃谓一代文章之盛衰，常以一代之制为轻重消长。自古言文章，必归翰林。至有谓朝廷之官，虽宰相之重，皆可杂以他材，惟翰林学士非文人不可，而于当代，尤为荣选。既尽

---

① 左思《蜀都赋》：“货殖私庭，藏镪巨万。”

② 臧获，奴婢。《韩非子·外储说右上》：“臧获岁间，不托其足焉。”一人有十指，万指喻千人，泛言奴婢之多也。

屏书画技艺之流，尽出制举之科，而又以为储养论思之地，宜其文章尔雅、训词深厚，炳然与三代同风然。予且数其人，则当代以文章首推者，独宋潜溪、杨东里两公耳。两公虽出入馆阁，而或以胜国逸才，或初官教授，蕃僚非尽如今进士庶常选也。次则归熙父、王道思、罗景鸣、唐应德四先生。其始终官翰林者，独一罗景鸣。而就数君子以律之，先代名家尚未见有如韩如欧者，又足怪矣。至于碑传序记，在古文体中，所号为法最严而局最变化不测者，不免杂取太仓历下之陈言，以苟且应酬，而制诰之文，等于腴墓，亵王言而轻国体。由是观之，所重若彼，所轻若此。此果可谓之有文章欤？及读当代之制举业，则三百年来每科必数人，人必数首，下至山抽僻壤，童年白屋，崛起之秀，亦能有知圣人之深，而又以乡、会两试典专闱分较房牍，为文以程御览式多士者，翰林为多，故以制举艺传者，视他甲乙榜为尤盛。盖士之出于是途也久矣。三百年名人卿相、理学文章之选，相与翊赞太平者，率由是科以出，故其文亦如是。由此观之，文章之盛衰以一代之制为轻重消长，岂不然欤？此康侯所以成进士，官翰林，犹不能已于制艺，而为是书也。然予追忆，与康侯以童子试于邑，至今三十年。予登贤书后康侯十年，而康侯复先予举进士。予不独钦其为制举业也。予仅有兄一人，已折箸十年。而康侯至今养其寡嫂孤兄四五人如昔时。予席先祖宦余，未尝以俯仰事育烦予区画，然予兄弟折箸已久，而康侯去其先曾王父进士公已百四十年，俯仰之须皆出其为诸生时所馆谷。及康侯举进士，其两尊人皆亡，而康侯之恭爱诸兄，与甘苦如昔时。其两尊人皆幸健饭。而予与吾兄折箸，不如康侯，故常以此愧康侯，曰：康侯孝友，真吾师也。故读其制举业，温仁谆复，衷礼度义，亦如昔人所称：读南丰曾氏之文，如见三代宿儒，衣冠言动，无非礼乐者。盖考其文，益以知其人，而后盖知其文之不可及也。康侯于制义，亿数变而益工，而要以扶翼经术为主，其榇附经语如八股习者，亦时有之，而其钩深致远，自得于度数声句之外者为多。吾所谓每科必数人、每人必数首者，其文或未必能尽如康侯，则斯刻又乌可已也。嗟乎！古文一道至今代如晨星矣。康侯之志不懈以益进于古，以发为文章，庶几如韩如欧，追潜溪、东里而上之，使翰林以康侯重。吾将日俟之，而况其制艺已端严根据如是。如是而又特衡较多士，作为程言以风海内，则康侯之制艺，又未有已也。今之制艺，必与汉赋、唐诗、宋之杂文、元之曲，共称能事于后世。向之为汉唐宋元者，又萃数十家，而共成一代之能事。然则今之能以制举以成近代之能事者，是皆不可及也，而况于吾康侯乎？故为序而详之，使后世知文章之盛衰以一代之制为轻重消长者如此，而因以知康侯之制举为不可及也。

《明文海》卷三百十二序一百三时文

59.《吴逢因近义》序

艾南英

丙寅之冬，逢因维舟遇我。读其文，如铁骑戈甲之骤吾前。友其人，穆如清风。吾方欲为之序言而病未能也。因谓逢因：孟子言才不罪才，而罪乎不能尽其才者。夫才有小大而人未尝无才。吾不求尽乎文之量，而求尽吾才之量而止，则何不可为者？世之才庸而售者多矣。吾观其文，磨砻工致，适如其分而无益思，则舍吾所长，而匠心就之，有不能者。况于智薄而谋尊，力小而图大，均弃吾才而不尽者也。今岁之夏，逢因贻我长牍，首尾千文，复申前请。虽然，吾何以益逢因哉？从古文章之变，必有人焉从中救之。救之而非所救，与救之而失其平者，皆斯文之罪人，而是其平者为尤甚。无他，彼智薄而谋尊，力小而图大也。先汉之文，枝叶扶疏，寓法于无法之中。东汉之人，见其苍莽朴拙，而以为未尽也。其势必至于整齐排俪，浸淫百年，以至于李唐而终不能尽洗六朝浮芜之习，此救之而非所救者也。欧阳、苏氏数大家，力追古道。其仰秦汉，虽百世无以加而议者。徒见南渡以后，至于元之萎薾不振也。取《左》、《国》、《史》、《汉》而抄袭之，几无完肤，使读之者呕哕而不能已，此救之而失其平者也。夫救之而非所救，与救之而失其平，皆归于陈腐，而失其平者为甚，盖所谓智薄而谋尊、力小而图大者，元美、于鳞诸公所不能免。使其尽去陈言而就吾才竞之，岂无可观者而又安有不尽其才之叹乎？今日制举一道，何以异此？向者，吾乡一二同人，以通经学古挽回斯道，而吾大士为功之首。大士所谓天授，非人力也。然其借径征材，群籍毕见。窃其字句者千文一律，势必至陈腐而后已。此逢因所谓因李斯而罪兰陵也。逢因发愤著书，势必不以所非为是。今其文具在，其视救之之功，与救之而失其平者何若？世必有辨之者。天降时雨，山川出云，气之所蒸，非作而致之也。若逢因可谓能尽其才者矣。建于他郡，其土沃衍，麻源极凤山游观之胜，四时歌舞，睹妓之乐，鲜不以此为累者。逢因幽居，深念坚忍沉挚，不与外事，与深山学道之夫无异。计其所造，必尽其才而止，无足怪者。故吾序逢因，益之以前言而已。又以正告天下，使人人知乎有才而不尽者如斯，无事乎智薄而谋尊，力小而图大也。

60. 王承周《四书义》序

艾南英

王生亲贤，持其文谒予于金陵。予读尽，呼左右告之曰：吾目中不见此文久矣。此归太仆、桂北海之遗派也。询其家世，幼失怙，受训于母。山中无师友，得吾先后房评，及四家合摘而详读之，乃知孔、孟、程、朱之理，而推究性命之学，以发为文。文之合时与否，傲然不计也。然则生之习予也久矣，予取《烈文》之诵字之曰“承周”①，而又为序其文。曰：

制举业之有先辈名稿，犹昔人文集之有古文也。制举业之体，自八股而外，为两平三平四平，为前后截为散体。其局虽一，常以出于近科，纤俊软腐者为时文；而出于先辈，根据经史理学，高伟朴拙，杰然自名一家者为古文。犹昔人文集，其名为碑记、序记、传状之体则一，然自昔以排偶摘裂较量句字，如唐之王、杨、卢、骆，宋之杨、刘

① 《诗经·周颂·烈文》：“烈文辟公，锡兹祉福。惠我无疆，子孙保之。无封靡于尔邦，维王其崇之。念兹戎功，继序其皇之。无竞维人，四方其训之。不显维德，百辟其刑之。于乎，前王不忘！”

体者，号为时文，而中间杰然深厚雄博，绝去羁馽①，如唐之昌黎先生，宋之欧阳子者，乃名为古文。故古学常易晦而时文常显于天下。推之今日，则以时文躐科第者，十常八九；而以先辈古体进者，十不一二。至于少年后辈，模袭坊刻，方言俚谚，无所不入，问之以先辈姓氏，已不能举，而况于诵集其文乎？推而上之，碑志、序记、传状之体亦然。欧阳公得旧本韩文于汉东李氏，徒见其浩然可爱，而因叹天下无能言韩者，又自叹，亦以方从进士以礼部诗赋为事不获，尽力于韩文。即其举进士及第，官于洛阳，尹师鲁之徒皆在，乃相与作为古文，而韩文遂行于世。然则古学之易湮，在昔已然，不独今日也。然学者苟能自信，则其易湮者固当大行于世。虽今之为先辈者，亦当如韩氏之文，久而愈光，理固有当然者。承周年十九，无家庭、诗友之素。一旦，闻吾言而服膺先辈，如服父师，非徒似其貌而已。其被服饮食如见程、朱诸大儒于几案之前，其言质而理正，考之于题，无不合者。其文词刊除枝叶，如灰霜之肃草木，独危柯老干，傲然风雷之表。盖近时所称引，襍博②非圣之书，与浮华不根据之语，反覈承周数十艺，无一犯者。吾是以爱之，而畏其志之坚且决也。呜呼！先辈之举业不见尊于世，奚啻如韩文之在宋初？以欧阳公之好古，必待进士及第不为科举时文而后得肆力焉。今承周始入庠序，其去禄仕也甚远，而其傲然不屑于时文，已能卓然如是。此不独见守溪、荆川、归、胡数先生之举业，如韩文之久而愈光，而一时倡导之力，是天下知先辈之必传于后世，因以推原其故，则又知先辈之所以传者，为其尊经翼传，本于丘明、迁、固之气格，而划除一切浮艳剽袭之为可贵，然后天下乃有如承周，为子固、子瞻之徒相继而起者，则表章先辈等于韩文，其必自今之欧阳子始也。

61. 序王子巩《观生草》

艾南英

予年十有七，即与子巩以童子试，受知于当湖李养白先生。是时子巩少予二岁。其后，予七驾而不遇，而子巩以乙卯先予登贤书。然十余年来，予文颇行于世，而子巩终秘不以示人。予为之再三耸导，乃始发其藏稿，与前后应试之艺，而予始得论著其文。曰：

昔欧阳公有言：君子之学，求其是而已。③ 非为异也，使天下皆为异，则安见好异者之所独为异也？予以其言摘其尤者论之。今之言文，必尊两汉。然两汉之士，独董子

---

① 馽（zhí），也作絷，拴住牛马的脚。《庄子·马蹄》："马，蹄可以践霜雪，毛可以御风寒，龁草饮水，翘足而陆，此马之真性也。虽有义台路寝，无所用之。及至伯乐，曰：'我善治马。'烧之，剔之，刻之，雒之，连之以羁馽，编之以皁栈，马之死者十二三矣；饥之，渴之，驰之，骤之，整之，齐之，前有橛饰之患，而后有鞭筴之威，而马之死者已过半矣。"

② 襍博：即杂而博，也就是驳杂。

③ 宋·欧阳修《文忠集》卷一四零《唐颜勤礼神道碑（大历十四年）》："唐去今未远，事载文字者，未甚讹舛残缺，尚可考求而纷乱如此，故余尝谓：君子之学，有所不知，虽圣人犹阙其疑，以待来者，盖慎之至也。"

明《天人》，贾生《识时务》而已。《上林》、《子虚》、《两京》、《三都》，读其文，不过如今之学究，据《通考》、《类要》之书，分门搜索，相袭为富，求其一言一字。出于其心之所自得，无有也。《客难》、《解嘲》、《宾戏》、《七发》、《七启》、《七辨》、《七征》之类，前创后师，命辞遗意，如出一辙。此与今之稚子执笔为八股文字，模仿抄袭，有何差异？读其文，不终卷而使人厌恶。邹阳《狱中》一书，已开六朝骗偶庸秽之习。虽太史公以千古一人，亦为其艳冶所感而录之。故吾尝谓：两汉之文不必尽古，而极衰之文亦未尝不自两汉始也。原其所以，是数子，非有见于道德性命之旨，能言其中之所自得，中无所得①，故遂以浮华为异，而效之者又以为异而趋之，故其文至于庸靡臭腐而不可读。由是观之，文之好为异者，未有不至于同；而文之不为异者，虽欲同之，而不能也。文至于同，则虽以两汉词人之雄，而不免为稚子之执笔，况其次乎？制艺，自震泽、毗陵高步成嘉之际，如规矩之于方圆（员），盖文之能事毕矣。万历之季，此风浸远，一二轻薄少年，中无所得，而以浮华为尚，相习成风。其文非经非史，非韩、柳、欧、曾诸大家之言。其人皆登馆阁台省，则自南宫之试，至两畿各道所为典试校分闱者，又皆其人主之居高而呼，其应愈众。而近日十八房稿之文为甚。于是制艺中，大都以里巷之语，代圣贤之言，遂至于庸靡臭腐而不可读者。原其初，皆起于中无所得，乃以浮华为异，而至于不能为异也。予与陈大士、罗文止三人者，起而振之，以《易》、《诗》、《书》、《春秋》、《礼》、《乐》之言，代《语》、《孟》之文；以古雅深醇之词，洗里巷之习。一时后辈从风丕变。夫为文而根《六经》、本道德，亦圣人之门所当然耳，非有异也。而一二少年又从而效之，举予三人之文，摹效抄袭。盖予三人者，虽不能为异，而浸惧不能为异矣。独子巩生于时文浮靡恶习之时，能自拔于流俗，率其中之所自得，不以世俗之浮华为异而期与世人同。及予三人者出子巩文，又能参古今文质之会，率其中之所自得，不以予三人为异而期与予三人者同。夫好为异而卒至于同，此汉之词人所以侪于稚子也，不为异而又卒不能同，今于子巩见之。然则子巩之为文可知矣。若子巩者，可为学求其是而不为异者也。子巩，今字康侯。予仍呼其旧，志二十年总角之交，不忍忘其说也。

62.《前历试卷》自序

艾南英

予年十有七，以童子试，受知于平湖李养白先生。其明年春为万历庚子，始籍东乡县学，迄万历己未，为诸生者二十年，试于乡闱者七年，饩于二十人中者十有四年。所受知邑令长凡二人，所受知郡太守凡三人，所受知督学使者凡六人。于是，先后应试之文，积若干卷。既删其不足存者，而其可存者，不独虑其亡佚散乱，无以自考，又重其皆出于勤苦忧患惊怖束缚之中，而且以存知己之感也。乃取而寿之梓，而序其所以梓之之意。曰：

① 能言其中之所自得，中无所得：虽然能够指明出处，但是心中却没有什么体会。

嗟乎！备尝诸生之苦，未有如予者也。旧制，诸生于郡县，有司按季课程，名季考。及所部御史入境，取其士十之一而校之，名观风。二者既非诸生黜陟进取之所系，而予又以懒慢成癖，辄不及与试。独督学使者于诸生为职掌其岁考，则诸生之黜陟系焉。非患病及内外艰，无不与试者。其科考则三岁大比。县升其秀以达于郡，郡升其秀以达于督学，督学又升其秀以试于乡闱。不及是者，又有遗才大收①，以尽其长。非是涂也，虽孔孟无由而进。故予先后试卷，尽出是二者。

试之日，衔鼓三号。虽冰霜冻结，诸生露立门外。督学衣绯坐堂上，灯烛辉煌，围炉轻暖自如。诸生解衣露足，左手持笔砚，右手持布袜，听郡县有司唱名，以次立甬道，至督学前。每诸生一名，搜检军士二名，上穷发际，下至膝踵，倮腹赤踝，为漏数刻而后毕。虽壮者，无不齿震冻栗。腰以下，大都寒冱僵裂，不知为体肤所在。遇天暑酷烈，督学轻绮荫凉，饮茗挥箑自如。诸生什佰为群，拥立尘坌中。法既不敢执扇，又衣大布厚衣。比至就席，数百人夹坐，烝熏腥杂，汗淫浃背，勺浆不入口。虽设有供茶吏，然率不敢饮。饮必朱钤其牍，疑以不弊。文虽工，降一等，盖受困于寒暑者如此。既就席，命题。题以一教官宣读，便短视者，一书牌上，吏执而下巡。便重听者，近废宣读，独以牌书某学某题。一日数学，则数吏执牌而下。而予以短视，不能见咫尺，必屏气嗫嚅询傍舍生，问所目，而督学又望视台上。东西立瞭高军②四名。诸生无敢仰视四顾、丽立伸欠、倚语侧席者。有则又朱钤其牍，以越规论。文虽工，降一等。用是腰脊拘困，虽溲溺不得自由，盖所以系其手足便利者，又如此。所置坐席，取舍工吏，吏大半侵渔所费，仓卒取办临时，规制狭迫，不能舒左右肱。又薄脆疏缝，据坐稍重，即恐折仆。而同号诸生常十余人，虑有更号，率十余坐以竹联之。手足稍动，则诸坐皆动，竟日无宁时，字为跛踦。而自闽中一二督学，重怀挟之禁，诸生并不得执砚。砚又取给工吏，率皆青刓顽石，滑不受墨。虽一事，足以困其手力。不幸坐漏痕承檐所在，霖雨倾注，以衣覆卷，疾书而毕事。盖受困于胥吏之不谨者，又如此。

比阅卷，大率督学以一人阅数千人之文。文有平奇虚实、烦简浓淡之异，而主司之好尚亦如之。取必于一流之材，则虽宿学不能无恐，而予常有天幸然。高下既定，督学复衣绯坐堂上。郡县有司候视门外。考官立阶下。诸生俯行，以次至几案前，跽而受教，噤不敢发声。视所试优劣，分从甬道西角门以出。当是时，其面目不可以语妻孥。盖所为拘牵文法，以困折其气者，又如此。嗟乎！备尝诸生之苦，未有如予者也。

至入乡闱，所为搜检防禁，囚首垢面，夜露昼暴，暑暍风水之苦，无异于小试③。独起居饮食稍稍自便。而房司非一手，又皆簿书狱讼之余，非若督学之静专屏营，以文为职。而予七试七挫，改弦易辙，智尽能索。始则为秦汉子、史之文，而闱中目之为

---

① 遗才大收：凡因故未参加科考的生员，可以参加一次补考，称录遗，或大收。

② 瞭高军：站在高处瞭望、监督考场的军士。

③ 小试：指科考和岁考。

野。改而从震泽、毗陵①成弘先正之体，而闱中又目之为老。近则虽以《公》、《穀》、《孝经》、韩、欧、苏、曾大家之句，而房司亦不知其为何语。每一试已，则登贤书者，虽空疏庸腐、稚拙鄙陋，犹得与郡县有司分庭抗礼。而予以积学二十余年，制艺自鹤滩、守溪②下，至弘、正、嘉、隆大家，无所不究。书自六籍子史，濂洛关闽，百家众说，阴阳兵律，山经地志，浮屠老子之文章，无所不习。而顾不得与空疏庸腐、稚拙鄙陋者为伍。每一念至，欲弃举业不事，杜门著书，考古今治乱兴衰之故，以自见于世，而又念不能为逸民以终老。嗟乎！备尝诸生之苦，未有如予者也。

古之君子有所成就，则必追原其扬历勤苦之状以自警，上至古昔圣人，昌言交拜③，必述其艰难创造之由。故曰：逸能思初，安能惟始。故予虽事无所就，试卷亦鄙劣琐陋不足以存，然皆出于勤苦忧患、惊怖束缚之中，而况数先生者，又皆今世名人巨公，而予以一日之艺，附弟子之列。语有之：知己重于感恩。今有人于此，衣我以文绣，食人以稻粱，乐我以台池鼓钟，然使其读予文而不知其原本圣贤，备见古今与道德性命之所在，予终不以彼易此。且予淹困诸生，既无以报知己，而一二君子，溘先逝者，又无以对先师于地下。以其出于勤苦忧患、惊怖束缚之中，而又以存知己之感，此试卷之所为刻也。若数科闱中所试，则世皆以成败论人，不欲尘世人之耳目，又类好自表见，形主司短长，故藏而匿之。然终不能忘其姓名，騊儿④五岁能读书，将封识而使掌之。曰：此某司理、某令尹为房考时所摈也。既以阴志其姓名，而且使騊儿读而鉴，鉴而为诡遇⑤以逢时，无如父之拙也。

63.《金正希稿》序

艾南英

制举业之道，与古文常相表里。故学者之患，患不能以古文为时文。不能以古文为时文，非庸腐者害之也。好夸大而剽猎浮华以为古，其弊亦归于庸腐。古文自周秦而后莫如太史公迁。迁之文，近代之推拟者百千言而未已，而吾以为皆未得其要也。独柳子常序述其所用心者，而曰："本之太史，以著其洁。"予常因是言以考其书，窃谓：迁之文，去其所载《尚书》、《左》、《国》、荀卿、屈、贾、长卿诸篇，而独观其所序次论略者，可谓洁矣。文必洁，而后浮气敛，昏气除，情理以之生焉。其池州跌宕、呜咽悲慨、倏忽变化皆洁而后至者也。或以吾信柳子之过而以一"洁"尽史迁，及观苏明允之论，以为迁之词淳健简直，盖亦如柳子之所谓"洁"者，而独病其裂《六经》传记，杂于其间，以破碎汨乱其体。明允盖曰：《尚书》、《左传》、《国语》、《论语》之

---

① 震泽，指王鏊，明宪宗成化年间乡试、会试皆第一，有《震泽集》。毗陵，指毗陵郡的唐顺之。明世宗嘉靖中会试第一。

② 鹤滩，系钱福的号。弘治中，钱福试礼部廷对皆第一。守溪，指王鏊，其字守溪。

③ 昌言交拜：语出《尚书·大禹谟》。大禹听到昌言（有益的话），总是拜而受之。

④ 騊（táo）儿：指艾南英的长子，名斯騊。

⑤ 诡遇：语出《孟子·滕文公》。指以不正当的方法追求功名富贵。

文，非不善也，杂之则不善也。由明允之论推之，则“洁”之为言，史迁尚未之尽也。剽他人之言以足吾之书，虽史迁犹见讥于后世，而况其他乎？又况其所剽非《尚书》、《左》、《国》者乎？予尝以是绳今之为古文者，而因并以是绳今之为时文者。阅房书得一人焉，为金正希。正希之文不悖于古人者多矣。而吾独以“洁”蔽之，非略正希也。天下方习尚浮腐，饾饤经语子语以日趋于臭败，而正希傲然不屑也。故吾以洁为难，且又谓：洁之足以尽正希也。正希之文，浮气敛而昏气除，惟其洁而已矣。其柳之而奥，扬之而明，非不种种具善也。然非洁焉，无以至正希，自楚而吴越，自燕而白下，所著举子业，亦如之。予考其学问浅深，虽与年俱进，然大约以朴为高、以淡为老者，则未尝有今昔之异也。故从郑超宗①索其藏本二百首，既录其尤者，又是非其次者，以为不洁不足以全正希。惟其戾于洁焉，而因以正告天下，亦正希之志也。虽然，是道也，岂独史迁哉？韩、柳、苏、曾数君子，其卓然能立言于后世，未有不由于洁者也。嘉隆以来，一二崛强剽猎浮华以为古，此明允所谓绨绣之美，寸割而纫之，曾绨缯之不若，是同归于庸腐者耳，何能为古文乎？嗟乎！正希之洁，斤斤见于制艺，而予不能忘情如是，况有人，焉能按欧、曾以来之旨，推其源流，与史迁合，而见之古文辞？其人于今日轻重，当何如哉？或谓正希善浮屠法，能空生死去来，则予不能知矣。

思齐按：绨绣、绨缯均为纺织品。绨绣，一作刺绣，它是用针线在较为粗糙的底子上描画连缀出来的图样。图样虽然精美，却不能当衣物穿用。绨是粗厚光滑的丝织品。缯是针织品的总称，它们虽然粗糙一些，但能用来蔽身覆物。绨绣和绨缯都用作比喻，意思是说，如果作者缺少自己的熔铸创造，写出来的文章即使像刺绣的图样一般美，也比粗布好不了多少。总之，拾缀别人的现成文字而拼凑起来的文章是庸腐的。此见于苏洵《嘉祐集》卷九《史论下》篇，兹录如下。

史论下

或问：子之论史，钩抉仲尼、迁、固潜法隐义，善矣。仲尼则非吾所可评，吾意迁、固非圣人，其能如仲尼无一可指之失乎？曰：迁喜杂说，不顾道所可否。固贵谀伪，贱死义，大者此既陈议矣。又欲寸量铢称以摘其失，则烦不可举，今姑告尔其尤大彰明者焉。

迁之辞淳健简直，足称一家。而乃裂取六经、传、记，杂于其间，以破碎汩乱其体。《五帝》、《三代纪》多《尚书》之文，《齐》、《鲁》、《晋》、《楚》、《宋》、《卫》、《陈》、《郑》、《吴》、《越世家》，多《左传》、《国语》之文，《孔子世家》、《仲尼弟子传》多《论语》之文。夫《尚书》、《左传》、《国语》、《论语》之文非不善也，杂之则不善也。今夫绣绘锦縠，衣服之穷美者也，尺寸而割之，错而纫之以为服，则绨缯之不若。迁之书无乃类是乎！其自叙曰：“谈为太史公。”又曰：

① 郑超宗：明代诗人、画家、书法家。

“太史公遭李陵之祸。”是与父无异称也。先儒反谓固没彪之名，不若迁让美于谈。吾不知迁于纪、于表、于书、于世家、于列传，所谓太史公者，果其父耶？抑其身耶？此迁之失也。

固赞汉自创业至麟趾之间，袭蹈迁论以足其书者过半。且褒贤贬不肖，诚己意也。尽己意而已。今又剽他人之言以足之，彼既言矣，申言之何益？及其传迁、扬雄，皆取其《自叙》，屑屑然曲记其世系。固于他载，岂若是之备哉？彼迁、雄自叙可也，己因之，非也。此固之失也。

或曰：迁、固之失既尔，迁、固之后为史者多矣，范晔、陈寿实巨擘焉，然亦有失乎？曰：乌免哉！晔之史之传，若《酷吏》、《宦者》、《列女》、《独行》，多失其人。间尤甚者，董宣以忠毅概之《酷吏》，郑众、吕强以廉明直谅概之《宦者》。蔡琰以忍耻失身概之《列女》，李善、王忳以深仁厚义概之《独行》。与夫前《书》张汤不载于《酷吏》，《史记》姚、杜、仇、赵之徒不载于《游侠》远矣。又其是非颇与圣人异，论窦武、何进，则戒以宋襄之违天，论西域则惜张骞、班勇之遗佛书：是欲相将苟免以为顺天乎？中国叛圣人以奉佛法乎？此晔之失也。

寿之志三国也，纪魏而传吴、蜀。夫三国鼎立称帝，魏之不能有吴、蜀，犹吴、蜀之不能有魏也。寿独以帝当魏而以臣视吴、蜀，吴、蜀于魏何有而然哉？此寿之失也。

噫！固讥迁失，而固亦未为得。晔讥固失，而晔益甚；至寿复尔。史之才诚难矣！后之史宜以是为鉴，无徒讥之也。

64.《陈大士近稿》序

艾南英

大士著书，其言满车，予尝已序而藏之矣。海内之知大士者，无不心畏口噤，而又若有不满者，曰：是不合于有司之尺度也。有司失大士，不以自罪。旁观者咨嗟叹息，亦不以罪有司，曰：是有尺度在焉。呜呼！有司之尺度，我知之矣。是其人果尝亲见尧、舜、禹、汤、文、武、周公、孔、孟而面命之，以为当如是与？如是，则虽千百世不可易也。若犹是，今日有司之所为也，有司亦人耳。吾不深绳以圣贤之旨，而姑取秦汉唐宋大家之文，与今日有司之尺度，章摘而句比之，格格乎不相中也。意者今之世所称先辈君子，若王、唐诸老，庶几早之，无甚高论与。然而取有司之尺度合之，则见其臃肿支离、气辣理濛而益不相肖也。然则有司之尺度何为者邪？大士之文，置王、唐诸老弗论，其上之合圣贤之旨，次之与秦汉唐宋大家向上下，而排空出险以御其自得者，则虽其怨家仇人不能以相毁，而犹不满于有司之尺度何邪？然则为有司者可不自罪、观者可不以是罪有司邪？夫天下事，不难于因袭，而难于创始。《左》、《国》之后无《左》、《国》。《骚》之后无《骚》。史迁之后无史迁。韩、欧之后无韩、欧。故大士之先无大士，大士之后无大士。海内效大士者至众，而终不能肖。无他，创与因之分也。虽然大士身为诸生，而天下翕然宗之。天下之为大士者得其皮毛鳞角，则已皆躐巍科、跻朊士矣。此度非有司之尺度所收乎？而至于大士，则戛戛然疑之。吾是以叹乎命之不犹也。有司之尺度既无当于圣贤之旨，而天下之为大士者，未尝不得志于有司。吾序大士不序其深远之所存，而姑记其浅者，以见有司之尺度不足凭，而世之疑大士者，无徒以是为也。

65.《朱咸一近义》序

艾南英

事之至难者，莫难于御众。一亩之宫，上妻子而下僮仆，不待知者而后能御之也。淮阴论兵，国十万不以许；高祖夫将百万之众如使一人，故多多而益善。不然，智愚勇怯，杂糅不齐，金鼓之彀作而败端见矣。此符秦之师所以歼于淝水也。读书为文者亦然。苟其学一先生之言而止，则何难之有？至于上下数千载，什什伍伍，井然于吾心而又融洽其神情，使远于吾之手与口，此何异于将百万之众，呼吸运用，如使一人者哉？盖尝思之，国朝著述之富，无逾于杨用修。用修生平所编辑，百有余种。老师宿儒不能悉其书目，可谓有众百万者矣。及观用修所自为文，何以萎薾不振也？岂用修徒有其学而不能达之手与口欤？若是，则虽有百万之众，而不能呼吸运用如使臂指，无羡乎其为博也。假有人焉，其博无愧于用修，其役使载籍不独见之于古文辞，而并见之举子业，使其性灵与其学术，相辅而行于圣贤之旨，则君子于其人宜何如？然自吾求友于天下，始于豫章得王孙郁仪。郁仪著述颇宗用修，然及其所为文，则吾不能不以恨用修者恨郁仪。而又以王孙故，不得见其长于制艺，则吾尤以为歉。最后至齐安，又得朱咸一。咸一著书不亚郁仪，而诗通、文通、词通，于予意尤合齐名。一录校班氏人物，踵事而增详，求知古今人相去若何。其于其乐书，穷律尺，晌①气之变，则又为儒先之功臣。意咸一所辑，必穷年矻矻，疲惫精神，忘寝食，无暇于词章之学，而成一游刃恢恢，读竦园草，比物连类，有足悲者。计咸一所得于载籍，若将百万之师呼吸运用，若使臂指见其全矣。而间出一二制举业以示予，则郁仪之所无而用修之所仅有也。嗟乎！学博者每至举子业而穷，何也？彼其所传者古人之神也。其蕴藉古今尝具数千年载籍之理，而性灵之妙，至蹈袭古人一句一字而不可，则所谓数百万之众如使臂指者，又在言语文字之先。此吾终身习之而又见其不及，而咸一为之有余地，故予至黄州独深交咸一，而黄冈人竟无有知咸一者。彼将学一先生之言而足，岂能窥咸一之涯涘哉？咸一廉谦孝友，与其兄析箸而居，多所推予而留心著述。然咸一于车战舟师皆有师授。与予言天下事，尝有杞忧嫠恤之慨。区区制举艺，与其所论辑，又其小者。天下无事则已，天下有事不能不用咸一，则吾所谓事之至难莫难于御众者，又岂独于咸一之文见之哉？

66.《黄章丘近义》序

艾南英

常宁之为县，在衡山之南。山益高，水益驰，其县治不当水陆之冲。士大夫东西行

---

① 晌（biǎn）：视。

者，未尝遇而即焉。而予以谒樊贞符先生至其地。先生见予于黄子章丘。章丘取数年之文杂出以示予，而予所取者皆其近艺，盖近艺铸古而奥衍，章丘于此道可知已。其门人崔弼、易百用、段舜锡辈，取其师之文付之刊劂，而予为之序。曰：

昔孟子曰："天下有道，小德役大德，小贤役大贤；天下无道，小役大，弱役强。斯二者，皆天也。"① 审如孟子之言，则是荆楚之猾夏，嬴秦之吞并，皆天之所为。而《史记》所载秦人捕斩首卤，诈诱降抗之卒几至百万，韩魏燕赵之民，自高曾至于耳孙，其首世世悬于秦庭，而必尽归之于天，则是天者不仁之尤者也。至夫子修《春秋》，笔削予夺之权于荆楚尤严，不得与诸夏齿。尝恨其书止于获麟，不及见夫子何以待秦之昭、襄、始皇者为何如。然而圣人之旨，其欲挽强大之天，为贤德之天者，未尝一日忘也。至于殷周之王千有余岁，而秦以力战争诸侯，二世而王。若是，则虽天之意，亦古布勒为强大之天，而数穷理极终归于贤德之主。然则，谓天为不仁者谬也。自有制科以来，得人之盛莫逾于成、弘、正、嘉之际。当是时，主司之所录者，皆舆论之所推；舆论之所推者，必为主司之所录。于是王、钱两公之业出，天下翕然宗之。此所谓贤德之天也。至于今日，主司之所录者，未必皆舆论之所推；舆论之所推者，未必尽为主司之所录。以俚语、谚说、浮薄不根之文，簧鼓后进，其权又足以进退天下之士，而士亦从而宗之，彼非以其贤其德服人也，以其强大服人耳。呜呼！取空疏庸稚之人，被以官服，隆以爵宠，又使其子孙身都富厚，而问其所由进者，则俚语、谚说、浮薄不根之文也。天邪！人邪！然制科三百人中，其所为贤德之人，与强大之天，常相御而行，故自有制科以来，其人至于三万，而其以文垂者不过数十名家。自数十名家而外，当其时，其文非不哀然行于世；而其后，至于问其姓氏而不可得。由是观之，虽制科中强大之天终不能胜贤德之天，而谓天之无意于文人者亦谬也。章丘曩昔为文以圆美浓丽为主，彼其心盖有艳于今之强大之天号令一时者。然既已为之而不遇，则铲削浮华，独存古质，亦霜降冰涸、木落归根之意也。而予所取章丘独在近艺，非故以好异动章丘，亦以制举艺之为道，其蕴皆唐虞三代圣君贤相之事业，其精微则穷理尽性以至于命之学。于是乎，御之以才则必司马迁、刘向、韩愈、柳宗元、欧阳修、苏洵、曾巩之文章。如是而遇于世，则为贤德之天；不幸而不遇，则金石可灭，而吾文不可朽，其为贤德固在也。予愿与章丘共勉之。人以华，吾以朴；人以浮，吾以奥；人以俚语，吾以经术；人以补缀蹭蹬为篇法，吾以浅深开合、首尾呼应为篇法；以共俟乎贤德之天，而以文之公评付之后人可也。

① 《孟子·离娄上》孟子曰："天下有道，小德役大德，小贤役大贤；天下无道，小役大，弱役强。斯二者，天也。顺天者存，逆天者亡。齐景公曰：'既不能令，又不受命，是绝物也。'涕出而女于吴。今也小国师大国而耻受命焉，是犹弟子而耻受命于先师也。如耻之，莫若师文王。师文王，大国五年，小国七年，必为政于天下矣。《诗》云：'商之孙子，其丽不亿。上帝既命，侯于周服。侯服于周，天命靡常。殷士肤敏，祼将于京。'孔子曰：'仁不可为众也。夫国君好仁，天下无敌。'今也欲无敌于天下而不以仁，是犹执热而不以濯也。《诗》云：'谁能执热，逝不以濯？'"

67.《四家合作摘谬》序

艾南英

取大士、大力、文止与予四人，先后制举之文，录其合于法与道者，而又摘其谬者，然后四家之功罪明。四家之罪明，然后四家之功益著于天下。呜呼！立言之道可不慎欤？原其初，莫不曰：吾以为功于天下也。盖道之不明久矣。自春秋之后，圣人之道，师传中绝。汉唐诸儒，仅以章句、训诂、笺解、疏说，以为足以发明圣人之意，其说已浅矣。宋程、朱两夫子出，然后圣人之道全。然圣道如天，司天者星官台史，按法而测之，有时而舛，以天之不可尽也。考其当时，如程门之吕、谢，于圣人之书皆有发明，而或离或合，新安之集具在，往复辩难，一章之旨，三致意焉。所尤可怪者，《春秋内传》、《檀弓》、《戴记》、《家语》，皆七十子之门人，转相注受，而防风、萍实、商羊、肃慎所以侈大圣人者，不过如张华、管辂而止负杖，早作两楹之梦，则又等于释氏去来之说，甚则犹龙①一笑。庄生之寓言，假圣人以褒崇其师，而儒者乃更以为孔、老同时，好学问礼之证。然而士不幸而不亲见圣人，又不幸而不亲见七十子之徒，又不幸不幸而不亲见程、朱两夫子。即亲见之，如吕，如谢，如游、杨，又有讥焉。而欲使制举之文，尽足以代圣贤之旨，求其纯而后驳，故已难矣，而又以制举业者文章之属也，非独兼乎道与法而已，又将兼有其辞焉。辞之著者，自周衰以接战国，老、庄、荀、列、管、商之书，虽前代皆存而不废，而怪奇伟丽之文，尝使爱搏者浸淫出入而不自知。然以其不合于圣人，则因其辞以累乎法与道者，亦自有之。自西汉而至于韩欧，词章之道，又复中绝。于是东汉六朝软靡柔媚之习盛行于世。而四家之中，亦有乐其纤诡灵俊偶一为之者，则于所谓辞又有不尽纯焉。虽力追古文者时时非之，然自前世文人未尝尽废其籍也，然则四家之罪，其果可深罪欤？夫读孔、孟之书，而持论不尽于正，既离其法与道，而气格词章有不尽出于先秦、西汉，而降为六朝之卑，谓之无罪焉不可也，然而有可原者。老于场屋，始师秦汉，以为坚古，中变其志，转而为纤俊，点窜魏晋，穷极幽渺，且示吾才之无所不可。生徒满屋，作为文章，因人造就，使之服习。弟子学一先生之言，过而存之。于是大士、大力之功，不胜其罪。至于坊贾，梓人、选手庞杂，不能定是非之衡。过存其少作，则欲与文止，皆不能免。如是则略其全，而追论其一节，果可谓之罪与？嗟乎！举业至万历之际早陋极矣。自四家之文出，而天下知以通经学古为高。原其一，以为圣贤之理，推而上之，至于精微广大，而要当使之见于形名数度、礼乐行政，以为先王之天下之大经大法存焉。而于圣贤所以修己待人、处世应变，必言其确然者，谓可见可行之理。及其放而之于文辞，则又欲于八股中，抑扬其

---

① 犹龙，指老子。《史记》卷六三《老子传》："孔子适周，将问礼于老子。老子曰：'子所言者，其人与骨皆已朽矣，独其言在耳。且君子得其时则驾，不得其时则蓬累而行。吾闻之，良贾深藏若虚，君子盛德，容貌若愚。去子之骄气与多欲，态色与淫志，是皆无益于子之身。吾所以告子，若是而已。'孔子去，谓弟子曰：'鸟，吾知其能飞；鱼，吾知其能游；兽，吾知其能走。走者可以为罔，游者可以为纶，飞者可以为矰。至于龙吾不能知，其乘风云而上天。吾今日见老子，其犹龙邪！'"

局，错综其句，出入于周、秦、西京，韩、欧、苏、曾之间，以为不如是，则制举一道不能见载籍之途；而不如是，恐于立言之意，终有所未备，则势不得不搜猎经子百氏，网罗迁、固，兼捻唐宋大家，而始变而及于董江都①，再变而入于郭象、王弼。好奇爱博之势相激使然，无足怪者。而天下亦遂骎骎向风矣。然则不可不谓之功欤。至于效之而不得其源，掇拾饾饤，浮诞成风，非魑魅魍魉之谈，则臭腐而不可读。由是观之，立言之道，果不可不慎也。夫制举之道，数变而愈工。昔之传者无几，然亦巍然存矣。昔人非尽胜今人也，而后其存者，卓然于后世。故取四家之文，删其支辞，存其正论，上本孔、孟，中法程、朱，而一禀于帝制。然后四家之功著于天下，既使承学治古文者有所折衷，而又以痛惜恻怛之意，与天下共见之，使之好学而深思也。得文共八百篇，批驳数万语。学者由吾言四家之功，而得圣人之道什伍。由吾言四家之罪而思之，其不合于圣人之道者鲜矣。

68.《半舫斋稿》序

章世纯②

吾友刘士云，既刻其近艺若干首，已序而传之，大约谓：文有至分，而世之以绳墨相稽者，固不知吾深微之所在也。虽然，彼且以绳墨规我矣。而吾所以应之者，未尝衷于道，而徒以文相讥，则世之相笑，岂有既哉？故予再为之序。曰：

治古之世，道德一，风俗同。其人自朝廷邦国，守土食采，师臣素王，与夫山林岩穴，农夫妇孺，其人无不学。而其学无不本于道，于是乎文行于其间。自陈谟矢训，作命敷告，铭器命物，与夫聘好问答，讨论讲说，闺咏巷谣之撰述，其学既本于道，而其才又足以见乎其词，虽无意于为文，而高深典丽，终非后世能言之士所能及。士生其间者，虽或其才未必能见乎其词，而以其有得于道，则亦有以知本末内外之分，而不惑于偏曲驳杂之说，则先王之教，有以使之然也。周衰学废，老聃、庄周、杨、朱、墨翟之言盈天下，一时聪明才力之士，中无所得而外劫于敌，莫不丧其所守以去。然吾尝读其书，其人率沉勇精悍，能成一家之言。士卒然遇之，而丧其所守，无足怪也。

制举业之在今日，其尧、舜、禹、汤、周公、孔子之书，代之而为言，则必皆尧、舜、禹、汤、周公、孔子之言，其学必本于道，而其才之著乎其词者，必使人恍然见三代之遗，而后为无愧。隆万以来，一变而为老庄之虚诞，再变而为秦汉之驳杂，则吾犹无讥也。有小文夫焉，欲去老庄之虚诞而并无其精微，欲去秦汉之驳杂而并无其雄深，

---

① 董江都：指董仲舒（约前179—约前104）。汉武帝时，董仲舒献“天人三策”得到赏识，任江都王相，后任中大夫。《史记》卷一二一《董仲舒传》：“董仲舒，广川人也。以治春秋，孝景时为博士。下帷讲诵，弟子传以久次相受业，或莫见其面，盖三年董仲舒不观于舍园，其精如此。进退容止，非礼不行，学士皆师尊之。今上即位，为江都相。”

② 《明史》卷二八八《章世纯传》：“章世纯，字大力，临川人。博闻强记。举天启元年乡试。崇祯中，累官柳州知府，年已七十矣，闻京师变，悲愤，遘疾卒。”章世纯著有《治平要略》、《章柳州集》。

其所以代圣贤之言者，率皆委巷之中讲师腐儒之谭论，卑而气弱，不能窥圣贤之万一，而以其说之近，与夫为之易也，则亦能鼓舞一时之士，而使之从。虽然彼不过腼然而为人师以营其衣食，则无与吾事焉已矣。所可怪者，有大人君子，反其所为，其幽取诸《易》，其浑厚取诸《书》，其风雅取诸《诗》，其总核取诸《三礼》，其比事属辞取诸《春秋》，而又能本濂、洛、闽之旨，御诸百家之才，以畅其所欲言，其高深典丽，虽不能与三代比隆，而要非秦汉之士能言者之所及，则虽先贤复起，不能易也。而是小丈夫者，又从而咻之。夫取通经学古之言，与委巷之腐儒较，其取舍亦易明矣。而士茫然丧其所守者，又非若晚周先秦之士，遇老、庄、杨、墨之雄，而劫夺之也。计其人，无深远以自存，无文彩以动众，而聪明才力之士，亦群而趋之，何也？意者，其偷懦庸秽之说，便于浅衷薄植者，而不觉其附和之众与？不然，则其人气力足以动上官，能毁人，能誉人，而聪明才智，与夫急于功名之士，违其心之所明，俛首而事之，虽知其非，而无可奈何也。

呜呼！以委巷腐儒之说，而欲尽废通经学古之言，此尧、舜、禹、汤、周公、孔子之罪人欤。刘士云本世家子，生绮襦纨袴之间，能尽屏声色狗马之好，而从事圣人之道。其于圣人之精微，既已得其本末源流之自，而其才足以发之。其为举子业，原本诗书礼乐，以御诸子百家之变者，可考而知也。其高深典丽，既非后世能言之士之所及，而其卓然有以自守，则虽晚周先秦偏曲驳杂之言所不能动，而况于委巷讲师腐儒之谭，欲以绳墨相稽，亦已过矣。夫士云所守者，尧、舜、禹、汤、周公、孔子之绳墨，而非委巷讲师之绳墨也。彼既已为尧、舜、禹、汤、周公、孔子之罪人矣，而吾友大士，徒以文章离合进退之小技，与之相争于绳墨，则是舍其大而诤其小也。盖昔者，宋之先有五季，而唐之先有六朝，其文于声律句字离合进退，其绳墨可谓严，而文之卑陋亦已极矣。韩子、欧阳子始尽削六朝、五季之习，而以六经之文为诸儒倡。天下后世，翕然宗之。夫韩子、欧阳子之文，岂以无法教天下后世哉？盖韩子、欧阳子之法，非六朝、五季之所谓法也。

今而后，有借古文辞之说，为举业之说者，不言六朝、五季之绳墨，而言韩子、欧阳子之绳墨，其必自吾士云始也。

69.《太行程生文》序

章世纯

天下有无与于兵，而情相召者二。文章太盛，兆于兵端。富侈已极，兆于兵端。今科甲莫多于三吴，而刻核为文章，则几为举世之事。向见房选盛行边方，虑非佳事，不幸亿而中。① 遂愈信所见。

今读程生文，犹是虑也。程生所处，边诸侯之地，用武之地，所矜一饭斗粟，强枪劲箭。一冲一撞之人，而此以文，著矫厉壮浪，倩动飘滑。其色也天，而其质也地。一

---

① 不幸亿而中：不幸一语而言中。

住视之，惊为吾党之尤秀。余固为程生一人喜矣，然不能不为天下忧也。喜则必其取功名如寄，而忧则有如前所云者。如太行以北，别有武干雄俊之人，而此为别调。与夫程生胸中别有兵才，而此为外篇，可以无论。不然，文秀之尤力，且举俗一人之文，将为一国。至以国举，而可惧者至矣。举问程君，自君而外，尚多有如是者乎？抑有一无二者，吾以论世也。

《明文海》卷三百十三序一百四时文

70.《王子云制艺》序

罗万藻①

予与子云，臭味三十年矣。于是乎仅再见。见复但作气概语，绝少寒温，或彼此不能具一饭竟别。两人交道，于古人何等也？

庚辰之役，予罢试，道金陵，子云乃以乏绝，不能赴公车，困于此，不能归。子云之材，何减郑庄？千里不赍粮，乃为绝事。何古今人不相及也！十年前，子云吐气成火，为予言：与友人争文字，不合！欲持俱赴水死。予雄之。近同饮大司马范公坐中，述神宗时与陈大士、茅祉生、费无学诸君聚金陵，每日高会，赋诗谈文，睚眦相摩拂，服者解颐，竞者折角。多予所未闻。今子云虽豪迈不改，而予悲其情变矣。资世家之分，擅名士之气，生平忠孝自许，好艰难其情以自见难。亦逢之水西之变，其先太仆以瘁死军中，子云求其棺不得，伏阙上书，哀恸濒绝。此生人不常有之故也。久之，举孝廉，赠太仆之诏，亦下差用自宽。而迩者黄蕲之间，蹂以流寇，女晖元复，以叱贼死。至今崎岖转徙，无家人之乐。一青袍，岁岁如草，至无以归。此固忠义之风，名人之致也。然豪如子云，此岂所乐得者哉？故予悲子云之情之苦也。

尝见章溢先生《苦斋②记》云：其室在匡山之颠，下惟白云，上多北风。风自北来者，大率不能甘而善苦，故植物中之味皆苦，而物性之苦者，亦乐生焉。夫甘苦以性相从，是固然矣。然山之高者不一风，风之自北者不必苦。不然，何物之生其山者，不以苦闻也？则苦岂匡山之性哉？豪杰之负忠义者不少③，而遇不④皆如子云，则苦亦子云之性也。赠子云归当助为豪宕之谈，以益其意。然昔人称姜桂之性，老而愈辣。辣与苦，皆清儆之味，使人气苏。子云著书数十种，其益于人者，必非豪迈自喜之年，而穷

---

① 《明史》卷二八八《罗万藻传》：“罗万藻，字文止，世纯同县人。天启七年举于乡。崇祯中行保举法，祭酒倪元璐以万藻应诏，辞不就。福王时为上杭知县。唐王立于闽，擢礼部主事。南英卒，哭而殡之，居数月亦卒。”罗万藻著有《此观堂集》。清·方苞奉旨编《钦定四书文·启祯四书文》录罗万藻八股文多篇。

② 苦斋：《浙江通志卷》五十一《古迹》十三《处州府》录刘基《苦斋记》：“龙泉章溢先生所居之室也，十有二楹，在匡山之巅，建溪之水出焉。马城《苦斋》诗：‘辛苦年来只自知，苦中乐事最相宜。青茶入馔甘如荠，黄蘖供茶味胜饴。谁识长吟梁父日，独怜垂钓渭滨时。少陵自是长忧国，未必清癯只为诗。’”

③ 豪杰之负忠义者不少：负，负荷，承载，转指具有。

④ 遇不：读若遇否，蒙受知遇与否。

愁自见之日也。

匡山之蜜，令人口螫，久之已热除烦，其小鱼可以清酒苦之效也。书此以附，于由回赠答之义。

71.《孙硕肤制艺》小序

罗万藻

下第归，遇句馀①硕肤于广陵。兼旬之聚，落魄相偶，无言不同。然硕肤年方壮，修干雄姿，不减其傲迈。未知予喑寂之别有存也。

予且离广陵，念硕肤初相见，即以文序相属，久无以报。数十年业在是，一旦不能自强其笔墨，此其情，宁堪尽语硕肤乎？今天下文字，亦无可更措一语耳。硕肤负博古之业，体兼人之气，而笔高情特，字字有气象，其必为用世之人何疑？顾以此相②硕肤，此法宜蚤。效③于今日，而其事已大谬不然矣。则硕肤他日，必为用世之人，亦未必断断以硕肤之文。古人文字之灵，遇人以必可知。今人文字，而倘有灵也，将遇人于昏昏默默，不得自知之境，为可幸耳。

嗟乎！今天下文字，宁可更措一语乎？《易》曰："同声相应，同气相求。"④ 予与硕肤，所谓无言不同也。斯可知不可知之外者也。

72.《李小有制艺》序

罗万藻

小有，三十年名士。既不第，以贤良高等，补为令。夫小有之才，用之皆贤良卿、守、令之具，汉所谓五府俱辟，四司并命之流，或鲜其人，而当时不知此文字之所掩也。迩以中外多故，天子锐意求才，小有一旦得伸于所知，且荐辟，汉也；国初行之，非汉也。既得举，则并按武班联，或意为卿相，未尝一日臣而役于举者，如古书记曹掾之伦。故小有遭逢，不可谓不盛。二三知己，颇心荣其行，而小有顾以生平制艺属为之言勤勤焉。

嗟乎！此意复令人悲尔。当其束发为文，取两榜入富贵功名之路，不知其他。久之，不得意，则渐出精神，悟诣附之，求异乎他人富贵功名之文，以自寄所得，抑亦苦矣。然当其时，皆昔人所谓情炎斗进之衷，非遽同穷愁著书自见于后世者之所为也。既卒不得志，而以荐辟起知，小有者谓已无憾，而小有所欲知于人者，则从此已将置之不

---

① 句（gōu）馀：地名，得名于山名，在鄞县。宋·王存等撰《元丰九域志》卷五"上明州奉化郡奉国军节度"古迹："句馀山，《山海经》云：此山多金、锡，少草、木。"

② 相：辅助，扶助，帮助。

③ 效：献，奉献。

④《乾》卦《文言传》："九五曰：'飞龙在天，利见大人'，何谓也？子曰：'同声相应，同气相求。水流湿，火就燥，云从龙，风从虎，圣人作而万物睹。本乎天者亲上，本乎地者亲下，则各从其类也。'"

必知，能无悲乎？人生莫亲于心，莫恋于心所经苦之处，生平裂筋绝脉，独出性命之物，萃于八股，虽已知已效于人，犹不能遽释以去。况时将置之不复知，而卒应功名以起念，当觅名山大川之灵，酬此耿耿耳。以少年情炎斗进之气为之，而晚以穷愁自见之意传之，此一时也。本不自意，谓亡恨者强颜矣。予以荐，亦应得一州。不果就，但平从举人监满例，谒选日盛名难副。独小有一出可尔，然下第。

时广陵郑超宗①，悲予志，欲合刻予与张元祐稿，别寄其文字之论。予感之，亦小有意也。附此自见，亦志所以为小有言者，其志最亲，读者当并为之念也。

73.《庚辰房书衡》序

罗万藻

《六经》、《语》、《孟》之书，通于论文者，往往而有，而莫著于孟子。其自任曰："我知言。"他日又曰："我亦欲正人心，息邪说。"其意盖欲以知言正人心也。

今日制艺之家，可谓大盛。予自束发寝处，此中头颅至是不为不久，而今乃始欲见其是非去取于当世，或疑焉。嗟乎！战国谈士之盛，无逾雕龙炙毂，稷下诸人之时也。《孟子》七篇，崎岖齐、梁、滕、宋之郊，至于不得已而有作。② 托于圣人之徒，岂好辨哉？今日海内一家操觚掞文之士，倍官吏而半农夫，尚未敢偃然树帜异端，争名道术，独偷取逢世之语，腼颜自恣，展转相师，漫漶无已耳。予之为是选也，上之性情学术，交融互析，沐浴古义，附以伦脊，为可垂之文，一也。次之才格岸然，俯诸一切，或姿致清韶，佳言如屑，不失为可用，一也。又次之理明致白，狷于自存，澼诸嚣溷，宁瑕无伪，以为可寡过，一也。兹三格者，持以尽吾正告天下之意，可以救矣。予犹不免于惧，盖往者豫章为戒，目之曰幽涉。

迩者云间，则又以昌明博大之文，倡天下矣。今年来，复闻天下以云间为戒目之，曰肤漫。夫幽涉岂豫章之始，而肤漫岂云间之初哉？使予《房书衡》今日脱稿，不失

---

① 郑超宗：即郑元勋。《陈子龙集》卷十二《桃源夜遇郑超宗落第还维扬》诗："相逢班马鸣，三月出王京。秉烛黄河岸，悲歌下相城。风云双阙暗，花柳半江明。突兀金台上，知君最不平。"李清《郑职方传》："郑元勋，字超宗，先歙人，家江都，崇祯癸未进士，以母老家居。甲申三月，闻变痛哭，出家资，募勇侠，贻书当道，谓宜建大帅，统精锐，以守河北。会福王立，兴平伯高杰镇扬州。介与元勋有旧，扬民喧传元勋招杰来，必蹂躏我，因闭城拒之。杰怒，掠城外，将攻城，元勋单骑入杰营，晓以大义。杰为心折。曰：'前事特别将杨成为之耳。'出禁令退舍，且诛杨成。而扬民误传为'扬城'矣。时巡抚黄家瑞等，会议于城南楼，扬民汹汹，持杖环列，元勋至，下马就坐，为言城外事由杨成。语未毕，而闻者俱升楼，攒刃害之。督师史可法，斩倡乱者三人头，以祭元勋。逾三日，有兵部职方之命，而元勋已及于难。"

② 清·马骕《绎史》卷一零六录《史记》："孟轲乃述唐虞三代之德，是以所如者不合，退而与万章之徒序《诗》、《书》，述仲尼之意，作《孟子》七篇。"（《风俗通》："孟轲受业于子思，既通，游于诸侯。所言皆以为迂远而阔于事情，然终不屈道趣合，枉尺以直寻。尝仕于齐，位至卿，后不能用。孟子去齐，又绝粮于邹、薛，困殆甚。退与万章之徒，序诗书仲尼之意，作书中外十一篇。梁惠王复聘请之，以为上卿。"）思齐按：马骕注引《风俗通》的那一段话，系对《风俗通》卷七相关部分的概括。

为《房书衡》之初，更逾年，倘相传读抄袭不已，转日成陈。厌其陈也，亦复依傍别出，诡幻百端，攒蹙不属之字，杜撰生拗之章，螯口棘心，弊已见于前事矣。当此之时，虽六经圣贤之语，无一字不狼藉人间，磔裂可叹，而况于其余，则虽有苦心自力之文，亦安望其保全之世，久传无恙者哉？若此者，所谓禄利之路然也。汉武时，立五经博士，开弟子员，设科射策，劝以利禄。讫元始音有余年，传业者寖盛，枝叶繁滋。一经说至百余万言，大师众至千余人。古今人心，由盛而变，未有不由此者。变而至于无所入，则蔽陷离穷之祸，中于言语，终于政事。此孟子所灼见而深惧也。

故其正人心之端，在息邪说。息邪说之本，在知言。今知言正人心之学独当在上耳。在上者，为天子求人，以佐当时之治者也。其任既重，一日操衡尺，莅诸士第，使庸昧者斥，剿说雷同者斥，杜撰不经、离理失类者斥，则天下之人，将以上为知言。惩于不庸，而讳于自见其心，庶当有救。不然，下之所非，上之所是；下之所去，上之所取，虽百孟子生于今日，何能有救？然则予是选，何为者也？予亦能为是选而已矣。使天下见予选无欺昧，不本心性之旨，反复叠见腐烂可秽之文。此予今日是非去取之所止也。

74.《甲戌房稿辨体》序

陈弘绪①

数科以来，房选如予友受先、天如、介生、千子、维斗、伯宗、公亮、尔公诸君子，各有明道匡俗之功，前此所未有也。由是缝掖呫哔之儒，不以一日进取之牍为准，而以诸君子丹铅之业，晨哦夕诵，选者之权遂足以夺主司之势。吁！盛矣。

盛极而衰，房选一途遂为噉名射利之捷径。或寒胸俭腹，未能参究章句，便已恣意雌黄。其失不独仅仅好丑倒置已也。彼见诸君子于叹赏之中，间有指疵攻谬，以挽持末流者，从而艳之，以为非讥弹涂抹，无以诡己之高，耸人之目，于是以至陋之识，而索无瑕之篇，舍意而求之字句，虐今而并及古昔，而其訾毁吾江右也逾甚。遇有雄奇高古之作，辄曰是江右派不力，为丑诋不已。嗟乎！彼安知吾江右派为何如者哉？

夫文之有派也，如水之有源，木之有根柢。从古未有无派而能雄长于坛坫者。至其末流之弊，亦复何代蔑有？效龙门者则有褚少孙，慕扶风者则有陈宗、尹敏、孟异。然而龙门、扶风之传自若也。又其高者六籍之文，或以简易为派，或以奇奥为派，诚非拟义之所可及矣。然《太元》者《易》之流弊，《元经》者《春秋》之流弊。从其末而訾毁之，虽六籍不能免也。今有人焉，病乎六籍之不免于流弊也，而妄取六籍之文，加以讥弹涂抹，非其愚暗之徒，则必狂悖之夫，审矣。夫虎啸风生，龙举云属，非特帝王

---

① 陈弘绪：陈道亨之子，字士业，号石庄。性警敏，号博览。明末以任子荐授晋州牧。阁臣刘宇亮出督师，欲移师入晋州，拒不纳，遂被劾逮问。市民颂其保城功，得释。谪湖州经历，署长兴、孝廉二县事，有惠政。入清，屡荐不起。移居章江，辑《宋遗民录》以见志。有《周易备考》、《诗经尚书义》、《石庄集》、《鸿桷集》、《恒山存稿》、《寒衣集》。思齐按：陈道亨，《明史》卷二四一有传。

为然，文士亦往往坐致其盛篇章之内。苟有非常之士出焉，一时英伟才俊，计必靡然从风，群相依仿，及其争久论定，世往习移，巍然独存者数人而已。举天下争笑其流弊，而不能夺此数人之传，则其流弊可勿问也。而又何訾毁之足为轻重乎？

予友邓左之悲时流之好为訾毁也，所选《甲戌房稿》，一皆存其足以当吾叹赏者与。正者录，雄奇者亦录，清脱者录，高古者亦录，不必以江右派立之标格，以不必以江右派故为删弃，要其文之足以传于久远而已。予尝谓："八股文之艺，连十余句为比偶，骳陋而幅隘，决不能垂之后世。而薄海亿万之众，毕具精神于中，则虽以禹、汤之法，令孔、颜之学术，犹不能禁其好新趋异之想，然则时艺亦徒然而已。"今以左之所选观之，予始悔前言之轻易，莫扪其舌矣。左之学既渊富，才益沉雄。世无左之之腹与手，则又安能如左之之目？其无以选事为噉名射利之捷径焉，庶不至为左之之罪人也乎？

75.《同人合编》序

徐世溥①

曩予闻长老之言，嘉、隆时先正闱试，诸牍出，相从论议揣甲乙者不失锱铢。其时，士无交游，坊无选刻，文会不过族姓同里数人。月有定课，至期毕集，醴酒三四行而止。乡会试录出，姓名乃达于境外。如《老子》所称，民居其国，不相往来者。②於戏！抑何素朴而信从若是与。

盖自予操笔墨与诸君倡和，已合三郡之贤秀，皆在更十数年，而南北声气毕通，称大同矣。夫衡文者，去取当醇疵明，学术有征，则文章之权在上，故士安其业而习尚纯。及乎取舍失当，是非纰缪，主者之尺度不足以厌服天下之心，于是文章之权始在下，而衿尚标榜之事乃出。此岂士乐为之？固亦风会使然。原其所由，在上者实有以致之焉。先正敦庞敬一之风，邈焉不见殆二十年于兹矣。甚通将闭，同将生睽，有识者忧之。盖文章之权在下，其势固不能相壹，且俯仰国家三十年间，朝廷之议论与草野风气，无不始于同而终于异者。即社选之初盛也，天下皆私效豫章，已而亦各以方变选者，或至互相反唇。此亦合即将析之征也。析则风气闭。闭则人各安其居，士专其业，不相闻问，复归于朴，其在此时乎？两刘子、魏子闻之曰：不可以当吾世而令文事中

---

① 徐世溥：明末清初江西新建人，字巨源。年十六，补明诸生。时东乡艾南英以文名，与世溥约为兄弟。江左钱谦益、姚希孟、里中万时华辈，皆以杓斗归之。为文才雄气盛，一往自遂。屡踬于乡闱。入清，遂绝意进取。顺治初大臣亲视其间，又持币聘之，拒不纳。著有《榆溪集》。又，《钦定大清一统志》卷二百三十九《南昌府》二："徐世溥，字巨源，新建人。父良彦，举进士，历宣府巡抚，魏忠贤以东林故，谪戍清浪，崇祯中，官至南京工部侍郎。世溥好读书，为诗古文，潜思论撰。所著《易诗解》、《夏小正》、《洪范正义》、《禹贡图说》、《榆溪集》等书。"

② 《老子·八十章》："小国寡民，使有什佰之器而不用，使人重死而不远徙。虽有舟舆，无所乘之；虽有甲兵，无所陈之。使民复结绳而用之。甘其食，美其服，安其居，乐其俗，邻国相望，鸡狗之声相闻，民至老死，不相往来。"

衰。于是复鸠四方之文，汇选之以励学术，广友谊，命之曰《同人合编》。在《易》天与火同人。① 同人始于门②，而终于郊③，故概之曰“同人于野亨”④，是刘子、魏子之志也。

呜呼！昔之社者为同，今之社者为异。三君子慨然矫之，推此志也立朝而事吾君。俾诸大夫泯同异之见矣。

76.《蔚社亭》序

徐世溥

万历季年，学者方厌苦拘牵法脉陋习，吾党兄弟乃力为古学以振之，天下翕然向风焉，论者以为，有先正诸社余烈。其后浸淫，相与为名高，不务实学，而勦学妄作，自命奇古，结社者往往少作多刻，盖稍彝⑤矣。识者惧其日卑，乃更发明所学，黜掇拾，破险诐，又或不察，至以文章议论相诋訾，于是溥语人曰：凡今社序不可为也。

往吾先公诸执友⑥之为社也，月有课，岁有帙，疑义窒辞，于是乎质之；闻过，于是乎规之。不闻其竞于刻以为名也。今剞劂之事亦太繁且滥矣。昔齐致列国谈士于稷下，卒兆坑儒之祸。唐宪、穆间，天下寺至四千六百余区，兰若数万，及会昌末遂尽废之。物盛必衰，数之复也。夫君子会以请业⑦，正气文辞，和乐以将之，犹惧弗既，而况袭谬以徼⑧名，忮气以攻正乎。已而娄东⑨复社果有违言，不足以陷君子，然好名之士亦足以戒矣。而是时江右方修蔚社，今兹又将刻之以示天下。呜呼！今天下文掌声气

---

① 同人，六十四卦之一，列居篇中第十三卦，由下离上乾组成。思齐按：人们常说的六十四卦，叫做别卦（六画卦）。人们常说的八卦，叫做经卦（三画卦）。六十四卦中的每一卦，均通过某个经卦自重或与其他七卦相重而组成。在八个经卦中，离象征火，乾象征天，因此说“天与火同人”。《象》曰：“天与火，同人。君子以类族辨物。”

② 《同人》卦初九爻辞：“初九，同人于门，无咎。”思齐按：卦中的每一划，叫做爻。一根连线为阳爻，称为九。中间断开的线叫做阴爻，称为六。计算爻的方法是从下往上数。最下边的叫初某。最上边的叫上某。其他的分别称为某二、某三、某四、某五。初九，即最下边的阳爻。由于初九的卦辞中有“同人于门”这样的话，因此说“同人始于门”。此有两个含义，一是《易经》的本义：刚出门就能合同于人。二是这篇序制作者的发挥：《同人》这个卦乃是从门那里开始的。

③ 《同人》卦上九爻辞：“上九，同人于郊，无悔。”

④ 《同仁》卦的卦辞：“《同人》：同人于野，亨。利涉大川。利君子贞。”思齐按：爻辞是对每一爻的描述。卦辞是对整个卦的描述，因此这篇序的作者说“概之曰”。

⑤ 彝，同彝，意为常、常规、常法、一定的规则。《诗经·大雅·烝民》：“民之秉彝，好是懿德。”谢朓《为齐明帝让封宣城公表》：“鉴臣匪躬，共申彝训。”颜延之《陶征士诔》：“人之秉彝，不隘不恭。”

⑥ 执，诚挚，《论衡·薄葬》：“虽尽比干之执，人必不听。”执友，即挚友。

⑦ 《礼记·曲礼上》：“侍坐于先生，先生问焉，终则对。请业则起，请益则起。父召无诺，先生召无诺，唯而起。”

⑧ 徼：通邀。

⑨ 娄东：太仓州的别称，因境内有娄江而得名。娄江，又称浏河，源出太湖鲇鱼口，江水往东北方向流经苏州、吴县、昆山、太仓等市，至浏河镇东北注入长江。

可不谓盛哉？虽然，日午月望有道者所不居。异日，必有刻文得罪功令、数十里而不敢通尺书者。窃为梓人忧之。《易》曰："君子豹变。"① 其文蔚也，革之谓也。诸君之文可谓蔚矣。抑《诗》有之："荟兮蔚兮，南山朝隮。"② 言小人气焰之盛也。诸君他日幸相与明正道、息邪说，使小人革面，咸为忠直，以事天子，则蔚文之终事也。

溥也实乐观之。曩者不为社序之说，又何庸焉？

77.《壶山小集》序

傅占衡③

兴霸，吾师大士先生仲子也。先生少读书，自阓阓至寝，成孔安七编，上口。兴霸八岁授王介甫《上仁宗皇帝书》，亦三编为时文，气魄压千人。尝有齐神武高昂，藏君臣间意，日十数题，题二十数义，如父风，古文称是。今日《壶山集》以行者，其什一也。

予侍先生时，兴霸与弟少游皆幼，义洽通矣。先生惩其才高，故严苦之。梦中呼觉，令诵《考工记》，一字踬，辄蹴下床，与杖，甚于头触屏风。然观其文则喜不寐。兴霸尝私谓予：吾他日训儿，当一以宽。予笑曰：度子性范，殆有甚焉。兴霸卒所能自立于文辞者，先生教也。兴霸熟古今事，欲有以自见其才，不肯屈首著述事，故客死南方，仅遗其书。所后兄子二人，亦不及亲见训之。而予畴昔戏笑之言犹在耳目，悲乎！

虽然，兴霸之文，后之君子足以想见其雄杰瑰玮之气而慕悦之，然则兴霸盖不没也。

78.《魏氏兄弟制义》序

傅占衡

予亡友曾子上平，好听吴音，问予吴人曲谱，○△＝者何也。予曰：此为吴人设耳。吴音玅④天下，而呼字不通于中原者多，故为三形以别之。○，合口也。△，鼻。而＝者唇也。若夫方语不乖乎本字，则三形无所施矣。吾乡声歌一道鄙甚，独三形者无所用。而吴中非士大夫往往不能究其理，卒便其讹而读之。他效吴曲者，无抑扬吐吞之妙。而于是三形者类于捨吾之本是，以就吴音之谬，故已舛矣。然吴人善者，虽开、

---

① 《革》卦的上六爻辞："上六，君子豹变，小人革面，征凶，居贞吉。"此为《革》卦上六爻辞之语。意思是说：君子像豹斑一样助成变革。上六处《革》之终，"革"道大成，犹如豹斑一样协助"大人"变革，从而建树功勋。又，《革》卦的《象传》解释上六的爻辞说："'君子豹变'，其文蔚也。'小人革面'，顺以从君也。"

② 《诗经·曹风·候人》四章："荟兮蔚兮，南山朝隮。婉兮娈兮，季女斯饥。"

③ 傅占衡：明末清初临川人，字平叔。明诸生。文渊阁《四库全书》本《江西通志》卷八二"傅占衡，字平叔，临川人。少有异禀，涉猎诸家，经目不忘。性淡泊，耻事征逐。（明亡）奉父山中，谢绝一切。所著《汉书摭言》、《编年国策》，颇得史家之要。尝依郡志作《临川记》三十卷。有《湘帆堂集》三十六卷。"

④ 玅：通妙。

合、鼻、唇稍谬，尚能以具抑扬吐吞妙天下。而吾乡既承其谬，已失字之本是，又终不能肖其声万分一也。无乃尤舛而可嗤耶。孰若虽逊其声，而无失吾呼字之正，为可慰也。

文章之道，何以异此？近年以来，文之掺吴音者众矣。声者出于风土，与时好日迁。吴人固已厌其抑扬吐吞之法，而襍①以跳荡激楚之音矣。盖往时词客最著如沈青门、梁少白辈，词虽绝胜，然其"都"、"多"相乱，"沙"、"遮"互叶，以至于"清""亲"、"枕""轸"②、"虽""西"、"春""嗔"之类，率便吴音，不免于中原少戾。而况今之呕咽啁哳，声与字而俱谬者，何可胜道哉！然则，有能善学吴音，而精于开、合、反切，无四声不明之诮者，天下少其人也。

泸溪魏氏兄弟，走数百里，欲师曾子上平于临，而是时上平墓草已宿矣。乃即其舍旁结精庐而居，求遗文于其子而读之。予叹其行径大类古人，往观焉。反睹其文，则真予所谓，能抑扬吐吞而又不失呼字之正者也。大魏闳放多奇，小魏沉雄独秀。大较抚、建③之风本不同，而二子之才之学，又有以移而易之。以故激荡高唱，有足动容而改色者。既不若吾乡之暗于宫商，又非如吴人之讹于开合也。则二子且将以其文妙天下，何羡于临人哉？然二子最慕者上平。上平为文孤洁深若，类其人，太少吴风，所长者呼字不讹耳。每剧啖文事，度曲分判，傲然无人，而不幸赍志以死。

嗟乎，世无钟期其人，能知上平之文与人者！而二子独如是。二子岂独文妙天下？乃其人亦可知矣。予故举上平所好者，以序二子之文，因以志昔者吾友之为人也。

79.《晁次柳余草》序

傅占衡

陈晋州弘绪，崇祯中尝为衡言：八股学问，聪明之会也。三百年人主玉帛在是，即人才川岳亦在是，故辛亥以来，八股未窥而能诗古文者鲜矣。

予初疑其过，比弃举业，间从骚人词客游，始甚喜之。然声病既难遽精，而旧学顿茀，所谓未得国能，已失其故步矣。曾不若作弟子员时，日有课，月有程，虽有劳窥百家，终无叛经传外者。其御心役志，优优乎有节也。譬之楂梨橘柚，充腹盈吻，而饔餐缺饱能几何？且有甚者，山僧林叟不无佳句，于身心失得、古今治乱之大，往往瞀而不通。至有偶窥半解，辄引唐宋故事，以诗赋取士为喜者，有识者笑之。顾余已自废，风云月露中进退无据，又何道哉？吾友次柳兄弟名天下，工为文二十年。次柳八股义，顾眄光芒，步骤警侠。曩予城居，朝夕过论文，屡欲焚笔砚者，乃亦郁纡而当此时。顷入郡，相与语破瓦颓垣下，遂出所存时义若干篇示余。余往时厌此事，疲于奔命，今读之

---

① 襍：同杂。

② "枕"和"轸"，在普通话中的读音是一样的，但是它们所属的韵部并不相同，尽管它们都念上声，而且其反切和声纽也相同。枕，章荏切，上声，寝韵，照纽。轸，章荏切，上声，轸韵，照纽。因此，"枕"和"轸"二字，念起来还是有细微的差别。

③ 抚，抚州，在今江西临川市一带。建，建州，辖境相当于今福建省南平市以上的闽江流域。

反似马援闻战鼓时，何也？今之侈诗古文者，得无类晋州所云乎？

风赋比兴雅颂，此诗人六义，特时文中一体耳。古文亦然。奈何薄八股？五七言下，即不应举，故当锓此救之。次柳因题曰《余草》以行。夫余者才也。汤先生谓：古今才皆病不足，无有余者。次柳之文，动而愈出，变而不居，非有余才耶？人患才少，子患才多。张司空爱陆氏西头语，予以评晁氏东头亦可。

80.《清溪会业》序

傅占衡

文者皆其人之言而已。独今所号时文，取古人而生之，而鸣之。其言微也，张而显之。其言短也，引而长之。直也，曲之以尽之。正也，反之以辅之。盖几全乎他人之喉舌，而丧去乎我为首者。然极其翕阖散聚之方，参互因革之用，体气之柔刚，才指之甘辛，作者往往耻于丧去其我，必使善读者覆焉，曰是某之言，则今时文，其百倍古文难，宜也。

而所睹学者，成古文以数十年，犹恨其疾，攻制举不期月则高第，云何故哉？

予尝疑之。今年归，始得交吴兴周子韶。子韶劳我，即数我曰“若故宜尔”耳。制以七题，竟日限士，而文之妙，或精思遒神，或率尔造极，是两妙者，皆不当于锁院严鼓时求之，譬之鸾翮见铩①，舞鹤在樊②，精神少矣。予乃爽然自失无怨色。既而通子韶前后文读之，益有味乎其语，若其浸醒篇籍，网络今昔亡论，独渊旨宏辞，颓然天放，或如咏怀之作，莫测其端崖也。予尝一至苕霅。今手其文，若俯仰昆弁诸胜，而艇寄于挺烂岸芷、烟霏雾霭之间焉。然后叹子韶之所得深远矣。精神开发，见于山川，其妙又在于巧迟拙速之外者，故久困制举中。予曩所知菰城十数子，亦皆落落晚遇，何也？

予犹终疑之。岂鸾皆铩而鹤且樊耶？毋乃既取古人而生之鸣之，而又不能丧去其我，故以数十年之专，而逊彼不期月之功也。善读子韶文者，覆而知之矣。

81. 叙任雪柯《青凤轩艺》

尹民兴③

神皇帝之季年，嘉鱼文章旷，不达于春官矣。其时廉廉颊颊者，悉皆僎土为珠，抱

---

① 鸾翮见铩：翮，翎管，羽毛的硬管，引申为鸟翼、翅膀。铩，残伤，摧折。见，被。《淮南子·冥览训》：“飞鸟铩翼，走兽废脚。”

② 舞鹤在樊：樊，樊笼，关鸟兽的笼子。善于跳舞的仙鹤，在笼中难于起舞。杜甫《苦雨奉寄陇西公兼呈王征士》诗：“奋飞既胡越，局促伤樊笼。”

③《明史》卷二七七《丘祖德传》附《尹民兴传》：“民兴，字宣子，崇祯初举进士。历知宁国、泾二县，除奸厘蠹，有神明之称。行取入都，为陈启新所讦，谪福建按察司检校。十五年春，疏陈时务十四事，帝喜，召为职方主事。数召对，言多当帝意，即擢本司郎中。周延儒出督师，命从军赞画。延儒被谴，下民兴吏，除名，久之始释。福王立，起故官，寻谢病归，流寓泾县。南京失，与诸生赵初浣等据城拒守，大清兵攻破城，初浣死之，民兴走免。唐王以为御史，事败归，卒于家。”思齐按：尹民兴，字宣子，明末清初嘉鱼（今属湖北）人。

研指璧，娶质而嫁光，宜乎不缩于宝母也。雪柯任公，特表危独。表其所嗜，则摈粱肉而啖松芝，攘汤液而饮沆瀣，已得寿而人得疒也。表其所跖，则卑辀轩项领之逸，綷牵崎崛，毡裹阴平，己取天下而人坏高骨也。表其所宅，则厌重屈深宫长廊丰庑，规概平易，户牖雷同，结晶城于天下，苏迷卢①之半，以恣孤奇，而临睨瞻部也。② 一国之人，竭眼之才，隅隈莫究；穷耳之力，宫羽不昭。始胎然疑，终发诟笑。即余辈三四人，支领其味者，谌谛深密，仅底募源，而亦勿罔于机之室，转输之府也。则一日谂予曰："夜梦虎蹲在庭，斯何祥与?"余曰："大人虎变。"③ 公莞尔曰："不然。虎与牛，其力均。虎卒腾跃而喋牛之膏肉者，虎胆厚，牛胆薄也。今夫胆及于目，达于爪，出决断以营卫心王，名曰恒奇之府焉。予极爪目之用二十年，心王不一，愮愮遗遗，削倾奇府者，为予胆汁丰满，有以守之也。"予憬服其言。公没十年，又一夜，梦謇予曰："君宜多读书。"问："读谁者书?"曰："能读本经，《四书》，都成极奇极妙之文章，乃善读书矣。"觉而惮荡者，鼻满五寸，息紬绎"胆说"，岂斯文之阼奥哉？且夫胆，刚直之气也。专刚不明，如醉而橥骏骇矣。专直不衷，如盲而竞跻，亢矣。毛縢淫归之外，必有物焉。湛于幽昏之域，相遭于耳目与非耳目者，故其见也，以不见见下上渊天之间，即变化视听之用。公之文，端在斯乎，端在斯乎！天度既树，孕育诸氏，任者产颧泽者，产华挺者，产络傍者，高而不下，产于孤府，一时绯陟春官者，若乾氏诟笑者，酋其谇也。

---

① 唐·释奘译、释辩机撰《大唐西域記》卷一："苏迷卢山【原主】唐言妙高山。旧曰须弥。又曰须弥娄。皆讹畧。"苏迷卢，梵文作 Sumeru，意为妙高、妙光、安明、善积等。苏迷卢山，古代印度人所谓大雪山之一，实际上就是喜马拉雅山。佛教认为，苏迷卢山为南瞻部洲的中心，第十天居住在山顶。

② 宋王谠撰《唐语林》卷六："鉴虚曰：诸奏事云，玄元皇帝，天下之圣人。文宣王，古今之圣人。释迦如来，西方之圣人。今皇帝升下，是南瞻部洲之圣人。"唐·释奘译、释辩机撰《大唐西域记》卷一："海中可居者大略有四洲焉。东毗提诃洲、南赡部洲、西瞿陀尼洲、北拘卢洲。"南瞻部洲，梵文作 Jumbu - dvipa，因有瞻部树而得名，旧曰阎浮提。思齐按：Jambu，瞻部，树名，原产印度，四五月间开花，皆深紫色果实，稍带酸味，种子可入药。dvipa，岛屿。一般认为，中国位于南瞻部洲。

③ 《革》卦上六爻辞："君子豹变，小人革面，征凶，居贞吉。"

【清人论八股之一】

顾炎武《日知录》(选)

一、《日知录》题解

《日知录》是明末清初大学者顾炎武(1613—1682)用力最多的著作之一。虽然《日知录》采用的是读书札记的著述形式,但是它不失为一部包罗万象的小型百科全书。举凡经义、政事、世风、吏治、礼制、艺文、史法、兵事、天象、术数、地理等,诚如顾炎武本人所说:“平生之志与业,皆在其中。”① 《日知录》的最大特色是以明道、救世为宗而较为细致地反映了顾炎武的全部学术政治思想。同时,他的不少论述亦系有感而发,切中时弊。在中国的学术思想史上,有两个黄金时代。一是春秋战国时代,那时候百花齐放,百家争鸣。这一时代,比之西方的古希腊时期,毫不逊色。一是明清之际,那时候社会急剧转型,催生了一批大思想家和大学者。这一时代,比之西方的启蒙运动时期,毫不逊色。

总的说来,顾炎武是一个百科全书式的大学者。值得注意的是,顾炎武在长期的治学过程中,十分注重科学头脑的训练。他的思维极其清晰,井井有条。他的判断,极其准确,丝丝入扣。他的表达,极其明白,泠泠清越。比如,从哲学方面看,顾炎武在《日知录》中提出了三个命题。第一个命题:“盈天地之间者,气也。”第二个命题:“神者,天地之气。”第三个命题:“明体达用。”又如,从社会学方面看,顾炎武在《日知录》中提出了三个命题。第一个命题:“有亡国,有亡天下。”第二个命题:“拨乱涤污,法古用夏。”第三个命题:“弗畔于道。”再如,从文艺学方面看,顾炎武在《日知录》中提出了三个命题。第一个命题:“文须有益于天下。”第二个命题:“未尝不似而未尝似。”第三个命题:“韵律之道,疏密适中为上。”总之,顾炎武一生积极提倡经世致用,坚持民族气节,而这两点也是贯彻《日知录》全书的一根红线。顾炎武以之为基本的出发点,全面地审视了明末清初的中国社会。

细读过《日知录》的人都会有这样的体会,就是顾炎武在这部书中始终坚持运用

① 顾炎武《与友人论门人书》,载四部丛刊本《亭林诗文集·亭林文集》卷三。

其当下眼光，来对待中国那长达五千年的悠久文化。换句话说，顾炎武并不认为中华文明史上的各种典章制度已经死亡，而是认为它们在一定的条件之下依然是生气勃勃的，或者，至少是在经过改造之后它们依然有可能为现实社会服务，从而有益于中华民族在将来的发展。顾炎武对历史的审视，主要着眼于制度之上。《易经》有《节》卦，其象辞说："天地节，而四时成。节以制度。"制度是在一定的历史条件下形成的法令、礼俗与规范。诚如《隋书》卷四九《牛弘传·论》所说："笃好文籍，学优而仕，有淡雅之风，怀旷雅之度，采百王之损益，成一代之典章。"① 顾炎武笃好文籍，也是做了官的，因明朝灭亡，而未能赴任。总之，顾炎武是一位堂堂的大雅君子，他终身研究中国的制度法令，而制度法令等亦可称为典章。在顾炎武看来，历史没有死，历史还活着。顾炎武终生笃好文籍，孜孜以求，有淡雅之风，怀旷远之度，从治学中最为繁难的典章制度入手，以其独特的认识方式，诠释了一个即使在今天看来依然颇为前卫的思想：制度的生命全在于经世致用。顾炎武深深地知道，历史就是活生生的过去。顾炎武一生的实践似乎都在证明一个史学命题：一切真正的历史都是当代史。"因为，当生活的发展需要它们时，死历史就会复活，过去史就会在变成现在的。"②

《日知录》对典章制度的考求，并不止于科举一项，而是涉及百端，博及诸务。不过，科举制度关涉中国古代的知识精英阶层，而知识精英阶层又是典章制度的具体制作者。因此，在《日知录》一书中，有关科举制度的内容占了全书近三分之一的篇幅。《日知录》十六卷和十七卷，讲的就是科举制度的内容。此外，一卷至七卷，讲经义，也与科举制度直接相关联。从总体倾向上说，顾炎武反对科举制度。在顾炎武看来，科举制度并不能够选拔出真正有用的人才。然而，为了选拔出数量极其有限的进士来，人民却不得不负担着数量庞大的生员。根据顾炎武的统计，当时全国生员的数目，不下五十万人之多。生员属于寄生的阶层，其中有些人还勾结官府，武断乡曲，危害民众。因此，顾炎武认为，应该废除生员制。顾炎武指出，八股文束缚思想，徒然耗费大多数读书人的光阴。科举制度看似公平，其实推行科举制度的历代封建王朝还是重视流品的，普通读书人的大多数依然不能入其流。因此，顾炎武主张恢复古代的"清议"制度，而以辟召制代替生员制。尽管这样做并不现实，因为辟召制依然对乡绅有利，但是这毕竟反映了顾炎武从历史中吸取合理成分以服务于当前的主观努力。显然，在顾炎武的心中，历史的确是活生生的过去。所以，我们从顾炎武关于科举制度的札记中，可以看出他不是将科举制度一棍子打死，而是条分缕析地加以择汰，去其糟粕，取其精华。对于生活在 21 世纪的人们来说，科举制度已经变得很遥远了。关于科举制度的许多细节，一般人并不清楚；所谓专家，也只是了解稍多而已。然而，不知一种制度之细节，则不能真正把握其要义。不能把握其要义，则无法服务于当今。当前的事情办不好，又怎能

① 中华书局编辑部编，二十四史简体字本《隋书》，北京：中华书局，2000，第 876 页。

② ［意大利］贝奈戴托·克罗齐著《历史学的理论和实际》，傅任敢译，北京：商务印书馆，1982，第 12 页。

走向辉煌的未来？中国自有科举制度以来，官僚队伍的主体毕竟是由进士们来组成的。如果说，古代中国有许多事情没有做好，乃是因为科举制度未能选拔出真正的人才，那么，不洞察科举制度的方方面面，也就不能够明了人才选拔何以失败的根本原因。我们今天正在全力推进国家的现代化建设。官僚在今日已经不是一种制度了，但是公务员阶层的兴起，俨然是走向干部队伍制度化的一个最重要的方面。在今日之中国已经没有科举制度了，但是各级各类学校，以及各种职业各个层级人员的考试和考核，似有越来越普遍化制度化的倾向。今日的干部队伍和考核制度，均与历史上的科举制度有着渊源关系。我们更新干部队伍和考试制度，也须遵循历史的渐进的原则，否则便难以维系整个社会的有序与和谐。《日知录》一书，其关注的焦点在于制度，而制度的生命全在于经世致用。既然如此，今人以科学的态度来研读《日知录》也就是十分必要的了。

《日知录》是顾炎武积三十余年读书有得，复经多次编辑而成书的。这部书虽然具有读书札记的性质，但是它并非杂乱无章，而是形成了一个有机的整体。大体说来，一卷至七卷论经义，八卷至十二卷论政事。十三卷论世风，十四卷和十五卷论礼制，十六卷和十七卷论科举，十八卷至二十一卷论艺文，二十二卷至二十四卷论名义，二十五卷论古事真妄，二十六卷论史法，二十七卷论注书，二十八卷论杂事，二十九卷论兵及外国事，三十卷论天象术数，三十一卷论地理，三十二卷为杂考证。就科举而论，经义是它的考试内容，或者，换用一个通俗的说法，经义是科举考试的出题范围。艺，繁体作藝，本作埶、蓺。从土，从草，其原本的意思是种植，《诗经·唐风·鸨羽》一章："肃肃鸨羽，集于苞栩。王事靡盬，不能艺稷粟。父母何怙。悠悠苍天，曷其有所？"①大凡从事过农业生产劳动的人都知道，种植庄稼不易，必须时时经营之，耕地、播种、除草、松土、施肥、浇水、除虫、整枝、收割、打场等等。这一套功夫与西方语文中的 cultivation 乃是十分相近的。② 其实，经营文章，也是如此。为文之人，必须锦心绣口，呕心沥血，方能渐见功效，略有长进。"艺文"一词有两个含义。一为六书群艺之概称，即文献典籍。汉·班固《典引》："苞举艺文，屡访群儒。"在这里，"艺文"指的就是文献典籍。在古代史书中有"艺文志"，概述文献的状况，也是这种用法。一为辞章和文艺的统称，即详细斟酌考究过的文章，亦即讲究篇章布局和修辞手法的文章。鲁迅《坟·科学史教篇》："希腊、罗马科学之盛，殊不逊于艺文。"在这里，"艺文"指的就是考究的文字。科举中使用的八股文，具有严格的章法，是最为考究的文字。因此，八股文属于艺文，尽管艺文的概念很宽，其中远远不止八股文一种。从《日知录》十九卷至二十一卷的内容看，这三卷具体地详尽地讨论了制艺方法。因而，它们也是我们全面了解科举制度所必不可少的文献。所谓制艺方法，就是组织文章的谋略、方法和技巧。当然，为了明白物事的原委，顾炎武在撰写这几卷的时候也讲述了不少故实。清

① 周振甫译注《诗经译注》，北京：中华书局，2002，第 168 页。

② 英文的名词 cultivation，来自拉丁文动词 colo，colui，cultum，colere，种植、培植、培养、修养；努力，尽力专务，致力于；修饰、打扮；本义为耕种。此词在欧洲其他语文中也大体同形。

人梁章钜（1775—1849）《制义丛话》二十四卷，不仅记载叙述了“制义”的宗旨、源流、体裁和典制，也网罗了大量的旧闻琐事。由此可见，八股文是一种历史积淀特别厚重的文体。因此，使用和化用各种故实就成了写八股文的一种基本功了。顾炎武深知故实于制举之重要，因而在记述了科举诸问题之后，他紧接着记述了艺文诸问题，并在艺文部分里有意识地罗列了大量的故实。这些故实大都是八股文写作中经常用到的。可以说，离开了这些故实，即使阅读八股文，人们也会感觉十分艰难，更不用说写作了。而且，假如一个人意欲理解历代考官对八股文的判卷标准，那么他也有必要熟悉这些故实。简言之，在《日知录》中顾炎武在“艺文”这一名目下研究了文章学。有鉴于此，我们除了关注《日知录》十六卷和十七卷，还必须关注一卷至七卷，以及十九卷至二十一卷，庶几对该书所讨论的科举制度及其相关诸端有一个深层次的理解和把握。

皇皇《日知录》，其书名含有日日追求学术不断走向光明的意思。我们可以从《诗经·周颂·敬之》而探知顾炎武当年撰著此书的心态，诗曰：“维于小子，不从敬止。日就月将，学有缉熙于光明。”① 朱熹解释这四句诗说：“我不聪明而未能敬也，然愿学焉。庶几日有所成，月有所进，续而明之，以至于光明。”② 顾炎武《日知录》示人以朴实为学的姿态，鞭策我们日日理国故，日日求新知，努力向前行。

附录一：《日知录》提要

《四库全书》子部、杂家类二、杂考之属

臣等谨案，《日知录》三十二卷。

国朝顾炎武撰。炎武有《左传杜解补正》，已著录。是书前有《自记》，称自少读书，有所得，辄记之；其有不合，时复改定；或古人先我而有者，则遂削之。积三十余年，乃成一编。该其一生精力所注也。书中不分门目，而编次先后则略以类从。大抵前七卷皆论经义，八卷至十二卷皆论政事，十三卷论世风，十四卷、十五卷论礼制，十六卷、十七卷皆论科举，十八卷至二十一卷皆论艺文，二十二卷至二十四卷杂论名义，二十五卷论古事真妄，二十六卷论史法，二十七卷论注书，二十八卷论杂事，二十九卷论兵及外国事，三十卷论天象术数，三十一卷论地理，三十二卷为杂考证。炎武学有本原，博赡而能通贯，每一事必详其始末，参以证佐而后笔之于书，故引据浩繁而抵牾者少，非如杨慎、焦竑诸人，偶然涉猎，得一义之异同，知其一而不知其二者。阎若璩作《潜邱札记》，尝补正此书五十余条。若璩之婿沈俨，特著其事于序中。赵执信作若璩墓志，亦特书其事。若璩博及群书，睥睨一代，虽王士祯诸人尚谓不足当抨击，独于诘难此书沾沾自喜，则其引炎武为重

① 周振甫译注《诗经译注》，北京：中华书局，2002，第518页。

② 宋·朱熹注，王华宝整理《诗集传》，南京：凤凰出版社，2007，第271页。

可概见矣。然所驳或当或否，亦互见短长，要不足为炎武病也。惟炎武生于明末，喜谈经世之务，激于时事，慨然以复古为志，故其说或迂而难行，或愎而过锐。观所作《音学五书后序》，至谓圣人复起，必举今日之音，而还之淳古。是岂可行之事乎？则其它可知矣。其门人潘耒作是书序，盛称其经济，而以考据精详为末务，非笃论也。

乾隆四十二年二月，恭校上。

总纂官纪昀、陆锡熊、孙士毅，总校官陆费墀。①

附录二：初刻《日知录》自序②

炎武所著《日知录》，因友人多欲钞写，患不能给，遂于上章阉茂③之岁刻此

---

① 参见清·永瑢等撰《四库全书总目》卷一一九，北京：中华书局，1965。

② 本文载四部丛刊本《亭林诗文集·亭林文集》卷二。

③ 中国古代采取岁星纪年法。我国古人认为木星十二年一周天，因而由西向东地将周天分为十二等份，称为十二星次，简称十二次。十二次分别为星纪（丑）、玄枵（子）、陬訾（亥）、降娄（戌）、大梁（酉）、实沈（申）、鹑首（未）、鹑火（午）、鹑尾（巳）、寿星（辰）、大火（卯）和折木（寅）。它们分别与十二辰对应，但是十二次和十二辰的方向和顺序是正好相反的。因此，我们将十二辰与星次配对的时候，要从折木开始，由寅出发往前逆推。为方便起见，兹注于括号中。木星每年经过一个星次，就用木星所在的星次作为该年的名称，叫做“岁在某星次”，如“岁在星纪”之类。这种纪年方法叫做岁星纪年法。因此，古人把木星叫做岁星。星次的名称起源非常古老，人们在行文中使用它们会使得文章古色古香，富有中华文明那浓郁而芬芳的气息。尽管如此，上述岁星纪年法在实际使用中很不方便，于是古人又设想出一个天体，叫做太岁，又叫岁阴、太阴，并用它来纪年，这就是太岁纪年法。太岁的运行速度和木星相同，运行的方向和十二辰一致。因此，我们将十二辰与太岁配对的时候，由寅出发往后顺推。为方便起见，兹注于括号中。太岁的年名，分别为摄提格（寅）、单阏（卯）、执徐（辰）、大荒落（巳）、敦牂（午）、协洽（未）、涒滩（申）、作噩（酉）、阉茂（戌）、大渊献（亥）、困敦（字）和赤奋若（丑）。太岁年名，有的两个字，有的三个字，是比较难记的，因此在实际使用的时候，人们多说“太岁在某辰”，比如“太岁在寅”之类。在太岁纪年法中，我们的祖先已经使用了“岁阴”这一观念。我们的古人是善于采用对偶范畴来运思的，有了岁阴，便很自然地想到了“岁阳”来与之相配。岁阳一共有十个，与之相对应的是十干。它们的对应关系如下：阏逢（甲）、旃蒙（乙）、柔兆（丙）、强圉（丁）、著雍（戊）、屠维（己）、上章（庚）、重光（辛）、玄黓（壬）和昭阳（癸）。岁阳的名称很古老，人们在行文中使用它们会使得文章古色古香，富有中华文明那浓郁而芬芳的气息。但是，岁阳和岁阴（太岁）的名称毕竟不好记忆，人们在使用的时候，逐渐趋向于使用与它们相对应的天干和地支，这就过渡到干支纪年法了。我们在阅读古书的时候，遇到星次、岁阳和岁阴（太岁）的时候，就得将它们还原为干支，然后从干支纪年查找对应的公元年份。由此可知，“上章”为十天干中“庚”的别称。《尔雅·释天》：“（太岁）在庚曰上章。”“阉茂”为十二地支中“戌”的别称。《尔雅·释天》：“（太岁）在戌曰阉茂。”上章阉茂那一年的干支必为“庚戌”。一个人的寿命有跨越一轮甲子的，同一年份所用的干支可能出现两次。尽管如此，六十年的差距毕竟较大，我们可以根据其一生行事而排除其中的一年，从确定另一年。顾炎武享年七十岁。顾炎武的一生中，庚戌年只出现了一次，即公元1670年。由此可知，《日知录》初刻于清康熙九年（1670），这一年的干支恰为庚戌，其时顾炎武五十八岁。顾炎武《日知录》初刻《自序》：“历今六七年，老而益壮。”其实，他并不老，他这样说，颇有一些调侃的意味在话里头。

八卷。历今六七年，老而益壮，始悔向日学之不博，见之不卓，其中疏漏往往而有，而其书已行于世，不可掩。渐次增改，得二十余卷，欲更刻之，而犹未敢自以为定，故先以旧本质之同志。盖天下之理无穷，而君子之志于道也，不成章不达。故昔日之得，不足以为矜；后日之成，不容以自限。若其所以欲明学术，正人心，拨乱世，以兴太平之事，则有不尽于是刻者，须绝笔之后，藏之名山，以待抚世宰物之求。其无以是刻之陋而弃之，则幸甚！

附录三：《与人书》十①

尝谓今人纂辑之书，正如今人之铸钱：古人采铜于山，今人则买旧钱，名之曰废铜，以充铸而已。所铸之钱既已粗恶，而又将古人传世之宝舂剉碎散，不存于后，其不两失乎？承问《日知录》又成几卷，盖期之以废铜；而某自别来一载，早夜诵读，反复寻究，仅得十余条，然庶几采山之铜也。②

附录四：《与人书》二十五③

君子之为学，以明道也，以救世也。徒以诗文而已，所谓"雕虫篆刻"④，亦何益哉！某自五十以后，笃志经史。其于音学，深有所得，今为《五书》，以续三百篇以来久绝之传。而别著《日知录》，上篇经术，中篇治道，下篇博闻，共三十余卷。⑤ 有王者起，将以见诸行事，以跻斯世于治古之隆⑥，而未敢为今人道也。向时所刻传本，乃其绪余耳。

---

① 本文为《与人书二十五首》之十，载四部丛刊本《亭林诗文集·亭林文集》卷四。

② 由顾炎武提出的"采山之铜"与"废铜充铸"之说，其影响甚为深远。学者均以为顾炎武比喻绝妙，寓意深刻。顾炎武主张通过"采山之铜"而做真学问，这确实是极有见地的思想。顾炎武的本意在讽刺那些"废铜充铸"的人。与剽窃相比，废铜充铸，毕竟还有所铸造，还有一些劳作。今日学界亦生腐败。有人从网络上下载他人文章为文，有人通过下载加组装的方式为文，还有人径直剽窃他人学术成果以冒充自己的著作。顾炎武这篇文章具有很好的当前价值，因为它有益于纠正学术腐败，有益于建构社会主义核心价值体系。

③ 本文为《与人书二十五首》之二十五，载四部丛刊本《亭林诗文集·亭林文集》卷四。

④ 雕虫篆刻：比喻小技、小道。扬雄《法言·吾子》："或问：'吾子少而好赋？'曰：'然。童子雕虫篆刻。'俄而曰：'壮夫不为也。'"西汉时，学童必习秦书八体，虫书和刻符是其中的两体，而这两种字体纤巧难工。人们以雕虫篆刻比喻作赋绘景状物，与雕琢虫书、篆写刻符差不多，都是童子所习的小技。

⑤ 顾炎武本人将《日知录》分为上中下三篇，而这就是全书的结构。隐含在《日知录》中的科举文献包含在上篇经术部分之内。

⑥ 隆：隆兴、兴隆，指兴盛发达。韦昭《博弈论》："且以西伯之盛，姬公之才，犹有日昃待旦之劳。故能隆兴周道，垂名亿载。"

附录五：《与潘次耕书》①

著述之家，最不利乎以未定之书传之于人。昔伊川先生不出《易传》，谓是身后之书，即如近日力臣札来，《五书》改正约有一二百处：《诗·祈父》②“靡所底止”，《小旻》③“伊于胡底”误作底，注云：十一荠，而不知其为五旨也。五经无底字，皆是厎字，惟《左传》襄二十九年“处而不底”，昭元年“无使有所雍闭湫底以露其体”，乃音丁礼反耳。今《说文》本厎字有下一画，误也。字当从氏。《诗》“周道如砥”④，孟子引之作厎，以砥厎音同而古亦可通也。今本误为底字。童而习之，并《诗》之砥字亦读为邸矣。《商颂·烈祖》诗，上云“以假以享”，下云“来假来飨”，石经上作亨，下作飨。欧阳氏曰：“上云以享者，谓诸侯皆来助享于神也；下云来飨者，谓神来至而歆飨也。”享飨二义不同。享者，下享上也，《书》曰“享多仪”⑤是也。飨者，上飨下也。《传》曰

① 《与潘次耕书》，载四部丛刊本《亭林诗文集·亭林文集》卷四。潘次耕，潘耒的字。

潘耒（1646—1708），原名栋吴，字次耕，号稼堂，晚号止止居士，江苏吴江人。康熙十八年（1679）以布衣补博学鸿儒，授职检讨，参与修纂《明史》的工作。之后不久，充日讲起居注官，修《实录》和《圣训》。二十三年（1684），有人议论潘耒浮躁，于是他遭到降级调任他官的处分，遂归还家乡。四十二年（1703），潘耒被重新被起用。此后经过三年，有人推荐潘耒。本来，潘耒有可能担任较为重要的职务，但是被他谢绝了。从此之后，潘耒再也没有出来做官。潘耒有个哥哥叫潘柽章，不幸遭受了庄史之祸（清顺治、康熙时期发生的文字狱之一，史称“庄廷铣明史狱”）。他的家人也受到连累，他们不得不屯戍边疆。这一年，潘耒十七岁，他护送嫂子迁往北方。在崎岖的千里迁徙途中，潘耒备尝艰辛。后来，又护送其灵柩南归。为了生活下去，潘耒不得已将自己的姓名改为吴开崎，他在西山住了下来，与徐枋交游，共同研讨学问。潘耒又北上来到太原，受业于顾炎武至门下。据说，孩提时代的潘耒就特别聪明，有一次有人让他翻阅历书，他居然过目成诵。潘耒喜欢读书，亦善于读书，据说能十行并下。潘耒性好山水，历游宴诸多胜迹，后来又遍游罗浮山、天台山、雁荡山、武夷山、黄山、庐山以及中岳等地，每至一地，均作有诗文纪之。其登高之赋咏，诸名流皆折服。潘耒是个博学的人，他除了精通于经史词章之外，就连历算、音韵、梵志之书也多所通晓。潘耒笃于师生友谊。徐枋歿后，潘耒将他的文章搜集起来，刻为《居易堂集》，并周恤其余孤，使他们居有定所。顾炎武去世之后，潘耒为他刻印了《亭林遗书》和《日知录》。此外，潘耒还为他哥哥的著作刻印为《国史考异》和《松陵文集》。潘耒做诗不事雕饰，直抒所见，善于在诗篇中发表议论。潘耒的诗，硬语盘空，纵横曲折，舒卷自如，音调和谐，又有适当的藻饰，因而人们并不认为他属于以文为诗那一路。在中国诗歌史上，以文为诗是有些遭人诟病的。诗坛名家如曹溶、沈德潜、袁景辂、郑方坤、徐世昌等，都对潘耒的诗予以好评。潘耒著作宏富，主要有《类音》八卷、《遂初堂诗集》十六卷、《文集》二十卷、《别集》四卷等。《清史稿》卷四八四《文苑传》一有《潘耒传》。

② 《祈父》是《诗经·小雅》中的一篇。

③ 《小旻》是《诗经·小雅》中的一篇。

④ “周道如砥”，语出《小雅·大东》一章：“周道如砥，其直如矢。”

⑤ “享多仪”，语出《尚书·周书·洛诰第十五》：“公曰：已！汝惟冲子，惟终。汝其敬识百辟享，亦识其有不享。享多仪，仪不及物，惟曰不享。”《孔氏传》：“奉上谓之享。言汝为王，其当敬识百君诸侯之奉上者，亦识其有违上者。奉上之道，多威仪。威仪不及礼物，惟曰不奉上。”

"王飨礼"① 是也。故《周颂》"我将我享"作享，"既右飨之"作飨;②《鲁颂》"享以骍牺"作享，"是飨是宜"作飨。③ 今《诗经》本，周、商二颂，上下皆作享，非矣。举此二端，则此书虽刻成而未可刷印，恐有舛漏以贻后人之议。马文渊有言："良工不示人以璞。"今世之人速于成书，躁于求名，斯道也将亡矣。前介眉札来索此，原一亦索此书并欲钞《日知录》，我报以《诗》、《易》二书今夏可印，其全书再待一年，《日知录》再待十年，如不及年④，则以临终绝笔为定。彼时自有受之者，而非可预期也。《诗》云："如切如磋，如琢如磨。"⑤ 此之谓也。

附录六：《与杨雪臣书》⑥

想年来素履康豫，盛德日新，而愚所深服先生者，在不刻文字，不与时名。至于朋友之中，观其后嗣，象贤食旧，颇复难之。郎君博探文籍而不赴科场，此又今日教子者所当取法也。人苟遍读五经，略通史鉴，天下之事，自可洞然，患在为声利所迷而不悟耳。向者《日知录》之刻，缪承许可，比来学业稍进，亦多刊改。意在拨乱涤污，法古用夏，启多闻于来学，待一治于后王，自信其书之必传，而未敢以示人也。若《音学五书》，为一生之独得，亦足羽翼六经，非如近时拾沈之语，而亦不肯供他人捉刀之用，亦刻之淮上矣。平生志行，知己所详，惟念昔岁孤生，漂摇风雨，今兹亲串，崛起云霄，思归尼父之辕，恐近伯鸾之灶。且九州岛历其七，五岳登其四，未见君子，犹吾大夫，道之难行，已可知矣。而乃徘徊渭川，留连仙掌，将营一亩，以毕余年。然而雾市云岩，人烟断绝，春畦秋圃，虎迹纵横。又不能不依城堡而架椽，向临翁而乞火，视古人之栖山而饮谷者，何其不侔哉！世既滔滔，天人梦梦，未知此生尚得相见否？则因便羽，附布区区。

附录七：《与友人论门人书》⑦

伏承来教，勤勤恳恳，闵其年之衰暮，而悼其学之无传，其为意甚盛。然欲使之效囊者二三先生招门徒，立名誉，以光顾于世，则私心有所不愿也。若乃西汉之传经，弟子常千余人，而位高者至公卿，下者亦为博士，以名其学，可不谓荣欤?

---

① "王飨礼"，宴享时用甜酒醴招待，语出《左传·庄公十年》："十八年春，虢公、晋侯朝王。王飨礼，命之宥。"

② "我将我享"，"既右飨之"，二句皆语出《周颂·我将》："我享我将，维羊维牛，维天右之。一时行文王之典，日靖四方。伊嘏文王，既右飨之。我其庶夜，畏天之威，于时保之。"

③ "享以骍牺"，语出《鲁颂·閟宫》三章："皇皇后帝，皇祖后稷，享以骍牺，是飨是宜。"骍，《毛传》："骍，赤。牺。纯也。"《郑笺》："成王以周公功大，命鲁郊祭天，亦配之以君祖后稷，其牲用赤牛纯色，与天子同也。"飨，《郑笺》："天亦飨之宜之。"

④ 原注：此"年"字如"赵孟不复年"之"年"。

⑤ "如切如磋，如琢如磨"，语出《卫风·淇奥》一章。

⑥ 顾炎武《与杨雪臣书》，载四部丛刊本《亭林诗文集·亭林文集》卷六。

⑦ 顾炎武《与友人论门人书》，载四部丛刊本《亭林诗文集·亭林文集》卷三。

而班史乃断之曰："盖禄利之路然也。"故以夫子之门人且学干禄。子曰："三年学，不至于谷，不易得也。"① 而况于今日乎？今之为禄利者，其无籍于经术也审矣。穷年所习，不过应试之文，而问以本经，犹茫然不知为何语。盖举唐以来帖括之浅而又废之，其无意于学也，传之非一世矣。矧纳赀之例行，而目不识字者，可为郡邑博士，惟贫而不能徙业者，百人之中尚有一二读书，而又皆躁进之徒，欲速成以名于世，语之以五经则不愿学，语之以白沙、阳明之语录则欣然矣，以其袭而取之易也。其中小有才华者颇好为诗，而今日之诗，亦可以不学而作。吾行天下，见诗与语录之刻，堆几积案，殆于"瓦釜雷鸣"，而扣以二《南》、《雅》、《颂》之义，不能说也。于此时而将行吾之道，其谁从之！"大匠不为拙工改废绳墨，羿不为拙射变其彀率"，若徇众人之好，而自贬其学，以来天下之人，而广其名誉，则是枉道以从人，而我亦将有所不暇。惟是斯道之在天下，必有时而兴，而君子之教人，有私淑艾者，虽去之百世而犹若同堂也。所著《日知录》三十余卷，平生之志与业皆在其中。惟多写数本以贻之同好，庶不为恶其害己者之所去。而有王者起，得以酌取焉，其亦可以毕区区之愿矣。夫道之污隆，各以其时，若为己而不求名，则无不可以自勉。鄙哉，硁硁所以异于今之先生者如此，高明何以教之？

附录八：《日知录》自记

愚自少读书，有所得辄记之，其有不合，时复改定。或古人先我而有者，则遂削之，积三十余年，乃成一编，取子夏之言，名曰《日知录》，以正后之君子。东吴顾炎武。

附录九：《日知录》原序

有通儒之学，有俗儒之学。学者将以明体适用也，综贯百家，上下千载，详考其得失之故，而断之于心，笔之于书，朝章、国典、民风、土俗，元元本本，无不洞悉，其术足以匡时，其言足以救世，是谓通儒之学。若夫雕琢辞章，缀辑故实，或高谈而不根，或剿说而无当，浅深不同，同为俗学而已矣。自宋迄元，人尚实学，若郑渔仲、王伯厚、魏鹤山、马贵与之流，著述具在，皆博极古今，通达治体，曷尝有空疎无本之学哉。明代人才辈出，而学问远不如古，自其少时鼓箧读书，规模次第已大失古人之意。名成年长，虽欲学而无及。间有豪隽之士，不安于固陋，而思崭焉自见者，又或采其华而弃其实，识其小而遗其大。若唐荆川、杨用修、王弇州、郑端简，号称博通者，可屈指数。然其去古人有间矣。

昆山顾宁人先生，生长世族，少负绝异之资，潜心古学，九经诸史略能背诵，

---

①《论语·泰伯》："子曰：'三年学，不至于谷，不易得也。'"朱熹《四书章句集注·论语集注》卷四《泰伯》二十一章："为学之久，而不求禄，如此之人，不易得也。"又引杨氏曰："虽子张之贤，犹以干禄为问，况其下者乎？然则三年学而不至于谷，宜不易得也。"

尤留心当世之故，实录奏报，手自抄节；经世要务，一一讲求。当明末年，奋欲有所自树，而迄不得试，穷约以老。然忧天闵人之志，未尝少衰；事关民生国命者，必穷源溯本，讨论其所以然。足迹半天下，所至交其贤豪、长者，考其山川风俗，疾苦利病，如指诸掌。精力绝人，无他嗜好，自少至老，未尝一日废书，出必载书数簏自随。旅店少休，披寻搜讨，曾无倦色。有一疑义，反复参考，必归于至当。有一独见，援古证今，必畅其说而后止。当代文人才士甚多，然语学问，必敛衽推顾先生。凡制度典礼，有不能明者，必质诸先生。坠文轶事，有不知者，必征诸先生。先生手画口诵，探源竟委，人人各得其意去。天下无贤不肖，皆知先生为通儒也。

先生著书不一种，此《日知录》，则其稽古有得，随时札记，久而类次成书者。凡经义史学、官方吏治、财赋典礼、舆地艺文之属，一一疏通其源流，考正其谬误。至于叹礼教之衰迟，伤风俗之颓败，则古称先，规切时弊，尤为深切著明。学博而识精，理到而辞达。是书也，意惟宋元名儒能为之，明三百年来殆未有也。

耒少从先生游，尝手授是书。先生没，复从其家求得手稿，较勘再三，缮写成帙，与先生之甥刑部尚书徐公健庵、大学士徐公立斋，谋刻之而未果。二公继没，耒念是书不可以无传，携至闽中。年友汪悔斋赠以买山之资，举畀建阳丞葛受箕，鸠工刻之以行世。

呜呼，先生非一世之人，此书非一世之书也。魏司马朗复井田之议，至易代而后行。元虞集京东水利之策，至异世而见用。立言不为一时，录中固已言之矣。异日有整顿民物之责者，读是书而憬然觉悟，采用其说，见诸施行，于世道人心实非小补。如第以考据之精详，文辞之博辨，叹服而称述焉，则非先生所以著此书之意也。

康熙乙亥仲秋门人潘耒拜述。

附录十：《日知录集释》叙①

叙曰：自明体达用之学不修，俊生钜材日事纂述，而鸿通瑰异之资遂率隳败于词章训诂、襞绩破碎之中。汉时经术修明，贤哲著书，大都采择传记百家，论说时

① 在清朝道光初年，黄汝成博采众说，选择其精要，编纂为《日知录集释》。《日知录集释》包含丰富的史料以及各家对《日知录》的理解和认识，为后来学者阅读《日知录》提供了不少方便。黄汝成《日知录集释·叙》详述了他编纂《日知录集释》的宗旨，而《叙》末所附人名录乃是阅读该书所不可缺少的，故照录于此。

黄汝成（1799—1837），字庸玉，号潜夫，江苏嘉定（今属上海）人。黄汝成年少时为县学的一名廪膳生，后来以议叙的方式获得了通判这一官衔。他生活在富足的家境中，因而得以入赀而成为县学官，后来他又选调为安徽泗州直隶州的训导。不过，获得训导职务之后，他一直丁忧，而并未赴任，于道光十七年卒于家中。家故饶赀，黄汝成自幼便有一颗爱心，能够赒人之急。成年之后，他留心经济，于治乱得失之故，一一考证源流，务得真是。黄汝成尤其服膺清初学者顾炎武之学问，曾经搜集和编辑《日知录集释》三十二卷、《日知录刊误》二卷和《日知录续刊误》二卷。黄汝成善为文章，阳湖文章巨擘李兆洛（1769—1841）曾称赞他说："议论闳整，叙事繁简廉肉，率中体要，学不泥章句，而务合体要。"此外，黄汝成的著作还有《国语疏》、《袖海楼文录》六卷。关于他的生平事迹，可参看李桓的《国朝耆献类征初编》卷七七、李兆洛的《黄潜夫家传》和毛岳生的《黄潜夫墓志铭》。

政与己志而已。魏晋已降，著录始广。唐以后遂歧分为数家，其善者自典章经制文物度数以及佛老之书，徵裔之迹，莫不明其因革损益、巨细本末，号称繁博。然求其坐而言，可起而行，修诸身心，达于政事者，不数觏焉。

昆山顾亭林先生，质敏而学勤，谊醇而节峻，出处贞亮，固已合于大贤。虽遭明末丧乱，迁徙流离，而撰述不废，先后成书二百余卷。闳廓奥赜，咸职体要，而智力尤瘁者此也。其言经史之微文大义、良法善政，务推礼乐德刑之本，以达质文否泰之迁嬗，错综其理，会通其旨。至于赋税、田亩、职官、选举、钱币、权量、水利、河渠、漕运、盐铁、人才、军旅，凡关家国之制，皆洞悉其所由盛衰利弊，而慨然著其化裁通变之道，词尤切至明白。其余考辨亦极赅洽。《易》曰："言天下之至赜，而不可恶也；言天下之至动，而不可恶也；言天下之至动，而不可乱也。"又曰："困者，德之辨也。"传曰："仁人之言，其利溥哉。"岂非善成其鸿通瑰异之资，而毕出于体用焉哉。元明诸儒，其流失喜空言心性，凡讲说经世之事者，则又迂执寡要。先生因时立言，颇综核名实，意虽救偏，而议极峻正，直俟诸百世不惑，而使天下晓然于儒术之果可尊信者也。

汝成钻研是书，屡易寒暑。又得潘检讨删饰元本，阎征君、沈鸿博、钱官詹、杨大令四家校本。先生讨论既夥，不能无少少渗漏，四家引申辩证，亦得失互见，然实为是书羽翼也，用博采诸家疏说传注名物古制时务者条比其下。伏处海滨，见闻孤陋，又耆硕著书富邃，而义无可附，则亦阙诸。窃虑踳驳，有逾简略。呜呼，学识远不逮先生毛发，而欲以微埃涓流，上益海岱之崇深，抑愚且妄矣。然先生之体用具在，学者循其唐涂，以窥贤圣制作之精，则区区私淑之心，识小之指，或不重为世所诟病者矣。书凡三十二卷，篇帙次第略不改易。集释条目、诸贤名氏里爵，具列于后，而辄著其大指于篇。

先生著述闳通，是书理道尤博，学术政治皆综隆替，视彼窾言，奚啻瓶智。自康熙三十四年，吴江潘检讨刻于闽中，流行既久，刊劂多讹，潜邱诸君皆有校正。今兹《集释》即缘为权舆，复广加钩析，脱字既增，误文亦削。诸君别著，论纂虽殊，指意可并，则亦附诸。至先生所纂《金石文字记》、《山东考古录》、《石经考》、《五经同异》、《音学五书》、《郡国利病书》、《亭林诗文集》、《菰中随笔》等书，凡藉参稽，亟为决择；若异径庭，不引诠训。至汉唐及明经史传纪诸子杂家，皆先生博综穿穴，兹更无事骈枝。凡所称引，率断自先生同时及后贤所述。

先生问学浩博，论说深远，专综大纲，或忘识小。诸家辨驳，其无关闳旨者勿论；间有异同，转滋歧舛。用援郑诂《礼经》、颜注《汉史》之例，拾遗元文，参以私测，更列众言，加之融释。

诸经训纂，众史传志，其文可互通者，悉随先生所录疏明。至义类所触，或摭实略虚，或舍新征旧。又逸书别史、诸子百家，分见少殊，援引斯异，亦随所列之文、所据之本，略事钩甄，以祛抵滞。

先生负经世之志，著资治之书，举措更张，言尤慨切。第世异盛衰，则论贵参伍，求栋买毂，何殊区霿。爰竭颛愚，略疏偏激，不为掉罄，间陈一孔，虽会几深，终惭和缪。又先生留心时务，奏议文书事关利害，皆入简编。今有发明，广为采厕。著书诚尚雅驯，立说亦争要领。或节录其篇，或咸登其论，理势恐失其真，辞气多仍其笔，亦准全书，惟求实事。至于词原曲喻，隐多未正，既辄舛驰，阙疑云尔。

世嬗岁迁，学者辈出，参考古今，蔚成宏杰。其论治体要道、经术文章，器识虽殊，穿并则一。间著名理，有出先生论述外者，既综疏列；至于考证诸家，意主搜罗，凡所引称，时至缴绕，今入注文，但取证明，奚事炫博，辄加删节，归诸简核。若语有繁略，理无醇疵，既列其凡，不广附丽。

疏说既繁，主名难一；氏族不署，淆舛易滋。然或同籍系，罔辨纂言，既异存亡，须分著录。始辑注文，但称某氏，惟氏同则殊以官，谥同则加以地。其它区异，旨亦准斯。至同时材哲，则概著其名，事取标题，义无轩轾。第上相位崇，守土分别，兼获师承，宜谨书策。少变其文，复同前例。叔重解字，引贾逵之说，书官以尊；康成治诗，重毛公之贤，称笺自下。爰式先儒，用慎操翰。

潘氏耒，字次耕。吴江人。康熙间举博学鸿词，官检讨。元删录本，通行刊本。

阎氏若璩，字百诗，太原人。康熙间举学鸿词。元校本。

杨氏名宁，字简在。江阴人。拔贡生，官知县。元校本。

沈氏彤，字冠云。吴江人。乾隆初举博学鸿词。元校本。

钱氏大昕，字晓征。嘉定人。官少詹事。元校本。

谈氏允厚，字厚臣。嘉定人。

胡氏承诺，字君信，一字石庄。石门人。举人。

王处士锡阐，字寅旭。吴江人。

张氏尔岐，字稷若。济阳人。

陆氏世仪，字道威。太仓人。

唐氏甄，字铸万。夔州人。举人，官知县。

陆清献陇其，字稼书。平湖人。进士，官御史，从祀庙庭。

魏鸿博禧，字冰叔。宁都人。康熙间举博学鸿词。

李文贞光地，字晋卿。安溪人，官大学士。

徐司寇乾学，字原一。昆山人。进士。

朱检讨彝尊，字锡鬯。秀水人。康熙间举博学鸿词。

慕氏天颜，字鹤鸣。静宁人。进士，官漕运总督。

储大令方庆，字广期。宜兴人，进士。

严太仆虞惇，字宝成。常熟人。进士。

姜氏宸英，字西溟。慈溪人。官编修。

方侍郎苞，字灵皋。桐城人。进士。

惠侍读士奇，字天牧。吴县人。进士。
任氏源祥，字王谷。宜兴人。
王给事命岳，字伯咨。晋江人。
陈氏启源，字长发。吴江人。
梅氏文鼎，字定九。宣城人。
臧氏琳，字玉林。武进人。
邱氏嘉穗，字秀瑞。浙江人。举人。
陈庶子迁鹤，字介石，安溪人。
杨编修绳武，字文叔。吴县人。
顾司业栋高，字复初。无锡人。
陈文恭宏谋，字汝咨。临桂人。官大学士。
陈总兵伦炯，字资斋。同安人。
曹给事一士，字谔庭。上海人。进士。
汪氏师韩，字抒怀。钱塘人。官编修。
柴氏绍炳，字虎巨。仁和人。
谢中丞敏，字肃斋。武进人。
陈通政兆仑，字句山。钱塘人。乾隆初举博学鸿词，庶吉士。
全氏祖望，字绍衣。鄞县人。乾隆初举博学鸿词。
陈鸿博文靖，字位山。当涂人。乾隆初举。
乔氏光烈，字敬亭。上海人。进士，官巡抚。
裘文达曰修，字叔度。新建人。进士，官尚书。
官氏献瑶，字瑜卿。安溪人。官洗马。
王方伯太岳，字芥子。定兴人。进士。
姚氏范，字南青。桐城人。官编修。
江氏永，字慎修。婺源人。
卢氏文弨，字绍弓。余姚人。侍讲学士。
陆中丞耀，字青来。吴江人。举人。
庄侍郎存与，字方耕。武进人。进士及第。
王氏鸣盛，字凤喈。嘉定人。光禄寺卿，进士及第。
黄氏中坚，字震生。吴县人。
戴氏震，字东原。休宁人。庶吉士。
赵氏翼，字云崧。阳湖人，贵西兵备道，进士及第。
姚刑部鼐，字姬传。桐城人。进士。
柴御史潮生。
胡御史蛟龄。
杨侍郎永斌。

王上舍应奎，字柳南。常熟人。
孙氏志祖，字颐谷。仁和人。进士，官御史。
惠氏栋，字定宇。侍读子。
凤氏韶，字德隆。江阴人。岁贡生。
朱氏泽沄，字止泉。宝应人。
钱征士大昭，字晦之。嘉定人。嘉庆初举孝廉方正。
梁氏玉绳，字曜北。钱塘人。
汪明经中，字容甫。江都人。
刘学博台拱，字端临。宝应人。
庄大令述祖，字葆琛。阳湖人。进士。
庄氏绶甲，字卿珊。大令子。
钱学博塘，字岳源。嘉定人。进士。
洪氏亮吉，字稚存。阳湖人。官编修。
桂氏馥，字未谷。曲阜人。进士，官知县。
孙兵备星衍，字渊如。阳湖人。进士及第。
凌氏廷堪，字次仲。歙人。进士，官教授。
雷氏学淇，字介庵。直隶通州人。进士。
张大令云璈，字仲雅。钱塘人。举人。
陈同知斌，字白云。德清人。进士。
程方伯含章，字月川。景南人。举人，巡抚，左迁布政使。
刘氏逢禄，字申受。武进人。进士，官礼部主事。
陆学博珣，字子砀。嘉定人。
管氏同，字异之。上元人。举人。
沈明经宇，字启大。嘉定人。
刘明经开，字孟涂。桐城人。
严氏如煜，字乐园。溆浦人。孝廉方正，官按察使。
沈学博钦韩，字文起。举人。吴县人。
阮阁部元，字伯元。仪征人。今官协办大学士，云贵总督。
陶宫保澍，字云汀。安化人。进士，今官兵部尚书，两江总督。
方东树，字植之。桐城人。
姚大令莹，字石甫。桐城人。进士，今官江苏知县。
周济，字保绪。荆溪人。进士，今官教授。
魏源，字默深。邵阳人。举人，今官内阁中书。
张生洲，字渊甫。吴江人。举人，今官教谕。
谢占壬，字□□。宁波人。
施彦士，字朴斋。崇明人。举人，今官知县。

徐璈，字六襄。桐城人。进士，今官知县。

左暄，字春谷。经县人。

道光十四年五月嘉定后学黄汝城叙录

二、顾炎武小传

顾炎武（1613—1682），本名继坤，更名绛，字忠清，昆山（今属江苏）人。清兵南下而南明弘光建元之后，他改名炎武，以示抗金之志，字宁人，号亭林。顾炎武有随事署名的习惯。居住在神烈山下的时候，他署名蒋山佣，或曰佣，或曰鹰扬弟子。变姓名渡江至淮阴之后，他署名曰圭年，此谓“顾宁人”三个字之音转，亦即快读时之拼合。学者服膺其学问，称他为亭林先生。后来，顾炎武回忆自己生平的时候，曾做诗一首，诗曰：

愁听塞关遍吹笳，不见中原有战车。
三户已亡熊绎国，一成犹启少康家。
苍龙日暮还行雨，老树春深更著花。
待得汉庭明诏近，五湖同觅钓鱼槎。①

这首诗即《又酬傅处士次韵》之二，为顾炎武诗作名篇之一。傅处士，指傅山（1607—1684）。傅山也是明清之际一位富于民族气节的大学者。该诗第二句末尾的“车”字，在现代汉语中读为che，然而在中古汉语中其读音为：吃遮切，平声，麻韵，穿纽。按照瑞典汉学家高本汉（Klas Bernhard Johannes Karlgren，1889—1978）所推定的中古音，“车”当读为ts‘a。于是，我们看到该诗押韵非常好，而且首句入韵。顾炎武是精通古代音韵学的大家，这首诗不仅音韵和谐，而且诗意盎然，寓意深刻，基本上概括了顾炎武那不同凡响的一生以及他那博大精深的学问。

（一）心系天下的爱国者

顾炎武是一位以天下为己任的真正的爱国者。青年时期，顾炎武曾经参加复社。复社是由一批江南文士组成的进步组织，其宗旨是反对明末宦官擅权，思欲改革政治，改善民生。在复社中有他的同里好友归庄（1613—1673，字玄恭，号恒轩），他们时常相聚，共同砥砺行节，而不愿随世沉浮。由于一般人不理解他们，因而当时有“归奇顾怪”的说法。当清兵攻破昆山城的时候，死者枕籍，一片惨象。顾炎武的继母不愿在异族统治下苟且偷生，于是绝食而死。临终时，继母告诫顾炎武说：儿啊，切毋事二姓！继母临终时的训诫，成为顾炎武终身的信条。

---

① 四部丛刊本《亭林诗文集·亭林诗集》卷四。

崇祯十七年（1644），明朝灭亡。之后，朱由崧（1607—1646）被拥立为南明皇帝，在南京即位，是为弘光朝（1644—1645）。顾炎武经地方当局推荐，获得兵部司务①这一职务。于是他更加积极地参加抗清活动。五月，顾炎武取道镇江赴任。可是，未及到任，南京城就被清兵攻破了。目睹清兵的野蛮屠杀，顾炎武决意奔赴抗清前线。他来到苏州，参加了当地的抗清斗争。六月，清朝廷再度颁布剃发令②，欲从民族风俗入手，让占人口多数的汉族放弃自己的历史文化，弃绝自己的种族意识，改易自己的风俗习惯，以便他们能够彻底地与新的统治政权合流。明朝的臣民自然不从，于是清廷强制推行剃发令。清人刀兵所至，汉人义旗四举，抗清的烽火遍及江南各地。顾炎武为民众的抗战热情地深深感动，他写下了不少充满爱国热情的诗篇。比如，《亭林诗集》卷一《精卫》一诗就是顾炎武回忆当年抗清斗争一首杰作，诗中写道：

万事有不平，尔何空自苦？
长将一寸身，衔木到终古。
我愿平东海，身沉心不改。
大海无平期，我心无绝时。
呜呼！
君不见西山衔木众鸟多，雀来燕去自成窠。③

顾炎武在这首诗中以精卫自喻，表达了自己坚定不移、顽强抗清、力图复明的决心。

是年闰六月，南明皇帝朱聿键在福州即位，是为隆武朝（1645），顾炎武曾被荐为兵部职方司主事④。此后的四五年间，顾炎武蓄发明志⑤，潜踪息影，秘密从事反清活

---

① 司务：官名。明朝六部、都察院、大理寺等中央各部院寺衙门所属事务厅之职官。为首领官。皆分设若干人不等。掌理省署抄目、出纳文书之事。明制为从九品。虽然司务的官阶不高，但属于中央机关具体管事的官员，职务很重要。

② 剃发：本作薙发。《清鉴纲目》卷二顺治二年（1645）六月："下剃发令。始定剃发之制。诏曰：'向来剃发之制，不即令画一，姑听自便者，欲俟天下大定，始行此制耳。今中外一家，君犹父也，民犹子也，父子一体，岂可违乎？若不统一，终属贰心。自发布告之后，京城内外限旬日，直隶各省地方，自部文到日亦限旬日，为惜发争留，决不轻贷。'限旬日以内尽行剃发。其有仍存明制，不随本朝制度者，杀无赦！时陕西巡抚孔文谭奏：'臣家中衍圣公已遵令剃发。第念先圣为礼乐之宗，章甫缝掖，自汉及明三千年之久，未之有改。一旦变更，恐非崇儒重道之典，请蓄发以反衣冠。'朝廷以'剃发严旨，违者无赦。姑念圣裔，免死革职。'"

③ 清·顾炎武著，华振之点校《顾亭林诗文集》，北京：中华书局，1983，第278页。

④ 职方司为兵部官署。主事为官名。主事在明代初期为首领官，洪武二十九年（1396）始改为司官，为正六品。首领官，金元之后对中央及地方各官署中掌管案牍、管辖吏员，并协助长官处理政务的官员之统称。司官为中央各部院等衙门的属官，主要指各部院诸司的郎中、员外郎、主事等。

⑤《清鉴纲目》卷二顺治二年（1645）六月《附记》："至满清入关，乃以剃发编辫为征服汉人之条件。故顺治二年江南略定后，即厉行剃发令，凡不剃发者，杀毋赦。对于南方尤绝对强行。其揭示江南者，竟有'留头不留发，留发不留头'之制札，因是而演江阴虐杀、嘉定屠城诸惨剧。"

动。他受命至海上，又至徐淮一带，纠结豪杰，团练乡兵，很快便招得劲卒数万人。抗清的形势，一度发展得很快很好，然而到了顺治十二年（1655），出现了一件意想不到的事情。顾氏的一名家仆暗中与豪绅相勾结，并扬言要去向当局举报。在这种情况下，顾炎武只好潜回家乡，杀死了那个家仆。顾炎武因此而被捕入狱。此事之后，由顾炎武亲手组织起来的那一支抗清队伍就失去了领导核心，抗清的起义失败了。事败之后，顾炎武又北上鲁、冀、晋、秦，接纳志士，观察形势，以图恢复。不过，随着清朝的政权一天天巩固，抗清的势力也一天天衰微。顾炎武在北方的活动，也只好逐渐转变重心，最终集中在著述活动及其相关的实地考察之上了。这样一来，顾炎武又回到少年时代的初衷，真正成为一位读万卷书、行万里路的学者了。康熙十七年（1678），清廷在平定三藩之乱取得重大成功之后，决定纂修《明史》。为了求得更多的专门人才，清廷特开博学鸿儒科，以征召海内名儒。这时，顾炎武已经成为一位学术湛深、名动朝野的大学者了。为了借助顾炎武的社会影响，清廷曾屡次征召他参与修纂《明史》，但是均遭到他的严词拒绝。对于唾手可得的名誉、地位和官位，顾炎武嗤之以鼻，并誓死不从。从此以后，他在陕西华阴定居下来，再也没有去过京城，再也没有返回故乡。这一年，顾炎武已经六十六岁了。顾炎武年老而无子嗣，只有养子顾衍相随左右，直到他去世。

虽然，在那个时期，明朝已经腐败，丧失了代表广大民众的资格；南明小朝廷，虽然垂死挣扎，终究难成气候。明朝灭亡已成事实，清朝入主中原已是大势所趋。尽管如此，顾炎武在北方的抗清活动还是表明了他对故国的忠诚。在他看来，国与君毕竟是两回事，顾炎武爱的是自己的国家，恨的是腐败的皇帝。顾炎武将亡国与亡天下这两件事情区分得很清楚，他指出："有亡国，有亡天下。亡国与亡天下奚辨？曰：易姓改号谓之亡国，仁义充塞而至于率兽食人，人将相食，谓之亡天下。"① 朝代兴亡，首承其责者，应该是那些食君之禄的肉食者。然而，礼制文化乃是人民创造的精神财富。礼制文化是民族精神的载体。当礼制文化面临危机的时候，一个有良心的知识分子就到了非起而抗争不可的时候了，正所谓"保天下者，匹夫之贱与有责焉耳矣！"② 这句话，影响深远。20世纪初，梁启超将之归纳为"天下兴亡匹夫有责。"（《近代学风之地理分布》）这就是顾炎武终生秉持的爱国主义。

顾炎武《又酬傅处士次韵》诗之二，其首联写道："愁听塞关遍吹笳，不见中原有战车。"中国诗人写诗，多言述自己的愁。词人作词更是喜欢言愁。固然苏轼、辛弃疾和顾炎武都是心忧天下、关爱人民的大诗人。然而，他们的愁，却有着程度的区别。《苏轼全集·诗集》卷十七《九日次韵王巩》诗："我欲醉眠君罢休，已教从事到青州。鬓霜绕我三千丈，诗律输君一百筹。闻道郎君闭东阁，且容老子上南楼。相逢不用忙归

① 清·顾炎武《日知录》卷十三"正始"条。
② 清·顾炎武《日知录》卷十三"正始"条。

去，明日黄花蝶也愁。”① 苏东坡乐观旷达，有时也愁。但是，苏东坡在这里所写的愁，倒不如说是日常生活中的一种情趣。辛弃疾《丑奴儿·书博山道中壁》：“少年不识愁滋味，爱上层楼。爱上层楼，为赋新词强说愁。 而今识尽愁滋味，欲说还休。欲说还休，却道天凉好个秋。”② 辛弃疾在这里所写的愁，则深刻得多。辛弃疾在带湖赋闲期间作了这首词③，抒发他壮志未酬的忧愤和对统治集团的不满。他思欲报国，但是得不到机会。顾炎武在《又酬傅处士次韵》之二中写的愁，较之辛弃疾，更进了一层。辛弃疾有官位，但他长期赋闲而没有权力。他要权力，以便施展自己的抱负。顾炎武拒绝做官，但是他根本就不想掌什么权，他要做反对民族压迫的斗士，他要为天下苍生谋幸福。顾炎武之所以愁，乃是因为他怀着一颗忧天下爱人民的心。

（二）见诸行事的文学家

顾炎武是一位将博大的民族胸怀见诸行事的文学家。顾炎武与黄宗羲（1610—1695）、王夫之（1619—1692）和傅山并列，是明清之际最为杰出的思想家、学者和文学家之一。他提倡以实学来救治空疏之弊。顾炎武一生力主经世致用，并开启了清代朴学之风。或许，就顾炎武本人来说，他并没有把文学创作和文学理论看得有多么重要，但是他的文学成就却是巨大的。顾炎武的诗歌创作以真情和厚重感见长，他的文学理论强调文学的社会功能。

顾炎武重视民族气节，强调孔子所首倡的“行己有耻”④。他认为，既然士大夫以社会的精英自居，那么士大夫的无耻，就与一般的无耻不同了。士大夫的无耻乃是国耻。士大夫必须肩负时代的使命，那就是躬行实践，行己有耻，博学于文，以天下为己任。时代剧变所造成的家国之痛是顾炎武文学创作的主题。以经史子集、文字音韵的深厚底蕴，将这一主题准确地表现出来，则是顾炎武文学创作的基本风格。这样的风格在其诗作中表现得尤其充分。顾炎武的大部分诗篇，都写得古朴、苍劲而有力，其中的每一个字都值得反复咀嚼。理解顾炎武的诗篇是不容易的。当然，顾炎武也有一部分诗篇，写得比较秾丽，口吻率真，直抒胸臆，犹如情爱场中少年之所作一般。欧阳修的诗学主张，在宋诗中贯彻了一些，但是并未全部实现。欧阳修诗学主张的真正继承人，可以说就是顾炎武。将欧阳修评价梅尧臣诗歌特征的话夺两字，即可用来概括顾炎武诗歌创作的总体特征：欧阳修《六一诗话》：“顾翁事亲切，石齿漱寒濑。作诗四十年，视我犹后辈。文词愈精新，心意虽老大。有如妖韶女，老自有余态。近侍尤古硬，咀嚼苦

---

① 宋·苏轼著，傅成、穆俦标点《苏轼全集》（全三册），上海：上海古籍出版社，2000，第203页。

② 宋·辛弃疾著，邓广铭笺注《稼轩词编年笺注》，上海：中华书局上海编辑所，1962，第137页。

③ 带湖，地名，在今江西省上饶市市区内。湖早已不存，带湖仅为一街区之名称。辛弃疾（1140—1207）南归时，正值年富力强，本可以大展宏图，但他却有二十年左右在赋闲中度过。

④ 《论语·子路》二十章。

难嘬。又如食橄榄，真味久愈在。”① 在这里，请允许我夺首字“梅”为“顾”，因所论主体为顾炎武也。又夺第三句的“三”为“四”，以与其创作活动的年份相符也。原因如下。各种刻本的《亭林诗集》大体编年，卷一第一首《大行哀诗》题下注曰：“已下阏逢涒滩”。阏逢涒滩，甲申的别称，即顺治元年（1644）。这一年顾炎武三十二岁。卷六亦即最后一卷倒数第二首《酬李子德二十四韵》题下注曰：“重光作噩。”重光作噩，辛酉的别称，即康熙二十年（1681）。这一年顾炎武六十九岁。从顾炎武现存诗作看，他做诗的历程大约为四十年，即从而立之年起，至生命的最后时光。由此可知，诗歌的确是顾炎武存在的一种方式。顾炎武如此郑重地对待诗歌创作，其原因在于，顾炎武认为，做诗不是余事，而是正事。换句话说，顾炎武做诗不是为了消遣怡情，而是以之服务天下苍生。

顾炎武在《日知录》中，从经世致用的观点出发，提出了他的文学主张。他说：“文之不可以绝于天地间者，曰明道也，纪政事也，察民隐也，乐道人之善也。若此者，有益于天下，有益于将来，多一篇多一篇之益矣。若夫怪力乱神之事，无稽之言，剿袭之说，谀佞之文，若此者，有损于己，无益于人，多一篇多一篇之损矣。”② 值得注意的是，顾炎武的文学观是大文学观，泛指一切成文的文学作品和非文学作品。顾炎武在其他场合也一再强调，面临国破家亡，政治黑暗，道术不彰，民生凋敝的围困时局，一切儒士都应该肩负起拯世救民的责任。儒士的职业是著述活动。既然如此，那么他们就必须服务于这一崇高目的。顾炎武的运思路径，显然具有某些艺术生产力论的色彩。由于顾炎武把一切著作的用事功能放在首位，因而他认为，文人以文章有益于世用，这与战士以冲锋见诸行事是一样的。他在《与人书二十五首》之三中宣示自己的著述态度说：“孔子之删六经，即伊尹、太公救民于水火之心，而今之注虫鱼、命草木者，皆不足以语此也。故曰：‘载之空言，不如见诸行事。’夫《春秋》之作，言焉而已，而谓之行事者，天下后世用以治人之书，将欲谓之空言而不可也。愚不揣，有见于次，故凡文字不关于六经之指、当时之务者，一切不为。而既以明道救人，则于当今之所通患，而未尝专指其人者，亦遂不敢以辟也。”③ 由此可知，在顾炎武看来，述经、用世和撰文，这三者应该是完全一致的。他自己的一生，也证明了这三者之间能够达成和谐一致。因此，我们看到，顾炎武的文章体现了他的远大器识。顾炎武以真情为文，故其文为至文，特别厚重。顾炎武所持文学上的真情观，超越了表现个人哀乐的局限，而上升到了爱祖国、爱民族、忧民生、忧天下的高度。这就是顾炎武终生秉持的民族观。如此博大的民族观是顾炎武文学理论的基石。

顾炎武《又酬傅处士次韵》诗之二，其颈联写道：“三户已亡熊绎国，一成犹启少康家。”诗中两个典故讲的都是奋发图强的故事。周文王时有鬻熊，其后以熊为氏，至

---

① 清·何文焕辑《历代诗话》，北京：中华书局，1981，第268页。

② 清·顾炎武《日知录》卷十九“文须有益于天下”条。

③ 清·顾炎武著，华振之点校《顾亭林诗文集》，北京：中华书局，1983，第90页。

成王时封熊绎于楚，姓芈氏，居丹阳，此为春秋楚国之始。《史记》卷七《项羽本纪》："楚南公曰：'楚虽三户，亡秦必楚也。'"《集解》："瓒曰：楚人怨秦，虽三户犹足以亡秦也。"又，《索隐》引韦昭说，三户是楚国的贵族昭、屈、景三大姓，后人常用这句话来作比喻：虽然地小人寡，犹可以发奋图强。少康是相的儿子，禹的七世孙。相为寒浞的儿子浇所杀，此时相妻后缗，正怀有身孕。她逃到有仍，生下少康。少康长大，和旧臣靡合力灭浞，恢复了夏朝。这两句诗，暗指当时明代诸王虽然相继败亡，但是尚有遗民坚持抗清，不忘旧朝，因而恢复的希望，并未断绝。发展程度较低的少数民族的入主中原，占人口绝大多数的民族，竟然沦落为奴役的对象，而主子却是靠武力征伐而获胜的少数民族中的贵族集团。这是中国历史上所发生的一种独特的文化现象。顾炎武能够从不同文明的消长中，认识政权的更迭。这说明顾炎武具有博大的民族胸怀。

（三）传统学术的弘扬者

顾炎武是弘扬中华传统学术的典范。顾炎武年少时便继承祖上教诲，注重实学，对天文、地理、兵、农、水土、典章故实，无不究悉。顾炎武十四岁为诸生，从此他一生力学不辍，为我们留下了近五十种著作。顾炎武的主要著作有《日知录》三十二卷、《音学五书》三十八卷、《天下郡国利病书》一百二十卷、《肇域志》一百卷、《左传杜解补正》三卷、《历代帝王宅京记》二十卷、《金石文字记》六卷、《菰中随笔》三卷、《亭林文集》六卷和《亭林诗集》五卷等。在《亭林文集》中，有一些文章具有通论性质，尤其值得我们注意。其中，《军制论》、《形势论》、《田功论》和《钱法论》作于1645年，该年的干支为乙酉，因而统称为"乙酉四论"。《郡县论》、《生员论》和《钱粮论》等也是具有历史价值的专论。顾炎武的学术成就集中在以下三个方面。

第一，经学的研究。在经学方面顾炎武提出了一个著名的命题："经学即理学。"《亭林文集》卷三《与施愚山书》："理学之传，自是君家弓冶。然愚独以为理学之名，自宋人始有之。古之所为理学，经学也，非数十年不能通也。故曰：君子之于《春秋》，没身而已矣。今之所谓理学，禅学也。不取之《五经》，而但资之语录，较诸帖括之文而尤易也。又曰：《论语》，圣人之语录也，舍圣人之语录，而从事于后儒，此之谓不知本矣。"① 顾炎武考察了理学的发展脉络，揭示了理学的实质。理学不是别的，就是经学。经学是朴实无华的，理学起初也是朴实的，只是到了后来受到禅学的影响才偏离了正道，才越说越玄乎，越说越空洞了。顾炎武从学术史的角度，正本清源，还理学以本来之面目。这与他的经世致用观有关。这是因为，在明清之际，理学衰微了，重整经学并进而谋求儒学的发展，已经成了当务之急。顾炎武有感于此，他顺乎时代潮流，为经学的复苏而开辟了道路。经学自汉代以来就是中国学术的正宗。它直接承接《春秋》、《五经》和《论语》所开创的传统而代代滋生广大。经学研究的对象，主要是轴心时期华夏民族的元典（primary canons)。这些元典是关系中华民族是否具有生命力的根本典籍，也是中华民族对世界文明的贡献。此后中华民族的每一次飞跃，都需要

① 清·顾炎武著，华振之点校《顾亭林诗文集》，北京：中华书局，1983，第58页。

回忆这一时期，都需要重温这些元典，从中汲取希望并获得精神动力。从这种意义上说，在21世纪，正迈步走向全面现代化的中国，依然是需要经学的。而且，为了建构我们和谐的家园，也同样是离不开经学的。我们有理由认为，顾炎武的经学思想代表了当时中国传统学术前进的方向。

第二，音韵学的研究。在音韵学方面，顾炎武提出了一个著名的命题："读九经自考文始，考文自知音始。"本来，考订文字是一切文史研究的基础性工作。我国古人，从小就学习这一套功夫，因而称之为小学。然而，这一套功夫，须十数年，乃至数十年，才能练就。小学的程度代表一个人在国学上的功底，因而它又实在是高深得很。西方自中世纪以来便有经院哲学的传统，而经院哲学也并非只讲求理论发挥一类的"吹功"，僧侣们所孜孜以求的，实际上主要还是考证各种文本。他们的工作细致得欲将毫毛分解（hair-splitting）而后快之，真乃辨析毫芒也。在近代西方各国中，以德国的考据学为最发达。我们熟知的格林兄弟（Jacob Ludwig Carl Grimm，1785—1863；Wilhelm Carl Grimm，1786—1895），其最大功绩是编纂多卷本《德语大辞典》。至于《格林童话》，并非他们用力最多之处。在德国，欲研究人文科学，首先就得接受长期的词源学训练。历史语言学告诉我们，借助约柯伯·格林所发现的"格里姆定律"，人们可以把日耳曼诸语言和印欧语区分开来，也可以把高地德语和低地德语区分开来。也就是说，通一国欧洲语言者，能够较容易地转换出其他欧洲语言的单词来。这与我们阅读中国古书的时候，讲究所谓通假通转，其原理是颇为类似的。文本考据之难，竟然使得当今西方学者称之为"高级批评"（higher criticism），大概以有感其难为也。在《亭林文集》卷四《答李子德书》中，在分析了经典中大量的字音变化和字形变化的实例之后，顾炎武说："故愚以为读九经自考文始，考文自知音始。以至诸子百家之书，亦莫不然。"① 通过这一主张，顾炎武演示了一种笃实的考据训诂方法，从而将儒家经典的注疏和诠释建立在可靠可信的文本基础之上。顾炎武的这一主张，后来由惠栋（1697—1758）加以阐发，戴震（1724—1777）发扬光大，钱大昕（1728—1804）唱为同调，成为乾嘉学派的学理基础。我们有理由认为，顾炎武的音韵学研究代表了当时中国传统学术的高度成就。

第三，历史地理学和社会经济史方面。在这两个领域，顾炎武的成就是《天下郡国利病书》和《肇域志》两部专著。除了《日知录》之外，《天下郡国利病书》是顾炎武最重要的著作。在《亭林文集》卷六《天下郡国利病书序》中，顾炎武叙述了他撰写此书的缘起，他说："崇祯己卯，秋闱被摈，退而读书。感四国之多虞，耻经生之寡术，于是历览二十一史以及天下郡县志书，一代名公文集及章奏文册之类，有得即录，共成四十余帙。一为舆地之记，一为利病之书。乱后多有散佚，亦或增补，而其书本不曾先定义例，又多往代之言，地势民风与今不尽合，年老善忘，不能一一刊正，姑

① 清·顾炎武著，华振之点校《顾亭林诗文集》，北京：中华书局，1983，第73页。

以初稿存之箧中，以待后之君子斟酌去取云尔。"① 原来，崇祯十二年（1639），顾炎武乡试被黜。此事反而使他从科场角逐中惊醒，摆脱了科举制度的桎梏。从此，顾炎武走上了不求功名，独辟蹊径，脚踏实地的治学道路。他倾注全力撰写《天下郡国利病书》。为了致力于经邦济世之学，顾炎武在广泛读书的过程中详细辑录了疆域、形势、户口、田赋、徭役、河槽、盐法、水利、交通、物产、风俗、军制、兵防、边政等方面的资料。他立下宏愿，一定要完成《肇域志》。明朝灭亡后，顾炎武投身于抗清复明的斗争，因而著述时有中辍。顺治十四年（1657）以后，顾炎武在北方生活，还时常根据见闻对此书有所补充。康熙元年（1662），他将旧稿一分为二，历史地理学方面的内容归于《肇域志》，社会经济史方面的内容归于《天下郡国利病书》。《亭林文集》卷六《肇域志序》："此书自崇祯己卯起，先取《一统志》，后取各省府州县志，后取二十一史参互书之。凡阅志书一千余部，本行不尽，则注之旁；旁又不尽，则别为一集曰《备录》。年来糊口四方，未遑删定，以成一家之书。叹精力之已衰，惧韦编之莫就，庶后之人有同志者续而传之，俾区区二十余年之苦心不终泯没尔。"② 顾炎武于该书用功之著，不难想见。一般认为，在《肇域志》和《天下郡国利病书》这两本书中，后者影响更大一些。不过，《天下郡国利病书》属于长编性质，以资料宏富见长，论述尚未充分展开。尽管如此，《天下郡国利病书》对研究明代的社会经济史有很高的参考价值。

顾炎武《又酬傅处士次韵》诗之二，其颔联说："苍龙日暮还行雨，老树春深更著花。"这两句诗，本意是说，尽管自己已经年老，但是复明的志气并未衰竭。不过，我们也不妨在中国历史文化这一更加广阔的视域中，来重新诠释这两句诗。中国的传统学术，即使在今日看来，仍然有着旺盛的生命力。只要我们坚持古为今用、洋为中用的原则，就会发现中国传统学术与当代学术思潮之间，具有许多的契合点。源远流长的中国传统学术，必将以全新的姿态服务当今，走向未来。

（四）淡泊名利的真学者

顾炎武一生淡泊名利，这凸显了他作为一个真学者的品质。

我们每一个做学问的人，或许都有这样的体会：做书生不容易。举目一看，偌大一个世界，学者极多，摩肩接踵，到处都是冠有学者头衔的人。而且，学者也有不同的价位，似乎学界也成了熙熙攘攘的市场。风云学者亦多，不断挪窝跳槽。不少人甚至以为，所谓为学，似乎本来就是为了飞起来，吃得开一些，于是乎作报告，搞讲座，到处张扬。而且，社会也流行将某些学者捧为或曰包装为名流的做法。时代不同，具体的做法或许略有差别，但是，在任何一个时代，必然有一大批人竞相争做假学者。在任何一个时代，也必然有一股又一股的社会风潮驱使人们去做假学者。其实，作假学者违背学者的初衷，也与治学的本质背道而驰。真学者应当安心做一辈子书生。做官要别人来

① 清·顾炎武著，华振之点校《顾亭林诗文集》，北京：中华书局，1983，第131页。
② 清·顾炎武著，华振之点校《顾亭林诗文集》，北京：中华书局，1983，第131页。

封。做名流要别人来捧。做真学者则不然，只须求诸己，真正下决心，当下便可做。顾炎武在这方面有着极为深刻的体会，《亭林文集》卷二《广宋遗民录序》："子曰：'友朋自远方来，不亦乐乎？'古之人学焉而有所得，未尝不求同志之人，而况当沧海横流，风雨如晦之日乎！于此之时，其随世以就功名者固不足道，而亦岂无一二少知自好之士，然且改行于中道，而失身于暮年，于是士之求其友也益难。或一方而不可得，则求之数千里之外；今人不可得，则慨想于千载以上之人。苟有一言一行之有合于吾者，从而追慕之，思为之传其姓氏而必之书。呜呼！其心良亦苦矣！"① 这是文章开头的几句话。《广宋遗民录序》写于康熙十八年（1679），当时，顾炎武居住在陕西华阴。他的朋友吴江人朱明德千里迢迢，将所著《广宋遗民录》一书带来，请顾炎武作序。顾炎武欣然为之序。序文联系时代，颇多感慨。明朝末年，士大夫侈谈气节。入清之后，这班人却纷纷改仕新朝。朱明德辑补明成化年间进士陈敏政《宋遗民录》而扩写之，编成《广宋遗民录》一书。编书人旨在表彰前代遗民，策励士气。遗民，本指经历浩劫之后残留下来的人，也指改朝换代之后不仕新朝的人。在提倡忠君的古代，"遗民"一词固然有留念前代、讥讽新朝、肯定遗民的意味，但是新朝的统治者为了自身的利益，一般也不禁止著书家记载遗民的事迹。由于序这种文体比较活泼，可以纳入各种内容，因而顾炎武在序中发表了他对读书人的看法。从这些看法中，我们亦不难推测出，怎样的人才是一名真学者。"沧海横流"，比喻时世变乱，语出晋·范宁《穀梁传序》："孔子睹沧海之横流，乃喟然而叹：'文王既没文不在兹乎？'言文王之道丧，兴之者在己。"② "风雨如晦"，比喻社会黑暗动乱不已，语出《诗经·郑风·风雨》三章："风雨如晦，鸡鸣不已。既见君子，云胡不喜？"③ 由于清代文字禁锢极为严酷，所以顾炎武表达得很含蓄。尽管如此，他对不能坚持气节的士大夫之深恶痛绝，依然力透纸背，如电光一道，照亮了黑夜。学而无友，孤陋寡闻。志同道合的学者相交，大有益于学术的进步。在社会急剧变革的时代，求友十分必要。这是顾炎武的感慨之一。做真学者难，而真学者寻觅朋友亦难。这是顾炎武的感慨之二。在巨大的名利诱惑面前，坚持为学的初衷十分困难。当时，大致出现了这样两类人。一是随世以就功名者。当明清易代之际，他们或者年尚少，或者未出身，因而他们对亡国之痛缺少切身的感受。这一类人本身并不太坏，他们只是随波逐流，对名利抱着一种不要白不要的心态罢了。不过，他们毕竟是一些对国家和民族的命运缺少理解而热衷于功名利禄的人。一般说来，这一类人，其人格是不完善的。他们不高洁，颇媚俗，在巨大的困难面前往往会退缩。二是少知自好之士。这一类人数量较多。他们起初表现出一定的民族气节，但是不能贯彻始终，最后还是改仕新朝了。顾炎武对这一类人是颇为痛心，十分惋惜的。这是因为，在这一类人中，不仅有他的朋友，而且还有他的学生。前者中有朱彝尊（1629—1709）

① 清·顾炎武著，华振之点校《顾亭林诗文集》，北京：中华书局，1983，第33页。
② 清·钟文烝撰，骈宇骞、郝淑惠点校《春秋穀梁传补注》，北京：中华书局，1996，第6页。
③ 周振甫译注《诗经译注》，北京：中华书局，2002，第127页。

和李因笃（1631—1629），他们顾炎武居西北时期的好友。后者中有潘耒（1646—1708），他是顾炎武的学生。此三人均于康熙十八年同时荐试博学宏词科而授官。这些人改行失身，出乎顾炎武的意料。因此，顾炎武对他们的感情也经历了一番变化，由痛心、惋惜而发展到愤激，并最终认为他们的改行失身是可耻的行为。

顾炎武提倡，读书人要做真学者。所谓做真学者，并不是叫人为读书而读书，他是从国家的前途和民族的未来而提出如此的要求。这与顾炎武所提出的“天下兴亡，匹夫有责”是一致的。匹夫，指古代之没有爵位的男子，与之相对的还有匹妇。匹夫匹妇，统称普通人。匹夫，可以是工人、农民、车夫、马弁，也可以是书生。历史是人民创造的，因而匹夫匹妇也可以成为真豪杰。至于书生，他们成为真豪杰的最佳途径，莫过于戒绝浮名，沉下心来，当真学者。《亭林文集》卷三《病起与蓟门当事书》：“天生豪杰，必有所任，如人主之于其臣，授之官而与以职。今日者拯斯人于涂炭，为万世开太平，此吾辈之任也。仁以为己任，死而后已。”① 书生的职业是读书。学者的职业是学术研究。书本和典籍，在书生看来，就是生产资料。著述活动，在学者看来，就是劳动。为人民服务，以天下为己任，尽管书生们坐在书斋里，他们依然是伟大的，其舞台是广阔的。做专门研究，以天下为己任，学者们伏在几案前，他们依然是伟大的，其功用是无穷的。这就赋予“书生”以时代精神的内涵了。同时，提倡做真学者，还有利于树立正确的荣辱观，促进社会风气的根本好转。

顾炎武《又酬傅处士次韵》诗之二，其尾联写道：“待得汉庭明诏近，五湖同觅钓鱼槎。”此联意谓，储才待命，待到国家需要我们的时候，我们就可以干一番事业了。而事业成功之后，我们再隐退江湖。划船钓鱼，也不为迟。由于具有这样的理想，尽管顾炎武一生备尝艰辛，但是他并不觉得怎么苦，而是亦苦亦乐，始终昂扬向上。顾炎武一生，精力旺盛，文思敏捷，笔耕不辍。顾炎武是始终如一的。他一生都在为中国传统学术的绵延和发展而奋斗，一直奋斗到他生命的最后一瞬。

附录：《清史稿》卷四八一《儒林》二《顾炎武传》

顾炎武，字宁人，原名绛，昆山人。明诸生。生而双瞳，中白边黑。读书目十行下。见明季多故，讲求经世之学。明南都亡，奉嗣母王氏避兵常熟。昆山令杨永言起义师，炎武及归庄从之。鲁王授为兵部司务，事不克，幸而得脱，母遂不食卒，诫炎武：弗事二姓！唐王以兵部职方郎召，母丧未赴，遂去家不返。炎武自负用世之略，不得一遂，所至辄小试之。垦田于山东长白山下，畜牧于山西雁门之北、五台之东，累致千金。遍历关塞，四谒孝陵，六谒思陵，始卜居陕之华阴。谓：“秦人慕经学，重处士，持清议，实他邦所少；而华阴绾毂关河之口，虽足不

① 清·顾炎武著，华振之点校《顾亭林诗文集》，北京：中华书局，1983，第48页。

出户，亦能见天下之人、闻天下之事。一旦有警，入山守险，不过十里之遥；若有志四方，则一出关门，亦有建瓴之便。”乃定居焉。

生平精力绝人，自少至老，无一刻离书。所至之地，以二骡二马载书，过边塞亭障，呼老兵卒询曲折，有与平日所闻不合，即发书对勘；或平原大野，则于鞍上默诵诸经注疏。尝与友人论学云：“百余年来之为学者，往往言心言性，而茫然不得其解也。命与仁，夫子所罕言。性与天道，子贡所未得闻。性命之理，著之《易传》，未尝数以语人。其答问士，则曰：‘行己有耻。’其为学，则曰：‘好古敏求。’其告哀公明善之功，先之以博学。颜子几于圣人，犹曰：‘博我以文。’自曾子而下，笃实无如子夏。言仁，则曰：‘博学而笃志，切问而近思。’今之君子则不然，聚宾客门人数十百人，与之言心言性。舍多学而识，以求一贯之方。四海之困穷不言，而讲危微精一。是必其道高于夫子，而其弟子之贤于子贡也。《孟子》一书，言心言性，亦谆谆矣。乃至万章、公孙丑、陈代、陈臻、周霄、彭更之所问，与孟子之所答，常在乎出处、去就、辞受、取与之间。是故性也、命也、天也，夫子之所罕言，而今之君子之所恒言也。出处、去就、辞受、取与之辨，孔子、孟子之所恒言，而今之君子之所罕言也。愚所谓圣人之道者如之何？曰：‘博学于文，行己有耻。’自一身以至于天下国家，皆学之事也。自子、臣、弟、友，以至出入、往来、辞受、取与之间，皆有耻之事也。士而不先言耻，则为无本之人。非好古多闻，则为空虚之学。以无本之人，而讲空虚之学，吾见其日从事于圣人，而去之弥远也。”①

炎武之学，大抵主于敛华就实。凡国家典制、郡邑掌故、天文仪象、河漕兵农之属，莫不穷原究委，考正得失，撰《天下郡国利病书》百二十卷；别有《肇域志》一编，则考索之余，合图经而成者。精韵学，撰《音论》三卷。言古韵者，自明陈第，虽创辟榛芜，犹未邃密。炎武乃推寻经传，探讨本原。又《诗本音》十卷，其书主陈第“诗无协韵”之说，不与吴棫《本音》争，亦不用棫之例，但即本经之韵互考，且证以他书，明古音原作是读，非由迁就，故曰“本音”。又《易音》三卷，即《周易》以求古音，考证精确。又《唐韵正》二十卷，《古音表》二卷，《韵补正》一卷，皆能追复三代以来之音，分部正帙而知其变。又撰《金石文字记》、《求古录》，与经史相证。而《日知录》三十卷，尤为精诣之书，盖积三十余年而后成。其论治综核名实，于礼教尤兢兢。谓风俗衰，廉耻之防溃，由无礼以权之，常欲以古制率天下。炎武又以杜预《左传集解》时有阙失，作《杜解补正》三卷。其他著作，有《二十一史年表》、《历代帝王宅京记》、《营平二州地名记》、《昌平山水记》、《山东考古录》、《京东考古录》、《谲觚》、《菰中随笔》、《亭林文集》、《诗集》等书，并有补于学术世道。清初称，学有根柢者，以

① 这一段文字，节录于顾炎武《与友人论学书》。《与友人论学书》全文，载四部丛刊本《亭林诗文集·亭林文集》卷三。

炎武为最。学者称为亭林先生。又广交贤豪长者，虚怀商榷，不自满，假作《广师》篇云：“学究天人，确乎不拔，吾不如王寅旭。读书为己，探赜洞微，吾不如杨雪臣。独精三《礼》，卓然经师，吾不如张稷若。萧然物外，自得天机，吾不如傅青主。坚苦力学，无师而成，吾不如李中孚。险阻备尝，与时屈伸，吾不如路安卿。博闻强记，群书之府，吾不如吴志伊。文章尔雅，宅心和厚，吾不如朱锡鬯。好学不倦，笃于朋友，吾不如王山史。精心六书，信而好古，吾不如张力臣。至于达而在位，其可称述者，亦多有之，然非布衣之所得议也。”①

康熙十七年，诏举博学鸿儒科，又修《明史》，大臣争荐之，以死自誓。二十一年，卒，年七十。无子，吴江潘耒叙其遗书行世。宣统元年，从祀文庙。

三、《日知录》相关内容标点校注

《日知录》校注本采用《四库全书子部》。

① 这一段文字，节录于顾炎武《广师》。《广师》全文，载四部丛刊本《亭林诗文集·亭林文集》卷六。

《日知录》相关各卷条文目录

《日知录》论经义

日知录 卷一

昆山顾炎武撰

1.1 三易

夫子言包羲氏始画八卦，不言作《易》，而曰："《易》之兴也，其于中古乎？"又曰："《易》之兴也，其当殷之末世，周之盛德邪？当文王与纣之事邪？"是文王所作之辞，始名为《易》。而《周官》大卜掌《三易》之法：一曰《连山》，二曰《归藏》，三曰《周易》。连山、归藏，非《易》也，而云三《易》者，后人因《易》之名，以名之也。【雷氏曰】伏羲画卦，自两仪生四象，而四时之序已著；自四象生八卦，而万物之理悉函。自八卦重之，相错相荡。阳动而进，左旋而位于西北；阴动而退，右转而位于西南。于是震兑正于东西，坎离正于南北，而四时首春。帝出乎震之象以立，又用干元用九消息之，而十二辟卦之象以成，六十四卦之象以著，伏羲氏之所以为《易》者也。《连山》者，神农氏之《易》也。神农详于地，辨土性，艺五谷，尝百药，凿井出泉，立市通货，故其《易》用伏羲八卦之动象，以艮为首。艮者，止也，止乃行之首。以时行为义，由体达用之象也。艮本阳卦，其象为山，位在东北，立春斗建之所在也。山托于地而亲上，能出云气，和洽天地，且二山相袭，故曰连山。《归藏》，黄帝（之《易》也），杜子春之说不可易。盖黄帝之治详于人，作调历以授时，作杵臼以前用，作舟车以致远，作弧矢以取威，作衣冠宫室以庇身，作礼乐书契以立教。上古朴野之俗，至此而变；后世文明之象，自此而开。《易》象曰："后以裁成天地之道，辅向天地之宜，以左右民。"即谓此矣。其后五帝之治皆因于此，故伏羲为天皇，神农为地皇，皇帝为人皇。此即《周官书》之所谓三皇矣。黄帝在位百年，功成之后，深求道极，默契本原，于羲、农之《易》皆反而归之，得其初象，知阳气之所以能生，实原于此。于是以坤为首，以阴为主，以静为道，以柔为用，所以明体也。犹之墨子书言："周之《春秋》，燕之《春秋》，宋之《春秋》，齐之《春秋》。"周、燕、齐、宋之史，非必皆"春秋"也，而云"春秋"者，因鲁史之名，以名之也。【汝成案】雷氏用杜子春之说，而以《归藏》为黄帝《易》，似矣。然《礼运》孔子曰："我欲观殷道，得乾坤焉。"注以为殷时阴阳之书，即《归藏易》。而郑司农《赞易》亦以为：《归藏》，殷《易》。释其义曰："《归藏》者，万物莫不归藏于中。夏曰《连山》，连山者，象山之出云，连山不绝。《周易》者，言易道周普，无所不备。"与杜子春说不同。大抵世代荒远，莫可稽考，后人徒从推测得知，亦各存其说而已。

《左传·僖十五年》：战于韩，卜徒父筮之曰吉，其卦遇《蛊》，曰："千乘三去，三去之余，获其雄狐。"《成·十六年》：战于鄢陵。公筮之，史曰吉，其卦遇《复》，曰："南国蹙，射其元王中厥目。"此皆不用《周易》，而别有引据之辞，即所谓《三易》之法也。【原注】卜徒父，以卜人而掌此，犹周官之大卜。而传不言《易》。【杨氏曰】其用《周易》处，必用《周易》之名于上，如"有以《周易》见陈侯"及"《周易》有之"之类。

1.2 重卦不始文王

大卜掌《三易》之法，其经卦皆八，其别皆六十有四。考之《左传·襄公九年》：穆姜迁于东宫，筮之，遇《艮》之《随》，姜曰“是于《周易》”，曰“《随》，元亨利贞，无咎。”独言“是于《周易》”，则知夏、商皆有此卦。而重八卦为六十四者，不始于文王矣。【梁氏曰】《周本纪》及《世表》皆言文王益卦，其是非。孔氏《易正义》论重卦之说：王弼以为伏羲，以系辞考之，弼言为当。十二卦体已具于羲农、黄帝、尧舜之世。以《洪范》考之，其七卜筮贞悔，已见于禹锡九畴之时，则可知为伏羲因重之验。

1.3 朱子周易本义

《周易》自伏羲画卦，文王作彖辞，周公作爻辞，谓之经。经分上下二篇。孔子作十翼，谓之传。传分十篇：《彖传》上下二篇，《象传》上下二篇，《系辞传》上下二篇，《文言》、《说卦传》、《序卦传》、《杂卦传》各一篇。【原注】《汉书·艺文志》：“《易经》十二篇。”师古曰：“上下经及十翼，故十二篇。”孔氏正义曰：“十翼者，上彖一，下彖二，上象三，下象四，上系五，下系六，文言七，说卦八，序卦九，杂卦十。”陆德明《释文》曰：“太史公论六家要旨，引天下同归而殊途，一致而百虑，谓之易大传。”班固谓孔子晚而好《易》，读之韦编三绝，而为之传。传即十翼也。前汉《六经》与传皆别行，至后汉诸儒始合经传为一。自汉以来，为费直、郑玄、王弼所乱，取孔子之言，逐条附于卦爻之下。【庄氏曰】朱子《发汉上易传》云：“王弼以《文言》附于《乾》、《坤》二卦。孔氏正义云：‘辅嗣之意，以为象本释经，宜相附近，其义易了，故分爻之象辞各附其当爻下言之。’按此，则费氏古经自是经传相别，其谓费氏始乱经者妄也。合彖、象于经者自康成始，则加‘彖曰’、‘象曰’之文，犹以传附经后，若今《乾卦》者是，是为郑氏本。至以象附爻，而以彖、象移植爻前，自辅嗣始，则每加‘象曰’之文，若今《坤卦》以下者是。又以《文言》附《乾》、《坤》二卦，于《坤》亦加‘文言曰’之文，是为王氏本。”程正叔传因之。及朱元晦《本义》，始依古文，故于《周易·上经》条下云：“中间颇为诸儒所乱，近世晁氏始正其失，而未能尽合古文。吕氏又更定著为经二卷，传十卷，乃复孔氏之旧云。”洪武初，颁《五经》天下儒学，而《易》兼用程、朱二氏，亦各自为书。永乐中修《大全》，乃取朱子卷次割裂，附之程传之后，原注：《易经大全》凡例曰：“程传，《本义》既已并行，而诸家定本又各不同，故今定从程传元本，而《本义》仍以类从。”而朱子所定之古文仍复淆乱。“彖即文王所系之辞，传者孔子所以释经之辞也，后凡言传放此。”此乃《彖·上传》条下义，今乃削“彖上传”三字，而附于“大哉干元”之下。“象者，卦之上下两象，及两象之六爻，周公所系之辞也。”乃《象·上传》条下义，今乃削“象上传”三字而附于“天行健”之下。“此篇申彖传、象传之意以尽《乾》、《坤》二卦之蕴，而余卦之说因可以例推云。”乃《文言》条下义，今乃削“文言”二字，而附于“元者善之长也”之下。其“彖曰”、“象曰”、“文言曰”字，皆朱子本所无，复依程传添人。后来士子厌程传之多，弃去不读，专用《本义》。【原注】弘治三年，会试“物不可以苟合而已故受之以贲”题，陈辅文，同考官杨守阯批曰：“序卦，朱子无一言以释其义，盖以程子于诸卦之首，疏析其义已明且尽故也。今治经者专读《本义》，《易》卷逾八百，而知有传者不数人。此能知之而又善作，是用录之，以激励经生之不读程传者。”而《大全》之本，乃朝廷所颁，不敢辄改，遂即监版传义之本刊去程传，而以程之次序为朱之次序，【原注】虚斋蔡清《易经蒙引》谓之“今所窃刊行《易经本义》”。今《四书》版本每张十八行，每行十七字，而注皆小字。《书》、《诗》、《礼记》并同。惟《易》每张二十二行，每行二十三字，而本义皆作大字，与各经不同，明为后来所刻。是依监版传义本而刊去程传，凡《本义》中言程传备矣者，又添一“传曰”而引其文，皆今代人所为也。坊刻擅改古书，宜有严禁，是学臣之责。朱子《诗集传序》、蔡仲默《书集传序》，今南京刊《大全》本，改曰“诗经大全序”“书经大全序”，此即乱刻古书之一验。幸监本尚存，其谬亦易见尔。相传且二百年矣。惜乎，朱子定正之书，竟不得见于世，岂非此经之不幸也夫？【汝成案】今御纂《周易折中》已复朱子之旧矣。

朱子记嵩山晁氏《卦爻彖象说》谓：“古经始变于费氏，而卒大乱于王弼。”此据孔氏正义曰：“夫子所作象辞，元在六爻经辞之后，以自卑退，不敢干乱先圣正经之辞。”王辅嗣之意，以为象者本释经文，宜相附近，其义易了，故分爻之象辞，各附其当爻下，如杜元凯注《左传》，分经之年与传相附。故谓连合经传始于辅嗣，不知其实本于康成也。《魏志》：高贵乡公幸太学，问博士淳于俊曰：“孔子作彖、象，郑玄作注，其释经义一也。今彖、象不与经文相连，而注连之，何也？”俊对曰：“郑玄合彖、象于经者，欲使学者寻省易了也。”帝曰：“若合之，于学诚便，则孔子曷为不合以了学者乎？”俊对曰：“孔子恐其与文王相乱，是以不合，此圣人以不合为谦。”帝曰：“若圣人以不合为谦，则郑玄何独不谦邪？”俊对曰：“古义深，圣问奥远，非臣所能详尽。”是则康成之书已先合之，不自辅嗣始矣。乃《汉书·儒林传》云：“费直治《易》，无章句，徒以《彖》、《象》、《系辞》、《文言》解说上下经。”则以传附经，又不自康成始。朱子记晁氏说，谓：“初乱古制时，犹若今之《乾卦》。”盖自《坤》以下皆依此，后人又散之各爻之下，而独存《乾》一卦，以见旧本相传之样式耳。愚尝以其说推之，今《乾卦》“彖曰”为一条，“象曰”为一条，疑此费直所附之元本也。《坤卦》以小象散于各爻之下，其为“象曰”者八，余卦则为“象曰”者七，此郑玄所连，高贵乡公所见之本也。【杨氏曰】玩魏主问辞，止是康成注连合一处耳，并非经连之者。古者注亦单行。

程传虽用辅嗣本，亦言其非古《易》。《咸》：“九三，咸其股，亦不处也。”传曰：“云‘亦’者，盖象辞，本不与《易》相比，自作一处，故诸爻之象，辞意有相续者。此言‘亦’者，承上爻辞也。”【原注】《小畜》：“九二，牵复在中，亦不自失也。”《本义》曰：“‘亦’者，承上爻义。”

秦以焚书而《五经》亡，明朝以取士而《五经》亡。今之为科举之学者，大率皆帖括熟烂之言，不能通知大义者也。而《易》、《春秋》尤为缪戾，以彖、传合大象，以大象合爻，以爻合小象，二必臣，五必君，阴卦必云小人，阳卦必云君子，于是此一经者为拾渖之书，而《易》亡矣。取胡氏传一句、两句为旨，而以经事之相类者合以为题，传为主，经为客，有以彼经证此经之题，有用彼经而隐此经之题，于是此一经者为射覆之书，而《春秋》亡矣。【原注】天顺三年九月甲辰，浙江温州府永嘉县儒学教谕雍懋言："比者浙江乡试，春秋摘一十六段配作一题，头绪太多。及所镂程文，乃太简略而不统贯，且春秋为经，属词比事，变例无穷。考官出题，往往弃经任传，甚至参以己意，名虽经题，实则射覆。乞敕禁止。"上从之。

复程、朱之书以存《易》，【原注】当各自为本。备《三传》、啖、赵诸家之说以存《春秋》，必有待于后之兴文教者。

1.4 卦爻外无别象

圣人设卦观象而系之辞，若文王、周公是已。夫子作传，传中更无别象。其所言卦之本象，若天、地、雷、风、水、火、山、泽之外，惟《颐》中有物，本之卦名；有飞鸟之象，本之卦辞，而夫子未尝增设一象也。荀爽、虞翻之徒，穿凿附会，象外生象：以同声相应为《震》《巽》，同气相求为《艮》《兑》，水流湿火就燥为《坎》《离》，云从龙则曰《乾》为龙，风从虎则曰《坤》为虎。《十翼》之中，无语不求其象，而《易》之大指荒矣。岂知圣人立言取譬，固与后之文人同其体例，何尝屑屑于象哉，王弼之注虽涉于虚，然已一扫《易》学之榛芜，而开之大路矣。【原注】王辅嗣《略例》曰："互体不足，遂及卦变。变又不足，推致五行。一失其原，巧喻弥甚。"不有程子，大义何由而明乎？【汝成案】《说卦》别象，汉时尤多，今约其数，《乾》八十二，《坤》一百十三，《震》五十八，《巽》四十五，《坎》七十五，《离》三十，《艮》五十三，《兑》十八。虽皆穿凿滋生，然《易》理宏深，曲包道艺，观象玩占，义或有取耳。

《易》之互体卦变，《诗》之叶韵，《春秋》之例日月，经说之缭绕破碎于俗儒者多矣。《文中子》曰："九师兴而《易》道微，《三传》作而《春秋》散。"

1.5 卦变

卦变之说，不始于孔子，周公系《损》之六三已言之矣。曰："三人行则损一人，一人行则得其友。"是六子之变，皆出《乾》、《坤》，无所谓自《复》、《姤》、《临》、《遁》而来者，当从程传。【原注】苏轼、王炎，皆同此说。【江氏曰】象传有言刚柔"往来上下"者，虞翻谓之卦变。《本义》为自某卦而来者，其法以相连之两爻上下相易取之，似未安。今考文王之《易》，以反对为次序，则所谓往来上下者即取切近相反之卦，非别取诸他卦也。往来之义莫明于《泰》、《否》二卦彖辞：否反为泰，三阴往居外，三阳来居内，故曰小往大来；泰反为否，三阳往居外，三阴来居内，故曰大往小来。彖传所谓"刚来"、"柔来"者本此。【杨氏曰】王双溪之经说，今皆不可得。

1.6 互体

凡卦爻二至四、三至五，两体交互，各成一卦，先儒谓之互体。其说已见于《左氏·庄公二十二年》：陈侯筮，遇《观》之否，曰："风为天，于土上山也。"注"自二至四有艮象，原注：四爻变故。艮为山"是也。然夫子未尝及之，后人以杂物撰德之语当之，非也。其所论二与四、三与五同功而异位，特就两爻相较言之，初何尝有互体之说？

《晋书》：荀顗尝难锺会《易》无互体，见称于世；其文不传。新安王炎晦叔尝问张南轩曰："伊川令学者先看王辅嗣、胡翼之、王介甫三家《易》，何也?"南轩曰："三家不论互体故尔。"【全氏曰】汉、晋诸儒无不言互体者，至王辅嗣、钟士季始力排之，然亦终不能绌也。特是汉儒言互，祇就一卦一爻配象，未能探其所以然。至王伯厚作《郑康成易注序》始发之，谓八卦中之乾坤纯乎阴阳，故无互体。若《震》、《巽》、《艮》、《兑》分主四时，而《坎》、《离》居中以运之，是以下互《震》而上互《艮》者，《坎》也；以下互《巽》而上互《兑》者，《离》也。若《震》、《巽》分《乾》、《坤》之下画，则上互有《坎》、《离》；《艮》、《兑》分《乾》、《坤》之上画，则下互有《坎》、《离》，而《震》、《艮》又自相互。斯阴阳老少之交相资也。愚再以十辟卦推之，五阳辟以《震》、《兑》与《乾》、《坤》合而成，五阴辟以《巽》、《艮》与《乾》、《坤》合而成。乃《夬》、《姤》近乎纯《乾》，《剥》、《复》近乎纯《坤》，故无互体。而《艮》、《兑》之合《乾》、《坤》也，为《临》为《遁》，则下互有《震》、《巽》；《震》、《巽》之合《乾》、《坤》也，为《大壮》为《观》，则上互有《艮》、《兑》。至《乾》、《坤》合而为《泰》，则下互《兑》而上互《震》；《坤》、《乾》合而为《否》，则下互《艮》而上互《巽》。《坎》、《离》于十辟卦虽不预，而以《既》、《未济》自相互。是阴阳消长之迭为用也。盖伯厚八卦之旨，即中央寄王之义也。愚所推十辟卦之旨，即六律还宫之义也。是以朱子万年谓从《左氏》悟得互体而服汉儒之善，于说经者有自来矣。

朱子《本义》不取互体之说，惟《大壮》五六云："卦体似《兑》，有羊象焉。"不言"互"而言"似"；似者，合两爻为一爻，则似之也。【原注】又谓《颐》初九，灵龟是伏，得《离卦》。然此又剏先儒所未有，不如言互体矣。《大壮》自三至五成《兑》，《兑》为羊，故爻辞并言羊。

1.7 六爻言位

《易》传中言位者有二义。列贵贱者存乎位，五为君位，二三四为臣位，故皆曰同功而异位。而初上为无位之爻，譬之于人，初为未仕之人，上则隐沦之士，皆不为臣也。【原注】《明夷》上六为失位之君，乃其变例，其但取初终之义者，亦不尽拘。故《乾》之上曰"贵而无位"，《需》之上曰"不当位"。【原注】王弼注《需》上六曰："处无位之地，不当位者也。"程子传亦云："此爵位之位，非阴阳之位。【杨氏曰】朱子以为未详，似不取伊川之说。若以一卦之体言之，则皆谓之位，故曰"六位时成"，曰"《易》六位而成章"，是则卦爻之位，非取象于人之位矣。此意已见于王弼《略例》，但必强彼合此，而谓初上无阴阳定位，则不可通矣。《记》曰："夫言岂一端而已，夫各有所当也。"

1.8 九二君德

为人臣者，必先具有人君之德，而后可以尧舜其君。故伊尹之言曰："惟尹躬暨汤，咸有一德。"武王之誓亦曰："予有乱臣十人，同心同德。"

1.9 师出以律

以汤、武之仁义为心，以桓、文之节制为用，斯之谓律。律即卦辞之所谓贞也，

《论语》言子之所慎者。战长勺以诈而败齐，泓以不禽二毛而败于楚，《春秋》皆不予之。故先为不可胜，以待敌之可胜。虽三王之兵，未有易此者也。【杨氏曰】汤武行军，应亦有法度，非仅以其仁义也。配人桓、文，非能则言者。

1.10 既雨既处

阴阳之义莫著于夫妇，故爻辞以此言之。《小畜》之时求如任、姒之贤，二南之化不可得矣。阴畜阳，妇制夫，其畜而不和，犹可言也。三之反目，隋文帝之于独孤后也。既和而惟其所为，不可言也。上之既雨，犹高宗之于武后也。【杨氏曰】“犹”当作“唐”。

1.11 武人为于大君

武人为于大君，非武人为大君也。如《书》“予欲宣力四方，汝为”之“为”。六三，才弱志刚，虽欲有为而不克济，以之履虎，有咥人之凶也。惟武人之效力于其君，其济则君之灵也，不济则以死继之，是当勉为之而不可避耳，故有断脰决腹，一瞑而万世不视，不知所益，以忧社稷者，莫敖大心是也。【原注】《战国策》。过涉之凶，其何咎哉。

1.12 自邑告命

人主所居谓之邑，《诗》曰：“商邑翼翼，四方之极。”《书》曰：“惟尹躬先见于西邑夏。”曰：“惟臣附于大邑周。”曰：“作新大邑于东国洛。”曰：“肆予敢求尔于天邑商。”【原注】武王之妃谓之邑姜。《白虎通》曰“夏曰夏邑，商曰商邑，周曰京师”是也。【原注】《周官》始以四井为邑。《泰》之上六，政教陵夷之后，一人仅亦守府，而号令不出于国门，于是焉而用师则不可，君子处此，当守正以俟时而已。桓王不知此也，故一用师，而祝聃之矢遂中王肩；唐昭宗不知此也，故一用师而邠岐之兵直犯阙下。然则保泰者，可不豫为之计哉。

《易》之言邑者，皆内治之事。《夬》曰“告自邑”，如康王之命毕公“彰善瘅恶，树之风声”者也。《晋》之上九曰“维用伐邑”，如王国之大夫，“大车槛槛，毳衣如菼”，国人畏之，而不敢奔者也。其为自治则同，皆圣人之所取也。【原注】《比》之九五，“邑人不诫”，是亦内治修而远人服之意。

1.13 成有渝无咎

昔穆王欲肆其心，周行天下，将皆必有车辙马迹焉。祭公谋父作《祈招》之诗，以止王心，王是以获殁于祗宫。《传》曰：“人谁无过？过而能改，善莫大焉。”圣人虑人之有过不能改之于初，且将遂其非而不反也，教之以“成，有渝无咎”，虽其渐染之深，放肆之久，而惕然自省，犹可以不至于败亡。以视夫迷复之凶，不可同年而论矣。故曰：“惟狂克念作圣。”【汝成案】《讼》三心险，渝即就平；《豫》上心昏，渝即顿情。平则远于岩墙，清则生于忧患。

1.14　童观

其在政教，则不能是训是行，以近天子之光，而所司者笾豆之事；其在学术则不能知类通达，以几大学之道，而所习者佔毕之文。乐师辨乎声诗，故北面而弦；宗祝辨乎宗庙之礼，故后尸；商祝辨乎丧礼，故后主人。小人则无咎也。有大人之事，有小人之事，“虽小道，必有可观者焉”。“致远恐泥”，故君子为之则吝也。

1.15　不远复

《复》之初九，动之初也。自此以前，喜怒哀乐之未发也，至一阳之生而动矣，故曰：“《复》，其见天地之心乎?”颜子体此，故有不善未尝不知，知之未尝复行，此慎独之学也。回之为人也，择乎中庸；夫亦择之于斯而已，是以不迁怒，不贰过。

其在凡人，则复之初九，日夜之所息，平旦之气，其好恶与人相近也者几希。苟其知之，则扩而充之矣。故曰：“《复》，小而辨于物。”

1.16　不耕获不菑畬

杨氏曰：【原注】诚斋《易传》。初九动之始，六二动之继，是故初耕之，二获之，初菑之，二畬之。天下无不耕而获，不菑而畬者。其曰不耕不菑，则耕且菑，前人之所已为也。昔者周公毖殷顽民，迁于洛邑，密迩王室，既历三纪，世变风移。而康王作《毕命》之书曰：“惟周公克慎厥始，惟君陈克和厥中，惟公克成厥终。”是故有周之治，垂拱仰成而无所事矣。周监于二代，郁郁乎文哉！而孔子之圣，但曰“述而不作”，“信而好古”，又曰“文武之道未坠于地，在人”。是故《六经》之业，集群圣之大成，而无所剏矣。虽然，使有始之作之者，而无终之述之者，是耕而弗获，菑而弗畬也，其功为弗竟矣。六二之柔顺中正，是能获能畬者也，故利有攸往也。未富者，因前人之为，而不自多也，犹“不富以其邻”之意。

1.17　天在山中

张湛注《列子》曰：“自地以上皆天也。”故曰“天在山中”。

1.18　罔孚裕无咎

君子信而后谏，未信则以为谤己也，而况初之居下位，未命于朝者乎！“孔子尝为委吏矣，曰会计当而已矣；尝为乘田矣，曰牛羊茁壮，长而已矣。”此所谓裕无咎也。若受君之命而任其事，有官守者不得其职则去，有言责者不得其言则去矣。【汝成案】忧则违之，故《豫》二不终日，贞吉；乐则行之，故《晋》初罔孚，裕无咎。《豫》溺晏安，《晋》丽乎明也。

1.19 有孚于小人

君子之于小人也，有知人则哲之明，有去邪勿疑之断，坚如金石，信如四时，使件恼壬之类皆知上志之不可移，岂有不革面而从君者乎？所谓“有孚于小人”者如此。

1.20 损其疾使遄有喜

损不善而从善者，莫尚乎刚，莫贵乎速。初九曰“已事遄往”，六四曰“使遄有喜”。四之所以能遄者，赖初之刚也。周公思兼三王以施四事，其有不合者，仰而思之，夜以继日；幸而得之，坐以待旦。子路有闻，未之能行，惟恐有闻。其遄也至矣。文王之勤日昃，大禹之惜寸阴，皆是道也。君子进德修业，欲及时也。故为政者玩岁而惕日，则治不成；为学者日迈而月征，则身将老矣。【汝成案】盱豫则悔迟有悔，损疾则使遄有喜。《荀子》曰：“其为人多暇日者，其出入不远矣。”《孟子》曰：“知其非义，思速已矣，何待来年！”

召公之戒成王曰：“宅新邑，肆惟王其疾敬德。”疾之为言，遄之谓也。故曰：“鸡鸣而起，孳孳为善。”

1.21 上九弗损益之

有天下而欲厚民之生，正民之德岂必自损以益人哉。“不违农时，谷不可胜食也；数罟不入洿池，鱼鳖不可胜食也；斧斤以时入山林，材木不可胜用也。”所谓“弗损益之”者也。“皇建其有极，敛时五福，用敷锡厥庶民。”《诗》曰：“奏格无言，时靡有争。”是故君子不赏而民劝，不怒而民威于铁钺，所谓“弗损益之”者也。以天下为一家，中国为一人，其道在是矣。【钱氏曰】惠而不费，则其惠可久，其惠亦可大。故曰：“弗损益之，得大志也。”

1.22 利用为依迁国

在无事之国而迁，晋从韩献子之言，而迁于新田是也；在有事之国而迁，楚从子西之言，而迁于都是也：皆中行、告公之益也。

1.23 姤

天下之生久矣，一治一乱。盛治之极，而乱萌焉，此一阴遇五阳之卦也。孔子之门四科十哲；身通六艺者七十有二人，于是删《诗》、《书》，定礼、乐，赞《周易》，修《春秋》，盛矣，而《老》、《庄》之书即出于其时。后汉立辟雍，养三老，临白虎，论《五经》，太学诸生至三万人，而三君、八俊、八顾、八及、八厨为之称首，马、郑、服、何之注，经术为之大明，而佛、道之教即兴于其世。【原注】胡三省曰：“道家虽宗老子，而西汉以前未尝以道士自名，至东汉始有张道陵、于吉等。是道与佛教，皆起于东汉之时。”是知邪说之作与世升降，圣人之所不能除也。故曰：“系于金柅，柔道牵也。”呜呼，岂独君子、小人之辨而已乎。【汝成案】《姤》，遇也。不期而会曰遇。初阳曰复，意中之望也。初阴曰姤，意外之变也。阳四始曰大壮，阴一已曰女壮，其词危矣。

1.24 包无鱼

国犹水也，民犹鱼也。幽王之诗曰："鱼在于沼，亦匪克乐。潜虽伏矣，亦孔之昭。忧心惨惨，念国之为虐。"秦始皇八年，河鱼大上。《五行志》以为鱼阴，类民之象也；逆流而上，言民不从君为逆行也。自人君有求，多于物之心，于是鱼乱于下，鸟乱于上，而人情之所向，必有起而收之者矣。

1.25 以杞包瓜

【汝成案】"瓜者外延"云云，司马彪《续汉书·五行志》文。今曰刘昭，当是"续汉"二字之误。

刘昭《五行志》曰："瓜者外延，离本而实，女子外属之象。"一阴在下，如瓜之始生，势必延蔓而及于上五，以阳刚居尊，如树杞然，【原注】《诗·南山有杞》陆机曰："杞，山材也，其树如樗。"《左传》所谓"杞梓皮革"。使之尢所缘而上，故曰"以杞包瓜"。孔子曰："惟女子与小人为难养也。颦笑有时，恩泽有节，器使有分，而国之大防不可以逾，何有外戚、宦官之祸乎！"【姚刑部曰】以人君之道言之，则以道率民，以礼防民，犹之植杞，而事变无穷，不曲而为之备，是为含章。【又曰】古苞苴用诸鱼肉，程传以释"包有鱼"是也，恐未可以言诸瓜，且杞叶非可为包者。《诗》曰："无逾我里，无折我树杞。"然则植杞以卫田里，是为苞焉尔。【沈明经曰】惠氏以"包有鱼"为"庖"，此谓"匏"，陈义虽古，逊是闳深。

1.26 巳日

《革》："巳日乃孚。六二，巳日乃革之。"朱子发读为"戊己"之己。天地之化，过中则变，日中则昃，月盈则食，故《易》之所贵者中。十干则戊己为中，至于己则过中，而将变之时矣，故受之以庚。庚者，更也，天下之事当过中而将变之时，然后革而人信之矣。古人有以己为变改之义者，《仪礼·少牢馈食礼》"日用丁己"注："内事用柔，日必丁己者，取其令名，自丁宁，自变改，皆为敬谨。"而《汉书·律历志》亦谓"理纪于己，敛更于庚"是也。【原注】纳甲之法，革下卦离纳己。王弼谓："即日不孚，巳日乃孚。"以己为"已事遄往"之已，恐未然。【杨氏曰】案《白虎通》：云"己者，起也。"【汝成案】"巳日革之"，程传义极正大。纳甲之说，先生所斥，乃欲以此破旧说，徒好异耳。汉人亦无以此训《革》象者。革是改命，与"幹蛊"异，非过中之谓也。

1.27 改命吉

《革》之九四犹《乾》之九四，诸侯而进乎天子，汤武革命之爻也，故曰："改命，吉。"成汤放桀于南巢，惟有惭德，是有悔也。天下信之，其悔亡矣。四海之内皆曰：非富天下也，为匹夫匹妇复仇也。故曰："信志也。"【陆学博曰】革而信之，新不待革也。若既革而信，是未信而动矣。

1.28 艮

“毋意，毋必，毋固，毋我”，“艮其背，不获其身”也。“富贵不能淫，贫贱不能移，威武不能屈”，“行其庭。不见其人”也。

1.29 艮其限

学者之患，莫甚乎执一而不化。及其施之于事，有扞格而不通，则忿懥生而五情瞀乱，与众人之滑性而焚和者，相去盖无几也。孔子恶果敢而窒者，非独处事也，为学亦然。告子不动心之学，至于不得于言，勿求于心。而孟子以为，其弊必将如蹶趋者之反动其心。此“艮其限，列其夤”之说也。君子之学不然，廓然而大公，物来而顺应，故闻一善言。见一善行，若决江河，沛然莫之能御，而无熏心之厉矣。

慈溪黄氏【原注】震。《日钞》曰：“心者，吾身之主宰，所以治事而非治于事，惟随事谨省则心自存，不待治之而后齐一也。孔子之教人曰：‘居处恭，执事敬，与人忠。’曾子曰：‘吾日三省吾身，为人谋而不忠乎？与朋友交而不信乎？传不习乎？’不待言心而自贯通于动静之间者也。孟子不幸当人欲横流之时，始单出而为求放心之说，然其言曰：‘君子以仁存心，以礼存心。’则心有所主，非虚空以治之也。【钱氏曰】孟子言：“学问之道无他，求其放心而已矣。”不求学问而求放心，此释氏之学也。至于斋心服形之老、庄，一变而为坐脱立忘之禅学，乃始瞑目静坐，日夜仇视其心而禁治之及治之，愈急而心愈乱，则曰：‘易伏猛兽，难降寸心。’呜呼！人之有心，犹家之有主也。反禁切之，使不得有为，其不能无扰者，势也，而患心之难降欤？”【原注】《省斋记》。又曰：“夫心之说有二，古人之所谓存心者，存此心于当用之地也；后世之所谓存心者，摄此心于空寂之境也。造化流行，无一息不运，人得之以为心，亦不容一息不运，心岂空寂无用之物哉！世乃有游手浮食之徒，株坐摄念，亦曰存心。而士大夫溺于其言，亦将遗落世事，以独求其所谓心。迨其心迹冰炭，物我参商，所谓老子之弊流为申、韩者。一人之身已兼备之，而欲尤人之不我应，得乎？”【原注】《山阴县主簿厅记》。此皆足以发明“厉熏心”之义，原注：详又见第二十三卷“心学”条下。乃周公已先系之于《易》矣。

1.30 鸿渐于陆

“上九，鸿渐于陆，其羽可用为仪，吉。”安定胡氏改“陆”为“逵”【原注】晁氏曰：“其说出于毘陵从事范谔昌。”按《宋史·艺文志》，谔昌有《证坠简》一卷。朱子从之，谓合韵，非也。《诗》“仪”字凡十见，【原注】《柏舟》、《相鼠》、《东山》、《湛露》、《菁菁者莪》、《斯干》、《宾之初筵》、《既醉》各一见，《抑》二见。皆音牛何反，不得与“逵”为叶，【江氏曰】以韵读之，“陆”当作“阿”，大陵曰阿。九五为陵，则上九为阿。“阿”、“仪”相叶，《菁菁者莪》是也。而云路亦非可翔之地，仍当作“陆”为是。渐至于陵而止矣，不可以更进，故反而之陆，古之高士，不臣天子，不友诸侯，而未尝不践其土，食其毛也。其行高于人君，而其身则与一国之士偕焉而已。此所以居九五之上，而与九三同为陆象也。朱子发曰：“上所往进也，所反亦进也。渐至九五极矣，是以上反而之三。”杨廷秀曰："九三，下卦之极；上九，上卦之极，故皆曰陆。自木自陵，而复至于陆，以退为进也。"巽为进退，其说并得之。【姚刑部曰】渐以进为德者也，无应与则困莫能进，居卦之中则穷蔑可进矣。故九三、上九皆为鸿渐于陆，失其所而无所往之象也。然九三凶，上九吉者，三居臣子之位，虽不得于君，而义不可去，叔肸子、臧子家驹、屈平之伦是也；上之位故处乎事外，则吾进退岂不绰绰然有余裕哉。虽然鸿居于水泽，饮食游浮者，吉之常也。若以其羽为仪，于用则尊，而鸿死矣。孔子曰："其羽可用为仪，天下虽乱，而吾之道不可乱也。"赞《易》，述《诗》、《书》、《礼》、《乐》，作《春秋》，以遗后圣，是为吉而已矣。

1.31 君子以永终知敝

读《新台》、《桑中》、《鹑奔》之诗，而知卫有狄灭之祸；读《宛丘》《东门》《月出》之诗，而察陈有征舒之乱。书"齐侯送姜氏于讙"，而卜桓公之所以薨；书"夫人姜氏入"，书"大夫宗妇觌，用币"，而兆子般、闵公之所以弑。昏姻之义，男女之节，君子可不虑其所终哉！

1.32 鸟焚其巢

人主之德莫大乎下人，楚庄王之围郑也，而曰："其君能下人，必能信用其民矣"故以禹之征苗，而伯益赞之，犹以"满招损，谦受益"为戒。班师者谦也，用师者满也。上九处卦之上，离之极，所谓有鸟高飞，亦傅于天者矣。居心以矜，而不闻谏争之论，菑必逮夫身者也。鲁昭公之伐季孙意如也，请待于沂上以察罪，弗许；请囚于费，弗许；请以五乘亡，弗许。于是叔孙氏之甲兴，而阳州次、干侯唁矣。"鸜鹆鸜鹆，往歌来哭。"其此爻之占乎。【原注】吴幼清曰："此爻变为《小过》，有飞鸟之象。"

1.33 巽在床下

九二之巽在床下，恭而无礼则劳也。初六之"进退"，慎而无礼则葸也。【汝成案】二之所处，刚巽乎中正而志行者也。史以通人于神，巫以通神于人，纷弱，即重巽神命也。盘庚迁殷，反覆三告，始惕以天之断命，继以乃祖乃父乃断弃汝，浮言胥动而不怒，傲上从康而不诛，所以吉无咎也，故曰"得中"。上九之巽在床下，则失其齐斧矣。

1.34 翰音登于天

羽翰之音虽登于天，而非实际。其如庄周《齐物》之言，驺衍怪迂之辩，其高过于《大学》而无实者乎？以视车服传于弟子，歌遍于鲁中，若鹤鸣而子和者，孰诞孰信？夫人而识之矣。永嘉之亡，太清之乱，岂非谈空空、核玄玄者有以致之哉。翰音登于天，中孚之反也。【汝成案】豚鱼之孚，可以及泽。翰音之登，难达于天。飞鸟遗音，不宜上，宜下也。沟浍皆盈，涸可立待矣。

1.35 山上有雷小过

山之高峻，云雨时在其中间，而不能至其巅也。故《诗》曰："殷其雷，在南山之侧。”或高或下，在山之侧，而不必至其巅，所以为小过也。然则《大壮》言：“雷在天上。”何也？曰：自地以上皆天也。

1.36 妣

《尔雅》：“父曰考，母曰妣。”愚考古人自祖母以上通谓之妣，经文多以妣对祖而并言之，若《诗》之云“似续妣祖”、“烝畀祖妣”，《易》之云“过其祖，遇其妣”是也。《左传·昭十年》：“邑姜，晋之妣也。”平公之去邑姜，盖二十世矣。【原注】《仪礼·士昏礼》：“勖帅以敬先妣之嗣。”盖继世主祭之通辞。过其祖，遇其妣，据文义，妣当在祖之上；不及其君，遇其臣，臣则在君之下也。昔人未论此义。周人以姜嫄为妣，【原注】《周礼·大司乐》注：“周人以后稷为始祖，而姜嫄无所配，是以特立庙祭之，谓之闷宫。”《周语》谓之皇妣太姜，是以妣先乎祖。《周礼·大司乐》享先妣在享先祖之前。而《斯干》之诗曰：“似续妣祖。”笺曰：“妣，先妣姜嫄也。祖，先祖也。”或乃谓变文以协韵，是不然矣。【原注】朱子《本义》以《晋》六二为享先妣之吉占。或曰：《易》爻何得及此？夫帝乙《归妹》，箕子之《明夷》，王用享于岐山，爻辞屡言之矣。

《易》本《周易》，故多以周之事言之。《小畜》卦辞：密云不雨，自我西郊。《本义》：我者，文王自我也。

1.37 东邻

驭得其道，则天下皆为之臣；驭失其道，则强而擅命者谓之邻。臣哉、邻哉？邻哉、臣哉？

《汉书·郊祀志》引此，师古注：“东邻谓商纣也，西邻谓周文王也。”【雷氏曰】郑康成《坊记》注云：“东邻谓纣国中也，西邻谓文王国中也。”班固《通幽赋》云：“东厶虐而歼仁兮。”应劭注云：“东邻谓纣。”颜师古注云：“厶，古邻字。”是东汉时实有此说，今遗佚耳。

1.38 游魂为变

精气为物，自无而之有也；游魂为变，自有而之无也。夫子之答宰我曰：“骨肉毙于下，阴为野土；其气发扬于上，为昭明，焄蒿凄怆。”【原注】朱子曰：“昭明，露光景也。”郑氏曰：“焄谓香臭也，蒿气蒸出貌。”许氏曰：“凄怆，使人惨栗感伤之意。”鲁庵徐氏曰：“阳气为魂。附于体貌。而人生焉；骨肉毙于下。其气无所附丽。则发散飞扬于上，或为朗然昭明之气，或为温然焄蒿之气，或为肃然凄怆之气。盖阳气轻清，故升而上浮，以从阳也。所谓游魂为变者，情状具于是矣。延陵季子之葬其子也，曰：“骨肉复归于土，命也。若魂气则无不之也，无不之也。”张子《正蒙》有云：“太虚不能无气，气不能不聚而为万物，万物不能不散而为太虚。循是出入，是皆不得已而然也。然则圣人尽道其间兼体而不累者，存神其至矣，其精矣乎！”

鬼者，归也，张子曰：“气之为物，散入无形，适得吾体，此之谓归。”

陈无己【原注】师道。以游魂为变为轮回之说，【原注】理究惠氏曰：“京房《乾》传：精粹气纯，是为游魂。陆绩注为：阴极剥尽，阳道不可尽灭，故返阳道。道不复本位，为游魂。”先扑庵《易说》曰：“硕果不食，故有游魂。”吕仲木【原注】柟。辨之曰：“长生而不化，则人多，世何以容？长死而不化，则鬼亦多矣。夫灯熄而然，非前灯也。云霓而雨，非前雨也。死复有生，岂前生邪？”邵氏（原注：宝）《简端录》曰：“聚而有体谓之物，散而无形谓之变。唯物也，故散必于其所聚；唯变也，故聚不必于其所散。是故聚以气聚，散以气散。味于散者，【杨氏曰】“味”疑作“昧”。其说也佛；荒于聚者，其说也仙。”

盈天地之间者，气也。气之盛者为神。神者，天地之气而人之心也。故曰：“视之而弗见，听之而弗闻，体物而不可遗，使天下之人齐明盛服以承祭祀，洋洋乎如在其上，如在其左右。”圣人所以知鬼神之情状者如此。

“维岳降神，生甫及申。”非有所托而生也。“文王在上，于昭于天。”非有所乘而去也。此鬼神之实，而诚之不可揜也。

1.39 通乎昼夜之道而知

日往月来，月往日来，一日之昼夜也。寒往暑来，暑往寒来，一岁之昼夜也。小往大来，大往小来，一世之昼夜也。子在川上曰：“逝者如斯夫，不舍昼夜！”通乎昼夜之道而知，则“终日乾乾，与时偕行”，而有以尽乎《易》之用矣。【杨氏曰】此慎独之义。

1.40 继之者善也，成之者性也

“维天之命，于穆不已。”继之者善也；“天下雷行，物与无妄。”成之者性也。是故，“天有四时，春秋冬夏，风雨霜露，无非教也；地载神气，神气风霆，风霆流形，庶物露生，无非教也。”

“天地絪缊，万物化醇。”善之为言犹醇也。曰：何以谓之善也？曰：诚者，天之道也。岂非善乎？

1.41 形而下者谓之器

“形而上者谓之道，形而下者谓之器。”非器则道无所寓，说在乎孔子之学琴于师襄也。已习其数，然后可以得其志。已习其志，然后可以得其为人。是虽孔子之天纵，未尝不求之象数也。故其自言曰：“下学而上达。”

1.42 垂衣裳而天下治

“垂衣裳而天下治。”变质而之文也，自黄帝、尧、舜始也，故于此有通变宜民之论。

1.43 过此以往未之或知也

人之为学，亦有病于憧憧往来者，故天下之不助苗长者寡矣。“过此以往，未之或

知也。”“居之安，则资之深；资之深，则取之左右逢其原。”

1.44 困，德之辨也

内文明而外柔顺，其文王之困而亨者乎？不怨天，不尤人，下学而上达，其孔子之困而亨者乎？故在陈之厄，弦歌之志，颜渊知之，而子路、子贡之徒，未足以达此也。故曰：“《困》，德之辨也。”

1.45 凡易之情

爱恶相攻，远近相取，情伪相感，人心之至变也。于何知之？以其辞知之，将叛者其辞惭，中心疑者其辞枝，吉人之辞寡，躁人之辞多，诬善之人其辞游，失其守者其辞屈。听其言也，观其眸子，人焉廋哉！是以圣人设卦，以尽情伪。夫诚于中必形于外，君子之所以知人也；百物而为之备，使民知神奸，先王之所以铸鼎也。故曰：“作《易》者，其有忧患乎？”周身之防，御物之智，其全于是矣。

1.46 易，逆数也

数往者顺，造化人事之迹有常而可验，顺以考之于前也。知来者逆，变化云为之动日新而无穷，逆以推之于后也。圣人神以知来，知以藏往，作为《易》书，以前民用，所设者，未然之占。所期者，未至之事。是以谓之逆数。虽然，若不本于八卦已成之迹，亦安所观其会通而系之爻象乎？是以天下之言性也，则故而已矣。

刘汝佳曰：“天地间一理也，圣人因其理而画为卦以象之，因其象而著为变以占之。象者，体也，象其已然者也。占者，用也，占其未然者也。已然者为往，往则有顺之之义焉。未然者为来，来则有逆之之义焉。如象天而画为《乾》，象地而画为《坤》，象雷、风而画为《震》、《巽》，象水、火而画为《坎》、《离》，象山、泽而画为《艮》、《兑》，此皆观变于阴阳而立卦，发挥于刚柔而生爻者也，不谓之数往者顺乎？如筮得《乾》，而知“乾，元亨利贞。”筮得《坤》，而知“坤，元亨，利牝马之贞。”筮得《震》，而知“震，亨，震来虩虩，笑言哑哑。”筮得《巽》，而知“巽，小亨，利有攸往，利见大人。”筮得《坎》，而知“习坎有孚，维心亨，行有尚。”筮得《离》，而知“离，利贞亨，畜牝牛吉。”筮得《艮》，而知“艮，其背，不获其身，行其庭，不见其人。”筮得《兑》，而知“兑，亨，利贞。”此皆通神明之德、类万物之情者也，不谓之知来者逆乎？夫其顺数已往。正所以逆推将来也。孔子曰：殷因于夏礼，所损益可知也。周因于殷礼，所损益可知也。数往者顺也。其或继周者，虽百世可知也，知来者逆也。故曰：“易，逆数也。”若如邵子之说，则是羲、文之《易》，已判而为二，而又以《震》、《离》、《兑》、《乾》为数已生之卦，《巽》、《坎》、《艮》、《坤》为推未生之卦，殆不免强孔子之书，以就己之说矣。【钱氏曰】先生不信康节先天之学，其识高于元、明诸儒远矣。

1.47 说卦杂卦互文

"雷以动之，风以散之，雨以润之，日以晅之，《艮》以止之，《兑》以说之，《乾》以君之，《坤》以藏之。"上四举象，下四举卦，各以其切于用者言之也。终万物、始万物者，莫盛乎《艮》。崔憬曰："《艮》不言山，独举卦名者，以动挠燥润，功是风雷水火，至于终始万物，于山义则不然。故舍象而言卦，各取便而论也，得之矣。"【汝成案】李鼎祚《周易集解》作"故言卦而余皆称物"，"故言卦"句。今云"故舍象而言卦"，义虽无异，文则未赅。

古人之文，有广譬而求之者，有举隅而反之者。今夫山，一卷石之多。今夫水，一勺之多。天地之外复言山水者，意有所不尽也。"《坤》也者，地也。"不言西南之卦。"《兑》，正秋也。"不言西方之卦。举六方之卦而见之也，意尽于言矣。虞仲翔以为《坤》道广布，不主一方，及《兑》象不见西者，妄也。

"《丰》多故［也］，亲寡《旅》也。"先言亲寡，后言旅，以协韵也。犹《楚辞》之"吉日兮辰良"也。虞仲翔以为别有义，非也。

1.48 兑为口舌

《兑》为口舌，其于人也，但可以为巫为妾而已。以言说人，岂非妾妇之道乎？

凡人于交友之间，口惠而实不至，则其出而事君也，必至于静言庸违。故舜之御臣也，【杨氏曰】"御"当作"于"。敷奏以言，明试以功；而孔子之于门人，亦听其言而观其行。

《唐书》言韦贯之自布衣为相，与人交，终岁无款曲，未尝伪辞以悦人，其贤于今之人远矣！

1.49 序卦、杂卦

《序卦》《杂卦》，皆旁通之说。先儒疑，以为非夫子之言，然《否》之"大往小来"，承《泰》之"小往大来"也。《解》之"利西南"，承《蹇》之"利西南、不利东北"也。是文王已有相受之义也。《益》之六二，即《损》之六五也。其辞皆曰"十朋之龟"。《姤》之九四，即《夬》之九三也，其辞皆曰"臀无肤"。《未济》之九四，即《既济》之九三也，其辞皆曰"伐鬼方"。是周公已有反对之义也。必谓六十四卦皆然，则非《易》书之本意。或者夫子尝言之，而门人广之，如《春秋·哀十四年》西狩获麟以后，续经之作耳。

1.50 晋，昼也；明夷，诛也

苏氏曰："'昼日三接'，故曰昼。'得其大首'，故曰诛，《晋》当文明之世，群后四朝而车服以庸，揖让之事也。《明夷》逢昏乱之时，取彼凶残而杀伐用张，征诛之事也。一言昼，一言诛，取其音协尔。"【原注】"昼"古音注。《易林》及张衡《西京赋》并同。虞仲翔曰："诛，伤也。"本义用之，与昼义相对，不切。

1.51 孔子论易

孔子论《易》，见于《论语》者，二章而已，曰："加我数年，五十以学《易》，可以无大过矣。"曰："南人有言曰：'人而无恒，不可以作巫医'。善夫，不恒其德，或承之羞。子曰：'不占而已矣。'"是则圣人之所以学《易》者，不过庸言、庸行之间，而不在乎图书象数也。今之穿凿图象以自为能者，畔也。

《记》者于夫子学《易》之言而即继之曰："子所雅言，诗、书、执礼，皆雅言也。"是知夫子平日不言《易》而其言诗、书、执礼者，皆言《易》也。人苟循乎诗、书、执礼之常，而不越焉。则自天佑之，吉无不利矣。故其作《系辞传》，于"悔吝无咎"之旨，特谆谆焉。而《大象》所言，凡其体之于身、施之于政者，无非用《易》之事。然辞本乎象，故曰："君子居则观其象而玩其辞。"观之者浅，玩之者深矣。其所以与民同患者，必于辞焉著之，故曰圣人之情见乎辞。若天一地二、易有太极二章，皆言数之所起，亦赞《易》之所不可遗，而未尝专以象数教人为学也。是故出入以度，无有师保，如临父母，文王、周公、孔子之《易》也。希夷之图，康节之书，道家之《易》也。自二子之学兴，而空疏之人、迂怪之士举窜迹于其中以为《易》，而其《易》为方术之书。于圣人寡过反身之学去之远矣。【杨氏曰】此论与朱子异。

"《诗》三百，一言以蔽之，曰思无邪。"《易》六十四卦，三百八十四爻，一言以蔽之，曰："不恒其德，或承之羞。"夫子所以思，得见夫有恒也。有恒，然后可以无大过。

1.52 七八九六

《易》有七、八、九、六，而爻但系九、六者，举隅之义也。故发其例于《乾》、《坤》二卦曰"用九"、"用六"，用其变也。亦有用其不变者，《春秋传》穆姜遇《艮》之八，《晋语》董因得《泰》之八是也。【原注】杜元凯注谓杂用《连山》、《归藏》二《易》，皆以七、八为占。故言遇《艮》之八者非。晋语："公子筮，得贞《屯》、悔《豫》，皆八。"本卦为贞，之卦为悔。沙随程氏曰："初与四、五，凡三爻变，其不变者二、三上，在《屯》为八，在《豫》亦八。"今即以《艮》言之，二爻独变则名之六，余爻皆变而二爻独不变则名之八，是知《乾》、《坤》亦有用七用八时也。《乾》爻皆变而初独不变，曰"初七，潜龙勿用"可也。《坤》爻皆变而初独不变，曰"初八，履霜，坚冰至"可也。占变者其常也，占不变者其反也，故圣人系之九、六。欧阳永叔曰："《易》道占其变，故以其所占者名爻，不谓六爻，皆九六也。得之矣。"【钱氏曰】春秋之世，三《易》尚存。其以《周易》占，一爻变则以变爻辞占，如《观》之《否》、《归妹》之《睽》、《明夷》之《谦》之类是也。数爻变则以彖辞占，如《艮》之八、贞《屯》悔《豫》皆八是也。六爻皆不变，亦以彖辞占，《泰》之八是也。以爻辞占，称九、六。以彖辞占，称八、九。六、八之名，惟《周易》有之，若杂以它占则否。"千乘三去，射其元王"，不云《蛊》之八、《复》之八者，非《周易》爻辞也。又曰：惠氏栋尝言之：蓍圆而神七也，卦方以知八也，六爻《易》以贡九、六也。七七四十九，蓍之数。八八六十四，卦之数。九、六变成三百八十四，爻之数。神以知来，知以藏往。知来为卦之未成者，藏往为卦之已成者，故不曰七而曰八。《春秋内外传》从无筮得某卦之七者，以七者筮之数，未成卦也。

赵汝楳《易辑闻》曰："揲蓍策数，凡得二十八，虽为《乾》亦称七。凡得三十二，虽为《坤》亦称八。"

杨彦龄《笔录》曰："杨损之，蜀人，博学善称说。余尝疑《易》用九、六，而无七、八。损之云：'卦画七、八，爻称九、六。'"

《乾》之策二百一十有六，《坤》之策百四十有四，亦是举九、六以该七、八也。朱子谓七、八之合，亦三百有六十也。【原注】《乾》遇七则一百六十八，《坤》遇八则一百九十二。

1.53 卜筮

舜曰："官占，惟先蔽志，昆命于元龟。"《诗》曰："爰始爰谋，爰契我龟。"《洪范》曰："谋及乃心，谋及卿士，谋及庶人，谋及卜筮。"孔子之赞《易》也，亦曰："人谋鬼谋。"【原注】祖伊告纣言："格人元龟。"亦先人后龟。夫庶人至贱也，而犹在蓍龟之前，故尽人之明而不能决，然后谋之鬼焉。故古人之于人事也，信而有功；于鬼也，严而不渎。

子之必孝，臣之必忠，此不待卜而可知也。其所当为，虽凶而不可避也。故曰："欲从灵氛之吉占兮，必犹豫而狐疑。"又曰："用君之心，行君之意，龟策诚不能知此事。"善哉！屈子之言，其圣人之徒欤！

《卜居》，屈原自作，设为问答，以见此心，非鬼神吉凶之所得而移耳。王逸《序》乃曰："心迷意惑，不知所为，往至太卜之家，决之蓍龟，冀闻异策，以定嫌疑。"则与屈子之旨大相背戾矣。洪兴祖《补注》曰："此篇上句皆原所从，下句皆原所去。时之人去其所当从，从其所当去。其所谓吉，乃原所谓凶也。"可谓得屈子之心者矣。【杨氏曰】汉以前，注止据文生义，王叔师序《渔父》，便谓实有其人，此不足怪也。

《礼记·少仪》："问卜筮曰：'义与？志与？义则可问，志则否。'"子孝臣忠，义也。违害就利，志也。卜筮者，先王所以教人去利怀仁义也。

石骀仲卒，无适子，有庶子六人，卜所以为后者。曰："沐浴佩玉则兆。"五人者皆沐浴佩玉，石祈子曰："孰有执亲之丧，而沐浴佩玉者乎！"不沐浴佩玉，石祈子兆。卫人以龟为有知也。南蒯将叛，枚筮之，遇《坤》之《比》，曰："黄裳元吉。"子服惠伯曰："忠信之事则可，不然必败。外强内温，忠也。和以率贞，信也。故曰黄裳元吉。黄，中之色也。裳，下之饰也。元，善之长也。中不忠，不得其色。下不共，不得其饰。事不善，不得其极。且夫《易》不可以占险，犹有阙也。筮虽吉，未也。"南蒯果败。是以严君平之卜筮也。与人子言"依于孝"，与人弟言"依于顺"，与人臣言"依于忠"。而高允亦有筮者，当依附爻象，劝以忠孝之论，其知卜筮之旨矣。

《申鉴》："或问卜筮曰：'德斯益，否斯损。'曰：'何谓也？吉而济凶而救之谓德，吉而恃凶而怠之谓损。'"

君子将有为也，将有行也，问焉而以言，其受命也如向，告其为也，告其行也，死生有命，富贵在天。若是，则无可为也，无可行也。不当问，问亦不告也。《易》以前民用也，非以为人前知也。求前知，非圣人之道也。是以《少仪》之训曰：“毋测未至。”

郭璞尝过颜含，欲为之筮，含曰：“年在天，位在人，修己而天不与者，命也。守道而人不知者，性也。自有性命，无劳蓍龟。

《文中子》：子谓：“北山黄公善医，先寝食而后针药。汾阴侯生善筮，先人事而后说卦。”

《金史·方伎传序》曰：“古之为术，以吉凶导人而为善。后世术者，或以休咎导人而为不善。”

日知录卷一

日知录　卷二

昆山顾炎武撰

2.1　帝王名号

尧、舜、禹，皆名也。古未有号，故帝王皆以名纪，临文不讳也。【原注】胡文定《修春秋札子》：“臣闻古者不以名为讳，《尧典》称有鳏在下曰虞舜，则尧、舜者固二帝之名，而《尧典》乃虞氏史官所作，直载其君之名而不避也。”【阎氏曰】按《曲礼》：“诗书不讳，临文不讳。”卢植注曰：“临文谓礼文也。礼执文行事，故言文也。”郑康成注曰：“为其失事正也。”陈澔注曰：“不因避讳而改行事之语，盖恐有误于承事也。”从来解文字皆如此，而从来引此句多误，顾氏亦未之免，要当用“诗书不讳”耳。【杨氏曰】虞、夏时亦未有讳。考之尚书，帝曰格汝舜，格汝禹，名其臣也。尧崩之后，舜与其臣言，则曰帝禹崩之后。五子之歌则曰皇祖，征则曰先王，无言尧舜禹者，不敢名其君也，自启至发皆名也。夏后氏之季，而始有以十干为号者，桀之癸，商之报丁、报乙、报丙、主壬、主癸，皆号以代其名。【原注】《白虎通》曰：“殷质，以生日名子。”自天乙至辛皆号也。【原注】太甲、沃丁、仲丁、河亶甲、祖乙、盘庚，皆以为《书》篇之名，惟其号也。商之王著号不著名，而名之见于经者二：天乙之名履，辛之名受是也。【原注】武庚亦是号，禄父乃名也。曰汤、曰纣，则亦号也。【原注】孔氏《西伯戡黎》序传：“受，纣也。音相乱。”号则臣子所得而称，故伊尹曰惟尹躬暨汤，颂曰武、汤，曰成汤、曰汤孙也。【原注】《微子之命》言“乃祖成汤”，《多士》言“尔先祖成汤”，皆对其臣子称之。曰文祖，曰艺祖，曰神宗，曰皇祖，曰烈祖，曰高祖，曰高后，曰中宗，曰高宗，而庙号起矣。曰元王，曰武王，而谥立矣。曰大舜，曰神禹，曰大禹，曰成汤，曰宁王，而称号繁矣。自夏以前，纯乎质，故帝王有名而无号。自商以下，寖乎文，故有名有号。而德之盛者，有谥以美之，于是周公因而制谥。自天子达于卿大夫，美恶皆有谥，而十干之号不立。【原注】《史记·齐太公世家》：“太公子丁公，丁公子乙公，乙公子癸公。”犹用商人之称。陆淳曰：“《史记》、《世本》，厉王以前诸侯有谥者少，其后乃皆有谥。”然王季以上不追谥，犹用商人之礼焉，此文质之中，而臣子之义也。呜呼！此其所以为圣人也欤？

2.2 九族

宗盟之列，先同姓而后异姓。丧服之纪，重本属而轻外亲。此必有所受之，不自周人始矣。“克明俊德，以亲九族。”孔传以为自高祖至玄孙之亲，盖本之《丧服小记》“以三为五，以五为九”之说，而百世不可易者也。《牧誓》数商之罪，但言“昏弃厥遗王父母弟”，而不及外亲。《吕刑》申命有邦，历举伯父、伯兄、仲叔、季弟、幼子、童孙，而不言甥舅，古人所为先后之序从可知矣。故《尔雅》谓于内宗曰“族”，于母妻则曰“党”。而《昏礼》及《仲尼燕居》“三族”之文，康成并释为父、子、孙。【原注】《仪礼·昏礼》“三族之不虞”注：“三族，谓父昆弟、已昆弟、子昆弟。”《礼记·仲尼燕居篇》“故三族和也”注：“三族，父、子、孙也。”杜元凯乃谓：“外祖父、外祖母、从母子及妻父、妻母、姑之子、姊妹之子、女子之子非已之同族，【汝成案】“非”，今本作“并”。皆外亲有服而异族者。”【原注】《左氏桓公六年传》注。杨氏曰：杜氏之所以异于孔、郑者，以传文云：“修其五教，亲其九族。”“五教”注既云“父义、母慈、兄友、弟恭、子孝”矣，则九族更不得就一本言之，所谓言各有当也。【汝成案】《左传·桓公六年》疏、《礼》戴、《尚书》欧阳说“九族”，乃异姓有属者。父族四：五属之内为一族，父女昆弟适人者与其子为一族，已女昆弟适人者与其子为一族，已之女子子适人者与其子为一族。母族三：母之父姓为一族，母之母姓为一族，母女昆弟适人者与其子为一族。妻族二：妻之父姓为一族，妻之母姓为一族。此小异者，以郑驳云“女子不得与父兄为异族”，故简去其母，惟取其子。夫既以为异姓有属者，乃仍数五属之内为一族则不辞；若无姑或无姊妹、无女子子，则九族不备。皆理之不可通者。

然则史官之称帝尧，举其疏而遗其亲，无乃颠倒之甚乎？且九族之为同姓，经传之中有明证矣。《春秋·鲁成公十五年》：“宋共公卒。”传曰：“二华，戴族也。司城，庄族也。六官者，皆桓族也。”共公距戴公九世。【原注】凡十三公，内除同世者四公。【沈氏曰】《左传》所言盖“氏族”之族也，不谓顾氏乃有此舛谬。

而《唐六典·宗正卿》：“掌皇九族之属籍，以别昭穆之序，纪亲疏之别。”“九庙之子孙，其族五十有九。光皇帝一族，景皇帝之族六，元皇帝之族三，高祖之族二十有一，太宗之族十有三，高宗之族六，中宗之族四，睿宗之族五。”此在玄宗之时已有七族，【原注】中、睿二宗同为一世。【沈氏曰】《六典》所言乃同宗之族也，以此证九族，恐未精细。

若其历世滋多，则有不止于九者。而五世亲尽，故经文之言族者自九而止也。【原注】杜氏于《襄十二年传》注曰：“同族谓高祖以下。”则前说之非，不待辨而明矣。

又孔氏《正义》谓高祖、玄孙无相及之理，【原注】《桓六年》。不知高祖之兄弟与玄孙之兄弟固可以相及，【沈氏曰】高祖之兄亦亲尽无服，恐不在九族之列。如后魏国子博士李琰之所谓“寿有长短，世有延促，不可得而齐同”者。如宋·洪迈《容斋随笔》言：“嗣濮王士歆，在隆兴为从叔祖，在绍熙为曾叔祖，在庆元为高叔祖。”其明证矣。【原注】余丁未岁，在大同遇代府中尉俊晰，年近五十。考其世次，于孝宗为昆弟。而上距治之元已一百八十年，秦、晋二府见在者多其六七世孙。亦何必帝尧之世，高祖、玄孙之族，无一二人同在者乎？疑其不相及而以外戚当之，其亦昧于齐家治国之理矣。

《路史》曰：“亲亲，治之始也。”《礼·小记》曰：“亲亲者，以三为五，以五为九，上杀，下杀，旁杀，而亲毕矣。”是所谓九族者也。夫人生则有父，壮则有子，父子与己，此《小宗伯》三族之别也。【原注】《周礼·小宗伯》：“掌三族之别，以辨其亲疏。其正室皆谓之门子。”父者子之祖，因上推，之以及于己之祖。子者父之孙，因下推之，以及于己之孙。此《礼传》之以三为五也。已之祖，自己子视之，则为曾祖王父。自己孙视之，则为高祖王父。己之孙，自己父视之，则为曾孙。自己祖视之。则为玄孙。故又上推以及已之曾、高，下推以及已之曾、玄，是所谓以五为九也。陈氏《礼书》曰：“已之所亲，以一为三。祖孙所亲，以五为七。《记》不言者，以父子一体，而高、玄与曾同服，故不辨异之也。服父三年，服祖期，则曾祖宜大功，高祖宜小功，而皆齐衰三月者，不敢以大小功旁亲之服加乎至尊。故重其衰麻，尊尊也。减其日月，恩杀也。此所谓上杀。服适子三年，庶子期，适孙期，庶孙大功，【原注】适孙，传重者也。有适子者无适孙，则长子在皆为庶孙也。则曾孙宜五月，而与玄孙皆缌麻三月者，曾孙服曾祖三月，曾祖报之亦三月。曾祖，尊也，故加齐衰。曾孙，卑也，故服缌麻。此所谓下杀。服祖期，则世叔【杨氏曰】“世叔”宜云“世父”、“叔父”，下同。宜大功， 以其与父一体，故加以期。【原注】周道亲亲，至重者莫如兄弟。兄弟之子进而为期，其服同于子。父之兄弟进而为期，其服同于祖父。故曰：“死丧之威，兄弟孔怀。”

从世叔则疏矣，加所不及，【沈氏曰】此下宜增“故服大功，再从世叔又疏矣”二句。故服小功。族世叔又疏矣，故服缌麻：此发父而旁杀者也。祖之兄弟小功，【沈氏曰】此下宜增“兄弟之曾孙缌麻”一句。曾祖兄弟缌麻，高祖兄弟无服。此发祖而旁杀者也。同父至亲，期。同祖为从，大功。同曾祖为再从，小功。同高祖为三从，缌麻。此发兄弟而旁杀者也。父为子期，兄弟之子宜九月，不九月而期者，以其犹子而进之也。从兄弟之子小功，再从兄弟之子缌麻。此发子而旁杀者也。祖为孙大功，兄弟之孙小功，从兄弟之孙缌麻。【沈氏曰】此下宜增“兄弟之曾孙缌麻”一句。此发孙而旁杀者也。【沈氏曰】族祖缌麻，发祖而旁杀者也。故宜增入“曾祖兄弟缌麻，发曾祖而旁杀者也”，“兄弟曾孙缌麻，发曾孙而旁杀者也”，宜自为两段。至“高祖兄弟无服”一句，直宜去之。盖服有加也，有报也，有降也。祖之齐衰，世叔从子之期，皆加也。曾孙之三月与兄弟之孙五月，皆报也。若夫降有四品，则非五服之正也。观于九族之训，如丧考妣之文，而知宗族之名、服纪之数，盖前乎二帝而有之矣。【汝成案】先生所云“从世叔”，即《丧服·小功章》“从祖父母”，“族世叔”即《缌麻章》“族父母”。沈氏此注既乖服数，又舛出云。

后魏孝文太和中，诏延四庙之子，下逮孙之胄。申宗宴于皇信堂，不以爵秩为列，悉序昭穆为次，用家人之礼。此由古圣人睦族之意而推之者也。

2.3 舜典

古时《尧典》、《舜典》本合为一篇，故“月正元日，格于文祖”之后，而四岳之咨必称“舜曰”者，以别于上文之“帝”也。至其命禹始称“帝曰”，问答之辞已明，则无嫌也。

2.4 惠迪吉，从逆凶

善恶报应之说，圣人尝言之矣。大禹言："惠迪吉，从逆凶，惟景响。"汤言："天道福善祸淫。"伊尹言："惟上帝不常，作善，降之百祥。作不善，降之百殃。"又言："惟吉凶不僭在人，惟天降灾祥在德。"孔子言："积善之家，必有余庆。积不善之家，必有余殃。"岂真有上帝司其祸福，如道家所谓天神察其善恶，释氏所谓地狱果报者哉！善与不善，一气之相感，如水之流湿，火之就燥，不期然而然，无不感也，无不应也。此孟子所谓"志壹则动气"，而诗所云"天之牖民，如埙如篪，如璋如圭，如取如携"者也。其有不齐，则如夏之寒，冬之燠，得于一日之偶逢，而非四时之正气也。故曰："诚者，天之道也。"若曰有鬼神司之，屑屑焉如人间官长之为，则报应之至近者，反推而之远矣。

2.5 懋迁有无化居

"懋迁有无化居。"化者，货也。【原注】古"化"、"货"二字多通用。《史记·仲尼弟子传》："与时转货赀。"《索隐》曰："《家语》'货'作'化'。"运而不积则谓之化，留而不散则谓之货。唐虞之世，曰化而已。至殷人，始以货名。《仲虺》有"不殖货利"之言，三风有殉于货色之儆，而《盘庚》之诰则曰"不肩好货"，于是"移化"之字为"化生""化成"之化，而厚敛之君、发财之主，多不化之物矣。

舜作《南风之歌》，所谓劝之以九歌者也。【原注】《左传·文八年》"郤缺言"："九功之德，皆可歌也，谓之九歌。"读之，然后知解吾民之愠者，必在乎阜吾民之财；而自阜其财，乃以来天下之愠。

2.6 三江

北江，今之扬子江也。中江，今之吴淞江也。【原注】"东迤北会为汇"，盖指固城、石臼等湖。不言南江，而以"三江"见之。南江，今之钱塘江也。【原注】本郭璞说。【全氏曰】三江之说，其中以中江、北江、南江言之者，汉孔氏《传》据经文，谓有中、有北，则南可知，是为三江。其道则自彭蠡分为三，而入震泽，自震泽复分为三入海。按江、汉之水会于汉阳，合流数百里至湖口，与豫章江会，数千里而入海，即所谓彭蠡也。然则江至彭蠡并三为一，未尝分一为三。况震泽在今之常、湖、苏三府地，自隋炀帝凿江南河，始与江通，当禹时，江、湖何自而会？且大江又合流入海，未闻三分。故前辈谓安国未尝南游，不谙吴楚地理，是《书传》之说非也。班孟坚《地理志》指松江为南江，永阳江、荆溪诸水为中江，大将为北江。司马彪《郡国志》因之。此与《书传》所言本自不同，乃孔颖达引以证《传》，而司马贞入之《索隐》，王荆公亦取其说。但其所谓中江，出丹阳芜湖县西南，至会稽阳羡县东入海者。按阳羡与丹阳虽相接，而两境中高，又皆有堆阜间之，其水分东西流。江水在阳羡者固可通海，而芜湖之水衔西北流，合宁国、广德、宣、歙诸水北向以入大江，安得南流以上阳羡也？夫诸水皆支流，不足以当大江。经文明有中江，而乃背之，甚属无谓。乃或言《地理志》之中江，在洪水时原有之，禹塞之以奠震泽。则何不云"三江既塞"，是《地志》之说尤非也。《水经》谓："江至石城分为二，其一即经文所谓北江者也。南江则自牛渚上桐水，过吉安县，为长渎，历湖口，东则松江出焉。江水奇分，谓之三江口，东至会稽余姚县东入海。"

其于东江阙焉。不知桐水，今之广德。长渎，今之太湖。其中高，水不相通，亦犹丹阳之与阳羡。而南江既为吴松，安得更从余姚入海？故胡朏明疑“东则松江出焉”十五字，乃注之误混于经者。盖《地志》以松江为南江，《水经》以分江水为南江，道元欲援《水经》以合《地志》，故曲传之。总之，与《禹贡》不合，是《水经》之说又非也。郑康成《书注》：“左合汉为北江，会彭蠡为南江，岷江居其中，则为中江。”康成未尝见《书传》，然其说颇与合，特不言人震泽耳。唐魏王泰《括地志》谓三江俱会彭蠡，合为一江人澥。夫合为一江，则仍不可以言三江。是《书注》之说亦非也。盛宏之《荆州记》：“江出岷山，至楚都，遂广十里，名南江。至寻阳，分九道，东会于彭泽，经芜湖，名中江。东北至南徐州，名北江，入海。”此本《汉志》旧注：“岷山为大江，至九江为中江，至徐陵为北江，一原而三目。”今载《初学记》中，而徐氏注《说文》宗之。但此仍一江，非三江也。其与孔、郑别者，不过一以南江为大江之委，一以为原，不甚远也。则《荆州记》之说亦非也。贾公彦《周礼疏》袭孔、郑之说而变之，谓：“江至寻阳，南合为一，东至扬，复分三道入海。”但彭蠡在寻阳之南，几见江、汉之分至寻阳始合，而大江之合至彭蠡又分者？则《周礼疏》之说亦非也。《初学记》又引郭景纯《山海经注》：“三江者，大江、中江、北江。汶山郡有岷山，大江所出。崃山，中江所出。琚山，北江所出。”此在《山经》，原未以言《禹贡》之三江。而杨用修因谓：“诸家求三江于下流，何不向上流寻讨？盖三江发愿于蜀，而注震泽。《禹贡》纪其原，以及其委。”乃不考大江、震泽之本不相通，且亦思三江尽在夔峡以西，安得越梁、荆而纪之扬？况《山海经》安得解《尚书》也？试读《海内东经》，又有“大江出汶山，北江出曼山，中江出高山”之语，是又一三江也，是固不足信之尤者也。其以松江东江娄江言之者，张守节谓：“在苏州东南三十里，名三江口：一江西南上七十里至太湖，名松江，古笠泽江。一江东南上七十里至蚬湖，名上江，一曰东江。一江东北下三百余里，名下江，一月娄江。”是本虞仲初《扬都赋》注，而虞又本顾夷《吴地记》、《吴越春秋》所谓“范蠡乘舟出三江之口”，与《水经》所云“奇分”者也。陆德明已引之，守节始主其说，而薛季龙、朱乐圃、蔡九峰皆以为然。但据诸书，皆云“三江口”，而不以为三江。况东、娄仅为吴松支港，故孔仲达已非之，谓不与《职方》同。今考《扬都赋》注，则东江、娄江并入海。据《史记正义》，则仅娄江入海。然则三江仍属一江，而东、娄二江至今无考。则《吴地记》之说亦非也。虞氏《志林》谓松江至彭蠡分三道，大抵即指松江、东江、娄江而言，则更纰缪之甚。彭蠡为中江、北江、南江之会，其水既人大江，即从毗陵入海。而松江乃从吴县入海，安得至彭蠡也？则《志林》之说亦非也。黄东发力主虞、张而又疑之，谓：“余尝泛舟至吴松，绝不见所谓东、娄者。考《吴志》有白蚬江、笠泽江，意者即是耶？”不知白蚬即东江，笠泽即松江。东发失记张氏原注而悬揣之，是《日钞》之说亦非也。金仁山曰：“太湖之下三江说有二。一谓吴松江，七十里，中为松江，东南娄江，北东江。一谓三江，吴松乃其一耳。”则亦疑松江、东江、娄江之未足以当三江，而究之别有江者，果何江也？是欲为之辞而不得也。若韦曜谓：“吴松江、浙江、浦阳江为三江。”其意以大江之望已举彭蠡，于是南及松江，又南则浙江，又南则浦江。然浦江导源乌程，东经诸暨，始宁曹江，然后返永兴之东，与浙江合，则特钱唐之支流耳。或且祖《吴越春秋》，以浦江、浙江、剡江为三江。则浦江不过浙之附庸，而剡江并不能与浦并。大江支流数百，使随举而错指之，可乎？惟《水经·沔水中篇》注引郭景纯曰：“三江者，岷江、松江、浙江也。”《初学记》误引，以为韦曜之言。盖扬州东南扬子江，又东南吴松江，又东南钱唐江。三处入海，而各雄一方，为扬州三大望，南距荆楚，东尽于越，中举勾吴，此外无相与上下者，恰合《职方》大川之旨。即《国语》范蠡曰：“与我争三江五湖之利者，非吴也耶？”子胥曰：“吴至与越，三江环之。”夫环吴、越之境，为二国所必争，非岷江、松江、浙江而何善乎？《蔡传旁通》曰：“三江不必涉中江、北江之文，而止求其利病之在。扬州水之大者，莫若扬子江、松江、浙江。经文记彭蠡之下，何舍大江而远录湖水之支流，则中江、北江之与三江不合明矣。郑、孔诸家所谓中江、北江、南江者，已该之松江，入则具区诸水从矣。虞、张诸家所谓松江、东江、娄江者，已该之浙江，入则浦阳诸水从矣。韦、赵诸家所谓浙江、浦江、剡江者已该之，盖举三大望，而诸小江尽具焉，是诸说皆可废也。尝考宋淳熙间知昆山边实作《县志》，言："大海自西滟分南北，由斜转而西朱陈沙，谓之扬子江口。由徘徊头而北黄鱼垛，谓之吴松江口。由浮子门而上谓之钱唐江口。三江既入，禹迹无改。"是其说最得之。乃有疑大江祇一渎耳，不应既以表荆，复以表扬。不知"江、汉朝宗"之文，江尚兼汉言之，至扬始有专尊。况自南康至海千五百里，不得专属荆也。试以《禹贡》书法言之：淮海惟扬，海岱惟青，海岱及淮惟徐。倘谓著之一方，不得公之他所，则是夏史官亦失书法也。又有疑禹合诸侯于会稽，在摄位后。若治水时，浙江未闻疏导，不得预三江之列。不知《禹贡》该括众流，不应独遗浙江。而会稽又扬州山镇所在，必无四载不至之理。其不言于导水者，或以施工之少，故略之耳。如顾宁人所疑古所谓中江、南江、北江即景纯所谓三江，则余又未敢以为然。据先儒，固城等湖是阖庐伐楚开以运粮者，况经文中江明指大江，似无附庸会也。若胡朏明既主康成之说，又以秦、汉之际别有三江，以分江水东历乌程至余姚，合浙江入海者为南江。以芜湖水冬至阳羡，由太湖入海者为中江。合岷山为北江。其说虽无关《禹贡》，而亦属不考。分江水发安庆至贵池，即有山溪间之，何由东行合浙？芜湖之水其北入江者既不别标一名，其东由太湖入海者安得复言江也？朏明将正《汉志》、《水经》之失，而不知自出其揣度之词矣。景纯说，黄文叔颇不谓然，其后季识图始引之东汇泽，陈氏畅之，归熙甫因为定论。余窃以景纯之说为不易云。【姚刑部曰】《汉地理志》曰："芜湖县中江，出西南，东至阳羡入海。吴县南江，在南东入海。毗陵北江，在北东入海。"《禹贡》之三江具是矣。《禹贡》之后，周《职方》以为扬州之川，《国语》以为环吴、越之境。下至秦汉人，凡云三江者，皆此三江也。夫江、汉既合，其下流为北江者固非必汉水，为中江者固非必江水也。然而导川之文分纪之，曰导漾东为北江，导江东为中江者，约其地势南北而概分之，以明江、汉之均未渎焉耳。郑康成本《地志》以注《禹贡》，故疏引其说曰："江分于彭蠡，为三孔，东入海。"言江自彭蠡而下，始流为三也。又曰："经言东迤为南江。"其解尤善。盖《地志》石城县分江水，首受江者，南江之始。而在吴县南东入海者，南江之委也。导川有北江、中江，而遗南江，岂其理哉？故言导江至于东陵，其分而东流者，迤逦入海，是南江也。其北流者，又会于汇，而后为中江也。世皆说会于汇，为彭蠡，而实非。是今合彭蠡，过湖口，乃东北流，是会汇而后北，非北会于汇也。且经文简，导漾、导江，辞皆互见。导漾已言"东汇泽为彭蠡"矣，导江不必再言也。然则汇在石城分南江之后，芜湖分中江之先，其巢湖也欤？夫说禹三江者，莫详于汉《地理志》，莫善于康成之注《书》，而惜乎不可尽见。自是之后，江水支分，南派湮失，人疑所不见，而说乃日纷。韦昭以松江、钱唐、浦阳为三江，其言始谬。郭景纯则以今大江易其浦阳。夫浦阳古不与江通，不当名为江，经纯易去之为是。而境纯所数之三江，实即《地志》三江之委，固不若《地志》原委之分明也。若夫虞仲初以娄江、松江、东江为三江，原流猥短，何以名扬州之川？其谬始不足辨。而徐坚《初学记》不知得谁氏之说，误以为康成，乃以彭蠡为南江，岷江为中江，汉为北江。夫经于导川，言其下流乃为此三江耳。而求之上流，上流江所受之大水岂啻六七，而何以谓之三江？且扬州其川三江，而汉水入江之地非扬州也。其论无一可通，与疏所引之郑注绝相背，此岂康成言哉！近世胡朏明著《禹贡锥指》，知绌、虞仲初之徒顾信《初学记》之所谓郑说者猥谓芜湖、石城之水凿于阖庐，非禹迹，和其缪也！《墨子》云："禹南为江、汉、淮、汝，东流之，注五湖之处，以利楚荆越南夷之民。"夫以江汉东流之，注五湖之处，是石城、芜湖水真禹所为，非阖庐凿也。《荀子》曰："禹通十二渚，疏三江。"墨子、荀子之去阖庐未远，是石城、芜湖水乃阖庐凿耶，其知必先与胡氏矣。【钱学博曰】《禹贡》之三江，《职方》之三江也。班孟坚《地理志》谓南江在吴县南入海，北江在毗陵县北入海，中江出芜湖西南，东至阳羡入海，皆扬州川。此释《职方》也，即释《禹贡》矣。自郑康成注《尚书》，始别为之说曰："左合汉为北江，又会彭蠡为南江，岷江居其中为中江。"若然，则自夏口以北者北江也，湖口以南者南江也，夏口以至湖口者中江也。而自湖口以下惟有一江，以《禹贡》导水经文质之，于汉曰"东汇泽为彭蠡，东为北江，入于海。"于汉曰"东迤北会于江，东为中江，入于海。"则自湖口而下分为三江，殆不如康成之说矣。揆孟坚所言，江过湖口实分为三，而以行南道者为南江，行北道者为北江，行中道者为中江，合乎《禹贡》导水之经，诚不易之论也。考之《水经》，沔水自沙羡县北南入于江，合流至居巢县南，东至石城县，分为二：其一东北流，过牛渚、毗陵以入海者为北江。自石城东为贵口，至余姚入海者为南江。自丹阳五湖县东至会稽、阳羡入海者为中江。皆与孟坚合，惟孟坚谓南江从吴县南入海异耳。然孟坚又谓石城分江水，首受江，东至余姚入海。郦道元引桑钦《地理志》，亦谓江水自石城东出逕吴国南为南江。盖余姚入海之江，即吴县南入海之江也。余姚吴县之间为由港、海盐、乌程、余杭、钱塘诸县，南江由之入海固在吴国之南国，后为县，是以孟坚志南江入海处即系之余姚，又系之吴县也。《水经》附记不详中江所由，而今尚有其迹。自杨行密筑五堰，江流始绝。永乐时，设三坝，则陆行者十八里矣。然自银林以西，邓步以东，其流固在也。可治二江虽自石城、芜湖分行，而同会具区。故郦道元以南江即合于浙江、浦阳江之谷水，而咸淳《毗陵志》以荆江为中江，为北江自从毗陵入海耳。此足以证三江之实有其三，非如康成之合三江而为一矣。【王氏曰】考周应合景定《建康志》云："唐景福三年，杨行密将台濛作五堰，拖轻舸馈粮，而中江之流始狭。五堰者：银林堰在溧水县东南一百里，长二十里。少东曰分水堰，长十五里。又东五里曰苦李堰，长八里。又五里曰何家堰，长九里。又五里曰余家堰，长十里。所谓鲁阳五堰也。后易为上下二坝，通名东坝。"据此，似东坝创自台濛。其实《元和志》："当涂县有芜湖水，在县西南八十里，源出县东南之丹阳湖，西北流入大江。"则元和以前此地已置堰。故水不东流而西北入江，与《汉志》"东至阳羡"已不何矣。然《汉志》中江虽至阳羡入震泽，若毗陵之北江，即今通州入海之大江，不如震泽也。吴县之南江即松江，乃震泽下流，非入震泽者也。二孔以此为皆入震泽，殊为妄谬。且此三江虽有南、北、中之名，与导水之中江、北江无涉，即与扬州三江无涉。而二孔牵合为一，独不思大江安流，千古无易，远在震泽东北二百余里，由扬子入海，此岂入震泽者？而乃云"江分为三，共入震泽"，岂非误以《汉志》三江当《禹贡》三江，以《汉志》三江之中江入震泽，而遂以三江皆入震泽耶？司马贞《史记索隐》误同。再考江、湖之通起于周末，并非禹迹。盖，《汉志》中江即今芜湖之县河，高淳之胥溪，溧阳之永阳江，宜兴之荆溪，西连固城、石臼、丹阳诸湖，受宣、歙、金陵、姑孰、广德及大江水，东连三塔湖、长荡湖、达荆溪、震泽。此水三代以上本不相通，中三五里则有高阜，犹时候代开凿所遗。盖春秋时阖庐伐楚，用伍员计开之。《左传·襄公十三年》："楚子重伐吴，克鸠兹，至于衡山。"《哀公十五年》："楚子西、子期伐吴，及桐汭。"皆由此道，自是江湖始通。《河渠书》"东方则通沟江、淮之间"，即夫差所开邗沟。"于吴则通渠三江五湖"，即阖庐所开胥溪也。而后世误以为禹迹，知禹时江、湖本不通，则知汉之南江、中江与《禹贡》三江无涉。【又曰】《汉志》南江、中江固与《禹贡》三江无涉矣，而又有分江水浙江水二条，分江水出丹阳郡石城县，首受江，东至余姚入海，过郡二，行千二百里。浙江水出丹阳郡黟县南蛮夷中入海。《水经》："浙江水出三天子都，北过余姚，东入于海。"郦注云："《山海经》谓之浙江也。至钱塘称钱塘江，与浦阳江合称浦阳江。"此水本出山溪，无劳疏凿，且与大江中隔，重峦叠嶂，断无相通之事。《说文·水部·浙字》注云："水出丹阳黟南蛮中，东入海。"又，《浙字》注云："江水东至会稽山阴，为浙江。渐、浙本一水。"《浙字》主旨"江水"当作"浙江水"。若因其脱字，疑为大江支流，可合浙江，万无此理。若所云分江水者，班氏虽著其出石城，但汉石城废县仅在贵池县西七十里，已无复斯水。信如首受江之说，余姚乃在浙江东岸，又中隔宁国、广德、湖洲诸境，皆岩壑蔽亏，此水安得越而东至余姚以入海？此当阙疑。乃《水经·沔水中篇》云："沔水与江合流，又东过彭蠡泽，又东至石城县，分为二。其一东北流，过毗陵县北为北江。其一东至会稽余姚县，东入海。"此盖附会《汉志》之分江水，因《汉志》别有南江在吴南，故不目曰南江。而郦注则遂目为南江，并援郭璞岷江、松江、浙江为三江之说，以此水与松江、浙江强相贯通，欲以附会一江分为三目。祁硕云：南江东与贵池水合，东北为长渎，东注于具区，谓之五湖口。此下南江又分二派。一派东出为松江，下七十里分为三江口入海。一派又东至会稽余姚县东入海。以此二派合北江为三江。考试成分江水，今没不可复见。而所谓贵池水者，《池州府志》言其入江处名贵口，则是还复西注于江，并非合分江水而东者。即有此水，由贵池至安吉而为南江，以入太湖矣。所谓松江者，本承太湖，何以见其上承分江，其别派又何缘更从余姚入海？乃郦氏解为南江，自五湖口东历今乌程、余姚，合浙江入海。试思今诸暨南、余姚西北，浙与浦阳江同入海者，自是浙江一派，乃黟、歙下流，与贵池以下何涉乎？

《禹贡》该括众流，无独遗浙江之理，而会稽又他日合诸侯计功之地也，特以施功少，故不言于导水尔。"三江既入"，一事也。"震泽底定"，又一事也。后之解《书》者，必谓三江之皆由震泽，以二句相蒙为文，而其说始纷纭矣。【原注】程大昌曰："弱水既西，泾属渭汭。"必谓"既之"一语，为起下文。则弱水未西，其能越秦陇而乱泾渭乎？可谓解颐之论。【沈氏曰】便是"既之"一语费起下文，而"底"之一字实缘上文也，必执一而论则固矣。且"三危既宅，三苗丕叙"，岂非相蒙之文乎？

2.7 锡土姓

自三代以下，人人无土，人人有姓。盖自锡土之法废，而唐、宋以下，帝王之裔侪于庶人，无世守之固。锡姓之法废，而魏、齐以下，朔漠之姓杂于诸夏①，失氏族之源。原注：《春秋传》言："允姓之奸，居于瓜州。"盖古者分北三苗之意。后之鄙儒，读《禹贡》而不知其义者良多矣。【汝成案】《国语》："皇天嘉之，胙以天下，赐姓曰'姒'，氏曰'有夏'。胙四岳国，命为侯伯，赐姓曰'姜'，氏曰'有吕'。"是此书确诂。因生赐姓，古为黄帝。黄帝之子二十五人，四母所生，为十二姓。惟古帝神灵，能别知异德，故一母之子可锡数姓。尧舜时，虽有赐姓，不过因前世之姓而命之，有夏、有吕，皆以国氏也。三王知其不能行，故为立宗之法。若后世而欲锡姓，则汉、唐李顾足法乎？至云朔漠之姓杂于诸夏，则又似以元魏之改姓为非。两无处矣。先生徒以帝王之后侪于庶人，遂感概及此，自是偏激词也。"

2.8 厥弟五人

夏、商之世，天子之子其封国而为公侯者不见于经。以太康之尸位，而有厥弟五人，使其并建茅土，为国屏翰，羿何至篡夏哉？富辰言："周公吊二叔之不咸，故封建

① 思齐按：据文渊阁《四库全书》本《日知录》，"而魏、齐以下，朔漠之姓杂于诸夏"二句，作："而汉、唐以下，属籍之系赐于功臣。"并且为了契合正文，还增加了一条注："古之赐姓，皆未有姓而赐之，汉唐乃以天子之姓赐臣下。"今据黄汝成《日知录集释》改回。

亲戚，以蕃屏周。”【原注】杜氏《解》曰：“吊，伤也。咸，同也。周公伤夏殷之叔世，疏其亲戚，以至灭亡，故广封其兄弟。”而少康封其庶子于会稽，以奉守禹祀，二十余世，至于越之句践，卒霸诸侯，有禹之遗烈，夫亦监于太康孤立之祸而然与？若乃孔子所谓“大道既隐，天下为家，各亲其亲，各子其子”者，亦从此而可知之矣。

2.9 惟彼陶唐，有此冀方

尧、舜、禹皆都河北，故曰冀方。至太康始失河北，而五子御其母以从之，于是侨国河南，再传至相，卒为促所灭。古之天子失其故都，未有能国者也。周失丰、镐，而平王以东。晋失雒阳，宋失开封，而元帝、高宗迁于江左，遂以不振。惟殷之五迁圮于河，而非敌人之窥伺，则势不同尔。唐自宗以后，天子屡尝出狩，乃未几而复国者，以不弃长安也。故子仪回銮之表，代宗垂泣；宗泽还京之奏，忠义归心。呜呼！幸而浇之纵欲，不为民心所附，少康乃得以一旅之众而诛之。尔后之人主不幸失其都邑，而为兴复之计者，其念之哉！

夏之都本在安邑，太康畋于洛表，而羿距于河，则冀方之地入于羿矣。惟河之东与南为夏所有。至后相失国，依于二斟。于是使浇用师，杀斟灌。【原注】在今寿光县。以伐斟鄩，【原注】在今潍县。而相遂灭。【原注】《左传·哀元年》。乃处浇于过，【原注】今掖县。以制东方。处豷于戈，【原注】杜氏《解》：“在宋、郑之间。”以控南国。【原注】襄四年。其时靡奔有鬲，【原注】今在德平县。在河之东。少康奔有虞，【原注】今虞城县。在河之南。而自河以内，无不安于乱贼者矣。合魏、绛伍员二人之言，可以观当日之形势。而少康之所以布德兆谋者，亦难乎其为力矣。【原注】竹书谓太康元年即居斟鄩。非也。

古之天子常居冀州，后人因之，遂以冀州为中国之号。《楚辞·九歌》：“览冀州兮有余。”　【杨氏曰】《楚辞》本意盖谓由南望北，明其高远耳。《淮南子》：“女娲氏杀黑龙以济冀州。”《路史》云：“中国总谓之冀州。”《谷梁传》曰：【原注】桓五年。“郑，同姓之国也，在乎冀州。”【原注】正义曰：“冀州者，天下之中州，唐、虞、夏、殷皆都焉。以郑近王畿，故举冀州以为说。

2.10 胤征

羲和尸官，慢天也。葛伯不祀，亡祖也。至于动六师之诛，兴邻国之伐。古之圣人，其敬天尊祖也，至矣。故《王制》：天子巡守，其削绌诸侯，必先于不敬、不孝。

2.11 惟元祀十有二月

“惟元祀十有二月乙丑。”元祀者，太甲之元年。十有二月者，建子之月。盖汤之崩，必以前年之十二月也。殷练而祔，伊尹祠于先王，奉嗣王祗见厥祖。祔汤于庙也。【原注】非朔者，祔庙无定日。先君祔庙，而后嗣子即位，故成之为王，而伊尹乃明言烈祖之成德，以训于王也。若自桐归亳，以三祀之十二月者，则适当其时，而非有所取尔。【杨氏曰】十二月，商正月也。

“即位”者，即先君之位也。未祔则事死如生，位犹先君之位也，故祔庙而后嗣子即位。殷练而祔，即位必在期年之后。周卒哭而祔，故逾年斯即位矣。【原注】如鲁成公以八月薨，十二月葬，襄公以明年正月即位。有不待葬而即位，如鲁之文公、成公者，其礼之未失乎！

三年丧毕，而后践天子位，舜也，禹也。练而祔，祔而即位，殷也。逾年正月即位，周也。世变愈下，而柩前即位，为后代之通礼矣。

2.12　西伯戡黎

以关中并天下者，必先于得河东。秦取三晋而后灭燕、齐，苻氏取晋阳而后灭燕，宇文氏取晋阳而后灭齐。故西伯戡黎，而殷人恐矣。

2.13　少师

古之官，有职异而名同者，“太师”、“少师”是也。比干之为少师，《周官》所谓“三孤”也。《论语》之少师阳，则乐官之佐，而《周礼》谓之“小师”者也。故《史记》言纣之将亡，其大师疵、少师强抱其乐器奔周，而后儒之传误以为微子也。【原注】《周本纪》。《汉书·古今人表》亦有大师疵、少师强。【杨氏曰】《古今人表》以挚、干、缭皆作纣之乐官，董江都说亦如此。若微子不归周，金仁山辨之极正。【沈氏曰】《宋微子世家》曰：“武王伐纣，克殷，微子乃持其祭器遭遇军门。”则后儒亦本于《史记》，而太史公之传闻有异同也。

2.14　殷纣之所以亡

自古国家承平日久，法制废弛，而上之令不能行于，下未有不亡者也。纣以不仁而亡，天下人人知之。吾谓不尽然。纣之为君，沉湎于酒，而逞一时之威，至于刳孕斮胫，盖齐文宣之比耳。商之衰也久矣一，变而盘庚之书，则卿大夫不从君令。再变而微子之书，则小民不畏国法。至于攘窃神祇之牺牷牲，用以容，将食无灾，可谓民玩其上，而威刑不立者矣。【原注】《史记》燕王喜遗乐间书曰：“纣之时，民志不入，狱囚自出。”即以中主守之，犹不能保，而况以纣之狂酗昏虐，又祖伊奔告而不省乎？文宣之恶未必减于纣，而齐以强。高纬之恶未必甚于文宣，而齐以亡者，文宣承神武之余，纪纲粗立，而又有杨愔辈为之佐，主昏于上而政清于下也。至高纬而国法荡然矣，故宇文得而取之，然则纣之亡，武之兴，而谓以至仁伐至不仁者，偏辞也，未得为穷源之论也。【汝成案】亭林痛明季之典章废坏，故发愤言之。其实湎酒逞威，国法荡然，皆不仁也。不仁而可与言，则合亡国败家之有？安得谓非穷源之论？

2.15　武王伐纣

武王伐商，杀纣而立其子武庚，宗庙不毁，社稷不迁，时殷未尝亡也。所以异乎曩日者，不朝诸侯，不有天下而已。故《书序》言：“三监及淮夷叛，周公相成王，将黜殷，作《大诰》。”又言：“成王既黜殷命，杀武庚。”【原注】《荀子》言：“周公杀管叔，虚殷国。”注：“‘虚’读为‘墟’，谓杀武庚，迁殷顽民于雒邑，朝歌为墟也。”是则殷之亡其天下也，在纣之自燔。而亡其国也，在武庚之见杀。盖武庚之存殷者，犹十有余年。使武庚不畔，则殷其不黜矣。

武王克商，天下大定，裂土奠国。乃不以其故都封周之臣，而仍以封武庚，降在侯国，而犹得守先人之故土。【原注】《蔡仲之命》曰：“乃致辟管叔于商。”武庚未乱，犹谓之商。武王无富天下之心，而不以叛逆之事疑其子孙，所以异乎后世之篡弑其君者，于此可见矣。及武庚既畔，乃命微子启代殷，而必于宋焉，谓大火之祀，商人是因，弗迁其地也。是以知古圣王之征诛也，取天下，而不取其国，诛其君，吊其民，而存先世之宗祀焉斯已矣。【原注】高诱《淮南子注》曰：“天子不灭国，诸侯不灭姓，古之政也。”武王岂不知商之臣民，其不愿为周者，皆故都之人，公族、世家之所萃，流风善政之所存，一有不靖，易为摇动，而必以封其遗胤。盖不以畔逆疑其子孙，而明告万世以取天下者，无灭国之义也。故宋公朝周，则曰“臣”也。周人待之，则曰“客”也。自天下言之，则侯服于周也。自其国人言之，则以商之臣事商之君，无变于其初也，平王以下，去微子之世远矣，而曰“孝惠娶于商”，【原注】左氏《哀二十四年传》。曰“天之弃商久矣”，【原注】《僖二十二年传》。曰“利以伐姜，不利子商”，【原注】《哀九年传》。吾是以知宋之得为商也。【原注】《国语》：“吴王夫差阙为深沟，通于商、鲁之间。”《庄子》：“商太宰荡问仁于庄子。”《韩非子》：“子圉见孔子于商太宰，商太宰使少庶子之市。”《逸周书·王会篇》：“堂下之左，商公、夏公立焉。”《乐记》：“商者，五帝之遗声也。商人识之，故谓之商。”郑氏注曰：“商，宋诗也。”【阎氏曰】按《左传·哀二十四年》“孝惠娶于商”，此宗人衅夏，对鲁哀公之言。松林氏注曰：“称商不称宋者，违定公讳也。”“天地之弃商久矣”，不曰弃宋，而曰弃商者，即下文“国人虽亡国之余”之意，亦一姓不再兴之说也。今取以证宋得为商，窃恐顾氏未识当时立言之意。宋人为鹿上之盟，以求诸侯于楚。公子目夷曰：“小国争盟，祸也，宋其亡乎！”此处断宜称宋，则彼处称商正可意会。“利以伐姜，不利子商”，不曰“伐齐与宋”，而变文言“姜”，言“商”者，取上文“阳”、“兵”协韵，固古人文字之常。下文“伐齐则可，敌宋不吉”，不应协韵，便直称齐、宋，本号则可见矣。盖自武庚诛而宋复封，于是商人晓然知武王、周公之心，而君臣上下各止其所，无复有怨怼不平之意。与后世之人主一战取人之国，而毁其宗庙，迁其重器者异矣。【原注】《乐记》曰：“投殷之后于宋。”此本之《吕氏春秋》，乃战国时人之妄言。以武王下车即封微子，更误。

或曰：迁殷顽民于雒邑何与？曰：以“顽民”为商俗靡靡之民者，先儒解误也。盖古先王之用兵也，不杀而待人也仁。东征之役，其诛者事主一人，武庚而已。谋主一人，管叔而已。下此而囚，下此而降，下此而迁。而所谓顽民者，皆畔逆之徒也。无连坐并诛之法，而又不可以复置之殷都，是不得不迁而又原其心。不忍弃之四裔，故于雒邑。又不忍斥言其畔，故止曰“殷顽民”。其与乎畔而迁者，大抵皆商之世臣大族。而其不与乎畔而留于殷者，如祝佗所谓“分康叔以殷民七族：陶氏、施氏、繁氏、锜氏、樊氏、饥氏、终葵氏”是也，【阎氏曰】是以陶氏、施氏、繁氏、徐氏、樊氏、饥氏、终葵氏，为殷之庶民矣。则上文“分鲁公以殷民六族，使帅其宗氏，辑其分族，将其类丑，以法则周公，用即命于周，是使之职事于鲁”，一则曰“宗氏”，再则曰“分族”，尚得谓非商之世臣、大族乎？岂同一氏族而分于康叔者，独为民乎？此不可解。非尽一国而迁之也。或曰：何以知其为畔党也？曰：以召公之言仇民知之，不畔何以言仇？非敌百姓也，古圣王无与一国为仇者也。

上古以来，无杀君之事。汤之与桀也，放之而已。使纣不自焚，武王未必不以汤之所以待桀者待纣。纣而自焚也，此武王之不幸也。当时八百诸侯，虽并有除残之志，然一闻其君之见，杀则天下之人亦且恫疑震骇，而不能无归过于武王，此伯夷所以斥言其暴也。及其反商之政，封殷之后人，而无利于其土地焉，天下于是知武王之兵非得已也，然后乃安于纣之亡，而不以为周师之过，故《箕子之歌》怨狡童，而已无余恨焉。非伯夷亲而箕子疏，又非武王始暴而终仁也，其时异也。

《多士》之书："惟三月周公初于新邑洛，用告商王士。曰：'非我小国，敢弋殷命。'"亡国之民而号之"商王士"，新朝之主而自称"我小国"，以天下为公，而不没其旧日之名分，殷人以此中心悦而诚服。"卜世三十，卜年八百。"其始基之矣。

2.16 泰誓

商之德泽深矣。尺地莫非其有也，一民莫非其臣也。武王伐纣，乃曰："独夫受，洪惟作威，乃汝世仇。"曰："肆予小子，诞以尔众士，殄殲乃仇。"何至于此？纣之不善，亦止其身，乃至并其先世而仇之，岂非《泰誓》之文出于魏晋间人之伪撰者邪？【原注】蔡氏曰："《泰誓》、《武城》，一篇之中，似非尽出一人之口。"又引吴氏言："疑其书之晚出，或非尽当时之本文。"盖已见及乎此，特以注家之体，未敢直言其伪耳。【杨氏曰】"世仇"言乃祖、乃父罹其凶疟，并非其先世而仇之。

"朕梦协朕卜，袭于休祥，戎商必克。"伐君大事，而托之乎梦，其谁信之？殆即《吕氏春秋》载夷齐之言，谓武王扬梦以说众者也。【原注】《左传·昭七年》："卫史朝之言曰：'筮袭于梦，武王所用也。'"是当时已有此语。

《孟子》引《书》："王曰：'无畏，宁尔也，非敌百姓也。若崩厥角稽首。'"今改之曰："罔或无畏，宁执非敌，百姓懔懔，若崩厥角。"后儒虽曲为之说，而不可通矣。

2.17 百姓有过，在予一人

"百姓有过，在予一人。"凡百姓之不有康食，不虞天性，不迪率典，皆我一人之责。今我当顺民心，以诛无道也。蔡氏谓：民皆有责于我，似为纡曲。【杨氏曰】蔡《传》因下有"今朕必往"为义。

2.18 王朝步自周

《武成》："王朝步自周，于征伐商。"《召诰》："王朝步自周，则至于丰。"《毕命》："王朝步自宗周，至于丰。"不敢乘车而步出国门，敬之至也。【原注】马氏曰："丰，文王庙所在。"郑氏以为出庙、入庙皆步行。今按《书》言"步自周"，则不但于庙也。雍步行二十五里，则又太远。后之人君骄恣惰佚，于是有辇而行国中，坐而见群臣，非先王之制矣。【原注】"皇帝辇出房"，见于《汉书·叔孙通传》，乃秦仪也。【沈氏曰】西河毛氏《经问》云：

"字书'辇行曰步'，谓以人行车，故字以二夫行车为形，而义即因之。"考《杂记》有"士丧与天子同者三"，一是乘人。又《周礼·巾车》下：王后有五路，一是辇车，以人挽之。此非古车，不用人可知也。

《吕氏春秋》："出则以舆，入则以辇，务以自佚，命之曰招蹶之机。"【原注】枚乘《七发》本此，作"蹶痿之机"。宋吕大防言："前代人主，在宫禁之中，亦乘舆辇。祖宗皆步自内庭，出御前殿，此勤身之法也。"【原注】周辉《清波杂志》。

《太祖实录》："吴元年，上以诸子年长，宜习勤劳，使不骄惰，命内侍制麻屦行縢。每出城稍远，则马行其二，步趋其一。"至崇祯帝，亦尝步祷南郊。呜呼，太祖之训远矣！

2.19 大王王季

《中庸》言："武王末受命，周公成文、武之德，追王大王、王季。"【庄侍郎曰】追王大王、王季，不追谥，系王迹所起，实则商之诸侯也，必尊文王为太祖，则不以干商先王之统明矣。【杨氏曰】据《中庸》本文，亦只是周公所定之礼如此，不必是武王身后也。《大传》言："武王于牧之野，既事而退，遂率天下诸侯，执豆笾，骏奔走，追王大王亶父、王季历、文王昌。"二说不同。今按《武成》言："丁未，祀于周庙。"而其告庶邦冢君，称"大王、王季"。《金縢》之册祝曰："若尔三王。"是武王之时已追王大王、王季，而《中庸》之言未为得也。【沈氏曰】陈谅直云："武王受命之日，年已垂暮，周公以母弟而为相，一代制作皆出其手，故以成德归之。《中庸》之意原不指践祚以后，后人自误会其指耳。"《绵》之诗，上称"古公亶父"，下称"文王"，是古公未上尊号之先，文已称王，而《大传》之言未为得也。【汝成案】《诗疏》云："后世称前世曰'古公'，犹云先王、先公也。"太王追号为王，不称王而称公者，此本其生时之事，故言生存之称也。诗人追颂，多侈尊号，然或意别始终，则辞分文质，未可以此疑文之称王在追王前也。又考《诗》、《礼记》疏，多言文王称王在灭崇后，而冲远《书疏》又言文王断虞、芮讼后改称元年。文王既未称王，而得改元者，诸侯自于其国各称元年云云。若然，则虞、芮质成，文尚未正王号，《大传》之言不为失也。盖追王之礼断自武王，制周公追王云者，此是以天子礼改葬太王、王季，非上尊号也。先生及庄侍郎前说亦未区别。仁山金氏曰："武王举兵之日，已称王矣。故类于上帝，行天子之礼，而称'有道曾孙周王发'，必非史臣追书之辞。后之儒者，乃嫌圣人之事而文之，非也。然文王之王与大王、王季之王自不同时，而追王大王、王季，必不在周公践阼之后。"【原注】疑武王未克商，先已追尊文王。《史记·伯夷传》："西伯卒，武王载木主，号为文王，东伐纣。"

2.20 彝伦

"彝伦"者，天地人之常道，如下所谓五行、五事、八政、五纪、皇极、三德、稽疑、庶征、五福、六极，皆在其中，不止《孟子》之言"人伦"而已。能尽其性，以至能尽人之性，尽物之性，则可以赞天地之化育，而彝伦叙矣。【杨氏曰】极五行、五事、八政之属，该以人伦，略无遗漏，故曰"达道"。

2.21 龟从筮逆

古人求神之道不止一端，故卜、筮并用，而终以龟为主。《周礼·筮人》言："凡国之大，事先筮而后卜。"注："当用卜者先筮之，即事有渐也，即事有渐也。于筮之凶则止不卜。"然而，《洪范》有"龟从筮逆"者，则知古人固不拘乎此也。大卜掌三兆之法，其经兆之体皆百有二十，其颂皆千有二百，故《传》曰："筮短龟长。"【原注】《左传》："晋献公将以骊姬为夫人，卜之不吉，筮之吉。卜人曰：'筮短龟长，不如从长。'"注："物生而后有象，象而后有滋，滋而后有数。龟象筮数，故象长数短。"《曲礼正义》曰："凡物初生则有象，去初既近，且包罗万形，故为长。数是终末，去初既远，推寻事数，始能求象，故以为短也。"自汉以下，文帝代来，犹有大横之兆。《艺文志》有《龟书》五十三卷，《夏龟》二十六卷，《南龟书》三十八卷，《巨龟》三十六卷，《杂龟》十六卷，而后则无闻。唐之李华遂有废龟之论矣。【原注】《旧唐书》。

2.22 周公居东

主少，国疑，周公又出居于外，而上下安宁，无腹心之患者，三公之力也。武王之誓众曰："予有乱臣十人，同心同德。"于此见之矣。《荀》曰："二公仁智，且不蔽，故能持周公，而名利福禄与周公齐。"【徐鸿博曰】《鲁世家》："人或谮周公，周公奔楚。"据《战国策》惠施曰："昔王季历葬于楚山之尾，栾水啮其墓。"《季父鼎铭》曰："王在成周，王徙于楚麓。"《左传·十三年》："迓晋侯于新楚。"杜注："新楚，秦地。"《括地志》："终南山一名楚山，在雍州万南县南五十里。武王墓在万南县西南三十里。"周公奔楚，当是因流言，出居依于王季、武王之墓地，必非远涉东都也。【庄大令曰】《洛诰》曰："惟周公诞保文、武受命，惟七年。"《尚书大传》曰："一年救乱，二年克殷，三年践奄，四年建侯卫而封康叔，五年营成周、洛邑，六年制礼作乐，其年致政。"毫无辟居之事。以《诗》考之，盖成王谅闇，周公为冢宰，百官总己以听。除丧后，周公即东征，东征之二年，成王感风雷之变，迎周公于奄。则诞保受命，自东征始。小毖虽东征以后事，亦在七年之中。且《书》所谓七年，盖成王即位之九年，《书》综其年数故言七年，非谓纪年也。而郑乃谓周公摄政称元年，及致政成王，而又改元。此皆师佼、孙卿之徒创为邪说，以为乱臣贼子所藉口。汉儒袭误承讹，遭新莽之篡，缘饰经艺，侮乱天常，犹不能悟，诚可为愤叹者矣。

2.23 微子之命

微子之于周，盖受国而不受爵。受国以存先王之祀，不受爵以示不为臣之节，故终身称"微子"也。【原注】孔氏《书传》曰："微，畿内国名。子，爵也。"微子卒，立其弟衍，是为微仲。衍之继其兄，继宋非继微也。而称微仲者何？犹微子之心也.【沈氏曰】毛西河《经问》云："微子仍封微，为子。又改封宋，为公，则受爵矣。承殷祀以守三恪，则既为周臣，复为周宾矣。若终身称'微子'而不称'宋公'，此史例有然，犹康叔改封卫侯，以终身称'康叔'，不称'卫侯'也。其弟衍未尝封微，而仍称'微仲'，史例也。周有同封而同称者，虢仲、虢叔是也。微仲不同封也。有先后立国而亦同称者，吴太伯、吴伯雍是也。微仲同宋国，未尝同微国也。然而称微仲者，其称微，则以国君介弟原得称兄之国号以为号，《春秋》书'吴季'是也。其称仲，则以既为国君，仍得称己之字以为字，《诗序》'秦仲'是也。皆史例也。"至于衍之子稽则远矣，于是始称"宋公"。呜呼！吾于《洪范》之书言"十有三祀"，《微子之命》以其旧爵名篇，而知武王、周公之仁，不夺人之所守也。后之经生不知此义，而抱器之臣、倒戈之士接迹于天下矣。【汝成案】先生之义甚正矣，核之命篇之义，似不必然。《康诰》不曰“卫诰”，《康王之诰》、《文侯之命》生而称谥，且篇中明言“建尔于上公”，周既命之，微子当无不受之理，此亦是史臣原文尔。又前沈氏引毛西河《文经》云：“《春秋书》吴季是也。”考《春秋》止书“蔡季”、“纪季”，无“吴季”，毛氏误也。

2.24　酒诰

酒为天之降命，亦为天之降威。纣以酗酒而亡，文王以不腆于酒而兴。兴亡之几，其原皆在于酒，则所以保天命而畏天威者，后人不可不谨矣。

2.25　召诰

古者吉行，日五十里。故召公营洛，乙未，自周。戊申，朝至于洛，凡十有四日。师行日三十里，故武伐纣，癸巳，自周。戊午，师渡孟津，凡二十有五日。《汉书》以为三十一日，误。

2.26　元子

《微子之命》以微子为殷王元子。《召诰》则又以纣为元子，曰：“皇天上帝，改厥元子，兹大国殷之命。”又曰：“有王虽小，元子哉！”人君谓之天子，故仁人之事天如事亲。

2.27　其稽我古人之德

傅说之告高宗曰：“学于古训，乃有获。”武王之诰康叔：既祗遹乃文考，而又求之殷先哲王，又求之商耇成人，又别求之古先哲王，大保之戒成王，先之以“稽我古人之德”，而后进之以“稽谋自天”。及成王之作《周官》，亦曰：“学古入官。”曰：“不学墙面。”子曰：“述而不作，信而好古。”又曰：“好古，敏以求之。”又曰：“君子以多识前言往行，以畜其德。”先圣后圣，其揆一也。不学古而欲稽天，岂非不耕而求获乎？

2.28　节性

“降衷于下民，若有恒性。”此性善之说，所自出也。“节性，惟日其迈。”此性相近之说，所自出也。“岂弟君子，俾尔弥尔性，似先公酋矣。”命也，有性焉，君子不谓命也。

2.29　汝其敬识百辟享

人主坐明堂而临九牧，不但察群心之向背，亦当知四国之忠奸。故嘉禾同颖，美侯服之宣风。底贡厥獒，戒明王之慎德，所谓“敬识百辟享”也。昔者唐明皇之致理也，受张相千秋之镜，听元生《于苏之歌》，亦能以謇谔为珠玑，以仁贤为器币。及乎王心一荡，佞谀日崇，开广运之谭，致江南之货，广陵铜器、京口绫衫。锦缆牙樯，弥亘数里。靓妆鲜服，和者百人。乃未几而蓟门之乱作矣。然则韦坚、王鉷之徒，剥民以奉其君者，皆不役志于享者也。《易》曰："公用享于天子，小人弗克。"若明皇者，岂非享多仪而民曰不享者哉！

2.30　惟尔王家我适

朝觐者不之殷而之周，讼狱者不之殷而之周，于是周为天子，而殷为侯服矣。此之谓"惟尔王家我适"。

2.31　王来自奄

【汝成案】王会之先生，宋度宗咸淳十年卒，未尝入元。先生注称为"元儒"者误。

《多方之诰》曰："惟五月丁亥，王来自奄。"而《多士》：王曰："昔朕来自奄。"是《多方》当在《多士》之前，后人倒其篇第耳。【原注】元儒王柏论亦同此，但更置太多，未敢信。奄之叛周，是武庚既诛而惧，遂与淮夷、徐戎并兴，而周公东征，乃至于三年之久。《孟子》曰"伐奄三年，讨其君"是也。【原注】伐奄，成王时事。上言相武王，因诛纣而连言之耳。既克，而成王践奄，盖行巡狩之事，《书序》"成王既践奄，将迁其君于蒲姑"是也。【原注】《多方》篇云："周公曰'王若曰'"，是周公尚未迁殷，而王已践奄矣。孔《传》以为奄再叛者，拘于篇之先后而强为之说。【原注】至于再，至于三，当从蔡氏说。

2.32　建官惟百

成王作《周官》之书，谓"唐、虞稽古，建官惟百"。而"夏、商官倍"者，时代不远，其多寡何若此之悬绝哉？且天下之事，一职之微，至于委吏、乘田亦不可阙，而谓二帝之世遂能以百官该内外之务，吾不敢信也。考之传注，亦第以为因时制宜，而莫详其实。吾以为唐、虞之官不止于百，而其咨而命之者二十有二人，其余九官之佐，殳斨、伯与、朱虎、熊罴之伦，暨侍御仆从，以至州十有二师，外薄四海，咸建五长，以名达于天子者不过百人而已，其它则穆王之命所谓"慎简乃僚"，而天子不亲其黜陟者也，故曰："尧、舜之知，而不遍物，急先务也。尧、舜之仁，不遍爱人，急亲贤也。夏、商之世，法日详，而人主之职日侵于下，其命于天子者多，故倍也。观于《立政》之书，内至于亚旅，外至于表臣、百司，而夷、微、卢、烝、三亳、阪尹之官，又虞、夏之所未有，则可知矣。杜氏《通典》言："汉初，王侯国百官，皆如汉朝，惟丞相命于天子，其御史大夫以下皆自置。及景帝惩吴、楚之乱，杀其制度，罢御史大夫以下官。至武帝，又诏凡王侯吏职秩二千石者，不得擅补。其州郡佐吏自别驾、长史以下，皆刺史太守自补，历代因而不革。洎北齐武平中，后主失政，多有佞幸，乃赐其卖官，分占州郡，下及乡官，多降中旨，故有敕用州主簿、郡功曹者。自是之后，州郡辟士之权寝移于朝廷，以故外吏不得精核由此起也。"故刘炫对牛弘，以为大小之官悉由吏部，【赵氏曰】《隋书》：刘炫对牛弘谓："往者州惟置纲纪，郡置丞守，县置令而已，其具僚则长官自辟，今则大小之官悉由吏部。"据此，则天下官员尽归部选之制，实自隋始也。然吏归部选，则朝廷之权不下移。若听长官辟置，无论末流浇漓，夤缘贿赂之风必甚。即其中号为贤智者，亦多以意气、微恩致其私感，以致成党援门户，背公向私者比比也。此政之所以日繁，而沈既济之议，欲令六品以下及僚佐之属，许州府辟用矣。【原注】《唐书·百官志》曰："初，太宗省内外官，定制为七百三十员。曰：'吾以此待天下才足矣。'"后之人见《周礼》一书设官之多，职事之密，以为周之所以致治者如此。而不知"宅乃事，宅乃牧，宅乃准"之外，文王罔敢知也。然则周之制虽详，而意犹不异于唐、虞矣。求治之君，其可以天子而预铨曹之事哉。

2.33 司空

司空，孔传谓"主国空土以居民"，未必然。颜师古曰："空，穴也。古人穴居，主穿土为穴以居人也。"【原注】见《汉书·百官公卿表》注。此语必有所本。《易传》云："上古穴居而野处。"《诗》云："古公亶父，陶复陶穴，未有家室。"今河东之人尚多有穴居者。【原注】今人谓"窑"，即古"陶"字。《庄子》言"逃虚空"，虚空即今人所谓冷窑也。洪水之后，莫急于奠民居，故伯禹作司空，为九官之首。

2.34 顾命

读《顾命》之篇，见成王初丧之际，康王与其群臣皆吉服，而无哀痛之辞。以召公、毕公之贤，反不及子产、叔向，诚为可疑。再四读之，知其中有脱简。【原注】不言殡礼，知是阙文。岂有新君已朝诸侯，而成王尚未殡，史官略无一言记及者乎？而"狄设黼扆、缀衣"以下，即当属之《康王之诰》。【原注】伏生本以《顾命》、《康王之诰》合为一篇。自此以上，记成王顾命、登遐之事。自此以下，记明年正月上日，康王即位，朝诸侯之事也。古之人君于即位之礼重矣，故即位于庙，受命于先王，祭毕而朝群臣，群臣布币而见，然后成之为君。《春秋》之于鲁公，即位则书，不即位则不书，盖有遭时之变，而不行此礼，如庄、闵、僖三公者矣。康王当太平之时，为继体之主，而史录其仪文、训告，以为一代之大法，此《书》之所以传也。《记》曰："未没丧，不称君。"而今书曰"王麻冕黼裳"，是逾年之君也；又曰"周卒哭而祔"而今曰"诸侯出庙门俟"，是已祔之后也。【原注】《记》曰："卒哭曰成事，是日也以吉祭易丧祭。"《传》言："天子七月而葬，同轨毕至。"而今"太保率西方诸侯"，"毕公率东方诸侯"，是七月之余也。因其中有脱简，而后之说《书》者并以系之"越七日，癸酉"之下，所以生后儒之论。而不思初崩七日之间，诸侯何由而毕至乎？【原注】苏氏亦知其不通，而以为问疾之诸侯。或曰：易吉可乎？曰：此周公所制之礼也，以宗庙为重，而不敢凶服以接乎神，释三年之丧，以尽斯须之敬，此义之所在，而天子之守与士庶不同者也。《商书》有之矣："惟元祀十有二月，乙丑，伊尹祠于先王，奉嗣王祗见厥祖"。岂以丧服而入庙哉？【原注】《汉书·孝文纪》："元年冬十月辛亥，皇帝见于高庙。"盖犹循此制。【杨氏曰】观孝文十月，则知商十二月矣。

传贤之世，天下可以无君，故尧崩三年之丧毕，舜避尧之子于南河之南。传子之世，天下不可无君，故“惟元祀十有二月，乙丑，伊尹祠于先王，奉嗣王祗见厥祖”。【杨氏曰】尧老舜摄，义自明。天下可以无君之说殆非。

自“狄设黼扆、缀衣”以下，皆陈之朝者也。设四席者，朝群臣，听政事，养国老，燕亲属，皆新天子之所有事，而非事亡之说也。自“王麻冕，黼裳”以下，皆庙中之事也。自“王出，在应门之内”以下，则康王临朝之事也。

周之末世，固有不待葬而先见庙者矣。《左传·昭二十二年》：“夏四月乙丑，王崩于荣锜氏。五月庚辰，见王。六月丁巳，葬景王。”其曰“见王”者，见王子猛于先王之庙也。不待期而见王猛，不待期而葬景王，则以子朝之争国也。然不言“即位”，但曰“见王”而已。孰谓成、康无事之时而行此变礼哉？

《书》之脱简多矣。如《武成》之篇，蔡氏以为尚有阙文。《洛诰》“戊辰，王在新邑”，则王之至洛可知，乃二公至洛并详其日月，而王不书。金氏以为其间必有阙文，盖伏生老而忘之耳。然则，《顾命》之脱简，又何疑哉？孔子有言①：“若非有司失其传，则武王之志荒矣。”余于《顾命》敢引之，以断千载之疑。【凤氏曰】天子诸侯在丧即位，有定所，有定期。《康王之诰》曰：“王出在应门之内。”应门内即路门外，治朝之君位。天子诸侯三朝，为治朝日视为正朝，即位于此所，以示臣民之有君，定众志，杜奸萌也。天子如是，诸侯亦然。特天子在路门外庭直门中，诸侯避天子在路门外庭直门之左。故《周礼》曰：“君朝服出门左，南乡。”此即位之所之一定者也。《康王之诰》本与《顾命》为一篇，天子七日而殡，“癸酉，伯相命士须材”，上溯乙丑巳九日。大夫以上殓殡诸死事，不数死日，故七日壬申殡，癸酉为殡明日也。而受顾命于是日，则嗣王殡明日即位，周公之制也。诸侯亦然。《春秋·丁公元年》：“六月癸酉，公之丧至自乾侯。戊辰，公即位。”丧至于癸亥，则以为薨于壬戌者然。故丁卯殡，而公即位于戊辰，亦殡明日。故杜注曰：“诸侯五日而殡，殡则嗣君即位。”夫“即位”即所云“视朝”，所谓示臣民之有君者如此。而诸侯亦可推。此即位之期一定者也。自伪《伊训》暗袭“舜格文祖”之文，又袭太保、毕公率诸侯入应门之典，而曰“奉嗣王祗见厥祖，侯甸群后咸在”，似即位必先见祖，不知格文祖者，舜已终丧；终丧亲政，故宜见祖，在丧无见祖之理。又伪《伊训》与见祖连文，似即位必于庙者。胡文定《春秋传》、蔡九峰《书传》本之，不知即位所以示臣民有君，正当在治朝，经传亦无在庙之文也。《公羊》以《春秋》元年正月书“即位”者七公，遂谓诸侯逾年即位，知天子亦逾年即位。不知《春秋》七书“元年正月公即位”者，借讥也，始于桓而成于文，后遂习以为常耳。盖桓公因弑，生疑迟回，以探众志，至逾年而实敢行即位之礼。经书之，志变古也。文之正月即位者，僖公薨于十二月乙巳，大抵迫岁暮，故缓至正月耳。且嗣君即位非逾年，《左氏》已有明文。庄公八月薨，《传》即曰“子般即位”，而十月《传》曰“贼子般”。文七年四月，宋成公卒，《传》曰“召公即位而葬”。有康王、定公可征，则子般、宋昭即位，殡明日可推也。《隐元年》经前传曰：“隐公立而奉之。”《庄二十三年》传曰：“立闵公。”《闵公二年》二年传曰：“立僖公。”庄公亦必即位于桓公十八年四月丧至后六日，故隐、闵、庄、僖元年正月，经皆不书“即位”，而传又各释其故，曰“摄”、曰“夫人出”、曰“乱”、曰“公出”者，左氏似亦据元年正月七书公即位者为典，从而为

---

① “孔子有言”，一本作“宾牟贾言”。

之辞，而不知适与子般、宋昭未逾年名言即位者自相矛盾也。夫天子、诸侯在丧，即位之期之所昧杂如是，惟《顾命》、《康王之诰》可以正之。后人转据《伊训》、《公羊》，疑驳《顾命》、《康王之诰》，不几倒置邪？【胡氏曰】自古嗣君受顾命之礼，仅见于《书》之成、康。苏氏谓冕服非礼，引孔子因丧服以冠之义。夫朝廷典礼，当直举本义。杂取他文，以义通之，非也。以丧服嗣宝位，理所必无。麻冕黼裳，天子祭服，与衮冕不同。麻冕蚁裳，亦非纯用祭服。故注云："无事于奠祝，故不纯用祭服。有位于班列，不可纯用凶服。"酌吉凶之间，示礼之变，此非仓促所定，或古来相承如此耳。大行初丧，不可一日无君。又不可遽行即位之礼。嗣王定位于初丧，以主丧之位定其为君，天子无答诸侯拜之礼，而主丧之孤有拜稽颡之礼，御王册命则答拜。觐见诸侯，不在丧次而亦答拜，且对其臣称名，皆非常朝比也。至列国大夫，欲以吊丧而因见新君，则去既殡即位已久，故叔向以丧礼未毕拒之，与此不同也。【汝成案】《公羊传》"正棺两楹之间，然后即位"，此语必有所本。天子七日而殡，此《书》云"越七日癸酉，伯相命士须材"，供攒涂也，所以殡也。自此以下，受册命于大行柩前，即出见诸侯于治朝，然后反而成服，皆癸酉日事。于事、于情、于理，意无不协者。既殡而后衰麻，殡时尚服玄端，但髻发腰绖耳，无脱衰袭髻之嫌也。

2.35 矫虔

《说文》："矫，从矢，揉箭也。"故有用力之义。《汉书·孝武纪》注引韦昭曰："诈称为矫，强取为虔。"《周语》注："以诈用法曰矫。"

2.36 罔中于行以覆诅盟

国乱无政，小民有情而不得申，有冤而不见理，于是不得不诉之于神，而诅盟之事起矣。苏公遇暴公之谗，则"出此三物，以诅尔斯"。屈原遭子兰之谗，则"告五帝以折中命"。咎繇而听直至于里巷之人，亦莫不然。而鬼神之往来于人间者，亦或著其灵爽，于是赏罚之柄乃移之冥漠之中，而蚩蚩之氓其畏王铁常不如其畏鬼责矣。乃世之君子犹有所取焉，以辅王政之穷。今日所传地狱之说，感应之书，皆苗民诅盟之余习也。"明明棐常，鳏寡无盖"，则王政行于上，而人自不复有求于神。故曰："有道之世，其鬼不神。"所谓绝地天通者，如此而已矣。【胡氏曰】鬼神者，前圣尊而称之，百官以畏，万民以服，皆所以正人心者也。王道大明，作福作灾，于己取之，盖无所事于神矣。道之不明，理不可信，不得不求救于神，以免意外之祸。愚民、小夫，缘此冀无端之福。武人、剧盗，顿首像设之前，出苗门而行杀。度九黎乱德之世，大都如此。《书》曰："伯夷降典，折民惟行。"盖折民邪妄，惟当示以典礼。曲礼胜，邪妄息矣。其不度于礼者，刑必施焉。故狄公毁淫祠，折以刑之谓也。

2.37 文侯之命

《竹书纪年》：幽王三年，嬖褒姒。五年，王世子宜臼出奔申。八年，王立褒姒之子伯盘【原注】古"服"字与"盘"字相似而误。为太子。九年，申侯聘西戎及鄫。十年，王师伐申。十一年，申人、鄫人及犬戎入周，弑王及王子伯盘。申侯、鲁侯、许男、郑子立宜臼于申，虢公翰立王子余臣于携，周二王并立。平王元年，王东徙雒邑。晋侯会卫侯、郑伯、秦伯，以师从王入于成周。二十一年，晋文侯杀王子余臣于携。【原注】

《左传·昭二十六年》："壬子，朝告诸侯之辞曰：'携王奸命，诸侯替之，而建王嗣。'"杜氏以携王为伯服，盖失之不考。【杨氏曰】观《左传》后序，则成侯已见《竹书》，但不甚信之耳，并非失考。然则《文侯之命》，报其立己之功，而望之以杀携王之效也。郑公子兰之从晋文公而东也，请无与围郑，晋人许之。今平王既立于申，【原注】申国在今信阳州。自申迁于雒邑，而复使周人为之戍申，【原注】《竹书纪年》："平王三十三年，楚人侵申。""三十六年，王人戍申。"则申侯之伐，幽王之弑，不可谓非出于平王之志者矣。当日诸侯但知其冢嗣为当立，而不察其与闻乎弑为可诛。虢公之立王子余臣，或有见乎此也。自文侯用师，替携王以除其逼，而平王之位定矣。后之人徒以成败论，而不察其故，遂谓平王能继文武之绪，而惜其弃岐、丰七百里之地，岂谓能得当日之情者哉！孔子生于二百年之后，盖有所不忍言，而录《文侯之命》于《书》，录《扬之水》之篇于《诗》，其旨微矣。【原注】《葛藟·诗序》谓平王弃其九族，似亦未可尽非。《古今人表》以平王、申侯与幽王、褒姒、虢石父同列下下。《传》言"平王东迁"，盖周之臣子美其名尔，综其实不然。凡言迁者，自彼而之此之辞，盘庚迁于殷是也。幽王之亡宗庙社稷，以及典章文物荡然皆尽，镐京之地已为西戎所有。平王乃自申东保于雒，天子之国与诸侯无异，而又有携王与之颉颃，并为人主者二十年，其得存周之祀幸矣，而望其中兴哉！【原注】如东晋元帝，不可谓之迁于建康。【汝成案】《春秋》起平王末年，而托始于让位之隐，或亦有微意欤？

2.38 秦誓

有秦誓，故列《秦誓》。有秦诗，故录《秦诗》。述而不作也。谓夫子逆知天下之将并于秦而存之者，【原注】孔邵子说。小之乎，知圣人矣。秦穆公之盛，仅霸西戎，未尝为中国盟主，无论齐桓、晋文，即亦不敢望楚之灵王、吴之夫差，合诸侯而制天下之柄。春秋以后，秦盖中衰。吴渊颖【原注】莱。曰："秦之兴，始于孝公之用商鞅，成于惠王之取巴蜀，蚕食六国，并吞二周。"战国之秦也，非春秋之秦也，其去夫子之卒也久矣，【原注】自获麟之岁，以至始皇灭六国并天下，二百六十年。夫子恶知周之必并于秦哉！若所云"后世男子，自称秦始皇，入我房，颠倒我衣裳，至沙丘而亡"者，近于图澄、宝志之流，非所以言孔子矣。

《甘誓》天子之事也。《胤征》，诸侯之事也。并存之，见诸侯之事可以继天子也。《费誓》、《秦誓》之存犹是也。

2.39 古文尚书

【汝成案】原注：师古曰："中者"云云，考《志》无此注，当是《儒林传》注"中书，天子所藏之书也"误文。

汉时《尚书》，今文与古文为二，而古文又自有二。

《汉书·艺文志》曰："《尚书》古文经四十六卷，为五十七篇。"

师古曰："孔安国《书序》云：凡五十九篇，为四十六卷。承诏作《传》，引《序》各冠其篇，首定五十八篇。郑玄《序赞》云，后又亡其一篇，故五十七。"

又曰：“经二十九卷，大、小夏侯二家，欧阳经三十二卷。”【原注】欧阳生字和伯，史失其名。夏侯胜，胜从兄子建，皆传伏生《尚书》。

师古曰：“此二十九卷，伏生传授者。”【原注】内《秦誓》非伏生所传，师古并言之，详见下。

此今文与古文为二也。

又曰：“《古文尚书》者，出孔子壁中。武帝末，鲁共王坏孔子宅，欲以广其宫，而得《古文尚书》及《礼记》、《论语》、《孝经》，凡数十篇，皆古字也。共王往入其宅，闻鼓琴瑟、钟磬之音，于是惧，乃止不坏。

孔安国者，孔子后也，悉得其书，以考二十九篇，得多十六篇。【原注】师古曰：“见行世二十九篇之外，更得十六篇。”

安国献之，遭巫蛊事，未列于学官。刘向以中古文【原注】师古曰：“中者，天子之书也。”校欧阳、大小夏侯三家经文，《酒诰》脱简一，《召诰》脱简二。率简二十五字者，脱亦二十五字。简二十二字者，脱亦二十二字。文字异者，七百有余。脱字数十。”【原注】《志》自云：“此所述者，本之刘歆《七略》。”不知中古文即安国所献否。及王莽末，遭赤眉之乱，焚烧无余。

《儒林传》曰：“孔氏有古文《尚书》，孔安国以今文字读之，因以起其家。逸《书》得十余篇，盖《尚书》兹多于是矣。【原注】言此为最多者，明张霸加之以百二篇为伪。遭巫蛊，未立于学官。”安国为谏大夫，授都尉朝，都尉朝授胶东庸生，庸生授清河胡常少子，又传《左氏》。常授虢徐敖，又传《毛诗》。授王璜、平陵涂恽子真，子真授河南桑钦君长。“王莽时，诸学皆立。【原注】《传》末又言：平帝时，立《左氏春秋》、《毛诗》、《逸礼》、《古文尚书》，而《后汉书》十四博士无之，盖光武时废。

刘歆为国师，璜、恽等皆贵显。”【原注】言刘歆者，哀帝时，歆移书太常博士，欲立此诸家之学故也。

又曰：“世所传百两篇者出东莱张霸，分析合二十九篇，以为数十。【原注】或分析之，或合之。

又采《左氏传》《书序》为作首尾，凡百二篇，篇或数简，文意浅陋。成帝时，求其古文者，霸以能为百两，征以中书校之，非是。”此又孔氏古文与张霸之书为二也。

《后汉书·儒林传》曰：“孔僖，鲁国鲁人也。自安国以下，世传《古文尚书》。”又曰：“扶风杜林，传《古文尚书》。林同郡贾逵为之作训，【原注】《贾逵传》：“肃宗好《古文尚书》，诏逵撰《欧阳、大小夏侯〈尚书〉古文同异》，为三卷，帝善之。

马融作传，郑玄注解，由是《古文尚书》遂显于世。”又曰：“建初中，诏高才生受《古文尚书》、《毛诗》、《穀梁》、左氏《春秋》，虽不立学官，然皆擢高第，为讲郎，给事近署。”然则孔僖所受之安国者，竟无其传，而杜林、贾逵、马融、郑玄则不见安国之传，而为之作训、作传、作注解，此则孔、郑之学又当为二，而无可考矣。【钱氏曰】杜林及贾、郑、马诸如所传古文，即安国真古文，但非梅赜所献之古文尔。

《刘陶传》曰：“陶明《尚书》、《春秋》，为之训诂，推三家《尚书》及古文，是正文字三百余事，名曰《中文尚书》。”【原注】言参用今文、古文之中。

汉末之乱，无传。若马融注《古文尚书》十卷、郑注《古文尚书》九卷，则见于《旧唐书·艺文志》。【原注】又有王肃、范宁、李颙、姜道成注《古文尚书》。《新唐书》作“姜道盛”。

开元之时，尚有其书，而未尝亡也。按陆氏《释文》言，马、郑所注，二十九篇，则亦不过伏生所传之二十八。【原注】一、《尧典》并《舜典》“慎徽”以下为一篇。二、《皋陶谟》并《益稷》为一篇。三、《禹贡》。四、《甘誓》。五、《汤誓》。六、《盘庚》。七、《高宗肜日》。八、《西伯戡黎》。九、《微子》。十、《牧誓》。十一、《洪范》。十二、《金縢》。十三、《大诰》。十四、《康诰》。十五、《酒诰》。十六、《梓材》。十七、《召诏》。十八、《洛诰》。十九、《多士》。二十、《无逸》。二十一、《君奭》。二十二、《多方》。二十三、《立政》。二十四、《顾命》并《康王之诰》为一篇。二十五、《吕刑》。二十六、《文侯之命》。二十七、《费誓》。二十八、《秦誓》。

而《泰誓》别得之民间，合之为二十九。【原注】孔子《正义》曰：《史记》及《汉书·儒林传》云：“伏生独得二十九篇，以教齐、鲁。”然《泰誓》非伏生所得。按马融云：“《泰誓》后得。”郑玄《书论》亦云：“民间得《泰誓》。”《别录》曰：“武帝末，民有得《泰誓》书于壁内者，献之。”则《泰誓》非伏生所传，而言二十九篇者，以司马迁在武帝之世，见《泰誓》出而得行，入于伏生所传内，故为史总之云“伏生所出”，不复曲别，分析其实，得时不与伏生所传同也。

且非今之《泰誓》。【原注】有“白鱼入于王舟”等语，董仲舒《对策》引之。

其所谓得多十六篇者，不与其间也。《隋书·经籍志》曰：马融、郑玄所传，惟二十九篇，又杂以今文，非孔子旧书，自余绝无所说。【原注】正义曰：“郑氏书，于伏生所传之外增益二十四篇，《舜典》一，《汩作》二，《九工》九篇十一，《大禹谟》十二，《益稷》十三，《五子之歌》十四，《胤征》十五，《汤诰》十六，《咸有一德》十七，《典宝》十八，《伊训》十九，《肆命》二十，《原命》二十一，《武成》二十二，《旅獒》二十三，《冏命》二十四，以（上）一篇为一卷，《九工》九篇合为一卷，通十六卷，以合于《汉艺文志》，得多十六篇之数。此即张霸之徒所作伪书也，与《旧唐书》所载卷目不同。”【钱氏曰】谓郑氏所传增益二十四篇，为张霸之徒所作者，孔颖达之臆说。

晋世秘府所存，有《古文尚书》经文，今无有传者。及永嘉之乱，欧阳、大小夏侯《尚书》并亡。至东晋，豫章内史梅赜始得安国之传，上之。【原注】《正义》引《晋书》云：“太保郑冲以古文授扶风苏愉，愉授天水梁柳，柳授城阳臧曹，曹授汝南梅赜，遂上其书。”又云：“其书亡失《舜典》一篇。”此书东京以下诸儒皆不曾见，郑玄注《礼记》，韦昭注《国语》，杜预注《左氏》，赵岐注《孟子》，凡引此书文，并注云“逸书”。

增多二十五篇，【原注】《大禹谟》一，《五子之歌》二，《胤征》三，《仲虺之诰》四，《汤诰》五，《伊训》六，《大甲》三篇九，《咸以一德》十，《说命》三篇十三，《泰誓》三篇十六，《武成》十七，《旅獒》十八，《微子之命》十九，《蔡仲之命》二十，《周官》二十一，《君陈》二十二，《毕命》二十三，《君牙》二十四，《冏命》二十五。

以合于伏生之二十八篇，而去其伪《泰誓》，又分《舜典》、《益稷》、《盘庚》中下、《康王之诰》各自为篇，则为今之五十八篇矣。其《舜典》亡阙，取王肃本“慎徽”以下之传续之。【原注】陆氏《释文》云：“梅赜上孔氏传古文尚书，亡舜典一篇，时以王肃注颇类孔氏，故取王注从‘慎徽五典’以下为《舜典》以续孔传。”

齐明帝建武四年，有姚方兴者，于大航头得本，有“曰若稽古帝舜”以下二十八字，献之，朝议咸以为非。及江陵板荡，其文北入中原，学者异之，刘炫遂以列诸本第。然则今之《尚书》，其今文、古文皆有之，三十三篇固杂取伏生、安国之文，而二十五篇之出于梅赜，《舜典》二十八字之出于姚方兴，又合而一之。《孟子》曰："尽信书，则不如无书。"于今日而益验之矣。

【孙兵备曰】《书》有四而伪者二，亡者三。

一曰汉文帝使晁错所受伏生《尚书》二十八篇。《泰誓》后得，大、小夏侯为二十九。欧阳三分《盘庚》为三十一。马氏、郑氏三分《泰誓》，又分《顾命》，出《康王之诰》，为三十四。益以《书序》而为之注，即隋《经籍志》所称马融注《尚书》十一卷，郑玄注《尚书》九卷也。此二十八篇经文，为伏生壁藏之余，见《史记》、《汉书》（之）《儒林传》及《艺文志》。据王充《论衡》，亦云："伏生抱百篇，藏山中。景帝遣晁错从受《尚书》二十余篇。"而伪孔安国《序》称："伏生失其本经，口以传授。"朱文公亦承其误，大背汉人之言。盖误会卫宏所云"伏生使其女传言教错"，以为口授经文。不知卫宏所谓"传言"者，传授经义，非本文，抑或即是《大传》也。孔安国亦传今文，故《史记》云："孔氏有《古文尚书》，而安国以今文读之。"当时谓伏生书为今文，盖在孔壁科斗书既出之后，称今以别于古。且秦时改篆用隶，诸儒或以写经，以便循诵。刘向既以中古文校三家经文脱简、脱字、文字之异，后汉杜林又得漆书古文，贾逵撰《欧阳、大小夏侯〈尚书〉同异》，于是今文合于古文，隋《经籍志》称"马、郑所传为二十九篇，又杂以今文"是也。马、郑所注，虽止伏生之书，既从张恭祖受逸（书）十六篇，分为二十四，又注壁中百篇之序，遂题曰《古文尚书》。而唐人犹谓此为今文者，以惑于伪古文也。

一曰汉武帝末，孔氏壁中所出《古文尚书》，杜林得之，西州郑氏受之。张恭祖皆即其本校伏生书，增多十六篇，合于伏生书二十九篇，并《序》为四十六篇。古者竹帛异施，篇卷同耳，故《艺文志》云古文经四十六卷，二班固自注"为五十七篇"者，内分《盘庚》、《泰誓》各为三，《顾命》为二，九（共）[工] 为九，除序，数之五十八，《武成》后亡，故云五十七篇也。古文增多篇无传注，故《儒林传》称司马迁从安国问，故而不言安国作传，马氏称为逸无师说。汉、晋诸儒咸见其全书。或称为"逸书"者，非亡逸之谓，谓逸在伏生二十九篇之外也。唐人疑为不见古文，惑矣。孔颖达引"束皙称孔子壁中书，将始宅殷"。隋《经籍志》云：晋世秘府所存，有《古文尚书》经文，又载有徐邈撰《古文尚书音》一卷，梁五经博士刘叔嗣注《尚书逸篇》二卷。《唐志》有徐邈注三卷。陆德明称，永嘉丧乱，众家之书并亡，古文盖绝于此时也。

一曰汉成帝时，张霸所作百两篇书，既以中书校之，费时，乃黜其书。今遗文仅见王充《论衡》有云："伊尹死，大雾三日。"孔颖达误以古文二十四篇为张霸伪书，又以郑氏所引《胤征》"厥篚玄黄"为是张霸书词，可谓以不狂为狂。霸书自魏晋以来，未见称述，盖亡于汉也。

一曰晋元帝时，梅赜所上《尚书孔传》五十八篇，引《书序》以冠各篇之首，妄称郑冲所传古文。齐姚方兴又献《舜典》，有"乃命以位"以上二十八子。隋刘炫取而列诸本第，始或格于朝议，或不行于河洛，至孔颖达为伪传撰《正义》，而郑注渐微。其时孔壁古文久亡，遂不能辨其真伪。故刘知几《史通》称姚方兴采马、王之义，以造孔传《舜典》，举朝集议，咸以为非。《北史·儒林传》称南北章句好尚，互有不同。江左《尚书》则孔安国，河洛《尚书》则郑康成。隋《经籍志》则称，至隋，孔、郑并行，而郑氏甚微也。今考梅赜《书》篇书与古不相应，采会《书传》，又多舛错，大异史迁所从安国问故之文，与显背郑说者难更仆。若《胤征》之以人名为国，《旅獒》之以酋豪为犬，尤可怪也。伏生二十九篇，本文存书中，抑或删改。如"二十有八载"下，改"放勋为帝"字。《说文》引《周书》"上以记之"，今为《虞书》。"帝曰毋若丹朱傲"，"禹曰予娶涂山"云云，皆脱

"帝曰","禹曰",赖有《孟子》、董仲舒书、《史记》、《汉书》、《论衡》可证耳。伪孔《古文尚书》,宋吴棫、朱文公尝疑之,当时不能博考以证其伪舛,近世阎若璩、惠栋互加考证,别黑白而箴膏肓,学者始知伪孔传非真古文矣。

《尚书》一厄于秦火,则百篇为二十九。再厄于建武,而亡《武成》。三厄于永嘉,则众家书及古文尽亡。四厄于梅赜,则以伪乱真,而郑学微。五厄于孔颖达,则以是为非,而马、郑之注亡于宋。六厄于唐开元时,诏卫包改古文从今文,则并伪孔传中所存二十九篇本文失其真。七厄于宋开宝中,李鄂删定《释文》,则并陆德明音义俱非其旧矣。

窃疑古时有《尧典》无《舜典》,有《夏书》无《虞书》,而《尧典》亦《夏书》也。【孙氏曰】案《左传·文十八年》明云《虞书》,数舜之功曰"慎徽,五典"云云,安得谓之有《夏书》无《虞书》乎?窃意古人盖以二典为《虞书》,《大禹谟》以下为《夏书》也。

《孟子》引"二十有八载,放勋乃殂落",而谓之《尧典》,则《序》之别为《舜典》者非矣。【赵氏曰】案《孟子·咸邱蒙章》引《尧典》曰:"二十有八载,放勋乃殂落,百姓如丧考妣。三年,四海遏密八音。"孟在未焚书之前,必亲见《尚书》真本,而引之为《尧典》。则此明是《尧典》之文,而今人分在《舜典》中者,误也。况《史记·尧本纪》直至禅位后二十八年殂落始毕,凡今《舜典》所载察玑衡,定巡狩,封山浚川,制刑法,诛四凶等事,皆在《尧本纪》中。班固称迁作《史记》,多从安国问,故安国乃治《古文尚书》者,而迁本之作《尧纪》。如此可知古文《尧典》原不止于"厘降二女",而必至"遏密八音"方止也。【姚氏曰】据《史记》,以"遏密八音"以上为《尧典》,"正月元日"以下为《舜典》,文气仍是割裂。经文直叙舜事,无容中画也。盖别有《舜典》,而今亡之,不必分截以足之。

《左氏传·庄公八年》引"皋陶迈种德",《僖公·二十四年》引"地平天成",《二十七年》引"赋纳以言",《文公七年》引"戒之用休",《襄公五年》引"成允成功",《二十一年》、《二十三年》两引"念兹在兹",《二十六年》引"与其杀不辜,宁失不经",《哀公六年》引"允出兹在兹",《十八年》引"官占惟先蔽志",《国语》周内史过引"众非元后,何戴?后非众,罔与守邦?"而皆谓之《夏书》,则后之目为《虞书》者赘矣。【原注】《正义》言马融、郑玄、王肃《别录》,题皆曰"虞夏书",以虞、夏同科。

何则?记此书者必出于夏之史臣,虽传之自唐,而润色成文不无待于后人者,故篇首言"曰若稽古",以古为言,明非当日之记也。世更三圣,事同一家。以夏之臣追记二帝之事,不谓之《夏书》而何?夫惟以夏之臣而追记二帝之事,则言尧可以见舜,不若后人之史,每帝立一本纪,而后为全书也。【赵氏曰】《左传》称为《夏书》者,典谟原系夏时史官追记,故春秋时犹仍旧称。孔子删定题为《虞书》者,以其事皆虞廷之事。如《隋书》修于唐,而谓之《隋书》;《唐书》修于宋,而谓之《唐书》也。

帝曰:"来,禹,汝亦昌言。"承上文皋陶所陈,一时之言也。"王出在应门之内",承上文"诸侯出庙门俟",一时之事也。《序》分为两篇者,妄也。

2.40 书序

益都孙宝侗仲愚谓:"《书序》为后人伪作,《逸书》之名亦多不典。至如《左氏传·定四年》祝佗告苌弘，其言鲁也，曰：'命以《伯禽》，而封于少皞之虚。'其言卫也，曰：'命以《康诰》，而封于殷虚。'其言晋也，曰：'命以《唐诰》，而封于夏虚。'是则《伯禽之命》、《康诰》、《唐诰》，《周书》之三篇，而孔子所必录也。今独《康诰》存，而二书亡。为书序者，不知其篇名，而不列于百篇之内。疏漏显然。是则不但《书序》可疑，并百篇之名亦未可信矣。"其解"命以伯禽"为书名《伯禽之命》，尤为切当，今录其说。【钱氏曰】亭林不信《书序》，然《书序》不可废。

《正义》曰："《尚书》遭秦而亡。汉初，不知篇数。武帝时，有大常蓼侯孔臧者，安国之从兄也。与安国书云：'时人惟闻《尚书》二十八篇，取象二十八宿，谓为信然，不知其有百篇也。'"今考传记引《书》，并无《序》所亡四十二篇之文，则此篇名亦未可尽信也。

2.41　丰熙伪《尚书》

《五经》得于秦火之余，其中固不能无错误。学者不幸，而生乎二千余载之后，信古而阙疑，乃其分也。近世之说经者，莫病乎好异，以其说之异于人而不足以取信，于是舍本经之训诂，而求之诸子百家之书。犹未足也，则舍近代之文，而求之远古。又不足，则舍中国之文，而求之四海之外。如丰熙之古书《世本》，尤可怪焉。【原注】鄞人言出其子坊伪撰。又有子贡《诗传》，后儒往往惑之。曰："箕子朝鲜本者。箕子封于朝鲜，传《书》古文，自《帝典》至《微子》止。后附《洪范》一篇。"曰："徐市倭国本者。徐市为秦博士，因李斯坑杀儒生。托言入海求仙。尽载古书至岛上，立倭国，即今日本是也。二国所译书，其曾大父河南布政使庆录得之，以藏于家。"按宋欧阳永叔《日本刀歌》："徐福行时书未焚，《逸书》百篇今尚存。"盖昔时已有是说，而叶少蕴固已疑之。夫诗人寄兴之辞，岂必真有其事哉？日本之职贡于唐，久矣。自唐及宋，历代求书之诏不能得，而二千载之后庆乃得之，其得之又不以献之朝廷而藏之家，何也？【原注】宋咸平中，日本僧奝然以郑康成注《孝经》来献，不言有《尚书》。至曰"箕子传《书》古文，自《帝典》至《微子》"，则不应别无一篇逸书，而一一尽同于伏生、孔安国之所传。其曰"后附《洪范》一篇"者，盖徒见《左氏传》三引《洪范》，皆谓之《商书》。【原注】《文公五年》引"沈渐刚克，高明柔克。"《成公六年》引"三人占，从二人"。《襄公三年》引"无偏无党，王道荡荡"。《正义》曰："《箕子》，商人所说，故谓之商书。"而不知"王"者周人之称。"十有三"年，周史之记，不得为商人之书也。《禹贡》以"道山道水"移于"九州"岛之前，此不知古人先经后纬之义也。【原注】孔安国传"道岍及岐"，即云："更理说所治山川首尾所在。"是自汉以来，别无异文。《史记·夏本纪》亦先九州岛而后道山道水。《五子之歌》"为人上者，奈何不敬？"以其不叶而改之曰"可不敬乎？"谓本之鸿都石经。据《正义》言，蔡邕所书石经《尚书》止今文三十四篇，无《五子之歌》，熙又何以不考而妄言之也！【原注】《五子之歌》乃孔氏古文，东晋豫章内火梅赜所上，故《左传·成公十六年》引"怨岂在明，不见是图。"《哀公六年》引"惟彼陶唐，有此冀方。"杜预注并以为《逸书》。《国语》周单襄公引"民可近也，而不可上也"，单穆公引"关石和钧，王府则有"，韦昭解亦以为《逸书》。夫天子失官，学在四裔，使果有残编断简，可以裨经文而助圣道，固君子之所求之，而惟恐不得者也。若乃无益于经，而徒为异以惑人，则其于学也，亦谓之异端而已。愚因叹夫昔之君子，遵守经文，虽章句先后之间，犹不敢辄改，故元行冲奉明皇之旨，用魏征所注《类礼》，撰为疏义，成书，上进，而为张说所驳，谓章句隔绝，有乖旧本，竟不得立于学官。夫《礼记》，二戴所录，非夫子所删，况其篇目之次，元无深义，而魏征所注则又本之孙炎。【原注】字叔然，汉末人。以累代名儒之作，申之以诏旨，而不能夺经生之所守，盖唐人之于经传其严也如此。故啖助之于《春秋》，卓越三家，多有独得，而史氏犹讥其不本所承，自用名学，谓后生诡辩，为助所阶。乃近代之人，其于读经卤莽灭裂，不及昔人远甚。又无先儒为之据依，而师心妄作，刊传记未已也，进而议圣经矣。更章句未已也，进而改文字矣。此陆游所致慨于宋人，【原注】陆务观曰："唐及国初，学者不敢议孔安国、郑康成，况圣人乎！自庆历后，诸儒发明经旨，非前人所及。然排《系辞》，毁《周礼》，疑《孟子》，讥《书》之《胤征》、《顾命》，不难于议经，况传注乎?"赵汝谈至谓《洪范》非箕子之作。而今且弥甚。徐防有言："今不依章句，妄生穿凿，以遵师为非义，意说为得理，轻侮道术，浸以成俗，呜呼！此学者所宜深戒。"若丰熙之徒，又不足论也。【原注】近有谓得朝鲜本《尚书》，于《洪范》"八政"之末，添多五十二字者。按元王恽《中堂事记》："中统二年，高丽世子禃来朝，宴于中书省。问曰：'传闻汝邦有《古文尚书》及海外异书。'答曰：'与中国不殊。'是知此五十二字者，亦伪撰也。汉东莱张霸，伪造尚书百二篇，以中书校之，非是。霸辞受父，父有弟子尉氏樊并，诏存其书。后樊并谋反，乃黜其书。而伪《逸书·嘉禾篇》有"周公奉鬯，立于阼阶，延登赞曰：假王莅政"之语，莽遂依之，以称居摄。知惑世诬民，乃犯上作乱之渐，《大学》之教，禁于未发者，其必先之矣。

日知录卷二

日知录　卷三

昆山顾炎武撰

3.1　诗有入乐不入乐之分

《鼓钟》之诗曰："以雅以南。"子曰："雅、颂各得其所。"夫二南也，豳之《七月》也，小雅正十六篇，大雅正十八篇，【原注】《诗谱》："小雅十六篇，大雅十八篇，为正经。"颂也，诗之入乐者也。以下十二国之附于二南之后，而谓之风。《鸱鸮》以下六篇之附于豳，而亦谓之豳。《六月》以下五十八篇之附于小雅，《民劳》以下十三篇之附于大雅，而谓之变雅。《诗》之不入乐者也。【原注】《释文》曰："从《六月》至《无羊》十四篇，是宣王之变小雅。从《节南山》至《何草不黄》四十四篇，前儒申公、毛公，皆以为幽王之变小雅。从《民劳》至《桑柔》五篇，是厉王之变大雅。从《云汉》至《常武》六篇，是宣王之变大雅。《瞻卬》及《召旻》二篇，是幽王之变大雅。正义曰：变者，虽亦播于乐，或无算之节，所用或随事类，而歌又在制礼之后，乐不常用。"今按，以变雅而播之于乐，如卫献公使大师歌《巧言》

之卒章是也。【全氏曰】古未有诗而不入乐者，特宗庙、朝廷、祭祀、燕享不用，而其属于乐府，则秦之以观民风，是亦乐也。是以吴札请观于周乐，而列国之风并奏，不谓之乐而何？古者四夷之乐尚存于天子之廷，况列国之风乎？况变风亦概言之，卫风之《淇奥》，齐风之《鸡鸣》，秦风之“同袍”、“同泽”，其中未尝无正声，是又不可不知也。【汝成案】《释文》止云“前儒申毛”，先生物作申公、毛公。《十月》章笺云：“刺厉王。”正用《鲁诗》说，见《汉书·谷永传》注。则“申毛”云者，当是申毛之义，非申公、毛公也。《乐记》：“子夏对魏文侯曰：‘郑音好滥淫志，宋音燕女溺志，卫音趋数烦志，齐音敖辟乔志。此四者，皆淫于色而害于德，是以祭祀弗用也。’”朱子曰：“二南正风，房中之乐也，乡乐也。二雅之正雅，朝廷之乐也。商、周之颂，宗庙之乐也。至变雅则衰，周卿士之作，以言时政之得失。而邶、鄘以下，则太师所陈，以观民风者耳，非宗庙、燕享之所用也。”但据程大昌之辩，则二南自谓之南，而别立正风之目者非。【原注】大昌字泰之，孝宗时人。著《诗论》一十七篇，朱子当日或未见。【杨氏曰】泰之《诗论》直云“《诗》无国风之名”，不但立正风之名之非而已。愚所见十五篇，无十七篇。【陈氏曰】二南、雅、颂之入乐，载于《仪礼》之《燕礼》、《乡饮礼》及《内、外传》。列国燕享所歌无论已，至鲁人歌周乐，则十三国继二南之后，《周礼·籥章》：“迎寒暑则龡豳诗，祈年则龡豳雅，祭蜡则龡豳颂。”《大戴·投壶礼》称可歌者八篇，则魏风之《伐檀》在焉。汉末杜夔能记雅乐，则《伐檀》之诗与《鹿鸣》、《驺虞》、《文王》并列。十三国变风之入乐，又历历可据也。宋程大昌谓有南、雅、颂而无国风，自邶至豳十三国诗皆不入乐，岂非妄说乎？彼特见苏氏《释鼓钟篇》“以雅以南”，误以为二雅二南，故生此说耳。苏氏之谬，前辨已悉矣，见小雅《鼓钟篇》。程又谓季札观乐，自邶以下，《左传》但纪国而不言风，故知无国风之名。不知二南之诗不尽得于境内，兼得之于南国。周、召之名不足以尽之，故言南。南指其地，非以为诗名也。十三国之诗皆得于境内，自应举国名以概之。言国言南皆据实而言，其为风一而已。且季札闻邶、鄘、卫，则云：“是其卫风。”闻齐则云：“泱泱乎大风。”风之名较然著矣。案《吕氏春秋》云：“禹省南土，涂山氏女命妾往候，女作歌曰：‘候人猗兮。’实始为南音，周公、召公取风焉。”程以南为诗名，或本于此。然《吕览》言取风，不言无风也，况《吕览》岂传信之书耶？【又曰】《诗篇》皆乐章也，然诗与乐实分二教，经解云：“《诗》之教温柔敦厚，乐之教广博易良。”是教《诗》教乐，其旨不同也。《王制》曰：“乐正立四教以造士。”春秋教以礼乐，冬夏教以诗书，是教诗教乐，其时不同也。故叙《诗》者只言作诗之意，其用为何乐则弗及焉。即《鹿鸣》燕群臣，《清庙》祀文王之类，亦指作诗之意而言，其奏之为乐偶与作诗之意同耳。叙自言诗，不言乐也，意歌诗之法自载于《乐经》，元无烦叙诗者之赘，即《乐经》今已不存，则无可考矣。《集传》于正雅诸诗皆欲以乐章释之，或以为燕享通用，或以为祭毕而燕，或以为受厘陈戒，俱以诗之相似，亿度而为之说。殊不知古人用诗于乐，不必与作诗之本意相谋，马端临《文献通考》论之甚悉。如射、乡之奏《二南》，两君相见之奏《文王》、《清庙》，何尝以其词哉？况舍诗而征乐，亦异乎古人之诗教矣。朱子尝答陈体仁书，言诗之作本以言意，非为乐而作，斯语甚当。及传诗，则傅会乐章以立义，与己说相违，不可解也。【汝成案】陈氏《雅南说》云：《文王世子》“胥鼓南”，郑氏释为南夷乐。《左传》“南籥”，杜氏以为文王乐，俱不云二南。又《后汉·陈禅传》引《诗》云：“以雅以南，韎任朱离。”注引《韩诗》云：“南夷之乐曰南，四夷之乐惟南可以和于雅。”又言《毛诗》无“韎任朱离”，盖见齐、鲁诗。即注语观之，薛君南意既同，而齐、鲁诗复列于四夷乐名，可见南为南夷，古义皆然，则程氏说益无据。

3.2 四诗

周南、召南，南也，非风也。豳谓之豳诗，亦谓之雅，亦谓之颂，【原注】据《周礼·籥篇》。而非风也。南、豳、雅、颂为四诗，而列国之风附焉，此诗之本序也。【原注】宋程大昌《诗论》谓无国风之目，然《礼记·王制》言“命大师陈诗，以观民风”，即谓自邶至曹十二国为风无害。【杨氏曰】泰之云诗之有风，其原误于左氏、荀氏，《王制》之云非所疑也。

3.3 孔子删诗

孔子删诗，所以存列国之风也。有善有不善，兼而存之。犹古之太师陈诗，以观民风。而季札听之，以知其国之兴衰。正以二者之并陈，故可以观，可以听。世非二帝，时非上古，固不能使四方之风有贞而无淫，有治而无乱也。文王之化被于南国，而北鄙杀伐之声，文王不能化也。使其诗尚存，而入夫子之删，必将存南音以系文王之风，存北音以系纣之风，而不容于没一也。是以《桑中》之篇，《溱洧》之作，夫子不删，志淫风也。《叔于田》为誉段之辞，《扬之水》、《椒聊》为从沃之语，夫子不删，著乱本也。淫奔之诗录之，不一而止者，所以志其风之甚也。一国皆淫，而中有不变者焉，则亟录之，《将仲子》畏人言也，《女曰鸡鸣》相警以勤生也，《出其东门》不慕乎色也，《衡门》不愿外也，选其辞，比其音，去其烦且滥者，此夫子之所谓删也。后之拘儒不达此旨，乃谓淫奔之作，不当录于圣人之经。是何异唐太子谓商臣弑君，不当载于《春秋》之策乎？【原注】《旧唐书·高宗诸子传》。黄氏《日钞》云：“国风之用于燕享者，惟二南，而列国之风未尝被之乐也。夫子之所言正者雅颂，而未及乎风也。《桑中》之诗明言淫奔，东莱吕氏乃为之讳，而指为雅音，失之矣。真希元《文章正宗》，其所选诗一扫千古之陋，归之正旨，然病其以理为宗，不得诗人之趣。且如《古诗十九首》，虽非一人之作，而汉代之风略具乎此。今以希元之所删者读之，“不如饮美酒，被服纨与素”，何以异乎《唐诗·山有枢》之篇。“良人惟古欢，枉驾惠前绥”，盖亦邶诗“雄雉于飞”之义。“牵牛织女”，意仿《大东》。“兔丝女萝”，情同《车舝》。十九作中无甚优劣，必以坊淫正俗之旨严为绳削，虽矫昭明之枉，恐失国风之义。六代浮华，固当芟落，使徐、庾不得为人，陈、隋不得为代，无乃太甚？岂非执理之过乎！【钱氏曰】《四朝闻见录》云：“考亭先生晚注《毛诗》，尽去序文，以‘彤管’为淫奔之具，以‘城阙’为偷期之所。陈止齐得其说而病之，谓以千七百年女史之彤管与三代之学校为淫奔之具、偷期之所，窃所未安。独藏其说，不与考亭辩。考亭微知其然，移书求其诗说。止齐答以‘公近与陆子静门辩无极，又与陈同父争论王霸矣，某未尝注《诗》，所以说《诗》者不过与门人学子讲义，今皆毁之矣。’”盖不欲佐陆、陈之辩也。

3.4 何彼秾矣

【钱征士曰】转：“秾犹戎戎也。”按《说文》：“秾，衣厚貌。”引此诗。石经同韩诗作“莪”。按《说文》无“莪”字。

《山堂考索》载林氏曰：“二南之诗虽大概美诗，亦有刺诗，不徒西周之诗，而东周亦与焉，据《何彼秾矣》之诗可知矣。其曰：‘平王之孙，齐侯之子。’考《春秋·庄公元年》书王姬归于齐，此乃桓王女平王孙下嫁于齐襄公，非平王孙、齐侯子而何？

【原注】洪氏《容斋五笔》曰："春秋庄公元年当周庄王之四年，齐襄公之五年，书'王姬归于齐'。庄公十一年，当庄王之十四年，齐桓公之三年，又书'王姬归于齐'。庄王为平王之孙，则所嫁王姬当是姊妹，齐侯之子即襄公、桓公，二者必居一于此矣。"说者必欲以为西周之诗，于时未有平王，乃以'平'为平正之王，'齐'为齐一之侯，与书言'宁王'同义，此妄也。【原注】《毛氏传》："平，正也。武王女，文王孙，适齐侯之子。"按成王时，齐侯则太公，而以武王之女适其子，是甥为婚，周之盛时必无此事。逮成王顾命丁公，始见于经，而去武王三十余年，又必无未笄之女矣。据诗人欲言其人之子孙，则必直言之，如称卫庄姜，则曰'齐侯之子，卫侯之妻，东宫之妹，邢侯之姨'。美韩侯取妻，则曰'汾王之孙，蹶父之子'，又何疑乎？且其诗，刺诗也，以王姬徒有容色之盛，而无肃邕之德，何以使人化之？故曰'何彼秾矣，唐棣之华。曷不肃邕，王姬之车'。诗人若曰言其容色固如唐棣矣，然王姬之车胡不肃邕乎？是讥之也。"

按此说桓王女、平王孙则是，其曰刺诗，于义未允。盖诗自邶、鄘，以讫于桧、曹，皆太师之所陈者也。其中有美有刺，若二南之诗则用之为燕乐，用之为乡乐，用之为射乐，用之为房中乐，而《鼓钟》之卒章所谓"以雅以南"，《春秋传》所谓"象箾南籥"，《文王世子》所谓"胥鼓南"者也，安得有刺？此必东周之后，其诗可以存二南之遗音，而圣人附之于篇者也。且自平王之东，周德日以衰矣。麦禾之取，繻葛之战，几无以令于兄弟之国。且庄王之世，鲁、卫、晋、郑日以多故，于是王姬下嫁，以树援于强大之齐，寻盟府之坠言，继昏姻之夙好。且其下嫁之时能修周之旧典，而容色之盛、礼节之备，有可取焉。圣人安得不录之，以示兴周道于东方之意乎？【原注】《春秋·襄十五年》书"刘夏逆王后于齐"亦此意。盖东周以后之诗得附二南者，惟此一篇而已。后之儒者乃疑之，而为是纷纷之说，是乌知圣人之意哉。或曰：诗之所言，但称其容色，何也？曰：古者妇有四德，而容其一也。言其容则德可知矣。【原注】《说苑》引《书》五事。一曰貌。貌者，男子之所以恭敬，妇人之所以姣好也。故《硕人》之诗美其君夫人者，至无所不极其形容。而《野麕》之贞亦云："有女如玉。"即唐人为妃主碑文，亦多有誉其姿色者。【原注】洪氏《隶释》载《郭辅碑》云："有四男三女，咸高贤姣孋。"汉魏间人，作已如此。岂若宋代以下之人，以此为讳，而不道乎？夫妇人伦之本，昏姻王道之大，下嫁于齐，甥舅之国，太公之后，先王以周礼治诸侯之本也。诗之得附于南者以此。舍是则东周以后事无可称，而民间之谣刺皆属之王风矣。况二南之与民风其来自别，宣王之世未尝无雅，则平王以下岂遂无南？或者此诗之旧附于南，而夫子不删，要亦不异乎向者之说也。

《何彼秾矣》以庄王之事而附于召南，其与《文侯之命》以平王之事而附于《书》，一也。【江氏曰】东迁后之诗，何以不入王风而入少南，其以此诗为有王者之化，异于《黍离》诸篇，故特附至少南欤？

3.5 邶、鄘、卫

邶、鄘、卫，本三监之地，自康叔之封未久，而统于卫矣。采诗者犹存其旧名，谓之邶、鄘、卫。【原注】《汉书·地理志》："河内，本殷之旧都。周既灭殷，分其畿内为三国。《诗》风邶、鄘、卫国是也。邶，以封纣子武庚。鄘，管叔尹之。卫，蔡叔尹之。以监殷民，谓之三监。故《书》序曰：武王崩，三监畔，周公诛之，尽以其地封弟康叔，号曰孟侯，以夹辅周室，迁邶、鄘之民于雒邑。故邶、鄘卫三国之诗相与同风。"【雷氏曰】《周书·克殷》曰："立王子武庚，命管叔相。"《作雒》曰："武王克殷，乃立王子禄父，俾守商祀。建管叔于东，建蔡叔、霍叔于殷，俾监殷民。"孔晁于"立禄父"注云："封以郑，祭成汤。"又云："东谓卫。殷，邶、鄘。霍叔，相禄父也。"《汉书·地理志》曰："周既灭殷，分其畿内为三国，《诗》风邶、鄘、卫是也。邶以封纣子武庚。鄘，管叔尹之。卫，蔡叔尹之。"《诗谱》曰："武王以纣京师伐武庚，为殷后。又分其地置三监，使管叔、蔡叔、霍叔尹之。自纣城而北谓之邶，南谓之鄘，东谓之卫。"服子慎、王子雍、皇甫士安并云鄘在纣都之西。郑夹漈则中卫、南鄘、东邶。伯公则南邶、东鄘、北卫。《九域志》谓武王立禄父在观扈地。《路史》亦谓武庚封邶，即漕邑，今滑之白马。此宋以前诸说之不同也。案，经传凡言武庚之国皆谓之殷，则武庚实封于邺南之殷可知。此时商之宗庙在殷，故《周书》曰"俾守商祀"。庙社在殷，而纣居朝歌，故《牧誓》曰："昏弃绝肆，祀，弗答。"《逸书》曰："侮蔑神祇，不祀。"孔注："'郑'字乃'郼'字之伪，即谓殷也。"《诗谱》之纣城以朝歌言，北谓之邶，东谓之卫，自是定解。惟南谓之鄘，不如服、王、皇甫之说为确。朝歌之南迫近大河，不容更置一监。惟西地河内亦有殷名，即怀之殷城。《书》曰"建管叔于东，建蔡叔、霍叔于殷"。《汉志》又云"以邶封武庚"，盖一监处东，一监处西，邶近殷都，霍叔处之，实与武庚共地而理。殷都在纣城之北一百五十余里，故诗之变风首列邶。孔注亦云"霍叔，相禄父也"，惟其共地而理，叔受其制，故叛周降辟，霍从末减。《书》云："管叔相者，乃诸侯之命卿，在下车之始。"注云："霍叔相者，乃方伯之三监，在既封之后。"据《逸书》、《竹书》，明管叔相，在武王十二年正月朔。命三监，在十二年四月初。【又曰】三监之中有霍叔，此经之明文，无可疑者。《汉书·志》及《书》伪传谓三监有武庚，无霍叔，非是。其分监之地即邶、鄘、卫是也，其所封之国则管、蔡、霍是也。邶、鄘、卫皆武庚之封土，其国都则近邶，武王使三叔处此者。王封禄父为上公，上公九命作伯。古制，天子使其大夫为三监，监于方伯之国，国三人。盖待以客礼，使为方伯。遵用商之旧制，使其弟为之监，非曰胜国余孽，必监之，以防其蠢动也。迨成王立三叔，及武庚畔，周公不得已而东征，于是殷之国土，命康叔及中旄父尹之，后乃悉封康叔。《诗谱》谓武庚诛后，更建此三国，以康叔为之长，后世子孙并彼二国，此不然也。《左传》季札观乐，为之歌邶、鄘、卫，曰："吾闻卫康叔、武庚之德如是，是其卫风乎?"以邶鄘属之康叔，则康叔时已有邶、鄘可知。圣人于变风首列此者，见此三地，后虽康叔之国，前实武庚之封，所以著武王、周公之于殷大公至正，无私天下之心。无如武庚，三叔变而不善，沦胥以亡。此所以名寓其义，而即以风示后之不靖者。【又曰】殷商以前，河内无卫名，卫本殷之封国，姚姓故字，其地在斟观氏之墟，不在河内，见《续汉书·郡国志》、《水经·河水》注。武王克殷，命百弇以虎贲伐卫，灭之，见《周书·世俘篇》。始邑管叔于此，故《周书》曰"建管叔于东"，盖殷畿千里，凡在河东以外者，通谓之东。周公践殷，降辟三叔，始命康叔宇于殷墟，名曰卫，自是河内始有卫名。

邶、鄘、卫者，总名也。不当分某篇为邶，某篇为鄘，某篇为卫。分而为三者，汉儒之误。以此诗之简独多，故分三名，以各冠之，而非夫子之旧也。【原注】观《小雅·六笙诗》，毛公颇有升降，《黍离》之篇，毛公以为王，齐诗以为卫，则知今诗之次序多出于汉儒也。《新序》："《黍离》，卫宣公之子寿，闵其兄而作。"考之《左氏传·襄公二十九年》："季札观乐于鲁，为之歌邶、鄘、卫，曰：'美哉，渊乎！忧而不困者也。吾闻卫康叔、武公之德如是，是其卫风乎？'"而《襄公三十一年》北宫文子之言引《卫诗》曰："威仪棣棣，不可选也。"此诗今为邶之首篇，乃不曰邶，而曰卫，是知累言之则曰邶、鄘、卫，专言之则曰卫，一也。犹之言殷商，言荆楚云尔。意者西周之时，故有邶、鄘、之诗，及幽王之亡而轶之，而大师之职，犹不敢废其名乎？然，名虽旧，而辞则今矣。【原注】若据《汉书》言，迁邶、鄘之民于雒邑，则成王之世已无邶、鄘。【魏源曰】左氏载季札观乐，为之歌邶、鄘、卫，曰："美哉，吾闻卫康叔、武公之德如是，是其卫风乎？"三名一实，连而不分，视为之歌唐，为之歌魏，判然二国者殊例。是邶、鄘、为之不可分，犹曰殷商，曰荆楚。故北宫文子引今《柏舟》"威仪"之语，以为卫诗。毛公分一国为三，盖徒因简编过大，而未念其名实之不相符。此异《左传》者，一也。刘向《新序》以《黍离》为卫寿闵兄，则知鲁诗必列于卫风，而不列入王风之首矣。郑箴膏肓，述《何彼秾矣》，不以平王为"平正之王"，则是东周平王之诗，而不当次诸二南之后矣。此异三家者，二也。国风之例，凡采风观民，各从其所得之地，不从其所咏之人。故《木瓜》，卫人美齐桓，则系诸卫。《猗嗟》，齐人刺鲁庄，则系之齐。乃《缁衣》，为周人美郑武公，为卿士之诗，何以不系之王而系之郑？考《公羊传》，古者郑国处于留，先郑伯有善于郐公者，以取其国而迁郑焉而野留。庄公死，祭仲将往省于留云云，此即郑桓公寄孥与贿于郐，而得其国，旋以留为下邑，而王风《邱中有麻》"彼留子嗟"之诗所为作也。《邱中》与《缁衣》之诗皆郑桓公为王朝卿士时，小惠要结周民，说而歌之，既皆畿内民风，自当同列王风之末。故鲁诗以《大车》为哀息君之诗，正以郑、息同为畿内之国，故与其为周人所咏之诗同殿乎王风。毛以《邱中》、《缁衣》二诗，一系之王，一系之郑。既乖民风各系本国之例，且因此遂并《大车》、《邱中有麻》之诗，凡为周民咏郑、息者，皆不知所指何事，离之两伤，皎然明矣。此异于《鲁诗》、《公羊》者，三也。

邶、鄘之亡久矣，故太师但有其名。而三国同风，无非卫人之作。桧【原注】《左传》作"郐"。之亡未久，而诗尚存，故别于郑，而各自为风。《匪风》之篇，其西周未亡之日乎？【原注】曰"谁将西归"，是镐京尚存，故郑氏谱以为当夷王、厉王之时，苏氏以桧诗皆为郑作，非也。

邶、鄘、卫三国也，非三监也。殷之时，邦畿千里，周则分之为三国，今其相距不过百余里，如《地理志》所言，于百里之间而立此三监，又并武庚而为一监，皆非也。宋陈傅良【原注】《止斋集·答黄文叔书》。以为自荆以南，蔡叔监之，管叔河南，霍叔河北。蔡，故蔡国。管，则管城。霍，所谓霍太山也。其（绵地）［地绵］广，不得为邶、鄘、卫也。【汝成案】三诗皆言卫事，故班氏谓之同风，其不当分为三名甚明。马永卿曰："邶、鄘、卫在《王风·黍离》之前，存前代后也。"与雷氏言正合。若然，则康叔既封犹标其地，是初为三国，非三监明矣。

3.6 黎、许二国

许无风，而《载驰》之诗录于鄘。黎无风，而《式微》、《旄丘》之诗录于邶。圣人阐幽之旨，兴灭之心也。

3.7 诸姑伯姊

《泉水》之诗，其曰"诸姬"，犹《硕人》之"庶姜"。古之来，媵而为侄娣者，必皆同姓之国。其年之长幼，序之昭穆，则不可知也。故有诸姑伯姊之称，犹《礼》之言伯父、伯兄也。贵为小君，而能谦以下其众妾，此所谓“其君之袂，不如其娣”者矣。

3.8 王事

“王事适我，政事一埤益我。”凡交于大国，朝聘会盟征伐之事，谓之王事。【原注】《左传·襄公二十九年》郑子展曰：“《诗》云：‘王事靡盬，不遑启处。’东西南北，谁敢宁处？坚事晋、楚，以蕃王室也。王事无旷，何常之有？”《丧大记》曰：“既葬，与人立君，言王事不言国事。”又曰：“君既葬，王政入于国，既卒哭而服王事。”其国之事，谓之政事。

3.9 朝隮于西

【钱征士曰】传：“隮，升也。”案许叔重不收“隮”字。当为跻，“跻，升。”《释诂》文。彼作“陞”，俗字也。

“朝隮于西，崇朝其雨。”朱子引《周礼》十煇注，以隮为虹是也。谓不终朝而雨止则未然。谚曰：“东虹晴，西虹雨。”【原注】其雨者，雨也。盖虹蜺杂乱之交，无论雨晴，而皆非天地之正气。楚襄王登云梦之台，望高唐之观，所谓朝云者也。

3.10 王

邶、鄘、卫，王列国之名，其始于成康之世乎？惟周王抚万邦，巡侯甸，而大师陈诗以观民风，其采于商之故都者，则系之邶、鄘、卫。其采于东都者，则系之王。【原注】王亦周初大师之本名。马永卿述元城刘先生之言，亦谓邶、鄘、卫本商之畿内，故序王之上。其采于列国者，则各系之其国。至骊山之祸，先王之诗率已阙轶，而孔子所录者皆平王以后之诗，此变风之所由名也。诗虽变，而大师之本名则不敢变，此十二国之所以犹存其旧也。先儒谓王之名不当侪于列国，而为之说曰：“列《黍离》于国风，齐王德于邦君，【原注】晋范宁《春秋穀梁传序》。误矣。”【李文贞曰】周初之风是谓二南，其诗自畿内达于侯国，以为文武之世，道一风同，无间中外。其后采诸列国者归其本部，则邶、鄘以下是畿内所得者，附于雅则有《小雅》中谣咏诸诗，故成康后畿内无风。盖俗化既散，不能比于二南，又不可别自为部，故归之雅。及乎既东，则巡守不行，而列国无诗。平王初年，周太师犹举旧职，欲存风雅二体。《节南山》以下，作自卿大夫者曰雅。《黍离》以下，畿内民俗曰风。其称风而与西周别者以此。至其晚岁，则并此亡之。东迁，风雅亦仅止于平王，故孟子曰：“《诗》王然后《春秋》作。”先儒感于《诗》亡之义，乃以雅为西，以风为东，而有降《黍离》于国风之说。夫王号犹在，谁则降之？鲁犹有颂，父子弗更也，肯降周雅为风乎？【汝成案】康成云：“其实不能复雅，故贬之谓之王国之变风。”疏曰：“《诗》者缘政而作，风雅系政广狭。”又绎郑志言：“幽、厉以酷虐之政，被于诸侯，故为雅。平、桓则政教不及畿外，故为风。”义亦甚正。惟谱次豳下，则见转一孔，盖名尊而实淆矣。

自幽王以上，大师所陈之诗亡矣。春秋时，君卿大夫之赋诗无及之者，此孔子之所不得见也，是故诗无正风。

二南也，豳也，小大雅也，皆西周之诗也，至于幽王而止。【原注】惟《何彼秾矣》

为平王以后之诗。其余十二国风，则东周之诗也。王者之迹熄而诗亡，西周之诗亡也，诗亡而列国之事迹不可得而见，于是晋之《乘》、楚之《梼杌》、鲁之《春秋》出焉，是之谓诗亡然后《春秋》作也。周颂，西周之诗也。鲁颂，东周之诗也。成康之世，鲁岂无诗？而今亦已亡矣。故曰诗亡，列国之诗亡也。其作于天子之邦者，以雅以南，以豳以颂，则固未尝亡也。

3.11 日之夕矣

"鸡栖于埘，日之夕矣，牛羊下来。"君子当归之时也。至是而不归，如之何勿思也？

"君子以向晦入宴息，日之夕矣而不来，则其妇思之矣。朝出而晚归，则其母望之矣。"【原注】《列女传》。"夜居于外，则其友吊之矣。"【原注】《檀弓》。于文"日夕为退"。【原注】《说文系传》。是以樽罍无卜夜之宾，衢路有宵行之禁。故曰："见星而行者，惟罪人与奔父母之丧者乎？"【原注】《曾子问》。至于酒德衰而酣身长夜，官邪作而昏夜乞哀，天地之气乖而晦明之节乱矣。

3.12 大车

"岂不尔思，畏子不敢"，民免而无耻也。"虽速我讼，亦不女从"，有耻且格也。

3.13 郑

自邶至曹，皆周初大师之次序。先邶、墉、卫，殷之故都也。次之以王，周东都也。何以知其为周初之次序？邶、墉也，晋而谓之唐也，皆西周之旧也。惟郑乃宣王所封，中兴之后始立其名于大师。而列于诸国之先者，郑亦王畿之内也，故次于王也。桓公之时，其诗不存，故首《缁衣》也。

3.14 楚、吴诸国无诗

吴、楚之无诗，以其僭王而删之与？非也，太师之本无也。楚之先熊绎，辟在荆山，筚路篮缕，以处草莽，惟是桃弧棘矢，以共御王事，而周无分器。【原注】《左氏昭公十二年传》。岐阳之盟，楚为荆蛮，置茅蕝，设望表，与鲜牟守燎而不与盟。【原注】《晋语》。是亦无诗之可采矣。况于吴自寿梦以前，未通中国者乎？滕、薛之无诗，微也。若乃虢、郐，皆为郑灭，而虢独无诗。陈、蔡皆列春秋之会盟，而蔡独无诗，有司失其传尔。

3.15 豳

自周南至豳，统谓之国风。此先儒之误，程泰之辨之详矣。豳诗不属于国风，周世之国无豳。此非大师所采，周公追王业之始，作为《七月》之诗，兼雅颂之声，而用之祈报之事。《周礼·籥章》："逆暑迎寒，则龡豳诗。祈年于田祖，则龡豳雅。祭蜡则龡豳颂。"雪山王氏曰："此一诗而三用也。"【原注】谓《籥章》之豳诗，以鼓、钟、琴、瑟四器之声合籥也。《笙师》：龡竽、笙、埙、籥、箫、篪、笛、管、舂、牍、应、雅，凡十二器，以雅器之声合籥也。《眡瞭》：播鼗、击颂磬、笙、磬，凡四器，以颂器之声合籥也。凡为乐器，以十有二律为之数度，以十有二声为之齐量，凡和乐亦如之。此用《七月》一诗，特其以器和声有不同尔。

《鸱鸮》以下，或周公之作，或为周公而作，则皆附于豳焉。虽不以合乐，然与二南同为有周盛时之诗，非东周以后列国之风也，故他无可附。

3.16 言私其豵

“雨我公田，遂及我私”，先公而后私也。“言私其豵，献豜于公”，先私而后公也。自天下为家，各亲其亲，各子其子，而人之有私，固情之所不能免矣。故先王弗为之禁。非惟弗禁，且从而恤之。建国亲侯，胙土命氏，画井分田，合天下之私，以成天下之公，此所以为王政也。至于当官之训，则曰以公灭私，然而禄足以代其耕，田足以供其祭，使之无将母之嗟，室人之谪，又所以恤其私也。此义不明久矣。世之君子必曰：有公而无私，此后代之美言，非先王之至训矣。

3.17 承筐是将

君子不亲货贿，“束帛戋戋，实诸筐篚”。非惟尽饰之道，亦所以远财而养耻也。万历以后，士大夫交际多用白金，乃犹封诸书册之间，进自阍人之手。今则亲呈坐上，径出怀中，交收不假他人，茶话无非此物，衣冠而为囊橐之寄，朝列而有市井之容。若乃拾遗金而对管宁，倚被囊而酬温峤，曾无愧色，了不关情，固其宜也。然则，先王制为筐篚之文者，岂非禁于未然之前，而示人以远财之义者乎？以此坊民，民犹轻礼而重货。

3.18 罄无不宜

“罄无不宜”，宜室家，宜兄弟，宜子孙，宜民人也。“吉蠲为饎，是用孝享，禴祠烝尝，于公先王。”得万国之欢心，以事其先王也。

3.19 民之质矣，日用饮食

“民之质矣，日用饮食。”夫使机智日生，而奸伪萌起，上下且不相安，神奚自而降福乎？有起信险肤之族，则高后崇降弗祥。有诪张为幻之民，则嗣王罔或克寿。是故有道之世，人醇工庞，商朴女童，上下皆有嘉德，而至治馨香感于神明矣。然则，祈天永命之实，必在于观民，而斲雕为朴，其道何由？则必以厚生为本。

群黎，庶人也。百姓，百官也。民之质矣，兼百官与庶人而言，犹曰“人之生也直”也。

3.20 小人所腓

“小人所腓。”古制，一车甲士三人，步卒七十二人，炊家子十人，固守衣装五人，厩养五人，樵汲五人。【原注】见《司马法》。随车而动，如足之腓也。【原注】《传》曰："腓，辟也。"笺曰："腓当作'芘'。"皆未是。

步乘相资，短长相卫，行止相扶，此所以为节制之师也。繻葛之战，郑原繁、高渠弥以中军奉公，为鱼丽之陈，先偏后伍，伍乘弥缝，卒不随车，遇阙即补，斯已异矣。【原注】古时营陈，遇阙处仍以车补。《周礼·车仆》："掌阙车之萃。"注："阙车，所用补阙之车也。"《左传·宣公十二年》："楚子使潘党率游阙四十乘。"注："游车补阙者。"

大卤之师，魏舒请毁车以为行，伍乘为三伍。【原注】注："乘车者车三人，五乘十五人。今改，去车，更以五人为伍，分为三伍。"

为五陈以相离，两于前，伍于后，专为右角，参为左角，偏为前拒。专任步卒，以取捷速，然亦必山林险阻之地，而后可用也。步不当骑，于是赵武灵王为变服骑射之令，而后世因之。所以取胜于敌者，益轻益速，而一败涂地，亦无以自保，然后知车战之为谋远矣。

终春秋二百四十二年，车战之时，未有斩首至于累万者。车战废而首功兴矣。先王之用兵，服之而已，不期于多杀也。杀人之中又有礼焉，以此毒天下而民从之，不亦宜乎。

宋沈括对神宗言："车战之利见于历世，然古人所谓兵车者，轻车也。五御折旋，利于捷速。今之民间，辎车重大，日不能三十里，故世谓之太平车，但可施于无事之日尔。"

3.21 变雅

《六月》、《采芑》、《车攻》、《吉日》，宣王中兴之作，何以为变雅乎？《采芑》传曰："言周室之强，车服之美也。"言其强美斯劣矣。【原注】正义曰："名生于不足。"观夫《鹿鸣》以下诸篇，其于君臣兄弟朋友之间，无不曲当而未尝有夸大之辞。大雅之称文武，皆本其敬天勤民之意，至其言伐商之功盛矣大矣，不过曰"会朝清明"而止。然则，宣王之诗，不有侈于前人者乎？【原注】如《韩奕》之篇尤侈。一传而周遂亡。呜呼，此太子晋所以谓"自我先王厉、宣、幽、平而贪天祸"，固不待沔水之忧、祈父之刺而后见之也。

3.22 大原

"薄伐猃狁，至于大原。"毛、郑皆不详其地。其以为今太原阳曲县者，始于朱子。【原注】吕氏《读诗记》、严氏《诗缉》并云。而愚未敢信也。古之言大原者多矣，若此诗则必先求泾阳所在，而后大原可得而明也。《汉书·地理志》：安定郡有泾阳县，开头山在西，《禹贡》泾水所出。《后汉书·灵帝纪》："段颎破先零羌于泾阳。"注："泾阳县属安定，在原州。"《郡县志》："原州平凉县，本汉泾阳县地，今县西四十里泾阳故城是也。"然则，大原当即今之平凉，而后魏立为原州，亦是取古大原之名尔。【原注】《唐书·原州平凉郡》：治平高。广德元年，没吐蕃。节度使马璘，表置行原州，于灵台之百里城。贞元十九年，徙治平凉。元和三年，又徙治临泾。大中三年，收复关陇，归治平高。

计周人之御猃狁，必在泾、原之间。若晋阳之太原，在大河之东，距周京千五百里，岂有寇从西来，兵乃东出者乎？故曰“天子命我，城彼朔方”。而《国语》“宣王料民于大原”，亦以其地近边而为御戎之备，必不料之于晋国也。又按《汉书》贾捐之言，“秦地南不过闽越，北不过大原，而天下溃畔”。亦是平凉而非晋阳也。【原注】汉武帝始开朔方郡，故秦但有陇西、北地、上郡而止。若晋阳之太原，则其外有雁门、云中、九原，不得言不过也。

若《书·禹贡》“既修大原，至于岳阳”，《春秋》“晋荀吴帅师败狄于大原”，及子产对叔向：“宣汾、洮，障大泽，以处大原。”则是今之晋阳。而岂可以晋之大原为周之大原乎？【原注】司马相如《上林赋》：“布濩闳泽，延蔓太原。阮籍《东平赋》：“长风振厉，萧条太原。”高平曰原，盖古人之通称也。【全氏曰】《尚书·大传》：“大而高平者谓之太原。”《春秋题辞》：“高平曰太原。”故平凉亦有太原之名。

吾读《竹书纪年》，而知周之世有戎祸也，盖始于穆王之征犬戎。六师西指，无不率服，于是迁戎于太原。【原注】十七年。

以黩武之兵而为徙戎之事。懿孝之世，戎车屡征，至夷王七年，虢公帅师伐太原之戎，至于俞泉，获马千匹。则是昔日所内徙者，今为寇而征之也。

宣王之世，虽号中兴，（然）三十三年，王师伐太原之戎，不克。

三十八年，伐条戎、奔戎，王师败逋。【原注】《后汉书·西羌传》并用此。严尤以为周得中策，盖不考之言。

三十九年，伐姜戎，战于千亩，王师败逋。

四十年，料民于太原。其与后汉西羌之叛，大略相似。

幽王六年，命伯士帅师伐六济之戎，王师败逋。

于是关中之地，戎得以整居其间，而陕东之申侯至与之结盟而入寇。【原注】自迁戎至此，一百七十六年。《周语》申缯西戎方强，王室方骚。

盖宣王之世，其患如汉之安帝也。幽王之世，其患如晋之怀帝也。其自贻伊戚，古今同慨焉。① 而三川之震，檿弧之谣，皆适会其时者也。然则，宣王之功计，亦不过唐之宣宗，而周人之美宣，亦犹鲁人之颂僖也。事劣而文侈矣。书不尽言，是以论其世也如毛公者，岂非独见其情于意言之表者哉。【原注】竹书纪年自共和以后多可信，盖亦必有所传，其前好事者为之尔。

3.23　莠言自口

莠言，秽言也。若郑享赵孟，而伯有赋《鹑奔》之诗是也。君子在官言官，在府言府，在库言库，在朝言朝。狎侮之态，不及于小人；谑浪之辞，不加于妃妾。自世尚通方，人安媟慢，宋玉登墙之见，淳于灭烛之欢，遂乃告之君王，传之文字，忘其秽

① “其自贻伊戚，古今同慨焉。”此两句，一本作：“戎之所由来，非一日之故。”

论，叙为美谈。以至执女手之言，发自临丧之际。【原注】原壤。啮妃唇之咏，宣于侍宴之余。【原注】郭舍人。于是摇头而舞八风，【原注】祝钦明。连臂而歌万岁。【原注】阎知微。去人伦，无君子，而国命随之矣。

臧孙纥见卫侯于郲，退而告其人曰："卫侯其不得入矣。其言粪土也。亡而不变，何以复国？"以粪土喻其言，犹诗之莠言也。

3.24 皇父

【钱征士曰】作都于向，事在幽王六年，见《竹书纪年》。《九域志》同州有向城，即此。

王室方骚，人心危惧。皇父以柄国之大臣，而营邑于向，【原注】《左传·隐十一年》。解轵县西有地名向上，在今济源县界。于是三有事之多藏者随则之而去矣，庶民之有车马者随之而去矣。盖亦知西戎之已逼，而王室之将倾也。以郑桓公之贤且寄孥于虢郐，则其时之国势可知。然不顾君臣之义而先去，以为民望，则皇父实为之首。昔晋之王衍，见中原已乱，乃说东海王越，以弟澄为荆州，族弟敦为青州，谓之曰："荆州有江汉之固，青州有负海之险，卿二人在外，而吾留此，足以为三窟矣。"鄙夫之心，亦千载而符合者乎？

3.25 握粟出卜

古时用钱未广，《诗》、《书》皆无货泉之文，而问卜者亦用粟。汉初犹然，《史记·日者传》："卜而有不审，不见夺糈。"【汝成案】《日者传》云："以义置数十百钱。"又云："此之为德，岂直数十百钱哉？"是问卜者兼用钱、粟矣，此特偏引一语尔。【惠氏曰】古者卜筮，先用精凿之米以享神，谓治糈。《楚辞》云："巫咸降夕降兮，怀椒糈而要之。"王逸注："言巫咸降下，愿怀椒糈要之，使筮者占斯吉凶之事也。"《管子》云："守龟不兆，握粟而筮者屡中。"

3.26 私人之子百僚是试

孔氏曰："私人，皂隶之属也。"天下有道，小德役大德，小贤役大贤。故贵有常尊，贱有等威，所以辨上下而定民志也。周之衰也，政以贿成，而官之师旅不胜其富，【原注】《左氏·襄公十年传》。又其甚也。私人之子皆得进而服官，而文武周公之法尽矣。候人而赤芾，曹是以亡。不狩而县貆，魏是以削。贱妨贵，小加大，古人列之六逆，又不但仍叔之子讥其年弱，尹氏之姻刺其材琐而已。自古国家吏道杂而多端，未有不趋于危乱者。举贤材，慎名器，岂非人主之所宜兢兢自守者乎？

3.27 不醉反耻

"彼醉不臧，不醉反耻"，所谓一国皆狂，反以不狂者为狂也。以箕子之忠，而不敢对纣之失日，【原注】《韩非子》。况中材以下，有不尤而效之者乎？"卿士师师非度"，此商之所以亡。"兰芷变而不芳兮，荃蕙化而为茅"，此楚之所以六千里而为仇人役也。是以圣王重特立之人，而远苟同之士。保邦于未危，必自此始。

3.28 上天之载

【钱征士曰】《礼记·中庸》郑注："读曰栽，谓生物也。"与笺异，盖三家说也。亦作"縡"，见《汉书·扬雄传》。

"上天之载，无声无臭。仪刑文王，万邦作孚。"君子所以事天者如之何？亦曰"仪刑文王"而已。其仪刑文王也如之何？为人君止于仁，为人臣止于敬，为人子止于孝，为人父止于慈，与国人交止于信而已。

3.29 王欲玉女

《民劳》本召穆公谏王之辞，乃托为王意，以戒公卿百执事之人，故曰："王欲玉女，是用大谏。"犹之转予于恤而呼祈父，从事不均而怨大夫，所谓言之者无罪，而闻之者足以戒也。岂亦监谤之时，疾威之日，不敢指斥而为是言乎？然而乱君之国，无治臣焉。至于"我即尔谋，听我嚣嚣"，则又不独王之愎谏矣。

3.30 夸毗

"天之方懠，无为夸毗。"《释训》曰："夸毗，体柔也。"【原注】《后汉书·崔骃传》注：夸毗，谓佞人足恭，善为进退。天下惟体柔之人，常足以遗民忧而召天祸。夏侯湛有云："居位者以善身为静，以寡交为慎，以弱断为重，以怯言为信。"【原注】《抵疑》。白居易有云："以拱默保位者为明智，以柔顺安身者为贤能，以直言危行者为狂愚，以中立守道者为凝滞。故朝寡敢言之士，庭鲜执咎之臣。自国及家，寖而成俗。故父训其子曰：无介直以立仇敌。兄教其弟曰：无方正以贾悔尤。且慎默积于中则职事废于外，强毅果断之心屈，畏忌因循之性成，反谓率职而居正者不达于时宜，当官而行法者不通于事变。是以殿最之文虽书而不实，黜陟之典虽备而不行。"【原注】《长庆集·策》。罗点有云："无所可否，则曰得体。与世浮沈，则曰有量。众皆默，己独言，则曰沽名。众皆浊，己独清，则曰立异。"【原注】《宋史》本传。观三子之言，其于末俗之敝，可谓恳切而详尽矣。至于佞谄日炽，刚克消亡，朝多沓沓之流，士保容容之福。苟由其道，无变其俗，必将使一国之人皆化为巧言令色孔壬而后已。然则丧乱之所从生，岂不阶于夸毗之辈乎？【原注】乐天作《胡旋女》诗曰："天宝季年时欲变，臣妾人人学圆转。"是以屈原疾楚国之士。谓之"如脂如韦"。而孔子亦云"吾未见刚者"。

3.31 流言以对

"强御多怼"，即上章所云强御之臣也。其心多所怼疾，而独窥人主之情，深居禁中而好闻外事，则假流言以中伤之，若二叔之流言以间周公是也。夫不根之言，何地蔑有？以斛律光之旧将而有百升明月之谣；以裴度之元勋而有坦腹小儿之诵所。谓流言以对者也如此，则寇贼生乎内而怨诅兴乎下矣。郄宛之难，进胙者莫不谤令尹，所谓"侯作侯祝"者也。孔氏疏《采苓》曰："谗言之起，由君数问小事于小人也。"可不慎哉！【汝成案】明封疆勋旧多伤于谗，而卒以“人之云云，邦国殄瘁”，皆由中朝奸邪之徒流言以对也。

3.32 申伯

【雷氏曰】申为方伯，非伯爵。《嵩高》之四章曰：“钩膺濯濯。”惟金路有钩膺，上公九命所乘，是受命为方伯明矣。

申伯，宣王之元舅也。立功于周，而吉甫作《崧高》之诵。其孙女为幽王后，无罪见黜，申侯乃与犬戎攻杀幽王。【原注】《竹书纪年》：“宣王四十一年，王师败于申。”则宣王之末，申侯已叛。乃未几而为楚所病，戍申之诗作焉。当宣王之世，周兴而申以强。当平王之世，周衰而申以弱。至庄王之世，而申为楚县矣。【原注】《左传·哀公十七年》言楚文王县申。二舅之于周，功罪不同，而其所以自取如此。宋左师之告华亥曰：“女丧而宗室，于人何有？人亦与女何有？”读二诗者，岂徒论二王之得失哉！

3.33 德輶如毛

“德輶如毛”，【原注】即“輶车鸾镳”之輶。言易举也。故曰：“一日克己复礼，天下归仁焉。”又曰：“有能一日用其力于仁矣乎？我未见力不足者。”

3.34 韩城

《水经注》：“圣水径方城县故城北，又东南径韩城东。《诗》：‘溥彼韩城，燕师所完。王锡韩侯，其追其貊，奄受北国。’王肃曰：‘今涿郡方城县有韩侯城，世谓寒号。’”非也。【原注】《魏书·地形志》：“范阳郡方城县有韩侯城。”【杨氏曰】据《水经注》，则周有两韩国，不可不辨。按《史记·燕世家》：“易水东分为梁门。”今顺天府固安县有方城村，即汉之方城县也。《水经注》亦云：“湿水径良乡县之北界，历梁山南，高梁水出焉。”是所谓“奕奕梁山”者矣。旧说以韩国在同州韩城县。曹氏曰：“武王子初封于韩，其时召襄公封于北燕，实为司空，王命以燕众城之。”窃疑同州去燕二千余里，即令召公为司空，掌邦土，量地远近，兴事任力，亦当发民于近甸而已，岂有役二千里外之人而为筑城者哉。召伯营申，亦曰“因是谢人”。齐桓城邢，不过宋、曹二国。而《召诰》“庶殷攻位”，蔡氏以为此迁洛之民，无役纣都之理。此皆经中明证。【原注】《大全》载朱子之言，亦以此为不可晓。况“其追其貊”乃东北之夷，而蹶父之靡国不到，亦似谓韩土在北陲之远也。又考王符《潜夫论》曰：“昔周宣王时，有韩侯，其国近燕。故《诗》云：‘普彼韩城，燕师所完。’其后韩西亦姓韩，为卫满所伐，迁居海中。”汉时去古未远，当有传授，今以《水经注》为定。【江氏曰】梁山在韩城，而燕地亦自有梁山。《水经注》：“鲍邱水过潞县西，高梁水注之，水东迳梁山南。”潞县，今之通州，其西有梁山，正当固安县之东北也。禹治冀州水，恒卫既从，则燕地之梁山故其所奠定者。韩城之梁山，名偶同耳。然则韩始封在韩城，至宣王时，徙封于燕之方城欤？【雷氏曰】《路史》谓韩于幽王之世失国，此用《国语》应韩不在之说，谓失其近燕之国也。盖失于北而迁于西，故王符曰“其后韩西”也。韦昭谓韩于平王之世失国，此则指其所迁之国，近于《禹贡》之梁者。韩之二国皆有梁山，故郑氏误以迁国为封国。

按《毛传》，梁山、韩城，皆不言其地。郑氏笺乃云："梁山，今在冯翊夏阳西北。韩，姬姓之国也，后为晋所灭，故大夫韩氏以为邑名焉。"【原注】《左传》富辰言："邘晋应韩，武之穆也。"《竹书纪年》："平王十四年，晋人灭韩。"按《左传·僖公十五年》："晋侯及秦伯战于韩。"上言"涉河"，下言"及韩"，又曰"寇深矣"，是韩在河东，亦非今之韩城也。故杜氏解但云"韩，晋地。"《文公十年》"晋人伐秦，取少梁，始得今韩城之地。"益明战于韩非此也。至"溥彼韩城，燕师所完"，则郑已自知其说之不通，故训燕为安，而曰："大矣，彼韩国之城。乃古平安时众民之所筑完。"惟王肃以梁山为涿郡方城县之山，而以燕为燕国。【原注】孙毓亦云。今于梁山则用郑说，于燕则用王说，二者不可兼通。而又巧立召公为司空之说，可谓甚难而实非矣。又"其追其貊"，郑以经传说貊多是东夷，故职方掌四夷九貉，【原注】即"貊"字。郑志答赵商云："九貉即九夷也。"又《秋官》"貉隶"注云："征东北夷所获。"而汉时所谓濊貊者，皆在东北。【原注】《史记·货殖传》："燕东绾濊貊、朝鲜、真番之利。"《汉书·武帝纪》注："服虔曰：濊貊在辰韩之北，高句丽沃沮之南，东穷于大海。"因于笺末添二语云："其后追也貊也，为猃狁所逼，稍稍东迁"此又可见康成之不自安而迁就其说也。【陈氏曰】"溥彼韩城，燕师所完。"郑笺训燕为安，云："古平安时众民所筑完也。"则"燕师"二字为不词矣。王肃、孙毓皆以燕为"燕国"，得之。至《水经注》载肃语，谓"今涿郡方城县有韩侯城"，王符《潜夫论》亦言"宣王时有韩侯国近燕"，近儒有据此立说，谓此诗之韩在今顺天府固安县，非西安府之韩城县，殆未必然也。为此说者，因燕远于韩，不得用其师，貊是东夷，与今韩城隔远，不应以貊锡韩耳。然命燕城韩，东莱引《春秋》事例之，洵为允当，且非直此也。周公作洛，四方民大和会，五服咸至，无间远近。山甫城齐，自镐而往，与燕之去韩路亦相等。至以貊为东夷，郑氏注《周礼》，据汉世言之耳。鲁颂"淮夷蛮貊，莫不率从"，本谓淮夷行如蛮貊，非谓蛮貊亦服鲁，传义不谬也。孟子言"貊五谷不生"，此北方气寒之证。《说文》亦以貊为北方豸种。此诗"其追其貊"，又与"奄受北国"连文，其为北陲荒裔无疑矣。"貊"，俗字也，本作"貉"。此诗"追貊"，《书》"华夏蛮貊"，石经皆作"貃"，注疏作"貊"，诸本因之。【又曰】吕《记》、朱《传》以燕为燕国，其说当矣。然所谓燕师者，直是燕国之民。而召公子孙受封于燕者，率以城韩。自朱传谓韩初封时，召公为司空，王命以其众筑此城，此言非也。燕虽召公之国，召公未尝至燕也，召公自食采于畿内。若召公率之，则所用之众乃王师也。王师而谓之燕师，天子而蒙侯国之号，可乎？况召公为司空，不见经典。朱子为此说者，特因《嵩高》书载王肃语，谓召公为司空，主缮治，遂意召氏当世居此职耳。不知宣王时，城谢则使召穆公。城齐则使樊仲山甫。穆公一身尚未必常居司空之职，况其先世乎？又案，召康公历事文、武、成、康四王，韩封大约在成王时也。《周书》顾命列诸臣位次，召公尝为冢宰，而司空则属毛公。详见孔氏《书》传。《左传》又云："聃季为司空。"见《定四年》。则成、康之世，为司空者已有两人明著于经传，而召公不与焉，安得谓召氏世居此职耶？又周家六卿并无世职者。成王时苏公为司寇，康叔亦为之。穆王命君牙为司徒，而幽王世番为之，郑桓公亦为之，谓司空独世属召公，岂其然乎？【汝成案】陈氏之说辨矣，第既主王肃、孙毓之说，以燕为燕国，复云《诗》之韩城在今西安，又主鲁颂传"淮夷蛮貊"，谓"淮夷行如蛮貊"以训此貊字义，固当矣。然同州去燕二千余里，独以此赋功属役，诚乖理势。周公作洛，是筑王城，五服咸至，宜矣。而康成犹言不见要服者，以远于役事而恒阙焉。岂城此侯邑，而惟勤是远国？自山甫城齐，自镐而往，此是王命往城，稽度教护，非率镐众往也。而云燕之与韩路亦相等，舛凿甚矣。考韩之先祖，是武王之子。《括地志》："同州韩城县南十八里为古韩国。"王肃曰："今涿郡方城县有韩侯城。"是有两韩国也。《史记·燕世家》曰："燕北迫蛮貊。"《山海经》曰："貊国，其地近燕。"则雷氏讥康成误以迁国为封国，信矣。然尚有疑者。《竹书》："成王十二年，王师、燕师城韩。"徐位山因曰："彼盖追述其先祖事，非宣王之时别有燕师城韩。"若然，镐、燕既近涿郡，司空营度土功，是以令役二地。而《括地志》所云古韩国者，似误。

3.35 如山之苞，如川之流

"如山之苞"，营法也。"如川之流"，陈法也。古之善用师者，能为营而后能为陈。故曰"师出以律"，又曰"不愆于四伐五伐六伐七伐，乃止齐焉"。管子霸国之谋，且犹作内政，以寄军令，使之耳目素习，心志素定，如山之不可动摇，然后出而用之，若决水于千仞之溪矣。

3.36 不吊不祥

威仪之不类，贤人之丧亡，妇寺之专横，皆国之不祥。而日月之眚，山川之变，鸟兽草木之妖，其小者也。传曰："人无衅焉，妖不自作。"故孔子对哀公，以老者不教、幼者不学为俗之不祥。【原注】《家语》。荀子曰："人有三不祥，幼而不肯事长，贱而不肯事贵，不肖而不肯事贤，是人之三不祥也。"而武王胜殷，得二俘而问焉，曰："若国有妖乎？"一俘对曰："吾国有妖，昼见星而天雨血。"一俘对曰："此则妖也，非其大者也。吾国之妖，子不听父，弟不听兄，君令不行，此妖之大者也。"武王避席再拜之。【原注】《吕氏春秋》。《书》载箕子之言亦曰："乃罔畏畏，咈其耇长，旧有位人。"自余所逮见五六十年国俗民情举如此矣，不教不学之徒满于天下，而一二稍有才知者皆少正卯、邓析之流，是岂待三川竭而悲周，岷山崩而忧汉哉。《书》曰："习与性成。"《诗》云："如彼泉流，无沦胥以败。"识时之士所以引领于哲王，系心于耇德也。

3.37 駉

鲁僖公俭以足用，宽以爱民，务农重谷，而有駉牧之盛。卫文公大布之衣，大帛之冠，务材训农，通商惠工，敬教劝学，授方任能，而有騋牝三千之多。然则古之马政皆本于田功也。吾未见厩有肥马、野有饿莩而能国者也。

3.38 实始翦商

太王当武丁、祖甲之世，殷道未衰，何从有翦商之事。僖公之世距太王已六百余年，作诗之人特本其王迹所基，而侈言之尔。犹《泰誓》之言"命我文考，肃将天威"也，犹《康诰》之言"天乃大命文王，殪戎殷"也，亦后人追言之也。张子曰："一日之间，天命未绝，犹是君臣。"【徐璈曰】习凿齿曰："昔周人咏祖宗之德，追述翦商之功。"惠栋曰："《尔雅》：'翦，勤也。'《诗》言太王自邠迁岐，始能光复祖宗，修朝贡之职，勤劳王事也。"璈按，习氏之义，正以雅训及惠氏之解，则知文王三分有二，犹合六州之众奉勤于商。当太王之初基，直殷宗之继轨，虽天佑岐周，亦不得遽云翦断矣。【汝成案】翦有数训，《尔雅·释诂》"勤也"，

《释言》"齐也"，见《左传》杜注者则"削也，尽也"，毛传于《甘棠》训"去"，于《閟宫》训"齐"，郑训"断"，惟"勤"义小异，而郭氏无注。本朝邵氏正义以为践之通，引"践修旧好"，"不足以践礼"为训，亦牵强。其余诸训虽小有轻重，大义则同。《诗》、《书》追原受命之本，每有溢辞，此亦"靡有孑遗"之类，不必深求也。徒以朱子据以注《论语》，惟太王因有翦商之志，未免以词害意。又失之以商道浸衰，周日强大，又似未申时势，遂致诸家纷纭耳。

3.39 玄鸟

读经传之文，终商之世，无言祥瑞者。而大戊之祥桑，高宗之雊雉，惕于天之见妖而修德者有二焉，则知监于夏王之矫诬上天而栗栗危惧，盖汤之家法也。简狄吞卵而生契，不亦矫诬之甚乎？毛氏传曰："玄鸟，鳦鸟也。春分鸟降。汤之先祖有娀氏女简狄，配高辛氏帝，帝率与之祈于郊禖而生契，故本其为天所命，以玄鸟至而生焉。"可以破史迁之谬矣。【杨氏曰】简狄吞卵，非独子长之说，其来旧矣。要毛公之说不可易。

3.40 敷奏其勇

"敷奏其勇，不震不动，不难不竦。"苟非大受之人，骤而当天下之重任，鲜不恐惧而失其守者，此公孙丑所以有动心之问也。升陑伐夏，创未有之事而不疑，可谓天锡之勇矣。何以能之？其"上帝临女，无贰尔心"之谓乎？

汤武身之也，学汤之勇者宜何如？"震惊百里，不丧匕鬯"，近之矣。

3.41 鲁颂商颂

《诗》之次序，犹《春秋》之年月，夫子因其旧文，述而不作也。颂者，美盛德之形容，以告宗庙。鲁之颂，颂其君而已，而列之周颂之后者，鲁人谓之颂也。【原注】郑氏曰："襄公时，季孙行父请命于周，而史克作之。然《春秋》列国卿大夫赋诗，无及此四篇者。"

"世儒谓夫子尊鲁，而进之为颂"，是不然。鲁人谓之颂，夫子安得不谓之颂乎？为下不倍也。《春秋》书公、书郊禘亦同此义。孟子曰："其文则史。"不独《春秋》也，虽《六经》皆然。今人以为圣人作书，必有惊世绝俗之见，此是以私心待圣人。世人读书如王介甫，才入贡院，而一院之事皆欲纷更。【原注】《宋史·张方平传》。此最学者之大病也。【刘氏曰】《诗》何以风先乎雅？著《诗》、《春秋》之相始终也。风者，王者之迹所存也。王者之迹熄，而采风之使缺，《诗》于是终，《春秋》于是始。《春秋》宗文王，《诗》之四始莫不本于文王。首基之以二南，《春秋》之大一统也。终运之以三颂，《春秋》之通三统也。周南终《麟趾》，召南终《驺虞》，《春秋》之始元终麟也。变风始于邶、鄘、卫，《春秋》之故宋也。王次之，《春秋》之新周也。变雅始于宣王之征发，《春秋》之内诸夏而外吴楚也。鲁颂先乎商颂，《春秋》之寓王也。颂以商为殿者，谓救周之文敝，宜用殷之质也。托夏于鲁，明继周以夏，继夏以商，三王之道若循环，终则又始，《易》终"未济"之义也。王者损益因革之道，三皇五帝不相袭，托王者于斯，一质一文，当殷之尚忠，敬文迭施，当夏之教也，是《春秋》之通义也。孔子序《书》，特愠神恉，纪三代，正稽古，列正变，明得失，等百王，知来者，莫不本于《春秋》，即莫不具于《诗》。故曰《诗》、《书》、《春秋》，其归一也。此皆删述之微言大义也。

列国之风何以无鲁？大师陈之，固曰鲁诗，不谓之颂矣。孔子，鲁人也，从鲁而谓之颂，此如鲁史之书“公”也，然《泮水》之文则固曰“鲁侯”也。

商何以在鲁之后？曰草庐吴氏尝言之矣：“大师所职者，当代之诗也。商则先代之诗，故次之周、鲁之后。”【原注】《汲冢周书》伊尹朝献商书，附于《王会解》之后，即其例也。

3.42 诗序

《诗》之世次必不可信，今《诗》亦未必皆孔子所正。且如褒姒灭之，幽王之诗也，而次于前；召伯营之，宣王之诗也，而次于后。序者不得其说，遂并《楚茨》、《信南山》、《甫田》、《大田》、《瞻彼洛矣》、《裳裳者华》、《桑扈》、《鸳鸯》、《鱼藻》、《采菽》十诗，皆为刺幽王之作，恐不然也。又如《硕人》，庄姜初归事也，而次于后；《绿衣》、《日月》、《终风》，庄姜失位而作，《燕燕》，送归妾作，《击鼓》，国人怨周吁而作也，而次于前。【原注】朱子《日月》传曰：“此诗当在《燕燕》之前，下篇放此。”《渭阳》，秦康公为太子时作也，而次于后；《黄鸟》，穆公薨后事也，而次于前。此皆经有明文可据，故郑氏谓《十月之交》、《雨无正》、《小旻》、《小宛》，皆刺厉王之诗。【原注】《十月之交》有“艳妻”之云，自当是幽王。汉兴之初，师移其第耳。而《左氏传》楚庄王之言曰：“武王作《武》，其卒章曰‘耆定尔功’，其三曰‘敷时绎思，我徂维求定’，其六曰‘绥万邦，屡丰年’。”今《诗》但以“耆定尔功”一章为《武》，而其三为《赉》，其六为《桓》，章次复相隔越。《仪礼》歌召南三篇，越《草虫》而取《采苹》，《正义》以为《采苹》旧在《草虫》之前。知今日之诗已失古人之次，非夫子所谓雅颂各得其所者矣。【严太仆曰】虞惇按：“亭林顾氏之说最为有见，三百篇前后世次错迕者甚多，如小雅《常棣》，闵管蔡，成王时诗也，而在《采薇》、《出车》之前。《灵台》，民始附文王时诗也，而在《文王》、《大明》之后。盖经秦火，简编残脱，汉儒掇拾补缀，廑而存之，未必皆孔氏之旧矣。至于《楚茨》、《信南山》八篇，及《黍苗》一篇，应从序陈古今之说。《十月之交》四篇，考之经文及世传，皆当作刺幽王，非刺厉王之诗也。”

日知录卷三

日知录　卷四

昆山顾炎武撰

4.1 鲁之春秋

《春秋》不始于隐公。晋韩宣子聘鲁，观书于太史氏，见《易象》与《鲁春秋》，曰：“周礼尽在鲁矣，吾乃今知周公之德与周之所以王也。”【原注】《左传·昭公二年》。【江氏曰】韩子观《鲁春秋》，此未笔削之《春秋》也。《春秋》当始伯禽，何为始隐？疑当时《鲁春秋》惠公以上，鲁史不存，夫子因其存者修之，未必有所取义也。使伯禽以后之《春秋》皆存，则周初礼乐征伐自天子出，夫子何不存其盛世之事以为法，顾独存其衰世之事以为戒耶？夏、殷之礼，杞、宋不足征，夫子惜之。正考父得商颂十二篇于周太师，后又亡其七，夫子因而存之。使《鲁春秋》具存，夫子有所取义而托始于隐，是因笔削《春秋》，反使惠公以前二百余年之事皆无征，岂圣人之心哉。“迹熄诗亡”，孟子就当时之《春秋》推说也。【左暄曰】《春秋》笔则笔，削则削。鲁史之旧本无存，故笔削之新义莫考。然亦有可考而知者，如《公羊·庄七年》传曰：“不修《春秋》曰：‘雨星不及地尺而复。’君子修之曰：‘星陨如雨。’”此传文之可据者。又有见于他书者，《坊记》载夫子之言曰：“故《鲁春秋》犹去夫人之姓曰‘吴’，其死曰‘孟子卒’。”孔颖达《春秋》疏曰：“《鲁春秋》‘去夫人之姓曰吴’，《春秋》无此文，《坊记》云然者。礼，夫人初至，必书于策，若娶齐女，则云‘夫人姜氏至自齐’。此孟子初至之时，亦当书曰‘夫人姬氏至自吴’，同姓不得称姬，旧史所书，盖直云‘夫人至自吴’，是去夫人之姓直书曰吴而已。仲尼修《春秋》，以犯礼明著，全去其文，故今经无其事。”此又夫子《春秋》与旧史不同之一证也。

盖必起自伯禽之封，以洎于中世。当周之盛，朝觐会同征伐之事皆在焉，故曰：周礼而成之者，古之良史也。【原注】孟子虽言“《诗》亡然后《春秋》作”。然不应伯禽至孝公三百五十年全无纪载。【阎氏曰】按杜元凯《春秋经传集解》序，便知《春秋》一书，启发凡以言例皆周公之垂法，仲尼从而修之，何必言起自伯禽与成之顾良史哉。又《左传·隐七年》“谓之礼经”，杜注曰：“此言凡例乃周公所之礼经也。”

自隐公以下，世道衰微，史失其官，于是孔子惧而修之，自惠公以上之文无所改焉，所谓“述而不作”者也。自隐公以下，则孔子以己意修之，所谓“作春秋”也。然则自惠公以上之《春秋》，固夫子所善而从之者也，惜乎其书之不存也。【庄侍郎曰】《春秋》之义，不可书则辟之，不忍书则隐之，不足书则去之，不胜书则省之。辞有据正，则不当书者皆书其可书，以见其所不可书。辞有诡正而书者，皆隐其所不忍，出其所大不可，而后目其所常不忍、常不可也。辞如可去、可省而书者，常人之所轻，圣人之所重。《春秋》非纪事之史，不书多于书，以所不书知所书，以所书知所不书。【又曰】《春秋》治乱必表其微，所谓礼禁未然之前也。凡所书者，有所表也，是故《春秋》无空文。【又曰】《春秋》之辞断十二公之策而列之，则十二公之行状莫不著也。辞有屡于一公之策书者，有屡于一年之策书者，有旷而不志者，不可不察也。【刘氏曰】《孟子》言：《春秋》继王者之迹，行天子之事，知我罪我，其唯《春秋》。为邦而兼夏、殷、周之制，既以告颜渊，吾其为东周。又见于不狃之召，夏、殷、周道皆不足观，吾舍鲁何适？复见于《礼》之告子游。故曰：“我欲载之空言，不如见诸行事之深切著明也。”又曰：“吾因其行事，而加吴王心焉。”忧天悯人，不得已之心，百世如将见之。【又曰】传曰：“亲亲之杀，尊贤之等，礼所生也。”《春秋》缘礼义以致太平，用乾坤之义以述殷道，用夏时之等以观夏道，等之不著，义将安放？故分十二世以为三等，有见三世，有闻四世，有传闻五世。若是者有二义焉：于所见世微其辞，于所闻世痛其祸，于所传闻世杀其恩，此一义也。于所传闻世见拨乱始治，于所闻世见治廪廪进升平，于所见世见治太平，此又一义也。由是辨内外之治，明王化之渐，施详略之文。鲁愈微而《春秋》之化益广，世愈乱而《春秋》之文益治。【又曰】《史记》言：“《春秋》上记隐，下至哀，以制义法，为有所刺讥、褒讳、抑损之文辞。不可以书见也，故七十子之徒，口受其传指。”《汉书》言：“仲尼没而微言绝，七十子丧而大义乖。”夫使无口受之微言大义，则人人可属词比事而得之。赵汸、崔子方何必不与游、夏同识，惟其无张三世、通三统之义以贯之，故其例此通而彼碍，左支而右绌。

4.2 春秋阙疑之书

孔子曰：“吾犹及史之阙文也。”史之阙文，圣人不敢益也。《春秋·桓公十七年》：“冬十月朔，日有食之。”传曰：“不书日，官失之也。”《僖公十五年》：“夏五月，日有食之。”传曰：“不书朔与日，官失之也。”以圣人之明，千岁之日至可坐而致，岂难考历布算以补其阙，而夫子不敢也，况于史文之误而无从取正者乎，况于列国之事得之传闻不登于史策者乎。【杨氏曰】宋吕大圭《春秋论》：“大约言不以日月为褒贬，不以爵号为予夺。大旨有三：一曰明分义，二曰著名实，三曰正几微而已。”

左氏之书，成之者非一人，录之者非一世，可谓富矣，而夫子当时未必见也。史之所不书，则虽圣人有所不知焉者。【庄侍郎曰】《春秋》博列国之载，因鲁史以约文。于所不审，则义不可断，皆削之而不书。书则断之者，断则审之者。故曰：春秋之信史也。存阙文而不益，实其所不削也。不审其事则去之，不审其文则存之，传之万世而不可乱也。

且春秋，鲁国之史也，即使历聘之余，必闻其政，遂可以百二十国之宝书增入本国之记注乎。【原注】《成公十三年》：公会诸侯伐秦。下正义曰：“经文依史官策书，策书所无，故经文遂阙也。传文采于简牍，简牍先有，故传文独存也。”【刘氏曰】《春秋说》曰：“孔子作《春秋》，万八千字，九月而书成，以授游、夏之徒，不能改一字。盖鲁史记之文本录内而略外，圣人取百二十国宝书而损益之，其大致则略同，故曰述而不作。述文王也，非述鲁也。鲁史记之例，常事不能不悉书备载，《春秋》则尽削之，其存十一于千百，以著微文刺讥，为万世法，故曰非记事之书也。或笔一而削百，或笔十而学一。削者以笔见，笔者以削见，屈伸变化，以著其义，使人深思而自省悟，应问以穷其奥，故曰知其人不待告，告非其人，虽言而不著。唯游、夏能知之，知之故不能赞一词也。”

若乃改葬惠公之类，不书者，旧史之所无也。曹大夫、宋大夫、司马、司城之不名者，阙也。【原注】齐崔氏出奔卫，去名而书族。宋杀其大夫山，去族而书字，疑皆前史之阙。

郑伯髡顽、楚子麇、齐侯阳生之实弑而书卒者，传闻不胜简书，是以从旧史之文也。【原注】邵氏曰：“赴以卒则卒，赴以弑则弑。弑而赴以卒，其弑也传闻云尔也。传闻不胜简书，是以书卒以待察也，比之疑狱。”

左氏出于获麟之后，网罗浩博，实夫子之所未见。乃后之儒者似谓已有此书，夫子据而笔削之。即左氏之解经，于所不合者亦多曲为之说。而经生之论，遂以圣人所不知为讳。是以新说愈多，而是非靡定。故今人学《春秋》之言，皆郢书燕说，而夫子之不能逆料者也。子不云乎：“多闻阙疑，慎言其余。”岂特告子张乎，修《春秋》之法，亦不过此。

《春秋》因鲁史而修者也，《左氏传》采列国之史而作者也。故所书晋事，自文公主夏盟，政交于中国，则以列国之史参之，而一从周正。自惠公以前，则间用夏正。其不出于一人明矣。其谓赗仲子为子氏，未薨。平王崩，为赴以庚戌。【原注】先壬戌十二日。陈侯鲍卒，为再赴。似皆揣摩而为之说。

4.3 三正

三正之名，见于《甘誓》。苏氏以为自舜以前必有以建子、建丑为正者，其来尚矣。《微子之命》曰：“统承先王，修其礼物。”则知杞用夏正，宋用殷正，若朝觐会同则用周之正朔，其于本国自用其先王之正朔也。独是晋为姬姓之国，而用夏正则不可解。【原注】 三正之所以异者，疑古之分国各有所受。故公刘当夏后之世，而一之日、二之日已用建子为纪。晋之用寅，其亦承唐人之旧。《舜典》：“协时月正日。”即协此不齐之时月。【沈氏曰】王守溪《春王正月辨》云：“《汲冢周书》云：‘亦越我周王，致伐于商，改正异械，以垂三统。’至于敬授民时，巡狩烝享，犹自夏焉。且《周礼》有‘正月’，又有‘正岁’，周时二正实兼行之矣。”

杜预《春秋后序》曰：“晋太康中，汲县人发其界内旧冢，得古书皆简编科斗文字。记晋国起自殇叔，次文侯、昭侯，以至曲沃庄伯。庄伯之十一年十一月，鲁隐公之元年正月也，皆用夏正建寅之月为岁首编年。”今考《春秋》僖公五年，晋侯杀其世子申生，经书“春”，而传在上年之十二月。十年，里克弑其君卓，经书“正月”，而传在上年之十一月。十一年，晋杀其大夫丕郑父，经书“春”，而传在上年之冬。十五年，晋侯及秦伯战于韩，获晋侯，经书“十有一月壬戌”，而传则为九月壬戌。经传之文或从夏正，或从周正，所以错互如此。【原注】罗泌以为传据晋史，经则周历。与《史记》汉元年冬十月，五星聚东井，乃秋七月之误正同。【沈氏曰】毛云：“秦正见亥，而汉初因之，非误也。”僖公五年十二月丙子朔，虢公丑奔京师，而卜偃对献公，以为九月十月之交。襄公三十年，绛县老人言：“臣生之岁，正月甲子朔。”以《长历》推之，为鲁文公十一年三月甲子朔。此又晋人用夏正之见于传者也。【沈氏曰】毛云：“三正递建，诸事可通，而独此推测占验之事多用夏正，何则？以气候分至有难齐也。卜偃以鹑火、天策推验昏旦，此非用夏正不可。”

《僖公二十四年》：“冬，晋侯夷吾卒。”杜氏注：“文公定位而后告。”夫不告文公之入，【原注】传曰：“秦伯纳之，不书，不告入也。”而告惠公之薨，以上年之事为今年之事。新君入国之日，反为旧君即世之年，非人情也。疑此经乃错简，【沈氏曰】毛云：“《春秋》恒例，但得书列国君卒，而不书列国立君，此全经尽然。至于逾年之告，则国乱多故，并从缓赴，非错简也。”当在二十三年之冬。传曰：“九月，晋惠公卒。”晋之九月，周之冬也。【原注】盖怀公遣人来告。

《隐公六年》：“冬，宋人取长葛。”传作“秋”。刘原父曰：“《左》氏日月与经不同者，丘明作书杂取当时诸侯史？之文，其用三正参差不一，往往而迷。故经所云‘冬’，传谓之‘秋’也。考宋用殷正，则建酉之月，周以为冬，宋以为秋矣。”

《桓公七年》：“夏，谷伯绥来朝，邓侯吾离来朝。”传作“春”。刘原父曰：“传所据者以夏正纪时也。”

《文公十六年》：“齐公子商人弑其君舍。”经在九月，传作七月。

《隐公三年》：“夏四月，郑祭足帅师取温之麦，秋又取成周之禾。”若以为周正，则麦禾皆未熟。

《四年》：“秋，诸侯之师败郑徒兵，取其禾而还。”亦在九月之上，是夏正六月，禾亦未熟。注云：“取者，盖芟践之。”终是可疑。按传中杂取三正，多有错误。左氏虽发其例于隐之元年，曰“春王周正月”，而间有失于改定者。文多事繁，固著书之君子所不能免也。

4.4 闰月

《左氏传·文公元年》：“于是闰三月，非礼也。”【梁氏曰】《左传》纪闰者六：僖七年，文元年，成十七年，襄九年，昭二十年、二十二年。独文元年闰三月，昭二十年闰八月，皆违"归余于终"之例。而传独讥闰三月为非礼，不可解。或谓周之三月，夏之正月，不得有闰，故讥之。近历家置闰，惟正月、十二月罕见。以理推之，不应此两月不置闰也。考齐梁以来，亦多有之。钱詹事云："古法用恒气，以五中气之月为闰，一岁十二月，皆可置闰。不独宋元以前，即明亦有闰正月、闰十二月也。西法改用定气，每气长短不齐，冬至前后气最短，故百余年来从无闰十一月、十二月、正月者。"

《襄公二十七年》："十一月乙亥朔，日有食之。辰在申，司历过也，再失闰矣。"

《哀公十二年》："冬十二月，螽。仲尼曰：'今火犹西流，司历过也。'并是鲁历。春秋时，各国之历亦自有不同者，经特据鲁历书之耳。"【原注】《史记》："秦宣公享国十二年，初志闰月。"此各国历法不同之一证。

《成公十八年》："春王正月，晋杀其大夫胥童。"传在上年闰月。【原注】上有十二月。

《哀公十六年》："春王正月己卯，卫世子蒯聩自戚入于卫卫，侯辄来奔。"传在上年闰月。【原注】上有冬。皆鲁失闰之证。杜以为从告，非也。【钱氏曰】文公元年传注：杜预曰："步历之始，以为术之端首，期之日三百六十有六日。日月之行又有迟速，故必分为十二月。举中气以正月，有余日则归之于终，积而为闰，故言归余于终。"孔颖达曰："日月转运于天，犹如人之行步，故推历谓之步历。步历之始，以为术之端首，谓历之上元，必以日月全数为始，于前更无余分，以此为术之端首，故言履端于始也。日行迟，月行速，凡二十九日过半，月行及日，谓之一月。过半者，谓一日于历法分为九百四十分，月行及日必四百九十九分，是过半二十九分。今一岁气周，有三百六十五日四分之一，其十二月一周惟三百五十四日，是少十一日四分日之一，未得气周。细而言之，一岁只少弱十一日。所以然者，一月有余分二十九，一年十二月有余分三百四十八，其四分日之一。一日为九百四十分，则四分之，为二百三十五分。今于余分三百四十八内取二百三十五分，当却四分日之一，余分仍有一百一十三。其整日惟有十一日，又以余分一百一十三减其一日九百四十分，惟有八百二十七分。是一年有余时日八百二十七分，少一百一十三分，不成十一日也。分一周之日为十二月，则每月常三十日余。计月及日为一月，则每月惟二十九日余。前朔后朔相去二十九日余，前气后气相去三十日愈。每月参差，气渐不正。但观中气所在，以为此月之正，取中气以正月，故言举证于中也。月朔与月节，每月剩一日有余，所有余日归之于终，积成一月，则置之为闰，故言归余于终。"【又曰】《史记》、《汉书》于秦时及汉改秦历之前，屡书"后九月"。文颖曰："时律历废，不知闰，谓之后九月。"师古曰："文说非也。若以律历废不知闰者，则当径谓之十月，不应有后九月。盖秦之历法，应置闰者总致之于岁末。观其此意，当取《左传》所谓'归余于终耳'。"按师古于此篇用杜预说，谓有余日则归于终，积而成闰，并无置闰在岁终之解。《春秋》经传所在九闰月，除襄九年闰月依杜预当作"门五日"，其余八闰惟成十七年乙卯晦，昭二十二年闰月取前城，传文上有"十二月"，知此两闰皆在岁终。闻六年闰月不告朔，传在冬十一月之后，则未知其闰在十一月与？十二月与？僖七年闰月，惠王崩。哀五年闰月，葬齐景公。哀十五年闰月，浑良夫与太子入。经传上有"冬"字，则未知其闰在十月与？十一月与？十二月与？俱不得而知也。文元年闰三月，非礼也。刘歆以为是岁闰余十三闰，当在十一月后，而在三月，故传曰非礼也。杜预以为历法闰当在僖公末年，误于今年置闰，盖时达历者所讥。按文元年之闰，《汉志》谓失之前，杜氏谓失之后，非以置闰当在岁终而讥之也。昭二十年闰月，杀宣姜。传文上有"八月"，下有"十月"，孔颖达以为闰在八月后也。此两闰不在岁终，传有明文。春秋鲁历虽不正，如以应置岁终者移之或春或秋，恐亦无是事也。秦汉所书后九月，自是秦历，盖误以置闰岁末傅会归余于终之文。师古所注甚明。后人乃谓古法闰在岁末，失之甚矣。

《史记》："周襄王二十六年闰三月，而《春秋》非之。"则以鲁历为周历，非也。平王东迁以后，周朔之不颁久矣，故《汉书·律历志》六历有黄帝、颛顼、夏、殷、周及鲁历，其于左氏之言失闰，皆谓鲁历。盖本刘歆之说。【原注】《五行志》："周衰，天子不班朔。鲁历不正，置闰不得其月，月大小不得其度。"

4.5 王正月

《广川书跋》载《晋安鼎铭》曰："惟王十月乙亥。"【原注】《集古录》、《博古图》载此鼎并作"王九月"。

而论之曰："圣人作《春秋》，于岁首则书王说者，谓谨始以正端。今晋人作鼎而曰'王十月'，是当时诸侯皆以尊王正为法，不独鲁也。"李梦阳言："今人往往有得秦权者，亦有'王正月'字。以是观之，《春秋》'王正月'，必鲁史本文也。言王者，所以别于夏、殷，并无他义。刘原父以'王'之一字为圣人新意，非也。子曰：'述而不作，信而好古。'亦于此见之。"【原注】《博古图》载周《仲偁父鼎铭》曰："维王五月初吉丁亥。"《齐侯镈钟铭》曰："维王五月辰在戊寅。"《敔敦铭》曰："维王十月。"

赵伯循曰："天子常以今年冬班明年正朔于诸侯，诸侯受之，每月奉月朔甲子以告于庙，所谓禀正朔也，故曰王正月。"

《左氏传》曰："元年春，王周正月。"此古人解经之善，后人辨之累数百千言未明者，传以一字尽之矣。

未为天子，则虽建子而不敢谓之"正"，《武成》"惟一月壬辰"是也。【原注】传："一月，周之正月，犹《豳诗》言一之日。"已为天子，则谓之"正"，而复加"王"以别于夏、殷，《春秋》"王正月"是也。

4.6 春秋时月并书

春秋时月并书，于古未之见。考之《尚书》，如《泰誓》："十有三年春，大会于孟津。"《金縢》："秋，大熟，未获。"言时则不言月。《伊训》："惟元祀十有二月乙丑。"《太甲》中："惟三祀十有二月朔。"《武成》："惟一月壬辰。"《康诰》："惟三月哉生魄。"《召诰》："三月惟丙午朏。"《多士》："惟三月。"《多方》："惟五月丁亥。"《顾命》："惟四月哉生魄。"《毕命》："惟十有二年六月庚午朏。"言月则不言时。【原注】朱文公答林择之，亦有古文例不书时之说。其它钟鼎古文多如此。《春秋》独并举时月者，以其为编年之史，有时有月有日，多是义例所存，不容于阙一也。【原注】或疑夫子特笔，是不然。旧史既以春秋为名，自当书时。且如《隐公二年》："春，公会戎于潜。"不容二年书春，元年乃不书春。是知谓以时冠月出于夫子者，非也。

建子之月而书春，此周人谓之春矣。《后汉书·陈宠传》曰："天正建子，周以为春。"元熊朋来《五经说》曰："阳生于子即为春，阴生于午即为秋，此之谓天统。"

4.7 谓一为元

杨龟山《答胡康侯书》曰："蒙录示《春秋》第一段义，所谓元者，仁也。仁，人心也。《春秋》深明其用，当自贵者始，故治国先正其心。其说似太支离矣，恐改元初无此意。【原注】此本之《汉书·董仲舒传》："臣谨按，《春秋》谓一元之意。一者，万物之所从始也。元者，辞之所谓大也。谓一为元者，视大始而欲正本也。"【汝成案】谓一为元，故不自作《春秋》始。然不曰"一月"，而曰"正月"。不曰"一年"，而曰"元年"、"元日"，义必有取。董氏发明"元"义，亦未尝凿人孔子也。

三代正朔，如忠质文之尚，循环无端，不可增损也。斗纲之端，连贯营室，织女之纪，指牵牛之初，以纪日月，故曰星纪。五星起其初，日月起其中，其时为冬至，其辰为丑。三代各据一统，明三统常合，而迭为首周环，五行之道也。周据天统，以时言也。商据地统，以辰言也。夏据人统，以人事言也。故三代之时，惟夏为正。谓《春秋》以周正纪事是也。正朔必自天子出，改正朔，恐圣人不为也。若谓以夏时冠月，如《定公元年》：'冬十月，陨霜杀菽。'若以夏时言之，则十月陨霜，乃其时也，不足为异。周十月，乃夏之八月，若以夏时冠月，当曰'秋十月'也。"【原注】熊朋来亦云："若依夏时周月之说，则正月、二月须书'冬'，而三月乃可书'春'尔。"【汝成案】《左氏》于隐元年大书"春王正月"，所以明《春秋》所书春为时王之春，而正月亦时王之正月也。孔子之作《春秋》，使人信，不使人疑。若以夏时冠周月，则谓之何？而《桓六年》："秋八月壬午，大阅。"实夏之六月，农事方盛，不可以觌武，故以不时书。如谓夏时冠周月者，何不书"夏八月"耶？

《五代史·汉本纪》论曰："人君即位称元年，常事尔，孔子未修《春秋》其前固已如此。虽暴君昏主、妄庸之史，其记事先后远近，莫不以岁月一二数之，乃理之自然也。【原注】元吴莱本此，作《改元论》。

其谓一为'元'，盖古人之语尔。及后世曲学之士，始谓孔子书'元年'为《春秋》大法，遂以改元为重事。"徐无党注曰："古谓岁之一月亦不云一而曰'正月'，《国语》言六吕曰'元间大吕'，《周易》列六爻曰'初九'，大抵古人言数多不言'一'，不独谓年为'元'也。"吕伯恭《春秋讲义》曰："命日以'元'，《虞典》也。【原注】书："月正元日。"命祀以'元'，《商训》也。【原注】"惟元祀十有二月乙丑。"

年纪日辰之首，其谓之元，盖已久矣，岂孔子作《春秋》而始名之哉。说《春秋》者，乃言春秋，谓一为'元'，殆欲深求经旨，而反浅之也。"

4.8 改月

三代改月之证，见于《白虎通》所引《尚书大传》之言甚明。其言曰："夏以孟春月为正，殷以季冬月为正，周以仲冬月为正。【原注】正即正月。夏以十三月为正，色尚黑，以平旦为朔。殷以十二月为正，色尚白，以鸡鸣为朔。周以十一月为正，色尚赤，以夜半为朔。不以二月后为正者，万物不齐，莫适所统，故必以三微之月也。周以十一月为正，即名正月，不名十一月矣。殷以十二月为正，即名正月，不名十二月矣。夏以十三月为正，即名正月，不名十三月矣。"【原注】洪迈曰："十三月者，承十二月而言，即正月也。【沈氏曰】朱氏《尚书埤传》亦曰："十有二月，孔氏以为商王之建子月是也。"《左传》梓慎曰："火出于夏，为三月。于商，为四月。于周，为五月。"其的证也。蔡传："正说改而月朔不改。"其说非是。

胡氏引《伊训》、《太甲》"十有二月"之文，以为商人不改月之证，与孔传不合，亦未有明据。【原注】《伊训》："惟元祀十有二月乙丑，伊尹祠于先王。"传曰："汤崩逾月，太甲即位，奠殡而告。"《太甲》中："惟三祀十有二月朔。"传曰："汤以元年十一月崩，至此二十六月，三年服阕。"未尝以十二月为岁首。【杨氏曰】秦以十月为正，史家皆如此书。

胡氏又引秦人以亥为正，不改时月为证，则不然。《汉书·高帝纪》"春正月"注，师古曰："凡此诸月号，皆太初正历之后，记事者追改之，非当时本称也。"

以十月为岁首，即谓十月为正月。今此真正月，当时谓之四月耳。他皆类此。《叔孙通传》："诸侯群臣朝十月。"师古曰："汉时尚以十月为正月，故行朝岁之礼，史家追书十月。"【原注】汉元年冬十月，五星聚东井，当是建申之月。刘攽曰："按历，太白辰星去日率不过一两次，今十月而从岁星于东井，无是理也。然则五星以秦之十月聚东井耳。秦之十月，今七月。日当在鹑尾，故太白辰星得从岁星也。"按此，足明记事之文，皆是追改。惟此一事，失于追改。遂以秦之十月，为汉之十月耳。夫以七月误为十月，正足以为秦人改月之证。胡氏失之。【沈氏曰】《魏志·明帝纪》："景初元年春正月壬辰，山茌县言黄龙见于是，有司奏以为魏得地统，当以建丑之月为正。三月，定历改年，为孟夏四月。"此魏人之改月者也。又曰："改《大和历》曰《景初历》，其春夏秋冬、孟仲季月虽与正岁不同，至于郊祀迎气，礿祠蒸尝，巡狩搜田，分至启闭，班宣时令，中气早晚，敬授民事，皆以正岁斗建为历数之序。"

4.9 天王

《尚书》之文但称"王"，《春秋》则曰"天王"，以当时楚、吴、徐、越皆僭称王，【杨氏曰】吴、楚之王不通于天下，顾氏之言非是。故加"天"以别之也。赵子曰："称天王，以表无二尊"是也。【杨氏曰】不因诸国之僭王者，自宜法天耳。

4.10 邾仪父

邾仪父之称字者，附庸之君无爵可称，若直书其名，又非所以待邻国之君也，故字之。【原注】《诗》序："《车邻》，美秦仲也。"孔子曰："秦仲，以字配国者。附庸未得爵命，无谥可称。"卑于子男，而进于变夷之国，【原注】郳犁来、介葛卢，书名。与萧叔朝公【原注】杜解："叔，名。"非也。同一例也，《左氏》曰"贵之"，《公羊》曰"褒之"，非矣。【原注】此亦史家常例，非旧史书"邾克"，而夫子改之为"仪父"也。【雷氏曰】《左》及《穀梁》皆以邾为附庸国，未确。《公羊传》谓邾娄颜得罪于天子，天子杀颜而立其弟术。天子崩，术仍致国于颜之子夏父。夏父五分其国，而以滥封术。《世本》谓邾颜居邾，肥徙郳。宋衷注云："邾颜别封小子肥于郳，为小邾子。"《世族谱》云："夷父颜有功于周，其子友别封为附庸，居郳。"据此则邾非附庸可知。传言鲁赋八百乘，邾赋六百乘，二国尝相难，且其地东有翼偃离姑，在今之费县。西有訾娄虫类，在今之济宁。北界于鲁。南界荆楚，绝长补短，地方百数十里，有郳、滥，以为附庸，此岂不能自达于天子者。

邾仪父称字，附庸之君也。郳犁来来朝称名，下矣。介葛卢来不言朝，又下矣。白狄来，略其君之名，又下矣。

4.11 仲子

《隐公元年》："秋七月，天王使宰咺来归惠公仲子之赗。"曰惠公仲子者，惠公之母仲子也。《文公九年》："冬，秦人来归僖公成风之襚。"曰僖公成风者，僖公之母成风也。【原注】犹晋简文帝母、会稽王太妃郑氏之称简文宣太后。国学明教臧焘所谓"系子为称，兼明贵之所由者也"。

《穀梁传》曰："母以子氏，【原注】注："妾不得体君，故以子为氏。"按："妾不得体君"，《仪礼》传文。

仲子者何？惠公之母、孝公之妾也。"此说得之。《左氏》以为桓公之母。桓未立，而以夫人之礼尊其母，又未薨而赗，皆远于人情，不可信。【原注】《公羊》亦以为桓公之母，惠公之妾。系妾于君，较之系母于子，义则短矣。

所以然者，以鲁有两仲子：孝公之妾，一仲子。惠公之妾，又一仲子。【原注】《左氏·哀公二十四年传》。周公及武公娶于薛，孝惠娶于商，自桓以下娶于齐。

而隐之夫人又是子氏。二传所闻不同，故有纷纷之说。

此亦《鲁史》原文，盖鲁有两仲子，不得不称之曰惠公仲子也。考仲子之宫不言惠公者，承上文而略其辞也。【姚刑部曰】鲁仲子之有二也，前后异焉。《春秋》以为一书归赗于桓母未亡之时，必不疑于桓母矣。一书考其宫于君夫人子氏薨丧终之岁，必不疑于惠母矣，是以不嫌同称也。而犹有如《左氏》见之僻也，圣人所不及料矣。

《释例》曰："妇人无外行，于礼当系夫之谥，以明所属。"如郑武公娶于申，曰武姜。卫庄公娶于齐东宫得臣之妹，曰庄姜是也。妾不得体君，不得已而系之子。仲子系惠公而不得，系于孝公。成风系僖公而不得，系于庄公，抑所谓名不正则言不顺者矣。

《春秋》十二公，夫人之见于经者：桓夫人文姜，庄夫人哀姜，僖夫人声姜，宣夫人穆姜，成夫人齐姜，皆书薨书葬。【原注】声姜不书"逆"不书"至"，文公、成公不书"生"。

文夫人出姜不书薨、葬。隐夫人子氏书薨不书葬。昭夫人孟子变薨言卒，不书葬，不称夫人。其妾母之见于经者，僖母成风，宣母敬嬴，襄母定姒，昭母齐归，皆书薨书葬，称夫人小君。惟哀母定姒变薨言卒，不称夫人小君。其它若隐母声子、桓母仲子、闵母叔姜，皆不见于经。定母则经传皆阙。而所谓惠公仲子者，惠公之母也。

二年十有二月乙卯，夫人子氏薨。《穀梁传》："夫人者，隐公之妻也。"【原注】《左氏》以为桓母，《公羊》以为隐母，并非。卒而不书葬，夫人之义，从君者也。《春秋》之例，葬君则书，葬君之母则书，葬妻则不书，所以别礼之轻重也。隐见存而夫人薨，故葬不书。注谓"隐弑贼不讨，故不书者"非。

4.12 成风敬嬴

成风、敬嬴、定姒，【原注】襄公四年。齐归之，书"夫人"，书"小君"，何也？邦人称之，旧史书之，夫子焉得而贬之。在后世则秦芊氏、汉薄氏之称太后也，直书而失自见矣。定姒【原注】定公十五年，鲁有两定姒。书“葬”而不书“夫人”、“小君”，哀未君也。【原注】刘原父曰：“姒氏为哀公之母、定公之妾。哀未成君，故亦未敢谓其母夫人耳。”孟子则并不书葬，不成丧也。

4.13 君氏卒

君氏卒，以定公十五年姒氏卒例之，从《左氏》为是。不言子氏者，子氏非一，故系之君以为别，犹仲子之系惠公也。若天子之卿，则当举其名，不但言氏也。【原注】《公羊》、《穀梁》二传作“尹氏”。【杨氏曰】卒亦有不举名者，又何如或赴不以名，则书尹氏，崔杼之奔，其例也。【惠侍读曰】天子之外诸侯嗣也，故卒称爵。内诸侯禄也，故卒称氏。其王子弟，则以王子为氏。或称其采，则以采为氏，皆不称爵。《春秋》志外诸侯之卒也详，志内诸侯之卒也略。外诸侯之卒微而不名者凡五：隐七年滕侯，八年宿男，庄三十一年薛伯，僖二十三年杞子，成十六年滕子，皆不名，皆小国，微之，故不名。强而不名者惟一，而凡四见焉：成十四年秦伯，昭五年秦伯，定九年秦伯，哀三年秦伯，皆不名。秦，强国也。惟罃，稻名，余皆不名，贬之，故不名。内诸侯之卒者三人：尹氏、王子虎、刘卷。其不名者尹氏一人而已。或曰：讥世卿也。为此说者，盖见周尹氏、齐崔氏皆世卿，或弑其君，或乱王室，《春秋》皆称氏而不名，故以为讥。然则外诸侯称爵而不名者又何说？宿男、滕子、薛伯、秦伯、杞子皆不名，其卒也以爵卒。尹氏亦不名，其卒也以氏卒。一也，奚独于尹氏而疑之？诸侯卒名而葬不名，卒告而葬不告。告者，告于天子。故《春秋》志内外诸侯之卒，皆临之以天子而称名。微国不名者如宿、如杞、入薛、如滕，皆陵夷衰微，不能以名达也。其后晋主夏盟，扶而存之，因得以其名达，故滕、杞、薛皆名。内诸侯之强如尹氏，外诸侯之强如秦伯，皆有跋扈不臣之心，故《春秋》三书尹氏：“尹氏卒”，“尹氏立王子朝”，“尹氏以王子朝奔楚”；四书秦伯，始终贬之而不名，则圣人之情见乎辞矣。尹氏，《左传》作“君氏”，何也？传写讹也。说者谓君之母氏故称君氏，而不称姓。其说虽合于《左氏》，然《左氏·庄元年》传曰：“夫人孙于齐，不称姜氏，绝不为亲。”然则不称姓，是绝不为亲也，可乎？三传皆可信，则其尤善者从之：尹氏主丧，王子虎主盟，刘卷主会，故卒之。【又曰】王子虎即叔服，文元年来会葬者，《公》、《穀》二传皆云然。《左氏》谓即僖二十九年盟翟泉者，经书“王人”，传称“王子虎”。《左氏》据国史，二传本师传，其说孰是？《左氏》同盟乃吊，吊则书，从之可也。诸侯不奔丧，尹氏焉得主丧？古者束修之问不出镜，王室大夫非有玉帛之使不与外诸侯通。春秋主会主盟，不独刘卷、王子虎，而独卒此二人，盖来赴则往吊之，故卒之。来赴者，以其尝有玉帛之使者也。尹氏独无闻，似王室之重臣，故贬而不名。【庄侍郎曰】尹氏卒，天子之大夫不书卒，词和艺术？公羊子曰：“天王崩，诸侯之主也。”礼相接私恩相及矣，则恩录之乎？以公奔丧录之也。春秋以诸侯奔天王之丧为常事，而不书，讳他年之不奔丧也。以吾君主尹氏而录其卒，则奔丧见矣。何以氏之而不名。公羊子曰：“讥世卿，世卿非礼也。”其圣人之志乎？【汝成案】君氏，《左传》以为“声子”，先生主是说，近儒皆如是。然不若《公》、《穀》作尹氏者当也。若君氏是隐公母，则《隐二年》“十有二月乙卯，夫人子氏薨”，是鲁何人？若为桓母，桓未为君，则是惠公之妾。即隐以让故从正君之礼，然不应预书于八年前也。《左氏》无传，《穀梁》以为隐之妻。若然，则妻上书夫人、书姓、书薨，而母则不书，又去其姓，不辞甚矣！《定公十五年》书“姒以卒”，《公羊传》曰：“定姒者何？哀公之母也。何以不称夫人？哀未君也。”《穀梁传》曰：“妾辞也。哀公之母也。”即隐以摄故谦不为君，以妾辞而书，亦不当贬去其姓名矣。然则莫善于《公羊》说也。《隐二年》："夫人子氏薨。"《公羊》以为隐母，此《春秋》达例也。子氏为隐母，则"君氏"决矣。若以君氏为隐夫人，隐夫人子氏，非昭夫人孟子比也，亦何缘绝去其姓。且以夫人之氏而冠以君，则言不顺而名不正也。若毛西河解为郑大夫尹氏，斯更穿凿。外大夫不书卒，即隐与俱归为鲁臣，不为大夫也。曷知之？隐不爵大夫，谷梁氏以著其说也。

或疑君氏之名别无所见。《左传·襄公二十六年》："左师见夫人之步马者，问之，对曰：'君夫人氏也。'"盖当时有此称。然则，去其"夫人"，即为"君氏"矣。【原注】战国齐有君王后。

夫人子氏，隐之妻，嫡也，故书薨。君氏，隐之母，惠公之继室，妾也，故书卒。

不书葬者何？《春秋》之初，去西周未远，嫡、妾之分尚严，故仲子别宫而献六羽，所谓犹秉周礼者也。僖公以后，日以僭逾，于经可见矣。

4.14　滕子、薛伯、杞伯

滕侯之降而子也，薛侯之降而伯也，杞侯之降而伯而子也，贬之乎？【原注】滕子来朝，张无垢、胡康侯谓贬其朝桓。【杨氏曰】贬其朝桓最迂。

贬之者，人之可也，名之可也。至于名尽之矣，降其爵非情也。古之天下犹今也。崔呈秀、魏广微，天下之人无字之者，言及之则名之，名之者恶之也，恶之则名之焉尽之矣。若降其少师而为太子少师，降其尚书而为侍郎、郎中、员外，虽童子亦知其不可矣。然则三国之降焉何？沙随程氏以为是三国者，皆微困于诸侯之政而自贬焉。【原注】孙明复已有此说，伊川《春秋传略》同。昭公十三年平丘之盟，子产争承曰："郑，伯男也，而使从公侯之贡，惧弗给也。"哀公十三年黄池之会，子服景伯曰："鲁赋于吴八百乘，若为子男，则将半邾以属于吴，而如邾以事晋。"皆其证也。

春秋之世，卫称公矣。及其末也，贬而侯，贬而君。【原注】《史记·卫世家》：昭公时，三晋强．卫如小侯，属之。成侯十六年，卫更贬号曰侯。嗣君五年，更贬号曰君。此著于史记，而后人尚有不知者。高诱解《吕氏春秋》"卫嗣君"曰："秦贬其号为君。"

夫滕、薛、杞犹是也，【原注】襄公二十七年宋之盟，齐人请邾，宋人请滕，皆不与盟。定公元年，城成周，宋仲几曰："滕、薛、郳，吾役也。"则不惟自贬，且为大国之私属矣。故鲁史因而书之也。

小国贫，则滕、薛、杞降而称伯、称子。大国强，则齐世子光列于莒、邾、滕、薛、杞、小邾之上，【原注】齐世子光八会诸侯，其五会并序诸侯之下。至襄公十年伐郑之会，在滕、薛、杞、小邾上。十一年再会，又进在莒邾上。时为之也。左氏谓以先至而进之，亦托辞焉尔。

4.15　阙文

桓公四年、七年阙秋冬二时，定公十四年阙冬一时，【原注】《公羊》成公十年阙冬十月。昭公十年十二月无"冬"，僖公二十八年冬无月而有壬申、丁丑，桓公十四年有夏五而无"月"，桓公十七年冬十月有朔而无甲子，桓公三年至九年、十一年至十七年无

“王”，桓公五年“春正月甲戌，己丑陈侯鲍卒”，甲戌有日而无事，皆春秋之阙文，后人之脱漏也。【原注】庄公二十二年夏五月无事，而不书首月，杜氏《释例》以为阙谬。《穀梁》有“桓无王”之说，窃以为夫子于继隐之后而书公即位，则桓之志见矣，奚待去其王以为贬邪？

王使荣叔来锡桓公命，不书“天”，阙文也。【原注】《文公五年》：“王使荣叔归含，且赗。”同。若曰以其锡桓而贬之，则桓之立，《春秋》固已公之矣。商臣而书楚子，【原注】文公九年。商人而书齐侯，【原注】文公十五年。五等之爵无所可贬，孰有贬及于天王邪？

《僖公元年》：“夫人氏之丧至自齐。”不言“姜”。《宣公元年》：“遂以夫人妇姜至自齐。”不言“氏”。此与文公十四年叔彭生不言“仲”，定公六年仲孙忌不言“何”同，皆阙文也。圣人之经，平易正大。

邵国贤【原注】宝。曰：“‘夏五’，鲁史之阙文欤？《春秋》之阙文欤？如谓《鲁史》之阙文者，笔则笔，削则削，何独阙其所不必疑，以示后世乎？阙其所不必疑以示后世，推不诚伯高之心，是不诚于后世也，圣人岂为之哉。不然，则‘甲戌’、‘己丑’、‘叔彭生’、‘仲孙忌’又何为者？是故‘夏五’，《春秋》之阙文也，非《鲁史》之阙文也。”

范介儒【原注】守已。曰：“‘纪子伯’、‘郭公’、‘夏五’之类，传经者之脱文耳。谓为夫子之阙疑，吾不信已。”【原注】按“甲戌”、“己丑”似是《鲁史》之文，故《左传》已有再赴之说。【顾司业曰】《春秋》文多阙误，三传类多附会，而《公》、《穀》尤甚。其大者如纪子伯、莒子盟于密，本阙文也，而习《公》、《穀》者遂谓纪本子爵，后因天子将娶于纪，进爵为侯，加封百里，以广孝敬。汉世因之，凡立后，先封其父为侯，进大司马、大将军，封爵之滥自此始。盖尝推而论之，日食阙书日朔者凡十，本史失之，而《穀梁》则曰：“言日不言朔，食晦日也。言朔不言日，食既朔也。”案自襄十五年以后，无不书日朔者，岂自此至获麟近百年，总无食于前食于后，而独参差不定于襄以前乎？则《穀梁》之说非也。外诸侯卒，缺书名者凡十，亦史失之。而《左氏》则曰：“不书名，未同盟也。”案隐元年，即宋人盟于宿，而八年苏男卒不名。成十三年，滕会诸侯同伐秦，而十六年滕子卒不名。杞与鲁结婚，而僖二十三年，杞成公卒不名，则《左氏》之说非也。夫人不书姜氏，及去“姜”存“氏”，去“氏”存“姜”者凡四。而《左传》则曰：“不称姜氏，绝不为亲，礼也。”贾逵又云：“哀姜杀子罪轻，故但贬去姜。”《公》、《穀》又以“出姜不宜成礼于齐，穆姜不宜从父丧娶，故俱贬去氏”。夫去“姜”存“氏”，去“氏”存“姜”，既不成词，况文姜、哀姜之罪岂待去其姓氏而明？至夫甥舅之合，事由父母，而必责其问合礼与否，无乃蹈拊膠移白之讥乎？亦拘固不通甚矣。王不称“天”者凡六，其三史脱之，其三从省文。而胡适于锡桓公命，归成风之襚及会葬则云：“圣人去‘天’以示贬。”夫归仲子之赗，王已称天矣，其于前独罪宰咺，而于天王无贬，于此数事又独责天王而于荣召无讥乎？桓五年，三国从王伐郑，自此省文尔，与“公朝于王所”同义。而胡氏以为桓王失于讨，岂朝于王所，不责诸侯，而人反贵王乎？必以桓十四年不书王，为责桓无王。则宣亦篡弑，何以书王？必以桓四年、七年不书秋、冬为责王失刑，则昭十年不书冬，定十四年不书冬，又何以说？秦伐晋、郑伐许、晋伐鲜虞，皆是偶阙“人”字，而《公》、《穀》以为狄之。夫秦且无论，晋之罪莫大于助乱臣立君。襄十四年，会孙林父于戚以定卫，当日不闻狄，晋郑伯射王中肩，未尝有微词示贬，而沾沾责其发虚、伐鲜虞，亦可谓舍其大而图其细矣。凡此皆《公》、《穀》倡之，而后来侏儒入孔氏颖达、啖氏助、赵氏匡、陆世淳、孙氏复、刘氏敞亦既辨之矣，而复大炽于宋之中叶者，盖亦有故焉。自诸儒攻击三传，王介甫遂目《春秋》为断烂朝报，不列学官。文定反之，矫枉过正，遂举圣经之断阙不全者，皆以为精义所存，复理《公》、《穀》之故说。而吕氏东莱、叶氏少蕴、张氏元德诸儒俱从之。由是《春秋》少明于唐以后者，复晦昧于宋之南渡，岂非势之相激使然哉！愚故浏览诸家之说，于南渡以后，兼取黄氏仲炎、吕氏大圭、程氏端学、俞氏皋、齐氏履谦五家，列阙文凡百有余条，俾学者于此不复强求其可通，则于诸儒支离穿凿之论亦扫除过半矣。【汝成案】顾氏论辩颇通辟，然不达二家义例，殊失微言。事有窒阂，辄归阙之，则益张南宋来师心武断说矣。【惠侍读曰】诸侯或日卒，或月卒，或时卒，《公》、《穀》二传皆有说。其以二日卒者，惟桓五年陈侯鲍而已。是时陈乱，故再赴。则赴者，一告乱，一告丧也。《春秋》惟一书王室乱。列国来告乱，则直书其事，而不书乱，书乱则嫌与王室同。且书乱则不日，以乱非一朝一夕之事。故惟弑君日，余不日。两书日则非乱明矣。或曰：两日之间有阙文。吾未之前闻也。《公羊》谓："以两二日卒之，怴也，以甲戌之日亡，己丑之日死，而得。"考"死"即"尸"。《汉书》读为尸，谓有狂易之病，蜚亡而死，己丑日乃得其尸也。故《春秋》如其再赴之日书之，盖言君死不得其日，所以事其臣也。【汝成案】《穀梁传》云："不知死之日，故举二日以包也。"即此义。

4.16　夫人孙于齐

《庄公元年》："三月，夫人孙于齐。"不称姜氏，绝之也。《二年》："十有二月，夫人姜氏会齐侯于禚。"复称姜氏，见鲁人复以小君待之，忘父而与仇通也。先孙后会，其间复归于鲁，而《春秋》不书，为国讳也，此夫子削之矣。

刘原父曰："《左氏》曰：'夫人孙于齐，不称姜氏，绝不为亲，礼也。'谓鲁人绝文姜，不以为亲，乃中礼尔。【原注】杜氏谓文姜之义宜与齐绝，而复奔齐者，乃是曲说。《魏书·窦瑗传》引注云："夫人有与杀桓之罪，绝不为亲，得尊父之义。善庄公思大义，绝有罪，故曰礼也。"盖先儒皆主此说。

然则母可绝乎？宋襄之母获罪于君，归其父母之国。及襄公即位，欲一见而义不可得，作《河广》之诗以自悲。然宋亦不迎而致也，为尝获罪于先君，不可以私废命也。孔子论其诗而著之，以为宋姬不为不慈，襄公不为不孝。今文姜之罪大，绝不为亲，何伤于义哉！"【汝成案】说本胡文定而阐发其义。

《诗》序《猗嗟》：刺鲁庄公不能防闲其母赵氏，因之有哀痛以思父，诚敬以事母，威刑以驭下之说。此皆禁之于末，而不原其始者也。夫文姜之反于鲁，必其与公之丧俱至。其孙于齐为国论所不容而去者也。【原注】内讳奔谓之孙。文姜之于齐，父母之国也，何至于书孙？此直书而义自见者也。

于此而遂绝之，则臣子之义伸，而异日之丑行不登于史策矣。庄公年少，当国之臣不能坚持大义，使之复还于鲁。凭君母之尊，挟齐之强，而恣睢淫佚，遂至于不可制。《易》曰："君子以作事谋始。"《左氏》"绝不为亲"一言，深得圣人之意。而鲁人既不能行，后儒复昧其义，所谓为人臣子而不通春秋之义者，遭变事而不知其权，岂不信夫。

4.17　公及齐人狩于禚

《庄公四年》："二月，夫人姜氏享齐侯于祝丘。冬，公及齐人狩于禚。"夫人享齐侯，犹可书也。公与齐侯狩，不可书也。故变文而曰"齐人"，"人"之者，仇之也。杜氏以为微者，失之矣。

4.18　楚吴书君书大夫

《春秋》之于吴、楚，斤斤焉，不欲以其名与之也。楚之见于经也，始于庄之十年，曰"荆"而已。二十三年，于其来聘而"人"之。二十八年，复称"荆"而不与其"人"也。僖之元年，始称"楚人"。四年，盟于召陵，始有"大夫"。【原注】《公羊传》谓文公九年，使椒来聘，"始有大夫"，疏矣。又谓"夷狄不氏"，非也，屈完固已书氏。二十一年，会于盂，始书"楚子"。然使宜申来献捷者，楚子也，【原注】二十一年。而不书"君"。围宋者子玉，【原注】二十七年。救卫者子玉，战城濮者子玉也，【原注】二十八年。而不书"帅"。圣人之意，使之不得遽同于中夏也。吴之见于经也，始于成之七年，曰吴而已。襄之五年，会于戚，于其来听诸侯之好而"人"之。十年、十四年，复称"吴"，殊会而不与其"人"也，二十五年，门于巢卒，始书"吴子"。【原注】吴本伯爵，《春秋》以其僭王，降从四裔之例，而书子。【杨氏曰】《春秋》降其爵，亦不然。吴既不通中国，则从四夷之例亦宜。二十九年，使札来聘，始有"大夫"。然灭州来，【原注】昭公十三年。战长岸，【原注】十七年。败鸡父，【原注】二十三年。灭巢，【原注】二十四年。灭徐，【原注】三十年。伐越，【原注】三十二年。入郢，【原注】定公四年。败槜李，【原注】十四年。伐陈，【原注】哀公六年。会柤，【原注】同上。会鄫，【原注】七年。伐我，【原注】八年。伐齐，【原注】十年，十一年。救陈，【原注】十年。战艾陵，【原注】十一年。会橐皋，【原注】十二年。并称吴，而不与其人。会黄池，【原注】十三年。书"晋侯及吴子"而殊其会。终《春秋》之文，无书帅者，使蛮夷之君不得主盟也。① 是知书君、书大夫，《春秋》之变文法也②，政交于中国矣。以后世之事言之，如刘、石十六国之辈，略之而已，至魏、齐、周，则不得不成之为国，而列之于史。辽、金亦然。此夫子所以录楚、吴也。圣人录之，而后人必以为外之，似非《春秋》之深旨矣。③

4.19　亡国书葬

纪已亡而书"葬纪叔姬"，存纪也。陈已亡而书"葬陈哀公"，存陈也。此圣人之情而见诸行事者也。

---

① "使蛮夷之君不得主盟也"，一本作："使之终不得同于中夏也"。

② "《春秋》之变文法也"，一本作："《春秋》之不得已也"。

③ "圣人录之，而后人必以为外之，似非《春秋》之深旨矣。"一本作："然于备书之中而寓抑之之意，圣人之心盖可见矣。"

4.20 许男新臣卒

许男新臣卒，《左氏传》曰：“许穆公卒于师，葬之以侯，礼也。”而经不言于师，此旧史之阙夫，子不敢增也。穀梁子不得其说，而以为内桓师，刘原父以为去其师而归卒于其国，凿矣。

4.21 禘于太庙用致夫人

“禘于太庙，用致夫人。”夫人者，哀姜也。哀姜之薨七年矣，鲁人有疑焉，故不祔于姑。至是因禘而致之，不称姜氏，承元年“夫人姜氏薨于夷”之文也。哀姜与弑二君，而犹以之配庄公，是乱于礼矣。明乎郊社之礼，禘尝之义，治国其如示诸掌乎？致夫人也，跻僖公也，皆鲁道之衰，而夫子所以伤之者也。胡氏以夫人为成风。成风尚存，何以言致？亦言之不顺也。【惠侍读曰】吉禘于庄公，不于太庙何也？禘于太庙而致庄公焉，因庄公而行吉禘，故书曰：“吉禘于庄公。”庄公之丧未满二十五月，故书吉以讥之。吉禘者，新主入庙，与先君相接，因时而为大祭。古不称宫，明非新宫也，则在大庙何疑？在大庙曷为不书？辟嫌也。何嫌尔？吉禘于太庙致庄公，则嫌庄公不应致于禘于太庙，用致夫人同。夫人不应致，故书“致”。庄公不应吉，故书“吉”。用者，谓用禘也，用禘犹用郊也。秋九月不可以用郊，致夫人不可以用禘。大禘则终王，王者丧终乃用之，用禘而致夫人，悖矣。国之大事，惟郊、禘。《春秋》履书郊，不履书禘。惟书此二禘，皆讥也。昭公十有五年，禘于武宫，时禘也。不书禘而书有事者，国之常事云尔。常事不书，非常然后书。或曰：禘惟一，安得有三，吉禘、时禘，皆春秋坏法乱纪者为之也。《春秋》凡坏法乱纪之事，如吴、楚之君葬，以臣召君，与臣出其君，皆不书于策，曷为而独书此坏法乱纪之祭哉。【江氏曰】不言风氏，君母不可指斥也。若致哀姜，则哀姜有谥号，曷得止言“夫人”？且以主附庙，亦不可谓之用致。【沈学博曰】僖公非哀姜所生，齐桓诛之，僖不必“夫人”之，且不必待八年之久。则夫人者，洵成风也。妾媵无助祭之事，尊成风，为将来祔食之地，乃致成风，为此日入庙之典，故《春秋》以其非常而书之。

以成风称小君，是乱嫡妾之分。虽然，犹愈于哀姜也。说在乎汉光武之黜吕后，而以薄氏配高庙也。

4.22 及其大夫荀息

晋献公之立奚齐，以王法言之，易树子也。以臣子言之，则君父之命存焉。【原注】古人重父命，伯夷以父命之故，不立而逃叔齐是也。是故荀息之忠同于孔父仇。【杨氏曰】子荀息亦可，此如《五代史》之与王子明。【庄侍郎曰】《春秋》责贤者备，孔父、仇牧、荀息克以一节应先王之法，《春秋》不责之以备也。《春秋》尚此三人，乱不自斯人出。斯人一心于所事前定者终不变，孔父、荀息也。猝然不惊，不顾其身者，仇牧也。

4.23 牧邢人狄人伐卫

《春秋》之文有从同者。《僖公十八年》：“邢人、狄人伐卫。”《二十年》：“齐人、狄人盟于邢。”并举二国，而狄亦称“人”，临文之不得不然也。【原注】《庄公二十三年》：“荆人来聘。”赵氏鹏飞曰：“称‘人’，非进之也。若但书荆来聘，则若举国皆来，于文不顺，故书

‘人’字以成文耳。不然二十八年荆伐郑，何以不书‘人’乎?”若惟狄而已，则不称“人”，《十八年》“狄救齐”，《二十一年》“狄侵卫”是也。《穀梁传》谓：“狄称‘人’，进之也。”何以不进之于救齐，而进之于伐卫乎？则又为之说曰：“善累而后进之。”夫伐卫何善之有？

《昭公五年》：“楚子、蔡侯、陈侯、许男、顿子、沈子、徐人、越人伐吴。”不称“于越”而称“越人”，亦同此例。【原注】陆氏《纂例》曰：“凡夷狄与诸侯列序皆称‘人’，以便文，但君臣同辞。”

4.24 王入于王城不书

襄王之复，《左氏》书“夏四月丁巳，王入于王城”，而经不书。其文则史也，史之所无，夫子不得而益也。《路史》以为，襄王未尝复国，而王子虎为之居守，此凿空之语。①【原注】其说曰：《春秋》始书“天王出居”，后四年五月书“公朝于王所”，冬“天王狩于河阳，公朝于王所”，文公八年书“天王崩”，未尝书入也。王猛居皇，敬王居狄泉，此畿内地，而其入也犹且书之，天下之主也。郑，他国也。亦既远而戒矣，孰有人不书哉。纳天子，定王室，是乃人臣之极勋，而不书于经，又何以春秋为？然则襄王未尝入也。且惠王尝适郑，而处于栎矣。【原注】（庄）（襄）公二十年。其出不书，其入不书，以《路史》之言例之，则是未尝出，未尝入也。庄王、僖王、顷王崩皆不书，以《路史》之言例之，则是未尝崩也，而可乎？【原注】赵氏曰：“《春秋》王崩三不书，见王室不告，鲁亦不赴也。愚谓此特因旧史之不书，而二者之义自见。”邵氏曰：“襄王之出也，尝告难于诸侯，故仲尼据策而书之。”其入也，与夫惠王之出入也，皆未尝告于诸侯，策所不载，仲尼虽得之传闻，安得益之？乃若敬王之立，则仲尼所见之世也。子朝奔楚，且有使以告诸侯，况天王乎？策之所具盖昭如也，故狄泉也书，成周也书。

事莫大于天王之入，而春秋不书，故夫子之自言也，曰：“述而不作。”

4.25 星孛

《春秋》书星孛，有言其所起者，有言其所入者。《文公十四年》：“秋七月，有星孛入于北斗。”不言所起，重在北斗也。《昭公十七年》：“冬，有星孛于大辰。”西及汉，不言及汉，重不在汉也。

4.26 子卒

叔仲、惠伯从君而死，义矣，而国史不书。夫子平日未尝阐幽及之者，盖所谓匹夫匹妇之谅，自经于沟渎，而莫之知者也。【全氏曰】惠伯其所传者，应立之世子，既主丧矣，襄仲突出而弑之，是死也，虽与日月争光可也。今求圣人所以不书之故，而不得，乃诋之，则非也。

---

① “此凿空之语”，一本作：“此凿空之论”。

荀息在晋，非能导其君以正者，及其老而耄，以身殉乱，圣人书之，以为犹愚于里克，丕郑之徒也①，非竟许之也。若惠伯则真忠也，然则圣人不书何也？曰其文则史，是故旧所不书也，圣人无从而增之，而况既讳国恶，不书子赤之弑，则惠伯无从而附见也。【钱氏曰】惠伯之死不见于经，阙文也，不当贬。

4.27 纳公孙宁、仪行父于陈

孔宁、仪行父，从灵公宣淫于国，杀忠谏之泄冶，君弑不能死，从楚子而入陈，《春秋》之罪人也，故书曰："纳公孙宁、仪行父于陈。"杜预乃谓：二子托楚以报君之仇。灵公成丧，贼讨国复，功足以补过。呜呼！使无申叔时之言，陈为楚县矣。二子者，楚之臣仆矣，尚何功之有？幸而楚子复封，成公反国。二子无秋毫之力，而杜氏为之曲说，使后世诈谖不忠之臣，得援以自解。呜呼！其亦愈于已为他人郡县，而犹言报仇者与？【沈学博曰】陈国小君弱，不有贵戚世臣，无以立国。春秋世臣，与其君相辅而行者也，故臣有罪，绝其身，不绝其世。盖积贵之系人望久矣，楚亦因陈所欲择利而归之耳。后儒贵楚者固是，而未悉彼时之情也。

与楚子之存陈，不与楚子之纳二臣也。公羊子固已言之，曰："存陈悕矣。"

4.28 三国来媵

十二公之世，鲁女嫁于诸侯多矣，独宋伯姬书三国来媵，盖宣公元妃所生。【原注】《宣公元年》："夫人至自齐。"即穆姜。【杨氏曰】不如录贤之说为允。

庶出之子不书生，故子同生特书。庶出之女不书致，不书媵，故伯姬归于宋特书。【杨氏曰】书子同生，明嫌也。【庄侍郎曰】子同生，举之有礼，名之有义，得殊异于适之法焉。终克享其国，传嗣子孙，此不易得之于天者。圣人敬而喜之，故以书于策，不以父母之恶累其子。《书》曰："尔乃迈迹自身。"蔡仲所以为忠臣孝子也。方将观其后，必先正其始，谨而志之。

《卫·硕人》之诗曰："东宫之妹。"正义曰："东宫，太子所居也。系太子言之，明与同母，见夫人所生之贵。"是知古人嫡庶之分，不独子也，女亦然矣。【汝成案】古者择配，必适所出。故晏平仲致女于晋，曰："先君之适。"是知嫡庶之分必先严自女子始矣，所以端其本也。

4.29 杀或不称大夫

凡书"杀其大夫"者，义系于君，而责其专杀也。盗杀郑公子骓、公子发、公孙辄，文不可曰"盗杀大夫"，故不言大夫。【原注】杜氏曰："以盗为文，故不得言其大夫。"其义不系于君，犹之盟会之卿，书名而已。胡氏以为罪之而削其大夫，非也。

---

① 丕（pī），姓。丕郑，晋臣。《左传·僖公九年》："九月，晋献公卒，里克、丕郑欲纳文公，故以三公子之徒作乱。"丕郑之子丕豹，亦晋臣。《左传·僖公十年》："冬，秦伯使冷至报问，且召三子。郤芮曰：'币重而言甘，诱我也。'遂杀丕郑、祁举及七舆大夫：左行共华、右行贾华、叔坚、骓颛、累虎、特宫、山祁，皆里、丕之党也。丕豹奔秦，言于秦伯曰：'晋侯背大主而忌小怨，民弗与也，伐之必出。'公曰：'失众，焉能杀。违祸，谁能出君。'"

"阍弑吴子余祭。"言吴子，则君可知矣，文不可曰"吴阍弑其君"也。【原注】盗杀蔡侯申同此。《春秋》中凡若此者，皆赵子所谓"避不成辞"。《榖梁子》曰："不称其君，不得君其君也。"非也。【杨氏曰】阍非名，故不言君。

4.30 邾子来会公

《定公十四年》："大搜于比蒲，邾子来会公。"《春秋》未有书来会公者，来会非朝也，会于大搜之地也。嘉事不以野成，故明年正月复来朝。

4.31 葬用柔日

《春秋》葬皆用柔日。《宣公八年》："冬十月己丑，葬我小君敬嬴，雨，不克葬。庚寅，日中而克葬。"《定公十五年》："九月丁巳，葬我君定公，雨，不克葬。戊午，日下昃乃克葬。"己丑、丁巳，所卜之日也，迟而至于明日者，事之变也，非用刚日也。【原注】经文所书葬，列国之君无非柔日者。惟成公十五年秋八月庚辰葬宋共公是刚日，其亦雨不克葬，迟而至于明日者与？

汉人不知此义，而长陵【原注】高帝。以丙寅，茂陵【原注】武帝。以甲申，平陵【原注】昭帝。以壬申，渭陵【原注】元帝。以丙戌，义陵【原注】哀帝。以壬寅，皆用刚日。【杨氏曰】不特雨也，日食之类皆是。但庚辰之葬，无日食耳。

《穆天子传》盛姬之葬以壬戌。疑其书为后人伪作。

4.32 诸侯在丧称子

凡继立之君，逾年正月乃书即位，然后成之为君。未逾年则称子，未逾年又未葬则称名。先君初没，人子之心不忍忘其父也，父前子名，故称名，《庄公三十二年》"子般卒"，《襄公三十一年》"子野卒"是也。已葬则子道毕，而君道始矣。子而不名。《文公十八年》子卒，《僖公二十五年》卫子，【原注】成公。《二十八年》陈子，【原注】共公。《定公三年》邾子【原注】隐公。是也。【原注】《杂记》曰："君薨，太子号称子，待犹君也。"郑氏注曰："谓未逾年也。"

逾年则改元，国不可以旷年无君。【原注】《白虎通》曰："逾年称公者，缘臣民之心不可一日无君也。缘终始之义，一年不可有二君也。"【梁氏曰】案《史记》，卫戴公无元年，而称元年者，戴公亦欲逾年改元，而其身已不及待，其臣子悯其经营再造于艰难危苦之会，而不忍使从未成君之例，即以懿公九年为戴公之元年。此朱子《纲目》之例，而不谓古之人已有行之者，政可见人情不甚相远也。

故有不待葬而即位，则已成之为君。《文公元年》："春王正月，公即位。"《成公元年》："春王正月，公即位。"《定公元年》："夏六月戊辰，公即位。"《桓公十三年》卫侯，【原注】惠公。《宣公十一年》陈侯，【原注】成公。《成公三年》宋公、【原注】共公。卫侯【原注】定公。是也。所以敬守而重社稷也。【原注】杜氏《左传》注："卫宣公未葬，惠公称侯，以接邻国，非礼也。"盖不达此义。

此皆周公之制，《鲁史》之文，而夫子遵之者也。《公羊传》曰："君存称世子，【原注】世子下仍当系名。若陈世子款、郑世子华之类。君薨称子某，既葬称子，逾年称公。"得之矣。

未葬而名，亦有不名者。《僖公九年》宋子，【原注】襄公。《定公四年》陈子【原注】怀公。是也。所以从同也。【原注】盟会之文，从同而书，不得独异。《昭公二十二年》：刘子、单子，以王猛居于皇，刘蚠亦在丧。

已葬而不名，亦有名之者。《昭公二十二年》"王子猛"是也。所以示别也。【原注】嫌于敬王王子朝。

"郑伯突出奔蔡"者，已即位之君也。"郑世子忽复归于郑"者，已葬未逾年之子也。此临文之不得不然，非圣人之抑忽而进突也。【原注】忽、突皆名。别嫌也。杜氏注："贱之者。"非。

里克"杀其君之子奚齐"者，未葬居丧之子也。里克"弑其君卓"者，逾年已即位之君也。此临文之不得不然。《穀梁传》曰："其君之子云者，国人不子也。"非也。【杨氏曰】凡《穀梁》之说失之巧而纤。

4.33 未逾年书爵

即位之礼，必于逾年之正月，即位然后国人称之曰君。春秋之时，有先君已葬，不待逾年而先即位者矣。《宣公十年》："齐侯使国佐来聘。"【原注】顷公。《成公四年》："郑伯伐许。"【原注】悼公。称爵者，从其国之告，亦以著其无父之罪。

4.34 姒氏卒

《定公十五年》"姒氏卒。"不书薨，不称夫人，葬不称小君。盖《春秋》自成风以下，虽以妾母为夫人，然必公即位而后称之。此姒氏之不称者，本无其事也。【原注】左氏谓"不成丧"者，非。后世之君多于柩前即位，于是大行未葬，而尊其母为皇太后。【原注】《后汉·仪礼志》："三公奏尚书顾命：'太子即日即天子位于柩前，请太子即皇帝位，皇后为皇太后。'奏可。群臣皆出吉服，入会如仪。"及乎所生，亦以例加之。妾贰于君，子疑于父，先王之礼亡矣。

4.35 卿不书族

《春秋》之文，不书族者有二义。无骇卒。挟卒。柔会宋公、陈侯、蔡叔，盟于折。溺会齐师伐卫，未赐氏也。遂以夫人妇姜至自齐。归父还自晋。至笙遂奔齐。侨如以夫人妇姜氏至自齐。豹及诸侯之大夫盟于宋。意如至自晋。婼至自晋。一事再见，因上文而略其辞也。【原注】《公羊·宣公元年》传："遂何以不称公子，一事而再见者，卒名也。"注："卒，竟也。竟但举名者，省文。如后人作史，一条之中再见者，不复书姓。"左氏不得其解，于"溺会齐师伐卫"，则曰："疾之。"于"归父还自晋"，则曰"善之。"岂有疾之而去族，善之而又去族者乎？

春秋隐、桓之时，卿大夫赐氏者尚少，故无骇卒，而羽父为之请族。【姚氏曰】诸侯之自称公子，公子之子称公孙。如无骇之辈直以名行，及其死也，则赐之族，以其王父之字为族也。公子、公孙于身必无赐族之理。经之季友、仲遂、叔肸皆是以字配名连言之，故杜注并云："字也。"如挟、如柔、如溺皆未有氏族者也。【原注】《穀梁传》不爵大夫之说近之，而未得其实。庄、闵以下，则不复见于经，其时无不赐氏者矣。

刘原父曰："诸侯大国三卿，皆命于天子。次国三卿，二卿命于天子。小国三卿，一卿命于天子。【杨氏曰】据《王制》，则小国二卿，无命于天子。大国之卿三命，次国之卿再命，小国之卿一命。其于王朝皆士也。【原注】韩宣子称晋士起。三命以名氏通，再命名之，一命略称人。周衰礼废，强弱相并，卿大夫之制虽不能尽如古，见于经者亦皆当时之实录也。故隐、桓之间，其去西周未久，制度颇有存者，是以鲁有无骇、柔、挟，郑有宛、詹，秦、楚多称人。至其晚节，无不名氏通矣。而邾、莒、滕、薛之君日已益削，转从小国之例称人而已。说者不知其故，因谓曹、秦以下悉无大夫，患其时有见者害其臆说，因复构架无端，以饰其伪，彼固不知王者诸侯之制度班爵云尔。

或曰：翚不称公子何与？杜氏曰："公子者，当时之宠号。"【原注】宣元年注。翚之称公子也，桓赐之也。其终隐之篇不称公子者，未赐也。【原注】刘原父曰："公子虽亲，然天下无生而贵者，是以命为大夫则名氏得两通，未命为大夫则得称名，不得称公子。"若专命之罪，则直书而自见矣。

齐公子商人弑其君舍，已赐氏也。卫州吁弑其君完，未赐氏也。胡氏以为，以国氏者累及乎上，称公子者诛及其身，此求其说而不得，故立此论尔。

4.36 大夫称子

周制，公侯伯子男为五等之爵，而大夫虽贵，不敢称子。《春秋》自僖公以前，大夫并以伯、仲、叔、季为称。【原注】《诗》云："伯兮叔兮。"此大夫之称也。《春秋·僖公十五年》："震夷伯之庙。"杜氏注："夷，谥。伯，字。大夫既卒书字。"【阎氏曰】案《春秋》自庄十二年卫大夫已称子，石祁子是也。大夫称子莫先于此。【杨氏曰】伯、叔，大夫士之通字。

三桓之先曰共仲，曰僖叔，曰成季。孟孙氏之称子也，自蔑也。【原注】文公十五年。【阎氏曰】案《国语》由孟文子，即《左传》文伯也，又先于蔑之称子。

叔孙氏之称子也，自豹也。【原注】襄公七年。【阎氏曰】案《国语》，丁王八年又叔孙宣子，即《左传》叔孙宣伯也，又先于豹之称子。

季孙氏之称子也，自行父也。【原注】文公十三年。闵公元年书"季子"，二年书"高子"，皆《春秋》之特笔。【阎氏曰】季孙行父之称子，见文六年，不待十三年也。【杨氏曰】特笔亦未然，据史旧文耳，观《公羊传》自见。

晋之诸卿在文公以前无称子者，魏氏之称子也自犨也。【原注】僖公二十三年。

栾氏之称子也，自枝也。【原注】僖公二十八年。【阎氏曰】案《左传·桓三年》有栾共叔，然《国语》称为栾共子，又先于栾氏之有贞子。

赵氏之称子也，自衰也。【原注】文公二年。

中行氏之称子也，自林父也。【原注】文公十三年。

郄氏之称子也，自缺也。【原注】文公十三年。

知氏之称子也，自首也。【原注】宣公十二年。

范氏之称子也，自会也。【原注】宣公十二年。【阎氏曰】案范氏称子亦自渥浊也，并见十三年。

韩氏之称子也，自厥也。【原注】宣公十二年。

晋、齐、鲁、卫之执政称子，他国惟郑间一有之，余则否，不敢与大国并也。鲁之三家称子，他如臧氏、子服氏、叔仲氏，皆以伯、叔称焉，不敢与三家并也。【原注】惟襄公十四年有子叔齐子，《论语》有卞庄子。【阎氏曰】案子叔氏有齐子，即叔老，有敬子，即叔弓。一见襄十四年，一见昭三年。谁谓不敢与三家并也？

其生也或以伯、仲称之，如赵孟知伯死，则谥之而后子之，犹国君之死而谥称公也，于此可以见世之升降焉。春秋者，其可忽诸？

春秋时，大夫虽僭称子，而不敢称于其君之前，犹之诸侯僭称公，而不敢称于天子之前也。何以知之？以卫孔悝之《鼎铭》知之，曰“献公乃命成叔，纂乃祖服”，曰“乃考文叔，兴旧耆欲”。成叔，孔成子烝钼也。文叔，孔文子圉也。叔而不子，是君前不敢子也。【原注】《左传》韩厥言于晋侯，亦云成季、宣孟。【阎氏曰】君前臣名，礼也。孟子称庄豹于齐宣王前曰“庄子”，诚所未解。【左暄曰】案杜蒉对晋平曰：“子卯不乐，知悼子在堂，斯其为子卯也大矣。”知悼子，晋大夫知罃也，是君前称子矣。且成叔、广叔亦是。孔悝《鼎铭》，述其君庄公蒯聩之辞，非称之于君前也。

犹有先王之制存焉。【原注】陆淳曰：“侯伯子男之位，皆得称其君曰公，其子孙亦曰公子。而谥不得云公者，谥是王所赐也。大夫之臣得称其主曰子。而谥不得称子者，谥是君所赐也。”【左暄曰】公叔文子卒，其子戍请谥于君，君曰：“谓夫子贞惠文子。”是春秋时大夫称子，是出自君之命矣。

至战国，则子又不足言，而封之为君矣。

《洛诰》：“予旦以多子，越御事。”多子，犹春秋传之言群子也。【原注】宣公十二年。唐孔氏以为大夫皆称子，非也。

《春秋》自僖、文以后，而执政之卿始称子。其后，则匹夫而为学者所宗，亦得称子，老子、孔子是也。【原注】孔子弟子惟有子、曾子二人称子，闵子、冉子仅一见。

又其后，则门人亦得称之，乐正子、公都子之流是也。【原注】《孟子》“乐正子”注：“子，通称。”

故《论语》之称子者，皆弟子之于师。【原注】如云“非不说子之道”，“卫君待子而为政”之类。【阎氏曰】按陈子禽谓子贡凡两称子，犹曰亢，子贡弟子也，若夫子于季子。然一称子于季康子、四称子陈亢，于伯鱼亦称子，桀溺于子路亦称子，子路于文人亦称子，岂皆弟子之于师乎？

《孟子》之称子者，皆师之于弟子。【原注】如云“子诚齐人也”，“子亦来见我乎”之类。【阎氏曰】《孟子》之于平陆大夫、蚳鼃、沈同、留行之客、毕战、陈相、景春、戴不胜、淳于髡、告子、慎子、白圭、宋勾践、滕子或人，岂皆弟子乎？至曹交，《集注》明谓不容其受业，亦称之为子，其说尤不可通。

亦世变之所从来矣。《论语》称孔子为子，盖夫子而省其文，门人之辞也。亦有称夫子者，“夫子矢之”，“夫子喟然叹曰”，“夫子不答”，“夫子莞尔而笑”，“夫子怃然曰”不直曰子，而加以“夫”，避不成辞也。【原注】即此可悟《春秋》书法。凡对君卿大夫，皆称孔子。又《季氏》一篇皆称孔子，乃记者之异。

4.37 有谥则不称字

《春秋》传，凡大夫之有谥者，则不书字。外大夫若宋、若郑、若陈、若蔡、若楚、若秦，无谥也，而后字之。【阎氏曰】子产谥成子，见《国语》，是子产有谥矣，何《左传》止称为子产、公孙侨？子产之子参，字子思，谥桓子，是亦有谥矣，何《左传》不称为国桓子，而必连其字曰桓子思。内大夫若羽父，若众仲，若子家，无谥也，而后字之。公子亦然。【原注】《玉藻》："士于君所言大夫，没矣则称谥若字。楚共王之五子，其成君者皆谥，康王、灵王、平王是也；其不成君无谥而后字之，子干、子皙是也。他国亦然，陈之五父，郑之子亹、子仪是也。卫州吁、齐无知，贼也，则名之。作传者于称名之法，可谓严且密矣。

4.38 人君称大夫字

古者人君，于其国之卿大夫皆曰伯父，【原注】郑厉公谓原繁。叔父，【原注】鲁隐公谓臧僖伯。曰子大夫，曰二三子。不独诸侯然也，《曲礼》言列国之大夫入天子之国曰某士，自称曰陪臣某，然而天子接之犹称其字。《宣公十六年》：晋侯使士会平王室，王曰："季氏而弗闻乎？"《成公三年》：晋侯使巩朔献齐捷于周，王曰："巩伯实来。"《昭公十五年》：晋荀跞如周，葬穆后，籍谈为介。王曰："伯氏，诸侯皆有以镇抚王室。"【原注】伯氏谓荀跞。又曰："叔氏，而忘诸乎？"【原注】注："叔，籍谈字。"周德虽衰，辞不失旧，此其称字，必先王之制也。【原注】《春秋》凡命卿书字，皆本于此。周公作立政之书，若侯国之司徒、司马、司空、亚旅，并列于王官之后，盖古之人君恭以接下，而不敢遗小国之臣，故平平左右亦是率从，而成上下之交矣。

4.39 王贰于虢

名不正则言不顺，言不顺则事不成。而左氏之记周事曰："王贰于虢。""王叛王孙苏。"以天王之尊，而曰贰，曰叛，若敌者之辞，其不知《春秋》之义甚矣。【钱氏曰】此以后世之书法议古人，宋儒多有此病。贰心，上下皆可用之。"叛"与"背"声相近，晋之背先蔑而立灵公，与此叛同义。《楚词》："初既与予成言兮，后悔遁而有他。"亦此意也。

4.40 星陨如雨

"星陨如雨"，言多也。【原注】啖氏曰："奔流者众，如雨之多。"《汉书·五行志》："成帝永始二年二月癸未，夜过中星，陨如雨，长一二丈，绎绎，未至地灭，至鸡鸣止。谷永对言：'《春秋》记异，星陨最大，自鲁庄以来至今再见。'"此为得之。而后代之史，或曰"小星流百枚以上，四面行"，或曰"星流如织"，或曰"四方星流，大小纵横百余"，皆其类也。【原注】《唐书·天文志》："太和七年六月戊午，日暮及曙，四方流星，大小纵横百余。"正统四年八月癸夘，日夜达旦，有流星大小二百六十余。余于甲申年闰六月丙申，望见月食既，星流竟夕，始悟古时有此异。不言“石陨”，不至地也。传曰：“与雨偕也。”然则无雨而陨，将不为异乎？【汝成案】此下当别立《秋无麦苗》题，诸本皆然，当是传写初误脱。

秋无麦苗，不言嘉谷也。据《隐公元年》传曰：“有蜚，不为灾，不书。”使不害嘉谷，焉用书之于经乎？【杨氏曰】已无麦苗矣，虽不害嘉谷亦书。

4.41 筑郿

“筑郿，非都也。凡邑，有宗庙先君之主曰都，无曰邑。邑曰筑，都曰城。”《旧唐书·礼仪志》太常博士顾德章议引此，谓《春秋》二百四十二年，鲁凡城二十四邑，惟郿一邑书筑，其二十三邑曰城，岂皆有宗庙先君之主乎？又《定公十五年》：“城漆。”漆是邾邑，正义知其不可通，而曲为之说。【汝成案】陆氏新旧义为当。

4.42 城小谷

“城小谷，为管仲也。”据经文，小谷不系于齐，疑《左氏》之误。范宁解《穀梁传》曰：“小谷，鲁邑。”《春秋发微》曰：“曲阜西北有故小谷城。”按《史记》，汉高帝以鲁公礼葬项王谷城，当即此地。杜氏以此小谷为齐邑济北谷城，县城中有管仲井。刘昭《郡国志》、郦道元《水经注》皆同。按《春秋》有言“谷”不言“小”者。《庄公二十三年》：“公及齐侯遇于谷。”《僖公二十六年》：“公以楚师伐齐，取谷。”《文公十七年》：“公及齐侯盟于谷。”《成公五年》：“公孙侨如会晋荀首于谷。”四书“谷”而一书“小谷”，别于谷也。又《昭公十一年》传曰：“齐桓公城谷。而置管仲焉，至于今赖之。”则知《春秋》四书之谷，及管仲所封，在济北谷城，而此之小谷自为鲁邑尔。况其时齐桓公始霸，管仲之功尚未见于天下，岂遽勤诸侯，以城其私邑哉。【孙氏曰】案《春秋》之言谷者尚有《宣十四年》“公孙归父会齐侯于谷”，《襄十九年》“晋士侵齐至谷”，又《成十七年》传“齐国佐杀庆克，以谷叛”，则齐地之名谷而不名小谷灼然矣。小谷应属鲁邑，《左传》不应谬误。后读《公羊》疏云：“二传作‘小’，与《左氏》异。”始悟《左氏》经本作“成谷”，与《昭十一年》申无宇言正合，故杜注以为齐邑。今经传及注，乃后人据二传之文，而误加之也。【汝成案】第三十一卷尚有《小谷》一条，似失删并。

4.43 齐人杀哀姜

哀姜通庆父，弑闵公，为国论所不容，而孙于邾。齐人取而杀之，义也。而传谓之“已甚”，非也。【胡氏曰】齐强鲁弱，齐女有罪，必畏不敢讨。若父母家又党庇之，则人伦绝，天理灭矣。桓公诛之，是也。【汝成案】桓此举使鲁失臣子之义，齐失父母之恩，谓为已甚，义未违也。或如陈执州吁，而请莅杀于卫，当两得之。

4.44 微子启

“蔡穆侯将许僖公以见楚子于武城，许男面缚衔璧，大夫衰绖，士舆榇。楚子问，诸逢伯对曰：‘昔武王克殷，微子启如是。武王亲释其缚，受其璧而祓之，焚其榇，礼而命之，使复其所。’楚子从之。”何孟春曰：“按《书》，殷纣无道，微子去之，在武王克殷之前，何应当日而有是事？已去之后，无复还之理，而牧野之战，亦必不从人而伐其宗国也。意此殆非微子事，而逢伯之言，特托之古人以规楚子乎？”【杨氏曰】金仁山曰：“武王伐纣，非讨微子也。综微子未遁，面缚衔璧，亦非其事也。”又曰：“武王释箕子之囚，封比干之墓，而未及微子，以其遁野，未之获也。”又曰：“衔璧面缚者，必武庚也。纣已自焚，故武庚请罪焉。”

徐孚远曰：“《史记》言微子持祭器造于军门，武王乃释微子，复其位如故。”夫武王既立武庚，而又复微子之位，则是微子与武庚同在故都也。厥后武庚之叛，微子何以初无异同之迹？然则武王克商，微子未尝来归也。

4.45 襄仲如齐纳币

经书僖公之薨以“十二月”，而公子遂如齐纳币，则但书“冬”。即如杜氏之解，移公薨于十一月，而犹在二十五月之内，恶得谓之礼乎？

4.46 子叔姬卒

据《传》，杞桓公在位七十年。其二十二年，鲁文公之十二年，出一叔姬。其五十年，鲁成公之四年，又出一叔姬。再娶于鲁，而再出之，必无此理。殆一事而左氏误重书之尔。【原注】《成公九年》：“杞伯来逆叔姬之丧以归。”此其本事。且文公十二年，经书曰：“二月庚子，子叔姬卒。”何以知其为杞妇乎？赵子曰：“书卒义与僖公九年伯姬同，以其为时君之女，故曰‘子’，以别其非先君之女也。”

4.47 齐昭公

《文公十四年》：“齐侯潘卒。”传以为昭公。按僖公二十七年，经书“齐侯昭卒。”【原注】孝公。今此昭公即孝公之弟，不当以先君之名为谥。疑《左氏》之误。【原注】经不书葬。然僖公十七年传曰：“葛嬴生昭公。”前后文同，【原注】《史记》同。先儒无致疑者。

4.48 赵盾弑其君

《太史书》曰：“赵盾弑其君。”此董狐之直笔也。“子为正卿，亡不越境，反不讨贼。”此董狐之巽辞也。传者不察其指，而妄述孔子之言，以为越境，乃免谬矣。穿之弑，盾主之也，讨穿犹不得免也。君臣之义无逃于天地之间，而可逃之境外乎？【杨氏曰】司马昭即诛贾充，仍不免弑君之号。

4.49 临于周庙

【汝成案】《哀公二年》传文：“敢昭告皇祖文王。”此衍“于”字。

《襄公十二年》："吴子寿梦卒，临于周庙。"杜氏以为文王庙也。《昭公十八年》："郑子产使祝史徙主祏于周庙。"杜氏以为厉王庙也。传曰："郑祖厉王。"【原注】《宣公十二年》，郑伯逆楚子之辞曰："徼福于厉、宣、桓、武。"而《哀公二年》，蒯聩之祷亦云："敢昭告于皇祖文王。"夫诸侯不得祖天子，而有庙焉。何曰此庙也，非祖也。【杨氏曰】支子不察，义又云何？公庙之设于私家，自三桓始也，孰谓祖则不得，庙则得乎？始封之君谓之祖。虽然，伯禽为文王之孙，郑桓为厉王之子，其就封而之国也，将何祭哉？天下有无祖考之人乎？而况于有土者乎？意者特立一庙以祀文王、厉王，而谓之周庙欤？汉时有郡国庙，其亦仿古而为之欤？【原注】汉高帝令，诸侯王都，皆立太上皇庙。盖亦以天下不可有无庙之诸侯王也。薄昭《淮南厉王书》曰："臣之所见，高皇帝之神，必不庙食于大王之手，明白。"【全氏曰】余谓《周礼》散亡，此必有《大宗伯》之明文，许令诸侯各立所出先王之庙，而特不以之人五庙。盖《周礼》之别庙，以义考之，自属多有。假如周公之会于东都，则别有祊在郑国。而况天子巡狩，属车所过，身后自皆有庙，则各令同姓诸侯司之。不然，反不如周公矣。汉人郡国皆立高皇庙，其遗意也。【王氏曰】汉人郊祀，渎乱无理。元帝好儒，贡禹、韦玄成、匡衡等相继为公卿。禹建言："汉家宗庙，祭祀多不应古礼。"上是其言。后玄成丞相议罢郡国庙，自太上皇、孝惠帝诸园寝庙皆罢。愚谓韦、匡，庸相也。贡、谷，陋儒也。然郊祀赖其驳正，古制获存，是其所长。

《竹书纪年》："成王十三年夏六月，鲁大禘于周公庙。"按二十一年，周文公薨于丰。周公未薨，何以有庙？盖周庙也。【原注】"公"字衍。是则始封之君有庙，亦可因此而知禘之说。

4.50 栾怀子

晋人杀栾盈，安得有谥？传言"怀子好施，士多归之"。岂其家臣为之谥，而遂传于史策邪？【杨氏曰】荀寅、士吉射又云何？寅谥文，吉射谥昭，皆美谥，非怀比也，又崔武子。【汝成案】郤至谥昭子，见《国语》。

4.51 子大叔之庙

《昭公十二年》："郑简公卒，将为葬除。及游氏之庙，将毁焉。子大叔使其除徒执用以立而毋庸毁，曰：'子产过女，而问何故不毁。'乃曰：'不忍庙也。诺，将毁矣。'既如是，子产乃使辟之。"《十八年》："简兵大蒐，将为蒐除。子太叔之庙在道南，其寝在道北，其庭小。过期二日，使除徒陈于道南庙北，曰：'子产过女，而命速除，乃毁于而乡。'子产朝，过而怒之。除者南毁，子产及冲，使从者止之，曰：'毁于北方。'"此亦一事，而记者或以为葬，或以为蒐，传两存之，而失删其一耳。

4.52 城成周

《昭公三十二年》传："冬十一月，晋魏舒、韩不信如京师，合诸侯之大夫于狄泉，寻盟，且令城成周。魏子南面，卫彪傒曰：'魏子必有大咎，干位以令大事，非其任也。《诗》曰：敬天之怒，不敢戏豫。敬天之渝，不敢驰驱。况敢干位以作大事乎？'"

《定公元年》传："春王正月辛巳，晋魏舒合诸侯之大夫于狄泉，将以城成周。魏子莅政，卫彪傒曰：'将建天子，而易位以令，非义也。大事干义，必有大咎。晋不失诸侯，魏子其不免乎！'"此是一事，《左氏》两收，而失删其一。周之正月，晋之十一月也。其下文曰："己丑，士弥牟营成周，计丈数，揣高卑，度厚薄，仞沟洫，物土方，议远迩，量事期，计徒庸，虑财用，书糇粮，以令役于诸侯。"又曰："庚寅，栽，宋仲幾不受功。"庚寅即己丑之明日，而《传》分为两年，岂有迟之两月而始栽，宋仲幾乃不受功者乎？且此役不过三旬而毕矣。

4.53 五伯

五伯之称有二：有三代之五伯，有春秋之五伯。《左氏·成公二年》，齐国佐曰："五伯之霸也，勤而抚之，以役王命。"杜元凯云："夏伯昆吾，商伯大彭、豕韦，周伯齐桓、晋文。"【原注】《诗》正义引服虔云："五伯，谓夏伯昆吾，商伯大彭、豕韦，周伯齐桓、晋文。"与此同。应劭《风俗通》亦主此说。

《孟子》："五霸者，三王之罪人也。"赵台卿注："齐桓、晋文、秦缪、宋襄、楚庄。"二说不同。【原注】颜师古注《汉书·异姓诸侯王表》"五伯"则以为昆吾、大彭、豕韦、齐桓、晋文。《同姓诸侯王表》"五伯"则以为齐桓、宋襄、晋文、秦穆、吴夫差。《白虎通》并存二说，其后一说谓齐桓、晋文、秦缪、楚庄、吴阖闾。

据国佐对晋人言，其时楚庄之卒甫二年，不当遂列为五，亦不当继此无伯而定于五也。其通指三代无疑。《国语》："祝融能昭显天地之光明，其后八姓，昆吾为夏伯，大彭、豕韦为商伯，庄子、彭祖得之，上及有虞，下及五伯。"李轨注："彭祖名铿，尧臣，封于彭城，历虞、夏至商，年七百岁。"是所谓五伯者，亦商时也。【原注】《淮南子》"至于昆吾、夏后之世"，高诱注："昆吾，夏之伯，夏后桀世也。"

是知国佐以前，其有五伯之名也久矣。【原注】据此，周时但有二伯，《穀梁传》"交质子不及二伯"，《左传·昭公四年》椒举对楚子言"六王二公"，亦但指齐桓、晋文。

若《孟子》所称五伯，而以桓公为盛，则止就东周以后言之。如严安所谓"周之衰三百余岁，而五霸更起"者也。然赵氏以宋襄并列，亦未为允。宋襄求霸不成，伤于泓以卒，未尝霸也。《史记》言越王勾践"遂报强吴，观兵中国，称号五伯"。子长在台卿之前，所闻异辞。【原注】《越世家》言周元王使人赐勾践胙，命为伯，又言越兵横行于江淮东，诸侯毕贺，号称霸王。《淮南子》亦言越王勾践胜夫差于五湖，南面而霸天下，泗上十二诸侯皆朝之。

然则，言三代之五伯，当如杜氏之说。言春秋之五伯，当列勾践而去宋襄。荀子以桓、文及楚庄、阖闾、勾践为五伯，【原注】江都易王问越王勾践，董仲舒对以"五伯"，是当时以勾践为五伯之数。斯得之矣。【阎氏云】董仲舒云："仲尼之门，五尺之童皆羞称五伯。"惟宋襄辈在仲尼之前，故言羞称。不然，勾践之伯不出仲尼后哉。【汝成案】顾氏谓孟子所称五伯始及勾践，若孔子以前五伯盖合夏、商言之，不列勾践，亦不必定属宋襄也。

4.54 占法之多

以日占事者，《史记·天官书》："甲乙，四海之外，日月不占。丙丁，江淮海岱。

戊巳，中州河济。庚辛，华山以西。壬癸，恒山以北。”是也。

以时占事者，《越绝书》公孙圣：“今日壬午，时加南方。”《史记·贾谊传》“庚子日斜，服集予舍”是也。

又有以月行所在为占，《史记·龟策传》：“今昔壬子，宿在牵牛。”《汉书》翼奉言：“白鹤馆以月宿，亢灾。”《后汉书》苏竟言：“白虹见时，月入于毕。”是也。

《周礼占梦》：“掌其岁时，观天地之会，辨阴阳之气，以日月星辰，占六梦之吉凶。”则古人之法可知矣。汉以下，则其说愈多，其占愈凿，加以日时、风角、云气、迟疾、变动，不一其物，故有一事而合于此者或迕于彼，岂非所谓“大道以多岐亡羊”者邪？故士文伯对晋侯以“六物不同，民心不壹”。而太史公亦谓，皋唐甘石书传①，凌杂米盐，在人自得之于象占之外耳。

干宝解《易》，六爻相杂，唯其时物也，曰：“一卦六爻，则皆杂有八卦之气。若初九为震爻，九二为坎爻也。或若见辰戌言艮，巳亥言兑也。或以甲壬名干，乙癸名坤也。或若以午位名离，以子位名坎。或若得来为恶物，王相为兴，休废为衰。解爻有等，故曰物。”曰：“爻中之义，群物交集，五星四气，六亲九族，福德刑杀，众形万类，皆来发于爻，故总谓之物也。”说《易》如此，小数详而大道隐矣。以此卜筮，亦必不验。天文亦然。

褚先生补《史记·日者列传》：“孝武帝时，聚会占家问之：某日可取妇乎？五行家曰：可。堪舆家曰：不可。建除家曰：不吉。丛辰家曰：大凶。历家曰：小凶。天人家曰：小吉。太乙家曰：大吉。辩讼不决，以状闻。制曰：避诸死忌，以五行为主。”

4.55　以日同为占

裨灶，以逢公卒于戊子日，而谓：今七月戊子，晋君将死。苌宏，以昆吾乙卯日亡，而谓：毛得杀毛伯而代之，是乙卯日，以卜其亡。此以日之同于古人者为占，又是一法。

4.56　天道远

春秋时，郑裨灶、鲁梓慎最明于天文。《昭公十八年》：夏五月，宋、卫、陈、郑

---

①　“皋唐甘石书传”指分别由尹皋、唐昧、甘德、石申所撰写的天文学著作。《晋书》卷十一《天文志上》：“其诸侯之史，则鲁有梓慎，晋有卜偃，郑有裨灶，宋有子韦，齐有甘德，楚有唐昧，赵有尹皋，魏有石申夫，皆掌著天文，各论图验。”甘石，指战国时齐人甘公与魏人石申，他们都以研究天文著称。汉·扬雄《法言·五百》：“或问：星有甘石，何如?”注：“甘公、石申夫，善观天文者也。”甘公，即甘德。石申，即石申夫。公、夫，均为对男子的尊称，缀于姓、名、姓名或类似姓名的称呼之后。甘公著有《天文星占》八卷。又，宋·晁公武《郡斋读书志》所著录的出现于唐宋年间的天文历算著作《甘石星经》，原本一卷，今本二卷，亦托名甘公、石申所撰。该书中载有许多唐代的州名。唐代天文学名著《开元占经》亦多引甘、石之文。因此，有的标点本《日知录》将“唐甘”误作一个人的名字。

灾，裨灶曰："不用吾言，郑又将火。"子产不从，亦不复火。《二十四年》：夏五月乙未朔，日食，梓慎曰："将水。"叔孙昭子曰："旱也。"秋八月，大雩。是虽二子之精，亦有时而失之也。【原注】《昭公七年》：公将适楚，梦襄公祖。梓慎曰："君不果行。"子服惠伯曰："行。"三月，公如楚。故张衡《思玄赋》曰："慎、灶显以言天兮，占水火而妄讯。"

4.57　一事两占

《襄公二十八年》：春，无冰。梓慎曰："宋、郑其饥乎？岁在星纪，而淫于玄枵，以有时灾，阴不堪阳。蛇乘龙。龙，宋、郑之星也。宋、郑必饥。玄枵，虚中也。枵耗，名也。土虚而民耗，不饥何为？"裨灶曰："今兹周王及楚子皆将死。岁弃其次，而旅于明年之次，以害鸟帑。"周、楚恶之。十一月癸巳，天王崩。十二月，楚康王卒。宋、郑皆饥，一事两占皆验。

4.58　春秋言天之学

天文五行之学，愈疏则多中，愈密则愈多不中。春秋时言天者，不过本之分星，合之五行，验之日食、星孛之类而已。五纬之中，但言岁星。而余四星，占不之及。何其简也。【原注】邵子曰："五星之说，自甘公、石公始。"而其所详者，往往在于君卿大夫言语、动作、威仪之间，及人事之治乱、敬怠，故其说也易知。而其验也不爽。扬子《法言》曰："史以天占人，圣人以人占天。"

4.59　左氏不必尽信

昔人所言兴亡祸福之故，不必尽验。《左氏》但记其信而有征者尔，而亦不尽信也。三良殉死，君子是以知秦之不复东征。至于孝公，而天子致伯，诸侯毕贺，其后始皇遂并天下。季札闻齐风，以为国未可量。乃不久而篡于陈氏。闻郑风，以为其先亡乎。而郑至三家分晋之后始灭于韩。浑罕言："姬在列者，蔡及曹、滕，其先亡乎？"而滕灭于宋王偃，在诸姬为最后。《僖三十一年》：狄围卫，卫迁于帝丘。卜曰："三百年。"而卫至秦二世元年始废，历四百二十一年。是《左氏》所记之言，亦不尽信也。

4.60　列国官名

春秋时列国官名，若晋之中行，宋之门尹，郑之马师，秦之不更庶长，皆他国所无。而楚尤多，有莫敖、令尹、司马、太宰、少宰、御士、左史、右领、左尹、右尹、连尹、鍼尹、【原注】宣公四年有箴尹克黄，哀公十六年有箴尹固，疑即鍼尹。寝尹、工尹、卜尹、芋尹、【原注】陈有芋尹盖。蓝尹、沈尹、清尹、莠尹、嚣尹、陵尹、郊尹、乐尹、宫厩尹、监马尹、杨豚尹、武城尹，其官名大抵异于他国。【原注】宋有褚师，而郑亦有之。昭公一年，子皙请以印为褚师。【杨氏曰】凡此诸尹，有掌其事，有官其地者。

4.61 地名

《左传·成公元年》:“战于鞌,入自丘舆。”注云:“齐邑。”《三年》:“郑师御晋,败诸丘舆。”注云:“郑地。”《哀公十四年》:“阬氏葬诸丘舆。”注云:“阬氏,鲁人也。泰山南城县西北有舆城。”又是鲁地。是三丘舆为三国地也。

《文公七年》:“穆伯如莒,莅盟,及鄢陵。”注云:“莒邑。”《成公十六年》:“战于鄢陵。”注云:“郑地,今属颍川郡。”是二鄢陵为二国地也。

《襄公十四年》:“伐秦,至于棫林。”注云:“秦地。”《十六年》:“次于棫林。”注云:“许地。”是二棫林为二国地也。

《襄公十七年》:“卫孙蒯田于曹隧,饮马于重丘。”注云:“曹邑。”《二十五年》:“同盟于重丘。”注云:“齐地。”是二重丘为二国地也。

《定公十二年》:“费人北,国人追之,败诸姑蔑。”【汝成案】“公及邾仪父盟于蔑。”注:“蔑,姑蔑。”二名。“鲁国卞县南有姑蔑城。”即此姑蔑也。无注,当是鲁地。《哀公十三年》:“弥庸见姑蔑之旗。”注云:“越地,今东阳大末县。”是二姑蔑为二国地也。

地名盂者有五。《僖公二十一年》:“宋公、楚子、陈侯、蔡侯、郑伯、许男、曹伯会于盂。”宋之盂也。《定公八年》:“单子伐简城,刘子伐盂,以定王室。”周之盂也。《十四年》:“卫太子蒯聩献盂于齐。”卫之盂也。而晋则有二盂。《昭公二十八年》:“盂丙为盂大夫。”今太原盂县。《哀公四年》:“齐国夏伐晋,取邢、任、栾、鄗、逆畤、阴人、盂、壶口。”此盂当在邢洺之间。

州国有二。《桓公五年》:“州公如曹。”注:“州国在城阳淳于县。”《十一年》:“郧人将与随、绞、州、蓼伐楚师。”注:“州国在南郡华容县东南。”

4.62 昌歜

《僖公三十年》:“王使周公阅来聘,飨有昌歜、白、黑形盐。”注曰:“昌歜,昌蒲菹。”而《释文》歜音在感反,正义曰:“齐有邴歜,鲁有公父歜。【原注】《文公十七年》:周甘歜败戎于邥垂。”其音为触。《说文》:“歜,盛气怒也。从欠,蜀声。此昌歜之音,相传为在感反,不知与彼为同为异。”今考顾氏《玉篇》有“歜”字:“徂敢切,昌蒲俎也。”然则传之昌歜正合此字,而唐人已误作“歜”。【原注】《广韵》亦误作歜。是知南北之学陆、孔诸儒,犹有不能遍通。《哀公二十五年》:“若见之君将嗀之。”今本作“般”,《广韵》注曰:“《说文》从口。”盖经典之误文不自天宝、开成始矣。

《襄公二十四年》:“日有食之。”正义曰:“此与二十一年频月日食,理必不然。但其字则变古为篆,改篆为隶,书则缣以代简,纸以代缣,多历世代,转写谬误,失其本真,后儒因循,莫能改易。”此通人之至论。考《魏书》江式言:“鲁共王坏孔子宅,得《尚书》、《春秋》、《论语》、《孝经》。又北平侯张仓献《春秋左氏传》,书体与孔氏相类,世谓之古文。”自古文以至于今,其传写不知几千百矣,安得无误?后之学者,于其所不能通，必穿凿而曲为之说，其为经典之害也甚矣。

古之教人必先小学，小学之书，声音文字是也。《颜氏家训》曰："夫文字者，坟籍根本。世之学徒多不晓字，读《五经》者，是徐邈而非许慎。习赋诵者，信褚诠而忽吕忱。明《史记》者，专皮、邹而废篆籀。学《汉书》者，悦应、苏而略《苍》、《雅》。不知书音是其枝叶，小学乃其宗系。"吾有取乎其言。

4.63 文字不同

《五经》中，文字不同多矣。有一经之中而自不同者。如"桑葚"见于卫诗，而鲁则为"黮"。"鬯弓"著于郑风，而秦则为"韔"。《左氏》一书，其录楚也"薳氏"或为"蔿氏"、"箴尹"或为"鍼尹"，况于钟鼎之文乎！《记》曰："书同文。"亦言其大略耳。

4.64 所见异辞

【原注】已下《公羊传》。

孔子生于昭、定、哀之世，文、宣、成、襄则所闻也，隐、桓、庄、闵、僖则所传闻也。国史所载策书之文，或有不备，孔子得据其所见以补之。至于所闻则远矣，所传闻则又远矣。虽得之于闻，必将参互以求其信，信则书之，疑则阙之，此其所以为异辞也。公子益师之卒，鲁史不书其日，远而无所考矣。【原注】无骇卒，挟卒，不书日，同此义。以此释经，岂不甚易而实是乎？何休见《桓公二年》会稷之传，以恩之浅深，有"讳"与"目言"之异，而以书日不书日，详略之分，为同此例，则甚难而实非矣。窃疑"所见异辞，所闻异辞，所传闻异辞"此三语，必有所本。而齐、鲁诸儒述之，然其义有三：阙文，一也。讳恶，二也。言孙，三也。【原注】孔子曰："邦无道，危行言孙。"从前之一说，则略于远而详于近。从后之二说，则晦于近而章于远。读《春秋》者，可以得之矣。《汉书》言：孔子作《春秋》有所褒讳贬损，不可书见，口授弟子。弟子退而异言，及口说流行，故有公羊、穀梁、邹、夹之学。【原注】邹氏、夹氏无传。夫丧欲速贫，死欲速朽，曾子且闻而未达，非子游举其事以实之，亦乌得而明哉？故曰：《春秋》之失乱。

4.65 纪履緰来逆女

【汝成案】"履緰"《左传》作"裂繻"。惠侍读曰："裂古音厉，与履音相近。"

"何以不称使？昏礼不称主人。宋公使公孙寿来纳币。则其称主人何？辞穷也。辞穷者何？无母也。然则纪有母乎？曰：有。有则何以不称母？母不通也。"富平李因笃曰："此言经所以不书纪侯者，以见母虽不通，而纪侯有母，则不得自称主人，以别于宋公之无母也。"

4.66 母弟称弟

“齐侯使其弟年来聘”，《公羊传》：“其称弟何？母弟称弟，母兄称兄。”【原注】《左氏·宣公十七年》传亦曰：“凡称弟，皆母弟也。”【梁氏曰】《史记》高祖之同母少弟也。《索隐》曰：“《汉书》作同父，言同父以明异母也。”赵太常云：“言同母以别于异母则可，言同父以明异母则不可。”何休以为：“《春秋》变周之文，从殷之质，质家亲亲，明当亲厚，异于群公子也。”夫一父之子，而以同母不同母为亲疏，此时人至陋之见。春秋以下，骨肉衰薄，祸乱萌生，鲜不由此。诗人美鸤鸠均爱七子，岂有于父母则望之以均平，于兄弟则教之以疏外，以此为质，是所谓直情而径行，非亲亲之道也。郭氏曰：“若如《公羊》之说，则异母兄弟不谓之兄弟乎？”程子曰：“《礼》文有立嫡子同母弟之说，其曰同母弟，盖谓嫡耳，非以同母弟为加亲也。若以同母弟为加亲，则知有母不知有父，是禽兽也。”【汝成案】母弟称弟，重适妻而严父统也。此义不明，而以妾为妻，废嫡立庶之祸起矣。母弟加亲，非为母也，乃为父也。

4.67 子沈子

《隐公·十一年公羊传》“子沈子曰”注云：“子沈子，后师，明说此意者。沈子称‘子’，冠氏上者，著其为师也。不但言‘子曰’者，辟孔子也。其不冠‘子’者，他师也。”

按传中有“子公羊子曰”，【原注】桓公六年、宣公五年（思齐按：以上所言，均指《公羊传》的情形。经过逐一核对《公羊传》原书，均无错误）。

而又有“子沈子曰”，【原注】隐公十一年、庄公十年、定公元年（思齐按：以上所言，均指《公羊传》的情形。经过逐一核对《公羊传》原书，均无错误）。

“子司马子曰”，【原注】庄公三十年（思齐按：以上所言，指《公羊传》的情形。经过核对《公羊传》原书，无错误）。

“子女子曰”，【原注】女音汝，闵公元年（思齐按：以上所言，指《公羊传》的情形。经过核对《公羊传》原书，无错误）。

“子北宫子曰”，【原注】哀公四年（思齐按：以上所言，指《公羊传》的情形。经过核对《公羊传》原书，无错误）。

何后师之多欤！【原注】又有“鲁子曰”，庄公三年、二十三年，僖公五年、二十年、二十四年、二十八年。有“高子曰”，文公四年，皆不冠“子”（思齐按：以上所言，均指《公羊传》的情形。经过逐一核对《公羊传》原书，均无错误）。《穀梁传》有“穀梁子曰”，隐公五年，桓公八年（思齐按：《穀梁传》桓公八年并无“穀梁子曰”字样）。“尸子曰”，隐公五年，桓公八年（思齐按：《穀梁传》桓公八年并无“尸子曰”字样）。“沈子曰”，定公元年（思齐按：以上所言，指《公羊传》的情形。经过核对《公羊传》原书，无错误），皆不冠“子”。

然则，此传不尽出于公羊子也，明矣。【全氏曰】明庄烈帝尝诘以“子程子为尊称”，何以不称子孔子、子孟子？而毛西河亦以为难。如宋人张横浦自称“子张子”，王厚斋自称“子王子”，则固不尽以为尊称矣。唐人刘梦得亦自称“子刘子”，又先乎此。是即《公羊传》自称“子公羊子”之例也。考之荀卿称宋钘为“子宋子”，王孙骆称范蠡为“子范子”，是皆平背相推重之词，不以师弟也。顾氏据公羊所言，特其一节耳。【雷氏曰】子者，男子之美称。古人多系于氏，孔、颜是也。或系于谥，列国卿大夫之称武子、文子、襄子、桓子是也。然东周以后，始多此称。西周以前谓之“父”，系于名氏之下，如尹吉父、仲山父、虢石父、程柏林父，及阏父、皇父、燮父、禽父皆是。后又于名字下系以“子”，晋悼公周为周子，冉有为有子，战国时有和子、婴子皆是。

4.68 谷伯、邓侯书名

“谷伯绥来朝，邓侯吾离来朝。”传曰：“皆何以名？失地之君也。【原注】谷、邓，去鲁甚远，不缘失地，不得皆朝于鲁。其称侯、朝何？贵者无后，待之以初也。”其义甚明，而何氏乃有去二时者，桓公以火攻人君之说，又有不月者，失地君朝恶人之说。胡氏因之，遂以朝桓之贬归之于天道矣。

4.69 郑忽书名

“郑忽出奔卫。”传曰：“忽何以名？春秋伯子男，一也，辞无所贬。”传文简而难晓。李因笃曰：“春秋之法，天子三公称公，王者之后称公，其余大国称侯，小国称伯、子、男。【原注】见“初献六羽”传。是则公、侯为一等，伯、子、男为一等也。故子产曰：‘郑，伯、男也。’遭丧未逾年之君，公侯皆称子，如宋子、卫子、陈子之类是也。以其等本贵于伯、子、男，故降而为子。今郑，伯爵也，伯与子、男为一等，下此更无所降，不得不降而书名矣。名非贬忽之辞，故曰：‘辞无所贬。’”

4.70 祭公来遂，逆王后于纪

《桓公八年》：“祭公来遂，逆王后于纪。”《九年》：“春，纪季姜归于京师。”从逆者而言，谓之王后。从归者而言，谓之季姜。此自然之文也。犹《诗》之言“为韩姞相攸”也，犹《左氏》之言“息妫将归过蔡”也，皆未嫁而冠以夫国之号，此临文之不得不然也。而公羊以为“王者无外，其辞成矣”，又以为“父母之于子，虽为天王后，犹曰吾季姜”。是其说经虽巧，而非圣人之意矣。今将曰：“逆季姜于纪。”则初学之士，亦知其不通。又将曰：“王侯归于京师。”则王后者谁之女？辞穷矣。公羊子盖拘于在国称女之例，【原注】《隐公二年》传：“女在其国称女，在途称妇，入国称夫人。”而不知文固有倒之而顺者也。

传文则有不同者，《左氏·庄公十八年》：“陈妫归于京师。”实惠后。

4.71 争门

【汝成案】《襄公二十三年》传文：“臧纥斩鹿门之关以出。”此脱“以”字。

《公羊·闵公二年传》：“桓公使高子将南阳之甲，立僖公而城鲁。或曰自鹿门至于争门者是也，或曰自争门至于吏门者是也。”注：“鹿门，鲁南城东门也。”据《左传》“臧纥斩鹿门之关出奔邾”是也。争门、吏门并阙。按《说文》：“净，鲁北城门池也。

从水，争声。士耕切。”是争门即以此水名，省文作“争”尔。【原注】《广韵》作“埩”。后人以“瀞”字省作“净”，音才性切。而梵书用之，自南北史以下，俱为才性之净，而鲁之争门不复知矣。【原注】《礼记》“洁静精微”，只作“静”字。【桂氏曰】案净水发于故鲁城东北之五泉，流径夫子墓前，西南人沂，俗误以为洙水，又呼泥河。此水甚小，自春秋至今不涸，犹洛阳城中之狄泉也。

4.72 仲婴齐卒

鲁有二婴齐，皆公孙也。《成公十五年》：“三月乙巳，仲婴齐卒。”其为仲遂后者也。【原注】杜氏注曰：“襄仲子，公孙归父弟。”《成公十七年》：“十一月壬申，公孙婴齐卒于狸脤。”则子叔声伯也。季友、仲遂皆生而赐氏。故其子即以父字为氏。【原注】刘炫曰：“仲遂受赐为仲氏，故其子孙称仲氏。”孔氏曰：“死后赐族，乃是正法。春秋之世，有非礼生赐族者，华督是也。季友、仲遂，亦同此例。中唐以后，赐功臣之号亦此意也。生而赐氏，非礼也。以父字为氏，亦非礼也。《春秋》从其本称，而不没其变氏。其生也，书“公子遂”；其死也，书“仲遂卒于垂”。于其子也，其生也，书“公孙归父”；其死也书“仲婴齐卒”。【原注】公子季友卒亦同此义，惟季友之子不见于经。

《公羊传》：“仲婴齐者何？公孙婴齐也。”此言仲婴齐，亦是公孙婴齐，非谓子叔声伯。故注云：“未见于经，为公孙婴齐。今为大夫，死见经，为仲婴齐。”此汉人解经之善，若子叔声伯，则战鞌、【原注】成公二年。如晋、【原注】六年。如莒，【原注】八年。已屡见于经矣。

“为人后者为之子”，此语必有所受。然婴齐之为后，后仲遂，非后归父也。【原注】犹之叔孙侨如奔而立豹。以为为兄后，则非也。《传》拘于孙以王父字为氏之说，而以婴齐为后归父，则以弟后兄，乱昭穆之伦矣，非也。且三桓亦何爱于归父而为之立后哉。【惠侍读曰】战国卫南文子者，子南子，犹仲婴齐，仲遂子，不必至孙始氏王父字。公羊创孙祢祖兄为父说，殊悖。

4.73 隐十年无正

【原注】已下《穀梁传》。

隐十年无正者，以无其月之事而不书，非有意削之也。穀梁以为隐不自正者，凿矣。赵氏曰：“宣、成以前，人名及甲子多不具，旧史阙也。”得之矣。【庄侍郎曰】五始，大教也。隐公，《春秋》之始也，公即位可阙乎？践其位，行其礼，削不书乎？抑未尝践其位，行其礼，无可书乎？曰：公践其位，行其礼，然后称元年。君之始年，非他人，隐公也，则何以不书？成功之让与继故者同辞，非所以尊先君也。善乎穀梁子之言，隐公成父之恶以为让，所由与伯夷、叔齐异矣。尝得而推言《春秋》之志，天伦重矣，父命尊矣。让国诚，则循天理，承父命。不诚矣，虽行即位之事，若无事焉，是以不书即位也。君位，国之本也，南面者无君国之心，北面者有二君之志，位又焉在矣？十年无正，隐不自正，国以无正也。元年有正，正隐之宜为正，而不自为正，不可一日而不正也。

4.74 戎菽

《庄公三十一年》："齐侯来献戎捷。"传曰："戎，菽也。"似据《管子》"桓公北伐山戎，得冬葱及戎菽，布之天下"而为之说。桓公以戎捷夸示诸侯，岂徒一戎菽哉。且《生民》之诗曰："蓺之荏菽，荏菽旆旆。"传曰："荏菽，戎菽也。"《尔雅》："戎菽谓之荏菽。"【原注】亦作茙菽。《列子》："北宫子既归，进其茙菽，有稻粱之味。"则自后稷之生而已艺之，不待桓公而始布矣。

4.75 陨石于宋五

《公》、《穀》二传，相传受之子夏。其宏纲大指，得圣人之深意者，凡数十条。然而齐鲁之间，人自为师，穷乡多异，曲学多辩，其穿凿以误后人者，亦不少矣。且如："陨石于宋五，六鷁【原注】《左氏》、《公羊》作鹢。退飞过宋都。"此临文之不得不然，非史云"五石"，而夫子改之"石五"。史云"鷁六"，而夫子改之"六鷁"也。穀梁子曰："陨石于宋五，后数，散辞也。""六鷁退飞过宋都，先数，聚辞也。""天下之达道五，所以行之者三"，其散辞乎？凡为天下国家有九经，其聚辞乎？初九潜龙，后九也。九二见龙，先九也。世未有为之说者也。

石无知，故日之。然则梁山崩不日，何也？鷁微有知之物，故月之。然则有鸜鹆来巢不月，何也？夫月日之有无，其文则史也。故刘敞谓：言是月者，宋不告日，嫌与陨石同日，书"是月"以别之也。

4.76 王子虎卒

《文公四年》："夏五月，王子虎卒。"左氏以为王叔文公者，是也。而穀梁以为叔服。按此后文公十四年，有星孛入于北斗，周内史叔服曰："不出七年，宋、齐、晋之君皆将死乱。"成公元年，刘康公伐戎，叔服曰："背盟而欺大国，此必败。"明叔服别是一人，非王子虎。【原注】胡氏仍穀梁之误。

4.77 穀梁日误作曰

《穀梁传宣公十五年》："中国谨日，卑国月，夷狄不日，其曰：潞子婴儿贤也。"疏解甚迂。按，传文"曰"字误，当作"其日，潞子婴儿贤也。"【原注】《书·皋陶谟》："思，曰赞赞襄哉。"《吕刑》："今尔罔不由慰曰勤。"《易·大畜》："九三，曰闲舆卫。"皆当作"日"。古人"日""曰"二字同一书法，唯"曰若"之"曰"上画不满，与"日"字异耳。故陆氏《释文》于《九经》中遇二字可疑者，即加音切。又有一字而两读者，如《诗》"岂不曰戒"，曰音越，又人栗反。"曰为改岁"，"曰杀羔羊"，亦然。自古经师所传，或以为"日月"之"日"，或以为"曰若"之"曰"，陆氏两存，而以其音别之。毛晃以为一字两音而驳其失，误矣。《史记·秦始皇本纪赞》"而以责一日之孤"，正义曰："日音驲。"【臧氏曰】《孟子》："放勋日，老之来之，匡之直之，辅之翼之，使自得之，又从而振德之。"孙宣公音义引丁音："日音驲，或作'曰'，误也。"赵氏注亦不以为尧之言，自上文"当尧之时"以下，皆叙事之辞也。邢疏则误读

“日”为“曰”矣。

日知录卷四

日知录　卷五

昆山顾炎武撰

5.1　阉人寺人

阍人、寺人属于冢宰，则内廷无乱政之人。九嫔、世妇属于冢宰，则后宫无盛色之事。太宰之于王，不惟佐之治国，而亦诲之齐家者也。【钱氏曰】此亦冢宰得其人耳，后世以嬖幸居辅弼之地，欲其为天子齐家，得乎？故曰：为治不在多言。

自汉以来，惟诸葛孔明为知此义，故其上表后主，谓宫中、府中俱为一体。而宫中之事，事无大小，悉以咨攸之、祎、允三人。于是后主欲采择以充后宫，而终执不听。宦人黄皓终允之世，位不过黄门丞。【原注】《蜀志·董允传》。可以为行周礼之效矣。后之人君以为此吾家事，而为之大臣者亦以为天子之家事，人臣不敢执而问也。其家之不正，而何国之能理乎？魏杨阜为少府，上疏欲省宫人，乃召御府吏，问后宫人数，吏曰：禁密不得宣露。阜怒，杖吏一百，数之曰：国家不与九卿为密，反与小吏为密乎！然后知阍寺、嫔御之系于天官，周公所以为后世虑至深远也。

汉承秦制，有少府之官，中书谒者、黄门、钩盾、尚方、御府、永巷、内者、宦者八官，令丞、诸仆射、署长、中黄门皆属焉，然则奄寺之官犹隶于外廷也。

5.2　正月之吉

《大司徒》：“正月之吉，始和，布教于邦国都鄙。”注云：“周正月朔日。”【原注】《大宰》注同。“正岁，令于教官。”注云：“夏正月朔日。”【原注】《凌人》注同。《州长》：“既以正月之吉读法，又以正岁读法如初。”注云：“因此四时之正重申之。”即此是古人三正并用之验。

《逸周书·周月解》曰：“亦越我周改正，以垂三统。至于敬授民时，巡狩烝享，犹自夏焉。”① 正谓此也。【原注】如左氏《桓公五年》传云：“凡祀，启蛰而郊，龙见而雩，始杀而尝，闭蛰而烝”之类是也。【沈氏曰】《周礼·太史》：“正岁年以序事，颁之于官府及都鄙。”王与之《订义》：“郑锷曰：周以建子为正，而四时之事，有用夏正建寅者。用建寅谓之岁，用建子谓之年。事有用建寅者，如‘正岁，则读法’，‘三岁，大计群吏之治’之类。事有用建子者，如《司

① 顾炎武此处引《逸周书》，引文有所删节。自录该节全文，以符原始要终之旨，庶几明了故人何以如此剧烈地变动纪时之系统。《逸周书·周月解第五十一》：“夏数得天，百王所同。其在商汤，用师于夏，除民之灾，顺天革命。改正朔，变服殊号，一文一质，是不相沿。以建丑之月为正，易民之视，若天时大变，亦一代之事。亦越我周王，致伐于商，改正异械，以垂三统。至于敬授民时，巡狩烝享，犹自夏焉。是谓周月，以纪于正。”关于《逸周书》，可参看黄怀信、张懋镕、田旭东合纂《逸周书汇校集注》（上海古籍出版社，1995）、黄怀信《逸周书校补注译》（三秦出版社，2006）。

稼》'以年之上下出敛法'，'丰年则公旬用三日'之类。太史正岁与年而次其事，颁于官府都鄙，吏以次举先后，不失其序，如《月令》所建十二月之事。是亦并与岁而皆正也。与之按：此以周人建子兼用夏正说极是。《尔雅》云：'周曰年，夏曰岁。'经所谓'正月之吉'者，建子之正。年只读法、朝会等事用之，岁则便于事功。然有合用周时之正，亦有合用前王之正，不可不正之以序其事也。《豳风·七月》一诗，称'一之日'、'二之日'与'七月'、'八月'即此义。孔子作《春秋》亦两存之，书四时而兼用月，用时王之正，则建子。书四时而不月，则行夏之时，而建寅。如书'二月无冰'，以夏正论之，二月春暖无冰，亦是时之常。不知此二月乃用周正，夏之十二月。"【汝成案】如王与之之说，是孔子作《春秋》乃兼用二正也，恐不若是偏反。至时、月、日有书有不书，则《公》、《穀》咸发其凡矣。【戴氏曰】后儒或谓"正月之吉"亦夏时，其说曰：《凌人》："掌冰，正岁十有二月，令斩冰。"十二月为夏之十二月，则正月亦为夏之正月。余谓《周礼》重别岁、年，直曰"正月之吉"则知为周正月也。不直曰"十二月"而曰"岁十有二月"，加"岁"以明夏，以别周，则知为夏时也。如"正月之吉"亦夏时，是无别于正岁。而《大司徒》："正月之吉，始和，布教于邦国都鄙。"又曰："正岁，令于教官。"《乡大夫》："正月之吉，受教法于司徒。""正岁，令群吏考法于司徒以退。"《州长》："正月之吉，各属其州之民而读法。""正岁，则读教法如初。"异"正月"、"正岁"之名，而事不异，其为二时审矣。

《豳诗·七月》一篇之中，凡言月者皆夏正，凡言日者皆周正。"一之日觱发，二之日栗烈。""三之日于耜。"传曰："一之日，周正月。二之日，殷正月。""三之日，夏正月。"

《北史·李业兴传》："天平四年，使梁。梁武帝问：'《尚书》：正月上日，受终文祖。① 此时何正？'业兴对曰：'此夏正月。'梁武帝问：'何以得知？'业兴曰：'案《尚书中候·运衡篇》云：日月营始，故知夏正。'② 又问：'尧时以前，何月为正？'业兴对曰：'自尧以上，书典不载，实所不知。'梁武又云：'寅宾出日，即是正月；日中星鸟，以殷仲春。——即是二月，此出《尧典》，何得云尧时不知用何正？'业兴对曰：'虽三正不同，言时节者，皆据夏时正月。《周礼》：'仲春二月，会男女之无夫家者。'③ 虽自《周书》，月亦夏时。尧之日月，亦当如此。'"【原注】近有楚人创为尧建子、舜建丑之说者，据此辟之，遂无以难。

5.3 木铎

金铎所以令军中，木铎所以令国中，此先王仁义之用也。一器之微而刚柔别焉，其

---

① "正月上日，受终文祖"，语出《尚书·虞书·舜典第二》："正月上日，受终于文祖。在璿玑玉衡，以齐七政。"

② 《尚书中候·运衡篇》，即《尚书纬》卷第七《尚书中候》第三篇《运衡》，见1934年江都朱氏补刊《黄氏逸书考》本。《运衡》篇末仅有"日月营始"四字。"日月营始，故知夏正"的出处实际上还是《北史》卷八一《李业兴传》。

③ "仲春二月，会男女之无夫家者"，语出《周礼·地官司徒第二·媒氏》："媒氏：掌万民之判。凡男女自成名以上者，皆书年月日名焉。令男三十而娶，女二十而嫁。凡娶判妻入子者，皆书之。中春之月，令会男女。于是时也，奔者不禁。若无故而不用令者，罚之。司男女之无夫家者而会之。"

可以识治民之道也欤？

鼓吹，军中之乐也，非统军之官不用，【原注】陈蔡徵为吏部尚书，启后主借鼓吹。后主谓所司曰："鼓吹军乐，有功乃授。"今则文官用之，【原注】王世贞《觚不觚录》言："先朝之制，维总兵官列营，始举砲奏鼓吹。嘉靖后，巡抚乃放而行之。"士庶人用之，僧道用之，金革之器遍于国中，而兵由此起矣。【原注】《晋书》：司马恬为御史中丞，值海西废，简文帝登阼，未解严。大司马桓温屯中堂，吹警角。恬奏劾温大不敬，请科罪。今制，虽授钺遣将，亦不举砲鼓吹，而士庶吉凶之礼，及迎神赛会，反有用鼓吹者。景泰六年，华阳王友堚，遣千户赍奏赴京，并买喇叭号笛铜锣等物，奉敕切责，以为此行师之具，于王何用？当时遵守祖训如此。以后法禁日弛，庶民皆得用矣。

后魏孝武永熙中，诸州镇各给鼓吹。寻而高欢举兵，魏分为二。唐自安史之乱，边戍皆得用之，故杜甫诗云："万方声一概，吾道竟何之!"粗厉之音，形为乱象，先王之制，所以军容不入国也。

《诗·有瞽》笺云："箫，编小竹管，如今卖饧【原注】俗作糖。者所吹也。"【原注】《周礼·小师》注同。汉时卖饧止是吹竹，今则鸣金。

5.4 稽其功绪

已成者谓之功，未竟者谓之绪。《说文》："绪，丝端也。"《记》曰："武王缵太王、王季、文王之绪。"

5.5 六牲

古之为礼，以祭祀燕享，故六牲之掌特重。"执豕于牢"，称公刘也。"尔牲则具"，美宣王也。至于邻国相通，则葛伯不祀，汤使遗之牛羊。而卫戴公之庐于曹，齐桓归之牛羊豕鸡狗皆三百。其平日，国君无故不杀牛，大夫无故不杀羊，士无故不杀犬豕。而用大牲则卜之于神，以求其吉。故《左氏》载齐国之制，公膳止于双鸡。而诗人言宾客之设，不过兔首炰鳖之类。古人之重六牲也如此。自齐灵公伐莱，莱人使正舆子赂之，索马牛皆百匹。而吴人征鲁百牢，始于贪求，终于暴殄。于是范蠡用其霸越之余谋，以畜五牸，而泽中千足彘得比封君，孳畜之权，不在国，而在民矣。

《易》曰："东邻杀牛，不如西邻之禴祭。"秦德公用三百牢于鄜畤。而王莽末年，自天地六宗以下，至诸小鬼神，凡千七百所，用三牲鸟兽三千余种。后不能备，乃以鸡当鹜雁，犬当麋鹿。【汝成案】古者六牲之用，尊卑有差。天子社稷皆太牢，诸侯社稷皆少牢。修肥索以事神，辨等威以爱物，礼也。不尔，则晏子豚肩，梁武不杀，虽曰俭慈，何殊淫暴？宴享之度准于此矣。

5.6 邦飨耆老孤子

春飨孤子，以象物之方生。秋飨耆老，以象物之既成。然而国中之老者孤者多矣，不可以遍飨也。故国老庶老则飨之，而其他则养于国、养于乡而已。【原注】《王制》。死事之孤则飨之，而其他则养幼少、存诸孤而已。【原注】《月令》。一以教孝，一以劝忠，先王一举事而天道人伦备焉，此礼之所以为大王制月令也与？

5.7 医师

古之时庸医杀人，今之时庸医不杀人，亦不活人，使其人在不死不活之间，其病日深，而卒至于死。夫药有君臣，人有强弱。有君臣，则用有多少。有强弱，则剂有半倍。多则专，专则效速。倍则厚，厚则其力深。今之用药者，大抵杂泛而均停，既见之不明，而又治之不勇，病所以不能愈也。而世但以不杀人为贤，岂知古之上医，不能无失。《周礼·医师》：“岁终，稽其医事以制其食。十全为上。十失一，次之。十失二，次之。十失三，次之。十失四，为下。”是十失三四，古人犹用之。而淳于意之对孝文，尚谓：“时时失之，臣意不能全也。”《易》曰：“裕父之蛊，往见吝。”奈何独取夫裕蛊者，以为其人虽死而不出于我之为。呜呼，此张禹之所以亡汉，李林甫之所以亡唐也。【原注】朱文公《与刘子澄书》所论四君子汤，其意亦略似此。

《唐书》许胤宗言：“古之上医，惟是别脉，脉既精别，然后识病。夫病之与药有正相当者。惟须单用一味直攻彼病，药力既纯，病即立愈。【杨氏曰】许胤宗之言固良医也。然李明之、朱彦修诸公则又不尽然，其用药或至数十种。又医有四术而切居殿，别脉之说果若何？今人不能别脉，莫识病源，以情臆度，多安药味。譬之于猎，未知兔所，多发人马，空地遮围，冀有一人获之，术亦疏矣！假令一药偶然当病，他味相制，气势不行，所以难差，谅由于此。”《后汉书》：“华佗精于方药，处齐不过数种。”夫《师》之六五，任九二则吉，参以三四则凶。① 是故官多则乱，将多则败。天下之事亦犹此矣。

5.8 造言之刑

舜之命龙也曰：“朕塈谗说殄行，震惊朕师。”故大司徒以乡八刑纠万民，造言之刑次于不孝、不弟。而禁暴氏掌诛庶民之作言语而不信者。② 至于讹言莫惩，而宗周灭矣。【汝成案】野旷难稽，而民愚易惑，故造言必始于乡，惟乡刑得而治之。

---

① 《师》卦为六十四卦中的第七卦，讲的是两条用兵原则。一、领导民众走正确的道路，兴正义之师，才能取得战争的胜利。二、选择老成持重有经验的人作统帅，任人唯贤，才能避免失败。《师》卦六五爻辞："田有禽，利执，言，无咎。长子帅师，弟子舆师，贞凶。" 意思是说：打猎获得了禽兽，就得到了利益，别人议论，也没有关系。打仗要选择富有经验的长子作统帅才能取胜，如果任用毫无经验的弟子作统帅则只有用车来拉尸体了，这才是真正的凶险啊。《师》卦六三爻辞：“师或舆尸，凶。”兵众时而运载尸体回来，这是凶险的。《师》卦六四爻辞：“师左次，无咎。”兵众撤退暂守，免遭危害。

② 禁暴氏，官名。《周礼·秋官司寇第五·禁暴氏》：“掌禁庶民之暴乱力正者、挢诬犯禁者、作言语而不信者，以告而诛之。”

5.9 国子

世子齿于学，自后夔之教胄子而已然矣。① 师氏以三德教国子。保氏掌养国子以道，而教之六艺。而王世子不别置官，是世子之与国子齿也。是故诸子掌国子之倅，“国有大事，则帅国子而致于大子，惟所用之”。非平日相习之深，乌能得其用乎？后世乃设东宫之官，而分其职秩。于是有内外宫朝之隔，而先王之意失矣。

5.10 死政之老

死国事者之父，如《史记·平原君传》李同战死，封其父为李侯。《后汉书·独行传》小吏所辅扞贼，代县令死，除父奉为郎中。《蜀志·庞统传》统为流矢所中卒，拜其父议郎，迁谏议大夫是也。若父子并为王臣，而特加恩遇，如光武之于伏隆，先朝之于张五典。【原注】天启初，张铨以御史死辽，加其父五典至兵部尚书。又不可以常格论矣。

5.11 凶礼

《大宗伯》以凶礼哀邦国之忧，其别有五：曰死亡、凶札、祸灾、围败、寇乱。是古之所谓凶礼者，不但于死亡，而五服之外有非丧之丧者，缘是而起也。

《记》曰：“年不顺成，天子素服，乘素车，食无乐。”又曰：“年不顺成，君衣布，搢本。”《周书》曰：“大荒，王麻衣以朝，朝中无彩衣。”此凶札之服也。

《司服》：“大札大荒大灾素服。”注曰：“大灾，水火为害，君臣素服缟冠，若晋伯宗哭梁山之崩。”《春秋》：“新宫灾，三日哭。”此祸灾之服也。

《记》曰：“国亡大县邑，公卿大夫士厌冠，哭于太庙。”又曰：“军有忧，则素服哭于库门之外。”《大司马》：“若师不功，则厌而奉主车。”《春秋传》：“秦穆公败于殽，素服郊次，乡师而哭。”此围败之服也。【原注】《吕氏春秋》公孙龙对赵惠王曰：“今蔺离石人秦，而王缟素出。”总是，战国时犹行此礼。

若夫《曲礼》言：大夫士去国，“素衣、素裳、素冠，彻缘，鞮屦，素簚，乘髦马”。孟子言，三月无君则吊，而季孙之会荀跞，练冠麻衣。此君臣之不幸而哀之者矣。

秦穆姬之逆晋侯，免服衰绖。卫侯之念子鲜，税服终身。此兄弟之不幸，而哀之者矣。楚灭江，而秦伯降服出次。越围吴，而赵孟降于丧食。此与国之不幸，而哀之者矣。【原注】《汉书·高帝纪》：“秦王子婴素车白马。”应劭曰：“丧人之服。”

先王制服之方，固非一端而已。《记》有之曰：“无服之丧，以蓄万邦。”【原注】杜氏《通典》以赈抚诸州水旱虫灾，劳问诸侯疾苦，编于凶礼之首。

---

① 夔，又作后夔、归，相传为帝舜之臣。帝舜欲将音乐传教于天下，命重黎寻求懂音乐的人。夔被推荐，帝舜命之为乐正。《吕氏春秋》卷二二《慎行论第二·察传》孔子曰：“昔者舜欲以乐传教于天下，乃令重黎举夔于草莽之中而进之，舜以为乐正。夔于是正六律，和五声，以通八风，而天下大服。重黎又欲益求人，舜曰：‘夫乐，天地之精也，得失之节也，故唯圣人为能和。乐之本也。夔能和之以平天下，若夔者一而足矣。’故曰‘夔一足’，非‘一足’也。”

5.12 不入兆域

《冢人》："凡死于兵者，不入兆域。"注："战败无勇，投诸茔外，以罚之。"《左氏》赵简子所谓："桐棺三寸，不设属辟。素车朴马，无入于兆。"而《檀弓》死而不吊者三。其一曰畏。亦此类也。【原注】《庄子》："战而死者，其人之葬也，不以翣资。"崔本作"翣枚"，枚音坎，谓先人坟墓也。若敝无存死，而齐侯三襚之，与之犀轩与直盖而亲推之。三童汪踦死，而仲尼曰："能执干戈以卫社稷，可无殇也。"岂得以此一概。隋文帝仁寿元年，诏曰："投生殉节，自古称难。陨身王事，礼加二等。而世俗之徒不达大义，致命戎旅不入兆域，亏孝子之意，伤人臣之心。兴言念此，每深愍叹。且入庙祭祀并不废阙，何至坟茔独在其外？自今以后，战亡之徒宜入墓域。"可谓达古人之意。又考晋赵文子与叔誉观乎九原，而有阳处父之葬，则得罪而见杀者，亦未尝不入兆域也。【原注】《左传·襄公二十九年》："齐人葬庄公于北郭。"注引："兵死不入兆域。"【杨氏曰】战陈无勇，曾子谓之不孝，《檀弓》曰畏，即其义也，与致命遂志者自不同。

5.13 乐章

《诗》三百篇，皆可以被之音而为乐。自汉以下，乃以其所赋五言之属为徒诗，而其协于音者则谓之乐府。宋以下，则其所谓乐府者，亦但拟其辞，而与徒诗无别。于是乎，诗之与乐，判然为二。不特乐亡，而诗亦亡。

古人以乐从诗，今人以诗从乐。古人必先有诗，而后以乐和之。舜命夔教胄子，诗言志，歌永言，声依永，律和声，是以登歌在上，而堂上堂下之器应之，是之谓以乐从诗。【原注】宋国子丞王普言："古者既作诗，从而歌之，然后以声律协和而成曲。自历代至于本朝，雅乐皆先制乐章，而后成谱。崇宁以后，乃先制谱，后命辞，于是辞律不相谐协，且与俗乐无异。"朱子曰："诗之作本言志而已，方其诗也，未有歌也。及其歌也，未有乐也。以声依永，以律和声，则乐乃为诗而作，非诗为乐而作也。诗出乎志者也，乐出乎诗者也。诗者其本，而乐者其末也。"

古之诗大抵出于中原诸国。其人有先王之风，讽诵之教，其心和，其辞不侈，而音节之间往往合于自然之律。楚辞以下，即已不必尽谐。【原注】《文心雕龙》言《楚辞》讹韵实繁。

降及魏晋，羌戎杂扰，方音递变，南北各殊，故文人之作多不可以协之音，而名为乐府，无以异于徒诗者矣。【原注】元稹言《乐府》等题，除铙吹、横吹、郊祀、清商等词在《乐志》者，其余《木兰》、《仲卿》、《四愁》、《七哀》之类，亦未必尽播于管弦也。

人有不纯，而五音十二律之传于古者至今不变，于是不得不以五音正人声，而谓之以诗从乐。以诗从乐非古也，后世之失，不得已而为之也。

《汉书》："武帝举司马相如等数十人，造为诗赋，略论律吕，以合八音之调，作十九章之歌。"夫曰"略论律吕，以合八音之调"，是以诗从乐也，后代乐章皆然。

《安世房中歌》十七章，《郊祀歌》十九章，皆郊庙之正乐，如《三百篇》之颂。其他诸诗，所谓赵、代、秦、楚之讴，如列国之风。

十九章司马相如等所作，略论律吕以合八音者也。赵、代、秦、楚之讴，则有协有否，以李延年为协律都尉，采其可协者以被之音也。

《乐府》中如清商、清角之类，以声名其诗也。如小垂手大垂手之类，以舞名其诗也。以声名者必合于声，以舞名者必合于舞。至唐而舞亡矣，至宋而声亡矣，于是乎文章之传盛，而声音之用微，然后徒诗兴而乐废矣。【赵氏曰】《汉书·礼乐志》："武帝定郊祀之礼，乃立乐府，采诗夜诵，有赵、代、秦、楚之讴，以李延年为协律都尉。多举司马相如等造诗赋，以合八音之调，作十九章之歌。"师古曰："乐府之名盖起于此。"又《乐志》云："汉郊庙诗歌，内有掖廷才人，外有上林乐府，皆以郑声施于朝廷，故哀帝罢之。然百姓渐渍日久，湛沔自若。"《文心雕龙》曰：乐府"总赵、代之音，撮齐、楚之气，延年以曼声协律，朱、马以骚体制歌。《桂华》杂曲，丽而不经。《赤雁》群篇，靡而非典。河间献雅而不御，故汲黯致讥于天马"。然则乐府本非雅乐也。

歌者为诗，击者拊者吹者为器，合而言之谓之乐。对诗而言，则所谓乐者。"八音兴于诗，立于礼，成于乐"是也，分诗与乐言之也。专举乐，则诗在其中。"吾自卫反鲁，然后乐正，雅、颂各得其所"是也，合诗与乐言之也。

《乡饮酒》："礼工四人，二瑟。"注："二瑟，二人鼓瑟，则二人歌也。"古人琴瑟之用，皆与歌并奏，故有一人歌一人鼓瑟者，汉文帝使慎夫人鼓瑟，上自倚瑟而歌是也。【原注】师古曰："倚瑟即今之以歌合曲也。"

亦有自鼓而自歌，孔子之取瑟而歌是也。若乃卫灵公听新声于濮水之上，而使师延写之，【阎氏曰】师延为纣作靡靡之乐，此以琴写之者师涓。"延"当作"涓"。则但有曲而无歌，此后世徒琴之所由兴也。

言诗者，大率以声音为末艺，不知古人入学自六艺始，孔子以游艺为学之成。后人之学好高，以此为瞽师、乐工之事，遂使三代之音不存于两京，两京之音不存于六代，而声音之学遂为当今之绝艺。

"七月流火"，天文也。"相其阴阳"，地理也。"四矢反兮"，射也。"两骖如舞"，御也。"止戈为武"、"皿虫为蛊"，书也。"千乘三去"、"亥有二首六身"，数也。古之时人人知之，而今日遂为绝学。且曰：艺而已矣，不知之无害也。此近代之儒所以自文其空疏也。

5.14 斗与辰合

《周礼·大司乐》注："此据十二辰之斗建与日辰相配合，皆以阳律为之主，阴吕来合之。"是以《大师》云："掌六律六同，以合阴阳之声。"

黄钟，子之气也，十一月建焉，而辰在星纪。大吕，丑之气也，十二月建焉，而辰在玄枵。故奏黄钟，歌大吕，以祀天神。【原注】今五行家言子与丑合。

大蔟，寅之气也，正月建焉，而辰在娵訾。应钟，亥之气也，十月建焉，而辰在析木。故奏大蔟，歌应钟，以祀地祇。【原注】寅与亥合。《南齐书·礼志》："太常丞何谭之议《礼》，孟春之月，择元辰，躬耕帝藉。"郑注云："元辰，盖郊后吉亥也。"五行说十二辰为六合，寅与亥合，建寅月东耕，取月建与日辰合也。

姑洗，辰之气也，三月建焉，而辰在大梁。南吕，酉之气也，八月建焉，而辰在寿星。故奏姑洗，歌南吕，以祀四望。【原注】辰与酉合。

蕤宾，午之气也，五月建焉，而辰在鹑首。林钟，未之气也，六月建焉，而辰在鹑火。故奏蕤宾，歌函钟，【原注】林钟也。以祭山川。【原注】午与朱合。

仲吕，巳之气也，四月建焉，而辰在实沈。夷则，申之气也，七月建焉，而辰在鹑尾。故奏夷则，歌小吕，【原注】仲吕也。以享先妣。【原注】巳与申合。

夹钟，卯之气也，二月建焉，而辰在降娄。无射，戌之气也，九月建焉，而辰在大火。故奏无射，歌夹钟，以享先祖。【原注】卯与戌合。

《太玄经》所谓："斗振天而进，日违天而退。"先王作乐，以象天地，其必有以合之矣。

5.15 凶声

"凡建国，禁其淫声，过声，凶声，慢声。"凶声，如殷纣好为北鄙之声，所谓亢厉而微末，以象杀伐之气者也。注谓："亡国之声，若桑间、濮上。"此则一淫声已该之矣。

5.16 八音

先王之制乐也，具五行之气。夫水火不可得而用也。故寓火于金，寓水于石。凫氏为钟，火之至也。泗滨浮磬，水之精也。【原注】石生于土而得夫水火之气。火石多，水石少，泗滨磬石，得水之精者也，故浮。用天地之精以制器。是以五行备而八音谐矣。

土鼓，乐之始也。陶匏，祭之大也。二者之音非以悦耳，存其质也。《国语》："伶州鸠曰：匏、竹利制。"又曰："匏以宣之，瓦以赞之。"今之大乐久无匏、土二音，【原注】《旧唐书·音乐志》："笙，女娲氏造，列管于匏上，内簧其中。今之笙竽，并以木代匏而漆之，无匏音矣。"宋叶少蕴《避暑录话》："大乐旧无匏、土二音，笙以木刻其本而不用匏，埙亦木为之。"《元史》："匏以斑竹为之。"而八音但有其六矣。熊氏谓："匏音亡，而清廉忠敬者之不多见。"吾有感于其言。【原注】元熊朋来《五经说》曰："八音之有笙，宜以竹称，而乃以匏称，是所重在匏也。古者造笙，必以曲沃之匏、汶阳之竹。汉太学、槐市各持方物，列磬悬匏。八音之匏，于卦为艮，于风为融，于气为立春。匏音啾以立清，阙之，则清廉者鲜矣。匏音正，则人思敬。不正，则忠敬者鲜矣。为礼乐之官者，尚申请而改正之。"

5.17 用火

有明火，有国火。明火以阳燧取之于日，【原注】《司烜氏》。近于天也，故卜与祭用之。【原注】《菙氏》、《大祝》、《大司寇》。国火取之五行之木，【原注】《司爟》。近于人也，故烹饪用之。

古人用火必取之于木，而复有四时五行之变。素问黄帝言壮火散气，少火生气。季春出火，贵其新者，少火之义也。今人一切取之于石，其性猛烈而不宜人，疾疢之多，年寿之减，有自来矣。【原注】详见第二十五卷《介子推》条。

邵氏《学史》曰："古有火正之官，《语》曰：'钻燧改火。'此政之大者也。所谓光融天下者于是乎在。【原注】《史记·楚世家》：重黎为帝喾火正，能光融天下，命曰祝融。"《周礼》司烜氏所掌，及《春秋》宋、卫、陈、郑所纪者，政皆在焉。今治水之官犹夫古也，而火独缺焉。饮知择水而亨，不择火以祭以养，谓之备物，可乎？或曰：庭燎则有司矣。虽然，此火之末也。"【杨氏曰】晋之东也，携中原之火，迄陈末，阅三百年，而色转青，此必有官主之也。【留氏曰】自水正失官，商多河患。《周礼》亡司空之籍，《小正》亡杼井之文，于是《左氏内外传》每以天象言火，而言水者恒略。周秦以后，不修水政。《吕览》十二纪删《周书》改火之文，故汉儒解《小正》、《左传》之出火、内火，不复陈述古义。《坎》、《离》之未济，此民生之所以多患也。

5.18　莅戮于社

《大司寇》："大军旅莅戮于社。"注："社谓社主在军者也。"《书·甘誓》："用命赏于祖，不用命戮于社。"孔安国云："天子亲征，必载迁庙之祖主及社主行，有功则赏祖主前，示不专也。不用命奔北者，则戮之于社主前。社主阴，阴主杀。亲祖严社之义也。"《记》曰："社所以神地之道。"意古人以社为阴主，若其司刑杀之柄者，故祭胜国之社，则士师为之尸。而王莽之将亡，赦城中囚徒，授兵杀豨，饮其血曰："有不为新室者，社鬼记之。"宋襄公、季平子皆用人于社，而亡曹之梦亦曰："立于社宫。"宰我战栗之对，有自来矣。【杨氏曰】社之义博，子我仅得其一端，故夫子责之。【惠侍读曰】太司徒设社稷之壝，而树之田主，各以其野之所宜木，遂以名其社与其野。按《墨子》云："圣王建国营都，必择国之正坛，置以为宗庙。必择木之修茂者，立以为菆位。"菆位者，社稷也。《战国策》："恒思有神丛。"盖木之茂者，神所凭，故古之社稷恒依树木，松柏栗各以其野之所宜，宜松者以松名，宜柏者以柏名，宜栗者以栗名。宰我对哀公本此。许叔重云："《周礼》：各树其土之所宜，古文栗作𣡕。"徐巡说木至西方战栗，盖古有是语，宰我所谓使民战栗者本此。今文《论语》："哀公问主于宰我。"而《公羊》有炼主用栗之文，故张禹及包周等皆以为庙主。何休用以解《公羊》云："松犹容，想其容貌，主人正。柏犹迫，亲而不远，主地正。栗犹战栗，谨敬貌，主天正。"杜预亦以注《左传》，刘炫规其过。古文《论语》及孔、郑皆谓用其木以为社主。然则所宜木为两说，如前说植木，如后说主木，两说相兼乃备。又《淮南·齐俗训》云："有虞氏社用土，夏后氏社用松，殷人社用石，周人社用栗。" 似石主始于殷，周改用栗欤？《韩非子》曰："夫社木而涂之，鼠因自托也，熏之则木焚，灌之则涂陁，故患社鼠。"是古树木为社主，而加涂焉。所谓社用土者，以此。《小宗伯》大师立军社；《肆师》师田祭社宗。社宗者，社主与迁主皆载于齐车者也。秦汉以后，载主未闻。《春秋》："郑入陈，陈侯拥社。"拥社者，抱主以示服。若后世五尺之石主，埋其半于地，既不便于载，亦不可抱而持。然则社主，春秋以前皆用木，秦汉以后或用石欤？《祭法》孔疏引许叔重《五经异议》，以为《论语》"夏后氏以松，殷人以石，周人以栗"，谓社主也。田主之木，各以其野之所宜，岂非宜松者为松主，宜柏者为柏主，宜栗者为栗主乎？【汝成案】绎惠氏所疏，则古社主多用木矣。孔传："天子亲征，又载社主，不用命奔北者，戮于社主前。"则宰我战栗之义，于师行合矣。然则，孔子何以责也？《甘誓》是夏伐同姓，夏后氏则以松也，惕以威严，亲所奉主不以木也。孔曰："凡建邦立社，各以其土所宜之木。"宰我不本其意而妄为之说，因周用栗，便曰使战栗，是又一说，故杨氏曰："在我但得其一。"

5.19 邦朋

《士师》掌士之八成，七曰为邦朋。太公对武王，民有十大，而曰民有百里之誉，千里之交，六大也。又曰："一家害一里，一里害诸侯，诸侯害天下。"嗟乎！此太公之所以诛华士也。世衰道微，王纲弛于上，而私党植于下，故箕子之陈《洪范》，必皇建其有极，而后庶民人无淫朋比德。【惠侍读曰】"邦倗"，倗一作"朋"。注云："故书'朋'作'倗'。郑司农读为'朋友'之朋。"案《汉书·王尊传》有南山盗倗宗，苏林曰："倗音朋。"盖本郑司农之读，而失焉者也。晋灼音倍，得之。《说文》生作"伽"，读若倍。晋音本此。颜师古亦以晋音为是。则"倗"非"朋"审矣。古有朋无党，同道为朋，阿党为倗。八成者，四方之乱狱，王命讶士成之。立气势，结私交，作威福，君子犯礼，小人犯法，无守职奉上之义，有背公死党之名，故曰邦倗，谓之乱状。《管子·幼官篇》所谓散群倗署也。强者为圈，弱者为属。圈属群徒，私相署置。故王命讶士以成之者，散之焉。鄘从邑，地名。《汉功臣表》鄘成侯，师古曰："鄘音陪，又善背反。"从邑为鄘，从人为倗。"倗"，古倍字，皆从人，以朋音得声。司农破为"朋"，或作"堋"。《说文》引《虞书》曰："堋淫于家。"堋与伽通。《广雅》否、弗、伽、粃，皆非佳语，亦犹奸尻窃盗云尔。

《易·泰》之九二曰："朋亡。"《涣》之六四曰："涣其群，元吉。"《庄子》："文王寓政于臧丈人，而列士坏植散群。"

荀悦论曰："言论者计薄厚而吐辞，选举者度亲疏而举笔，苞苴盈于门庭，聘问交于道路，书记繁于公文，私务众于官事。"世之弊也，古今同之。可为太息者，此也。

5.20 王公六职之一

"坐而论道，谓之王公。"王亦为六职之一也，未有无事而为人君者，故曰天子一位。

5.21 奠挚见于君

士冠。士之嫡子继父者也。故得奠挚见于君。【原注】主人庶子不得见君，《左传·昭公四年》："仲与公御莱书观于公，叔孙怒而逐之。"是也。【汝成案】《传》云："遂逐之。"注云："牛不食叔孙，叔孙怒。"此误合为一。

5.22 主人

"主人爵弁，纁裳，缁袘。"注："主人，婿也。婿为妇主。""主人筵于户西。"注："主人，女父也。"亲迎之礼，自夫家而行，故婿称主人。至于妇家，则女父又当为主人，故不嫌同辞也。女父为主人，则婿当为宾，故曰："宾东面答拜。"注："宾，婿也。对女父之辞也。"至于宾出而妇从，则变其文而直称曰"婿"。婿者，对妇之辞也。曰主人、曰宾、曰婿，一人而三异其称，可以见礼时为大，而义之由内矣。

5.23 辞无不腆无辱

"归妹，人之终始也。"先王于此有省文尚质之意焉，故辞无不腆无辱。【原注】宾不称币不善，主人不谢来辱。告之以直信，曰先人之礼而已。所以立生民之本，而为嗣续之基，故以内心为主，而不尚乎文辞也，非徒以教妇德而已。

5.24 某子受酬

《乡饮酒礼》："某子受酬。"注："某者，众宾姓也。"《乡射礼》："某酬某子。"注："某子者，氏也。"古人男子无称姓者，从《乡射礼》注为得。如《左传》叔孙穆子言叔仲子、子服子之类。【原注】《士昏礼》："皇舅某子。"此或谥，或字之称。与《聘礼》"皇考某子"同，疏以为若张子、李子。妇人内夫家，岂有称其舅为张子、李子者哉！【惠氏曰】张稷若《仪礼节解》云："疏之意或以妇新入门，称姓以告，故亦以姓称其舅。《春秋传》云：'男女辨姓'，其此之谓。"

5.25 辩

《乡饮酒礼》、《乡射礼》其于旅酬皆言"辩"，注云："辩众宾之在下者。"此辩非"辨察"之辨，古字辩与"遍"通。经文言辩者非一。《燕礼》注："今文'辩'皆作'遍'是也。"《曲礼》"主人延客食胾，然后辩殽。"《内则》："子师辩告诸妇诸母名。""宰辩告诸舅名。"《玉藻》："先饭，辩尝羞，饮而俟。"《乐记》："其治辩者其礼具。"【原注】注："辩，遍也。"《左传·定公八年》："子言辩舍爵于季氏之庙而出。"【原注】注："辩，犹周遍也。"《史记·礼书》："瑞应辩至。"【汝成案】《戴记》："士死辩。"郑氏云："宜读作变。"则"辩"又通于"变"矣。

5.26 须臾

"寡君有不腆之酒，请吾子之与寡君须臾焉，使某也以请。"古者乐不逾辰，燕不移漏，故称须臾，言不敢久也。《记》曰："饮酒之节，朝不废朝，莫不废夕。"而《书·酒诰》之篇曰："在昔，殷先哲王廸畏天显，小民经德秉哲。""越在外服，侯甸男卫邦伯。越在内服，百僚庶尹，惟亚惟服宗工。越百姓里居，罔敢湎于酒，不惟不敢，亦不暇。"是岂待初筵之规，三爵之制，而后不得醉哉。【朱氏曰】古人祭祀、燕宾、养老外，无饮酒者。《论语》记孔子惟酒无量，不及乱，集《乡饮酒礼》所谓"无算爵"也。饮无算爵而不及乱，惟圣人为然。《小宛》之次章曰："彼昏不知，壹醉日富。"此遭乱相戒免祸之诗也，未闻终日酩酊而能脱然于乱世者矣。自旷达之说起，一时轻薄之徒争相趋效，而学士大夫又美之以文章、风雅之目，而淑慎尔仪之君子反诋为鄙吝，盖至是而酒之中于人心风俗甚矣。狱讼繁兴，犹其后焉者。先王知斯人饮食之欲不可以尽蠲，而思所以遏其流，于是制为饮酒之礼。一献之礼，宾主百拜，终日饮酒而不得醉焉。

5.27 飧不致

《聘礼》："管人为客，三日具沐，五日具浴，飧不致，宾不拜，沐浴而食之。"即孟子所谓"廪人继粟，庖人继肉，不以君命将之"，恐劳宾也。

5.28 三年之丧

今人三年之丧，有过于古人者三事。《礼记·三年问》曰："三年之丧，二十五月而毕。"【原注】荀子同。《檀弓》曰："祥而缟，是月禫，徙月乐。"王肃云："是祥之月而禫，禫之明月可以乐矣。"又曰："鲁人有朝祥而莫歌者，子路笑之。夫子曰：'由尔责于人终无已夫，三年之丧亦已久矣夫。'子路出，夫子曰：'又多乎哉，逾月则其善也。'"《丧服小记》曰："再期之丧三年也。"《春秋·闵公二年·公羊传》曰："三年之丧，实以二十五月。"【原注】《白虎通》："三年之丧，再期二十五月。"《后汉书》陈忠疏言："先圣缘人情而著其节，制服二十五月。"《淮南子·饬丧纪》高诱注："纪，数也。二十五月之数也。"

孔安国《书传·太甲篇》云："汤以元年十一月崩，至此二十六月，三年服阕。"郑谓二十四月再期，其月余日不数，为二十五月。中月而禫，则空月为二十六月。出月禫祭，为二十七月。与王肃异。【原注】魏明帝以景初三年正月崩，至五年正月积二十五晦为大祥。太常孔美、博士赵怡等以为，禫在二十七月，其年四月祫祭。散骑常侍王肃、博士乐详等以为，禫在祥月，其年二月祫祭。晋武帝时，越骑校尉程猗赞成王肃，驳郑禫二十七月之失，为《六征三验》。博士许猛扶郑义，作《释六征解三验》，以二十七月为得。并见《魏书·礼志》。

按《三年问》曰："'至亲以期断，是何也？'曰：'天地则已易矣，四时则已变矣，其在天地之中者莫不更始焉，以是象之也。''然则何以三年也？'曰：'加隆焉尔也。焉使倍之，故再期也。'"今从郑氏之说，三年之丧必二十七月。【原注】宋武帝永初元年十月辛卯，改晋所用王肃祥禫二十六月仪，依郑二十七月而后除。

其过于古人，一也。

【阎氏曰】案从郑氏说者，正合于古人，王肃乃故与郑反，朱子所谓"王肃议礼必反郑玄"是也。王肃且以此获短丧之讥。

《仪礼·丧服篇》曰："疏衰裳，齐牡麻绖，冠布缨，削杖，布带，疏屦，期者，父在为母。"传曰："何以期也？屈也，至尊在，不敢伸其私尊也。"《礼记·杂记下篇》曰："期之丧十一月而练，十三月而祥，十五月而禫。"注云："此谓父在为母也。"《丧大记》曰："期，终丧，不食肉，不饮酒。父在，为母，为妻。"又曰："期，居庐，终丧不御于内者，父在，为母，为妻。"《丧服四制》曰："资于事父以事母，而爱同。天无二日，土无二王，国无二君，家无二尊，以一治之也，故父在为母齐衰期者，见无二尊也。"【原注】《服问》曰："三年之丧既练矣，有期之丧既葬矣，则带其故葛带，绖期之绖，服其功衰。"徐师曾《集注》曰："三年之丧，谓父丧也。期之丧，母丧也。贾公彦《丧服疏》所云：'父卒，三年之内而母卒，仍服期。必父服既除而遭母丧，乃得伸三年也。'"

《丧服传》曰："禽兽知母而不知父。"野人曰："父母何算焉？都邑之士则知尊祢矣。"今从武后之制，亦服三年之服。【原注】自唐以前礼制，父在，为母，一周除灵，三年心丧。高宗上元元年十二月，天后上表，请父在为母服齐衰三年，从之。玄宗开元五年，右补阙卢履冰上言："孝莫大于严父，故父在为母服齐衰周，心丧三年，情已申而礼杀也。则天皇后改服齐衰三年，请复其旧。"上下其议。左散骑常侍褚无量，以履冰议为是。诸人争论，连年不决。七年八月辛卯，敕自今五服并依丧服传文。然士大夫议论犹不息，行之各从其意。无量叹曰："圣人岂不知母恩之厚乎？厌降之礼所以明尊卑，异戎翟也。俗情肤浅，不知圣人之心。一紊其制，谁能正之？"二十年，中书令萧嵩，改修《五礼》，复请依上元敕，父在为母齐衰三年，从之。按，父在为母齐衰三年，起自《开元礼》，然其时卢怀慎以母忧起复为兵部侍郎，张九龄以母忧起复中书侍郎同平章事，邠王守礼以母忧起复左金吾卫将军，嗣鄂王邕以母忧起复卫尉卿。而得终礼制者惟张说、韩休二人。则明皇固已崇其文而废其实矣。今制，父在为母斩衰三年。按《太祖实录》："洪武七年九月庚寅，贵妃孙氏薨，命吴王橚服慈母服斩衰三年，以主丧事，敕皇太子诸王皆服期。乃命翰林学士宋濂等修《孝慈录》，立为定制。子为父母，庶子为其母，皆斩衰三年。嫡子、众子为其庶母，皆齐衰杖期。十一月壬戌朔，书成。"此则当时别有所为，而未可为万世常行之道也。

其过于古人，二也。

《丧服篇》又曰："不杖麻屦者，妇为舅姑。"传曰："何以期也？从服也。"《檀弓》上篇曰："南宫縚之妻之姑之丧，夫子诲之髽，曰：'尔毋从从尔，尔毋扈扈尔。'盖榛以为笄，长尺而总八寸。"正义谓：以其为期之丧，而杀于斩衰之服。《丧服小记》曰："妇人为夫与长子稽颡，其余则否。"今从后唐之制，妇为舅姑亦服三年。【原注】《宋史》乾德三年，判大理寺尹拙言："按律及《仪礼·丧服传》、《开元礼》、《五礼精义》、《三礼图》等书所载，妇为舅姑服期。近代时俗多为重服，望加裁定。"右仆射魏仁浦等奏曰："按礼内则云：妇事舅姑，如事父母。则舅姑与父母一也。而古礼有期年之说，至于后唐，始定三年之丧。窃以三年之内，几筵尚存，岂可夫居苫块之中，妇被绮纨之饰？夫妇齐礼，哀乐不同，求之人情，实伤理本，况妇为夫有三年之服，于舅姑止服朞年，是尊夫而卑舅姑也。孝明皇后为昭宪太后服丧三年，足以为万世法。望自今妇为舅姑服，并如后唐之制，三年齐斩，一从其夫。"诏从之。何孟春《余冬序录》引唐李涪论曰："《丧服传》：妇为舅姑，齐衰五升布。十一月而练，十三月而祥，十五月而禫。禫后门庭尚素，妇服青缣衣，以俟夫之终丧。习俗以妇之服青缣，谓其尚在丧制，故因循亦同夫之丧纪，再周而后吉。"贞元十一年，河中府仓曹参军萧据状称："堂兄之女适李氏婿，见居丧，今时俗妇为舅姑服三年，恐为非礼。请礼院详定，下详定判官。"前太常博士李岧议曰："《开元礼》五服制度，妇为舅姑，及女子适人，为其父母皆齐衰，不杖期。盖以为妇之道专一，不得自达，必系于人。故女子适人，服夫以斩而降其父母。《丧服篇》曰：'女子子适人者，为其父母。'传曰：'为父何以期也？妇人不贰斩也。妇人不贰斩者何也？妇人有三从之义，无专用之道，故未嫁从父，既嫁从夫，夫死从子。故父者，子之天也。夫者，妻之天也。妇人不贰斩者，犹曰不贰天也。'先圣格言，历代不敢易。以此论之，父母之丧尚止周岁，舅姑之服无容三年。今之学者不本其义，轻重紊乱，寖以成俗。《开元礼》，玄宗所修，布在有司，颁行天下，伏请正牒，以明典章。"李岧之论，可谓正矣。宋朝《诒谋录》，乾德三年诏："舅姑之丧，妇从其夫，齐斩三年。"遂为定制。宋人盖未讲服青缣之制故也。【汝成案】古人行礼以诚，丧期之内，无虚假。丧期之外，无曼延。所谓过者俯而就，不肖者企而及。子自有丧，妇自吉服，亦复何嫌？所谓十五月而禫，则夫已小祥久矣。青缣之说，后世之见也。

其过于古人，三也。

皆后儒所不敢议，非但因循国制，亦畏宰我短丧之讥。若乃日月虽多，而哀戚之情不至焉，则不如古人远矣。

古人以祥为丧之终，中月而禫则在除服之后。故《丧服四制》言祥之日，鼓素琴，示民有终也。《檀弓》言孔子既祥五日，弹琴而不成声，十日而成笙歌。有子盖既祥而丝屦组缨。又曰："祥而外无哭者，禫而内无哭者，乐作矣，故也。"自鲁人有朝祥而暮歌者，子路笑之，孔子言："逾月则其善。"而孟献子禫县而不乐，孔子曰："献子加于人一等矣。"于是自禫而后，乃谓之终丧。【汝成案】三年之丧，二十五月而毕，不必自孔子之言乃禫后为终也。祥之日示有终，非谓已终也。又《檀弓》文"逾月则其善也"，此脱"也"字。

王肃据《三年问》“二十五月而毕”，《檀弓》“祥而缟，是月禫，徙月乐”之文，谓为二十五月。郑玄据《服问》“中月而禫”之文，谓为二十七月。【原注】注云：“中月，间一月也。”正义引《丧服小记》云：“妾祔于妾祖姑，亡则中一以上而祔。”又《学记》云：“中年考校。”皆以“中”为“间”。二说各有所据。古人祭当卜日，小祥卜于十三月之日，大祥卜于二十五月之日，而禫则或于大祥之月，【原注】是月。或于大祥之后间一月，【原注】中月。自《礼记》之时而行之，已不同矣。【汝成案】祥禫之数，杜氏《通典》颇为持平，不审先生何以不引。杜氏曰：“尊郑乃过礼而重情，尊王则遵情而反制。今月经传，秋其适中，可二十五月终而大祥，受以祥服，素缟麻衣。二十六月而禫，受以禫服。二十七月终而吉，吉而除，无所不佩。”夫如此求其情，而合乎礼矣。

《孝经援神契》曰：“丧不过三年，以期增倍，五五二十五月，义断仁，示民有终。”故汉人丧服之制，谓之五五。《堂邑令费凤碑》曰：“菲五五，缞杖其未除。”【原注】洪氏曰：“菲五五者，居丧菲食二十五月也。”此取《论语》“菲饮食”字。《隋书·姚蔡传》所谓“蔬菲”。《巴郡太守樊敏碑》曰：“遭离母忧，五五断仁”是也。

为父斩衰三年，为母齐衰三年，此从子制之也。父在为母齐衰杖期，此从夫制之也。家无二尊，而子不得自专，所谓夫为妻纲，父为子纲。审此可以破学者之疑，而息纷纭之说矣。

父在为母，虽降为期，【杨氏曰】为母期者，尊厌一也，从父二也。而心丧之实，未尝不三年也。【原注】如后魏彭城王勰毁瘠三年，弗参吉庆，乃谓之心丧。传曰：“父必三年，然后娶，达子之志也。”【原注】正义曰：“《左氏·昭公十五年传》：‘王一岁而有三年之丧二焉。’据大子与穆后，天子为后亦期，而言三年丧者，据达子之志而言，故并谓之三年也。”唐太宗贞观元年，诏有云“妻丧达制之后”者，即用此传文。假令娶于三年之内，将使为之子者何服以见，何情以处乎？理有所不可也。抑其子之服于期，而申其父之不娶于三年。圣人所以损益百世而不可改者，精矣。

《檀弓》上篇：“伯鱼之母，死期而犹哭，夫子闻之，曰：‘谁与哭者？’门人曰：‘鲤也。’夫子曰：‘嘻，其甚也！’伯鱼闻之，遂除之。”此自父在为母之制当然，疏以为出母者非。【赵氏曰】《礼》：“出妻之子为母期。”若为父后者，则出于母无服，是并无期之丧矣。伯鱼固为父后者也，不服于期之内，而反哭于期之外乎？即此可见孔氏出妻之说之妄也。

《丧服小记》曰：“庶子在父之室，则为其母不禫。”山阴陆氏曰：“在父之室，为未娶者也。并禫祭不举，厌也。”

唐时武、韦二后皆以妇乘夫，欲除三纲，变五服，以申尊母之义。故高宗上元元年十二月壬寅，天后上表，请父在为母服齐衰三年。中宗神龙元年五月丙申，皇后表请天下士庶为出母三年服，其意一也。彼且欲匹二圣于天皇，陪南郊以亚献，而况区区之服制乎？【原注】卢履冰表言：“原夫上元肇年，则天已潜秉政，将僭篡，预自崇加。请升慈爱之丧，以抗尊严之礼。虽齐斩之仪不改，而几筵之制遂同。数年之间，尚未通用。天皇晏驾，中宗蒙尘。垂拱之末，果行圣母之伪符。载初之元，遂启易代之深衅。孝和虽仍反正，韦氏复效晨鸣。孝和非意暴崩，韦氏旋即称制。《易》曰：‘臣弑其君，子弑其父，非一朝一夕之故。’其斯之谓矣。臣谨寻《礼》意，防杜实深，若不早图刊正，何以垂戒于后。”

玄宗开元七年八月癸丑，敕："周公制礼，历代不刊。子夏为传，孔门所受。格条之内，有父在为母齐衰三年。【原注】指天后所定。此有为而为，非尊厌之义。与其改作，不如师古，诸服纪宜一依《丧服》旧文，可谓简而当矣。"奈何信道不笃，朝令夕更。至二十四年，又从韦绍之言，加舅母堂姨舅之服。天宝六载，又令出母终三年之服。【原注】详《旧书·仪礼志》。而太和、开成之世，遂使驸马为公主服斩衰三年。【原注】《文宗纪》《杜悰传》。礼教之沦有由来矣。【杨氏曰】宋制，尚主者，升其等与父行辈同。可谓无礼之尤矣。

自古以来，奸人欲蔑先王之礼法而自为者，必有其渐。天后父在为母齐衰三年之请，其意在乎临朝也。故中宗景龙二年二月庚寅，大赦天下，内外五品已上，母妻各加邑号一等，无妻者听授其女，而安乐公主求立为皇太女，遂进鸩于中宗矣。

金世宗大定八年二月甲午朔，制子为改嫁母服丧三年。

洪武七年，虽定为母斩衰三年之制，而孝慈皇后之丧，次年正旦，皇太子、亲王、驸马俱浅色常服，则尊厌之礼未尝不用也。夫惟二十七月之内，不听乐，不昏嫁，不赴举，不服官，此所谓心丧，固百世不可改矣。【汝成案】心丧之说，本之《檀弓》。六朝议礼，于所不安者辄以此通融之。儒者诚欲悉心复古，不可依违迁就，使后世每名参附其间。盖人心难知，责以礼之所当然则难辞，文以情之所或然则多饰。

《丧服小记》曰："祖父卒，而后为祖母后者，三年。"郑氏曰："祖父在没则其服如父在为母也。此祖母之丧，厌于祖父者也。"

妇事舅姑如事父母，而服止于期，不贰斩也，然而心丧则未尝不三年矣，故曰："与更三年丧不去。"

吴幼清《服制考详序》曰："凡丧礼，制为斩、衰、功、缌之服者，其文也。不饮酒、不食肉、不处内者，其实也。中有其实而外饰之以文，是为情文之称。徒服其服而无其实，则与不服等尔。虽不服其服而有其实者，谓之心丧。心丧之实有隆而无杀。服制之文有杀而有隆，古之道也。愚尝谓：服制当一以周公之礼为正。后世有所增改者。皆溺乎其文。昧乎其实。而不究古人制礼之意者也。为母齐衰三年，而父在为母杖期，岂薄于其母哉？盖以夫为妻之服既除，则子为母之服亦除，家无二尊也。子服虽除，而三者居丧之实如故，则所杀者三年之文而已，实固未尝杀也。女子子在室为父斩，既嫁则为夫斩，而为父母期。盖曰子之所天者父，妻之所天者夫，嫁而移所天于夫，则降其父。妇人不贰斩者，不贰天也。降己之父母而期，为夫之父母亦期，期之后夫未除服，妇已除服，而居丧之实如其夫，是舅姑之服期而实三年也，岂必从夫服斩而后为三年哉。丧服有以恩服者，有以义服者，有以名服者。恩者，子为父母之类是也。义者，妇为舅姑之类是也。名者，为从父从子之妻之类是也。从父之妻名以母之党而服，从子之妻名以妇之党而服，兄弟之妻不可名以妻之党，其无服者，推而远之也。然兄弟有妻之服，已之妻有娣姒妇之服，一家老幼俱有服，己虽无服，不必华靡于其躬，宴乐于其室，如无服之人也。同爨且服缌，【原注】同爨服缌，为从母之夫、舅之妻与已同爨者尔。此所引似泛言之矣。朋友尚加麻，邻丧里殡犹无相杵巷歌之声，奚独于兄嫂弟妇之丧，而恝然待之如行路之人乎？古人制礼之意必有在，而未易以浅识窥也。夫实之无所不隆者，仁之至。文之有所或杀者，义之精。古人制礼之意，盖如此。后世父在为母三年，妇为舅姑从夫斩齐并三年，为嫂有服，为弟妇亦有服，意欲加厚于古，而不知古者子之为母、妇之为舅姑、叔之于嫂未尝薄也。愚故曰：此皆溺乎其文，昧乎其实，而不究古人制礼之意者也。古人所勉者，丧之实也，自尽于己者也。后世所加者，丧之文也，表暴于人者也。诚伪之相去何如哉。”

5.29　继母如母

继母如母，以配父也。慈母如母，以贵父之命也。然于其党，则不同矣。《服问》曰：“母，则为继母之党服。母死，则为其母之党服。为其母之党服，则不为继母之党服。”郑氏注曰：“虽外亲，亦无二统。”夫礼者所以别嫌明微，非圣人莫能制之，此类是矣。【原注】《丧服小记》：“为慈母之父母无服。”

5.30　为所后者之祖父母妻，妻之父母昆弟，昆弟之子若子

此因为人后而推言之。所后者，有七等之亲，皆当如礼而为之服也。所后之祖，我之曾祖也。父母，我之祖父母也。妻，我之母也。妻之父母，我之外祖父母也。因妻而及，故连言之，取便文也。昆弟，我之世叔父也。昆弟之子，我之从父昆弟也。若，及也。若子，我之从父昆弟之子也。正义谓“妻之昆弟，妻之昆弟之子”者非。【原注】郑以若子为“如亲子”，但篇末又有兄弟之子，若子之文当同一解。

5.31　女子子在室为父

郑氏注：“言在室者，关已许嫁。关，该也。谓许嫁而未行，遭父之丧，亦当为之布总箭笄髽三年也。”《内则》曰：“有故二十三年而嫁。”《曾子问》：孔子曰“女在涂，而女之父母死，则女反”是也。

5.32　慈母如母

慈母者何也？子幼而母死，养于父妾，父卒，为之三年，所以报其鞠育之恩也。然而必待父命者，此又先王严父而不敢自专其报之义也。父命妾曰：“女以为子。”谓怜其无母，视之如子，长之育之，非立之以为妾后也。《丧服小记》以为为慈母后，则未可信也。【汝成案】“为慈母后”云者，主其祭而已，非立为后也。慈母既无子，而养育之恩隆，斩然无祀，非礼意矣。

《礼记·曾子问篇》：“子游问曰：丧慈母如母，礼与？孔子曰：非礼也。古者男子外有傅，内有慈母。君命所使教子也。【原注】此与《丧服》所言慈母不同。【汝成案】妾母，以妾为生母者。慈母，以妾为慈母者。而皆不世祭。有不同于母者安在耶？经文慈母如母，谓如妾母耳，非谓如嫡（适）母也。继母如母，则如嫡（适）母矣。如之云者，视子之素所为母者何如也。何服之有？昔者鲁昭公少丧其母，有慈母良。及其死也，公弗忍也，欲丧之。有司以闻，曰：古之礼，慈母无服。今也君为之服，是逆古之礼而乱国法也。若终行之，则有司将书之以遗后世，无乃不可乎！公曰：古者天子练冠以燕居，吾弗忍也。遂练冠以丧慈母。”丧慈母，自鲁昭公始也。然但练冠以居，则异于如母者矣，而孔子以为非礼。

《南史·司马筠传》：梁天监七年，安成国太妃陈氏薨，诏礼官议皇太子慈母之服。筠引郑说："服止卿大夫，不宜施之皇子。"武帝以为不然，曰："礼言慈母有三条。一则妾子无母，使妾之无子者养之，命为子母，服以三年，《丧服·齐衰章》所言'慈母如母'是也，二则嫡妻子无母，使妾养之，虽均乎慈爱，但嫡妻之子，妾无为母之义，而恩深事重，故服以小功，《丧服·小功章》所以不直言慈母，而云'庶母慈已'者，【原注】文曰："庶母则知其为嫡妻之子矣。"明异于三年之慈母也。其三则子非无母，择贱者视之，义同师保，而不无慈爱，故亦有慈母之名，师保无服，则此慈母亦无服矣。《内则》云：'择于诸母与可者，使为子师。其次为慈母。其次为保母。'此其明文言择诸母，是择人而为此三母，非谓择取兄弟之母也。子游所问，自是师、保之慈，非三年小功之慈也。故夫子得有此答，岂非师保之慈母无服之证乎？郑玄不辨三慈，混为训释，引彼无服以注慈已。后人致谬，实此之由。"于是筠等请依制改定嫡妻之子，母没为父妾所养，服之五月，贵贱并同，以为永制。

《丧服小记》曰："为慈母之父母无服。"注曰："恩所不及故也。"又曰："慈母与妾母，不世祭也。"然则虽云如母，有不得尽同于母者矣。

5.33 出妻之子为母

出妻之子为母，此经文也。传曰："出妻之子为母期，则为外祖父母无服。"此子夏传也。传曰："绝族无移服亲者属。"此传中引传，援古人之言以证其无服也。当自为一条。"出妻之子为父后者，则为出母无服。"此又经文也。传曰："与尊者为一体，不敢服其私亲也。"此子夏传也，当自为一条，今本乃误连之。【汝成案】连之不误，经文之例如此。

5.34 父卒继母嫁

"父卒，继母嫁，从。""从"字句，谓年幼不能自立，从母而嫁也。母之义已绝于父，【原注】下章云"妻不敢与焉"是也。故不得三年。而其恩犹在于子，不可以不为之服也。【原注】继母本非属毛离里之亲，以其配父而服之如母尔。故王肃曰："从乎继而寄育则为服，不从则不服。"报者，母报之也，两相为服也。

5.35 有适子者无适孙①

冢子，身之副也。家无二主，亦无二副。故有适子者，无适孙。唐高宗有太子，而

---

① 适，通"嫡"，正妻所生长子，正妻。《左传·文公十八年》："夫人姜氏归于齐，大归也。将行，哭而过市曰：'天乎，仲为不道，杀适立庶。'市人皆哭，鲁人谓之哀姜。"《史记》卷三三鲁周公世家》："四十六年，惠公卒，长庶子息摄当国，行君事，是为隐公。初，惠公適夫人无子，公贱妾声子生子息。息长，为娶于宋。宋女至而好，惠公夺而自妻之。生子允。登宋女为夫人，以允为太子。及惠公卒，为允少故，鲁人共令息摄政，不言即位。"适，引申为嫡传的。《史记》卷九《吕太后本纪》："或言：齐悼惠王高帝长子，今其適子为齐王，推本言之，高帝適长孙，可立也。"

复立太孙，非矣。

5.36 为人后者为其父母①

“为人后者为其父母。”此临文之不得不然。《隋书》刘子翊云“‘其’者，因彼之辞”是也。后儒谓以所后为父母，而所生为伯叔父母，于经未有所考，亦自“尊无二上”之义而推之也。宋欧阳氏据此文，以为圣人未尝没其父母之名，辨之至数千言，然不若赵瞻之言，辞穷直书，为简而当也。【原注】《宋史·赵瞻传》：“中书请濮安懿王称亲，瞻争曰：‘仁宗既下明诏子陛下，议者顾惑礼律所生所养之名，妄相訾难。彼明知礼无两父贰斩之义，敢裂一字之辞以乱厥真。且文有去妇、出母者，去已非妇，出不为母，辞穷直书，岂足援以断大义哉。臣请与之廷辨，以定邪正。’”《石林燕语》：“濮议廷臣既皆欲止称皇伯，欧阳文忠力诋以为不然。因引《仪礼》及《五服敕》云：‘为人后者为其父母，则是虽出继而于本生犹称父母也。’时未有能难之者。司马君实在谏院，独疏言：‘为人后而言父母，此因服立文，舍父母则无以为称，非谓其得称父母也。’”【杨氏曰】欧阳公既据此甚力，故《五代史》晋出帝谓敬儒为皇伯父，而公深辨之。【庄侍郎曰】生不夺其父母之名也，死则降其父母之服也。生则养之以己之养，死则己不得为丧主焉。

按经文言其父母、其昆弟者，大抵皆私亲之辞。【汝成案】曾子固《为人后议》曰：“或谓当易其父母之名，从所后者为属，是未之考于礼也。圣人制礼，为其父母期，是足以明所后者重而已，非遂以谓当变其亲也。亲非变，则名固不得而易也。”又崔凯《丧服驳》曰：“本亲有自然之恩，降一等则足以明所后者为重，无缘乃绝之矣。夫未尝以谓可以绝其亲，而辄谓可以绝其名，是亦惑矣。尊尊亲亲，其义一也，未有可以废其一者。故为人后者，为之降其父母之服，礼则有之矣。为之绝其父母之名，则礼未之有也。故《礼·丧服·齐衰不杖期章》曰：‘为人后，为其父母报。’此见于经为人后者于其本亲称父母之明文也。汉蔡义以谓宣亲亲谥宜曰‘悼’，魏相以谓宜称尊号曰‘皇考’，立庙。后世议者以其称皇、立庙为非，至于称亲称考则未尝有以为非者也。其后魏明帝尤娥为人后者厚其本亲，故非汉宣帝加悼考以皇称。又谓后嗣有由诸侯人继正统者，皆不得谓考为皇，称妣为后。盖亦但禁其猥加非正之号，而未尝非其考妣之称。”又晋王坦之《丧服议》曰：“罔极之重非制教之所裁，昔日之名非一朝之所去，此出后之身所以有服本亲也。”又曰：“情不可夺，名不可废，崇本叙恩，所以为降。则知为人后者未有去其所出父母之名。”此古今之常理，故坦之引以为制服之证。是则为人后者之亲见于经，见于前世议论，谓之父母，谓之考妣者，其大义如此，明文如此。至见于他书及史官之记，亦谓之父母，谓之考妣，谓之私考妣，谓之本亲，谓之亲者，则不可一二数。而以谓世父、叔父者，则不特礼未有，载籍以来固未之有也。或谓为人后者，于其本亲称父母，则为两统二父，其可乎？夫两统二父者，谓加考以皇号，立庙奉祀，是不一于正统，怀贰于所后，所以著其非，而非谓不变革其父母之名也。夫考者，父殁之称。然施于礼者，由朝廷典册之文，由宗庙祝祭之辞而已。若不加位号，则无典册之文。不立庙奉祀，则无祝祭之辞。则虽正其名，岂有施于事者？顾言之，不可不顺而已。【胡氏曰】濮议一案以“子无爵父”一语夺人主之天性，罔极之思，势不免

---

① 理解本则的关键是濮议。所谓濮议，乃是宋英宗时大臣们对英宗生父濮安懿王赵允让应奉典礼的争议。仁宗死，英宗即位。治平二年（1065）诏议崇奉濮王典礼，司马光、王珪等以为“为人后者为之子，不得顾私亲”，当成皇伯。参知政事欧阳修以为，自古无称生父为伯之理，中书奏应称皇考，被皇太后诘责。次年，太后手诏，尊濮王为皇、三夫人为后，英宗称之为亲。英宗下诏，接受称亲之礼，不受尊为皇、后之旨。仍称濮王，建园庙。御使吕晦、范纯仁、吕大防等，以称亲为非，争论不已，被黜。

龃龉无当耳。当时中书所据者《仪礼·丧服》之文，不思所云为其父母者乃词穷而无可易，古道其实以成文，不当举以为据也。又引宣帝、光武皆称父为皇考，其说近是。然宣帝、光武不及所继之嫌，故得遂其尊称。濮议之时，太后固在也。进濮王为皇考，置太后何地？惜此论未决而罢，使后生不见礼义之准则也。余谓人情隆于所生，未为大失，然不可谓非私也。为臣子者必欲求其据于典礼，以明其非私，故其说多穿凿附会。避私之名，而有失礼之实，非爱君也。若俟太后崩，然后以所生皇考为定名，明示天下已不容已之情，则于礼无憾也。若明之睿宗犹唐之让帝、元之裕宗，未尝一日为君，自不能乱正统，礼之秩序固在也。两统之说，毋乃太激。

《黄氏日钞》① 曰："欧公被阴私之谤，皆激于当日主濮议之力。公集《濮议》四卷，又设为或问以发明之，滔滔数万言，皆以礼经'为其父母'一语，谓未尝因降服而不称父母耳。然既明言所后者三年，而于所生者降服，则尊无二上明矣。谓所生父母者，盖本其初而名之，非有两父母也。未为人后之时，以生我者为父母。已为人后，则以命我者为父母。立言者于既命之后，而追本生之称，自宜因其旧以父母称，未必其人一时并称两父母也。公亦何苦力辨，而至于困辱危身哉。况帝王正统，相传有自，非可常人比邪。"

观先朝嘉靖之事，至于人庙称宗，而后知圣人制礼，别嫌明微之至也。永叔博闻之儒，而未见及此。学者所以贵乎格物。

"为人后者为其父母报"，谓所生之父母报之，亦为之服期也，重其继大宗也，故不以出降。

5.37 继父同居者

夫物之不齐，物之情也。虽三王之世，不能使天下无孤寡之人，亦不能使天下无再适人之妇。且有前后家东西家而为丧主者矣。假令妇年尚少，夫死，而有三五岁之子，则其本宗大功之亲，自当为之收恤。又无大功之亲，而不许之从其嫁母，则转于沟壑而已。于是其母所嫁之夫，视之如子而抚之，以至于成人。此子之于若人也名之为何，不得不称为继父矣。长而同居，则为之服齐衰期。先同居而后别居，则齐衰三月，以其抚育之恩次于生我也。为此制者，所以寓恤孤之仁，而劝天下之人不独子其子也。若曰以其货财为之筑宫庙，此后儒不得其说而为之辞。

5.38 宗子之母在则不为宗子之妻服也

正义谓"母年未七十尚与祭"，非也。祭统曰："夫祭也者，必夫妇亲之。"是以

---

① 《黄氏日钞》，书名，亦名《慈溪黄氏日钞分类》，南宋黄震（1213—?）撰。一共九十七卷。前六十八卷，系阅读经史、子、集札记；卷六九以下，收录奏札、申明、公移、讲义、策文、书、记、序、跋、祝文、祭文、行状与墓志铭。初刻本梓行之后，毁于兵燹。元顺帝至元六年（1340）补刻本，亡佚卷八一，卷八九至卷九七，实际上仅存八十七卷。清乾隆三十二年（1767）重刊本，亡佚卷八一、卷八九、卷九二，实为九十四卷。《黄氏日钞》对程朱理学进行了修正，但其思想体系依然未脱出其窠臼。就现存资料看，"理学"一语最先出现于《黄氏日钞》之中。该书为研究黄震思想的主要材料，同时对认识宋代理学有极大的参考价值。

"舅殁而姑老",【原注】《内则》。明其不与祭矣。【原注】夫人亚祼,母不可以亚子,故老而传事。虽老,固尝为主祭之人。而礼无二敬,故为宗子之母服则不为妻服。

杜氏《通典》有《夫为祖、曾祖、高祖父母持重,妻从服议》一条,云:"孔瑚问虞喜曰:'假使玄孙为后,玄孙之妇从服期,曾孙之妇尚存,缠缌麻,近轻远重,情实有疑。'喜答曰:'有嫡子者无嫡孙。又若为宗子母服,则不服宗子妇。以此推之,若玄孙为后,而其母尚存,玄孙之妇犹为庶,不得传重。传重之服,理当在姑矣。'"宋庾蔚之【原注】《唐志》"庾蔚之"注:"《丧服要记》五卷。"谓:"舅殁则姑老,是授祭事于子妇。至于祖服,自以姑为嫡。"与此条之意,互相发明。

5.39 君之母妻

与民同者,为其君齐衰三月也。不与民同者,君之母妻,民不服,而尝仕者独为之服也。古之卿大夫有见小君之礼,【原注】《成公九年》:"季文子如宋致女。复命,公享之。穆姜出于房,再拜"是也。而妻之爵服,则又君夫人命之,是以不容无服。

5.40 齐衰三月不言曾祖已上

宋沈括《梦溪笔谈》曰:"丧服但有曾祖、曾孙而无高祖、玄孙。或曰:经之所不言,则不服。是不然。曾,重也。自祖而上者皆曾祖也,自孙而下者皆曾孙也,虽百世可也。苟有相逮者,则必为服丧三月。故虽成王之于后稷亦称曾孙,而祭礼祝文无远近皆曰曾孙。"

《礼记·祭法》言:"适子、适孙、适曾孙、适玄孙、适来孙。"《左传》:王子虎盟诸侯,亦曰:"及而玄孙,无有老幼。"【原注】僖公二十八年。玄孙之文,见于记、传者如此。【原注】《史记·孟尝君传》:"孙之孙为何?曰为玄孙。"然宗庙之中并无此称。《诗·维天之命》:"骏惠我文王,曾孙笃之。"郑氏笺曰:"曾犹重也,自孙之子而下事先祖皆称曾孙。"《礼记·郊特牲》"称曾孙某"注:"谓诸侯事五庙也,于曾祖已上称曾孙而已。"【原注】《信南山》正义:"自曾祖以至无穷,皆得称曾孙。"《左传·哀公二年》卫太子祷文王,称"曾孙蒯聩。"《晋书·钟雅传》:元帝诏曰:"礼事宗庙,自曾孙已下。"皆称曾孙,义取于重孙,可历世共其名,无所改也。

曾祖父母齐衰三月,而不言曾祖父之父母,【原注】后人谓之高祖。非经文之脱漏也,盖以是而推之矣。凡人祖孙相见,其得至于五世者,鲜矣。寿至八九十而后可以见曾孙之子,百有余年而曾孙之子之子亦可见矣。人之寿以百年为限,故服至五世而穷。苟六世而相见焉,其服不异于曾祖也。经于曾祖已上不言者,以是而推之也。【原注】晋徐众人问殷仲堪,谓假如玄孙持高祖重,来孙都无服,及《贺循传》谓"高祖已上五世、六世无服之祖"者,并非。观于祭之称曾孙,不论世数,而知曾祖之名统上世而言之矣。【汝成案】诸侯祭四亲,曾、高二代可并称曾孙欤?有继高祖之宗,高祖之名,非起后代也。《丧服》本士礼。而间及于大夫,大夫祭三世,或就大夫言之欤?

5.41 兄弟之妻无服

“谓弟之妻妇者，其嫂亦可谓之母乎？”【原注】《记·大传》文同。盖言兄弟之妻不可以母子为比。以名言之，既有所阂而不通。以分言之，又有所嫌而不可以不远。《记》曰“嫂叔之无服也”，盖推而远之也。夫外亲之同爨犹缌，而独兄弟之妻不为制服者，以其分亲而年相亚，故圣人嫌之。嫌之故远之，而大为之坊。【原注】《曲礼》：“嫂叔不通问。”不独以其名也，此又传之所未及也。【汝成案】《传》曰：“其夫属于父道者，妻皆母道也。其夫属于子道者，妻皆妇道也。”言外见昆弟之妻，非母、非妇，其近于妻道矣。名不正则嫌生，举彼见此，从容不迫，此其所以为圣们之文耳，非未及也。存其恩于娣姒，而断其义于兄弟，夫圣人之所以处此者精矣。【原注】《大传》疏曰：“有从有服而无服，嫂叔是也。有从无服而有服，娣姒是也。”

叔嫂虽不制服，然而曰：“无服而为位者惟叔嫂。”【原注】《奔丧》。子思之哭嫂也为位，【原注】《檀弓》。何也？曰：是制之所抑，而情之所不可阙也。然而郑氏曰：“正言嫂叔，尊嫂也。若兄公与弟之妻，则不能也。”【原注】正义曰：“兄公与弟妻不为位者，卑远之。弟妻于兄公不为位者，尊绝之。”此又足以补《礼记》之不及。【原注】《檀弓》言嫂叔之无服，《杂记》言嫂不抚叔，叔不抚嫂，是兼兄公与弟妻。

5.42 先君余尊之所厌

尊尊亲亲，周道也。诸侯有一国之尊，为宗庙社稷之主，既没而余尊犹在，故公之庶子于所生之母，不得伸其私恩为之大功也。大夫之尊不及诸侯，既没则无余尊，故其庶子于父卒，为其私亲，并依本服如邦人也。亲不敌尊，故厌。尊不敌亲，故不厌。此诸侯、大夫之辨也。后魏广陵侯衍为徐州刺史，所生母雷氏卒，表请解州，诏曰：“先君余尊之所厌，礼之明文。季末陵迟，斯典或废。侯既亲王之子，宜从余尊之义，便可大功。”饶阳男遥官左卫将军，遭所生母忧，表请解任。诏以余尊所厌，不许。

晋哀帝欲为皇太妃服三年，仆射江虨启：“于礼应服缌麻。”又欲降服期，虨曰：“厌屈私情，所以上严祖考。”乃服缌麻。【原注】胡三省曰：“以帝人后大宗，则太妃乃琅邪国母，当以服诸侯者服之也。”

5.43 贵臣贵妾

此谓大夫之服。贵臣，室老士也。贵妾，侄娣也。皆有相助之义，故为之服缌。《穀梁传》曰：“侄娣者，不孤子之义也。”古者大夫亦有侄娣，《左传》：“臧宣叔娶于铸，生贾及为而死，继室以其侄，生纥。”是也。备六礼之制，合二姓之好，从其女君而归焉，故谓之贵妾。【原注】雷次宗曰：“侄娣贵，而大夫尊轻，故服。至于余妾，出自凡庶，故不服。”士无侄娣，故《丧服小记》曰：“士妾有子而为之缌。”然则大夫之妾虽有子，犹不得缌也。惟夫有死于宫中者，则为之三月，不举祭，近之矣。

唐李晟夫人王氏无子，妾杜氏生子愿，诏以为嫡子。及杜之卒也，赠郑国夫人，而晟为之服缌。议者以为，准《礼》“士妾有子而为之缌”，《开元新礼》无是服矣，而晟擅举复之，颇为当时所诮。【原注】《册府元龟》。今之士大夫缘饰礼文而行此服者，比比也。【汝成案】诏为嫡子，则杜氏乃无子之妾矣。李晟之服，朝廷之赠，皆非也。然朝廷既以杜生子而赠之夫人，则李亦宜服，何也？以士则有子者也，以大夫则贵妾也。

5.44　外亲之服皆缌

外亲之服皆缌。外祖父母以尊，加故小功。从母以名，加故小功。【原注】《大传》：服术有六，三曰名。此谓母之兄弟异德异名，母之姊妹同德同名。庾蔚之云："男女异长，母之在室，与其姊妹有同居共席之礼，故许其因母名以加服。"

唐玄宗开元二十三年，制："令礼官议加服制。"太常卿韦绦请加外祖父母服至大功九月，舅服至小功五月，堂姨、堂舅、舅母服至袒免。

太子宾客崔沔议曰："礼教之设，本于正家。家正而天下定矣。正家之道，不可以贰。总一定义，理归本宗。所以父以尊崇，母以厌降，内有齐斩，外服皆缌，尊名所加，不过一等，此先王不易之道，其来久矣。昔辛有适伊川①，见被发而祭于野者，曰：'不及百年，此其戎乎！其礼先亡矣。'贞观修礼，特改旧章，渐广渭阳之恩，不遵洙泗之典。及弘道之后，唐元之间，【原注】韦氏弑中宗，立温王重茂，改元唐隆。今避宗御名上字，故称唐元。国命再移于外族矣。礼亡征兆，傥见于斯。开元初，补阙卢履冰尝进状，论丧服轻重，敕令佥议。于时群议纷拏，各安积习。太常礼部奏依旧定，陛下运稽古之思，发独断之明，特降别敕，一依古礼。事符典故，人知向方，式固宗盟社稷之福。更图异议，窃所未详。愿守八年明旨，以为万代成法。"

职方郎中韦述议曰："天生万物，惟人最灵。所以尊尊亲亲，别生分类。存则尽其爱敬，殁则尽其哀戚。缘情而制服，考事而立言。往圣讨论，亦已勤矣。上自高祖，下至玄孙，以及其身，谓之九族。由近而及远，称情而立文，差其轻重，遂为五服。虽则或以义降，或以名加，数有所从，理不逾等，百王不易，三代可知。若以匹敌言之，外祖则祖也，舅则伯叔父之列也。父母之恩不殊，而独杀于外氏者，所以尊祖祢而异于禽兽也。且家无二尊，丧无二斩。持重于大宗者，降其小宗。为人后者，减其父母之服。女子出嫁，杀其本家之丧。盖所存者远，所抑者私也。今若外祖及舅更加服一等，堂舅及姨列于服纪之内，则中外之制相去几何？废礼徇情，所务者末。且五服有上杀之义，必循原本，方及条流。伯叔父母本服大功九月，【原注】今伯叔父母期是加服。【汝成案】《丧服篇》："世父母、叔父母皆服期。"韦述云："本服大功。"已误。先生释云："今服期是加服。"尤失经义。从父昆弟亦大功九月，并以上出于祖，其服不得过于祖也。从祖祖父母、从祖父母、从祖昆弟，皆小功五月，以出于曾祖，服不得过于曾祖也。【沈氏曰】曾祖旧服齐衰三月，今言小功五月者，唐太宗所增也。族祖祖父母、族祖父母、族祖昆弟，皆缌麻三

---

① 原作"伊州"，应为"伊川"。《左传·僖公二十二年》："初，平王之东迁也，辛有适伊川，见被发而祭于野者，曰：'不及百年，此其戎乎！其礼先亡矣。'秋，秦、晋迁陆浑之戎于伊川。"辛有，周大夫。其次子适晋为董史，《左传·昭公十五年》："及辛有之二子董之晋，于是乎有董史。"思齐按：后来，辛有的第二个儿子名字叫做辛董，他前往晋国，在那里督察晋国的典籍。

月，以出于高祖，服不得过于高祖也。堂舅姨既出于外曾祖，若为之制服，则外曾祖父母，及外伯叔祖父母，亦宜制服矣。外祖加至大功九，则外曾祖父母合至小功，外高祖合至缌麻。若举此而舍彼，事则不均。弃亲而录疏，理则不顺。推而广之，则与本族无异矣。且服皆有报，则堂外甥、外曾孙侄女之子，皆须制服矣。圣人岂薄其骨肉，背其恩爱？盖本于公者薄于私，存其大者略其细，义有所断，不得不然。苟可加也，亦可减也。往圣可得而非，则礼经可得而隳矣。先王之制，谓之彝伦，奉以周旋，犹恐失坠，一紊其叙，庸可止乎!"

礼部员外郎杨仲昌议曰："按《仪礼》为舅缌，郑文贞公、魏徵议同从母例，加至小功五月。【原注】详见下条。虽文贞贤也，而周、孔圣也。以贤改圣，后学何从？今之所请，正同征论。如以外祖父母加至大功，岂不加报于外孙乎？外孙为报服大功，则本宗庶孙又用何等服邪？窃恐内外乖序，亲疏夺伦，情之所沿，何所不至。昔子路有姊之丧而不除，孔子曰：'先王制礼，行道之人皆不忍也。'子路除之，此则圣人援事抑情之明例也。《记》不云乎：'毋轻议礼。'时玄宗手敕再三，竟加舅服为小功，舅母缌麻，堂姨、堂舅袒免。宣宗舅郑光卒，诏罢朝三日。御史大夫李景让上言：'人情于外族则深，于宗庙则薄。所以先王制礼，割爱厚亲。士庶犹然，况于万乘亲王公主宗属也。舅氏，外族也。今郑光辍朝日数与亲王公主同，非所以别亲疏，防僭越也。'优诏报之，乃罢两日。"

夫由韦述、杨仲昌之言，有以探本而尊经。由崔沔、李景让之言①，可以察微而防乱。岂非能言之士深识先王之礼，而亦目见武、韦之祸，思永监于将来者哉。

宗庙之制，始变于汉明帝。服纪之制，始变于唐太宗。皆率一时之情，而更三代之礼。后世不学之主，踵而行之。

5.45 唐人增改服制

唐人所议服制，似欲过于圣人。

嫂叔无服，太宗令服小功。曾祖父母旧服三月，增为五月。嫡子妇大功，增为期。众子妇小功，增为大功。舅服缌，增为小功。【原注】《新唐书》："初，太宗尝以同爨缌，而嫂叔乃无服。舅与从母亲等，而异服。诏侍中魏徵、礼部侍郎令狐德棻等议。舅为母族，姨乃外戚他姓。舅服一时，姨乃五月，古人未达者也。于是服曾祖父母齐衰三月者，增以齐衰五月。适子妇大功，增以期。众子妇小功，增以大功。嫂叔服以小功五月报。弟妻及夫兄同舅服缌，增以小功，然律疏舅报，甥服犹缌。显庆中，长孙无忌以为甥为舅服同从母，则舅宜进同从母报。又古庶母缌，今无服。且庶母之子，昆弟也，为之杖齐，是同气而吉凶异，自是亦改服缌。"父在为母服期，高宗增为三年。妇为夫之姨舅无服，玄宗令从夫服。又增舅母缌麻，堂姨舅袒免。而宏文馆直学士王元感，遂欲增三年之丧为三十六月。【原注】《旧唐书·张柬之传》。何休注《公羊

---

① 本节详录崔沔、韦述、杨仲昌、李景让的言论。按照思齐的分段，可将前三人的言论看得很明白。至于李景让的言论，则包含在杨仲昌的言论之中，以引文的方式出现。

传》言："鲁文公乱圣人制，欲服丧三十六月。"

皆务饰其文，欲厚于圣王之制，而人心弥浇，风化弥薄。不探其本而妄为之增益，亦未见其名之有过于三王也。是故知庙有二主之非，则叔孙通之以益广宗庙为大孝者，绌矣。知丧不过三年，示民有终之义，则王元感之服三十六月者，绌矣。知亲亲之杀，礼所由生，则太宗、魏徵所加嫂叔诸亲之服者，绌矣。《唐书·礼乐志》言：礼之失也，在于学者好为曲说，而人君一切临时申其私意，以增多为尽礼，而不知烦数之为黩也。子曰：道之不明也，贤者过之。夫贤者率情之偏犹为悖礼，而况欲以私意求过乎三王者哉。【原注】《记》曰："始死三日不怠，三月不解，期悲哀，三年忧，恩之杀也。"圣人因杀以制节，此丧之所以三年。贤者不得过，不肖者不得不及，此丧之中庸也。

宋熙宁五年，中书门下议不祧僖祖。秘阁校理王介上议曰："夫物有无穷，而礼有有限，以有限制无穷，此礼之所以起，而天子所以七庙也。今夫自考而上何也？必曰祖，自祖而上何也？必曰曾祖。自曾祖而上何也？必曰高祖。自高祖而上又何也？必曰不可及见，则闻而知之者矣。今欲祖其祖而追之不已，祖之上又有祖，则固有无穷之祖矣。圣人制为之限，此天子七庙，所以自考庙而上至显祖之外而必祧也。自显祖之外而祧，亦犹九族至高祖而止也。皆以礼为之界也，五世而斩故也。丧之三年也，报罔极之恩也。以罔极之恩为不足报，则固有无穷之报乎？何以异于是，故丧之罔极而三年也，族之久远而九也，庙之无穷而七也，皆先王之制，弗敢过焉者也。"《记》曰："品节斯，斯之谓礼。"《易》于《节》之象曰："君子以制度数，议德行。"唐宋之君，岂非昧于节文之意者哉。

贞观之丧服，开元之庙谥，与始皇之狭小先主之宫廷而作为阿房者，同一意也。

5.46 报于所为后之兄弟之子若子

【汝成案】"报"字属上读，先生属下句，非是。

所后者，谓所后之亲。所为后，谓出而为后之人。【原注】《上斩章》言"所后者"是也。郑注衍一"为"字。

为人后者，于兄弟降一等，自期降为大功也。兄弟之子报之亦降一等，亦自期降为大功也。若子者兄弟之孙报之亦降一等。自小功降而为缌也。【汝成案】昆弟，兄弟。经、《记》义别，经所云昆弟，期亲也。《记》所云兄弟，小功下也。是以康成注曰："族亲于兄弟，降一等，自小功降为缌。"非自期降为大功也。"若子"之义与《斩衰章》同，康成前注云"如亲子"是也。先生解"若"作"及"，因于此条遂增出兄弟之孙，益乖《记》义矣。

5.47 庶子为后者为其外祖父母从母舅无服

与尊者为一体，不敢以外亲之服而废祖考之祭，故绌其服也。言母党，则妻之父母可知。

5.48 考降

考，父也。既言父，又言考者，犹《易》言"干父之蛊，有子，考无咎"也。降者，骨肉归复于土也。《记》曰："体魄则降。"人死，则魂升于天，魄降于地。《书》曰："礼陟配天。"陟言升也。又曰："放勋乃徂落。"落言降也。然而曰"文王陟降"何也？神无方也，可以两在而兼言之。

5.49 噫歆

《士虞礼》"声三"注："声者，噫歆也，将启户警觉神也。"《曾子问》"祝声三"注："声，噫歆，警神也。"盖叹息而言"神其歆我乎？"犹《诗》"顾予烝尝"之意也。丧之皋某复，祭之噫歆，皆古人命鬼之辞。【原注】正义曰："直云祝声。不知作何声。"按《论语》云："颜渊死，子曰：'噫，天丧予！'"《檀弓》云："公肩假曰：'噫！'"是古人发声多云噫，故知此声亦谓噫也。凡祭祀，神之所享谓之歆，今作声欲令神歆享，故云歆警神也。

《既夕礼》"声三"注："旧说以为噫兴也。"噫兴者，叹息而欲神之兴也。噫歆者，叹息而欲神之歆也。

日知录卷五

日知录　卷六

昆山顾炎武撰

6.1 毋不敬

"毋不敬，俨若思，安定辞"，修己以敬也。"安民哉"，修己以安人也。俨若思，安定辞，何以安民？子曰："危以动，则民不与也。惧以语，则民不应也。"《诗》云："彼都人士，狐裘黄黄。其容不改，出言有章。行归于周，万民所望。"

6.2 女子子

"女子子"，谓己所生之子若兄弟之子。言女子者，别于男子也。【原注】犹左氏言"女公子"。

古人谓其女亦曰子，《诗》曰"齐侯之子，卫侯之妻"，论语曰"以其子妻之"是也。此章言男女之别，故加"女子"于"子"之上以明之。下乃专言兄弟者，兄弟至亲，兄弟之于姊妹犹弗与同席、同器，而况于姑乎？况于女子子乎？不言从子，不言父，据兄弟可知也。《丧服小记》言："女子子在室，为父母杖。"然则女子子为己所生之子明矣。【原注】胡氏谓重言"子"衍文，黄氏以为女子之子，皆非。【杨氏曰】对姑而言，不曰从子，当曰侄，左氏"侄其从姑"是也。古人不谓兄弟之子曰侄，侄者对姑之辞，男女同。

《内则》曰："七年男女不同席，不共食。"则不待已嫁而反矣。

6.3 取妻不取同姓

姓之为言生也。【原注】《左传·昭四年》："问其姓，对曰：'余子长矣。'"《诗》曰："振振公姓。"天地之化，专则不生，两则生，故叔詹言："男女同姓，其生不蕃。"【原注】

《晋语》曰："同姓不昏，惧不殖也。"而子产之告叔向云："内官不及同姓，美先尽矣，则相生疾。"晋司空季子之告公子曰："异德合姓。"郑史伯之对桓公曰："先王聘后于异姓，务和同也。声一无听，物一无文。"是知礼不娶同姓者，非但防嫌，亦以戒独也。故《曲礼》："纳女于天子，曰备百姓。"【原注】《吴语》："勾践请一介嫡女执箕帚，以晐姓于王宫。"而《郊特牲》注云："百官，公卿以下也。百姓，王之亲也。"【原注】《吕刑》："官（百）［伯］族姓。"传："族，同族。姓，异姓。"《易》曰："男女睽而其志通也。"是以王御不参一族，其所以合阴阳之化，而助嗣续之功者，微矣。

古人以异姓为昏姻之称。《大戴礼》："南宫绦，夫子信其仁，以为异姓。"谓以兄之子妻之也。《周礼·仪》："时揖异姓。"郑氏注引此。

姓之所从来本于五帝，五帝之得姓本于五行，则有相配相生之理。故《传》言："有妫之后，将育于姜。"又曰："姬、姞耦，其生必蕃。"而后世五音族姓之说自此始矣。晋嵇康论曰："五行有相生，故同姓不昏。"【原注】《旧唐书》吕才序《宅经》谓："五姓之说，本无所出。惟《堪舆经》，黄帝对于天老，乃有五姓之言。"今考《汉书·王莽传》："卜者王况谓李焉：'君姓李，李者征。征，火也。'后汉苏竟《与刘龚书》：'五七之家，三十五姓，彭、秦、延氏不得与焉。'李云上书：'高祖受命，至今三百六十四岁，君期一周，当有黄精代见，姓陈、项、虞、田、许氏，不可令此人居太尉、太傅典兵之官。'五姓之说始见于此，盖与谶记之文同起于哀、平之际。而《京房传》：'房本姓李，推律自定为京氏。'《白虎通》曰：'古者圣人吹律定姓，以记其族。'《尔雅翼》曰：'古者司商协名姓，人始生，吹律合之，定其姓名。'《易是（谋类）［类谋］》曰：'黄帝吹律定姓。'《论衡》言孔子吹律，自知殷、宋大夫子氏之世。则古人以律推姓，亦必有法。《潜夫论》言：'凡姓之有音也，必随其本生祖所出也。大皞木精，承岁星而王，夫其子孙咸当为角。神农火精，承荧惑而王，夫其子孙咸当为征。黄帝土精，承填而王，夫其子孙咸当为宫。少昊金精，承太白而王，夫其子孙咸当为商。颛顼水精，承辰而王，夫其子孙咸当为羽。虽号百变，音形不易。'此则五姓所以分属五音之说，与《春秋》裨灶、史赵、史伯诸人之论大抵相同，不可谓其无本。"宋时犹尚五音之说，《云麓漫钞》言："永安诸陵皆东南地穹，西北地垂，东南有山，西北无山，角音所利如此。"【杨氏曰】人必出于五帝，则武帝时，其民人都无后乎？五姓之说良不可信。【汝成案】《易纬》名"是类谋"，注误。

春秋时最重族姓，至七国时则绝无一语及之者。正犹唐人最重谱谍，而五代以后则荡然无存，人亦不复问此。百余年间，世变风移，可为长叹也已。

6.4 父不祭子，夫不祭妻

"父不祭子，夫不祭妻。"不但名分有所不当，而以尊临卑，则死者之神亦必不安，故其当祭则有代之者矣。此别是一条，说者乃蒙上"馂余不祭"之文而为之解，殆似山东人作"不彻姜食，不多食"义，即谓"不多食姜"同一谬也。【原注】此谓平日四时之祭，若在丧，则祥、禫之祭未尝不行。【汝成案】特牲、少牢之礼，主祭者一人，无代之者。孙祔食于姑，妇祔食于姑，不容别有人执事。似以郑说为安。

6.5 檀弓

读《檀弓》二篇及《曾子问》，乃知古人于礼服讲之悉而辨之明如此。《汉书》言夏侯胜善说礼服，萧望之从夏侯胜问《论语》礼服。唐开元《四部书目》、《丧服传义疏》有二十三部。昔之大儒有专以丧服名家者，其去邹鲁之风未远也。故萧望之为太傅，以《论语》礼服授皇太子。宋元嘉①末，征隐士雷次宗诣京邑②，筑室于钟山西岩下，为皇太子诸王讲丧服经。齐初，何佟之为国子助教，为诸王讲丧服。陈后主在东宫，引王元规为学士，亲授《礼记》、《左传》丧服等义。魏孝文帝亲为群臣讲丧服于清徽堂。而《梁书》言始兴王憺薨，昭明太子命诸臣共议，从明山宾、朱异之言，以慕悼之辞宜终服月。【原注】梁、陈、北齐各有皇帝、皇后、太子、王侯以下丧礼之书，谓之《凶仪》。夫以至尊在御，不废讲求丧礼，异于李义府之言不豫凶事而去《国恤》一篇者矣。【原注】《旧唐书·李义府传》："初《五礼仪注》自前代相沿，吉凶毕举。太常博士萧楚材、孔志约，以皇室凶礼为豫备凶事，非臣子所宜言。义府深然之，于是悉删而焚之。"《裴守真传》："为太常博士。高宗崩，时无大行凶仪，守真与同时博士韦叔夏、辅抱素等讨论旧事，创为之。"《宋史·章衡传》："熙宁初，判太常寺。建言：'自唐开元纂修礼书，以《国恤》一篇为豫凶事，删而去之。故不幸遇事，则掇摭坠残，茫无所据。今宜为厚陵集礼，以贻万世。'从之。"

宋孝宗崩，光宗不能执丧，宁宗嗣服，已服期年丧，欲大祥毕更服两月。监察御史胡纮言："孙为祖服已过期矣，议者欲更持禫两月，不知用何典礼？若曰嫡孙承重，则太上圣躬亦已康复，于宫中自行二十七月之重服，而陛下又行之，是丧有二孤也。"诏侍从、台谏、给舍集议。时朱熹【原注】君前臣名。上议，以纮言为非，而未有以折之。后读《礼记正义·丧服小记》"为祖后者"条，因自识于本义之末。其略云：准五服年月格斩衰三年，嫡孙为祖，【原注】谓承重者。法意甚明。而《礼经》无文，传云："父殁而为祖后者服斩。"然而不见本经，未详何据。但《小记》云："祖父卒，而后为祖母后者三年"，可以傍照。至为"祖后者"条下，疏中所引郑志，乃有"诸侯父有废疾，不任国政，不任丧事"之问，而郑答以"天子诸侯之服皆斩"之文，【原注】《仪礼·丧服篇·不杖章》"为君之祖父母"下疏，亦引此赵商问答。方见父在而承国于祖之服。向日上此奏时，无文字可检，又无朋友可问，故大约且以礼律言之。亦有疑父在不当承重者，时无明白证验，但以礼律人情大意答之。心常不安，归来稽考，始见此说，方得无疑。乃知学之不讲，其害如此，而《礼经》之文诚有阙略，不无待于后人。向使无郑康成，则此事终未有所断决。不可直谓古经定制，一字不可增损也。【原注】昔人谓："读书未到康成，不敢轻议汉儒。"以此。呜呼！若曾子、子游之伦，亲受学于圣人，其于节文之变，辨之如此其详也。今之学者生于草野之中，当礼坏乐崩之后，于古人之遗文一切不为之讨究，而曰："礼吾知其敬而已，丧吾知

---

① 元嘉，此指南朝宋文帝的年号（424—453），凡三十年。

② 雷次宗（386—448），南朝宋豫章南昌（今属江西）人，字仲伦。少入庐山侍慧远，好学，名《三礼》、《毛诗》。著有《豫章记》、《毛诗序义》等，有文集，皆佚。《宋书》卷九三和《南史》卷七五均有传。

其哀而已。”以空学而议朝章，以清谈而干王政，是尚不足以窥汉儒之里，而何以升孔子之堂哉！

《论语》之言“斯”者七十，而不言“此”。《檀弓》之言“斯”者五十有三，而言“此”者一而已。《大学》成于曾氏之门人，而一卷之中言“此”者十有九。语音轻重之间，而世代之别从可知已。【原注】《尔雅》曰：兹、斯，此也。今考《尚书》多言“兹”，《论语》多言“斯”，《大学》以后之书多言“此”。

6.6 太公五世反葬于周

太公，汲人也。闻文王作，然后归周。史之所言已就封于齐矣，其复入为太师，薨而葬于周，事未可知。使其有之，亦古人因薨而葬不择地之常尔。记以首丘喻之，亦已谬矣。乃云“比及五世，皆反葬于周”。夫齐之去周二千余里，而使其已化之骨，跋履山川，触冒寒暑，自东徂西，以葬于封守之外，于死者为不仁。古之葬者祖于庭，塴于墓，反哭于其寝，故曰：“葬日虞，弗忍一日离也。”使齐之孤重趼送葬，旷月淹时，不获遵五月之制，速反而虞，于生者为不孝。且也入周之境，而不见天子则不度。离其丧次，而以衰绖见则不祥。若其孤不行，而使卿摄之，则不恭。劳民伤财，则不惠。此数者，无一而可。禹葬会稽，其后王不从，而殽之南陵有夏后皋之墓，岂古人不达礼乐之义哉。体魄则降，知气在上，故古之事其先人于庙，而不于墓。圣人所以知幽明之故也。然则，太公无五世反塟之事，明矣。【原注】《水经注·淄水》下：“有胡公陵，青州刺史傅仁言：‘得铜棺书处。’胡公，太公之玄孙，未尝反葬于周。”

6.7 扶君

“扶君，卜人师扶右，【原注】注：“卜”当为“仆”。射人师扶左，君薨以是举。”此所谓男子不死于妇人之手也。三代之世，侍御、仆从罔非正人，缀衣、虎贲皆惟吉士，与汉高之独枕一宦者卧异矣。《春秋传》曰：“公薨于小寝，即安也。”魏中山王衮疾病，令官属以时营东堂，堂成，舆疾往居之。其得礼之意者与？

6.8 二夫人相为服

“从母之夫，舅之妻，二夫人相为服。”从母之夫，与谓吾从母之夫者，相为服也。舅之妻，与谓吾舅之妻者，相为服也。上不言妻之姊妹之子，下不言夫之甥，语繁而冗，不可以成文也。闻一知二，吾于《孟子》以纣为兄之子言之。

6.9 同母异父之昆弟

同母异父之见弟不当有服，子夏曰：“我未之前闻也。”此是正说。而又曰：“鲁人则为之齐衰。”则多此一言矣。狄仪从而行之，后人踵而效之。今之齐衰，狄仪之问也，以其为大贤之所许也，然则鲁人之前固未有行之者矣。是以君子无轻议礼。【汝成案】子夏谓未之前闻，是未闻其服之轻重，非谓竟无服也。为父三年，则为昆弟期。为继父期，则为继父之子大功。似合经例。魏王肃曰："继父同居服期，则子宜大功也。"晋淳于睿曰："游、夏文学之后，曰大功，曰齐衰，二者推之，明非无服与思可知。继父非亲，立庙祭祀尚为之期，以比同胞，岂有绝道?"

广安游氏曰："后世所承传之礼，有出二代之末，沿礼之失而为之者。不丧出母，古礼之正也。孔氏丧出母，惟孔子行之，而非以为法。今礼家为出母服齐衰杖期，此后世之为，非礼之正也。【汝成案】《丧服经》："出妻之子为母期。"此周公所为，非末失也。游氏殊失考。同母异父之昆弟，子游曰：'为之大功。'鲁人为之齐衰，亦非礼之正也。昔圣人制礼，教以人伦，使之父子有亲，男女有别，然后一家之尊知统乎父，而厌降其母，同姓之亲厚于异姓，父在则为母服齐衰期，出母则不为服。后世既为出母制服，则虽异父之子，以母之故，亦为之服矣。此其失在乎不明父母之辨、一统之尊，不别同姓、异姓之亲而致然也。及后世，父在而升其母三年之服。至异姓之服，若堂舅、堂姨之类，亦相缘而升。夫礼者，以情义言也。情义者有所限止，不可遍给也。母统于父，严于父则不得不厌降于其母，厚于同姓则不得不降杀于异姓。夫是以父尊而母卑，夫尊而妇卑，君尊而臣卑，皆顺是而为之也。今子游欲以意为之大功，此皆承世俗之失。失之之原，其来寖远，后世不考其原，而不能正其失也。"

6.10 子卯不乐

古先王之为后世戒也至矣。欲其出而见之也，故亡国之社以为庙屏。【原注】《穀梁传》。欲其居而思之也，故子卯不乐。【原注】《檀弓》下。稷食菜羹，【原注】《玉藻》。而太史奉之，以为讳恶。【原注】《王制》。郑氏注："讳先王名，恶子卯日。"此君子安而不忘危，存而不忘亡之义也。汉以下人主莫有行之者。后周武帝天和元年五月甲午，诏曰："道德交丧，礼义嗣兴，褒四始于一言，美三千于为敬。是以在上不骄，处满不溢，富贵所以长守，邦国于焉义安。故能承天静地，和民敬鬼，明并日月，道错四时。朕虽庸昧，有志前古。甲子、乙卯，礼云不乐。苌表昆吾之稔，杜蒉有觯之文。自世道丧乱，礼仪紊毁，此典茫然，已坠于地。昔周王受命，请闻颛顼庙有戒盈之器，室为复礼之铭。矧伊末学，而能忘此。宜依是日省事停乐。庶知为君之难为臣不易，贻之后昆，殷鉴斯在。"【原注】惟崔琰谏魏世子田猎，曾引此义。【原注】《春秋·庄公二十一年》："春王正月，肆大眚。"（思齐按：应为庄公二十二年。）《公羊传》作"大省"。何休注："谓子卯日也。先王常以此日省吉事，不忍举，又大自省敕，得无有此行乎。"

子，甲子也。卯，乙卯也。古人省文，但言"子卯"。翼奉乃谓："子为贪狼，卯为阴贼，是以王者忌子卯，《礼经》避之，《春秋》讳焉。"此术家之说，非经义也。

6.11 君有馈焉曰献

"仕而未有禄者，君有馈焉曰献，使焉曰寡君。"示不纯臣之道也。【原注】长乐陈氏曰："宾之而弗臣，故有馈焉。不曰'赐'，而曰'献'。其将命之使，不但曰'君'，而曰'寡君’，若子思之仕卫、孟子之仕齐是也。注以‘君有馈’为‘馈于君’者，非。”故哀公执挚以见周丰，而老莱子之于楚，王自称曰“仆”，【原注】《荀子》：“周公自言所执贽而见者十人。”盖古之人君有所不臣，故九经之序，先尊贤而后敬大臣。尊贤，其所不臣者也。至若武王之访于箕子，变年称祀，不敢以维新之号临之，恪旧之心，师臣之礼，又不可以寻常论矣。

6.12 郲娄考公

“郲娄考公之丧，徐君使容居来吊含。”注：“考公，隐公益之曾孙。‘考’或为‘定’。”按隐公当鲁哀公之时，传至曾孙考公，其去春秋已远。而鲁昭公三十年，吴灭徐，徐子章羽奔楚，楚沈尹戌帅师救徐弗及，遂城夷，使徐子处之。是已失国而为寓公，其尚能行王礼于邻国乎？定公在鲁文、宣之时，作“定”为是。

6.13 因国

有胜国，有因国。《周礼·媒氏》：“凡男女之阴讼，听之于胜国之社。”《丧祝》：“掌胜国邑之社稷之祝号。士师若祭胜国之社稷，则为之尸。”《书序》言：汤既胜夏，欲迁其社。又言：武王胜殷。《左传》凡胜国曰“灭之”，【原注】《文公十五年》。是也。【原注】《左传·哀公十三年》：“今吴王有墨，国胜乎？”注：“国为敌所胜。”《王制》：“天子诸侯，祭因国之在其地，而无主后者。”《左传》：“子产对叔向曰：‘迁阏伯于商丘，主辰，商人是因。迁实沈于大夏，主参，唐人是因。’”【原注】《昭公元年》。齐晏子对景公曰：“昔爽鸠氏始居此地，季萴因之，有逢伯陵因之，蒲姑氏因之，而后太公因之。”【原注】《昭公二十年》。是也。【原注】《都宗人》注：“都或有山川及因国无主，九皇六十四民之祀。”

6.14 文王世子

“文王之为世子，朝于王季，日三，鸡初鸣而衣服，至于寝门外。”不独文王之孝，亦可以见王季之其勤也。为父者未明而衣，则为子者鸡鸣而起矣。苟宴安自逸，又何怪乎其子之惰四支而不养也。是以《小宛》之诗必曰：“夙兴夜寐。”而管宁三日晏起，自讼其愆，古人之以身行道者如此。【杨氏曰】礼家都云：“鸡初鸣，咸盥漱。早起，是古人一件事。”

6.15 武王帅而行之

文王之孝可谓至矣。“武王帅而行之，不敢有加焉。”如三朝食上，色忧，复膳之节，皆不敢有过于文王。此中庸之行，而凡后人之立意欲以过于前人者，皆有所为而为之也。故乐正子春之母死，五日而不食，曰：“吾悔之，自吾母而不得吾情，吾恶乎用吾情！”

6.16 用日干支

三代以前，择日皆用干。《郊特牲》："郊日用辛，社日用甲。"【原注】《书·召诰》："丁巳，用牲于郊。戊午，乃社于新邑。"而《月令》："择元日，命民社。"郑注："谓春分前后戊日。"则郊不必用辛，社不必用甲矣。《诗》："吉日惟戊，既伯既祷。"《穀梁传》："六月上甲，始庀牲。十月上甲，始系牲。"《月令》："仲春上丁，命乐正习舞释菜。仲丁，命乐正入学习乐。季秋上丁，命乐正入学习吹。"《春秋》："秋七月上辛，大雩。季辛，又雩。"《易·蛊卦》："先甲三日，后甲三日。"《巽》："九五，先庚三日，后庚三日"之类是也。

秦汉以下，始多用支。如午祖、戌腊、三月上巳祓除，【原注】张衡《南都赋》："于是暮春之禊，元巳之辰。"及正月刚卯之类是也。《月令》："择元辰，躬耕帝藉。"卢植说曰："日，甲至癸也。辰，子至亥也。郊天，阳也，故以日。藉田，阴也，故以辰。"蔡邕《月令章句》云："日，干也。辰，支也。有事于天用日，有事于地用辰。此汉儒之说。考之经文，无用支之证。【原注】《夏小正》："二月丁亥，万用入学。"二月不必皆有丁亥，盖夏后氏始行此礼之日值丁亥而用之也。犹《郊特牲》言郊之用辛也，周之始郊日以至，言周人以日至郊适值辛日，谓以支取亥者非。

6.17 社日用甲

《月令》："择元日，命民社。"注："祀社日用甲。"据《郊特牲》文，日用甲，用日之始也。正义曰："《召诰》：'戊午乃社于新邑。'用戊者，周公告营洛邑位成，非常祭也。"《墨子》云："吉日丁卯，周代祝社。"疑不可信。【原注】礼外事用刚日，丁卯非也。汉用午，魏用未，晋用酉，各因其行运。潘尼《皇太子社》诗："孟月涉初旬，吉日惟上酉。"则不但用酉，又用孟月。唐武后长寿元年制，更以九月为社。玄宗开元十八年诏，移社日就千秋节①，皆失古人用甲之义矣。

6.18 不齿之服

道二，仁与不仁而已矣。出乎吉，则入乎凶。惰游之士缟冠垂緌，不齿之人冠缟

---

① 千秋节，初指皇帝的诞辰，始自唐玄宗。唐玄宗八月十五日生。丞相源乾曜、张说奏请每岁是日为千秋节。天宝七载（748），改称天长节。五代以后，称皇帝诞辰为万寿节，而以千秋节指皇后、皇贵妃及太子的生日。又作"千秋令节"。此节日一直延续到清朝。宋·赵彦卫撰《云麓漫钞》卷二："魏晋以前，不为生日。南北朝，江南风俗，儿生一朞，随男女以纸笔针缕置前，观其所取，号为试儿。每至此日，饮酒宴乐。后人因为生日。梁孝元帝于其诞辰，常设斋讲。唐太宗曰：'今日吾生日，世俗皆为乐，在朕翻成伤感。奈何以劬劳之日，更为宴乐乎?'明皇始置千秋节，自是列帝，或置或不置。自五季，始立为定制。臣下化之，多为歌词以颂赞之。厥后，又有献遗，故不得不置酒以复之。宣政间蔡太师，绍兴间秦太师，盛矣。自秦薨，因人有言，遂降旨，以禁之，著为令。以梁、唐二帝，犹如此。今人宁不思念，我生之初，父则忧愁，母则痛楚，具庆偏侍，犹曰娱亲，永感之时，焉得不动心乎？颜鲁子侍郎，尝以此镂板，劝人于是日斋讲。或习俗之久，亲戚馈惠，有不得辞。会于它日可也。"

武。以其为自吉而之凶之人，故被之以不纯吉，而杂乎凶之服。

6.19　为父母妻长子禫

禫者，终丧之祭。父母之丧，中月而禫固已，妻与长子何居？夫不有祖父母、伯叔父母及昆弟乎？曰：夫为妻，父为长子，丧之主也。服除而禫，非夫、非父，其谁主之？若祖父母、伯叔父母及兄弟，则各有主之者矣，故不禫。父在为母，则从乎父而禫。

6.20　为殇后者以其服服之

“为殇后者，以其服服之。”殇无为人父之道，而有为殇后者，此礼之变也。谓大宗之子未及成人而殇，取殇者之兄弟若兄之子以为后，则以为人后之服而服之如父，不以其殇而杀，重大宗也。若鲁之闵公，八岁而薨，僖为之后是已。夫礼之制殇，所以示长幼之节而杀其恩也。大宗重则长幼之节轻，故殇之服而有时不异乎成人，不以宜杀之恩而亏尊祖之义，此所谓权也。若曰服其本服云尔，《记》何必言之，而亦乌有为殇后者哉。【王处士曰】《曾子问》：“宗子为觞而死，庶子弗为后也。”《丧服小记》：“丈夫冠而不为觞，妇人笄而不为觞。为殇后者，以其服服之。”陈氏《集说》曰：“男子死在觞年，则无为人父之道，然亦有不俟二十而冠者，冠则成人也。此章举不为觞者言之，则此当立后者，乃是已冠之子也，不可以觞礼处之。”徐氏《集注》据郑氏驳之曰：“后谓丧主，非后嗣也。既冠、既笄，则虽未婚嫁，亦成人矣。故兄弟之为其主后者，以齐衰不杖期之服服之，不复觞服也。若觞本服，则昆弟之长觞、中觞大功，下觞小功。古者小功不立后，未婚无父道，陈氏之说非也。”愚按《春秋・文公二年》：“八月丁卯，有事于太庙，跻僖公。”左氏《传》曰：“子虽齐圣，不先父食。盖以僖继闵，则为闵后，为闵后则为闵子也。”公羊氏《传》曰：“先祢而后祖也。”盖以文宜祖闵、祢僖也。穀梁氏《传》曰：“先亲而后祖也，其义一也。”闵公，弟也。僖公，兄也。以兄后弟，尚易为其子。且闵为无服之觞，而曰父，曰祖，不云觞无为人父之道，所以尊祖重宗，明继统之义也。然则宗子觞而庶子弗为后者，非礼之常也，殆为厌祭言之也。或曰：弗为后者，小宗子也。小宗可绝，故觞而弗为后。为觞后者，大宗子也。大宗不可绝，故虽觞必为之后。陈氏不言大宗、小宗，但云冠则为之后，不重宗而重冠，何居？闵公之死，虑未必冠，鲁人不以僖后闵，何以为《春秋》所讥？不讥不为后，何以讥逆祀？左、公、谷氏亦不得曰、父曰祖也。郑氏、徐氏以后为丧主，而非后嗣，礼固有非后嗣而主丧者，然当言主，不当言后也。况冠、笄既已不觞，则虽非丧主，咸各以其服服之，何俟主丧而后以其服服之乎？三氏交非，皆非也。质之《春秋》闵、僖之义，则《戴礼》后觞之说可决矣。由是推之，汉之安帝，宜为觞后者也，不后觞而后和，汉人之失礼也。然则天子、诸侯兄弟可相为后乎？曰岂特天子、诸侯而已，有家者皆可也。成公十五年三月乙巳，仲婴齐卒。公羊氏《传》曰：“仲婴齐者何？公孙婴齐也。公孙婴齐则何为谓之仲婴齐？为人后者为，之子也。”此有家者兄弟之相为后，著于《春秋》者也。然则昭穆可紊乎？曰义重于此也。是以穀梁氏“跻僖公”之传曰：“逆祀则是无昭穆也，无昭穆则是无祖也。闵、僖兄弟而相为后，则亦相为昭穆者，《春秋》之义也。若不重为所后，而重所生，则《春秋》之昭穆舛矣。朱子《太庙图》分太祖、太宗为二世，亦缘《春秋》之义，以相为后为昭穆也。虽然，此皆权于礼之变以为礼也。故虽为大宗之觞，亦必继统为宗子而后后之。若宗子之子未继统而觞，无昆弟与庶兄之子，则宗子自为立后，而不必为殇子后。是以世子觞而君以族人为之后，古未之闻也。又考汉宣之继昭帝，以祖孙后族祖，斯固得其变也。”【汝成案】此处士与先生书也。后先生不继觞而立孙，盖从其议。惟先生与惠侍读皆不主《公羊》仲婴齐后归父说，若然，则僖公后闵，其义窒矣。

6.21 庶子不以杖即位

古之为杖，但以辅病而已，其后以杖为主丧者之用。丧无二主，则无二杖，故庶子不以杖即位。

夫为妻杖，则其子不杖矣。父为长子杖，则其孙不杖矣。《杂记》曰：“为长子杖，则其子不以杖即位。”【原注】其子，长子之子。【沈氏曰】《杂记》疏：“祖在不厌孙，其孙得杖，但与祖同处，不得以杖即位，辟尊者。”

6.22 妇人不为主而杖者

无杖则不成丧，故女子在室，父母死而无男昆弟，则女子杖。其曰“一人”，明无二杖也。

姑在为夫杖，必其无子也。母为长子削杖，必其无父也。此三者皆无主之丧，故妇人杖。

6.23 庶姓别于上

庶姓者，子姓也。【沈氏曰】以庶姓为子姓，恐不若注疏之言为的。《特牲馈食礼》言“子姓兄弟”，注曰：“所祭者之子孙，言子姓者，子之所生。”《玉藻》、《丧大记》并言“子姓”，注曰：“子姓，谓众子孙也。”【原注】《玉藻》：“缟冠玄武，子姓之冠也。”正义曰“姓，生也。孙是子之所生，故云子姓。故《诗》言“公姓以继公子”，而“同父”之变文则云“同姓”。此所云“庶姓别于上”者，亦“子姓”之姓，与《周礼·司仪》之云“土揖庶姓”者，文同而所指异也。【原注】注以“始祖为正姓，高祖为庶姓”，意亦不殊，然多此两姓之目。【全氏曰】《周礼·秋官·司仪》曰：“土揖庶姓，时揖异姓，天揖同姓。”康成曰：“同姓兄弟之国，异姓婚姻甥舅之国，庶姓无亲而勋贤者。”故王昭禹曰：“异姓亲于庶姓，同姓又亲于异姓，而三揖之礼由此等焉。”然考《左传·隐公二十一年》：“滕、薛来朝，争长。滕曰：‘我周之卜正也。薛，庶姓也。’”鲁自周公以至武公皆娶于薛，不可为非婚姻甥舅之国，而滕犹以庶姓目之，盖成周异姓之封，如妫、如姒、如子则三恪，如姜则元臣，皆族类之贵者，薛虽太皞之裔，而先代所封，又加以弱小，故降居庶姓之列。然则异姓因有贵姓而始有庶姓，亦不仅以亲疏言也，若同姓则安得有所谓庶姓？甚矣，康成之谬也，何以解《大传》？盖尝考之，古之所谓姓、氏原有别，三桓七穆是氏也，非姓也。受氏之礼，多以王父字为氏，而亦或有以父字赐氏者，国侨之类是也。或有及身赐氏者，仲遂之类是也。不必高祖始有也，而要之皆不可以言姓。太史公承秦、项丧乱之余，姓学已紊，故混书曰“姓某氏”，儒者讥之。若如康成所云，则氏固可以言姓，太史公又何讥乎？况姓一定而不易，氏递出而不穷。以三桓言之，仲孙氏之后又分而为南宫、氏子服氏，叔孙氏之后又分而为叔仲氏，季孙氏之后又分而为公鉏氏、公甫氏。诸侯不敢祖天子，则仲孙甫、叔牙、季友实三桓之始祖也。始祖为正姓，将无以三公子所受之氏为正姓耶？则正姓即庶姓矣。倘仍以姬为姓耶，则正姓并不出于始祖也。如敬叔诸家所受之氏，是又庶姓之小支也，姓固如是之不一而足耶？此康成之言之必不可通者也。至于《大传》所云“别姓”，窃疑非即下文“系姓”之姓。姓者，生也。庶姓即众生，盖谓支属别于上，婚姻穷于下，故疑若可以通嫁娶而无害。至下文“系姓弗别”，始指所受之姓而言。康成合而一之，遂谓系姓之外，又别有所别之姓。而所系者出始祖，所别者出高祖，舛矣。【汝成案】康成注：“玄孙之姓别于高祖，五世而无服，姓世所由生。”又曰：“姓，正姓也。始祖为正姓，高祖为庶姓，系之弗别，谓若今宗室属籍也。”《周礼·小胥》：“掌定世系，别昭穆。”又《司仪》注：“无亲而勋贤者。”其义正指庶姓为子姓，与先生言合。特出高祖者，虽别以氏，仍系以姓，盖以氏异其世，以姓系其本，故曰“系之弗别”，曰“小胥掌定世系”，非云以氏为姓也。以三桓七穆为庶姓者，此孔疏误合姓、氏为一。全氏以此驳康成，过矣。且经文“庶姓别于上”，“系之以姓而弗别”，义甚明白。全氏亦知其说之不可通，欲申其辨，乃云“别姓疑非即下文系姓之姓，下文所云系姓始指所受之姓而言”，已失经义，转讥康成合而一之，系姓之外别出姓，不知康成实未尝别出，而已则分别姓、系姓为二也，此尤误之显然者。至庶姓谓无亲而勋贤者，或包异姓说。鲁自周公，至武公娶于薛，至隐公则亲疏矣。故杜氏注曰：“非周之同姓。”孔疏亦引康成《司仪》注云：“无亲者。”全氏始曰：“薛因弱小，降为庶姓。”义或当也。复云：“姓有贵贱，不以亲疏。”则多窒阂矣。

6.24 爱百姓，故刑罚中

人君之于天下，不能以独治也。独治之而刑繁矣，众治之而刑措矣。古之王者，不忍以刑，穷天下之民也。是故一家之中，父兄治之。一族之间，宗子治之。有其不善之萌，莫不自化于闺门之内。而犹有不师教者，然后归之士师。然则，人君之所治者约矣。然后原父子之亲，立君臣之义，以权之。意论轻重之序，慎测浅深之量，以别之。悉其聪明，致其忠爱，以尽之。夫然，刑罚焉得而不中乎？是故宗法立而刑清。天下之宗子，各治其族，以辅人君之治，罔攸兼于庶狱，而民自不犯于有司。风俗之醇，科条之简，有自来矣。《诗》曰：“君之宗之。”吾是以知宗子之次于君道也。

6.25 庶民安，故财用足

民之所以不安，以其有贫有富。贫者至于不能自存，而富者常恐人之有求，而多为吝啬之计，于是乎有争心矣。夫子有言：“不患贫，而患不均。”夫惟收族之法行，而岁时有合食之恩，吉凶有通财之义。本俗六，安万民……三曰联兄弟，而乡三物之所兴者，六行之条曰睦、曰恤，不待王政之施，而矜寡孤独废疾者，皆有所养矣。此所谓均无贫者，而财用有不足乎？至于《葛藟》之刺兴，《角弓》之赋作，九族乃离，一方相怨，而缾罍交耻，泉池并竭，然后知先王宗法之立，其所以养人之欲，而给人之求，为周且豫矣。【原注】宋范文正公苏州义田，至今裔孙犹守其法，范氏无穷人。

6.26 术有序

《学记》“术有序”注：“‘术’当为‘遂’，声之误也。《周礼》：‘万二千五百家为遂。’”按《水经注》引此作“遂有序”。《周礼》遂人之职，五家为邻，五邻为里，四里为酇，五酇为鄙，五鄙为县，五县为遂。皆有地域沟树之使，各掌其政令。【原注】遂人，中大夫二人。遂师，下大夫四人，上士八人，中士十有六人，旅下士三十有二人。遂大夫，每遂中大夫一人。又按《月令》："审端径术。"注："'术'，《周礼》作'遂'。夫间有遂，遂上有径。径，小沟也。"《春秋·文公十二年》："秦伯使术来聘。"《公羊传》、《汉书·五行志》并作"遂"。《管子·度地篇》："百家为里，里十为术，术十为州。"术音遂。此古术、遂二字通用之证。陈可大《集说》改"术"为"州"，非也。

《周礼·州长》："会民射于州序。"陈氏《礼书》曰："州曰序。《记》言遂有序，何也？《周礼》遂官各降乡官一等，则遂之学亦降乡一等矣。降乡一等而谓之州长，其爵与遂大夫同，则遂之学其名与州序同可也。"

6.27 师也者所以学为君

三代之世，凡民之俊秀皆入大学，而教之以治国平天下之事。孔子之于弟子也，四代之礼乐以告颜渊，五至三无以告子夏，而又曰："雍也，可使南面。"然则内而圣，外而王，无异道矣。其系《易》也曰："九二曰：'见龙在田，利见大人。'何谓也？子曰：'龙德而正中者也。'庸言之信，庸行之谨，闲邪存其诚，善世而不伐，德博而化。《易》曰：'见龙在田，利见大人。'君德也。"君子学以聚之，问以辨之，宽以居之，仁以行之，《易》曰："见龙在田，利见大人。"君德也，故曰："师也者，所以学为君也。"

6.28 肃肃敬也

肃肃，敬也。雝雝，和也。《诗》本"肃雝"一字，而引之二字者，长言之也。《诗》云："有洸有溃。"毛公传之曰："洸洸，武也。溃溃，怒也。"即其例也。【臧氏曰】《毛诗传》又经本一字，而传重文者。如"忧心有忡"，传："忧心忡忡然。""赫兮咺兮"，传："赫有明德赫赫然。""容兮遂兮，垂带悸兮"，传："佩玉遂遂然，垂其绅带悸悸然。""其将来施"，传："施施，难进之貌。""条其啸矣，"传："条条然啸也。""惴惴其栗"，传："栗栗，惧也。"【汝成案】臧氏又引《颜氏家训·书证》云："河北《毛诗》皆云'施施'，江南旧本悉单为'施'，恐有少误。"然颜尝云："河北本往往为人所改，不得据以为疑。且经传每正文一字，所谓长言之也。"

6.29 以其绥复

男子以车为居，以弓矢为器。故其生也，桑弧蓬矢，以射天地四方。其死也，设决，丽于掔。比葬则弓矢之新沽功，有弭饰焉，亦张可也。以射者，男子之事也。如死于道，则升其乘车之左毂，以其绥复。【原注】注改"绥"为"緌"，谓旌旗之旄也。以旄复死不切于事。广陵胡氏曰："此复魂既在车，当是'执绥'之绥。"以车者，男子之居也。【原注】《晋书·祖逖传论》："灾星告衅，笠毂徒招。"用此。

升车必正立执绥，【原注】徐铉曰："绥者，所执辔之总。"以其绥复者，象其行也。象其行所，以达其志也。于是有朝聘而终，以尸将事之礼矣。【原注】《左氏·哀公十五年传》。《聘礼》:“宾死，以棺造朝，介将命。”《宋史·章频传》:“为刑部郎中。使契丹，至紫蒙馆卒。契丹遣内侍就馆奠祭，命接伴副使吴克荷护其丧，以锦车驾橐驼，载至中京，敛以银饰棺具，鼓吹羽葆，吏士卫送至白沟。”邾娄复之以矢，犹有杀敌之意焉。此亡于礼者之礼也。

6.30 亲丧外除，兄弟之丧内除

亲丧外除者，祥为丧之终矣，而其哀未忘，故中月而禫。兄弟之丧内除者，如其月日而止。【汝成案】亲丧外除，所谓君子有终身之忧也，不以禫而至，惟待禫乃外除也。

6.31 十五月而禫

期之丧十一月而练，十三月而祥，十五月而禫。孔氏曰:“此言父在为母，亦备二祥节也。盖以十月当大丧之一周，逾月则可以练矣，故曰十一月而练。以十二月当大丧之再周，逾月则可以祥矣，故曰十三月而祥。【原注】必言十一月、三月者，亲丧外除。又加两月焉，则与大丧之中月同，可以禫矣，故曰十五月而禫。”

父在为母，其禫也，父主之，则夫之为妻亦当十五月而禫矣。晋孙楚除妇服诗，但以一周而毕，盖不数禫月。

其他期丧祥禫之祭，皆不在己，则亦以十一月而练，十三月而除可知，故郑氏曰:“凡齐衰十一月，皆可以出吊。”

6.32 妻之党虽亲弗主

姑姊妹其夫死，而夫党无兄弟，使夫之族人主丧。妻之党虽亲，弗主。夫若无族矣，则前后家、东西家。无有，则里尹主之。此文以姑姊妹发端，以戒人不可主姑姊妹之夫之丧也。夫宁使疏远之族人与邻家、里尹，而不使妻之党为之主。圣人之意，盖已逆知后世必有如王莽假母后之权，行居摄之事，而篡汉家之统，而豫为之坊者矣。别内外，定嫌疑，自天子至于庶人，一也。或曰:“主之而附于夫之党。”是恶知礼意哉!

6.33 吉祭而复寝

“禫而从御，吉祭而复寝。”互言之也。郑注已明，而孔氏乃以吉祭为四时之祭。虽禫之后，必待四时之祭讫，然后复寝，非也。禫，即吉祭也。岂有未复寝而先御妇人者乎?

6.34 如欲色然

人少则慕父母，知好色则慕少艾。能以慕少艾之心而慕父母，则其诚无以加矣。【原注】《正义》云:“王肃解‘欲色’为‘如欲见父母之颜色’，郑何得比父母于女色?”马昭申云:“孔子曰:‘吾未见好德如好色者。’是亦比色于德。”张融云:“如好色，取其甚也，于文无妨。”

6.35 先古

《祭义》：“以事天地、山川、社稷、先古。”先古，先祖也。《诗》曰：“以似以续，续古之人。”亦谓其先人也。近曰先，远曰古，故周人谓其先公曰“古公”。

6.36 博爱

先之以博爱，而民莫遗其亲。左右就养无方，谓之博爱。

6.37 以养父母日严

“故亲生之膝下，以养父母日严。”孩提之童，知爱而已。稍长，然后知敬。知敬，然后能严。子曰：“今之孝者，是谓能养。至于犬马，皆能有养。不敬，何以别乎！”故鸡初鸣而衣服，至于寝门外，问衣燠寒。疾痛苛养而敬抑搔之。出入则或先或后，而敬扶持之，敬之始也。《诗》云：“战战兢兢，如临深渊，如履薄冰。”而今而后，吾知免夫，敬之终也。日严者，与日而俱进之谓。

6.38 致知

致知者，知止也。【原注】董文清槐以“知止”二节合《听讼章》为“格物”传。知止者何？为人君止于仁，为人臣止于敬，为人子止于孝，为人父止于慈，与国人交止于信，是之谓止。知止，然后谓之知。至君臣、父子、国人之交，以至于礼仪三百，威仪三千，是之谓物。

《诗》曰：“天生烝民，有物有则。”《孟子》曰：“舜明于庶物，察于人伦。”昔者武王之访，箕子之陈。曾子、子游之问，孔子之答，皆是物也。故曰：“万物皆备于我矣。”

惟君子为能体天下之物，故《易》曰：“君子以言有物而行有恒。”《记》曰：“仁人不过乎物，孝子不过乎物。”

以格物为多识于鸟兽草木之名，则末矣。知者，无不知也，当务之为急。

听讼者与国人交之，一事也。

6.39 顾諟天之明命

“维天之命，于穆不已。”其在于人，日用而不知，莫非命也。故《诗》、《书》之训，有曰“顾諟天之明命”，又曰“永言配命，自求多福”，又曰“若生子，罔不在厥初生，自贻哲命”，又曰“惟克天德，自作元命，配享在下”。而刘康公之言曰：“民受天地之中以生，所谓命也。是以有动作礼义威仪之则，以定命也。”“彼其之子，邦之司直”，而以为舍命不渝。“乃如之人，怀昏姻也”，而以为不知命。然则子之孝，臣之忠，夫之贞，妇之信，此天之所命，而人受之为性者也。故曰：天命之谓性。求命于冥冥之表，则离而二之矣。

"予迓续乃命于天。"人事也。理之所至，气亦至焉。是以含章中正，而有陨自天。匪正之行，而天命不佑。

6.40 桀纣帅天下以暴

《仲虺之诰篇》曰："简贤附势，实繁有徒。"《多方篇》曰："叨懫日钦，劓割夏邑。"此桀民之从暴也。《微子篇》曰："殷罔不小，大好草窃奸宄，卿士师师非度。凡有辜罪，乃罔恒获，小民方兴，相为敌仇。"此纣民之从暴也。故曰："幽、厉兴则民好暴。"古之人所以胥训告、胥保惠、胥教诲，而不使民之陷于邪僻者，何哉？上无礼，下无学。贼民兴，丧无日矣。《天保》之诗皆祝其君以受福之辞，而要其指归，不过曰："民之质矣，日用饮食。群黎百姓，遍为尔德。"然则人君为国之存亡计者，其可不致审于民俗哉！

6.41 财者末也

古人以财为末，故舜命九官，未有理财之职。《周官》财赋之事，一皆领之于天官冢宰，而六卿无专任焉。汉之九卿，一太常，二光禄勋，三卫尉，四太仆，五廷尉，六鸿胪，七宗正，八大农，【原注】武帝太初元年，更名大司农。九少府。【原注】应邵曰："少者，小也。"师古曰："大司农供军国之用，少府以养天子。"大农掌财在后，少府掌天子之私财又最后。唐之九卿，一太常，二光禄，三卫尉，四宗正，五太仆，六大理，七鸿胪，八司农，九太府，大略与汉不殊。而户部不过尚书省之属官，故与吏、礼、兵、刑、工并列而为六。至于大司徒教民之职，宰相实总之也。罢宰相，废司徒，以六部尚书为二品，非重教化，后财货之义矣。【钱氏曰】唐末年，重财用，而户部、度支二曹至以宰相判之。

6.42 未有上好仁而下不好义者也

治化之隆，则遗秉滞穗之利及于寡妇。恩情之薄，则耰钼箕帚之色加于父母。故欲使民兴孝、兴弟，莫急于生财。以好仁之君，用不畜聚敛之臣，则财足而化行。人人亲其亲，长其长，而天下平矣。

6.43 君子而时中

《记》曰："礼时为大，顺次之，体次之，宜次之，称次之。"尧授舜，舜授禹，汤放桀，武王伐纣，时也。天地之祭，宗庙之事，父子之道，君臣之义，伦也。社稷山川之事，鬼神之祭，体也。丧祭之用，宾客之交，义也。羔豚而祭，百官皆足。太牢而祭，不必有余，此之谓称也。古之圣人内之为尊，外之为乐，少之为贵，多之为美，是故先王之制礼也，不可多也，不可寡也，惟其称也。此所谓"君子而时中"者也。故《易》曰："二簋应有时，损刚益柔有时。"【原注】舜之大孝，文王之无忧，武王、周公之达孝，皆所谓时中也。

6.44 子路问强①

《洪范》“六极……六曰弱”②，郑康成注：“愚懦不毅为弱。”故子路问强。

6.45 素夷狄行乎夷狄③

“素夷狄行乎夷狄”，然则将居中国而去人伦乎？非也。处夷狄之邦，而不失吾中国之道，是之谓素夷狄行乎夷狄也。《六经》所载帝舜滑夏之咨，殷宗有截之颂，《礼记》明堂之位，《春秋》囗会之书，凡圣人所以为内夏外夷之防也，如此其严也。《文中子》以元经之帝魏，谓：“天地有奉，生民有庇，即吾君也。”何其语之偷而悖乎！宋陈同甫谓：“黄初以来，陵夷四百余载，夷狄异类迭起，以主中国，而民生常觊一日之安宁于非所当事之人。”以王仲淹之贤而尤为此言，其无以异乎凡民矣。夫亡有迭代之时，而中华无不复之日，若之何以万古之心胸，而区区于旦暮乎？杨循吉作《金陵小史》，序曰：“有当时观之，则完颜氏帝也，盟主也，大国也。由后世观之，则夷狄也，盗贼也，禽兽也。”此所谓偷也。汉和帝时，侍御史鲁恭上疏曰：“夫戎狄者，四方之异气，蹲夷踞肆，与鸟兽无别，若杂居中国，则错乱天气，污辱善人。”夫以乱辱天人之世，而论者欲将毁吾道以殉之，此所谓悖也。孔子有言：“居处恭，执事敬，与人忠，虽之夷狄，不可弃也。”夫是谓之素夷狄行乎夷狄也。若乃相率而臣事之，奉其令，行其俗，甚者导之以为虐于中国，而藉口于素夷狄之文，则子思之罪人也已。

---

① 《中庸》第十章《问强》：“子路问强。子曰：‘南方之强与？北方之强与？抑而强与？宽柔以教，不报无道，南方之强也，君子居之。衽金革，死而不厌，北方之强也，而强者居之。故君子和而不流，强哉矫！中立而不倚，强哉矫！’国有道，不变塞焉，强哉矫！国无道，至死不变，强哉矫！”宋·黎立武撰《中庸分章》：“《中庸》之书，浩博深远，若不可涯。其实绳联而珠贯也。诸家虽字论句析，然于大旨未明，读之使人茫然，分章所以原作者之意。”这里说明了将《中庸》一书予以分章的必要。朱熹《中庸章句》的分章法流行最广。朱熹分《中庸》为三十三章，它们是第一章《天命》、第二章《时中》、第三章《其至》（由于本章仅有一句话，所以很少单独引用）、第四章《行明》、第五章《道其》（由于本章仅有一句话，所以很少单独引用）、第六章《大知》、第七章《予知》、第八章《服膺》、第九章《可均》、第十章《问强》、第十一章《素隐》、第十二章《费隐》、第十三章《不远》、第十四章《素位》、第十五章《行远》、第十六章《鬼神》、第十七章《大孝》、第十八章《无忧》、第十九章《达孝》、第二十章《问政》、第二十一章《诚明》、第二十二章《尽性》、第二十三章《致曲》、第二十四章《前知》、第二十五章《自成》、第二十六章《无息》、第二十七章《大哉》、第二十八章《自用》、第二十九章《三重》、第三十章《祖述》、第三十一章《至圣》、第三十二章《经纶》、第三十三章《尚絅》。

② 《尚书·周书·洪范》：“六极：一曰凶、短、折，二曰疾，三曰忧，四曰贫，五曰恶，六曰弱。”

③ 《素夷狄行乎夷狄》篇，由于关系到民族意识，因而编书人须格外小心，否则就会遭到文字狱之祸。该篇的收录情况如下。《四库全书》本无《素夷狄行乎夷狄》篇。《日知录》原本有《素夷狄行乎夷狄》篇。《日知录集释》有《素夷狄行乎夷狄》之篇目而无文字，显然是在目录确定之后，编者又将这篇文章临时抽掉了。

6.46 鬼神

王道之大，始于闺门。妻子合，兄弟和而父母顺，道之迩也，卑也。郊焉而天神假，庙焉而人鬼飨，道之远也，高也。先王事父孝，故事天明。事母孝，故事地察。修之为经，布之为政，本于天，殽于地，列于鬼神，达于丧祭、射御、冠昏、朝聘，而天下国家可得而正也。若舜，若文、武、周公，所谓庸德之行而人伦之至者也。故曰："君子之道，造端乎夫妇。及其至也，察乎天地。"

人之有父母也，鸡鸣问寝，左右就养无方，何其近也。及其既亡，而其容与声不可得而接，于是或求之阴，或求之阳，然后僾然必有见乎其位，然后乃凭工祝之传而致赉于孝孙。生而为父母，殁而为鬼神。子曰："为之宗庙，以鬼享之。"此之谓也。【原注】《论语》："菲饮食，而致孝乎鬼神。"洋洋乎如在其上，如在其左右，由顺父母而推之也。

《记》曰："文王之为世子，朝于王季，日三。鸡初鸣而衣服，至于寝门外，问内竖之御者曰：'今日安否，何如?'内竖曰：'安。'文王乃喜。及日中，又至，亦如之。及暮，又至，亦如之。其有不安节，则内竖以告文王。文王色忧，行不能正履。王季复膳，然后亦复初。食上，必推视寒暖之节。食下，问所膳。命膳宰曰：'末有原。'应曰：'诺。'然后退。"又曰："文王之祭也，事死者如事生，思死者如不欲生。忌日必哀，称讳如见亲，祀之忠也。如见亲之所爱，如欲色然，其文王与?"《诗》云："明发不寐，有怀二人。"文王之诗也。夫惟文王生而事亲如此之孝，故殁而祭如此之忠，而如亲之或见也。苟其生无养志之诚，则其殁也自必无感通之理。故曰："惟孝子为能飨亲。"而夫子之告子路亦曰："未能事人，焉能事鬼?"是故庸德之行，莫先于父母之顺。而郊社之礼，禘尝之义，缘之以起。明此而天下国家可得而治矣。

在上位者能顺乎亲，而后可以祀天享帝。在下位者能顺乎亲，而后可以获上治民。

程子曰："鬼神，天地之功用，而造化之迹也。"张子曰："鬼神者，二气之良能也。"用以解《易》"神也者，妙万物而为言"一章，斯为切当。如二子之说，则视之而弗见，听之而弗闻者，鬼神也。其可见、可闻者，亦鬼神也。今夫子但言弗见、弗闻，知其为祭祀之鬼神也。【钱氏曰】鬼神之为德，其盛矣乎！鬼神，谓天神、地示、人鬼也。有神而后有郊社，有鬼而后有宗庙。天统乎地，故言神可以该示。人死为鬼，圣人不忍忘其亲。事死如事生，故有祭祀之礼。经言鬼神，皆主祭祀而言。卜筮所以通神明，故《易》传多言鬼神。精气为物，生而为人也。游魂变鬼，死而为鬼也。圣人知鬼神之情状，而祭祀之礼兴焉。横渠张氏以鬼神为二气之良能，古人无此义。二气者，阴阳也。阴阳自能消长，岂假鬼神司之？如人一呼一吸，人自为之，其转有鬼神为我呼吸乎？

质诸鬼神而无疑，犹《易·乾·文言》所谓与"鬼神合其吉凶"。① 【原注】《谦》、《丰》二象，亦以鬼神与天、地、人并言。

---

① 《乾》卦和《坤》卦是《易经》六十四卦的首二卦，具有特殊的重要性。《文言传》。简称《文言》是《十翼》中的第七翼，其主旨为解说《乾》、《坤》两卦的象征意蕴。按照《易经》学的惯例，《文言》被分做两部分，前部分解释《乾》卦，称为《乾文言》。后部分解说《坤》卦，称为《坤文言》。

6.47 期之丧达乎大夫

《丧服》自期以下，诸侯绝、大夫降者，说者以为期已下之丧，皆其臣属，故不服。然制礼之意，不但为此。古人有丧不祭，诸侯有山川、社稷、宗庙之事，不可以旷，故惟服三年，而不服期。大夫亦与于其君骏奔在庙之事，但人数多，不至于旷，故但降之而已。此古人重祭之义，后人不知，但以为贵贵而已。【原注】《正义》曰："期之丧达乎大夫，谓旁亲所降在大功者得为期丧，还著大功之服，若天子、诸侯旁期之丧，则不服也。"【杨氏曰】本是贵贵之义，故云："无贵贱，一也。"【又曰】诸侯绝旁亲，然尊同，则又为之服，可以见之矣。【沈氏曰】毛西河《经问》详驳之，大略仍从贵贵之说，而已有丧不祭为无出，且误解。【汝成案】贵贵则重祭之义已包。

诸侯亦有期服，如始封之君不臣诸父、昆弟，封君之子不臣诸父而臣昆弟。且亦有大功服，如姑姊妹嫁于国君，尊同则不降。《记》特举其大概言之尔。

6.48 三年之丧达乎天子

"父母之丧，无贵贱，一也。"即解上"三年之丧，达乎天子"一句，此举其重者而言。然三年之丧，不止父母。《左氏·昭公十五年传》："王一岁而有三年之丧二焉。"谓穆后与太子王后。谓之三年者，据达子之志而言，其实期也。是天子亦有期丧。

6.49 达孝

达孝者，达于上下，达于幽明，所谓"孝弟之至，通于神明，光于四海，无所不通"者也。【原注】与"达道"、"达德"之"达"同义。

6.50 思事亲不可以不知人

"无丰于昵"，祖已之所以戒殷王也。"自八以下"，众仲之所以对鲁隐也。"以客为臣"，子游之所以规文子也。亲亲之道，赖贤人而明者多矣。汉哀帝听冷褒、段犹之言，而尊定陶共皇。唐高宗听李勣之言，而立皇后武氏。不知人之祸且至于斁伦乱纪而不顾，可不慎哉！

人伦之大，莫过乎君父，而子夏先之以贤贤易色，何也？思事亲，不可以不知人也。

父子之亲，长幼之序，男女之别，非师不明。教人以礼者，师之功也。故曰："师无当于五服，五服弗得不亲。"

6.51 诚者，天之道也

"诚者，天之道也。"故天下雷行，物与无妄，而先王以茂对时，育万物。

"天叙有典，敕我五典五惇哉。天秩有礼，自我五礼有庸哉。""天命有德，五服五章哉。天讨有罪，五刑五用哉。"莫非诚也。故曰："凡为天下国家有九经，所以行之者，一也。”

6.52 肫肫其仁

五品之人伦，莫不本于中心之仁爱，故曰：“拜稽颡，哀戚之至隐也。稽颡，隐之甚也。”又曰：“其送往也，茫茫然，汲汲然，如有追而弗及也。其反哭也，皇皇然，如有求而弗得也。故其往送也如慕，其反也如疑。求而无所得之也，入门而弗见也，上堂又弗见也，入室又弗见也，亡矣丧矣，不可复见已矣！故哭泣辟踊，尽哀而止矣。心怅焉怆焉，惚焉忾焉，心绝志悲而已矣。”此于丧而观其仁也。“丧三日而殡，凡附于身者必诚必信，勿之有悔焉耳矣。三月而葬，凡附于棺者必诚必信，勿之有悔焉耳矣。”又曰：“且比化者，无使土亲肤，于人心独无恔乎？”此于葬而观其仁也。“齐之日，思其居处，思其笑语，思其志意，思其所乐，思其所嗜。齐三日，乃见其所为齐者。祭之日，入室，僾然必有见乎其位。周还出户，肃然必有闻乎其容声。出户而听，忾然必有闻乎其叹息之声。是故先王之孝也，色不忘乎目，声不绝乎耳，心志嗜欲不忘乎心。”又曰：“祭之明日，明发不寐，飨而致之，又从而思之。祭之日，乐与哀半，飨之必乐，已至必哀。”此于祭而观其仁也。自此而推之，郊社之礼，所以仁鬼神也。射乡之礼，所以仁乡党也。食飨之礼，所以仁宾客也。亲亲而仁民，仁民而爱物，而天下之大经，毕举而无遗矣。故曰：孝弟为仁之本。

日知录卷六

日知录　卷七

昆山顾炎武撰

7.1 孝弟为仁之本

尧舜之道，孝弟而已矣。是故“克明俊德，以亲九族。九族既睦，平章百姓。百姓昭明，协和万邦。黎民于变时雍”。此之谓孝弟，为仁之本。

7.2 察其所安

“求仁而得仁”，安之也。“不怨天，不尤人”，“下学而上达”，安之也。使非所安，则择乎中庸，而不能期月守也。【钱氏曰】按《初学记·友悌部》，《太平御览·人事部》引《论语》，俱云“其为人之本与”。有子先言“其为人也孝弟”，后言“其为人之本”，首尾相应，亦当以为“人”长也。

7.3 子张问十世

《记》曰：“圣人南面而治天下，必自人道始矣。立权度量，考文章，改正朔，易服色，殊徽号，异器械，别衣服，此其所得与民变革者也。其不可得变革者则有矣，亲亲也，尊尊也，长长也，男女有别，此其不可得与民变革者也。”自春秋之并为七国，七国之并为秦，而大变先王之礼。然其所以辨上下，别亲疏，决嫌疑，定是非，则固未尝有异乎三王也。故曰：“其或继周者，虽百世可知也。”

自古帝王相传之统，至秦而大变。然而，秦之所以亡，汉之所以兴，则亦不待谶纬而识之矣。不仁而得天下，未之有也。此百世可知者也。保民而王，莫之能御也。此百世可知者也。

7.4 媚奥

奥何神哉？如祀灶，则迎尸而祭于奥，此即灶之神矣。【原注】《诗》“于以奠之，宗室牖下。”注：“牖下，室西南隅，所谓奥也。”李氏曰：“户东而牖西，户不当中而近东，则西南隅最为深隐，故谓之奥，而祭祀及尊者常处焉。”《曲礼》：“为人子者，居不主奥。”《仲尼燕居》以“奥阼”并言，是奥本人之所处，祭时乃奉神于此。时人之语谓：“媚其君者，将顺于朝廷之上，不若逢迎于燕退之时也。”注以奥比君，以灶比权臣。本一神也，析而二之，未合语意。【杨氏曰】奥本非神，此义甚好。

7.5 武未尽善

观于季札论文王之乐，以为美哉，犹有憾，则知夫子谓在“武未尽善”之旨矣。犹未洽于天下，【原注】《孟子》。此文之犹有憾也。天下未宁而崩①，【原注】《史记·封禅书》。此武之未尽善也。《记》曰：“乐者，象成者也。”又曰：“移风易俗，莫善于乐。”武王当日诛讨伐奄，三年，讨其君，而宝龟之命曰：有大艰于西土。殷之顽民廸屡不静。商俗靡靡，利口惟贤，余风未殄。视舜之从欲以治四方风动者何如哉。故《大武》之乐虽作于周公，而未至于世变风移之日，圣人之时也，非人力之所能为矣。【原注】刘汝佳曰：“揖让，征诛，自是圣人所遇，使舜当武之时，亦须征伐。孔子曰：‘唐虞禅，夏后、殷、周继，其义一也。’性之反之，自其从人之异。及其成功，一也。人而天，反而性矣。以是而论乐之优劣，其与以追蠡者何异哉。”

7.6 朝闻道夕死可矣

“有弗学，学之弗能，弗措也。有弗问，问之弗知，弗措也。有弗思，思之弗得，弗措也。有弗辨，辨之弗明，弗措也。有弗行，行之弗笃，弗措也。”“不知年数之不足也，俛焉日有孳孳，毙而后已。”故曰：“朝闻道，夕死可矣。”

吾见其进也，未见其止也。有一日未死之身，则有一日未闻之道。

7.7 忠恕

延平先生《答问》【原注】门人朱熹元晦编。曰：“夫子之道，不离乎日用之间。自其尽己而言，则谓之忠。自其及物而言，则谓之恕，莫非大道之全体。虽变化万殊，于事为之末，而所以贯之者，未尝不一也。曾子答门人之问，正是发其心尔，岂有二邪？若

---

① “天下未宁而崩”，一本作“天下未安而崩”。

以为夫子一以贯之之旨甚精微，非门人所可告，姑以忠恕答之，恐圣贤之心不若是之支也。如孟子言尧舜之道，孝弟而已矣。人皆足以知之，但合内外之道，使之体用一原，显微无间，则非圣人不能尔。”朱子又尝作《忠恕说》，其大指与此略同。按此说甚明，而《集注》乃谓借学者尽己推己之目以著明之，是疑忠恕为下学之事，不足以言圣人之道也。然则是二之，非一之也。

慈溪黄氏①曰：“天下之理无所不在，而人之未能以贯通者，己私间之也。尽己之谓忠，推己及人之谓恕。忠恕既尽，己私乃克，此理所在，斯能贯通。故忠恕者，所以能一以贯之者也。”

元·戴侗作《六书故》。② 其训“忠”曰：“尽己致至之谓忠。”《语》曰：“为人谋而不忠乎?”又曰：“言思忠。”《记》曰：“丧礼，忠之至也。”又曰：“祀之忠也，如见亲之所爱，如欲色然。”又曰：“瑕不掩瑜，瑜不掩瑕，忠也。”《传》曰：“上思利民，忠也。”又曰：“小大之狱，虽不能察，必以情，忠之属也。”《孟子》曰：“自反而仁矣，自反而有礼矣，其横逆由是也，君子必自反也，我必不忠。”观于此数者，可以知忠之义矣。反身而诚，然后能忠。能忠矣，然后由己推而达之家国天下，其道一也。其训“恕”曰：“推己及物之谓恕。”己欲立而立人，己欲达而达人，施诸己而不愿，亦勿施于人，恕之道也。充是心以往，达乎四海矣。故曰：“夫子之道，忠恕而已矣。”忠也者，天下之大本也。恕也者，天下之达道也。【原注】本《程子》。子贡问曰：“有一言而可以终身行之者乎?”子曰：“其恕乎!”【原注】仲弓问仁，夫子告之亦以“敬、恕”。夫圣人者，何以异于人哉？知终身可行，则知一以贯之之义矣。

《中庸》记夫子言，君子之道四，无非忠恕之事。而《乾》九二之龙德，亦惟曰“庸言之信，庸行之谨”。然则忠恕，君子之道也。何以言“违道不远”，曰：此犹之云“巧言令色鲜矣仁”也。【原注】古人语辞云尔。违道不远，即道也。违禽兽不远，即禽兽也。孟子已自申之。岂可以此而疑忠恕之有二乎？或曰：孟子言强恕而行，求仁莫近焉，何也？曰：此为未至乎道者言之也。孟子曰：“由仁义行，非行仁义也。”仁义岂有二乎！【原注】今人谓有圣人之忠恕，有学者之忠恕，非也。尽得忠恕，方是圣人，学者所以学为忠恕。

7.8 夫子之言性与天道

夫子之教人文行忠信，而性与天道在其中矣。故曰：“不可得而闻。”【钱氏曰】《后汉书·桓谭传》：“天道性命，圣人所难言。自子贡以下，不得而闻。”注引郑康成《论语注》：“性谓人受血气以生，有贤愚吉凶。天道，七政变动之占也。”古书言天道者，皆主吉凶祸福而言。《古文尚书》：“满招损，谦受益，时乃天道。”“天道福善而祸淫。”《易传》：“天道亏盈而益谦。”《春秋传》：“天道多在西北。”“天道远，人道迩。”“灶焉知天道。”“天道不谄。”《国语》：“天道

---

① 慈溪黄氏，指南宋著名学者黄震（1213—?），著有《黄氏日钞》。

② 戴侗，字仲达，系戴孟之子，戴仔之弟。宋淳祐进士。由国子簿出守台州，迁军器少监，辞疾不赴。著有《易书四书家说》、《六书故》。

赏善而罚淫。”“我非瞽史，焉知天道？”《老子》：“天道无亲，常与善人。”皆论吉凶之数，与天命之性自是两事。《孟子》：圣人之于天道也，正谓虞舜井廪，文王拘幽，孔子困厄之类，故曰“命也”。

子曰：“二三子以我为隐乎？吾无隐乎尔。吾无行，而不与二三子者，是丘也。”谓夫子之言性与天道不可得而闻，是疑其有隐者也。不知夫子之文章，无非夫子之言性与天道，所谓“吾无行而不与二三子者，是丘也。”

子贡之意，犹以文章与性与天道为二，故曰：“子如不言，则小子何述焉？”子曰：“天何言哉？四时行焉，百物生焉。天何言哉？”是故可仕、可止、可久、可速，无一而非天也。恂恂便便，侃侃訚訚，无一而非天也。

动容周旋中礼者，盛德之至也。孟子以为尧舜性之之事。夫子之文章，莫大乎《春秋》，《春秋》之义，尊天王，攘戎翟，诛乱臣贼子，皆性也，皆天道也。故胡氏以《春秋》为圣人性命之文，而子如不言，则小子其何述乎？

今人但以《系辞》为夫子言性与天道之书。愚尝三复其文，如“鸣鹤在阴”七爻，“自天佑之”一爻，“憧憧往来”十一爻，“履德之基也”九卦，所以教人学《易》者，无不在于言行之间矣。故曰：“初率其辞，而揆其方，既有典常，苟非其人，道不虚行。”

樊迟问仁，子曰：“居处恭，执事敬，与人忠。”司马牛问仁，子曰：“仁者，其言也讱。”由是而充之，一日克己复礼。有异道乎？今之君子学未及乎樊迟、司马牛，而欲其说之高于颜、曾二子，是以终日言性与天道，而不自知其堕于禅学也。

朱子曰：“圣人教人，不过孝弟忠信。持守诵习之间，此是下学之本。今之学者以为钝根，不足留意，其平居道说，无非子贡所谓不可得而闻者。”又曰：“近日学者，病在好高。《论语》未问学而时习，便说一贯。《孟子》未言梁惠王问利，便说尽心。《易》未看六十四卦，便读《系辞》，此皆躐等之病。”又曰：“圣贤立言，本自平易，今推之使高，凿之使深。”

黄氏《日钞》曰：“夫子述《六经》，后来者溺于训诂，未害也。濂洛言道学，后来者借以谈禅，则其害深矣。”【杨氏曰】东发忧世之言，可谓深切。

孔门弟子不过四科，自宋以下之为学者则有五科，曰“语录科”。

永嘉南渡①，本于清谈之流祸，人人知之，孰知明代之清谈有甚于前代者。昔之清谈，谈老、庄。明之清谈，谈孔、孟。未得其精而已遗其粗，未究其本而先辞其末。不习六艺之文，不考百王之典，不综当代之务，举夫子论学、论政之大端一切不问，而曰“一贯”，曰“无言”，以明心见性之空言，代修己治人之实学。股肱惰而万事荒，爪牙亡而四国乱，神州荡覆，宗社丘墟。昔王衍妙善玄言，自比子贡，及为石勒所杀，将死，顾而言曰：“呜呼，吾曹虽不如古人，向若不祖尚浮虚，勠力以匡天下，犹可不至今日。”今之君子得不有愧乎其言？【杨氏曰】衍之言非其实也，惧后世之责，而姑为是言。

---

① “永嘉南渡”，一本作“刘、石乱华”。

7.9 变齐变鲁

变鲁而至于道者，道之以德，齐之以礼。变齐而至于鲁者，道之以政，齐之以刑。

7.10 博学于文

君子博学于文，自身而至于家国天下，制之为度数，发之为音容，莫非文也。“品节斯，斯之谓礼。”孔子曰：“伯母、叔母疏衰，踊不绝地。姑姊妹之大功，踊绝于地。知此者，由文矣哉！由文矣哉！”《记》曰：“三年之丧，人道之至文者也。”又曰：“礼减而进，以进为文。乐盈而反，以反为文。”《传》曰：“文明以止，人文也。观乎人文，以化成天下。”故曰：“文王既没，文不在兹乎！”而《谥法》：“经纬天地曰文。”与弟子之学《诗》、《书》六艺之文，有深浅之不同矣。

7.11 三以天下让

《皇矣》之诗曰：“帝作邦作对，自太伯王季。”则泰伯之时，周日以强大矣。乃托之采药，往而不反。当其时，以国让也。而自后日言之，则以天下让也。【原注】犹南宫适谓稷躬稼而有天下。当其时，让王季也。而自后日言之，则让于文王、武王也。有天下者在三世之后而让之者。在三世之前，宗祧不记其功，彝鼎不铭其迹，此所谓三以天下让，民无得而称焉者也。《路史》曰：“方太王时，以与王季，而王季以与文王，文王以与武王，皆泰伯启之也，故曰三让。”【原注】郑康成注曰：“泰伯，周太王之长子，次子仲雍，次子季历。太王见季历贤，又生文王，有圣人表，故欲立之，而未有命。太王疾，泰伯因适吴越采药，太王殁而不反，季历为丧主，一让也。季历赴之，不来奔丧，二让也。免丧之后，遂断发文身，三让也。三让之美，皆隐蔽不著，故人无得而称也。”

泰伯去而王季立，王季立而文、武兴，虽谓之以天下让可矣。太史公序《吴世家》云：“太伯避历，江蛮是适。文武攸兴，古公王迹。”甚当。

高泰伯之让国者，不妨王季。《诗》之言“因心则友”是也。述文王之事君者，不害武王，《诗》之言“上帝临女”是也。古人之能言如此。今将称泰伯之德，而先以莽、操之志加诸太王，岂夫子立言之意哉。朱子作《论语或问》，不取翦商之说，而蔡仲默传《书·武成》曰：“大王虽未始有翦商之志，而始得民心，王业之成实基于此。”仲默，朱子之门人，可谓善于匡朱子之失者矣。

《或问》曰：“太王有废长立少之意，非礼也。泰伯又探其邪志而成之，至于父死不赴，伤毁发肤，皆非贤者之事。就使必于让国而为之，则亦过而不合于中庸之德矣。其为至德何耶？曰：太王之欲立贤子圣孙，为其道足以济天下，而非有爱憎之间，利欲之私也。是以泰伯去之，而不为狷；王季受之，而不为贪；父死不赴，伤毁发肤，而不为不孝。盖处君臣、父子之变。而不失乎中庸，此所以为至德也。其与鲁隐公、吴季子之事盖不同矣。”【原注】此说本之伊川先生。

7.12 有妇人焉

“予有乱臣十人，同心同德。”此陈师誓众之言，所谓十人，皆身在戎行者。而太姒、邑姜自在宫壶之内，必不从军旅之事，亦必不并数之以足十臣之数也。古人有言曰：“牝鸡无晨，牝鸡之晨，惟家之索。”方且以用妇人为纣罪矣，乃周之功业必藉于妇人乎？此理之不可通，或文字传写之误，【原注】汉博士孔衍言：“臣祖安国得壁中《古文论语》，为改今文。”阙疑可也。【原注】《书·大诰》：“爽邦由哲，亦惟十，人廸知上帝命。”蔡氏亦以为乱臣十人。

7.13 季路问事鬼神

“未能事人，焉能事鬼？”左右就养无方，故其祭也，洋洋乎如在其上，如在其左右。“未知生，焉知死？”人之生也直，故其死也，无求生以害仁，有杀身以成仁。

“天地有正气，杂然赋流形。下则为河岳，上则为日星。”【原注】文信公《正气歌》。可以谓之知生矣。“孔曰成仁，孟曰取义，而今而后，庶几无愧！”【原注】《衣带赞》。可以谓之知死矣。

7.14 不践迹

服尧之服，诵尧之言，行尧之行，所谓践迹也。先王之教，若《说命》所谓“学于古训”，《康诰》所谓“绍闻衣德言”，以至于《诗》、《书》六艺之文，三百三千之则，有一非践迹者乎？善人者，忠信而未学礼，笃实而未日新，虽其天资之美，亦能暗与道合。而足已不学，无自以入圣人之室矣。治天下者亦然。故曰：“周监于二代，郁郁乎文哉。”不然，则以汉文之几致刑措，而不能成三代之治矣。

7.15 异乎三子者之撰

夫子“如或知尔”之言，“吾非斯人之徒与而谁与”也。曾点浴沂咏归之言，“素贫贱行乎贫贱，君子无入而不自得”也。故曰：“异乎三子者之撰。”

7.16 去兵去食

“乃积乃仓，乃裹后糇粮，于橐于囊。”国所以足食，而不待豳土之行也。“备乃弓矢，锻乃戈矛，砺乃锋刃，无敢不善。”国所以足兵，而不待淮夷之役也。苟其事变之来而有所不及备，则耰鉏白梃可以为兵，而不可阙食以修兵矣。糠核草根可以为食，而不可弃信以求食矣。古之人有至于张空弮，罗雀鼠，而民无贰志者，非上之信有以结其心乎？此又权于缓急轻重之间，而为不得已之计也。明此义，则国君死社稷，大夫死宗庙，至于舆台、牧圉之贱莫不亲其上，死其长，所谓圣人有金城者，此物此志也。岂非为政之要道乎？孟子言“制梃以挞秦、楚”，亦是可以无待于兵之意。

古之言兵，非今日之兵，谓五兵也。故曰：“天生五材，谁能去兵？”《世本》：“蚩尤以金作兵，一弓、二殳、三矛、四戈、五戟。”《周礼》“司右五兵”注引《司马法》

曰“弓矢围，殳矛守，戈戟助”是也。“诘尔戎兵”，诘此兵也。“踊跃用兵”，用此兵也。“无以铸兵”，【原注】《左氏·僖公十八年传》。铸此兵也。秦汉以下，始谓执兵之人为兵，如信陵君得选兵八万人，项羽将诸侯兵三十余万，见于太史公之书，而《五经》无此语也。

以执兵之人为兵，犹之以被甲之士为甲。《公羊传》：“桓公使高子将南阳之甲，立僖公而城鲁。”【原注】《闵公二年》。晋赵鞅取晋阳之甲，以逐荀寅与士吉射。【原注】《哀公十三年》。

7.17 荡舟

《竹书纪年》：“帝相二十七年，浇伐斟逊鄩，大战于潍，覆其舟，灭之。”《楚辞·天问》：“覆舟斟鄩，何道取之?”正此谓也。汉时《竹书》未出，故孔安国注为“陆地行舟”，而后人因之。【原注】王逸注《天问》谓：“灭斟鄩氏，奄若覆舟。”亦以不见《竹书》而强为之说。【赵氏曰】陆氏《释文》于“丹朱傲”云：“字又作‘奡’。”盖古傲、奡通用。宋吴斗南因悟及此荡舟之奡，与丹朱为两人也。曰“罔水行舟”，正此陆地行舟之明证也。然则南宫适所引正指丹朱所与朋淫之人，而非寒浞之子，断可识矣。

古人以左右冲杀为荡阵，【原注】《宋书·颜师伯传》：“单骑出荡。”《孔觊传》：“每战以刀盾直荡。”其锐卒谓之跳荡，别帅谓之荡主。【原注】《陈书·高祖纪》：“荡主戴晃、徐宣等。”《后周书·侯莫、陈崇传》、《王勇传》有“直荡都督”，《杨绍传》有“直荡别将”。《晋书·载纪》：“陇上健儿歌曰：丈八蛇矛左右盘，十荡十决无当前。”《唐书·百官志》：“矢石未交，陷坚突众，敌因而败者曰跳荡。”荡舟盖兼此义，与蔡姬之“乘舟荡公”者不同。【原注】《左传·僖公三年》。

7.18 管仲不死子纠

君臣之分所关者在一身，华裔之防所系者在天下。故夫子之于管仲，略其不死子纠之罪，而取其一匡九合之功，盖权衡于大小之间，而以天下为心也。夫以君臣之分，犹不敌华裔之防，而春秋之志可知矣。【杨氏曰】夫子于管仲之罪，只存而不论，并不曾说仲之无罪。

有谓管仲之于子纠未成为君臣者，子纠于齐未成君，于仲与忽则成为君臣矣。狐突之子毛及偃从文公在秦，而曰：“今臣之子名在重耳，有年数矣。”【原注】汉、晋已下，太子诸王与其臣皆定君臣之分，盖自古相传如此。若毛、偃为重耳之臣，而仲与忽不得为纠之臣，是以成败定君臣也，可乎？又谓桓兄纠弟，此亦强为之说

论至于尊周室、存华夏之大功，则公子与其臣区区一身之名分小矣。虽然，其君臣之分故在也，遂谓之无罪，非也。

7.19 予一以贯之

“好古敏求，多见而识。”夫子之所自道也，然有进乎是者。六爻之义，至赜也，

而曰："知者观其象辞，则思过半矣。"三百之《诗》，至泛也，而曰："一言以蔽之，曰：思无邪。"三千三百之仪，至多也，而曰："礼与其奢也，宁俭。"十世之事，至远也，而曰"殷因于夏礼，周因于殷礼，虽百世可知。"百王之制，至殊也，而曰"道二，仁与不仁而已矣"。此所谓"予一以贯之"者也。其教门人也，必先叩其两端，而使之以三隅反。故颜子则闻一以知十，而子贡切磋之言，子夏礼后之问，则皆善其可与言《诗》，岂非天下之理殊涂而同归，大人之学举本以该末乎？彼章句之士，既不足以观其会通；而高明之君子，又或语德性而遗问学，均失圣人之指矣。

7.20 君子疾没世而名不称焉

疾名之不称，则必求其实矣。君子岂有务名之心哉。是以《乾》初九之传曰："不易乎世，不成乎名。"

古人求没世之名，今人求当世之名。吾自幼及老，见人所以求当世之名者，无非为利也。名之所在，则利归之，故求之惟恐不及也。苟不求利，亦何慕名？

7.21 性相近也

"性"之一字，始见于《商书》，曰："惟皇上帝，降衷于下民，若有恒性。"恒即相近之义。相近，近于善也。相远，远于善也。故夫子曰："人之生也直，罔之生也幸而免。"【原注】人之生也直，即《孟子》所谓性善。

人亦有生而不善者，如楚子良生子越椒，子文知其必灭若敖氏是也。然此千万中之一耳，故公都子所述之三说，孟子不斥其非，而但曰："乃若其情，则可以为善矣，乃所谓善也。"盖凡人之所大同，而不论其变也。若纣为炮烙之刑，盗跖日杀不辜，肝人之肉，此则生而性与人殊，亦如五官百骸，人之所同，然亦有生而不具者，岂可以一而概万乎？故终谓之性善也。

孟子论性，专以其发见乎情者言之。且如见孺子入井，亦有不怜者。呼蹴之食，有笑而受之者。此人情之变也。若反从而喜之，吾知其无是人也。

曲沃卫嵩曰："孔子所谓相近，即以性善而言。若性有善，有不善，其可谓之相近乎？如尧、舜，性者也。汤、武，反之也。若汤、武之性不善，安能反之，以至于尧舜邪？汤、武可以反之，即性善之说。汤、武之不即为尧舜，而必待于反之，即性相近之说也。孔、孟之言一也。"

7.22 虞仲

《史记》：太伯之奔荆蛮，自号句吴。荆蛮义之，从而归之千余家，立为吴太伯。太伯卒，无子，弟仲雍立，是为吴仲雍。仲雍卒，子季简立。季简卒，子叔达立。叔达卒，子周章立。是时周武王克殷，求太伯、仲雍之后，得周章。周章已君矣，因而封之，乃封周章弟虞仲于周之北故夏墟，是为虞仲，列为诸侯。按此则仲雍为吴仲雍。而虞仲者，仲雍之曾孙也。殷时诸侯有虞国，《诗》所云"虞芮质厥成"者。武王时国灭，而封周章之弟于其故墟，乃有虞仲之名耳。《论语》："逸民虞仲，夷逸。"《左传》："太伯、虞仲，太王之昭也。"即谓仲雍为虞仲，是祖孙同号，且仲雍君吴，不当言虞，古"吴"、"虞"二字多通用。【原注】《史记·赵世家》："吴广内其女孟姚。"《索隐》曰："古虞、吴音相近，故舜后亦姓吴。"《诗》"不吴不敖"，《汉书·武帝纪》引作"不虞不骜"。《卫尉衡方碑辞》引"不吴不扬"作"不虞不扬"。《释名》："吴，虞也。"《公羊传·定公四年》："晋士鞅、卫孔圉帅师代鲜虞。""虞"本或作"吴"。石鼓文"有吴人"注曰："虞人也。"《水经注》："吴山在汧县西，古之汧山也。《国语》所谓虞矣。"杨用修曰："吴，古虞字省文。如虖之省为乎，樝之省为租也。今昆山有浦名大虞、小虞，俗谓之大吴、小吴。"窃疑二书所称"虞仲"，并是"吴仲"之误。又考《吴越春秋》："太伯曰：'其当有封者，吴仲也。'"则仲雍之称，吴仲固有征矣。

《汉书·地理志》："河东郡太阳，吴山在西，上有吴城。【原注】《史记·秦本纪》："昭襄王五十三年，伐魏取吴城。"周武王封太伯后于此，【原注】吴祖太伯，故曰太伯后。是为虞公。"《续汉·郡国志》："太阳有吴山，上有虞城。"【原注】《水经注》亦作"虞城"。"虞城"之书为"吴城"，犹"吴仲"之书为"虞仲"也。杜元凯《左氏注》亦曰："仲雍支子，别封西吴。"

7.23　听其言也厉

君子之言，非有意于厉也，是曰是，非曰非。孔颖达《洪范正义》曰：言之决断，若金之斩割。

居官，则告谕可以当鞭朴。行师，则誓戒可以当甲兵。此之谓听其言也厉。

7.24　有始有卒者其惟圣人乎

圣人之道，未有不始于洒扫、应对、进退者也。故曰："约之以礼。"又曰："知崇礼卑。"

7.25　梁惠王

《史记·魏世家》："惠王三十六年，卒，子襄王立。襄王元年，与诸侯会徐州，相王也，追尊父惠王为王。"而孟子书其对惠王无不称之为"王"者，则非追尊之辞明矣。司马子长亦知其不通，而改之曰"君"。【原注】《通鉴》改《孟子》作"君何必曰利"，亦以此。然孟子之书出于当时，不容误也。杜预《左传集解·后序》言："哀王于史记，襄王之子，惠王之孙也。惠王三十六年卒，而襄王立。立十六年卒，而哀王立。古书《纪年篇》，惠王三十六年改元，从一年始至十六年，而称惠成王卒，即惠王也。疑《史记》误分惠、成之世以为后王年也。哀王二十三年乃卒，故特不称谥，谓之今王。"【原注】作书时未卒，故谓之今王。今按，惠王即位三十六年，称王，改元，又十六年卒，而子襄王立，即《纪年》所谓今王，无哀王也。"襄"、"哀"字相近，《史记》分为二人，误耳。【梁氏曰】观《孟子》本书，当是晚始游魏，故魏王尊之为叟，必在惠王改元之十五、六年间，以魏襄为哀，犹《十二侯表》以秦哀公、陈哀公为襄公也。

《秦本纪》："秦惠文王十四年，更为元年。"此称王改元之证，又与魏惠王同时。

《魏世家》："襄王五年，予秦河西之地。七年，魏尽入上郡于秦。"今按《孟子》书，惠王自言西丧地于秦七百里，乃悟《史记》所书襄王之年，即惠王之后五年，后七年也。以《孟子》证之而自明者也。

据《纪年》，周慎靓王之二年，而魏惠王卒。其明年，为魏襄王之元年。又二年，燕王哙让国于其相子之。又二年，为赧王之元年，齐人伐燕，取之。又二年，燕人畔。与《孟子》之书先梁后齐，其事皆合。然孟子在二国皆不久，书中齐事特多，又尝为卿于齐，当有四五年。若适梁，乃惠王之末，而襄王立即行，故梁事不多。谓孟子以惠王之三十五年至梁者，误以惠王之后元年为襄王之元年故也。【原注】《史记》及《孟子序说》谓梁惠王之三十五年，孟子至梁。其后二十三年，齐人伐燕，而孟子在齐者，非。卫嵩曰："孟子游历先后虽不可考，以本书证之，当时自宋归邹，由邹之任、之薛、之滕，而后之梁、之齐。"

孟子为卿于齐，其于梁则客也。故见齐王称臣，见梁王不称臣。

7.26 未有义而后其君者也

不遗亲，不后君，仁之效也。其："是可若何？"对曰："惟礼可以已之。在礼，家施不及国，民不迁，农不移，工贾不变，士不滥，官不滔，大夫不收公利。"又曰："君令、臣共、父慈、子孝、兄爱、弟敬、夫和、妻柔、姑慈、妇听，礼也。君令而不违，臣共而不贰，父慈而教，子孝而箴，兄爱而友，弟敬而顺，夫和而义，妻柔而正，姑慈而从，妇听而婉，礼之善物也。"晋侯谓女叔齐曰："鲁侯不亦善于礼乎？"对曰："礼所以守其国，行其政，令无失其民者也。今政令在家，不能取也。有子家羁，弗能用也。公室四分，民食于他，思莫在公，不图其终，为国君难将及身，不恤其所，礼之本末，将于此乎在。而屑屑焉习仪以亟，言善于礼，不亦远乎！"子曰："君子之道，辟则坊与？坊民之所不足者也。大为之坊，民犹逾之。故君子礼以坊德，刑以坊淫，命以坊欲。"古之明王，所以禁邪于未形，使民日迁善远罪，而不自知者，是必有其道矣。

7.27 不动心

凡人之动心与否，固在其加卿相、行道之时也。枉道事人，曲学阿世，皆从此而始矣。"我四十不动心"者，不动其行一不义，杀一不辜，而得天下，有不为也之心。【钱氏曰】王安石主持新法，至于天变不足畏，人言不足信，可谓加卿相而不动心者矣。较之告子，其祸人家国尤烈，故曰"是不难"。

7.28 市朝

"若挞之于市朝"，【阎氏曰】或曰"市朝"乃连类而及之文，若躬稼本稷，而亦称禹。古文体则有然者。即《书》所言"若挞于市"。古者朝无挞人之事，市则有之。《周礼·司市》："市刑，小刑宪罚，中刑徇罚，大刑扑罚。"又曰："胥执鞭度而巡其前。掌其坐。作出入之禁令。凡有罪者，挞戮而罚之"是也。《礼记·檀弓》："遇诸市朝，不反兵而斗。"兵器非可入朝之物。"奔丧，哭辟市朝。"奔丧亦但过市，无过朝之事也。其谓之市朝者，《史记·孟尝君传》："日莫之后，过市朝者掉臂不顾。"《索隐》曰："言市之行列有如朝位，故曰市朝。古人能以众整如此。"【原注】《司市》："以次叙分地而经市，"注："叙肆行列也。"后代则朝列之参差，有反不如市肆者矣。

7.29 必有事焉而勿正心

倪文节【原注】思。谓当作"必有事焉，而勿忘。"勿忘，勿助长也。传写之误，以"忘"字作"正心"二字。言养浩然之气，必当有事而勿忘。既已勿忘，又当勿助长也。迭二"勿忘"，作文法也。按《书·无逸篇》曰："自时厥后立王，生则逸。生则逸，不知稼穑之艰难。"亦是迭一句，而文愈有致。今人发言，亦多有重说一句者。《礼记·祭义》："见间以侠甒。"郑氏曰："见间当为覸。"《史记·蔡泽传》："吾持梁刺齿肥。"《索隐》曰："刺齿肥，当为啮肥。"《论语》："五十以学《易》。"朱子以为"五十"当作"卒"，此皆古书一字误为二字之证。

7.30 文王以百里

"汤以七十里，文王以百里。"孟子为此言，以证王之不待大尔。其实文王之国不止百里，周自王季伐诸戎，疆土日大。文王自岐迁丰，其国已跨三四百里之地，伐崇伐密，自河以西，举属之周。【原注】未克商以前，无灭国者，但臣属而已。至于武王，而西及梁、益，【原注】庸、蜀、羌、髳、微、卢、彭、濮。东临上党，【原注】《戡黎》。无非周地。纣之所有，不过河内殷墟，其从之者，亦但东方诸国而已。一举而克商，宜其如振槁也。《书》之言，文王曰："大邦畏其力。"文王何尝不藉力哉。

7.31 廛无夫里之布

【沈氏曰】稼堂云："元本中此条，前人已删之，今仍存。"

有夫布，有里布。《周礼·地官》载师职曰："凡宅不毛者，有里布。凡田不耕者，出屋粟。凡民无职事者，出夫家之征。"闾师职曰："凡无职者，出夫布。"郑司农云："里布者，布参印书，广二寸，长二尺，以为币，贸易物。《诗》云：'抱布贸丝。'抱此布也。或曰：布，泉也。《春秋传》曰：'买之百两一布。'"【原注】《昭公二十六年》。又廛人职："掌敛市之絘布、总布、质布、罚布、廛布。"谓宅不毛者，罚以一里二十五家之泉。《集注》未引《闾师》文。今人遂以布专属于里。【江氏曰】廛无夫里之布，《集注》用旧说，皆未安。凡民君区域、关市、邸舍通谓之廛，上文"廛而不征"，"法而不廛"之"廛"，是市宅。此廛谓民居，即《周礼》"上地，夫一廛"，"许行愿受一廛"之廛，非市宅也。布者，泉也，亦即钱也，非布泉之布。夫布，见《地官·闾师》："凡无职者，出夫布。"谓闲民为民佣力者，不能赴公旬三日之役，使之出一夫力役之泉，犹后世之雇役钱也。里谓里居，即《孟子》“收其田里”之里，非二十五家也。里布，见《地官·载师》：“凡宅不毛者，有里布。”谓有宅不种桑麻，或荒其地，或作为台榭游观，则使之出里布。犹后世凡地皆有地税也。此皆民之常赋。战国时，一切取之，非佣力之闲民，已有力役之征，而仍使之别出夫布。宅已种桑麻，有嫔妇布缕之征，而仍使之别出里布。是额外之征，借夫布、里布之名而横取者。今皆除之，则居廛者皆受惠也。《集注》以廛布为市宅，以里为二十五家，又舍《闾师》而隐《载师》：“凡民无职事者，出夫家之征。”以夫家为一夫百亩之税，一家力役之征。当时虽横取民，当不至此。

7.32 孟子自齐葬于鲁

孟子自齐葬于鲁，言葬而不言丧，此改葬也。礼：改葬缌，事毕而除。故反于齐，止于嬴，而充虞乃得承间而问。若曰奔丧而还，营葬方毕，即出赴齐卿之位，而门人未得发言，可谓“三月无君，则皇皇如”也。而身且不行三年之丧，何以教滕世子哉！【阎氏曰】刘向《列女传》“孟子处齐，有忧色，拥楹而叹。孟母见之”云云。则知母盖同在齐，自齐葬于鲁，则知母既殁于齐也，终三年丧，复至齐而为卿耳。

7.33 其实皆什一也

古来田赋之制，实始于禹，水土既平，咸则三壤，后之王者不过因其成迹而已。故《诗》曰：“信彼南山，维禹甸之。畇畇原隰，曾孙田之。我疆我理，南东其亩。”然则周之疆理犹禹之遗法也。【原注】《周礼·小司徒》注：“昔夏少康在虞思，有田一成，有众一旅。”一旅之众而田一成，则井牧之法，先古然矣。孔氏《信南山》正义引此，则曰“丘甸之法，禹之所为。”孟子乃曰：“夏后氏五十而贡，殷人七十而助，周人百亩而彻。”夫井田之制，一井之地画为九区，故苏洵谓万夫之地，盖三十二里有半，而其间为川为路者一，为浍为道者九，为洫为涂者百，为沟为畛者千，为遂为径者万。使夏必五十，殷必七十，周必百，则是一王之兴，必将改畛涂、变沟洫、移道路以就之，为此烦扰而无益于民之事也，岂其然乎？【原注】《周官·遂人》：“凡治野，夫间有遂，遂上有径。十夫为沟，沟上有畛。百夫有洫，洫上有涂。千夫有浍，浍上有道。万夫有川，川上有路。以达于畿。”夫子言：“禹尽力乎沟洫。”而禹之自言亦曰：“浚畎浍距川。”知其制不始于周矣。

盖三代取民之异，在乎贡、助、彻，而不在乎五十、七十、百亩。其五十、七十、百亩，特丈尺之不同，【沈氏曰】《通鉴外纪》云：“夏十寸为尺，商十二寸为尺，周八寸为尺。”而田未尝易也。故曰：“其实皆什一也。”古之王者必改正朔，易服色，异度数。故《史记·秦始皇本纪》，于“改年十月朔，上黑”之下，即曰：“数以六为纪，符法冠皆六寸，而舆六尺，六尺为步，乘六马。”三代之王，其更制改物亦大抵如此。故《王制》曰：“古者以周尺八尺为步，今以周尺六尺四寸为步。”而当日因时制宜之法，亦有可言。夏时土旷人稀，故其亩特大。殷、周土易人多，故其亩渐小。以夏之一亩为二亩，其名殊而实一矣。国佐之对鲁人曰：“先王疆理天下，物土之宜而布其利。”岂有三代之王而为是纷纷无益于民之事哉！【钱氏曰】郑康成注《周礼》，尝引《孟子》“野九夫而税一，国中什一”之文。孔颖达《诗正义》申其旨云：“周制有贡有助。助者，九夫而税一夫之田。

贡者，什一而贡一夫之谷。通之，二十夫而税二夫，是为什中税一也。九一而助，为九中一。知什一自赋，非什中一者，以言九一，即云而助，明九中一助也。国中言什一，乃云使自赋，是什一之中使自赋之，明非什中一为赋也。《孟子》又云：方里而井，井九百亩，其中为公田，八家皆私百亩，同养公田，公事毕然后敢治私事，所以别野人也。”言别野人者，别野人之法，使与国中不同也。《尔雅》云：“郊外曰野。”则野人为郊外也。野人为郊外，则国中为郊内也。郊内谓之国中者，以近国，故系国言之，亦可地在郊内，居在国中故也。按郊外、国中，人各受田百亩，或九而取一，或什一而取一。通外、内之率，则为什而取一，故曰彻，彻之为言通也。康氏之义得孔氏而益明。若分公田为庐舍，八家各二亩半，其说始于班固，而何休注《公羊》，赵歧注《孟子》，范宁解《穀梁》，宋均注《乐韩》，皆因之，非郑义也。

7.34 庄岳

“引而置之庄岳之间。”注：“庄岳，齐街里名也。”庄是街名，岳是里名。《左传·襄二十八年》：“得庆氏之木百车于庄。”注云：“六轨之道。”【原注】《昭十年》：“又败诸庄。”《哀六年》：“战于庄，败。”注并同。“反陈于岳”注云：“岳，里名。”

7.35 古者不为臣不见

观夫孔子之见阳货，而后知逾垣闭门为贤者之过，未合于中道也。然后世之人必有如胡广被中庸之名，冯道托仲尼之迹者矣。其始也，屈己以见诸侯，一见诸侯而怀其禄利，于是望尘而拜贵人，希旨以投时好，此其所必至者。曾子、子路之言，所以为末流戒也。故曰：“君子上交不谄。”又曰：“上弗援，下弗推。”后世之于士人，许之以自媒，劝之以干禄；而责其有耻，难矣。

7.36 公行子有子之丧

《礼》：父为长子斩衰三年。故公行子有子之丧，而孟子与右师及齐之诸臣皆往吊。【钱氏曰】公行子当是为父后者，其子盖长子也。大夫之适长，在国谓之国子，入学与士子齿焉者也。在家谓之门子，《春秋传》“大夫门子皆从郑伯”是也。故其丧也，父为之服斩衰三年，君使人吊，卿大夫咸往会焉。《周礼》卿大夫、士之丧，职丧“以国之丧礼莅其禁令”。孟子所称不历位、不逾阶之礼，即丧职之禁令也。【汝成案】《荀子·大略篇》云：“公行子之之燕。”杨倞注引此文，以子之为公行子之先，或疑即燕子之，恐皆非是。

7.37 为不顺于父母

《虞书》所载，帝曰：“予闻如何？”岳曰：“瞽子，父顽，母嚚，象傲。克谐以孝，烝烝乂，不格奸。”是则帝之举舜，在瞽瞍底豫之后。今《孟子》乃谓九男二女，百官牛羊，仓廪备，以事舜于畎亩之中，犹不顺于父母，而如穷人无所归，此非事实。但其推见圣人之心若此，使天下之为人子者，处心积虑，必出乎此，而后为大孝耳。【原注】与答桃应之问同。后儒以为实，然则“二嫂使治朕栖”之说亦可信矣。

7.38 象封有庳

舜都蒲阪，而封象于道州鼻亭，【原注】《水经注》王隐曰："应阳县本泉陵之北部，东五里有鼻墟，象所封也。山下有象庙。"《后汉书·东平王苍传》注："有鼻，国名，在今永州营道县北。"《袁谭传》注："今犹谓之鼻亭。"在三苗以南荒服之地，诚为可疑。如《孟子》所论，亲之欲其贵，爱之欲其富，又且欲其源源而来，何以不在中原近畿之处，而置之三千余里之外邪？【阎氏曰】《孟子》："欲常常而见之，故源源而来。"兄居蒲坂，弟居零陵。陆阻太行，水绝洞庭，往返万里，亲爱弟者固如是乎？有鼻之封必近在帝都，而今不可考尔。零陵之传有是名者，《括地志》云："鼻亭神在营道县北六十里。故老传言，舜葬九疑，象来至此，后人立祠，名为鼻亭神。"此为得之。盖上古诸侯之封万国，其时中原之地，必无闲土可以封，故也。又考太公之于周，其功亦大矣，而仅封营丘。营丘，在今昌乐、潍二县界。史言其地泻卤，人民寡，而孟子言其俭于百里，又莱夷偪处，而与之争国。夫尊为尚父，亲为后父，功为元臣，而封止于此，岂非中原之地无闲土，故至薄姑氏之灭，而后乃封太公邪？【原注】周时，灭一国乃封一国。《左传》成王灭唐，而封太叔焉是也。《竹书纪年》："武王十六年秋，王师灭蒲姑。"或曰："禹封在阳翟，稷封在武功，何与？"二臣者，有安天下之大功，舜固不得以介弟而先之也。故象之封于远，圣人之不得已也。【原注】汉高祖封刘仲为代王，乃是弃其兄于边陲近寇之地，与舜之封象异矣。

7.39 周室班爵禄

为民而立之君，故班爵之意，天子与公、侯、伯、子、男一也，而非绝世之贵。代耕而赋之禄，故班禄之意，君、卿、大夫、士与庶人在官一也，而非无事之食。【原注】《黄氏日钞·读〈王制〉》曰："必本于上农夫者，示禄出于农，等而上之，皆以代耕者也。"是故知天子一位之义，而不敢肆于民上以自尊；知禄以代耕之义，则不敢厚取于民以自奉。不明于此，而侮夺人之君，常多于三代之下矣。【雷氏曰】周之颁爵禄，有本制，有加礼。《孟子》于侯国举本制而不言加礼，所以抑七国也。于天子之臣举加礼而不言本制，所以申王朝也。

7.40 费惠公

《孟子》"费惠公"注："惠公，费邑之君。"按春秋时有两费，其一见《左传·成公十三年》："晋侯使吕相绝秦，曰：'殄灭我费滑。'"注："滑国都于费，今河南缑氏县。"【原注】《庄公十六年》"滑伯"注同。《昭公二十六年》："王次于滑。"注："滑，周地，本郑邑。"《襄公十八年》：楚芳子冯、公子格率锐师侵费滑，盖本一地，秦灭之而后属晋耳。【原注】女叔侯对平公曰："虞、虢、焦、滑、霍、杨、韩、魏，皆姬姓也，晋是以大。"其一《僖公元年》："公赐季友汶阳之田及费。"《齐乘》："费城，在费县西北二十里，鲁季氏邑。"【原注】汉《梁相费泛碑》云："其先季友为鲁大夫，有功，封费，因以为姓。"按《隐公元年》已有费伯，即费庈父。在子思时，滑国之费其亡久矣，疑即季氏之后，而僭称公者。鲁连子称陆子谓齐湣王曰："鲁费之众臣，甲舍于襄贲。"而楚人对顷襄王有邹、费、郯、邳，殆所谓泗上十二诸侯者邪？

仁山金氏曰："费本鲁季氏之私邑，而《孟子》称小国之君，曾子书亦有费君、费子之称。盖季氏专鲁，而自春秋以后，计必自据其邑，如附庸之国矣。大夫之为诸侯，不待三晋而始。然其来亦渐矣。"

季氏之于鲁，但出君而不敢立君，但分国而不敢篡位，愈于晋、卫多矣。故曰："鲁犹秉周礼。"

7.41　行吾敬，故谓之内也

先王治天下之具，五典、五礼、五服、五刑，其出乎身，加乎民者，莫不本之于心，以为之裁制。亲亲之杀，尊贤之等，礼所生也。故孟子答公都子言义，而举酌乡人、敬尸二事，皆礼之用也，而莫非义之所宜。自此，道不明，而二氏空虚之教至于搥提仁义，绝灭礼乐，从此起矣。自宋以下，一二贤智之徒，病汉人训诂之学，得其粗迹，务矫之以归于内，而达道达德、九经三重之事置之不论，此真所谓"告子未尝知义"者也，其不流于异端而害吾道者几希。

董子曰："宜在我者而后可以称义，故言义者合我与宜以为一言。以此操之，义之言我也。"【原注】"义"字从"我"兼声与意。此与孟子之言相发。

7.42　以纣为兄之子

纣为弟，且以为君，而有微子启。以纣为兄之子，且以为君，而有王子比干。并言之，则于文有所不便，故举此以该彼，此古人文章之善。且如"郊社之礼，所以事上帝也"，不言后土。"地道无成，而代有终也"，不言臣妻。"先王居梼杌于四裔"，不言浑敦、穷奇、饕餮。后之读书者，不待子贡之明，亦当闻一以知二矣。

7.43　才

人固有为不善之才而非其性也。性者天命之。才者亦天降之。【原注】下章言天之降才。是以禽兽之人，谓之未尝有才。

《中庸》言能尽其性，《孟子》言不能尽其才能。尽其才则能尽其性矣。在乎扩而充之。

7.44　求其放心

学问之道无他，求其放心而已矣。然则但求放心，可不必于学问乎？与孔子之言"吾尝终日不食，终夜不寝，以思无益，不如学也"者，何其不同邪？他日又曰："君子以仁存心，以礼存心。"是所存者非空虚之心也，夫仁与礼未有不学问而能明者也。《孟子》之意，盖曰：能求放心，然后可以学问。使弈秋诲二人弈，其一人专心致志，惟弈秋之为听。一人虽听之，一心以为有鸿鹄将至，思援弓缴而射之。虽与之俱学，弗若之矣。此放心而不知求者也。然但知求放心，而未尝"穷中罫之方，悉雁行之势"，

【原注】马融《围棋赋》。亦必不能从事于弈。

7.45 所去三

免死而已矣，则亦不久而去矣，故曰“所去三”。

7.46 自视欿然

人之为学，不可自小，又不可自大。得百里之地而君之，皆足以朝诸侯、有天下，不敢自小也。附之以韩、魏之家，如其自视欿然，则过人远矣，不敢自大也。予将以斯道觉斯民也，思天下之民，匹夫匹妇有不被尧舜之泽者，若己推而内之沟中，则可谓不自小矣。自耕稼、陶渔，以至为帝，无非取于人者，则可谓不自大矣。故自小，小也；自大，亦小也。今之学者非自小则自大，吾见其同为小人之归而已。

7.47 士何事

士、农、工、商，谓之四民。其说始于《管子》。【原注】《穀梁·成公元年传》亦云。三代之时，民之秀者乃收之乡序，升之司徒，而谓之士，固千百之中不得一焉。大宰以九职任万民，……五曰百工，化饬八材，计亦无多人尔。武王作《酒诰》之书，曰：“妹土嗣尔股肱，纯其艺黍稷，奔走事厥考厥长。”此谓农也。“肇牵车牛，远服贾，用孝养厥父母”，此谓商也。又曰：“庶士有正，越庶伯君子，其尔典听朕教。”则谓之士者。大抵皆有职之人矣，恶有所谓“群萃而州处，四民各自为乡之法”哉。春秋以后，游士日多。《齐语》言桓公为游士八十人奉以车马衣裘，多其资币，使周游四方，以号召天下之贤士。而战国之君，遂以士为轻重，文者为儒，武者为侠。呜呼！游士兴而先王之法坏矣，彭更之言，王子垫之问，其犹近古之意与？【陈庶子曰】性命与经济之学，合之则一贯，分之若两途。有平居高言性命，临事茫无措手者，彼徒求空虚之理，于当世之事未尝亲历而明试之。【又曰】苏子瞻曰：“士不以天下之重自任久矣。历山川，但抒吟咏，而不考其形势。阅井疆，但观市肆，而不察其风俗。揽人才，但肆清谈，侈浮华，而不揣其德之所宜，才之所堪。若而人者，掩抑弗彰，无失为善士。倘或司民之牧，秉国之钧，俾之因革，委以调剂，兴创不知孰利，改革不知谁害，荐举不识其贤，废黜不知其不肖，徇陋踵弊，贻毒已滋。忽然倡建，自申论议，非触戾人情，犯时之好，即胶固成迹，滞古之法，为患岂可胜道哉？夫士欲知用舍，必自勤访问始。勤访问，必自无事之日始。”

7.48 饭糗茹草

享天下之大福者，必先天下之大劳。宅天下之至贵者，必执天下之至贱。是以殷王小乙使其子武丁旧劳于外，知小人之依。而周之后妃，亦必服浣濯之衣，修烦缛之事，及周公遭变，陈后稷、先公王业之所由者，则皆农夫、女工、衣食之务也。【原注】干宝《晋纪·论》。古先王之教，能事人而后能使人。其心不敢失于一物之细，而后可以胜天下之大。舜之圣也，而饭糗茹草。禹之圣也，而手足胼胝，面目黧黑。此其所以道济天下，而为万世帝王之祖也，况乎其不如舜、禹者乎！【原注】《朱子语类》言：“舜之耕稼、陶渔，夫子之钓弋，子路之负米，子贡之埋马，皆贱者之事，而古人不辟也。有若三踊于鲁大夫之庭，冉有用矛以人齐军，而樊须虽少，能用命，此执干戈以卫社稷，而古人所不辞也。后世骄侈日甚，反以臣子之职为耻。”

7.49 孟子外篇

《史记》伍被对淮南王安，引《孟子》曰：“纣贵为天子，死曾不若匹夫。”

扬子《法言·修身篇》引《孟子》曰：“夫有意而不至者有矣，未有无意而至者也。”

桓宽《盐铁论》引《孟子》曰：“吾于河广，知德之至也。”又引《孟子》曰：“尧、舜之道非远人也，人不思之尔。”

《周礼·大行人》注引《孟子》曰：“诸侯有王。”

宋鲍照《河清颂》引《孟子》曰：“千载一圣，犹旦暮也。”

《颜氏家训》引《孟子》曰：“图影失形。”

《梁书·处士传序》引《孟子》曰：“今人之于爵禄，得之若其生，失之若其死。”

《广韵》“圭”字下注曰：“《孟子》：‘六十四黍为一，圭十圭为一合。’”

以及《集注》中程子所引荀子、孟子三见齐王，而不言事，门人疑之，孟子曰：“我先攻其邪心。”

今《孟子》书皆无其文，岂所谓《外篇》者邪？【原注】《史记索隐》引皇甫谧曰：“孟子称：‘禹生石纽，西夷人也。’恐是‘舜生诸冯’之误。”《汉书·艺文志》：“《孟子》十一篇，《风俗通》曰：《孟子》作书，中外十一篇。”

《诗·维天之命》传引孟仲子曰：“大哉，天命之无极，而美周之礼也。”

《閟宫》传引孟仲子曰：“是禖宫也。”

《正义》引赵岐云：“孟仲子，孟子从昆弟，学于孟子者也。

《谱》云：“孟仲子者，子思弟子。”盖与孟轲共事子思，后学于孟轲，著书论《诗》，毛氏取以为说。则又有孟仲子之书矣。【原注】陆玑《诗草木疏》云：“子夏传鲁人申公，申公传魏人李克，李克传鲁人孟仲子，孟仲子传赵人孙卿，孙卿传鲁人大毛公，大毛公传小毛公。”【孙氏曰】近刻《孟子外书》四篇，曰《性善辨》，曰《文说》，曰《孝经》，曰《为正》。掇拾子书中所引《孟子》逸篇以成文，词旨浅陋，即其篇题之谬，可直断为伪也。王充《论衡》云：“孟作《性善》之篇，以为人性皆善。”是篇名“性善”，非“性善辨”也。且孟子道性善，性恶当辨，性善又何辩乎？《孝经》一书，孔子以授曾子，岂有孟子著书亦以“孝经”名篇之理？盖《孟子》外书，赵邠卿已讥其不能闳深，似后人所依托。今因其伪而伪之，则益浅陋矣。

7.50 孟子引《论语》

《孟子》书引孔子之言，凡二十有九，其载于《论语》者八。【原注】“学不厌而教不倦”，“里仁为美”，“君薨，听于冢宰”，“大哉，尧之为君”，“小子鸣鼓而攻之”，“吾党之士狂简”，“乡原，德之贼”，“恶似而非者”。又多大同而小异，然则夫子之言其不传于后者多矣。故曰："仲尼没而微言绝。"

7.51 孟子字样

《九经》、《论语》皆以汉石经为据，故字体未变，《孟子》字多近今，【原注】如"知"多作"智"，"说"多作"悦"，"女"多作"汝"，"辟"多作"避"，"弟"多作"悌"，"彊"多作"强"之类，与《论语》异。盖久变于魏、晋以下之传录也。然则石经之功亦不细矣。

《唐书》言：邠州故作"豳"，开元十三年，以字类"幽"，故为"邠"。今惟《孟子》书用"邠"字。

《容斋四笔》言《孟子》"是由恶醉而强酒"，"见且由不得亟"，并作"由"，今本作"犹"。是知今之《孟子》又与宋本小异。

7.52 孟子弟子

赵岐注《孟子》，以季孙、子叔二人为孟子弟子。季孙知孟子意不欲，而心欲使孟子就之，故曰："异哉，弟子之所闻也。"子叔心疑惑之，亦以为可就之矣。"使已为政"以下，则孟子之言也。又曰："告子名不害，兼治儒墨之道者。尝学于孟子，而不能纯彻性命之理。"又曰："高子，齐人也。学于孟子，乡道而未明，去而学他术。"又曰："盆城括，尝欲学于孟子，问道，未达而去。"宋徽宗政和五年，封告子不害东阿伯，高子泗水伯，盆城括莱阳伯，季孙丰城伯，子叔承阳伯，皆以孟子弟子故也。《史记索隐》曰："孟子有万章、公明高等，并轲之门人。"《广韵》又云："离娄，孟子门人。"不知其何所本。【原注】《淮南子》："黄帝亡其玄珠，使离朱、捷剟索之。"注："二人皆黄帝臣。"《抱朴子》："有彭祖之弟子离娄公。"

元吴莱著《孟子弟子列传》二卷，今不传。【朱检讨曰】政和五年，从太常议，赠季孙丰城伯，子叔乘阳伯。自朱子《集注》出，乃始非之，世莫有从赵氏之说者矣。吴立夫氏撰《孟子弟子列传》，书虽不传，序称一十九人，则未尝依朱子去季孙、子叔二人，益以滕更，适合十九人之数。考《尽心篇》："公都子曰：'滕更之在门也。'"赵岐注："滕更，滕君之弟，来学于孟子也。"其为弟子甚明，不知宋太常之议何独赠爵不及，有不可解者。至于《史记索隐》以公明高为孟子弟子，而《广韵》注谓高娄为孟子门人，无稽之言，君子不信。又《广韵》注诠"求"字，引《孟子》"齐有曼丘不择"，今七篇无其文，弟子与？其不谓之弟子与？吾不得而知矣。【又曰】案班氏《古今人表》，孟子居第二等，公孙丑居第三等，万章、乐正子、告子、高子居第四等，徐子居第五等，余不与焉。【又曰】乐正子、万章、公孙丑、孟仲子、陈臻、充虞、徐辟、陈代、彭更、公都子、咸丘蒙、屋庐子、桃应，赵注、孙疏、朱注所同也。季孙子、叔高子，赵注、孙疏所同，而朱注不以为然。浩生不害、盆成括，本不见于赵注，但见于孙疏，而朱注亦不以为然，朱注之去取是也。季孙、子叔本非是时人，以为季孙闻孟子之辞万钟而异之，子叔亦从而疑之，赵注之谬，未有甚于此者也。故相传明世中曾经罢祀，而今孟庙仍列之，殆昭而未正与？以高子为弟子，盖以"山径茅塞"之语，似乎师戒其弟，故以为学他术而不终。然小弁之言孟子，称之为"叟"，则非弟子矣。告子名不害，赵注以为尝学于孟子者。若浩生不害，则赵注本曰"齐人"，未尝以为告子。孙疏疑以为告子，而浩生其字，不害其名。夫浩生不害固非告子，即告子亦恐非孟子弟子。孙疏特漫言之，不知祀典何以竟合为一，是则缪之尤者。至盆成括，则在孙疏亦且言其“欲学于孟子”，非质言其为及门也。元吴莱作《孟子弟子列传》一十九人，则似仍《政和祀典》之目，而增之以滕更。其增之可也，仍列此五人者，则泥古之过也。今孟庙且以子叔为子叔疑，则是据朱注而增赵注，又谬中之谬也。【又曰】告子名不害，亦见《国策》注，而《文选》引《墨子》，则又曰“告子胜”。或有二名，否则其一为字也。

《晏子书》称西郭徒居布衣之士，盆城括尝为孔子门人，尤误。

7.53 荼

“荼”字自中唐始变作“茶”，其说已详之《唐韵正》。按《困学纪闻》，荼有三：“谁谓荼苦”，苦菜也。“有女如荼”，茅秀也。“以薅荼蓼”，陆草也。【陆清献曰】王肃云：“荼，陆秽。蓼，水草。田有原有隰，故并举水陆秽草。”依此，则荼与蓼是二物。朱子《师传》谓一物，而有水陆之异。前后儒者所见似不同。余谓草木之类，有种一而臭味别者，故荼与蓼一物而有水陆之异。《邶风》之荼与《周颂》之荼一物，而有苦菜、秽草之异。《正义》以其分者言之，朱子以其合者言之，非抵牾也。【陈氏曰】《尔雅》：荼者，“荼，委菜也。”蓼者，“蔷，虞蓼也。”王肃皆以为秽草，分水陆，当矣。但未详荼之性状。《尔雅》“荼委叶”，郭注引试而外，亦不著其形。案《古今注》云：“荼，蓼也。紫色者荼也，青色者蓼也。其味辛且苦，食之明目。或谓紫叶者为香荼，青色者为青荼，亦谓紫者为紫蓼，青者为青蓼。其长大不苦者为高蓼。”此与王氏水陆二秽意同。朱子所谓辣蓼，或即斯草，但不当以苦菜当之耳。

今按《尔雅》“荼”、“荼”字凡五见，而各不同。《释草》曰：“荼，苦菜。”注引《诗》：“谁谓荼苦，其甘如荠。”疏云：“此味苦可食之菜，《本草》一名选，一名游冬。《易纬通卦验图》云‘苦菜生于寒秋，经冬历春乃成’，《月令》‘孟夏苦菜秀’是也。叶似苦苣而细，断之有白汁，花黄似菊，堪食，但苦耳。”又曰：“蘪、荂、荼。”注云：“即芀。”疏云：“按《周礼·掌荼》及《诗》‘有女如荼’，皆云：荼，茅秀也；蘪也、荂也其别名。此二字皆从草，从余。”又曰：“荼，虎杖。”注云：“似红草而粗大，有细刺，可以染赤。”疏云：“荼，一名虎杖。陶注《本草》云：田野甚多，壮如大马蓼，茎斑而叶圆是也。”又曰：“荼，委叶。”注引《诗》“以茠荼蓼。”疏云：“荼，一名委叶。”王肃《说诗》云：“荼，陆秽草。”然则荼者原田芜秽之草，非苦菜也。

今《诗》本“茠”作“薅”。此二字皆从草从涂。《释木》曰：“槚，苦荼。”注云：“树小如栀子，冬生叶，可煮作羹饮。今呼早采者为荼，晚取者为茗，一名荈，蜀人名之苦荼。”此一字亦从草从余。

今以《诗》考之，《邶·谷风》之“荼苦”，《七月》之“采荼”，《绵》之“堇荼”，皆苦采之荼也。【原注】《诗》“采苦采苦”传：“苦，苦采。”《正义》曰：“此荼也。”陆玑云：“苦菜生山田及泽中，得霜，恬肥而美。所谓‘堇荼如饴’，《内则》云‘濡豚包苦，用苦菜’是也。”

又借而为“荼毒”之荼。《桑柔》、《汤诰》皆苦菜之荼也。《夏小正》“取荼秀”，《周礼·地官》“掌荼”，《仪礼·既夕礼》“茵著用荼，实绥泽焉”，《诗·鸱鸮》“捋荼"，传曰："荼，萑苕也。"《正义》曰："谓薍之秀穗。茅薍之秀，其物相类，故皆名荼也。"茅秀之荼也，以其白也而象之。《出其东门》"有女如荼"，《国语》"吴王夫差万人为方陈，白常、白旗、素甲、白羽之矰，望之如荼。"《考工记》："望而视之，欲其荼白。"亦茅秀之荼也。《良耜》之"荼蓼"，委叶之蒤也。唯虎杖之蒤与槚之苦荼不见于《诗》、《礼》，而王褒《僮约》云："武都买荼。"张载《登成都白菟楼》诗云："芳荼冠六清。"孙楚诗云："姜桂荼荈出巴蜀。"《本草衍义》："晋温峤上表，贡荼千斤，茗三百斤。"是知自秦人取蜀而后始有茗饮之事。

王褒《僮约》，前云"炰鳖烹荼"，后云"武都买荼"，注以前为苦菜，后为茗。

《唐书·陆羽传》："羽嗜茶，【原注】自此后，"荼"字减一画为"茶"。著经三篇，言茶之原、之法、之具尤备，天下益知饮茶矣。"有常伯熊者，因羽论，复广著茶之功，其后尚茶成风。时回纥入朝，始驱马市茶。至明代，设茶马御史。而《大唐新语》言，右补阙綦毋煚，性不饮茶，著《茶饮》，序曰："释滞消壅，一日之利暂佳；瘠气侵精，终身之害斯大。获益则功归茶力，贻患则不谓茶灾。岂非福近易知，害远难见？"宋黄庭坚《茶赋》亦曰："寒中瘠气，莫甚于茶，或济之盐，勾贼破家。"今南人往往有茶癖，而不知其害，此亦摄生者之所宜戒也。

7.54 駉

《尔雅》"舒雁，鹅。"注："今江东呼即駉。"即"駕"字。【原注】古"加"字读如哥，《诗·君子偕老》之"珈"，《东山》之"嘉"，并与"何"为韵。

《左传》："鲁大夫荣駕鹅。"《方言》："雁自关而东谓之駉鹅。"

《太玄经》："装次二駕，鹅惨于冰。"一作"駉鹅"。

司马相如《子虚赋》："弋白鹄，连駕鹅，双鸧下，玄鹤加。"《上林赋》："鸿鹔鹄鸨，駕鹅属玉。"扬雄《反离骚》："凤皇翔于蓬陼兮，岂駕鹅之能捷。"

张衡《西京赋》："駕鹅鸿鶤。"《南都赋》："鸿鸨駕鹅。"

杜甫《七歌》："前飞駕鹅后鹙鸧。"

《辽史·穆宗纪》："获駕鹅，祭天地。"

《元史·武宗纪》："禁江西、湖广、汴梁私捕駕鹅。"

《山海经》："青要之山，是多駕鸟。"郭璞云："未详。或云当作'駕'，其从马者，传写之误尔。"【原注】《汉书·古今人表》"荣駕鹅"，师古曰："駕音加。"今本亦误作"驾"。今《左传》本亦多作"驾"，犹《诗》"乘乘鸨"之误作"鸨"也。

7.55 九经

唐宋取士，皆用《九经》。今制定为《五经》，而《周礼》、《仪礼》、《公羊》、《穀梁》二传，并不列于学官。杜氏《通典》：东晋元帝时，太常贺循上言："《尚书》被符经置博士一人。【原注】《晋书·荀崧传》："时简省博士，其《仪礼》、《公羊》、《穀梁》及郑《易》，皆省不置。"又多故历纪，儒道荒废，学者能兼明经义者少，且《春秋》三传俱出圣人，而义归不同，自前代通儒，未有能通得失，兼而学之者也。今宜《周礼》、《仪礼》二经置博士二人，《春秋》三传置博士三人，其余【原注】《易》、《诗》、《书》。则经置一人，合八人。”

太常荀崧上疏言：“博士旧员十有九人，今《五经》合九人，准古计今，犹未中半。《周易》有郑氏注，其书根源，诚可深惜。《仪礼》一经，所谓《曲礼》，郑于礼特明，皆有证据。昔周之衰，孔子作《春秋》，左丘明、子夏造膝亲受。孔子殁，丘明撰其所闻为之传，微辞妙旨，无不精究。公羊高亲受子夏，立于汉朝，多可采用。穀梁赤师徒相传，诸所发明，或是左氏公羊不载，亦足有所订正。臣以为《三传》虽同曰《春秋》，而发端异趣，宜各置一人，以传其学。”遇王敦难。不行。【原注】按《元帝纪》云：“太兴四年三月，置《周易》、《仪礼》、《公羊》博士。”明年正月，王敦反。是虽置而旋不行也。

唐贞观九年五月，敕自今以后，明经兼习《周礼》若《仪礼》者，于本色内量减一选。开元八年七月，国子司业李元瓘上言：“《三礼》、《三传》及《毛诗》、《尚书》、《周易》等，并圣贤微旨，生人教业。今明经所习，务在出身，咸以《礼记》文少，人皆竞读；《周礼》，经邦之轨则；《仪礼》，庄敬之楷模；《公羊》、《穀梁》，历代宗习。今两监及州县以独学无友，四经殆绝，事资训诱，不可因循，其学生请停，各量配作业，并贡人预试之日，习《周礼》、《仪礼》、《公羊》、《穀梁》，并请帖十通五，许其八第，以此开劝。即望四海均习，《九经》该备。”从之。

《唐书》：开元十六年十二月，杨玚为国子祭酒，奏言：“今之明经习《左氏》者十无二三，又《周礼》、《仪礼》及《公羊》、《穀梁》殆将废绝，请量加优奖。”于是下制：“明经习《左氏》及通《周礼》等四经者，出身免任散官。”遂著于式。古人抱遗经、扶微学之心，如此其急，而今乃一切废之，盖必当时之士子苦四经之难习，而主议之臣徇其私意，遂举历代相传之经典弃之而不学也。自汉以来，岂不知经之为五，而义有并存，不容执一，故三家之学并列《春秋》。至于《三礼》，各自为书，今乃去经习传，尤为乖理。苟便已私，用之干禄，率天下而欺君负国，莫甚于此。经学日衰，人材日下，非职此之由乎？

《宋史》：“神宗用王安石之言，士各占治《易》、《书》、《诗》、《周礼》、《礼记》一经，兼《论语》、《孟子》。”【原注】是时《仪礼》、《春秋》皆不列学官。元祐初，始复《春秋》、《左传》。朱文公《乞修〈三礼〉札子》：“遭秦灭学，礼乐先坏，其颇存者，《三礼》而已。《周官》一书，固为礼之纲领，至于仪法度数，则《仪礼》乃其本经。而《礼记》、《郊特牲》、《冠义》等篇，乃其义说耳。【原注】朱子言《仪礼》是经，《礼记》是解《仪礼》。且如《仪礼》有《冠礼》，《礼记》便有《冠义》；《仪礼》有《昏礼》，《礼记》便有《昏义》；以至燕、射之类，莫不皆然。前此犹有《三礼》通礼、学究诸科，礼虽不行，士犹得以诵习而知其说。熙宁以来，王安石变乱旧制，废罢《仪礼》，而独存《礼记》之科，弃经任传，遗本宗末，其失已甚。”是则《仪礼》之废，乃自安石始之。【原注】《语类》言：“《仪礼》旧与《五经》并行，王介甫始罢去。祖宗朝有开宝通礼科，礼官用此等人为之，介甫一切罢去。”

至于明代，此学遂绝。【沈氏曰】康熙九年二月，顺天学正蒋超题请课士之法，增定《周礼》、《仪礼》，与《礼记》并立，又请《春秋传》题及脱母等题，全悖经旨，不能将传合尽去，亦当除去脱母等题。礼部议："《周礼》、《仪礼》增入《礼记》之处，无容议。《春秋》脱母等题，原系扭合，与士子学业无益，相应删去。以后考试，止将单题、合题酌出。"旨依［议］。

朱子又作《谢监岳文集序》曰："谢绰中，建之政和人。先君子尉政和，行田间，闻读书声，入而视之，仪礼也。以时方专治王氏学，而独能尔，异之，即与俱归，勉其所未至，遂中绍兴三年进士第。"在宋已为空谷之足音，今时则绝响矣。

先生《仪礼郑注句读序》曰：三代之礼，其存于后世而无瑕者，独有《仪礼》一经。汉郑康成为之注。魏、晋以下至唐、宋，通经之士无不讲求于此。自熙宁中，王安石变乱旧制，始罢《仪礼》，不立学官，而此经遂废。此新法之为经害者一也。南渡以后，二陆起于金溪，其说以德、性为宗，学者便其简易，群然趋之，而于制度文为一切鄙为末事。赖有朱子正言，力辨欲修《三礼》之书，而卒不能胜夫空虚妙悟之学。此新学之为经害者二也。沿至于今，有坐皋比，称讲师，门徒数百，自拟濂、洛，而终身未读此经一遍者。若天下之书，皆出于国子监所颁，以为定本。而此经误文最多，或至脱一简一句，非唐石本之尚存于关中，则后儒无由以得之矣。济阳张而岐稷若，笃志好学，不应科名，录《仪礼》郑氏注，而采贾氏、陈氏、吴氏之说，略以己意断之，名曰《仪礼郑注句读》。又参定监本，脱误凡二百余字，并考石经之误五十余字，作《正误》二篇，附于其后。藏诸家塾，时方多故，无能板行之者。后之君子因句读以辨其文，因文以识其义，因义以通制作之原，则夫子所谓以承天之道，而治人之情者，可以追三代之英，而辛有之叹，不发于伊川矣。如稷若者，其不为后世太平之先倡乎！若乃据石经刊监本，复立之学官，以习士子，而姑劝之以禄利，使毋失其传，此又治经术者之责也。①

7.56 考次经文

《礼记·乐记》"宽而静"至"肆直而慈"一节，当在"爱者宜歌商"之上，文义甚明。然郑康成因其旧文，不敢辄更，但注曰："此文换简，失其次。'宽而静'宜在上，'爱者宜歌商'宜承此。"

《书·武成》定是错简，有日月可考。蔡氏亦因其旧而别序一篇，为今考定《武成》最为得体。

其他考定经文，如程子改《易·系辞》"天一地二"一节，于"天数五"之上。《论语》"必有寝衣"一节，于"齐必有明衣布"之下。【钱氏曰】《说文》："被，寝衣也。长一身有半。"寝衣之非斋服明矣，不易艺易。苏子瞻改《书·洪范》"曰王省惟岁"一节，于"五曰历数"之下。改《康诰》"惟三月哉生魄"一节，于《洛诰》"周公拜手稽

① 这一段话是《日知录集释》的作者黄汝成写于本则后面的跋文。

首”之上。朱子改《大学》“《康诰》曰至止于信”于“未之有也”之下。改“《诗》云‘瞻彼淇澳’”二节于“止于信”之下。《论语》“诚不以富”二句，于“齐景公有马千驷”一节之下。《诗·小雅》以《南陔》足《鹿鸣之什》，而下改为《白华之什》，皆至当，无复可议。

后人效之，妄生穿凿。《周礼》五官，互相更调。而王文宪【原注】名柏。作《二南相配图》、《洪范经传图》，复位《中庸章句图》，改《甘棠》、《野有死麕》、《何彼秾矣》三篇于王风。仁山金氏本此，改“敛时五福”一节，于“五曰考终命”之下；改“惟辟作福”一节，于“六曰弱”之下。使邹鲁之《书》传于今者，几无完篇，殆非所谓“畏圣人之言”者矣。

董文清槐改《大学》“知止而后有定”二节，于“子曰听讼，吾犹人也”之上，以为传之四章，释“格物致知”，而传止于九章，则《大学》之文元无所阙，其说可从。

凤翔袁楷谓：“《文言》有错入《系辞》者，‘鸣鹤在阴’已下七节，‘自天佑之’一节，‘憧憧往来’已下十一节，此十九节皆《文言》也。即‘亢龙有悔’一节之重见，可以明之矣。遂取此十八节，属于‘天玄而地黄’之后，【原注】依卦为序。于义亦通。【钱氏曰】此等谬说，徒起学者师心蔑古之咎。

然古人之文变化不拘，况《六经》出自圣人，传之先古，非后人所敢擅议也。

日知录卷七

《日知录》论科举

日知录　卷十六

昆山顾炎武撰

16.1　明经

今人但以贡生为明经，非也。唐制有六科：一曰秀才，二曰明经，三曰进士，四曰明法，五曰书，六曰算。【原注】《大唐新语》：“隋炀帝置明经、进士二科，国家因隋制，增置秀才、明法、明字、明算，并前为六科。”当时以诗赋取者谓之进士。【原注】《金史·移刺履传》：“进士之科，隋大业中始试以策，唐初因之，高宗时杂以箴、铭、赋、诗，至文宗始专用赋。”以经义取者谓之明经。原注：叶石林《避暑录话》：“唐制，取士用进士、明经二科。本朝初，唯用进士，其罢明经，不知自何时。仁宗患进士诗赋浮浅，不本经术，嘉祐三年，始复明经科。”今罢诗赋而用经义，则今之进士乃唐之明经也。【阎氏曰】金有经义进士、词赋进士，进士中亦分二目。①

唐时人仕之数，明经最多。考试之法，令其全写注疏，谓之帖括。议者病其不能通经，权文公谓：“注疏犹可以质验，不者，傥有司率情，上下其手，既失其末，又不得其本，则荡然矣。”今之学者并注疏而不观，殆于本末俱丧，然则今之进士又不如唐之明经也乎？

16.2 秀才

《旧唐书·杜正伦传》：“正伦，隋仁寿中与兄正玄、正藏俱以秀才擢第。”唐代举秀才止十余人，正伦一家有三秀才，甚为当时称美。《唐登科记》：武德至永徽，每年进士或至二十余人，而秀才止一人二人。【原注】《旧唐书·职官志》则云：“秀才，有唐已来无其人。”【王氏曰】唐时秀才则为尤异之科，不常举。大约终唐之世，为常选之最盛者，不过明经、进士两科而已。

杜氏《通典》云：“初秀才科第最高，试方略策五条，有上上、上中、上下、中上，凡四等。贞观中，有举而不第者，坐其州长，由是废绝。”【原注】《新唐书》：“高宗永徽二年，始停秀才科。”

士人所趋向，惟明经、进士二科而已。显庆初，黄门侍郎刘祥道奏言：“国家富有四海，于今已四十年，百姓官僚未有秀才之举，未必今人之不如昔，将荐贤之道未至，岂使方称多士，遂缺斯人。请六品以下爰及山谷，特降纶言，更审搜访。”唐人之于秀才，其重如此。【原注】“秀才”字出《史记·贾生传》：“年十八，以能诵诗属书，闻于郡中。吴廷尉为河南守，闻其秀才。”而《儒林传》公孙宏等之议，则曰：“有秀才异等，辄以名闻。”此秀才之名所起。

玄宗御撰《六典》言：“凡贡举人有博识高才、强学待问、无失俊选者，为秀才；通二经已上者，为明经；明闲时务，精熟一经者，为进士。”

《张昌龄传》：“本州岛欲以秀才举之，昌龄以时废科已久，固辞，乃充进士贡举及第。”是则秀才之名乃举进士者之所不敢当也。【原注】《册府元龟》：“开元二十四年已后，复有秀才举。其时以进士渐难，而秀才本科无贴经及杂文之限，反易于进士。主司以其科废久，不欲拔奖，应者多落之，三十年来无登第者。至天宝初，礼部侍郎韦陟始奏请：有堪此举者，乃令长官特考。其常年举送者，并停。”《册府元龟》又言：“代宗朝，杨绾为礼部侍郎，请制五经秀才科，事寝不行。”而《旧唐书·儒学传》：“冯伉，大历初登五经秀才科。”则是尝行之而旋废耳。

又《文苑英华·判目》有云：“乡举进士，至省求试秀才，考功不听，求诉不已。赵岊判曰：‘文艺小善，进士之能；访对不休，秀才之目。’”②【原注】《文选·任昉〈为萧扬州作荐士表〉》：“访对不休，质疑斯在。”是又进士求试秀才，而不可得也。今以生员而冒呼此名，何也？【原注】《容斋三笔》谓，秀才之名，自宋魏以后，实为贡举科目之最。而今世俗以为相轻之称。

---

① “【阎氏曰】金有经义进士、词赋进士，进士中亦分二目。”一本无这一段话。

② 赵岊（jié），人名。岊，多用作人名。山之陬隅，高处曰岊。一说：山之转弯处曰岊。

明初尝举秀才。【原注】洪武十五年，征至秀才数千人。如《太祖实录》：洪武四年四月辛丑，以秀才丁士梅为苏州府知府，童权为扬州府知府，俱赐冠带。十年二月丙辰，以秀才徐尊生为翰林应奉。十五年八月丁酉，以秀才曾泰为户部尚书是也。亦尝举孝廉。【原注】洪武十八年十二月丙午。洪武二十年二月己丑，以孝廉李德为应天府尹是也。此辟举之名，非所施于科目之士。今俗谓生员为秀才，举人为孝廉，非也。

16.3 举人

举人者，举到之人。《北齐书·鲜于世荣传》："以本官判尚书省右仆射事，与吏部尚书袁聿修在尚书省，简试举人。"《旧唐书·高宗纪》："显庆四年二月乙亥，上亲策试举人凡九百人。调露元年十二月甲寅，临轩试应岳牧举人。"是也。登科则除官，不复谓之举人。而不第则须再举。【原注】《太祖实录》："许瑗，饶之乐平人。至正中，两以《易经》举于乡，皆第一。会试不第。"《赣州府志》曰："举在宋为漕试，谓之发解。第阶之，解送南宫会试耳。试不第者，须再试。未阶以入仕也，及累举不第，然后有推恩焉，谓之特奏名。不复系诸乡举矣。元时亦然。至明朝始定为入仕之途①，则一代之新制也。"按宋时亦有不须再试而送南宫者，谓之免解进士。《渑水燕谈》："仁宗籍田时，许开封国学举人陪位，因得免解。"不若前明以举人为一定之名也。②

进士乃诸科目中之一科，而传中有言举进士者，有言举进士不第者。【原注】孟浩然应进士不第，杜甫天宝初应进士不第，唐衢应进士久而不第，温庭筠大中初应进士累年不第，吴筠举进士不第，皇甫镇举进士二十三上不中第。《五代史》亦然。敬翔乾符中举进士不中，郑遨唐昭宗时举进士不中，李振常举进士咸通、乾符中连不中，郑珏举进士数不中，司空颋唐僖宗时举进士不中，冯王少举进士不中，李鏻少举进士累不中，贾纬少举进士不中。但云举进士，则第不第未可知之辞，不若前明已登科而后谓之进士也。③【原注】宋徽宗宣和六年，礼部试进士，至万五千人。是年，赐第八百五人。自本人言之，谓之举进士；自朝廷言之，谓之举人。【原注】唐文宗开成三年五月丁巳朔，敕礼部贡院：进士举人，岁限放三十人及第。进士举人者，谓举进士之人也。

进士即是举人，不若前明以乡试榜谓之举人④，会试榜谓之进士也。【赵氏曰】今会试中式者，礼部发榜，但云会试中式举人，必俟殿试后赐进士及第、出身、同出身，始谓之进士。或有事故，不及赴殿试者，尚是中式举人，不得称进士。盖犹沿唐宋遗制。

永乐六年六月，翰林院庶吉士沈升上言："近年各布政司、按察司不体朝廷求贤之盛心，苟图虚举，有稍能行文、大义未通者，皆领乡荐，冒名贡士。及至会试下第，其中文字稍优者，得除教官；其下者，亦得升之国监。以致天下士子竞怀侥幸，不务实学。"

洪熙元年十一月，四川双流县知县孔友谅上言："乞将前此下第举人，通计其数，

---

① 明朝，一本作"国朝"。
② 前明，一本作"今人"。
③ 前明，一本作"今人"。
④ 前明，一本作"今人"。

设法清理。”是明初才开举人之途，而其弊即已如此。然下第举人犹令入监读书三年，许以省亲，未有使之游荡于人间者。

正统十四年，存省京储始放回原籍，其放肆无耻者游说干谒，靡所不为已。见于成化十四年礼部之奏。

至于末年，则挟制官府，武断乡曲，于是崇祯中，命巡按御史考察所属举人，间有黜革，而风俗之坏已不可复返矣。【沈氏曰】《田间文集》：“崇祯间，拟上《兴学取士书》，有云：国初特重国子监，设为六堂积分之法，诏勋戚公卿大臣子弟读书其中，举人下第者入监，郡邑生员每岁选其俊彦者贡入国子监充太学生，则是岁贡者每岁一贡，盖选士也。故国初由监生起家者，多致大官，盖举人与岁贡皆称监生也。自朝廷不重太学，积分法废，举人、贡生罕入其中，而所为岁贡又皆郡邑诸生之久于学官需次待年而贡者，非俊秀之选也。于是岁贡资格益下，又皆暮齿颓龄，其足为国家用者少矣。”

16.4 进士

进士即举人中之一科，其试于礼部者，人人皆可谓之进士。【原注】唐人未第称进士，已及第则称前进士。《雍录》引唐人诗云：“曾题名处添‘前’字。”《通鉴》：“建州进士叶京，尝预宣武军宴，识监军之面，既而及第，在长安与同年出游，遇之于涂，马上相揖，因之谤议喧然，遂沈废终身。”是未及第而称进士也。

试毕，发榜。其合格者曰“赐进士及第”，后又广之曰“赐进士出身”、“赐同进士出身”，然后谓之登科。所以异于同试之人者，在乎赐及第、赐出身，而不在乎进士也。宋政和三年五月乙酉，臣僚言：“陛下罢进士，立三舍之法，今赐承议郎徐禋进士出身，于名实未正，乞改赐同上舍出身。”从之。

16.5 科目

唐制，取士之科有秀才，有明经，有进士，有俊士，有明法，有明字，有明算，有一史，有三史，有开元礼，有道举，有童子。而明经之别有五，经有三经，有二经，有学究，一经有《三礼》，有《三传》，有史科。此岁举之常选也。其天子自诏曰制举。【原注】《唐书·选举志》。如姚崇下笔成章、张九龄道侔伊吕之类，见于史者凡五十余科，【原注】《困学纪闻》：“唐制举之名，多有八十有六。”故谓之科目。【原注】宋王安石始罢诸科。

明代止进士一科①，则有科而无目矣。犹沿其名，谓之科目，非也。【黄氏曰】今特设一科以待士，是有科而无目。余谓宜仿其意而行之，略取今之试士者稍变其法，而分为数科：其一曰精通经术科，法在取《十三经》之义疏，比附其异同，而质以所疑，如古条议之法。其二曰博综典故科，法在取史书所载，或专举一事，或兼数事，使之论列其得失，是即古者史学之科也。其三曰洞达实务科，此即今对策之法，必使之昌言无讳，直陈所见，素有以见其抱负。其四曰富有才华科，试以诗赋，而兼之以表可也。其五曰明习法律科，法在取古事已事与部案之疑难者，设为甲乙之语，使之剖决，毋拘声律对偶。若是各条为五事，而试以一场，务精其选，而不必广其额。其所取之士，量

---

① 明代，一本作“今代”。

才授职，而无使遽列于清要。若国家必欲求特达之彦，则宜设拔萃一科，随时定制。使凡中已上诸条，无问于已试未试者，皆得就试焉。取之以至严，而待之以不次，则尤足以鼓舞其才矣。至于童子之试，则不妨仍以八股从事。盖初学之士，唯以明理为急也。

王维桢①欲于科举之外仿汉唐旧制，更设数科，以收天下之奇士。不知进士偏重之弊，积二三百年，非大破成格，虽有他材，亦无由进用矣。【赵氏曰】有明一代，最重进士。凡京朝官清要之职，举人皆不得与。即同一外选也，繁要之缺，必待甲科，而乙科仅得遥远简小之缺。其升调之法，亦各不同，甲科为县令者，抚按之卓荐，部院之行取，必首及焉，不数年，即得御史、部曹等职。而乙科沉沦外僚，但就常调而已。积习相沿，牢不可破。嘉靖中，给事陆粲虽疏请变通，隆庆中，阁臣高拱亦请科贡与进士并重，然终莫能挽。甚至万历三年，特招抚按官有司，贤否一体荐劾，不得偏重甲科，而积重难返如故也。《明史》邱橓疏云："今荐则先进士，而举荐非由凭藉者不与焉。劾则先举荐，而进士纵有訾议者罕及焉。于是同一官也，不敢接席而坐，比肩而立。"贾三近疏言："抚按诸臣，遇州县长吏，率重甲科而轻乡举。同一宽也，在进士则为抚字，在举人则为姑息。同一严也，在进士则为精明，在举人则为苛戾。是以为举人者，非头童齿豁不就选。"此可以见当时见尚也。

16.6 制科

唐制，天子自诏曰制举，所以待非常之才。《唐志》曰：所谓制举者，其来远矣。自汉以来，天子常称制诏，道其所欲问而亲策之。唐兴，世崇儒学。虽其时君贤愚好恶不同，而乐善求贤之意未始少怠，故自京师外至州县有司，常选之士以时而举，而天子又自诏四方德行才能文学之士，或高蹈幽隐与其不能自达者，下至军谋将略，翘关拔山，绝艺奇伎，莫不兼取。其为名目，随其人主临时所欲。而列为定科者，如贤良方正、直言极谏、博通坟典、达于教化、军谋宏远、堪任将率、详明政术、可以理人之类，其名最著。【杨氏曰】又有临难不顾、徇节宁邦科，薛少保稷所应也。长才广度、沉迷下僚科，张倚所应也。文词雅丽科，彭殷贤所应也。道侔伊、吕科，张曲江所应也。词标文苑科，张道济所应也。洞晓玄经科，独孤常州所应也。哲人奇士隐沦屠钓科，李元成所应也。

而天子巡狩行幸，封禅太山、梁父，往往会见行在，其所以待之之礼甚优。而宏材伟论，非常之人，亦时出于其间，不为无得也。【王氏曰】唐有得进士第后又中制科者，如刘蕡擢进士第，又举贤良方正能直言极谏科。马怀素擢进士第，又中文学优赡科。阎潮隐连中进士、孝悌廉让科。贺知章擢进士、超群拔类科。有得明经第后又中制科者，如归崇敬擢明经，举博通坟典科。有得官后又中制科者，如张鷟登进士第，授岐王府参军，以制举皆甲科，再调长安尉。殷践猷为杭州参军，举文儒异等科之类是也。

宋初，承周显德之制，设三科，不限前资，见任职官、黄衣草泽并许应诏。景德增为六科。熙宁以后，屡罢屡复。宋人谓之大科。【原注】《叶祖洽传〉："太宗岁设大科。"《邵氏闻见录》："富韩公初游场屋，穆伯长谓之曰：'进士不足以尽子之才，当以大科名世。"

今以殿试进士，亦谬谓之制科。

---

① 王维桢，明华州人，字允宁。嘉靖进士。累官南京国子祭酒。家居，地震压死。王维桢自负经世才，职文墨，不得少效于世，置酒谩骂。诗文效法李梦阳。著有《王氏存笥稿》。

宋徐度《却扫编》曰："国朝制科，初因唐制，有贤良方正、能直言极谏，经学优深、可为师法，详明吏理、达于教化，凡三科。应内外职官、前资见任、黄衣草泽人，并许诸州及本司解送，上吏部，对御试策一道，限三千字以上。咸平中，又诏文臣于内外幕职州县官及草泽中，举贤良方正各一人。景德中，又诏置贤良方正、能直言极谏，博通坟典、达于教化，才识兼茂、明于体用，武足安边、洞明韬略、运筹决胜，军谋宏远、材任边寄，详明吏理、达于从政等六科。【杨氏曰】"武足安边"四字羡。天圣七年复诏，应内外京朝官，不带台省馆阁职事，不曾犯赃罪及私罪情理轻者，并许少卿监以上奏举，或自进状乞应前六科，仍先进所业策论十卷，卷五道，候到下两省看详，如词理优长，堪应制科，具名闻奏。差官考试论六首，合格即御试策一道。又置高蹈丘园、沉沦草泽、茂才异等三科。应草泽及贡举人非工商杂类者，并许本处转运司逐州长吏奏举，或于本贯投状乞应。州县体量有行止别无玷犯者，即纳所业策论十卷，卷五道，看详词理稍优，即上转运司审察乡里名誉，于部内选有文学官再看详实，有文行可称者，即以文卷送礼部，委主判官看详，选词理优长者具名闻奏，余如贤良方正等六科，熙宁中，悉罢之。而令进士廷试，罢三题而试策一道。建炎间，诏复贤良方正一科，然未有应诏者。

高宗立博学宏辞科，凡十二题：制、诰、诏、表、露布、檄、箴、铭、记、赞、颂、序，内杂出六题，分为三场，每场体制，一古一今。南渡以后，得人为盛，多至卿相翰苑者。今之第二场诏、诰、表三题，内科一道，亦是略仿此意。而苟简滥劣，至于全无典故，不知平仄者，亦皆中式，则专重初场之过也。【孙氏曰】沈作喆寓简云："予中进士科后，从石林于卞山，于时欲求试博学宏词，石林曰：'宏词不足为也，宜留心制科工夫。'"据此，则宋世所谓博学宏词非制科也。近人称博学宏词为制科者，盖制举无常科，以待天下之才杰，以天子亲策之，故谓之制科。宋高宗创举此名，三岁一试，与制举无常科者异。然亦必召试定等，而后授官，则亦可谓之制科也。

16.7 甲科

杜氏《通典》："按令文科第，秀才与明经同为四等，进士与明法同为二等，然秀才之科久废，而明经虽有甲乙丙丁四科，进士有甲乙二科。【阎氏曰】按《唐书》，诸进士试时务策五条，帖所读一大经，经策全得为甲第，策得四帖过四以上为乙第。

自武德以来，明经惟有丙丁第，进士惟乙科而已。"《旧唐书·玄宗纪》："开元九年四月甲戌，上亲策试应制举人于含元殿，敕曰：'近无甲科，朕将存其上第。'"

《杨绾传》："天宝十三载，玄宗御勤政楼，试举人登甲科者三人，绾为之首，超授右拾遗，其登乙科者三十余人。"【原注】《册府元龟》。

杜甫《哀苏源明诗》曰："制可题未干，乙科已大阐。"然则今之进士而概称甲科，非也。【赵氏曰】今世谓进士为甲榜，以其曾经殿试，列名于一二三甲也。举人谓之一榜，后以进士有甲榜之称，遂以"一"为"乙"，而以举人为乙榜，非也。又曰：宋时进士三甲之外，又有四甲、五甲。朱子，乃绍兴十八年，王佐榜下，五甲九十名。【汪氏曰】朱子有《同年录》，在杭州孤山朱子祠内。《录》云："子元晦，小名沈郎，小字季延。年十九岁。外祝氏，偏侍下。第五一，兄弟无。一举娶刘氏。曾祖徇。祖森，承事郎。父松，承议郎。本贯建州建阳县群玉乡三桂里。父为户。"

《隋书·李德林传》："杨遵彦铨衡深慎，选举秀才，擢第罕有甲科。德林射策五条，考皆为上。"是则北齐之世，即已多无甲科者矣。

甲、乙、丙科，始见《汉书·儒林传》："平帝时，岁课博士弟子甲科四十人，为郎中。乙科二十人，为太子舍人。丙科四十人，补文学掌故。"《萧望之传》："以射策甲科为郎。"《匡衡传》："数射策不中，至九，乃中丙科。"【原注】褚先生补《史记》。

16.8 十八房

明制，会试用考试官二员，总裁同考试官十八员，分阅《五经》，谓之十八房。【原注】《宋史》："各房分经，始于理宗绍定二年。"

嘉靖末年，《诗》五房，《易》、《书》各四房，《春秋》、《礼记》各二房，止十七房。万历庚辰、癸未二科，以《易》卷多添一房，减《书》一房，仍止十七房。至丙戌，《书》、《易》卷并多，仍复《书》为四房，始为十八房。至内辰，又添《易》、《诗》各一房，为二十房。【沈氏曰】《神宗实录》："万历四十年，会试同考凡二十员，词臣十员，科部各四人。视癸未以前十七房时各衙门俱增一人云。"

天启乙丑，《易》、《诗》仍各五房，《书》三房，《春秋》、《礼记》各一房，为十五房。崇祯戊辰，复为二十房。辛未《易》、《诗》仍各五房，为十八房。癸未，复为二十房。时人概称为十八房云。

《戒庵漫笔》【原注】江阴李诩著。曰："余少时学举子业，并无刻本窗稿。有书贾在利考朋友家往来，抄得灯窗下课数十篇，每篇誊写二三十纸。到余家塾，拣其几篇，每篇酬钱或二文，或三文。忆荆川【原注】唐顺之。中会元，其稿亦是无锡门人蔡瀛与一姻家同刻。方山【原注】薛应旂。中会魁，其三试卷，余为从臾其常熟门人钱梦王，以东湖书院活板印行，未闻有坊间板。今满目皆坊刻矣，亦世风华实之一验也。"【原注】愚按，宏治六年会试同考官靳文僖批："已有自板刻时文行，学者往往记诵，鲜以讲究为事"之语，则彼时已有刻文，但不多耳。杨子常【原注】彝。曰："十八房之刻，自万历壬辰《钩玄录》始。旁有批点，自王房仲【原注】士骕。选程墨始，至乙卯以后，而坊刻有四种：曰程墨，则三场主司及士子之文；曰房稿，则十八房进士之作；曰行卷，则举人之作；曰社稿，则诸生会课之作。至一科房稿之刻有数百部，皆出于苏杭，而中原北方之贾人市买以去。天下之人惟知此物可以取科名，享富贵，此之谓学问，此之谓士人，而他书一切不观。昔丘文庄当天顺、成化之盛，去宋元未远，已谓士子有登名前列，不知史册名目、朝代先后，字书偏旁者。举天下而惟十八房之读，读之三年五年，而一幸登第，则无知之童子俨然与公卿相揖让，而文武之道弃如弁髦。"【原注】《宋史》："理宗朝，奸弊愈滋。有司命题苟简，或执偏见臆说，或发策用事讹舛，所取之士既不精，数年之后复俾之主文，是非颠倒逾甚。时谓之谬种流传。"嗟乎！八股盛而《六经》微，十八房兴而《廿一史》废。【阎氏曰】按归太仆《送童子鸣序》："尝见元人题其所刻之书，云自科举废而古书稍出，余盖深叹其言。夫今世进士之业滋盛，士不复知有书矣。以不读书而为学，此子路之佞，而孔子之所恶其议论与？”昔闵子马以原伯鲁之不说学，而卜周之衰。余少时见有一二好学者，欲通旁经而涉古书，则父师交相谯呵，以为必不得颛业于帖括，而将为坎轲不利之人，岂非所谓大人患失而惑者与？【原注】陆氏曰：“大人惧违众而失位，心志惑乱，故徇流俗之说，而亦曰可以无学。”若乃国之盛衰，时之治乱，则亦可知也已。

16.9 经义论策

今之经义论策，其名虽正，而最便于空疏不学之人。唐宋用诗赋，虽曰雕虫小技，而非通知古今之人不能作。今之经义始于宋熙宁中，王安石所立之法，命吕惠卿、王雱等为之。【原注】《宋史》：“神宗熙宁四年二月丁巳朔，罢诗赋及明经诸科，以经义论策试进士。命中书撰大义式颁行。”

元祐八年三月庚子，中书省言：“进士御试答策，多系在外准备之文，工拙不甚相远，难于考较。祖宗旧制，御试进士赋诗论三题，施行已远，前后得人不少。况今朝廷见行文字多系声律对偶，非学问该洽，不能成章。请行祖宗三题旧法，诏来年御试，将诗赋举人复试三题经义。举人且令试策，此后全试三题。”是当时即以经义为在外准备之文矣。【原注】《宋史·徐禧传》：“神宗见其所上策曰：‘禧言朝廷用经术变士，十已八九，然窃袭人之语，不求心通者相半。此言是也。”

陈后山《谈丛》言：“荆公经义行，举子专诵王氏章句，而不解义。荆公悔之，曰：‘本欲变学究为秀才，不谓变秀才为学究也。’”岂知数百年之后，并学究而非其本质乎？此法不变，则人才日至于消耗，学术日至于荒陋，而五帝三王以来之天下，将不知其所终矣。【魏洪博曰】《四书》、《五经》命题以正其本，变八股，制策论，使人得尽其才，适于实用，以救其败。请言其法：凡童子试小学，论一道，科经书白文三，《四书》一，《易》、《书》、《诗》、《礼》所占经一，《春秋传》一，令自某处起，默书至某处止，兼唐人考字、宋人帖括之意。弟子员试《四书》一道，所占经一道，策一道。乡试策一道，《春秋》一道，判一道，《四书》一道，所占经一道。会试策二道，判六道。凡小学，《四书》经为论，无定体，无短长格，及称引秦汉以下得失，当代时务诸禁。凡命题，毋割裂章句以巧，文毋亵而不经。凡判必依律，去对偶。如谳狱之语，或设事造题，使议其罪。凡试策，试州县者策以其州县之利害，乡试策以其乡，会、议策以天下之利害。会试之策，概论国势治道，或古人当国事业者。一分吏、户、礼、兵、刑、工六职命题者，一自为弟子员，各使占其所能，专才者对一科，通才者对数问。中进士廷试，则使杂陈其所见，而考难之，以定其官。

赵鼎言：“安石设虚无之学，败坏人才。”陈公辅亦谓：“安石使学者不治《春秋》，不读《史》、《汉》，而习其所为《三经新义》，皆穿凿破碎无用之空言也。”若今之所谓时文，既非经传，复非子史，展转相承，皆杜撰无根之语。【原注】前辈时文无字不有出处，今但令士子作文，自注出处，无根之语不得入文，自当攦指而退矣。《金史》：“明昌元年，令举人程文，所用故事可自注出处。”

以是科名所得，十人之中，其八九皆为白徒。而一举于乡，即以营求关说为治生之计。于是在州里则无人非势豪，适四方则无地非游客，而欲求天下之安宁，斯民之淳厚，岂非却行而求及前人者哉？

《太祖实录》:“洪武三年八月，京师及各行省开乡试。初场《四书》疑问，本经义及《四书》义各一道。【原注】元制有《四书》疑、本经疑。洪武三年开科，以《大学》“古之欲明明德于天下者”二节；《孟子》“道在迩而求诸远”一节合为一题，问二书所言平天下大指同异，此即宋时之法。第二场，论一道。第三场，策一道。中式者，后十日复以五事试之，曰骑、射、书、算、律。骑，观其驰驱便捷。射，观其中之多寡。书，通于六义。算，通于九法。律，观其决断。诏文有曰：‘朕特设科举，以起怀才抱德之士，务在经明行修，博通古今，文质得中，名实相称。其中选者，朕将亲策于廷，观其学识，第其高下，而任之以官。’”

伏读此制，真所谓求实用之士者矣。至十七年，命礼部颁行科举成式：第一场，《四书》义三道，经义四道，未能者许各减一道；第二场，论一道，诏诰表内科一道，判语五条；第三场，经史策五道。【沈氏曰】《四书》义，限二百字以上。经义、论策，俱三百字以上。亦见《太祖实录》。

文辞增而实事废，盖与初诏求贤之法稍有不同，而行之二百余年，非所以善述祖宗之意也。【原注】二十五年二月甲子，儒学生员兼习射与书、算，俟其科贡兼考之，后废不行。宣德四年九月乙卯，北京国子监助教王仙言：“近年生员止记诵文字，以备科贡，其于字学、算法略不晓习，改入国监，历事诸司，字画粗拙，算数不通，何以居官莅政？乞令天下儒学生员兼习书、算。”上从之。【沈氏曰】《元史·选举制·科目篇》:“仁宗皇庆二年，定科场事宜。蒙古、色目人第一场经问五条，《大学》、《论语》、《孟子》、《中庸》内设问，用朱氏章句集注，其义理精明，文辞典雅者为中选，第二场策一道，以时务出题，限五百字以上。汉人、南人第一场明经、经疑二问，《大学》、《论语》、《孟子》、《中庸》内出题，并用朱氏章句集注，复以己意结之，限三百字以上经义一道。各治一经，《诗》以朱氏为主，《尚书》以蔡氏为主，《周易》以程氏、朱氏为主，以上三经兼用古注疏。《春秋》许用《三传》及胡氏传，《礼记》用古注疏，限五百字以上，不拘格律。第二场古赋、诏诰、章表内科各一道，古赋、诏诰用古体，章表四六，参用古体。第三场策一道，经史、时务内出题，不矜浮藻，惟务直述，限一千字以上成。乡会试同例。乡试用八月二十日、二十三日、二十六日，会试用次年二月初一日、初三日、初五日。每三岁一次，开试不用子、午、卯、酉年。御试三月初七日。汉人、南人试策一道，限一千字以上成。蒙古、色目人时务策一道，限五百字以上成。元统中，稍变程序，减蒙古、色目人明经二条，增本经义。易汉人、南人第一场《四书》疑一道为本经疑，增第二场，古赋外，诏诰、章表各一道。”【赵氏曰】宋时秋试在八月，春试在二月，元明因之。万历戊戌，御史乔璧星，以举子重裘而进，便于怀挟，请改期于三月，用单袷衣，则弊可清。李久我驳之。张幼于亦有《会试移期议》一篇。然终明之世，未尝改也。本朝始改三月，远方式子既免匆遽，而天暖无呵冻之苦，衣单无怀挟之弊，最为善政。至殿试之期，元时在三月初七日，明初在三月一日，谢恩在三月六日。成化八年，改在十五日，后遂为例。然二月会试，三月朔即殿试，则礼闱中阅文为日无几，岂不太促？本朝殿试在四月二十五日，传胪在五月朔。乾隆二十六年辛巳科试，四月二十一日殿试，二十五日传胪。

《四书》疑犹唐人之判语，设为疑事问之，以观其学识也。《四书》义犹今人之判语，不过得之记诵而已。苟学识之可取，则刘蕡之对止于一篇已足。盖一代之人才徒以记诵之多，书写之速，而取其长，则七篇不足为难，而有并作《五经》二十三篇，如崇祯七年之颜茂猷者，【原注】奉旨特赐中式及殿试第二甲第二名，赐进士出身。亦何裨于经术，何施于国用哉。

《实录》言："洪武十四年六月丙辰，诏于国子诸生中，选才学优等聪明俊伟之士，得三十七人。命之博极群书，讲明道德经济之学，以期大用，称之曰老秀才。累赐罗绮袭衣巾靴，礼遇甚厚。"【原注】后来庶吉士之制，实本于此。是则太祖所望于诸生者，固不仅以帖括之文，而惜乎大臣无通经之士，使一代吁俊之典，但止于斯，可叹也！

永乐二十二年十月丁卯，仁庙谕大学士杨士奇等曰："朝廷所重安百姓，而百姓不得蒙福者由牧守匪人，牧守匪人由学校失教，故岁贡中愚不肖十率七八。古事不通，道理不明，此岂可任安民之寄？"当日贡举之行，不过四十年，而其弊已如此，乃护局之臣，犹托之祖制，而相持不变乎？【沈氏曰】万历二十二年七月己卯，礼部覆御史薛继茂《敷陈科场事宜八条》，而以正文体为第一义，谓纯正典雅之词不出倾斜侧媚之口，怪诞险诐之说，必非坦夷平易之衷。近日士习弊坏，皆由主司不务崇雅斥浮，而奇诡获售，宜其从风而靡也。今后会试主考，宜申饬分房，务取纯雅合式，不得杂收奇僻，为海内标。其两经各有试录朱墨卷，解到礼部，逐一看详。如仍踵弊风者，士子除名，试官有参处。上是其议。四十三年十二月戊辰，礼部题申饬会场事宜，其申文禁云："文必尔雅纯粹，平正通达，一一合先民典型者收。如否，则虽才情奇艳者不录，怪癖者贴出示戚，甚否仍议罚科。其限字以五百为率。揭晓后，本部会同礼科细阅。"

16.10　三场

明初三场之制，虽有先后，而无重轻。乃士子之精力多专于一经，略于考古。主司阅卷，复护初场所中之卷，而不深求其二三场。夫昔之所谓三场，非下帷十年，读书千卷，不能有此三场也。今则务于捷得。不过于四书、一经之中拟题一二百道，窃取他人之文记之，入场之日，抄誊一过，便可侥幸中式，而本经之全文有不读者矣。率天下而为欲速成之童子，学问由此而衰，心术由此而坏。

宋嘉祐中，知谏院欧阳修上言："今之举人以二千人为率，请宽其日限，而先试以策而考之。择其文辞鄙恶者，文意颠倒重杂者，不识题者，不知故实略而不对所问者，误引事迹者，虽能成文而理识乖诞者，杂犯旧格不考式者，凡此七等之人先去之，计二千人可去五六百。以其留者次试以论，又如前法而考之，又可去其二三百。其留而试诗赋者，不过千人矣。于千人而选五百，少而易考，不至劳昏，考而精当，则尽善矣。纵使考之不精，亦当不至大滥，盖其节抄剽盗之人皆以先策论去之矣。比及诗赋，皆是已经策论，粗有学问理识，不至乖诞之人，纵使诗赋不工，亦可以中选矣。【钱氏曰】乡、会试虽分三场，实止一场。士子所诵习，主司所鉴别，不过《四书》文而已。《四书》文行之四百余年，场屋可出之题，士子早已预拟。每一榜出，抄录旧作，幸而得隽者，盖不少矣。今欲革其弊，易以诗赋论策，则识者必哗然阻之，以为圣贤之言不可不尊，士子所习难以骤改，其说必不行，其弊终难革也。窃谓宜以《四书》文为第一场，《五经》文为第二场。《五经》卷帙既富，题目难以预拟，均为八股之文，不得诿为未习，如此则研经者渐多，而剿袭雷同之弊庶几稍息乎？如此，可使童年新学，全不晓事之人，无由而进。"

今之有天下者，不能复两汉举士之法，不得已而以言取人，则文忠之论亦似可取。盖救今日弊，莫急乎去节抄剽盗之人，而七等在所先去，则暗劣之徒无所侥幸，而至者渐少，科场亦自此而清也。

16.11 拟题

明代科场之病，莫甚乎拟题。

且以经文言之，初场试所习本经义四道，而本经之中，场屋可出之题不过数十。富家巨族延请名士馆于家塾，将此数十题各撰一篇，计篇酬价，令其子弟及僮奴之俊慧者记诵熟习。入场命题，十符八九，即以所记之文抄誊上卷，较之风檐结构，难易迥殊。《四书》亦然。发榜之后，此曹便为贵人，年少貌美者多得馆选，天下之士靡然从风，而本经亦可以不读矣。

予闻昔年《五经》之中，惟《春秋》止记题目，然亦须兼读《四传》。

又闻嘉靖以前，学臣命《礼记》题，有出《丧服》以试士子之能记否者。

百年以来，《丧服》等篇皆删去不读，今则并《檀弓》不读矣。《书》则删去《五子之歌》、《汤誓》、《盘庚》、《西伯戡黎》、《微子》、《金縢》、《顾命》、《康王之诰》、《文侯之命》等篇不读，《诗》则删去淫风变雅不读，《易》则删去《讼》、《否》、《剥》、《遯》、《明夷》、《睽》、《蹇》、《困》、《旅》等卦不读，止记其可以出题之篇，及此数十题之文而已。读论惟取一篇，披庄不过盈尺。【原注】《隋书·崔赜传》。因陋就寡，赴速邀时。【原注】《旧唐书·薛谦光传》。

昔人所须十年而成者，以一年毕之。昔人所待一年而习者，以一月毕之。成于剿袭，得于假倩。卒而问其所未读之经，有茫然不知为何书者。故愚以为，八股之害等于焚书，而败坏人材有甚于咸阳之郊所坑者，但四百六十余人也。

请更其法，凡《四书》、《五经》之文，皆问疑义，使之以一经而通之《五经》，又一经之中，亦各有疑义，如《易》之郑、王，《诗》之毛、郑，《春秋》之三传，以及唐宋诸儒不同之说。《四书》、《五经》皆依此发问，【原注】汉人所谓发策决科者，正是如此。其对者必如朱子所云："通贯经文，条举众说，而断以己意。"【原注】《宋史·刘恕传》："举进士，诏能讲经义者别奏名，应召者才数十人。恕以《春秋》、《礼记》对，先列注疏，方引先儒异说，末乃断以己意。凡二十问，所对皆然。其所出之题，不限盛衰治乱，【原注】《宋文鉴》载张庭坚《自靖人自献于先王》经义一篇。使人不得意拟，而其文必出于场中之所作，则士之通经与否可得而知，其能文与否亦可得而验矣。又不然，则姑用唐宋赋韵之法，犹可以杜节抄剽盗之弊。盖题可拟而韵不可必，文之工拙犹其所自作，必不至以他人之文抄誊一过而中式者矣。其表题专出唐宋策题，兼问古今，【原注】如王梅溪集中所载。人自不得不读《通鉴》矣。

夫举业之文，昔人所鄙斥，而以为无益于经学者也。今犹不出于本人之手焉，何其愈下也哉！

读书不通《五经》者，必不能通一经，不当分经试士。且如唐宋之世，尚有以《老》、《庄》诸书命题，如《卮言日出赋》，至相率扣殿槛乞示者。今不过《五经》，益以《三礼》、《三传》，亦不过九经而已。此而不习，何名为士？

《宋史》："冯元，授江阴尉。时诏流内铨以明经者补学官，元自荐通《五经》，谢泌笑曰：'古人治一经而至皓首，子尚少，能尽通耶？'对曰：'达者一以贯之。'更问疑义，辨析无滞。"【朱检讨曰】试士之法，宜仿洪武四年会试之例，发题先《五经》而后《四书》，学使府州县卫，宜经书并试，亦先经后书，盖书所同而经所独，专精其所独，而同焉者不肯后于人，则经义书义，庶几并治矣。

《石林燕语》："熙宁以前，以诗赋取士，学者无不先遍读《五经》。余见前辈虽无科名，人亦多能杂举《五经》，盖自幼学时习之，故终老不忘。自改经术，人之教子者往往便以一经授之，他经纵读亦不能精，其教之者亦未必皆通《五经》，故虽经书正文亦多遗误。若今人问答之间，称其人所习为'贵经'，自称为'敝经'，尤可笑也。"

科场之法，欲其难不欲其易，使更其法而予之以难，则觊幸之人少。少一觊幸之人，则少一营求患得之人，而士类可渐以清。抑士子之知其难也，而攻苦之日多。多一攻苦之人，则少一群居终日言不及义之人，而士习可渐以正矣。

墨子言："今若有一诸侯于此，为政其国家也，曰：'凡我国能射御之士，我将赏贵之；不能射御之士，我将罪贱之。'问于若国之士，孰喜孰惧？我以为，必能射御之士喜，不能射御之士惧。曰：'凡我国之忠信之士，我将赏贵之；不忠信之士，我将罪贱之。'问于若国之士，孰喜孰惧？我以为，必忠信之士喜，不忠信之士惧。"今若责士子以兼《九经》，记《通鉴》历代之史，而曰："若此者中，不若此者黜。"我以为，必好学能文之士喜，而不学无文之士惧也。然则为不可之说以挠吾法者，皆不学无文之人也。人主可以无听也。

今日欲革科举弊，必先示以读书学问之法，暂停考试数年而后行之，然后可以得人。晋元帝从孔坦之议，听孝廉申至七年乃试，【原注】胡三省注："缓为之期曰申。"古之人有行之者。【汝成案】科举得人，视所尊尚。进士、明经，充选则一。昔人论停年长名尚壅铨政，岂有科目可使沉滞？此非揣本言也。

16.12 题切时事

考试题目多有规切时事，亦虞帝"予违汝弼"之遗意也。《宋史·张洞传》："试开封进士，赋题曰《孝慈则忠》。时方议濮安懿王称皇事，英宗曰：'张洞意讽朕。'宰相韩琦进曰：'言之者无罪，闻之者足以戒。'上意解。"古之人君，近则尽官师之规，远则通乡校之论，此义立而争谏之途广也矣。

天启四年，应天乡试题《今夫奕之为数》一节，以魏忠贤始用事也。浙江乡试题《君之视臣如手足，则臣视君如腹心》，以杖杀工部郎万燝也。七年江西乡试题《皓皓乎不可尚已》，其年监生陆万龄请以忠贤建祠国学也。【原注】万龄疏，以忠贤芟除奸党为诛少正卯，定《三朝要典》为作《春秋》，请上特制碑文，并祠其父于后室，以比于启圣。

崇祯三年，应天乡试题《举直错诸枉，能使枉者直》，以媚奄诸臣初定逆案也。此皆可以开帝聪而持国是者。时当季叶，而沔水鹤鸣之义，犹存于士大夫，可以想见先朝之遗化。若崇祯九年应天乡试《春秋》题《宋公入曹，以曹伯阳归》，以公孙强比陈启新，是以曹伯阳比皇上，非所宜言，大不敬。天启七年顺天乡试《书经》题《我二人共贞》，以周公比魏忠贤，则又无将之渐，亦见之弹文者也。【沈氏曰】赵维寰《雪庐焚余稿》云："甲子科各乡试录，语多触忌，魏珰一切绳之，如陈子壮、方逢年、顾锡畴、章允儒辈几二十人，前后俱削夺。自是丁卯诸典试者，其出题属辞皆极意献媚，其不为触忌亦不为献媚者，独江西、福建二三录耳。"

景泰初，也先奉上皇至边，边臣不纳，虽有社稷为重之说，然当时朝论，即有以奉迎之缓为讥者。顺天乡试题《所谓平天下在治其国者》一节，盖有讽意。

16.13　试文格式

经义之文，流俗谓之八股，盖始于成化以后。股者对偶之名也。

天顺以前，经义之文不过敷演传注，或对或散，初无定式，其单句题亦甚少。

成化二十三年，会试《乐天者保天下》文，起讲先提三句，即讲乐天，四股；中间过接四句，复讲保天下，四股；复收四句，再作大结。

弘治九年，会试《责难于君谓之恭》文，起讲先提三句，即讲责难于君，四股；中间过接二句，复讲谓之恭，四股；复收二句，再作大结。每四股之中。一反一正，一虚一实，一浅一深。【原注】亦有联属二句、四句为对，排比十数对成篇，而不止于八股者。其两扇立格，【原注】谓题本两对文，亦两大对。则每扇之中各有四股，其次第之法，亦复如之。故今人相传，谓之八股。若长题则不拘此。

嘉靖以后，文体日变，而问之儒生，皆不知八股之何谓矣。《孟子》曰："大匠诲人，必以规矩。"今之为时文者，岂必裂规偭矩矣乎？

发端二句，或三四句，谓之破题。大抵对句为多，此宋人相传之格。【原注】本之唐人赋格。【钱氏曰】宋季有魏天应《论学绳尺》一书，皆当时应举文字，有破题、接题、小讲、大讲、入题、原题诸式，是论亦有破题。

下申其意，作四五句，谓之承题。

然后提出，夫子为何而发此言，【原注】曾子、子思、孟子皆然。谓之原起。

至万历中，破止二句，承止三句，不用原起。

篇末敷演圣人言毕，自摅所见，或数十字，或百余字，谓之大结。

明初之制，可及本朝时事。以后功令益密，恐有藉以自炫者，但许言前代，不及本朝。

至万历中，大结止三四句。于是国家之事罔始罔终，在位之臣畏首畏尾，其象已见于应举之文矣。

试录文字之体，首行曰"第一场"，顶格写。次行曰"《四书》"，下一格。次行题目，又下一格。《五经》及二、三场皆然。至试文则不能再下，仍提起顶格。此题目所以下二格也。

若岁考之卷，则首行曰"《四书》"，顶格写。次行题目，止下一格。经论亦然。【原注】须知自古以来，书籍文字，首行无不顶格写者。

后来学政苟且成风，士子试卷省却“《四书》”、“《五经》”字，竟从题目写起，依大场之式概下二格。圣经反下，自作反高，于理为不通。然日用而不知，亦已久矣。

又其异者，沿此之例，不论古今，诗文概以下二格为题。

万历以后，坊刻盛行，每题之文，必注其人之名于下，而刻古书者亦化而同之，如题曰《周郑交质》，下二格，其行末书“左丘明”。题曰《伯夷列传》，下二格，其行末书“司马迁”。

变历代相传之古书，以肖时文之面貌，使古人见之，当为绝倒。

16.14　程文

自宋以来，以取中士子所作之文，谓之程文。《金史》：“承安五年，诏考试词赋官各作程文一道，示为举人之式，试后赴省藏之。”至明朝，先亦用士子程文刻录。后多主司所作，遂又分士子所作之文，别谓之墨卷。【沈氏曰】《神宗实录》：“万历十四年正月，礼部议：‘试录程文宜照乡试例删，原卷不宜尽掩初意。’从之。”“十五年八月，命礼部会同翰林院，取定开国至嘉定初年中式文字一百十余篇，刊布学官，以为准则。”时礼部尚书为沈鲤，兼官翰林学士。

文章无定格，立一格而后为文，其文不足言矣。唐之取士以赋，而赋之末流最为冗滥。宋之取士以论策，而论策之弊亦复如之。明之取士以经义，而经义之不成文，又有甚于前代者。皆以程文格式为之，故日趋而下。晁董公孙之对，所以独出千古者，以其无程文格式也。欲振今日之文，在毋拘之以格式，而俊异之才出矣。

16.15　判

举子第二场作判五条，犹用唐时铨试之遗意。至于近年，士不读律，止抄录旧本。入场时每人止记一律，或吏或户。记得五条，场中即可互换。中式之卷，大半雷同，最为可笑。

《通典·选人条例》：“其倩人暗判，人间谓之判罗，此最无耻，请榜示以惩之。”

后唐明宗天成三年，中书奏：“吏部南曹关，今年及第进士内《三礼》刘莹等五人，所试判语皆同。勘状称：‘晚逼试期，偶拾得判草写净，实不知判语不合一般者。’”敕：“贡院擢科，考详所业，南曹试判，激劝为官。刘莹等既不攻文，只合直书其事，岂得相传稿草，侮渎公场。宜令所司落下放罪。”【原注】《宋史·太祖纪》：“开宝六年八月丁酉，泗州推官侯济，坐试判假手，杖除名。”

夫以五代偏安丧乱之余，尚令科罪，明以堂堂一统作人之盛，而士子公然互换，至一二百年，目为通弊，不行觉察，传之后代，其不为笑谈乎！

试判起于唐高宗时，初吏部选才，将亲其人，覆其吏事。始取州县案牍疑议，试其断割，而观其能否。后日月寖久，选人猥多，案牍浅近，不足为难。乃采经籍古义，假设甲乙，令其判断。既而来者益众，而通经正籍又不足以为问，乃征僻书曲学隐伏之义问之，【杨氏曰】如《文苑英华》所载黄闰判之类。惟惧人之能知也。佳者登于科第，谓之入等；其甚拙者谓之蓝缕，各有升降。选人有格限未至而能试文三篇，谓之宏词。试判三条，谓之拔萃，亦曰超绝。词美者得不拘限而授职。

至明朝之制①，以吏部选人之法而施之贡举，欲使一经之士皆通吏事，其意甚美，又不用假设甲乙，止据律文，尤为正大得体。但以五尺之童能强记者，旬日之力，便可尽答而无难，亦何以定人才之高下哉。盖此法止可施于选人引试俄顷之间，而不可行之通场广众竟日之久。宜乎各记一曹，互相倒换。朝廷之制有，名行而实废者，此类是矣。必不得已而用此制，其如《通典》所云："问以时事疑狱，令约律文断决，不乖经义"者乎？

16.16 经文字体

生员冒滥之弊，至正嘉②而极。

求其省记《四书》本经全文，百中无一。更求通晓六书，字合正体者，千中无一也。简汰之法，是亦非难，但分为二场。第一场，令暗写《四书》一千字，经一千字，脱误本文及字不遵式者贴出除名。第二场，乃考其文义，则矍相之射，仅有存者矣。或曰：此末节也，岂足为才士累？

夫周官教国子以六艺，射御之后，继以六书。而汉世试书九千字以上，乃得为史。以周官童子之课，而责之成人。

汉世掾史之长，而求之秀士，犹且不能，则退之陇亩，其何辞之有？

北齐策孝、秀于朝堂，对字有脱误者呼起立席后，书迹滥劣者饮墨汁一升，文理孟浪者夺席脱容刀。

僭霸之君尚立此制，以全盛之朝，求才之主，而不思除弊之方，课实之效，与天下因循于溷浊之中，以是为顺人情而已。权文公有言："常情为习所胜。避患安时，俾躬处休，以至老死，自为得计，岂复有揣摩古今风俗，整齐教化根本，原始要终，长辔远驭者耶？"

古今一揆，可胜慨息。

16.17 史学

唐穆宗长庆三年二月，谏议大夫殷侑言："司马迁、班固、范晔《三史》为书，劝善惩恶，亚于《六经》。比来史学废绝，至有身处班列，而朝廷旧章莫能知者。"于是立《三史》科及《三传》科。《通典·举人条例》："其史书，《史记》为一史，《汉书》为一史，《后汉书》并刘昭所注《志》为一史，《三国志》为一史，《晋书》为一史，李延寿《南史》为一史，《北史》为一史。习《南史》者兼通宋、齐《志》，习《北史》者通后魏、隋书《志》。自宋以后，史书烦碎冗长，请但问政理成败所因，及其人

---

① 至明朝之制，一本作"今国朝之制"。

② 正嘉，一本作"今日"。

物损益关于当代者，其余一切不问。国朝自高祖以下及睿宗《实录》并《贞观政要》共为一史。”【原注】朱子亦尝议分年试士，以《左传》、《国语》、《史记》、《两汉》为一科，《三国》、《晋书》、《南北史》为一科，新旧《唐书》、《五代史》为一科，时务、律历、地理为一科。

今史学废绝，又甚唐时。若能依此法举之，十年之间，可得通达政体之士，未必无益于国家也。

宋孝宗淳熙十一年十月，太常博士倪思言：“举人轻视史学。今之论史者，独取汉、唐混一之事，三国、六朝、五代，以为非盛世，而耻谈之。然其进取之得失，守御之当否，筹策之疏密，区处兵民之方，形势成败之迹，俾加讨究，有补国家。请谕春官，凡课试命题，杂出诸史，无所拘忌。考核之际，稍以论策为重，毋止以初场定去留。”从之。

史言薛昂为大司成，寡学术，士子有用《史记》西汉语，辄黜之。在哲宗时，尝请罢史学，哲宗斥为俗佞。吁，何近世俗佞之多乎！【汝成案】昂，元丰进士。始主王氏学，后又附蔡京，至举家为京讳。昂尝误及，即自批其颊。谄鄙至是，罢史学宜矣。

日知录　卷十六

日知录　卷十七

昆山顾炎武撰

17.1　生员额数

生员犹曰官员，有定额谓之员。《唐书·儒学传》：“国学始置生七十二员，取三品以上子弟若孙为之。太学百四十员。取五品以上。四门学百三十员。取七品以上。郡县三等。上郡学置生六十员，中下以十为。差上县学置生四十员，中下亦以十为差。”此生员之名所始，而明制亦略仿之。

明初，诸生无不廪食于学。《会典》言：“洪武初，令在京府学六十人，在外府学四十人，州学三十人，县学二十人，日给廪膳，听于民间选补，仍免其差徭二丁。”【原注】正统六年闰十一月乙未，以直隶保安州临边民少，减儒学训导一员，生员并为两斋，岁贡依县学例。

其后以多才之地，许令增广，亦不过三人、五人而已。踵而渐多，于是宣德元年，定为之额如廪生之数，其后又有军民子弟俊秀待补增广之名。【原注】《大明会典》：正统十二年，奏准常额之外，军民子弟愿入学者，提调教官考公选俊秀，待补增广员缺，一体考送应试。按《实录》，此从凤阳府知府杨瓒之言。先是，廪增额外之生，止谓之入学寄名。此则准其待缺补充增广生矣。

久之，乃号曰附学，无常额，而学校自此滥矣。异时每学生员不过数十人，故考试易精，程课易密。【沈氏曰】《元史·选举制·学校篇》：“仁宗延祐二年，集贤学士赵孟頫、礼部尚书元明善等议：‘国子学贡士之法，有私试规矩一条：汉人孟月试经疑一道，仲月试经义一道，季月试策，问表章诏告科一道。蒙古、色目人，孟、仲月各试明经一道，季月试策问一道。辞理俱优者为上等。理优辞平者为中等。每岁终通计，其多积者，升充高等生员，以四十人为额。’”是时盖增置生员百人，陪堂生二十人也。

而洪武二十四年七月庚子，诏岁贡生员不中，其廪食五年者罚为吏，不及五年者遣还读书。次年复不中者，虽未及五年，亦罚为吏。二十七年十月庚辰，诏生员食廪十年，学无成效者，罚为吏。成化初，礼部奏准，革去附学生员。【原注】四年五月庚申旨下。

已而不果行。【原注】成化元年，大藤峡用兵，始令两广考试不中生员廪膳纳米五十石，增广纳米三十石，免其充吏，放回宁家。其年，保定等府水灾，复依此例，廪膳纳米六十石，增广四十石。以后饷军赈饥率依此例。至五年二月，提调直隶学校监察御史陈炜，奏请免其充吏，竟发为民。奉旨准行，仍追其所食廪米。

而教官、提调官亦各有罚。取之如彼其少，课之如此其严，岂有如后日之滥且惰者乎？当时于取进士用三场，动言遵祖制，而于此独不肯申明祖制，举一世而为姑息之政、侥幸之人，是可叹也。

宣德三年三月戊戌，行在礼部尚书胡濙奉旨，令各处巡按御史同布政司、按察司并提调官、教官，将生员同考试，食廪膳七年以上，学无成效者，发充吏。六年以下，追还所给廪米，黜为民。【原注】至宣德七年，奏天下生员三万有奇。其时即已病生员之滥，而尚未有提学官之设，是以烦特旨而会多官也。

正统元年五月壬辰，始设提调学校官，每处添按察司官一员，南北御史各一员。【原注】十年四月，广东左参议杨信民奏："自设提调学校官以来，监临上司，嫌于侵职，巡历所至，置之不问。如广东诸处，阻江隔海，提学官不过岁一至而已。虽曰职掌，徒为文具，乞罢之便。"事下礼部，尚书胡濙言："布、按二司所至处，自应提督考校。府州县提调正官，每月朔望，宜照例诣学，考其勤惰。今因设提学官，乃彼此推诿，是非设官之过，乃旷职之咎也。"得旨申饬，仍令巡按御史纠举提学官之不职者。十三年七月丙戌，山西绛县儒学署训导事举人张干，请罢提督学校、御史佥事等官。部议从之，上不允。景泰元年四月壬午，翰林院编修周洪谟请裁革各处提学官。天顺五年十一月庚申，复设提督学校官。

其条例曰："生员食廪六年以上，不谙文理者，悉发充吏。增广生入学六年以上，不谙文理者，罢黜为民当差。"又曰："生员有阙，即于本处官员军民之家，选考端重俊秀子弟补充。"【原注】当时生员，有阙方补。

后充吏之法不行①，而新进附生乃有六年未满免黜之例，盖由此而推之也。

李吉甫在中唐之世，疾吏员太广，谓由汉至隋，未有多于今者。天下常以劳苦之人三，奉坐待衣食之人七，而今则遐陬下邑，亦有生员百人，即未至扰官害民，而已为游手之徒，足称五蠹之一矣。有国者苟知俊士之效赊，而游手之患切，其有不亟为之所乎。【杨氏曰】入仕之途易，则侥幸之人多，而读书又美名，此天下所以多生员也。

其中之劣恶者，一为诸生，即思把持上官，侵噬百姓，聚党成群，投牒呼噪。【原注】正统十四年六月丙辰，诏生员事犯黜退者，轻罪充吏，免追廪米；若犯受赃、奸盗、冒籍科举、挟妓饮酒、居丧娶妻妾等罪者，南北直隶发充两京国子监膳夫，各布政司发充邻近儒学斋夫、膳夫，满日，原籍为民示警，廪膳仍追廪米。至崇祯之末，开门迎贼者生员，缚官投伪者生员，几

---

① 后，一本作"今"。

于魏博之牙军、成都之突将矣。故十六年殿试策问，有曰“秀、孝间污潢池”。【原注】时举人亦有从贼者，故云。呜呼，养士而不精，其效乃至于此。

景泰四年四月己酉，右少监武艮、礼部右侍郎兼左春坊左庶子邹干等奏：“临清县学生员伍铭等，愿纳米八百石，乞入监读书。今山东等处正缺粮储，宜允其请。”从之。并诏各布政司及直隶府州县学，生员能出米八百石于临清、东昌、徐州三处赈济，愿入监读书者听。此一时之秕政，遂循之二百年。【赵氏曰】《涌幢小品》云：“近日民生纳粟一途，人颇轻之。然罗圭峰以七试不录，入赀北雍，中解元、会元。盖既有此途可以就试，则人才遗迹出其中，故未可一概论也。”

五月庚申，令生员纳米入监者，比前例减三百石。

河南开封府儒学教授黄銮奏：“纳粟拜官，皆衰世之政乃有之，未闻以纳粟为贡士者。臣恐书之史册，将取后世作俑之讥。”部议仓廪稍实，即为停罢。

八月癸巳，礼部奏：“迩因济宁、徐州饥，权宜拯济，令生员输米五百石，入监读书，虽云权宜，实坏士习，请弛其令，庶生徒以学行相励。”从之。

正统以后，京官多为其子陈情乞恩送监读书者，此太学之始坏。

天顺五年十月，令生员纳马廿四，补监生。

《唐书》载：尚书左丞贾至议曰：“夫先王之道消，则小人之道长。小人之道长，则乱臣贼子生焉。臣弑其君，子弑其父，非一朝一夕之故，其所由来者渐矣。渐者何？谓忠信之陵颓，耻尚之失所，末学之驰骋，儒道之不举，四者皆取士之失也。近代趋仕，靡然向风，致使禄山一呼，而四海震荡；思明再乱，而十年不复。向使礼让之教弘，仁义之道著，则忠臣孝子比屋可封，逆节不得而萌，人心不得而摇矣。观三代之选士任贤，皆考实行，故能风化淳一，运祚长远。秦坑儒士，二代而亡。汉兴，杂三代之政，弘四科之举，西京始振经术之学，东都终持名节之行。至有近戚窃位，强臣擅权，弱主外立，母后专政，而社稷不陨，终彼四百，岂非兴学行道，扇化于乡里哉。厥后文章道弊，尚于浮侈，取士异术，苟济一时。自魏至隋四百余载，三光分景，九州阻域，窃号僭位，德义不修，是以子孙速颠，享国咸促。国家革魏、晋、梁、隋之弊，承夏、殷、周、汉之业，四隩既宅，九州攸同，覆焘亭育，合德天地。安有舍皇王举士之道，纵乱代取人之术，此公卿大夫之辱也。”是则科举之弊，必至于躁竞；而躁竞之归，驯至于乱贼。自唐迄今，同斯一辙。有天下者，诚思风俗为人才之本，而以教化为先，庶乎德行修而贤才出矣。

明初，有以儒士而入科场者，谓之儒士科举。景泰间，陈循奏：“臣原籍吉安府，自生员之，外儒士报科举者，往往一县至有二三百人。”

先生《生员论》略曰。国家之所以设生员者何哉？盖以收天下之才俊子弟，养之于庠序之中，使之成德达才，明先王之道，同当世之务，出为公卿大夫，与天子分猷共治也。

……必选夫《五经》兼通者而后充之，由课之以《二十一史》与当世之务而后生之。仍分为秀才、明经二科，而养之于学者，不得过二十人之数，无则缺之。为之师者，州县以礼聘焉，勿令部选。如此而国有实用之人，邑有通经之士，其人才必盛于今日也。

又曰：……国家之所以取生员而考之以经义、论、策、表、判者，欲其明六经之旨，通当世之务也。今以书坊所刻之义，谓之时文，舍圣人之经典、先儒之注疏与前代之史不读，而读其所谓时文。时文之出，每科一变，五尺童子能诵数十篇而小变其文，即可以取功名，而钝者至白首而不得遇。老成之士，既以有用之岁月，消磨于场屋之中，而少年捷得之者，又易视天下国家之事，以为人生之所以为功名者，惟此而已。故败坏天下之人才，而至于士不成士，官不成官，兵不成兵，将不成将，复然后寇贼奸尻得而乘之，敌国外侮得而胜之。苟以时文之功，用之于经史及当世之务，则必有聪明俊杰通达治体之士，起于其间矣。故曰：废天下之生员，而用世之才出也。

问曰：废天下之生员，则何以取士？曰：吾所谓废生员者，非废生员也，废今日之生员也。请用辟举之法，而并存生儒之制，天下之人，无问其生员与否，皆得举而荐之于朝廷，则我之所收者，既以博矣，而其廪之学者为之限额，略仿唐人郡县之等：小郡十人，等而上之，大郡四十人而止；小县三人，等而上之，大县二十人而止。约其户口之多寡，人材之高下而差次之，有缺则补，而罢岁贡举人之二法。其为诸生者，选其通隽，皆得就试于礼部，而成进士者，不过授以簿尉亲民之职，而无使之骤进，以平其贪躁之情。其设之教官，必聘其乡之贤者以为师，而无隶于士籍；罢提学之官，而领其事于郡守。此诸生之中，有荐举而入仕者；有考试而成进士者；亦或有不率而至于斥退者；有不幸而死，及衰病不能肄业，愿给衣巾以老者。缺至于二人三人，然后合其属之童生，取其通经能文者以补之。然则天下之为生员者少矣。少则人重之，而其人亦知自重。为之师者不烦于教，而向所谓拒徒合党，以横行于国中者，将不禁而自止。若夫温故知新，中年考较，以蕲至于成材，则当参酌夫古今之法，而兹不具论也。或曰：天下之才，日生而无穷也，使之皆壅于童生，则奈何？吾固曰：天下之人，无问其生员与否，皆得举而荐之于朝廷，则取士之方，不恃诸生之一途而已也。夫取士以佐人主理国家，而仅出于一途，未有不弊者也。①

---

① 清·黄汝成《日知录集释》于本节之后，附有“先生《生员论》略曰”长文一篇，兹以楷体字照录。“先生”指顾炎武。思齐按：这篇长文系缩合顾炎武《生员论》上、中、下三篇文章而成。以上第一段，录自《生员论上》，起首部分略有删节，“先生《生员论》略曰”数字为黄汝成所加。第二段录自《生员论中》，起首部分略有删节，“又曰”二字为黄汝成所加。第三段录《生员论下》全文。《生员论》上、中、下三篇的原文，载《四部丛刊》影印潘耒刻本《顾亭林诗文集》卷之一。

17.2　中式额数

今人论科举，多以广额为盛，不知前代乃以减数为美谈，著之于史。

《旧唐书王丘传》："开元初，迁考功员外郎。【原注】贡举，旧以考功员外郎主之。开元二十四年，始改用礼部侍郎。杜甫诗："忤下考功第。"【赵氏曰】开元间，移贡举于礼部，以侍郎主之，后世礼部知贡举自此始。然其时知贡举者即主司，后世则知贡举者单理场务，而主试则别命大臣。按唐制，知贡举亦有不专用礼部侍郎，而别命他官者。德宗时，萧昕以礼部尚书知贡举，则不必侍郎也。又以国子祭酒包佶知贡举。宪宗时，以中书舍人李逢吉知贡举。穆宗时，以中书舍人李宗闵知贡举。武宗时，以太常卿王起知贡举。宣宗时，以中书舍人杜审权知贡举。五代时，亦或以他部尚书、侍郎为之，此又近代别命大臣主试之始也。又，唐时知贡举大臣有不必进士出身者。《旧唐书·李麟传》："麟以荫入仕，不由科第出身。后为兵部侍郎，知礼部贡举。"又李德裕与宗闵有隙，杜悰欲为释憾，曰："德裕有文才，而不由科第，若使之知贡举，必喜矣。"是唐制非科第出身者亦得主试也。先是，考功举人请托大行，取士颇滥，每年至数百人。【原注】此通计诸科之数。丘一切核其实材，登科者仅满百人。议者以为自则天已后，凡数十年，无如丘者。"

《严挺之传》："开元中，为考功员外郎，典举二年，人称平允。登科者顿减二分之一。"

《陆贽传》："知贡举，一岁选士才十四五。【原注】此进士登第之数。数年之内，居台省清近者十余人。"此皆因减而精，昔人之所称善。今人为此，不但为刻薄之名，而又坐失门生百数十人。虽至愚者不为矣。

《高锴传》："为礼部侍郎，凡掌贡部三年，每岁登第者四十人。开成三年，敕曰：'进士每岁四十人，其数过多，则乖精选，官途填委，要窒其源，宜改每岁限放三十人。如不登其数，亦听。'文宗之识，岂不优于宋太宗乎？【原注】《贾悚传》："太和中，三典礼闱所选士，共止七十五人。"

齐王融为武帝作《策秀才文》曰："今农战不修，文儒是竞。"宋自太宗太平兴国二年赐进士诸科五百人，遽令释褐，而二年进士至万二百六十人，淳化二年至万七千三百人。【原注】见《曾巩文集》。于是一代风流，无不趋于科第。

叶适作《制科论》谓，士人猥多，无甚于今世。此虽足以弘文教之盛，而士习之偷，亦自此始矣。【原注】《吕氏家塾记》言："今士人所聚多处，风俗便不好。"

鲁哀公用庄子之言，号于国中曰："无其道而为其服者，其罪死。"五日而鲁国无敢儒服者，独有一丈夫，儒服而立乎公门，公召而问以国事，千转万变而不穷。庄子曰："以鲁国而儒者一人耳，可谓多乎？"

《记》曰："垂绥五寸，惰游之士也。今将求儒者之人，而适得惰游之士。"此其说在乎楚叶公之好画龙，而不好真龙也。

永乐十年二月，会试天下举人。上谕考官杨士奇、金幼孜曰："数科取士颇多，不免玉石杂进，今取毋过百人。"

正统五年十二月，始增会试中式额为百五十人，应天府乡试百人，他处皆量增之。

天顺七年，有监察御史朱贤上言，欲多收进士，以备任使。上恶其干誉，下锦衣卫狱，降四川忠州花林水驿驿丞。

17.3 通场下第

《册府元龟》：“唐天宝十载九月辛卯，上御勤政楼，试怀才抱器举人。丙申，敕曰：‘朕祗膺宝历，叚鉴远图。虑草泽之遗贤，降弓旌于屡辟。是以三纪于兹，群材辐凑。或一言可纪，必适轮辕；一善可经，每加奖进。庶六合之内，靡然同风，四科之门，咸能一贯。何兹意之缅邈，而增修之寂寥。今者举人深乖宿望，朕之所问，必正经史；卿等所答，咸皆少通。朕以独鉴未周，必资佥议，爰命朝贤三事，精加详择；咸以为阙于聚学，莫可登科。其怀才抱器举人，并放更习学。其有不对策罗嘉茂，既是白丁，宜于剑南効力。全不答所问崔慎感、刘湾等，勒为本郡充学生之数，勿许东西。其所举官，各量贬殿，以示惩诫。”是通场皆下第也。【钱氏曰】其时李林甫当国，非善政也。然玄宗不因是而废此科，且黜落之举人犹称为“卿等”，既无峻切之文，亦不为姑息之政，斯得之矣。

17.4 御试黜落

《宋史·仁宗纪》：“嘉祐二年三月，赐礼部奏名进士诸科及第出身八百七十七人。”亲试举人免黜落始此。【原注】此仁宗末年姑息之政。

《诒谋录》曰：“旧制，殿试皆有黜落，临时取旨，或三人取一，或二人取一，或三人取二，故有累经省试取中而摈弃于殿试者。自张元以积忿降元昊，为中国患，朝廷始囚其家属，未几复纵之。于是群臣建议，归咎于殿试。

嘉祐二年，诏进士与殿试者皆不黜落。是一畔逆之士子，为天下后世士子无穷之利也。阮汉闻言，以张元而罢殿试之黜落，则惩黄巢之乱，将天下士子无一不登第而后可。”

17.5 殿举

宋初，约周显德之制，定贡举条法及殿罚之式。进士文理纰缪，殿五举。原注：今谓之罚科。诸科初场十否，原注：不通者谓之否。殿五举。第二、第三场十否，殿三举。第一场至第三场九否，并殿一举。殿举之数，朱书于试卷，送中书门下。今之科场有去取而无劝惩，故不才之人得以旅进。而言此者，世必以为刻薄矣。

《英宗实录》：“宣德十年九月，令天下岁贡生员从行在翰林院考试中式者，送南北国子监读书；不中者，发原籍住廪肄业，以待复试；再不中者，发充吏。提调教官如例责状。”今岁贡廷试亦无黜落，设科取士，大抵为恩泽之途矣。

17.6 进士得人

《唐书·选举志》：“众科之目，进士尤为贵，其得人亦最为盛焉。文宗好学嗜古，郑覃以经术位宰相，深嫉进士浮薄，屡请罢之。”【原注】《公主传》：“德宗女魏国公主下嫁王士平，得罪，贬贺州司户参军。门下客蔡南史、独孤申叔为主作《团雪散雪辞》，帝闻，怒捕南史等逐之，几废进士科。”《唐语林》：“进士举人各树名甲。开成、会昌中语曰：‘郑杨段薛，炙手可热。’”

武宗即位，宰相李德裕尤恶进士，谓朝廷选官，须公卿子弟为之。何者？少习其业，自熟朝廷事，台阁之仪，不教而自成。寒士纵有出人之才，固不能闲习也。德裕之论，偏异盖如此。然进士科当唐之晚节尤为浮薄，世所共患也。

《金史》言：“取士之法，其来不一。至于唐宋，进士盛焉，当时士君子之进不由是途，则自以为慊。【原注】苦簟反。此由时君之好尚，故人心之趋向然也。”

宋马永卿言：“本朝取士之路多矣，得人之盛无如进士，至有一榜得宰相数人，者其间名臣不可胜数，此进士得人之明效也。或曰不然，以本朝崇尚进士，故天下英才皆入此科。若云非此科不得人，则失之矣。唐开元以前，未尝尚进士科，故天下名士杂出他途。开元以后，始尊崇之，故当时名士中此科者十常八九，以此卜之，可以见矣。”

余姚黄宗羲作《明夷待访录》，其《取士篇》曰：“古之取士也宽，其用士也严；今之取士也严，其用士也宽。古者乡举里选，士之有贤能者不患于不知，降而唐宋，其科目不一，士不得与于此，尚可转而从事于彼，是其取之之宽也。《王制》：‘命乡论秀士，升之司徒，曰选士；司徒论选士之秀者升之学，曰俊士。’‘大乐正论造士之秀者升之司马，曰进士。司马论进士之贤者，以告于王，而定其论，论定然后官之，任官然后爵之，位定然后禄之。’唐之士及第者未便解褐入仕，吏部又复试之。【原注】详下条。宋虽登第入仕，然亦止簿、尉、令，录榜首才得丞、判，是其用之之严也。宽于取则无遗才，严于用则无幸进。今也不然，其取士止有科举一途，虽使豪杰之士若屈原、董仲舒、司马相如、扬雄之徒，舍是亦无由而进，取之不谓严乎哉？一日苟得，上之列于侍从，下亦置之郡县，即其黜落而为乡贡者，终身不复取解，授之以官，用之又何其宽也。严于取，则豪杰之老死丘壑者多矣；宽于用，此在位者多不得其人也。流俗之人徒见二百年以来之功名气节一二出于其中，遂以为科法已善，不必他求。不知科第之内既聚此十百万人，不应功名气节之士独不得入，则是功名气节之士之得科第，非科第之能得功名气节之士也。假使探筹，较其长短而取之，行之数百年，则功名气节之士亦自有出于探筹之中者，宁可谓探筹为取士之善法邪？究竟功名气节人物不及汉唐远甚，徒使庸妄之辈充塞天下，岂天之不生才哉，则取之之法非也。我故宽取士之途，有科举，有荐举，有太学，有任子，有郡县佐，【原注】其法以诸生掌六曹。有辟召，有绝学，有上书，而用之之严附见焉。”

明初，荐辟之法既废，而科举之中尤重进士。神宗以来，遂有定例，州县印官以上中为进士缺，中下为举人缺，最下乃为贡生缺，举贡历官虽至方面，非广西、云贵不以处之。以此为铨曹一定之格，间有一二举贡受知于上，拔为卿贰，大僚则必尽力攻之，使至于得罪谴逐，且杀之而后已。于是不由进士出身之人，遂不得不投门户以自庇。资格与朋党，二者牢不可破，而国事大坏矣。至于翰林之官，又以清华自处而鄙夷外曹。崇祯中，天子忽用推知考授编检，而众口交哗，有“适从何来，遽集于此”之诮。【原

注】唐武儒衡语。呜呼，科第不与资格期，而资格之局成；资格不与朋党期，而朋党之形立。防微虑始，有国者其为变通之计乎？【汝成案】科第莫重于明，党伐亦莫过于明。永乐初年，内阁七人，非翰林者居其半，翰林、纂修亦诸色参用。自天顺二年，李贤奏定修纂专选进士，由是非进士不入翰林，非翰林不入内阁，南北礼部尚书、侍郎及吏部右侍郎非翰林不任，而庶吉士始进之时，已群目为储相。然吾邑徐尚书学谟却以外曹累迁，似不尽由翰林。第畸重日久，怀宗虽欲更变，难矣。

17.7 大臣子弟

人主设取士之科，以待寒畯，诚不宜使大臣子弟得与其间，以示宠遇之私；而大臣亦不当使其子弟与寒士竞进。

魏孝文时，于烈为光禄勋卿，其子登引例求进，烈上表请黜落，孝文以为有识之言。虽武夫犹知此义也。唐之中叶，朝政渐非，然一有此事，尚招物议。

长庆元年，礼部侍郎钱徽知贡举，中书舍人李宗闵子婿苏巢、右补阙杨汝士弟殷士，皆及第，为段文昌所奏，指擿榜内郑朗等十四人①，谓之子弟。穆宗乃内出题目重试，落朗等十人，贬徽江州刺史，宗闵剑州刺史，汝士开江令。【原注】《旧唐书》。

会昌四年，权知贡举左仆射王起，奏所放进士有江陵节度使崔元式甥郑朴、东都留守牛僧孺女婿源重，故相窦易直子缄，监察御史杨收弟严，试文合，格物议以子弟非之，敕遣户部侍郎翰林学士白敏中覆试，落下三人，唯放杨严一人。原注：《册府元龟》。《唐书·杨严传》又有杨知至，共五人。

大中元年，礼部侍郎魏扶奏："臣今年所放进士三十三人，其封彦卿、崔琢、郑延休等三人，实有词艺，为时所称，皆以父兄见居重任，不敢选取。"诏令翰林学士承旨户部侍郎韦琮考覆，敕放及第。原注：《旧唐书》。大中末，令狐绹罢相，其子滈应进士举。在父未罢相前，拔文解及第，谏议大夫崔瑄论滈干挠主司，侮弄文法，请下御史台推勘，疏留中不出。【原注】《旧唐书·令狐绹子滈传》："大中十三年，绹罢相，为河中节度使。为其子滈乞应进士举，许之。登第三十人。有郑羲者，故户部尚书浣之孙；裴宏余，故相休之子；魏筜，故相扶之子；及滈，皆大臣子弟。谏议大夫崔瑄论：滈权在一门，势倾天下，及绹罢相作镇之日，便令滈纳卷贡闱，岂可以父在枢衡，独挠文柄，请下御史台按问，奏疏不下。"《册府元龟》载起居郎张云疏，言绹方出镇，滈便策名，发榜宣麻，相去二十三日。

后梁开平三年五月，敕礼部所放进士薛钧是、左司侍郎薛廷珪男，方持省辖，固有避嫌，宜令所司落下。

宋开宝元年，权知贡举王佑，擢进士合格者十人，陶谷子邴名在第六。翼日，谷入谢，上谓侍臣曰："闻谷不能训子，邴安得登第？"乃命中书覆试，邴复登第。因下诏，

---

① 擿（tì），揭发。指擿，指责揭发。擿伏，将隐秘的事情揭发出来。《汉书》卷七六《赵广汉传》："广汉尝记召湖都亭长，湖都亭长西至界上，界上亭长戏曰：'至府，为我多谢问赵君。'亭长既至，广汉与语，问事毕，谓曰：'界上亭长寄声谢我，何以不为致问？'亭长叩头服实有之。广汉因曰：'还为吾谢界上亭长，勉思职事，有以自效，京兆不忘卿厚意。'其发奸擿伏如神，皆此类也。"

自今举人，凡关食禄之家，礼部具闻覆试。【原注】《山堂考索》。

至太宗以后，科额日广，登用亦骤，而上下斤斤，犹守此格，有人主示公而不取者。

雍熙二年，宰相李昉之子宗谔、参政吕蒙正之弟蒙亨、盐铁使王明之子扶、度支使许仲宣之子待问，举进士试，皆入等。上曰："此并势家，与孤寒竞进，纵以艺升，人亦谓朕有私。"遂罢之是也。【原注】《山堂考索》。

有人臣守法而自罢者。唐义问用举者召试秘阁，父介引嫌罢之是也。【原注】《宋史》。

有子弟恬退而不就者。韩维尝以进士荐礼部，父亿任执政，不就廷试。

仁宗患搢绅奔竞，谕近臣曰："恬静守道者旌擢，则躁求者自当知愧。"于是宰相文彦博等言："维好古嗜学，安于静退，乞加甄录。"召试学士院，辞不赴，除国子监主簿是也。【原注】《山堂考索》。《旧唐书》言王荛苦学善属文，以季父铎作相，避嫌不就科试。

而赵屼为御史，上疏言："治平以前，大臣不敢援置亲党于要途，子弟多处管库，甚者不使应科举。自安石柄国，持内举不避亲之说，始以子雱列侍从，由是循习为常，今宜杜绝其源。"【原注】《宋史》。

以此为防，犹有若秦桧子熺、孙埙试进士，皆为第一者。【原注】《清波杂志》："绍圣丁丑，章持魁南省时，有诗云：'何处难忘酒，南宫发榜时。有才如杜牧，无势似章持。不取通经士，先收执政儿。此时无一盏，何以展愁眉？'"

至于有明，此法不讲。又入仕之途，虽不限出身，然非进士一科，不能跻于贵显。于是宦游子弟，攘臂而就功名。三百年来，惟闻一山阴王文端子【原注】名家屏，万历中辅臣。中解元，不令赴会试者。唐宋之风，荡然无存。然则宽入仕之途，而厉科名之禁，不可不加之意也。

天宝二年，是时海内晏平，选人万计，命吏部侍郎宋遥、苗晋卿考之。遥与晋卿苟媚朝廷，又无廉洁之操，取舍偷滥，甚为当时所丑。有张奭者，御史中丞倚之子，不辨菽麦，假手为判，特升甲科。会下第者尝为蓟令，以其事白于范阳节度使安禄山。禄山恩宠崇盛，谒请无时，因具奏之。帝乃大集登科人，御花萼楼，亲试升第者，十无一二焉。奭手持试纸，竟日不下一字，时谓之曳白。帝大怒，遂贬遥为武当太守，晋卿为安康太守，复贬倚为淮阳太守。诏曰："庭闱之间，不能训子；选调之际，乃以托人。士子皆以为戏笑，或托于诗赋讽刺。"考判官礼部郎中裴朏、起居舍人张烜、监察御史宋昱、左拾遗孟朝，皆贬官岭外。

《石林燕语》曰："国初，贡举法未备，公卿子弟多艰于进取，盖恐其请托也。范杲鲁公之兄子见知陶穀、窦仪，皆待以甲科，会有言世禄之家不当与寒畯争科名者，遂不敢就试。李内翰宗谔已过省，以文正为相，因唱名辞疾不敢入，亦被黜。文正罢相，方再登科。天禧后，立法，有官人试不中者皆科私罪，仍限以两举。庆历以来，条令日备，有官人仍别立额，于是进取者始自如矣。"

谢在杭《五杂俎》曰："宋初进士科，法制稍密，执政子弟多以嫌，不令举进士，有过省而不敢就殿试者。庆历中，王伯庸为编排官，其内弟刘原父，廷试第一。以嫌，自列降为第二。今制，惟知贡举典试者，宗族不得人，其它诸亲不禁也。执政子弟擢上第者，相望不绝，顾其公私何如耳。杨用修作状头，天下不以为私，与江陵诸子异矣。万历癸未，苏工部浚入闱，取李相公廷机为首卷，二公少同笔砚，至相善也，然苏取之不以为嫌，李魁天下而人无间言，公也。庚戌之役，汤庶子宾尹，素知韩太史敬，拔之高等，而其后议论蜂起，座主门生，皆坐褫职。夫韩之才诚高，而汤之取未为失人，但心迹难明，卒至两败，亦可惜也。然科场之法，自是日益多端矣。"【原注】景泰七年，大学士王文、陈循，以其子乡试不中，至具奏讼冤，为皆准令会试。

17.8 北卷

明制，科场分南卷、北卷、中卷，【原注】《实录》：洪熙元年八月乙卯，行在礼部奏："定科举取士之额，南士取十之六，北士取十之四。"后又令南北各退五卷，为中卷。景泰二年，会试礼部，奏准取士不分南北，户科给事中李侃等谓："北人拙于文辞，向日定为南北之分，不可改。礼部言：乡举里选之法不可行矣。取士若不以文。考官将何所据？且北方中土，人才所生，以古言之，大圣如周公、孔子，大贤如颜、曾、思、孟，皆非南人。以今言之，如靖远伯王骥、左都御史王翱、王文，皆永乐间不分南北所取进士，今岂可预谓北无其人？侃等所言不允。"四年会试，命仍分南、北、中卷。【汪氏曰】宣德、正统间，会试分南、北、中卷，南则应天及苏、松诸府，浙江、江西、福建、湖广、广东，北则顺天、山东、山西、河南、陕西，中则四川、广西、云南、贵州及凤阳、庐州二府，滁、徐、和三州，是即一南直隶而有南与中之异。至武闱亦仿文闱南北卷例，分边方、腹里，边六腹四，此俱行之于会试耳。今会试已分省，而南、北、中卷仍行之顺天乡试，南与中皆指外省言，北则直隶之贡监，合北五省，皆增其额，于顺天本省正额之外者也。又曰：向时文武有互考之例，亦多有中试者。该在唐时，文吏或求武选，武夫或求文选，惟选官有互用耳。宋则武举人多求换文资，而太学诸生久不第者多去从武举，是互考宋已开其端矣。此调停之术，而非造就之方。

夫北人，自宋时即云：京东西、河北、河东、陕西五路举人，拙于文辞声律。【原注】王氏《挥麈录》曰："国初，每岁发榜，取士极少。安德裕作魁日，九人而已，盖天下未混一也。至太宗朝浸多，所得率江南之秀。其后又别立分数，考较五路举人，以北人拙于辞令，故优取。熙宁二年，廷试罢三题，专以策取士，非杂犯不复黜。然五路举人尤为疏略。黄道夫榜传胪，至第四甲党镈卷子，神宗大笑曰：'此人何由过省?'知举舒信道对以五路人，用分数取，末名过省，上命降作第五甲末。"

况又更兵革之乱，文学一事，不及南人久矣。【杨氏曰】金以儒亡，其文学最盛，不得云金之乱，文学不及南人。

今南人教小学，先令属对，犹是唐宋以来相传旧法，北人全不为此，故求其习比偶、调平仄者，千室之邑，几无一二人。而八股之外，一无所通者，比比也。

愚幼时《四书》本经俱读全注，后见庸师窳生，欲速其成，多为删抹。而北方则有全不读者。【原注】王槐野《与郑少潭提学书》言："关中士不读朱注，不看《大全》、《性理》、《通鉴》诸书。"当嘉靖之时已如此。

欲令如前代之人，参伍诸家之注疏而通其得失，固数百年不得一人，且不知《十三经》注疏为何物也。间有一、二、五经刻本，亦多脱文误字，而人亦不能辨，此古书善本，绝不至于北方，而蔡虚斋、林次崖诸经学训诂之儒，皆出于南方也。故明代①北方有二患：一曰田荒，二曰人荒。非大有为之君作而新之，不免于“无田甫田，维莠骄骄”之叹也。

汉成帝元延元年七月，诏：内郡国，举方正能直言极谏者各一人；北边二十二郡，举勇猛知兵法者各一人，此古人因地取才，而不限以一科之法也。宋敏求尝建言：“河北、陕西、河东士子，性朴茂而辞藻不工，故登第者少，请令转运使择荐有行艺材武者特官之，使人材参用，而士有可进之路。”其亦汉人之意也与？

17.9　糊名

国家设科之意，本以求才。今之立法，则专以防奸为主。如弥封、誊录一切之制是也。考之唐初，吏部试选，人皆糊名，令学士考判。武后以为非委任之方，罢之。【原注】此则糊名已用之选人，而未尝用之贡举。

贞元中，陆贽知贡举，访士之有才行者于翰林学士梁肃，肃曰：“崔群虽少年，他日必至公辅。”果如其言。【原注】《册府元龟》。《唐书·本传》：“贽知贡举，时崔元翰、梁肃文艺冠时，贽输心于肃，肃与元翰推荐艺实之士，一岁选士才十四五，数年之内，居台省清近者十余人。”

太和初，礼部侍郎崔郾试进士东都，吴武陵出杜牧所赋《阿房宫辞》，请以第一人处之，【原注】《武陵传》。此知其贤而进之也。张昌龄举进士，与王公治齐名，皆为考功员外郎王师旦所绌。太宗问其故，对曰：“昌龄等华而少实，其文浮靡，非令器也。取之则后生劝慕，乱陛下风雅。”帝然之。温庭筠苦心砚席，尤长于诗赋。初举进士，至京师，人士翕然推重。然士行尘杂，不修边幅，能逐弦吹之音，为侧艳之词。公卿家无赖子弟裴诚、令狐滈之徒，相与蒱饮，酣醉终日。由是累年不第。【原注】本传。罗隐有诗名，尤长于咏史，然多讥讽，以故不中第。【原注】《册府元龟》。此知其不可而退之也。

《宋史·陈彭年传》言：“景德中，彭年与晁迥同知贡举，请令有司详定考试条式。真宗命彭年与戚纶参定，多革旧制，专务防闲。其所取者，不复选择文行，止较一日之艺，虽杜绝请托，然置甲等者或非人望。”【原注】《文献通考》略同。

《宋白传》言：“初，陈彭年举进士，轻俊，喜谤主司。白知贡举，恶其为人，黜落之，彭年憾焉。后居近侍，为贡举条制，多所关防，盖为白设也。”【原注】《山堂考索》同。盖昔之取士，虽程其一日之文，亦参之以平生之行，而乡评士论一皆达于朝廷。【原注】《李谘传》：“举进士，真宗闻其至孝，擢第三人。”当时尚未糊名。陆游《老学庵笔记》：“本朝进士，初亦如唐制，兼采时望。真庙时，周安惠公起建糊名法，一切以程文为去留。”

故《王旦传》言：“翰林学士陈彭年，呈政府科场条目，旦投之地，曰：‘内翰得官几日，乃欲隔截天下进士！’彭年皇恐而退。”【原注】《画墁录》言：“彭年子彦博守汀州，以赃败，杖脊流海岛。其孙逵兄弟发彭年冢，取金带分货，抵罪。”而范仲淹、苏颂之议，并欲

① 明代，一本作“今日”。

罢弥封、誊录之法，使有司先考其素行，以渐复两汉选举之旧。原注：本传。夫以彭年一人之私，而遵之为数百年之成法，无怪乎繁文日密，而人材日衰。欲求才者，非有重门洞开之心胸①，不能起而更张之矣。【汪氏曰】唐惟诏举糊名。宋《选举志》云："淳化三年，苏易简知贡举，受诏即赴贡院，仍糊名考校，遂为例。景德四年，定亲试进士条例，试卷付编排官去其卷首、乡贯、状别，以字号第之，付封弥官誊写校勘，用御书印，付考官定第毕，复封弥送覆，考官再定等，编排管阅其同异，未同者再考之。八年，始置誊录院，官封试卷，付之集书吏录本。宋之誊写即封弥官，其后置院，乃分二事。封弥凡再者，因送覆考，而封考官所定之第也。"《志》又言："举人之弊凡五，曰传义、曰换卷、曰易号、曰卷子出外、曰誊录灭裂。宝庆二年，左谏议大夫朱端常，奏防戢之策。端平元年，侍御史李鸣复等，请严怀挟之禁，恳恳赏募人告捉，皆允行。"元《选举志》："举人各自备三场之卷，并草卷各一十二幅，于卷首书三代、籍贯、年甲。前期半月，于印卷所投纳，用印钤缝，各还举人。"又云："日未出入场，黄昏纳卷。受卷，弥封所，用印讫，写三不成字为号，每名累场同用一号。送誊录所，并用朱书誊录。送对读所，以元卷与朱卷对读无差，呈解贡院考校。用墨笔批点毕，取元卷对号开拆，分为二榜，揭于省门之左右。进士二榜用敕黄纸书，揭于内前红门之左右。"凡此制度，盖自宋、元已详，并非始自前明。惟"弥封"旧称"封弥"，元之"朱卷"，明改"硃卷"，或因避国姓故耳。若所云草卷，与今殿试同。所云二榜，亦称左右榜，一是蒙古及色目人，一是汉人与南人。明《选举志》："乡试、会试，供给、收掌试卷，弥封、誊录、对读、受卷及巡绰、监门、搜检怀挟，俱有定员，各执其事。"又云："试日入场，讲问代冒者有禁。晚未纳卷，给烛二枝。弥封编号，作三合字。考试者用墨，谓之墨卷。录用朱，谓之朱卷。在外提调、监事等谓之外帘官，在内主考、同考谓之内帘官。"帘内、帘外亦自元有此名，而明谓之外帘、内帘耳。其贿买钻营，怀挟倩代，割卷传递，顶名冒籍，弊端百出，而关节为甚。至于科场之例，有不合适而贴出者。考金完颜匡，章宗时试诗赋，漏写诗题，下注字"不取"。元《选举志》："凡御名、庙讳及文理纰漏，涂注乙五十字以上者，不考。"

《册府元龟》："唐宪宗元和二年十二月，敕自今以后，州府所送进士，如迹涉疏狂，兼亏礼教，或曾为官司科罚，或曾任州府小吏一事，不合入清流者，虽薄有词艺，并不得申送。如举送以后事发，长吏停见任及已停替者殿二年，本试官及司功官并贬降。"是进一不肖之人，考试之官皆有责焉。今则借口于糊名，而曰："吾衡其文，无由知其人也。"是教之祟败行之人而代为之逭其罪也。

《容斋四笔》曰："唐世科举之柄，颛付之主司，仍不糊名。又有交朋之厚者为之荐达，谓之通榜。故其取人也，畏于讥议，多公而审，亦或胁于权势，或挠于亲故，或累于子弟，皆常情所不能免者。若贤者临之，则不然。未引试之前，其去取高下，固已定于胸中矣。韩文公《与祠部陆员外书》曰：'执事之与司贡士者相知诚深矣，彼之所望于执事，执事之所以待乎彼者，可谓至而无间矣。彼之职在乎得人，执事之志在乎进贤。如得其人而授，之所谓两得。愈之知者有侯喜、侯云长、刘述古、韦群玉，【原注】《摭言》作"纾"。此四子皆可以当首荐而极论者，期于有成而后止可也。沈杞、张弦、【原注】《登科记》作"弘"。尉迟汾、李绅、张后余、李翊，皆出群之才，与之足以收人

① "非有重门洞开之心胸"，一本在此句的前面尚有"后之人主"四字。

望而得才实。主司广求焉，则以告之可也。往者陆相公司贡士，愈时幸在得中，【原注】贞元八年，陆贽知举，贾棱等二十二人登第，公与焉。所与及第者皆赫然有声。原其所以，亦由梁补阙肃、王郎中础佐之，梁举八人无有失者，其余则王皆与谋焉。陆相待王与梁如此不疑也，至今以为美谈。"

此书在集中不注岁月。按《摭言》云："贞元十八年，权德舆主文，陆傪员外通榜。韩文公荐十人于傪，权公凡三榛，共放六人，余不出五年内皆捷。"以《登科记》考之，贞元十八年，德舆以中书舍人知举，放进士二十三人，尉迟汾、侯云长、韦纾、沈杞、李翊登第。十九年，以礼部侍郎放二十人，侯喜登第。永贞元年，放二十九人，刘述古登第。通三榜，共七十二人，而韩所荐者预其七。元和元年，崔邠下放李绅。三年，又放张后余、张弘。皆与《摭言》合。

17.10　搜索

《旧唐书·李揆传》："干元初，兼礼部侍郎。言主司取士，多不考实，徒峻其堤防，索其书策，殊不知艺不至者，居文史之囿，亦不能摛辞，深昧求贤之意也。及试进士，请于庭中设《五经》诸史及《切韵》本于床，引贡生谓之曰：'大国选士，但务得才，经籍在此，请恣寻检。'"

《舒元舆传》："举进士，见有司钩校苛切，因上书言：'自古贡士，未有轻于此者。且宰相公卿由此出，而有司以隶人待之。罗棘遮截，疑其为奸，非所以求忠直也。'【原注】《李戡传》："年二十，明《六经》，就礼部试，吏唱名乃入。戡耻之，明日径返江东，隐阳羡里。"又言：'国朝校试，穷微探隐，无所不至，士至露顶跣足以赴科场，此先辈所以有投棨而出者。然狡伪之风所在而有，试者愈严，而犯者愈众，桁杨之辱不足以尽辜。如主司真具别鉴，虽怀藏满箧，亦复何益？故搜索之法，祇足以济主司之所短，不足以显才士之所长也。'"

前明①考试之弊，在乎求才之道不足，而防奸之法有余。【原注】洪武五年正月癸丑，上谕礼部臣曰："近代以来，举人不中程序为有司所黜者，多不省己自修，以图再进，往往摭拾主司细故谤毁，以逞私忿，礼让廉耻之风不立。今后有此者罪之。"万历末，谢肇淛言："上之防士如防奸偷，而旁观之伺主司如伺寇盗。"

宋元祐初，御史中丞刘挚上言："治天下者，遇人以君子长者之道，则下必有君子长者之行应于上，若以小人遇之，彼将以小人自为矣。况以此行于学校之间乎？诚能反今日之弊，而以教化为先，贤才得而治具张，不难致也。"

《金史》："泰和元年，省臣奏：'搜简之法虽严，至于解发袒衣，索及耳鼻，殊失待士之礼。【原注】《移剌履传》："初举进士，恶搜简烦琐，去之。"盖世宗初年。故大定二十九年已尝依前故事，使就沐浴，官置衣为之更之，既可防滥，且不亏礼。'从之。"

朱子论学校科举之弊，谓："上以盗贼待士，士亦以盗贼自处，鼓噪迫胁，非盗贼

① 前明，一本作"今日"。

而何？嗟夫，三代之制不可见矣。汉唐之事，岂难仿而行之者乎？”

17.11 座主门生

贡举之士，以有司为座主，而自称门生。

自中唐以后，遂有朋党之祸。【原注】“座主”字见《令狐峘传》。张籍《寄苏州白使君》诗：“登第早年同座主。”《杨嗣复传》：“领贡举，时父于陵自雒入朝，乃率门生出迎，置酒第中。于陵坐堂上，嗣复与诸生坐两序。始于陵在考功，擢浙东观察使，李师稷及第时亦在焉，人谓杨氏上下门生。”

会昌三年十二月二十二日，中书覆奏：“奉宣旨，不欲令及第进士呼有司为座主，兼题名局席等条疏进来者。伏以国家设文学之科，求真正之士，所宜行崇风俗，义本君亲，然后升于朝廷，必为国器。岂可怀赏拔之私惠，忘教化之根源，自谓门生，遂为朋比？所以时风浸坏，臣节何施？树党背公，靡不由此。【原注】按韩文公《送牛堪序》：“吾未尝闻有登第于有司，而进谢其门者。”则元和、长庆之间，士风犹不至此。臣等议，今日以后，进士及第，任一度参见有司，向后不得聚集参谒，于有司宅置宴。其曲江大会朝官及题名局席，并望勒停。”【原注】《新唐书》：“初，举人既及第，缀行通名，诣主司第谢。其制，序立西阶下，北上，东向；主人席东阶下，西向。诸生拜，主司答拜，乃叙齿谢恩。遂升阶，与公卿观者皆坐。酒数行，乃赴期集。又有曲江会题名席。”李肇《国史补》：“既捷，列名于慈恩寺塔，谓之题名。大燕于曲江亭子，谓之曲江会。”奉敕宜依。

后唐长兴元年六月，中书门下奏：“时论以贡举官为恩门，及以登第为门生。门生者，门弟子也。颜、闵、游、夏等并受仲尼之训，即是师门。大朝所命，春官不会。教诲举子，是国家贡士，非宗伯门徒。今后及第人不得呼春官为恩门、师门，及自称门生。”

宋太祖建隆三年九月丙辰，诏及第举人不得拜知举官子弟及目为恩门、师门，并自称门生。【赵氏曰】《唐书》：“权德舆门生七十人，推沈传师为颜子。”又《权璩传》云：“宰相李宗闵，乃父门生也。”《萧遘传》：“遘为王铎所取士，及与铎同为相，常奏帝曰：‘臣乃铎门生。’”此作主、门生之见于史册者也。门生谒座师、房师，将出，师送至二门外，亦有故事。《五代史》：裴皞以文学在朝久，宰相马嗣孙、桑维翰皆皞礼部所放进士。后马知贡举，引新进士谒皞，皞喜作诗，曰：“门生门下见门生。”世传以为荣。维翰为相，尝过皞，不迎不送。皞曰：“我见桑公于中书，庶僚也。公见我于私第，门生，何迎送之有？”此门生见座主故事。本朝初年，因御史杨雍建言，故令中式十见主司，但用姓名书帖，不称门生。此近时科场故事也。

刘克庄《跋陆放翁帖》云：“余大父著作为京教，考浙漕试；明年考省试。吕成公卷子皆出本房，家藏大父与成公往还真迹，大父则云‘上覆伯恭兄’，成公则云‘拜覆著作丈’，时犹未呼座主作先生也。”寻其言，盖宋末已有先生之称。而至于有明，则遂公然谓之座师，谓之门生，乃其朋党之祸，亦不减于唐时矣。【原注】王元美《觚不觚录》谓：“嘉靖以前，门生称座主，不过曰‘先生’而已。至分宜当国，始称‘老翁’，其厚者称‘夫子’，此后门生俱曰老师。”《五杂俎》言：“国朝惟霍文敏韬不拜主司，亦不受人作门生。”【汝成案】《明史》：“霍韬举进士，出毛澄门下，素执弟子礼。及议大礼不合，遂不以澄为座主。及韬总裁己丑会试，亦不以唐顺之等为门生。”此盖由私激而然，非以崇厉风俗。

唐时风俗之敝，杨复恭至谓昭宗为门生天子。

唐·崔佑甫议，以为自汉徐孺子于故举主之丧，徒步千里而行一祭，厚则厚矣，其于传继非可也，历代莫之非也。【原注】《后汉书·樊儵传》：“言郡国举孝廉，率取年少能报恩者。当时即有此说。”近日张荆州九龄又刻石而美之。于是后来之受举为参佐者，报恩之分，往往过当。或挠我王宪，舍其亲戚之罪负，举其不令子孙，以窃名位，背公死党，兹或近之。时论从而与之，通人又不救，遂往而不返。【原注】宋陈莹中言：“使王氏之门有负恩之士，则汉之宗社不至于亡。”其言可感。

夫参伍之于举主，犹顾盼之恩，被话言之奖，陶镕成就，或资其力，昔人且有党比之讥。若科场取士，只凭所试之文，未识其名，何有师生之分？至于市权挠法，取贿酬恩，枝蔓纠连，根柢盘互，官方为之浊乱，士习为之颓靡，其与汉人笃交念故之谊，抑何远哉？【阎氏曰】明之士夫积习，师弟重于父子，得罪于父母者有之，得罪于座主者未之有也。门户重于师弟，以师之门户为门户者固多，不以师之门户为门户者亦不少也。富贵又重于门户者，有始附正人，继而与之为敌者；有始主邪说，既窥其党将败，遂反攻之者，皆惑于富贵也。

《风俗通》记农太守吴匡，为司空黄琼所举。班诏劝耕，道于渑池，闻琼薨，即发丧制服，上病，载辇车还府。论之曰：“剖符守境，劝民耕桑，肆省冤疑，和解仇怨，国之大事，所当勤恤。而猥顾私恩，傲狠自遂。若宫车晏驾，何以过兹？”论者不察，而归之厚。司空袁周阳，举荀慈明有道；太尉邓伯条，举訾孟直方正。二公薨，皆制齐衰。【原注】《后汉书·荀爽传》：“司空袁逢举有道，不应。及逢卒，爽制服三年，当世往往化以为俗。邵宝议之曰：‘师丧以心，而举主服三年，可乎？’”若此类者非一。然荀訾通儒，于义足责。【原注】魏景元元年，傅玄举将仆射陈公薨，以谘时贤。光禄郑小同云：“宜准礼。而以情义断之，服吊、服加麻可也，三月除之。”宋庾蔚之以此论为允。或举者名位斥落，子孙无继，多不亲至。然则隆情由乎显阀，薄报在乎衰门。此又私恩之一变，古今同慨者矣。

《后汉书》：“周景为河内太守，好贤爱士。每至岁时，延请举吏，入止后堂，与共宴会。如此数四，乃遣之。赠送什物，无不充备。既而选其父兄子弟，事相优异。”【原注】《魏志·卫臻传》：“夏侯惇为陈留太守，举臻计吏，命妇出宴。臻以为末世之俗，非礼之正。”先是，司徒韩演在河南，志在无私，举吏当行，一辞而已，恩亦不及其家。曰：“我举若可矣，岂可令偏积一门？”是二公者，若人情虽有厚薄之殊，而意趣则有公私之别矣。

《记》言：“赵文子所举，于晋国管库之士，七十有余家，生不交利，死不属其子焉。”呜呼！吾见今之举士者，交利而已，属子而已！

17.12 举主制服

《杂记》曰——

“孔子曰：‘管仲遇盗，取二人焉。’上以为公臣，曰：‘其所与游辟也，可人也。’

管仲死，桓公使为之服。宦于大夫者之为之服也，自管仲始也，有君命焉尔也。”①

此虽前仕管氏，亦以举主而服之。然孔子以为有君命则可，盖亦有所不尽然之辞。

17.13　同年

今人以同举为同年。

唐宪宗问李绛曰：“人于同年固有情乎?”对曰：“同年乃九州四海之人，偶同科第，或登科然后相识，情于何有然?”

穆宗欲诛皇甫镈，而宰相令狐楚、萧俛以同年进士护之矣。按汉人已有之。

《后汉书·李固传》云：“有同岁生，得罪于冀。”

《风俗通》云：“南阳五世公为广汉太守，与司徒长史段辽叔同岁。”又云：“与东莱太守蔡伯起同岁。”又云：“萧令吴斌，与司徒韩演同岁。”

《三国志·魏武帝纪》云：“公与韩遂父同岁孝廉。”【原注】《魏武故事》载公令曰：“顾视同岁中，年有五十，未名为老。”

汉《敦煌长史武班碑》云：“金乡长河间，高阳史恢等追惟昔日同岁。”《郎署孝廉柳敏碑》云：“县长同岁犍为属国赵台公。”

《晋书·陶侃传》：“侃与陈敏同郡，又同岁举吏。”其云同岁，盖即今之同年也。【原注】惟《吴志·周瑜传》言：“坚子策与瑜同年。”《步隲传》言：“与广陵卫旌同年。”此当是年齿之年。

私恩结而公义衰，非一世之故矣。【赵氏曰】今世又有序先后同年者。《文昌杂录》：“太子太师张升，大中祥符八年乙卯登科，至熙宁九年丙辰薨，先一年为乙卯，及见登科新进士。”此先后同年之所由昉也。

17.14　先辈

先辈乃同试而先得第者之称。

程氏《演繁露》曰：“《通典》：文帝黄初五年，立太学于洛阳。时慕学者始诣太学，为门人，满一岁，试通一经者称弟子；不通一经罢遣。弟子满二岁，试通二经者补文学掌故；不通者听从后辈试试，通二经亦得补掌故。满三岁，试通三经者擢高第，为太子舍人；不第者随后辈复试，试通亦为太子舍人。舍人满二岁，试通四经者擢高第，为郎中；不通者随后辈复试，试通亦为郎中。郎中满二岁，能通五经者擢高第，随才叙用；不通者随后辈复试，试通亦叙用。”故唐世举人呼已第者为先辈，由此也。【原注】《韦庄集》有题云：“癸丑年下第献新先辈。”《北梦琐言》：“王疑知贡举，谓人曰：‘某叨忝文柄，今年榜帖全为司空先辈一人而已。’”

今考《吴志·阚泽传》言：“州里先辈丹阳唐固，修身积学。”《薛综传》言：“零

---

① 这一段话的出处是《孔子家语·曲礼子夏问》。“子夏问曰：‘官于大夫，既升于公，而反为之服礼与?’孔子曰：‘管仲遇盗，取二人焉。上之为公臣，曰：所以游辟者，可人也。’公许。管仲卒。桓公使为之服。官于大夫者为之服，自管仲始也，有君命焉。”

陵赖恭先辈，仁谨不晓时事。”《晋书·罗宪传》言：“侍宴华林园，诏问蜀大臣子弟，复问先辈宜时叙用者，宪荐蜀人常忌、杜轸等。”是先辈之称，果起于三国之时。而唐李肇《国史补》谓：互相推敬，谓之先辈，此又后人之滥矣。【原注】《演繁露》又谓：“唐人已第者，其自目曰前进士。”亦仿此也，犹曰早第进士，而其辈行在先也。《渑水燕谈录》：“苏德祥，汉相禹珪之子，建隆四年，进士第一人。登第初还乡里，太守置宴作乐，伶人致语曰：‘昔年随侍，尝为宰相郎君；今日登科，又是状元先辈。’”

郑氏《诗·采薇》笺曰：“今薇生矣，先辈可以行也。”是亦汉末人语。

17.15 出身授官

史言开元以后，四海晏清，士无贤不肖，耻不以文章达。其应诏而举者多则二千人，少犹不减千人，所收百才有一。

《文献通考》：唐时所放进士，每岁不过二三十人。【原注】《册府元龟》：“贞元十八年五月，敕自今已后，每年考试所收人，明经不得过一百人，进士不得过二十人。如无其人，不必要满此数。”太和元年、二年、三年，每年恩赐及第四十人。二年五月，礼部奏请每年进士以三十人为限，从之。

士之及第者，未便解褐入仕，尚有试吏部一关。韩文公三试于吏部无成，则十年犹布衣，且有出身二十年不获禄者。【原注】东莱吕氏曰：“唐时进士登第者尚未释褐，或是为人所论荐，或再应皆中，或藩方辟举，然后始得释褐。”《册府元龟》：“唐文宗语宰臣曰：‘凡进士及第，有方镇奏请判官者，第一任未经作州县官莫依，但第一任曾作州县官，即第二任依奏。”

自宋太宗太平兴国二年，上初即位，思振淹滞，赐进士诸科出身者五百余人。【原注】《石林燕语》：“是年进士特取一百九人，自是连放五榜，通取八百一人。”皆先赐袍袍靴笏，赐宴开宝寺，第一、第二等进士及九经授将作监丞、大理评事、通判诸州，其余皆优等注拟，宠章殊异，历代未有也。

薛居正等言取人太多，用人太骤，不听。【原注】陆游《南唐书》言：“冯延鲁子僎，韩熙载知贡举，放及第，复试被黜，后与其弟侃、仪、价、伉入宋，继取名第。”盖南唐及第止于三人、五人、而宋及第至百余人也。

此太宗初一天下，欲以得士之盛跨越前代，荣观史册，【原注】《宋史》：“王禹偁上疏言：‘太祖之世，每岁进士不过三十人，经学五十人，重以诸侯不得奏辟，士大夫罕有资荫，故有终身不获一第，没齿不获一官。太宗毓德王藩，睹其如此，临御之后，不求备于取人，舍短用长，拔十得五，在位将逾二纪，登第殆近万人，虽有俊杰之才，亦多容易而得。”而不知侥幸之心，欲速之习，中于士人者，且数百年，而不可返矣。

又考《通典·举人条例》：“四经出身，授紧县尉；判入第三等；授望县尉。五经出身，授望县尉；判入第三等，授畿县尉。进士与四经同资。”是唐时明经、进士，初除不过县尉。【原注】《宋史》：“明经、进士入望州判司，次畿簿尉。”《文献通考》：“开宝八年，王嗣宗为状元，止授泰州司理参军。太平兴国以后，始授将作监丞、大理评事、通判诸州，当时以为异数。”

至明代①则一入词林，更不外补，【原注】谢肇淛曰：“国朝进士，一入史馆，即与六卿抗礼。二十年间，便可跻卿相、清华之选，百职莫敢望焉。唐宋之代，出为郡守，入为两制，未尝有此格也。”二甲之除，犹为部属，崇浮长惰，职此之由。所以一第之后，尽弃其学，而以营升纳贿为事者，以其得之浅而贵之骤也。其于唐人举士之初制，失之远矣。

《儒林公议》言：“太宗临轩发榜，三五名以前皆出贰郡符，迁擢荣速。陈尧叟、王曾初中第，即登朝领太史之职，赐以朱黻。尔后状元登第者，不十余年，皆望柄用。人亦以是为当得之也。每殿廷胪传第一，则公卿以下无不耸观，虽至尊亦注视焉。自崇政殿出东华门，传呼甚宠，观者拥塞通衢。”今代状元及第之荣，一甲翰林之授，权舆于是矣。【原注】又言洛阳人尹洙，豪士也。尝曰：“状元及第，虽使将兵数十万，恢复幽蓟，逐出强敌，凯歌劳还，献捷太庙，其荣无以加焉。”宋之务虚文而忘实事，即太宗有以开之矣。

宋初用人之弊有二：进士释褐，不试吏部，一也。献文得旨，召试除官，二也。今炫文之途已革，而入官之选尚轻。二者之弊，其一尚存，似宜仍用唐制。

用八股之人才，而使之理烦治众，此夫子所谓贼夫人之子也。【杨氏曰】八股之才，无一可用，只儒学一选，是其本色，然而溺职者比比也。师生不相识，而征索贽礼，比于田粮，吾不知何取于此。

17.16　恩科

宋时有所谓特奏名者，开宝三年三月庚戌，诏礼部阅进士，及十五举尝终场者，得司马浦等一百六人，赐本科出身，特奏名。恩例自此始，谓之恩科。

咸平三年，遂至九百余人。士人恃此，因循不学。故天圣之诏曰：“狃于宽恩，遂隳素业，苟简成风，甚可耻也。”而元祐初，知贡举苏轼、孔文仲言：“今特奏者已及四百五十人，又许例外递减，一举则当复增数百人。此曹垂老，别无所望，布在州县，惟务黩货以为归计。前后恩科，命官几千人矣，何有一人能自奋厉有闻于时？而残民败官者，不可胜数，以此知其无益有损。议者不过谓宜广恩泽，不知吏部以有限之官待无穷之吏，户部以有限之财禄无用之人，而所至州县举罹其害，乃即位之初有此过举，谓之恩泽，非臣所识也。”

当日之论如此。【原注】《金史》：章宗大定二十九年，敕今后凡五次御帘进士，可一试而不黜落，止以文之高下定其次，谓之恩榜。【杨氏曰】大定是世宗年号，章宗以是年即位。

《语》不云乎：“及其老也，戒之在得。”故有杖乡之制以尊高年，致仕之节以养廉耻。以宾王谒帝之荣，为闵老酬劳之具，恐所益于儒林者小，而所伤于风俗者多。养陋识于泥途，快膻情于升斗。岂有赵孟之礼绛人，穆公之思黄发，足以裨君德而持国是者乎？况五十不从力政，六十不与服戎，岂可使龂龂于阙里之旁，攘攘于桥门之下？宜著为令，凡中式举人，年至六十者，赐第罢归，居家授徒；不中式者，不许再上。不但减

① 明代，一本作“今代”。

百千黩货之人，亦可以劝二三有耻之士。”【原注】孝宗淳熙七年五月庚辰，诏特奏名，年六十人，毋注县尉。《元史》至正三年三月，监察御史成遵等，请用终场下第举人，充学正、山长。【赵氏曰】宋时特奏名例，年老者或得赐同进士出身，其后又不必年老而亦赐者，《神宗纪》赐布衣陈知彦进士出身是也。又有他途出身已为达官而特赐进士出身者，《神宗纪》赐知县王辅进士出身；《理宗纪》以史宅之为太辅少监，史宇之为将作少监，并赐同进士出身；李曾伯为四川宣抚使兼京湖制置大使，赐同进士出身；德祐中，谢堂知枢密院事，赐同进士出身是也。金制，已为显官特赐进士者，又必定为某科进士。如移剌履，明昌初礼部尚书兼翰林直学士，特赐大定三年孟宗献榜下进士及第；韩锡，天德中为尚书工部员外郎，特赐胡砺榜下进士及第；胥持国，拜参知政事，特赐孙用康榜下进士及第是也。又有武职赐文进士者，《宋史·曹勋传》：“勋以恩补承信郎，特命赴进士廷试，赐甲科，为武吏如故。”此又累朝所无也。

汉献帝初平四年，诏曰：“今耆儒年逾六十，去离本土，营求粮资，不得专业。结童入学，皓首空归，长委农野，永绝荣望，朕甚愍焉。其依罢科者，听为太子舍人。”唐昭宗天复元年，赦文令中书门下选择新及第进士中，有久在名场、才沾科级、年齿已高者，不拘常例，各授一官。于是，礼部侍郎杜德祥奏：拣到新及第进士陈光问年六十九，曹松年五十四，王希羽年七十三，刘象年七十，柯崇年六十四，郑希颜年五十九。诏：光问松、希、羽可秘书省正字，象、崇、希颜可太子校书。此亦前代季朝之政，当丧乱之后，以此慰寒畯而收物情，非平世之典也。

《实录》：宣德二年六月己卯，行在礼部尚书胡濙奏：“北京国子监生及见拨各衙门历事者，请令六部尚书、都察院都御史、通政使司、大理寺、翰林院各堂上官、六科给事中，公同监官，拣选凡年五十五以上及残疾貌陋不堪者，皆罢为民。”上从之。凡斥去一千九十五人，其南京国子监生亦准此例。【原注】次年即奉旨，澄汰天下生员。别见后《广额》条下。

三年四月丙辰，行在吏部尚书蹇义奏：“拣选吏员，年五十以上及人物鄙猥，不谙文移者，皆罢为民。”

四年九月甲寅，放南北两京国子监生年五十五以上及残疾者二百五十三人，还乡为民。

九年九月戊寅，行在礼部奏：“取天下生员年四十五以上者考试，其中者入国子监读书，不中者罢归为民。”

宣庙精勤吏治，一时澄清之效如此。后人不知，即知之亦不肯言矣。

17.17 年齿

《记》曰：“四十曰强而仕，七十曰老而传。”是人生服官之日，不过三十年。

汉顺帝阳嘉元年，用左雄之言，令孝廉年不满四十不得察举。皆先诣公府，诸生试家法，【原注】儒有一家之学，故称家法。文吏课笺奏。

宋文帝元嘉中，限年三十而仕。

梁武帝天监四年，令九流常选，年未三十，不通一经不得解褐。

今则突而弁兮，已厕银黄之列；死期将至，尚留金紫之班。何补官常，徒隳士习？宜定为中制，二十方许应试，三十方许服官。年至六十，见任官听其自请致任，【原注】《实录》：“洪武十三年二月戊辰，命文武官年六十以上者，皆听致仕，给以诰敕。”无官之人一切勒停。是虽蚤于古《记》之十年，要亦不过三十年而已。三十年之中，复有三年大忧，及期丧不得补选之日，则其人在仕路之日少，而居林下之日多，可以消名利之心，而息营竞之俗。【刘明经曰】终身出处之事，而旦夕图之，贤者不能宽以岁月，以深其稽古之功；愚者无所劳其心思，而皆有骤获之意。又曰：古之人以其身为仁义道德之身，年弥高则识弥进，而今令闻日隆，故天下皆以齿为贵。后之人以其身为声色货利之身，年逾衰而力愈耗，而不能有为，故天下遂以此为贱。

洪熙元年四月庚戌，郑府审理正俞廷辅言：“近年宾兴之士，率记诵虚文，求其实才，十无二三，或有年才二十者，未尝学问，一旦挂名科目，而使之临政治民，职事废隳，民受其弊。自今各处乡试，宜令有司先行审访，务得博古通今，行止端重，年过二十五者，许令入试。”上虽嘉纳，而未果行。

今则积习相沿二三百载，青云之路，跬步可阶，五尺之童，便思奔竞。欲以成人材而厚风俗，难矣。【原注】宋李伯玉请罢童子科，意亦同此。【汪氏曰】后汉之法，年幼才俊者拜童子郎，若黄琬、臧洪、司马朗结拜为郎，而任延、张堪俱号圣童，杜安号奇童，黄香号黄童，其尤异也。唐设童子科，刘晏最著。张童子，自九年升于礼部，又二年拜卫兵曹，十一岁耳。宋亦设童子科，杨亿、晏殊、姜盖、蔡伯俙，俱尝以神童召试。神宗元丰四年，置在京小学，有就傅初试两斋。政和之制，限年自八岁至十二岁，惟曹芬以文优，赐同上舍出身。高宗一朝，童子求试者三十六人。孝宗一朝，童子求试者七十四人。其最奇者，孝宗淳熙元年，女童林幼玉求试中书，后省挑试，所通经书四十三件并通，诏特封孺人。至度宗时，李伯玉谓非所以成人才、厚风俗，奏罢。【又曰】金大定二十九年，章宗即位，初设经童科。经童之制，凡士庶子年十三以下，所贵在幼而诵多者，若年同则以诵大经多者为最。《文艺传》：“麻九畴，七岁能草书，作大字数尺者，章宗召见。明昌以来，称神童者五人，后皆无称，独九畴能自树立，赐进士第，迁应奉翰林文字。”又《佞幸传》：“胥持国，经童出身，官尚书右丞，四方有经童入相之语，其认可知矣。”元自成宗大德三年至文宗至顺二年，所举凡十五人，惟张秦山尤精篆籀，陈元麟能通性理耳。明《选举志》：“士子未入学者，通谓之童生。当大比之年，间收一二异敏，三场并通者，俾与诸生一体入场，谓之充场。儒士中式，即为举人。不中式，仍候提学官岁试合格，乃准入学。此例后亦不行。”

17.18 教官

汉成帝阳朔二年，诏曰：“古之立太学，将以先王之业，流化于天下也。儒林之官，四海渊源，宜皆明于古今，温故知新，通达国体，故谓之博士。否则学者无述焉，为下所轻，非所以尊道德也。丞相、御史其与中二千石、二千石，杂举可充博士位者，使卓然可观。”

元仁宗时，方以科举取士。虞集上议曰：“师道立则善人多，【原注】《周子通书》。今天下学官，猥以资格授强，加之诸生之上，而名之曰师，有司弗信也，生徒弗信也。

如此而望师道之立，能乎？今莫若使守令，求经明行修为成德之君子者，身师尊之，以教于其郡邑；其次则求夫操履近正，而不为诡异骇俗者，确守先儒经义师说，而不敢妄为奇论者，众所敬服而非乡愿之徒者；其次，则取乡贡至京师罢归者。当今之世，欲求成德之人，如上一言者或不可遽得；若其次之三言，则十室之邑必有忠信，亦未至乏才也；而徒用其又次之一言，则亦不过以资格授之。而耄鄙之夫，遂以学官为糊口之地，教训之员，名存而实废矣。”

明初，教职多由儒士荐举。景泰二年，始准会试不中式举人考授。

天顺三年十二月庚申，建安县老人贺炀言：“朝廷建学立师，将以陶镕士类。奈何郡邑学校师儒之官，真材实学者百无二三，虚糜廪禄，猥琐贪饕，需求百计，而受业解惑莫措一辞！师范如此，虽有英才美质，何由而成？至于生徒之中，亦往往玩愒岁年，佻达城阙，待次循资，滥升监学，侵寻老耋，授以一官。但知为身家之谋，岂复有功名之念？是则朝廷始也聚群鸮而饮啖，终也纵群狼以牧人。苟不严行考选，则人材日陋，士习日下矣。”上是其言，命巡按御史同布、按二司分巡官，照提调学校例考之。

太仓陆世仪言：“今世天子以师傅之官为虚衔，而不知执经问道；郡县以簿书期会为能事，而不知尊贤敬老；学校之师以庸鄙充数，而不知教养之法；党塾之师以时文章句为教，而不知圣贤之道。儇捷者谓之才能，方正者谓之迂朴。盖师道至于今而贱极矣。即欲束修自厉，人谁与之？如此而欲望人才之多，天下之治，不可得矣。”

又言：“凡官皆当有品级，惟教官不当有品级，亦不得谓之官。盖教官者，师也。师在天下，则尊于天下；在一国，则尊于一国；在一乡，则尊于一乡。无常职，亦无定品。惟德是视。若使之有品级，则仆仆亟拜非尊师之礼矣。至其冠服，亦不可同于职官。当别制为古冠服，如深衣、幅巾及忠靖巾之类。仍以乡、国、天下为等。庶师道日尊，儒风日振，而圣人之徒出矣。”按《宋史》黄祖舜言：“抱道怀德之士，多不应科目，老于韦布，乞访其学行修明，孝友纯笃者，县荐之州，州延之庠序，以表率多士。其卓行尤异者，州以名闻，是亦乡举里选之意。”【原注】《松江府志》言：“洪武初，杨孟载为松江府学教授，与丘克庄全希贤同官。当时分教有司得自延聘，皆极州里之选，后并至大官。”

而朱子亦云：“须是罢堂除及注授教官，请本州岛乡先生为之，年未四十，不得任教官。”昔人之论，即已及此。

《孟县志》【原注】县人张溆訔撰。曰：“高皇帝定天下，诏府卫州县各立学，置师一人或二人，必择经明行修者署之。有能举其职而最书于朝者，或擢为国子祭酒，及翰林侍从之官。

英宗以后，始著为令：府五人，州四人，县三人，例录天下岁贡之士为之，间有由举人、进士除授者。而其至也，州县长官及监司之临者，率以簿书升斗之吏视之，而不复崇以体貌，是以其望易狎，而其气易衰。即有一二能诵法孔子，以师道闻而得荐擢者，亦不过授以州县之吏而止。其取之也太滥，其用之也太卑，而其录之也太轻，无怪乎教术之不兴，而人才之难就矣。”【汪氏曰】史称晏殊知应天府，延范仲淹以教圣徒。自五代以来，天下学校废，兴学自殊始。

士风之薄，始于纳卷就试；师道之亡，始于赴部候选。梁武帝所谓“驱迫廉为拗，奖成浇竞”者也。有天下者，能反此二事，斯可以养士而兴贤矣。【王给事曰】欲端士习，当严教官之考核。考核严，则教官之督率必勤，而士风自正。

17.19 武学

《山堂考索》言：“武学置于庆历三年，阮逸为武学谕。未几省去，熙宁复置。选知兵书者判武学，置直讲，如国子监。靖康之变，不闻武学有御侮者。【汪氏曰】《宋史·忠义传》：“有武学生华岳，字子西，尝上书劾韩侂胄，下大理，配建宁。侂胄诛，放还，入学登第，为殿前司官属。又谋去史弥远，事觉，下临安狱，杖死东市。武学有人，亦何忝于陈东也哉。”

《实录》正统六年五月，从成国公朱勇等奏，以两京多勋卫子弟，乃立武学，设教授、训导，如京府儒学之制。【原注】景泰五年正月丙寅，南京守备宁远侯任礼，请革武学，不允。景泰间，废武学。天顺八年十一月丙辰，复设京卫武学。已而，武生渐多，常至欺公挠法。正德中，钱宁已嗾武学生朱大周，上疏劾杨一清矣。崇祯四年，南京武学生吴国麟等，殴御史郭维。经掌都察院张延登奏黜。是则不惟不收其用，而反贻之害矣。

《太祖实录》：“洪武二十年七月，礼部请如前代故事，立武学，用武举，仍祀太公，建昭烈武成王庙。上曰：“太公，周之臣，若以王祀之，则与周天子并矣，加之非号，必不享也。至于建武学，用武举，是分文武为二途，轻天下无全才矣。古之学者，文武兼备，故措之于用，无所不宜，岂谓文武异科，各求专习者乎？太公但从祀帝王庙，去武成王号，罢其旧庙。”于是，勋戚子弟袭爵者，习礼肄业于国子监，被选尚主者，用仪制主事一人教习。【原注】《实录》：“洪武三十一年二月庚辰，命吏部设学于虎踞关，选儒士十人，教故武臣子弟之养于锦衣卫者。成化中，太监汪直遂请武举设科，乡试、会试、殿试，悉如进士恩例。不果行。”文事、武备，统归于一。呜呼，纯矣！

宋刘敞《与吴九书》曰：“昔三代之王，建辟雍、成均，以敦教化者，危冠缝掖之人，居则有序，其术诗书礼乐，其志文行忠信，是以无鄙倍之色，斗争之声，犹惧其未也，故贱诈谋，爵人以德，褒人以义，轨度其信，壹以待人。故曰，勇则害上，不登于明堂。民知所厎，而无贰心，是以其教不肃而成，其政不严而治。未闻夫武学之科也。夫缦胡之缨，短后之衣①，瞋目而语难，按剑而疾视者，此所谓勇力之人也。将教之以术，而动之以利，其可得不为其容乎？为其容可得，无变其俗乎？而况建博士之职，广弟子之员。吾恐虽有智者，未能善其后矣。夫战国之时，天下竞于驰骛，于是乎有纵横之师、技击之学，以相残也。虽私议巷说，有司不及，然风俗犹以是薄，祸乱犹以是长。学者之所甚疾，仁人之所忧而辩也，若之何其效之？且足下预

---

① 思齐按：“缦胡之缨，短后之衣”，此八字《四库全书》本作“轻儇之态，强武之习”。

其议而不能救与？吾所甚惑也。”【杨氏曰】今之州县最患苦者，莫如武生。物穷则变，当思所以善其后矣。

因勋卫子弟，不得已而立武学，仍宜以孔子为先师，如前代国学祀周公，唐开元改为孔子。周公尚不祀于学，而况太公乎？

成化五年，掌武学国子监监丞阎禹锡言：“古者庙必有学，受成、献馘于中，欲其先礼义而后勇力也。今本学见有空堂数楹，乞敕所司，改为文庙。”可谓得礼之意。

17.20 杂流

唐时，凡九流百家之士，并附诸国学，而授之以经。《六典》：“国子祭酒、司业之职，掌邦国儒学训导之政令。有六学焉：一曰国子，二曰太学，三曰四门，四曰律学，五曰书学，六曰算学。”【原注】天宝九载，置广文馆，凡七学。欧阳詹《贞元十四年记》曰：“我国家春享先师后，更日命太学博士清河张公讲《礼记》，束修既行，筵肆乃设，公就几，北坐南面。直讲抗牍，南坐北面，大司成端委居于东，小司成率属列于西，国子师长序公侯子孙自其馆，太学长序卿大夫子孙自其馆，四门师长序八方俊造自其馆，广文师长序天下秀彦自其馆，其余法家、墨家、书家、算家术业以明亦自其馆。没阶云来，即席鳞次，攒弁如星，连襟成帷。”观此，可见当日养士之制宽，而教士之权一，是以人才盛而艺术修，经学广而师儒重。后则一切摈诸桥门之外，而其人亦自弃，不复名其业。于是道器两亡，而行能兼废。世教之日衰，有由然也。

17.21 通经为吏

汉武帝从公孙弘之议，下至郡太守卒史，皆用通一艺以上者。

唐高宗总章初，诏诸司令史，考满者限试一经。昔王粲作《儒吏论》，以为先王博陈其教，辅和民性，使刀笔之吏，皆服雅训，竹帛之儒，亦通文法。故汉文翁为蜀郡守，选郡县小吏开敏有材者，张叔等十余人，亲自饬厉，遣诣京师，受业博士。后汉栾巴，为桂阳太守，虽干吏卑末，皆课令习读，程试殿最，随能升授。吴顾邵为豫章太守，小吏资质佳者，辄令就学，择其先进，擢置右职。而梁任昉有厉吏人讲学诗。然则昔之为吏者，皆曾执经问业之徒，心术正而名节修，其舞文以害政者寡矣。【原注】宋文恪讷言：“天下未有舍儒而可以为吏者。”东京之盛，自期门羽林之士，悉令通《孝经》章句。贞观之时，自屯营飞骑，亦给博士，使授以经。有能通经者，听得贡举。小人学道，则易使也。岂不然乎？

《周官·太宰》：“乃施典于邦国，而陈其殷，置其辅。”后郑氏曰：“殷，众也。谓众士也。辅，府史。庶人在官者。"① 夫庶人在官而名之曰辅，先王不敢以厮役遇其人也。重其人，则人知自重矣。

欧阳公《集古录·晋南乡太守碑阴》："官属何其多邪，盖通从史而尽列之，当时犹于其间取士人，故吏亦清修，其势然尔。"

《元史·顺帝纪》："至正六年四月，命左右二司六部吏属，于午后讲习经史。"其时朝纲已弛，人心将变，虽有此令，而实无其益。是以《太祖实录》言："科举初设，上重其事，凡民间俊秀子弟，皆得预选，惟吏胥心术已坏，不许应试。"【原注】洪武四年七月丁卯。又诏："凡选举，毋录吏卒之徒。"【原注】二十三年八月壬申。《唐书·选举志》言："尝为州县小吏，虽艺文可采，勿举。"《刘晏传》："尝言士有爵禄，则名重于利；吏无荣进，则利重于名。"《英宗实录》："大理寺少卿张固尝建论，吏员鲜有不急于利者，不宜用为郡守。朝廷是其言，著为令。"然而尝与群臣言，元初有宪官疾，吏往候之。宪官起，扶杖而行。因以杖授吏，吏拱手却立不受。宪官悟其意，他日见吏谢之。吏曰："某为属吏，非公家僮，不敢避劳虑，伤理体。"原注：五年二月壬午。是则此辈中，未尝无正直之人，顾上所以陶镕成就之者，何如尔。【钱氏曰】元时由吏出身者，可至宰执、台谏，故士人皆乐为吏，而吏亦知自重。自明中叶以来，士大夫之于胥吏，以奴隶使之，盗贼待之，吏员遂无可用者矣。

陆子静尝言："古者无流品之分，而贤不肖之辨严；后世有流品之分，而贤不肖之辨略。"能于分别之中，而寓作成之意，庶乎其得之矣。【储大令曰】用人之途，莫有如吏胥与科目。吏胥明习吏事，科目学于圣贤。故汉收用吏之效，而自唐以来，一出于科目。今纵不专任科目，但当参之以吏胥。

《大明会典》："洪武二十六年定，凡举人出身，第一甲第一名从六品，第二名、第三名正七品，赐进士及第第；二甲从七品，赐进士出身；第三甲正八品，赐同进士出身。"而一品衙门提控，正七品出身；二品衙门都吏，从七品出身；一品、二品衙门掾史、典吏，二品衙门令史，正八品出身，其与进士不甚相远也。后乃立格，以限其所至，而吏员之与科第，高下天渊矣。故明初之制，谓之三途并用。荐举，一途也。【原注】天顺二年十二月庚辰，诏罢举保经明行修及贤良方正，以言者谓其奔竞冗滥，无裨实用也。进士监生，一途也。吏员，一途也。或以科与贡为二途，非也。原注：从考试而得者，总谓之一途。

永乐七年，车驾在北京，命兵部尚书署吏部事方宾，简南京御史之才者召来，宾奏御史张循理等二十八人可用。上问其出身。宾言：循理等二十四人，由进士、监生；洪秉等四人，由吏。上曰："用人虽不专一途，然御史，国之司直，必有学识，达治体，廉正不阿，乃可任之。若刀笔吏，知利不知义，知刻薄不知大体，用之任风纪，使人轻视朝廷。"遂黜秉等为序班，谕自今御史勿复用吏。流品自此分矣。

宣德三年三月丙戌，敕谕吏部："往时选用严慎，吏员授官者少。比年吏典考满岁

① 此处引文，有所缩合。辅，府史，而不是府吏。后郑氏，郑玄。《周礼·天官·大宰》："乃施典于邦国，而建其牧，立其监，设其参，傅其五，陈其殷，置其辅。"郑玄注："辅，府史、庶人在官者。"

以千计，不分贤否，一概录用，廉能几何？贪鄙塞路，其可不精择乎。”

苏州况钟、松江黄子威，二郡守并有贤名。而徐晞、万祺，皆累官至尚书。【杨氏曰】江阴又有刘本道，以吏员至侍郎。《日知录集释》黄汝成案：明初冯坚，有典吏擢佥都御史；诸葛伯衡，由肇州吏牧擢陕西参议，皆吏员也。

日知录卷十七

《日知录》论艺文

日知录　卷十八

昆山顾炎武撰

18.1　秘书国史

汉时天子所藏之书，皆令人臣得观之。故刘歆谓：外则有太常、太史、博士之藏，内则有延阁、广内、秘室之府。而司马迁为太史令，紬石室金匮之书。刘向、扬雄校书天禄阁。【原注】扬雄《答刘歆书》，自言为郎之岁，诏赐笔墨钱六万，得观书于石渠。班斿进读群书，上器其能，赐以秘书之副。东京则班固、傅毅为兰台令史，并典校书。曹褒于东观撰次礼事。而安帝永初中，诏谒者刘珍，及博士议郎、四府掾吏，五十余人，诣东观校定《五经》、诸子传记。窦章之被荐，黄香之受诏，亦得至焉。【原注】《窦章传》：“是时学者，称东观为老氏藏室、道家蓬莱山，太仆邓康遂荐章入东观，为校书郎。”《黄香传》：“初除郎中，肃宗诏香诣东观，读所未尝见书。”

晋、宋以下，此典不废。左思、王俭、张缵之流，咸读秘书，载之史传。【原注】晋左思为《三都赋》，自以所见不博，求为秘书郎中。南齐王俭迁秘书丞，依《七略》撰《七志》四千卷。永明三年，于俭宅开学士馆，悉以四部书充俭家。梁张缵为秘书郎，秘书郎有四员，宋、齐以来，为甲族起家之选，待次入补。其居职，例数十百日便迁。缵固求不徙，欲徧观阁内图籍。而柳世隆至借给二千卷。原注：南齐柳世隆，性爱涉猎，启太祖借秘阁书，上给二千卷。

唐则魏征、虞世南、岑文本、褚遂良、颜师古皆为秘书监，选五品以上子孙工书者，手书缮写，藏于内库。而宗命文馆学士元行冲，通撰古今书目，名为《群书四录》。以阳城之好学，至求为集贤院吏，乃得读之。【原注】阳城好学，贫不能得书，求为吏，隶集贤院，窃院中书读之。六年，无所不通。窦威为秘书郎，秩满当迁，固守不调。十余岁，其学业益广。段成式为秘书省校书郎，秘阁书籍，披阅皆遍。

宋有史馆、昭文馆、集贤院，谓之三馆。太宗别建崇文院，中为秘阁，藏三馆真本书籍万余卷，置直阁校理。仁宗复命缮写校勘，以参知政事一人领之，书成，藏于太清楼，而范仲淹等尝为提举。且求书之诏，无代不下，故民间之书，得上之天子，而天子之书，亦往往传之士大夫。

自洪武平元，所收多南宋以来旧本，藏之秘府，垂三百年，无人得见。而昔时取士，一史、三史之科又皆停废，天下之士于是乎不知古。司马迁之《史记》、班固之《汉书》、干宝之《晋书》、柳芳之《唐历》、吴竞之《唐春秋》、李焘之《宋长编》，并以当时流布。至于会要、日历之类，南渡以来，士大夫家亦多有之，未尝禁止。

明①则实录之进，焚草于太液池，藏真于皇史宬，在朝之臣非预纂修，皆不得见，而野史、家传，遂得以孤行于世，天下之士于是乎不知今。【曰】《神宗实录》载，礼部尚书、掌詹事府事陈于陛，请敕纂辑本朝正史，疏在万历二十一年九月、二十二年三月，敕谕大学士王锡爵等纂修正史，后即报罢。

是虽以夫子之圣，起于今世，学夏、殷礼而无从，学周礼而又无从也，况其下焉者乎！岂非密于禁史而疏于作人，工于藏书而拙于敷教者邪？遂使帷囊同毁，空闻《七略》之名；冢壁皆残，不睹《六经》之字。呜呼悕矣！

18.2 十三经注疏

自汉以来，儒者相传，但言《五经》。

而唐时立之学官，则云《九经》者，《三礼》、《三传》分而习之，故为九也。其刻石国子学，则云《九经》，并《孝》、《论语》、《尔雅》。

宋时程、朱诸大儒出，始取《礼记》中之《大学》、《中庸》，及进《孟子》以配《论语》，谓之《四书》。本朝因之，而《十三经》之名始立。其先儒释经之书，或曰传，或曰笺，或曰解，或曰学，今通谓之注。《书》则孔安国传，《诗》则毛苌转，郑玄笺，《周礼》、《仪礼》、《礼记》，则郑玄注，《公羊》则何休学，《孟子》则赵岐注，皆汉人。《易》则王弼注，魏人。《系辞》，韩康伯注，晋人。《论语》则何晏集解，魏人。《左氏》则杜预注，《尔雅》则郭璞注，《穀梁》则范宁集解，皆晋人。《孝经》则唐明皇御注。其后儒辨释之书，名曰“正义”，今通谓之“疏”。

《旧唐书·儒学传》：“太宗以经籍去圣久远，文字多讹谬，诏前中书侍郎颜师古考定《五经》，颁于天下。又以儒学多门，章句繁杂，诏国子祭酒孔颖达与诸儒撰定《五经义疏》，凡一百七十卷，名曰《五经正义》，令天下传习。”

《高宗纪》：“永徽四年三月壬子朔，颁孔颖达《五经正义》于天下。每年明经，令依此考试。”时但有《易》、《诗》、《书》、《礼记》、《左氏春秋》五经。永徽中，贾公彦始撰《周礼》、《仪礼》义疏。

《宋史·李至传》：“判国子监，上言：‘五经书既已板行，惟《二传》、《二礼》、《孝经》、《论语》、《尔雅》七经疏未修，望令直讲崔颐正、孙奭、崔偓佺等重加雠校，以备刊刻。’从之。”【原注】今所行者，《穀梁》，唐杨士勋疏；《孝经》、《论语》、《尔雅》，宋邢昺疏；《孟子》，孙奭疏；惟《公羊疏》不著人名，或云唐徐彦撰。【沈氏曰】《广川藏书志》云：“徐彦不知何代，意在贞元、长庆后。”

今人但知《五经正义》为孔颖达作，不知非一人之书也。《新唐书·颖达本传》

---

① 明，一本作“今”。

云："初，颖达与颜师古、司马才、章王恭、王琰受诏，撰五经义训百余篇，其中不能无谬冗，博士马嘉运驳正其失，诏更令裁定，未就。永徽二年，诏中书门下与国子三馆博士、文馆学士考正之，于是尚书左仆射于志宁、右仆射张行成、侍中高季辅，就加增损，书始布下。【钱氏曰】唐人撰《九经疏》，本与注别行，故其分卷亦不与经注同。自宋以后刊本，合注疏为一，而疏之卷第遂不可考。余尝见宋本《仪礼疏》，每页卅行，每行廿七字，凡五十卷，惟卷卅二至卅七阙，卷末有大宋景德元年校对、同校、都校诸臣姓名及宰相参政衔名。又见北宋刻《尔雅疏》，亦不载注文。盖邢叔明奉诏撰疏，犹遵旧式。谅《论语、孝敬疏》亦当如此，惜未见也。日本人山井鼎云："足利学所藏宋板《礼记注疏》，有三山黄唐跋云：'本司旧刊《易》《书》《周礼》旧经注疏，萃见一书，便于披绎，他经独阙。绍兴辛亥，遂取《毛诗》《礼记》疏义如前三经编汇，精加雠正。乃若《春秋》一经，顾力未暇。姑以贻同志。'"可证北宋时未尝合于经注，即南渡初尚有单行本矣。

18.3 监本二十一史

宋时止有十七史，今则并宋、辽、金、元四史为二十一史。但辽、金二史向无刻本，南北齐、梁、陈、周书，人间者亦罕，故前人引书多用《南、北史》及《通鉴》，而不及诸书，亦不复采辽、金者，以行世之本少也。

嘉靖初，南京国子监祭酒张邦奇等，请校刻史书。欲差官购索民间古本，部议恐滋烦扰，上命将监中十七史旧板考对修补，仍取广东《宋史》板付监，辽、金二史无板者，购求善本翻刻。十一年七月成，【钱氏曰】《南雍志》："嘉靖七年，锦衣卫闲住千户沈麟奏准校勘史书，礼部议以祭酒张邦奇、司业江汝璧博学有文，才猷亦裕，行文使逐一校对修补，以备传布。"又曰：北监板《十三经注疏》创始于万历十四年，至二十一年毕工。《二十一史》开雕于万历二十四年，至三十四年竣事。板式与《十三经》同。祭酒林文俊等表进。

至万历中，北监又刻《十三经》、《二十一史》，其板视南稍工，而士大夫遂家有其书，历代之事迹，粲然于人间矣。然校勘不精，讹舛弥甚，且有不知而妄改者，偶举一二。如《魏书·崔孝芬赚》："李彪谓崔挺曰：'比见贤子谒帝，旨谕殊优，今当为群拜纪。'"此《三国志·陈群传》中事，【原注】陈群，字长文，纪之子。时鲁国孔融，高才倨傲，年在纪、群之间。先与纪友，后与群交，更为纪拜。古人用此事者非一，《北史·陆邛传》："邢邵向与邛父子彰交，及见邛机悟博学，乃谓子彰曰：'以卿老蚌，遂出明珠。'意欲为群拜纪。"非为隐僻。今所刻《北史》改云："今当为绝群耳。"不知纪群之为名，而改"纪"为"绝"，又倒其文，此已可笑。【原注】南北板同。又如《晋书·华谭传》末云："始淮南袁甫字公胄，亦好学，与谭齐名。"今本误于"始"字绝句，左方跳行，添列一袁甫名题，而再以"淮"字起行。【原注】南北板同。《齐王冏传》末云："郑方者，字子回。"此姓郑名方，即上文所云南阳处士郑方。露版极谏，而别叙其人与书及冏答书于后耳，今乃跳行，添列一"郑方者"三字名题。【原注】北板无者。《唐书·李敬玄传》末附敬玄弟玄素，今以敬玄属上文，而弟元素跳行。此不适足以彰太学之无人，而贻后来之姗笑乎？【原注】惟冯梦祯为南祭酒，手校《三国志》，犹不免误，终胜他本。

《十三经》中《仪礼》脱误尤多，《士昏礼》脱"婿授绥姆辞曰未教不足与为礼也”一节十四字，【原注】赖有长安石经，以补此一节，其注疏遂亡。《乡射礼》脱“士鹿中翿旌以获”七字，《士虞礼》脱“哭止告事毕宾出”七字，《特牲馈食礼》脱“举觯者祭卒觯拜长者答拜”十一字，《少牢馈食礼》脱“以授尸坐取箪兴”七字，此则秦火之所未亡，而亡于监刻矣。

至于历官任满，必刻一书，以充馈遗，此亦甚雅，而卤莽就工，殊不堪读。陆文裕【原注】深。《金台纪闻》曰：“元时州县皆有学田，所入谓之学租，以供师生廪饩，馀则刻书，工大者合数处为之，故雠校刻画颇有精者。

洪武初，悉收上国学，今南监《十七史》诸书地里、岁月、校勘、工役并存可识也。今学既无田，不复刻书，而有司间或刻之，然只以供馈赆之用，其不工反出坊本下，工者不数见也。”【原注】昔时人觐之官，其馈遗一书一帕而已，谓之书帕。自万历以后，改用白金。

闻之宋、元刻书，皆在书院。山长主之，通儒订之，【原注】主书院者谓之山长。《宋史·理宗纪》：“何基，婺州教授，兼丽泽书院山长。”“徐玑，建宁府教授，兼建安书院山长。”学者则互相易而布之。故书院之刻有三善焉：山长无事而勤于校雠，一也。不惜费而工精，二也。板不贮官而易印行，三也。有右文之主出焉，其复此非难也。而书之已为劣生刊改者，不可得而正矣。是故信而好古，则旧本不可无存；多闻阙疑，则群书亦当并订。此非后之君子之责而谁任哉？

《旧唐书》病其事之遗阙，《新唐书》病其文之晦涩，当兼二书刻之，为《二十二史》。如宋、魏诸国，既各有书，而复有《南史》、《北史》，是其例也。

18.4 张参五经文字

唐人以《说文》、《字林》试士。其时去古未远，开元以前未改经文之日，【原注】《唐书·经籍志》：“天宝三载，诏集贤学士卫包，考《古文尚书》，从今文。”篆籀之学，童而习之。今西安府所存唐睿宗书景龙观钟，犹带篆、分遗法。至于宋人，其去古益远，而为说日以凿矣。大历中，张参作《五经文字》，据《说文》、《字林》刊正谬失，甚有功于学者，开成中，唐玄度增补，复作《九经字样》石刻在关中（【原注】今西安府学）。向无板本，间有残阙，无别本可证。

近代有好事者刻《九经补字》，并属诸生补此书之阙，以意为之。乃不知此书特《五经》之文，非经所有者不载，而妄添经外之字，并及字书中泛博之训。予至关中，洗刷元石，其有一二可识者，显与所补不同，乃知近日学者之不肯阙疑而妄作如此。

18.5 别字

《后汉书·儒林传》：“谶书非圣人所作，其中多近鄙别字。”近鄙者，犹今俗用之字；别字者，本当为此字，而误为彼字也。今人谓之“白字”，乃别音之转。【沈氏曰】崇祯十一年，用阁臣言，以“查”字系古“槎”字，悉改为“察”，而今人乃服用“查”。查字本无察义，而误为察义，盖亦近鄙别字之类也。

山东人刻《金石录》于李易安《后序》："绍兴二年玄黓岁壮月朔。"不知壮月之出于《尔雅》，【原注】八月为壮。而改为"牡丹"。凡万历以来所刻之书，多"牡丹"之类也。【黄汝成案】此条诸本并误隶张参《五经文字》后，今从原写本。

18.6 三朝要典

《宋史·蹇序辰传》："绍圣中，为起居郎中书舍人，同修国史。疏言：'朝廷前日正司马光等奸恶，明其罪罚，以告中外。惟变乱典刑，改废法度，讪薾宗庙，睥睨两宫，观事考言，实状彰著，然踪迹深秘，包藏祸心，相去八年之间，盖已不可究。质其章疏案牍，散在有司，若不汇辑而存之，岁久必致沦失。愿悉讨奸臣所言所行，选官编类，人为一帙，置之二府，以示天下后世大戒。'遂命序辰及徐铎编类，由是搢绅之祸无一得免者。"天启中，纂辑《三朝要典》，正用序辰之法。

门户之人，其立言之指各有所借，章奏之文互有是非。作史者两收而并存之，则后之君子如执镜以照物，无所逃其形矣。褊心之辈谬加笔削，于此之党则存其是者，去其非者，于彼之党则存其非者，去其是者。于是言者之情隐，而单辞得以胜之。且如《要典》一书，其言未必尽非，而其意别有所为，继此之为书者犹是也。此国论之所以未平，而百世之下难乎其信史也。

崇祯帝批讲官李明睿之疏曰："纂修《实录》之法，惟在据事直书，则是非互见。"大哉王言！其万世作史之准绳乎？【杨氏曰】《要典》者一论挺（梃）击，万历四十三年五月事也。一为红丸，泰昌元年即四十八年九月朔事。一为移官，是年是月初五事。【沈氏曰】：亭林尝书小纸，粘《史阕文》简端，云："章奏大半皆门户之言，而辛酉初当贞胜之会，言人人殊，又有不明白言之，而含糊其词者，今并存之。异日芟削，存其本意，而刊其借词可也。"《史阕文》即割补两朝《从信录》也。

18.7 密疏

唐武宗会昌元年十一月，中书门下奏："宰臣及公卿论事，行与不行，须有明据。或奏请允惬，必见褒称；或所论乖僻，因有惩责。在藩镇上表，必有批答；居要官启事，自有记注。并须昭然在人耳目，或取舍存于堂案，或与夺形于诏敕。前代史书所载奏议，罔不由此。近见《实录》，多载密疏，言不彰于朝听，事不显于当时，得自其家，未足为信。今后《实录》所载章奏，并须朝廷共知者，方得纪述，密疏并请不载。如此，则理必可法，人皆向公，爱憎之志不行，褒贬之言必信。"从之。此虽出于李德裕之私心，然其言不为无理。

自万历末年，章疏一切留中，抄但凭阁揭。

天启以来，谗慝弘多，啧言弥甚。予尝亲见，大臣之子，追改其父之疏草，而刻之以欺其人者。欲使盖棺之后，重为奋笔之文，逭遗议于后人，侈先见于前事，其为诬罔甚于唐时。故志之于书，俾作史之君子，详察而严斥之也。

18.8 贴黄

章奏之冗滥，至万历、天启之间而极至。一疏而荐数十人，累二三千言不止，皆枝蔓之辞。崇祯帝英年御宇，厉精图治，省览之勤，批答之速，近朝未有。乃数月之后，颇亦厌之，命内阁为贴黄之式。【原注】崇祯元年三月。即令本官自撮疏中大要，不过百字，粘附牍尾，以便省览。此贴黄之所由起也。【沈氏曰】《熹宗实录》：天启元年三月癸亥，礼科给事中王志道言："今日时事多故，中外实封，日不下数万言。尝考宋时封事，有贴黄之例，敷陈不妨广肆，而约略只有数言，省览甚易，纳约殊便，皇上宜责成政府，举而行之。至于臣等所以爱陛下之精神，作陛下之耳目，更原与同官诸臣约，一疏单题一事；一事直陈本末，艰深要渺之句，隐语猜谜之习，悉行禁绝。先臣韩文之论曰：'谏草毋太文，文，上弗省也；毋太多，多，上弗竟也。'可为立言之法矣。"报闻。【赵氏曰】今刑部本，及督抚题刑名本，例有贴黄，以篇幅繁多，节其略，别为一幅，贴于本后，所以便观览也。王敬斋《冬夜笺记》谓："明崇祯种，辅臣李国橧奏：仿古人撮黄之法，以定此式，遂延至今。按唐本有贴黄之制，乃诏敕所用。宋奏札意犹未尽，别以黄之贴于后，亦谓之贴黄。是宋之贴黄，已与唐异。然宋之贴黄，乃奏札所不能尽者，别开条件，书以黄纸，附于正文之后，如司马温公、苏东坡诸集皆有之，或一疏后至十数条。今贴黄，则但摘取奏中紧要语，贴于后。是宋贴黄主于详，今贴黄主于简，今之贴黄又与宋异。且今奏疏用白纸，贴黄亦用白纸。按江邻几《杂志》云：'审刑奏案，贴黄上更加撮白。'王阮亭谓不知撮白为何语，抑知今之贴黄宋之撮白耳。"

宋叶梦得《石林燕语》曰："唐制，降敕有所更改，以纸贴之，谓之贴黄。盖敕书用黄纸，则贴者亦黄纸也。今奏状札子皆白纸，有意所未尽，揭其要处，以黄纸别书于后，乃谓之贴黄，盖失之矣。其表章略举事目与日月道里见于前及封皮者，又谓之引黄。"

18.9 记注

古之人君，左史记事，右史记言。所以防过失而示后王。记注之职，其来尚矣。唐太宗通晓古典，尤重其事。苏冕言："贞观中，每日退朝后，太宗与宰臣参议政事，即令起居郎一人执简记录。"由是贞观注记政事，称为毕备。及高宗朝会，端拱无言，有司惟奏辞见二事。其后许敬宗、李义甫用权，多妄论奏，恐史官直书其短，遂奏令随仗便出，不得备闻机务，因为故事。【沈氏曰】《神宗实录》："万历三年二月丙申，大学士张居正申明史职议云：'国初设起居注官，日侍左右，记录言动，实古者左史记事、右史记言之制，迨后定官制，乃设翰林院修撰、编修、检讨等官，盖亦记载事重，故设官加详，原非有所罢废。但自职名更定之后，遂失朝夕记注之规，以至累朝以来，文史阙略。即如迩者纂修世宗及皇考《实录》，臣等只事总裁，凡所编辑，不过总集诸司章奏，稍加删润，隐括成编。至于仗前、柱下之语，章疏所不及者，即有见闻，无凭增入。与夫稗官野史之书，海内所流传者，欲事采录，又恐失真。是以两朝之大经大法，虽罔敢或遗，而二圣之嘉谟嘉猷，实多未备，凡皆由史臣之职废而不讲之所至也'云云。一分管责成，一史臣侍直，一记注言动，一纂辑章奏，一纪录体例，一开设馆局，一收藏处所，一誊录掌管，一补修记注，凡九条。"

《旧唐书·姚奓璹传》："长寿二年，迁文昌左丞同凤阁鸾台平章事。自永徽以后，左右史惟得对仗承旨，仗下后，谋议皆不预闻。璹以为，帝王谟训，不可遂无纪述，若不宣自宰相，史官无从得书，乃表请仗下所言军国政要，宰相一人专知撰录，号为‘时政记’，每月封送史馆。宰相之撰时政记，自璹始也。”【沈氏曰】王梅溪论左右史四事：一曰进史不当，二曰立非其地，三曰前殿不立，四曰奏不直前，皆当时史职废坏之尤甚者。进《起居注》自梁周翰、李宗谔始。【杨氏曰】时政记之法亦未为善，宰相可以容私，史官近于失职。惟太宗之法，其古者柱下史之意乎？【沈氏又曰】万历二十六年八月丙辰，大学士赵志皋等恭进《累朝宝训》及《实录》：大祖高皇帝《宝训》十五卷，《实录》二百五十七卷；成祖文皇帝《宝训》十五卷，《实录》百三十卷；仁宗昭皇帝《宝训》六卷，《实录》十卷；宣宗章皇帝《宝训》十二卷，《实录》百二十一卷；英宗睿皇帝《宝训》十二卷，《实录》三百六十一卷；宪宗纯皇帝《宝训》十卷，《实录》二百九十三卷；孝宗敬皇帝《宝训》十卷，《实录》二百二十四卷；武宗毅皇帝《宝训》十卷，《实录》百九十七卷；世宗肃皇帝《宝训》二十四卷，《实录》五百六十六卷；穆宗庄皇帝《宝训》八卷，《实录》七十卷。通共二千二百四十五卷，装为百套。上嘉悦，命奉安御前，恭备详览。神宗显皇帝《实录》五百九十六卷；光宗贞皇帝《宝训》四卷，《实录》八卷；熹宗悊皇帝《实录》八十七卷。

18.10 四书五经大全

自朱子作《大学中庸章句或问》、《论语孟子集注》之后，黄氏【原注】幹，字直卿，号勉斋先生。有《论语通释》，而采语录附于朱子章句之下，则始自真氏，【原注】德秀，字希元，号西山先生。名曰《集义》，止《大学》一书，祝氏【原注】洙，字宗道。乃仿而足之，为《四书附录》。后有蔡氏【原注】模，字仲觉，号觉轩先生。《四书集疏》，赵氏【原注】顺孙，号格庵先生。《四书纂疏》，吴氏【原注】真子，号克斋先生。《四书集成》。昔之论者，病其泛滥，于是陈氏【原注】栎，字寿翁，号定宇先生。作《四书发明》，胡氏【原注】炳文，字仲虎，号云峰先生。作《四书通》。而定宇之门人倪氏【原注】士毅，字仲宏，号道川先生。合二书为一，颇有删正，名曰《四书辑释》。【原注】有汪克宽序，至正丙戌。自永乐中命儒臣纂修《四书大全》，颁之学官，而诸书皆废。

倪氏《辑释》今见于刘用章【原注】剡。所刻《四书通义》中。永乐中所纂《四书大全》特小有增删，其详其简或多不如倪氏，《大学中庸或问》则全不异，而间有舛误。【原注】《大学·格致章或问》：“是亦不待七十子丧，而大义已乖矣。”《辑释》引《汉书》刘歆《移太常书》，有曰：“及夫子没而微言绝，七十子终而大义乖。”又《孔子家语·后序》中，亦有此二句。《大全》则去其所引刘歆书，但云出《家语·后序》，则失其本矣。《中庸·九经章或问》引贾捐之对元帝语，《辑释》引《汉书·本传》，文曰：“夫后宫色盛，则贤者隐微，佞臣用事，则诤臣杜口，而文帝不行。”此捐之之言，谓文帝不听后宫幸臣之请尔。《大全》则改云：“元帝不行。”既不知古书，又不辨语气。

至《春秋大全》则全袭元人汪克宽《胡传纂疏》，【原注】字德辅，隐居不仕，以十年之功为此书。但改其中“愚按”二字为“汪氏曰”，及添庐陵李氏等一二条而已。

《诗经大全》则全袭元人刘瑾《诗传通释》，【原注】此书与《胡传纂疏》，予今并有之。而改其中“愚按”二字为“安成刘氏曰”。其三经，后人皆不见旧书，亦未必不因前人也。

当日儒臣奉旨修《四书五经大全》，颁餐钱，给笔札，书成之日，赐金迁秩，所费于国家者不知凡几。将谓此书既成，可以章一代教学之功，启百世儒林之绪。而仅取已成之书抄誊一过，上欺朝廷，下诳士子，唐宋之时有是事乎？岂非骨鲠之臣，已空于建文之代？而制义初行，一时人士，尽弃宋元以来所之实学，上下相蒙，以饕禄利，而莫之问也。呜呼，经学之废，实自此始！后之君子，欲扫而更之，亦难乎其为力矣。

18.11 书传会选

洪武二十七年四月丙戌，诏征儒臣定正宋儒蔡氏《书传》。上以蔡氏《书传》日月五星运行与朱子《诗传》不同，及其它注说与番阳邹季友所论，间亦有未安者，遂诏征天下儒臣定正之，命翰林院学士刘三吾等总其事。凡蔡氏传得者存之，失者正之。又采诸家之说足其未备。九月癸丑，书成，赐名《书传会选》，命礼部颁行天下。

今按此书，若《尧典》谓“天左旋，日月五星违天而右转”，【原注】陈氏祥道。《高宗肜日》谓“祖庚绎于高宗之庙”，【原注】金氏履祥。《西伯戡黎》谓是武王，【原注】金氏。《洛诰》“惟周公诞保文武受命惟七年”，谓周公辅成王之七年，【原注】张氏、陈氏栎。皆不易之论。【原注】又如《禹贡》“厥赋贞”，主苏氏轼谓“赋与田正相当”。“泾属渭汭”主孔传“水北曰汭”。《太甲》“自周有终”，主金氏谓“周当作君”。《多方》“不克开于民之丽”，主叶氏。陈氏栎谓：“古者治狱，以附罪为丽。”皆可从。然所采既博，亦或失当。如《金縢》“周公居东”，谓孔氏以为东征，非是，至《洛诰》又取东征之说，自相抵牾。

每传之下系以经文及传，《音释》于字音、字体、字义辩之甚详，其中用古人姓字、古书名目，必具出处，兼亦考证典故。【沈氏曰】此等乃全袭取邹季友《音释》，非三吾辈所为，盖亦为永乐中《大全》作俑矣。亭林乃亦为所欺乎？

盖宋元以来，诸儒之规模犹在，而其为此书者皆自幼为务本之学，非由八股发身之人，故所著之书虽不及先儒，而尚有功于后学。至永乐中修《尚书大全》，不惟删去异说，并《音释》亦不存矣。

愚尝谓，自宋之末造，以至有明之初年，经术人才，于斯为盛。自八股行而古学弃，《大全》出而经说亡，十族诛而臣节变，洪武、永乐之间，亦世道升降之一会矣。

18.12 内典

古之圣人所以教人之说，其行在孝弟、忠信，其职在洒扫、应对、进退，其文在《诗》、《书》、《礼》、《易》、《春秋》，其用之身在出处、去就、交际，其施之天下在政令、教化、刑罚。虽其和顺积中，而英华发外，【原注】《乐记》。亦有体用之分，然并无用心于内之说。

自老庄之学行于战国之时，而外义者告子也，外天下、外物、外生者庄子也。于是高明之士厌薄诗书，以为此先王所以治天下之糟粕。

而佛氏晚入中国，其所言清净慈悲之说，适有以动乎世人之慕向者。六朝诸君子从而好之，由清净自在之说而极之，以至于不生不死入于涅槃，则杨氏之为我也。由慈悲利物之说而极之，以至于普度众生，超拔苦海，则墨氏之兼爱也。天下之言不归杨，则归墨，而佛氏乃兼之矣。【汝成案】自由“清净”起止此，从沈氏校本增。其传寖盛，后之学者遂谓其书为内典。【原注】“内典”字见《册府元龟》引《唐会要》：“开成二年二月，王彦进准宣索《内典目录》十二卷。”

推其立言之旨，不将内释而外吾儒乎？夫内释而外吾儒，此自缁流之语，岂得士人亦云尔乎？【钱氏曰】《晋书·何充传》：“性好释典，崇修佛寺，供给沙门以百数，靡费巨亿而不吝也。亲友至于贫乏，无所施遗。以此获讥于世。于时郗愔及弟昙奉天师道，而充与弟准崇奉释氏，谢万讥之云：‘二郗谄于道，二何佞于佛。’”“（王）坦之与沙门竺法师甚厚，每共论幽明报应，便要先死者当报其事。后期年，师忽来云：‘贫道已死，罪福皆不虚，惟当勤修道德，以升济神明耳。’言讫不见。坦之寻之亦卒。”殷仲堪少奉天师道，又精心事神，不吝财贿，而怠行仁义，啬于周急。及桓玄来攻，犹勤请祷。王氏事张氏五斗米道，凝之弥笃。孙恩之攻会稽，僚佐请为之备，不从。方入靖室请祷，出语诸将曰：“吾已请大道鬼兵相助，贼自破矣。”既不设备，遂为孙恩所害。郗愔事天师道，子超奉佛，杜子恭世传五斗米道。当时士大夫好尚怪迂如此，此晋之所以日衰也。王导江左夷吾，而《世说》载其拜扬州刺史，过胡人前，弹指云：“兰阇兰阇。”导之孙珣、珉，以法护、僧弥为小字，珣又舍宅为寺，则王氏亦好佛矣。

《黄氏日钞》云：“《论语·曾子三省章》集注载尹氏曰：‘曾子守约，故动必求诸身，语意已足矣。’又载谢氏曰：‘诸子之学皆出于圣人，其后愈远而愈失其真，独曾子之学专用心于内，故传之无弊。夫心所以具众理而应万事，正其心者，正欲施之治国平天下。’孔门未有专用心于内之说也，用心于内，近世禅学之说耳。象山陆氏因谓，曾子之学是里面出来，其学不传；诸子是外面入去，今传于世者，皆外入之学，非孔子之真。遂于《论语》之外，自谓得不传之学，凡皆源于谢氏之说也。后有朱子，当于集注中去此一条。”

褚少孙补《滑稽传》，以传记、杂说为外家，是以《六经》为内也。东汉儒者则以七纬为内学，《六经》为外学。【原注】《后汉书·方术传》：“自是习为内学。”注：“内学谓图谶之书也。其事秘密，故称内。”《逸民转》：“博通内外图典。”《魏志·管宁传》：“张臶学兼内外。”举图谶之文，一归之性与天道，不可得闻。【原注】《后汉书·桓谭传》：“天道性命，圣人所难言也。自子贡以下，不可得闻。”指谓谶记。

而今百世之下，晓然皆悟其非。今之所谓内学，则又不在图谶之书，而移之释氏矣。

18.13　心学

《黄氏日钞》解《尚书》“人心惟危，道心惟微，惟精惟一，允执厥中”一章曰：“此章本尧命舜之辞，舜申之以命，禹而加详焉耳。尧之命舜曰：‘允执厥中。’今舜加‘危微精一’之语于‘允执厥中’之上，所以使之审择而能执中者也。此训之之辞也，皆主于尧之执中一语而发也。尧之命舜曰：‘四海困穷，天禄永终。’今舜加‘无稽之言勿听，以至敬修其可愿’于‘天禄永终’之上，又‘所以警切之，使勿至于困穷而永终者也’，此戒之之辞也，皆主于尧之‘永终’二语而发也。执中之训，正说也；永终之戒，反说也。盖舜以昔所得于尧之训戒、并其平日所尝用力而自得之者，尽以命禹，使知所以执中而不至于永终耳，岂为言心设哉？近世喜言心学，舍全章本旨而独论人心道心，甚者单摭‘道心’二字，而直谓即心是道，盖陷于禅学而不自知，其去尧、舜、禹授受天下之本旨远矣。蔡九峰之作《书传》，述朱子之言曰：‘古之圣人将以天下与人，未尝不以治之之法而并之。’可谓深得此章之本旨。九峰虽亦以是明帝王之心，而心者，治国平天下之本，其说固理之正也。其后，进此书传于朝者，乃因以三圣心为说。世之学者，遂指此书十六字为传心之要，而禅学者借以为据依矣。”【方东树曰】案黄氏截讲“执中”一语，固似得理，而虑后人以言心堕禅，谓蔡氏不当以传心为说，则失其本矣。即如二典所载历象、命官、平地、明刑、典礼、立教、奏庶、艰食诸大政，传之万世，孰非圣人之心之所寄哉？圣人之心都俞吁咈，该于危微精一，危微精一要于执中。使非先精其心，亦安知中之所在而执之？孔子者，时中者也。《中庸》者，子思之书也。孔子之时中，子思之作《中庸》，即传尧、舜、禹执中之旨也。孟子曰：“权然后知轻重，度然后知长短。”物皆然，心为甚。古今神圣一切智愚动作云为，皆心之用。今为学欲明圣人之道，而拔本塞源，力禁言心，不知果有当于尧、舜、禹之意否耶。以为《荀子》引“人心之危，道心之微”出道经，显与佛氏明心之说相近。黄氏所辟，其论甚当。夫所恶于禅学“即心是道”者，谓其专事明新，断知见，绝义理，用心如墙壁，以侥幸于一旦之洒然证悟。若夫圣人之教，兢业以持心，又精择命善，以要于执中，尚有何病？盖单提危微二语，虽有警惕提撕意，犹引而不发。至合下精一执中，则所以区处下手功夫至密。或又谓心一而已，安有人心道心？试诘所谓心以而已者，果何等之一心也？若以为皆道心与，则断不可谓古今天下皆圣贤；若以为皆人心与，亦断不可谓天下古今皆邪慝；若以为不属道，亦不属人，粗则如告子之“知觉运动与禽兽同焉者是”，精则正堕向禅学“即心是道”及阳明“本心良知”之说也。或又谓：《孟子》曰“人，仁心也”，是人心不可指为欲心。此语更误。夫孟子此言探其本始言之，即性善之旨，所谓道心也，然固不可谓一切人之心皆全于仁而无欲也，故又尝曰“失其本心”，“陷溺其心”。夫陷溺而失之者，即欲心、仁心也。使人心皆仁而无欲，古今圣人为学与教，又何忧乎有不仁也？惟夫人心本仁，而易堕于人欲之危，是以圣人既自精择而守之，以执其中，又推以为教于天下万世，千言万语，欲使同归于仁而已。然固不能人人皆自觉悟以返于人，则赖有此四言之教。历代帝王兢兢守之，不敢失坠，此所谓传心者也。尝试论之，以为禅家“即心是道”与阳明“本心良知”，大略亦皆是道心一边，但不能如圣人文理密察，备四德，有品节，所以差失作病痛，政为少精以执中耳。精以执中，则所为尽精微，巽以行权而时中也。然则圣人之道所以异于禅学者，其岐违偏全之事，政在此处。程、朱所吃紧为人讲切发明分别疑似者，亦政在此处。初心之士欲审善恶邪正，全在察人心道心危微二端之几；懋修之儒欲救误人道心堕禅之失，全在精一执中之学。《日知录》引《黄氏日钞》、唐仁卿诸说，以为辟陆、王心学则可，以为《六经》、孔孟不言心学则不可。

愚按，心不待也，流行天地间，贯彻古今而无不同者，理也。理具于吾心，而验于事物。心者，所以统宗此理而别白其是非。人之贤否，事之得失，天下之治乱，皆于此乎判。此圣人所以致察于危微精一之间，而相传以执中之道，使无一事之不合于理，而无有过不及之偏者也。禅学以理为障，而独指其心曰“不立文字，单传心印”。圣贤之学，自一心而达之天下国家之用，无非至理之流行，明白洞达，人人所同，历千载而无间者。何传之云：“俗说浸淫，虽贤者或不能不袭用其语，故僭书其所见如此。”

《中庸章句》引程子之言曰：“此篇乃孔门传授心法。”亦是借用释氏之言，不无可酌。

《论语》一书言心者三，曰“七十而从心所欲不逾矩”；曰“回也，其心三月不违仁”；曰“饱食终日，无所用心”。乃“操则存，舍则亡”之训，门人未之记，而独见于《孟子》。夫未学圣人之操心，而骤语夫从心，此即所谓饱食终日，无所用心，而旦昼之所为有牿亡之者矣。

唐仁卿【原注】名伯元，澄海人，万历甲戌进士，官至吏部文选司郎中。答人书曰：“自新学兴而名家著，其冒焉以居之者不少，然其言学也则心而已矣。元闻古有学道，不闻学心；古有好学，不闻好心。‘心学’二字，《六经》、孔孟所不道。今之言学者，盍谓心即道也，而元不解也。何也？危微之旨在也，虽上圣而不敢言也。今人多怪元言学而遗心，孰若执事责以不学之易了，而元亦可以无辞于执事。子曰：‘有能一日用其力于仁矣乎？’又曰：‘一日克己复礼。’又曰：‘终日干干，行事也。’元未能也。孔门诸子，日月至焉，夫子犹未许其好学，而况乎日至未能也，谓之不学可也。但未知执事所谓学者果仁邪？礼邪？事邪？抑心之谓邪？外仁、外礼、外事以言心，虽执事亦知其不可。执事之意，必谓仁与礼与事即心也。用力于仁，用力于心也。复礼，复心也。行事，行心也。则元之不解犹昨也，谓之不学可也。”又曰：“孳孳为善者心，孳孳为利者亦未必非心。危乎，心哉！判吉凶，别人禽，虽大圣犹必防乎其防，而敢言心学乎？心学者，以心为学也。以心为学，是以心为性也。心能具性，而不能使心即性也。是故求放心则是，求心则非。求心则非，求于心则是。我所病乎心学者，为其求心也。心果待求，必非与我同类。心果可学，则‘以礼制心，以仁存心’之言，毋乃为心障与!”【原注】卫蒿曰：从心不逾矩，孔子至七十时方敢以此自信。而今之学者未可与立而欲语从心，率天下之人而祸仁义，必斯言也。

《论语》：“仁者安仁。”集注：“谢氏曰：仁者心无内外、远近，精粗之间，非有所存而自不亡，非有所理而自不乱。”此皆庄、列之言，非吾儒之学。太甲曰：“顾諟天之明命。”子曰：“回之为人也，择乎中庸，得一善则拳拳服膺而弗失之矣。”故曰：“操则存，舍则亡。”不待存而自不亡者，何人哉？【杨氏曰】上蔡之说，缘不习无不利，无思无不通而遇之。

18.14 举业

林文恪【原注】材。《福州府志》曰：“余好问长老前辈时事。或为余言林尚默，【原注】名志，闽县人。永乐壬辰进士，乡试会试皆第一，殿试一甲第二名。方游乡序，为弟子员，即自负其才当冠海内士云。然考其时，试诸生者则杨文贞、金文靖二公也。夫尚默当时所习特举子业耳，而杨金二学士皆文章宿老，蔚为儒宗，尚默乃能必之二公若合符节，何哉？当是时也，学出于一，上以是取之，下以是习之，譬作车者不出门而知适四方之合辙也。正德末，异说者起，以利诱后生，使从其学，毁儒先，诋传注，殆不啻弁髦矣。由是学者伥伥然莫知所从，欲从其旧说，则恐或主新说，从其新说，则又不忍遽弃专注也。已不能自必，况于人乎？呜呼，士之怀瑾握瑜，范驰驱而不遇者，可胜道哉！

是故射无定鹄，则羿不能巧；学无定论，则游夏不能工。欲道德一，风俗同，其必自大人不倡游言始。”

又曰：“近日讲学之辈，弥近理而大乱真。士附其门者皆取荣名，于是一唱百和，如伐木者呼邪许，然徐而叩之，不过徼捷径于终南，而其中实莫之能省也。”

东乡艾南英《皇明今文待序》曰：“呜呼，制举业中始为禅之说者，谁与原其始？盖由一二聪明才辩之徒，厌先儒敬义诚明、穷理格物之说，乐简便而畏绳束，其端肇于宋南渡之季，而慈湖杨氏之书为最著。国初，功令严密，匪程、朱之言弗遵也。盖至摘取良知之说，而士稍异学矣。然予观其书，不过师友讲论、立教明宗而已。未尝以入制举业也。其徒龙溪、【原注】王畿。绪山【原注】钱德洪。阐明其师之说，而又过焉，亦未尝以入制举业也。龙溪之举业不传，阳明、绪山，班班可考矣。衡较其文，持详矜重，若未始肆然欲自异于朱氏之学者。然则今之为此者，谁为之始与？吾姑为隐其姓名，而又详乙注其文，使学者知以宗门之糟粕，为举业之俑者自斯人【原注】万历丁丑科杨起元。始。呜呼，降而为传灯，于彼教初说，其浅深相去已远矣。又况附会以援儒入墨之辈，其鄙陋可胜道哉。今其大旨，不过曰耳自天聪，目自天明，犹告子曰‘生之谓性’而已。及其厌穷理格物之迂而去之，犹告子曰‘不得于言，勿求于心’而已。任其所之而冥行焉，未有不流于小人之无忌惮者。此《中庸》所以言性不言心，《孟子》所以言心而必原之性，《大学》所以言心而必曰正其心。吾将有所论著，而姑言其概如此，学者可以废然返矣。”

又曰：“嘉靖中，姚、江之书虽盛行于世，而士子举业尚谨守程、朱，无敢以禅窜圣者。自兴化、华亭两执政尊王氏学，于是隆庆戊辰《论语程义》首开宗门，【原注】各破题见下。是年主考李春芳，兴化县人。此后浸淫，无所底止。科试文字，大半剽窃王氏门人之言，阴诋程、朱。”

坊刻中有伪作罗伦《致知在格物》一篇，其破题曰：“良知者，廓于学者也。”按：罗文毅，中成化二年进士。当时士无异学，使果有此文，则良知之说始于彝正，不始于伯安矣。况前人作破，亦无此体，【原注】旧日文字，破题或二句，或三句，必尽题意。嘉靖八年，主司变体，创为轻佻之格。“孔子，圣之时者也”，程文破云：“圣人者，立大中者也。”试录一出，士论哗然。以其为先朝名臣而借之耳。

18.15 破题用庄子

《五经》无“真”字，始见于老庄之书。

《老子》曰：“其中有精，其精甚真。”

《庄子·渔父篇》：“孔子愀然曰：‘敢问何谓真?’客曰：‘真者精诚之至也。’”【原注】《荀子》“真积力久”亦是此意。《黄庭经》曰：“积精累气以为真。”

《大宗师篇》曰：“而已反其真，而我犹为人猗。”

《列子》曰：“精神离形，各归其真，故谓之鬼。鬼，归也。归其真宅。”

《汉书·杨王孙传》曰：“死者，终身之化，而物之归者也。归者得至，化者得变，是物反其真也。”《说文》曰：“真，仙人变形登天也。”

徐氏《系传》曰：“真者，仙也，化也。从匕，匕即化也。反人为亡，从目从匕，入其所乘也。”【原注】人老则近于死，故“老”字从匕。既死，则反其真，故“真”字亦从匕。以生为寄，以死为归，于是有真人、真君、真宰之名。

秦始皇曰：“吾慕真人。”自谓“真人”，不称“朕”。

魏太武改元太平真君。

而唐玄宗诏：以四子之书谓之“真经”，皆本乎此也。后世相传，乃遂与假为对。

李斯《上秦王书》：“夫击瓮叩缻，弹筝搏髀，而歌呼呜呜，快耳目者，真秦之声也。”

韩信请为假王，高帝曰：“大丈夫定诸侯，即为真王耳，何以假为!”又更东垣曰“真定”。

窦融《上光武书》曰：“岂可背真旧之主，事奸伪之人。”而与老、庄之言真，亦微异其指矣。【原注】今谓“真”，古曰“实”，今谓“假”，古曰“伪”。《左传·襄十八年》：“使乘车者左实右伪，以旆先舆，曳柴而从之。”假王犹假君。假相国，唐人谓之“借职”是也。今人之所谓假亦非。

宋讳“玄”，以“真”代之，故庙号曰“真宗”。武七宿改为“真武”，玄冥改为“真冥”，玄枵改为“真枵”。

《崇文总目》谓《太玄经》为“太真”，则犹未离其本也。

隆庆二年会试，为主考者厌《五经》而喜老庄，黜旧闻而崇新学，首题《论语》“子曰由诲汝知之乎”一节，其程文破云：“圣人教贤者以真知，在不昧其心而已。”【原注】《庄子·大宗师篇》：“且有真人，而后有真知。”《列子·仲尼篇》：“无乐无知，是真乐真知。”始明以《庄子》之言入之文字。自此五十年间，举业所用，无非释、老之书。彗星扫北斗、文昌，而御河之水变为赤血矣。

崇祯时，始申旧日之禁，而士大夫皆幼读时文，习染已久，不经之字，摇笔辄来，正如康昆仑所受邻舍女巫之邪声，非十年不近乐器，未可得而绝也。虽然，以周元公道学之宗，而其为书，犹有所谓“无极之真”者，吾又何责乎今之人哉。【原注】罗氏《困知记》谓：无极之真，二五之精，妙合而凝。太极与阴阳五行，非二物也，不当言合。又言：《通书》未尝一语及无极。

《孟子》言：“所不虑而知者，其良知也。”下文明指是爱亲敬长。若夫因严以教敬，因亲以教爱，则必待学而知之者矣。今之学者，明用《孟子》之良知，暗用《庄子》之真知。

18.16 科场禁约

万历三十一年三月，礼部尚书冯琦上言：“顷者，皇上纳都给事中张问达之言，正李贽惑世诬民之罪，尽焚其所著书，其崇正辟邪，甚盛举也。臣窃：惟国家以经术取士，自《五经》、《四书》、《二十一史》、《通鉴》、性理诸书而外，不列于学官，而经传注，又以宋儒所订者为准。此即古人‘罢黜百家、独尊孔氏’之旨。自人文向盛，士习寖漓，始而厌薄平常，稍趋纤靡；纤靡不已，渐骛新奇；新奇不已，渐趋诡僻。始犹附诸子以立帜，今且尊二氏以操戈。背弃孔、孟，非毁朱、程，惟《南华》、西竺之语，是宗是竞。以实为空，以空为实。以名教为桎梏，以纪纲为赘疣。以放言高论为神奇，以荡轶规矩、扫灭是非廉耻为广大。取佛书言心、言性略相近者，窜入圣言，取圣经有空字、无字者，强同于禅教。语道既为踳驳，论文又不成章。世道溃于狂澜，经学几为榛莽。臣请：坊间一切新说曲议，令地方官杂烧之。生员有引用佛书一句者，廪生停廪一月，增附不许帮补，三句以上降黜。中式墨卷引用佛书一句者，勒停一科，不许会试，多者黜革。【原注】二十八年，礼科摘湖广举人董以修《四书》义有无去无住，出世住世语，罚停五科。伏乞天语申饬，断在必行。自古有仙佛之世，圣学必不明，世运必不盛。即能实诣其极，亦与国家无益，何况袭咳唾之余，以自盖其名利之迹者乎？夫道术之分久矣。自西晋以来，于吾道之外，别为二氏；自南宋以来，于吾道之中，自分两歧；又其后，则取释氏之精蕴，而阴附于吾道之内；【原注】如陈白沙、王阳明。又其后，则尊释氏之名法，而显出于吾道之外。【原注】如李贽之徒。【汝成案】从沈校补。非圣主执中建极，群工一德同风，世运之流未知所届。”上曰：“祖宗维世立教，尊尚孔子。明经取士，表章宋儒。近日学者，不但非毁宋儒，渐至诋讥孔子，扫灭是非，荡弃行检，复安得节义忠孝之士为朝廷用？览卿等奏，深于世教有裨，可开列条款奏来。仙佛原是异术，宜在山林独修，有好尚者任其解官自便。”【沈氏曰】《神宗实录》于万历三十年三月己丑下书云：“纳礼部尚书冯琦之言，诏”云云，而冯疏一语不载，何也？

自此稍为厘正，然而旧染既深，不能尽涤；又在位之人，多以护惜士子科名为阴德，亦不甚摘发也。至于末年，诡僻弥甚。【沈氏曰】《神宗实录》：万历三十四年十二月，诏谕礼臣曰：“文体弊坏，至今日而极，非独士习之陋，亦由阅卷官自由此轨而进，相师相尚，莫知其非，以此取士，士安得不靡然从之？今后房考官见有离经畔注，穿凿揣摩，及摭拾佛书、俗书，隐讳怪诞者，必弃不取，甚者参罚。仍刊布谕旨，豫使闻之。”

新学之兴，人皆土苴《六经》，因而不读传注。崇祯三年，浙江乡试题“乂用明俊民用章”。上文“岁月日时无易”，传曰：“不失其时也。”第三名龚广生文，误以为历家“一日十二时”之时，而取冠本经，刻为程文。九年，应天乡试题“‘王请大之’至‘文王一怒而安天下之民’”，内有“以遏徂莒”，注曰：“‘莒’，《诗》作‘旅’，众也。”谓密人侵阮、徂、共之众也。第二十三名周天一文，误以为《春秋》“莒人”之莒，亦得中式，部科不闻磨勘。诏令之不行至此。【杨氏曰】试官既是眯目，礼科亦复失睛，天下之人未可尽诬。丧之上而得之下，吾恐有窃笑者。

18.17 朱子晚年定论

《宋史·陆九渊传》：“初，九渊尝与朱熹会鹅湖，论辨所学，多不合。及熹守南康，九渊访之。熹与至白鹿洞，九渊为讲‘君子小人喻义利’一章，听者至有泣下，熹以为切中学者隐微深痼之病。至于无极而太极之辩，则贻书往来，论难不置焉。”

王文成【原注】守仁。所辑《朱子晚年定论》，今之学者多信之，不知当时罗文庄【原注】钦顺。已尝与之书而辩之矣。

其书曰："详《朱子定论》之编，盖以其中岁以前所见未真，及晚年始克有悟，乃于其论学书牍三数十卷之内，摘此三十余条，其意皆主于向里者，以为得于既悟之余，而断其为定论。斯其所择，宜亦精矣。第不知所谓晚年者，断以何年为定？偶考得何叔京氏，卒于淳熙乙未，时朱子年方四十有六。后二年丁酉，而《论孟集注或问》始成。今有取于答何书者四通，以为晚年定论。至于《集注或问》，则以为中年未定之说。窃恐考之欠详，而立论之太果也。又所取《答黄直卿》一书，监本止云此是向来差误，别无'定本'二字，今所编增此二字，而序中又变'定'字为'旧'字，却未详'本'字所指。朱子有《答吕东莱》一书，尝及定本之说，然非指《集注或问》也。凡此，愚皆不能无疑，顾犹未足深论。窃以执事天资绝世，而日新不已。向来恍若有悟之后，自以为证诸《五经》、《四子》，沛然若决江河而放诸海。又以为精明的确，洞然无复可疑。某固信其非虚语也。然又以为独于朱子之说有相抵牾，揆之于理，容有是邪？他说固未敢请，尝读《朱子文集》，其第三十二卷，皆与张南轩答问书。内第四书，亦自以为：'其于实体似益精明，因复取凡圣贤之书，以及近世诸老先生之遗语，读而验之，则又无一不合。'盖平日所疑而未白者，今皆不待安排，往往自见洒落处，与执事之所自序者无一语不相似也。书中发其所见，不为不明。而卷末一书，提纲振领，尤为详尽。窃以为，千圣相传之心学，殆无以出此矣。不知何故，独不为执事所取？无亦偶然也邪？若以此二书为然，则《论孟集注》、《学庸章句或问》不容别有一般道理。如其以为未合，则是执事精明之见，决与朱子异矣！凡此三十余条者，不过姑取之以证成高论，而所谓先得我心之所同然者，安知不有毫厘之不同者为祟于其间，以成抵牾之大隙哉！又执事于朱子之后，特推草庐吴氏，以为见之尤真，而取其一说，以附三十余条之后。窃以草庐晚年所见端的与否，良未易知。盖吾儒昭昭之云，释氏亦每言之，毫厘之差，正在于此。即草庐所见，果有合于吾之所谓昭昭者，安知非其四十年间钻研文义之效，殆所谓真积力久而豁然贯通者也。盖虽以明道先生之高明纯粹，又蚤获亲炙于濂溪，以发其吟风弄月之趣，亦必反求诸《六经》而后得之。但其所禀邻于生知，闻一以知十，与他人极力于钻研者不同耳。又安得以前日之钻研文义为非，而以堕此科臼为悔？夫得鱼忘筌，得兔忘蹄，【原注】出《庄子》。蹄，古罥字通，兔罥也。可也。矜鱼兔之获，而反追咎筌蹄，以为多事，其可乎哉？东莞陈建作《学蔀通辩》，取朱子年谱、行状、文集、语类及与陆氏兄弟往来书札，逐年编辑而为之，辩曰：'朱、陆早同晚异之实，二家谱集具载甚明。'【原注】《黄氏日钞》曰："朱子《答陆子寿书》，反复论丧祭之礼。《答陆子美书》，辩诘《太极》、《西铭》，至再而止。《答陆子静书》，辩诘尤切。其条理有未明而不能尽人言者凡七，终又随条注释，斥其空疏杜撰。且云：'如曰未然，各尊所闻，各行所知可矣。'书亦于此而止。"近世东山赵汸《对江右六君子策》乃云：'朱子《答项平父书》有去短集长之言。'【原注】此特朱子谦己诲人之辞，未尝教人为陆氏之学也。岂鹅湖之论，至是而有合邪？使其合并于晚岁，则其微言精义，必有契焉。而子静则既往矣，此'朱、陆早异晚同'之说，所萌芽也。程篁墩【原注】敏政因之，乃著《道一编》，分朱、陆异同为三节，始焉如冰炭之相反，中焉则疑信之相反，终焉若辅车之相倚。'朱、陆早异晚同'之说，于是乎成矣。王阳明因之，遂有《朱子晚年定论》之录，专取朱子议论与象山合者，与《道一编》辅车之说，正相唱和矣。凡此，皆颠倒早晚，以弥缝陆学，而不顾矫诬朱子，诳误后学之深。故今编年以辩，而二家早晚之实，近儒颠倒之弊，举昭然矣。"

又曰："朱子有朱子之定论，象山有象山之定论，不可强同。专务虚静，完养精神，此象山之定论也。主敬涵养，以立其本；读书穷理，以致其知；身体力行，以践其实。三者交修并尽，此朱子之定论也。乃或专言涵养，或专言穷理，或止言力行，则朱子因人之教、因病之药也。今乃指专言涵养者为定论，以附合于象山，其诬朱子甚矣！"

又曰："赵东山所云，盖求朱、陆生前无可同之实，而没后乃臆料其后会之必同，本欲安排早异晚同，乃至说成生异死同，可笑可笑！【原注】按子静卒后，朱子《与詹元善书》谓：其说颇行于江湖间，损贤者之志，而益愚者之过，不知此祸何时而已。盖已逆知后人宗陆氏者之弊。而东山辈不考此书，强欲附会之以为同，何邪？

如此，岂不适所以彰朱、陆平生之未尝同，适自彰其牵合欺人之弊？奈何近世咸信之，而莫能察也。【姚氏曰】元·虞文靖有《送李彦方闽宪》诗，其序云："先正鲁国许文正文实表章程、朱之学，以佐至元之治，天下人心风俗之所系，不可诬也。近日晚学小子，不肯细心穷理，妄引陆子静之说，以自欺自弃。至欲移易《论语章句》，直斥程、朱之学为非，此亦非有见于陆氏者也。特以其猖狂不学，以欺人而已。此在王制之所必不容者也。闽中自中立归，已有道南之叹。仲素愿中至于元晦，端绪明白，皆在闽中，不能不于彦方之行发之。去一贼吏，治一弊政，不如此一事有以正人心儒者之能事也。按文靖从友吴文正之门，文正之学以象山为宗，而虞公立论如此。则师弟所学，亦有不必同者耶？又是时文学修明，谈道讲艺，各有师承，洛、闽之教方昌，而好异之事亦复别骛旁去，则源远而末益分，无惑乎后此歧途之百出也。"

昔裴延龄掩有为无，指无为有，以欺人主。陆宣公谓其愚弄朝廷，甚于赵高指鹿为马。今篁墩辈分明掩有为无，指无为有，以欺弄后学，岂非吾道中之延龄哉！"

又曰："昔韩绛、吕惠卿代王安石执政，时号绛为法沙门，惠卿为护法善神。愚谓近日继陆学而兴者，王阳明是法沙门，程篁墩则护法善神也。【原注】此书于朱、陆二家同异，考之极为精详，而世人不知，但知其有《皇明通纪》，又不知《通纪》乃梁文康储之弟亿所作，而托名于清澜也。宛平孙承泽谓：阳明所编，其意欲借朱子以攻朱子。且吾夫子以天纵之圣，不以生知自居，而曰好古敏求，曰多闻多见，曰博闻约礼，至老删述不休，犹欲假年学《易》。朱子一生，效法孔子，进学必在致知，涵养必在主敬，德性在是，问学在是，如谬以朱子为支离，为晚悔，则是吾夫子所谓好古敏求，多闻多见，博文约礼，皆早年之支离，必如无言、无知、无能，为晚年自悔之定论也。以此观之，则'晚年定论'之刻，真为阳明舞文之书矣。盖自弘治、正德之际，天下之士厌常喜新，风气之变已有所自来，而文成以绝世之资，倡其新说，鼓动海内。【原注】文成与胡端敏世宁，乡试同年。一日谓端敏公曰：公人杰也，第少讲学。端敏答曰：某何敢望公，但恨公多讲学耳。嘉靖以后，从王氏而诋朱子者，始接踵于人间。而王尚书【原注】世贞。发策谓：‘今之学者，偶有所窥，则欲尽发先儒之说，而出其上。【杨氏曰】尽发先儒之“发”当是“废”字。不学，则借一贯之言，以文其陋。无行，则逃之性命之乡，以使人不可诘。’此三言者，尽当日之情事矣。故王门高弟为泰州、【原注】王艮。龙溪【原注】王畿。二人。泰州之学，一而为颜山农，【原注】均。再而为罗近溪、【原注】汝芳。赵大洲。【原注】贞吉。龙溪之学，一而为何心隐，【原注】本名梁汝元再传而为李卓吾、【原注】贽。陶石篑。【原注】望龄。昔范武子论王弼、何晏二人之罪。深于桀纣，以为一世之患轻，历代之害重。自丧之恶小，迷众之罪大。而苏子瞻谓：李斯乱天下，至于焚书坑儒，皆出于其师荀卿，高谈异论而不顾者也。《困知》之记、《学蔀》之编，固今日中流之砥柱矣。”

《姑苏志》言，姚荣国【原注】广孝。著书一卷，名曰《道余录》，专诋程、朱。【原注】《实录》本传言，广孝著《道余录》，诋讪先儒，为君子所鄙。少师亡后，其友张洪谓人曰：“少师于我厚，今死矣。无以报之，但每见《道余录》，辄为焚弃。”少师之才不下于文成，而不能行其说者，少师当道德一、风俗同之日，而文成在世衰道微、邪说又作之时也。

嘉靖二年，会试发策，【原注】考试官蒋文定冕，石文介珤。谓朱、陆之论终以不合，而今之学者顾欲强而同之，岂乐彼之径便，而欲阴诋吾朱子之学与？究其用心，其与何澹、陈贾辈，亦岂大相远与？至笔之简册，公私诋訾，以求售其私见。礼官举祖宗朝故事，燔其书而禁斥之，得无不可乎！【原注】《成祖实录》：“永乐二年，鄱阳人朱季友诣阙，献所著书，诋毁宋儒。上怒，遣行人押赴饶州，会司府县官杖之，尽焚其所著书。”当日在朝之臣，有能持此论者，涓涓不塞，终为江河，有世道之责者，可无履霜坚冰之虑。

以一人而易天下，其流风至于百有余年之久者，古有之矣。王夷甫之清谈，王介甫之新说，【原注】《宋史》林之奇言：“昔人以王、何清谈之罪，甚于桀纣。本朝靖康祸乱，考其端倪，王氏实负王、何之责。”其在于今，则王伯安之良知是也。孟子曰：“天下之生久矣，一治一乱。”拨乱世反之正，岂不在于后贤乎！

18.18 李贽

《神宗实录》：“万历三十年闰二月乙卯，礼科给事中张问达疏劾李贽：‘壮岁为官，晚年削发，近又刻《藏书》、《焚书》、《卓吾大德》等书，流行海内，惑乱人心。以吕不韦、李园为智谋，以李斯为才力，以冯道为吏隐，以卓文君为善择佳偶，以秦始皇为千古一帝，以孔子之是非为不足据，狂诞悖戾，不可不毁。尤可恨者，寄居麻城，肆行不简，与无良辈游庵院，挟妓女，白昼同浴，勾引士人妻女入庵讲法，至有携衾枕而宿者，一境如狂。又作《观音问》一书，所谓观音者，皆士人妻女也。后生小子喜其猖狂放肆，相率煽惑，至于明劫人财，抢搂人妇，同于禽兽，而不之恤。迩来缙绅士大夫亦有诵咒念佛，奉僧膜拜。手持数珠，以为戒律；室悬妙像，以为皈依。不知尊孔子家法，而溺意于禅教沙门者，往往出矣。近闻贽且移至通州，通州距都下四十里，倘一入都门，招致蛊惑，又为麻城之续。王敕礼部，檄行通州地方官，将李贽解发原籍治罪。

仍檄行两畿及各布政司，将贽刊行诸书，尽行烧毁，无令贻祸后生，世道幸甚！’得旨：‘李贽敢倡乱道，惑世诬民，便令厂卫、五成严拿治罪。其书籍已刻未刻，令所在官司尽搜烧毁，不许存留。如右徒党曲庇私藏，该科道及各有司访奏治罪。’已而贽逮至，惧罪不食死。”

愚按，自古以来，小人之无忌惮而敢于叛圣人者，莫甚于李贽。然虽奉严旨，而其书之行于人间自若也。【原注】谢在杭《五杂俎》言：“李贽先仕官至太守，而后削发为僧，又不居山寺，而遨游四方，以干权贵，人多畏其口而善待之。拥传出入，髡首坐肩舆，张黄盖，前后呵殿，郡县有司莫敢与均茵伏。无何，入京师，以罪下狱死。此亦近于人妖者矣。”闽人持论之公如此。

天启五年九月，四川道御史王雅量疏奉旨：“李贽诸书怪诞不经，命巡视衙门焚毁，不许坊间发卖，仍通行禁止。”而士大夫多喜其书，往往收藏，至今未灭。

18.19　钟惺

钟惺字敬伯，竟陵人，万历庚戌进士。天启初，任福建提学副使，大通关节。丁父忧去职，尚挟姬妾游武夷山，而后即路。巡抚南居益疏劾有云：“百度逾闲，《五经》扫地。化子矜为钱树，桃李堪羞。登驵侩于皋比，门墙成市。公然弃名教而不顾，甚至承亲讳而冶游。疑为病狂丧心，讵止文人无行！”【原注】辛酉，福建提学佥事。癸亥，丁忧。甲子，京察。坐是沉废于家。乃选历代之诗名曰《诗归》，其书盛行于世。已而评《左传》，评《史记》，评《毛诗》，好行小慧，自立新说，天下之士靡然从之。而论者遂忘其不孝贪污之罪，且列之为文人矣。【原注】钱氏谓：“古人之于经传，敬之如神明，尊之如师宝，谁敢僭而加之评骘？评骘之多自近代始，而莫甚于越之孙氏、楚之钟氏。孙之评《书》也，于《大禹谟》则讥其文之排偶。其评《诗》也，于《车攻》则讥其选徒嚣嚣，非有闻无声之义。尼父之删述，彼将操金椎以控之，又何怪夫孟坚之史、昭明之选，诋诃如蒙童，而挥斥如徒隶乎！钟之评《左传》也，它不具论，以‘克段’一传言之。‘公入而赋，姜出而赋’，句也；‘大隧之中’凡四句，其所赋之诗也，钟误以‘大隧之中’为句断，而以‘融融泄泄’为序事之语，遂抹之曰‘俗笔’。句读之不析，文理之不通，俨然丹黄甲乙，衡加于经传，是之谓非圣者无法，是之谓侮圣人之言，而世方奉为金科玉条，递相师述。学术日颇，而人心日坏，其祸有不可胜言者。孙氏名鑛，今世所传孙月峰者是也。”

余闻闽人言，学臣之鬻诸生自伯敬始。当时之学臣，其于伯敬，固当如茶肆之陆鸿渐，奉为利市之神，又何怪读其所选之诗，以为《风》、《骚》再作者耶？其罪虽不及李贽，然亦败坏天下之一人。

举业至于抄佛书，讲学至于会男女，考试至于鬻生员，此皆一代之大变，不在王莽、安禄山、刘豫之下，故书其事于《五经》诸书之后。呜呼，“四维不张，国乃灭亡！”《管子》已先言之矣。

18.20　窃书

汉人好以自作之书而托为古人，张霸《百二尚书》、卫宏《诗序》之类是也。晋以下人，则有以他人之书，而窃为己作。郭象《庄子注》、何法盛《晋中兴书》之类是也。若有明一代之人，其所著书，无非窃盗而已。

《世说》曰："初注《庄子》者数十家，莫能究其旨要。向秀于旧注外，为解义，妙析奇致，大畅玄风。唯《秋水》、《至乐》二篇未竟，而秀卒。秀子幼，义遂零落。然犹有别本。郭象者，为人薄行，有隽才。见秀义不传于世，遂窃以为己注。乃自注《秋水》、《至乐》二篇，又易《马蹄》一篇，其余众篇，或定文句而已。后秀义别本出，故今有向、郭二《庄》，（其义一也）"今代之人，但有薄行，而无隽才，不能通作者之意，其盗窃所成之书，必不如元本，名为钝贼何辞！

《旧唐书》："姚珽尝以其曾祖察所撰《汉书训纂》多为后之注《汉书》者隐没名字，将为己说，珽乃撰《汉书绍训》四十卷，以发明旧义，行于代。"吾读有明弘治以后经解之书，皆隐没古人名字，将为已说者也。

先生《钞书篇》曰。

先祖曰："著书不如钞书。凡今人之学，必不及古人也。今人所见之书之博，必不及古人也。小子勉之，惟读书而已！"

又曰："…… 凡作书者，莫病乎其以前人之书改窜而为自作也。班孟坚之改《史记》，必不如《史记》也。宋景文之改《旧唐书》，必不如《旧唐书》也。朱子之改《通鉴》，必不如《通鉴》也。至于今代，而著书之人几满天下，则有盗前人之书而为自作者矣。故得明人书百卷，不若得宋人书一卷也。"①

18.21 勘书

凡勘书必用能读书之人。偶见《焦氏易林》旧刻，有曰"环绪倚钼"，乃"环堵"之误。注云："绪，疑当作'佩'。""井堙水刊"，乃"木刊"之误。注云："刊，疑当作'利'。"失之远矣。幸其出于前人，虽不读书，而犹遵守本文，不敢辄改。苟如近世之人，据臆改之，则文益晦，义益舛。而传之后日，虽有善读者，亦茫然无可寻求矣。然则今之坊刻，不择其人，而委之雠勘，岂不为大害乎！

梁简文帝《长安道》诗："金椎抵长乐，复道向宜春。"是用《汉书·贾山传》："隐以金椎，树以青松，为驰道之丽至于此。"《三辅决录》："长安十二门，三途洞开，隐以金椎，周以林木，左出右入，为往来之径。"【原注】《水经注》同。今误作"金槌"，而又改为"椎轮"。唐阎朝隐《送金城公主适西蕃》诗："还将贵公主，嫁与傉檀王。"是用《晋书·载记》："河西王秃发傉檀。"今误作"耨檀"，而又改为"褥毡"，比于"金根车"之改"金银"，而又甚焉者矣。

《庄子》："婴儿生，无石师而能言。"一本作"所师"。盖魏晋以后，写书多有作

---

① 清·黄汝成《日知录集释》于本节之后，附有"先生《钞书篇》曰"文章一篇，今以楷体字录之。先生，指顾炎武。这篇文章，系缩合顾炎武《钞书自序》而成。具体说来，录自《钞书自序》中间两节"先祖之训"。《钞书自序》一文，载《四部丛刊》影印潘耒刻本《顾亭林诗文集》卷之二。

草者，故以“所”而讹“石”也。【杨氏曰】石，古“石”、“硕”通用，不宜作“所”。其作“所”者，妄改也。【钱氏曰】经史当得善本，今通行南北监及汲古阁本，《仪礼》正文多脱简；《穀梁》经传文亦有溷错；《毛诗》往往以释文混入郑笺；《周礼》、《仪礼》亦有释文溷入注者；《礼记》则《礼器》、《坊记》、《中庸》、《大学》疏残缺不可读；《孟子》每章有赵氏《章指》，诸本皆缺；《宋史·孝宗纪》缺一页；《金史·礼志》、《太宗诸子传》各缺一页。皆有宋元椠本可以校补。若日读误书，妄生驳难，其不见笑于大方者鲜矣。【又曰】今人重宋椠本书，谓必无错误，却不尽然。陆放翁《跋历代陵明》云：“近世士大夫所至，喜刻书板，而略不校雠，错本书散满天下，更误学者，不如不刻之逾也。”是南宋初刻本，已不能无误矣。张淳《仪礼识误》、岳珂《九经三传沿革例》所举各本异同甚多，善读者当择而取之。若偶据一本，信以为必不可易。此书估之议论也。①

18.22　改书

《东坡志林》曰：“近世人轻以意改书，鄙浅之人好恶多同。故从而和之者众，遂使古书日就讹舛，深可忿疾。孔子曰：‘吾犹及史之阙文也。’自予少时，见前辈皆不敢轻改书，故蜀本大字书皆善本。”

《汉书·艺文志》曰：“古者书必同文，不知则阙，问诸故老。至于衰世，是非无正，人用其私。故孔子曰：‘吾犹及史之阙文也，今亡矣夫。’盖伤其寖不正。”是知穿凿之弊，自汉已然，故有行赂改兰台漆书，以合其私者矣。

万历间，人多好改窜古书，人心之邪，风气之变，自此而始。且如骆宾王《为徐敬业讨武氏檄》，本出《旧唐书》。其曰：“伪临朝武氏”者。敬业起兵在光宅元年九月，武氏但临朝而未革命也。近刻古文，改作“伪周武氏”，不察檄中所云“包藏祸心，睥睨神器”，乃是未篡之时，故有是言。【原注】越六年，天授元年九月，始改国号日周。其时，废中宗为庐陵王，而立相王为皇帝，故曰“君之爱子，幽之于别宫”也。不知其人，不论其世，而辄改其文，缪种流传，至今未已。

又，近日盛行《诗归》一书，尤为妄诞。魏文帝《短歌行》：“长吟永叹，思我圣考。”圣考谓其父武帝也，改为“圣老”。评之曰：“圣老字奇。”《旧唐书》李泌对肃宗言：“天后有四子，长曰太子宏，监国而仁明孝悌天。后方图称制，乃鸩杀之，以雍王贤为太子。贤自知不免，与二弟日侍于父母之侧，不敢明言，乃作《黄台瓜辞》，令乐工歌之，冀天后悟而哀愍。其辞曰：‘种瓜黄台下，瓜熟子离离。一摘使瓜好，再摘使瓜稀。三摘犹尚可，四摘抱蔓归。’而太子贤终为天后所逐，死于黔中。”其言四摘者，以况四子也。以为非四之所能尽，而改为“摘绝”。此皆不考古而肆臆之说，岂非小人而无忌惮者哉！

18.23　易林

《易林》疑是东汉以后人撰，而托之焦延寿者。延寿在昭、宣之世。【原注】《汉书·

---

① 估，一般作阴平声，读书音作上声，行商、商人之意。《北史·邢峦传》：“商估交入。”书估，犹书贾、书商。

京房传》曰："延寿以好学得幸梁王，王共其资用，令极意学。学既成，为郡史察举，补小黄令。"按此梁敬王定国也，以昭帝始元二年嗣。四十年薨，当元帝之初元三年。【沈氏曰】《后汉书·崔骃传》载，其祖父篆著《周易林》六十四篇，用决吉凶，多占验。晋李石《续博物志》曰："篆著《易林》，或曰《卦林》，或曰《象林》。"王荆公《许氏世谱》曰："后汉汝南许峻者，为《易林》，传于世。"又引梁氏曰：许周生言："《东观汉记》：'永平五年，京师小雨，上御云台，召沛献王辅以《周易卦林》占之，其繇曰："蚁封穴户，大雨将集。"今二语载《易林》中，是今所传《易林》乃《周易卦林》。献王在永平时已用为占，则亦非东汉人所为，或后来有所羼入耳。'"

其时《左氏》未立学官。今《易林》引《左氏》语甚多，又往往用《汉书》中事。如曰："彭离济东，迁之上庸。"事在武帝元鼎元年。曰："长城既立，四夷宾服，交和结好，昭君是福。"事在元帝竟宁元年。曰："火入井口，杨芒生角，犯历天门，窥见太微，登上玉床。"似用《李寻传》语。曰："新作初陵，逾陷难登。"似用成帝起昌陵事。又曰："刘季发怒，命灭子婴。"又曰："大蛇当路，使季畏惧。"则又非汉人所宜言也。【左暄曰】暄按《许曼传》，曼祖父峻亦著《易林》。崔纂《易林》不可考，峻所著《易林》，范氏以为至今行于世，则后世所传《易林》当即峻书，而人误以为焦延寿也。又曰：《易林》中如"刘季发怒"等语，论者谓非汉人所宜言，似汉以后人所著，则不然。《史记·高祖本纪》言"刘季"者非一，则固汉人所常言也。

日知录卷十八

日知录　卷十九

昆山顾炎武撰

19.1　文须有益于天下

文之不可绝于天地间者，曰明道也，纪政事也，察民隐也，乐道人之善也。若此者，有益于天下，有益于将来，多一篇多一篇之益矣。若夫怪力乱神之事，无稽之言，剿袭之说，谀佞之文，若此者，有损于已，无益于人，多一篇多一篇之损矣。【钱氏曰】处患难者，勿为怨天尤人之言。处贵显者，勿为衿己傲物之言。论学术，勿为非圣悖道之言。评人物，勿为党同丑正之言。

> 先生《与友人书》曰：孔子删述《六经》，即伊尹、太公救民于水火之心。而今之注虫鱼、命草木者，皆不足以语词也。故曰："载之空言，不如见之行事。"夫《春秋》之作，言焉而已，而为之行事者，天下后世用以治人之书，将于谓之空言而不可也。愚不揣有见于此，故凡文之部关于《六经》之指、当世之务者，一切不为。而既以明道救人，则于当今之所通患而未尝专指其人者，亦遂不敢以避也。①

19.2　文不贵多

二汉文人所著绝少，史于其末每云：所著凡若干篇。惟董仲舒至百三十篇，而其余

---

① 这一段话是《日知录集释》的作者黄汝成写于本则后面的跋文。

不过五六十篇，或十数篇，或三四篇。史之录其数，盖称之，非少之也。乃今人著作则以多为富，夫多则必不能工，即工亦必不皆有用于世，其不宜矣。【杨氏曰】今之文集与今之时艺，若不拉扎催烧，将伊于何底？

西京尚辞赋，故《汉书·艺文志》所载止诗、赋二家。其诸有名文人，陆贾赋止三篇，贾谊赋止七篇，枚乘赋止九篇，司马相如赋止二十九篇，倪宽赋止二篇，司马迁赋止八篇，王褒赋止十六篇，雄赋止十二篇，而最多者则淮南王赋八十二篇，枚皋赋百二十篇。而于《枚皋传》云："皋为文疾，受诏辄成，故所赋者多。司马相如善为文而迟，故所作少而善于皋。皋赋辞中自言为赋不如相如，其文骫骳，曲随其事，皆得其意，颇诙笑，不甚闲靡，凡可读者不二十篇，其尤嫚戏不可读者尚数十篇。"是辞赋多而不必善也。东汉多碑诔书序论难之文；又其时崇重经术，复多训诂。凡中录其篇数者【沈氏曰】《救文格论》于此下有"北海王睦，临邑侯子驹骕、冯衍、曹褒、郑玄、贾逵、班彪、朱穆、胡广、应奉、应劭、崔骃、崔瑗、崔实、杨修、刘陶、张衡、马融、蔡邕、荀爽、荀悦、李固、延笃、卢植、皇甫规、张奂、孔融、杜笃、王隆、夏恭、夏牙、傅毅、黄香、刘毅、李尤、李胜、苏舜、曹众、曹朔、刘珍、葛龚、王逸、崔琦、边韶、张升、赵壹、侯瑾、张超、班昭"，共凡一百十字。四十九人，其中多者如曹褒、应劭、刘陶、蔡邕、荀爽、王逸各百余篇，少者卢植六篇，黄香五篇，刘驹骕、崔烈、曹众、曹朔各四篇，桓彬三篇，而于《郑玄传》云："玄依《论语》作《郑志》八篇，所注诸经百余万言，通人颇讥其繁。"是解经多而不必善也。

秦延君说《尧典》篇目两字之说十余万言，但说"曰若稽古"三万言，【原注】桓谭《新论》。此颜之推《家训》所谓邺下谚云"博士买驴，书券三纸，未有驴字"者也。【原注】陆游诗："文辞博士书驴券，职事参军判马曹。"

文以少而盛，以多而衰。以二汉言之，东都之文多于西京，而文衰矣。以三代言之，春秋以降之文多于《六经》，而文衰矣。【原注】惠施五车，其书竟无一篇传者。《记》曰："天下无道，则言有枝叶。"【杨氏曰】惠施多方，其书五车，非必皆其自作。

《隋志》载古人文集，西京惟刘向六卷，扬雄、刘歆各五卷，为至多矣。他不过一卷、二卷。而江左梁简文帝至八十五卷，元帝至五十二卷，沈约至一百一卷，所谓虽多亦奚以为？【赵氏曰】梁武帝作《通史》六百卷，《金海》三十卷，《之旨》、《孝经》、《周易》、《毛诗》、《尚书》、《春秋》、《中庸》、《孔子正言》等讲疏二百余卷，吉、凶、军、宾、嘉《五礼》一千余卷，赞序诏诰等文一百二十卷，佛经义记数百卷，《金策》三十卷。建文帝撰《昭明太子传》五卷，《诸王传》三十卷，《礼大义》二十卷，《老子义》二十卷，《庄子义》二十卷，《长春义记》一百卷，《法宝连璧》三百卷。元帝著《孝德忠臣传》各三十卷；《丹阳尹传》十卷，注《汉书》一百十五卷，《周易讲》十卷，《内典博要》百卷，《连山》三十卷，《词林》三十卷，《玉韬》、《金楼子》、《补厥子》各十卷，《老子疏》四卷，《怀旧传》二卷，《古今同姓名录》一卷，《式赞》三卷，文集五十卷。此帝王著述之最富者也。晋葛稚川著述六百余卷。宋乐史著《贡举事》二十卷，《登科记》三十卷，《题解》二十卷，《唐登科文选》五十卷，《孝弟录》二十卷，《广孝传》五十卷，《总仙记》一百四十卷，《太平寰宇记》二百卷，《总记传坐知天下记》四十卷，《商颂杂录》二十卷，

《广卓异记》二十卷，《诸仙传》二十五卷，《宋齐邱文传》十三卷，《杏园集》十卷，《李白别集》十卷，《神仙宫殿窟宅记》十卷，《掌上华夷图》一卷，又编己作为《仙洞集》百卷。周必大著书八十一种，又有《平园集》二百卷。李心传有《高宗系年录》二百卷，《学易篇》五卷，《诵诗训》五卷，《春秋考》十三卷，《礼》二十三卷，《读史考》十二卷，《旧闻证误》十五卷，《朝野杂记》四十卷，《道命录》五卷，《西陲泰定录》九十卷，《辨南迁录》一卷，诗文一百卷。李焘作《长编》九百七十八卷，《总录》五卷，《易学》五卷，《春秋学》十卷，《五经传授》、《尚书百篇图》、《大传杂说》各一卷，《七十二子名籍》各一卷，文集五十卷，奏议三十卷，《四朝史稿》五十卷，《通论》十卷，《南北通守录》三十卷，《七十二候图》、《陶潜新传》并《诗谱》各三卷，《历代宰相年表》、《唐宰相谱》、《江左方镇年表》、《晋司马氏本支》、《宋齐梁本支》、《王谢世表》、《五代将相年表》合为四十一卷。王应麟有《深宁集》一百卷，《玉堂类稿》二十三卷，《掖垣类稿》二十二卷，《诗考》五卷，《地理考》五卷，《汉艺文志考证》十卷，《通鉴地理考》一百卷，《通鉴地理通释》十六卷，《通鉴问答》四卷，《困学纪闻》二十卷，《蒙训》七十卷，集解《践祚篇》、补注《急就篇》六卷，补注《王会篇》、《小学绀珠》十卷，《玉海》二百卷，《词学指南》四卷，《词学题苑》四十卷，《笔海》四十卷，《姓氏急就篇》六卷，《汉制考》四卷，《六经天文》六卷，《小学讽咏》四卷。此文人著述之最富者也。

19.3 著书之难

子书自孟、荀之外，如老、庄、管、商、申、韩，皆自成一家言。至《吕氏春秋》、《淮南子》，则不能自成，故取诸子之言，汇而为书，此子书之一变也。今人书集一一尽出其手，必不能多，大抵如《吕览》、《淮南》之类耳。其必古人之所未及就，后世之所不可无，而后为之，庶乎其传也与？宋人书如司马温公《资治通鉴》、马贵与《文献通考》，皆以一生精力成之，遂为后世不可无之书。而其中小有舛漏，尚亦不免。若后人之书，愈多而愈舛漏，愈速而愈不传。所以然者，其视成书太易，而急于求名故也。【方东树曰】按如温公《书孙之翰作〈唐史要论〉》："其用力精勤，笃志如彼，可以砭著书欲速之膏肓也。"伊川先生晚年作《易传》，成，门人请授，先生曰："更俟学有所进。子不云乎：忘身之老也，不知年数之不足也，俛焉日有孳孳，毙而后已。"

19.4 直言

张子有云："民吾同胞。今日之民，吾与达而在上位者之所共也。救民以事，此达而在上位者之责也。救民以言，此亦穷而在下位者之责也。"

"天下有道，则庶人不议。"然则政教风俗苟非尽善，即许庶人之议矣。故《盘庚之诰》曰："无或敢伏，小人之攸箴，而国有大疑，卜诸庶民之从逆。"子产不毁乡校，汉文止辇受言，皆以此也。唐之中世，此意犹存。鲁山令元德秀遣乐工数人连袂歌《于蒍》，玄宗为之感动。白居易为盩厔尉，作乐府及诗百余篇，规讽时事，流闻禁中，宪宗召入翰林。亦近于陈列国之风，听舆人之诵者矣。

诗之为教，虽主于温柔敦厚，然亦有直斥其人而不讳者。如曰"赫赫师尹，不平谓何"；如曰"赫赫宗周，褒姒灭之"；如曰"皇父卿士，番维司徒，家伯维宰，仲允膳夫，聚子内史，蹶维趣马，楀惟师氏，艳妻煽方处”；如曰“伊谁云从，维暴之云”；则皆直斥其官族名氏，古人不以为嫌也。《楚辞·离骚》：“余以兰为可恃兮，羌无实而容长。”王逸《章句》谓：“怀王少弟司马子兰。”“椒专佞以慢慆兮。”《章句》谓：“楚大夫子椒。”洪兴祖《补注》：“《古今人表》有令尹子椒。”如杜甫《丽人行》：“赐名大国虢与秦，慎莫近前丞相嗔。”近于《十月之交》诗人之义矣。

孔稚珪《北山移文》明斥周颙，刘孝标《广绝交论》阴讥到溉。袁楚客规魏元忠有十失之书，韩退之讽阳城作争臣之论。此皆古人风俗之厚。

19.5　立言不为一时

天下之事，有言在一时，而其效见于数十百年之后者。

《魏志》：“司马朗有复井田之议，谓往者以民各有累世之业，难中夺之。今承大乱之后，民人分散，土业无主，皆为公田，宜及此时复之。”当世未之行也。及拓跋氏之有中原，令户绝者墟宅桑榆尽为公田，以给授而口分，世业之制自此而起，迄于隋唐守之。

《魏书》：“武定之初，私铸滥恶。齐文襄王议，称钱一文，重五铢者，听入市用。天下州镇郡县之市各置二称，悬于市门，若重不五铢，或虽重五铢，而杂铅镴，并不听用。”当世未之行也。及隋文帝之有天下，更铸新钱，文曰五铢，重如其文。置样于关，不如样者，没官销毁之。而开通元宝之式自此而准，至宋时犹仿之。

《唐书》：“李叔明为剑南节度使，上疏言道佛之弊，请本道定寺为三等，观为二等。上寺留僧二十一，上观道士十四，每等降杀以七，皆择有行者，余还为民。德宗善之，以为可行之天下，诏下尚书省议，已而罢之。”至武宗会昌五年，并省天下寺观，敕上都、东都两街各留二寺，每寺留僧三十人。天下节度观察使治所，及同、华、商、汝州，各留一寺，分为三等。上等留僧二十人，中等留十人，下等五人。凡毁寺四千六百余区，归俗僧尼二十六万五百人，大秦穆护祆僧二千余人。而有明洪武中，亦稍行其法。

《元史》：“京师恃东南运粮，竭民力以航不测。泰定中，虞集建言：‘京东数千里，北极辽海，南滨、青、齐，萑苇之场，海潮日至，淤为沃壤，用浙人之法，筑堤捍水为田。听富民欲得官者，合其众而授以地。能以万夫耕者，授以万夫之田，为万夫长。千夫、百夫，亦如之。三年视其成，以地之高下定为征额。五年有积畜，命以官，就所储给以禄。十年佩之符印，得以子孙。如军官之法。如此，可以宽东南之运，以纾民力，而游手之徒皆有所归。’事不果行。”及顺帝至正，中海运不至，从丞相托克托言，乃立分司、农司于江南，召募能种水田及修筑围堰之人各一千名为农师，岁乃大稔，至今水田遗利犹有存者，而戚将军继光复修之蓟镇，是皆立议之人所不及见。而穷则变，变则通，通则久，天下之理固不出乎此也。

孔子言行夏之时，固不以望之鲁之定、哀，周之景、敬也，而独以告颜渊。及汉武帝太初之元，几三百年矣，而遂行之。孔子之告颜渊，告汉武也。

孟子之欲用齐也，曰："以齐王犹反手也，若滕则不可用也。"而告文公之言亦未尝贬于齐、梁，曰："有王者起，必来取法。"是为王者师也。

呜呼！天下之事，有其识者，不必遭其时。而当其时者，或无其识。然则开物之功，立言之用，其可少哉。

朱子作《诗传》，至于秦《黄鸟》之篇，谓其初特出于西戎①之俗，而无明王贤伯以讨其罪，于是习以为常。则虽以穆公之贤，而不免论其事者，亦徒闵三良之不幸，而叹秦之衰。至于王政不纲，诸侯擅命，杀人不忌，至于如此，则莫知其为非也。历代相沿，至明朝英宗始革千古之弊。尝读正统四年六月乙酉书与祥符王有爋曰："周王薨逝，深切痛悼。其存日尝奏，葬择近地，从俭约，以省民力。自妃夫人以下，不必从死。年少有父母者，各遣归其家。"【原注】周宪王讳有燉。所著有《诚斋集》。宪王虽有此命，及薨，妃巩氏竟自经以殉，谥贞烈，以一品礼葬之。盖自御极之初，即有感于宪王之奏，而亦朱子《诗传》有以发其天聪也，呜呼，仁哉！

先生与人书曰：引古筹今，亦吾儒经世之用。然此等故事，不欲令在位之人知之。今日之事，兴一利便是添一害，如欲行沁水之转般，则河南必扰。开胶莱之运道，则山东必乱矣。又曰：目击世趋，方知治乱之关必在人心风俗，而所以转移人心，整顿风俗，则教化纲纪为不可阙哉。②

19.6 文人之多

唐宋以下，何文人之多也！固有不识经术，不通古今，而自命为文人者矣。韩文公《符读书城南》诗曰："文章岂不贵，经训乃菑畬。潢潦无根源，朝满夕已除。人不通古今，马牛而襟裾。行身陷不义，况望多名誉。"而宋刘挚之训子孙，每曰："士当以器识为先，一号为文人，无足观矣。"然则以文人名于世，焉足重哉。此子云所谓"摭我华，而不食我实"者也。

黄鲁直言："数十年来，先生君子但用文章提奖后生，故华而不实。"明朝嘉靖以来，亦有此风，而陆文裕【原注】深。所记刘文靖【原注】健。告吉士之言，空同【原注】李梦阳。大以为不平矣。【原注】见《停骖录》。

《宋史》言：欧阳永叔与学者言，未尝及文章，惟谈吏事。谓文章止于润身，政事可以及物。【杨氏曰】永叔长文章，故不言文章而言政事。君谟长政事，故不言政事而言文章。一以掩其所长，一以厉其所短。古人之意，非浅薄后生所识也。

先生与友人书曰：《宋史》言刘忠肃每戒弟子曰："士当以器识为先，一命为

---

① 西戎，一本作"戎翟"。思齐按：戎翟，戎狄也。

② 这一段话是《日知录集释》的作者黄汝成写于本则后面的跋文。

文人，无足观矣。”仆自读此一言，便绝应酬文字，所以养其器识而不堕于文人也。中孚为其先妣乞传再三，终已辞之。盖只为一人一家之事，而无关于经术政理之大，则不作也。韩文公起八代之衰，若但作《原道》、《原悔》、《争臣论》、《评淮西碑》、《张中丞传后序》诸篇，而一切铭状概为谢绝，则诚近代之泰山、北斗矣。①

19.7 巧言

《诗》云：“巧言如簧，颜之厚矣。”而孔子亦曰：“巧言令色鲜矣仁。”又曰：“巧言乱德。”夫巧言不但言语，凡今人所作诗、赋、碑、状足以悦人之文，皆巧言之类也。不能不足以为通人，夫惟能之而不为，乃天下之大勇也，故夫子以刚毅木讷为近仁。学者所用力之途在此，不在彼矣。

天下不仁之人有二。一为好犯上好作乱之人，一为巧言令色之人。自幼而不孙弟，以至于弑父与君，皆好犯上好作乱之推也。自胁肩谄笑，未同而言，以至于苟患失之，无所不至，皆巧言令色之推也。然而二者之人常相因以立于世。有王莽之篡弑，则必有扬雄之美新。有曹操之禅代，则必有潘勖之九锡。【原注】《世说》言潘元茂作魏公册命，人谓与训、诰同风。是故乱之所由生也，犯上者为之魁，巧言者为之辅。故大禹谓之巧言令色孔壬，而与驩兜、有苗同为一类。甚哉，其可畏也。【原注】穆王作《冏命》曰：“无以巧言令色，便辟侧媚。”然则学者宜如之何？必先之以孝弟，以消其悖逆陵暴之心；继之以忠信，以去其便辟侧媚之习。使一言一动皆出于其本心，而不使不仁者加乎其身，夫然后可以修身而治国矣。【原注】记者于《论语》之首而列有子、曾子之言，所以补夫子平日所未及，其间次序亦不为无意。

世言魏忠贤初不知书，而口含天宪，则有一二文人代为之。《后汉书》言梁冀裁能书计，其诬奏太尉李固时，扶风马融为冀章草。《唐书》言李林甫自无学术，仅能秉笔而，郭慎微、苑咸，文士之阘茸者代为题尺。又言高骈上书，肆为丑悖，胁邀天子，而吴人顾云以文辞缘泽其奸。《宋史》言章惇用事，尝曰：“元祐初司马光作相，用苏轼掌制，所以能鼓动四方。”乃使林希典书命，逞毒于元祐诸臣。呜呼，何代无文人，有国者不可不深惟华实之辨也。【杨氏曰】希草贬子瞻制毕，掷笔而起曰：“今日坏却名节矣。”

19.8 文辞欺人

古来以文辞欺人者，莫若谢灵运，次则王维。

灵运身为元勋之后，袭封国公。宋氏革命，不能与徐广、陶潜为林泉之侣。【杨氏曰】广尝事桓、灵，实不可与渊明比。既为宋臣，又与庐陵王义真款密。至元嘉之际，累迁侍中。自以名流，应参时政，文帝惟以文义接之，以致觖望。又上书劝伐河北，至屡婴罪劾，兴兵拒捕。乃作诗曰：“韩亡子房奋，秦帝鲁连耻。本自江海人。忠义动君子。”

---

① 这一段话是《日知录集释》的作者黄汝成写于本则后面的跋文。

及其临刑，又作诗曰："龚胜无余生，李业有终尽。"若谓欲效忠于晋者，何先后之矛盾乎！史臣书之以逆，不为苛矣。

王维为给事中，安禄山陷两都，拘于普施寺，迫以伪署。禄山宴其徒于凝碧池，维作诗曰："万户伤心生野烟，百官何日再朝天？秋槐叶落空宫里，凝碧池头奏管弦。"贼平，下狱。或以诗闻于行在，其弟刑部侍郎缙请削官以赎兄罪，肃宗乃特宥之，责授太子中允。

襄王僭号，【杨氏曰】唐僖宗光启二年出奔，朱玫立襄王。逼李拯为翰林学士。拯既污伪署，心不自安。时朱玫秉政，百揆无叙。拯尝退朝，驻马国门，为诗曰："紫宸朝罢缀鹓鸾，丹凤楼前立马看。惟有终南山色在，晴明依旧满长安。"吟已，涕下。及王行瑜杀朱玫，襄王出奔，拯为乱兵所杀。

二人之诗同也，一死一不死。而文墨交游之士多护王维，如杜甫谓之"高人王右丞"，天下有高人而仕贼者乎？乃有颠沛之余，投身异姓，至摈斥不容，而后发为忠愤之论，与夫名污伪籍而自托乃心，比于康乐、右丞之辈，吾见其愈下矣。

末世人情弥巧，文而不惭，固有朝赋《采薇》之篇，而夕有捧檄之喜者。苟以其言取之，则车载鲁连，斗量王蠋矣。曰：是不然，世有知言者出焉，则其人之真伪即以其言辨之，而卒莫能逃也。《黍离》之大夫，始而摇摇，中而如噎，既而如醉，无可奈何，而付之苍天者，真也。汨罗之宗臣，言之重，辞之复，心烦意乱，而其词不能以次者，真也。栗里之征士，淡然若忘于世，而感愤之怀有时不能自止，而微见其情者，真也。其汲汲于自表暴而为言者，伪也。《易》曰："将叛者其辞惭，中心疑者其辞枝，失其守者其辞屈。"《诗》曰："盗言孔甘，乱是用餤。"夫镜情伪，屏盗言，君子之道，兴王之事，莫先乎此。

19.9 修辞

典谟爻象，此二帝三王之言也。《论语》、《孝经》，此夫子之言也。文章在是，性与天道亦不外乎是。故曰：有德者必有言。善乎！游定夫之言曰："不能文章而欲闻性与天道，譬犹筑数仞之墙，而浮埃聚沫以为基，无是理矣。"后之君子，于下学之初即谈性道，乃以文章为小技，而不必用力，然则夫子不曰"其旨远，其辞文"乎？不曰"言之无文，行而不远"乎？曾子曰："出辞气，斯远鄙倍矣。"尝见今讲学先生从语录入门者，多不善于修辞，或乃反子贡之言以讥之曰："夫子之言性与天道可得而闻，夫子之文章不可得而闻也。"【钱氏曰】释子之语录始于唐，儒家之语录始于宋。儒其行而释其言，非所以垂教也。君子之出辞气，必远鄙倍；语录行而儒家有鄙倍之词矣。有德者必有言，语录行，则有德而不必有言矣。【姚刑部曰】言之无文，行而不远。出辞气不能远鄙，曾子戒之。况于说圣经以教学者，遗后世而杂以鄙言乎？当唐之世，僧徒不通于文，乃书其师语以俚俗，谓之语录。宋世儒者弟子盖过而效之，然以弟子记先师，惧失其真，犹有取尔也。明世自著书者，乃亦效其辞，此何取哉？

杨用修曰："文，道也。诗，言也。语录出而文与道判矣，诗话出而诗与言离矣。"

自嘉靖以后，人知语录之不文，于是王元美之《札记》、范介儒之《肤语》，上规子云，下法文中，虽所得有浅深之不同，然可谓知言者矣。

19.10 文人摹仿之病

近代文章之病全在摹仿，即使逼肖古人，已非极诣，况遗其神理而得其皮毛者乎。且古人作文，时有利钝梁，简文《与湘东王书》云："今人有效谢康乐、裴鸿胪文者，学谢则不届其精华，但得其冗长；师裴则蔑弃其所长，惟得其所短。"宋苏子瞻云："今人学杜甫诗，得其粗俗而已。"【原注】叶水心言："庆历、嘉祐以来，天下以杜甫为师，始绌唐人之学，谓之江西宗派。"金元裕之诗云："少陵自有连城璧，争奈微之识碔砆。"夫文章一道，犹儒者之末事，乃欲如陆士衡所谓"谢朝华于已披，启夕秀于未振"者，今且未见其人。进此而窥著述之林，益难之矣。

效《楚辞》者，必不如《楚辞》。效《七发》者，必不如《七发》。盖其意中先有一人在前，既恐失之，而其笔力复不能自遂。此寿陵余子学步邯郸之说也。

洪氏《容斋随笔》曰："枚乘作《七发》，创意造端，丽辞腴旨。上薄骚些，故为可喜。其后继之者如傅毅《七激》，张衡《七辩》，崔骃《七依》，马融《七广》，曹植《七启》，王粲《七释》，张协《七命》之类，规仿太切，了无新意。傅玄又集之，以为《七林》，使人读未终篇，往往弃之几格。柳子厚《晋问》乃用其体，而超然别立机杼，激越清壮，汉晋诸文士之弊于是一洗矣。东方朔《答客难》，自是文中杰出。扬雄拟之，为《解嘲》，尚有驰骋自得之妙。至于崔骃《达旨》，班固《宾戏》，张衡《应间》，皆章摹句写，其病与《七林》同。及韩退之《进学解》出，于是一洗矣。"其言甚当，然此以辞之工拙论尔，若其意则总不能出于古人范围之外也。

如扬雄拟《易》而作《太玄》，王莽依《周书》而作《大诰》，皆心劳而日拙者矣。【原注】《世说》："王隐论：扬雄《太玄》虽妙，非益也。古人谓之屋下架屋。"

《曲礼》之训"毋剿说，毋雷同"，此古人立言之本。

19.11 文章繁简

韩文公作《樊宗师墓铭》曰："维古于辞必已出，降而不能乃剽贼。后皆指前公相袭，从汉迄今用一律。"此极中今人之病。若宗师之文，则惩时人之失而又失之者也。【原注】如《绛守居园池记》以"东西"二字平常，而改为"甲辛"，殆类吴人之呼庚癸者矣。作书须注，此自秦汉以前可耳。若今日作书，而非注不可解，则是求简而得繁，两失之矣。子曰："辞达而已矣。"【原注】胡缵宗修《安庆府志》，书正德中刘七事，大书曰："七年闰五月，贼七来寇江境。"而分注于"贼七"之下曰："姓刘氏。"举以示人，无不笑之。不知近日之学为秦汉文者，皆"贼七"之类也。

辞主乎达，不论其繁与简也。繁简之论兴，而文亡矣。《史记》之繁处，必胜于《汉书》之简处。【原注】《容斋随笔》论《卫青传》封三校尉语，《史记》胜《汉书》处正不独此。《新唐书》之简也，不简于事，而简于文，其所以病也。【钱氏曰】文有繁有简，繁者不可简之使少，犹之简者不可增之使多。《左氏》之繁胜于《公》、《穀》之简，《史记》、《汉书》互有繁简，谓文未有繁而能工者，亦非通论也。

“时子因陈子而以告孟子，陈子以时子之言告孟子”，此不须重见而意已明。“齐人有一妻一妾而处室者，其良人出，则必餍酒肉而后反，其妻问所与饮食者，则尽富贵也。其妻告其妾曰：‘良人出，则必餍酒肉而后反。问其与饮食者，尽富贵也，而未尝有显者来，吾将瞷良人之所之也。’”“有馈生鱼于郑子产，子产使校人畜之池。校人烹之，反命曰：‘始舍之，圉圉焉，少则洋洋焉，悠然而逝。’子产曰：‘得其所哉？得其所哉？’校人出曰：‘孰谓子产智？予既烹而食之，曰：得其所哉！得其所哉！’”此必须重迭而情事乃尽，此孟子文章之妙。使入《新唐书》，于齐人则必曰：“其妻疑而瞷之”，于子产则必曰：“校人出而笑之”，两言而已矣。是故辞主乎达，不主乎简。刘器之曰：“《新唐书》叙事好简略其辞，故其事多郁而不明，此作史之病也。且文章岂有繁简邪？昔人之论谓如风行水上，自然成文；若不出于自然，而有意于繁简，则失之矣。当日《进〈新唐书〉表》云：‘其事则增于前，其文则省于旧。’”《新唐书》所以不及古人者，其病正在此两句也。【杨氏曰】大凡意见最害事，子京立意尚简，虽有不当简而简者，要之《新唐书》体例自佳。

《黄氏日钞》言：“苏子由《古史》改《史记》，多有不当。如《樗里子传》，《史记》曰：‘母，韩女也。樗里子滑稽多智。’《古史》曰：‘母，韩女也，滑稽多智。’似以母为滑稽矣。然则‘樗里子’三字其可省乎？《甘茂传》，《史记》曰：‘甘茂者，下蔡人也。事下蔡史举，学百家之说。’《古史》曰：‘下蔡史举学百家之说。’似史举自学百家矣，然则‘事’之一字其可省？以是知文不可以省字为工，字而可省，太史公省之久矣。”

19.12　文人求古之病

《后周书·柳虬传》：“时人论文体有今古之异，虬以为时有今古，非文有今古。”此至当之论。夫今之不能为《二汉》，犹《二汉》之不能为《尚书》、《左氏》。乃剿取《史》、《汉》中文法以为古，甚者猎其一二字句用之于文，殊为不称。【原注】元阿噜图《进〈宋史〉表》曰：“且辞之繁简以事，而文之今古以时。”盖用柳虬之语。【杨氏曰】《宋史》又太繁，一帝之纪乃至九卷，岂复成义例乎？

以今日之地为不古，而借古地名；以今日之官为不古，而借古官名；舍今日恒用之字，而借古字之通用者，皆文人所以自盖其俚浅也。

《唐书》：郑余庆奏议类用古语，如“仰给县官马万蹄”，有司不晓何等语，人訾其不适时。

宋陆务观《跋前汉通用古字韵》曰：“古人读书多，故作文时偶用一二古字，初不以为工，亦自不知孰为古、孰为今也。近时乃或钞掇《史》、《汉》中字入文辞中，自谓工妙，不知有笑之者。偶见此书，为之太息，书以为后生戒。”

元陶宗仪《辍耕录》曰：“凡书官衔，俱当从实。如廉访使、总管之类，若改之曰

‘监司’、‘太守’，是乱其官制，久远莫可考矣。”

何孟春《余冬序录》曰：“今人称人姓必易以世望，称官必用前代职名，称府州县必用前代郡邑名，欲以为异，不知文字间著此，何益于工拙？此不惟于理无取，且于事复有碍矣。李姓者称‘陇西公’，杜曰‘京兆’，王曰‘琅邪’，郑曰‘荥阳’，以一姓之望而概众人，可乎？此其失，自唐末五季间孙光宪辈始。《北梦琐言》称冯涓为‘长乐公’，《冷斋夜话》称陶谷为‘五柳公’，类以昔人之号而概同姓，尤是可鄙。官职郡邑之建置，代有沿革，今必用前代名号而称之，后将何所考焉？此所谓于理无取，而事复有碍者也。”【沈氏曰】《神宗实录》：万历四十三年十一月，南京都察院右都御史蔡应科《乞正疏体疏》第二条云：“二戒沿袭。儒称辅臣不曰‘王家屏、沈鲤’，而曰‘山阴、归德’；不曰‘高拱、张居正’，而曰‘新郑江陵’。又或称官及地方，不曰‘礼部尚书、礼部侍郎’，而曰‘大冢宰、少宗伯’。不曰‘户部郎中、工部员外’，而曰‘度支郎、将作官属’。不曰‘北直、南直、浙江、云贵’，而曰‘燕、吴、豫章、越、滇黔’。诸如此类，沿袭已久，必竟当以为戒。”

于慎行《笔麈》曰：“《史》、《汉》文字之佳，本自有在，非谓其官名、地名之古也。今人慕其文之雅，往往取其官名、地名以施于今，此应为古人笑也。《史》、《汉》之文，如欲复古，何不以三代官名施于当日，而但记其实邪？文之雅俗，固不在此。徒混淆失实，无以示远。大家不为也。予素不工文辞，无所模拟，至于名义之微，则不敢苟。寻常小作，或有迁就金石之文，断不敢于官名地名以古易今。前辈名家亦多如此。

19.13　古人集中无冗复

古人之文，不特一篇之中无冗复也，一集之中亦无冗复。且如称人之善，见于祭文，则不复见于志。见于志，则不复见于他文。后之人读其全集，可以互见也。又有互见于他人之文者，如欧阳公作《尹师鲁志》，不言近日古文自师鲁始，以为范公祭文已言之，可以互见，不必重出。盖欧阳公自信己与范公之文并可传于后世也，亦可以见古人之重爱其言也。

刘梦得作《柳子厚文集序》曰：“凡子厚名氏，与仕，与年，暨行己之大方，有退之之志若祭文在。”又可见古人不必其文之出于己也。

19.14　书不当两序

《会试录》、《乡试录》，主考试官序其首，副主考序其后，职也。凡书亦犹是矣。且如明初时，府州县志书成，必推其乡先生之齿尊而有文者序之，不则官于其府州县者也。请者必当其人，其人亦必自审其无可让而后为之。官于是者，其文优，其于是书也有功，则不让于乡矣。乡之先生，其文优，其于是书也有功，则官不敢作矣。义取于独断，则有自为之而不让于乡与官矣。凡此者，所谓职也。故其序止一篇，或别有发明，则为后序。亦有但纪岁月而无序者。今则有两序矣，有累三四序而不止者矣。两序非体也，不当其人非职也，世之君子不学而好多言也。

凡书，有所发明，序可也；无所发明，但纪成书之岁月可也。人之患，在好为人序。

唐杜牧《答庄充书》曰："自古序其文者，皆后世宗师其人而为之。今吾与足下并生今世，欲序足下未已之文，固不可也。"读此言，今之好为人序者，可以止矣。

娄坚《重刻〈元氏长庆集〉序》曰："序者，叙所以作之指也。盖始于子夏之序《诗》，其后刘向以校书为职，每一编成，即有序，最为雅驯矣。左思赋三都成，自以名不甚著，求序于皇甫谧。自是缀文之士，多有托于人以传者，皆汲汲于名，而惟恐人之不吾知也。至于其传既久，刻本之存者，或漫漶不可读，有缮写而重刻之，则人复序之，是宜叙所以刻之意可也。而今之述者非追论昔贤，妄为优劣之辨，即过称好事，多设游扬之辞，皆我所不取也。"读此言，今之好为古人文集序者，可以止矣。

19.15 古人不为人立传

列传之名始于太史公，盖史体也。不当作史之职，无为人立传者，故有碑、有志、有状，而无传。

梁·任昉《文章缘起》言，传始于东方朔作《非有先生传》，是以寓言而谓之传。

《韩文公集》中传三篇：太学生何蕃、圬者王承福、毛颖。【原注】又有《下邳侯革华传》，是伪作。

《柳子厚集》中传六篇：宋清、郭橐驼、童区寄、梓人、李赤、蝜蝂。何蕃仅采其一事而谓之传。王承福之辈皆微者，而谓之传。毛颖、李赤、蝜蝂则戏耳，而谓之传。盖比于稗官之属耳。若段太尉，则不曰传，曰逸事状，子厚之不敢传段太尉，以不当史任也。

自宋以后，乃有为人立传者，侵史官之职矣。【杨氏曰】《段太尉逸事状》，此欲上之史馆，则用行状之例，岂可云传乎？【姚刑部曰】传状类者，虽原于史氏，而义不同。刘先生云："古之为达官名人传者，史官职之；文士作传，凡为圬者，种树之流而已。其人既稍显，即不当为之传，为之行状上史氏而已。"余谓先生之言是也。虽然，古之国史立传不甚拘品位，所纪事尤详。又《实录》书人臣卒，必撮具生平贤否。《国朝实录》不纪臣下事，史馆凡仕非赐谥及死事者不得为传。乾隆四十年，定一品官乃赐谥，然则史之传者亦无几矣。余录古传状之文，并纪兹义，使后之文士得择之。

《太平御览》书目列古人别传数十种，谓之别传，所以别于史家。

19.16 志状不可妄作

志状在文章家为史之流，上之史官，传之后人，为史之本。史以记事，亦以载言，故不读其人一生所著之文，不可以作。其人生而在公卿大臣之位者，不悉一朝之大事，不可以作。其人生而在曹署之位者，不悉一朝之掌故，不可以作。其人生而在监司守令之位者，不悉一方之地形土俗，因革利病，不可以作。今之人，未通乎此，而妄为人作志，史家又不考而承用之，是以抵牾不合。子曰："盖有不知而作之者。"其谓是与？

名臣硕德之子孙，不必皆读父书。读父书者不必能通有司掌故。若夫为人作志者，必一时文苑名士，乃不能详究，而曰：“子孙之状云尔，吾则因之。”夫大臣家可有不识字之子孙，而文章家不可有不通今之宗匠，乃欲使籍谈、伯鲁之流为文人任其过。嗟乎，若是则尽天下而文人矣。

19.17 作文润笔

《蔡伯喈集》中为时贵碑诔之作甚多，如胡广、陈寔各三碑，桥玄、杨赐、胡硕各二碑，至于袁满来年十五、胡根年七岁，皆为之作碑。自非利其润笔，不至为此。史以其名重，隐而不言耳。文人受赇，岂独韩退之谀墓金哉。【原注】李商隐《记齐鲁二生》曰：“刘义持韩退之金数斤去，曰：‘此谀墓中人所得尔，不若与刘君为寿。’愈不能止。”今此事载《唐书》。

王楙《野客丛书》曰：“作文受谢，非起于晋宋。观陈皇后失宠于汉武帝，别在长门宫，闻司马相如天下工为文，奉黄金百斤为文君取酒，相如因为文，以悟主上，皇后复得幸。此风西汉已然。”【原注】按陈皇后无复幸之事，此文盖后人拟作，然亦汉人之笔也。

杜甫作《八哀》诗，李邕一篇曰：“干谒满其门，碑版照四裔。丰屋珊瑚钩，麒麟织成罽。紫骝随剑几，义取无虚岁。”【原注】邕本传：“长于碑颂，人奉金帛请其文，前后所受巨万计。”

刘禹锡《祭韩愈文》曰：“公鼎侯碑，志隧表阡，一字之价，辇金如山。”可谓发露真赃者矣。【原注】《侯鲭录》：“唐王仲舒为郎中，与马逢友善。每责逢云：‘贫不可堪，何不寻碑志相救？’逢笑曰：‘适见人家走马呼医，立可待也。’此虽戏言，当时风俗可见矣。”

昔扬子云犹不肯受贾人之钱，载之《法言》，而杜乃谓之“义取”，则又不若唐寅之直以为利也。《戒庵漫笔》言：“唐子畏有一巨册，自录所作，文簿面题曰‘利市’。”【原注】今市肆帐簿多题此二字。

《新唐书·韦贯之传》言：“裴均子持万缣，请撰先铭。答曰：‘吾宁饿死，岂能为是？’”今之卖文为活者，可以愧矣。

《司空图传》言：“隐居中条山，王重荣父子雅重之，数馈遗，弗受。尝为作碑，赠绢数千，图置虞乡，市人得取之，一日尽。”既不有其赠，而受之何居，不得已也，是又其次也。【赵氏曰】隋郑译拜爵沛国公，位上柱国。高颎为制戏曰：“笔乾。”答曰：“出典方岳，杖策曰归。不得一文，何以润笔？”此润笔二字所由昉。宋时并著为令甲。沈括《笔谈》记太宗立润笔钱，数降诏，刻石于金人院。每朝谢日，移文督之。杨大年作寇莱公拜相麻词，有“能断大事，不拘小节”。莱公以为正得我胸中事，例外赠百金。曰例外，则有常例可知。周益公《玉堂杂记》：“汤思退草《刘婉仪进位贵妃制》，高宗赐润笔钱几及万缗，赐砚尤奇。”草制尚有恩赐，则臣下例有馈赠更不待言。唐时虽未有定制，然韩昌黎撰《平怀西碑》，宪宗以石本赐韩宏，宏寄绢五百匹。昌黎未敢私受，特奏取旨。又作《王用碑》，用男寄鞍马并白玉带，亦特奏取旨。杜牧撰《韦丹江西遗爱碑》，江西观察使许于泉，寄采绢三百匹，亦特奏闻。穆宗诏萧俛撰《成德王士真碑》，俛辞曰：“王承宗事无可书。又撰进后，例得贶遗，若黾勉受之，则非平生之志。”帝从其请。以区区文字馈遗，而辞与受俱奏请，则已为朝野通行之例矣。又欧公《归田录》记馆阁撰文例有润笔。及其后也，遂有不依时送而遣人督索者。此又乞文吝馈者之陋。

19.18　文非其人

《元史》："姚燧以文就正于许衡，衡戒之曰：'弓矢为物，以待盗也。使盗得之，亦将待人。文章固发闻士子之利器，然非有能一世之名，将何以应人之见役者哉。非其人而与之，与非其人而拒之，均罪也，非周身斯世之道也。吾观前代马融，惩于邓氏，不敢复违忤势家，遂为梁冀草奏。李固又作《大将军西第颂》，以此颇为正直所羞。徐广为祠部郎时，会稽王世子元显录尚书，欲使百僚致敬，台内使广立议，由是内外并执下官礼，广常为愧恨。陆游晚年再出，为韩侂胄撰《南园阅古泉记》，见讥清议。朱文公尝言其能太高，迹太近，恐为有力者所牵挽，不得全其晚节。是皆非其人而与之者也。夫祸患之来，轻于耻辱，必不得已，与其与也宁拒。至乃俭德含章，其用有先乎此者，则又贵知微之君子矣。"

少年未达，投知求见之文亦不可轻作。《韩昌黎集》有《上京兆尹李实》书，曰："愈来京师，于今十五年。所见公卿大臣不可胜数，皆能守官奉职，无过失而已。未见有赤心事上，忧国如家如阁下者。今年以来，不雨者百有余日，种不入土，野无青草。而盗贼不敢起，谷价不敢贵，百坊、百二十司、六军、二十四县之人，皆若阁下亲临其家。老奸宿赃，销缩摧沮，魂亡魄丧，影灭迹绝，非阁下条理镇服，布宣天子威德，其何能及此。"至其为《顺宗实录》，书贬京兆尹李实为通州长史，则曰："实谄事李齐运，骤迁至京兆尹，恃宠强愎，不顾文法。是时春夏旱，京畿乏食，实一不以介意，方务聚敛征求，以给进奉。每奏对辄曰：'今年虽旱，而谷甚好。'由是租税皆不免，人穷至坏屋卖瓦木，贷麦苗以应官。陵轹公卿已下，随喜怒，诬奏迁黜，朝廷畏忌之。尝有诏免畿内逋租，实不行，用诏书征之如初。勇于杀害，人吏不聊生。至谴，市里欢呼，皆袖瓦砾，遮道伺之，实由间道获免。"【杨氏曰】《顺宗实录》非文公原本矣。此处或有已甚，所谓溢恶溢美，自古为然也。与前所上之书迥若天渊矣。【原注】《鹤林玉露》摘此为疑。岂非少年未达，投知求见之文，而不自觉其失言者邪？后之君子，可以为戒。

19.19　假设之辞

古人为赋，多假设之辞。序述往事，以为点缀不必一一符同也。子虚、亡是公、乌有先生之文，已肇始于相如矣。后之作者，实祖此意。谢庄《月赋》："陈王初丧应、刘，端忧多暇。"又曰"抽毫进牍，以命仲宣。"按，王粲以建安二十一年从征吴，二十二年春道病卒。徐、陈、应、刘，一时俱逝，亦是岁也。至明帝太和六年，植封陈王。岂可掎摭史传，以议此赋之不合哉。庾信《枯树赋》，既言殷仲文出为东阳太守，乃复有桓大司马，亦同此例。【原注】仲文为桓侍中，桓大司马则玄之父温也。此乃因殷仲文有"此树婆娑"之言，桓玄子有"木犹如此"之叹，遂以二事凑合成文。而《长门赋》所云，陈皇后复得幸者，亦本无其事。俳谐之文，不当与之庄论矣。【原注】《长门赋》乃后人托名之作，相如以元狩五年卒，安得言孝武皇帝哉。【杨氏曰】《庄子》：孔子见孙叔敖，又云庄子见鲁哀公，年代阔绝。古人作文，既多寓言，便不论也。

陈后复幸之云，正如马融《长笛赋》所谓“屈平适乐国，介推还受禄”也。

19.20 古文未正之隐①

陆机《辨亡论》，其称晋军，上篇谓之“王师”，下篇谓之“强寇”。

文信国《指南录序》中“北”字皆“卤”字也。后人不知其意，不能改之。谢皋羽《西台恸哭记》，本当云“文信公”，而谬云“颜鲁公”，【杨氏曰】本文但云“唐宰相鲁公”，不云“颜”。本当云“季宋”而云“季汉”。凡此皆有待于后人之改正者也。胡身之注《通鉴》②，至二百八十卷石敬瑭以山后十六州赂契丹之事，而云“自是之后辽灭晋，金破宋”，其下阙文一行，谓蒙古灭金取宋，一统天下，而讳之不书，此有待于后人之补完者也。汉人言《春秋》所贬损大人当世君臣有威权势力者，其事皆见于书，【原注】《汉书·艺文志》。故定、哀之间多微词矣，况于易姓改物，制有华夏者乎？孟子曰：“不知其人可乎？是以论其世也，习其读而不知，无为贵君子矣。”

郑所南《心史》书文丞相事，言公自序本末，未有称彼曰“大国”、曰“丞相”，又自称“天祥”，皆非公本语。旧本皆直斥彼酋名。然则今之集本或皆传书者所改。

《金史·纥石列牙吾塔传》“北中亦遣唐庆等往来议和”，《完颜合达传》“北中大臣以舆地图指示之”，《完颜赛不传》“按春自北中逃回”。“北中”二字不成文，盖“卤中”也，修史者仍金人之辞未改。

《晋书》刘元海、石季龙，作史者自避唐讳，后之引书者多不知而袭之，惟《通鉴》并改从本名。

日知录卷十九

日知录　卷二十

昆山顾炎武撰

20.1 非三公不得称公

《公羊传》曰：“天子三公称公，王者之后称公。”天子三公称公，周公、召公、毕公、毛公、苏公是也。王者之后称公，宋公是也。杜氏《通典》曰：“周制，非二王之后，列国诸侯，其爵无至公者。春秋有虞公、州公，或因殷之旧爵，或尝为天子之官，子孙因其号耳，非周之典制也。东迁而后，列国诸侯皆僭称公。”【梁氏曰】《卫世家》：“周平王命武公为公。”东迁以后，诸侯于其国皆称公，从未有天子命诸侯为公者。武公盖入为王卿士耳。

夫子作《春秋》而笔之于书，则或公或否。生不公，葬则公之。列国不公，鲁则

---

① 本则前面五段为《四库全书》本所缺，此据黄汝成《日知录集释》本辑补。

② 胡三省（1230—1287），字身之，元天台人，博学善文，尤笃于史学，为宋王应麟弟子。宋宝祐四年进士，除朝奉郎。宋亡后，胡三省乡居不仕，著《资治通鉴音注》。又以蜀史炤所撰《释文》舛谬甚多，别撰《释文辨误》十二卷，附于《资治通鉴音注》之后。胡三省的注，于名物训诂，浩博周详，所释地理，尤以精审见称于世。

公之。于是天子之事，与人臣之礼，并见于书，而天下之大法昭矣。【左暄曰】春秋时，诸大国皆僭称公，其称侯伯子男者不过诸小国耳，夫子作《春秋》，天子之事也。而于葬则凡侯伯子男皆书公。惟桓十七年书“癸已，葬蔡桓侯”。啖助曰：“其称侯，盖蔡季之贤，请谥于王也。凡诸侯请谥王之策书，则曰谥曰某侯，诸国史因而记之，故西周诸侯纪传皆依本爵。春秋之时，葬既不请王命，因而私谥为公，从而书之，以见非礼也。”又有始而称侯，继而称子者，如《春秋·隐七年》书“藤侯卒”，《桓二年》书“藤子来朝”是也。有始而称侯，继而称伯者，如《隐十一年》书“薛后来朝”，《昭三十一年》书“薛伯卒”是也。有始而称侯，继而称伯称子，复称伯又称子者，如《桓二年》书“杞侯来朝”，《庄二十七年》书“杞伯来朝”，《僖二十三年书》书“杞子卒”，《文十二年》复书“杞伯来朝”，《襄二十九年》又书“杞子来盟”是也。杜征南、杨氏士勋、刘氏敏、莱氏梦得以为或时王所黜；程氏可久、朱子以为或困于大国之责，赋而自贬，皆不可知。而谓夫子以意进退予夺之，则非矣。

汉之西都有七相五公，【原注】《西都赋》李善注：“公、御史大夫、将军，通称也。”按《后汉书》，献帝谓御史大夫郗虑曰：“郗公，天下宁有是邪?”是御史大夫得称公也。而光武则置三公。【原注】《后汉·百官志》：“太尉公一人，司徒公一人，司空公一人。”

史家之文如邓公禹、吴公汉、伏公湛、宋公宏、第五公伦、牟公融、袁公安、李公固、陈公宠、桥公玄、刘公宠、崔公烈、胡公广、王公龚、杨公彪、荀公爽、皇甫公嵩、董公卓、曹公操，非其在三公之位，则无有书公者。

《三国志》：若汉之诸葛公亮、魏之司马公懿、吴之张公昭、顾公雍、陆公逊。

《晋书》：若卫公瓘、张公华、王公导、庾公亮、陶公侃、谢公安、桓公温、刘公裕之类，非其在三公之位，则无有书公者。

史至于唐而书公，不必皆尊官。

洎乎今日，志状之文，人人得称之矣。吁，何其滥与！何其伪与！【原注】若郑端简《名臣记》至无人不称公，非史体矣。【钱氏曰】王介甫《临川集》有《兵部员外郎知制诰谢公行状》、《宝文阁待制常公墓表》，户部郎中赠谏议大夫曾公、太常博士曾公、工部郎中傅公、员外郎郭公、郎中周公、郎中葛公、司封郎中孙公、侍御史王公《墓志》。

《大雅·古公亶父》笺曰：“诸侯之臣称君曰公。”《白虎通》曰：“臣子于其国中皆褒其君为公。”《诗》曰：“乃命鲁公，俾侯于东。”公者，鲁人之称。侯者，周室之爵。

《秦誓》：“公曰：嗟我士听无哗。”夫《秦誓》之书“公”，与《春秋》之书“秦伯”，不已异乎？曰：《春秋》以道名分，五等之爵班之天子，不容僭差。若《秦誓》本国之书，孔子因其旧文而已。“公之媚子，从公于狩。”亦秦人之诗也。

平王以后，诸侯通称为公，则有不必专于本国者矣。《硕人》之诗曰：“谭公维私。”《左传》郑庄公之言曰：“无宁兹许公，复奉其社稷。”

周之盛时，亦有群公之称，见于康王之诰及诗之《云汉》，此犹五等之君，《春秋》书之，通曰诸侯也。

《左传》自王卿而外无书公者，惟楚有之，其君已僭为王，则臣亦僭为公，《宣十一年》所谓“诸侯县公皆庆寡人”者也。【原注】《汉书》“沛公”注：“孟康曰：楚旧僭称王，其县宰为公。”《淮南子》“鲁阳公”注：“楚之县公也。楚僭号称王，其守县大夫皆称公。”传中如叶公、析公、申公、郧公、蔡公、息公、商公、期思公，并边中国，白公边吴，盖尊其名以重边邑。【原注】《吕氏春秋》楚又有卑梁公，《战国策》楚人有宛公、新城公。而秦有麃公，【原注】《索隐》曰：“盖麃邑公，史失其姓名。”楚汉之际有滕公、戚公、柘公、薛公、郯公、萧公、陈公、魏公、留公、方与公，高祖初称沛公，太上皇父称丰公，皆楚之遗名。【原注】《左传》：齐亦有邢公、棠公。【汝成案】春其时，齐有唐公，《襄二十五年传》正义曰：“楚僭号王，故县尹称公。齐不僭号，亦邑长称公者，盖其家臣仆呼之曰公，传即因而言之，犹伯之有臣云：吾公在壑谷也。”邢公之称义亦犹彼。此县公之公也。【原注】御史监郡者，亦称监公，见《曹相国世家》。

有失其名而公之者，《史记·秦始皇纪》侯公，《项羽纪》枞公、侯公，《高祖纪》单父人吕公、新城三老董公，《孝文纪》太仓令淳于公，《天官书》甘公，《封禅书》申公、齐人丁公，《曹相国世家》胶西盖公，《留侯世家》东园公、夏黄公，【汝成案】《索引》口：“《陈留志》：园公，姓庾，字宣明。居园中，因以为号。夏黄公，姓崔，名广，字少通，齐人，隐居夏里修道，故号曰夏黄公。”是二人自有姓名与字，非失之也。年远说繁，或出附会。然史云四人前对，各言名姓，曰某某，似非失其名而公之者，岂太史公以四人皆乐遁潜声，因从其字号书之，以著高尚耶？又圈称《陈留耆旧传》自序：“圈公，为秦博士，避地南山，惠太子以为司徒，至称十一世。”洪氏《隶释》有“圈公神坐”，“圈公神祚机”，盖“圈”即“园”也。《会稽典录》载虞仲翔云：“鄞大里黄公洁己。暴秦之世，高祖即祚，不能一致，惠帝恭让，出则济难。”是二人又姓圈与黄。第汉哀帝元寿二年始改丞相为大司徒，孝惠时未有是名。圈称所述，恐不足据。仲翔之言，或亦因其自号误为姓云。《穰侯传》其客宋公，《信陵君传》毛公、薛公，《贾生传》河南守吴公、《张敖传》中大夫泄公，《黥布传》故楚令尹薛公，《季布传》母弟丁公，《鼂错传》谒者仆射邓公，《郑当时传》下邽翟公，《酷吏传》河东守申屠公，《货殖传》朱公、任公，《汉书·高帝纪》终公，《艺文志》蔡公、毛公、乐人窦公、黄公、毛公、皇公，《张耳陈余传》范阳令徐公、甘公，《刘歆传》鲁国桓公、赵国贯公，《周昌传》赵人方与公，《武五子传》瑕丘江公，《王褒传》九江被公，《于定国传》其父于公，《翟方进传》方进父翟公，《儒林传》免中徐公、博士江公、食子公、淄川任公、皓星公，《游侠传》故人吕公、茂陵守令尹公，皆失其名而公之，若郑君、卢生之比。

明朝《实录》于孝慈高皇后之父，亦不知其名，谓之马公，是史之阙文，非正书也。【原注】《史记·高帝纪》“吕公”注：“崔浩云：史失其名，但举姓而言公。”《汉书·高帝纪》注：“应邵曰：枞公者，不知其名，故曰公。”注家发其例于此，余并不注。

太史公者，司马迁称其父谈，故尊而公之也。【钱氏曰】太史公，官名。迁父子相继为之，非专为尊其父也。《史记》惟《自叙》前半及《封禅书》中有称其父为“太史公”者，其余皆迁自称。【又曰】卫弘《汉官仪》言“位在丞相上”。弘，汉人，其言可信，而后人多疑之。予谓位在丞相上者，谓殿中班位在丞相之右，非职任尊于丞相也。

有尊老而公之者，《战国策》孟尝君问：“冯公有亲乎？”《史记》，文帝谓冯唐：“公奈何众辱我”是也。《汉书·沟洫志》“赵中大夫白公”，师古曰：“盖相呼尊老之称。”《项籍传》“南公服”，（服）虔曰：“南方之老人也。”《眭宏传》“东平嬴公”，师古曰："长老之号。"《元后传》"元城建公"，服虔曰："年老者也。"《吴志·程普传》"普最年长，时人皆呼程公。"《方言》："凡尊老，周、晋、秦、陇谓之公。"《晋书·乐志》："项伯语项庄曰：'公莫，古人相呼曰公。'"

《汉书·何武传》："号为烦碎，不称贤公。"《后汉书·李固传》："京师咸叹曰：是复为李公矣。"《宦者传》，种暠为司徒，告宾客曰："今身为公，乃曹常侍力焉。"《魏志·王粲传》，蔡邕闻粲在门，倒屣迎之，曰："此王公孙也。"《晋书·陈骞传》，对父矫曰："主上明圣，大人大臣，今若不合意，不过不作公耳。"《魏舒传》，夜闻人问："寝者为谁？"曰："魏公舒。"舒自知当为公矣。《陆晔传》，从兄机每称之曰："我家世不乏公矣。"《王猛传》，父老曰："王公何缘拜也？"《北史·郑述祖传》，少时在乡，单马出行，忽有骑者数百，见述祖皆下马，曰："公在此。"陶渊明《孟长史传》，从父太常夔，尝问光禄大夫刘耽："孟君若在，当已作公否？"答云："此本是三司人。"是知南北朝以前人语，必三公方得称公也。【汝成案】洪氏《隶释·汉吴仲山碑》云："汉故民吴仲山碑文称吴公仲山。"则无官亦称公也。《周书·姚僧垣传》，宣帝尝从容谓僧垣曰："尝闻先帝呼公为姚公，有之乎？"对曰："臣曲荷殊私，实如圣旨。"帝曰："此是尚齿之辞，非为贵爵之号。朕当为公建国开家，为子孙永业。"乃封长寿县公，邑一千户。

孔融告高密县为郑玄特立一乡，曰郑公乡。以为公者，仁德之正号，不必三事大夫。此是曲说。据其所引，皆史失其名之公。而太史公，又父子之辞也。《战国策》："陈轸将之魏，其子陈应止其公之行。"《史记·留侯世家》："吾惟竖子固不足遣，乃公自行耳。"此皆谓父为公。《宋书·颜延之传》："何偃路中遥呼延之曰：'颜公延之。'"答曰："身非三公之位，又非田舍之公，又非君家阿公，何以见呼为公？"《北齐书·徐之才传》，郑道有尝戏之才为师公，之才曰："既为汝师，又为汝公，在三之义，顿居其两。"

陆云作《祖父诔》曰"吴丞相陆公"，诔曰："维赤乌八年二月粤乙卯，吴故使持节郢州牧左都护丞相江陵郡侯陆公薨。"曰"故散骑常侍陆府君"，诔曰："维太康五年夏四月丙申，晋故散骑常侍吴郡陆君卒。"王沈祭其父曰"孝子沈敢昭告烈考东郡君"。张说作其父《赠丹州刺史先府君墓志》，每称必曰"君"。然则虽已之先人，亦不一概称公，古人之谨于分也。【沈氏曰】《格论》云："窃以为在今日与人书札诗辞，不妨一二徇俗。若为志状，则非已之先人及官三品以上者，不当称公。其无位，则曰先生可也。此正名之义，作史者所当知也。"

《史记·晁错传》，错父从颍川来，谓错曰："上初即位，公为政用事，侵削诸侯，人口议多怨公者。"是以父而呼子为公。徐孚远曰："御史大夫，三公也，错父呼错为公，盖以官称之。"

沙门亦有称公者，必以其名冠之。深公，法深也。林公，道林也。远公，惠远也。生公，道生也。猷公，道猷也。隆公，慧隆也。志公，宝志也。澄公，佛图澄也。安公，道安也。什公，鸠摩罗什也。当时之人，嫌于直斥其名。故加一公字。【原注】古沙门皆称名。《世说》言“安汰吐珠玉于前，斌亮振金声于后”，皆名也。梁、陈以下，僧乃有字，而人相与字之，字之则不复公之矣。【张大令曰】其实不尽然。如支道林名遁，道林其字也。而人以林公呼之，是未尝不以字称公，岂必陈、梁以下哉。又魏谚曰：“支郎眼中黄。”谓高僧支谦也，是僧又可呼郎也。

《宋史》，丰稷驳宋用臣《谥议》，曰：“凡称公者，须耆宿大臣，及乡党有德之士，然则明之宦竖而称公，亦不可出于士大夫之口。”【原注】孙升《谈圃》：“有朝士在中书称李宪字，荆公厉声叱之曰：‘是何人！’即出为监当。”

20.2　古人不以甲子名岁

《尔雅》疏曰：“甲至癸为十日，日为阳。寅至丑为十二辰，辰为阴。”此二十二名，古人用以纪日，不以纪岁。岁则自有阏逢至昭阳十名为岁阳，摄提格至赤奋若十二名为岁名。【原注】《周礼哲簇氏》：“十日、十有二辰、十有二月、十有二岁之号。”注：“日谓从甲至癸，辰谓从子至亥，月谓从陬至荼，岁谓从摄提格至赤奋若。”

后人谓甲子岁、癸亥岁，非古也。自汉以前，初不假借。《史记·历书》太初元年，年名焉【原注】即“阏”字。逢摄提格。月名毕聚。日得甲子。夜半、朔旦、冬至。其辨晰如此。若《吕氏春秋·序意篇》：“维秦八年，岁在涒滩，秋甲子朔。”贾谊《鹏赋》：“单阏之岁兮，四月孟夏。庚子日斜兮，服集予舍。”许氏《说文》后叙：“粤在永元困顿之年，孟陬之月，朔日甲子。”亦皆用岁阳岁名，不与日同之证。《汉书·郊祀歌》：“天马徕，执徐时。”谓武帝太初四年，岁在庚辰，兵诛大宛也。【原注】《资治通鉴·周纪一》起“著雍摄提格”，尽“玄黓困敦”，亦用古法。

自经学日衰，人趋简便，乃以甲子至癸亥代之。子曰：“觚不觚，此之谓矣。”

宋刘恕《通鉴外纪目录序》曰：“庖牺前后逮周厉王，疑年茫昧，借日名甲子以纪之。”是则岁之称甲子也，借也。何始乎？自亡新始也。王莽下书言始建国五年，岁在寿星，填在明堂，仓龙癸酉，德在中宫。又言天凤七年，岁在大梁，仓龙庚辰，厥明年，岁在实沈，仓龙辛巳。《隋书·律历志》：“王莽《铜权铭》曰‘岁在大梁，龙集戊辰’，又曰‘龙在己巳，岁次实沈’是也。”【赵氏曰】《天文志》：“甲乙海外，丙丁江淮海岱，戊己中州河济，庚辛华山以西，壬癸常山以北。”则又分配于十二分野矣。《律历志》又有“太岁在子”，“太岁在丑”之文，则亦以之纪岁矣。建子、建丑、建寅之异，其朔则亦以之纪月矣。《汉书·五行志》有日加巳、日加未之语，则亦以之纪时矣。此皆在新莽以前，不得谓自莽始也。

自此《后汉书·张纯传》言“摄提之岁，苍龙甲寅”，《朱穆传》言“明年丁亥之岁”，荀悦《汉纪》言“汉元年，实乙未也”，《曹娥碑》亦云“元嘉元年，青龙在辛卯”，《蜀郡造桥碑》云“维延熹龙在甲辰”，而张角讹言“苍天已死，黄天当立。岁在甲子，天下大吉”，以白土书京城寺门及州郡官府，皆作“甲子”字矣。

以甲子名岁，虽自东汉以下，然其时制诏章奏符檄之文皆未尝正用之，其称岁必曰元年、二年，其称日乃用甲子、乙丑，如己亥格、庚戌制、壬午兵之类，皆日也。【原注】《宋书·武帝纪》有“癸卯梓材”、“庚子皮毛”，亦皆下诏之日。

惟《晋书》王廙上疏言：“臣以壬申岁，见用为鄱阳内史。”按，怀帝以永嘉五年辛未，为刘聪所执，愍帝以建兴元年癸酉即位，中间一年无主，故言壬申岁也。后代之人无大故而效之，非也。【原注】李暠上表亦云“臣去乙巳岁”，暠当时改元庚子，不用晋年号。《晋书》中以甲子名岁者，仅此两见。

自三国鼎立，天光分曜，而后文人多舍年号而称甲子。魏程晓《赠傅休奕》诗：“龙集甲子，四时成岁。”晋张华《感婚赋》：“方今岁在己巳，将次四仲。”陆机《愍怀太子诔》：“龙集庚戌，日月改度。”陶潜《祭从弟敬远文》：“岁在辛亥，月惟仲秋。”《自祭文》：“岁维丁卯，律中无射。”后周庾信《哀江南赋》：“粤以戊辰之年，建亥之月。”而梁陶隐居《真诰》亦书“己卯岁”。至杜预《左传集解后序》，则追言魏哀王二十年，太岁在壬戌矣。【原注】吴后主《国山封禅文》：“旃蒙协洽之岁，月次陬訾之舍，日惟重光大渊献。”日当言辛亥，而冒用岁阳岁名，则又失之。

晋惠帝时，庐江杜嵩作《壬子春秋》。壬子，元康二年，贾后弑杨太后于金墉城之岁。【汝成案】《儒林·杜夷传》“嵩”作“崧”。

唐人有以豫书而不称年号者。《旧唐书·礼仪志》曰：“请以开元二十七年己卯四月禘，至辛巳年十月祫。至甲申年四月又禘，至丙戌年十月又祫。至己丑年四月又禘，至辛卯年十月又祫。”其辛巳以下，不言开元某年。又《博古图》载《唐鉴铭》曰：“武德五年，岁次壬午，八月十五日甲子，扬州总管府造青铜镜一面，充癸未年元正朝贡。”其癸未亦不言武德六年者，当时屡改年号故也。此一鉴而有正书、有豫书之不同亦变例也。

史家之文，必以日系月，以月系年。钟鼎之文，则不尽然。多有月而不年，日而不月者。【原注】六经中亦有之，如《诗》“吉日庚午”是也。《商母乙卣》其文曰：“丙寅，王锡口贝朋用作母乙彝。”丙寅者，日也。《博古图》乃谓商建国始于庚戌，历十七年而有丙寅，在仲壬即位之三年，则凿矣。岂非迷于后世之以甲子名岁，而欲以追加之古人乎？

《春秋》之世，各国皆自纪其年。发之于言，或参互而不易晓，则有举其年之大事而为言者。若曰“会于沙随之岁”，“叔仲惠伯会郤成子于承匡之岁”，“铸刑书之岁”，“晋韩宣子为政，聘于诸侯之岁”是也。【原注】如“縠梁之明年”亦是。

又有举岁星而言，若曰“岁五及鹑火”，“岁及大梁”，“岁在娵訾之口”者。从后人言之，则何不曰甲子也，癸亥也，是知古人不用以纪岁也。

《太祖实录》，自吴元年以前皆书干支，不合古法。太祖当时实奉宋小明王之号。故有言当纪龙凤者。考之《史记》，高帝之初不称楚怀王元年，而称秦二年、三年。又太祖御制《滁州龙潭碑》文云：“元末帝至正十有四年。”窃意其时天下尚是元之天下，书至正，正合《史记》书秦之例。【原注】今《续纲目》书“至正”。

又有兼书者，《汉书·功臣侯表序》：“汉兴，自秦二世元年之秋，楚陈之岁”是也。

20.3 史家追纪月日之法

或曰：“‘铸《刑书》之岁’，是则然矣。其下云：‘齐燕平之月’，又曰‘其明月’，则何以不直言正月、二月乎？”曰：此正史家文字缜密处。史之文有正纪，有追纪。其上曰：“春王正月，暨齐平。”“二月戊午，盟于濡上。”正纪也。此曰“齐燕平之月。壬寅，公孙段卒。其明月，子产立公孙泄及良止以抚之。”追纪也。追纪而再云正月、二月，则嫌于一岁之中而有两正月、二月也，故变其文而云。古人史法之密也。

《左传》追纪之文不止此。如《襄公六年传》：郑子国之来聘也。四月，晏弱城东阳而遂围莱。甲寅，堙之，环城，傅于堞。及桓公卒之月。乙未，王湫帅师及正舆子棠人军齐师，齐师大败之。丁未，入莱，莱共公浮柔奔棠。正舆子、王湫奔莒，莒人杀之。四月，陈无宇献莱宗器于襄宫。晏弱围棠。十一月丙辰，而灭之。《七年传》：郑僖公之为太子也，于成之十六年，与子罕适晋，不礼焉。又与子丰适楚，亦不礼焉。及其元年，朝于晋，子丰欲愬诸晋而废之，子罕止之。《十九年传》：于四月丁未，郑公孙虿卒，赴于晋大夫。《二十五年传》：会于夷仪之岁，齐人城郏。其五月，秦晋为成。《二十六年传》：齐人城郏之岁，其夏，齐乌余以廪邱奔晋。《三十一年传》：公薨之月，子产相郑伯以如晋。《昭公七年传》：齐师还自燕之月，罕朔杀罕魋。又晋韩宣子为政，聘于诸侯之岁，婤姶生子，名之曰元。皆是追纪。

又如《书·金縢》：“既克商二年，王有疾，弗豫。”亦追纪也。

20.4 史家月日不必顺序

古人作史，取其事之相属，不论月日，故有追书，有竟书。

《左传·成公十六年》，鄢陵之战，先书甲午晦，后书癸巳。甲午为正书，而癸巳则因后事而追书也。

《昭公十三年》，平邱之盟，先书甲戌，后书癸酉。甲戌为正书，而癸酉则因后事而追书也。

《昭公十三年》，楚灵王之弑，先书五月癸亥，后书乙卯、丙辰。乙卯、丙辰为正书，而五月癸亥则因前事而竟书也。

盖史家之文，常患为月日所拘，而事不得以相连属，故古人立此变例。【杨氏曰】有终言之者，其日月本阔绝，并终其事于此，如“继而悔之”之类。

有先书以起事者。《通鉴》：唐文宗，太和九年十一月，先书是月戊辰，王守澄葬于浐水，于壬戌、癸亥之前是也。

20.5 重书日

《春秋·桓公十二年》书：“丙戌，公会郑伯，盟于武父。”“丙戌，卫侯晋卒。”重书日者，二事皆当系日。先书公者，先内而后外也。【原注】邵国贤曰：“二丙戌，一是即书，一是追书。即书者，纪事之职。追书者，承赴之体。”

后人作史，凡一日再书，则云“是日”。

20.6 古人必以日月系年

自《春秋》以下，纪载之文，必以日系月，以月系时，以时系年，此史家之常法也。《史记·伍子胥传》："己卯，楚昭王出奔。""庚辰，吴王入郢。"则不月而日，《刺客传》："四月丙子，光伏甲士于窟室中。"则不年而月，史家之变例也。盖二事已见于吴、楚二《世家》，故其文从省。

《楚辞》："摄提贞于孟陬兮，维庚寅吾以降。"摄提，岁也。孟陬，月也。庚寅，日也。屈子以寅年寅月庚寅日生。王逸《章句》曰："太岁在寅曰摄提格。孟，始也。正月为陬。言：己以太岁在寅，正月始春，庚寅之日，下母之体而生。"是也。或谓摄提，星名。《天官书》所谓直斗杓所指，以建时节者，非也。岂有自述其世系生辰，乃不言年而止言月日者哉。【原注】长洲文待诏征明，以庚寅岁生，刻一印章曰"维庚寅吾以降"，意谓与屈大夫同年，非也。屈子之云庚寅者，日也。使以岁言，无论古人不以甲子名岁。且使屈子生于庚寅，至楚怀王被执于秦壬戌之岁，年仅三十有三，何以云"老冉冉其将至"乎？

20.7 古无一日分为十二时

古无以一日分为十二时之说。《洪范》言岁月日，不言时。《周礼·冯相氏》掌十有二岁，十有二月，十有二辰，十日二十有八星之位，不言时。屈子自序其生年月日，不及时。吕才《禄命书》亦止言年月日，不及时。【原注】李虚中以人生年月日所直支干，推人祸福生死，百不失一，初不用时也。自宋而后，乃并其时参合之，谓之八字。见谢肇淛《五杂组》。后周苏绰作《大诰》曰："王省惟岁，卿士惟月，庶尹惟日，御事惟时。"

古无所谓时。凡言时，若《尧典》之"四时"，《左氏传》之"三时"，【原注】《桓公六年》："三时不害。"皆谓春夏秋冬也。故士文伯对晋侯，以岁、时、日、月、星、辰，谓之六物。《荀子》曰："积微，月不胜日，时不胜月，岁不胜时。"亦谓春夏秋冬也。自汉以下，历法渐密，于是以一日分为十二时。盖不知始于何人，而至今遵用不废。

一日之中，所以分纪其时者，曰日中，曰昃日，曰日昃，见于《易》。曰东方未明，曰会朝，曰日之方中，曰昏，曰夕，曰宵，见于《诗》。曰昧爽，曰朝，曰日中昃，见于《书》。曰朝时，曰日中，曰夕时，曰鸡初鸣，曰旦，曰质明，曰大昕，曰晏朝，曰昏，曰日出，曰日侧，曰见日，曰逮日，见于《礼》。【原注】《尔雅疏》："日入后二刻半为昏。"曰鸡鸣，曰日中，曰昼，曰日下昃，曰日旰，曰日入，曰夜，曰夜中，见于《春秋传》。曰鼌，曰薄暮，曰黄昏，见于《楚辞》。

纪昼则用日，《史记·项羽纪》：项王乃西从萧晨击汉军，而东至彭城，日中，大破汉军。《吕后纪》：八月庚申旦，平阳侯窋见相国产计事，日餔时，遂击产。《彭越传》：旦日日出，十余人后，后者至日中。《淮南王安传》：旦受诏，日食时上。《汉书·五行志》：日中时食，从东北，过半晡时复。晡时食从西北，日下晡时复。《武五子昌邑王传》：夜漏未尽一刻，以火发书。其日中贺发，晡时至定陶。《东方朔传》：微行，以夜漏下十刻乃出，旦明入山下是也。

纪夜则用星，《诗》之言“三星在天”，“三星在隅”，“三星在户”。《春秋传》之言“降娄中而旦”是也。【原注】《周礼·司寤氏》以星分夜。

不辨星，则分言其夜，曰夜中，【沈氏曰】《公羊传·定八年》至乎日若时而出。《穀梁传·庄七年》失变而录其时，则夜中矣。曰夜半，曰夜乡晨是也。

分言其夜而不详，于是有五分其夜，而言甲、乙、丙、丁、戊者。《周礼·司寤氏》“掌夜时”注：“夜时谓夜晚早，若今甲乙至戊。”【原注】《颜氏家训》：“或问：一夜何故五更？答曰：汉魏以来，谓为甲夜、乙夜、丙夜、丁夜、戊夜，亦云一更、二更、三更、四更、五更，皆以五为节。所以然者，假令正月建寅，斗柄夕则指寅，晓则指午矣。自寅至午，凡历五辰。冬夏之月，虽复长短参差，然辰间辽阔，盈不至六，缩不至四，进退常在五者之间。更，历也，经也，故曰五更尔。”【沈氏曰】《通鉴》注：“一更为甲夜，二更为乙夜，三更为丙夜，四更为丁夜，五更为戊夜。”【左暄曰】按《汉仪》：“凡中宫漏夜尽，鼓鸣则起，钟鸣则息。”卫士甲乙檄相传，假夜毕，传乙夜，相传尽五更。而《汉书·百官公卿表》秦官有太子率更，师古注：“掌知漏刻，故曰率更。”秦时已以率更名官，则更之名疑不始于汉魏也。【又曰】《唐书·百官志》：“左右街使，掌分察六街檄巡。日暮，鼓八百声而门闭。乙夜，街使以骑卒巡行嚣呼，武官暗探。五更二点，鼓自内发。”是更之有点亦由来久矣。

《汉书·西域传》杜钦曰：“斥候士五分，夜击刁斗自守。”《天文志》：“本始元年四月壬戌，甲夜。地节元年正月戊午，乙夜。六月戊戌，甲夜。”《三国·志曹爽传》：“自甲夜至五鼓，爽乃投刀于地。”《晋书·赵王伦传》：“期四月三日丙夜一筹，以鼓声为应”是也。

五分其夜而不详，于是有言漏上几刻者。《五行志》：“晨漏未尽三刻，有两月重见。”又云：“漏上四刻半，乃颇有光。”《礼仪志》：“夜漏未尽七刻，钟鸣受贺。”《东方朔传》：“微行以夜，漏上十刻，乃出。”《王尊传》：“漏上十四刻行临到。”《外戚传》：“昼漏上十刻而崩。”又云：“夜漏上五刻，持儿与舜会东交掖门。”自《南北史》以上皆然。故《素问》曰：“一日一夜，五分之。”《隋志》曰：“昼有朝有禺，有中有晡，有夕夜，有甲、乙、丙、丁、戊，而无十二时之目也。”唯《历书》云：“鸡三号卒明，抚十二节卒于丑。”而下文却云：“朔旦冬至正北。”又云：“正北正西正南正东。”不直言子酉午卯。《汉书·五行志》言“日加辰巳”又言“时加未”。《翼奉传》言“日加申”，又言“时加卯”。《王莽传》：“天文郎按栻于前，日时加某，莽旋席随斗柄而坐。”而《吴越春秋》亦云：“今日甲子，时加于巳。”《周髀经》亦有加卯、加酉之言。若纪事之文，无用此者。【原注】《南齐书·天文志》始有子时、丑时、亥时，《北齐书·南阳王绰传》有景时、午时。景时者，丙时也。

《左氏传》：“卜楚丘曰：‘日之数十，故有十时。’”而杜元凯注，则以为十二时，虽不立十二支之目，然其曰夜半者，即今之所谓子也；鸡鸣者，丑也；平旦者，寅也；日出者，卯也；食时者，辰也；禺中者，巳也；日中者，午也；日昳者，未也；晡时者，申也；日入者，酉也；黄昏者，戌也；人定者，亥也。一日分为十二，【沈氏曰】《格论》“十二”下有“时”字。始见于此。考之《史记·天官书》曰：【沈氏曰】《格论》“考之史记”以下无。“旦至食，食至日昳，日昳至铺，铺至下铺，下铺至日入。【沈氏曰】

《通鉴》："晋安帝义熙八年冬十月己未，镇恶与城内兵斗，且攻其金城。自食时至中晡。"注曰："日加申为晡。中晡，正申时也。申末为下晡。""凡城内牙城，晋、宋时谓之金城。"亦注云。《素问·藏气法时论》有曰夜半，曰平旦，曰日出，曰日中，曰日昳，曰下晡。【原注】王冰注：以日昳为土王，下晡为金王。又有曰"四季"者，注云"土王"，是今人所谓丑、辰、未、戌四时也。

《吴越春秋》有曰时加日出，时加鸡鸣，时加日昳，时加禺中，则此十二名古有之矣。《史记·孝景纪》："五月丙戌，地动。其蚤食时，复动。"《汉书·武五子广陵王胥传》："奏酒，至鸡鸣时罢。"《王莽传》："以鸡鸣为时。"《后汉书·隗嚣传》："至昏时遂溃围。"《齐武王传》："至食时，赐陈溃。"《耿弇传》："人定时，步果引去。"《来歙传》："臣夜人定后，为何人所贼伤?"《窦武传》："自旦至食时，兵降略尽。"《皇甫嵩传》："夜勒兵，鸡鸣，驰赴其陈。战至晡时，大破之。"《晋书·戴洋传》："永昌元年四月庚辰，禺中时，有大风起自东南，折木。"《宋书·符瑞志》："延康元年九月十日，黄昏时，月蚀，荧惑过。人定时，荧惑出营室，宿羽林。"皆用此十二时。

《淮南子》："日出于旸谷，浴于咸池，拂于扶桑，是谓晨明。登于扶桑之上，爰始将行，是谓朏明。至于曲阿，是谓朝明。临于曾泉，是谓早食。次于桑野，是谓宴食。臻于衡阳，是谓禺中。对于昆吾，是谓正中。靡于鸟次，是谓小迁。至于悲谷，是谓晡时。回于女纪，是谓大迁。经于泉隅，是谓高舂。顿于连石，是谓下舂。爰止羲和，爰息六螭，是谓悬车。薄于虞泉，是谓黄昏。渝于蒙谷，是谓定昏。"按，此自晨明至定昏为十五时，而卜楚邱以为十时。未知今之所谓十二时者，自何人定之也。【杨氏曰】今之十二时，则据十二支定之耳。亦自然之理，岂人之所为乎？

《素问》中，有言岁甲子者，有言寅时者，皆后人伪撰入之也。【杨氏曰】此又抑古书以从己说，未免陋也。

20.8　年月朔日子

今人谓日，多曰日子。日者，初一、初二之类是也。子者，甲子、乙丑之类是也。《周礼·职内》注曰："若言某月某日某甲诏书，或言甲，或言子，一也。"《文选·陈琳·檄吴将校部曲文》"年月朔日子"，李周翰注："日子，发檄时也。"汉人未有称夜半为子时者，误矣。古人文字，年月之下必系以朔，必言朔之第几日，而又系之干支，故曰朔日子也。如鲁相瑛《孔子庙碑》云："元嘉三年三月丙子朔，廿七日壬寅。"又云："永兴元年六月甲辰朔，十八日辛酉。"史晨《孔子庙碑》云："建宁二年三月癸卯朔，七日己酉。"樊毅《复华下民租碑》云"光和二年十二月庚午朔，十三日壬午"是也。此日子之称所自起，若史家之文，则有子而无日，《春秋》是也。【原注】《后汉书》隗嚣檄文曰"汉复元年七月己酉朔，己巳"，不言"廿一日"。然在朔言朔，在晦言晦，而"旁死魄"、"哉生明"之文见于《尚书》，则有兼日而书者矣。

《宋书·礼志》"年月朔日甲子，尚书令某甲下"，此古文移之式也，陈琳檄文但省一"甲"字耳。

《南史》："刘之遴与张缵等，参校古本《汉书》，称永平十六年五月二十一日己酉，郎班固，而今本无上书年月日子。"《隋书》袁充上表称："宝历之元改元仁寿，岁月日子，还共诞圣之时。"【汝成案】表元文"还共诞圣之时并同，明合大地之心，得仁寿之理"，"并"下疑脱字，不尔当以"并同"绝句。

时有十二，而但称"子"，犹之干支有六十，而但称"甲子"也。

汉人之文，有即朔之日而必重书一日者。广汉太守沈子琚《绵竹江堰碑》云："熹平五年五月辛酉朔，一日辛酉。"《绥民校尉熊君碑》云："建安廿一年十口月丙寅朔，一日丙寅。"此则繁而无用，不若后人之简矣。【杨氏曰】朔是合朔，古人有日食在晦者，则古历合朔不专在一日，故又云"一日"。

20.9　年号当从实书

正统之论，始于习凿齿，不过帝汉而伪魏、吴二国耳。自阙编年之书出，而疑于年号之无所从，而其论乃纷纭矣。

夫年号与正朔自不相关，故周平王四十九年，而孔子则书之为鲁隐公之元年，何也？《春秋》，鲁史也。据其国之人所称而书之，故元年也。晋之《乘》存，则必以是年为鄂侯之二年矣。楚之《梼杌》存，则必以是年为武王之十九年矣。观《左传·文公十七年》：郑子家与晋韩宣子书曰"寡君即位三年"，而其下文曰"十三年"，"十四年"，"十五年"，则自称其国之年也。

《襄公二十二年》少正公孙侨对晋之辞曰："在晋先君悼公九年，我寡君于是即位。"而其下文遂曰："我二年"，"我四年"，则两称其国之年也。故如《三国志》则汉人中自用汉年号，魏人传中自用魏年号，吴人中自用吴年号。

推之南北朝、五代、辽、金，并各自用其年号，此之谓从实。【原注】若病其难知，只须别作《年表》一卷。且王莽篡汉，而班固作传，其于始建国、天凤、地皇之号，一一用以纪年，盖不得不以纪年，非帝之也。后人作书，乃以编年为一大事，而论世之学疏矣。【杨氏曰】最参错莫如十六国，尝欲作一年表，顷与方陵言之。【钱氏曰】然则《明太祖纪》当以"龙凤"纪年，可无疑也。

《春秋传》亦有用他国之年者。齐襄公之二年，�伐齐，注云："鲁桓公之十六年。"僖之四年，子然卒。简之元，年士子孔卒，注云："郑僖四年，鲁襄六年，郑简元年，鲁襄八年。"

汉时，诸侯王得自称元年。

《汉书·诸侯王表》"楚王戊二十一年，孝景三年"，【原注】《楚元王传》亦云。"楚王延寿三十二年，地节元年"之类是也。

《淮南·天文训》："淮南元年冬，太一在丙子。"谓淮南王安始立之年也。注者不达，乃曰淮南王作书之元年，又曰淮南王僭号，此为未读《史记》、《汉书》者矣。【原注】赵明诚《金石录》有《楚钟铭》"惟王五十六祀"之论，正同此矣。

又考汉时不独王也，即列侯于其国中亦得自称元年。

《史记·高祖功臣侯年表》："高祖六年，平阳懿侯曹参元年"，"孝惠六年，靖侯窋元年"，"孝文后四年，简侯奇元年" 是也。

吕氏《考古图·周阳侯甗鍑铭》曰："周阳侯家铜三习甗鍑，容五斗，重十八斤六两。侯治国五年五月国铸第四。"【原注】吕大临曰："侯治国五年者，自以侯受侯嗣位之年数也。"

《文选·魏都赋》刘良注："文昌殿前有钟，其铭曰：惟魏四年，岁次丙申，龙次大火，五月丙寅，作蕤宾钟。"魏四年者，曹操为魏公之四年，汉献帝之建安二十一年也。

《元史·顺帝纪》：至正二十八年，乃明洪武元年也。直书二十八年，自是以下，书曰"后一年"，曰"又一年，四月丙戌，帝殂于应昌"，是时明太祖即位三年，而犹书元主曰"帝'，且不以明朝之年号加之，深得史法。疑此出于上裁，不独宋、王二公之能守古法也。【原注】《宋史·马廷鸾传》："瀛国公即位，召不至。自罢相归，又十七年，而薨。"甚为得体，然其他复有书"至元"者。

英宗命儒臣修《续通鉴纲目》，亦书"元顺帝至正二十七年"，不书"吴元年"。

20.10　史书一年两号

古时人主改元，并从下诏之日为始，未尝追改以前之月日也。

《魏志·三少帝纪》上书"嘉平六年十月庚寅'，下书"正元元年十月壬辰"。

《吴志·三嗣主传》上书"太平三年十月己卯"，下书"永安元年十月壬午"。

《晋书·武帝纪》上书"魏咸熙三年十一月"，下书"泰始元年十二月景寅"。

《宋书·武帝纪》上书"晋元熙二年六月甲子"，下书"永初元年六月丁卯"。

《文帝纪》上书"景平二年八月丙申"，下书"元嘉元年八月丁酉"。

《明帝纪》上书"永光元年十二月庚申朔"，下书"泰始元年十二月丙寅"。

《唐书·高宗纪》上书"显庆六年二月己未"，下书"龙朔元年三月丙申朔"。

《中宗纪》上书"神龙三年九月庚子"，下书"景龙元年九月甲辰"。

《睿宗纪》上书"景龙四年七月己巳"，下书"景云元年七月己巳"。

《玄宗纪》上书"先天二年十二月庚寅朔"，下书"开元元年十二月己亥"。

韩文公《顺宗实录》上书"贞元二十一年八月庚子"，下书"永贞元年八月辛丑"。若此之类，并是据实而书。

至司马温公作《通鉴》，患其棼错，乃创新例，必取末后一号，冠诸春正月之前，当时已有讥之者。

《春秋·定公元年》不书正月，杜氏曰："公即位在六月，故正义曰公未即位，必不改元。而于春夏即称元年者，未改之日必承前君之年，于是春夏当名此年为昭公三十三年。及六月，既改之后方以元年纪事。及史官定策，须有一统，不可半年从前，半年从后，虽则年初亦统此岁，故入年即称元年也。"

汉魏以来，虽于秋冬改元，史于春夏即以元年冠之，是有因于古也。按温公《通鉴》是用此例，然有不可通者。《春秋》于昭公三十三年之春而即书“定公元年”者，昭公已薨于上年之十二月矣。若汉献帝延康元年十月始禅于魏，而正月之初，汉帝尚存，即加以魏文黄初之号，则非《春秋》之义矣。岂有旧君尚在，当时之人皆禀其正朔，而后之为史者顾乃追夺之乎！

史家变乱年号，始自《隋书》：大业十二年十一月景辰，唐公入京师，辛酉，遥尊帝为太上皇，立代王侑为帝，改元义宁。而下即书云：“二年三月，右屯卫将军宇文化及等作乱，上崩于温室。”按此大业十三年，炀帝在江都，而蒙以代王长安之号，甚为无理。【杨氏曰】史家已云尊帝为太上皇矣，岂有以太上皇而纪年号者乎？近于言之不顺，故必冠以义宁也。作史者唐臣，不得不尔。然于《炀帝纪》书十三年，于《恭帝纪》书二年，两从其实，似亦未害。

明朝《太宗实录》上书“四年六月己巳”，下书“洪武三十五年六月庚午”，正是史臣实书，与前代合，但不明书建文年号，后人因谓之革除耳。【沈氏曰】《神宗实录》：万历二十三年九月，礼官范谦等因给事中扬天民、御史牛应元，请改正革除建文年号。复奏宜命史局于高庙实录终，摘洪武三十二年逮三十五年遗事，复称建文年号，辑为《少帝本纪》，诏以建文事迹附太祖高皇帝之末，而存其年号。成祖初，尝有旨称建文为少帝，故礼官云然。万历十六年，司业王祖嫡以建文不宜革除，与景泰不宜附录，并奏。上从礼臣沈鲤议，改正附录一事。《圣安纪事》云：“崇祯十七年七月戊子，追复懿文皇太子庙谥曰兴宗孝康皇帝；上建文帝谥曰让皇帝，庙号惠宗。追上景皇帝庙号代宗，盖葱礼臣顾锡畴所拟。”

《英宗实录》上书“景泰八年正月辛巳”，下书“天顺元年正月壬午旬有六日”，而不没其实。且如万历四十八年九月以后为泰昌元年，若依温公例取泰昌之号，冠于四十八年春正月之前，则诏令文移一一皆当追改，且上诬先皇矣。故纪年之法，从古为正，不以一年两号、三号为嫌。【沈氏曰】礼：未逾年，不改元。明代遵之。光宗一月而崩，犹在万历四十八年，熹宗既即位，明岁当改为天启之元年，登极以后不称泰昌，则光宗之纪年废矣。于是用廷臣议，自八月朔至十二月终，俱称泰昌元年，如唐顺宗永贞年号附于德宗贞元后之例。【杨氏曰】正当分注，还以初号为主，如万历四十八年下注云“八月以后为泰昌元年”之类，其光宗之纪则直称“元年八月”。【杨氏又曰】《神宗实录》：万历廿二年八月癸酉，礼科给事中孙羽侯条奏纂修正史，议本纪则建文、景泰两朝宜详稽故实，创立二纪，无使孙蒙祖号，弟袭兄年。其德、懿、熙、仁四祖之发祥，固当列高庙纪首。而献皇帝庙虽崇，神器未履，宜遵前例，冠于世庙本纪，以体追王之心。议列传则贵贱并列，美恶皆书，不得序达官而遗卑秩，褒高贤而漏巨奸。至如以方正学为乞哀，于肃愍为迎立，是非刺谬，亟当改正之也。

20.11　年号古今相同

《水经注·谷水下》“千金堨”前云“太和五年”，曹魏明帝之太和也；后云“朝廷太和中”，元魏孝文帝之太和也。

20.12　割并年号

唐朝一帝改年号者十余，其见于文必全书，无割取一字用之者。至宋始有“熙丰”、“政宣”、“建绍”、“乾淳”之语，已是不敬，然犹一帝之号自相连属，无合两帝而称之者。又必用上一字，惟“元丰”以“元”字与“元祐”无别，故用下字。明朝文人有称“永宣”、“成宏”、“嘉隆”，合两帝之号而为一称。【原注】天启六年，部疏称正统、正德为二正。奉旨：“列圣年号昭然，如何说二正？”近又有去上字而称“庆历”、“启祯”，更为不通矣。

地名割用一字，如“登莱”，如“温台”，则可。如“真顺”，“广大”，则不通矣。然汉人已有之。《史记·天官书》：“勃碣海岱之间，气皆黑。”《货殖传》：“夫燕亦勃碣之间一都会也。”注云：“勃海、碣石。”《汉书·王莽传》：“成命于巴宕。”注云：“巴郡宕渠县。”魏晋以下始多此语，常璩《华阳国志》：“分巴割蜀，以成犍广。”是犍为、广汉二郡。左思《蜀都赋》：“跨蹑犍牂。”是犍为、牂牁二郡。《魏都赋》：“恒碣碪于青霄。”是恒山、碣石二山。

人名割用一字者，《左传》以太皞、济水为“皞济”。【原注】《僖二十一年》。《史记》以黄帝、老子为“黄老”，【原注】《曹相国世家》，张释之、田叔、魏其、郑当时《列传》。以王乔、赤松子为“乔松”，【原注】《蔡泽传》。以伊尹、管仲为“伊管”，【原注】《邹阳传》。以绛侯灌婴为“绛灌”。【原注】《贾生传》。

20.13 孙氏西斋录

唐人作书无所回避。孙樵所作《西斋录》，乃是私史。至于起王氏已废之魂，上配天皇。条高后擅政之年，下系中宗，大义凛然。视孔子之沟昭墓道，不书定正，而抑且过之矣。

此说本之沈既济《驳吴兢史议》，谓当并天后于《孝和纪》，每岁书某年春正月，皇帝在房陵，太后行某事，改某制，则纪称孝和而事述太后，名礼两得。至于姓氏名讳，入宫之由，历位之资，及才艺智略，年辰崩葬，别纂入《皇后传》，列于废后王庶人之下，题其篇曰《则天顺圣武皇后》云。事虽不行，而史氏称之。【原注】其后宋范祖禹作《唐鉴》，竟用此书法。

20.14 通鉴书改元

《晋书·载记》：十六国时，嗣位改元者皆在本年，此史家取便序事，连属书之，其实皆改明年元。也不容十六国之中，数十王皆不逾年而改元者也。【杨氏曰】内自有当年改元者，如苻生是也。亦必有逾年而称元者，直史家不考耳。

《金石录》据赵横山《李君神碑》，石虎建武六年，岁在庚子，与《载记》合。若从帝纪，则建武六年当是己亥。今此碑与《西门豹祠殿基记》皆是庚子，以此知帝纪之失，此是差一年之证。然《载记》亦不尽合，昔人作史，但存其年号而已，初不屑屑于岁月也。

《续纲目》景炎三年五月以后为帝昺祥兴元年，非也。黄溍《番禺客语》：“改元在明年正月己酉朔。”盖亦是即位之初改明年元耳，史家省文，即系于前年月日之下，曰

"改元祥兴"。以此推十六国事，必当同此。

20.15 后元年

汉文帝后元年，景帝中元年、后元年，当时只是改为元年，后人追纪之为中为后耳。若武帝之后元元年则自名之为"后"；【钱氏曰】吴人杰谓后元乃承征和而言，本云征和后元年耳，其说可从。光武之中元元年，梁武帝之中大通元年、中大同元年，则自名之为"中"，不可一例论也。

元顺帝至元元年，重用世祖之号，后人追纪之，则曰"后至元元年"。

20.16 李茂贞称秦王用天祐年号

《通鉴》后唐庄宗同光二年，封岐王李茂贞为秦王。

比得薛昌序所撰《凤翔法门寺碑》，天祐十九年建，而其文已称秦王，则前乎同光之二年矣，盖必茂贞所自称。【钱氏曰】茂贞于唐昭宗时已封秦王，《通鉴》谓茂贞自称秦王者误也。又史言茂贞奉天祐年号，此碑之末亦书"天祐十九年"，而篇中历述前事，则并以天复纪年，至天复二十年止，亦与史不合。

《五代史·李彦威传》："是时昭宗改元天祐，迁于东都，为梁所迫。而晋人、蜀人以为天祐之号非唐所建，不复称之，但称天复。"

《前蜀世家》则云："建与唐隔绝而不知，故仍称天复。"其说不同。按此碑则岐人亦称天复，史失之也。

又，今阳城县有后周显德二年徐纶撰《龙泉禅院记》，内述天祐十九年，按此地本属梁，此记乃追削梁号，而改称天祐者。

20.17 通鉴书葬

《通鉴》书外国之葬，如《晋纪》义熙六年九月下云："甲寅，葬魏主珪于盛乐金陵。"不言"魏葬"，而言"葬魏"。或以为仿《春秋》之文，愚以为非也。《春秋》书"葬宋穆公"、"葬卫桓公"之类，皆鲁遣其臣会葬，故为此文。【原注】徐邈曰："凡书葬者，据我而言葬。"若南北朝时，本国自葬，则当书"魏葬"。如《宋纪》："景平元年十二月庚子，魏葬明元帝于金陵。""元嘉二十九年三月辛卯，魏葬太武皇帝于金陵。"则得之矣。

20.18 通鉴书闰月

《通鉴》书闰月而不著其为何月，谓仿《春秋》之法，非也。春秋时，闰未有不在岁终者。【钱氏曰】春秋时，闰不皆在岁余。【汝成案】其说详见四卷"闰月"条。自《太初历》行，每月皆可置闰，若不著其为何月，或上月无事，则后之读者必费于追寻矣。《新唐书》亦然，惟高宗显庆二年正月无事，乃书曰："闰正月壬寅，如洛阳宫。"

20.19 史书人君未即位

史书人君未即位之例，《左传》晋文公未入国，称“公子”，已入国称“公”。

《史记》汉高帝未帝称“汉王”，未王称“沛公”。五年，将战垓下，而曰：“皇帝在后，绛侯、柴将军在皇帝后。”至其下文，乃曰：“诸侯及将相相与共请，尊汉王为皇帝。”于言为不顺矣。

沈约作《宋书》，于本纪第十卷，顺帝升明三年四月壬申，始书“进齐公爵为齐王”，而前第八卷明帝泰始四年七月庚申，已书“以骁骑将军齐王为南兖州刺史”，自此以下，齐王之号累见于篇，此言之不顺也。【原注】萧子显《南齐书》亦同此例。

20.20 史书一人先后历官

《汉书·沟洫志》先称“博士许商”，次称“将作大匠许商”，后称“河堤都尉许商”，此书一人而先后历官不同之法。

《书·君奭》：“我闻在昔，成汤既受命，时则有若伊尹格于皇天。在太甲，时则有若保衡。”伊尹、保衡，一人也。汤时未为保衡，至太甲时始为此官，故变文以称之也。

20.21 史书郡县同名

汉时，县有同名者，大抵加“东”、“西”、“南”、“北”、“上”、“下”字以为别。盖本于《春秋》之法。燕国有二，则一称北燕。邾国有二，则一称小邾。是其例也。若郡国同名而不同地，则于县必加一“小”字，沛郡不治沛，治相，故书沛县为“小沛”。广阳国不治广阳，治蓟，故书广阳县为“小广阳”。【钱氏曰】《耿弇传》、《马武传》。丹阳郡不治丹阳，治宛陵，故书丹阳县为“小丹阳”。【原注】今顺天府保定县称“小保定”，宁国府太平县称“小太平”。【钱氏曰】《晋书·陶回传》、《吴志·吕范传》。

后人作史，混书之，而无别矣。【沈氏曰】《格论》于此下又云：“以今地理言之，如大名、宁国之类，法当直书其县。清河、永丰之类，法当并载其府。而《宋史》阙焉，故有一人而两地并祀者。”【谢中丞曰】伏见江西省吉安、广信二府所属皆有永丰县，其信印篆文同一字样，共在一省之中，而有相通之印。倘奸徒假借，以此县所用印信朦混于彼县，恐一时难辨，易滋弊端。至此外江省州县又有同名于各省者，如江省有宁州，而陕西、云南所属皆有宁州。江省有长宁县，而奉天、四川、广东所属皆有长宁县。江省有新城县，而直隶、山东、浙江所属皆有新城县。江省有龙泉县，而浙江、贵州所属皆有龙泉县。再如江省有新昌县，而浙江亦有新昌县。江省有德化县，而福建亦有德化县。江省有安仁县，而湖南亦有安仁县。江省有广昌县，而山西亦有广昌县。江省有石城县，而广东亦有石城县。江省有新安县，而广西亦有新安县。江省有永宁县，而贵州亦有永宁县。其他各省之州与州同名，县与县同名者，并有府与府同名者，如奸徒有意作弊，则借此影射隔省，更无从辨察，皆应别改嘉名也。【汝成案】尽天下各省府州县同名者不止此，如府则有太平府，安徽与广西同。州则有忠州，四川与广西南宁府同。通州，直隶顺天府与江苏同。开州，直隶大名府与贵州贵阳府同。永宁州，山西汾州府与广西桂林府、贵州安顺府同。赵州，直隶与云南大理府同。县则有会同县，湖南靖州与广东惠州府同。宝丰县，河南汝州与甘肃宁夏府同。海丰县，山东武定府与广东惠州府同。

泸溪县，江西建昌府与湖南辰州府同。清溪县，四川雅州府与贵州思州府同。凤台县，安徽凤阳府与山西泽州府同。桃源县，江苏淮安府与湖南常德府同。东安县，直隶顺天府与湖南永州府、广东罗定州同。新安县，直隶保定府与河南河南府、广东广州府同。乐安县，江西抚州府与山东青州府同。永安县，福建延平府与广东惠州府同。甘泉县，江苏扬州府与陕西延安府同。石泉县，陕西兴安府与四川龙安府同。清河县，直隶广平府与江苏淮安府同。太和县，安徽颍州府与云南大理府同。山阳县，江苏淮安府与陕西商州同。海阳县，山东登州府与广东潮州府同。东乡县，江西抚州府与四川绥定府同。宁乡县，湖南长沙赋与陕西汾州府同。建昌县，直隶承德府与江西南康府同。唐县，直隶保定府与河南南阳府同。太平县，安徽宁国府与浙江台州府、山西平阳府、四川绥定府同。安平县，直隶深州与贵州安顺府同。乐平县，江西饶州府与山西平定州同。镇平县，河南南阳府与广东嘉应州同。清平县，山东东昌府与贵州都匀府同。华亭县，江苏松江府与甘肃平凉府同。西宁县，直隶宣化府与甘肃西宁府、广东罗定州同。广宁县，盛京锦州府与广东肇庆府同。武宁县，江西南昌府与湖南常德府同。咸宁县，湖北武昌府与陕西西安府同。新宁县，湖南宝庆府与四川绥定府、广东广州府同。兴宁县，湖南郴州府与广东嘉应州同。大宁县，陕西隰州与四川夔州府同。山阴县，浙江绍兴府与山西大同府同。三水县，陕西邠州与广东广州府同。建始县，湖北施南府与四川夔州府同。宁海县，盛京奉天府与浙江台州府同。宁远县，湖南永州府与甘肃巩昌府同。怀远县，安徽凤阳府与陕西榆林府、广西柳州府同。定远县，安徽凤阳府与陕西汉中府、四川重庆府、云南楚雄府同。安远县，江西赣州赋与湖北荆门州同。宣化县，直隶宣化府与广西南宁府同。昌华县，浙江杭州府与广东琼州府同。安化县，湖南长沙府与甘肃庆阳府、贵州思南府同。永定县，福建汀州府与湖南澧州同。安定县，陕西延安府与甘肃巩昌府同。安福县，江西吉安府与湖南澧州同。永福县，福建福州府与广西桂林府同。长乐县，福建福州府与湖北宜昌府、广东嘉应州同。建德县，安徽池州府与浙江严州府同。而谢疏之与今异者，如宁州，甘肃庆阳府与云南临安府同。疏乃无甘肃，而有江西、陕西。广昌县，直隶易州与江西建昌府同。疏乃无直隶，而有山西。永宁县，江西吉安府与河南河南府、四川叙永厅同。疏乃有贵州而无河南、四川。长宁县，江西赣州府与四川叙永府、广东惠州府同。疏乃又有奉天。考之于今皆不合，相去百年，沿革攸殊。而今制，于府州县之同名者，印文各加省名某某以别之，是亦无虑奸徒之作弊矣。

20.22 郡国改名

《后汉书·光武纪》："建武六年春正月丙辰，改春陵乡为章陵县。""十七年冬十月甲申，幸章陵，修园庙，祠旧宅。"又云："乃悉为春陵宗室起祠堂。"上言"章陵"，见名也。下言"春陵"，本春陵侯之宗室，不可因县名而追改之也。此史家用字之密也。

《史记》："南越王尉佗者，真定人也。"此未当，当曰东垣人。

《卢绾传》："高帝十一年冬，更东垣为真定。"

《儒林传》："汉兴，田何以齐田徙杜陵。"师古曰："初徙时未为杜陵，盖史家追言之也。"

《汉书·夏侯胜传》："夏侯胜，字长公。初，鲁共王分鲁西宁乡以封子节侯，别属大河。大河后更名东平，故胜为东平人。"

《赵广汉传》："赵广汉，字子都，涿郡蠡吾人也，故属河间。"

《后汉书·党锢传》："刘祐，中山安国人也。安国后别属博陵。"

夏侯湛《东方朔画像赞》："大夫讳朔，字曼倩，平原厌次人也。魏建安中，【杨氏曰】每见称建安为魏，此恐未然。孝若为妙才曾孙犹可也，小颜于音注姓字"文颖"下，亦云"魏建安中"则非。分厌次以为乐陵郡。故又为郡人焉。"此郡国改名之例。

20.23 史书人同姓名

《史记》汉高帝时有两韩信，则别之曰"韩王信"。《汉书》王莽时有两刘歆，则别之曰"国师刘歆"。此其法本于《春秋·左氏传》：襄公二十五年，齐崔杼弑其君光事，中有两贾举，则别之曰"侍人贾举"。

《金史》有二额尔克①，曰"草火额尔克"、"板子额尔克"；有三罗索，曰"大罗索"，曰"中罗索"，曰"小罗索"。

20.24 述古

凡述古人之言，必当引其立言之人。古人又述古人之言，则两引之。不可袭以为己说也。《诗》曰："自古在昔，先民有作。"程正叔传《易·未济》三阳皆失位，而曰："斯义也，闻之成都隐者。"是则时人之言，而亦不敢没其人，君子之谦也，然后可与进于学。

20.25 引古必用原文

凡引前人之言必用原文。《水经注》引盛宏之《荆州记》曰："江中有九十九洲，楚谚云：'州不百，故不出王者。'桓玄有问鼎之志，乃增一洲，以充百数。僭号数旬，宗灭身屠。及其倾败，洲亦消毁。今上在西，忽有一洲自生，沙流回薄，成不淹时。其后未几，龙飞江汉矣。"《注》乃北魏郦道元作，而记中所指今上则南宋文帝，以宜都王即帝位之事，古人不以为嫌。

20.26 引书用意

《书·泰誓》："受有亿兆夷人，离心离德。予有乱臣十人，同心同德。"《左传》引之则曰："《太誓》所谓商兆民离，周十人同者，众也。"【原注】成二年。《淮南子》："舜钓于河滨，期年而渔者争处湍濑，以曲限深潭相予。"《尔雅》注引之，则曰："渔者不争限。"此皆略其文而用其意也。

20.27 文章推服古人

韩退之文起八代之衰，于骈偶声律之文宜不屑为，而其《滕王阁记》推许王勃所为序，且曰："窃喜载名其上，词列三王之次，有荣耀焉。"李太白《黄鹤楼》诗曰：

---

① 额尔克，一作讹可。

"眼前有景道不得，崔颢题诗在上头。"所谓自古在昔，先民有作者也。今之好讥诃古人，翻驳旧作者，其人之宅心可知矣。【钱氏曰】讥诃古人，始于宋儒。曾子固云："介甫非前人尽，独黄帝、老子未见非耳。"

宋洪迈从孙倬丞宣城，自作题名记："迈告之曰：他文尚可随力工拙下笔，如此记岂宜犯不韪哉?"盖以韩文公有《蓝田县丞厅壁记》故也。夫以题目之同于文公，而以为犯不韪，昔人之谨厚何如哉。

20.28 史书下两曰字

注疏家凡引书，下一"曰"字。引书之中又引书，则下一"云"字。云、曰一义，变文以便读也。此出于《论语》"牢曰子云"是也。若史家记载之辞，可下两"曰"字，《尚书·多方》"周公曰王若曰"是也。【原注】《孟子》书多有两"曰"字，如"公都子曰告子曰"、"公孙丑问曰高子曰"、"公孙丑曰伊尹曰"、"公孙丑曰诗曰"。

20.29 书家凡例

古人著书，凡例即随事载之书中。《左传》中言"凡"者，皆凡例也。《易》乾、坤二卦，用九、用六者，亦凡例也。

20.30 分题

古人作书，于一篇之中有分题，则标篇题于首，而列分题于下。

如《尔雅》"释天"一篇，下列四时、祥灾、岁阳、岁名、月阳、月名、风雨、星名、祭名、讲武、旌旗。

《吕氏春秋》"孟春纪第一"下，列正月纪、本生、重已、贵公、去私是也。疏家谓之题上事，谓标题上文之事。

若《周公践阼》及《诗》篇章句，皆篇末题之，故此亦尔。

今按《礼记·文王世子篇》有曰："文王之为世子也"，有曰"教世子"，有曰"周公践阼"。

《乐记篇》有曰"子贡问乐"，亦同此例。后人误连于本文也。

又如《汉书·礼乐志·郊祀歌》："练时日一"、"帝临二"，凡十九首，皆著其名于本章之末。

《安世房中歌》"桂华"、"美芳"二题，传写之误，遂以冠后。

《尔雅·释亲》一篇，石经本"宗族"二字在"舅兄也"之后，"母党"二字在"从母姊妹"之后，"妻党"二字在"为姒妇"之后，"昏姻"二字在"吾谓之甥也"之后，今国子监刻本皆改之。

日知录卷二十

日知录　卷二十一

昆山　顾炎武撰

21.1　作诗之旨

舜曰："诗言志。"此诗之本也。《王制》："命太师陈诗，以观民风。"此诗之用也。荀子论《小雅》曰："疾今之政以思往者，其言有文焉，其声有哀焉。"此诗之情也。故诗者王者之迹也。建安以下洎乎齐、梁，所谓辞人之赋丽以淫，而于作诗之旨失之远矣。

唐白居易《与元微之书》曰："年齿渐长，阅事渐多，每与人言，多询时务。每读书史，多求理道。始知文章合为时而著，歌诗合为事而作。"又自叙其诗，关于美刺者谓之讽谕诗，自比于梁鸿《五噫》之作，而谓："好其诗者，邓鲂、唐衢俱死，吾与足下又困踬，岂六义四始之风，天将破坏不可支持？又不知天意不欲使下人病苦闻于上邪？"嗟乎，可谓知立言之旨者矣。

晋葛洪《抱朴子》曰："古诗刺过失，故有益而贵。今诗纯虚誉，故有损而贱。"

21.2　诗不必人人皆作

古人之会君臣朋友，不必人人作诗，人各有能有不能，不作诗何害？若一人先倡而意已尽，则亦无庸更续。是以虞廷之上，皋陶赓歌而禹、益无闻，古之圣人不肯为雷同之辞，骈拇之作也。柏梁之宴，金谷之集，必欲人人以诗鸣，而芜累之言始多于世矣。

尧命历而无歌，文王演《易》而不作诗，不闻后世之人议其劣于舜与周公也。孔子以斯文自任，上接文王之统，乃其事在《六经》，而所自为歌止于"龟山"、"彼妇"诸作，何寥寥也。其不能与？夫我则不暇与？

宋邵博《闻见后录》曰："李习之与韩退之、孟东野善。习之于文，退之所敬也。退之与东野唱酬倾一时，习之独无诗，退之不议也。【原注】《石林诗话》："人之才力有限，李翱、皇甫湜皆韩退之高弟，而二人独不传其诗，不应散亡无一篇存者，计或非其所长，故不作耳。二人以非其所长而不作，贤于世之不能而强为之者也。"尹师鲁与欧阳永叔、梅圣俞善。师鲁于文，永叔所敬也。永叔与圣俞唱酬倾一时，师鲁独无诗，永叔不议也。"

《五子之歌》适得五章，以为人各一章，此又后人之见耳。

《渭阳》，秦世子送舅氏也，而晋公子无一言。尹吉甫作《崧高》① 之诗以赠申伯，《烝民》之诗以赠仲山甫，《韩弈》之诗以赠韩侯。而三人者不闻其有答，是知古人之诗不以无和答为嫌。

---

① 《崧高》，即《嵩高》，为《大雅》中的一篇。崧，《礼记·孔子闲居》、《韩诗外传》、《初学记》引《诗》都作"嵩"。

21.3 诗题

《三百篇》之诗人，大率诗成，取其中一字、二字、三四字以名篇，故十五国并无一题，雅、颂中间一有之。若《常武》，美宣王也。若《勺》、若《赉》、若《般》，皆庙之乐也。其后人取以名之者一篇，曰《巷伯》，自此而外无有也。【原注】《雨无正》篇，韩诗篇首有“雨无其极，伤我稼穑”二句。

五言之兴，始自汉魏，而十九首并无题，郊祀歌、铙歌曲各以篇首字为题。又如王、曹皆有《七哀》，而不必同其情。六子皆有《杂诗》，而不必同其义，则亦犹之十九首也。唐人以诗取士，始有命题分韵之法，而诗学衰矣。

杜子美诗多取篇中字名之，如不见李生久，则以《不见》名篇。“近闻犬戎远遁逃”，则以《近闻》名篇。“往在西京时”，则以《往在》名篇。“历历开元事”，则以《历历》名篇。“自平宫中吕太一”，则以《自平》名篇。“客从南溟来”，则以《客从》名篇。皆取首二字为题，全无意义，颇得古人之体。

古人之诗，有诗而后有题。今人之诗，有题而后有诗。有诗而后有题者，其诗本乎情。有题而后有诗者，其诗徇乎物。

21.4 古人用韵无过十字

《三百篇》之诗，句多则必转韵。【原注】古人但谓之音，不谓之韵，今姑从俗名之耳。魏晋以上亦然。宋齐以下，韵学渐兴，人文趋巧，于是有强用一韵到底者，终不及古人之变化自然也。古人用韵无过十字者，独《閟宫》之四章乃用十二字，使就此一韵引而伸之，非不可以成章，而于义必有不达，故末四句转一韵。是知以韵从我者，古人之诗也。以我从韵者，今人之诗也。自杜拾遗、韩吏部，未免此病也。

叶少蕴《石林诗话》曰：“长篇最难，魏晋以前诗无过十韵者，盖使人以意逆志，初不以序事倾尽为工。至老杜《述怀》、《北征》诸篇，穷极笔力，如太史公纪、传，此固古今绝唱。然《八哀》八篇，本非集中高作，而世多尊称之，不敢议。如李邕、苏源明诗中极多累句，余尝痛刊去，仅各取其半，方为尽善。然此不可为不知者言也。”【杨氏曰】石林此论是言诗不宜过长耳，不论诗韵。古诗惟《焦仲卿妻》一篇最长，后人不敢措手。

诗主性情，不贵奇巧。唐以下人有强用一韵中字几尽者，有用险韵者，有次人韵者，皆是立意以此见巧，便非诗之正格。

且如孔子作《易·彖象传》，其用韵有多有少，未尝一律，亦有无韵者。可知古人作文之法，一韵无字则及他韵，他韵不协则竟单行。圣人无必无固，于文见之矣。

21.5 诗有无韵之句

诗以义为主，音从之。必尽一韵无可用之字，然后旁通他韵，又不得于他韵，则宁无韵。苟其义之至当，而不可以他字易，则无韵不害。汉以上往往有之。

“暮投石壕村，有吏夜捉人。”【原注】杜甫《石壕吏》诗。两韵也，至当不可易。下句云："老翁逾墙走，老妇出门看。"则无韵矣。亦至当不可易。【钱氏曰】"真文"至"元寒"通，非无韵也。古辞《紫骝马歌》中有"春谷持作饭，采葵持作羹"二句，无韵。李太白《天马歌》中有"白云在青天，丘陵远崔嵬"二句，无韵。《野田黄雀行》首二句"游莫逐炎洲翠，栖莫近吴宫燕"，无韵。《行行且游猎》篇首二句"边城儿生年，不读一字书"，无韵。

21.6　五经中多有用韵

古人之文化工也，自然而合于音，则虽无韵之文而往往有韵，苟其不然，则虽有韵之文而时亦不用韵，终不以韵而害意也。《三百篇》之诗，有韵之文也，乃一章之中有二、三句不用韵者，如"瞻彼洛矣，维水泱泱"之类是矣。一篇之中有全章不用韵者，如《思齐》之四章、五章，【沈氏曰】《救文格论》："瞻彼洛矣"二句，作"我徂东山，滔滔不归"。《思齐》上有"《无将大车》之首章"七字。《召旻》之四章是矣。又有全篇无韵者，《周颂·清庙》、《维天之命》、《昊天有成命》、《时迈》、《武》诸篇是矣。说者以为当有余声，然以余声相协而不入正文，此则所谓不以韵而害意者也。孔子赞《易》十篇，其《彖、象传》《杂卦》五篇用韵①，然其中无韵者亦十之一。《文言》、《系辞》、《说卦》、《序卦》五篇不用韵②，然亦间有一二，如"鼓之以雷霆，润之以风雨，日月运行，一寒一暑，乾道成男，坤道成女"，"君子知微知彰，知柔知刚，万夫之望。"此所谓化工之文，自然而合者，固未尝有心于用韵也。【钱氏曰】《文言》、《系辞》亦多有韵之句。《尚书》之体本不用韵，而《大禹谟》："帝德广运，乃圣乃神，乃武乃文，皇天眷命，奄有四海，为天下君。"《伊训》："圣谟洋洋，嘉言孔彰，惟上帝不常。作善，降之百祥。作不善，降之百殃。尔惟德罔小，万邦惟庆。尔惟不德罔大，坠厥宗。"《太誓》："我武惟扬，侵于之疆。取彼凶残，我伐用张，于汤有光。"《洪范》："无偏无陂，遵王之义。无有作好，遵王之道。无有作恶，遵王之路。无偏无党，王道荡荡。无党无偏，王道平平。无反无侧，王道正直。"皆用韵。又如《曲礼》："行前朱鸟而后玄武，左青龙而右白虎，招摇在上，急缮其怒。"《礼运》："玄酒在室，醴醆在户，粢醍在堂，澄酒在下。陈其牺牲，备其鼎俎。列其琴瑟，管磬钟鼓。修其祝嘏，以降上神。与其先祖，以正君臣，以笃父子，以睦兄弟，以齐上下，夫妇有所。是谓承天之祜。"《乐记》："夫古者，天地顺而四时当，民有德而五谷昌，疾疢不作而无妖祥，此之谓大当。然后圣人作，为父子君臣，以为纪纲。"《中庸》："故君子不可以不修身，思修身不可以不事亲，思事亲不可以不知人，思知人不可以不知天。"《孟子》："师行而粮食，饥者弗食，劳者弗息，睊睊胥谗，民乃作慝。方命虐民，饮食若流，流连荒亡，为诸侯忧。"凡此之类，在秦汉以前诸子书并有之。太史公作赞，亦时一用韵，而汉人乐府诗反有不用韵者。【沈氏曰】此下《救文格论》有"至东汉以下，始以有韵、无韵为诗、文之别，皆

---

① 即《彖传上》、《彖传下》、《象传上》、《象传下》和《杂卦传》，一共五篇。

② 即《文言传》、《系辞传上》、《系辞传下》、《说卦传》和《序卦传》，一共五篇。

然为二，而文亦日以衰”。

21.7 易韵

《易》之有韵，自文王始也。凡卦辞之繁者时用韵。《蒙》之渎、告，《解》之复、夙，《震》之虩、哑，《艮》之身、人，是也。至周公则辞愈繁，而愈多用韵。疑古卜辞当用韵。若《春秋传》所载懿氏之锵、卿，姜、京。骊姬之渝、羭，莸、臭。伯姬之贶、偿、相，姬、旗、师，丘、孤、弧、姑、逋、家、虚。鄢陵之蹙、目，孙文子之陵、雄，卫侯之羊、亡，窦、逾。又如《国语》所载晋献公之骨、猾、捽。《史记》所载汉文帝之庚、王、光。《汉书·元后传》所载晋史之雄、乘、崩、兴，皆韵也。故孔子作《彖》、《象》传用韵，盖本经有韵而传亦韵，此见圣人述而不作，以古为师而不苟也。【原注】郭璞注《尔雅·释训篇》，本经有韵。注亦用韵。【钱氏曰】王逸注《楚辞》，《卜居》、《渔父篇》亦用韵。

《彖》、《象》传犹今之笺注者，析字分句以为训也。《系辞》、《文言》以下，犹今之笺注，于字句明白之后，取一章、一篇、全书之义，而通论之也。故其体不同。

21.8 古诗用韵之法

古诗用韵之法大约有三。

首句、次句连用韵，隔第三句而于第四句用韵者，《关雎》之首章是也。凡汉以下诗及唐人律诗之首句用韵者，源于此。

一起即隔句用韵者，《卷耳》之首章是也。凡汉以下诗及唐人律诗之首句不用韵者。源于此。

自首至末，句句用韵者，若《考盘》、《清人》、《还》、《著》、《十亩之间》、《月出》、《素冠》诸篇，又如《卷耳》之二章、三章、四章，《车攻》之一章、二章、三章、七章，《长发》之一章、二章、三章、四章、五章是也。凡汉以下诗，若魏文帝《燕歌行》之类，源于此。

自是而变则转韵矣。转韵之始亦有连用、隔用之别，而错综变化不可以一体拘。

于是，有上下各自为韵，若《兔罝》及《采薇》之首章，《鱼丽》之前三章，《卷阿》之首章者。

有首末自为一韵，中间自为一韵，若《车攻》之五章者。

有隔半章自为韵，若《生民》之卒章者。

有首提二韵。而下分二节承之。若《有瞽》之篇者。此皆诗之变格。亦莫非出于自然。非有意为之也。

先生《音学五书》序曰。《记》曰：“生成文谓之音。”夫有文斯有音，比音而为诗，诗成然后被之乐，此皆出于天而非人之所能为也。三代之时，其文皆本于六书，其人皆出于族党庠序，其性皆驯化于中和，而发之为音，无不协于正。然而

《周礼》大行之职，“九岁属瞽史，谕书名，听声音”，所以一道德而同风俗者，又不敢略也。是以《诗》三百五篇，上自商颂，下逮陈灵，以十五国之选，千数百年之久，而其音未尝有异。帝舜之歌，皋陶之赓，箕子之陈，文王、周公之系，无弗同者。故三百五篇，古人之音书也。魏晋以下，去古日远，词赋日繁，而后名之曰韵，至宋周颙、梁沈约而《四声之谱》作。然自秦汉之文，其音已渐戾于古，至东京益甚。而休文作谱，乃不能上据雅、南，旁摭骚、子，以成不刊之典，而仅按班、张以下诸人之赋，曹、刘以下诸人之诗所用之音，撰为定本。于是今音行而古音亡，为音学之一变。下及唐代，以诗赋取士，其韵一以陆法言《切韵》为准，虽有“独用”、“同用”之注，而其部分未尝改也。至宋景祐之际，微有更易。理宗末年，平水刘渊始并二百六韵为一百七韵。元黄公绍作《韵会》因之，以迄于今。于是宋韵行而唐韵亡，为音学之再变。世日远而传日讹，此道之亡盖二千有余岁矣。①

【钱氏曰】古韵分二百六部，唐宋相承，虽先后次第及同用、独用之法小有异同，而部分无改。元初黄公绍《古今韵会》始并为一百七韵，盖循用平水韵次第，后人因以并韵之咎归之刘渊。今渊书已不传，据黄氏《韵会》范例，称：“江南监本免解进士毛氏晃《增修礼部韵略》，江北平水刘渊氏《壬子新刊礼部韵略》，互有增字。”而每韵所增之字，于毛云“毛氏韵”，于刘云“平水韵”，则渊不过刊是书者，非著书之人矣。予尝于吴门黄孝廉丕烈家，见元椠本《平水韵略》，卷首有河间许古序，乃知为平水书籍王文郁所撰。后题“正大六年己丑季夏中旬”，则金人，非宋人也。考己丑在壬子前廿有三年，其时金犹未亡，至淳祐壬子则金亡已久矣。意渊窃见文郁书，刊之江北，而去其序，故公绍以为刘氏书也。【又曰】王氏《平水韵》并上、下平声各为十五，上声廿九，去声三十，入声十七，皆与今韵同。文郁在刘渊之前，则谓并韵始于刘渊者，非也。论者又谓《平水韵》并四声为一百七韵，阴时夫又并上声拯韵入迥韵，则亦不始于时夫矣。

炎武潜心有年，既得《广韵》之书，乃始发悟于中而旁通其说，于是据唐人以正宋人之失，据古经以正沈氏、唐人之失，而三代以上之音，部分秩如，至赜而不可乱。乃列古今音之变而究其所以不同，为《音论》二卷；考证三代以上之音，注三百五篇，为《诗本音》十卷；注《易》为《易音》三卷；辨沈氏部分之误而一一以古音定之，为《唐韵正》二十卷；综古音为十部，为《古音表》二卷。自是而《六经》之文乃可读，其他诸子之书离合有之，而不甚远也。天之未丧斯文，必有圣人复起，举今日之音而还之淳古者。②

【钱氏曰】古今音之别，汉人已言之。刘熙《释名》云：“古者‘车’声如居，所以居人也。今曰车声近舍。”韦昭辨之云：“古皆音尺奢反，汉以来始有居音。”此古今音殊之证。但刘、韦

① 这一段话，是《日知录集释》的作者黄汝成，写于本则后面的跋文。在跋文之下，复有征引“钱氏曰”。

② 这一段话，是《日知录集释》的作者黄汝成，写于本则后面的跋文之继续。在此续文下，复有征引“钱氏曰”、“又曰”。

皆言古音，而说正相反，实则刘是而韦非。盖宏嗣生汉季，渐染俗音，因《诗》“王姬之车”、“君子之车”，皆与“华”韵，遂疑“车”当读尺奢切。不知读“华”为呼瓜切，亦非古音也。古读“华”如敷，《诗》“有女同车”与“华”、“琚”、“都”为韵，“携手同车”与“狐”、“乌”为韵，则车之读“居”断可识矣。自齐梁之世，周彦伦、沈休文辈分别四声，以制《韵谱》。其后沈重作《毛诗音》，于今韵有不合者谓之“协句”，如《燕燕》首章“远送于野”云：“协句，宜音时预反。”二章“远送于南”云：“协句，乃林反。”所云“协句”，即古音也。陆德明《释文》创为“古人韵缓，不烦改字”之说，于沈所云“协句”者皆如字读，自谓通达无碍。而不知三百篇之音谐畅明白，未尝缓也。使沈重音尚存，较之吴才老“叶韵”，岂不简易可信乎？协句亦谓之“协韵”。《邶风》“宁不我顾”，释文：“徐音古，此亦协韵也。后仿此。”陆元朗之时已有韵书，故于今韵不收者谓之“协韵”，“协”与“叶”同。颜师古注《汉书》，又谓之“合韵”，合犹协也，是吴才老叶韵之所自出矣。然言叶韵不如言古音，盖叶韵以今韵为宗，强古人以合之，不知古人自有正音也。古人因文字而定声音，因声音而得诂训，其理一贯。汉魏以降，方俗递变，而声音、文字渐不相应，赖有三百篇及群经、传记、诸子、骚赋俱在，学者读其文，可得起最初之音。此顾氏讲求古音，其识高出毛奇龄辈万倍，而大有功于艺林者也。但古人亦有一字而异读者，文字偏旁相谐谓之正音，语言清浊相近谓之转音。音之正有定，而转无方。正音可分别部居，转音则只就一字相近假借互用，而不通它字，其以声转者，如“难”与“那”声相近，故“傩”从难而入歌韵。“难”又与“泥”相近，故“臡”从难而入齐韵。非谓歌齐二部之字尽合于寒桓也。“宗”与“尊”相近，故《春秋传》“伯宗”或作“伯尊”。“临”与“隆”相近，故《云汉》诗以“临”与“躬”韵。“巩”与“固”相近，故《瞻仰》诗以“巩”与“后”韵。非谓魂、侵、侯之字尽合于东钟也。其以义转者，如“躬”义为身，《诗》“无遏尔躬”与“天”为韵，《易·震》“不于其躬，于其临”与“邻”韵，非谓真先之字尽合东钟也。“赓”义为续，《说文》以“赓”为“续”之古文，非阳赓之字尽合屋沃也。“溱”本当作“潧”，《说文》：“潧水出郑国。”引《诗》：“潧与洧。”此是正音，而《毛诗》作“溱”者，读潧如溱，以谐韵耳。溱即潧转音，不可据《说文》纠《诗》之失韵，据《诗》疑《说文》之妄作。又不可执潧、溱相转而谓烝、真之字尽可通也。夫潧与增皆曾声，毛传于《鲁颂》“烝徒增增”云：“众也。”此《尔雅·释训》正文，而于《小雅》“家室溱溱”亦云：“众也。”文异而义不异，不独假其音，并假其字。古人正音多而转音少，则谓转音为协固可，如以正音为协则颠倒甚矣。顾氏谓一字止一音，于古人异读者辄指为方音，固失。而于音之正者斟酌允当，其论入声尤中肯綮，后有作者莫出其范围也。【又曰】音韵真谆为一类，耕清为一类，而孔子赞《易》往往互用。顾氏因谓：“五方之音，虽圣人不能改。”此一孔之见也。夫《七月》末章已有歧音，《清庙》一什半疑无韵，非无韵也，古音久而失传耳。依形寻声，虽常人可以推求。转注、假借，非达人不能通变。所疑于《彖、象传》，不过“民”、“平”、“天”、“渊”诸字，此古人双声假借之例，非举两部混而一之。“民”、“冥”声相近，故《屯》象以韵“正”，读“民”如冥也。“平”、“便”声相近，故《观》象以韵“宾”、“民”，读“平”如便也。“渊”音近“环”，与“营”声相近，故《讼》象以韵“成”、“正”，读“渊”如营也。“天”、“汀”声相近，故《乾》象以韵“形”、“成”，《文言》以韵“情”、“平”，读“天”如“汀”也。此例本于《维清》之“禋”、“成”、“祯”，《烈文》之“训”、“刑”，夫子亦犹行古之道而已。古训“膺”为“胸”，有壅音。《说文》：“膺，胸也。”《释名》：“膺，壅也。”《蒙》象以“应”韵“中”、“功”，《比》象以“应”韵“中”、“穷”，亦读“应”为壅也。《未济》象以“极”与“正”

韵，文公疑作“敬”，顾氏以非韵置之。予谓“极”从亟，亟、敬声相近。《广雅》：“亟，敬也。”《方言》：“自关而西，凡相敬爱谓之亟。”则朱说非无稽，但不必破字耳。《革》象以“炳”、“蔚”、“君”为韵。按，《说文》：“莙，读若威。”《汉律》：“妇告威姑。”威姑者，君姑也。君、威同音，则蔚与君谐。而炳、彪声亦相近，盖读炳如彪也。《说文》：“彪，虎文彪也。”与《易》义相应，是《易》固有作“彪”者矣。《豫》象以“凶”与“正”韵，“中”、“正”本双声字，《艮》象“以中正也”，亦与“躬”、“终”韵，则正、凶可韵也。《象传》不韵之句共此三卦，今以双声通之，则涣然释矣。顾氏不知转音，有扞格不如者则谓之方音，不然也。如“实”，神质切，亦读如满。“久”，读如九，亦读如几。《易传》兼用之，此正不拘方音之证。“民”、“平”、“天”、“渊”义亦犹是。《三百篇》多以“命”与“申”韵，《易传》则以“命”与“贞”、“正”韵，是有两音。《说文》：“命从令声。”令本真先类也。《诗》“题彼脊令”与“鸣”、“征”韵，《逸诗》“讲事不令”与“挺”、“扃”、“定”韵，《节南山》以韵“骋”，《桑扈》以韵“屏”，《楚辞·大招》以“命”与“盛”、“定”韵，此“令”可两读也。《周颂》以“时周之命”与“我徂维求定”为韵，《抑》“谟”叠韵，“定”、“命”亦叠韵，此“命”可两读也。《乾·象传》读“命”为眉病切，于《姤·象传》读弥吝切，亦兼用二音。以方音议之，非也。顾氏谓古音“地”如沱，《诗》“载寝之地”与“瓦”韵，不与“裼”韵，引《易·系辞》“俯则观法于地”，与“宜”韵证之。愚谓此本非韵。即以韵求，乌知不与“物”、“卦”协乎？籀文“地”作“墜”。《元命包》云：“地，易也。”《释名》：“地，底也，谛也。”皆不取从“也”之音。《易·明夷》：“上六不明晦，初登于天，复入于地。”以“地”韵“晦”也。《系辞》：“广大配天地，变通配四时。”又云：“知崇礼卑，崇效天，卑法地。”一与“时”韵，一与“卑”韵。《秦本纪》琅玡刻石文以“地”与“帝”、“懈”、“辟”、“易”韵。《淮南·原道训》：“一之理施四海，一之解际天地。”《太史公自序》：“维昔黄帝法天则地。”《汉书·丙吉传》：“西曹地忍之。”亦读“地”为“弟”也。顾氏谓司马相如《子虚赋》始读为“徒二反”者，误。顾氏论古音以偏旁得声，亦有自相矛盾者，如“旂”、“沂”、“圻”皆从斤，为古音，则“近”亦从斤，乃援《诗》“会言近止”，与“谐”、“迩”韵，谓古音“记”，该入志韵。何耶？凡字，有正音、转音，“近”既从斤，当以“其隐切”为正，其读如几者转也，如《硕人》“其颀亦颀”之转音。《礼记》“颀乎其至”读为恳者，乃正音耳。“倩”从青而与“盼”韵，“颙”从禺而与“公”韵，“实”从贯而与“室”韵，“洳”从奴而与“逑”韵，皆非正音。《礼记》“相近于坎坛”，郑康成读“相近”为“禳祈”，祈未必不可读为近也。三百篇用韵之子不及千名，乌能尽天下之音？顾氏但以所见者为正，宜其龃龉矣。“仇”从九声，古读九有纠、鬼二音，故《关雎》以“仇”韵“鸠”，《兔罝》以“仇”韵“逵”。顾氏不知“九”有二音，乃谓仇当有二音，如“母戎兴难”之类，然三百篇中亦不过四五字而已。予谓转音之字甚多，《七月》之“阴”，《云汉》之“临”，《荡》之“谌”，《小戎》之“骖”，《车攻》之“调”、“同”，《桑柔》之“瞻”，《文王》之“躬”，《生民》之“稷”，《北门》之“敦”，《昭旻》之“频”，《正月》之“局”，皆转音也。《毛公诂训传》每寓声于义，虽不破字，而未尝不转音。《小旻》之“是用不集”，训集位“就”，即转从就音。《鸳鸯》之“秣之摧之”，训摧为“莝”，即转从莝音。《瞻仰》之“无不克巩”，训巩为“固”，即转从固音。《载芟》之“匪且有且”，训且为“此”，即转从此音。声随义转，无不可读之《诗》矣。识字当究其源，源同则流不异。“求”本裘字，借为“求与”之义，求、祈声相近，故又有“渠之初”之音。后人于“求”加“衣”，仍取求声，非衣声也。求、裘一字，顾氏析而二之。且同一从求之字，而读“俅”为渠之初，“觩”、“絿”

为巨鸠切。同一从九之字，而读“仇”为渠之初，“鸠”为居求切，不知求、九原有二音也。“睘”从袁声，故字之从睘者皆在山仙韵，而“独行睘睘”，乃与“菁”韵。读環者，睘之正音；读茕者，睘之转音也。“黍稷”字本在职德韵，而《生民》首章“稷”与“夙”、“育”韵，读如“谡”者，转音也。《简兮》以“翟”与“籥”、“爵”韵。《君子偕老》则与“髢”、“揥”韵。考“褕翟”、“阙翟”字或作“狄”，狄有剔音，正与“髢”协，是翟有两音也。“舊”与“舅”皆从臼声，三百篇中，“舅”与“咎”韵，亦与“首”、“阜”韵；“舊”与“时”韵，亦与“里”、“哉”韵。“舅”从正音，“舊”从转音也。知一字不妨数音，辨其孰为正，孰为转，然后能知古音，知三百篇之音，然后无疑于《易》之音也。《毛诗》不破字，有转音，《大雅》“俔天之妹”，《韩诗》“俔”作“磬”，而毛亦训为磬，即读为磬矣。《小雅》“外御其务”，《左传》“务”作“侮”，而毛亦训为侮，即读为侮矣。《郑风》“方秉蕳兮”，毛训“蕳”为“蘭”，《说文》有“蘭”无“蕳”，知蕳读如蘭也。《卫风》“能不我甲”，《韩诗》“甲”作“狎”，毛亦训为狎，即读如狎。《小雅》“神之吊矣”，毛训“吊”为“至”，与“质”韵，是读为至也。毛无破字，其说出于王肃。肃欲与郑立异，故于郑所破字，必别为新义，虽谓申毛，未尽得毛旨也。试以他证验之。“赓”，正音如庚，而《书》“乃赓载歌”，从续音。《说文》：“续，古文作赓。”“丱”字正音近贯，《齐风》与“娈”、“弁”韵，而《周礼·丱人》借“丱”为“矿”，《说文》：“磺或作丱。”赓、续以义转，丱、磺以声转，此古经转音之例。魏晋以后，此义不讲，读者动多窒碍矣。《大雅》“讦谟定命”四句，顾氏以为无韵，《考槃》、《干旄》、《既醉》“告”字并古沃切，与“则”音不相近，《说文》：“嚳，急告之甚也。”急、告为双声。《白虎通》：“嚳者，极也。”亟与急通，故嚳有极训。《楚茨》以“告”韵“备”、“戒”、“位”，《抑》以“告”韵“则”，《尔雅·释训》以“告”韵“忒”、“食”、“则”、“慝”、“职”，皆读告为亟也。读如谷者正音，读如亟者转音。顾氏拘于定音，于《楚茨》云“不入韵”，于《抑》云“无韵”，岂其然乎？《诗》“日月告凶”，《汉书》引作“鞠讻”，而《释训》亦以“鞠”与“职”、“慝”韵，则告有亟音，又何疑焉？故从告之字亦可转读，“小子有造”与“士”韵，“蹻蹻王之造”与“晦”、“介”、“嗣”、“师”韵。顾氏论《诗》“母”字凡十七见，其十六皆读满以切，惟《蝃蝀》二章与“雨”韵，是有二音，要当以满以切为正。不知古音读如每，此为正音，其读如今音者转音也。三百篇“侮”字四见，皆与今音同。侮从每声，每有从母声，惟母有姥音。故侮可入语姥部。因流溯源，其条理秩然不紊。顾氏不知音有正有转，辄疑转音为方音，故于此类未甚洞晓。

21.9 古人不忌重韵

杜子美作《饮中八仙歌》，用三“前”、二“船”、二“眠”、二“天”。宋人疑古无此体，遂欲分为八章，以为必分为八而后可以重押韵无害也，不知《柏梁台》诗三“之”、三“治”、二“哉”、二“时”、二“来”、二“材”已先之矣。“东川有杜鹃，西川无杜鹃，涪、万无杜鹃，云安有杜鹃”，求其说而不得，则疑以为题下注，不知古人未尝忌重韵也。

故有四韵成章而唯用二字者，“胡为乎株林，从夏南；匪适株林，从夏南”是也。有二韵成章而惟用一字者，“大人占之，维熊维罴，男子之祥；维虺维蛇，女子之祥”是也。有三韵成章而惟用一字者，“苟日新，日日新，又日新”是也。【原注】汤瀀曰：

《仪礼》祭侯辞："惟若宁侯，毋或若女不宁侯。"《左传》虞叔引谚："匹夫无罪，怀璧其罪。"曹子臧引志："圣达节，次守节，下失节。"晏子引谚："非宅是卜，惟邻是卜。"《老子》："道可道，非常道。名可名，非常名。"《史记·天官书》："欲终日有雨，有云，有风，有日。日当其时者，深而多实。无云有风，日当其时，浅而多实。有云风无，日当其时，深而少实。"皆古人以本字自为韵者也。如《采薇》首章连用二"猃狁之故"句。《正月》一章连用二"自口"字。《十月之交》首章连用二"而微"字。《车舝》三章连用二"庶几"字。《文王有声》首章连用二"有声"字。《召旻》卒章连用二"百里"字。又如《行露》首章起用"露"字，末用"露"字。又如《简兮》卒章连用三"人"字。《那》连用三"声"字。其重一字者，不可胜述。

汉以下亦然。如《陌上桑》诗三"头"字，二"隅"字，二"余"字，二"夫"字，二"须"字。【原注】"罗敷"字在下句末三见。《焦仲卿妻》作三"语"字，三"言"字，二"由"字，二"母"字，二"取"字，二"子"字，二"归"字，二"之"字，二"君"字，二"门"字，又二"言"字。苏武《骨肉缘枝叶》一首，二"人"字，《结发为夫妇》一首，二"时"字。陈思王《弃妇词》二"庭"字，二"灵"字，二"鸣"字，二"成"字，二"宁"字。阮籍《咏怀诗·灼灼西隤日》一首，二"归"字。张协《杂诗·黑蜧跃重渊》一首，二"生"字。谢灵运《君子有所思行》，二"归"字。梁武帝撰《孔子正言竟述怀》诗，二"反"字。任昉《哭范仆射》诗，二"生"字，三"情"字。沈约《钟山》诗，二"足"字。然则重韵之有忌，其在隋、唐之代乎？

诸葛孔明《梁父吟》云："问是谁家墓？田疆古冶子。"又云："谁能为此谋？国相齐晏子。"用二"子"字。古人但取文理明当而已，初不避重字也。今本或改作"田疆古冶氏"，失之矣。

潘岳《秋兴赋》："宵耿介而不寐兮，独展转于华省。悟时岁之遒尽兮，慨俛首而自省。"用二"省"字。【杨氏曰】此二"省"字不同，一"省禁"之省，一"省身"之省。

初唐诗最为严整，而卢照邻《长安古意》："别有豪华称将相，转日回天不相让。意气由来排灌夫，专权判不容萧相。"用二"相"字。今人谓必字同而义异者方可重用，若此诗之二"相"固无异义也。且《诗》曰："王命南仲，往城于方。"其下文又曰："天子命我，城彼朔方。"有何异义哉！

李太白《高阳歌》二"杯"字，《庐山谣》二"长"字。杜子美《织女诗》二"中"字，《奉先县咏怀》二"卒"字，《两当县吴十侍御江上宅》二"白"字，《八哀》诗张九龄一首二"省"字，二"境"字，《园人送瓜》二"草"字，《寄狄明府》二"济"字，《宿凿石浦》二"系"字。韩退之《此日足可惜》诗二"光"字，二"鸣"字，二"更"字，二"城"字，二"狂"字，二"江"字。【原注】王摩诘《故太子太师徐公挽歌》重用二"名"字，施之律诗则为非体。

诗有以意转而韵须重者，如"今夕何夕，见此良人。子兮子兮，如此良人何！""嘤其鸣矣，求其友声。相彼鸟兮，犹求友声。""有杕之杜，其叶萋萋。王事靡盬，我心伤悲。卉木萋止，女心悲止。”“于论鼓钟，于乐辟廱。于论鼓钟，于乐辟廱。”又若“公无渡河，公竟渡河！”此皆承上文而转者，不容别换一字。

21.10 七言之始

昔人谓《招魂》、《大招》去其“些”、“只”，即是七言诗。余考七言之兴，自汉以前，固多有之。如《灵枢经·刺节真邪篇》：“凡刺小邪日以大，补其不足乃无害，视其所在迎之界。凡刺寒邪日以温，徐往徐来致其神，门户已闭气不分，虚实得调其气存。”宋玉《神女赋》：“罗纨绮缋盛文章，极服妙丝照万方。”此皆七言之祖。【杨氏曰】《道德经》已有之，如“视之不见名曰希”是也。

《素问·八正神明论》：“神乎神，耳不闻，目明心开而志先，慧然独悟，口弗能言，杰视独见适若昏，昭然独明，若风吹云，故曰神。三部九候为之原，九针之论不必存。”其文绝似《荀子成相篇》。

21.11 一言

《缁衣》三章，章四句，非也。“敝”字一句，“还”字一句。若曰“敝予还予”，则言之不顺矣。且何必一言之不可为诗也？《吴志》历阳山石文：“楚，九州渚。吴，九州都。”“楚”字一句，“吴”字一句，亦是一言之诗。

21.12 古人未有之格

语助之外，止用四字成诗，而四字皆韵，古未之有也。始见于《庄子》：“父邪母邪，天乎人乎。”是也。三章，章各二句，而合为一韵，古未之有也。始见于《孟尝君传》：“长铗归来乎，食无鱼。长铗归来乎，出无车。长铗归来乎，无以为家。”是也。

21.13 古人不用长句成篇

古诗有八言者，“胡瞻尔庭有县貆兮”是也。【赵氏曰】《旧唐书》：“卢群在吴少诚席上作歌调之曰：‘祥瑞不在凤凰麒麟，太平须德边将忠臣。但得百僚师长肝胆，不用三军罗琦金银。’”此则通首八言。又如李长吉“酒不到刘伶坟上土”之类，则不过一二句而已。有九言者，“凛乎若朽索之驭六马”是也。然无用为全章者，不特以其不便于歌也，长则意多冗，字多懈，其于文也亦难之矣。以是知古人之文可止则止，不肯以一意之冗、一字之懈而累吾作诗之本义也。【原注】正义引颜延之云：“诗体无九言者，将由声度阐缓，不协金石。”知此义者不特句法也，章法可知矣。七言排律所以从来少作，作亦不工者，何也？意多冗也，字多懈也。为七言者，必使其不可裁，而后工也。此汉人所以难之也。【杨氏曰】汉人郊祀乐歌，享五帝用成数，则金天白帝九言，太昊青帝八言。

21.14 诗用叠字

诗用叠字最难。《卫诗》：“河水洋洋，北流活活。施罛濊濊，鳣鲔发发。葭菼揭揭，庶姜孽孽。”连用六叠字，可谓复而不厌，赜而不乱矣。《古诗》：“青青河畔草，郁郁园中柳。盈盈楼上女，皎皎当窗牖。娥娥红粉妆，纤纤出素手。”连用六叠字，亦极自然，下此即无人可继。

屈原《九章·悲回风》：“纷容容之无经兮，罔芒芒之无纪。轧洋洋之无从兮，驰逶移之焉止。漂翻翻其上下兮，翼遥遥其左右。氾潏潏其前后兮，伴张弛之信期。”连用六叠字。宋玉《九辩》：“乘精气之抟抟兮，骛诸神之湛湛。骖白霓之习习兮，历群灵之丰丰。左朱雀之茇茇兮，右苍龙之躍躍。属雷师之阗阗兮，通飞廉之衙衙。前轻輬之锵锵兮，后辎乘之从从。载云旗之委蛇兮，扈屯骑之容容。”连用十一 叠字，后人辞赋亦罕及之者。

21.15 次韵

今人作诗，动必次韵。以此为难，以此为巧。吾谓其易而拙也。且以律诗言之，平声通用三十韵之中，任用一韵，而必无他韵可易。一韵数百字之中，任押五字，而必无他字可易。名为易，其实难矣。先定五字，而以上文凑足之，文或未顺则曰牵于韵尔，意或未满则曰束于韵尔。用事遣辞，小见新巧，即可擅场。名为难，其实易矣。夫其巧于和人者，其胸中本无诗，而拙于自言者也。故难易巧拙之论破，而次韵之风可少衰也。

严沧浪《诗话》曰：“和韵最害人诗，古人酬唱不次韵，此风始盛于元白、皮陆，本朝诸贤乃以此而斗工，遂至往复有八九和者。”

按唐元稹《上令狐相公启》曰：“稹与同门生白居易友善。居易雅能为诗，就中爱驱驾文字，穷极声韵，或为千言，或为五百言律诗，以相投寄。小生自审不能有以过之，往往戏排旧韵，别创新词，名为次韵，盖欲以难相挑耳。江湖间为诗者或相仿效，或力不足，则至于颠倒语言，重复首尾，韵同意等，不异前篇，亦目为元和诗体。而司文者考变雅之由，往往归咎于稹。”是知元、白作诗次韵之初，本自以为戏，而当时即已取讥于人。今人乃为之而不厌，又元、白之所鄙而不屑者矣。

欧阳公《集古录》论唐薛苹【原注】《唐书》：薛苹，河中宝鼎人，长于诗。倡和诗曰：“其间冯宿、冯定、李绅皆唐显人，灵澈以诗名后世，然诗皆不及苹，盖倡者得于自然，和者牵于强作。”可谓知言。

朱子《答谢成之书》谓：“渊明诗所以为高，正在不待安排，胸中自然流出。东坡乃篇篇句句依韵而和之，虽其高才，似不费力，然已失其自然之趣矣。”

凡诗，不束于韵，而能尽其意，胜于为韵束，而意不尽。且或无其意，而牵入他意，以足其韵者，千万也。故韵律之道，疏密适中为上。不然，则宁疏无密。文能发意，则韵虽疏不害。

21.16 柏梁台诗

汉武《柏梁台诗》本出《三秦记》，云是元封三年作，而考之于史，则多不符。按

《史记》及《汉书·孝景纪》:“中六年夏四月，梁王薨。”《诸侯王表》:“梁孝王武立，三十五年，薨。孝景后元年，其王买嗣。七年，薨。建元五年，平王襄嗣。四十年，薨。”《文三王传》同。又按，《孝武纪》:“元鼎二年春，起柏梁台。”是为梁平王之二十二年，而孝王之薨，至此已二十九年。又七年，始为元封三年。又按，平王襄，元朔中以与太母争樽，公请废为庶人。天子曰：“梁王襄无良师傅，故陷不义，乃削梁八城，梁余尚有十城。”【原注】《汉书》言削五县，仅有八城。又按，平王襄之十年，为元朔二年，来朝。其三十六年，为太初四年，来朝。皆不当元封时。又按，《百官公卿表》:“郎中令，武帝太初元年更名光禄勋。典客，景帝中六年更名大行令，武帝太初元年更名大鸿胪。治粟内史，景帝后元年更名大农令，武帝太初元年更名大司农。中尉，武帝太初元年更名执金吾。内史，景帝二年分置左内史、右内史，武帝太初元年更名京兆尹，左内史更名左冯翊。主爵中尉，景帝中六年更名都尉，武帝太初元年更名右扶风。”凡此六官，皆太初以后之名，不应预书于元封之时。又按，《孝武纪》:“太初元年冬十一月乙酉，柏梁台灾。”夏五月，正历以正月为岁首。定官名，则是柏梁既灾之后又半岁，而始改官名。而大司马、大将军青，则薨于元封之五年，距此已二年矣。反复考证，无一合者，盖是后人拟作，剽取武帝以来官名及《梁孝王世家》乘舆驷马之事以合之，而不悟时代之乖舛也。

按《世家》:“梁孝王二十九年【原注】《表》孝景前七年。十月入朝，景帝使使持节，乘舆驷马，迎梁王于阙下。”臣瓒曰：“天子副车驾驷马，此一时异数，平王安得有此?”

21.17　诗体代降

三百篇之不能不降而楚辞，楚辞之不能不降而汉、魏，汉、魏之不能不降而六朝，六朝之不能不降而唐也，势也。用一代之体则必似一代之文，而后为合格。

诗文之所以代变，有不得不变者。一代之文沿袭已久，不容人人皆道此语。今且千数百年矣，而犹取古人之陈言一一而摹仿之，以是为诗，可乎？故不似则失其所以为诗，似则失其所以为我。李、杜之诗，所以独高于唐人者，以其未尝不似，而未尝似也。知此者，可与言诗也已矣。

21.18　书法诗格

南北朝以前，金石之文无不皆八分书者，是今之真书不足为字也。姚铉之《唐文粹》，吕祖谦之《皇朝文鉴》，【杨氏曰】吕成公《宋文鉴》殊多律体，顾氏言之卤莽。【又曰】尝病伯恭选诗，如人名、药名、郡名诗皆入选，近于村陋。真德秀之《文章正宗》，凡近体之诗皆不收，是今之律诗不足为诗也？今人将由真书以窥八分，由律诗以学古体，是从事于古人之所贱者，而求其所最工，岂不难哉！

鄞人薛千仞（冈）曰：“自唐人之近体兴，而诗一大变。后学之士，可兼为而不可专攻者也。近日之弊，无人不诗，无诗不律，无律不七言。”又曰：“七言律，法度贵严，对偶贵整，音节贵响，不易作也。今初学后生无不为七言律，似反以此为入门之路，其终身不得窥此道藩篱，无怪也。”

21.19　诗人改古事

陈思王上书：“绝缨盗马之臣，赦楚、赵以济其难。”注谓：“赦盗马，秦穆公事。秦亦赵姓，故互文，以避上‘秦’字也。”赵至《与嵇茂齐书》：“梁生适越，登岳长谣。”梁鸿本适吴，而以为越者，吴为越所灭也。谢灵运诗：“弦高犒晋师，仲连郄秦军。”弦高所犒者秦师而改为晋，以避下“秦”字，则舛而陋矣。李太白《行路难》诗：“华亭鹤唳讵可闻，上蔡苍鹰安足道。”杜子美《诸将》诗：“昨日玉鱼蒙葬地，早时金碗出人间。”改“黄犬”为“苍鹰”，改“玉碗”为“金碗”，亦同此病。

自汉以来，作文者即有回避假借之法。太史公《伯夷传》：“伯夷、叔齐虽贤，得夫子而名益彰。颜渊虽笃学，附骥尾而行益显。”本当是附夫子耳，避上文雷同，改作骥尾。使后人为之，岂不为人讥笑？【梁氏曰】余考《樊郦滕灌传》论，亦有“附骥之尾”句，谓高祖也。

21.20　庾子山赋误

庾子山《枯树赋》云：“建章三月火。”按《史记》：“武帝太初元年冬十一月乙酉，柏梁台灾。春二月，起建章宫。”《西京赋》：“柏梁既灾，越巫陈方，建章是经，用厌火祥。”是灾者柏梁，非建章，而三月火。又秦之阿房，非汉也。《哀江南赋》云：“栩阳亭有离别之赋。”《夜听捣衣曲》云：“栩阳离别赋。”按《汉书·艺文志》：“别栩阳赋五篇。”详其上下文例，当是人姓名。姓别，名栩阳也。以为“离别”之别，又非也。【梁氏曰】《说文·邑部》“　”字解：“南阳舞阴亭。”徐锴《系传》：“《汉志》有别栩阳亭赋，假借。”似今本《汉书》脱“亭”字，子山不误。

21.21　于仲文诗误

隋于仲文诗：“景差方入楚，乐毅始游燕。”按《汉书·高帝纪》：“徙齐、楚大族昭氏、屈氏、景氏、怀氏、齐田氏五姓关中，与利田宅。”【原注】景驹注：“文颖曰：楚族景氏，驹名。”王逸《楚辞章句》：“三闾之职掌王族三姓，曰昭、屈、景。”然则景差亦楚之同姓也。而仲文以为入楚，岂非梁、陈已下之人，但事辞章，而不详典据故邪？

梁武帝天监元年，诏曰：“雉兔有刑，姜宣致贬。”此用孟子“杀其麋鹿者如杀人之罪”，而不知宣王乃田氏，非姜后也，与此一类。

21.22　李太白诗误

李太白诗：“汉家秦地月，流影照明妃。一上玉关道，天涯去不归。”按《史记》言，匈奴左方王将直上谷以东，右方王将直上郡以西，而单于之庭直代云中。《汉书》言呼韩邪单于自请留居光禄塞下，又言天子遣使送单于出朔方鸡鹿塞，【原注】今在河套内。后单于竟北归庭。乃知汉与匈奴往来之道，大抵从云中、五原、朔方，明妃之行亦必出此。故江淹之赋李陵，但云："情往上郡，心留雁门。"而玉关与西域相通，自是公主嫁乌孙所经，太白误矣。《颜氏家训》谓："文章地理必须惬当。"其论梁简文《雁门太守行》，而言："日逐康居、大宛、月氏。"萧子晖《陇头水》，而云："北注黄龙，东流白马。"沈存中论白乐天《长恨歌》"峨眉山下少人行"，谓峨眉在嘉州，非幸蜀路。文人之病，盖有同者。

梁徐悱《登琅邪城》诗："甘泉警烽候，上谷抵楼兰。"上谷在居庸之北，而楼兰为西域之国，在玉门关外。即此一句之中，文理已自不通，其不切琅邪城又无论也。【杨氏曰】琅玡城在建康，此言北魏来侵，烽火警告，自北而西也。

21.23 郭璞赋误

郭璞《江赋》："总括汉、泗，兼包淮、湘。"淮、泗并不入江，岂因孟子而误邪？【杨氏曰】"括包"本不言入。

21.24 陆机文误

陆机《汉高帝功臣颂》："侯公伏轼，皇媪来归。"乃不考史书之误。《汉仪注》："高帝母，兵起时，死小黄，后于小黄作陵庙。"《本纪》："五年，皇帝位于汜水之阳，追尊先媪为昭灵夫人。"则其先亡可知。而十年有太上皇后崩，乃太上皇崩之误，文重书而未删也。侯公说羽，羽乃与汉约，中分天下。九月，归太公、吕后，并无皇媪。【杨氏曰】高祖母则死矣，太公能禁其无妇乎？《汉书·项羽传》云："归汉王父母、妻子。"

21.25 字

春秋以上言文不言字。如《左传》"于文止戈为武"，"故文反正为乏"，"于文皿虫为蛊"。及《论语》"史阙文"，《中庸》"书同文"之类，并不言字。《易》："女子贞不字，十年乃字。"《诗》："牛羊腓字之。"《左传》："其僚无子，使字敬叔。"皆训为乳。《书·康诰》："于父不能字厥子。"《左传》："乐王鲋，字而敬，小事大，大字小。"亦取爱养之义。惟《仪礼·士冠礼》"宾字之"，《礼记·郊特牲》"冠而字之，敬其名也。"与文字之义稍近，亦未尝谓文为字也。以文为字乃始于《史记》。秦始皇琅邪台石刻曰："同书文字。"《说文》序云："依类象形，谓之文。形声相益，谓之字。文者，象物之本。字者，孳乳而生。"【原注】《孝经援神契》亦有此语。《周礼》："外史掌达书名于四方。"注云："古曰名，今曰字。"《仪礼·聘礼》注云："名，书文也，今谓之字。"【原注】《三国志》注："孙亮时，有山阴朱育，依体像类，造作异字千名以上。"此则字之名自秦而立，自汉而显也与？【钱氏曰】孔子曰："必也正名乎？"郑注云："正名，为正书字也。古者曰名，今世曰字。《礼记》曰：'百名以上则书之于策。'孔子见时教不行，故欲正其文字之误。"后魏世祖始光二年，初造新字千余，诏书引孔子"名不正，则事不成"之语。江式《论书表》亦引孔子曰："必也正名乎。"此汉儒相承之训诂。

许氏《说文序》："此十四篇，五百四十部，九千三百五十三文，解说凡十三万三千四百四十一字。”以篆书谓之文，隶书谓之字。张揖《上博雅表》：“凡万八千一百五十文。”唐玄度《九经字样》序：“凡七十六部，四百廿一文。”则通谓之文。

三代以上，言文不言字。李斯、程邈出，文降而为字矣。二汉以上，言音不言韵，周颙、沈约出，音降而为韵矣。

21.26 古文

古时文字不一，如汉汾阴宫鼎，其盖铭曰：“汾阴供官铜鼎盖二十枚。”二十字作“十十”。鼎铭曰：“汾阴供官铜鼎二十枚。”二十字作“≠”。其末曰：“第二十三。”二十字作“廿”。一器之铭，三见而三不同。自唐以后，文字日繁，不得不归一律，而古书之不复通者多矣。

21.27 说文

【汝成案】《说文》容有拘牵讹阙，然其诂训精微，音转义通。既从古经，复多互文，未达其指，则抵牾生矣。

自隶书以来，其能发明六书之指，使三代之文尚存于今日，而得以识古人制作之本者，许叔重《说文》之功为大，后之学者一点一画莫不奉之为规矩，而愚以为亦有不尽然者。且以《六经》之文，左氏、公羊、穀梁之传，毛苌、孔安国、郑众、马融诸儒之训，而未必尽合。况叔重生于东京之中世，所本者不过刘歆、贾逵、杜林、徐巡等十余人之说，【原注】杨慎《六书索隐》序曰：“《说文》有孔子说，楚庄王说，左氏说，韩非说，淮南子说，司马相如说，董仲舒说，京房说，卫宏说，扬雄说，刘歆说，桑钦说，杜林说，贾逵说，傅毅说，官溥说，谭长说，王育说，尹彤说，张林说，黄颢说，周盛说，逯安说，欧阳侨说，宁严说，爰礼说，徐巡说，庄都说，张彻说。”而以为尽得古人之意，然与否与？一也。《五经》未遇蔡邕等正定之先，传写人人各异，今其书所收，率多异字。而以今经校之，则《说文》为短。又一书之中，有两引而其文各异者，【原注】如“汜”下引《诗》“江有汜”，“洍”下引《诗》“江有洍”，“逑”下引《书》“旁逑孱功”，“孱”下引《书》“旁救孱功”。“巹”下引《诗》“赤舄己巳”，“掔”下引《诗》“赤舄掔掔”。后之读者将何所从？【原注】郑玄常驳许慎《五经异义》。《颜氏家训》亦云：“《说文》中有援引经传与今乖者，未之敢从。”二也。流传既久，岂无脱漏？即徐铉亦谓篆书湮替日久，错乱遗脱，不可悉究。今谓此书所阙者必古人所无，别指一字以当之，【原注】如《说文》无“劉”字，后人以“镏”字当之。无“由”字，以“甹”字当之。无“免”字，以“绕”字当之。改经典而就《说文》，支离回互，三也。

今举其一二评之。如秦、宋、薛皆国名也。“秦”从禾，以地宜禾，亦已迂矣。“宋”从木为居，“薛”从辛为辠，此何理也？《费誓》之费改为“棐”，训为恶米。武王“载旆”之旆改为“坺”，训为臿土。“威”为姑，也为女阴。“殴”为击声。“困”为故庐。“普”为日无色。此何理也？“貉”之为言恶也，视“犬”之字如画狗，“狗，叩也”，岂孔子之言乎？训“有”则曰“不宜有也”，《春秋书》“日有食之”。训“郭”

则曰："齐之郭氏善善不能进，恶恶不能退，是以亡国。"不几于剿说而失其本指乎？"居"为法古，"用"为卜中，"童"为男有辠，"襄"为解衣耕，"弔"为人持弓会敺禽，"辱"为失耕时，"臾"为束缚捽抴，"罚"为持刀骂詈，"劳"为火烧门，"宰"为辠人在屋下执事，"冥"为十六日月始亏，"刑"为刀守井，不几于穿凿而远于情理乎！武曌师之而制字，荆公广之而作书，不可谓非滥觞于许氏者矣。若夫训"参"为商星，【钱氏曰】《说文》本谓："参、商皆星名。"非训参为商。注与本字连文，古书往往如此。此天文之不合者也。训"亳"为京兆杜陵亭，此地理之不合者也。书中所引乐浪事数十条，而他经籍反多阙略，此采摭之失其当者也。今之学者能取其大而弃其小，择其是而违其非，乃可谓善学《说文》者与？【原注】《后周书》："黎景熙其从祖广，太武时为尚书郎，善古学，尝从吏部尚书崔伯受字义，又从司徒崔浩学楷篆。自是家传其法，景熙亦传习之，颇与许氏有异。"可见魏、晋以来，传受亦各不同。【杨氏曰】许氏之书，大有功于小学。

《王莽传》："劉之为字卯、金、刃也。正月刚卯，金刀之利，皆不得行。"【原注】《食货志》亦云。又曰："受命之日丁卯。丁，火，汉氏之德也。卯，刘姓所以为字也。"光武告天祝文引《谶记》曰："卯金修德，为天子。"公孙述引《援神契》曰："西太守乙卯金。"谓西方太守而乙绝卯金也。是古未尝无劉字也。【原注】赵宧光曰："《说文》无'劉'字，但作'鎦'。今按《汉书》卯金刀之劉及古印流传者，劉姓不下数十百面，并作'劉'，无'鎦'字。"【钱氏曰】《说文·竹部》有" "字，云从竹，劉声。是本有"劉"字，传写失之。魏明帝太和初，公奏言："夫歌以咏德，舞以象事，于文文武为'斌'，臣等谨制乐舞名曰《章斌之舞》。"魏去叔重未远，是古未尝无"斌"字也。【原注】徐铉较定《说文》，前列"斌"字，云是俗书。

《说文》原本次第不可见，今以四声列者，徐铉等所定也。【汝成案】顾氏所见以四声列者，特李焘所编《五音韵谱》耳，非徐铉等所定也。今徐铉所校《说文》原本，自一至亥，五百四十部之书，自毛氏汲古阁刊行以来，更有小字宋本、大字宋本之刻，而朱竹君则以毛本重刻，今不啻家有其书矣。切字，铉等所加也。【原注】赵古则《六书本义》曰："汉以前未有反切，许氏《说文》，郑氏笺注但曰'读若某'而已。今《说文》反切乃朱翱以孙愐《唐韵》所加。"【钱氏曰】朱翔自造反切，与《唐韵》反切不同。赵古则非是。旁引后儒之言，如杜预、裴光远、李阳冰之类，亦铉等加也。又云"诸家不收，今附之字韵末"者，【原注】"㶑"下。亦铉等加也。【原注】"眸"字下云："《说文》直作牟。"赵宧光曰："详此，则本书杂出众人之手审矣。安得不芜秽也。凡参订经传，必以本人名冠之，方不混于前人耳。""始"字，《说文》以为"女之初"也，已不必然。而徐铉释之以"至哉坤元，万物资始"，不知经文乃是"大哉乾元，万物资始"，若用此解，必从男乃合耳。

21.28 说文长笺

万历末，吴中赵凡夫宧光作《说文长笺》，将自古相传之《五经》肆意刊改，好行小慧，以求异于先儒。乃以"青青子衿"为淫奔之诗，而谓"衿"即"衾"字。【原注】《诗》中元有衾字抱衾与裯锦衾烂兮。【钱氏曰】《说文》："衾，大被。"此抱衾之衾也。"衿，交衽也。"如此类者非一。其实《四书》尚未能成诵，而引《论语》"虎兕出于柙"，误作《孟子》“虎豹出亏[illegible]。”【原注】兕下。然其于《六书》之指不无管窥，而适当喜新尚异之时，此书乃盛行于世。及今不辩，恐他日习非胜是，为后学之害不浅。矣故举其尤刺谬者十余条正之。

《旧唐书·文宗纪》：“开成二年，宰臣判国子监祭酒郑覃进石壁《九经》一百六十卷。”九经者，《易》、《书》、《诗》、《三礼》、《春秋》三传，又有《孝经》、《论语》、《尔雅》，其实乃十二经，又有张参《五经文字》，唐玄度《九经字样》，皆刻之于石，今现在西安府学，凡夫乃指此为蜀本石经。又云：“张参《五经文字》、唐升《九经字样》亦附蜀本之后，但可作蜀经字法。”今此石经末有年月一行，诸臣姓名十行，大书“开成二年丁巳岁”，凡夫岂未之见而妄指为孟蜀邪？

又云：“孙愐《唐韵》文、殷二韵三声皆分，独上声合一。咸严、洽业二韵平入则分，上去则合。”按今《广韵》即孙愐之遗文，殷上声之合则有之，咸严、洽业则四声并分，无并合者。

切者，两字相摩以得其音，取其切近。今改为盗窃之“窃”。于古未闻，岂凡夫所以自名其学者邪？

“瓜分”字见《史记·虞卿传》、《汉书·贾谊传》。【原注】《战国策》注：“分其地如破瓜然。”《盐铁论》：“隔绝羌胡，瓜分其地。”“竈突”字见《汉书·霍光传》。今云瓜当作“瓜”，突当作“宊”。然则鲍昭《芜城赋》所谓“竟瓜剖而豆分”，魏玄同疏所谓：“瓜分，瓦裂者。”古人皆不识字邪？按张参《五经文字》云：“宊，徒兀反。作宎者讹。”【汝成案】《说文》“宊”、“突”音义俱别。张参盖指宊，非谓突也。若《汉书》竈突，直误作宊耳。

顾野王，陈人也，而以为晋之虎头。【原注】“飕”下：“顾长康为虎头将军。”陆龟蒙，唐人也，而以为宋之象山。【原注】“乙”下：“陆九渊号象山先生。”王筠，梁人也，而以为晋。【原注】“蜺”下：《梁书·王筠传》：“沈约以《郊居赋》示筠，读至‘雌霓连蜷’，约抚手欣忭。”今引此事，谓之晋王筠。约既梁人，安得与晋人语哉！王禹偁，宋人也，而以为南朝。【原注】“称”下。此真所谓不学墙面者与？

“晋献帝醉，虞侍中命扶之。”【原注】“扶”下。按《晋书·虞啸父传》：“为孝武帝所亲爱，侍饮大醉，拜不能起。帝顾曰：‘扶虞侍中。’啸父曰：‘臣位未及扶，醉不及乱，非分之赐，所不敢当。’帝甚悦。”传首明有孝武帝字，引书者未曾全读，但见中间有贡献之“献”，适与“帝”字相接，遂以为献帝，而不悟晋之无献帝也。万历间人看书，不看首尾，只看中间两三行，凡夫著书之人乃犹如此。

“恂”字笺：“汉宣帝讳。”而不知宣帝讳“询”，【原注】荀悦曰：“询之字曰谋。”非恂也。“衎”字笺：“汉平帝讳。”而不知平帝讳“衎”，【原注】荀悦曰：“衎之字曰乐。”师古曰：“衎音口旱反。”非衎也。

《后汉书·刘虞传》：“故吏尾敦，于路劫虞首归葬之。”【原注】注：“尾姓，敦名。”引之云：“后汉尾敦路，劫刘虞首归之莽。”若以敦路为人名，而又以“葬”为“莽”，是刘幽州之首竟归之于王莽也。

《左氏·成六年传》："韩献子曰：'易觏则民愁，民愁则垫隘。'"《说文》霿、垫二字两引之，而一作阨者，古隘、阨二字通用也。笺乃云："未详何出。""野下"引《左传》"身横九野"，不知其当为"九亩"。又《榖梁传》之文，而非左氏也。

"鹊鵙醜，其飞也翪。"【原注】"翪"下。此《尔雅·释鸟》文，笺乃曰："训辞未详。然非后人语。""驠马，白州也。"【原注】"驠"下。本之《尔雅·释畜》："白州，驠。"注："州，窍也。谓马之白尻者。"笺乃云："未详，疑误。"

中国之称夏尚矣，今以为起于唐之夏州，其说之荒唐悠谬，可发一笑。姑未遑远征，即以《尚书》、《论语》言之。其所称夏，误。不知唐虞三代，其时已有夏州乎。又按夏州本朔方郡，赫连勃勃建都于此。自号曰夏，后魏灭之，而置夏州，亦不始于唐也。①

云："唐中晚诗文始见'簿'字，前此无之。"【原注】"谱"下。不知孟子言"孔子先簿正祭器"，《史记·李广传》"急责广之莫府对簿"，《张汤传》"使使八辈簿责汤"，《孙宝传》"御史大夫张忠署宝主簿"，《后汉·舆服志》"每出，太仆奉驾上卤簿"，《冯异传》"光武署异为主簿"，而刘公幹诗已云"沈迷簿领书，回回目昏乱"矣。

"眊"字云："字不见经。"若言《五经》，则不载者多矣，何独眊字！若传记史书则此字亦非隐僻。《晋语》"被羽先升"注："系于背，若今将军负眊矣。"《魏略》："刘备性好结眊。"《吴志·甘宁传》："负眊带铃。"梁刘孝仪《和昭明太子》诗："山风乱采眊，初景丽文辕。"

"祢衡为鼓吏，作《渔阳掺挝》。掺乃'操'字。"【原注】"操"下。按《后汉书》："衡方为《渔阳参挝》，蹀躞而前。"注引《文士传》作"渔阳参搥"。王僧孺诗云："散度广陵音，参写渔阳曲。"自注云："参，音七绀反。乃曲奏之名，后人添手作'掺'。"后周庾信诗："玉阶风转急，长城云应暗。新绶始欲缝，细锦行须篸。声烦《广陵散》，杵急《渔阳掺》。"隋炀帝诗："今夜长城下，云昏月应暗。谁见倡楼前，心悲不成掺。"唐李颀诗："忽然更作《渔阳掺》，黄云萧条白日暗。"正音七绀反。今以为"操"字，而又倒其文，不知汉人书操固有借作"掺"者，而非此也。

"吅，京兆蓝田乡。"笺云："地近京口，故从口。"【原注】"吅"下。夫蓝田乃今之西安府属，而京口则今之镇江府，此所谓风马牛不相及者。凡此书中会意之解，皆"京口"之类也。

"寸，十分也。"《汉书·律历志》："一黍为一分，十分为一寸。"本无可疑，而增其文曰："析寸为分，当言十分尺之一。"【原注】"寸"下。夫古人之书，岂可意为增改哉？

---

① 这一段话，《四库全书》本有较多的异文。一本如下：

中国之称夏尚矣，今以为起于唐之夏州，地邻于夷，故华夷对称曰华夏。【原注】"夏"下。然则《书》言"蛮夷猾夏"，《语》云"夷狄之有君，不如诸夏之亡也。"其时已有夏州乎。又按夏州本朔方郡，赫连勃勃建都于此。自号曰夏，后魏灭之，而置夏州，亦不始于唐也。

21.29 五经古文

赵古则《六书本义》序曰："魏晋及唐能书者辈出，但点画波折，逞其姿媚，而文字破碎，然犹赖《六经》之篆未易，至天宝间，诏以法写《六经》，于是其道尽废。"以愚考之，其说殆不然。

按《汉书·艺文志》曰："《尚书》古文经四十六卷。"又曰："《孝经》古孔氏一篇，皆出孔氏壁中。"又曰："有中古文《易经》。"而不言其所出。【原注】《后汉·儒林传》言："东莱费直传《易》，授琅邪王横，本以古字，号古文《易》。"又曰："《礼》古经五十六卷，《春秋》古经十二篇，《论语》古二十一篇。"但言古，不言文，而赤眉之乱，则已焚烧无遗。

《后汉书·杜林传》曰："林前于西州得漆书古文尚书一卷，常宝爱之，虽遭艰困，握持不离身。出以示卫宏、徐巡：'林流离兵乱，常恐斯经将绝，何意东海卫子、济南徐生复能传之，是道竟不坠于地也。古文虽不合时务，然愿诸生无悔所学。'宏、巡益重之，于是古文遂行。" 是东京古文之传，惟《尚书》而已。

《晋书·卫恒传》言："魏初传古文者，出于邯郸淳。至正始中，立三字石经，转失淳法，因科斗之名，遂效其形。"【原注】《后汉书·儒林传》误以三体书法为熹平所刊。未知所立几经。而唐初魏征等作《隋书·经籍志》，但有三字石经《尚书》五卷，三字石经《春秋》三卷，【原注】注云："梁有十二卷。"则他经亦不存矣。《册府元龟》："唐玄宗天宝三载，诏曰：朕钦惟载籍，讨论坟典，以为先王令范，莫越于唐虞。上古遗书，实称于训诰。虽百篇奥义，前代或亡。而六体奇文，旧规犹在。但以古先所制，有异于当今。传写浸讹，有疑于后学。永言刊革，必在从宜。"《尚书》应是古体文字，并依今字缮写施行，其旧本仍藏之书府。是玄宗所改，亦止于古文《尚书》，而不闻有他经也。夫诸经古文之亡，其已久矣。今谓《五经》皆有古文，而玄宗改之以今，岂其然乎？

孔安国《书》序曰："科斗书废已久，时人无能知者。以所闻伏生之书考论文义，定其可知者为隶古定，【原注】正义曰："就古文体而从隶定之，故曰隶古，以虽隶而犹古也。"更以竹简写之。"是则西汉之时所云古文者，不隶书之近古，而共王所得科斗文字，久已不传。玄宗所谓六体奇文，盖正始之书法也。

宋晁公武《古文尚书》序曰："余抵少城，作石经考异之余，因得此古文全编于学宫，乃延士张□，仿吕氏所镂本，书丹刻诸石。方将配《孝经》、《周易》经文之古者，附于石经之列。"【原注】末书"乾道庚寅"。今其石当已不存，而摹本亦未见传之人间也。世无好古之人，虽金石其能保与？【原注】今有广信杨时乔所刻《周易》古文，恐亦后人以意为之，不必有所受也。

21.30 急就篇

汉魏以后，童子皆读史游《急就篇》。晋夏侯湛《抵疑》：乡曲之徒，一介之士，曾讽《急就》，习甲子。

《魏书》崔浩表言："太宗即位，元年，敕臣解《急就章》，刘芳撰《急就篇续注音义证》三卷，陆暐拟《急就篇》为《悟蒙章》，又书家亦多写《急就篇》。"【原注】晁氏《读书记》曰：自昔善小学者多书《急就章》，故有钟繇、皇象、卫夫人、王羲之所书传于世。

《魏书崔浩传》："浩既工书，人多托写《急就章》。从少至老，初不惮劳，所书盖以百数。"《儒林传》："刘兰始入小学，书《急就篇》，家人觉其聪敏。"

《北齐书》："李绘六岁未入学，伺伯姊笔读之闲，辄窃用，未几，遂通《急就章》。李铉九岁入学，书《急就篇》月余，便通。自唐以下，其学渐微。"【原注】明初，武官诰敕用二十八宿编号。永乐中，字尽，奉旨用汉《急就章》字。【汝成案】《急就篇》以前，若赵高《爰历篇》、胡毋敬《博学篇》、司马相如《凡将篇》，扬雄采《仓颉》作《训纂篇》，今其书虽皆不传，若许氏书中所引司马相如说"淮南，宋蔡舞嗙喻"之类，大抵出《凡将篇》，亦《急就篇》之意。而《急就篇》，唐有颜师古注，宋有王伯厚注。伯厚又自作《姓氏急就篇》，皆所以便小学者。

21.31 千字文

《千字文》原有二本。《梁书·周兴嗣传》曰："高祖以三桥旧宅为宅寺，敕兴嗣与陆倕制碑。及成，俱奏。高祖用兴嗣所制者，自是《铜表铭》、《栅塘碣》、《北伐檄》、《次韵王羲之书千字》，并使兴嗣为之。"

《萧子范传》曰："子范除大司马南平王户曹属从事中郎，使制《千字文》，其辞甚美，命记室蔡薳注释之。"

《旧唐书·经籍志》："《千字文》一卷，萧子范撰。又一卷，周兴嗣撰。"是兴嗣所次者一千字文，而子范所制者又一千字文也。【原注】《陈书·沈众传》："是时梁武帝制千字诗，众为之注解。"是又不独兴嗣、子范二人矣。

乃《隋书·经籍志》云："《千字文》一卷，梁给事郎周兴嗣撰。《千字文》一卷，梁国子祭酒萧子云注。"《梁书》本传谓子范作之，而蔡薳为之注释。今以为子云注。子云乃子范之弟，则异矣。【臧氏曰】《隋志》小学类："《千字文》一卷，梁给事郎周兴嗣撰。《千字文》一卷，梁国子祭酒萧子云注。《千字文》一卷，胡肃注。"则周氏所撰为本，萧、胡皆注周书。萧子范撰《千字文》则别一本也。

《宋史·李至传》言："《千字文》乃梁武帝得钟繇书破碑千余字，命周兴嗣次韵而成。"【原注】《山堂考索》同。本传以为王羲之，而此又以为钟繇，则又异矣。

《隋书》、《旧唐书》志又有《演千字文》五卷，不著何人作。【原注】《隋书·文苑传》："秦王俊令潘徽为《万字文》。"

《淳化帖》有汉章帝书百余字，皆周兴嗣《千字文》中语。《东观余论》曰："此书非章帝，然亦前代人作，但录书者集成《千字》中语耳。欧阳公疑以为汉时学书者多为此语，而后村刘氏遂谓《千字文》非梁人作，误矣。"黄鲁直跋章草《千字文》曰："章草，言可以通章奏耳。非章帝书也。"

21.32 草书

褚先生补《史记·三王世家》曰："至其次序分绝，文字之上下，简之参差长短，皆有意，人莫之能知。谨论次其真草诏书，编于左方。"是则褚先生亲见简策之文，而孝武时诏即已用草书也。《魏志·刘廙传》："转五官将文学。文帝器之，令廙通草书。"则汉魏之间，笺启之文，有用草书者矣。【原注】《晋书·郄鉴传》："帝以鉴有器望，万机动静辄问之。乃诏特草上表疏，以从简易。"【孙氏曰】案后汉北海王睦善史书，及寝病，帝驿马令作草书尺牍十首。尤可为汉、魏笺启用草书之证。

故草书之可通于章奏者谓之章草。赵彦卫《云麓漫钞》言："宣和中，陕右人发地得木简，字皆章草，乃永初二年发夫讨畔羌檄。"米元章帖言："章草乃章奏之章。"今考之既用于檄，则理容概施于章奏。盖小学家流，自古以降，日趋于简便，故大篆变小篆，小篆变隶。比其久也，复以隶为繁，则章奏文移，悉以章草从事，亦自然之势。【原注】张怀瓘《书断》曰："章草者，汉黄门令史游所作也。"王愔云："汉元帝时，史游作《急就章》，解散隶体。汉俗简惰，渐以行之是也。"此又一说。

故虽曰草，而隶笔仍在，良由去未远故也。右军作草，犹是其典型，故不胜为冗笔。逮张旭、怀素辈出，则此法扫地矣。

北齐赵仲将学涉群书，善草隶，虽与弟书，字皆楷正。云："草不可不解，若施之于人，似相轻易。若与当家中卑幼，又恐其疑，是以必须隶笔。"唐席豫性谨，虽与子弟书疏及吏曹簿领，未尝草书。谓人曰："不敬他人，是自不敬也。"或曰："此事甚细，卿何介意?"豫曰："细犹不谨，而况巨邪?"柳仲郢手抄《九经》、《三史》，下及魏晋南北诸史，皆楷小精真，无行字。宋刘安世终身不作草字书，尺牍未尝使人代。张观平生书必为楷字，无一行草，类其为人。古人之谨重如此。《旧唐书》："王君廓为幽州都督，李玄道为长史。君廓入朝，玄道附书与其从甥房玄龄，君廓私发之，不识草字，疑其谋己，惧而奔叛。玄道坐流巂州。"夫草书之衅，乃至是邪!

21.33 金石录

《金石录》有宋公䜌餗鼎铭云。按《史记·世家》，宋公无名䜌者，莫知其为何人。今考《左传》，宋元公之太子栾嗣位，为景公。《汉书·古今人表》有宋景公兜栾，而《史记·宋世家》元公卒，子景公头曼立。是兜栾之音讹为头曼，而宋公䜌即景公也。

宗均之误为"宋"，不必证之碑及《党锢传》，即《南蛮传》云："会援病卒，谒者宗均听悉受降，为置吏司，群蛮遂平。"事与本传合。而《南蛮传》作"宗"，本传作"宋"其误显然，注未及正。【原注】《党锢传》注："宗资字叔都，南阳安众人。祖父均，自有传。"

房彦谦高祖法寿，自宋归魏，封壮武侯，子孙承袭。魏、隋、唐三书皆同，独碑作"庄武"。按汉胶东国有壮武县，文帝封宋昌为壮武侯。正义曰："《括地志》云：'壮武故城在莱州即墨县西六十里。'《后汉志》：'壮武，故夷国。'《左传·隐元年》'纪人伐夷’是也。”《贾复传》：“封胶东侯，食郁、秩、壮武等六县。”晋张华亦封壮武侯，字并作“壮”。独此碑与《左传》杜氏注作“庄”。

21.34 铸印作减笔字

太原府徐沟县有同戈驿，其名本取洞涡水。此水出乐平县西四十里陡泉岭，经平定州寿阳、榆次，至徐沟县入汾。今徐沟县北五里洞涡河，其阳有洞涡村是也。《水经》：“洞涡水出沾县北山，西过榆次县南，又西到晋阳县南，西入于汾。”郦道元注：“刘琨之为并州也，柳渊引兵邀击之，合战于洞涡，即是水也。”

《旧唐书·昭宗纪》：“天复元年四月，氏叔琮营于洞涡驿。”【原注】《五代史·唐本纪》同。

《新唐书·地理志》：“太原郡有府十八，其一曰洞涡。”《宋史·曹彬传》：为前军都监，战洞涡河北。汉世家李继勋败继恩兵于洞涡河。【原注】唯《魏书·地形志》晋阳下云：“同过水出木瓜岭，一出沾岭，一出大廉山，一出原洞祠下，五水合道，故曰同过。西南入汾。”则又作“同过”，字异。又按上文止四水，或有脱漏。

后人减笔借书同戈字，而今铸印遂作同戈，以减借之字登于印文，又不但马文渊所言成皋印点画之讹而已。

今驿多用古地名者。洪武九年四月壬辰，以天下驿传之名多因俚俗，命翰林考古正之。如扬州府曰广陵驿，镇江府曰京口驿，凡改者二百三十二，徐沟无古地名，故以水名之。

21.35 画

古人图画皆指事为之，使观者可法可戒。上自三代之时，则周明堂之四门墉，有尧舜之容，桀纣之象，有周公相成王，负斧扆，南面以朝诸侯之图。【原注】《孔子家语》。

楚有先王之庙，及公卿祠堂，图画天地山川神灵，琦玮僪佹，及古贤圣怪物行事。【原注】王逸《楚辞章句》。

秦汉以下见于史者，如《周公负成王图》、【原注】《霍光传》。《成庆画》、【原注】《景十三王传》。犹言《成庆图》，非成庆所画也。《纣醉踞妲己图》，【原注】《叙传》。《屏风图》画列女，【原注】《宋公传》。戴逵画《南都赋图》【原注】《世说》。之类，未有无因而作，逮乎隋唐，尚沿其意。唐《艺文志》所列汉王元昌画《汉贤王图》，阎立德画《文成公主降蕃图》、《玉宫图》、《斗鸡图》，阎立本画《秦府十八学士图》、《凌烟阁功臣二十四人图》，范长寿画《风俗图》、《醉道士图》，王定画《本草训戒图》，【原注】贞观尚方令。檀智敏画《游春戏艺图》，【原注】振武校尉。殷擽、韦无忝画《皇朝九圣图》、《高祖及诸王图》、《太宗自定辇上图》、《开元十八学士图》，【原注】开元人。董萼画《辇车图》，【原注】开元人，字重照。曹元廓画后周、北齐、梁、陈、隋武德贞观永徽间《朝臣图》、《高祖太宗诸子图》、《秦府学士图》、《凌烟图》，【原注】武后左尚方令。杨昇画《望贤宫图》，安禄山、真张萱画《伎女图》、《乳母将婴儿图》、《按羯鼓图》、《秋千图》，【原注】并开元馆画直。谈皎画《武惠妃舞图》、《佳丽寒食图》、《佳丽伎女图》，韩幹画《龙朔功臣图》、《姚宋及安禄山图》、《相马图》、《玄宗试马图》、《宁王调马打球图》，【原注】大梁人，大府寺丞。陈宏画《安禄山图》、《玄宗马射图》、《上党十九瑞图》，【原注】永王府长史。王象画《卤簿图》，田琦画《洪崖子橘木图》，【原注】德平子，汝南太守。窦师纶画《内库瑞锦对雉斗羊翔凤游麟图》，【原注】字希言，太宗秦王府咨议相国录事参军，封陵阳公。韦鶠画《天竺胡僧渡水放牧图》，【原注】銮子。周昉画《扑蝶按筝杨真人降真五星》等图【原注】字景玄。各一卷。《唐文粹》有王蔼《记汉公卿祖二疏图》，舒元舆《记桃源图》。《通鉴》：蜀嘉州司马刘赞献《陈后主三阁图》，皆指事象物之作。《王维传》："人有得《奏乐图》，不知其名。维视之，曰：'此霓裳第三 叠第一拍也。'好事者集乐工按之，无差。"自实体难工，空摹易善，于是白描山水之画兴，而古人之意亡矣。

宋邵博《闻见后录》云："观汉李翕、王稚子、高贯方墓碑，多刻山林人物，乃知顾恺之、陆探微、宗处士辈尚有其遗法。至吴道玄绝艺入神，然始用巧思，而古意少减矣。况其下者!"此可为知者道也。

宋徽宗崇宁三年，立画学、考画之等，以不仿前人而物之情态形色俱若自然，笔韵高简为工。此近于空摹之格，至今尚之。

谢在杭《五杂俎》曰："自唐以前，名画未有无故事者，盖有故事便须立意结构，事事考订，人物衣冠制度宫室规模大略，城郭山川形势向背，皆不得草草下笔。非若今人任意师心，卤莽灭裂，动辄托之写意而止也。余观张僧繇、展子虔、阎立本辈，皆画神佛变相，星曜真形，至如石勒、窦建德、安禄山有何足画，而皆写其故实。其他如懿宗射兔，贵妃上马，后主幸晋阳，华清宫避暑，不一而足。上之则神农播种，尧民击壤，老子度关，宣尼十哲。下之则商山采芝，二疏祖道，元达镴谏，葛洪移居。如此题目，今人却不肯画，而古人为之，转相沿仿。盖由所重在此，习以成风，要亦相传法度，易于循习耳。

21.36　古器

洪氏《随笔》谓："彝器之传，春秋以来固已重之，如郜鼎、纪甗之类，历历可数。不知三代逸书之目，汤有典宝，武有分器，而春官有典庸器之职，祭祀出而陈之，则固前乎此矣。故夏后氏之璜，封父之繁弱，密须之鼓，阙巩之甲，班诸鲁公、唐叔之国，而赤刀、弘璧、天球、河图之属，陈设于成王之顾命者，又天子之世守也。然而来去不恒，成亏有数。是以宝珪出河，【原注】《左传·昭二十四年》。九鼎沦泗，武库之剑穿屋而飞，【原注】《越绝书》亦载湛卢去吴事。殿前之钟感山而响，铜人入梦，钟虡生毛，则知历世久远，能为神怪，亦理之所必有者。《隋书》：'文帝开皇九年四月，毁平陈所得秦、汉三大钟，越二大鼓。十一年正月丁酉，以平陈所得古器多为祸变，悉命毁之。'而《大金国志》载：海陵正隆三年，诏毁平辽、宋所得古器，亦如隋文之言，盖皆恣睢不学之主，而古器之销亡为可惜矣。”

读李易安《题金石录》，引王涯、元载之事，以为“有聚有散，乃理之常，人亡人得，又胡足道?”未尝不叹其言之达，而元裕之【原注】好问。作《故物谱》，独以为不然，其说曰：“三代鼎钟，其初出于圣人之制，今其欵识故在，不曰‘永用享’，则曰‘子子孙孙永宝用’，岂圣人者超然远览，而不能忘情于一物邪？自庄周、列御寇之说出，遂以天地为逆旅，形骸为外物，虽圣哲之能事，有不满一吷者，况外物之外者乎？然而彼固未能寒而忘衣，饥而忘食也。则圣人之道，所谓备物以致用、守器以为智者，其可非也邪?”【原注】已上隐括元氏之文。

《春秋》之于宝玉、大弓，窃之书，得之书。知此者，可以得圣人之意矣。

日知录卷二十一

清人论八股之二

王夫之《夕堂永日绪论》

一、《夕堂永日绪论》题解

《夕堂永日绪论》是王夫之所撰《姜斋诗话》的一部分。行世的《姜斋诗话》有二卷本和三卷本两种。二卷本收录《诗绎》① 一卷和《夕堂永日绪论·内编》一卷。三卷本多收录《南窗漫记》一卷，并收《夕堂永日绪论·外编》作为附录。郭绍虞主编《中国古代文学理论批评专著选辑》中的《姜斋诗话》(舒芜校点，人民文学出版社于1961年出版）是目前通行的版本。该版本的《姜斋诗话》由三部分组成。第一部分为《诗绎》，这是对《诗经》的阐释，属于诗经学的大范畴。第二部分为《夕堂永日绪论》，分为《内编》和《外编》。《内编》是对历代诗人尤其是明代诗人的评论，属于一般诗话的大范畴。《外编》是对经义和八股文的评论，属于文话的一个分支即八股文研究的大范畴。第三部分为《南窗漫记》，这是对师友之间的诗事交往及遗诗的记录，其中有些条文侧重评论抗清志士的诗作。这一部分仍然属于一般诗话的大范畴。

我们的考察重点是《夕堂永日绪论·外编》，然而又不得不涉及其《内编》。

既然《内编》论述的对象是诗歌，而《外编》的论述对象是经义和八股文，那么在《内编》和《外编》之间，其关系似乎是不大的。可是，王夫之却有意识地让《内编》和《外编》相辅而行。这说明，在王夫之看来，《夕堂永日绪论》的内、外编本是一个有机的整体。通过王夫之的这种编辑方式，我们不妨试窥其编辑意图。原来，王夫之不愿意人们将诗歌与八股文这二者割裂开来，他期待人们对八股文和诗歌作整体观。在这种编辑意图的后面，隐藏着王夫之对诗歌与八股文的深层次思考，即在诗歌与八股文之间从来就存在着一种割不断的联系。高境界的八股文具有诗歌的意境，优秀的诗歌，其谋篇布局往往与八股文的做法，不谋而合。人们之所以重视诗歌而轻视八股文，仅仅是由于后世八股文的庸滥所致。而八股文的庸滥，并不是诗歌的错。既然如此，那

① 《诗绎》一作《诗译》。译，翻译，解释。绎，本义抽丝，转指推究、条理、陈述。今据王运熙、顾易生主编《中国文学批评通史》七卷本，统一作《诗绎》。

么将《内编》和《外编》放在一起来进行考察，也就合乎王夫之撰写这两部分内容的本意了，因为这样做可以使我们得以全面地理解王夫之的八股文观。我们还可以这样来追寻王夫之的思维路径。湘潭人王启原，字理庵，官江华训导。王启原辑有《谈艺珠丛》，该书有清光绪十一年长沙玉尺山房刻本。《谈艺珠丛》收书二十七种，《姜斋诗话》就是其中的一种。《谈艺珠丛》本的《姜斋诗话》为两卷本。《姜斋诗话》的第一部分是《诗绎》，而《诗绎》是论述《诗经》的。《诗经》是中国诗歌的第一部总集，从而具有儒学正典（Confucian canons）的地位。与之差不多同时的《楚辞》，其地位也没有《诗经》高。假如我们以人的身体为比喻，那么《诗经》是血液系统，《楚辞》是淋巴系统。中国后来历代的诗歌都可以看成是《诗经》和《楚辞》的展开和衍生。而且，在这种展开和衍生之中，《诗经》起着主导的作用，而《楚辞》所起的只是辅助的作用。既然如此，那么将《夕堂永日绪论》内、外编放在一起来进行考察，也就合乎王夫之撰写这两部分内容的本意了。这样做可以使我们得以全面地理解王夫之的八股文观，因为八股文毕竟是直接解说儒学经典的。在历代制义中，以《诗经》为论题的颇为不少。即使在明清两代，八股文的论题主要集中在《四书》里，也仍然产生了不少以《诗经》为论题的八股文。固然《姜斋诗话》不是王夫之本人生前所编定的著作，但是该书的编纂者王启原，毕竟尽了他最大的努力，来体现王夫之的思想。王启原编《姜斋诗话》既有功绩，也有过失。其功绩在于把王夫之的诗话作为一个整体来把握。其过失在于将《夕堂永日绪论》的内、外编割裂开来。王启原力图体现王夫之的思想，但是却未能完整地理解王夫之的思想。王启原的过失在于他缺少一种诗文同观的眼光。既然不能同观诗文，当然也就见不出诗歌与八股文之间的联系了。这就给予我们今日的研究者一个启迪：由于明清两代是八股文的鼎盛时期，我们研究明清文学的时候，尤其需要诗文同观。

为了认识王夫之的八股文观，我们有必要首先了解他的文学观。王夫之的文学观有一个基本点，那就是他反对向民间文学学习，而提倡向儒家经典学习。王夫之的思想具有朴素的唯物主义的倾向，因而人们习惯于将他的文学观往历史唯物主义的方向拔高，于是错误地以为王夫之重视民间文学。实际情况却不是这样的。王夫之的文学观是大文学观，在他看来一切见诸文字的东西都属于文学。就王夫之的一生来说，他的主要精力并不集中在文学上，而是集中在经学上。王夫之著述的主体也不是文学，而是经学。王夫之有多种著作被收入四库全书之中，比如《周易稗疏》四卷，附《考异》一卷、《诗经稗疏》四卷、《春秋稗疏》两卷、《尚书稗疏》四卷、《尚书引义》六卷，《春秋家说》三卷。虽然《四库全书》的编者们难免具有阶级意识的偏见，并且不可避免地打上了时代的烙印，不过这还是说明，他们认为王夫之所著以上各书可以传世而不朽。由于王夫之才大，他在诗歌词、传记、墓志铭等类文学性较强的文体中也有杰出的表现，然而这些东西并不是其才华的最高表现。王夫之是以学者名世的，他渴望成为经世济民的高官大吏，他仅仅以余事做诗人、做文人。诚然，王夫之曾三次编撰自己的诗作，分别结集为《姜斋五十自定稿》、《姜斋六十自定稿》和《姜斋七十自定稿》，但是他这样做的目的十分明显，他是为了存史才自编诗集的。关于这一点，只要我们比较一下白居易和王夫之自编诗集时的心态，就可以明白了。白居易编辑其诗文为《白氏长庆集》，并且抄写数份分别保存在各处，生怕其作品有所散佚，他汲汲于其在世时就已经拥有的文学声名。王夫之在有生之年，三次编辑自己的作品，仅仅是因为其老病和处境艰难，连生命也有所不保。王夫之在世时，无论其文学创作，还是其文学理论，均影响不大，所以他根本就没有借助文学而出名的念头。

王夫之的文学观集中地表现在《诗译》中的一段论述之中：“‘诗可以兴，可以观，可以群，可以怨。’尽矣。辨汉、魏、唐、宋之雅俗得失以此，读《三百篇》者必此也。‘可以’云者，随所以而皆可也。于所兴而可观，其兴也深；于所观而可兴，其观也审；以其群者而怨，怨愈不忘；以其怨者而群，群乃益挚。出于四情之外，以生起四情；游于四情之中，情无所窒。作者用一致之思，读者各以其情而自得。故《关雎》，兴也；康王晏朝，而即为冰鉴。‘讦谟定命，远猷辰告。’观也；谢安欣赏，而增其遐心。人情之游也无涯，而各以其情遇，斯所贵于有诗。是故延年不如康乐，而宋、唐之所繇升降也。谢叠山、虞道园之说诗，并画而根掘之，恶足知此？”① 从这一段话中，我们可以看出一个总的趋向，那就是对传统诗学的回归。“兴观群怨”和“比兴”是中国古代诗学的优秀传统。王夫之不仅加以提倡，促使诗人艺术地运用诗歌形式于现实，去书写时代，去揭发弊政，而且他要求人们对“兴、观、群、怨”四方面作全面的理解。“诗可以兴，可以观，可以群，可以怨。”这是一个完整的命题，而且这个命题有一个宏大的背景。《论语·阳货第十七》写道：“子曰：‘小子何莫学夫《诗》？《诗》，可以兴，可以观，可以群，可以怨。迩之事父，远之事君。多识于鸟兽草木之名。’”② 由于兴、观、群、怨是诗歌的四种社会功能，因而在理解它们的时候，势必易于分别，而难于整合。历代诗经学家孜孜努力的是如何对这四个概念作有创意的解释。这样一来，他们反而忘记了根本的一层，即如何对它们做整体的把握。历代诗经学家，多见树木，而不见森林。他们忽略了孔子提出这个命题时的宏大背景。那么，这个宏大背景是什么呢？就是春秋战国时期那漫天烽火、纷纭动乱的时事格局。孔子本来的意思，是要求人们学习《诗经》，理解《诗经》，并且积极地运用《诗经》，从而有助于整顿当时的社会大环境。这就是神圣的诗统。惟有把握住神圣的诗统，才能够理解孔子这个命题的本意，并进而把握王夫之这段话的奥妙。在王夫之的这段话中，有一点至为明显：在读者的理解和作品的文本之间存在某种阐释的自由。这是王夫之解释“兴观群怨”最富有新意的地方。“兴、观、群、怨”四者可以相互转化，而转化的实现依赖于读诗的人和用诗的人。正因为如此，诗歌的接受者，其情致才会无限地多样化。正因为如此，人们所接受的诗歌，其意境才会万象纷呈。本来，政教传统是对《诗经》的一种最古

---

① 明·谢榛著，宛平校点《四明诗话》，清·王夫之著，舒芜校点《姜斋诗话》合刊本，北京：人民文学出版社，1961，第139页。

② 清·阮元校刻《十三经注疏》，北京：中华书局，1980，第2525页。

老的解释。可是到了后来，人们竟然把该传统丢掉了。为什么呢？这是因为，大凡研究《诗经》的人们，都想清高一些，而一味地追求清高，就容易舍本逐末，捡了芝麻，丢了西瓜。似乎入世，似乎做官，似乎积极有为，就都那么庸俗似的。不少诗经学家忘记了，《诗经·大雅·抑》第八章有云："辟尔为德，俾臧俾嘉。淑慎尔止，不愆于仪。"作为君子，不可不时时念其持身淑世之道。淑世精神也是《诗经》的基本精神。

王夫之在《夕堂永日绪论·内编》第二条中写道："无论诗歌与长行文字，俱以意为主。意犹帅也。无帅之兵，谓之乌合。李、杜所以称大家者，无意之诗十不得一二也。烟云泉石，花鸟苔林，金铺锦帐，寓意则灵。若齐、梁绮语，宋人抟合成句之出处，（宋人论诗，字字求出处。）役心向彼掇索，而不恤己情之所自发，此之谓小家数，总在圈缋中求活计也。"① 所谓长行文字，指的是散文。在王夫之看来，优秀的诗歌和散文都必须以意为主。由于散文比较实在，突出意的统帅作用比较容易办到。由于诗歌，尤其是抒情的诗歌，特别是词作，讲究空灵，所以王夫之非常重视"意"在诗歌创作中的统帅作用。王夫之固然喜欢杜甫和李白的诗歌，但是王夫之论诗歌，有一个与杜甫非常不一样的地方。杜甫重视诗歌的叙事性，其诗歌创作也有"诗史"之称。王夫之不同，他强调诗歌的抒情性，而排斥诗歌的叙事性。个中的原因很复杂。王夫之以史名家，著有专门的历史著作《永历实录》二十六卷和多种史论著作如《读通鉴论》三十卷、《宋论》十五卷等。王夫之的史才有专门的用武之地而得到了充分的展示。在我看来，这也是他反对诗歌叙事性的缘由之一。自北宋欧阳修著《新唐书》以后，文学与史学分途发展的趋势日益明显。诗歌与历史各有自己的专门领域。让诗歌去抒情，让历史去叙事，这也是世界各国学术发展的总体趋势。王夫之将诗歌与历史分别对待的思想，是合乎世界学术发展的总趋势的。

王夫之的诗学观是入世的。与此相应，王夫之的八股文观是积极的。他对八股文具有一种辩证的认识态度。王夫之《殷浴日时艺序》：

> 家则堂南归，以《春秋》教授，则未知其所授者，以道圣人经世之意邪，其以为所授者羔雁之技邪？夫必有辨。谢侍郎卖卜，与子言孝，与弟言弟，则授以道矣。庖丁曰："臣之所好者技也，而进乎道。"技道合，则则堂可无河汉于叠山。何也？其登之技者，敬而乐也。敬业以尽人，乐群以因天，进乎道矣。甲午避兵入宜江山中，有侄子之恸，浴日拂拭而慰之。少间，无以阅日，浴日始以帖括见示。继此而宜江士友泛晋而与余言帖括。十年来乍骇人以未能尝试，余怵然惧。观既止，要其能敬以乐，无能度骅骝前者，企以知浴日之天至而人全。与之因天，与之尽人，余乃脱然释其惧于浴日。言必有所牖，意必有所肖。未有言意以先，谐而谲者导人以往，无敬之心，则纳其媚矣。方有言意以放恣而逞者，迫人于来，无乐之

① 明·谢榛著，宛平校点《四明诗话》，清·王夫之著，舒芜校点《姜斋诗话》合刊本，北京：人民文学出版社，1961，第146页。

度，则用其争矣。今求浴日于御意择言之际，索其媚与争者无有，倜然油然。文非道也，而所以御之择之者，岂非道哉？故余乐亲浴日而不惧，而后遂忘其泛也，实自此始基之。浴日少与余同文场，已与余同漂泊，今又与余同为训诂师以自给。而浴日多幸，浴日虽贫，有亲可事，有从子之孤可恤，敬以乐，有所施矣。《书》曰："令德孝恭。"其敬之谓也。《诗》曰："子子孙孙，勿替引之。"其乐之谓也。以意征言，将期于道。有知言者，当谓余非与浴日言技矣。①

这篇序是王夫之直接谈论八股文的重要文献，可以与《夕堂永日绪论·外编》同观。在这篇序中，王夫之论述了技与道的关系。

诚然，写作八股文需要高超的技巧，而且这种技巧，必须经过长年累月的学习，才能练就。会写一手好的八股文章，就能够在科场中取得胜利。一旦中了进士，命运即刻改观，从此平步青云，充任官僚，有职有权，还可享受优裕的生活。所谓羔雁，本指小羊和大雁，它们是古代卿大大相见时所带的礼物，后用作征聘贤十的礼品。在封建社会中，朝廷命官那种显赫和丰足的生活，当然是每一个读书人都渴望得到的，正所谓学而优则仕也。然而王夫之认为，羔雁不应该是士子追求的目标。倘如那样，就太物质利益化了，岂不俗之又俗？追求写作文章的技法，则无可厚非。八股文几乎囊括了中国古代一切文体的写作技巧。练习写作八股文，可以全面地提高文学修养。然而，即使八股文章做得好，也未必能够确保在竞争激烈的科场中胜出。因此不少士子都珍惜自己的八股文习作，他们往往将多年的习作汇集起来，编成书籍，镂版刻印，以求流布于士子之间。在他们的心中，怀着这样一种梦想：即使自己成不了进士，也未在这人世间空走一场。好文章总有人读，自己的才华终究会得到人们的赏识。《殷浴日时义》大概就是这样编纂成册的。这种想法和做法，也无可厚非。尽管如此，王夫之在《殷浴日时义序》中，还是谆谆告诫他的朋友，人的一生还有比技更高的追求。这追求就是道。如果不用自己的一技之长来追求道，那么技巧再高超，其效用也是有限的。换句话说，技须与道相合。惟有将技与道这两者统一起来，才是人生的至上境界。

这个问题，也可以反观：空口论道也不行。空口论道，不着实际，那就只是一个幻想家罢了。有了对于道的追求，还必须想尽一切办法来实现那美好而伟大的道。换句话说，道须与技相合。固然，八股文本身也经历了一个变化的过程。明朝中期和后期，的确出现了不少庸滥的八股文章。这些文章了无新意，有的已经堕落成为文字游戏。然而，对于一个真心从事八股文写作的读书人来说，他完全可以不写那样的庸滥文章，他完全可以朝着高境界的八股文努力。只要科举制度存在一天，八股文就还是有用的。八股文也还是一种较好的文章训练，在写作八股文的过程中，作者可以渐臻技与道相合的精神境界。

从这个意义上说，王夫之是一个大老实人，他对自己的朋友说了大实话。这使我不

① 清·王夫之著《王船山诗文集》，北京：中华书局，1962，第45页。

由得想到大文豪苏轼（1037—1101）对待他的学生秦观（1049—1100）的态度。秦观是苏门四学士之一，文章写得好，于是他就想长期寄于苏轼的门下，天天练习做好文章。这本是人之常情。难道做学生的，不应该这样对待老师吗？可是，苏轼知道，在当时的社会条件之下，闭门做文章，终难取得大成就，而走科举道路才是正途。三苏父子当年也是在张方平的大力包举之下，才进入科场，决战决胜，而最终成为一代文章大家的。因此，苏轼语重心长地告诫秦观，要他务必奔赴科举考场，而且务必求得成功。没有显赫的学历，怎能谋得适当的职位以服务于社会呢？又怎能较好地生活下去呢？社会现实就是如此。于是苏轼就写了两封书信和一组诗来教导秦观：要现实，毋空想，必应举，务求胜。苏轼《答秦太虚七首》之四"黄州"第三节："寄示诗文，皆超然胜绝，亹亹焉来逼人矣。如我辈，亦不劳逼也。太虚未免求禄仕，方应举求之，应举不可必。窃为君谋，宜多著书，如所示论兵及盗贼等数篇，但似此得数十首，当卓然有可用之实者，不须及时事也。但旋作此书，亦不可废应举，此书若成，聊复相示，当有知君者，想喻此意也。"① 俗话说，无场外的举子。再聪明再有才华的人也必须进考场。在这里苏轼明确指出"不可废应举"。苏轼《答秦太虚七首》之一："某启。别后数辱书，既冗懒且无便，不一裁答，愧悚之至。参寥至，颇闻动止，为慰。然见解榜，不见太虚名字，甚惋叹也。此不足为太虚损益，但吊有司之不幸尔。即日起居何如？参寥真可人，太虚所与之，不妄矣。何时复见，临纸惘惘，唯万万自爱而已。谨奉手启上问。诸事可问参寥而知，入夜，困倦，书不详悉。程文甚美，信非当世君子之所取也。仆去替不远，尚未知后任所在，意欲东南一郡尔。得之，当遂相见。"② 在这里苏轼对秦观落第表示了深切的同情。既然苏轼说他甚为惋惜，也就等于是告诉秦观，必须再赴科考，方不辜负为师者的一片心意。苏轼《次韵参寥师寄秦太虚三绝句，时秦君举进士不得》，其一："秦郎文字固超然，汉武凭虚意欲仙。底事秋来不得解，定中试与问诸天。"其二："一尾追风抹万蹄，昆仑玄圃谓朝隮。回看世上无伯乐，却道盐车胜月题。"其三："得丧秋毫久已冥，不须闻此气峥嵘。何妨却伴参寥子，无数新诗咳唾成。"③ 没考上就没考上，怎么问天啊？《老子·五章》"天地不仁，以万物为刍狗。圣人不仁，以百姓为刍狗。天地之间，其犹橐籥乎？虚而不屈，动而愈出。多言数穷，不如守中。"④ 唯一的办法就是兀自努力。秦观果然不负厚望，经过长期艰苦的努力，终于在元丰八年（1085）登焦蹈榜进士第。这一年秦观三十七岁。王夫之自己也曾努力于功名，期望通过科举考试走进官场，干一番伟大的事业。仅仅因为时代的变故，王夫之才未成为进士。正因为如此，王夫之才对《殷浴日时义》如此重视。正因为如此，王夫之才对八股文有如此精湛的认识。

---

① 宋·苏轼著，傅成、穆俦标点本《苏轼全集》，上海古籍出版社，2000，第1735页。
② 宋·苏轼著，傅成、穆俦标点本《苏轼全集》，上海古籍出版社，2000，第1735页。
③ 宋·苏轼著，傅成、穆俦标点本《苏轼全集》，上海古籍出版社，2000，第211页。
④ 浙江书局辑刊本《二十二子》，上海：上海古籍出版社，1986，第1页。

在八股文通论中，《夕堂永日绪论·外编》可谓一种非常精要的著作。虽然《夕堂永日绪论·外编》总共才一万余字，但是它所涉及的内容是非常广泛的，其论述也是非常深刻的。从涉及的问题看，《夕堂永日绪论·外编》五十二则可以粗略地分为六组，相应地王夫之也就从以下六个方面论述了八股文。

第一组，评论八股文必须依经立论，从根本上做起。属于这一组的有第一条、第六条、第二十五条、第二十六条、第二十七条、第三十五条，第四十一条、第四十二条、第四十三条、第四十四条和第五十条。在这些条文中，王夫之继承了刘勰在《文心雕龙·宗经》中所提出来的观点，一切以孔孟正道为宗。值得注意的是，王夫之不仅在理论上主张宗经，他还是一个终身践履孔孟之道的士人。中国古代的知识分子，常常在自己遭受打击的时候，去佛教和道教中寻求寄托，借以排遣心中的苦闷。然而王夫之与大多数古代知识分子不同，他具有坚定的儒家信仰。他不仅自己一生都不曾涉足佛教和道教，而且还告诫亲人们不要去相信佛教和道教。不少论著都将李贽与黄宗羲、顾炎武和王夫之并列，称颂他们为明末清初的思想家。实际上，王夫之认为他与李贽是完全不同的两种人，他在第三十五条中严厉地谴责了李贽："李贽以佞舌惑天下。"这也可以看成是王夫之的宗经思想的一种表现，只不过是从反面立论罢了。因此，他自然而然地写出了第二十五条："欲除俗陋，必多读古人文字，以沐浴而膏润之。然读古人文字，以心入古文中，则得其精髓；若以古文填入心中，而亟求吐出，则所谓道听而途说者耳。"儒家的经典是用文字记录下来的。然而，八股文的内容却被限定为阐释儒家的经典。而且，做八股文的人须换位思考，代圣贤立言，仿佛古代的圣人依然活着一般。这就产生了一个问题：做八股文的人，其心与古文的关系，究竟应该是什么样的？王夫之认为，八股文作者的心与圣人所写的古文之间，其关系只能是以心入于古文，而绝不能够以古文填入心中。惟有如此，文章才能如万斛流泉，自胸中涌出。惟有如此，文章中所道，才能是自己的心声，而又毕肖古人的口吻。

第二组，写作八股文必须追求境界，从立意上把握。属于这一组的有第二条、第十一条、第四十八条、第四十九条和第五十一条。由于境界牵涉的方面比较多，在其他条文中也有些内容是讲境界的。八股文好不好，主要看文章是否具有较高的思想境界。文章的思想境界高不高，取决于作者的思想境界之高下。人们在汉语语境中所称说的高尚的境界，实际上类似于西方文学批评中的崇高观念。古罗马文论家朗吉努斯《论崇高》(*On Sublimity*, by Dionysius Cassius Longinus, circa 213—273) 写道："一个崇高的思想，如果在一个恰到好处的场合提出，就会以闪电般的光彩照彻整个问题，在刹那之间显出雄辩家的全部威力。"① 地位高的人，其思想境界未必就高。地位低的人，其思想境界未必就低。第五十二条写道："为一代文人而不遇者多矣，则胶庠之下，自应有伟人杰

① Sublimity flashing forth at the right moment scatters everything before it like a thunderbolt, and at once displays the power of the orator in all its plentitude. — Hazard Adams and Leroy Searle, ed. *Critical Theory since Plato* (Stamford, CT, USA: Thomson Learning, 2005) 95.

作，睥睨今古。”王夫之实际上对做八股文的人们提出了一个要求：作文者，先做人。遇不遇，指的是一个人的命运遭际。就科举考试来说，那些不遇者也就是没有考中的人。在那些未中举的人之中，在那些未登进士第的人之中，也有文章写得很好的。值得注意的是，王夫之将宗经与读史结合起来，从而避免了在宗经的过程中流于空泛的议论。

第三组，写作八股文必须切忌庸滥，从格调上把关。属于这一组的有第三条、第四条、第二十八条、第二十九条、第三十条、第三十一条、第三十二条、第三十三条、第三十四条、第三十九条和第四十五条。反对庸滥，这是从反面立论，其目的依然是追求有境界的八股文。“我只需要不加发挥的说，所谓崇高，不论它在何处出现，总是体现于一种措词的高妙之中，而最伟大的诗人和散文家得以高出侪辈并获不朽的盛誉，总是因为有这一点，而且也只是因为有这一点。”① 王夫之对这一点讲得很多，也很具体。这是因为，王夫之本人生活在明朝末年，那时候八股文的流弊已经不少了。格调平庸、圆熟乃至糜烂的文章充斥于坊间。许多写八股文的人，已经将八股文看成敲门砖了。当时的科场，完全失去了明代初期那种朝气蓬勃的局面。当然这种局面不是靠个人努力就能改变的。只有新时代的到来，才能开创一番生面。把八股文当敲门砖的人，其实是想混一生的人。格调与风格不同。文章可以有各种各样的风格，在每一种风格中都可以有好文章。格调大致类似于西方文学批评中的口吻（tone），它指作文者通过其写作方式而表现出来的一种态度。作文者的原型是说话人，在说话人中，有的生硬，有的死板，有的风趣，有的严肃，有的随便，有的敷衍，还有的油腔滑调。这些调子总是显示出某一个说话人的特殊方式。说话的方式所显露出来的，归根结底还是对待人生的态度。“崇高的语言对听众的效果不是说服，而是狂喜。”② 王夫之生活在明末清初动荡不安社会环境中。时代的风云际会造就了王夫之，也培养了他所特有的审美方式。从王夫之的大量著述中，我们可以看出，他所欣赏的是较为瘦硬的格调。

第四组，写作八股文必须讲究章法，从经营上入手。属于这一组的有第五条、第七条、第八条、第九条、第十条、第十二条、第二十三条、第二十四条和第四十条。做八股文的人知道宗经立论，知道追求境界，知道力戒庸滥，固然好，但是仅凭这三条还是不够的。八股文的方法很重要。制艺（fabrication of art）这个术语本身，就暗示了方法的重要性和基本功的训练，乃是八股文成功的关键。“一篇专门性的论文有两个必要之点。第一是明确问题。第二（我是指次序上的第二，因为在重要性方面，它是极应当

---

① I feel almost absolved from the necessity of premising at any length that sublimity is a certain distinction and excellence in expression, and that is from no other source than this that the greatest poets and writers have derived their eminence and gained an immortality of renown. — Hazard Adams and Leroy Searle, ed. *Critical Theory since Plato* (Stamford, CT, USA: Thomson Learning, 2005) 95.

② The effect of elevated language upon an audience is not persuasion but transport. — Hazard Adams and Leroy Searle, ed. *Critical Theory since Plato* (Stamford, CT, USA: Thomson Learning, 2005) 95.

列为第一的）是指出，怎样，凭借什么方法，我们自己能够成为这一问题的行家。”①八股文当然属于专门性的论文之列。且看“专门性的论文”一语，原文用的是，意即“系统地组织起来的专题论文”，可谓对八股文的最好描述。“第一是明确问题”指的是宗经。第二指的是章法。而且，说章法位居第二，仅仅是从次序上看为第二，就重要性来说应当列为第一。一篇文章，连基本的格式都不对，又怎能说是好文章呢？汉语的一首格律诗，仅有几十个字。看看《佩文韵府》就知道古代诗人经历了多少训练了。八股文的篇幅比诗长得多，其四比八股又在在等同于诗歌格律的要求而未尝稍减。而且，由于句子长，组织句子的困难，远远胜过做诗。在科举时代，许多人的青春岁月都耗费在方法论的训练之中了。这与西方人讲究日日夜夜玩弄希腊罗马的范例并没有什么不同。王夫之是尝尽了八股文写作的各种滋味的人。在这一组条文中他有许多的经验之谈。王夫之本人，还没有做成进士，明朝就灭亡了。尽管如此，王夫之确是一位制义的高手。他经常练笔，也不时评论别人所写的八股文，还为一些时文选集写过序跋。王夫之的八股文，其水准如何呢？在材料不充分的情况之下，我们很难做出判断。不过从王夫之的大量著述中，我们还是可以看出，其八股文水准是较高的。王夫之讲究章法。在所有的章法中，他比较看重的是伏笔和转折，他尤其欣赏突兀的起笔方式。

第五组，研究八股文必须动态观察，从源流上梳理。属于这一组的有第十五条、第十六条、第十七条、第十八条、第十九条、第二十条、第二十一条、第二十二条和第五十二条。王夫之仔细地考察过历代的时文，而他对明代八股文的考察尤为深入。关于明代八股文的流变，王夫之所得出的结论，直接地启迪了后来的经义选评家方苞(1668—1749)。方苞奉乾隆皇帝御旨编撰《钦定四书文》的时候，有不少地方是继承和发展了王夫之的八股文流变观的。最明显的例子是，在明代八股文的分期方面，方苞的观点颇类似于王夫之的看法。

第六组，鉴赏八股文必须实事求是，从批谬上落实。属于这一组的有第十三条、第三十六条、第三十七条、第三十八条、第四十六条和第四十七条。在这些条文中，王夫之凭借实事说话，指陈了许多名家的败笔。在这些名家中，既有秦汉时期的大家如司马迁、班固等人，也有唐宋八大家中的许多人，还有王夫之的同时代人。对于历代文章家，王夫之总是根据实际情况而加以评价。在对他们的作品指瑕批谬的时候，王夫之绝不留情。对于同一位作家的作品，王夫之既肯定其优点，也指出其缺失。比如，王夫之看重明代制义名家王鏊（即王守溪）的八股文成就，并常常给予他高度的评价，但是他也指出了王鏊的不足。第二条写道：“论经义者以推王守溪为大家之宗。守溪止能排当停匀，为三间五架，一衙官廨宇耳；但令依仿，即得不甚相远；大义微言，皆所不遑

① In every systematic treatise two things are required. The first is a statement of the subject; th other, which although second in order ranks higher in importance, is an indication of the methods by which we may attain our end. — Hazard Adams and Leroy Searle, ed. *Critical Theory since Plato* (Stamford, CT, USA: Thomson Learning, 2005) 95.

研究：此正束缚天下文人学者一黴缥而已。陋儒喜其有墙可循以走，翕然以‘大家’归之，三百余年，如出一口，能不令后人笑一代无有眼人乎！”在这里，既有对王鏊八股文的肯定，又有对其不足之处的批评，更有对学习写作八股文的人们之警示：不能死抱住一个王鏊不放，而要自己去另辟蹊径，别开生面，创造出属于自己的“这一个”。任何文章高手，都必然是一个他者（法文：autre，英文：the other），而且仅仅是一个他者而已。所谓他者，指主体所表现出来的语言秩序。这种语言秩序既创造了贯通个人的文化，又创造了主体的无意识。主体的结构不是纯粹知觉的结果，而是通过身体作为中介才形成认识结构的。简言之，认识是主体、身体和客体三者构成的一种关系。就八股文而论，主体是八股文的写作者，身体是写出来的一篇篇八股文的总和，客体是八股文的阅读者。显然，以他者为借鉴，就能推陈出新；以他者为依归，就会断送文学创作中的个性。一旦丧失文学创作中的个性，那么最终连你自己的身体也没有人愿意看上一眼的，因为你的身体不再是活生生的了，而是一堆庸滥腐臭的文章。个性正是文学艺术的生命。天下文章，只有某些大致的方法，却从来没有固定的模式。这体现了王夫之实事求是的批评精神。

当然，由于《夕堂永日绪论·外编》是按照诗话的形式来写作的，所以各条所记的内容，其间难免有相互交叉的情形。以上所作的划分，仅仅是一个粗略的归纳而已。这是因为，诗话类著作的特点，就是无所不包，无所不谈，而且写作诗话的人，往往信马由缰，写到哪里算哪里。大多数的诗话类著作，都有饾饤散漫的特点。相比之下，王夫之《夕堂永日绪论·外编》已经是从大处着眼的杰作了。

王夫之的词作《鹧鸪天·刘思肯画史为余写小像，虽不尽肖，聊为题之》，或许可以移用来状摹他撰写《夕堂永日绪论·外编》时的心情：“把镜相看认不来，问人云此是姜斋。龟于朽后随人卜，梦未圆时莫浪猜。谁笔仗，此形骸，闲愁输汝两眉开。铅华未落君还在，我自从天乞活埋。”① 从这首词，我们不禁联想到王夫之所作的观生居堂联：“六经责我开生面，七尺从天乞活埋。”

二、王夫之小传

王夫之（1619—1692），字而农，号姜斋，衡阳人。明朝灭亡之后，王夫之不肯屈仕清朝，长期隐居于石船山，故而人们尊称他为船山先生。有趣的是，石船山的形状，不同于人们想象的小小船儿两头尖，其形状为一只覆船，船底朝天。这或许预示着王船山平生治学的方向，他要为许多的艰深隐晦的学术问题发覆，还之以本来的面目。王夫之是明清之际的著名学者，后人以与顾炎武、黄宗羲齐称。

王氏先人居高邮，后来迁居衡阳，到王夫之为第十代。王夫之的父亲王朝聘是一个

---

① 清·王夫之著《王船山诗文集》，北京：中华书局，1962，第546页。

踏实的读书人。他有三个儿子，顺次起名为介之、参之和夫之。

明天启二年（1622），王夫之四岁，入家塾。十四岁时那年，王夫之考中秀才。

崇祯九年（1636）赴武昌参加乡试，落第。

崇祯十二年秋，赴武昌参加乡试，又落第。十月间，他和朋友一起创立“匡社”，以揣摩制艺，互相匡正。

崇祯十四年，王夫之修建“乾涛园”，潜心读书其间。未几，他赴武昌参加乡试，以《春秋》试卷列第一，中式举人第五名。

崇祯十七年五月，王夫之闻李自成大顺军攻入北京、崇祯帝自缢和吴三桂引清兵入关，非常震惊，数日不食，作《悲愤诗》一百韵。

清顺治三年（1646）九月，王夫之得到隆武帝于汀州（治今福建长汀）被清军擒杀的消息，又续作《悲愤诗》一百韵。十一月初四日，王夫之妻陶氏病故，年二十五岁。

顺治四年十一月十八日王夫之的父亲王朝聘逝世，年七十八岁。父亲死后，王夫之隐居于南岳莲花峰之续梦庵，一面潜心研究《周易》，一面注视时局的发展。

顺治五年十月，王夫之在南岳方广寺，成立了抗清的起义军。因机事不密，起义军遭到袭击，很快溃败，王夫之脱逃。起义失败后，为了避免清统治者的缉捕，王夫之奔往南明永历帝的都城肇庆。到肇庆后，王夫之被奏荐为翰林院庶吉士。

顺治六年春，王夫之离开桂林，回到家乡。他先到南岳莲花峰之续梦庵，清理残书，然后携带诗稿，前往衡阳县的石仙岭，看望母亲。不料一到，便遇兵匪。王夫之逃匿脱险。他只好又返回肇庆。途经桂林时，王夫之结识了方以智。

顺治七年二月十八日，王夫之被荐为永历朝廷行人司行人。七月，王夫之前往桂林。经人介绍，王夫之与郑氏结婚。因母亲病危，王夫之携妻返湘。顺治八年正月王夫之到家，然而母亲早已去世。此后，王夫之隐居于大云山，此山跨衡阳、祁阳、邵阳三县。

顺治十一年，清统治者强化了对明朝旧臣的迫害。此时，王夫之和妻郑氏，避居于零陵北洞之钩竹源、云台山一带。是年冬，王夫之徙居常宁的一座山寺。他不得不经常改换姓名，变易衣著，还自称是瑶族人。

顺治十二年春，王夫之一面设馆授徒，讲授《春秋》，一面写作《周易外传》。同年八月，王夫之完成了《老子衍》一书。是年冬天，王夫之由常宁回南岳，仍居于续梦庵。

顺治十七年，王夫之在衡阳县金兰乡高节里的茱萸塘建造茅屋，称为“败叶庐”。迁入新居十多个月后，其妻郑氏病亡，年二十九岁。

康熙元年（1662）夏，王夫之听到永历帝及其皇后、太子被吴三桂在昆明绞杀，极端悲痛，又续写《悲愤诗》一百韵。

次年九月，王夫之完成了《尚书引义》初稿。

康熙三年，王夫之在“败叶庐”设馆授徒。同时他还完成了《永历实录》二十六卷。

康熙四年，王夫之重订《读四书大全说》。

康熙七年，王夫之完成了《春秋家说》三卷和《春秋世论》五卷。

康熙八年，王夫之编辑三十岁以来所做诗为《五十自定稿》，续娶张氏为妻。是年冬，王夫之造草庵，名“观生居”。这时，他已编成《春秋左氏传博议》上、下卷。

康熙十二年，王夫之完成了《礼记章句》部分初稿。

康熙十四年，王夫之在石船山下建草堂，此即“湘西草堂”。从此，王夫之在那里潜心治学。

康熙十五年春，王夫之始撰《周易大象解》。是年七月，王夫之编定《礼记章句》四十九卷。

康熙十八年，王夫之撰《庄子通》。这一年吴三桂在衡州僭号，有人劝王夫之进表，以示拥戴，以便自己也得到任用的机会。对于极其生活艰难的王夫之来说，这是一个升官发财并立即改变命运的机会，但是王夫之断然拒绝了，他说：“亡国遗臣，所欠一死耳，今安用此不祥之人哉！”王夫之逃入深山，写作《祓禊赋》以宣示其情怀志意：“谓今日兮令辰，翔芳皋兮兰津。羌有事兮江干，畴凭兹兮不欢。思芳春兮迢遥，谁与娱兮今朝。意不属兮情不生，予踌躇兮，倚空山而萧清。阒山中兮无人，蹇谁将希望春。”① 祓禊是中国古人于春秋两季临水洗濯以祓除不祥的祭祀仪式。祓禊的起源就是洗澡，本在洗涤身子，除去不洁，后来引申出洗涤灵魂，消除杂念，信仰神明的意义来。中国古人实行祓禊，与信奉基督宗教的各民族实行洗礼，本质上是颇为接近的。不过，在历史发展的长河中，中国文化自汉以后较多地朝着世俗的方向发展了，宗教因素逐渐变得淡然。由于祓禊多在春秋两季进行，此时气候温暖，男女于浅水中沐浴，相互间性的吸引也就容易发生，故而祓禊之时亦是情生之际，还是爱恋之机。祓禊与情爱常见于诗文，却罕见于辞赋之中。清·陈元龙编《历代赋汇》于《逸句》卷一收有汉·杜笃《祓禊赋》：“王侯公主，暨乎富商，同事伊雒，帷幔玄黄。于是旨酒嘉肴，方丈盈前，浮枣绛水，酹酒醲川。若乃窈窕淑女，美媵艳姝，戴翡翠，珥明珠，曳离袿，立水涯，微风掩壒，纤縠低冕，曳长裾，坐沙渚，谭诗书，咏伊吕，歌唐虞。”② 赋者，富也。赋的特点就是极大的丰富性。杜笃《祓禊赋》的残句，其字数多于王夫之《祓禊赋》作的全文。王夫之才力雄大，他并非不善于写作长篇的赋，其《南岳赋》、《练鹊赋》、《孤鸿赋》、《雪赋》、《霜赋》等也是篇幅相当长的力作。杜笃的《祓禊赋》描写男欢女爱，是流俗之作。王夫之的《祓禊赋》则是灵性思维的集中表达，因而使得作者的爱国情怀得以极大地升华。从王夫之的《祓禊赋》中我们仿佛看到了另一位屈原。屈原那瘦高的身材，在几度徘徊之后，终于挺立江岸，于中国哲学的黄金时代，亦即春秋战国时代，做出了爱国主义者的呐喊，其呐喊声中有着灵性的诉求。王夫之那瘦高的身材，毅然决然，岸然翘然，犹如一枝劲风中的孤挺花，挺立在江岸，于中国哲学的早期启蒙时期，亦即明清之际，做出了爱国主义者的呐喊，其呐喊声中有着更为明晰的灵性的诉求。

---

① 清·王夫之著《王船山诗文集》，北京：中华书局，1962，第83页。

② 清·陈元龙编《历代赋汇》，江苏古籍出版社、上海书店联合出版，1987，第643页。

次年春，王夫之编诗集《六十自定稿》。

康熙二十年春夏间，王夫之患哮喘病。

又次年，王夫之重订《诗广传》五卷。

康熙二十三年春，王夫之患病，至秋末始渐愈。八月，王夫之撰《楚辞通释》十四卷。此书系王夫之据王逸《楚辞章句》改编而成。九月，王夫之在病中作《周易内传》十二卷。这是他系统地具体地研究《周易》的著作。

康熙二十六年，王夫之体衰多病，仍坚持写作《读通鉴论》。

次年五月，王夫之写成《南窗漫记》。十二月，王夫之编诗集《七十自定稿》。

次年四月，王夫之修订《尚书引义》。

康熙二十九年正月二十日，王夫之完成《夕堂永日绪论》内、外编。该书《内编》为诗话，《外编》谈八股文。

康熙三十年，四月，王夫之完成《宋论》十五卷。九月，王夫之作《船山记》，以此表白明亡不仕，终老船山的心迹。因病情日重，王夫之自知不起，于是预书墓石，自称“明遗臣行人”，并作铭曰：“抱刘越石之孤愤，而命无从致；希张横渠之正学，而力不能企。幸全归于兹丘，固衔恤以永世。”① 中国自古以来就是一个多民族的国家。中华民族大家庭有许多成员，其中汉族占据人口的多数，少数民族人数不多但是素质较高。中华民族大家庭的各个成员，尽管人口多寡不一，却大都有过自己的政权，能够积极有效地管理自己的生产和生活，有些还建立过统治范围较大的朝代。在这些朝代中，有些是与汉人并立的政权，有些是大一统的王朝。无论是与汉人并立的政权，还是大一统的王朝，其统治民族都认为自己是中国人，都认为自己属于中华民族，而且在这一点上绝不含糊。其实，由哪一个民族来主导政权，这件事情本身并不重要，重要的是主导政权的民族，必须坚持由中华民族各成员所共同创造的文化，即中华文化。中国的少数民族是可贵的，他们能够看清历史发展的潮流，他们能够在中华民族的文化底蕴上想问题，做事情，并且建功立业。中国的少数民族能够建立与汉族并立的政权乃至大一统的王朝，并有效地管理它们，这一事实充分地说明了中国少数民族的优秀。中国少数民族的优秀，归根结蒂还是中华民族的优秀。中国少数民族的优秀，是整个中华民族必然要走向世界，并挺立于世界民族之林的一大保证。王夫之本人，以及与他大约同时的顾炎武、黄宗羲等人，在易代之后继续生活下来，钻研不止，笔耕不辍。他们的人生是有效的人生。这与那些苟且偷生仅仅在肉体的维度上延续生命的人是大不一样的。在易代之后有效地生活，乃至朝气蓬勃地奋斗，这种人在人格上是尤其伟岸的。这是因为，他们的环境较别人为劣，他们的付出比别人更多。他们所以能够如此，乃是因为在他们的心中自始至终存有一股巨大的精神力量：为中华民族的优秀文化之保存、发展和流衍而斗争。这是王夫之等人最伟大的地方。

康熙三十一年正月初二日，王夫之逝世，享年七十四，葬于衡阳县金兰乡高节里大

---

① 清·王夫之著《王船山诗文集》，北京：中华书局，1962，第116页。

罗山。

王夫之一生著述不倦，所著述凡七十种，共三百五十八卷，收入《船山遗书》中。在王夫之的著作中，属于集部的有三十种，计七十二卷。

附录一：《清史稿》卷四八零《王夫之传》

王夫之，字而农，衡阳人。与兄介之同举明崇祯壬午乡试。张献忠陷衡州，夫之匿南岳，贼执其父以为质。夫之自引刀遍刺肢体，舁往易父。贼见其重创，免之，与父俱归。明王驻桂林，大学士瞿式耜荐之，授行人。时国势阽危，诸臣仍日相水火。夫之说严起恒救金堡等，又三劾王化澄，化澄欲杀之。闻母病，间道归。明亡，益自韬晦。归衡阳之石船山，筑土室曰观生居，晨夕杜门，学者称船山先生。

所著书三百二十卷，其著录于四库者，曰《周易稗疏》、《考异》，《尚书稗疏》，《诗稗疏》、《考异》，《春秋稗疏》。存目者，曰《尚书引义》、《春秋家说》。夫之论学，以汉儒为门户，以宋五子为堂奥。其所作《大学衍》、《中庸衍》，皆力辟致良知之说，以羽翼朱子。于《张子正蒙》一书，尤有神契，谓张子之学，上承孔、孟，而以布衣贞隐，无钜公资其羽翼；其道之行，曾不逮邵康节，是以不百年而异说兴。夫之乃究观天人之故，推本阴阳法象之原，就《正蒙》精绎而畅衍之，与自著《思问录》二篇，皆本隐之显，原始要终，炳然如揭日月。至其扶树道教，辨上蔡、象山、姚江之误，或疑其言稍过，然议论精严，粹然皆轨于正也。康熙十八年，吴三桂僭号于衡州，有以劝进表相属者，夫之曰："亡国遗臣，所欠一死耳，今安用此不祥之人哉！"遂逃入深山，作《祓禊赋》以示意。三桂平，大吏闻而嘉之，嘱郡守馈粟帛，请见，夫之以疾辞。未几，卒，葬大乐山之高节里，自题墓碣曰"明遗臣王某之墓"。

当是时，海内硕儒，推容城、盩厔、余姚、昆山。夫之刻苦似二曲，贞晦过夏峰，多闻博学，志节皎然，不愧黄、顾两君子。然诸人肥遁自甘，声望益炳，虽荐辟皆以死拒，而公卿交口，天子动容，其著述易行于世。惟夫之窜身瑶峒，声影不出林莽，遂得完发以殁身。后四十年，其子敔抱遗书上之督学宜兴潘宗洛，因缘得入四库，上史馆，立传儒林，而其书仍不传。同治二年，曾国荃刻于江南，海内学者始得见其全书焉。

附录二：王夫之《船山记》

船山，山之岑有石如船，顽石也，而以之名。其冈童，其溪渴，其靳有之木不给于荣，其草瘽靡纷披而恒若凋，其田纵横相错而陇首不立，其沼凝浊以停而屡竭其濒，其前交蔽以絯送远之目，其右迤于平芜而不足以幽，其良禽过而不栖，其内趾之狞者与人肩摩而不忌，其农习视其塍埒之坍谬而不修，其俗旷百世而不知琴书之号。然而予之历溪山者十百，其足以栖神怡虑者往往不乏，顾于此阅寒暑者十有七，而将毕命焉，因曰："此吾山也"。古之所就，而不能概之于今；人之所欲，而不能信之于独。居今之日，抱独之情，奚为而不可也？古之人，其游也有选，其居也有选。古之所就，夫亦人之所欲也。是故翔视乎方州，而尤佳者出；而局天之倾，蹐地之坼，扶寸之土不能信为吾有，则虽欲选之而不得。蠲其不欢，迎其不棘，江山之韶令，与愉恬之志相若则相得；而固为棘人，地不足以括其不欢之隐，则虽欲选之而不能。仰而无憾者则俯而无愁，是宜得林峦之美荫以旌之；而一抔之土，不足以荣吾所生，五石之炼，不足以崇吾所事，栫以丛棘，履以繁霜，犹溢吾分也，则虽欲选之而不忍。赏心有侣，咏志有知，望道而有与谋，怀贞而有与辅，相遥感者，必其可以步影沿流，长歌互答者也；而茕茕者如斯矣，营营者如彼矣。春之晨，秋之夕，以户牖为丸泥而自封也，则虽欲选之而又奚以为。夫如是，船山者即吾山也，奚为而不可也！无可名之于四远，无可名之于末世，偶然谓之，欻然忘之，老且死，而船山者仍还其顽石。严之濑、司空之谷、林之湖山，天与之清美之风日，地与之丰洁之林泉，人与之流连之追慕，非吾可者，吾不得而似也。吾终于此而已矣。辛未深秋记。

三、《夕堂永日绪论》标点校注

《夕堂永日绪论》

清·王夫之

《夕堂永日绪论》序

《周礼》大司乐以乐德、乐语教国子，成童而习之，迨圣德已成，而学《韶》者三月。上以迪士，君子以自成，一惟于此。盖涵泳淫泆，引性情以入微，而超事功之烦黩，其用神矣。

世教沦夷，乐崩而降于优俳。乃天机不可式遏，旁出而生学士之心，乐语孤传为《诗》。《诗》抑不足以尽乐德之形容，又旁出而为经义。经义虽无音律，而比次成章，才以舒，情以导，亦所谓"言之不足而长言之"①，则固乐语之流也。二者一以心之元声为至。舍固有之心，受陈人之束，则其卑陋不灵，病相若也。韵以之谐，度以之雅，

① 《毛诗大序》："诗者志之所之也。在心为志。发言为诗。情动于中，而形于言。言之不足，故嗟叹之。嗟叹之不足，故永歌之。永歌之不足，不知手之舞之，足之蹈之也。"

微以之发，远以之致，有宣昭而无掩蔼，有淡宕而无犷戾；明于乐者，可以论《诗》，可以论经义矣。

余自束发受业经义，十六而学韵语，阅古今人所作诗不下十万，经义亦数万首。既乘山中孤寂之暇，有所点定，因论其大约如此。可言者，言及之；有不可言者，谁其知之？

庚午补天穿日①，船山老夫叙。

《夕堂永日绪论·内编》

一　兴、观、群、怨，诗尽于是矣。② 经生家析《鹿鸣》、《嘉鱼》为群，《柏舟》、《小弁》为怨，小人一往之喜怒耳，何足以言《诗》？“可以”云者，随所“以”而皆“可”也。《诗三百篇》而下，唯《十九首》能然。李、杜亦仿佛遇之，然其能俾人随触而皆可，亦不数数也。又下或一可焉，或无一可者。故许浑允为恶诗，王僧孺③、庾肩吾④及宋人皆尔。

二　无论诗歌与长行文字⑤，俱以意为主。意犹帅也。无帅之兵，谓之乌合。李、杜所以称大家者，无意之诗十不得一二也。烟云泉石，花鸟苔林，金铺锦帐，寓意则灵。若齐、梁绮语，宋人抟合成句之出处，（宋人论诗，字字求出处。）役心向彼掇索，而不恤己情之所自发，此之谓小家数，总在圈缋中求活计也。

三　把定一题、一人、一事、一物，于其上求形模、求比似、求词采、求故实，如钝斧子劈栎柞，皮屑粉霏，何尝动得一丝纹理？以意为主，势次之。势者，意中之神理也。唯谢康乐⑥为能取势，宛转屈伸，以求尽其意；意已尽则止，殆无剩语；夭矫连蜷，烟云缭绕，乃真龙非画龙也。

---

① 庚午补天穿日，即庚午年（1690年）的正月二十日。宋·陈元靓撰《岁时广记》卷一引旧题晋·王嘉《拾遗记》：“江东俗，号正月二十日为天穿日，以红缕系煎饼饵置屋上，谓之补天穿。李白诗云：‘一枚煎饼补天穿。’”

② 《论语·阳货》：“子曰：‘小子何莫学夫诗？诗，可以兴，可以观，可以群，可以怨。迩之事父，远之事君。多识于鸟兽草木之名。’”

③ 王僧孺（465—522），南朝梁东海剡县（今山东山城北）人。仕齐为太学博士，梁天监初，出为南海太守。在郡两年，颇著声绩。召拜中书侍郎，领著作，复直文德省，撰《起居注》、《中表簿》。爱好典籍，聚书至万余卷。

④ 庾肩吾，南朝新野（今属河南）人，字子慎。擅吟咏，工书法。初为皇太子萧纲常侍。纲即位，授度支尚书。历江州刺史，封武康县侯。明人辑有《庾度支集》。

⑤ 长行文字，指散文。

⑥ 谢灵运（385—433），南朝宋陈郡阳夏（今河南太康）人，小名客儿。晋散骑常侍谢玄孙。晋末袭封康乐公，世称谢康乐。少好学，有盛名。卓有文才，其诗多写江南风光，创山水诗派。与颜延之齐名，并称颜谢。著有《游名山志》及文集，明人辑有《谢康乐集》。

四　“池塘生春草”①，“胡蝶飞南园”②，“明月照积雪”③，皆心中目中与相融浃，一出语时，即得珠圆玉润，要亦各视其所怀来而与景相迎者也。“日暮天无云，春风扇微和”④，想见陶令当时胸次，岂夹杂铅汞人能作此语？程子谓见濂溪⑤一月坐春风中。非程子不能知濂溪如此，非陶令不能自知如此也。

五　“僧敲月下门”⑥，只是妄想揣摩，如说他人梦，纵令形容酷似，何尝毫发关心？知然者，以其沉吟“推”“敲”二字，就他作想也。若即景会心，则或推或敲，必居其一，因景因情，自然灵妙，何劳拟议哉？“长河落日圆”⑦，初无定景；“隔水问樵夫”⑧，初非想得：则禅家所谓现量⑨也。

六　诗文俱有主宾。无主之宾，谓之乌合。俗论以比为宾，以赋为主；以反为宾，以正为主，皆塾师赚童子死法耳。立一主以待宾，宾无非主之宾者，乃俱有情而相浃

---

①　谢灵运《登池上楼》诗：“潜虬媚幽姿，飞鸿响远音。薄霄愧云浮，栖川怍渊沉。进德智所拙，退耕力不任。徇禄反穷海，卧痾对空林。倾耳聆波澜，举目眺岖嵚。初景革绪风，新阳改故阴。池塘生春草，园柳变鸣禽。祁祁伤豳歌，萋萋感楚吟。索居易永久，离群难处心。持操岂独古，无闷征在今。”

②　张协（字景阳）《杂诗十首》之八：“述职投边城，羁束戎旅间。下车如昨日，望舒四五圆。借问此何时，胡蝶飞南园。流波恋旧浦，行云思故山。闽越衣文蛇，胡马原度燕。土风安所习，由来有固然。”

③　明·冯惟讷撰《古诗纪》卷五十八平原侯植《岁暮》诗：“殷忧不能寐，苦此夜难颓。明月照积雪，朔风劲且哀。运往无淹物，年逝觉已催。”

④　陶渊明《拟古九首》之七：“日暮天无云，春风扇微和。佳人美清夜，达曙酣且歌。歌竟长叹息，持此感人多。皎皎云间月，灼灼叶中华。岂无一时好，不久当如何。”

⑤　濂溪。周敦颐（1017—1073），北宋道州营道（今湖南道县）人，原名惇实，避英宗旧讳改，字茂叔。熙宁初，知郴州。熙宁四年（1071），周敦颐移知南康军。次年，定居庐山，筑堂于庐。堂前有溪，源于莲花峰下，取营道故居濂溪名之，故世称“濂溪先生”。

⑥　贾岛《题李凝幽居》诗：“闲居少邻并，草径入荒园。鸟宿池边树，僧敲月下门。过桥分野色，移石动云根。暂去还来此，幽期不负言。”贾岛（779—843），唐范阳（今北京西南）人，字阆仙，一作朗仙，自称碣石山人。曾为僧，法名无本。后受韩愈赏识，还俗。累举进士不第，吟诗讥诮，被称作举场“十恶”。文宗时，以诽谤罪被贬为长江主簿。与孟郊齐名，后人以“岛寒郊瘦”喻其诗风。著有《长江集》。

⑦　王维《使至塞上》诗：“单车欲问边，属国过居延。征蓬出汉塞，归雁入胡天。大漠孤烟直，长河落日圆。萧关逢候吏，都护在燕然。”

⑧　王维《终南山》诗：“太乙近天都，连山到海隅。白云回望合，青霭入看无。分野中峰变，阴晴众壑殊。欲投人处宿，隔水问樵夫。”

⑨　现量，印度哲学中的概念。量，度量决定。凡构成知识的过程及知识本身，都叫做量。在印度哲学中，现量被严格规定为“离分别”的一种认知能力，即通过感觉器官对事物的直接反应。梵文作 pratyaksa，日本学者喜欢将“现量”翻译成“直接知觉”，以便与英语的 perception 相对应。

洽。若夫“秋风吹渭水，落叶满长安”①，于贾岛何与？“湘潭云尽暮烟出，巴蜀雪消春水来”②，于许浑奚涉？皆乌合也。“影静千官里，心苏七校前”③，得主矣，尚有痕迹。“花迎剑佩星初落”④，则宾主历然，熔合一片。

七　身之所历，目之所见，是铁门限。即极写大景，如“阴晴众壑殊”⑤、“乾坤日夜浮”⑥，亦必不逾此限。非按舆地图便可云“平野入青徐”⑦ 也，抑登楼所见者耳。隔垣听演杂剧，可闻其歌，不见其舞；更远则但闻鼓声，而可云所演何出乎？前有齐、梁，后有晚唐及宋人，皆欺心以炫巧。

八　一诗止于一时一事，自《十九首》至陶、谢皆然。“夔府孤城落日斜”⑧，继以“月映荻花”，亦自日斜至月出诗乃成耳。若杜陵⑨长篇，有历数月日事者，合为一章。《大雅》有此体。后惟《焦仲卿》、《木兰》二诗为然。要以从旁追叙，非言情之章也．为歌行则合，五言固不互尔。

九　古诗无定体，似可任笔为之，不知自有天然不可越之榘镬。故李于鳞⑩谓：唐

---

①　贾岛《忆江上吴处士》诗：“闽国扬帆去，蟾蜍缺复团。秋风吹渭水，落叶满长安。此地聚会夕，当时雷雨寒。兰桡殊未返，消息海云端。”

②　许浑《淩歊台》：“宋祖凌歊乐未回，三千歌舞宿层台。湘潭云尽暮烟出，巴蜀雪消春水来。行殿有基荒荠合，寝园无主野棠开。百年便作万年计，岩畔古碑空绿苔。”许浑，唐润州丹阳（今属江苏）人，原籍安陆（今属湖北），字用晦。武后时宰相需圉师之后。遭乱居洞庭湘江间十年。大和进士。历任当涂县令、太平县令、监察御史、润州司马、虞部员外郎、郢州刺史，卒于睦州刺史任上。与杜牧友善。许浑工七言律诗，多怀古、羁旅之作，其《咸阳城东楼》诗“溪云初起日沉阁，山雨欲来风满楼”，尤脍炙人口。

③　杜甫《喜达行在所三首》之三：“死去凭谁报，归来始自怜。犹瞻太白雪，喜遇武功天。影静千官里，心苏七校前。今朝汉社稷，新数中兴年。”

④　岑参《和贾至舍人早朝大明宫之作》：“鸡鸣紫陌曙光寒，莺啭皇州春色阑。金阙晓钟开万户，玉阶仙仗拥千官。花迎剑佩星初落，柳拂旌旗露未干。独有凤凰池上客，阳春一曲和皆难。”

⑤　语出王维《终南山》诗。

⑥　杜甫《登岳阳楼》诗：“昔闻洞庭水，今上岳阳楼。吴楚东南坼，乾坤日夜浮。亲朋无一字，老病有孤舟。戎马关山北，凭轩涕泗流。”

⑦　杜甫《登兖州城楼》：“东郡趋庭日，南楼纵目初。浮云连海岱，平野入青徐。孤嶂秦碑在，荒城鲁殿余。从来多古意，临眺独踌躇。”

⑧　杜甫《秋兴八首》之二：“夔府孤城落日斜，每依南斗望京华。听猿实下三声泪，奉使虚随八月槎。画省香炉违伏枕，山楼粉堞隐悲笳。请看石上藤萝月，已映洲前芦荻花。”

⑨　杜陵，本来是地名，在今陕西省西安市东南。杜陵东南十余里有小陵，为许后葬处，改称少陵。唐代诗人杜甫居于此，故称杜陵布衣、少陵野老。杜陵又因此而作为杜甫的代称。

⑩　李于鳞，即明代文学“后七子”领袖李攀龙（1514—1570）。《明史·李攀龙传》：“李攀龙，字于鳞。历城人。九岁而孤，家贫，自奋于学。稍长，为诸生。与友人许邦才、殷士儋，学为诗歌。已，益厌训诂学，日读古书。里人共目为狂生。举嘉靖二十三年进士。”

无五古诗，言亦近是；无即不无，但百不得一二而已。所谓渠镬者，意不枝，词不荡，曲折而无痕，戌削而不竞之谓。若于鳞所云“无古诗”，又唯无其形埒字句与其粗豪之气耳。不尔，则“子房未虎啸”① 及《玉华宫》二诗，乃李、杜集中霸气灭尽和平温厚之意者，何以独入其选中？

十　古诗及歌行换韵者，必须韵、意不双转。自《三百篇》以至庾、鲍七言，皆不待钩锁，自然蝉连不绝。此法可通于时文，使股法相承，股中换气。近有顾梦麟者②，作《诗经塾讲》，以转韵立界限，划断意旨。劣经生桎梏古人，可恶孰甚焉！晋《清商》、《三洲》曲及唐人所作，有长篇拆开可作数绝句者，皆蠚虫相续成一青蛇之陋习也。

十一　以神理相取，在远近之间。才著手便煞，一放手又飘忽去，如“物在人亡无见期”③，捉煞了也。如宋人咏河鲀④云：“春洲生荻芽，春岸飞杨花。”⑤ 饶他有理，终是于河鲀没交涉。“青青河畔草”⑥ 与“绵绵思远道”⑦，何以相因依，相含吐？神理凑合时，自然恰得。

十二　太白胸中浩渺之致，汉人皆有之，特以微言点出，包举自宏。太白乐府歌行，则倾囊而出耳。如射者引弓极满，或即发矢，或迟审久之，能忍不能忍，其力之大

---

① 李白《经下邳圯桥怀张子房》诗：“子房未虎啸，破产不为家。沧海得壮士，椎秦博浪沙。报韩虽不成，天地皆振动。潜匿游下邳，岂曰非智勇。我来圯桥上，怀古钦英风。唯见碧流水，曾无黄石公。叹息此人去，萧条徐泗空。”

② 顾梦麟，字麟士，明太仓州人。崇祯副贡。曾组织三吴名士为应社。诗文雅训，为时所宗，称织帘先生。鼎革后，绝迹城市，客授汲古毛氏，潜心著述。著有《四书说约》、《诗经说约》、《四书十一经通考》、《织帘居诗集》。思齐按：副贡，副贡生的简称。乡试中列入副榜的生员，准许作为贡生，而送到国子监去读书者，称为副贡生。

③ 李颀《题卢五旧居》诗：“物在人亡无见期，闲庭系马不胜悲。牕前绿竹生空地，门外青山似旧时。怅望青天鸣坠叶，巑岏枯柳宿寒鸱。忆君泪落东流水，岁岁花开知为谁？”

④ 河鲀，即河豚。

⑤ 梅尧臣《范饶州坐中客语食河豚鱼》诗：“春洲生荻芽，春岸飞杨花。河豚当是时，贵不数鱼虾。其状已可怪，其毒亦莫加。忿腹若封豕，怒目犹吴蛙。庖煎苟失所，入喉为镆铘。若此丧躯体，何须资齿牙？持问南方人，党护复矜夸。皆言美无度，谁谓死如麻。吾语不能屈，自思空咄嗟。退之来潮阳，始惮飡笼蛇。子厚居柳州，而甘食虾蟆。二物虽可憎，性命无舛差。斯味曾不比，中藏祸无涯。甚美恶亦称，此言诚可嘉。”梅尧臣（1002—1060），字圣俞，北宋宣城（今安徽省宣城县）人，召试。赐进士出身。为国子监直讲，累官尚书都官员外郎。平淡诗风之开创者。与苏舜钦齐名，时号“苏、梅”。著有《宛陵先生集》。

⑥ 《古诗十九首》之三：“青青河畔草，郁郁园中柳。盈盈楼上女，皎皎当窗牖。娥娥红粉妆，纤纤出素手。昔为倡家女，今为荡子妇，荡子行不归，空床难独守。”

⑦ 蔡邕《饮马长城窟行》：“青青河边草，绵绵思远道。远道不可思，宿昔梦见之。梦见在我傍，忽觉在他乡。他乡各异县，展转不相见。枯桑知天风，海水知天寒。入门各自媚，谁肯相为言？客从远方来，遗我双鲤鱼。呼儿烹鲤鱼，中有尺素书。长跪读素书，书上竟何如。上有加飱食，下有长相忆。”

小可知已。要至于太白，止矣。一失而为白乐天，本无浩渺之才，如决池水，旋踵而涸。再失而为苏子瞻，萎花败叶，随流而漾。胸次局促，乱节狂兴所必然也。

十三　“海暗三山雨”接“此乡多宝玉”不得，迤逦说到“花明五岭春”①，然后彼句可来，又岂尝无法哉？非皎然、高棅之法耳。若果足为法，乌容破之？非法之法，则破之不尽，终不得法。诗之有皎然②、虞伯生③，经义之有茅鹿门④、汤宾尹⑤、袁了凡⑥，皆画地成牢以陷人者，有死法也。死法之立，总缘识量狭小。如演杂剧，在方丈台上，故有花样步位，稍移一步则错乱。若驰骋康庄，取途千里，而用此步法。虽至愚者不为也。

十四　情景名为二，而实不可离。神于诗者，妙合无垠。巧者则有情中景，景中情。景中情者，如“长安一片月”⑦，自然是孤栖忆远之情；“影静千官里”⑧，自然是喜达行在之情。情中景尤难曲写，如“诗成珠玉在挥毫”⑨，写出才人翰墨淋漓，自心欣赏之景。凡此类，知者遇之；非然，亦鹘突看过，作等闲语耳。

---

① 岑参《送张子尉南海》：“不择南州尉，高堂有老亲。楼台重蜃气，邑里杂鲛人。海暗三山雨，花明五岭春。此乡多宝玉，慎勿厌清贫。”

② 皎然，唐长城（今浙江长兴）人，本姓谢，字清昼，或作昼。幼年出家为僧，专心学诗。以诗篇和禅学交接卿相和地方官，借诗求名。著有《诗式》五卷。

③ 虞集（1272—1348），字伯生，号道园，世称邵庵先生，元仁寿（今属四川）人，徙临川之崇仁（今属江西）。就学于吴澄。大德初，入京为大都路儒学教授、国学助教。泰定初为秘书少监，与王约从泰定帝去上都，用蒙、汉两种语言讲解经书，升翰林直学士兼国子祭酒。文宗时任奎章阁侍书学士，受命与中书平章赵世延等修《经世大典》。因劳累致眼疾，又为大臣所忌，遂告病回江西。诗文负盛名。卒谥文靖。著有《道园学古录》、《道园类稿》等。

④ 茅坤（1512—1601），字顺甫，号鹿门，明浙江归安人。嘉靖戊戌进士，大名兵备副使。万历六年（1578）结文社于杭州西湖。提倡唐宋八大家文，刻《三苏文钞》、《八大家文钞》、《明名臣经济文钞》行世，著有《白华楼集》、《茅鹿门稿》。《明史》卷二八七有传。

⑤ 汤宾尹，字嘉宾，明宣城（今属安徽）人。万历甲午举人，乙未会元、榜眼。授翰林院编修。历中允谕德，掌司业事。迁右庶子。升南京国子祭酒。生平事迹见《明史》卷二三六。著有《睡庵集》。

⑥ 袁黄，字坤仪，号了凡，明浙江嘉善（今属浙江）人。万历丙戌进士。除宝坻知县。究心垦荒，主张对滨海之碱卤土地进行改造，提出筑岸以阻隔潮水，开沟以泄渍卤的措施。万历二十年（1592）任兵部职方主事。赴朝鲜赞画御倭兵事。后遭劾归，久之卒。年七十四。著有《宝坻劝农书》、《祁嗣真诠》、《皇都水利》、《两行堂集》。

⑦ 李白《子夜吴歌》：“长安一片月，万户捣衣声。秋风吹不尽，总是玉关情。何日平胡虏？良人罢远征。”

⑧ 语出杜甫《喜达行在所三首》之三，详见《夕堂永日绪论·内编》“第六条”。

⑨ 杜甫《奉和贾至舍人早朝大明宫》：“五夜漏声催晓箭，九重春色醉仙桃。旌旗日暖龙蛇动，宫殿风微燕雀高。朝罢香烟携满袖，诗成珠玉在挥毫。欲知世掌丝纶美，池上于今有凤毛。”

十五 "更喜年芳人睿才"① 与"诗成珠玉在挥毫"②，可称双绝。不知者以"人"字"在"字为用字之巧，不知渠自顺手凑著。

十六 "欲投人处宿，隔水问樵夫"③。则山之辽廓荒远可知，与上六句初无异致，且得宾主分明，非独头意识悬相描摹也。"亲朋无一字，老病有孤舟。"④ 自然是登岳阳楼诗。尝试设身作杜陵，凭轩远望观，则心目中二语居然出现，此亦情中景也。孟浩然以"舟楫"、"垂钓"钩锁合题⑤，却自全无干涉。

十七 近体中二联，一情一景，一法也。"云霞出海曙，梅柳渡江春。淑气催黄鸟，晴光转绿萍"⑥，"云飞北阙轻阴散，雨歇南山积翠来。御柳已争梅信发，林花不待晓风开"⑦，皆景也，何者为情？若四句俱情，而无景语者，尤不可胜数。其得谓之非法乎？夫景以情合，情以景生，初不相离，唯意所适。截分两橛，则情不足兴，而景非其景。且如"九月寒砧催木叶"⑧，二句之中，情景作对；"片石孤云窥色相"⑨ 四句，情景双收，更从何处分析？陋人标陋格，乃谓"吴楚东南坼"四句，上景下情，为律诗宪典，不顾杜陵九原大笑。⑩ 愚不可瘳，亦孰与疗之？

十八 起承转收，一法也。试取初盛唐律验之，谁必株守此法者？法莫要于成章；立此四法，则不成章矣。且道"卢家少妇"一诗作何解？是何章法？又如"火树银花

---

① 李憕《奉和圣制，从蓬莱向兴庆阁道中留，春雨中春望之，作应制》诗："别馆春还淑气催，三宫路转凤凰台。云飞北阙轻阴散，雨歇南山积翠来。御柳遥随天仗发，林花不待晓风开。已知圣泽深无限，更喜年芳人睿才。"

② 语出杜甫《奉和贾至舍人早朝大明宫》，详见《夕堂永日绪论·内编》"第十三条"。

③ 语出王维《终南山》诗，详见《夕堂永日绪论·内编》"第五条"。

④ 语出杜甫《登岳阳楼》诗，详见《夕堂永日绪论·内编》"第七条"。

⑤ 此所谓"舟楫"和"垂钓"，都是孟浩然《临洞庭》诗中的主要意象，详见《夕堂永日绪论·内编》"第十九条"。

⑥ 杜审言《和晋陵陆丞早春游望》诗："独有宦游人，偏惊物候新。云霞出海曙，梅柳渡江春。淑气催黄鸟，晴光转绿苹。忽闻歌古调，归思欲沾巾。"

⑦ 语出李憕《奉和圣制，从蓬莱向兴庆阁道中留，春雨中春望之，作应制》诗，详见《夕堂永日绪论·内编》"第十四条"。

⑧ 沈佺期《古意》诗："卢家少妇郁金堂（一作香），海燕双栖玳瑁梁。九月寒砧催木叶，十年征戍忆辽阳。白狼河北音书断，丹凤城南秋夜长。谁为含愁独不见？更教明月照流黄。"

⑨ 李颀《题璇公山池》诗："远公遁迹庐山岑，片石孤云窥色相。开士幽居祇树林，清池皓月照禅心。指挥如意天花落，坐卧闲房春草深。此外俗尘都不染，惟余玄度得相寻。"

⑩ 九原，指墓地。这几句话的意思是说，假如割裂开来理解杜甫《登岳阳楼》诗中的"吴楚东南坼，乾坤日夜浮。亲朋无一字，老病有孤舟"这四句，那么早已逝去的杜甫，躺在坟墓里也会因为曲解了他的本意，而不以为然地笑的。

合"①，浑然一气；"亦知戍不返"②，曲折无端。其他或平铺六句，以二语括之；或六七句意已无余，末句用飞白法扬开，义趣超远，起不必起，收不必收，乃使生气灵通，成章而达。至若"故国平居有所思"，"有所"二字虚笼喝起，以下曲江、蓬莱、昆明、紫阁，皆所思者，此自《大雅》来；谢客③五言长篇，用为章法；杜更藏锋不露，抟合无垠，何起何收？何承何转？陋人之法，乌足展骐骥之足哉！近世唯杨用修④辨之甚悉。用修工于用法，唯其能破陋人之法也。

十九 起承转收以论诗，用教幕客作应酬或可。其或可者，八句自为一首尾也。塾师乃以此作经义法，一篇之中，四起四收，非蠢虫相衔成青竹蛇而何？两间万物之生，无有尻下出头枝末生根之理。不谓之不通，其可得乎？

二十 《乐记》云："凡音之起，从人心生也。"⑤ 固当以穆耳协心为音律之准。"一三五不论．二四六分明"之说，不可恃为典要。"昔闻洞庭水"，"闻"、"庭"二字俱平，正尔振起。若"今上岳阳楼"，易第三字为平声，云"今上巴陵楼"，则语蹇而戾于听矣。"八月湖水平"，⑥"月"、"水"二字皆仄，自可；若"涵虚混太清"易作"混虚涵太清"，为泥磬土鼓而已。又如"太清上初日"⑦，音律自可；若云"太清初上日"，以求合于粘，则情文索然，不复能成佳句。又如杨用修警句云："谁起东山谢安石，为君谈笑净烽烟。"⑧ 若谓"安"字失粘，更云"谁起东山谢太傅"，拖沓便不成

---

① 苏味道《正月十五夜》诗："火树银花合，星桥铁锁开。暗尘随马去，明月逐人来。游妓皆秾李，行歌尽落梅。金吾不禁夜，玉漏莫相催。"

② 杜甫《捣衣》诗："亦知戍不返，秋至拭清砧。已近苦寒月，况经长别心。宁辞捣衣倦，一寄塞垣深。用尽闺中力，君听空外音。"

③ 谢客，即谢灵运。谢灵运，小字"客儿"，时人称之为"谢客"。

④ 杨慎（1488—1559），字用修，号升庵，明四川新都人。正德辛未赐进士第一。授翰林修撰。嘉靖三年（1524）以议大礼泣谏，杖谪云南永昌卫（今属大理）。天启初，追谥文宪。著有《升庵集》。

⑤ 《礼记·乐记第十九·乐本》："凡音之起，由人心生也。人心之动，物使之然也。感于物而动，故形于声。声相应，故生变。变成方，谓之音。比音而乐之，及干戚羽旄，谓之乐。"又，"凡音者，生人心者也。情动于中，故形于声。声成文，谓之音。"又，"凡音者，生于人心者也；乐者，通伦理者也。是故，知声而不知音者，禽兽是也；知音而不知乐者，众庶是也。唯君子为能知乐。是故，审声以知音，审音以知乐，审乐以知政，而治道备矣。是故，不知声者不可与言音，不知音者不可与言乐。知乐，则几于礼矣。礼乐皆得，谓之有德。德者得也。"

⑥ 此句及以下两句，均出于孟浩然《临洞庭》诗："八月湖水平，涵虚混太清。气蒸云梦泽，波撼岳阳城。欲济无舟楫，端居耻圣明。坐观垂钓者，徒有羡鱼情。"

⑦ 《唐诗纪事》卷四马周《凌朝浮江旅思》诗云："太清上初日，春水送孤舟。山远疑无树，潮平似不流。岸花开且落，江鸟没还浮。羁望伤千里，长歌遣四愁。"

⑧ 明·杨慎《塞源鹧鸪词》："秦时明月玉弓悬，汉塞黄河锦带连。都护羽书飞瀚海，单于猎火照甘泉。莺闺燕阁年三五，马邑龙堆路十千。谁起东山谢安石，为君谈笑净烽烟。"王夫之《明诗评选》卷六，称赞此诗："八句四层，密成一片。"

响。足见凡言法者，皆非法也。释氏有言：“法尚应舍，何况非法?”① 艺文家知此，思过半矣。

二十一　作诗亦须识字。如“思”、“应”、“教”、“令”、“吹”、“烧”之类，有平仄二声，音别则义亦异。若粘与押韵，于此鹘突②，则荒谬止堪嗤笑。唐人不寻出处，不夸字学，而犯此者百无一二。宋人以博核见长，偏于此多误。杜陵以鄭侯“鄭”字作“才何切”，平声粘，缘《史》、《汉》注，自有两说，非不识字也。至廉颇音“婆”，相如音“湘”，则考据精切矣。苏子瞻不知《轩辕弥明诗序》“长颈高结”③，“结”字作“洁”音，稚子之所耻为，而孟浪若此！近见有和人韵者，以“葑非”作“芳非”字音押，虽不足道，亦可为不学人永鉴。

二十二　唯孟浩然“气蒸云梦泽”④，不知“云土梦作乂”⑤，“梦”本音“蒙”；“青阳逼岁除”⑥，不知“日月其除”⑦，“除”本音“住”。浩然山人之雄长，时有秀

---

① 《金刚经》：“是故不应取法，不应取非法。以是义故，如来常说：汝等比丘知我说法如筏喻者，法尚应舍，何况非法?”

② 鹘突，犹糊涂。从宋代起，就有这样的用法。《朱子全书·论语四》：“他这处直是见得如此分明，到得闻其正名处却鹘突。”

③ 宋·胡仔撰《渔隐丛话·前集》卷九：“《唐子西语录》云：东坡隔句对：‘著意寻弥明，长颈高结喉，无心逐定远，燕颔飞虎头。’或云：结字古髻字也。退之序是‘长颈高结（句断），喉中又作楚声。’”《东坡全集》卷二三《正辅既见和，复次前韵，慰鼓盆劝学佛》：“稚川真长生，少从郑公游。孝章偶不死，免为文举忧。余龄会有适，独往岂相攸。由来警露鹤，不羡攫蚤鹠。愿加视后鞭，同驾躡空辀。宁殆堕齿堇，勿忆齐眉羞。何时遂纵壑，归路同首丘。东冈松柏老，西岭橘柚秋。著意寻弥明，长颈高结喉。无心逐定远，燕颔飞虎头。君方卒功名，一泛范蠡舟。我亦沾沛渥，渐解钟仪囚。宁须张子房，万户自择留。犹胜嵇叔夜，孤愤甘长幽。南窗可寄傲，北山早归耰。此语君勿疑，老彭跨商周。”宋·王十朋撰《东坡诗集注》卷十：“韩退之《石鼎联句·序》言：侯喜新有能诗声，夜与刘说诗，道士轩辕弥明在其侧，长颈而高结，喉又作楚语，喜视之，若无人。”

④ 这是孟浩然《临洞庭》诗中的句子，详见《夕堂永日绪论内编》第十九条。

⑤ 语出《尚书·禹贡》：“荆及衡阳惟荆州。江、汉朝宗于海，九江孔殷，沱、潜既道，云土梦作乂。厥土惟涂泥，厥田惟下中，厥赋上下。厥贡羽、毛、齿、革惟金三品，杶、榦、栝、柏，砺、砥、砮、丹惟菌簵、楛，三邦厎贡厥名。包匦菁茅，厥篚玄纁玑组，九江纳锡大龟。浮于江、沱、潜、汉，逾于洛，至于南河。”

⑥ 孟浩然《归终南山》诗：“兆阙休上书，南山归弊庐。不才明主弃，多病故人疏。白发催年老，青阳逼岁除。永怀愁不寐，松月夜窗虚。”

⑦ 《诗经·唐风·蟋蟀》：“蟋蟀在堂，岁聿其莫。今我不乐，日月其除。无已大康，职思其居。好乐无荒，良士瞿瞿。　　蟋蟀在堂，岁聿其逝。今我不乐，日月其迈。无已大康，职思其外。好乐无荒，良士蹶蹶。　　蟋蟀在堂，役车其休。今我不乐，日月其慆。无以大康。职思其忧。好乐无荒，良士休休。”

句；而轻飘短味，不得与高、岑、王、储齿。① 近世文征仲②轻秀与相颉颃，而思致密赡，骎骎欲度其前。

二十三　王子敬③作一笔草书，遂欲跨右军④而上。字各有形埒，不相因仍，尚以一笔为妙境，何况诗、文本相承递邪！一时、一事、一意，约之止一两句；长言永叹，以写缠绵悱恻之情，诗本教也。《十九首》及《上山采蘼芜》等篇，止以一笔入圣证。自潘岳⑤以凌杂之心作芜乱之调，而后元声几熄。唐以后间有能此者，多得之绝句耳。一意中，但取一句"松下问童子"⑥ 是已。如"怪来妆阁闭"⑦，又止半句，愈入化境。近世郭奎"多病文园渴未消"⑧ 一绝，仿佛得之。刘伯温⑨、杨用修、汤义仍⑩、徐文长⑪有纯净者，亦无歇笔。至若晚唐饾凑，宋人支离，俱令生气顿绝。"承恩不在貌，教妾若为容？风软鸟声碎，日高花影重。"医家名为关格，死不治。

---

① 与高、岑、王、储齿，与高、岑、王、储并列。高、岑、王、储，分别指唐代诗人高适（约701—765）、岑参（约715—770）、王维（699—761）、储光羲（约707—约760）。他们均善写山水诗和田园诗。

② 文征明（1470—1559），初名璧，以字行，更字征仲，号衡山居士。明苏州长洲（今江苏苏州）人。曾学文于吴文宽，学书法于李应祯，学画于沈周。正德末年以岁贡生入京诣吏部试，用荐授翰林待诏。嘉靖二年（1523）与修《武宗实录》。著有《甫田集》。

③ 王献之（343—387）字子敬，东晋琅邪临沂（今山东临沂北）人。与其父王羲之同工书法，为著名书法家，后世合称"二王"。

④ 王羲之（321—379 或 303—361），字逸少，东晋琅邪临沂（今山东临沂北）人。王道从子。官至右军将军，世称"王右军"。著名书法家，书《兰亭序》，为后代学者所崇，被尊为书圣。

⑤ 潘岳（247—300），西晋荥阳中牟（今河南中牟东）人，字安仁。貌美，聪慧，才名冠世。曾任河阳令、著作郎，给事黄门侍郎等职，后为赵王司马伦及孙秀所害。为文辞藻艳丽，长于抒情，尤善哀诔。代表作为《悼亡诗》三首。著有《潘黄门集》。

⑥ 贾岛《寻隐者不遇》（《唐音》作《孙华访羊尊师》）诗："松下问童子，言师采药去。只在此山中，云深不知处。"

⑦ 王维《班婕妤三首》之三："怪来妆阁闭，朝下不相迎。总向春园里，花间语笑声。"

⑧ 明·郭奎《开岁卧病》诗："多病文园渴未消，自从人日遇花朝。不知杨柳将春色，绿到淮南第几桥？"郭奎，字子章，以字行。明巢县人。明初，朱文正开大都督府，节镇洪都，太祖命奎辅佐参谋，及文正得罪，坐不谏诛。著有《望云集》。清·朱彝尊编《明诗综》卷十三录郭奎诗三十首。

⑨ 刘基（1311—1375），字伯温，明初浙江青田人。元元统进士。历官多处。后弃官归，隐居著书。至正二十年（1360），应朱元璋召，议攻取大计。洪武初，官至御史中丞。论佐命功，封诚意伯。次年以老请归。八年，以为胡惟庸所谮，忧愤死。一说为胡惟庸毒死。正德九年（1514），追赠太师，追谥文成。著有《春秋明经》、《郁离子》、《覆瓿集》、《写情集》、《犁眉公集》。

⑩ 汤显祖（1550—1616），字若士，又字义仍，明江西临川人。万历癸未进士，礼部主事，谪徐闻典史，稍迁遂昌知县，著有《玉茗堂稿》。《明史》卷二三零有传。

⑪ 徐渭（1521—1593），初字文清，后改字文长，号天池山人、青藤山人、田水月等。初为诸生，屡试不中。嘉靖三十六年（1557），入浙闽总督胡宗宪幕府，知兵善谋。善书画，好诗文，喜戏曲。自称书第一，诗次之，文次之，画又次之。著有《徐文长文集》、《南词序录》、《四声猿》等。

二十四　不能作景语，又何能作情语邪？古人绝唱句多景语，如“高台多悲风”①，“胡蝶飞南园”②，‘池塘生春草”③，“亭皋木叶下”④，“芙蓉露下落”⑤，皆是也，而情寓其中矣。以写景之心理言情，则身心中独喻之微，轻安拈出。谢太傅于《毛诗》取“讦谟定命，远猷辰告”⑥，以此八字如一串珠，将大臣经营国事之心曲，写出次第；故与“昔我往矣，杨柳依依；今我来思，雨雪霏霏”⑦，同一达情之妙。

二十五　有大景，有小景，有大景中小景。“柳叶开时任好风”⑧，“花覆千官淑景移”⑨，及“风正一帆悬”⑩，“青霭入看无”⑪，皆以小景传大景之神。若“江流天地外，山色有无中”⑫，“江山如有待，花柳更无私”⑬，张皇使大，反令落拓不亲。宋人所喜，偏在此而不在彼。近唯文征仲《斋宿》等诗，能解此妙。

---

① 曹植《杂诗六首》之一：“高台多悲风，朝日照北林。之子在万里，江湖迥且深。方舟安可极？离思故难任。孤雁飞南游，过庭长哀吟。翘思慕远人，愿欲托遗音。形影忽不见，翩翩伤我心。”

② 语出张协《杂诗十首》之八，详见《夕堂永日绪论·内编》第四条。

③ 语出谢灵运《登池上楼》诗，详见《夕堂永日绪论·内编》第四条。

④ 明·冯惟讷撰《古诗纪》卷八十九柳恽《捣衣诗五首》之二：“行役滞风波，游人淹不归。亭皋木叶下，陇首秋云飞。寒园夕鸟集，思牖草虫悲。嗟矣当春服，安见御冬衣？”柳恽，南朝梁诗人，《梁书》卷二一有传。

⑤ 明·冯惟讷撰《古诗纪》卷一二零萧悫《秋思》诗：“清波收潦日，华林鸣籁初。芙蓉露下落，杨柳月中疏。燕帏缃绮被，赵带流黄裾。相思阻音息（玉台作信），结梦感离居。”萧悫，六朝时北齐诗人，《北齐书》卷四五有传。

⑥ 刘义庆《世说新语》：“谢公因子弟集聚，问《毛诗》何句最佳。遏（谢玄小字）称曰：‘昔我往矣，杨柳依依。今我来思，雨雪霏霏。’（思齐按：《小雅·采薇》）公曰：‘吁谟定命，远猷辰告。’（思齐按：《大雅·抑》）谓此句偏有雅人深致。”

⑦ 《小雅·采薇》六章：“昔我往矣，杨柳依依。今我来思，雨雪霏霏。行道迟迟，载渴载饥。我心伤悲，莫知我哀！”

⑧ 杜审言《大酺》诗：“毘陵震泽九州通，士女欢娱万国同。伐鼓撞钟惊海上，新妆袨服照江东。梅花落处疑残雪，柳叶开时任好风。火德官逢道泰，天长地久属年丰。”杜审言（约645—708），唐代诗人，大诗人杜甫的祖父。《新唐书》卷二零一有传。

⑨ 杜甫《紫宸殿退朝口号》诗：“户外昭容紫袖垂，双瞻御座引朝仪。香飘合殿春风转，花覆千官淑景移。昼漏稀闻高阁报，天颜有喜近臣知。宫中每出归东省，会送夔龙集凤池。”思齐按：口号，古体诗的题名。表示随口吟成，与口占相似。最初见于梁简文帝《仰和卫尉新渝侯巡城口号》一诗，后为人袭用。

⑩ 王湾《次北固山下》（《河岳英灵集》作《江南意》，起结四句不同）诗：“客路青山外，行舟绿水前。潮平两岸阔，风正一帆悬。海日生残夜，江春入旧年。乡书何处达，归雁洛阳边。”王湾，唐代诗人，先天进士。元·辛文房撰《唐才子传》卷一有传。

⑪ 语出王维《终南山》诗，详见《夕堂永日绪论·内编》第五条。

⑫ 王维《汉江临泛》诗：“楚塞三湘接，荆门九派通。江流天地外，山色有无中。郡邑浮前浦，波澜动远空。襄阳好风日，留醉与山翁。”

⑬ 杜甫《后游（上元元年在成都府所作）》诗：“寺忆曾游处，桥怜再渡时。江山如有待，花柳更无私。野润烟光薄，沙暄日色迟。客愁全为减，舍此复何之。”

二十六　情语能以转折为含蓄者，唯杜陵居胜，“清渭无情极，愁时独向东”①，“柔橹轻鸥外，含凄觉汝贤”② 之类是也。此又与“忽闻歌古调，归思欲沾巾”③ 更进一格，益使风力遒上。

二十七　含情而能达，会景而生心，体物而得神，则自有灵通之句，参化工之妙。若但于句求巧，则性情先为外荡，生意索然矣。松陵体永堕小乘者，以无句不巧也。然皮、陆二子④差有兴会，犹堪讽咏。若韩退之以险韵、奇字、古句、方言矜其饾辏之巧，巧诚巧矣，而于心情兴会一无所涉，适可为酒令而已。黄鲁直、米元章⑤，益堕此障中。近则王谑庵⑥承其下游，不恤才情，别寻蹊径，良可惜也。

二十八　对偶有极巧者，亦是偶然凑手，如“金吾”“玉漏”、“寻常”“七十”之类，初不以此碍于理趣。求巧则适足取笑而已。贾岛诗：“高人烧药罢，下马此林间”⑦，以“下马”对“高人”，噫，是何言与？

二十九　一解弈者，以诲人弈为游资。后遇一高手，与对弈至十数子，辄揶揄之

---

① 杜甫《秦州杂诗五》之二：“秦州城北寺，传是隗嚣宫。苔藓山门古，丹青野殿空。月明垂叶露，云逐度溪风。清渭无情极，愁时独向东。”

② 杜甫《船下夔州，郭宿雨湿，不得上岸，别王十二判官》诗：“依沙宿舸船，石濑月娟娟。风起春灯乱，江鸣夜雨悬。晨钟云外湿，胜地石堂偏。柔橹轻鸥外，含凄觉汝贤。”

③ 语出杜审言《和晋陵陆丞早春游望》诗，详见《夕堂永日绪论·内编》第十六条。

④ 皮、陆二子，指唐代诗人皮日休（约834—约883）和陆龟蒙（？—约881）。二人生活在同一时期，而且风格相近，合称皮陆诗派。

⑤ 米芾（1051—1107），一名黻，字元章。著名书法家。诗人。北宋丹徒（今江苏镇江）人，世居太原，后迁徙襄阳（今属湖北）。以母侍宣仁后藩邸旧恩补官。累太常博士，知无为军，召为书画博士，礼部员外郎。出知淮阳军。著有《宝晋英光集》。

⑥ 王谑庵，明代小品文作家，著有《悔虐钞》。明·倪元璐《倪文贞集》卷七《王谑庵悔虐钞序》：“谑庵之谑，似俳似史。其中于人，忽醴忽酰，醉其谐而饮其毒。岳岳者折角气堕。期期者弯弓计穷。于是笑撤为嗔，嗔积为衅。此谑庵所谓‘祸之胎’而悔尔。虽然，谑庵既悔，谑祸将定，须庄语乞福。夫向所流传，按义选辞，摘葩敲韵，要是谑庵所为庄语者矣。而其中于人，不变其颜，则透其汗，莫不家题影国，人号衔官，南荣弃书，君苗焚砚，暑赋不出，灵光罢吟，在余尹邢，尤嗟瑜亮，蜂虻之怨，著体即知。遂有性火上腾，妬河四决，德祖可杀，谭峭宜沈，岌乎危哉。亦谑庵之祸机矣。谑庵不悔庄而悔谑，则何也？且夫致有诙而非谩也，不可以刃杀士，而诡之桃以杀之；不可以经断狱，而引非经之经以断之。《春秋》，斩然严史，而造语尖寒，有如盗窃。公孙天王狩、毛伯来求之类，研文练字，已极针锥。正以《春秋》一书，使宣尼腾乎辅颊，岂容后世复有淳于（髡）隐语、东方（朔）雄辩者乎？史迁序赞《滑稽》，其发言乃曰：易以神化，春秋道义，是其意欲使《滑稽》诸人，宗祀孔子耳。《滑稽》之道，无端似神化，有激似义神。化与义，惟谑庵之谑，皆有之。谑庵史才，其心岂不曰：世多错事！《春秋》亡而《史记》作，吾谑也乎哉！如此即宜公称窃取，正告吾徒，而书既国门，逢人道悔，是则谑庵谑矣。孔子曰：罪我者，其惟春秋乎。斯言也，谑庵读之而悚然也。”

⑦ 贾岛《张郎中过原东居》诗：“年长惟添懒，经旬止掩关。高人烧药罢，下马此林间。对坐天将暮，同来客亦闲。几时能重至，水味似深山。”思齐按：一本作“高人餐药后”。

曰："此教师棋耳！"诗文立门庭使人学已，人一学即似者，自诩为"大家"，为"才子"，亦艺苑教师而已。高廷礼①、李献吉②、何大复③、李于鳞、王元美④、钟伯敬⑤、谭友夏⑥，所尚异科，其归一也。才立一门庭，则但有其局格，更无性情，更无兴会，更无思致；自缚缚人，谁为之解者？昭代风雅，自不属此数公。若刘伯温之思理，高季迪⑦之韵度，刘彦昺⑧之高华，贝廷琚⑨之俊逸，汤义仍之灵警，绝壁孤骞，无可攀蹑，人固望洋而返；而后以其亭亭岳岳之风神，与古人相辉映。次则孙仲衍⑩之畅适，周履道⑪之萧清，徐昌谷之密赡，高子业⑫之戍削，李宾之⑬之流丽，徐文长之

---

① 高棅（1350—1423），字彦恢，更名廷礼，别号漫士。明福建长乐人，本姓张，后出继高氏，改姓高。永乐初为翰林待诏，升典籍。善饮酒，工书画，尤专工诗。为闽中十才子之一。其所选《唐诗品汇》、《唐诗正声》，终明之世，馆阁宗之。生平事迹见《明史》卷二八六《林鸿》传附《高棅传》。

② 李梦阳（1473—1530），字献吉，自号空同子，明庆阳人。弘治七年进士，官户部郎中，先后上书言事，劾宦官刘瑾，因此下狱，气节震一时。刘瑾诛，起官江西提学副使。明代文学十才子之一，又为前七子之一。《明史》卷二八六有传。

③ 何景明（1483—1512），字仲默，号大复，明信阳人。弘治十五年进士，官至陕西提学副使。何景明与李梦阳为诗文初相得，成名以后，互相诋毁，各立门户，不相下。《明史》卷二八六有传。

④ 王世贞（1526—1590），字元美，自号凤洲，又号弇州山人，明太仓人。嘉靖二十六年进士，官至南京刑部尚书。《明史》卷二八七有传。

⑤ 钟惺（1574—1624），字敬伯，明竟陵人。万历三十八年进士，官至福建提学佥事。明代文学竟陵派代表人物之一。《明史》卷二八八有传。

⑥ 谭元春（1586—1637），明竟陵（今湖北天门）人，字友夏。天启丁卯举乡试第一。谭元春为明代文学流派竟陵派的领袖人物之一。《明史》卷二八八《谭元春传》："自（袁）宏道矫王、李诗之弊，倡以清真，（钟）惺复矫其弊，变而为幽深孤峭。与同里谭元春评选唐人之诗为《唐诗归》，又评选隋以前诗为《古诗归》。钟、谭之名满天下，谓之竟陵体。"

⑦ 高启（1336—1374），字季迪，明长洲人。元末避兵乱居松江之青邱，自号青邱子。明太祖洪武初年，召修《元史》，授翰林院国史编修，官至户部侍郎。后因事被杀。高启诗才高逸，为明初诗人之冠。《明史》卷二八五有传。

⑧ 刘炳，字彦昺，以字行，鄱阳人。元至正间，从军于浙。明太祖起淮南，献书言事，用为中书典签。是平事迹见《明史》卷二八五有传，附《王冕传》后。

⑨ 贝琼（？—1379），字廷琚，一名阙，字廷臣，崇德人。元末领乡荐，明初征修《元史》，授国子监助教。《明史》卷二三七有传。

⑩ 孙蕡，字仲衍，广东顺德人。与王佐、赵介、李德、黄哲并受礼遇，称五先生。洪武进士。官至苏州经历，后坐蓝玉党被杀。著有《通鉴前编纲目》、《孝经集善》、《理学训蒙》及《西庵集》、《和陶集》，多佚不传。《明史》卷二八五有传。

⑪ 周砥，字履道，明吴（今属江苏）人。寓居无锡，往来宜兴。后客会稽，没于兵。《历朝诗集》甲集前编第八存其诗二十八首。王夫之《明诗评选》存其诗八首。

⑫ 高叔嗣（1501—1537），字叔嗣，祥符人。嘉靖二年进士，官至湖广按察使。少受知于李梦阳，但自为诗清新婉约，宗王、孟一派。《明史》卷二八七有传。

⑬ 李东阳（1447—1516），字宾之，明茶陵（今属湖南）人。天顺八年进士，选庶吉士，授编修。官至吏部尚书、华盖殿大学士、少师兼太子太师。以宰臣领袖文坛，海内称为西涯先生。其诗学杜甫、刘长卿、白居易，以迨苏轼、虞集，兼综互出，自成面目。明七子未兴起以前，号为一大宗。《明史》卷一八一有传。

豪迈，各擅胜场，沉酣自得。正以不悬牌开肆，充风雅牙行，要使光焰熊熊，莫能掩抑，岂与碌碌余子争市易之场哉？李文饶①有云："好驴马不逐队行。"立门庭与依傍门庭者，皆逐队者也。

三十　建立门庭，自建安始。曹子建铺排整饰，立阶级以赚人升堂，用此致诸趋赴之客，容易成名，伸纸挥毫，雷同一律。子桓精思逸韵，以绝人攀跻，故人不乐从，反为所掩。子建以是压倒阿兄，夺其名誉。实则子桓天才骏发，岂子建所能压倒邪？故嗣是而兴者，如郭景纯②、阮嗣宗③、谢客、陶公，乃至左太冲④、张景阳⑤，皆不屑染指建安之羹鼎，视子建蔑如矣。降而萧梁宫体，降而王、杨、卢、骆，降而大历十才子⑥，降而温、李、杨、刘。降而江西宗派，降而北地、信阳、琅邪、历下，降而竟陵，所翕然从之者，皆一时和哄⑦汉耳。宫体盛时，即有庾子山⑧之歌行，健笔纵横，不屑烟花簇凑。唐初比偶，即有陈子昂、张子寿扢扬大雅。继以李、杜代兴，杯酒论文，雅称同调，而李不袭杜，杜不谋李，未尝党同伐异，画疆墨守。沿及宋人，始争疆垒。欧阳永叔亟反杨亿⑨、刘筠⑩之靡丽，而矫枉已迫，还入于枉，遂使一代无诗，掇拾夸新，殆同觞令。胡元浮艳，又以矫宋为工，蛮触之争，要于兴观群怨丝毫未有当

---

① 李德裕（789—894），字文饶，唐赵郡人。唐穆宗朝，官中书门下平章事。武宗朝，官门下侍郎，同中书门下平章事。宣宗朝，贬崖州司户参军卒。著有《会昌一品集》二十卷、《别集》十卷、《外集》四卷。《唐书》卷一七四、《新唐书》卷一八零有传。

② 郭璞（276—324），字景纯，晋代河东闻喜（今属山西）人。好经学，博学有高才，讷于言论，好古文奇字。晋代诗人、词赋家、训诂学家。

③ 阮籍（210—263），字嗣宗。闻步兵厨营人善酿，有贮酒三百斛，乃求为步兵校尉，后人以此戏称阮步兵。阮籍为三国魏诗人、散文家、玄学家。阮籍《咏怀诗》，自颜延之、沈约以至近代，注释甚多，以黄节《阮步兵咏怀诗注》为较善。

④ 左思（252—306?），字太冲，晋代诗人、词赋家。左思作品以《三都赋》声名最大，以《咏史》八首价值最高。

⑤ 张协（生卒年不详），字景阳，晋安平武邑（今属河北）人。张协为晋代诗人、词赋家，其辞赋类代表作为《七命》，其诗作以《杂诗》十首为后世所称道。

⑥ 宋·计有功《唐诗纪事》卷三十："大历十才子，《唐书》不见人数。卢纶、钱起、郎士元、司空曙、李端、李益、苗发、皇甫曾、耿沣、李嘉祐。又云：吉顼、夏侯审，亦是。或云：钱起、卢纶、司空曙、皇甫曾、李嘉祐、吉中孚、苗发、郎士元、李益、耿沣、李端。二李皆出于姑臧，庶子为文章李益，尚书为门户李益。一日赴嘉会，尚书曰：今日两个坐头，皆是李益。"

⑦ 和哄，欺骗，糊弄。和，阴平声。和哄汉，糊弄别人的人，骗子。

⑧ 庾信（513—581），字子山，北朝周诗人、辞赋家、骈文家。庾信诗作以《燕歌行》、《咏怀》二十七首等为最著名，其赋作以《春赋》、《七夕赋》、《鸳鸯赋》、《小园赋》、《枯树赋》、《竹枝赋》、《哀江南赋》为历来传诵之作。

⑨ 杨亿（974—1020），字大年，北宋建州浦城（今属福建）人。杨亿诗学李商隐，词藻华丽，好"西昆体"。编著有《武夷新集》、《杨文公谈苑》、《西昆酬唱集》。

⑩ 刘筠（971—1031），字子仪，北宋大名（今河北大名东北）人。刘筠诗学李商隐，与杨亿、钱惟演等人的唱和之作合编为《西昆酬唱集》，后世称为西昆体。

也。伯温、季迪以和缓受之，不与元人竞胜，而自问风雅之津。故洪武间诗教中兴，洗四百年三变之陋．是知立“才子”之目，标一成之法，扇动庸才，旦仿而夕肖者，原不足以羁络骐骥。唯世无伯乐，则驾盐车上太行者，自鸣骏足耳。

三十一　所以门庭一立，举世称为“才子”、为“名家”者，有故。如欲作李、何、王、李门下厮养，但买得《韵府群玉》、《诗学大成》、《万姓统宗》、《广舆记》四书置案头，遇题查凑，即无不足。若欲吮竟陵之唾液，则不更须尔；但就措大家所诵时文“之”、“于”、“其”、“以”、“静”、“澹”、“归”、“怀”熟活字句凑泊将去，即已居然词客。如源休①一收图籍，即自谓酂侯②，何得不向白华殿拥戴朱泚③邪？为朱泚者，遂褎然自以为天子矣。举世悠悠，才不敏，学不充，思不精，情不属者，十姓百家而皆是。有此开方便门大功德主，谁能舍之而去？又其下，更有皎然《诗式》一派下游，印纸门神待填朱绿者，亦号为诗。庄子曰：“人莫悲于心死。”④ 心死矣，何不可图度予雄邪？

三十二　曹子建之于子桓，有仙凡之隔。⑤ 而人称子建，不知有子桓，俗论太抵如此。王敬美⑥风神蕴藉，高出元美上者数等。而俗所归依，独在元美。元美如吴夫差，倚豪气以争执牛耳，势之所凌灼，亦且如之何哉？敬美论诗，大有玄微之旨。其云“河下佣”者，阿兄即是。挥毫落纸，非云非烟，为五里雾耳。如送蔡子木⑦诗：“一

---

① 源休，唐相州临漳人，京兆尹光舆之子也。源休以干局，累迁京兆少尹。劝朱泚僭号，泚以为宰相。判度支，内外咨谋。朱泚败死，源休走凤翔，为其部曲所杀。

② 萧何（？—前 193），楚汉战争时任丞相，留守关中。刘邦称帝之后，以功高封酂侯，位次第一，父子兄弟十余人皆食邑。

③ 朱泚（742—784），唐幽州昌平人。任卢龙节度使。建中四年，泾原节度使姚令言军在长安哗变，拥泚为帝，国号大秦，年号应天。旋改为汉，改元天皇。兴元元年，唐将李晟收复长安，朱泚出逃，为部将所杀。《旧唐书》卷二〇〇、《新唐书》卷二二五有传。

④ 《庄子·田子方二十一》：“仲尼曰：‘恶！可不察与！夫哀莫大于心死，而人死亦次之。日出东方而入于西极，万物莫不比方，有目有趾者，待是而后成功，是出则存，是入则亡。万物亦然，有待也而死，有待也而生。吾一受其成形，而不化以待尽，效物而动，日夜无隙，而不知其所终；薰然其成形，知命不能规乎其前，丘以是日徂。吾终身与汝交一臂而失之，可不哀与！女殆著乎吾所以著也。彼已尽矣，而女求之以为有，是求马于唐肆也。吾服女也甚忘，女服吾也亦甚忘。虽然，女奚患焉！虽忘乎故吾，吾有不忘者存。”

⑤ 意思是说，曹植和曹丕之间，其差别极其巨大。子建，曹植（192—232）的字。子桓，曹丕（187—226）的字。曹植是曹操第三子，长于文学创作，其代表作是《洛神赋》。曹丕是曹操次子，即魏文帝（220—226 在位），长于文学理论，其代表作是《典论》。

⑥ 王世懋（1536—1588），字敬美，号麟洲、损斋、墙东生、少美。明苏州太仓（今属江苏）人。王世贞之弟。嘉靖己未进士。除南京礼部主事。迁尚宝司丞。出为江西参议。历陕西、福建提学副使，升行太常寺少卿。著有《奉常集》。清·朱彝尊编《明诗综》卷五二录王世懋诗四首。

⑦ 蔡汝楠，字子木，德清人。明嘉靖壬辰进士。除行人。历山东按察使，擢兵部侍郎，改南工部。著有《自知堂稿》。

去蔡邕谁倒屣，可怜王粲独登楼。”① 恰好安排，一呼即集，非河下佣而何？

三十三 元美末年以苏子瞻自任，时人亦誉为“长公再来”。子瞻诗文虽多灭裂，而以元美拟之，则辱子瞻太甚。子瞻野狐禅也，元美则吹螺、摇铃、演《梁皇忏》一应付僧耳。“为报邻鸡莫惊觉，更容残梦到江南。”② 元美竭尽生平，能作此两句不？

三十四 立门庭者必饾饤，非饾饤不可以立门庭。盖心灵人所自有，而不相贷，无从开方便法门，任陋人支借也。人讥西昆体为獭祭鱼，苏子瞻、黄鲁直亦獭耳。彼所祭者肥油江豚，此所祭者吹沙跳浪之鲿鲨也：除却书本子，则更无诗。如刘彦昺诗：“山连晓气蟠龙虎，台枕东风忆凤凰。”③ 贝廷琚诗：“我别语儿溪上宅，月当二十四回新。如何万国尚戎马，即恐比邻非昔人。”④ 用事不用事，总以曲写心灵，动人兴观群怨，却使陋人无从支借。唯其不可支借，故无有推建门庭者，而独起四百年之衰。

三十五 “落日照大旗，马鸣风萧萧”⑤，岂以“萧萧马鸣，悠悠旆旌”⑥ 为出处邪？用意别，则悲愉之景，原不相贷。出语时，偶然凑合耳。必求出处，宋人之陋也。其尤酸迂不通者，既于诗求出处，抑以诗为出处考证事理。杜诗：“速宜相就饮一斗，

---

① 明·王世贞撰《弇州四部稿》卷三十三《送蔡子木守衡州》诗：“少年为郡肃清修，京洛相携赋壮游。一去蔡邕谁倒屣？可堪王粲独登楼。挿天衡岳层层碧，遶郭湘江细细流。莫向秋风悲日远，长沙今得比中州。”

② 清·吴之振编《宋诗钞》卷二二苏轼《仆年三十九，在润州道上，遇除夜，作此诗；又二十年，在惠州，录之以付过》诗，其一：“寺官官小未朝参，红日半窗春睡酣。为报邻鸡莫惊觉，更容残梦到江南。”其二：“钓艇归时菖叶雨，缫车鸣处楝花风。长江昔日经游地，尽在如今梦寐中。”

③ 明·曹学佺编《石仓历代诗选》卷三百六《明诗初集》二十六刘炳《早春呈吴待制》：“上林春早陌尘香，紫禁觚棱射日光。新绿御河摇柳黛，小红宫树试桃妆。山连晓气蟠龙虎，台枕东风忆凤凰。心折故园幽兴独，寻僧看竹过邻墙。”刘炳，字彦昺，以字行，详见《夕堂永日绪论·内编》第二十八条。

④ 贝琼《怀内弟陆熙之》：“我别语儿溪上宅，月当二十四回新。如何故国尚戎马？即恐比邻非昔人。箫鼓谁家犹作社？楼台废苑不成春！夜阑忆尔无由见，怅望黄姑析木津。”贝琼，字廷琚，详见《夕堂永日绪论·内编》第二十八。

⑤ 杜甫《后出塞五首》之二：“朝进东门营，暮上河阳桥。落日照大旗，马鸣风萧萧。平沙列万幕，部伍各见招。中天悬明月，令严夜寂寥。悲笳数声动，壮士惨不骄。借问大将谁，恐是霍嫖姚。”

⑥《诗经·小雅·车攻》：“我车既攻，我马既同。四牡庞庞，驾言徂东。田车既好，田牡孔阜。东有甫草，驾言行狩。之子于苗，选徒嚣嚣。建旐设旄，搏兽于敖。驾彼四牡，四牡奕奕。赤芾金舄，会同有绎。决拾既佽，弓矢既调。射夫既同，助我举柴。四黄既驾，两骖不猗。不失其驰，舍矢如破。萧萧马鸣，悠悠旆旌。徒御不惊，大庖不盈。之子于征，有闻无声。允矣君子，展也大成。”

恰有三百青铜钱。"① 遂据以为唐时酒价。崔国辅诗："与酤一斗酒，恰用十千钱。"②就杜陵沽处贩酒，向崔国辅卖，岂不三十倍获息钱邪？求出处者，其可笑类如此。

三十六　一部《杜诗》，为刘会孟③陻塞者十之五，为《千家注》沉埋者十之七，为谢叠山④、虞伯生污蔑更无一字矣。开卷《龙门奉先寺》诗："天阙象纬逼，云卧衣裳冷。"⑤ 尽人解一"卧"字不得，只作人卧云中，故于"阙"字生许多胡猜乱度。此等下字法，乃子美早年未醇处。从阴铿、何逊来，向后脱卸乃尽，岂黄鲁直所知邪？至"沙上凫雏傍母眠"⑥，诬为嘲诮杨贵妃、安禄山。则市井恶少造谣歌诮邻人闺阃恶习，施之君父，罪不容于死矣。

三十七　《小雅·鹤鸣》之诗，全用比体，不道破一句，《三百篇》中创调也。要以俯仰物理而咏叹之，用见理随物显，唯人所感，皆可类通；初非有所指斥一人一事，不敢明言，而姑为隐语也。若他诗有所指斥，则皇父、尹氏、暴公，不惮直斥其名，历数其慝，而且自显其为家父，为寺人孟子，无所规避。《诗》教虽云温厚，然光昭之志，无畏于天，无恤于人。揭日月而行，岂女子小人半含不吐之态乎？《离骚》虽多引喻，而直言处亦无所讳。宋人骑两头马，欲博忠直之名，又畏祸及，多作影子语，巧相弹射，然以此受祸者不少。既示人以可疑之端，则虽无所诽诮，亦可加以萝织。观苏子瞻乌台诗案，其远谪穷荒，诚自取之矣。而抑不能昂首舒吭以一鸣，三木加身，则曰"圣主如天万物春"，可耻孰甚焉！近人多效此者，不知轻薄圆头恶习，君子所不屑久矣。

---

① 杜甫《偪侧行赠毕四曜》诗："偪侧何偪侧，我居巷南子巷北。可怜邻里间，十日不一见颜色。自从官马送还官，行路难行涩如棘，我贫无乘非无足，昔者相过今不得。不是爱微躯，非关足无力。徒步翻愁官长怒，此心炯炯君应识。晓来急雨春风颠，睡美不闻钟鼓传。东家蹇驴许借我，泥滑不敢骑朝天。已令请急会通籍，男儿性命绝可怜。焉能终日心拳拳？忆君诵诗神凛然。辛夷始花亦已落，况我与子非壮年。街头酒价常苦贵，方外酒徒稀醉眠。速宜相就饮一斗，恰有三百青铜钱。"

② 崔国辅《杂诗》："逢著平乐儿，论交鞍马前。与酤一斗酒，恰用十千钱。后余在关内，作事多迍邅。何肯相救援？徒闻宝剑篇。"崔国辅（生卒年不详），唐吴郡（治今江苏苏州）人，开元二十六年进士。初应县令举，授许昌令，累迁集贤直学士，礼部员外郎。后坐王铁近亲，贬竟陵郡司马。《全唐诗》卷一一九编其诗为一卷。崔国辅的代表作有《采莲曲》、《从军行》等。

③ 刘辰翁（1232—1297），字会孟，号须溪。南宋庐陵（今江西吉安）人。少补太学生，宋理宗景定三年（1262）举进士，以廷试对策忤贾似道，列丙等。曾任濂溪书院山长，江万里荐居史馆，又除太学博士，皆固辞。宋亡，遂不复出。著有《须溪集》二百卷。思齐按：须溪，刘辰翁所居地名。

④ 谢晋，字孔昭，明吴县（今属江苏）人，工画山水，尝自戏为"谢叠山"。

⑤ 杜甫《游龙门奉先寺》诗："已从招提游，更宿招提境。阴壑生灵籁，月林散清影。天阙象纬逼，云卧衣裳冷。欲觉闻晨钟，令人发深省。"

⑥ 杜甫《绝句漫兴九首》之七："糁径杨花铺白毡，点溪荷叶迭青钱。笋根稚子无人见，沙上凫雏傍母眠。"

三十八　近体，梁、陈已有，至杜审言①而始叶于度。歌行，鲍、庾初制，至李太白而后极其致。盖创作犹鱼之初漾于洲渚，继起者乃泳游自恣，情舒而鳞鬐始展也。七言绝句，初盛唐既饶有之，稍以郑重，故损其风神。至刘梦得②，而后宏放出于天然，于以扬扢性情，驳娑景物，无不宛尔成章，诚小诗之圣证矣。此体一以才情为主。言简者最忌局促，局促则必有滞累；苟无滞累，又萧索无余。非有红垆点雪之襟宇，则方欲驰骋，忽尔蹇踬；意在矜庄，只成疲苶。以此求之，知率笔口占之难，倍于按律合辙也。梦得而后，唯天分高朗者，能步其芳尘，白乐天、苏子瞻皆有合作，近则汤义仍、徐文长、袁中郎往往能居胜地，无不以梦得为活谱。才与无才，情与无情，唯此体可以验之。不能作五言古诗，不足入风雅之室；不能作七言绝句，直是不当作诗。区区近体中觅好对语，一四六幕客而已。

三十九　七言绝句，唯王江宁③能无疵纇；储光羲、崔国辅其次者。至若“秦时明月汉时关”④，句非不炼，格非不高，但可作律诗起句；施之小诗，未免有头重之病。若“水尽南天不见云”⑤，“永和三日荡轻舟”⑥，“囊无一物献尊亲”⑦，“玉帐分弓射虏营”⑧，皆所谓滞累，以有衬字故也。其免于滞累者，如“只今惟有西江月，曾照吴王宫里人”⑨，“黄鹤楼中吹玉笛，江城五月落梅花”⑩，“此夜曲中闻《折柳》，何人不起故园情”⑪，则又疲苶无生气，似欲匆匆结煞。

四十　作诗但求好句，已落下乘。况绝句只此数语，拆开作一俊语，岂复成诗？

---

① 杜审言（约645—708），唐代诗人，杜甫的祖父。

② 唐代文学家刘禹锡（772—842），字梦得。

③ 王江宁，指王安石（1021—1086）。宋神宗即位，王安石起知江宁府。

④ 王昌龄《从军行》之四：“秦时明月汉时关，万里长征人未还。但使龙城飞将在，不教边马度阴山。”王昌龄（约690—约756），开元进士，善写边塞军旅生活的诗人。元·辛文房撰《唐才子传》卷一有传。

⑤ 李白《陪族叔邢部侍郎晔，及中书舍人贾至，游洞庭湖三首》之一：“洞庭西望楚江分，水尽南天不见云。日落长沙秋色远，不知何处吊湘君。”

⑥ 常建《三日寻李九庄》诗：“雨歇杨林东渡头，永和三日荡轻舟。故人家在桃花岸，直到门前溪水流。”常建，开元十五年进士。元·辛文房撰《唐才子传》卷一有传。

⑦ 杜甫《赠郑链赴襄阳》：“郑子将行罢使臣，囊无一物献尊亲。江山路远羁离日，裘马谁为感激人。”

⑧ 杜甫《奉和严国公军城早秋》诗：“秋风袅袅动高旌，玉帐分弓射虏营。已收滴博云间戍，更夺蓬婆雪外城。”

⑨ 李白《苏台览古》诗：“旧苑荒台杨柳新，菱歌清唱不胜春。只今惟有西江月，曾照吴王宫里人。”

⑩ 李白《与史郎中钦听黄鹤楼上吹笛》诗：“一为迁客去长沙，西望长安不见家。黄鹤楼中吹玉笛，江城五月落梅花。”

⑪ 李白《春夜洛城闻笛》诗：“谁家玉笛暗飞声？散入春风满洛城。此夜曲中闻折柳。何人不起故园情？”

“百战方夷项，三章且易秦；功归萧相国，气尽戚夫人。”① 恰似一汉高帝谜子；掷开成四片，全不相关通。如此作诗，所谓“佛出世也救不得”也。

四十一 建立门庭，已绝望风雅。然其中有本无才情，以此为安身立命之术者，如高廷礼、何大复、王元美、钟伯敬是也。有才情固自足用，而以立门庭故自桎梏者，李献吉是也。其次则谭友夏亦有牙后慧，使不与钟为徒，几可分文征仲一席，当于其五、七言绝句验之。

四十二 论画者曰：“咫尺有万里之势。”② 一“势”字宜着眼。若不论势，则缩万里于咫尺，直是《广舆记》前一天下图耳。五言绝句，以此为落想时第一义。唯盛唐人能得其妙，如“君家住何处？妾住在横塘。停船暂借问，或恐是同乡。”③ 墨气所射，四表无穷，无字处皆其意也。李献吉诗：“浩浩长江水，黄州若个边？岸回山一转，船到堞楼前。”④ 固自不失此风味。

四十三 五言绝句自五言古诗来，七言绝句自歌行来，此二体本在律诗之前；律诗从此出，演令充畅耳。有云绝句者截取律诗一半，或绝前四句，或绝后四句，或绝首尾各二句，或绝中两联。审尔，断头刖足，为刑人而已。不知谁作此说，戕人生理！自五言古诗来者，就一意中圆浮成章，字外含远神，以使人思。自歌行来者，就一气中骀宕灵通，句中有余韵，以感人情。修短虽殊，而不可杂冗滞累则一也。五言绝句有平铺两联者，亦阴铿、何逊古诗之支裔。七言绝句有对偶，如“故乡今夜思千里，愁鬓明朝又一年”⑤，亦流动不羁，终不可作“江间波浪兼天涌，塞上风云接地阴”⑥ 平实语。足知绝律四句之说，牙行赚客语，皮下有血人不受他和哄。

---

① 唐·于季子《咏汉高祖》诗：“百战方夷项，三章且代秦。功归萧相国，气尽戚夫人。”

② 明·倪谦撰《倪文僖集》卷十二《画士汪孟文小像赞》：“其为气也，䵷然而清；其为人也，悫然而诚。蚤游心于画苑，遂驰誉于墨卿。天机超越，意匠经营，此所以笔端造化，咫尺有万里之势；胸中丘壑，磊落成一代之名也欤。”倪谦，字克让，明江宁人。正统己未赐进士第三人。累官南礼部尚书，赠太子少保，谥文僖。著有《朝鲜纪事》、《倪文僖集》，以及《玉堂》、《南宫》、《上谷》、《归田》等稿。

③ 崔颢《长干行二首》，其一：“君家住何处？妾住在横塘。停船暂借问，或恐是同乡。”其二：“家临九江水，来去九江侧。同是长干人，生小不相识。”

④ 明·李梦阳《空同集》卷三四《黄州》诗：“浩浩长江水，黄州那个边。岸回山一转，船到堞楼前。”李梦阳（1473—1529），字天赐，改字献吉，号空同子。

⑤ 高适《除夜作》诗：“旅馆寒灯独不眠，客心何事转怆然？故乡今夜思千里，愁鬓明朝又一年。”高适（约 701—765），唐代边塞诗人，《唐书》和《新唐书》均有传。

⑥ 杜甫《秋兴八首》之一：“玉露凋伤枫树林，巫山巫峡气萧森。江间波浪兼天涌，塞上风云接地阴。丛菊两开他日泪，孤舟一系故园心。寒衣处处催刀尺，白帝城高急暮砧。”

四十四　《大雅》中理语造极精微，除是周公道得，汉以下无人能嗣其响。陈正字①、张曲江②始倡《感遇》之作，虽所诣不深，而本地风光，骀宕人性情，以引名教之乐者，风雅源流，于斯不昧矣。朱子和陈、张之作，亦旷世而一遇。此后唯陈白沙③为能以风韵写天真，使读之者如脱钩而游杜蘅之沚。王伯安④厉声吆喝："个个人心有仲尼。"⑤ 乃游食髡徒夜敲木板叫街语，骄横卤莽，以鸣其"蠢动含灵皆有佛性"⑥ 之说，志荒而气因之躁，陋矣哉！

四十五　门庭之外，更有数种恶诗：有似妇人者，有似衲子者，有似乡塾师者，有似游食客者。妇人、衲子，非无小慧；塾师、游客，亦侈高谈。但其识量不出针线、蔬笋、数米、量盐、抽丰、告贷之中，古今上下，哀乐了不相关；即令揣度言之，亦粤人咏雪，但言白冷而已。然此数者，亦有所自来，以为依据。似妇人者，仿《国风》而失其不淫之度。晋、宋以后，柔曼移于壮夫；近则王辰玉⑦、谭友夏中之。似衲子者，其源自东晋来。钟嵘谓陶令为隐逸诗人之宗，亦以其量不弘而气不胜，下此者可知已。

---

① 陈正字，指陈子昂（661—702）。子昂字伯玉，唐梓州射洪（今四川射洪西北）人。陈子昂上《大周革命颂》，为武则天赏识，授麟台正字。

② 张曲江，指张九龄（673，或678—740），字子寿，一名博物。唐韶州曲江（今广东曲江西北）人。著有《曲江集》二十卷。

③ 陈献章（1428—1500），明新会（今属广东）人，字公甫，号石斋。居白沙里，学者称为白沙先生。明代理学家，从学者众，创白沙学派。正统丁卯举人。以荐授翰林院检讨。山居笔或不敷，束茅代笔，时称"茅笔字"。追谥文恭，从祀孔庙。《明史》卷二八三有传。

④ 王守仁（1472—1529），幼名云生，后改今名，字伯安。尝筑室于绍兴会稽阳明洞侧，学者称阳明先生。明余姚（今属浙江）人。弘治己未进士。授刑部主事，改兵部。坐救戴铣，忤刘瑾，杖阙下，谪贵州龙场驿丞。旋复南京刑部主事，改吏部，历员外郎中，迁南太仆少卿，转鸿胪寺卿。拜左佥都御史。巡抚南赣，升右副都御史。论平宸濠功，擢南兵部尚书，封新建伯。卒赠侯，谥文成，从祀孔子庙庭。著有《阳明先生集》。《明史》卷一九五有传。

⑤ 明王守仁撰《王文成全书》卷二十《咏良知四首示诸生》诗，其一："个个人心有仲尼，自将闻见苦遮迷。而今指与真头面，只是良知更莫疑。"其二："问君何事日憧憧，烦恼场中错用功。莫道圣门无口诀，良知两字是参同。"其三："人人自有定盘针，万化根缘总在心。却笑从前颠倒见，枝枝叶叶外头寻。"其四："无声无臭独知时，此是乾坤万有基。抛却自家无尽藏，沿门持钵效贫儿。"

⑥ 宋·卫湜撰《礼记集说卷》一百二三《中庸》第三十一："（伊川）又曰。告子云。生之谓性。凡天地所生之物。须是谓之性。皆谓之性则可，于中却须分别牛之性，马之性，是他便只是一般。如释氏说：'蠢动含灵皆有佛性。'如此，则不可天命之谓性，率性之谓道者。天降是于下，万物流形，各正性命者，是所谓性也。循其性而不失，是所谓道也。此亦通人物而言循性者。马则为马之性，又不做牛底性，牛则为牛之性，又不为马底性，此所谓率性也。人在天地之间，与万物同流，天几时分别出是人是物？修道之谓教，此则专在人事，以失其本性，故修而求复之，则入于学。若元不失，则何修之有？成性，存存，道义之门，亦是万物各有成性。存存，亦是生生不已之意。天只是以生为道。"卫湜，字正叔，吴郡（今属江苏）人。

⑦ 王衡，字辰玉，明太仓州（今属江苏）人，万历辛丑赐进士第二。授翰林编修。著有《缑山集》。清·朱彝尊编《明诗综》卷六四录王蘅诗六首。

自是而贾岛固其本色，陈无己①刻意冥搜，止堕齐盐窠臼；近则钟伯敬通身陷入，陈仲醇②纵饶绮语，亦宋初九僧之流亚耳。似塾师、游客者，《卫风·北门》实为作俑。彼所谓政散民流，诬上行私而不可止者，夫子录之，以著卫为狄灭之因耳。陶公“饥来驱我去”③，误堕其中。杜陵不审，鼓其余波。嗣后啼饥号寒、望门求索之子，奉为羔雉，至陈昂④、宋登春⑤而丑秽极矣。学诗者一染此数家之习，白练受污，终不可复白．尚戒之哉！

四十六　艳诗，有述欢好者，有述怨情者，《三百篇》亦所不废。顾皆流览而达其定情，非沉迷不反，以身为妖冶之媒也。嗣是作者，如“荷叶罗裙一色裁”⑥，“昨夜风开露井桃”⑦，皆艳极而有所止。至如太白《乌栖曲》诸篇，则又寓意高远，尤为雅奏。其述怨情者，在汉人则有“青青河畔草，郁郁园中柳”⑧，唐人则“闺中少妇不知愁”⑨，“西宫夜静百花香”⑩，婉娈中自矜风轨。迨元、白起，而后将身化作妖冶女子，

---

① 陈师道（1053—1102），字无己，一字履常，号后山居士。北宋徐州彭城（今江苏徐州）人，以荐为棣州教授。徽宗时，官至秘书省正字。著有《后山集》、《后山丛谈》。《宋史》卷四四四《陈师道传》：“师道高介有节，安贫乐道。于诸经尤邃《诗》、《礼》，为文精深雅奥。喜作诗，自云学黄庭坚，至其高处，或谓过之，然小不中意，辄焚去，今存者才十一。世徒喜诵其诗文，至若奥学至行，或莫之闻也。”

② 陈继儒，字仲醇。明松江华亭人。幼颖异，能文章，同郡徐阶特器重之。长为诸生，与董其昌齐名。太仓王锡爵招与子衡读书支硎山。王世贞亦雅重继儒，三吴名下士争欲得为师友。屡诏征用，不起。卒年八十二。著有《眉公全集》。生平事迹见《明史》卷二九八《隐逸传》。

③ 晋·陶潜《陶渊明集》卷二《乞食》诗：“饥来驱我去，不知竟何之。行行至斯里，叩门拙言辞。主人解余意，遗赠岂虚来？谈话终日夕，觞至辄倾杯。情欣新知欢，言咏遂赋诗。感子漂母惠，愧我非韩才，衔戢知何谢，冥报以相贻。”

④ 陈昂，字云仲，明莆田人。著有《白云集》。

⑤ 宋登春，字应元，新河人。人少能诗善画，年三十余，即弃家远游，足迹几遍天下。晚乃依其兄子，居江陵之天鹅池，因自号鹅池生。徐学谟为荆州守，深敬礼之。后学谟以尚书致政归，登春访之吴中。买舟浮钱塘，径跃入江水以死。著有《鹅池生集》。

⑥ 王昌龄《采莲曲》二首。其一：“荷叶罗裙一色裁，芙蓉向脸两边开。乱入池中看不见，闻歌始觉有人来。”其二：“吴姬越艳楚王妃，争弄莲花水湿衣。来时浦口花迎入，采罢江头月送归。”

⑦ 王昌龄《春宫曲》：“昨夜风开露井桃，未央前殿月轮高。平阳歌舞新承宠，帘外春寒赐锦袍。”

⑧ 此为《古诗十九首》之三的起首二句，详见《夕堂永日绪论·内编》第六条。

⑨ 王昌龄《闺怨》诗：“闺中少妇不知愁，春日凝妆上翠楼。忽见陌头杨柳色，悔教夫婿觅封侯。”

⑩ 王昌龄《西宫春怨》诗：“西宫夜静百花香，欲卷珠帘春恨长。斜抱云和深见月，朦胧树色隐昭阳。”

备述衾裯中丑态；杜牧之恶其蛊人心，败风俗，欲施以典刑，非已甚也。① 近则汤义仍屡为泚笔，而固不失雅步。唯谭友夏浑作青楼淫咬，须眉尽丧；潘之恒辈又无论已。《清商曲》起自晋、宋，盖里巷淫哇，初非文人所作，犹今之《劈破玉》、《银纽丝》耳。操觚者即不惜廉隅，亦何至作《懊侬歌》、《子夜》、《读曲》？

四十七 前所列诸恶诗，极矣；更有猥贱于此者，则诗佣是也。诗佣者，衰腐广文，应上官之征索；望门幕客，受主人之雇托也。彼皆不得已而为之。而宗子相②一流，得已不已，间则缗书以求之，迫则倾腹以出之，攒眉叉手，自苦何为？其法：姓氏、官爵、邑里、山川、寒喧、庆吊，各以类从；移易故实，就其腔壳；千篇一律，代人悲欢；迎头便喝，结煞无余；一起一伏，一虚一实，自诧全体无瑕，不知透心全死。风雅下游，至此而浊秽无加矣。宋以上未尝有也。高廷礼作俑于先，宗子相承其衣钵。凡为佣者，得此以擿埴而行，而天下之言诗者车载斗量矣。此可为风雅痛哭者也。

四十八 咏物诗，齐、梁始多有之。其标格高下，犹画之有匠作，有士气。征故实，写色泽，广比譬，虽极镂绘之工，皆匠气也。又其卑者，饾凑成篇，谜也，非诗也。李峤③称"大手笔"，咏物尤其属意之作，裁剪整齐，而生意索然，亦匠笔耳。至盛唐以后，始有即物达情之作。"自是寝园春荐后，非关御苑鸟衔残"④，贴切樱桃，

---

① 杜牧曾借李戡之口，批判元稹和白居易诗中过多的涉及性爱的描写。《全唐文》卷七五五杜牧《唐故平卢军节度巡官陇西李府君墓志铭》："君讳戡……君幼孤，旁无群从可以附托，年十余岁即好学，寒雪拾薪自炙，夜无燃膏，默念所记。年三十，尽明《六经》书，解决微隐，苏融雪释，郑玄至于孔颖达辈凡所为疏注，皆能短长其得失。一举进士，耻不肯试，归晋陵阳羡里，得山水居之，始开百家书缘饰事业。每有小功丧，讫制不食肉饮酒，语言行止，皆有法度。阳羡民有斗诤不决，不之官人，必以诣君。所著文数百篇，外于仁义，一不关笔。尝曰：'诗者可以歌，可以流于竹，鼓于丝，妇人小儿，皆欲讽诵，国俗薄厚，扇之于诗，如风之疾速。尝痛自元和以来，有元白诗者，纤艳不逞，非庄士雅人，多为其所破坏，流于民间，疏于屏壁，子父女母，交口教授，淫言媟语，冬寒夏热，人人肌骨，不可除去。吾无位，不得用法以治之。'欲使后代知有发愤者，因集国朝以来类于古诗，得若干首，编为三卷，目为唐诗，为序以导其志。"杜牧（803—852），字牧之，排行十三。杜佑之孙。杜从郁之子。大和二年登进士第，又中贤良方正直言极谏科。文宗朝官殿中侍御史，迁左补阙，转膳部、比部员外郎。历黄、池、睦三州刺史，迁司勋员外郎，转吏部，授湖州刺史。入拜考功郎中知制诰，迁中书舍人。著有《樊川文集》。

② 宗臣（1525—1560），字子相，号方城。明扬州兴化（今属江苏）人。嘉靖庚戌进士。除刑部主事，移吏部文选司。谢病辞归乡里，读书于百花洲。后进稽勋司员外郎。以赙杨继盛，忤严嵩，出为福建参议。以抵御倭寇之功，升任福建提学副使，卒于官，年仅三十有六。在京官任内，与李攀龙、王世贞等结社论诗文，为明代文学流派"后七子"之一。生平事迹见《明史·文苑传》，附载《李攀龙传》中。

③ 李峤（645？—714？），字巨山，唐赵州赞皇（今属河北）人。《新唐书》卷一二三《李峤传》："早孤，事母孝。为儿时，梦人遗双笔，自是有文辞，十五通《五经》，薛元超称之。二十擢进士第，始调安定尉。举制策甲科，迁长安。时畿尉名文章者，骆宾王、刘光业，峤最少，与等夷。"

④ 王维《敕赐百官樱桃》诗："芙蓉阙下会千官，紫禁朱樱出上阑。才是寝园春荐后，非关御苑鸟衔残。归鞍竞带青丝笼，中使频倾赤玉盘。饱食不须愁内热，大官还有蔗浆寒。"

而句皆有意，所谓“正在阿堵中”① 也。“黄莺弄不足，含入未央宫”②，断不可移咏梅、桃、李、杏，而超然玄远，如九转还丹，仙胎自孕矣。宋人于此茫然，愈工愈拙，非但“认桃无绿叶，辨杏有青枝”③ 为可姗笑已也。嗣是作者，益趋匠画；里耳喧传，非俗不尝。袁凯以《白燕》得名，而“月明汉水初无影，雪满梁园尚未归”④，按字求之，总成窒碍。高季迪《梅花》，非无雅韵，世所传诵者，偏在“雪满山中”、“月明林下”之句。徐文长、袁中郎皆以此炫巧。要之，文心不属，何巧之有哉？杜陵《白小》诸篇，踸踔自寻别路，虽风韵不足，而如黄大痴⑤写景，苍莽不群。作者去彼取此，不犹善乎？禅家有三量，唯现量发光，为依佛性；比量⑥稍有不审，便入非量⑦。况直从非量中施朱而赤，施粉而白，勺水洗之，无盐⑧之色败露无余，明眼人岂为所欺邪？

《夕堂永日绪论·内编》终

---

① 宋·刘义庆撰《世说新语》卷下之上《巧艺》第二十一：“顾长康画人，或数年不点目精。人问其故，顾曰：‘四体妍蚩，本无关于妙处，传神写照，正在阿堵中。’”

② 王维《左掖梨花》诗：“闲洒阶前草，轻随箔外风。黄莺弄不足，衔入未央宫。”

③ 宋·石延年《红梅》诗：“梅好唯伤白，今红是绝奇。认桃无绿叶，辨杏有青枝。烘笑从人赠，酡颜任笛吹。未应娇意急，发赤怒春迟。”石延年（994—1041），字曼卿，北宋宋城（今河南商丘）人，先世居幽州（治今北京西南）。累举进士不第，真宗时以右班殿直改太常寺太祝，知金乡县，累迁太子中允、同判登闻鼓院。建议选将练兵，以备辽、夏。西夏扰边，朝廷增练河北、河东、陕西乡兵数十万。他奉命赴河东经办其事，得到仁宗称赞。石延年诗文风格劲健，著有《石曼卿集》。生平事迹见《宋史》卷四四二《刘潜传》附《石延年传》。

④ 袁凯《白燕》诗：“故国飘零事已非，旧时王谢见应稀。月明汉水初无影，雪满梁园尚未归。柳絮池塘香入梦，梨花庭院冷侵衣。赵家姊妹多相忌，莫向昭阳殿里飞。”袁凯，字景文，自号海叟。明松江华亭（今上海松江）人。洪武三年（1370）荐授御史，为诸将说《四书》。晚年优游江南山水，卒于家。著有《在野集》、《海叟集》。

⑤ 黄公望（1269—约1354），本姓陆，字子久，好大痴、一峰、井西老人。元代常熟（今属江苏）人，继永嘉黄氏，遂徙富春。曾充廉访司和察院的书吏，因事牵连入狱，出狱后往来于杭州、松江之间。信奉全真道，交往多为达官贵人。博学多能，滑稽玩世，平生好饮，复好画，醉后洒墨，为元末四大画家之一。代表作有《富春山居图》。所著《写山水诀》为中国古代画论重要著作，并著有《大痴道人集》。

⑥ 比量，佛学术语，指由推论、推理而获得的知识。比如，由某一事象而推知他一事象：见烟而知有火。比量，梵文作 anumana - pramana。量，即尺度、标准之意，转指知识的来源，认识的形式，以及判定知识的标准。

⑦ 非量，佛学术语，指错误的认识，即既不是，也不是比量的认识。非量，似现量和似比量的统称。似，似是而非的意思，梵文作 bhasa。似现量，梵文作 pratyaksa - bhasa。似比量，梵文作 anumana - bhasa。由于非量为似现量和似比量这两种量的统称，因而在古典梵文中没有直接表达“非量”的现存术语。如果确需表达“非量”这一概念，只好依据梵文的文法，表述为 pramana - bhasa。在这里，定语后置。顺便说，现量，指通过直觉而获得的知识，梵文作 pratyaksa - pramana。

⑧ 无盐，丑女名。《列女传》卷六：“钟离春者，齐无盐邑之女，宣王之正后也。其为人极丑，无双臼，头深目长，指大节卬，鼻结喉肥，顶少发，折腰出胸，皮肤若漆，行年四十，无所容入，衒嫁不售。”

《夕堂永日绪论·外编》

一　程子与学者说《诗经》,止添数字,就本文吟咏再三,而精义自见。作经义者能尔,洵为最上一乘文字,自非与圣经贤传融液吻合,如自胸中流出者不能。先辈间有此意,知之者鲜。自“四大家”①之名立,各有蹊径,强经文以就己规格,而此风荡然矣。

二　艺苑品题有“大家”之目,自论诗者推崇李、杜始。李、杜允此令名者,抑良有故。齐、梁以来,自命为作者,皆有蹊径,有阶级;意不逮辞,气不充体,于事理情志全无干涉,依样相仍,就中而组织之,如廛居栉比,三间五架,门庑厨厕,仅取容身,茅茨金碧,华俭小异,而大体实同,拙匠窭人仿造,即不相远:此谓小家。李、杜则内极才情,外周物理,言必有意,意必由衷;或雕或率,或丽或清,或放或敛,兼该驰骋,唯意所适,而神气随御以行,如未央、建章,千门万户、玲珑轩豁,无所窒碍:此谓大家。而论经义者,以推王守溪②为大家之宗。守溪止能排当停匀,为三间五架,一衙官廨宇耳;但令依仿,即得不甚相远;大义微言,皆所不遑研究:此正束缚天下文

---

①　四大家。明代八股文的四大家,在不同的时期所指有所不同。有以下几种情况:

一、在成化年间,指王、钱、唐、瞿,即王鏊(号守溪)、钱福(号鹤滩)、唐顺之(号荆川)、瞿景纯(号昆湖)。

二、在正嘉年间,指王、唐、瞿、薛,即王鏊(号守溪)、唐顺之(号荆川)、瞿景纯(号昆湖)、薛应旂(号方山)。

三、在正嘉年间而稍后,指王、唐、归、胡,即王鏊(号守溪)、唐顺之(号荆川)、归有光(号震川)、胡信友(号思泉)。

四、在启祯年间,指金、陈、章、罗,即金声(号正希)、陈际泰(号大士)、章世纯(号大力)、罗万藻(号文止)。

五、在启祯年间而稍后,章、罗、陈、艾,即章世纯(号大力)、罗万藻(号文止)、陈际泰(号大士)、艾南英(号千子)。

综合《夕堂永日绪论·外编》后面各条所论,此四大家主要指前面两种情况。在这两种情况中,王、唐、瞿三人是相同的。至于以薛应旂取代钱福,见第四十一条。由于在四大家中王守溪被称为时文正宗,因而关于他的讨论也多于他人。

②　王守溪,即王鏊(1450—1524),明苏州吴县(今江苏苏州)人,字济之。官至吏部左侍郎,入阁预机务。《明史》卷一八一《王鏊传》:“王鏊,字济之,吴人。父琬,光化知县。鏊年十六,随父读书,国子监诸生争传诵其文。侍郎叶盛、提学御史陈选奇之,称为天下士。成化十年乡试,明年会试,俱第一。廷试第三,授编修。”又,《四库全书》卷一七一王鏊《震泽集》三十卷提要:“明王鏊撰。鏊有《史余》。已著录。鏊以制义名一代,虽乡塾童稚,才能诵读八比,即无不知有王守溪者。然其古文,亦湛深经术,典雅遒洁,有唐宋遗风。盖有明盛时,虽为时文者,亦必研索六籍,泛览百氏,以培其根柢,而穷其波澜。鏊困顿名场,老乃得遇,其泽于古者已深,故时文工,而古文亦工也。史称鏊上言,欲仿前代制科,如博学鸿词之类,以收异才,六年一举,尤异者,授以清要之职;有官者,加秩;数年之后,士类濯磨,必以通经学古为高,脱去谀闻之陋。时不能用。又,称鏊取士尚经术,险诡者一切屏去。弘正间,文体为一变,则鏊之所学,可知矣。集中尊号,议昭穆,对大旨;与张璁、桂萼相合故,霍韬为其集序。极为推挹。至比于孔门之游夏,未免朋党之私。然其谓鏊早学于苏,晚学于韩,折衷于程、朱,则固公论也。其《河源考》一篇,能不信笃什所言,似为有见,而杂引佛典道书,以驳昆仑之说,则考证殊为疏舛。此由明代幅员至嘉峪关,而止轺车不到之地,徒执故籍以推测之。其形响揣摩,固亦不足怪矣。”

人学者一徽缠而已。陋儒喜其有墙可循以走，翕然以“大家”归之，三百余年，如出一口，能不令后人笑一代无有眼人乎！

思齐按：方苞奉旨所编《钦定四书文·化治四书文》选录王鏊八股文多篇。卷三录王鏊八股文三篇。其中一篇的题目是“邦君之妻（一节）”。意思是说，完整的题目应该是包含“邦君之妻”的那一节经文，即“邦君之妻，君称之曰夫人，夫人自称曰小童；邦人称之曰君夫人，称诸异邦曰寡小君；异邦人称之亦曰君夫人”。语出《论语·季氏第十六》。

邦君之妻（一节）　王鏊

圣人于国君之配，而必序其称名之详焉。夫匹配之际，立教之端也。圣人于其所称之名而详序之，其谨微之义，断可识矣。且古之圣人，固尝严内外之分，亦未尝绝内外之交。是以有礼焉，以秩其分；而有分焉，以定其名。试以邦君之妻言之。所以听一国之内治，掌斯民之阴教，风化存焉者也。其称名之法，当何如哉？自夫君之称之也，则曰夫人。盖邦君乾道也，夫人坤道也。乾健而不息，坤顺而有常。既以德而配德，必以贵而从贵。以夫人称，尊之也，言其与己同也。自夫人之自称也，则曰小童，盖夫者天道也，妻者地道也。天尊而莫逾，地卑而上行。虽以体而敌体，犹必谦而又谦。以小童称，自卑也。言为君之役也。此特称于宫中者耳。至于邦人称之，则不徒曰夫人，而必曰君夫人焉。盖妇人无爵，从夫之爵；国无恒爵，惟君为尊。称夫人而系之以君，虽所以称夫人也，亦所以尊君也。此特称于本国者耳。至于称诸异邦也，不徒曰小君，而必曰寡小君焉。盖寡德之辞，诸侯不嫌于自贬，而藉君为号，夫人不容以自矜。称小君而必系之以寡，非惟附君之美也，实则从君之谦也。此固夫人之称于异邦者矣。至于异邦人称之也，亦曰君夫人焉。盖君之于民也，异所统而尊则同。夫人之于君也，殊所位而亲则一。敬其君，以及人之君，则敬彼国之夫人，亦当如本国之夫人矣。是之谓充类也。故不嫌于同辞也。吁！一邦君之妻，而称名之异如此。要皆缘情而定，因理而起者也。学者其可忽诸？

句句详核，股法变换参差，尤见手笔。（原评）

实能抉礼意之精微，古茂雅洁，典制文字，此为极轨。（方苞评）

三　钱鹤滩①与守溪齐名，谓之曰“钱、王两大家”。所传“恶不仁者”，谓“不

---

①　钱鹤滩，指钱福。鹤滩，系钱福的号。弘治中，钱福试礼部廷对皆第一。《四库全书总目》卷一百七十六《鹤滩集》六卷提要：“明·钱福撰。福字与谦，松江华亭人。弘治庚戌进士第一。官翰林院修撰，家近鹤滩，因以自号。福少而颖悟，诗文以敏捷见长，故委巷鄙俚之词，率以归之。今观是集，实少俳谐之作。知小说多附会也。末为鹤滩纪事一卷。盖后人缀缉遗闻，又多溢美，亦不尽可凭。”又，清·朱彝尊编《明诗综》卷三一录钱福诗一首。

使加身，如避蛇蝎”（按：此字音“褐”，其螫人之“蝎”字从“歇”。字尚不识，何况文理?）。不使不仁加身者，是何宁静严密工夫，而堪此躁戾恶语也？恶如蛇蝎，乃陈仲子出哇鹅肉，忿戾之气，正是不仁。以此称“大家”者，缘国初人文字止用平淡点缀，初学小生无能仿佛。钱、王出，以钝斧劈坚木手笔，用俗情腐词，着死力讲题面，陋人始有津济，翕然推奉，誉为“大家”，而一代制作，至成、弘而扫地矣。鹤滩自时文外，无他表见，唯传《吴骚》淫俗词曲数出，与梁伯龙、陈大声一流狭邪小人竞长。如此人者，可使引申经传之微言乎？

思齐按：方苞奉旨所编《钦定四书文·化治四书文》选录钱福八股文多篇。卷三录钱福八股文一篇。题目为“迩之事父（一节）”。意思是说，完整的题目应该是包含“迩之事父”的那一节经文，即“子曰：‘小子何莫学夫《诗》?《诗》，可以兴，可以观，可以群，可以怨。迩之事父，远之事君。多识于鸟兽草木之名。’”语出《论语·阳货第十七》。

迩之事父（一节）　钱福

内有以资其孝，外有以资其忠。此《诗》所以当学也。盖学以明伦，而《诗》则无不备者也。事父事君，不学《诗》而何资乎？昔夫子勉人学《诗》，意谓：夫人伦之道，莫备于《诗》；而人伦之大，莫备于君父。是故以国而视家，家其近者也。一家之中，惟父为大焉。事之之道，岂易尽乎？盖必咏《蓼莪》之篇，而后知亲有罔极之恩，不得乎亲，真不可以为人矣；诵《小弁》之什，而后知亲无可绝之理，不顺乎亲，真不可以为子矣。感发于《陟岵》之幽思，奋激于《凯风》之悔责，与凡六义之所规讽者，何莫而非资其事父之孝者乎?《诗》之道，非止于父也，而重乎父。以父而言，则在家之伦，如夫妇之琴瑟，兄弟之埙篪，皆备之矣；以家而视国，国其远者也，一国之中，惟君为尊焉，事之之道，岂易能乎？盖必涵泳夫《天保》之章，而忠爱之意以兴，将顺其美，务欲兼吾历于夏、商焉。优游乎《卷阿》之歌，而规谏之情以得，匡救其恶，务欲纳吾君于唐、虞焉。读《四牡》而靡盬于王事，诵《烝民》而匪懈于夙夜，与凡三经之所美刺者，何莫而非资其事君之忠者乎?《诗》之道，非止于君也，而重乎君。以君而言，则在国之伦，如友生之相求，宾主之式燕，皆备之矣。是则内而事父，外而事君，学之为道，无以加此，而《诗》皆备之，若之何而不学夫《诗》也耶?

深于《诗训》，义举其要，悫实雅茂，久而愈新，后之作者，不过就此推衍耳。(方苞评)

四　下劣文字，好作反语，亦其天良不容掩处。人能言其所知，不能言其所不知。凡反语，皆不善、不勤、不慎之慝。今人昼之所行，夜之所思，耳之所闻，目之所见，特此数者，终日习熟，故自写供招，痛快无蹇涩处。若令于圣贤大义微言从正面上体会，教从何处下口？无怪乎反之不已，一正便托开也。

五　无法无脉，不复成文字。特世所谓“成、弘法脉”者，法非法，脉非脉耳。夫谓之法者，如一王所制刑政之章，使人奉之。奉法者必有所受；吏受法于时王，经义固受法于题。故必以法从题，不可以题从法；以法从题者，如因情因理，得其平允。以题从法者，豫拟一法，截割题理而入其中，如舞文之吏，俾民手足无措。且法者，合一事之始终，而俾成条贯也。一篇之中为数小幅，一扬则又一抑，一伏则又一起，各自为法，而析之成局，合之异致，是为乱法而已矣。滑之脉者，如人身之有十二脉，发于趾端，达于颠顶，藏于肌肉之中，督任冲带，互相为宅，萦绕周回，微动而流转不穷，合为一人之生理。若一呼一诺，一挑一缴，前后相钩，拽之使合，是傀儡之丝，无生气而但凭牵纵，讵可谓之脉邪？四家中唯瞿文懿①能无束湿之法而有法，无分析钩锁之脉而有脉，其余非所知也。

六　钩略点缀以达微言，上也。其次则疏通条达，使立言之旨晓然易见，俾学者有所从入。又其次则搜索幽隐，启人思致，或旁辑古今，用征定理。三者之外，无经义矣。大要在实其虚以发微，虚其实而不窒。若以填砌还实，而虚处止凭衰弱之气姑为摇曳，则题之奴隶也。四家中，亦唯昆湖②免此。

七　填砌最陋。填砌浓词固恶，填砌虚字愈阑珊可憎。作文无他法，唯勿贱使字耳。王、杨、卢、骆，唯滥故贱。学八大家者，“之”、“而”、“其”“以”，层累相叠，如刈草茅，无所择而缚为一束，又如半死蚓，沓拖不耐，皆贱也。古人修辞立诚，下一字即关生死。曾子固③、张文潜④何足效哉！

八　非有吞云梦者八九之气，不能用两三叠实字；非有轻燕受风、翩翩自得之妙，

---

① 瞿文懿，指瞿景纯。瞿景纯，纯又作淳，字师道，号昆湖，明常熟人。嘉靖癸卯举人，甲辰会元。南京吏部侍郎，卒谥文懿。《明史》卷二一六有传，作瞿景淳。思齐按：会元，科场称谓。指明清会试的第一名。始于明洪武四年（1371）辛亥会试。会试录取后再经殿试时则重排名次。

② 昆湖，瞿景纯（淳）的号。

③ 曾巩（1019—1083），北宋建昌军南丰（今属江西）人，字子固。散文含蓄典重，雍容平易，为唐宋八大家之一。

④ 张耒（1054—1141），北宋楚州淮阴（今属江苏）人，字文潜，号柯山。少以文章受知于苏轼、苏辙兄弟。为苏门四学士之一。

不能叠用三数虚字。然一虚一实，相配成句，则又俗不可耐。故造语之难，非嵇川南①、赵梦白②、汤义仍、黄石斋③，尟④不堕者。

九 对偶语出于诗赋，然西汉、盛唐皆以意为主，灵活不滞。唯沈约、许浑一流人，以取青妃白，自矜整炼，大手笔所不屑也。宋人则又集古句为对偶，要亦就彼法中改头换面，其陋一尔。况经义以引申圣贤意立言，初非幕客四六之比。邱仲深⑤自诧博雅，而以"被发左衽"、"弱肉强食"两偶句推奖守溪，此七岁童子村塾散学课耳。况以韩文对经语，其心目中止知有一韩退之，谓可与尼山⑥并驾。陋措大不知好恶，乃至于此！

十 钩锁之法，守溪开其端，尚未尽露痕迹；至荆川⑦而以为秘密藏。茅鹿门所批点八大家，全恃此以为法，正与皎然《诗式》同一陋耳。本非异体，何用环纽？摇头掉尾，生气既已索然，并将圣贤大义微言，拘牵割裂，止求傀儡之线牵曳得动，不知用此何为？

十一 一篇载一意，一意则自一气。首尾顺成，谓之成章；诗赋、杂文、经义有合

---

① 嵇川南，明王立道撰《具茨诗集》卷五《寿嵇川南母》诗六首，其一："春暖瑶池花草香，金鱼珠履俨成行。一杯沆瀣千年祝，此夕为欢殊未央。"其二："翠槛红楼拂曙开，琼芝瑶蕋映金杯。方平遥向麻姑语，碧海扬尘今几回？"其三："北堂清昼蔼春晖，歌绕雕梁燕却飞。自有神仙携凤吹，不须令子舞莱衣。"其四："二月蟠桃亦放花，花枝烂熳赤城霞。逡巡已结千年实，更觅安期枣似瓜？"其五："谁赠君家县圃图？紫烟白鹤列仙都。江妃鼓瑟湘娥舞，识得中间王母无？"其六："庭前袅袅长春萝，堂上歌钟伴绮罗。闻说东邻有好事，金鞍银烛夜深过。"王立道，字懋中，无锡人。嘉靖乙未进士，官翰林院编修。据此可知，嵇川南，当为嵇世臣无疑。嵇世臣的字号和爵里，均不见于史料。嵇世臣与王立道，同为嘉靖乙未进士，因而王立道才会做诗六首，为嵇川南的母亲祝贺花甲大寿。

② 赵南星（1550—1627），字梦白，又字侪鹤，明真定高邑（今属河北）人。万历甲戌进士，吏部尚书，卒谥忠毅，《明史》卷二四三《赵南星传》："赞曰：赵南星诸人，持名检，励风节，严气正性，侃侃立朝，天下望之如泰山乔岳。《诗》有之，"邦之司直"，其斯人谓欤？权枉盈廷，谴谪相继，'人之云亡，邦国殄瘁'，悲夫！"

③ 黄道周（1585—1546），字幼元，一字螭若，又字石斋，明漳浦人。万历戊午举人，天启壬戌进士，少詹事，后为唐王礼部尚书，英武殿大学士。卒谥忠端，从祀文庙。著有《骈枝集》。《明史》卷二五五有传。

④ 尟，《说文》："少也。"今人借用鲜字，经传并从鲜。

⑤ 丘濬（1421—1495），字仲深，号琼台。明广东琼山（今海南海口）人。景泰甲戌进士，武英殿大学士，卒谥文庄。《明史》卷一八一有传。丘濬，一作邱濬。

⑥ 尼山，山名，即尼丘。在山东省曲阜县东南，相传孔子生于于此，因以指孔子。

⑦ 唐顺之（1507—1560），字应德，又字义修，又称荆川，明常州武进人（今江苏常州）。嘉靖己丑会元，佥都御史巡抚淮阳，卒谥文襄。著有《荆川文集》，《史纂左、右禅编》，并辑选古文多种。《明史》卷二零五有传。

辙者，此也。以此鉴古今人文字，醇疵自见。有皎然《诗式》而后无诗，有《八大家文钞》而后无文。立此法者，自谓善诱童蒙；不知引童蒙入荆棘，正在于此。

十二　贾生《治安策》①偶用缴回语，亦缘"痛哭流涕长太息"说得骇人，故须申明，以见其实然耳。苏、曾效之，便成厌物。经义有云"其一则云云"，有云"其云云者此其一"；耳不聩，目不盲，止两三段文字，何用唱筹历数？凡此类，皆《文钞》引之入荆棘也。

十三　司马、班氏，史笔也；韩、欧序记，杂文也；皆与经义不相涉。经义竖两义以引申经文，发其立言之旨，岂容以史与序记法搀入？一段必与一篇相称，一句必与一段相称。截割彼体，生入此中，岂复成体？要之，文章必有体。体者，自体也。妇人而髯，童子而有巨人之指掌，以此谓之某体某体，不亦傎乎？

十四　试取曹子桓《典论·论文》②、范蔚宗《汉书引语》③、张思光《自序》④读之，古人作文字，研虑以悦心，精严如此。而欲据一"虚起实承"、"反起正倒"、"前钩后锁"之死法，填腔换字，自诧宗工，何其易也！

十五　四大家未立门庭以前，作者不无滞拙，而词旨温厚，不徇词以失意。守溪起，既标格局，抑专以遒劲为雄，怒张之气，由此而滥觞焉。及《文钞》盛行，周莱峰⑤、

---

①　贾生，指贾谊（前 200—前 168），西汉洛阳（今属河南）人。其政论《过秦论》、《治安策》等精辟雄辩，为西汉鸿文。

②　曹子桓，魏文帝（187—226）曹丕（220—226 在位），字子桓。著《典论》为文学评论名作，并作诗赋百余篇。有《魏文帝集》。

③　范蔚宗，范晔（398—445），字蔚宗，《后汉书》的作者。

④　张思光，张融（444—497），字思光，一字少子。吴郡（今江苏苏州）人。南朝齐文人，仅存文十余篇，诗五首。《南齐书》卷四一、《南史》卷三二俱有传。张思光《自序》，指《门律自序》。永明中，张融遇疾，为《门律自序》，其文曰："吾文章之体，多为世人所惊，汝可师耳以心，不可使耳为心师也。夫文岂有常体，但以有体为常，政当使常有其体。丈夫当删《诗》《书》，制礼乐，何至因循寄人篱下！且中代之文，道体阙变，尺寸相资，弥缝旧物。吾之文章，体亦何异，何尝颠温凉而错寒暑，综哀乐而横歌哭哉？政以属辞多出，比事不羁，不阡不陌，非途非路耳。然其传音振逸，鸣节竦韵，或当未极，亦已极其所矣。汝若复别得体者，吾不拘也。吾义亦如文，造次乘我，颠沛非物。吾无师无友，不文不句，颇有孤神独逸耳。义之为用，将使性入清波，尘洗犹沐。无得钓声同利，举价如高，俾是道场，险成军路。吾昔嗜僧言，多肆法辩，此尽游乎言笑，而汝等无幸。"

⑤　周思兼，字叔夜，华亭人。嘉靖丁未进士。官至湖广按察司佥事，迁广西提学副使，未上任卒。《明史》卷二零八有传。

王荆石①始一以苏、曾为衣被，成片抄袭②，有文字而无意义；至陈（栋）③、傅（夏器）④ 而极矣。隆、万之际，一变而愈之于弱靡，以语录代古文，以填词为实讲，以杜撰为清新，以俚语为调度，以挑撮为工巧。若黄贞父⑤、许子逊⑥之流，吟舌娇涩，如鸲鹆学语，古今来无此文字，遂以湮塞文人之心者数十年。语录者，先儒随口应问，通俗易晓之语，其门人不欲润色失真，非自以为可传之章句也。以为文，而更以浮屠半吞不吐之语参之，求文之不芜秽也得乎？文凡三变，而其依傍以立户牖，己心不属，则一而已矣。万历之季，李愚公⑦始以坚苍驱软媚，方孟旋⑧始以流宕散俗冗，稍复雅正之音，于先正冲穆之度未遑领取。而其变也，亦足以起久病之尫矣。

十六　当万历中年，俚调横行之下，有张君一（以诚），虽入理未深，而独存雅度。君一与许子逊同时。昧心之作，至子逊而极。其《乐则生矣》一段文字，开讲处有数“乐”字，鸟语班阑，不知音“岳”音“雒”，犹可谓肉团心有一针孔乎？

十七　承嘉靖末苏、曾泛滥之余，当万历初俚调咿呦之始，顾泾阳⑨先生，独以博大弘通之才，竖大义，析微言，屹然岳立。有制艺以来无可匹敌。夺王、唐“大家”之名以推毂先生，虽阅百世，不能易吾言也。但以无可跻攀，为流俗所不歆羡耳。黄蕴生⑩欲问津焉，而见地不彻，能放而不能收。自非实有得于道要而淹贯古今，舍糟粕而吸精液，恶能不望崖而返？

---

① 王锡爵（1534—1610），明苏州太仓人，字元驭，号荆石。嘉靖壬戌会元、榜眼。授编修，累迁祭酒。万历十二年（1584）以礼部尚书兼文渊阁大学士。卒赠太保，谥文肃。《明史》卷二一八有传。

② “成片抄袭”，原文如此。

③ 陈栋，字隆之，明南昌人。嘉靖乙丑会元、探花。

④ 傅夏器，字廷瓒，号锦泉，明南安人。嘉靖庚戌会元。自礼部仪制主事，历光禄寺丞、吏部稽勋郎中。著有《锦泉文集》。

⑤ 黄汝亨，字贞父，名仁和人。万历辛卯举人，戊戌进士。官至江西提学佥事，转布政司参议。

⑥ 许獬，字子逊，号钟斗，明同安人。万历辛丑会元，授庶吉士，官翰林院编修。著有《许钟斗稿》。

⑦ 李若愚，字愚公，明汉阳人，万历己未进士。著有《证学编》、《读书录》、《太极图义》、《诗经七易稿》、《历代相臣传》、《昭代名臣录》、《烟霞盟年谱》、《遗集》诸书。生平事迹见《湖光通志》卷九九高世泰《李愚公傳》。

⑧ 方应祥，字孟旋，明归安人。万历丙午举人，丙辰会元。

⑨ 顾宪成（1550—1612），字叔时，号泾阳，明常州无锡（今属江苏）人。万历丙子解元，庚辰进士。吏部文选郎中，赠吏部右侍郎，卒谥端文。顾宪成系东林党领袖人物。著有《顾端文公遗书》。《明史》卷二三一有传。

⑩ 黄淳耀，初名金耀，字松崖，号蕴生。以读书陶庵中，又号陶庵。明嘉定人。崇祯癸未进士。未受职，归，殉节死。清朝赐谥忠节。著有《黄陶庵稿》。《明史》卷二八二有传。

十八　钱受之谓：黄蕴生嗣归熙甫①，非也。熙甫但能摆落纤弱，以亢爽居胜地耳，其实外腴中枯，静扣之，无一语出自赤心。蕴生言皆有意，非熙甫所可匹敌；但为史所困，又染指韩、苏，未能卓立耳。然蕴生当天步将倾之日，外则辽左祸逼，内则流寇蜂起，黄扉则有温、周、杨、薛之奸，中涓则有张彝宪②、曹化淳之蠹③，忧愤填胸，一寓之经义，抒其忠悃。传之异代，论世者所必不能废也。

十九　陈大士④史而横，金正希⑤禅而曲。若其离此二者，别寻理际，独至处自成一家，固贤于归熙甫之徒矜规格也。若经义正宗，在先辈则嵇川南，在后代则黄石斋、凌茗柯⑥、罗文止⑦，剔发精微，为经传传神，抑恶用鹿门、震川铺排局阵为也？先辈中若诸理斋、孙月峰⑧、汤若士、赵侪鹤，后起如沈去疑⑨、倪伯屏⑩、金道隐、杜南谷、章大力⑪、韦孝忍（克济，黄冈人）、姜如须（垓，山东人），亦各亭亭独立，分作者一席。释氏有言：“从门入者，不是家珍。”特以无门可入，绝陋人攀援之径，放入不知玄赏耳。

二十　孙月峰以纡笔，引申摇动言中之意，安详有度，自雅作也。乃其晚年论文，批点《考工》、《檀弓》、《公》、《穀》诸书，剔出殊异语以为奇峭，使学者目眩而心

---

① 钱受之，明·范汭《松陵舟中迟钱受之太史》提及钱受之，诗曰：“几家闲夜停机杼，支枕篷窗风许许。吹尽苹香不见人，绕塘寒月鸡鹊语。”

② 张彝宪，明宦官。初任司礼太监，崇祯四年（1631）奉命总理户、工二部钱粮，称“户工总理”。巡视二部，位居尚书之上。八年始撤。后奉命守备南京，不久病死。

③ 曹化淳（1589—1662），明宦官。字如，号止虚子。明通州武清县（今属天津）王庆坨人。崇祯十一年（1638），任司礼秉笔太监，东厂提督，搜刮民财，寄钱无数。

④ 陈际泰，字大士，明临川人。崇祯庚午举人，甲戌进士。行人司行人。著有《太乙山房稿》、《已吾集》等。《明史》卷二八八《艾南英传》：“艾南英，字千子，东乡人。七岁作《竹林七贤论》。长为诸生，好学无所不窥。万历末，场屋文腐烂，南英深疾之，与同郡章世纯、罗万藻、陈际泰以兴起斯文为任，乃刻四人所作行之世。世人翕然归之，称为章、罗、陈、艾。”

⑤ 金声，字正希，明嘉鱼人，休宁籍。天启甲子顺天举人，崇祯戊戌进士。山东佥事，唐王时以右都御史都督诸道军，卒谥文毅。著有《金正希稿》。《明史》卷二七七有传。

⑥ 凌义渠，字峻甫，号茗柯，明乌程人。天启甲子举人，乙丑进士，大理寺卿，赠刑部尚书，卒谥忠清，清朝赐谥忠介。《明史》卷二六五有传。

⑦ 罗万藻，字文止，明临川（今属江西）人。天启丁卯举人，崇祯戊辰进士。著有《罗万藻集》。《明史》卷二八八有传。

⑧ 孙鑛，字文融，号月峰，明余姚（今属浙江）人。万历甲戌进士。南京兵部尚书。

⑨ 沈几，字去疑，明长洲人。天启丁卯解元，崇祯辛未进士。

⑩ 倪伯屏，明浙江平湖人。清·陆陇其《三鱼堂外集》卷六《有仪轩歌》序：“昔年，嘉定有署事公倪伯屏者，我邑人也。曾有德于民，民因建报德祠，其内有假山，为余前任赵尹雍客移置署中。有仪轩，轩虽美观，而祠几废。予故有感而作。”

⑪ 章世纯，字大力，明临川（今属江西）人。天启辛酉举人，柳州知府。生平事迹附见于《明史》卷二八八《艾南英传》。

茨。则所损者大矣。万历中年杜撰娇涩之恶习，未必不缘此而起。《考工记》乃制度式样册子。上令士大夫习之，勾考工程，而下可令工匠解了，故删去文词，务求精核，其中奇字，乃三代时方言俗语，愚贱通知者，非此不足以定物料规制之准，非放为简僻也。《檀弓》则摘取口中片语，如后世《世说新语》之类，初非成章文字。《公》、《穀》二传，先儒固以为师弟子问答之言，非如《左氏》勒为成书，原自不成尺幅。以此思之，三书者，亦何奇峭之有，而欲效法之邪？文字至琢字而陋甚；以古人文其固陋，具眼人自和哄不得。

二十一　文字至撮弄字面而秽极矣。黄葵阳①已启其端，至万历壬辰而益滥。陈懿典②《宪章文武》出题云："国宪王章，本朝为重；阐文绎武，昭代为尊。"此是何等语，而一时传诵为警句！嗣后效之以不通者三十余年。崇祯间诸名人力为洗涤，然犹有云："天无子，人之圣者为其子；海无内，人之圣者居其内。"（"德为圣人"四句会墨。）如此迷惑丧心之语，犹拔作南宫首卷，文字安得不陋，士习安得不偷邪？

二十二　良知之说充塞天下，人以读书穷理为戒。故隆庆戊辰会试，"知之为知之，不知为不知"文，以不用《集注》，由此而求之一转。取士教不先而率不谨，人士皆束书不观；无可见长，则以撮弄字句为巧，娇吟蹇吃，耻笑俱忘。如"战战兢兢，如履薄冰"，而撮云"冰兢"；"念终始典于学"，而撮云"念典"。乃至市井之谈，俗医星相之语，如"精神"、"命脉"、"遭际"、"探讨"、"总之"、"大抵"、"不过"，是何污目聒耳之秽词，皆人圣贤口中，而不知其可耻。此嘉靖乙丑以前，虽不雅驯者，亦不至是。汤宾尹以淫娼小人，益鼓其焰，而燎原之火，卒不可扑，实则田一俊③、黄洪宪倡之于早也。

二十三　有代字法，诗赋用之，如月曰"望舒"，星曰"玉绳"之类，或以点染生色，其佳者正尔含情，然汉人及李、杜、高、岑犹不屑也。施之景物，已落第二义，况字本活而以死句代之乎？如敬则是敬，更无字可代，而所敬与所以敬正自随所指而异；用代字者，以"钦翼"、"兢惕"代之，或以"怠荒"、"戏渝"反之，直是不识"敬"字，支吾抵塞耳。信曰"悖笃"，仁曰"慈祥"，学曰"敏求"，思曰"覃精"，善曰

---

① 黄洪宪，字懋中，号葵阳，明秀水（今属浙江）人。隆庆丁卯举人，辛未进士。选庶吉士，授编修。官至少詹事，掌翰林院事。尝奉使朝鲜。著有《朝鲜国纪》、《碧山学士集》。

② 陈懿典，字孟常，明秀水（今属浙江）人，万历壬辰进士，官至中允，乞假归。崇祯初起为少詹事。不赴。著有《读左漫笔》、《读史漫笔》、《吏隐斋集》。

③ 田一俊，字德万，明大田人。隆庆戊辰进士。选庶吉士，授编修，进侍讲。官至礼部侍郎。著有《钟台集》。《明史》卷二一六有传。

"纯粹"，治曰"经理"，皆代字也。先辈中亦有此病，自吴季子①小注来。有胸有心者，不应染指。

二十四　叠字不可析用，如诗赋"悠悠"而云"悠"，"迢迢"而云"迢"，"渺渺"而云"渺"，皆不成语。"兢兢业业"，旧有此文，亦不甚雅。"业业"云者，如筍虡上崇牙，两两相次，龃龉不相安之象。时文绝去一字，而云"兢业"，不知单一"业"字，则止是功业，连"兢"字如何得成文理？此病先辈亦有。若嵇川南、赵侪鹤诸公，则必不作此生活。

二十五　欲除俗陋，必多读古人文字，以沐浴而膏润之。然读古人文字，以心入古文中，则得其精髓；若以古文填入心中，而亟求吐出，则所谓道听而途说者耳。

二十六　经义固必以《章句集注》为准，但不可背戾以浸淫于异端。若《注》所未备，补为发明，正先儒所乐得者。如尤公瑛②"寡人之于国也"章文，以制产、重农、救荒分三事，而以末段归重汰兽食、发仓廪，为目前应迫救荒之先务，救荒而后待来年以重农，然后徐及制产，乃令孟子之敷施调理，井然有序。又如金正希"侍于君子有三愆"文，谓人有愆而不自知，唯侍君子乃知有之，而惭惶思改，见人之不可不就正于君子；陈大士"欲仁而得仁"文，谓欲取于民者，薄敛而缓征之，仁者之政也，则所得者，民皆乐奉而怀恩，固仁者之得也，如此乃与不贪相应。诸若此类，注所未及，讵可以非注所有而谓为异说乎？困死俗陋讲章中者，自不足以语此。

二十七　以酸寒嚣竞之心说孔、孟行藏，言之无怍，且矜快笔，世教焉得而不陵夷哉？圣贤虽以拨乱反正安天下为志，然乘六龙以御天，潜亢飞跃，无不可乐之天，无不可安之土。而作经义者，非取鲁、卫、齐、梁之君臣痛骂以泄其忿，则悲歌流涕若无以自容，其丑甚矣。"榜前潜下泪，众里却藏身"③，孟郊之所以为郊也。"愁中天屡阴"④，谭元春之所以为元春也。而使君子如此其龌龊乎？愚尝判韩退之为不知道，与扬雄等，以《进学解》、《送穷文》悻悻然怒，潸潸然泣；此处不分明，则其云"尧、舜、禹、汤相传"者，何尝梦见所传何事！经义害道，莫此为甚，反不如诗赋之翛然于春花秋月间也。

---

① 吴季子，即季札、公子札，吴王寿梦的季子（少子），《左传·襄公二十九年》吴季子聘于鲁，观周乐，发表了许多见解。

② 尤公瑛，公为尊称，即尤瑛，字汝白，明无锡（今属江苏）人。嘉靖癸卯解元，甲辰进士。任礼部主事，历参议。

③ "榜前潜下泪，众里却藏身"，这是明朝末年科场失意者所说的俗话。

④ "愁中天屡阴"，这是明朝末年科场失意者所说的俗话。

二十八　拾一官样字作题目，拈一扼要字作眼目，自谓“名家”，实则先儒所谓“只好隔壁听”者耳。官样字者，如“老者安之”三句。张受先①以“王道”二字笼罩。不知夫子言志时，但就面前说去，初未尝言以此治平天下。若论其至处，则虽王者亦待必世后仁之余，方渐与此相应。若行王道者，何敢易言及此？张之使大，正局之使小耳。又如“哀公问政”章，以法祖为旨者，亦官样话也。经文明言人存而后政可举，亡其人，则政虽布在方策而必息，故必极学问思辨之力，以果能好学力行知耻，而修仁义礼之人道，然后可以治天下国家，非但依样葫芦，遽言法祖，如王莽之效周公也。凡此类，皆大言无当，徒使浅学陋人有所倚之巴鼻而已。扼要字者，如程子教学者以主敬，乃立本以起用，非知有此事便休，更不须加功修治之谓。如“止至善”章，学修恂粟，威仪内外交尽，德乃盛，善乃至；仁敬、孝慈、亲贤、乐利、天德、王道之全，岂一“敬”字遽足以该括之？又如“道千乘之国”章，言“敬事”者，但于事言敬，初非主一无适之谓，与“居敬”言居者抑别，固该括下四者不得。圣贤之学，原无扼要；乘龙御天，无所不用其极。扼要之法，乃浮屠所谓“佛法无多子”者，孟子谓之“执一贼道”。宋末诸儒，虽朱门人士，皆暗用象山心法，拈一字为主，武断圣贤之言，苟趋捷径。而作经义者，依据以塞责。万历以后，恶习熺然，流及百年，余焰不熄，诚无如之何也。

二十九　古者字极简。秦·程邈②作隶书，尚止三千字。许慎《说文》，亦不逮今字十之二三。字简则取义自广，统此一字，随所用而别；熟绎上下文，涵泳以求其立言之指，则差别毕见矣。如均一“心”字，有以虚灵知觉而言者，“心之官则思”之类是也；有以所存之志而言者，“先正其心”是也；有以所发之意而言者，“从心所欲”是也；有以函仁义为体，为人所独有，异于禽兽而言者，“求放心”及“操则存，舍则亡”者是也；有统性情而言者，四端之心是也；有性为实体，心为虚用，与性分言者，“尽心知性”与张子所云“性不知简其心”是也。凡言“天”言“道”皆然，随所指而立义。彼此相袭，则言之成章，而必淫于异端；言之无据而不成章，则浮辞充幅，而不知其所谓。《大全》小注诸家杂乱于前，讲章之毒盈天下，而否塞晦蒙，更无分晓。不能解书，何从下笔？宜乎为君子儒者之贱之也。

陋人以钩锁呼应法论文，因而以钩锁呼应法解书，岂古先圣贤亦从茅鹿门受八大家衣钵邪？如“哀公问政”章，于“知仁勇”之仁，钩上“仁义礼”之仁；“不动心”章，以“勿求于心”之心，钩上“不动”之心。但困死呼应法中，更不使孔、孟文理得通，何况精义！魔法流行，其弊遂至于此。

三十　王子敬作一笔草书，世称“墨妙”。然一帖之中，语虽连贯，而字形向背各

① 张采（1596—1648），字受先，明太仓（今属江苏）人。崇祯戊辰进士。官临川县知县。福王时为礼部员外郎。生平事迹附见于《明史》卷二八八《张溥传》中。张采与张溥为复社领袖，在当日声望动天下。著有《周礼注疏合解》。

② 程邈，字元岑，秦下邽人，相传为隶书的创始者。

殊，必于一笔，未免有拗折牵连之病。若经义，一题自一理，篇自一意，岂容有二笔邪？既必一笔，何用钩锁？止缘陋人气不能长，如老病喘促，必须歇息，方更接续。故钩锁之法一立，而天下翕然从之，为独参汤以延残喘。

三十一　非此字不足以尽此意，则不避其险；用此字已足尽此义，则不厌其熟。言必曲畅而伸，则长言而非有余；意可约略而传，则芟繁从简而非不足。嵇川南、汤义仍诸老所为独绝也。避险用熟，而意不宣，如扣朽木；厌熟用险，而语成棘，如学鸟吟；意止此而以虚浮学苏、曾，是折腰之蛇；义未尽而以迫促仿时调，如短项之蛙。才立门庭，即趋魔道，四者之病，其能免乎？

三十二　有意之词，虽重亦轻，词皆意也。无意而著词，才有点染，即如蹇驴负重，四蹄周章，无复有能行之势。故作者必须慎重拣择，勿以俗尚而轻批笔。至若泾阳先生，以龙跃虎踞之才，左宜右有，随手合辙，意至而词随，更不劳其拣择，非读书见道者，未许涉其津涘。

三十三　不博极古今四部书，则虽有思致，为俗软活套所淹杀，止可求售于俗吏，而牵带泥水，不堪挹取。乃一行涉猎，便随笔涌出，心灵不发，但矜遒劲，或务曲折，或夸饶美，不但入理不真，且接缝处古调今腔，两相粘合，自尔不相浃洽，纵令抟成，必多败笔。赵侪鹤、汤义仍、罗文止何尝一笔仿古？而时俗软套，脱尽无余，其读书用意处别也。

三十四　以“外腴中枯”评归熙甫，自信为允。其摆脱软美，踸厉而行，亦自费尽心力。乃徒务间架，而于题理全无体认，则固不能为有无也。且其接缝处矫虔无自然之度，固当在许石城①、张小越②之下。熙甫子子慕③，变矫厉为轻安，不失为儒者之言，度越其父远甚。人言殊不然，所谓相者举肥也。

三十五　自李贽以佞舌惑天下，袁中郎④、焦弱侯⑤不揣而推戴之，于是以信笔扫抹为文字，而诮含叶精微、锻炼高卓者为“咬姜呷醋”。故万历壬辰以后，文之俗陋，

---

①　许石城，即许穀。许穀，字仲贻，上元人，嘉靖乙未进士。除户部主事，历南太常少卿，谪浙江运副使，起江西提学佥事，升南尚宝卿。著有《许石城集》、《省中稿》、《归田稿》等。

②　张元，字小越，福建漳州人，著有《张小越稿》。

③　归子慕，即归有光（字熙甫）之季子。钱谦益《归震川先生小传》：“季子子慕，字季思，以乡举追赠待诏。”

④　袁宏道（1568—1610），明湖广公安（今属湖北）人，字中郎，号石公。万历进士。授吴县知县。万历二十六年（1598），改顺天府（今属北京）教授。官至稽勋郎中。为明代文学流派公安派之首领。

⑤　焦竑（1540—1620），字弱侯，号漪园，又号澹园，明江宁（今江苏南京）人。万历进士。授翰林院修撰。焦竑为明代易学大家。著有《易筌》、《焦氏类林》等书。

亘古未有。如必不经思维者而后为自然之文，则夫子所云草创、讨论、修饰、润色，费尔许斟酌，亦“咬姜呷醋”邪？比阅陶石篑①文集，其序、记、书、铭，用虚字如蛛丝罥蝶，用实字如屐齿粘泥，合古今雅俗，堆砌成篇，无一字从心坎中过，真庄子所谓“出言如哇”者，不数行即令人头重。盖当时所尚如此，启、祯间始洗涤之。而艾千子犹以“莽莽苍苍”论文，（“苍”字上声，误读为仓。）不知“莽莽苍苍”者，即俗所谓“莽撞”，孟子所云“茅塞”也。

三十六　昔人谓书法至颜鲁公而坏，以其着力太急，失晋人风度也。文章本静业，故曰“仁者之言蔼如也”，学术风俗皆于此判别。着力急者心气粗，则一发不禁，其落笔必重，皆嚣陵竞乱之征也。俗称欧、苏等为“大家”，试取欧阳公文与苏明允并观，其静躁、雅俗、贞淫、昭然可见。心粗笔重，则必以纵横、名法两家之言为宗主，而心术坏，世教陵夷矣。明允其明验也。启、祯诸公欲挽万历俗靡之习，而竞躁之心胜，其落笔皆如椎击，刻画愈极，得理愈浅；虽有才人，无可胜澄清之任。就中唯沈去疑、杜南谷为有超然之致，犹未醇也，其他勿论已。代圣贤以引伸至理，而赪面张拳，奚足哉？胡元诗人如贯云石②、萨天锡③、冯子振④，欲矫宋诗之衰，而膻气乘之；启、祯文多类此，意者亦天实为之邪？

三十七　学苏明允，猖狂谲躁，如健讼人强辞夺理。学曾子固，如听村老判事，止此没要紧话，扳今掉古，牵曳不休，令人不耐。学王介甫，如拙子弟效官腔，转折烦难，而精神不属。八家中，唯欧阳永叔无此三病，而无能学之者。要之，更有向上一路在。

三十八　谭友夏论诗云：“一篇之朴，以养一句之灵；一句之灵，能回一篇之朴。”呓语尔。以朴养灵，将置子弟子牧童樵竖中，而望其升孝、秀之选乎？灵能回朴，村坞间茅苫土壁，塑一关壮缪，衮冕执圭，席地而坐，望其灵之如响，为嗤笑而已。庆、历中，经义以一句争胜。皆此说成之。曹大章“大哉尧之为君也”章，承头一句云：“甚矣，帝尧之德天德也。”袁黄赞其压倒万人。许獬“畏圣人之言”起比一句云：“圣言

---

①　陶望龄，字周望，号石篑，会稽人，万历乙酉举人，己丑会试第一，廷试第三，授翰林编修，累迁国子祭酒。谥文简。著有《水天阁》、《歇庵》二集。

②　贯云石（1286—1324），元代文学家，号酸斋，维吾尔族人。曾任两淮万户达鲁花赤及翰林学士知制诰通修国史。后退隐江南，又号芦花道人。精通汉文，所作散曲，风格豪放，亦有偏于清丽者，内容则多写逸乐生活和男女之情。

③　萨都剌（约1300—1348），元代文学家，字天锡，号直斋，回回人。因祖父随蒙古军来，留镇云、代，遂居雁门（今山西代县）。泰定进士。官至燕南河北道肃政廉访司经历。晚年寓居武林（今浙江杭州），常游历山水，工诗词，善楷书，治篆刻和画，著有《雁门集》。

④　冯子振（1257—1337?），字海粟，自号怪怪道人，又号瀛洲客，元潭州攸州（今属湖南）人，一云湘乡人。官丞事郎、集贤待制。有《梅花百咏》一卷，系冯子振与释明本的唱和诗集。生平事迹见《元诗选·三集》诗人小传。

亦庸言耳。”场中以此定为南宫第一。如实思之，有何意味？如口给人说酒令，适资一笑而已。

三十九 闻之论弈者曰：“得理为上，取势次之，最下者著。”文之有警句，犹棋谱中所注妙著也。妙著者，求活不得，欲杀无从，投隙以解困厄，拙棋之争胜负者在此。若两俱善弈，全局皆居胜地，无可用此妙著矣。非谓句不宜工，要当如一片白地光明锦，不容有一疵纇；自始至终，合以成章；意不尽于句中，孰为警句，孰为不警之句哉？求工于句者，有廓落语，（如“圣人一天也”及“非甚盛德谁能当此，而王者又上观千世，下观千世”之类。）有陡顿语，（如“甚矣帝尧之德天德也”之类。）有钩牵语，（如“畏圣人之言”而云“知所畏者也”之类。）有排对语，（如“被发左衽，弱肉强食”之类。）其下则有蔓延语，（如抄袭《檀弓》“不出而图吾君，苟出而图吾君”之类。）浮枵语，（如“又进而加详焉，然后浩乎其有得”之类。）含糊语，（如“悠然其可思”之类。）答话语，（如“大抵不离乎”、“云云者近是”之类。）肥腻语，（摄《必读古文》言中俗艳为句。）懵懂语，（如道德、仁义、礼乐、诗书等字凑手便用。）俗讲语，（“殊不知”、“继之”“大抵”之类。）卖弄语。（如“人梦之姬公易逝，病诸之尧舜难酬”之类。）市井语，烟花语，招承语，（小题文多此三者。）门面语，（如“天不变道亦不变”、“虽天子必有父，诸侯必有兄”之类。）滑利语，（如“君子之仕也”文云：“践其土而食其毛，谁非臣子者”。出口快甚，然岂贩夫牧竖亦须求仕乎？）娇媚语。（如“我浮沉之人也与哉”及“性也而情在其中矣”之类。黄贞父好为短句、短比，快转以求媚。近则包长明亦中此病。）凡此类，始则偶一作者意与凑合，不妨用之。陋人惊为好句，相袭而不知其秽，皆于句求工之拙法启之也。

四十 有所谓“开门见山”者，言见远山耳，固以缥缈遥映为胜；若一山壁立，当门而峙，与面墙奚异？曹子建有“面山背壑”之语。彼生长谯、许，已居鄄城，未尝有山，恨不逼近危崖。若使果有此室，岂不是倒架屋？劣文字起处即着一斗顿语说煞，谓之开门见山，不知向后更从何处下笔？此弊从“仕宦而至将相，富贵而归故乡”来，彼作法于凉，重复申说，一篇已成两橛，何足法也？若“环滁皆山也”，语虽卓立，正似远山遥映耳。陋人自为文既尔，又且以解圣贤文字。如“哀公问政”章，扼定“文武之政”四字，通章萦饶，更不恤下文云何；“诚意”章，以“毋自欺也”，“也”字应上“者”字，一语说煞，后复支离。皆当门一山，遮断遥天远景。岂知古人立言，迤逦说去，要归正在结煞处哉！

抑有反此者，以虚冒笼起，至一二百字始见题面，此从苏、曾得来，韩、柳、欧阳尚不尽然。然苏、曾但以施之章、疏、序、记，抒己意者。经义自有立言端委。如人家族谱，但叙本姓源流，何用自从混沌初开盘古出说起也？昔人谓之为“寿星头”，洵然。

四十一 薛方山每于起冒下急出本文，此科场论式也。论取题而推广言之，故可揭过经史本文，重抒己意。经义体圣贤之言而絅绎之，语尽则止。一句急出，则如喉间骨鲠，吞吐皆难。一篇之中，分为两截，势必更端说起，项下安顿。此法利于塾师教劣子弟，使易收归本科，段段着想。遂翕然称之为大家；不虞之誉，引人入坑堑如此！

四十二 罗长源①论字学云："胸中无数千卷书，日用无忠信之行，则虽蚕尾银钩，八法备举，求其落玉垂金，流奕清举者，乃至一点亦不可得。"尝服膺此言，以为论文之善，莫过于是。而茅鹿门云："吾作文时，屋瓦皆为动摇。"说得忒髻鬙②可畏，想讼魁代人作诉牒时，当如此下笔。

四十三 看《章句集注》，须理会先儒云何而作此语；非可一抹窜入训诂中，瞑烟缭绕，正使云山莫辨。如"子在川上"注川流"与道为体"，恐学者将川流与道判作二事，以水为借譬，划断天人，失太极浑沦之本体，故下此语，初非为逝者不舍昼夜作注。读者但识得此意，则言水即以言道，自合程子之意；不可于夫子意中增此四字，反使本旨不得畅白。又如"鸢飞戾天"一段，《章句》有"活泼泼"语，乃以赞子思立言教人之妙，使人随处见道，无所执碍，以反失当几之省察，故又云"其要在慎独"。若子思言此，初非以鸢飞鱼跃为活泼泼物事，骀宕圆融，如浮屠"水流花开"之狂解。若不解此，谓鱼鸟化机，流动无恒，则正程子所谓"弄精魂"者。故作经义者，当置"活泼泼"三字不须插入，但实从道之全体大用、充周溥遍上着讲。此处不分明，引金屑入目，宜其文之茫茫白雾也。

四十四 陈大士自云三月而遍读《廿一史》，目力之胜可知。乃其"天之高也"一节文字，于历法粗率且未晓了，出语便成差异。想其读史时，于历志无能晓处，便掷向一壁去。先辈于所未知，约略说过，却无背戾，惟不欲夸博敏。大士以博敏自雄，故乱道。以此推之，大士于史，凡地理、职官、兵刑、赋役等志，俱不蒙其眄睐。若但取列传草草看过，于可喜可恨事，或为击节，或为按剑，则一部《凤洲纲鉴》③足矣，何必九十日工夫，翻此充栋册子邪？黄蕴生《易》经义说历法较无舛讹，其读史视大士为能详审，自不以三月夸速了。乃所言历法，又晋、宋以降何承天、虞劆、一行、郭守敬所定岁差，定朔等精密之法；孔子作《易系传》，止据夏、周之历，何尝有此？蕴生知解而不知用，亦欲夸博敏之失也。近人争读《近思录》资时文之用，且问渠"太极"是何物事，"清虚一大"是何形状，"主一无适"何以用功？若止记取册子上语句，搭得上辄与抄写，则《近思录》岂《诗学大成》、《四六类函》供汝道听途说者乎？此之谓不知耻。

---

① 罗长源，南宋永州知州，曾向朝廷建议改革学校制度。

② 忒，特别地。髻鬙（kuàisēng），头发蓬乱貌。

③ 《凤洲纲鉴》，坊间所刻读史一类的书，应试士子用此书来记忆基本的历史知识和掌故。

四十五　通身倒入古人怀中，王莽学周公，且供笑骂，况诵桀之言者乎？周莱峰、王荆石学苏氏，止取法其语言气势，至说理处，自循正大之矩。至陈卧子①、陈大士，将身化作苏明允，开口便说权说势。权势二字，乃明允谲诈残忍，以商鞅、韩非、尉缭为师，贼道殃民之大恶，读孔、孟书者何忍效之？大士以文人自命者，不足深责。卧子严气正性，大节凛然，而斯言之玷不可磨，能弗为之惋惜？

四十六　妖孽作而妖言兴，周延儒②是已。万历后作小题文字，有谐谑失度，浮艳不雅者，然未至如延儒；以一代典制文字引伸圣言者，而作"岂不尔思"、"逾东家墙"等淫秽之词，其无所忌惮如此。伏法之后，闺门狼籍不足道，乃令神州陆沉而不可挽，悲夫！

四十七　经义之设，本以扬榷大义，剔发微言；或且推广事理，以宣昭实用。小题无当于此数者，斯不足以传世。其有截头缩脚，以善巧脱卸吸引为工，要亦就文句上求语气，于理固无多也。守溪作此，以剪裁尺幅为式，义味亦复索然，特不似后人作诨语耳。若荆川则已开诨语一路，如"曾子养曾皙"③ 一段文，谓以余食与人，为春风沂水高致。其所与者，特家中卑幼耳。三家村老翁妪，以卮酒片肉饲幼子童孙，亦嘐嘐之狂士乎？诨则必鄙倍可笑，类如此。此风一染笔性，浪子插科打诨，与优人无别。有司乃以此求士，可谓之举国如狂矣。唯有一种说事说物单句语，于义无与，亦无所碍，可以灵隽之思致，写令生活。此当以唐人小文字为影本。刘蜕④、孙樵⑤、白居易、段成式⑥集中短篇。洁净中含静光远致，聊拟其笔意以骀宕心灵，亦文人之乐事也。汤义仍、赵侪

---

① 陈子龙（1608—1647），初名介，字卧子，一字人中，号大樽。明末清初江南华亭（今上海松江）人。崇祯丁丑进士。除惠州推官，改绍兴。南明红光时，起兵科给事中。数上疏指陈时弊。旋因朝政腐败，辞官归家。明末曾创立几社。《明史》卷二七七有传。

② 周延儒，字玉绳，宜兴人。万历四十一年会试、殿试皆第一。授修撰，年甫二十余。美丽自喜，与同年生冯铨友善。天启中，迁右中允，掌司经局事。寻以少詹事掌南京翰林院事。周延儒为奸臣，其生平事迹见《明史》卷三零八《周延儒传》。

③ 《孟子·离娄上》孟子曰："事，孰为大？事亲为大。守，孰为大？守身为大。不失其身而能事其亲者，吾闻之矣。失其身而能事其亲者，吾未之闻也。孰不为事？事亲，事之本也。孰不为守？守身，守之本也。曾子养曾皙，必有酒肉。将彻，必请所与。问有馀，必曰：'有。'曾皙死，曾元养曾子，必有酒肉。将彻，不请所与。问有馀，曰：'亡矣。'将以复进也。此所谓养口体者也。若曾子，则可谓养志也。事亲若曾子者，可也。"思齐按：曾皙，姓曾，名点，字子皙，曾参的父亲，孔子的学生。《论语·先进》："子路、曾皙、冉有、公西华侍坐。"

④ 刘蜕（821？—？），字复愚，唐长沙（今属湖南）人。大中四年等进士第，此前荆州士人罕有及第者，故时称破天荒。《全唐文》卷七八九编其文为一卷，凡五十余篇。

⑤ 孙樵，生卒年不详，字可之，一作隐之。自称家本关东（函谷关以东）。大中九年等进士第。《全唐文》编其文为两卷，见卷七九四—七九五。

⑥ 段成式（约803—863），字柯古，唐齐州临淄（今山东淄博东北）人，世居荆州。宰相段文昌之子。少苦学精研。开成时，以父荫为秘书省校书郎，累迁尚书郎。大中时，出任吉州、处州、江州刺史，终太常少卿。著有《酉阳杂俎》。《唐书》卷一六七、《新唐书》卷八九有传。

鹤、王谑庵，所得在此。刘同人①，亦往往近之。余皆不足比数。

四十八　逆恶顽夫语，覆载不容，而为之引申，心先丧矣。俗劣有司以命题试士，无行止措大因习为之，备极凶悖。如“孰谓鄹人之子知礼乎”、“谟盖都君咸我绩”之类，何忍把笔长言？“汉儿学得胡儿语，又替胡儿骂汉人”，骂汉人且不忍闻，何况射天答地？

四十九　横截数语乃至数十语，不顾问答条理；甚则割裂上章，连下章极不相蒙之文，但取字迹相似者以命题，谓之“巧搭”，万历以前无此文字。自新学横行，以挑剔字影、弄机锋、下转语为妙悟，以破句断章，随拈即是为宗风，于科场命题亦不成章句。如“邦畿千里”二节，绝去“可以人而不如鸟乎”；“孟懿子问孝”章，绝去“子曰生事之以礼”三句；“行己有耻，使于四方”，绝去“不辱君命”，皆所谓搭题也。命题如此，而求有典有则之文，其可得乎？唐人选士，命作《幽兰赋》，举子傲岸不肯作，主司为改《渥洼马赋》，乃曰较可。② 古人奖进人才如此。而以功令束人，使相效以趋于卑陋，侮圣言而莫敢违之，经义之不足传，非此等使然与？

五十　人各占一经，已小足以待通儒。乃于所占之经，视为续貂之狗尾。塾课先习浮烂之词，文场取塞终篇之责。五经大指，已属面墙；先圣精微，永随茅塞。《诗》则采辑诗赋四六中最下俗艳语，用为无盐之粉黛；咏叹淫泆之意，百无一存。《春秋》则以俗吏爰书、讼魁牒状丑诋之词，取已往之君臣，恣其诟厉。数百年来，能免此者，千无一二。近世名人略为洗涤：《诗》则黄石斋、凌茗柯，《春秋》则刘同人及路君朝阳，逸群遒上，庶几不负“明经”之目。至若《周易》，广大精微，以六虚尽天人之理数。而作经义者限之以君臣出处，苟为位置，若有一姓六名二之相，建元九五之君，或得或失，被以褒嘉，施以诮责，加之劝勉，曲为诘问；象占时位，罔所闻知，黑风吹堕，莫能拔出者久矣。《书》唯典、谟有论道之言。誓、诰乃论臣民之作。典、谟辞显而意深，自为一体。誓、诰则杂以方言，使人易晓。辞不通今，若有僻奥，而大指所归，示生人之利害。作经义者一以“危微精一”强相附会，将与介胄之夫、田野之氓、反侧之子谈心性乎？迷而不反者二百余年。启、祯以来，后起诸公虽或不雅驯，而穷经得归趣者间出焉；方之庆、历以前，自觉积薪居上。

五十一　科场文字之蹇劣，无足深责者。名利热中，神不清，气不冒，莫能引心气

---

① 刘同人，明代作家，著有《帝京景物略》。

② 宋·王谠撰《唐语林》卷三“品藻”：“乔彝京兆府解试，时有二试官。彝日午叩门，试官令引人，则已醺醉。视题，曰《幽兰赋》，不肯作，曰：‘两人相作对作得此题，速改之。’乃改为《渥洼马赋》。奋笔斯须而就。其辞甚工，便欲首送。京兆尹曰：‘乔彝峥嵘甚，以解副荐之。’”

以入理而快出之，固也。况法制严酷，几如罪人之待鞫乎？汉、晋以上，惟不以文字为仕进之羔雉，故各随所至，而卓然为一家言。隋、唐以诗赋取士，文场之赋无一传者，诗唯“曲终人不见，江上数峰青”① 一律而已。燕、许、高、岑、李、杜、储、王所传诗，皆仕宦后所作，阅物多，得景大，取精宏，寄意远，自非局促名场者所及。经义本儒者分内事，而一行作吏，则置之如隔年历，间有作者，只为子弟作嫁衣裳：陈启新诮为“敲门砖子”，非诬也。唯杨贞复宦稿借经义讲学，其意良善，乃又为姚江之学所赚，非徒见地诐淫，文气亦迫促衰弱，深可惜也。

五十二　为一代文人而不遇者多矣，则胶庠之下，自应有伟人杰作，睥睨今古。乃嘉、隆以前无一传者。后乃有徐文长渭、漏仲容坦之②、张子延大复③数首行世，亦无甚超绝处。天启后，社稿充斥，终不脱揣摩蹊径。若钱吉士④、顾麐士辈，欲矫时趋，而本领既薄，指趣自卑。因忆昔与黄冈熊渭公寔⑤、李云田以默，作一种文字，不犯一时下圆熟语，复不生入古人字句，取精炼液，以静光达微言。所业未竟，而天倾文丧，生死契阔，念及只为哽塞。

《夕堂永日绪论·外编》终

---

① 钱起《省试湘灵鼓瑟》诗：“善鼓云和瑟，常闻帝子灵。冯夷空自舞，楚客不堪听。苦调凄金石，清音入杳冥。苍梧来怨慕，白芷动芳馨。流水传湘浦，悲风过洞庭。曲终人不见，江上数峰青。”钱起（约710—780），字仲文，唐吴兴（今浙江湖州）人。天宝进士。大历十才子之一。元·辛文房《唐才子传》卷四：“钱起，字仲文。吴兴人。天宝十年，李巨卿榜及第。少聪敏，承乡曲之誉。初从计吏至京口客舍，月夜闲步，闻户外有行吟声，哦曰：‘曲终人不见，江上数峰青。’凡再三往来。起遽从之，无所见矣。怪之，及就试。粉闱诗题，乃《湘灵鼓瑟》。起缀就，即以鬼谣十字为落句。主文李玮深嘉美，击节吟味，久之，曰：‘是必有神助之耳。’遂擢置高第。释褐，授校书郎。尝采箭竹，奉使入蜀，除考功郎中。大历中，为太清宫使，翰林学士。起诗体制新奇，理致清赡，芟宋齐之浮游，削梁陈之曼靡，迥然独立也。王右丞许以高格，与郎士元齐名。士林语曰：前有沈、宋，后有钱、郎。集十卷，今传。子徽，孙珝，并能诗。外甥怀素，善书，一门之中，艺名森出，可尚矣。”

② 漏坦之，字仲容，明代帖括名士。

③ 张大复，字元长，号子延。明吴（今属江苏）人。著有《梅花草堂集》。

④ 钱禧，字吉士，苏州籍，无锡人。与杨廷枢、文震亨、娄东张溥、金沙周镳订复社，文章满天下。著有《钱吉士稿》。

⑤ 熊寔，字渭公，明黄冈（今属湖北）人，后移居武昌。《明史》卷二九四《冯云路传》附《熊寔传》：“其同邑熊寔，字渭公，亦移居武昌。喜邵子《皇极书》，颇言未来事。十六年元旦，尽以所撰《性理格言》、《图书悬象》、《大易参》诸书付其季弟，曰：‘善藏之。’城破前一日，贻书云路，言‘明日当觅我某树下’。及期行树傍，贼追至，跃入荷池以死。”

【清人论八股之三】

刘熙载《经义概》

一、《经义概》题解

刘熙载《艺概·叙》："艺者，道之形也。学者兼通六艺，尚矣！次则文章名累，各举一端，莫不为艺，即莫不当根极于道。顾或谓艺之条绪綦繁，言艺者非至详不足以备道。虽然，欲极其详，详有极乎？若举此以概乎彼，举少以概乎多，亦何必殚竭无余，始足以明指要乎！是故余平时言艺，好言其概，今复于存者辑之，以名其名也。庄子取'概乎皆尝有文'，太史公叹'文辞不少概见'，'闻''见'皆以'概'为言，非限于一曲也。盖得其大意，则小缺为无伤，且触类引申，安知显缺者非即隐备者哉！抑闻之《大戴记》曰：'通道必简。''概'之云者，知即为'简'而已矣。至果为通道与否，则存乎人之所见，余初不敢意必于其间焉。同治癸酉仲春兴化刘熙载融斋自叙。"《艺概》是刘熙载历年论艺汇编，共六卷，分别论述文、诗、赋、词曲、书和经义。这篇《叙》作于同治十二年癸酉（1873），由此可知《经义概》是刘熙载晚年撰定的著作。经义，科举考试科目的一种。宋时科举考试，以儒家经书文句为题，使考生议论其义，故称经义。经义与诗赋合称二科。明清时沿用经义而体裁稍有变化，俗称八股文，又称制义、时文。刘熙载作《经义概》也与他所作其他各概一样，目的在于从宏观上把握经义的学科本质、基本特点、写作特征和应试时需要掌握的方法和技巧。概，类似于今日教材编写中的"概论"一类。"概论"的著述体例，来自于西方教育之常规。"概"则是刘熙载的发明。从"概"入手治学的好处是，得其大意，则小缺为无伤，且触类引申，即可逐渐形成完备丰盈的知识体系，并且掌握相关的技能，进而由技能到技巧，由技巧到熟练技巧，慢慢就成为行家里手了。所以如此，乃是因为人类各个族群之间在思维上具有一致性之缘故。"秦人好简。"（东晋·释僧叡《大智度论序》）"秦人好略。"（北宋·赞宁《高僧传》卷二七《释含光传·系》）在刘熙载之前，宋代史学家郑樵（1103—1162）撰《通志》二百卷。郑樵于史学主会通之旨，复撰《通志二十略》五十一卷，简称《通志略》，篇幅仅及《通志》的四分之一。《通志略》也具有"通志概论"的性质，对于方便学人从我国古代浩繁的文物名类和典章制度中把握精义，起了重要的作用。刘熙载深刻地懂得知识的渊博与简约是相反相成的，他时常告诫他的学生们说："真博必约，真约必博。"（《清史稿》本传）据中国人民族性好简好略这一根本特点，刘熙载撰著了《经义概》，庶几士子可以明白科举考试中八股文的基本知识，纲举目张，举一反三，顺利地通过考试关，从而走上仕途，服务社会，实现封建社会中大多数士人梦寐以求的人生价值。这个道理，也就是他常常说的一句话："才出于学，器出于养。"（《清史稿》本传）刘熙载本人熟悉科举考试，具有较多的八股文写作实践，并于道光二十四年（1844）中进士，因此在《经义概》中具体而微的八股文写作甘苦谈，亦复不少。刘熙载《古桐书屋续刻三种》之三《制义书存》载有五篇，我们把这几篇文章作为《经义概》的附录，以便利今天的读者具体地了解八股文的基本风貌。

二、刘熙载小传

刘熙载（1813—1881），字伯简，号字融斋，又字熙哉，晚年自号寤崖子，世多以融斋先生称之。江苏兴化人。

兴化刘氏，世以耕读传家。这样的生活环境使得刘熙载从小就受到了良好的教育，而且对劳动人民具有一定的同情心。少年刘熙载是个有孝心的孩子。父亲去世时，刘熙载十岁，他哭踊如礼。从此以后，刘熙载一直在孤贫中努力求学。道光十九年（1839），刘熙载十七岁，中了恩科举人。道光二十四年，刘熙载年二十一岁，进士高中，改翰林院庶吉士。二十五年，庶吉士的生活结束了，刘熙载被授以编修。咸丰三年（1853），朝廷命刘熙载入值上书房。六年，刘熙载的官阶为京察一等。按照规定，他可以担任道府这一级别的官员。不过他很快就请了病假，并未在道府一级之上担任过任何职务。同治三年（1864），刘熙载补为国子监司业。当年秋天，刘熙载受命督察广东的学政。不久，刘熙载又补为詹士府左春坊左中允。五年，刘熙载托病辞官，回到了家乡。晚年，刘熙载主讲于上海龙门书院。他在教席上辛勤工作达十四年之久。

刘熙载从小就聪明颖悟，成年后为博学之士。他于六经、诸子、史书、天文、算法、字学和韵学，无不通晓。此外，他还熟悉词曲及仙释家言。刘熙载不是一个书呆子，他平生讲究的是学以致用。他认为，知识当须有益于人生。他强调，实践为先，躬行为重。刘熙载的著作主要有《持志塾言》二卷、《四音定切》四卷、《说文双声》二卷、《说文叠韵》二卷、《昨非集》四卷和《艺概》六卷。这六种书统称为《古桐书屋六种》，由刘熙载晚年在书院自为校刊行世。刘熙载去世后，其长子刘彝程等又从所存手稿分类抄录，辑成《读书札记》、《游艺约言》和《制义书存》三种。

在刘熙载的所有著作中，《艺概》是最为重要的一种，为其代表作。从《艺概·自叙》可知，《艺概》是刘熙载于同治十二年癸酉（1873）所作，可见全书撰定于他的晚年，是其思想成熟时期的著作。《艺概》全书共六卷，由《文概》、《诗概》、《赋概》、《词曲概》、《书概》和《经义概》组成。刘熙载之所以采用这样的著作形式，主要有四个原因。第一，他生活在中国封建社会的末期与近代社会的初期。时代交汇的特点明显地体现在他的著作中。他采用了西方人治学时所惯用的归纳法来处理中国的传统学术。第二，各种文体到清朝末年已经发展到极致，文体本身的矛盾运动呼唤人们来为之作总结。这样的总结工作，在唐宋时期自然无法做，在明代和清代中前期也还是无法做。到了清朝晚期，我国固有的各种文体，既呈现出其优长之处，又暴露出其不足之处。只有这种时候，它们才构成学术研究的对象。第三，西方文体学的知识显然已经在刘熙载的知识结构中占据了突出的地位，因而他能够在这六大概论中采取较为客观的态度，尽管他的话说得委婉含蓄。第四，刘熙载使用了分体文学史的撰述方法，《艺概》的特征是鲜明的。各卷大体由三部分组成。第一部分点明本源，揭示要义，以精要的语言为后面的论述立纲，从道理、义理、事理和情理四端入手，加以具体的论述。刘熙载所谓理，也就是事物内部的规律和法则。第二部分为正文，刘熙载将文学史上的代表作家和代表作品依时间顺序逐一论列。他所讨论的范围，起于古代，止于明清。第三部分，他论述了各种文体的创作特点和写作技巧，并从写作学的角度进行简单的理论小结。《经义概》论述科举考试的特殊文体亦即八股文的作法，也涉及有关科举的一些具体知识。这是因为，在刘熙载看来，八股文也是一种文体。刘熙载认为，既然八股文牢笼中国知识分子几百年，当然有专门提出来加以详尽讨论的必要。史的意识不时闪现在刘熙载的许多著作中，并且突出地贯穿于《艺概》之中。刘熙载《文概》说："文之道，时为大。《春秋》不同于《尚书》，无论矣。即以《左传》、《史记》言之，强《左》为《诗》则噍杀，强《史》为《左》则啴缓。惟与时为消息，故不同正所以同也。"在这几句话中，"与时为消息"尤其值得我们注意，它是刘熙载历史观的集中表述。所谓消息，就是生灭和盛衰变化。在观察事物的过程中，刘熙载实际上颇有与时俱进的意识。一方面，《左传》和《史记》都是历史著作，但是其文体风格不同，因为它们产生于不同的时代。另一方面，尽管《左传》和《史记》在文体风格上不同，但是它们的作者都力求客观真实地记录历史事件，企图通过历史事件的序列而勾勒出历史的过程，进而反映出时代精神。从这个意义上说，它们又是相同的。刘熙载还把"与时为消息"的主张，用于分析其他作品，提出了"文有四时"这一命题。比如，在《文概》中他具体地分析了四部中华元典所反映的时代特征，他说："文有四时。《庄子》，'独寤寐言'时也。《孟子》，'向明而治'时也。《离骚》，'风雨如晦'时也。《国策》，'饮食有讼'时也。"① 在这四部中华元典中，《庄子》和《孟子》属于哲学著作，均为散文体；《离骚》为文学著作，为诗歌体；《国策》为历史著作，为散文体；尽管它们在门类上不同而且体裁有别，但是它们在传达时代精神这一点上是一致的，堪

---

① 清·刘熙载著，薛正兴点校《刘熙载文集》，南京：凤凰出版社，2001，第91页。

称“与时为消息”的杰作。至于《制义书存》，则是刘熙载尚存的几篇八股文的习作，乃是十分珍贵的资料。

刘熙载逝世后，他的朋友俞樾（1821—1907）作有碑文一篇以纪念。俞樾《春在堂杂文》四编三《左春坊左中允刘君墓碑》，铭曰：“士生今世，学术大明。贵在择守，无取更张。云何汉宋，判若井疆。我观君容，恭俭温良。粹然无滓，元酒太羹。我观君行，克柔克刚。意之所可，欢然承迎。其所不可，凛若冰霜。我读君书，靡有不详。高论道德，下逮文章。至于声律，剖析毫芒。至于词曲，乃亦所长。君之所学，大小俱臧。宜其翕然，令闻令望。天子嘉叹，巨公表扬。名在国史，泽在胶庠。学无宋元，亦无汉唐。一言居要，要在躬行。躬行君子，久而弥芳。我作斯文，刻石墓旁。俾千百世，知学知方。学君之学，吾道以亨。”①

附录一　《清史稿》卷四八零《儒林传》—《刘熙载传》

刘熙载，字融斋，兴化人。十岁丧父，哭踊如礼。道光二十四年进士，改庶吉士②，授编修。咸丰二年，命直上书房。与大学士倭仁③以操尚相友重，论学则有异同。倭仁宗程、朱，熙载则兼取陆、王，以慎独主敬为宗，而不喜学蔀④通辨以下掊击已甚之谈。文宗⑤尝问所养，对以“闭户读书”。御书“性静情逸”四大字赐之。以病乞假，巡抚胡林翼⑥特疏荐。同治三年，征为国子监司业，迁詹事府左

---

① 清·刘熙载著，薛正兴点校《刘熙载文集》，南京：凤凰出版社，2001，第792页。

② 庶吉士，官名。明朝洪武初年，采用《尚书·立政》篇中所说“庶常吉士”之义，置庶吉士，六科及中书皆有之。庶，众多。常，经常，指日常事务工作。吉，良善。士，士人。庶吉常士，其字面意思为众多掌管常事的善士（a multitude of virtuous men who are in charge of routine duties），与西欧和英国中古时期的青年最低级爵士即 bachelor 相仿佛。永乐二年，庶吉士始专隶于翰林院，以进士之擅长于文学及书法者任之。清朝沿用这一制度，并设立了庶常馆。进士殿试后，朝考前列者，始得选用为庶吉士。换句话说，成绩优异的进士才有资格当庶吉士，获得在翰林院进一步学习的机会。因此，对读书人来说，能当上庶吉士，乃是一件很荣耀的事情。庶吉士的修业期为三年。期满须再经考试，按等第而分别授职，称为散馆。二甲进士授编修，三甲授检讨，不人选者，内用为六部主事、内阁中书，外用为知县。

③ 倭仁（1804—1871）清末蒙古正红旗人。乌齐格里氏，字艮风。道光进士。理学家唐鉴的弟子。道光末年，与曾国藩、何桂珍一起讲求宋儒之学。历任大理寺卿、光禄寺卿、工部尚书。同治元年（1862），任文渊阁大学士。同治六年（1867）上奏反对奕䜣等选用科甲官员如同文馆学习天文、算学的主张，强调内治，反对洋务，认为“立国之道，尚礼仪不尚权谋；根本之图，在人心不在技艺”，引起洋务派和顽固派之间的一场大争论。同治八年（1869）年晋升文华殿大学士。有《倭文端公遗书》传世。

④ 蔀，遮蔽。《易·丰》：“丰其蔀。”王弼注：“蔀，覆暧，鄣光明之物也。”

⑤ 清代皇帝咸丰（1831—1861），即爱新觉罗·奕詝，庙号文宗，年号咸丰。

⑥ 胡林冀（1812—1861），字贶生，号润芝，湖南益阳人。道光进士。官至少詹事。学宗儒林。胡林冀是镇压太平天国的主要人物之一，曾全力支持曾国藩，与曾国藩并称“曾胡”。1856年破武昌，授湖北巡抚，有《胡文忠公遗集》。《清史稿》卷四零六有传。

春坊左中允。督学广东，作《惩忿》、《窒欲》、《迁善》、《改过》四箴训士，谓士学圣贤当先从事于此。所至萧然如寒素，未满任乞归，袱被箧书而已。熙载治经，无汉、宋门户之见。其论格物，兼取郑义。论《毛诗》古韵，不废吴棫叶音。① 读《尔雅释诂》至"卬、吾、台、予"，以为四字能摄一切之音，以推开齐合撮，无不如矢贯的。又论六书中较难知者莫如谐声。叠韵、双声，皆谐声也。许叔重②时虽未有叠韵、双声之名，然"河、可"叠韵也；"江、工"双声也。孙炎③以下切音，下一字为韵，取叠韵，上一字为母，取双声，盖开自许氏。又作《天元正负歌》，以明加减、乘除、相消、开方诸法。④ 生平于《六经》、子、史及仙释家言，靡不通晓，而一以躬行为重。尝戒学者曰："真博必约，真约必博。"又曰："才出于学，器出于养。"又曰："学以尽人道而已，士人所处，无论穷达，当以正人心、维世道为己任，不可自待菲薄。"平居尝以"志士不忘在沟壑"、"遁世不见知而不悔"二语自励。自少至老，未尝作一妄语。表里浑然，夷险一节。主讲上海龙门书院十四年⑤，以正学教弟

---

① 吴棫（约1100—1154），宋代音韵训诂学家。字才老，建安（今福建建瓯）人。政和进士，官泉州通判。所撰《韵补》，认为古人用韵较宽，有古韵通转之说。又撰《诗补音》、《字学补韵》、《楚辞释音》等，已不传。

② 许叔重，许慎（约58—约147）的字。许慎为东汉经学家、文字学家。汝南召陵（今河南偃城）人。师事贾逵。曾任太尉南阁祭酒、洨长。博通经籍，有"五经无双许叔重"之评。著有《说文解字》十四卷，并叙目，共十五卷。该书集古文经学训诂之大成，为后代研究文字及编辑字书最重要的根据。

③ 孙炎，三国魏经学家、训诂学家。字叔然。乐安（今山东博兴）人。征为秘书监，不就。郑玄弟子，时人称为"东州大儒"。驳王肃讥短郑玄的《圣证论》。撰《周易春秋例》，并为《毛诗》、《礼记》、《春秋三传》、《国语》作注。另撰《尔雅音义》，用反切注音，反切从此盛行。所撰各书已佚，清马国翰《玉函山房辑佚书》有辑本。《后汉书》卷七九《许慎传》："许慎字叔重，汝南召陵人也。性淳笃，少博学经籍，马融常推敬之，时人为之语曰：'《五经》无双许叔重。'为郡功曹，举孝廉，再迁除洨长。卒于家。初，慎以《五经》传说臧否不同，于是撰为《五经异义》，又作《说文解字》十四篇，皆传于世。"后人尊重死者，一般不直称其名。许慎曾经在官为洨（xiáo）长，因而洨长便成为许慎的代称。

④ 相消，数学用语，本指约分，兼指通分。

⑤ 上海龙门书院，清朝后期著名学校之一。书院建立初期，院址位于今南市区尚文路龙门村。清同治四年（1865），丁日昌（1823—1882，广东丰顺人，字禹生，又作雨生）授江苏苏松太道，继兼江南制造局总办，旋升两淮盐运使，有感于人才之急需，遂创办龙门书院。初时仅修南园，院舍在蕊珠书院的湛华堂，后因该处地狭，在园西李氏园故址营建新屋。光绪三十一年（1905），改称苏松太道立龙门师范学校。民国成立之后，改称江苏省立第二师范学校。1927年与江苏公立商业学校合并，组建为江苏省立上海中学。同年9月，更名为国立第四中山大学上海中学。1933年迁往上海县吴家巷，即现上海中学所在地。1934年在此建龙门村。

子，有胡安定①风。著《持志塾言》二卷，笃近切实，足为学者法程。光绪七年，卒，年六十九。又有《艺概》六卷，《四音定切》四卷，《说文双声》二卷，《说文叠韵》二卷，《昨非集》四卷。

附录二　《兴化县志》卷一三《刘熙载传》

刘熙载，字融斋，道光甲辰进士，选庶吉士，散馆授编修。② 少孤贫，笃行力学，尝以"志士不忘在沟壑"、"遁世不见知而不悔"二语自励。通籍后，③ 不改初度。直上书房，与诸王进讲论议，悉归于正。中涓岁时索犒④，独惮熙载方严，不敢干。文宗召对数次，重其品，御书"性静情逸"四字额以赐。庚申都中有警，官吏多迁避，熙载独留。和议成，鄂抚胡文忠⑤以"贞介绝俗，学冠时人"疏荐。同治初元，特诏为国子司业，历迁左春坊左中允，赐龙字福字。命督学广东，黜浮华，崇礼教，作《惩忿》、《窒欲》、《迁善》、《改过》四箴训士，谓士学，当先从事于此四者。每按试毕，行部供张，一无所取，粤人益敬仰之。未几，病乞归，襆被箧书而已。旋主上海龙门书院讲席，与学子辨析，辄则至夜分。虽大寒暑，衣冠冲整，无惰容，历十余年如一日。熙载治经，无汉、宋门户之见，不好考据，熟于周秦诸子书，他如天象、舆地、六书、九数、钟律、方术，皆研通其意。所著有《刘氏六种》、《古桐书屋续刻三种》。卒年六十九，诸生千里赴吊，诵其遗言不衰。光绪壬午，奉旨入《国史儒林传》，有"品学纯粹，以身为教"之褒。龙门诸弟子公建祠于松江郡城。郡守陈遹声就祠旁建融斋书院，以志不忘。子三，长彝程，另有传；次展程，光绪乙亥举人；三遵程，庠生，有古侠士风。

---

① 胡安定，即胡瑗。胡瑗（993—1059），北宋初期的学者和教育家。字翼之。泰州海宁（今江苏泰州）人。世居陕西路的安定堡，学者称安定先生。曾任国子监直讲、太子中允、侍讲，官至太常博士。讲学于苏州、湖州间达二十余年。和孙复、石介提倡以"仁义礼乐为学"，并称"宋初三先生"。讲"明体达用"之学。胡瑗所谓体，指封建的道德标准；所谓用，即是准则的应用。胡瑗提出"命者禀之于天，性者命之在我"，开宋儒性命之学的先声。谓"致天下之至者在人才，成天下之才者在教化，教化之所本者在学校"。胡瑗讲学，分为经义、治事两斋，严立学规，以身示范。当时已有明令，以胡瑗教授法为太学法。著作有《论语说》、《春秋口义》（已佚）。

② 清代设立庶常馆，隶属于翰林院，供庶吉士学习和练习处理日常行政事务。庶吉士的修业期为三年。期满须再经考试，按等第而分别授职。庶吉士在庶常馆的"毕业"，称为散馆。

③ 通籍，汉代出入宫门的制度。籍，二尺长的竹片，上面写有姓名、年龄、身份等，挂在宫门之外，以备出入时查对。通籍，谓记名于门籍，可以出入宫门。后来也称初做官为通籍，意谓朝中已经有了名籍。杜甫《夜雨》诗："通籍恨多病，为郎忝薄游。"

④ 中涓，官名。《汉书·曹参传》："高祖为沛公也，参以中涓从。"颜师古注："中涓，亲近之臣，若谒者舍人之类。涓，洁也，言其在内主知洁清洒扫之事，盖亲近左右也。"后世一般用作宦官之称。《明史·周朝瑞传》："如辅臣阿中涓意，则其过滋大。"中涓，此指宦官。

⑤ 胡文忠，指胡林翼，时任湖北巡抚。

三、《经义概》标点校注

《经义概》

清·刘熙载

经义试士，自宋神宗始行之。① 神宗用王安石及中书门下之言定科举法②，使士各专治《易》、《诗》、《书》、《周礼》、《礼记》一经，兼《论语》、《孟子》，初试本经，次兼经大义③，而经义遂为定制。其后元有《四书疑》④，明有《四书义》⑤，实则宋制已试《论》、《孟》、《礼记》，《礼记》已统《中庸》、《大学》矣。今之《四书》文，学者或并称经义。《四书》出于圣贤，圣贤吐辞为经，以经尊之，名实未尝不称。为经义者，诚思圣贤之义，以自我而明，不可自我而晦，则为之自不容苟矣。

---

① 宋神宗赵顼（1048—1085）是对中国的科举制度立过大功的一代君主。宋神宗“思除历世之弊，务振非常之功”，于科举制度作了重大的变革。《续资治通鉴》卷六八熙宁四年（1071）十月：“戊辰。立太学三舍法。初，国子生，以京朝七品以上子孙应荫者为之。太学生。以八品以下子孙及庶人之俊异者为之。试论经策义，如进士法。及帝即位，垂意儒学。自京师至郡县，既皆有学。岁时月各有试，程其艺能，以差次升舍，免发解，及礼部试而特赐之第，遂专以此取士。又累增太学内舍生，至九百人。至是侍御使邓绾，言国家治平百余年，虽有国子监，仅容释奠斋庖，而生员无所容。至于太学，未尝营建。止假锡庆院廊庑数十间，生员才三百人。请以锡庆院为太学，仍修武王庙为右学。上以拟三王四代胶庠序学东西左右之制，乃诏尽以锡庆院及朝集院西庑，建讲书堂，斋舍直庐略具。自主判官外，增置直讲为十员。率二员共讲一经，令中书遴选，或主判官奏具。厘生员为三等。始人太学为外舍，初不限员，后定额七百人。外舍升内舍员二百，内舍升上舍员一百。各执一经，从所讲官受学。月考试其业，优等以次升。上舍免发解及礼部试，召赐第。其正录学谕，以上舍生为之。经各二员，学行卓异者，主判直讲，复荐于中书奏除官。”

② 《续资治通鉴》卷六九熙宁六年（1073）三月，“庚戌，置经义局，修《诗》、《书》、《周礼》三经义，命王安石提举，吕惠卿、王雱同修撰。”王雱，王安石子。又，宋熙宁八年（1075）六月，王安石《三经新义》书成。进所撰《诗书周礼义》，颁行于学官，号曰《三经新义》。士子以经试于有司，必宗其说。安石又为《字说》。王安石因修《三经新义》，加尚书左仆射兼门下侍郎。

③ 大义，要旨，重要意义。《汉书》卷三六《刘歆传》移书让太常博士：“及夫子没而微言绝，七十子终而大义乖。”后多用以指儒家的主要论旨。经大义，历代以来有关儒家经典的重要论述。“初试本经，次兼经大义”，意思是说，起初就经典文本本身进行考试，后来也对历史上已有的相关论述进行考试，亦即同时考查考生对学术史的了解情况。

④ 《四库全书总目》卷三六《四书辨疑》提要：“《四书辨疑》五十卷，内府藏本，不著撰人姓氏。书中称：‘自宋人播迁江表，南北分隔才百五六十年，经书文字亦有不同。’则元初人所撰矣。……朱彝尊《经义考》曰：‘四书辨疑，元人凡有四家：云峰胡氏，偃师陈氏、黄岩陈成甫氏、孟长文氏。成甫、长文并浙人，云峰一宗朱子，其为偃师陈氏之书无疑。’所说当矣。”

⑤ 《四库全书总目》卷三七《四书通义》提要：“《四书通义》二十卷，江西巡抚采进本。明刘剡撰。剡字用章，休宁人。是书因倪士毅《四书集释》重为订正，更益以金履祥《疏义指义》，朱公迁《通旨约说》、程复心《章图》、史伯璿《管窥》、王元山《通考》及当时诸儒著述，该题此名。”

思齐按：宋代保留了常举诸科与制举考试。王安石变法时，以经义代诗赋为考试内容。以后经过调整，宋朝又设立经义、诗赋二科。王安石《上皇帝万言书》，通称《上神宗皇帝万言书》，其主要内容是科举改革。万言概称其数，实际约八千五百字。王安石对隋、唐以来科举制度的利弊得失，两宋之际科举改革的紧迫性，科举的本质和发展方向等一系列根本性的问题，做了通盘的考量。王安石对设立科举制度的自然法（natural law）之法理基础，有着深刻的洞察。王安石的想法，具有理想主义的一面。其科举改革措施，有的得到贯彻，有的后来被纠正。同时，王安石也具有尊重事物发展规律的一面，其改革科举制度的措施，不仅行于当时，还为明清时期所发展。王安石《上神宗皇帝万言书》是理解中国科举制度的总纲，也是理解其中种种奥妙的一把钥匙。坊间所见《王安石全集》卷一《上神宗皇帝万言书》与《宋文选》卷十一《上皇帝万言书》，有少数字句上的差异，兹择善而从，录如下。

上皇帝万言书　王安石

臣愚不肖，蒙恩备使一路，今又蒙恩召还阙廷，有所任属，而当以使事归报陛下。不自知其无以称职，而敢缘使事之所及，冒言天下之事，伏惟陛下详思而择其中，幸甚。

臣窃观陛下有恭俭之德，有聪明睿智之才，夙兴夜寐，无一日之懈，声色狗马，观游玩好之事，无纤介之蔽，而仁民爱物之意，孚于天下，而又公选天下之所愿以为辅相者，属之以事，而不贰于谗邪倾巧之臣。此虽二帝三王之用心，不过如此而已，宜其家给人足，天下大治。而效不至于此，顾内则不能无以社稷为忧，外则不能无惧于夷狄，天下之财力日以困穷，而风俗日以衰坏，四方有志之士，諰諰然常恐天下之久不安。此其故何也？患在不知法度故也。

今朝廷法严令具，无所不有而，臣以为无法度者，何哉？方今之法度，多不合乎先王之政故也。孟子曰："有仁心仁闻，而泽不加于百姓者，为政不法于先王之道故也。"以孟子之说，观之方今之失，正在于此而已。

夫以今之世，去先王之世远，所遭之变、所遇之势不一，而欲一一修先王之政，虽甚愚者，犹知其难也。然臣以为今之失，患在不法先王之政者，以为当法其意而已。夫二帝、三王，相去盖千有余载，一治一乱，其盛衰之时具矣。其所遭之变、所遇之势，亦各不同，其施设之方亦皆殊，而其为天下国家之意，本末先后，未尝不同也。臣故曰：当法其意而已。法其意，则吾所改易更革，不至乎倾骇天下之耳目，嚣天下之口，而固已合乎先王之政矣。

虽然，以方今之势揆之，陛下虽欲改易更革天下之事，合乎先王之意，其势必不能也。陛下有恭俭之德，有聪明睿智之才，有仁民爱物之意，苟诚加之意，则何为而不成，何欲而不得？然而臣顾以谓陛下虽欲改易更革天下之事，合于先王之意，其势必不能者，何也？以方今天下之人才不足故也。

臣尝试窃观天下在位之人，未有乏于此时者也。夫人才乏于上，则有沉废伏匿在下，而不为当时所知者矣。臣又求之于闾巷草野之间，而亦未见其多焉。岂非陶冶而成之者非其道而然乎？臣以谓方今在位之人才不足者，以臣使事之所及，则可知矣。今以一路数千里之间，能推行朝廷之法令，知其所缓急，而一切能使民以修其职事者甚少，而不才苟简贪鄙之人，至不可胜数。其能讲先王之意，以合当时之变者，盖阖郡之间，往往而绝也。朝廷每一令下，其意虽善，在位者犹不能推行，使膏泽加于民，而吏辄缘之为奸，以扰百姓。臣故曰：在位之人才不足，而草野闾巷之间，亦未见其多也。夫人才不足，则陛下虽欲改易更革天下之事，以合先王之意，大臣虽有能当陛下之意而欲领此者，九州之大，四海之远，孰能称陛下之旨，以一二推行此，而人人蒙其施者乎？臣故曰：其势必未能也。孟子曰："徒法不能以自行。"非此之谓乎？然则方今之急，在于人才而已。诚能使天下人才众多，然后在位之才可以择其人而取足焉。在位者得其才矣，然后稍视时势之可否，而因人情之患苦，变更天下之弊法，以趋先王之意甚易也。今之天下，亦先王之天下，先王之时，人才尝众矣，何至于今而独不足乎？故曰：陶冶而成之者，非其道故也。

商之时，天下尝大乱矣，在位贪毒祸败，皆非其人。及文王之起，而天下之才尝少矣。当是时，文王能陶冶天下之士，而使之皆有士君子之才，然后随其才之所有而官使之。《诗》曰："岂弟君子，遐不作人。"此之谓也。及其成也，微贱兔罝之人，犹莫不好德，《兔罝》之诗是也，又况于在位之人乎？夫文王惟能如此，故以征则服，以守则治。《诗》曰："奉璋峩峩，髦士攸宜。"又曰："周王于迈，六师及之。"言文王所用，文武各得其才，而无废事也。及至夷、厉之乱，天下之才又尝少矣。至宣王之起，所与图天下之事者，仲山甫而已。故诗人叹之曰："德輶如毛，维仲山甫举之，爱莫助之。"盖闵人才之少，而山甫之无助也。宣王能用仲山甫，推其类以新美天下之士，而后人才复众。于是内修政事，外讨不庭，而复有文、武之境土。故诗人美之曰："薄言采芑，于彼新田，于此菑亩。"言宣王能新美天下之士，使之有可用之才，如农夫新美其田，而使之有可采之芑也。由此观之，人之才未尝不自人主陶冶而成之者也。

所谓陶冶而成之者何也？亦教之，养之，取之，任之有其道而已。

所谓教之之道何也？古者天子诸侯，自国至于乡党皆有学，博置教导之官而严其选。朝廷礼乐刑政之事，皆在于学。士所观而习者，皆先王之法言德行、治天下之意，其材亦可以为天下国家之用。苟不足以为天下国家之用，则不教也；苟可以为天下国家之用者，则无不在于学。此教之之道也。

所谓养之之道何也？饶之以财，约之以礼，裁之以法也。何谓饶之以财？人之情，不足于财，则贪鄙苟得，无所不至。先王知其如此，故其制禄，自庶人之在官者，其禄已足以代其耕矣。由此等而上之，每有加焉，使其足以养廉耻而离贪鄙之行，犹以为未也，又推其禄以及其子孙，谓之世禄。使其生也，既于父子、兄弟、妻子之养，婚姻、朋友之接，皆无憾矣；其死也，又于子孙无不足之忧焉。何谓约之以礼？人情足于财而无礼以节之，则又放辟邪侈，无所不至。先王知其如此，故为之制度。婚丧、祭养、燕享之事，服食、器用之物，皆以命数为之节，而齐之以律度量衡之法。其命可以为之，而财不足以具，则弗具也；其财可以具，而命不得为之者，不使有铢两分寸之加焉。何谓裁之以法？先王于天下之士，教之以道艺矣，不帅教则待之以屏弃远方，终身不齿之法。约之以礼矣，不循礼则待之以流、杀之法。《王制》曰："变衣服者，其君流。"《酒诰》曰："厥或诰曰：'群饮，汝勿佚。尽执拘以归于周予，其杀！'"夫群饮、变衣服，小罪也；流、杀，大刑也。加小罪以大刑，先王所以忍而不疑者，以为不如是，不足以一天下之俗而成吾治。夫约之以礼，裁之以法，天下所以服从无抵冒者，又非独其禁严而治察之所能致也。盖亦以吾至诚恳恻之心，力行而为之倡。凡在左右通贵之人，皆顺上之欲而服行之，有一不帅者，法之加必自此始。夫上以至诚行之，而贵者知避上之所恶矣，则天下之不罚而止者众矣。故曰：此养之之道也。

所谓取之之道者，何也？先王之取人也，必于乡党，必于庠序，使众人推其所谓贤能，书之以告于上而察之。诚贤能也，然后随其德之大小，才之高下而官使之。所谓察之者，非专用耳目之聪明，而私听于一人之口也。欲审知其德，问以行；欲审知其才，问以言。得其言行，则试之以事。所谓察之者，试之以事是也。虽尧之用舜，亦不过如此而已，又况其下乎？若夫九州之大，四海之远，百官亿丑之贱，所须士大夫之才则众矣，有天下者又不可以一二自察之也，又不可以偏属于一人，而使之于一日二日之间考试其行能而进退之也。盖吾已能察其才行之大者，以为大官矣，因使之取其类以持久试之，而考其能者以告于上，而后以爵命禄秩予之而已。此取之之道也。

所谓任之之道者，何也？人之才德，高下厚薄不同，其所任有宜有不宜。先王知其如此，故知农者以为后稷，知工者以为共工。其德厚而才高者以为之长，德薄而才下者以为之佐属。又以久于其职，则上狃习而知其事，下服驯而安其教，贤者则其功可以至于成，不肖者则其罪可以至于著，故久其任而付之以考绩之法。夫如此，故智能才力之士，则得尽其智以赴功，而不患其事之不终、其功之不就也。偷惰苟且之人，虽欲取容于一时，而顾僇辱在于后，安得不勉乎！若夫无能之人，固知辞避而去矣。居职任事之日久，不胜任之罪，不可以幸而免故也。彼且不敢冒而知辞避矣，尚何有比周、谗谄、争进之人乎？取之既已详，使之既已当，处之既已久，至其任之也又专焉，而不一二以法束缚之，而使之得行其意，尧、舜之所以理百官而熙众工者，以此而已。《书》曰："三载考绩，三考，黜陟幽明。"此之谓也。然尧、舜之时，其所黜者则闻之矣，盖四凶是也。其所陟者，则皋陶、稷、契皆终身一官而不徙。盖其所谓陟者，特加之爵命、禄赐而已耳。此任之之道也。

夫教之、养之、取之、任之之道如此，而当时人君，又能与其大臣，悉其耳目心力，至诚恻怛，思念而行之，此其人臣之所以无疑，而于天下国家之事，无所欲为而不得也。

方今州县虽有学，取墙壁具而已，非有教导之官，长育人才之事也。唯太学有教导之官，而亦未尝严其选。朝廷礼乐刑政之事未，尝在于学。学者亦漠然，自以礼乐刑政为有司之事，而非已所当知也。学者之所教，讲说章句而已。讲说章句，固非古者教人之道也。而近岁乃始教之以课试之文章。夫课试之文章，非博诵强学、穷日之力则不能。及其能工也，大则不足以用天下国家，小则不足以为天下国家之用。故虽白首于庠序，穷日之力以师上之教，乃使之从政，则茫然不知其方者，皆是也。盖今之教者，非特不能成人之才而已，又从而困苦毁坏之，使不得成才者，何也？夫人之才成于专而毁于杂。故先王之处民才，处工于官府，处农于畎亩，处商贾于肆，而处士于庠序，使各专其业而不见异物，惧异物之足以害其业也。所谓士者，又非特使之不得见异物而已，一示之以先王之道，而百家诸子之异说，皆屏之而莫敢习者焉。今夫士之所宜学者，天下国家之用也。今悉使置之不教，而教之以课试之文章，使其耗精疲神，穷日之力以从事于此。及其任之以官也，则又悉使置之，而责之以天下国家之事。夫古之人，以朝夕专其业于天下国家之事，而犹才有能有不能。今乃移其精神，夺其日力，以朝夕从事于无补之学，及其任之以事，然后卒然责之以为天下国家之用，宜其才之足以有为者少矣。臣故曰：非特不能成人之才，又从而困苦毁坏之，使不得成才也。

又有甚害者：先王之时，士之所学者，文武之道也。士之才，有可以为公卿大夫，有可以为士。其才之大小、宜不宜则有矣，至于武事，则随其才之大小，未有不学者也。故其大者，居则为六官之卿，出则为六军之将也；其次则比、闾、族、党之师，亦皆卒、两、师、旅之帅也。故边疆、宿卫，皆得士大夫为之，而小人不得奸其任。今之学者，以为文武异事，我知治文事而已，至于边、疆宿卫之任，则推而属之于卒伍，往往天下奸悍无赖之人。苟其才行足以自托于乡里者，未有肯去亲戚而从召募者也。边疆、宿卫，此乃天下之重任，而人主之所当慎重者也。故古者教士，以射、御为急，其他伎能，则视其人才之所宜，而后教之。其才之所不能，则不强也。至于射，则男子之事。盖人之生，有疾则已，苟无疾，未有去射而不学者也。在庠序之间，固尝从事于射也。有宾客之事则以射，有祭祀之事则以射，别士之行同能偶则以射，于礼乐之事，未尝不寓于射，而射亦未尝不在于礼乐、祭祀之间也。故《易》曰："弧矢之利，以威天下。"先王岂以射为可以习揖让之仪而已乎？固以为射者武事之尤大，而威天下、守国家之具也。居则以是习礼乐，出则以是从战伐。士既朝夕从事于此而能者众，则边疆、宿卫之任，皆可以择而取也。夫士尝学先王之道，其行义尝见推于乡党矣，然后因其才而托之以边疆、宿卫之事，此古之人君，所以推干戈以属之人，而无内外之虞也。今乃以天下之重任，人主所当至慎之选，推而属之奸悍无赖、才行不足自寄于乡里之人，此方今所以諰諰然常抱边疆之忧，而虞宿卫之不足恃以为安也。今孰不知边疆、宿卫之士不足恃以为安哉？顾以为天下学士以执兵为耻，而亦未有能骑射行阵之事者，则非召募之卒伍，孰能任其事者乎？夫不严其教、高其选，则士之以执兵为耻，而未尝有能骑射行阵之事，固其理也。凡此皆教之非其道故也。

方今制禄，大抵皆薄。自非朝廷侍从之列，食口稍众，未有不兼农商之利而能充其养者也。其下州县之吏，一月所得，多者钱八九千，少者四五千，以守选、待除、守阙通之，盖六七年而后得三年之禄，计一月所得，乃实不能四五千，少者乃实不能及三四千而已。虽厮养之给，亦窘于此矣，而其养生、丧死、昏姻、葬送之事，皆当出于此。夫出中人之上者，虽穷而不失为君子；出中人之下者，虽泰而不失为小人。惟中人则不然，穷则为小人，泰则为君子。计天下之士，出中人之上下者，千百而无什一，穷而为小人，泰而为君子者，则天下皆是也。先王以为众不可以力胜也，故制行不以己，而以中人为制，所以因其欲而利道之，以为中人之所能守，则其志可以行乎天下，而推之后世。以今之制禄，而欲士之无毁廉耻，盖中人之所不能也。故今官大者，往往交赂遗、营赀产，以负贪污之毁；官小者，贩鬻、乞丐，无所不为。夫士已尝毁廉耻以负累于世矣，则其偷惰取容之意起，矜奋自强之心息，则职业安得而不弛，治道何从而兴乎？又况委法受赂、侵牟百姓者，往往而是也。此所谓不能饶之以财也。

婚丧、奉养、服食、器用之物，皆无制度以为之节，而天下以奢为荣，以俭为耻。苟其财之可以具，则无所为而不得，有司既不禁，而人又以此为荣。苟其财不足，而不能自称于流俗，则其婚丧之际，往往得罪于族人亲姻，而人以为耻也。故富者贪而不知止，贫者则勉强其不足以追之。此士之所以重，困而廉耻之心毁也。凡此所谓不能约之以礼也。

方今陛下躬行俭约，以率天下，此左右通贵之臣所亲见也。然而其闺门之内，奢靡无节，犯上之所恶，以伤天下之教者，有已甚者矣。未闻朝廷有所放绌，以示天下。昔周之人，拘群饮而被之以杀刑者，以为酒之末流生害，有至于死者众矣，故重禁其祸之所自生。重禁祸之所自生，故其施刑极省，而人之抵于祸败者少矣。今朝廷之法所尤重者，独贪吏耳。重禁贪吏，而轻奢靡之法，此所谓禁其末而弛其本。然而世之识者，以为方今官冗，而县官财用已不足以供之，其亦蔽于理矣。今之入官诚冗矣，然而前世置员盖甚少，而赋禄又如此之薄，则财用之所不足，盖亦有说矣。吏禄岂足计哉？臣于财利，固未尝学，然窃观前世治财之大略矣。盖因天下之力，以生天下之财；取天下之财，以供天下之费。自古治世，未尝以不足为天下之公患也，患在治财无其道耳。今天下不见兵革之具，而元元安土乐业，人致其力，以生天下之财，然而公私常以困穷为患者，殆以理财未得其道，而有司不能度世之宜而通其变耳。诚能理财以其道而通其变，臣虽愚，固知增吏禄不足以伤经费也。方今法严令具，所以罗天下之士，可谓密矣。然而亦尝教之以道艺，而有不帅教之刑以待之乎？亦尝约之以制度，而有不循理之刑以待之乎？亦尝任之以职事，而有不任事之刑以待之乎？夫不先教之以道艺，诚不可以诛其不率教；不先约之以制度，诚不可以诛其不循理；不先任之以职事，诚不可以诛其不任事。此三者，先王之法所尤急也，今皆不可得诛，而薄物细故，非害治之急者，为之法禁，月异而岁不同，为吏者至于不可胜计，又况能一一避之而毋犯者乎？此法令所以玩而不行，小人有幸而免者，君子有不幸而及者焉。此所谓不能裁之以刑者也。凡此皆治之非其道也。

方今取士，强记博诵而略通于文辞，谓之茂才异等、贤良方正。茂才异等、贤良方正者，公卿之选也。记不必强，诵不必博，略通于文辞，而又尝学诗赋，则谓之进士。进士之高者，亦公卿之选也。夫此二科所得之技能，不足以为公卿，不待论而后可知。而世之议者，乃以为我尝以之取士，而才之可以为公卿者，常出于此，不必法古之取人然后得士也。其亦蔽于理欤！先王之时，尽所以取人之道，犹惧贤者之难进，而不肖者之杂于其间也。今悉废先王所以取士之道，而欲使天下之才士，悉使为贤良、进士，则士之才可以为公卿者，固宜为贤良、进士，而贤良、进士，亦固宜有时而得才之可以为公卿者也。然而不肖者，苟能雕虫篆刻之学，以此进至乎公卿，才之可以为公卿者，困于无补之学，而以此绌死于岩野，盖十八九矣。夫古之人有天下者，其所慎择，者公卿而已。公卿既得其人，因使推其类以聚于朝廷，则百司庶职，无不得其人也。今使不肖之人，幸而至乎公卿，因得推其类聚之朝廷，是以朝廷所以多不肖之人，而虽有贤智，往往困于无助，不得行其意也。且公卿之不肖，既推其类以聚于朝廷；朝廷之不肖，又推其类以备四方之任使；四方之任使者，又各推其不肖以布于州郡。则虽有同罪举官之科，岂足恃哉？适足以为不肖之资而已。其次九经、五经、学究、明法之科，朝廷固已尝患其无用于世，而稍责之以大义矣。然大义之所得，未有以贤于故也。今朝廷又开明经之选，以进经术之士，然明经之所取，亦记诵而略通于文辞者，则得之矣。彼通先王之意，而可以施于天下国家之用者，顾未必得与于此选也。其次则恩泽子弟，庠序不教之以道艺，官司不考问其才能，父兄不保任其行义，而朝廷辄以官予之，而任之以事。武王数纣之罪，则曰："官人以世。"夫官人以世，而不计其才行，此乃纣之所以乱亡之道，而治世之所无也。又其次曰流外。朝廷固已挤之于廉耻之外，而限其进取之路矣，顾属之以州县之事，使之临士民之上。岂所谓以贤治不肖者乎？以臣使事之所及，一路数千里之间，州县之吏，出于流外者，往往而有，可属任以事者，殆无二三，而当防闲其奸者，皆是也。盖古者有贤不肖之分，而无流品之别。故孔子之圣，而尝为季氏吏，盖虽为吏，而上不害其为公卿。及后世有流品之别，则凡在流品外者，其所成立，固尝自置于廉耻之外，而无高人之意矣。夫以近世风俗之流靡，虽自士大夫之才，势足以进取，而朝廷尝奖之以礼义者，晚节末路，往往怵而为奸，况又其素所成立，无高人之意，而朝廷固已挤之于廉耻之外，限其进取者乎？其临人亲职，放辟邪侈，固其理也。至于边疆、宿卫之选，则臣固已言其失矣。凡此皆取之非其道也。

方今取之既不以其道，至于任人，又不问其德之所宜，而问其出身之后先；不论其才之称否，而论其历任之多少。以文学进者，且使之治财；已使之治财矣，又转而使之典狱；已使之典狱矣，又转而使之治礼。是则一人之身，而责之以百官之所能备，宜其人才之难为也。夫责人以所难为，则人之所能为者少矣。人之能为者少，则相率而不为。故使之典礼，未尝以不知礼为忧，以今之典礼者皆未尝学礼故也；使之典狱，未尝以不知狱为耻以，今典狱者未尝学狱故也。天下之人，亦以渐渍于失教，被服于成俗，见朝廷有所任，使非其资序，则相议而讪之，至于任使不当其才，未尝有非之者也。且在位者数徙，则不得久于其官，故上不能狃习而知其事，下不肯服驯而安其教；贤者则其功不可以及于成，不肖者则其罪不可以及于著。若夫迎新将故之劳，缘绝簿书之弊，固其害之小者，不足悉数也。设官大抵皆当久于其任，而至于所部者远，所任者重，则尤宜久于其官，而后可以责其有为。而方今尤不得久于其官，往往数日辄迁之矣。

取之既已不详，使之既已不当，处之既已不久，至于任之则又不专，而又一一以法束缚之，使不得行其意。臣固知当今在位多非其人，稍假借之权，而不一一以法束缚之，则放恣而无不为。虽然，在位非其人，而持法以为治，自古及今，未有能治者也。即使在位皆得其人矣，而一一以法束缚之，不使之得行其意，亦自古及今未，有能治者也。夫取之既已不详，使之既已不当，处之既已不久，任之又已不专，而又一一以法束缚之，故虽贤者在位，能者在职，与不肖而无能者，殆无以异。夫如此，故朝廷明知其贤能足以任事，苟非其资序，则不以任事而辄进之，虽进之，士犹不服也。明知其无能不肖，苟非有罪为任事者所劾，不敢以不胜任而辄退之，虽退之，士犹不服也。彼诚不肖而无能，然而士不服者何也？以所谓贤能者任其事，与不肖而无能者，亦何以异故也。臣前以谓不能任人以职事，而无不任事之刑以待之者，盖谓此也。

夫教之、养之、取之、任之，有一非其道，则足以败乱天下之人才，又况兼此四者而有之？则在位不才、苟简贪、鄙之人，至于不可胜数，而草野闾巷之间，亦少可任之才，固不足怪。《诗》曰："国虽靡止，或圣或否。民虽靡朊，或哲或谋，或肃或艾。如彼泉流，无沦胥以败。"此之谓也。

夫在位之人才不足矣，而闾巷草野之间，亦少可用之才，则岂特行先王之政而不得也？社稷之托，封疆之守，陛下其能久以天幸为常，而无一旦之忧乎？盖汉之张角，三十六万同日而起，而所在郡国，莫能发其谋；唐之黄巢，横行天下，而所至将吏，无敢与之抗者。汉、唐之所以亡，祸自此始。唐既亡矣，陵夷以至五代，而武夫用事，贤者伏匿，消沮而不见，在位无复有知君臣之义、上下之礼者也。当是之时，变置社稷，盖甚于弈棋之易，而元元肝脑涂地，幸而不转死于沟壑者无几耳！夫人才不足，其患盖如此。而方今公卿大夫，莫肯为陛下长虑后顾，为宗庙万世计，臣窃惑之。昔晋武帝趣过目前，而不为子孙长远之谋。当时在位，亦皆偷合苟容，而风俗荡然，弃礼义，捐法制，上下同失，莫以为戒。有识固知其将必乱矣。而其后果海内大扰，一线延于江左者百余年。伏惟三庙祖宗神灵所以付属陛下，固将为万世血食，而大庇元元于无穷也。臣愿陛下鉴汉、唐、五代之所以乱亡，惩晋武苟且因循之祸，明诏大臣，思所以陶成天下之才，虑之以谋，计之以数，为之以渐，期深知于当世之变，而无负于先王之意，则天下之人才不胜用矣。人才不胜用，则陛下何求而不得，何欲而不成哉？夫虑之以谋，计之以数，为之以渐，则成天下之才甚易也。

臣始读《孟子》，见孟子言王政之易行，心则以为诚然。及见与慎子论齐、鲁之地，以为先王之制国，大抵不过百里者，以为今有王者起，则凡诸侯之地，或千里，或五百里，皆将损之至于数十百里而后止。于是疑孟子虽贤，其仁智足以一天下，亦安能毋劫之以兵革，而使数百千里之强国，一旦肯损其地之十八九，而比于先王之诸侯？至其后，观汉武帝用主父偃之策，令诸侯王地悉得推恩分其子弟，而汉亲临定其号名，辄别属汉。于是诸侯王之子弟，各有分土，而势强地大者，卒以分析弱小。然后知虑之以谋，计之以数，为之以渐，则大者固可使小，强者固可使弱，而不至于倾骇变乱败伤之衅。孟子之言不为过。又况今欲改易更革，其势非若孟子所为之难也。臣故曰：虑之以谋，计之以数，为之以渐，则其为甚易也。

然先王之为天下，不患人之不为，而患己之不能；不患人之不能，而患己之不勉。何谓不患人之不为，而患人之不能？人之情所愿得者，善行、美名、尊爵、厚利也，而先王能操之以临天下之士。天下之士，有能遵之以治者，则悉以其所愿得者以与之。士不能则已矣，苟能，则孰肯舍所愿得，而不自勉以为才？故曰：不患人之不为，而患人之不能。何谓不患人之不能，而患己之不勉？先王之法，所以待人者尽矣。自非下愚不可移之才，未有不能赴者也。然而不谋之以至诚恻怛之心，而未有能力行而应之者也。故曰：不患人之不能，而患己之不勉。陛下诚有意乎成天下之才，则臣愿陛下勉之而已。

臣又观朝廷异时欲有所施为变革，其始计利害未尝不熟也，顾一有流俗侥幸之人不悦而非之，则遂止而不敢为。夫法度立，则人无独蒙其幸者，故先王之政，虽足以利天下，而当其承弊坏之后，侥幸之时，其创法立制，未尝不艰难也。以其创法立制，而天下侥幸之人亦顺悦以趋之，无有龃龉，则先王之法，至今存而不废矣。惟其创法立制之艰难，而侥幸之人，不肯顺悦而趋之，故古之人欲有所为，未尝不加之以征诛，而后得其意。《诗》曰："是伐是肆，是绝是忽，四方以无拂。"此言文王先征诛而后得意于天下也。夫先王欲立法度，以变衰坏之俗而成人之才，虽有征诛之难，犹忍而为之，以为不若是，不可以有为也。及至孔子，以匹夫游诸侯，所至则使其君臣捐所习，逆所顺，强所劣，憧憧如也，卒困于排逐。然孔子亦终不为之变，以为不如是，不可以有为。此其所守，盖与文王同意。夫在上之圣人，莫如文王。在下之圣人，莫如孔子。而欲有所施为变革，则其事盖如此矣。今有天下之势。居先王之位。创立法制，非有征诛之难也。虽有侥幸之人不悦而非之，固不胜天下顺悦之人众也。然而一有流俗侥幸不悦之言，则遂止而不敢为者，惑也。陛下诚有意乎成天下之才，则臣又愿断之而已。

夫虑之以谋，计之以数，为之以渐，而又勉之以诚，断之以果，然而犹不能成天下之才，则以臣所闻，盖未有也。

然臣之所称，流俗之所不讲，而今之议者谓迂阔而熟烂者也。窃观近世士大夫所欲悉心力耳目以补助朝廷者有矣。彼其意，非一切利害则，以为当世所能行者。士大夫既以此希世，而朝廷所取于天下之士，亦不过如此。至于大伦大法，礼义之际，先王之所立学而谨守者，盖不及也。一有及此，则群聚而笑之，以为迂阔。今朝廷悉心于一切之利害，有司法令刀笔之间，非一日矣。然其效可观矣。则夫所谓迂阔而熟烂者，惟陛下亦可以少留神而察之矣。夫唐太宗贞观之初，人人异论，如封德彝之徒，皆以为非杂用秦、汉之政，不足以为天下。能思先王之事，开太宗者，魏文正公一人尔。其所施设，虽未能尽当先王之意，抑其大略，可谓合矣。故能以数年之间，而天下几至刑措，中国安宁，蛮夷顺服，自三王以来，未有如此盛时也。唐太宗之初，天下之俗，犹今之世也。魏文公之言，固当时所谓迂阔而熟烂者也，然其效如此。贾谊曰："今或言德教之不如法令，胡不引商、周、秦、汉以观之?"然则唐太宗之事亦足以观矣。

臣幸以职事归报陛下，不自知其驽下无以称职，而敢及国家之大体者，以臣蒙陛下任使，而当归报。窃谓在位之人才不足，而无以称朝廷任使之意，而朝廷所以任使天下之士者，或非其理，而士不得尽其才，此亦臣使事之所及，而陛下之所宜先闻者也。释此不言，而毛举利害之一二，以污陛下之聪明，而终无补于世，则非臣所以事陛下惓惓之意也。伏惟陛下详思而择其中，天下幸甚!

杜元凯①《左传序》云"先经以始事"，"后经以终义"，"依经以辩理"，"错经以合异"。余谓经义以此法操之，便得其要。经者，题也；先之后之依之错之者，文也。

思齐按：明·梅鼎祚编《西晋文纪卷七》题下注："预立功后，从容无事，耽思经籍，为《春秋左氏经传集解》，参考众家谱第，谓之《释例》，又作《盟会图》、《春秋长历》，备成一家之学，比老乃成。"此文引用价值较大，而一般本子插入的著述和串讲太多，阅读反而不便。兹标点分段如下，以便利学人。

春秋左氏传序　杜预

"春秋"者，鲁史记之名也。记事者，以事系日，以日系月，以月系时，以时系年，所以纪远近、别同异也。故史之所记，必表年以首事，年有四时，故错举以为所记之名也。

《周礼》有史官，掌邦国四方之事，达四方之志。诸侯亦各有国史。大事书之

---

① 杜预（222—284），晋·京兆杜陵人，字元凯。自谓有"左传癖"，著《春秋左氏传集解》，为流传至今最早的《左传》注解。《晋书》卷三四有传。

于策，小事简牍而已。《孟子》曰：楚谓之《梼杌》，晋谓之《乘》，而鲁谓之《春秋》，其实一也。

韩宣子适鲁，见《易·象》与《鲁春秋》，曰："周礼尽在鲁矣，吾乃今知周公之德与周之所以王。"也韩子所见，盖周之旧典礼经也。

周德既衰，官失其守。上之人不能使《春秋》昭明，赴告策书，诸所记注，多违旧章仲。尼因鲁史策书成文，考其真伪，而志其典礼，上以遵周公之遗制，下以明将来之法。其教之所存，文之所害，则刊而正之，以示劝戒。其余则皆即用旧史，史有文质，辞有详略，不必改也。故传曰："其善志。"又曰："非圣人，孰能修之?"盖周公之志，仲尼从而明之。

左丘明受经于仲尼，以为经者不刊之书也，故传或先经以始事，或后经以终义，或依经以辩理，或错经以合异，随义而发。其例之所重，旧史遗文，略不尽举，非圣人所修之要故也。

身为国史，躬览载籍，必广记而备言之。其文缓，其旨远，将令学者原始要终，寻其枝叶，究其所穷。优而柔之，使自求之。餍而饫之，使自趋之。若江海之浸，膏泽之润，涣然冰释，怡然理顺，然后为得也。

其发凡以言例，皆经国之常制，周公之垂法，史书之旧章。仲尼从而修之，以成一经之通体。其微显阐幽，裁成义类者，皆据旧例而发，义指行事以正褒贬。诸称"书"、"不书"、"先书"、"故书"、"不言"、"不称"、"书曰"之类，皆所以起新旧，发大义，谓之变例。然亦有史所不书，即以为义者，此盖《春秋》新意，故传不言"凡"，曲而畅之也。其经无义例，因行事而言，则传直言其归趣而已，非例也。

故发传之体有三，而为例之情有五。一曰"微而显"，文见于此，而义起于彼。"称族，尊君命；舍族，尊夫人"、"梁亡"、"城缘陵"之类是也。二曰"志而晦"，约言示制，推以知例。参会不地、与谋曰"及"之类是也。三曰"婉而成章"，曲从义训，以示大顺。诸所讳辟，璧假许田之类是也。四曰"尽而不污"，直书其事，具文见意。丹楹刻桷、天王求车、齐侯献捷之类是也。五曰"惩恶而劝善"，求名而亡，欲盖而章。书齐豹"盗"、三叛人名之类是也。

推此五体，以寻经、传，触类而长之。附于二百四十二年行事，王道之正，人伦之纪备矣。

或曰：《春秋》以错文见义。若如所论，则经当有事同文异而无其义也。先儒所传，皆不其然。答曰：《春秋》虽以一字为褒贬，然皆须数句以成言，非如八卦之爻，可错综为六十四也。固当依传以为断。古今言《左氏春秋》者多矣，今其遗文可见者十数家。大体转相祖述，进不成为错综经文以尽其变，退不守丘明之传。于丘明之传，有所不通，皆没而不说，而更肤引《公羊》、《穀梁》，适足自乱。预今所以为异，专修丘明之传以释经。经之条贯，必出于传。传之义例，总归诸凡。推变例以正褒贬，简二传而去异端，盖丘明之志也。其有疑错，则备论而阙之，以俟后贤。然刘子骏创通大义，贾景伯父子、许惠卿，皆先儒之美者也，末有颍子严者，虽浅近亦复名家，故特举刘、贾、许、颍之违，以见同异。分经之年，与传之年相附，比其义类，各随而解之，名曰《经传集解》。又别集诸例及地名、谱第、历数，相与为部，凡四十部，十五卷，皆显其异同，从而释之，名曰《释例》。将令学者观其所聚，异同之说，《释例》详之也。

或曰：《春秋》之作，《左传》及《穀梁》无明文，说者以为仲尼自卫反鲁，修《春秋》，立素王，丘明为素臣。言《公羊》者，亦云黜周而王鲁，危行言孙，以辟当时之害，故微其文，隐其义。《公羊》经止获麟，而《左氏》经终孔丘卒，敢问所安？

答曰：异乎余所闻！仲尼曰："文王既没，文不在兹乎？"此制作之本意也。叹曰："凤鸟不至，河不出图，吾已矣夫！"盖伤时王之政也。麟凤五灵，王者之嘉端也。今麟出非其时，虚其应而失其归，此圣人所以为感也。绝笔于获麟之一句者，所感而起，固所以为终也。

曰然：则《春秋》何始于鲁隐公？答曰：周平王，东周之始王也。隐公，让国之贤君也。考乎其时则相接，言乎其位则列国，本乎其始则周公之祚胤也。若平王能祈天永命，绍开中兴；隐公能宣祖业，光启王室，则西周之美可寻，文武之迹不坠，是故因其历数，附其行事，采周之旧，以会成王义，垂法将来。所书之王，即平王也；所用之历，即周正也；所称之公，即鲁隐也。安在其黜周而王鲁乎？子曰："如有用我者，吾其为东周乎！"此其义也。若夫制作之文，所以章往考来，情见乎辞。言高则略旨远，辞约则义微。此理之常，非隐之也。圣人包周身之防，既作之后，方复隐讳以避患，非所闻也。子路欲使门人为臣，孔子以为欺天。而云仲尼素王，丘明素臣，又非通论也。先儒以为制作三年，文成致麟，既已妖妄，又引经以至仲尼卒，亦又近诬。据《公羊》经止获麟，而《左氏》小邾射亦不在三叛之数，故余以为感麟而作作，起获麟则文止于所起，为得其实。至于"反袂拭面"，称"吾道穷"，亦无取焉。

凡作一篇文，其用意俱要可以一言蔽之。括之则为千万言，约之则为一言，所谓主脑者是也。破题、起讲，扼定主脑；承题、八比，则所谓分摅乎此也。主脑皆须广大精微，尤必审乎章旨、节旨、句旨之所当重者而重之，不可硬出意见。主脑既得，则制动以静，制泛以简，一线到底，百变而不离其宗，如兵非将不御，射非鹄不志也。

昔人论文，谓未作破题，文章由我；既作破题，我由文章。余谓题出于书者，可以斡旋；题出于我者，惟抱定而已。破题者，我所出之题也。

文莫贵于尊题。尊题自破题、起讲始。承题及分比，只是因其已尊而尊之。尊题者，将题说得极有关系，乃见文非苟作。

破题是个小全篇。人皆知破题有题面，有题意，以及分合明暗、反正倒顺、探本推开、代说断作、照下缴上诸法，不知全篇之神奇变化，此为见端。

有认题，有肖题。善认题，故题外无文；善肖题，故文外无题。

文之要，曰识曰力。识见于认题之真，力见于肖题之尽。

认题、肖题，全在善于读题。《春秋》僖二十一年《穀梁传》云：“以，重辞也。”① 宣七年《传》云：“而，缓辞也。”② 文家重读、轻读、急读、缓读之法，此已开之。

肖题者，无所不肖也，肖其神，肖其气，肖其声，肖其貌。有题字处，切以肖之；无题字处，补以肖之。自非肖题，则读题、识题亦归于无用矣。

思齐按：肖，模仿，仿效。肖题者，无所不肖，其中最难的是肖其气。气，指作者气质、才能和作品风格等。从本质上说，气是作者生命力的表现。写作八股文者，要求代圣人立言，这就得揣摩和体会古代圣贤的语气和口吻。虽然气难于把捉，但气是可以培养的。元代文章大家郝经《内游说》详细讲述了如何培养气的问题，有一定的参考价值。兹据乾隆刻本《郝文忠公陵川集》卷二十《内游说》录如下。

内游　郝经

昔人谓汉太史迁之文，所以奇，所以深，所以雄雅健绝，超丽疏越者，非区区于文字之间而已也。迁生龙门，耕牧河山之阳，南浮江、淮，上会稽，探禹穴，窥九嶷，浮于沅、湘；北涉汶、泗，讲业齐鲁之都，过梁、楚；西使巴蜀，略邛、笮、昆明，还于河洛；能尽天下之大观，以助其气，然后吐而为辞，笔而为书。故尔欲学迁之文，先学其游可也。余谓不然，果如是，则迁之为迁亦下也。勤于足迹之余，会于观览之末，激起志而溢其气，仅发于文辞而不能成事业，则其游也外，而所得者小也。其游也外，故其得也小，故其失也大。是以《史记》一书，甚多疏略，或有牴牾。论大道则先黄老、而后六经，序游侠则退处士而进奸雄，述货殖则崇执利而羞贱贫。其与书法也，则记繁而志寡，项籍一夫也，而述本纪。与尧、舜并；陈涉役徒也，作世家，与孔子通；其失岂浅浅哉?

故欲学迁之游，而求助于外者，曷以内游乎？身不离于衽席之上，而游于六合之外，生乎千古之下，而游于千古之上，其区区于尽迹之余，观览之未者所能也？持心御气，明正精一，游于内而不滞于内。应于外而不逐于外。常止而行，常动而静，常诚而不妄，常和而不悖。如止水，众止而不能易；如明镜，众形不能逃；如平衡之权，轻重在我；无偏无倚，无污无滞，无挠无荡，每寓于物而游焉。于经也

---

① 《穀梁传·僖公二十一年》：“秋，宋公、楚子、陈侯、蔡侯、郑伯、许男、曹伯会于雩。执宋公以伐宋。以，重辞也。”

② 《穀梁传·宣公八年》：“冬，十月己丑，葬我小君顷熊。雨，不克葬。葬既有日，不为雨止，礼也。雨，不克葬，丧不以制也。庚寅，日中而克葬。而，缓辞也。足乎日之辞也。城平阳。楚师伐陈。”

则河图，洛书，刬划太古，掣天地之几，发天地之蕴，尽天地之变，见鬼神之迹。太极出行，面目于世，万化万象，张皇其中，而弥茫洞豁，崎岖充溢；因吾之心，见天地鬼神之心；因吾之游，见天地鬼神之游。周诰，商盘，禹谟，舜典，醇佞忠致，贯日月，开金石，都俞吁咈，咢咢灏灏，唐、虞、三代之治，僾然可见。风、雅、变、正、讽、赞、刺、美，洋洋乎中声，鼓动至化，元经笔削，柔邪直正。齐桓、晋文、霸心方侈，而束之以道，缚之以义；乱臣贼子，禁其欲而不敢肆。藩垣屏翰，既周流而历览之；乃升正大之堂，入高明之域。尧、舜、禹、汤、文、武、周、孔，拱宓牺而坐，皋、夔、伊、吕，亚风牧而侍，孟轲氏辩乎其间，而颜、曾导焉，荀、杨奉焉。熙熙乎育物之人，翕席乎制物之义，位尊卑，辨上下，治神人之礼，和而不流之乐；别嫌疑，明是非，照耀昭晰之智，闲而存之之敬，实而守之之信，化而极之之圣，死生之说，神应之妙，大发其阃。而诡言诐行，放辟斥除；圣路廓清，而天宇泰定。至矣哉！君君臣臣，父父子子，夫夫妇妇，兄兄弟弟，何盛尔也。而后易志赜精而游乎史；废兴之迹，邪正之由，大君大臣之所以盛，小惠小道之所以蔽，礼乐之所以兴，政刑之所以紊，国势之所以张，国本之所以强，奸佞蝥蠥之所以逞，祸乱崩析之所以致，纪纲之所以明，风俗之所以坏，教化之所以行。见其记注繁而正义鲜也，思得仲尼者而笔削之；见其典故废而法制剥也，思得周公者而振起之。既游矣，既得矣，而后洗心斋戒，退藏于密，视当其可者，时时而出之；可以动则动，可以止则止，可以久则久，可以速则速。蕴而为德行，行而为事业，故不以文辞而已也。如实则吾之卓尔之道，浩然之气，厥乎与天地一，故不待于山川之助也。彼嶞隋山乔岳，高则高矣，于吾道何有？长江大河，盛则盛矣，于吾气何有？

故曰：欲游乎外者，必游乎内。噫！以史迁之才，果未游于内耶？盖亦称之者过矣。

题有筋有节。文家辨得一节字，则界画分明；辨得一筋字，则脉络联贯。

思齐按：中国人做文章，讲究文脉。文章是活的存在，人有脉，文章也有脉。文章之脉，谓之文脉。人一旦无脉，就死了。办事遭遇失败，一时心头失去主张，俗话就说“落了脉”。以脉络讲求文章之做法，本诸中医，而中医本诸《周易》。宋·程大昌（1123—1195）《易原》卷十“辨疑”三《邵郑异同》，论此甚详，兹录如下。

邵郑异同　程大昌

郑氏循六爻以言变，邵氏则极三而止，凡其六也三也，说虽各异而其取必于数之齐，同则二子一律也。郑氏之以六变也，盖取《复》、《姤》六爻者，由初及上而六出其变也。是并《乾》、《坤》六之卦，而创为此意也。然而以数少为阴、阳之初，以多数为阴、阳之末，则大父母之六，其奇偶者反为小，父母一奇十偶之所生，则其论自驳矣。已而浸觉无本，则遂去《乾》、《坤》二卦，而专用《复》、《姤》已下各五之卦，则其误可以见矣。若夫邵氏之主三而变也，不闻乎阴之若阳也，而皆以一画生两画，两画生三画，是取一生二，二生三者以为之宗主也。世以其言有本，故亦尊之。然予考其首尾而不喻者多也。夫其立一、二、三以为生次者，为夫愈出而愈多，故本其所出以为之原，而谓少能生多也。今临遯之，类凡二十八卦而泰否之，类才十有八卦而已。是以二十八而生十八也，是愈出而愈少也。以较初立之则，谓夫二能生三者，全相牾也。此予之不喻者一也。六十四卦，八八相入，阙一不可，而邵氏于《乾》、《坤》、《坎》、《离》，乃遂不以入列也，至于《既济》、《未济》，乃于二十四对中两出而重著，则予之不喻者二也。《乾》、《坤》之三索重卦之八，八中皆有交变之理，为之脉络，故六子之生乎《乾》、《坤》也，六十四卦之生乎八初卦也，其中有往有来，迹皆可考也。今徒类聚卦数而以多少相承，绝无脉络联缀，则其谓某类自某卦而来者，亦不见其何以为来也，此予之不喻者三也。予既得二子之言，而不得其所以言，则遂求理于《易》，而别有可以发明者矣。而不敢以不量自已也。

题有题眼，文有文眼。题眼或在体中实字，或在虚字，或在无字处；文眼即文中之注意实字、虚字、无字处是也。

有题要，有题绪。善扼题要，所以统题绪也；善理题绪，所以拱题要也。

章旨在本题者，阐本题即所以阐章旨也。章旨在上下文者，必以本题摄之。摄有三位：实字、虚字、无字处。

有题面与题意同者，有题面与题意异者。实与而文不与，实不与而文与，皆所谓异也。

题意有而文无，是所谓减题；题意无而文有，是谓添题。文贵如题，或减或添俱失之。

题有平有串，做法未尝不通。盖在平题为分做者，在串题为截做；在平题为总做者，在串题为滚作也。至宜分宜截，宜总宜滚，善相题者自知之。

问分做截做与总做滚做，其文之意义何尚？曰：分截取乎结实，总滚取乎空灵。

题字句少则宜用拆字诀，字句多则宜用并字诀。虽用并字诀，然紧要之字句仍须特说，是以未尝非拆字也。

拆字诀有似于反，如题言不可如此，文先说如此，次说可如此，后说不可如此。其说如此与可如此处，即似反矣，其实乃拆字也。

题前有豫作，题后有补作；题中亦补作，亦豫作。

题前题后，不必全题之前，全题之后也。如题有三层，一层之后即二层之前，二层之后即三层之前，而一层乃复有前，三层乃复有后也。

文有攻棱、补窪二法：攻棱做题字也，补窪做题间也。

题有题缝。题缝中笔法有四，曰：急脉缓受，缓脉急受，直脉曲受，曲脉直受。

题缝不独两截题有之，凡有题中此字说到彼字，彼字说到此字，欲到未到之间皆是。

题兼虚实字者，文则有坐虚呼实、坐实呼虚二法。题兼上下句者，文则有坐上呼下，坐下呼上二法。此犹地师相地，有空满二向、顺逆二局也。

题字有重有轻。详重略轻，文之常也。然亦有不祥而固已重之，不略而固已轻之者，存乎其神之向背也。

点题字缓急蓄泄之异，皆从题之真际涵泳得之。先点必后做，后点必先做；先点以开下，后点以结上。后经终义，先经始事。点者，乃经也。

点题字有明有暗。如作破题，明破为破，暗破亦为破也，但须相其宜而行之。

点题字要自然，又戒率意。或在比中，或在比外，皆须出得有力。

题中要紧之字，宜先于空中刻镂，反处攻击；若非要紧之字，或可作平常说出。

“出”“落”二字有别。自无题字处点题字，可谓之出，不可谓之落；自题中此字出彼字，就彼字而言谓之出，就自此之彼而言谓之落。审于出落之来路去路，文之脉理斯真矣。

出落以结上开下，须视结至何处，开至何处。有所结多而所开少者，有所结少而所开多者。大凡在前者多开，在后者多结，中间或多结，或多开。

昔人论布局，有原、反、正、推四法，原以引题端，反以作题势，正以还题位，推以阐题蕴。

空中起步，实地立脚，绝处逢生，局法具此三者，文便不可胜用；尤在审节次而施之。

起、承、转、合四字。起者，起下也，连合亦起在内；合者，合上也，连起亦合在内。中间用承用转，皆兼顾起合也。

局法，有从前半篇推出后半篇者，有从后半篇推出前半篇者。推法古顺逆兼用，而顺推往往不如逆推者，逆推之路较宽且活也。

文之顺逆，因题而名。顺，谓从题首递下去。逆，谓从题末绕上来。以一篇位次言之，大抵前路宜用顺，后路宜用逆，该一戒凌躐，一避板直也。

文局有宽有紧。大抵题位宽，则局欲紧；题位紧，则局欲宽。

文局有先空后实，有先实后空，亦有叠用实、叠用空者；有先反后正，有先正后反，亦有叠用正、叠用反者。其叠用者，必所发之题字不同。至正反俱有空实，空实俱有正反，固不待言。

文之有出对比共七法，曰：剖一为两，补一为两，回一为两，反一为两，截一为两，剥一为两，衬一为两。

柱分两义，总须使单看一比则偏，合看两比则全。若单看已全，则合看为赘矣。

立柱须明三对。大抵言对不如意对，正对不如反对，平对不如串对。

柱意最要精确，如题中实字虚字及无字处，各有当立之柱。若非其柱而对之，则可移入他题，不然，亦可于本篇中前后互换矣。

分析题义，用两与用二不同。二，有次序，串义也；两，乃敌偶，平义也。

文家皆知炼句炼字，然单炼字句则易，对篇章而炼字句则难。字句能与篇章映照，始为文中藏眼，不然，乃修养家所谓瞎炼也。

多句之中必有一句为主，多字之中必有一字为主。炼字句者，尤须致意于此。

文家用笔之法，不出纡陡相济。纡而不懈者，有陡以振其纡也；陡而不突者，有纡以养其陡也。

笔法之大者三：曰起，曰行，曰止。而每法中未尝不兼具三法，如起，便有起之起，有起之行，有起之止也。

起笔无论反正虚实，皆须贯摄一切，然后以转接收合回顾之。

正起反接，反接后复将反意驳倒，则与正接同实，且视正接者题位较展，而题义倍透。故此法尤为作家所尚。

文有因转接而合者，有因转接而开者。春夏秋冬，秋冬春夏，一也。

笔法，初非本领之所存，然愈有本领，愈要讲求笔法，笔法所以达其本领也。

问：起讲何尚？曰：要起得起。问：入手领题何尚？曰：要领得起。问：提比何尚？曰：要提得起。

提比要诀，全在原题。不知原题而横出意议，岂但于本位不称，并中后之文亦无根本关系矣。

前路要意宽语紧，紧乃所以善用其宽；后路要意实语灵，灵乃所以善用其实。

制义体裁有二，一本注释，就题诠题也；一本古文，夹叙夹议也。注释，合多开少；古文，小开大合，达开小合，俱有之。

先叙后议，我注经也；先议后叙，经注我也。文法虽千变万化，总不外叙议二者求之。

开合分大小，以文言，不以题言也。就一比论之，开大者，如十句开一句合是也；合大者，如一句开十句合是也。若按诸题字，则为题中一字作开者，必仍就此一字合，合处不得添出一题字；为题中两字作开者，必仍兼此两字合，合处不得减去一题字。何大小之可分耶？

立一义于先，然后有离有合，离者离此，合者合此也。若未尝先有所立之义，不知是离合个甚。

文有合前之开，有开前之开，如“今又弃寡人而归”两句，以“得侍同朝甚喜”

为开；“得侍”句又以“前日愿见而不可得”为开也。①

文于题全反为正，半反为翻。如题言如此则好，文言不如此则不好，是上下两截俱攻题背，要其意中则仍是言如此则好耳，故曰全反为正。如题言如此则好，文言不如此也好，是反上截；或言如此也未必好，是反下截，所谓半反为翻也。

凡就题之反面抉其弊者，是正文，非反文也。而人往往以反文目之，为其与反文相似耳。欲实之其为正为反，有验之之法，但权将本题接入文下，而以“故”字冠其首，如接得者便知是正文矣。若非正文，何以不待用“然”字作转乎？

文有非面，如不知者以为为肉是也；有似面，如其知者以为为无礼是也。

衬法有捧题，有压题。捧题以低浅，压题以高深。

衬托不是闲言语，乃相形相勘紧要之文，非帮助题旨，即反对题旨，所谓客笔主意也。

文之扬处为宽，迫处为紧。用宽用紧，取其相间相形。若全宽是无宽，全紧是无紧也。

文忽然者为断，变化之谓也，如敛笔后忽放笔是；复然者为续，贯注之谓也，如前已敛笔，中放笔，后复敛笔以应前是。

抑扬之法有四，曰：欲抑先扬，欲扬先抑，欲抑先抑，欲扬先扬。沉郁顿挫②，必于是得之。

思齐按：沉郁顿挫，本来是杜甫诗歌的根本特色。沉郁顿挫也可以应用于一般文章的写作之中，它可以使平淡的文章振起，可以使高翔的文章收敛，其基本的要求是既要内涵丰富又要为文谨严。这与英国散文所讲求的克制性陈述（understatement）是颇相仿佛的。元代文章大家郝经（1223—1275）《与撇彦举论诗书》论此较详。兹据乾隆刻本《郝文忠公陵川集》卷二十四录《与撇彦举论诗书》如下。

---

① 《孟子》文气畅达，多为士子习八股文时所效法。在这里，刘熙载以《孟子》的行文结构来讲解八股文的做法。《孟子·公孙丑下》：“孟子致为臣而归。王就见孟子，曰：‘前日愿见而不可得，得侍同朝，甚喜。今又弃寡人而归，不识可以继此而得见乎？’对曰：‘不敢请耳，固所愿也。’他日，王谓时子曰：‘我欲中国而授孟子室，养弟子以万钟，使诸大夫国人皆有所矜式。子盍为我言之！’时子因陈子而以告孟子，陈子以时子之言告孟子。孟子曰：‘然。夫时子恶知其不可也？如使予欲富，辞十万而受万，是为欲富乎？季孙曰：“异哉子叔疑！使己为政，不用，则亦已矣，又使其子弟为卿。人亦孰不欲富贵？而独于富贵之中有私龙断焉。”古之为市也，以其所有易其所无者，有司者治之耳。有贱丈夫焉，必求龙断而登之，以左右望而罔市利。人皆以为贱，故从而征之。征商自此贱丈夫始矣。’”

② 沉郁顿挫，本是对杜甫诗歌风格的归纳，语出《新唐书·杜甫传》：“天宝十三载，玄宗朝献太清宫，飨庙及郊，甫奏赋三篇。帝奇之，使待制集贤院，命宰相试文章，擢河西尉，不拜，改右卫率府胄曹参军。数上赋颂，因高自称道，且言：‘先臣恕、预以来，承儒守官十一世，迨审言，以文章显中宗时。臣赖绪业，自七岁属辞，且四十年，然衣不盖体，常寄食于人，窃恐转死沟壑，伏惟天子哀怜之。若令执先臣故事，拔泥涂之久辱，则臣之述作虽不足鼓吹《六经》，至沈郁顿挫，随时敏给，扬雄、枚皋可企及也。有臣如此，陛下其忍弃之？’”

与撤彦举论诗书　郝经

经白。昨得足下诗一卷，瑰丽奇伟，固非时辈所及，然工于句字而乏风格，故有可论者。诗，文之至精者也，所以歌咏性情，以为风雅，故摅写襟素，托物寓怀，有言外之意，意外之味，味外之韵，凡喜怒哀乐蕴而不尽发，托于江花野草、风云月露之中，莫非仁义礼智、喜怒哀乐之理，依违而不正言，恣睢而不迫切，若初无与于已。而读之者感叹激发，始知己之有罪焉。故三代之际，于以察安危，观治乱，知人情之好恶，风俗之美恶，以为王政之本焉。观圣人之所删定，至于今而不亡，诗之所以为诗，所以歌咏性情者，只见《三百篇》尔。秦、汉之际，骚赋始盛，大抵怨謪烦宽，从谀侈靡之文，性情之作衰矣。至苏、李赠答，下逮建安，后世之诗，始立根柢，简静高古，不事夫辞，犹有三代之遗风。至潘、陆、颜、谢，则始事夫辞，以及齐、梁，辞遂盛矣。至李、杜氏，兼魏、晋以追风雅，尚辞以咏性情，则后世诗之至也，然而高古不逮夫苏、李之初矣。至苏、黄氏，而诗益工，其风雅又不逮夫李、杜矣。盖后世辞胜，尽有作为之工，而无复性情，不知风雅有沉郁顿挫之体，有清新警策之神，有振撼纵恣之力，有喷薄雄猛之气，有高壮广厚之格，有叶比调适之律，有雕镂织组之才，有纵入横出之变，有幽丽静深之姿，有纡余曲折之态，有悲忧愉佚之情，有微婉郁抑之思，有骇愕触忤之奇，有鼓舞豪宕之节。若夫言外之意，意外之味，味外之韵，知之者鲜，又孰能为之哉？先为辞藻茅塞思窦，扰其兴致，自趋尘近，不能高古，习以成俗，昧夫风雅之原矣。呜呼！自李、杜、苏、黄，已不能越苏、李，追三代，矧其下乎！于是近世又尽为辞胜之诗，莫不惜李贺之奇，喜卢仝之怪，赏杜牧之警，趋元稹之艳，又下焉则为温庭筠、李义山、许浑、王建，谓之晚唐，轰轰隐隐，啅噪喧聒，八句一绝，竞自为奇，推一字之妙，擅一联之工，呕哑嚼拉于齿牙之间者，祗是天地风雷，日月星斗，龙虎鸾凰，金玉珠翠，莺燕花竹，六合四海，牛鬼蛇神，剑戟绮绣，醉酒高歌，美人壮士等，磨切錙铢，偶韵较律，饾饤排比而以为工，惊吓喝喊而以为豪，莫不病风丧心，不复知有李、杜、苏、黄矣。又焉知三代苏、李性情风雅之作哉？足下之作，不为不工，不为不奇，殆亦未免近世辞人之诗，愿熟读《三百篇》及汉魏诸人，唐宋以来，祗读李、杜、苏、黄，尽去近世辞章，数年之后，高咏吟台之上，则必非复吴下阿蒙矣。经再拜。

振字诀其用有三，曰：振下，振上，兼振上下。

文有关键便紧。有题字之关键，如做此动彼是也；有文法之关键，如前伏后应是也。

文要针锋相对：起对收，收对起，起收对中间。但有一字一句不针对，即为无著，即为不纯。

章法之相间，如反正、浅深、虚实、顺逆皆是；句法之相间，如明暗、长短、单双、婉峭皆是。

拍题有正拍、反拍、顺拍、倒拍之不同，而全在未拍之先善为之地，所谓翔而后集也。

文不外理、法、辞、气。理取正而精，法取密而通，辞取雅而切，气取清而厚。

有题之理法，有文之理法。以文言之，言有物为理，言有序为法。

文之要三：主意要纯一而贯摄，格局要整齐而变化，字句要刻画而自然。

文无一定局势，因题为局势；无一定柱法，因题为柱法①；无一定句调，因题为句调。不然，则所谓局势、柱法、句调者粗且外矣。

文莫贵于高与紧，不放过为紧，不犯手为高。

文之善于用事者，实者虚之，虚者实之；文之善于抒理者，显者微之，微者显之。

文要不散神，不破气，如乐律然，既已认定一宫为主，则不得复以他宫杂之。

文尚奇而稳，此皆本昌黎《答刘正夫书》。② 奇则所谓异也，稳则所谓是也。

思齐按：韩愈为文尚奇。奇正本为兵家之言。奇与正，交互为用，可以使文章产生变化，避免呆板。奇与正乃是一对呈对偶状态分布的美学范畴。刘熙载将韩愈的尚奇之说，改造为奇与稳相结合，主要是为着八股文在结构上力求完整的整体需

---

① 柱法，这是用假造房屋的方式来比喻八股文的写法。一座房屋，要有柱子才能立得起来。八股文的核心部分，为四比八股。结构上对称的四段话，成为四比。每一比均由排比句构成。在一个排比句中有两项，每一项即一股，一共两股，犹如两根柱子支撑着它。《古今图书集成》卷一八零《经义部·总论》徐常吉论云："文至三、四比，渐说开了，或架虚意，或立实柱，须精确切题，敷敷畅畅，固不可小家数样，然亦当少带些含蓄，略留些气焰，与后面作地步。若两半篇题目，则所赖以发前半意思，全在此处，虽大放手亦不妨。"（《古今图书集成》，中华书局、巴蜀书社，1985，第77576页）

② 韩愈（768—825），字退之，郡望昌黎，故世称韩昌黎。《韩愈文集》卷三《答刘正夫书》："愈白。进士刘君足下，辱笺教。以所不及，既荷厚赐，且愧其诚。然幸甚幸甚。凡举进士者，于先进之门，何所不往？先进之于后辈，苟见其至，宁可以不答其意邪？来者则接之，举城士大夫，莫不皆然。而愈不幸，独有接后辈名。名之所存，谤之所归也。有来问者，不敢不以诚答。或问：'为文宜何师？'必谨对曰：'宜师古圣贤人。'曰：'古圣贤人所为书具存，辞皆不同，宜何师？'必谨对曰：'师其意，不师其辞。'又问曰：'文宜易宜难？'必谨对曰：'无难易，惟其是尔。'如是而已，非固开其为此，而禁其为彼也。夫百物朝夕所见者，人皆不注视也。及睹其异者，则共观而言之。夫文，岂异于是乎？汉朝人莫不能为文，独司马相如、太史公、刘向、扬雄为之最。然则用功深者，其收名也远。若皆与世沉浮，不自树立，虽不为当时所怪，亦必无后世之传也。足下家中，百物皆赖而用也，然其所珍爱者，必非常物。夫君子之于文，岂异于是乎？今后进之为文，能深探而力取之，以古圣贤人为法者，虽未必皆是，要若有司马相如、太史公、刘向、扬雄之徒出，必自于此，不自于寻常之徒也。若圣人之道，不用文则已，用则必尚其能者。能者非他，能自树立，不因循者是也。有文字来，谁不为文？然其存于今者，必其能者也。顾常以此为说耳。愈于足下，忝同道而先进者。又常从游于贤尊给事，既辱厚赐，又安得不进其所有，以为答也。足下以为何如？愈白。"明·茅坤撰《唐宋八大家文钞》卷四《昌黎文钞》卷四评曰："韩文公教人作文，大意要自树立，不寻常，不取悦于今世。所谓能自树立，不因寻常等，即公本来面目。"

要。韩愈尚奇的风格主要见于其诗歌创作之中，而尚奇的观点则隐含于《进学解》一文中。韩愈作《进学解》的初衷，乃是教导国子们如何努力学习，吸收各类文章的精华，因而其本质还是论述科举事业。在《进学解》中，韩愈对科举中的某些弊端，也有所讽刺。《唐宋八大家文钞》卷十录韩愈《进学解》，评曰："此韩公正正之旗，堂堂之阵也。其主意专在宰相。盖大才小用，不能无憾，而以怨怼无聊之辞托之人，自咎自责之辞托之已，最得体。"

进学解　韩愈

国子先生晨入太学，招诸生立馆下，诲之曰："业精于勤荒于嬉，行成于思毁于随。方今圣贤相逢，治具毕张，拔去凶邪，登崇畯良，占小善者率以录，名一艺者无不庸；爬罗剔抉，刮垢磨光，盖有幸而获选，孰云多而不扬？诸生业患不能精，无患有司之不明；行患不能成，无患有司之不公。"

言未既，有笑于列者曰："先生欺予哉！弟子事先生于兹有年矣。先生口不绝吟于六艺之文，手不停披于百家之编；记事者必提其要，纂言者必钩玄；其贪多务得，细大不捐，焚膏油以继晷，恒兀兀以穷年。先生之业，可谓勤矣。抵排异端，攘斥佛老，补苴罅漏，张皇幽眇；寻坠绪之茫茫，独旁搜而远绍，障百川而东之，回狂澜于既倒。先生之于儒，可谓有劳矣。沉浸醲郁，含英咀华，作为文章，其书满家。上规姚姒，浑浑无涯；《周诰》、《殷盘》，佶屈聱牙；《春秋》谨严，《左氏》浮夸，《易》奇而法，《诗》正而葩；下逮《庄》、《骚》，太史所录，子云相如，同工异曲。先生之于文，可谓闳其中而肆其外矣。少始知学，勇于敢为；长通于方，左右具宜。先生之于为人，可谓成矣。然而公不见信于人，私不见助于友，跋前踬后，动辄得咎。暂为御史，遂窜南夷；三年博士，冗不见治；命与仇谋，取败几时；冬暖而儿号寒，年丰而妻啼饥；头童齿豁，竟死何裨？不知虑此，而反教人为？"

先生曰："吁，子来前！夫大木为杗，细木为桷，欂栌侏儒，椳闑扂楔，各得其宜，施以成室者，匠氏之工也；玉札丹砂，赤箭青芝，牛溲马勃，败鼓之皮，俱收并蓄，待用无遗者，医师之良也；登明选公，杂进巧拙，纡余为妍，卓荦为杰，较短量长，惟器是适者，宰相之方也。昔者孟轲好辨，孔道以明，辙环天下，卒老于行；荀卿守正，大论是弘，逃谗于楚，废死兰陵；是二儒者，吐辞为经，举足为法，绝类离伦，优入圣域，其遇于世何如也？今先生学虽勤而不繇其统，言虽多而不要其中，文虽奇而不济于用，行虽修而不显于众，犹且月费俸钱，岁靡廪粟；子不知耕，妇不知织，乘马从徒，安坐而食，踵当途之促促，窥陈编以盗窃；然而圣主不加诛，宰臣不见斥；兹非其幸欤？动而得谤，名亦随之，投闲置散，乃分之宜。若夫商财贿之有亡，计班资之崇庳，忘己量之所称，指前人之瑕疵；是所谓诘匠氏之不以杙为楹，而訾医师以昌阳引年，欲进其豨苓也。"

立天之道曰阴与阳，立地之道曰柔与刚。文，经纬天地者也，其道惟阴阳刚柔可以该之。

《易·系传》言："物相杂故曰文。"①《国语》言："物一无文。"② 可见文之为物，必有对也，然对必有主是对这矣。

制义推明经意，近于传体。传莫先于《易》之《十翼》。③ 至大学以"所谓"字释经，已隐然欲代圣言，如文之入语气矣。

汉·桓谭遍习《五经》，皆训诂大义，不为章句，于此见义对章句而言也。④ 至经义取士，亦有所受之。赵岐《孟子题辞》云："汉兴，孝文广游学之路，《孟子》置博士。迄今诸警通义得引《孟子》以明事，谓之博文。"⑤

思齐按： 赵岐《孟子题辞》，说理透彻，层次分明，本身已是一篇好文章，为清代举子业之必读篇目。兹据明·梅鼎祚编《东汉文纪》卷二十四录赵岐《孟子题辞》如下。

孟子题辞　赵岐

《孟子题辞》者，所以题号《孟子》之书，本末指义文辞之表也。孟，姓也。子者，男子之通称也。此书，孟子之所作也，故总谓之《孟子》。其篇目，则各自有名。孟子，邹人也，名轲，字则未闻也。邹本春秋邾子之国，至孟子时改曰邹矣。国近鲁，后为鲁所并。又言邾为楚所并，非鲁也，今邹县是也。或曰：孟子，

---

① 《周易·系辞下》："《易》之为书也，广大悉备。有天道焉，有人道焉，有地道焉。兼三才而两之，故六。六者非它也，三材之道也。道有变动，故曰爻；爻有等，故曰物；物相杂，故曰文；文不当，故吉凶生焉。"

② 《国语》卷十六《郑语》："公曰：'周其弊乎？'对曰：'殆于必弊者也。'《泰誓》曰："民之所欲，天必从之。"今王弃高明昭显，而好谗慝暗昧；恶角犀丰盈，而近顽童穷固。去和而取同。夫和实生物，同则不继。以他平他谓之和，故能丰长而物归之；若以同裨同，尽乃弃矣。故先王以土与金木水火杂，以成百物。是以和五味以调口，刚四支以卫体，和六律以聪耳，正七体以役心，平八索以成人，建九纪以立纯德，合十数以训百体。出千品，具万方，计亿事，材兆物，收经入，行姟极。故王者居九畡之田，收经入以食兆民，周训而能用之，和乐如一。夫如是，和之至也。于是乎先王聘后于异姓，求财于有方，择臣取谏工而讲以多物，务和同也。声一无听，物一无文，味一无果，物一不讲。王将弃是类也而与刬同。天夺之明，欲无弊，得乎？"

③ 十翼，相传为孔子所作的《易传》七种十篇，即《上彖》《下彖》《上象》《下象》《上系》《下系》《文言》《说卦》《序卦》和《杂卦》。这十篇文章旨在阐释《周易》六十四卦经义，犹如"经"的十个羽翼，故称《十翼》。

④ 桓谭（约公元前23—公元50），汉沛国相人，字君山。好音乐，善鼓琴，精天文，主张浑天说。著《新论》二十九篇。《后汉书》卷五八有传。

⑤ 赵岐（公元？—201），东汉京兆长陵人，原名嘉，字台卿。少明经史，工书法，有才艺。尝与中常侍唐衡不洽，避祸北海，匿安丘孙嵩家复壁中。更名岐，字邠卿。建安六年卒，年九十余。著有《孟子章句》及《三辅决录》。《后汉书》卷六四有传。

鲁公族孟孙之后。故孟子仕于齐，丧母而归葬于鲁也。三桓子孙既以衰微，分适他国。孟子生有淑质，夙丧其父，幼被慈母三迁之教，长师孔子之孙子思，治儒术之道，通五经，尤长于《诗》、《书》。周衰之末，战国纵横，争兵争强以相侵夺，当世取士，务先权谋以为上贤。先王大道陵迟隳废，异端并起，杨朱、墨翟放荡之言以干时惑众者非一。孟子闵悼尧、舜、汤、文、周、孔之业将遂湮微，正涂壅底，仁义荒怠，佞伪驰骋，红紫乱朱。于是则慕仲尼周流忧世，遂以儒道游于诸侯，思济斯民。然由不肯枉尺直寻，时君咸谓之迂阔于事，终莫能听纳其说。孟子亦自知遭苍姬之讫录，值炎刘之未奋。进不得佐兴唐虞雍熙之和，退不能信三代之余，风耻没世而无闻焉。是故垂宪言以贻后人。仲尼有云：我欲托之空言，不如载之行事之深切著明也。于是退而论集所与高弟弟子公孙丑、万章之徒难疑答问，又自撰其法度之言，著书七篇，二百六十一章，三万四千六百八十五字。包罗天地，揆序万类，仁义、道德、性命、祸福，粲然靡所不载。帝王公侯遵之，则可以致隆平，颂清庙。卿大夫士蹈之，则可以尊君父，立忠信。守志厉操者仪之，则可以崇高节，抗浮云。有风人之托物，二雅之正言，可谓直而不倨，曲而不屈，命世亚圣之大才者也。孔子自卫反鲁，然后乐正，雅、颂各得其所，乃删《诗》、定《书》、系《周易》、作《春秋》。孟子退自齐梁，述尧舜之道而著作焉，此大贤拟圣而作者也。七十子之畴，会集夫子所言以为《论语》。《论语》者，五经之錧鎋，六艺之喉襟也。《孟子》之书则而象之。卫灵公问陈于孔子，孔子答以俎豆。梁惠王问利国，孟子对以仁义。宋桓魋欲害孔子，孔子称天生德于予。鲁臧仓毁鬲孟子，孟子曰：臧氏之子，焉能使予不遇哉？旨意合同，若此者众。又有外书四篇，《性善》、《辨文》、《说孝经》、《为正》，其文不能弘深，不与内篇相似，似非孟子本真，后世依放而托之者也。孟子既没之后，大道遂绌，逮至亡秦，焚灭经术，坑戮儒生，孟子徒党尽矣。其书号为诸子，故篇籍得不泯灭。汉兴，除秦虐禁，开延道德，孝文皇帝欲广游学之路，《论语》、《孝经》、《孟子》、《尔雅》皆置博士，后罢传记博士，独立五经而已。讫今诸经通义得引《孟子》以明事，谓之博文。孟子长于譬喻，辞不迫切而意已独至，其言曰："说《诗》者不以文害辞，不以辞害志，以意逆志，为得之矣。"斯言殆欲使后人深求其意以解其文，不但施于说《诗》也。今诸解者往往摭取而说之，其说又多乖异不同。孟子以来五百余载，传之者亦已众多。余生西京，世寻丕祚，有自来矣。少蒙义方训涉典文。知命之际，婴戚于天，遘屯离蹇，诡性遁身，经营八纮之内，十有余年，心剿形瘵，何勤如焉！尝息肩弛担于济岱之间，或有温故知新。雅德君子矜我劬瘁，眷我皓首，访论稽古，慰以大道，余困吝之中，精神遐漂，靡所济集，聊欲系思于翰墨，得以乱思遗老也。惟六籍之学，先觉之士释而辨之者既已详矣。儒家惟有孟子，闳远微妙，蕴奥难见，宜在条理之科。于是乃述已所闻，证以经传，为之章句，具载本文，章别其指，分为上、下，凡十四卷。究而言之，不敢以当达者，施于新学，可以寤疑辨惑。愚亦未能审于是非，后之明者见其违阙，倘改而正诸，不亦宜乎。

唐·杨玚①奏有司试帖明经，不质大义，因著其失。

宋仁宗时，范仲淹、宋祁等奏言有云："问大义，则执经者不专于记诵矣。"② 合数说观之，所以用经义之本意具见。

《宋文鉴》载张才叔《自靖人自献于先王》一篇③，隐然以经义为古文之一体，似乎自乱其例。然宋以前已有昌黎省试《颜子不贰过论》，可知当经义未著为令之时，此等原可命为古文也。

思齐按：《唐宋八大家文钞》卷九韩愈《颜子不贰过论》为省试的一篇答卷。这篇文章体现了韩愈如何以古文的气势来驾驭八股文写作这一基本方法。此法可以

---

① 杨玚（668—735，玚，chàng），字瑶光，唐凤翔天兴（今属陕西）人。《新唐书》卷一三零《杨玚传》："入为国子祭酒，表大儒王迥质、尹子路、白履忠等三人教授国子。有诏迥质谏议大夫、皇太子侍读；履忠老不任职，拜朝散大夫罢归；子路直弘文馆。皆有名。玚奏：'有司帖试明经，不质大义，乃取年头、月尾、孤镜、绝句，且今习《春秋》三家、《仪礼》者才十二，恐诸家废无日，请帖平文以存学家，其能通者稍加优宦，奖孤学。'从之，因诏以三家《传》、《仪礼》出身者不任散官，遂著令。生徒为玚立颂太学门。又言：'古者卿大夫子弟及诸侯岁贡小学之异者入太学，渐渍礼乐，知朝廷君臣之序，班以品类，分以师长，三德四教，学成然后爵之。唐兴，二监举者千百数，当选者十之二，考功覆校以第，谓经明行修，故无多少之限。今考功限天下明经、进士岁百人，二监之得无几，然则学徒费官禀，而博士滥天禄者也。且以流外及诸色仕者岁二千，过明经、进士十倍，胥史浮虚之徒，眊先王礼义，非得与服勤道业者挈长短、绝轻重也。国家启庠序，广化导，将有以用而劝进之。有司为限约以黜退之，欲望俊乂在朝，难矣。'帝然其言。再迁大理卿，以疾辞，改左散骑常侍。卒，年六十八，赠户部尚书，谥曰贞。玚常叹士大夫不能用古礼，因其家冠、婚、丧、祭，乃据旧典为之节文，揖让威仪，哭踊衰杀，无有违者。在官清白，吏请立石纪德，玚曰：'事益于人，书名史氏足矣。若碑颂者，徒遗后人作碇石耳。'"又，《旧唐书》卷一八五亦有传。

② 宋·李焘撰《续资治通鉴长编卷一百七十五》仁宗皇祐五年闰七月："戊子，诏礼部贡院。自今诸科举人，终场问大义十道，每道举科首一两句为问。能以本经注疏对，而加以文辞润色发明之者，为上；或不指明义理，而但引注疏备者，次之；并为通，若引注疏，及六分者，为粗；其不识本义，或连引他经，而文意乖戾、章句断绝者，为下。并以四通为合格。九经止问大义，不须注疏全备，其九经场数，并各减二场，仍不问兼经。"

③ 《宋文鉴》，总集名。宋·吕祖谦编，一百五十卷。本名《皇朝文鉴》，明·商辂作序，更名《宋文鉴》。张愈（生卒年不详），一作张俞，字少愈，又字才叔，号白云居士，益州郫县（今属四川）人。庆历元年，以使者举荐，除秘书省校书郎，不就。为文有西汉风，事迹见《东都事略》卷一一八、《宋史》卷四五八《隐逸传》中。宋人张才叔是写作经义的高手，历代学习写作科举应试文章的人，大都揣摩过张才叔的文章。《经义模范》（不住编辑者名氏，明嘉靖丁未访杨升菴得此书，朱良矩所刻）收录张才叔、姚孝宁、吴师孟和张笑祥四人所撰经义十六篇，其中前七篇为张才叔所撰经义，它们是《自靖人自献于先王》、《乃遇汝鸠汝方作汝鸠汝方》、《惠迪吉》、《巢伯来朝芮伯作旅巢命》、《异亩同颖献诸天子》、《念哉圣谟洋洋》和《恭默思道梦帝赉予良弼》。《四库全书总目》卷一八九《经义模范》提要："时文之变，千态万状，愈远而愈失其宗，亦愈工而愈远于道。今观初体，明白切实，乃如此。"从结构上说，张才叔《自靖人自献于先王》为十段文。明清时期的八股文便是在十段文的基础上发展起来的。至于张才叔《自靖人自献于先王》的文本以及对该文的层次分析，请参见本书"倪士毅《作义要诀》自序"后的按语。

避免八股文的庸烂。韩愈这篇文章说明，优秀的八股文的确能够登大雅之堂。该文为唐代文学名篇，颇有参考价值。茅坤评曰："韩公未必知颜子之学，特以其省试之文也，存之。"

省试颜子不贰过论

论曰:登孔氏之门者众矣,三千之徒,四科之目,孰非由圣人之道,为君子之儒者乎？其于过行过言,亦云鲜矣。而夫子举不贰过惟颜氏之子,其何故哉？请试论之:

夫圣人抱诚明之正性，根中庸之至德，苟发诸中形诸外者，不惟思虑，莫匪规矩，不善之心，无自入焉，可择之行，无自加焉，故惟圣人无过。所谓过者，非谓发于行、彰于言，人皆谓之过而后为过也，生于其心则为过矣，故颜子之过此类也。不贰者，盖能止之于始萌，绝之于未形，不贰之于言行也。《中庸》曰："自诚明谓之性，自明诚谓之教。"自诚明者，不勉而中，不思而得，从容中道，圣人也，无过者也；自明诚者，择善而固执之者也，不勉则不中，不思则不得，不贰过者也。故夫子之言曰："回之为人也，择乎中庸。得一善，则拳拳服膺而弗失之矣。"又曰："颜氏之子，其殆庶几乎！"言犹未至也。而孟子亦曰："颜子具圣人之体而微者。"皆谓不能无生于其心，而亦不暴之于外，考之于圣人之道，差为过耳。颜子自惟其若是也，于是居陋巷以致其诚，饮一瓢以求其志，不以富贵妨其道，不以隐约易其心，确乎不拔，浩然自守，知高坚之可尚，忘钻仰之为劳，任重道远，竟莫之致，是以夫子叹其"不幸短命"，"今也则亡"，谓其不能与己并立于至圣之域，观教化之大行也。不然，夫行发于身加于人，言发乎迩见乎远，苟不慎也，败辱随之，而后思欲不贰过，其于圣人之道不亦远乎？而夫子尚肯谓之"其殆庶几"，孟子尚复谓之"具体而微"者哉？则颜子之不贰过，尽在是矣。谨论。

元·倪士毅撰《作义要诀》①，以明当时经义之体例。第一要识得道理透彻，第二要识得经文本旨分晓，第三要识古今治乱安危之大体。余谓第一第三俱要包于第二之中。圣人瞻言百里，识经旨则一切摄入矣。

经义戒平直，亦戒艰深。《作义要诀》云："长而转换新意，不害其为长；短而曲折意尽，不害其为短。"② 戒平直之谓也。又云："务高则多涉户僻，欲新则类入乎怪。下字恶乎俗，而造作太过则语涩；立意恶乎同，而搜索太甚则理背。"③ 戒艰深之谓也。

厚根柢，定趋向，以穷经为主。秦、汉文取其当理者，唐、宋文取其切用者，制义宜多读先正，余慎取之。

---

① 倪士毅，字仲宏，歙县人，元代人。《四库全书总目》卷一九六《作义要诀》提要："《作义要诀》一卷，永乐大典本。元倪士毅撰。"

② 见倪士毅《作义要诀》"论立说大要"条。

③ 见倪士毅《作义要诀》"论立说大要"条。

他文犹可杂以百家之学，经义则惟圣道是明，大抵不离天地之常经，古今之通义也。然观王临川《答曾子固书》云："读经而已，则不足以知经。"①此又见群书之宜博也。

欲学者之诚心修行，当以讲书为第一事。讲书须使切己体认，及证以目前常见之事，方觉有味。且宜多设问以观其意，然后出数言开导之。惟不专为作文起见，故能有益于文。

明儒冯少墟先生②所辑举业为《理学文鹄》③，理学者，兼致知力行而言之也。我

---

① 王安石（1021—1086），字介甫，号半山，抚州临川（今属江西）人。《唐宋八大家文钞》卷八四《临川文钞》卷五《答曾子固书》："某启。久以疾病不为问，岂胜向往，前书疑子固于读经，有所不暇，故语及之。连得书，疑某所谓经者佛经也，而教之以佛经之乱俗。某但言：读经，则何以别于中国圣人之经？子固读吾书每如此，亦某所以疑，子固于读经，有所不暇也。然世之不见全经久矣。读经而已，则不足以知经，故某自百家诸子之书，至于《难经》、《素问》、《本草》诸小说，无所不读，农夫女工，无所不问，然后于经，为能知其大体而无疑。盖后世学者，与先王之时异矣。不如是，不足以尽圣人故也。扬雄虽为不好非圣人之书，然于墨、晏、邹、庄、申、韩，亦何所不读？彼致其知而后读，以有所去取，故异学不能乱也。惟其不能乱，故能有所去取者，所以明吾道而已。子固视吾所知，为尚可以异学乱之者乎？非知我也。方今乱俗，不在于佛，乃在于学士大夫沉没利欲，以言相尚，不知自治而已。子固以为如何？苦寒比日，侍奉万福，自爱。"

② 冯从吾（1556—1627），明长安（今属陕西）人，字仲好，号少墟。有志于濂洛之学，受业于许孚远。万历进士。由庶吉士授御史。万历二十年（1592）因直言被责，旋告归，家居讲学。后复出，熹宗时，历任左副都御史等职。后遭魏忠贤党羽诬陷，削籍归。曾与邹元标共建首善书院，讲学其中。著有《元儒考略》、《关学编》、《冯少墟集》。明·高攀龙《高子遗书》卷九上《冯少墟先生集序》："少墟先生，予同年，冯仲好也。仲好少即志圣人之学，由庶常吉士，为侍御史。言事罢归，闭关九年，精思力践，而于圣人之道，始沛如也。所在讲学论道，为集凡二十二卷。余受而卒业焉，作而叹曰：'此真圣人之学也！'圣人之学之难明也。盖似是而非者乱之，其差在针芒间，不可不辨也。今夫人目则能视，耳则能听，手则能持，足则能行，视听持行者，耳目手足也。所以视听持行者，何物也？凡世之不知学者，皆觌面而失之于是也。然而，目之视贵其明，耳之听贵其聪，手之持贵其恭，足之行贵其重。所以聪明恭重者何物也？凡世之知学者，又往往觌面而失之于是也。然而目之明，非我能使之明，目本自明。耳之聪，非我能使之聪，耳本自聪。手足持行之恭、重也，亦然。其本来者，又何物也？世之知正学者，又往往觌面而失之于是也。耳目手足者形也。视听持行者色也。聪明恭重者性也。本来如是，复还其如是之谓工夫也。修而不悟者，狗末而迷本。悟而不御者，认物以为则。故善言工夫者，惟恐言本体者之妨其修善。言本体者惟恐言工夫者之妨其悟。不知欲修者，正须求之本体。欲悟者，正须求之工夫。无本体，无工夫。无工夫，无本体也。仲好之集，至明至备，至正至中，非修而悟，悟而御者，不能真圣人之学也。吾特于其集中，示人最切者，揭而出之，以见似是而非者乱吾圣人之学，其端盖异于此也。"

③ 明·曹于汴撰《仰节堂集》卷一《理学文鹄序》："关中少墟冯先生，辑诸大家举子艺百数十首，以式多士，命曰《理学文鹄》，不命以'举业'而曰'理学'，何也？见理学、举业之非二也。皇制罗俊秀之士于庠序，俾其研究理奥，心绎而躬迪之，期于凑泊融贯，可通于世用。顾上之人无由知也，则令摅所学于文艺。其文肖其所学，乃因文而知其人，擢以科第，简以官秩，而收治平天下之效。举业之制，岂不善哉？习之敝也，学不必理，文亦不必理，帖括剿袭，装点色泽，以博进取。回视所为文，真成敝帚，无一字可济于世。此举业之赝也。清修之士，从而厌薄之。讲聚阐理，自谓理学。或遂谢举子艺以为高，诵法孔子而甘蹈其所，谓果失则均焉。兹集出，而举业在是理学，亦在是举业。而不本之理学，虽极工巧，而识者亦窥其微。庸人之腹，终不能仿圣人之口。亦未有理学彻而文不精者，孔、孟、周、程之文，不在兹乎？固可睹已、彼，不达于理，而覬成章，譬酖缶而欲泻酒，味固不似也。吁嗟！不达于理，而文之饰，滔滔皆是厌薄。而不屑为者，宜其高矣。此理学之所以不明也。"

朝论文名言，如陈桂林《寄王罕皆书》云："虽不应局，亦可当格言一则。"此亦足颇干禄之陋见，证求理之实功矣。

文不易为，亦不易识。观其文，能得其人之性情志尚，于工拙疏密之外，庶几知言知人之学也与！

刘熙载《制义书存》

一、《制义书存》题解

关于《制义书存》，刘熙载的各位弟子在《古桐书屋续刻三种跋》中交代了原委："右《古桐书屋续刻三种》，前兴化刘师所著也。师前刻《六种》皆系自订之书。是编《札记》一种，与前刻《持志塾言》相类。《游艺约言》一种，与《艺概》相类。《制艺书存》一种，则原系《昨非集》之第六卷而未刊入者。师捐馆后，惺庵世兄昆仲录示诸同学，爰谨付剞劂，期与前刻并传。至于次序之先后，师在日未经编定，今昔尊其旧，不敢妄参臆见云。光绪丁亥季冬，即门诸弟子谨识。"所谓制义，又称制艺，就是八股文。制者，制作。艺者，技艺。写作八股文，需要人们在制作上痛下功夫。唯有经过长时期的训练，才能把他的技巧掌握住。清·文康《儿女英雄传》第三十三回有一段话说得好："制艺这一道，虽说是个骗功名的学业，若经义不精，史笔不熟，纵然文章做得花团锦簇，终为无本之学。"古代的读书人，为了科举考试榜上有名，大都经过数年十数年乃至数十年寒窗苦读，才能够贯通八股文的制作艺术。由此可知，这里所谓《制义书存》是刘熙载当年写作八股文时留下来的一部分习作，一共五篇。刘熙载是一个写作态度严肃的人，他在《贺新凉·改旧稿》词中写道："觅句怜长爪，算男儿、知书识字，患原非小。况复千金珍敝帚，几夜挑灯削稿。空座损、英雄怀抱。鸡肋区区真少味，气矜隆肯做雕虫老。还整理，信堪笑。思量正有其中奥。喜春风、萎花吹尽，特开鲜好。看取古贤勋业盛，收在桑榆不少。抵笔墨、更番入妙。却顾所来蹊径换，似拾船渔子仙源到。须识破，这机窍。"① 该词明白如话，一气呵成，生动地描绘出刘熙载的写作态度。刘熙载留存的八股文虽然仅有这五篇，然而，只要我们善于揣摩，是不难发现其中蕴含的奥妙的。这几篇文章，因为是习作，有的地方还比较幼稚，结构上也还有些破绽。然而正是从这些幼稚的地方和破绽之处，我们可以发现古人为文时的真面

① 刘熙载《昨非集》卷四。

目。如果摆在读者面前的是一篇篇完璧似的文章，那么读者也会犯难，处于这样一种境地：猫吃乌龟，找不到头。不知从何下手！

以现在的眼光看，虽然我们不能说八股文是一个伟大的存在，但是我们可以断言八股文的确曾经是一种客观的存在。其实，当时不少读书人是将自己的生命之俊采部分投入八股文之中的。做文章离不开大量的练习，光有所谓的才气是不够的。在学问上凡有成就的人，都曾经下过一番苦功夫。在刘熙载留下来的诗篇中，我们可以读到《论文四首》。其一："天才从古少，许者莫相诬。但愿平常语，人间一字无。"其二："神气至灵物，变化难具陈。偃师矜巧制，毕竟非真人。"其三："文逐他人好，客尘滓太清。放言吾岂敢，所幸是孤行。"其四："出语不能庸，此是吾人病。灵均好奇服，奇或亦为正。"① 刘熙载在这一组诗篇中讲到了学习写文章的甘苦。第一首说，人们不要过分地相信所谓的天才，天才的每一个奇妙的好的字句也是多年刻苦练习之产物，那些看似平常的话语，其实都有来历，它们是天才们博览古今融会贯通而自铸的伟辞。第二首谈到了神气。神气大致相当于西方文论家所讲的灵感。灵感相当微妙，难于对它作具体的描述。在《列子·汤问篇》中，有这样一则传说。周穆王时有一位巧匠，名叫偃师。他曾经制造了一个木人，而这木人能歌善舞。其实世界上哪有能歌善舞的木人呢？任何人都一样，不经过学习，就只能两只肩膀顶着一个木脑壳，木头木脑，呆头呆脑，毫无灵感可言。第三首批评一位羡慕他人文章而缺少自信的人，欲写出好文章，既要向古人学习，也要充满自信，力争写出自己的特色来，让读者从文章中就能发现作者的个性。第四首讲做文章的根本大法，那就是奇正的辩证关系。掌握了奇正的辩证法，才能做到出语不平庸，奇而不失正体。应当说，我国古代的文章大家，都是自觉或不自觉地这么做了的。

同时，虽然八股文还是具有许多藻饰的一类文体，作者的心态被委婉曲折地巧妙地遮掩起来了，但是，文章毕竟是作者之心灵的表现和人格的表征。了解它们，对于我们增加有关八股文的直观感受，深入地了解这些文章的作者刘熙载获取功名前的心态，都是颇为有益的。刘熙载的一生，活了六十九岁。他三十二岁中进士。中进士之前，刘熙载所具有的主要是一个读书人的心态。中进士之后，刘熙载所具有的主要是一个教书人的心态。刘熙载的一生，教书的时间很长。刘熙载《入上书房》诗写出了他作为教书人的活姿态："授徒里巷心犹愧，况傅诸王愧更深。昨见冶工曾有羡，土型能办铸金银。"② 铸造工的工作，就是将金属材料范型。纯金纯银，一堆堆放在那里，倘若没有泥土做的模子，那么再好的金银，也不能成锭。学生的资质再好，没有好老师教，就难以成才。教学的重要内容，就是通过范例反复进行练习。像写作这样实践性非常强的学科，尤其如此。生活在21世纪的人们，当然是不愿再接受八股文的写作训练的了。英

---

① 刘熙载《昨非集》卷三。

② 刘熙载《昨非集》卷三。

国剑桥大学至今还保留着所谓导师制度（tutorship），这是英国式教育最引为骄傲的制度之一。依照该制度，学生可以申请所在学院的一位院士（college fellow）作为自己的导师（tutor）。一位院士仅负责二至三名学生，而并不是越多越好。学生有机会和导师自由交谈，导师也查看学生的习作。在讨论习作的时候，导师和学生地位平等，只针对文章，交流想法。以圣约翰学院为例，导师和学生均可成为小猪俱乐部的成员。既然是小猪，地位就是平等的。就像一群小猪崽，一同进入长满苜蓿的田地，一块儿拱食。一般的做法是，正餐之后，师生就到休息室去，谈天说地，尽情交谈。这样做，既不占用大家的整块时间，气氛也融洽。而且，在不经意之中，学生可从教师那里学到许多东西。有趣的是，导师的专业不必与学生一致，文科和理科，亦可交叉，导师只需是有相当道行的人就可以了。这样的制度，我本来是了解的，但是缺少直观的感受。1996年，我留学剑桥时，有一天终于有所悟：这导师，不就是中国古代的太傅、少傅么？现在的学生，当然不是王子。不过把学生当作王子来培养，倒也突出了为国家培养栋梁之才的意图。中国古代的科举制度，就是为了选拔人才而设立的。尽管科举制度有种种的弊端，它还是为历代培养了大量的栋梁之才。尽管八股文有束缚思想的一面，为文的紧要处还是通过它才比较系统而全面地传递给了学生。在八股文产生之前，当然也有许多优秀文章。只不过，优秀文章的各种要素尚未集中地统摄于一篇文章之中罢了。八股文产生之后，才将这些基本的要素作为一种规定性而统摄于一篇文章之中。因此，八股文就显得藻饰过多了一些，法程太严了一些。然而通过这些藻饰，我们还是可以窥见作者隐藏在那一道道法程之后的东西，那就是作者的活姿态，包括他的心态。在刘熙载生活的那个时代，无论读书，还是教书，知识分子的心态都必然紧密地与科举联系在一起，从而也就自然地与八股文联系在一起了。因此，研读揣摩刘熙载的《制义书存》也是一种绝妙的精神享受。

二、《制义书存》标点校注

（一）《制义书存》序

制义书存稿自序

余昔所为“制义”，自以为不足存，多随手弃去。纵未曾弃，而所置之处，他日遗忘，有自觅而不可得者。旧书中余“五”义，偶捡得之，皆系少作，亦所谓不足存者也。然书既待吾存之，而吾必弃之，书将谓我何？因存其其所以不足存，而名之曰“书存”，以不没其实焉。

（二）《制义书存》文本

1. 子曰不然获罪于天无所祷也①

圣人与权臣论天，而媚之说可息矣！夫人之以媚为然者，皆不知有天者也。子言“获罪”之“无所祷”，贾不可爽然自失乎？② 且人以非理之言尝圣人，圣人必斥之，不以处权臣而异也。然第斥之而已，而不示以万万不可为之则，则有以夺乎彼之所自恃，无以明乎我之所必尊。彼虽屈于口而不服于心，而所恃者，终未知其不足恃矣。夫子答王孙贾曰：子大夫苟言君子之所可为者，我敢不谓然，而奈何以媚言也？夫君子尚欲正人之媚，岂忍自出于媚？君子尚不欲为人所媚之人，弃忍为效人媚之人？斯其为不然也，不待辨而决矣。且夫世之工于媚者，皆知有祷，而不知其他者也。虽然，人独不知有天乎？惟天与正，吾能正，则虽非有求于天，而可无愧于天。非此，则是天之待我者重，而我自轻也。轻则罪也。惟天诸直，吾能直，则虽不责报于天，而实可对夫天。非此，则是天之处我者严，而我自亵也。亵则罪也。是则，获罪于天，可不为之大惧乎！而彼善媚者，或别有意焉。天之当敬也，君子念之，即众人亦岂不念之，而敢获于罪？当亦自觉其无忌焉。彼惟见乎别有所祈，可以藉销其重戾，而情之多悖者，遂一往而不顾其安。其获罪也，恃其祷也。祷之不堪也，君子代人苦之，即众人亦岂不自苦之？而不惜于祷，当亦深恧而无行焉。彼惟见乎隐丽于罚，不复能挽其前愆，而途之可假者，遂立攀而固求其助。其获罪也，亦以祷也。然果有所祷否乎？以义理之当守而言，则君子兢兢自懔者③，要非虑无所祷而然也。一念不少乖，庶以全其付畀；一行无偶失，庶无忝于监观。吾苟可以告无罪，虽或有持权以困我者，使之不得自伸，而其心固泰然也。若一言夫祷，纵可遂其所欲得，将焉置之面目之非矣？以祸福之有定而言，则斯人之龊龊有求者，皆无解于获罪之实也。明旦有难辞之咎，而谓其无咎者，只见欺诬。屋漏有莫宥之辜，而贷以无辜者，适行昵比。人非豫有以远罪，纵不忍违心而害直焉，以冀易辞逃谴，而其身已蹷然也。况一言乎祷，非惟不能有所宽，而更增加于前此所罹矣，盖无所祷也。子大夫更思之，慎无以媚言可也。

2. 曰今之从政者何如子曰噫斗筲之人何足算也！④

不援士以为问，即仅求其“足算”而不得也。⑤ 夫曰“今之从政者”，则其非士，

---

① 这篇文章的题目出自《论语·八佾》第十三章：王孙贾问曰：“与其媚于奥，宁宠于灶，何谓也？”子曰：“不然；获罪于天，无所祷也。”

② 贾，王孙贾。姓王孙，名贾（jiǎ）。王孙贾，卫国大夫。王孙贾出于周而仕于卫，当时孔子到了卫国，王孙贾曾和孔子交谈。

③ 懔，畏惧，害怕。《尚书·五子之歌》：“予临兆民，懔乎若朽索之驭六马。”

④ 这篇文章的题目出自《论语·子路》第二十章：子贡问曰：“何如斯可谓之士矣？”子曰：“行己有耻，使于四方，不辱君命，可谓士矣。”曰：“敢问其次。”曰：“宗族称孝焉，乡党称弟焉。”曰：“敢问其次。”曰：“言必信，行必果，硁硁然小人哉，抑亦可以为次矣。”曰：“今之从政者何如？”子曰：“噫！斗筲之人，何足算也。”

⑤ 足算，（是否）值得加以考虑谈论。

子贡已明知之矣，特未知其犹“足算”而否耳。然何不察其为“斗筲之人”之人也哉？① 且古大人之所以大过人者，器量耳。若待势位权藉以为重，则其中必有不足者矣。乃或虽无与于器量之大，而苟非其细已甚，定于一成者，斯尚可冀古人之不弃，君子亦何遽鄙之而不屑道也？何子贡继问士而及者且不然乎？② 夫子历言士之为士，此其人皆非苟焉而已，岂第谓其“足算”也哉！子贡乃别乎此而问“今之从政者”，则其以为非士也，已断断然矣。意固知从政资乎才实也，顾才实之赡，久不可期于酣豢之人。而按其生平，或犹有一二焉足睹其抱负③，则亦将节取而不必深苛也。且之从政本乎行谊也，故行谊之纯，久不可律于高明之族。而综其端末，或不以仳琐焉自限其怀来④，则终且姑许以存一格也。而夫子则闻之而重有慨焉，曰：“噫！赐尚不知今之从政者为何如人乎？岂尚以之为足算者乎？”从政者必有不自满之量，而人始得以益之。且无论不自满也，就令易满，亦宜有所受而不遽满也。而今之人，则蹙乎其不能受焉。纵或因事有咨，而善言终莫之听用，是欲相益而无从也。吾人何为而论夫不可相益也？从政者必有不可竭之量，而人始得以挹之。且无论不可竭也，就令易竭，亦宜有所施而不遽竭也。而今之人，则蕞然其不能施焉。惟计身图之便，岂公义犹恃以共扶？是欲相挹而无从也。吾人何为而论夫不可相挹也？是斗筲之人而已矣。顾有斗筲之人，而足算者耶？夫吾观今之从政者，未尝不自掩其斗筲也。彼虑示人以实，人将有相形者矣，则不得不设为宽深优裕以镇之，若与斗筲者相悬绝焉。盖底蕴易穷，则矜饰弥欲其取重，故日眩乎愚者之耳目⑤，以为吾果斗筲，何以从政而无患也？此自掩以求足算者也，而用心为愈陋矣。夫吾观今之从政者，又未尝不自著其斗筲也。彼虑不示人以衡，人将有立异者矣，则不得不故为稽实数以张之，若以其斗筲者为程式焉。盖自处于守数之末，正欲杜人以陈义之高，故日倡为风气之崇尚，以为吾服从政，亦何能以斗筲之名为避也？此自著而不求足算者也，而操术为愈下矣。“何足算也！”夫子答子贡以此，其亦示以舍士更无可问者欤？

---

① 斗和筲，古代常用的量器，亦指容量单位。斗容十升，筲容一斗二升，都是容量很小的量器。斗筲之人，比喻才识短浅或者气量狭小之人。

② 子贡（公元前520—？），孔子的学生，姓端木，名赐，字子贡，卫国人，比孔子小三十一岁。

③ 觇（chān），窥视，察看。《左传·成公十七年》：“公使觇之，信。”

④ 仳（cǐ），渺小，卑微。《管子·轻重乙》：“天子中立，地方千里，兼霸之壤三百有余里，仳诸侯度百里。”仳猥，仳琐，仳仳，都是卑微的意思。《诗经·小雅·正月》：“仳仳彼有屋，蔌蔌方有谷。”

⑤ 宋·苏轼《精进东坡文集事略》卷五七《日喻说》：生而眇者不识日，问之有目者。或告知曰：“日之状如铜槃。”扣槃而得其声，他日闻钟，以为日也。或告知曰：“日之光如烛。”扪烛而得其形，他日揣龠，以为日也。日之与钟、龠亦远矣，而眇者不知其异，以其未尝见而求之人也。道之难见也甚于日，而人之未达也，无以异于眇。

3. 立则见其参于前也在舆则见其倚于衡也①

有常存于心者，自随境而若有见焉。夫以忠信笃敬存于心，斯无在而不若见之矣，岂以立与在舆而异也哉?② 且人之心逐于物者，常于境之所值无形而若构其形，而要之心存乎理者，亦正可即无形以为形。盖理不可以有形滞之，而可以有形懔之。惟形于心，自形于境。而境之屋顶者，遂得随举以观焉。忠信笃敬，其理非可以显然见者也，而学者之心又不可无见于此者也。大抵外见其所见，不如内见其所见。只此忠信笃敬，而反而自证，既微之或昧，不啻取诸其怀而去之也。且暂见其所见，不如内见其所见。而静而自惟，日用之不亲，而已怅乎其穷于无所接也。惟然，而见之不容已矣。然而见之难也，人当怠于所守，凡寝兴寤寐皆不能定其心，而偶焉驻足，不待言矣。人不慎于所由，凡进退周旋，类不免驰其志，而皇然在道，更难知矣。则如立也，在舆也，皆人所易忽者也。立则见前，未见有参于前者也；在舆则见衡③，未见有倚于衡者也。人之立也，其于可欣可欲之端，亦何所不见？而至于忠信笃敬，则若有物焉以蔽之。彼岂独于立而蔽之耶？夫人于一事苟念之不忘，惟静一之时，乃愈隐然其来会。若于立而不见之，则是以不见为常然。而失之于未立，断不能存于其立也，而参焉者不尔也。人之在舆也，其于纷至沓来之故，亦未有不见；而至于忠信笃敬，则若有途焉以隔之。彼岂独于在舆而隔之耶？夫人于一物苟懔之无失，虽动作之地，不使暂与之相离。若于在舆而不见之，则是以不见为固然。而不在舆而去，断不能因在舆而留也，而倚焉者不尔也。境之奇者，人或愿于尽其心。而立与在舆，则有何奇也？夫因境之奇，而后尽吾忠信笃敬，是此心已为奇所惊，而所见亦倏忽难凭矣。惟见其参倚者，惟能不以常而置之耳。境之难者，人或有以励其志，而立与在舆则有何难也？夫因境之难，而后励吾忠信笃敬，是此心已为难所夺，而所见亦纷赜不专矣。④ 惟见其参倚者，惟能不以异而忘之耳。夫然后行矣，汝岂可遽期其行，而不待其功之自至也耶？

---

① 这篇文章的题目出自《论语·卫灵公》第五章：子张问行。子曰："言忠信，行笃静，虽蛮貊之邦，行矣。言不忠信，行不笃敬，虽州里，行乎哉？立则见其参于前也，在舆则见其倚于衡也，夫然后行。"子张书绪绅。

② 舆，车子，有时也指车厢。

③ 衡，车辕前端的横木。

④ 赜，幽深玄妙。《易·系辞上》："圣人有以见天下之赜，而拟诸其形容，象其物宜。"纷赜，纷然杂陈幽深玄妙的样子。

4. 公孙丑问曰夫子当路于齐　二章①

辨功与心，王道圣学兼备矣。夫功如管晏②，不动心如告子③，丑几以为足拟孟子矣④，然必孟子非希文王、孔子者而后可。且王者之功，圣人之心，合外内之道也。功欲被于世，心欲定于己，君子于此必有宗仰得力之自焉。而或有似是而非者杂出以相淆，则政治学术之归，乌得不极言而详辩乎？说在孟子答公孙丑矣。丑不尝设言“夫子当路于齐”乎？凡所贵于当路者，在于功之可许。使孟子而难许，何以征幼学壮行之抱？要其以仁政为可许之实，在王道不在霸术也，而乃以管晏愿之，可乎？夫卑视管仲者，有曾西矣。⑤ 逊子路以贤⑥，述先子之畏，此适形管仲之不足为。而功亚管仲如晏子者，无论矣。且孟子所欲法者，文王耳。⑦ 仲惟不及生文王之世，故以功烈而自矜，曾亦思文王之德，其谁足以当乎？方文王以百里起也，初不闻以力假仁之举，而德莫阻其流行。虽言乎其势，地、民之属未广焉。言乎其时，饥渴之望未深焉。然其施仁于武、周之前⑧，自非有成汤、武丁六七君之贤圣⑨，何以使殷之久而延？自非有微、

---

① 这篇文章的题目出自《孟子·公孙丑上》的首句：“公孙丑问曰：‘夫子当路于齐，管子、晏子之功，可复许乎？’”朱熹在《四书章句集注》中将《孟子·公孙丑章句上》分为九章。在第一章和第二章中，孟子回答了公孙丑提出来的一系列问题。这些问题围绕着孟子在齐国当权这一假设展开。孟子的“不动心”说和“养气”说，就是在《公孙丑上》第二章里提出来的。

② 管晏，指管子和晏子。管子即管仲，齐桓公之相。晏子即晏婴，齐景公之相。他们的生平事迹，见《史记》卷六二《管晏列传》。

③ 告子，战国齐人。关于告子，有三说。一说由东汉赵岐提出，认为告子名不害。一说见于焦循《孟子正义》，认为告子即浩生不害。一说由近代梁启超提出，认为告子恐是孟子前辈。

④ 丑，指公孙丑。公孙丑为战国时齐国人，孟子的主要弟子之一。一说《孟子》一书系孟子死后，由万章与公孙丑记述孟子言行而成。一书《孟子》系孟子于晚年时向万章和公孙丑口授笔录，由孟子最后审定而成书。

⑤ 唐·陆德明《经典释文序录》：“曾申字子西，鲁人，曾参之子。”

⑥ 子路，孔子弟子，即仲由。

⑦ 文王，即周文王。姓姬名昌，殷纣时居于岐山之下，受到诸侯的拥护，为西方诸侯之长，称西伯，迁都于丰。其子武王灭殷之后，尊他为文王。文王为周王朝的创立奠定了基础。文王创业，走的是一条典型的由小到大，由弱到强，逐步积聚力量，最终战胜强敌的道路。

⑧ 武、周，指周武王和周公。周武王，姓姬名发，文王之子。周王朝的创立者，都镐（今山西西安市西）。约公元前 1027—前 1025 年在位。周公，即姬旦。周文王之子，周武王之弟，辅佐武王灭纣，建立周王朝。武王死，成王年幼，周公摄政，平定武庚之乱，应建成周雒邑，制定礼乐制度。周公是我国上古时代的一位大政治家，鞠躬尽瘁的典型。

⑨ 成汤、武丁。成汤是商的开国之君，契的后代，子姓，名履，又称天乙。夏桀无道，汤伐之，遂有天下，国号商，都于亳（今河南省商丘市北）。武丁，殷王名，盘庚弟小乙之子。自盘庚死后，殷国势衰落。武丁立，用傅说为相，勤修政事，殷又渐趋强盛。在位五十年，死后称高宗。

箕、比干、膠鬲同异姓之辅相①，何能免周之兴而勃也？而王齐有具者，诚不可视倒悬之困，不为引手之援矣。丑又不设言“夫子加齐之卿相，得行道”乎？② 凡所贵于行道者，在于心之不动。使孟子而或动，何云无富贵贫贱之移？要其主道义为不动之本，在圣学不在异端也。而猥以告子例焉，可乎？夫道近告子者，有孟贲矣。③ 其贤者不过为必胜之黝④，又其贤者不过为无惧之舍⑤，此俱见告子之未为难，而得闻大勇如曾子者，斯尚矣。故孟子所愿学者，孔子耳。告子惟大昧孔子之道，使之心气之不求。其亦思孔子之圣，生民固未有乎？想孔子不得以百里君也，惟是以好学勤诲自居，而圣莫掩其独至。虽谦言未能不惑，而实立知言之极焉；谦言未能不惧，而实为持志养气之宗焉。是不惟拔出于凡民之上，即伯夷、伊尹之清任⑥，犹未及其时中；即宰我、子贡、有若之明智⑦，仅得深其仰止也。⑧ 而望古兴怀者，诚不容失取舍之宜，而略异同之辨矣。

5. 齐人有一妻一妾　一节

乞于外而骄于家，心艳富贵者也。夫人至于乞，无可骄矣，乃设为富贵以骄妻妾，乞人之心艳为何如！且夫执“贫贱骄人，富贵安敢骄人”之说者，不善处贫贱者也。乃今之贫贱者，则又不然。今之贫贱者，不以己之贫贱骄人，而以人之富贵骄人。且不能以人之富贵骄人，而更设乌有之人之富贵以骄人。此其状，于何得之？得之齐人。齐人者，乞人也，非富贵人也。乃不啻为富贵人也者，以彼有一妻一妾处室，问其出而所

---

① 微、箕、比干、膠鬲。《孟子·公孙丑上》第一章：“又有微子、微仲、王子比干、箕子、膠鬲——皆贤人也——相与辅相之，故久而后失之也。”微子，名启，商纣王的庶兄。微仲，微子之弟，名衍。王子比干，商纣王的叔父，曾屡次向纣进谏，纣说：“吾闻圣人心有七窍。”于是剖之以观其心。箕子，也是商纣王的叔父。比干被杀之后，箕子心中恐惧，乃佯狂为奴，商纣王又囚之。直到武王灭了商纣王之后，召公才奉武王之命，释箕子之囚。后二年，武王问箕子以天道。膠鬲，纣王之臣。

② 《孟子·公孙丑上》第二张首句：“公孙丑曰：‘夫子加齐之卿相，得行道焉，虽由此霸王不易矣。如此，则动心否乎？’”

③ 孟贲，古代勇士。关于孟贲，有两说。一、《史记范雎列传集解》引许慎曰：“孟贲，卫人。”二、《帝王世纪》则以为齐人。孟贲的故事散见于《吕氏春秋》卷十四《必己篇》、《史记袁盎传索隐》引《尸子》诸书。

④ 黝，指北宫黝。北宫，复姓。《淮南子·主术训》：“握剑峰以离北宫子、司马蒯蒉，不使应敌，操其觚，招其末，则庸人能以制胜。”高诱《注》：“北宫子，齐人也，《孟子》所谓北宫黝也。”

⑤ 舍，指孟施舍，生平事迹不详。

⑥ 伯夷、伊尹。据《史记》卷六一《伯夷列传》伯夷与其弟叔齐为孤竹君之二子，互相让位，终于逃去。周武王伐纣，两人扣马而谏。周既一统，义不食其粟，饿死首阳山。

⑦ 宰我、子贡、有若。宰我，孔子之弟子宰予。子贡，孔子之弟子端木赐。端木，复姓。有若，孔子之弟子，鲁国人。

⑧ 仰止，抬头往上看。《诗经·小雅·车舝》五章：“高山仰止，景行行止。”

与饮食者，而彼骄以尽富贵也。夫即所与饮食者尽富贵焉，岂遂足使齐人重哉？而齐人弗思也。使当日者，妾虽未之敢言，而妻或从而试之曰："良人每出，酒肉是宴，得无从乞来乎？"彼必哑然曰："斯言何为至于我也！浸假使与吾饮食者闻之，其谓之何？"且夫其妻岂必遽挟一不然之见，以疑其所与哉？方且以为："吾闻富贵之人多骄，不轻与人款洽，而良人独得之于彼者，意其平时必气节自高，绝无乞哀请怜之态，故所与者亦自忘其为显著欤？今虽未见显者之来，安之不蚤戒其家，洒扫治具，以待良人之至欤？"惟然，故不能已于告妾及蚤起施从，以瞷其所之焉。大凡有酒肉而与人饮食者，富贵人之常也，亦富贵人之唯恐不能常者也。故当鸣钟列鼎，抵掌扬眉，往往发"古而无死，其乐如何"之叹。及念乎"朝露易晞，墓木将拱"，则继以泣下沾襟，又未尝不叹向之挟所有以骄人者，皆不足以润墦间之朽骨也。使齐人悟此，非特鄙富贵之人无足与谈，且将视富贵之家有若墦间然者，更何屑较夫彼我之有余不足，致自沦于辱人贱行乎！而胡以其妻瞷之，乃贸然一乞人也？盖国中既无所与，卒乃之东郭也，迹其乞墦间之祭余，不足，又顾而之他，而向所谓餍酒肉者，其故亦从可识矣。斯时也，使其良人俯而自思，必深悔曰："吾为妻妾终身仰望之人，而今若此哉！吾以乞为餍足，其妾虽不吾知，无能无自讪自泣乎？"乃良人未出此而妻已知之，安得不归告其妾，而共讪且相泣也。然妻已知之，而良人卒未知之，犹施施从外来①，骄其妻妾。吁！彼固不识人间有羞耻事，其骄也不亦宜乎？

① 施施，乐滋滋的样子。赵岐《注》："犹扁扁，喜悦之貌。"

后　　记

《八股文总论八种》是武汉大学文学院教授陈文新博士主持的大型出版工程《中国科举文化通志》中的一种。约稿函2013年4月23日发出。经过两年多的努力，该书终于完成。

在平时的读书过程中，我有标点古书的习惯。通本标点过的古书有《文苑英华》、《全唐诗》和《大智度论》等，部分标点过的古书有《全唐文》、《高僧传合集》、《续资治通鉴长编》、《说郛三种》等。白文古书，体积小，便于摆放。当年我背了一部《资治通鉴》去上海复旦大学攻读博士学位。导师顾易生先生听说此事后，很是赞赏。我说要朗读，他说很好。先生那目光，我至今还记得。当时读博士学位，不需要坐在教室里上课，而是每两周去先生家中谈话一个下午，范围极其宽泛，几乎无所不及。于是我用半年多的时间，完整地朗读了《资治通鉴》一遍。学习外文，需要语感。读中国的古书，也需要语感。我喜欢标点古书，就像我经常抄写某些较为艰深的外文书籍一样。中国的古书，似乎要自己点一遍才能读懂入骨似的。小时候，我听父亲远东先生说过，标点古书，先用红笔，再用墨笔。这样一部书可以点两次。我们现在的条件好得多，我自己的习惯是用绿色的水彩笔，这样可以保护眼睛。

在标点《八股文总论八种》的过程中，我总的处理原则是汉语语法与阅读习惯相结合。一方面，如果一味死扣语法，那么就得讲究各种句子成分的完整，结果句子就会臃肿不堪。我在阅读标点本的古籍时，察觉一个现象：一大段话才有一个句号。这是一种缺陷。汉语的组织原则，与西方语文不同。读汉语文献，讲究读断，读破。只要意思说明白了，就应该大胆地使用一个句号。因为在古代汉语中，省略较多，有些句子成分是隐含着的。由于上下文的存在，没有必要将所有的句子成分都写出来。另一方面，标点古书之所以有必要，是为了供现代人阅读。除了专业的文史工作者之外，多数人既不可能也没必要自己标点古书。以研究生为例，因为他们要学的课程很多，不可能用大量的时间来标点古书。再说，适应古书有一个过程，而这个过程需要十年以上孜孜不倦的努力。由于今天的社会信息量大，事务纷繁，所以在多数情况下，人们还得使用加了新式标点的本子，这样才合理方便。今天的人们，大都学习过语法，因此在阅读古书的时候，会不知不觉地用语法的观念来对待眼前的困惑。这就对文史工作者提出了一个客观的要求：还得尽可能留意语法上的联系。这是因为，语法与逻辑紧密地连接在一起。当代世界各国语文的发展有一种趋势，那就是语言的表层与逻辑的深层渐趋统一。今人阅读古书，还有一个现实的需要。那就是引用古书，用引文来支撑自己的文章。读书界的这一客观要求，驱使着我们适当地多使用句号。否则，在人们需要引用某一小段时，不得不累赘地引用一大段，而在那一大段中有些话是不需要的。

除了给原文加上新式标点，本书的另一项工作就是加以必要的注释。根据本书的性质，除了个别疑难词语之外，我一般不作词语方面的注释，因为那些东西从工具书中容易查到。在注释疑难词语时，我标注了汉语拼音。我所加的注释，主要集中在人名、地名、书名和背景材料等方面。对人名加注的时候，尽可能指出传记材料的出处。对书名和篇名加注的时候，如果材料较为生僻，也指明出处。这些方面比较难。这样做，可以见出硬功夫。不过，我倒不是为了显示硬功夫才这样做的，而是为读者着想。我自己读书时，最想得到的就是那些方面的指引。由于本书的功用主要在于为研究者提供资料，因此我比较注重材料的丰富性。

我做了不少尝试，也难免没有错误发生。我期待读者的批评。学术在批评中进步。

陈文新博士约请我承担《八股文总论八种》的标点注释工作，我表示由衷的感谢。

张思齐 2015 年 5 月 11 日

记于武汉大学珞珈山家中

《中国科举文化通志》书目

历代制举史料汇编

历代律赋校注

七史选举志校注

唐代试律试策校注

八股文总论八种

游戏八股文集成

翰林掌故五种

贡举志五种(上)

贡举志五种(下)

明代科举与文学编年(上)

明代科举与文学编年(中)

明代科举与文学编年(下)

明代状元史料汇编(上)

明代状元史料汇编(下)

四书大全校注(上)

四书大全校注(下)

钦定四书文校注

《游艺塾文规》正续编

钦定学政全书校注

《清实录》科举史料汇编

梁章钜科举文献二种校注

二十世纪科举研究论文选编

《礼部韵略》与宋代科举

科举废止前后的晚清社会与文学

《儒林外史》的现代误读

游戏八股文研究

元明科举与文学考论

明代八股文选家考论

唐代科举与试赋